KB215003

1세기의 역사적 상황을 밝혀 기독교의 형성과정을 파헤치는 과정은 매우 복잡하다. 예수의 승천 이후부터 기원후 70년 이전까지 기독교의 기원에 대하여 제임스 던이 던지는 묵직한 질문과 정통한 답변은 본서의 진가를 가감 없이 보여준다. 특히 저자의 치밀한 분석력이 초기 교회의 시작에 관심을 표명하는 연구자들에게 끼칠 파급력은 자못 크다. 초기 교회의 형성으로부터 그리스도인들의 신앙고백 그리고 사도 바울의 역량 있는 선교사역과 그를 위시한 첫 세대 지도자들의 유산을 총망라하는 신약성서의 사상적 광맥을 탐색하는 거장의 뒤를 따라가다 보면, 어느새 교회의 시작과 그리스도인들 사이에서 활발했던 소통과 교류의 진면목을 자세히 보게 된다. 이처럼 본서는 신약성서에 담긴 많은 궁금증에 관한 명쾌한 설명이며, 신약성서의 역사적 탐구를 위한 알파와 오메가임에 틀림없다. 한국교회의 현재와 미래를 두고 고민하는 설교자와 신학도는 물론 모든 그리스도인과 함께 독서의 기쁨을 만끽하고 싶다.

윤철원 | 서울신학대학교 신학대학원 신약학 교수

『생성기의 기독교』 연구 시리즈의 두 번째 책인 제임스 던의 『초기 교회의 기원』이 우리말로 번역되었다. "새 관점"을 수용하여 바울을 탁월하게 해석해 낸 제임스 던의 명성은 우리에게도 익히 알려져 있다. 그는 역사적 예수 분야에서도 뛰어난 학문적 성과를 거둔 학자다. 시리즈의 첫 번째 책인 『예수와 기독교의 기원』(새물결플러스에서 간행)이 예수에 대해 집중했다면 본 책은 예루살렘 공동체에서 그리스 그리고 이방 공동체로 주도권이 넘어가는 추이와 그 결과를 다루고 있다. 바울뿐 아니라 폭넓은 시야로 베드로와 야고보의 공동체까지 다룬다. 초기 교회가 어떻게 시작되고 발전되었는지 알기 위해 꼭 읽어야 하는 책으로 적극 추천한다.

조광호 | 서울장신대학교 신약학 교수

세계 신약학계의 거장인 제임스 던의『초기 교회의 기원』은 저자가 3부작으로 저술한『생성기의 기독교』시리즈의 두 번째 책이다. 그의 첫 번째 책인『예수와 기독교의 기원』은 "역사적 예수"를 탐구한 결과물로 새물결플러스에서 출간되었다. 저자의 두 번째 작품인 이 책은 "역사적 교회"에 대하여 기원후 30년에서 예루살렘 성전이 파괴된 70년까지 기간의 초기 기독교 역사를 추적한다. "역사적 교회" 탐구를 위하여 저자는 사도행전 및 바울 서신들과 예수 전승들을 사용하여 그 근거를 제시한다. 저자는 유대교와 기독교의 상관성을 자세히 파헤치며 초기 교회의 기원에 대한 치밀한 연구 결과를 제시한다. 한국교회의 혼란스러운 교회 정체성 속에서 사도행전과 바울 서신들을 통하여 초기 교회의 기원에 관심을 갖고 역사적 교회를 탐구하려는 사람들에게 일독을 권한다.

조석민 교수 | 에스라성경대학원대학교 신약학 교수

3부작 시리즈로 구성된 제임스 던의 기념비적 연구 프로젝트『생성기의 기독교』의 첫 번째 작품인『예수와 기독교의 기원』이 국내에서 소개된 이후, 두 번째 작품인『초기 교회의 기원』이 마침내 한국 독자의 손에 들어왔다. 첫 작품이 "역사적 예수와 예수의 선교"에 초점을 맞추었다면, 둘째 작품은 "역사적 바울과 바울의 선교"에 초점을 맞춘다. 또한 바울 이전부터 시작된 예루살렘 교회 공동체를 중심으로 베드로 및 야고보에 대해서도 면밀히 살피고 있다. 기원후 30-70년 어간의 기독교의 상황을 이처럼 꼼꼼하게 추적하면서 자기 고유의 신학적 터치를 남길 수 있음은 학자로서 오랜 경륜이 가져다준 깊이의 힘과 넓이의 여유이리라. 이슈들에 따라 독자들의 찬반은 갈릴 수 있지만 학문적 가치에 대한 논란이 있을 수는 없다. 이와 같은 "단단한 음식"을 먹고 소화해낼 수 있는 신학생과 목회자가 해마다 늘어나는 "좋은 소식"이 우리 가운데 더 자주 일어나면 참 좋겠다.

허주 | 아세아연합신학대학교 신약학 교수

1차 및 2차 자료에 대한 통달, 건전한 판단과 창의성으로 균형 잡힘, 세부 사항에 철저하게 주의를 기울이면서도 폭 넓게 다룸, 이것이 우리가 제임스 던에게서 기대했던 것이다. 그리고 이 책은 이런 요소를 모두 담고 있다. 기독교의 초기 40년에 관한 모든 주요 비판적 이슈에 대한 훌륭한 비평과 평가다.

데일 앨리슨(Dale C. Allison Jr.) | 프린스턴 신학교 신약학 교수

초기 기독교에 대한 이 대작은 개괄적인 넓은 범위와 특정 이슈 및 관련된 증거에 대한 주의 깊은 관심, 현재의 학계에 정통함 그리고 높은 가독성을 결합한다. 논쟁의 여지가 있는 문제를 철저하지만 다정하게 다루었다. 비록 독자를 항상 설득하지는 않겠지만 예외 없이 흥미를 북돋운다. 대담하게 다룬 넓은 범위에 감탄할 수밖에 없다. 이 책은 던의 전형적인 저작이며 그가 학자로서 지낸 경력의 결과물이다.

래리 허타도(Larry W. Hurtado) | 에딘버러 대학교 신약학 교수

제임스 던의 『초기 교회의 기원』은 교사가 꿈꾸던 책이다. 『예수와 기독교의 기원』의 후속작인 이 저작에서 던은 독자들을 기독교의 형성에 가장 중요했던 기원후 30-70년이라는 회오리바람 속으로 이끌고 들어간다. 또한 신약과 그리스-로마의 장소들을 방문하여 본문들이 생생하게 다가오게 만든다. 하지만 기독교의 기원에 대해 개괄적으로 접근하는 통상적인 방식과는 달리 던은 이 본문들의 심장 소리에 귀를 기울임으로써, 유대교에서 몸부림치며 나와 이방인의 세계로 들어간 태동기 "신앙"의 역사적 놀라움과 존재적 신비를 그의 독자들이 경험하게 한다.…던의 엄청난 학식과 새로운 통찰을 결합하고 가독성이 높은 이 책은 대학교와 신학교 수업에서 선호하는 교과서가 곧 될 것이다.

데이비드 모스너(David P. Moessner) | 애드란 인문과학 대학교 종교학 교수

CHRISTIANITY IN THE MAKING

volume 2

BEGINNING FROM JERUSALEM

James D. G. Dunn

Beginning From Jerusalem

| 상권 |

초기 교회의 기원

제임스 **D. G.** 던 지음 | **문현인** 옮김

새물결플러스

나 그리고 우리의 최선인 카트리나와 데이비드와 피오나에게 헌정한다

지도 교수인 C. F. D. 모울(1909-2008)을 기리며

하권 목차

지도 목록

이 책은 3부작으로 기획된『생성기의 기독교』(Christianity in the Making)의 두 번째로, 여기서 필자는 기독교 초기 역사를 2세기까지 자세하게 추적하고 조사하려고 한다. 첫 번째 책『예수와 기독교의 기원』(Jesus Remembered, 새물 결플러스 역간)은 기독교의 기원으로 분명하게 여겨질 수 있는 한 인물에게 온전히 집중했다. 거기엔 그 책이 기반을 둔 역사·비평적 접근에 관한 해설을 포함하는데, 역사 자료의 일부분인 신앙의 존재 사실과 비평적인 역사적 대화에 필수적 부분인 신앙의 기능에 대한 인식을 포함한다. 이런 방법론의 고려가 이 책의 역사적 연구를 계속 인도해갈 것이다. 또한 첫 번째 책에서 당시에 관해 알려주는 자료에 대한 비평적 내용도 여기에서 관련성을 가진다.

제2권『초기 교회의 기원』(Beginning from Jerusalem)은 예수의 3년 가량의 사역보다 훨씬 더 긴 기간인 기원후 30년에서 70년까지를 다룬다. 이 두 시기와 예수의 사역 및 예수에게서 시작한 운동의 첫 세대라는 두 주제는 모든 역사 가운데 가장 철저하게 조사된 기간이자 주제다. 특별히 지난 30년에 걸쳐 2차 문헌의 양이 기하급수적으로 증가했기에, 훨씬 더 광범위한 이 주제의 특정한 측면에만 전념한 논문도 2차 문헌을 철저히 다룰 수 없다. 물론 필자는 우리가 사용할 수 있는 그 시기의 원자료와 역사 정보에 주로 관심을 쏟았다. 더불어 2차 문헌 중 원자료를 조명하는 데 가장 관련이 있다고 여긴 내용을 가능한 한 많이 의지하고 고려하려고 했다. 또한 필자는 논의된 수많은 개인 논점에 대한 작금의 토론에 가능한 한 온전히 관여하려고 보다 최근에 나온 2차 문헌에 주로 집중했으며, 특정 주제에 관한 최근의 학위 논문과 소논문 중 다수가 이전의 논쟁을 주의 깊게 재검토하고 앞선 논의에서 가장 두드러진 요점을 다루었음을 염두에 두었다.

그러나『예수와 기독교의 기원』에서와 마찬가지로 필자는 2차 문헌을 각주에서만 다루려고 최대한 노력했다. 개인 논점에 대한 학자들의 끝없는 불일치에 관여하기 원치 않는 사람들이 막힘없이 읽을 수 있도록 본문이 충분히 명료하게 유지되었길 바란다. 동시에 각주는 잠시 멈추어 더 자세하게 논점을 숙고하기를 원하는 사람들에게 최소한의 출발점을 제공한다. 덧붙일 필요가 없지만, 언급된 2차 문헌은 선택적일 수밖에 없으며, 총망라된 참고도서를 제공하는 것은 전혀 필자의 의도가 아니다. 이 책은 지금 이대로도 아주 두껍지 않은가? 따라서 필자는 다수의 전통적 해설을 매우 가볍게 다루었고 이런저런 요점에 대한 필자의 견해에 영향을 미쳤을지도 모르는 현대의 논문과 소논문 상당수를 지나쳤다. 그러한 도움을 준 모든 이에게 사과의 마음을 전하며, 필자가 빠트리지 않았어야 했던 자료가 있다면 필자에게 알려주길 바란다. 또한 필자가 평소 하던 대로, 제한하지 않으면 과도하게 길어질 참고문헌을 줄이려고 사전에 기고된 항목들은 참고문헌에 포함하지 않았다.

필자는 이 책에서 계획한 목적의 일부분으로서 그 시기와 가장 밀접한 관련이 있는 신약성경 내의 주요 본문(특히 사도행전과 바울 서신)을 다소 자세하게 고려할 필요가 있다고 생각한다. 바울 서신의 경우 필자는 뒤따라오는 지면에서 다루는 내용이 앞서 출간한『바울 신학』(The Theology of Paul The Apostle [Grand Rapids: Eerdmans/Edinburgh: Clark, 1998], 크리스천다이제스트 역간)을 보완할 것이라 여긴다. 중요한 의미에서『바울 신학』은『생성기의 기독교』를 집필하기 전에 다루어야 할 내용이었다. 3부작의 길을 준비하는 수업에서 필자는 바울 신학을 충분히 고려해야만 했기 때문에 기독교 시작에 관한 논문의 진척은 주기적으로 길에서 이탈하고 막다른 궁지에 놓여 있었다. 그러나 이제『바울 신학』이 출간되었기에『생성기의 기독교』는 앞으로 나아갈 수 있게 되었다. 동시에 필자는 개별 서신에 기반을 두는 것만이 바울 신학을 탐구할 수 있는 유일한 길이라고 생각하는 사람들이『바울 신학』에 대해 비평한 내용에 대응할 수 있다. 부분적으로 바로 이 이유 때문에 필자는 각 바울 서신의 간단한 요약이 이 책의 목적에 맞지 않는다고 결정했다. 맞지 않는다는 말은 바울이 서신들을 쓴 의도와 사고 안으로 이 책의 독자들이 (가능한 한) 들어가도록 도와주는 데 그것이 적절하지 않다는 말이다. 특정한 교회 및 교회의 특정 상황과 관련해 표현된 바울의 신학을 (더 낫게는 그의 신학화를) 살필 수 있다는 사실은 뜻밖의 선물이며 바울 신학/신학화의 실존적 특징을 상기시켜준다.

필자가 한 작업처럼 특별한 본문에 초점을 맞추는 일은 그 본문에 대한 주석서가 끊임없이 출간되는 듯하기에, 참고문헌과 관련한 문제를 일으킨다. 다행히 대부분의 경우 각 본문에 대해 최근에 출판된 두세 개의 중요하고 수준 높은 주석서들이 있다. 이 주석서들은 이전 논점과 공헌에 대한 논의와 논평을 거의 항상 포함한다. 따라서 세대를 가로지르는 주요 주석의 전통과 대화를 시도하기보다는, 각각의 경우에 필자가 참고하고 대화할 상대로 이 두세 개의 주석서에 집중하는 것이 더 현명한 것으로 보였다. 물론 각 본문에 있어 현재의 모든 주해와 관계한 논점에 관여하는 것은 우스운 일이나, 개별 사안에 대한 주요 논점 및 필자의 견해와 다른 해석을 독자들이 깨달을 수 있을 정도로 기록했기를 바란다. 참고문헌에서는 개별적인 주요 신약 본문을 위해 참조한 주석들을 별도의 목록으로 만들었는데, 이 목록이 도움이 되기를 소망한다.

이 책은 필자가 2003년 은퇴한 이래 진행한 주요 연구다. 은퇴로 인해 집과 그 외의 장소에서 동료와 개인적으로 만날 기회가 다소 줄어들었다. 그래서 필자의 논문 초안을 비평적으로 읽어달라는 조심스러운 요청에 긍정으로 응답했던 여러 전문가들에게 필자가 표현할 수 있는 것보다 더욱더 감사를 드린다. 슬프게도 어떤 이들은 이미 과중한 짐을 지고 있어서 거절해야만 했다. 필자는 러브데이 알렉산더(Loveday Alexander), 안토니 배쉬(Anthony Bash), 루츠 도어링(Lutz Doering), 존 클로펜보그(John Kloppenborg), 브루스 롱네커(Bruce Longenecker), 배리 매틀록(Barry Matlock), 스캇 맥나이트

(Scot McKnight) 밥 모건(Bob Morgan), 그레그 스털링(Greg Sterling), 스티브 월튼(Steve Walton), 미하엘 볼터(Michael Wolter)에게 특별히 감사를 표한다. 이 중 몇 사람은 이 논문을 샅샅이 살피느라 많은 시간을 쏟아야 했을 것이다. 이들은 다수의 부적절한 부분을 지적해주었으며, 난감했을 뻔한 필자를 여러 번 구했고, 수많은 요점에 대해 잠시 멈추어 다시 생각할 이유를 주었으며, 상당한 경우에 다시 쓰게 만들었다. 이 책에 남아 있는 부족한 점들은 필자의 탓이다. 제기된 모든 논점이 필자를 설득하지는 못했지만, 대부분의 경우에 입증하려는 주장을 견고하게 할 수 있었기를 소망한다. 여기에 필자의 출판사인 윌리암 B. 어드만스(William B. Eerdmans)도 포함된다. 이 출판사는 다양한 초고를 각각 다른 목적지에 기꺼이 보내주었고, 끝없이 격려해주었다. 엄청난 분량의 원고에 있는 세세한 내용과 문체의 정확함을 확실하게 하려고 헤아릴 수 없는 수고를 하고 많은 실수로부터 필자를 구한 편집자 크레이그 놀(Craig Noll)에게 특별히 감사를 표한다. 그리고 무엇보다도, 필자가 가르치고 글 쓰는 사역에 헌신하도록 너그럽게 대하고 격려해준 사랑하는 아내 메타(Meta)에게 감사한다.

1권은 메타에게 헌정했기 때문에, 이 책은 필자의 세 자녀에게 헌정한다. 이들은 정말로 우리 부부의 최선이다. 이 책이 기독교의 시작을 더 잘 이해하기 원하는 사람들에게와 역사적 진실을 탐구하는 이들을 가르치는 선생들에게 유익한 도움이 되기를 바라는 우리의 소망과 기도로 이 책을 출간한다.

2007년 7월

제6부

기독교의 시작에 관한 역사 쓰기

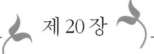

제 20 장

역사적 교회 탐구

"역사적 예수 탐구"는 신약성경 및 신학 전문가들의 학계라는 "폐쇄적인 상점"에서 드물게 탈출한 표현들과 관심사 가운데 하나다. 그런 대단한 신 기원의 인물이 자아내는 매력과 그런 탐구의 다양한 결과를 고려하면, 이 는 충분히 이해할 만하다. 이 탐구는 제1권인『예수와 기독교의 기원』의 주 된 주제였다. 그런데 역사적 **교회** 탐구도 동일한 매력이 있으며 동일하게 도전이 될 뿐만 아니라 심지어 위협적인 결과를 낳을 수도 있다. 비록 이 역사적 교회 탐구가 "학문 세계" 외부에는 훨씬 적은 영향력을 끼쳤지만, 역사적 예수만큼이나 연구가 진행되었다.

　20세기 학계에서 흥미로운 일은, 예수가 알려지지 않았으며 그를 알 수 없다고 주장하면 할수록, 역사적 교회를 충분히 안다고 확신하는 학자 들이 더 많았다는 사실이다. 예수에 대해 증언하는 현대의 예수 전승 양식 은 예수보다 그 전승을 이용했던 교회(들)에 관해 더 많은 내용을 말해준다 고 추정할 수 있다. 이 주장에 대한 명백한 반론, 즉 (이 견해에서 보면) 원시 교회(들)도 **예수만큼이나 알려지지 않았다**는 주장은[1] 그에 걸맞을 정도로 언급되지 않았다.

따라서 예수가 무대를 떠난 이후 기독교의 첫 출현에 관해 어떤 말을 할 수 있을까? 다음 2천 년 동안 유럽(과 그 너머)의 역사와 문화를 형성한 이 종교는 어떻게 생겨났는가? 예수 이후에 이 모든 일이 어떻게 시작되었는가? 이 질문들이 시사하듯, 이 책은 기독교의 첫 국면 곧 **시작**과 관련이 있다. 이 책의 종착점은 로마의 티투스 군단이 예루살렘을 점령하고 성전을 파괴한 기원후 70년이다. 이 연대는 제2성전기 유대교의 공식적 종말을 나타낸다. 이는 60년대에 죽음을 맞이했다고 생각되는 초창기 기독교의 주요 세 인물(베드로, 야고보, 바울)의 죽음을 포함한 기독교 첫 세대의 마지막과 대략 일치한다. 마가복음이 보통 그 시기로 추정되는데, 기원후 70년은 신약성경의 초기 문헌(바울 서신)과 제2세대 기독교 문헌(바울 서신을 제외한 모든 혹은 대부분의 신약 문헌)이라는 새로운 국면 사이를 가르는 일종의 기점이 된다. 기독교와 유대교의 발전사에서 "70년 이전"과 "70년 이후"를 언급하는 것은 이해가 된다. 이 책은 "70년 이전" 기간을 살필 것이며, 그리스도인들이 성금요일과 부활주일이라고 부르는 신기원적 사건들 이후의 기원후 30년에서 70년까지 40년 동안 기독교의 출현을 다룰 것이다.

그러나 도입부에서 몇 가지 용어의 정의와 배경 설명을 제공해야 하는데, 이는 필요한 작업이며 적절한 주의를 요한다. "유대교"(『예수와 기독교의 기원』, §9)와 마찬가지로 주요 용어의 "내용" 곧 연구 주제에 관한 문제를 명확히 할 필요가 있다(§20.1). 그리고 역사적 예수 탐구와 마찬가지로, 역사적 교회 탐구에 대한 개괄은 지속해서 관련성과 중요성을 지니는 주요 문제 및 결과들을 명확히 하는 작업에 동일하게 유익할 것이다(§20.2-3).

---

1) F. G. Downing, *The Church and Jesus: A Study in History, Philosophy and History* (London: SCM, 1968)이 실질적으로 주장했다.

20.1 용어 정의

그것은 예루살렘에서 시작했다. 이 확언은 사도행전에서 기술한 기독교의 시작에 대한 설명을 확실하게 요약한다. 다음 장에서 논의할 주제는 사도행전 기사에 대한 검증 필요성의 유무와 검증 정도이다(§21.2, §§22-23). 그러나 무엇보다 먼저 "그것"이 가리키는 내용이 무엇인지를 명확히 해야만 한다. "예루살렘에서 시작한 그것"은 무엇이었는가?

이 질문은 타당한 역사 서술을 위한 중요한 논점으로 이미 제기된 적도 있었지만,[2] 이제는 그 주제에 관련된 정의가 더는 증명할 필요도 없이 자명한 것처럼 종종 무시되고 있다. 그리고 심지어 그런 질문이 제기된 곳에서조차 답은 보통 객관적인 역사주의 용어로 제시된다. 마치 그 질문이 주로 그 집단에 대해 사용된 이름을 나열하는 문제(즉 그들이 어떤 이름으로 알려졌는지를 묘사하는 문제)와 관련된 것처럼 말이다.[3] 역사가가 그 운동이 어떻게 전개되었는지를 알면서 한 종교 운동의 탄생을 **외부에서** 서술하는 일은 역사가들에게 온전히 존중받을 만한 목표다. 그러나 더 도전적인 과제는, 지평이 제한되어 있고 결과를 알 수 없었을 때, 참여자들이 자신들 및 발생한 사건들을 어떻게 이해했는가를 묻기 위해 **내부에서** 역사의 추이

---

2) 특별히 A. Harnack, 'The Names of Christian Believers', *The Mission and Expansion of Christianity in the First Three Centuries* (ET London: Williams and Norgate, 1908; New York: Harper Torchbook, 1962), 399-418; H. J. Cadbury, 'Names for Christians and Christianity in Acts', *Beginnings*, 5.375-92을 보라. 또한 Paul Trebilco는 C. Spicq, 'Les dénominations du Chrétien', *Vie chrétienne et pérégrination selon le Nouveau Testament* (LD71; Paris: Cerf, 1972), 13-57; J. A. Fitzmyer, 'The Designations of Christians in Acts and Their Significance', in *Commission Biblique Pontificale, Unité et diversité dans l'Église* (Rome: Libreria Editrice Vaticana, 1989), 223-36; H. Karpp, 'Christennamen', *RAC*, 2.1114-38을 내게 언급했다. 또한 W. Reinbold, *Propaganda und Mission im ältesten Christentum* (FRLANT 188; Göttingen: Vandenhoeck und Ruprecht, 2000), 16-24과 R. Bauckham, 'Jesus and the Jerusalem Community', in O. Skarsaune and R. Hvalvik, eds., *Jewish Believers in Jesus: The Early Centuries* (Peabody: Hendrickson, 2007), 55-95(여기서는 56-59)의 간단한 목록을 보라.

3) Harnack과 Cadbury(위 n. 2)가 그렇다. Fitzmyer도 이 문제를 경계한다("Designations" 223-24).

를 서술하는 일이다.[4] 하지만 이 주장은 사건 내부에서 갖는 이런 잠정적 견해가 최종적이거나 지속적인 중요성을 지녔음을 의미하지 않고, 또한 최종적이거나 지속적인 중요성을 지녀야 한다는 의미도 아니다. 그러나 역사적 정직성은 그 참여자들이 일어난 일을 분명히 예견하고 그것을 성취하기 위해 활동했다는 식의 반대되는 관점을 더 강력히 금한다. 역사 과정은 이보다 훨씬 더 복잡하고 혼란스러우며, 종교 운동도 예외가 아니다. 복잡하고 혼란스러운 일을 파고들어 명확히 하려는 시도는 역사 연구가 매력이 있으면서도 또한 무척이나 성가신 작업이라는 신호다.

그리고 절차 문제로, 우리는 사회적 서술에 도움을 줌과 동시에 그 운동의 전개와 관련된 내부인의 관점을 제공할 만한 타당한 용어나 용어들을 찾고 있다.

이미 암시했듯이, 앞의 질문("예루살렘에서 시작한 그것"은 무엇이었는가?)에 대한 명확한 답은 (1) "기독교"다. 일단 우리는 이 방법론에 관해 방금 고려한 부분을 진지하게 받아들여야 한다. 잠시 멈추어서 이 대답이 엄밀히 말해서 시대착오적이라는 사실을 반드시 이해해야 한다. 말하자면 이 단계에서 "기독교"라는 용어를 사용하는 것은 역사적으로 부정확하다. 정당하게 말해서 "기독교"는 아직 존재하지 않았다. "그리스도인"이라는 용어는 신조어로서 누가의 사도행전에 처음 소개되었다.[5] 그리고 "기독교"라는

---

4) 필자는 *Christology in the Making: A New Testament Inquiry into the Origins of the Doctrine of the Incarnation* (London: SCM, 1980, [2]1989; Grand Rapids: Eerdmans, 1996)에서 그런 시도를 했는데, 그런 중요한 방법론 원칙들(제한된 지평과 "변환 중인 개념")이 저평가되었기 때문에 실망했다("Foreword to Second Edition" xiv-xvi을 보라). §21의 끝부분에서 이 주제로 돌아간다.

5) 행 11:26; 26:28; 또한 벧전 4:16; Ignatius, *Eph.* 11.2; *Magn.* 4; *Trall.* 6.1; *Rom.* 3.2; *Pol.* 7.3; *Mart. Pol.* 3.2; 10.1; 12.1-2; *Did.* 12.4; *Diogn.* 1.1; 2.6, 10; 4.6; 5.1; 6.1-9; Pliny, *Ep.* 10.96; 또한 Harnack, *Mission*, 411-12 n. 4을 보라. 타키투스(*Ann.* 15.44.2)와 수에토니우스(*Life of Nero* 16.2)가 60년대 사건들을 묘사하려고 이 용어를 사용한 것은 단지 2세기의 용례를 반영한 것이라고 할 수 있다. 이것은 그 용어가 당시에 그렇게 폭넓게 사용되었음을 함축하지는 않는다(하지만 Harnack, *Mission*, 413을 보라). Cadbury의 *Beginnings*, 5.383-86은 중요한 관찰을 한다. 안디옥에서 "처음으로"(*prōtōs*)(11.26) 그리스도인으로 불렸다는 사도행전의 누가의 진술은, 누가가 그 표현이 이후에도 사용되었음을 알고 있었음을 암시한다(386). 그러나 "이

용어 자체는 우리가 가진 110년대 자료에 처음 등장한다.[6] 이것은 누가가 이야기한 사도행전 1-5장의 사건들 혹은 그에 상응하는 역사 사건들보다 약 80년 이후다. 물론 "그것"의 시작부터 이그나티오스(Ignatius)와 그 이후에 이어지는 수 세기의 "기독교"와 직접적인 연속성이 있다는 작업가설을 주장할 수도 있다. 우리는 곡해 없이 "태동기 기독교"나 "신생 기독교"라고 확실히 말할 수 있다.[7] 그러나 초기부터 성숙한 기독교의 특징들이 이미 있었다는 추론을 가정하려고 이 용어(기독교)를 사용하는 일은 결코 허락돼서는 안 된다.[8] 그것을 묘사하며 이 용어를 너무 일찍 사용하는 일은 다음과 같은 주요 주제 중 하나를 미리 회피하는 것이다. 기독교의 독특함은 **무엇이고** 그 독특함은 **언제** 태동했는가? 우리가 다루는 주제의 역사적 실재를 미리 판단하는 위험을 초래하기보다는, 수 세기 동안의 의미로 포화된 이 용어를 무리하게 사용하지 않는 편이 더 좋다.

그것이 "기독교"가 아니라면, 그것은 무엇인가? "교회"("역사적 교회 탐구")라고 확실하게 말할 수도 있는데,[9] 이 용어는 2세기부터 신자들 자신이 선호했던 지배적 호칭이다.[10] 그리고 초기 기독교 문헌에서 사용된 이 용어(ekklēsia)는 그런 용례를 즉시 입증했다.[11] 또한 이것은 예수가 의도한 바

그나티오스를 제외하고 모든 사도적 교부들의…최초의 기독교 문헌에서 이 단어가 없다는 사실은 그 이름이 그리스도인 자신들이 일찍 받아들인 이름이 아님(386; Harnack의 411 n. 1; 412 따라서)을 시사한다'라는 그가 추가로 관찰한 바는, 이 각주의 첫 부분에 나열된 자료를 감안할 때 과장으로 보인다. 또한 Karpp, "Christennamen", 1131-37과 아래 §24.8d를 보라.

6) Ignatius, *Magn.* 10.1-3; *Rom.* 3.3; *Phld.* 6.1; *Mart. Pol.* 10.1. 또한 n. 120-22을 보라.

7) G. Lüdemann, *Primitive Christianity: A Survey of Recent Studies and Some New Proposals* (2002; ET London: Clark, 2003)는 오래된 "원시 기독교"라는 표현을 여전히 선호한다(2쪽).

8) F. C. Baur(아래 §20.3a)와 대조하라. 그리고 아래에서 논평된 토론의 복잡성을 주목하라(§§ 20.2-3).

9) 20세기 전반에는 "원시 교회", "초기 교회"와 같은 언급들이 일반적이었다. 예. E. von Dobschütz, *Christian Life in the Primitive Church* (London: Williams and Norgate, 1904); B. H. Streeter, *The Primitive Church* (London: Macmillan, 1930).

10) Harnack, *Mission*, 408-10.

11) 사도행전 34번, 바울 서신 62번, 요한계시록 20번을 포함해서, 신약에 114번이다. 예. 마 18:17; 행 5:11; 8:1, 3 등등; 롬 16:1, 4-5, 16, 23; 고전 1:2; 4:17 등등; 약 5:14; 계 2-3장; *1 Clem.* inscr.; Ignatius, *Eph.* inscr.; *Did.* 4.14; Hermas, *Vis.* 2.4.3.

에 이르는 가교를 제공하며[12] 예수의 첫 제자들이 자신들을 "하나님의 교회"(qahal)라고 명명한 것을 반영했을 가능성이 있다.[13] 그러나 여기서도 잠시 멈추는 것이 현명하다. 그 용어의 단수("the church")도 마찬가지로 의미를 오도할 가능성이 있기 때문이다. "교회"(단수)라는 말은 통일된 실체를 가리키는데, 이는 확실히 초기부터 신학적 이상이었으며[14] 오늘날까지 모든 교회의 염원으로 남아 있다. 그러나 바로 이 이유 때문에 이 용어를 일찍 사용하는 것은 장밋빛 안경을 쓴 채로 교회의 초창기를 인식하게 할 가능성이 있다. 앞에서 언급했듯이,[15] 이것은 발터 바우어(Walter Bauer)가 의문시했던, 태동기 기독교를 이상화한 인식이다. 그리고 우리가 이미 자세히 살펴보았듯이, 나그함마디(Nag Hammadi) 문헌의 영향을 받은 관점들은 예수의 사명에 대한 하나의 (확실한) 응답 혹은 예수 전승이나 "초기 교회"에 있어 하나의 "순수한 형태"가 존재했는지에 관해 훨씬 더 날카로운 의문

---

12) *Jesus Remembered*, §13.3f를 보라. 비교. K. Berger, 'Volksversammlung und Gemeinde Gottes. Zu den Anfängen der christlichen Verwendung von "Ekklesia"', *ZTK* 73 (1976), 167-207(여기서는 187-201).

13) 갈 1:3; 비교. 고전 15:9; 빌 3:6; 행 5:11; 8:1, 3; 12:1; 약 5:14. Harnack는 그 용어가 "자신들을 '하나님의 교회'라고 서술해야만 했던 팔레스타인 공동체"에서 나왔다고 했다(*Mission*, 407); 또한 H. Merklein, 'Die Ekklesia Gottes. Der Kirchenbegriff bei Paulus und in Jerusalem', *Studien zu Jesus und Paulus* (WUNT 43; Tübingen: Mohr Siebeck, 1987), 296-318(여기서는 303-13); Fitzmyer, 'Designations', 231-32; *The Acts of the Apostles* (AB 31; New York: Doubleday, 1998), 325; P. Stuhlmacher, *Biblische Theologie des Neuen Testaments* (2 vols.; Göttingen: Vandenhoeck und Ruprecht, 1992, 1999), 1.199-200을 보라. 또한 아래 §30.1을 보라.

14) 엡 1:22; 3:10, 21; 5:23-25, 27, 29, 32. 그러나 골 1:18, 24을 제외하고는, 우주적 교회를 의미하는 *ekklēsia*의 사용은 바울 문서 내에서는 예외적이며 대체로 추정하듯이 고전 10:32; 12:28; 갈 1:13에서 드러내는 관점이 아닌 것 같다. 그리고 단수 사용에서 추구하는 이상은 하나의 우주적 실체보다는 이스라엘에 연속된다(the *qahal Yahweh*)는 의미를 반영한 것일 수 있다(필자의 *The Theology of Paul the Apostle* [Grand Rapids: Eerdmans, 1998], 537-43을 보라). "보편 교회 = 우주적 교회"(*hē katholikē ekklēsia*)라는 개념은 Ignatius, *Smyrn.* 8.2에서 처음 등장한다. 이에 관해서 W. R. Schoedel, *Ignatius of Antioch* (Hermeneia; Philadelphia: Fortress, 1985), 243-44; 또한 *Mart. Pol.* inscr.; 8.1("전 세계의 모든 보편적 교회"); 19.2을 보라.

15) *Jesus Remembered*, §1. 아래 §22 n. 4을 보라.

을 제기한다.[16] 여기서 또다시 말하자면, "과부하된" 용어들을 평소대로 사용해서 이런 논점들을 미리 제거해서는 안 된다. 어쩌면 이런 면에서 더 중요한 점은 이 용어("교회")가 처음에는 대부분 전형적으로 복수 형태로 사용되었거나("교회들")[17] 혹은 특정 지역 모임을 묘사하려고 사용됐다는 사실이다.[18] 그렇다면 거듭 말하지만, 시대착오의 위험 및 무의식적 오도의 가능성이라는 위험을 진지하게 받아들일 필요가 있다. 따라서 본 장의 제목을 "보다 안전"하며 역사적으로 더 정확한 표현으로 제시한다면 "역사적 교회들 탐구"가 될 것이다.

다른 용어들은 여전히 덜 만족스럽게 보인다. (3) "회당"(synagōgē)은 강한 경쟁자로 보이지 않을 수 있는데, 이는 기독교의 반(反)유대적 논쟁 역사에서 "교회"와 "회당"의 대조가 뿌리 깊게 자리 잡고 있기 때문이다.[19] 그러나 이 용어 자체는 아직도 "모임"에서 "모임 장소"로 전환 중이었고,[20] 그 시기에 회당은 구별된 유대인의 "모임 장소"를 가리키는 전문 명칭이 아니었다.[21] 그래서 초기 기독교 문서에서 "기독교" 모임을 묘사할 때 이

---

16) *Jesus Remembered*, §4.7; F. Vouga, *Geschichte des frühen Christentums* (UTB; Tübingen: Francke, 1994).

17) 롬 16:4, 16; 고전 4:17; 7:17; 11:16; 14:33-34; 16:1, 19; 고후 8:1, 18-19, 23-24; 11:8, 28; 12:13; 갈 1:2, 22; 빌 4:15; 살전 2:14; 살후 1:4; 행 15:41; 16:5; 계 2-3장. 행 9:31("온 유대와 갈릴리와 사마리아 교회")은 광범위한 지역과 관련해서 단수를 사용하기에 예외적이지만(예로 "갈라디아 교회들"과 비교하라), 하나의 통합된 교회만큼이나(혹은 더욱) 하나의 (단수) 지역(= 이스라엘 땅)을 의미할 수 있다! 그러나 이 용어가 국가 교회라는 개념을 입증한다고 이해되어서는 안 된다.

18) 롬 16:1, 23; 고전 1:2; 11:18, 22; 14:23; 고후 1:1; 골 4:16; 살전 1:1; 살후 1:1. 어떤 이의 집에 있는 교회—롬 16:5; 고전 16:1, 19; 골 4:15; 본 2. 이는 사도행전에서 전형적으로 등장한다(예. 8:1; 11:26; 14:23; 20:17).

19) 스트라스부르 대성당에서처럼 전통적인 교회 건축에서는 두 여인, 즉 승리한 교회와 패배한 회당을 대조한다. 그러나 그런 대조는 이미 Justin, *Dial.* 134.3에서 등장했고, 그 논쟁은 2세기 다른 문헌에서도 명백하다(상세한 내용은 W. Schrage, *synagōgē*, TDNT, 7.838-40에 있다). 또한 *aposynagōgos*("회당에서 쫓겨남")라는 용어를 주목하라. 이 용어는 성경 외적 문서와 70인역에서는 나오지 않지만, 요 9:22; 12:42; 16:2에는 등장한다(제3권을 보라).

20) *Jesus Remembered*, §9.7a를 보라.

21) 또한 §30의 각주 7과 84을 보라

용어가 빈번하게 등장한다는 사실은 놀랍지 않다.[22] 그러나 이런 용례는 *synagōgē*라는 단어가 아직 전문 용어("회당")가 아니었고 여전히 폭넓게 사용("모임")되었음을 상기시킨다. 그리고 그리스도와 관련하여 자신을 규정했던 사람들의 모임을 가리키려고 1세기 문헌에서 이 용어가 드물게 등장한다는 사실이 우리가 찾고 있는 일반적인 참조 용어로 그것을 사용하게끔 하지 않는다. 동시에 이러한 점들을 고려할 때, 기독교의 시작을 다루는 데 있어 용어를 정의할 때 특별히 유대교와 명확히 선을 그으려는 시도가 역사적으로 무책임한 일이 될 수 있음을 깨닫게 된다.

더 그럴듯한 후보는 (4) *mathētai*인데, 이 용어는 확실히 예수와 그의 열두 제자들의 사명과의 연관성을 제공한다.[23] 더 중요한 내용은 사도행전에서 이 용어가 새로운 단체에 헌신한 사람들을 위해 구제척인 지위("그 제자들")를 가리키는 의미를 띠게 된다는 것이다.[24] 한편 이 용어는 복음서와 사도행전을 제외하고는 신약성경에서 쓰이지 않았다. 이는 **첫** "제자들"이 계속 자신들을 스승-제자라는 예수와의 초기 관계에 비추어 보았거나 그런 관계로 규정했음을 시사한다.[25] 또는 이것이 누가가 그의 저술에서 이

---

22) 특히 약 2:2. 어쩌면 공관복음 전승에서 예수의 추종자들의 모임에 관해서 등장할 수도 있다 (*Jesus Remembered*, §9 n. 233을 보라). 그리고 2세기 문헌으로는 Ignatius, *Pol.* 4.2; Hermas, *Mand.*11.9-14; *T. Ben.* 11.2(아마도 그리스도인); Justin, *Dial.* 63.5를 보라. Irenaeus는 교회와 옛 언약의 진실한 유대교를 두 개의 회당으로 언급했다(*Adv. haer.* 4.31.1을 언급하는 Schrage, *TDNT*, 7.840-41. 또한 BDAG, *synagōgē*를 보라); Harnack는 Epiphanius, *Pan.* 30.18에 특별히 주목했다(*Mission*, 408 n. 1).

23) *Jesus Remembered*, §§13-14.

24) "그 제자들"─행 6:1-2, 7; 9:19, 26, 38; 11:26, 29; 13:52; 14:20, 28; 15:10; 18:23, 27; 19:9, 30; 20:1, 30; 21:4, 16; 한 "제자"─9:10, 26, 36; 16:1; 21:16; "제자들을 만들라"─14:21.

25) K. H. Rengstorf, *mathētēs*, *TDNT*, 4.458. Harnack가 암시했듯이(*Mission*, 400 n. 1), 나손이 이런 제자였는가? 그는 "오랜 제자"(*archaios mathētēs*)라고 묘사된다(행 21:16)? 그러나 Cadbury는 행 1-5장에서 이 용어가 놀랍게도 부재함을 언급했고 사도행전에서 이 용어가 예수에게서 분리되었다고 바르게 관찰했다. 누가복음에서는 소유격으로 예수를 표현했거나 암시했지만, 사도행전에서는 그 표현이 단 한 번 "주의 제자들"(9:1)이라고 소유격으로 언급되고, "제자들"이라는 표현은 아무런 첨언 없이 사용된다(*Beginning*, 5.377). 또한 Fitzmyer, 'Designations', 227-29을 보라. 고대 세계에서는 누군가의 "제자들"에 대해 말하는 것이 익숙했기 때문에(BDAG, *mathētēs* 2), 단순히 "그 제자들"이라는 언급은 내부자 관점

용법과 이미지를 확장시켰다는 의미일 수도 있다.[26] 그러나 이것을 제외한 1세기의 문헌에서 이에 대해 침묵한다는 사실은 당시에 이 용어가 광범위하게 사용된 자기 묘사가 아니었음을 시사한다. 그리고 그 표현의 초기 용례에 대해 방금 제시한 관점이 건전하다면, 그런 침묵은 고대 세계에서 친숙했던 제자-스승[27] 관점으로 자신을 이해하는 것이 초기 "그리스도인"에게 적합하지 않은 것으로 이내 인식됐을 가능성을 시사한다.[28] 이것은 그 자체로 매우 중요한 결론이 될 수 있다. 우리는 논의를 이어가면서 이 문제를 다시 다룰 것이다.

신약 문헌에서 (5) "신자"는 신생 공동체에 대해 실제로 사용된 첫 번째 집단적 용어로,[29] 이 용어는 초기 집단의 중요한 특징을 잘 담아낸다. 이 용어는 우리가 사용할 수 있는 가장 분명한 용어인데, 그 이유는 특히 이 시

을 암시한다.

26) Cadbury는 행 6:2의 "열둘"과 "모든 제자들"(plēthos)가 대조된다는 사실을 발견했다 (Beginnings, 5.376-77).

27) BDAG, mathētēs 2; Fitzmyer, Acts, 346.

28) "제자"는 이후에 명예로운 직함이 되었는데, 특별히 원제자만이 아니라 순교자에게도("참된 제자"—Ignatius, Rom. 4.2) 명예 직함이 되었다는 Harnack의 관찰은 여전히 유효하다. "'제자들'이라는 용어는 쓰이지 않게 되었는데, 그 용어가 그리스도인이 새롭게 처하게 된 관계를 더 이상 표현하지 않았기 때문이다. 이 용어는 너무 적은 의미와 너무 많은 의미를 동시에 띠었다"(Mission, 400-401).

29) Hoi pisteuontes("믿는 사람들")—행 2:44; 롬 3:22; 고전 14:22; 살전 1:7; 2:10, 13; Hermas, Sim. 8.3.3; Origen, c. Cels. 1.13.34

hoi pisteusantes("믿은 사람들/신자가 된 사람들")—행 2:44 v.l.; 4:32; 살전 1:10; Hermas, Sim. 9.19.1; 9.22.1

hoi pepisteukotes("신자가 된[그리고 계속 믿은] 사람들")—행 15:5; 18:27; 19:18; 21:20, 25

pistos/pistē("믿는, 신실한")—행 16:1, 15; 고전 7:25; 고후 6:15; 딤전 4:10; 5:16; 6:2; 딛 1:6

hoi pistoi("신자들/신실한 자들")—행 10:45; 12:3 D; 딤전 4:3, 12; Ignatius, Eph. 21.2; Magn. 5.2; Mart. Pol. 12.3; 13.2; Celsus, c. Cels. 1.9

또한 PGL, pistos; Harnack, Mission, 403-404 n. 4; Spicq, 'Dénominations' 17-19을 보라.

그러나 hē pistis("믿음")는 후기 신약 문헌에서만 등장한다—딤전 1:19; 3:9; 4:1, 6; 5:8; 6:10, 12, 21; 딤후 2:18; 3:8; 4:7; 딛 1:13; 유 3. 이 외에 갈라디아서만 등장하는 이 표현(1:23; 3:23, 25, 26; 6:10)은 후기 용법처럼 신앙의 내용에 대해 언급하기보다는, 하나님이 계획하신 역사의 새로운 국면(3:23)이 독특하게 믿음으로 특징지어진다는 바울의 주장을 암시하는 것으로 보인다. 필자의 The Epistle to the Galatians (BNTC; London: Black, 1993), 84, 197, 202을 보라.

기에 그 표현이 아주 독특했기 때문이다.[30] 더 중요한 점은 기독교의 형성에 관한 어떤 탐구라도 반드시 그런 신앙의 내용과 시기를 핵심으로 다루어야 한다는 것이다. 즉 그 신앙의 내용은 무엇이고, 특정한 때 그 신앙의 방향이 어떠했고, 그 신앙이 얼마나 독특하며 다양했는지, 그리고 이런 신앙의 초기 발전 양상을 알 수 있는지를 다루어야 한다. 예수가 그를 믿는 믿음 자체가 아니라 단순히 "믿음"을 요청한 것으로 기억되었다는 이미 도달한 결론을 명심한다면,[31] 이 논점은 민감하게 다루어져야 한다. 여기서 **예수에 반응하는** 신앙에서 **예수를 믿는** 신앙으로의 중대한 전환이 이미 이루어졌다고 볼 수 있는가?[32] 그렇다면 이 전환이 어떻게 일어났는지 반드시 물어야 한다. 여기서 우리는 우리가 사용하는 용어 때문에 너무 많은 의문이 일어나지 않도록 특별히 조심해야 한다.

또 한편으로는 (6) "주의 이름을 부르는 사람들"이라는 길고 복잡한 어구를 사용할 수도 있다. 이 표현은 수많은 본문에서 확실히 그리스도인들의 자기 묘사처럼 보이며,[33] 요엘 2:32(LXX 3:5)의 영향을 반영한다.[34] 쿰란

---

30) "'신실한' 혹은 '신뢰할 수 있는'과 같은 일반 수동적 의미 대신에 이 능동적 의미는 주목할 만하며 기독교 밖에서는 발견하기 어렵다"(Cadbury, *Beginnings*, 5.382). R. Bultmann, *The Theology of the New Testament* (2 vols.; ET London: SCM, 1952, 1955)도 비슷하게 말한다: "기독교에서 처음으로, '믿음'은 인간과 신의 관계를 나타내는 지배적인 용어가 되었다. 이전에는 그렇지 않았지만 기독교에서 '믿음'은 종교적 인간의 삶을 철저하게 지배하는 태도로 이해되었다"(89). 그러나 불트만은 "그리스도와의 인격적인 관계가 '믿음'이라는 생각은 초기 기독교의 메시지에 처음엔 낯설었다"고 여전히 주장한다(92). 유사한 취지로 Robin Lane Fox, *Pagans and Christians* (1986; London: Penguin, 1988): "'고전 그리스 철학으로 양육된 사람들에게 믿음은 종교의 가장 낮은 차원…교육받지 못한 마음의 상태였다'[E. R. Dodds를 인용함].…어떤 이교도도 자신을 '신실한 자'라고 부른 적은 없으며, 이 용어는 이교도 비문을 유대인 및 그리스도인의 비문과 구분하는 몇 안 되는 방법 중 하나로 남아 있다"(31).

31) *Jesus Remembered*, §13.2b.

32) 신구 자유주의가 좋아하는, "예수와 **함께** 믿음"과 "예수를 믿음"의 대조보다 필자는 이 표현을 선호한다(비교. "역사의 예수" 대 "신앙의 그리스도", 아래 §20.2b).

33) 행 9:14, 21; 고전 1:2; 딤후 2:22. 그렇게 이 표현은 "'그리스도인'을 가리키는 전문 표현이 되었다"(H. Conzelmann, *1 Corinthians* [Hermeneia; Philadelphia: Fortress, 1976], 23).

34) 행 2:21; 롬 10:12-1

공동체가 하박국(1QpHab)에 비추어 자신을 보았듯이, 초기 신앙인들도 이와 유사하게 요엘서 본문에 비추어 자신들을 인식한 것 같다. 이는 누가가 요엘의 초기 영향을 보여주는 타당한 근거를 가지고, 오순절 사건을 설명할 때 요엘서 구절을 첨부했음을 암시한다(행 2:17-21). 물론 기도 시에 "하나님(의 이름)을 부르다"는 말은 그리스와 히브리 종교에서 종종 사용된 표현이다.[35] 초기 그리스도인의 용례를 독특하게 만든 것은 그들이 "주"로 부른 대상이 대체로 예수였다는 데 있다.[36] 앞으로 이 점을 더 다룰 것이다.[37]

역사적 책임을 가지고 어떤 다른 용어들을 사용할 수 있을까? (7) "형제들"은 확실히 많이 사용된 용어로서 신약의 모든 영역에서 처음부터 끝까지 등장한다.[38] 더욱이 마가복음 3:31-35이 예수 사역의 한 이야기를 다룬다면,[39] 이 용어는 "제자들"보다 더 효과 있게 부활 이전의 사명과 부활 이후 확장 사이에 있는 간격을 메울 수 있다. 또한 이 용어는 그것이 그 운동 내에서 (상상의) 가족적 유대를 나타내는 표현으로 사용되어 이 운동을 특징지었다는 데서도 그 가치가 있으며, 이는 내부에서 인식한(감지한) 이 운동이 지닌 특징의 중요한 내용을 확실하게 밝힌다.[40] 문제는 이 용어 사

---

35) 창 13:4; 21:33; 26:25; 시 80:18; 99:6; 105:1; 116:4; 사 64:7; 습 3:9; *T. Jud.* 24.6; *Pss. Sol.* 15.1. 이 어구는 시 79:6; 86:5; 145:18; 렘 10:25; 슥 13:9; *T. Dan* 5.11; 6.3; *Pss. Sol.* 2.36; 6.1; 9.6에서 자기를 규정하는 칭호가 되었다("주의 이름을 부르는 자들"). *Jos. Asen.* 11.9, 17-18과 행 22:16 및 롬 10:13을 비교하라. 또한 K. L. Schmidt, *kaleō, TDNT*, 3.498, 499-501; BDAG, *epikaleō*; Spicq, 'Dénominations', 45-49을 보라.

36) 행 7:59; 9:14, 21; 22:16; 롬 10:9-13; 고전 1:2에 명시되었다.

37) 추가로 아래 §§23.2a, 4d를 보라.

38) 또는 많은 사람에게 그렇게 보이는 것처럼, 이 용어가 특정한 성에 제한되는 것을 피하기 원한다면 "형제들과 자매들"(NRSV). 그러나 초기에도 "자매"가 그 자체로 사용됐다(롬 16:1; 고전 7:15; 9:5; 몬 2; 약 2:15; Ignatius, *Pol.* 5.1; *2 Clem.* 12.5; Hermas, *Vis.* 2.2.3; 2.3.1). "형제들과 자매들"이라는 호칭도 사용됐다(*2 Clem.* 19.1; 20.2).

39) *Jesus Remembered*, §14.7을 보라

40) 예. 롬 8:29; 16:23; 고전 5:11; 살전 3:2; 벧전 5:12; *1 Clem.* 4.7; Ignatius, *Eph.* 10.3; *Smyrn.*12.1; *Barn.* 2.10; Hermas, *Vis.* 2.4.1. 사도행전에서는 1:15-16; 6:3; 9:30; 10:23; 11:1, 12, 29; 12:17; 14:2; 15:1, 3, 7, 13, 22-23, 32-33, 36, 40; 17:6, 10, 14; 18:18, 27; 21:7, 17, 20; 28:14-15을 보라. 또한 W. Schenk, 'Die ältesten Selbstverständnis christlicher Gruppen imersten Jahrhundert', *ANRW* 2.26.2 (1995), 1355-1467(여기서는 1375-82)을 보라.

용이 새로운 운동만의 독특함이 아니라는 데 있다. 쿰란을 포함한 다른 종교 공동체 내에서도 이 용어를 사용했음이 입증되기 때문이다.[41] 그리고 이 용어가 개인 관계와 운동의 내부 관계에 대해서는 잘 어울리지만,[42] 새 운동을 "형제단"이라고 일컫는 것은 신약에서(베드로전서는 별도로) 드물다.[43]

(8) "성도들"은 특별히 바울 서신과 요한계시록에서 사용된 또 하나의 서술 용어다.[44] 그러나 이 용어 역시 이스라엘의 유업에 참여함을 주장하는 수단으로서[45] 이 운동 내부에서만 의미가 있다.[46] 이 용어는 신학적 지위에 대한 주장을 내포하기에, 그것은 이런 주장을 하는 운동에 관한 사회적 서술로는 적절하지 않다. 하르나크(Harnack)가 언급한 대로 2세기 중반 이후 이 용어가 점차 사라졌다는 사실은, 이스라엘을 향한 태도가 더 논쟁적이 되었다는 점과 이 용어가 ("제자" 및 "형제"와 마찬가지로) 또다시 "기독교"

---

41) Josephus, *War* 2.122; 1QS 6.10, 22; CD 6.20; 7.1-2; 1QSa 1.18; 1QM 13.1; 15.4, 7. 사도행전에서는 2:29, 37; 3:17, 22; 7:2, 23, 25-26, 37; 13:15, 26, 38; 22:1, 5; 23:1, 5-6; 28:17, 21을 보라. 추가로 BDAG, adelphos 2a; K. H. Schelkle, *RAC*, 2.631-40; *NDIEC*, 2.49-50 그리고 아래 §30 n. 49을 보라.

42) 바울 서신에서 특징적으로 드러난다(롬 1:13; 7:1, 4; 8:12 등등).

43) Adelphotēs("형제애, 교제")—벧전 2:17; 5:9; *1 Clem.* 2.4. 이 외에는 마태복음이 가장 유사하다(마 5:22-24; 7:3-5; 18:15, 21, 35). 또한 그리스도/교회가 "하나님의 *oikos*"(가정, 가족)로 언급된다(딤전 3:15; 히 3:2-6; 벧전 4:17). Harnack는 "형제들"이라는 칭호가 성직자와 신앙 고백자에 제한된 후기 경향을 지적했다(비교. 위 n. 28)—"조직의 성장과 교회들 특권에 대한 확실한 지표"(*Mission*, 406-407과 n. 1).

44) 일상적으로 바울은 그의 독자들을 "성도"라고 불렀다(롬 1:7; 고전 1:2; 고후 1:1; 빌1:1; 또한 엡 1:1). 사도행전에서 불규칙적으로 사용된 경우(행 9:13, 32, 41; 26:10; 비교. 20:32; 26:18)를 보면 그 표현이 초기에 어떻게 사용되었는지에 대한 통찰력을 제공한다(n. 45를 보라). 또한 Schenk, 'Selbstverständnis', 1384-92을 보라.

45) "성도"(= 구별된 자/하나님의 "거룩한 자")는 특별히 이스라엘 전통에서 이스라엘 백성이 자신들을 규정할 때 쓰는 용어다(예. 시 16:3; 34:9; 단 7:18; 8:24; Tob. 8:15; Wis. 18:9; 1QSb 3.2; 1QM 3.5; 또한 *ABD*, 3.238-39을 보라). Harnack는 이스라엘의 유업을 표방하는 다른 명칭을 나열했다: "하나님의 백성", "영 안의 이스라엘", "아브라함의 자손", "선택된 백성", "열두 지파", "택함 받은 백성", "하나님의 종". 그러나 그는 이 명칭들이 결코 전문용어가 되지 않았다고 언급한다(*Mission*, 402-403). 또한 Spicq, 'Dénominations', 19-29, 41-45을 보라.

46) 제2성전기 유대교 내 다른 종파도 자신들이 이스라엘 혹은 이스라엘의 대표라는 같은 주장을 하기 위한 수단으로 이 용어를 사용하여 자신들을 규정했다(*Pss. Sol.* 17.26; 1QS 5.13; 8.17, 20, 23; 9.8; *1 En.* 38.4-5; 43.4 v.l.; 48.1; 50.1 등등).

내 특정 하부집단("성직자들")을 지칭하는 용어로 제한되는 경향이 점증했음을 드러내는 신호다.[47]

캐드버리(Cadbury)의 목록에는 없지만, "성도"와 같이 분명한 경쟁자는 "택함 받은 자들", "선택 받은 자들"인데, 이는 특히 사해 종파를 포함한[48] 유대인의 자기 이해에서 중심적인 용어다.[49] 초기 기독교에서 이 용어는 자신이 개종시킨 사람들과 이스라엘 간에 연속성이 있음을 증명하려는 바울의 관심사를 진전시키는 데 기여했다.[50] 다른 곳에서 이 표현이 사용된다는 사실은 이런 관심을 가진 사람이 바울만이 아니었음을 암시한다.[51] "성도"와 같이 이 용어가 이스라엘의 유업에 **참여하는 것**을 의미하는지, 아니면 그 유업을 **이어받음**을 의미하는지는 반드시 다루어야 할 논점이다.[52] 아무튼 "성도"와 마찬가지로 이 용어는 유대교 내부의 대화에서만 의미가 있는 신학적 주장을 서술할 뿐이지 사회적 서술로는 전혀 기여하지 못한다.

---

47) Harnack, *Mission*, 405.

48) 대상 16:13; 시 105:6; 사 43:20; 45:4; 65:9, 15, 22; Tob. 8.15; Sir. 46.1; 47.22; Wis. 3.9; 4.15; *Jub.* 1.29; *1 En.* 1.3, 8; 5.7-8; 25.5; 93.2.

49) 1QpHab 10.13; 1QS 8.6; 1QM 12.1, 4; 1QH 10[= 2].13; CD 4.3-4.

50) 바울은 가끔만 신자들을 "택함 받은 자"(*hoi eklektoi*)로 언급했으나(롬 8:33; 골 3:12; 또한 딤후 2:10; 딛 1:1), 롬 9:11과 11:5, 7(또한 살전 1:4)에서 이 단어와 밀접하게 연관된 *eklogē*("선택", "선택 받은 자")를 주목하라. 어원은 다르나 실제로 유사한 표현은 바울이 언급한 "부름받은 자"(*hoi klētoi*)이다: 롬 1:6-7; 8:28; 고전 1:2, 24; 또한 유 1 그리고 계 17:14(K. L. Schmidt, *kaleō*, TDNT, 3.494). 이는 쿰란에서도 자기를 규정하는 용어였다(1QM 3.2; 4.10-11; 비교. 1QSa 2.2, 11; 1QM 2.7; CD 2.11; 4.3-4). 하나님의 부르심(*kaleō*)이 이스라엘에 대한 토의(롬 9-11장)의 첫 부분에서 얼마나 중심적인지 주목하라(9:7, 12, 24-25). 추가로 BDAG, *kaleō* 4을 보라.

51) 막 13:20, 22, 27/마 24:22, 24, 31; 벧전 1:1; 2:9; 요이 1, 13; 계 17:14. 그리고 *1 Clement*와 Hermas, *Vision*(BDAG, *eklektos* 1)에서도 대중적이다. 추가로 Spicq, 'Dénominations', 29-35을 보라. 그는 "하나님의 사랑하는" 자를 포함시킨다(롬 1:7; 비교. 9:25; 골 3:12; 살전 1:4; 살후 2:13)(35-41).

52) 편향성이 있는 묘사들을 볼 때 이런 이의 제기는 더욱 분명해진다: "하나님의 백성"(암 9:11-12을 인용하는 행 15:14; 호 2:25을 인용하는 롬 9:25과 벧전 2:10; 신 31:7과 수 22:4의 미드라쉬적 추론인 히 4:9; 렘 50:8과 51:45을 연상시키는 계 18:4); "흩어져 있는 열두 지파"(약 1:1; 비교. 벧전 1:1); 그리고 "아브라함의 자손"(갈 3:16, 19, 29; 롬 4:13-18).

예루살렘에 있던 최초의 신앙 공동체가 자신들을 (10) "가난한 자"로 여겼을 가능성이 있다. 예를 들어 시편 저자가 언급한 사람들처럼 말이다(시 69:32; 72:2). 이런 자기 언급은 "예루살렘 성도 중 가난한 자들"(롬 15:26)을 위해 연보를 해야 한다는 바울의 설명에 암시되거나 반영된다.[53] 그런 자기 언급으로 그들은 자신들이 하나님의 특별한 보호를 받는 가난한 자와 눌린 자라고 주장했을 것이며, 이는 솔로몬의 시편 배후에 있는 사람들 및 쿰란 공동체가 주장했던 내용과 상당히 유사하다.[54] 이 용어는 "가난한 자들"을 위한 예수의 사명과 연속된다는 주장을 할 수 있는 또 하나의 표지다.[55]

캐드버리가 작성한 자기 명칭에 관한 다른 용어들은 너무 일회적이거나 특정 상황에만 적용되기 때문에 크게 주목할 필요가 없다. 특별히 (11) 친구,[56] (12) 의인,[57] (13) 구원 받은 자들[58]이라는 표현인데, 이 표현들은 전부 내부인의 자기 정의를 다분히 드러낸다.

그러나 우리가 찾고 있는 용어에 근접한 네 가지 다른 표현이 있는데, 그 표현들은 이 운동을 지칭하는 수단으로 초기에 타인("외부인")이 사용한 용어이고, 그 운동의 구성원과 구성원의 지향점을 규정한다. 세 용어는 사도행전에서만 등장하고, 네 번째 것도 거의 그렇다(최초 신자들을 언급한다는 면에서). 그러나 이 경우는 주저하며 사용되어 곧 폐기된 초기의 용법을 담고 있는, 일시적이고 지엽적인 용례를 시사한다.

첫 번째는 (14) "길"(hodos)이다. 초기 신자들은 "남녀 모두 같은 길에 속

---

53) 추가로 필자의 *Romans* (WBC 38; Dallas: Word, 1988), 875-76과 아래 §33.4을 보라.
54) *Jesus Remembered* §13 n. 144을 보라. 에비온과 사람("가난한 사람")과의 연결도 중요하다 (Karpp, 'Christennamen', 1117을 보라).
55) *Jesus Remembered*, §13.4.
56) 특별히 요삼 15; 또한 아마도 행 27:3; 비교. 눅 12:4; 요 11:11; 15:14-15(Harnack, *Mission*, 419-21을 보라).
57) 행 14:2 D; 벧전 3:12; 4:18; 비교. 마 10:41; 13:43; 눅 1:17.
58) 눅 13:23; 행 2:47; 고전 1:18; 고후 2:15; Fitzmyer, 'Designations', 226. Fitzmyer는 "부활하신 그리스도의 목격자들"(224), "양떼"(행 20:28-29; 벧전 5:2-3), "무리"(*plēthos*)(행 4:32; 6:2, 5; 15:2, 30; Ignatius, *Smyrn.* 8.2), "교제"(행 2:42)(226-27)를 포함한다. 여타의 가능성 있는 이름들은 Karpp('Christennamen', 1122-30)가 평가했다.

한" 사람들이었다.[59] 이 이미지는 행동을 길을 따라 걷는 것으로 보는 히브리 숙어를 명확하게 반영한다. 이는 전형적인 그리스 사상이 아니며, 바울은 이것을 계속 사용했다.[60] 그러므로 새로운 운동은 삶과 생활의 "길"이었다. 행동을 "발걸음"으로 보고 그에 따른 삶의 방식을 "길"을 따름으로 보는 사고의 결합은 쿰란 사상에 선명히 드러난다. 사실 쿰란에서의 용례는 사도행전에서 등장하는 용어와 가장 근접한 병행을 제시한다.[61] 더 놀라운 사실은 쿰란 공동체 사람들이 이 용어를 사용할 때 "사막에서 길(derek)을 예비하라…"(1QS 8.14)는 이사야 40:3에서 영감을 받았다는 사실이다. 초기 예수 전승에서 이 본문이 세례 요한과 연관된 바로 그 본문이기 때문에(막 1:3과 병행 구절들), 세례 요한을 통해 쿰란과 초기 기독교 공동체의 사상이 연결된다는 흥미로운 가능성이 대두한다.[62] 다른 말로 하면, 이사야 40장의 종말론적 소망이 이 세 그룹을 통해 성취됐다는 유사한 의미의 가능성이 존재한다. "주의 길"이 실현되었다. 이 이미지는 모든 고대 세계의 전통인 "두 길"이라는 주제와 결코 관련이 없다고 할 수 없다.[63] 여기서는 이 길과 저 길 중 선택을 해야 하는데, 특별히 마태복음 7:13-14 전승이 암시하듯이, 유대교 사상이 초기 제자들에게 영향을 끼쳤음은 의심할 여지가 없다.[64] 이 경우에 이 용어("그 길")가 지닌 함의는 이 용어를 주장하는 사람들이 올바른 선택을 했고, 그 선택이 구원에 이르는 (유일한) 길임을 강력하게 주장

---

59) 행 9:2; 또한 19:9, 23; 22:4; 24:14, 22을 보라. 비교. 18:25-26; 벧후 2:2; 아마 고전 12:31에서도 반영되었을 것이다.

60) *Jesus Remembered* §9 n. 68; Dunn, *Theology of Paul,* 643 n. 82-84을 보라

61) 특별히 1QS 9.17-18, 21; 10.21; CD 1.13; 2.6에서 독립적으로 사용한 것("그 길")을 보라. 쿰란 종파 사람들은 자신들을 길(derek)을 완벽하게 걷는 사람으로서 "길의 완전한 자"라고 생각하길 좋아했다(1QS 4.22; 8.10, 18, 21; 9.5).

62) 또한 Fitzmyer, 'Designations', 229-30 그리고 추가 참고문헌이 있는 Fitzmyer, *Acts*, 423-24을 보라.

63) H. D. Betz, *The Sermon on the Mount* (Hermeneia; Minneapolis: Fortress, 1995), 521-23을 보라.

64) 특별히 신 30:15-16; 또한 예로 수 24:15; 시 1:6; 잠 15:19을 보라. 또한 요 14:6의 함의와 그 모티프가 사도 교부들의 글에서 현저하게 나타남(특별히 *Did.* 1-6과 *Barn.* 18-20)에 주목하라 (W. Michaelis, *hodos*, TDNT, 5.70-75, 78-96).

한다는 데 있다.

특히 그중에서 중요한 내용은 예수를 따르는 자들을 (15) "이단"(hairesis)(행 24:14; 28:22), "나사렛 이단"(행 24:5)이라고 누가가 묘사하는 내용이다. 이는 누가가 사두개파(5:17)나 바리새파(15:15; 26:5)처럼 예수의 초기 제자들을 종파(당, 파, 사상 학파)로[65] 여겼음을 나타내는 듯하다. 따라서 이것은 동료 유대인 중에서 예수의 제자들이 중요한 무리로 인식된 순간, 그들이 제2성전기 후기 유대교의 특징이라 할 수 있는, 바리새인들처럼 독특한 종파로 잘 알려진 또 하나의 종파로 인식됐다는 의미이다.

(16) "나사렛 사람들"(행 24:5)은 초기 신자들을 독특하게 서술하는 유대인의 방식에 더 가깝다. 예수의 제자들을 나사렛 출신인 그 사람을 따르는 자 곧 나사렛 사람들이라고 명명한 것은 자연스러운 경향이었다.[66] 우리가 아는 바로는, 이 이름은 유대-기독교 전승 외에서는 통용되지 않았다. 그러나 이 이름은 그 전승 안에서는 생명을 유지했다. 쉐이더(H. H. Shaeder)가 살폈듯이, "나사렛 사람들"은 수리아 그리스도인을 가리키는 이름으로 존속했으며, 페르시아 및 아르메니아 그리스도인과 후에 아랍 그리스도인들도 이 용어를 채택했다.[67]

마지막으로, 여기서 사도행전에 두 번 등장하는 (17) "갈릴리 사람들"을 언급해야 한다. 그러나 이 용어는 나중에 외부 사람들이 경멸적인 표현으로 사용한다.[68] "나사렛 사람들"과 같이 이 용어 역시 이 운동을 그 기원인

---

65) *Jesus Remembered*, §9 n. 44을 보라.

66) F. F. Bruce, *New Testament History* (London: Marshall, Morgan and Scott, 1972), 214(과 n. 41의 참고문헌); Fitzmyer, 'Designations', 234-35; 또한 *Jesus Remembered*, §9 n. 27을 보라.

67) Jerome, *Ep.* 112.13; H. H. Schaeder, *Nazarēnos, Nazōraios, TDNT*, 4.874-75; 또한 875-78을 보라. 유명한 열두 번째 축도의 발전된 형태를 주목하라(*Shemoneh 'Esreh*, 팔레스타인 교정판): "…나사렛 사람과 이교도가 빨리 사라지기를 기원합니다.…"(Schürer, *History*, 2.461). Epiphanius, *Pan.* 18; 29.6에서 언급된, 기독교 이전 유대교의 나사렛 종파에 대해서는 Harnack, *Mission*, 402-403 그리고 Schaeder, 879을 보라.

68) Epictetus, 4.7.6(아래 §21.1b에서 인용함); Julian, *Contra Galilaeos*(Julian은 갈릴리 사람이 유대인과 다름을 알면서도, 갈릴리 사람을 유대인과 계속 관련지었다); 그리고 또한 Harnack, *Mission*, 402; *GLAJJ*, 1.541 n. 1, 528, 539, 541, 543, 550, 557-58, 572을 보라. 또한 아래 §26 n.

예수의 갈릴리 사역에까지 연결해준다.[69] 그리고 언급할 가치가 있는 점은 이 용어가 이 운동의 초기 지도자들이 갈릴리 사람이었음을 확증한다는 것이다. 그러나 이 추론 자체는 우리가 나중에 다시 다루어야 할 요점(즉 갈릴리 "교회"가 있었는가, 아니면 독특한 갈릴리 공동체[Q 공동체]가 있었는가?)을 재차 제기한다(§22.1).

신생 기독교에 관한 최초의 전승 안에서 실제로 사용된 용어에 대한 이런 형식적 개괄만으로도 우리가 더 진행하기 전에 언급할 만한 가치가 있고 숙고해야 할 다수의 중요한 내용이 충분히 강조된다.

첫째, 예수의 죽음과 그 직후 연속되는 사건에 참여한 사람들을 명명하거나 서술하는 단일 용어는 없다. 이 사실 자체가 우리로 하여금 잠시 멈추게 한다. 우리가 그 용어 중 하나를 그 사람들에 관해 지배적으로 사용하거나, 일관성 있게 그들을 가리키고 정의하는 것으로 사용하는 것은 오해의 소지를 남긴다. 비슷한 이유로 우리가 임의로 선택한 단일 용어("모임", "공동체" 혹은 "운동"과 같은)를 사용하는 것에도 마찬가지로 반대할 수 있는데, 이는 그 용어가 자료들에 대해 선입견을 품게 하는 자신만의 생생한 묘사나 연상되는 대상을 불러올 가능성이 있기 때문이다. 물론 우리가 이 주제에 대해 과민하게 반응하기 쉽다. 어떤 주제나 논점에 대해서 묘사에 "어울리지" 않고 심지어는 왜곡될 수 있는 언어를 사용하지 않을 수는 없다. 보다 현실적으로 추론할 수 있는 점은 우리가 사도행전처럼 다양한 서술 용어를 사용하는 것이 현명하다는 점이다. 따라서 과도하게 고정되고 기준이 되는 유일한 이미지는 없다.

둘째, 이에 대한 직접적이고 더 중요한 추론으로, 우리는 다양한 용어가 사용되었다는 사실이 첫 제자들의 모임이 지닌 **미완성 성격**을 가리킴을 언급해야 한다. 지금까지 개괄한 용어의 폭은 그들 집단의 정체가 다

97을 보라.

69) 특별히 베드로가 부인한 일에 대한 설명(막 14:70과 병행 구절; *Jesus Remembered*, §17 n. 54)과 눅 23:6 그리고 *Jesus Remembered*, §§9.6-9을 비교하라.

양한 양상을 띠었음을 보여주는 분명한 지표이기 때문에, 이 다양한 양상
이 단일한 "그리스도인"의 정체성으로 응집되었다고 처음부터 유추해서
는 안 된다. "정체성"은 이 시점에서 자연스럽게 찾게 되는 용어이고, 오늘
날 이런 논의에서는 유행하는 단어다. 여기서 이 지적이 특별히 타당한데,
이는 한 개인이 딸·자매·부인·어머니·학생·선생·동료·친구 등등이 될 수
있듯이 정체성이 다양한 형태를 가진다고 제대로 알려준 사회학자들 때문
이다.[70]

함의는 명백하다. 기원후 30년대에 출현하기 시작한 "기독교"는 단 하
나의 "무엇"이 아닌, 관계와 태도 및 신념에 대한 최근에 떠오르는 관점, 상
호 작용과 예배의 발전 형태, 행동과 사명이라는 전체 사건이다. 그렇다
면 중요한 질문은 유일한 것(운동, 교회, 신앙인 모임)을 언급할 수 있느냐가 아
니라, 위에서 개괄한 용어(와 최근의 대체 용어들) 때문에 인지하게 된 많고도
다양한 양상이 일관성 있는 통일체로 형성될 가능성이 있는지, 아니면 처
음부터 단일체로 결코 서술할 수 없는 다양성을 은폐하고 있는 것은 아닌
지에 관한 것이다.

셋째, 일관성을 위한 중요한 한 요인(거의 틀림없이 일관성을 위한 주요인[언
뜻 보기에는])이 개괄된 수많은 용어 안에 있는데, 그것은 바로 **예수가 가졌
던 사명과의 연속성**이다. 이 특징은 "제자들·형제들·가난한 자들"은 물론
이고 "그리스도인·나사렛 사람들·갈릴리 사람들"에서도 명백히 드러나며,
어쩌면 "교회"와 "그 길"이라는 용어에도 내포되어 있을 것이다. 예수가 사
역하는 동안, 예수 자신은(그리고 그를 따르는 자 혹은 제자로서 그들이 예수와 가진
개인적 관계는) 그들의 정체를 밝히기에 그 자체로 충분했다. 그러나 예수가
이제 "무대"에서 사라지자 이 정체성 확인의 요소는 빠르게 그 효력을 상실
한다. 그렇다면 더 놀라운 특징은 "주(예수)의 이름을 부르는 자"라는 어구
에서 찾을 수 있는데, 이 어구에서 관계는 제자로부터 헌신자, 심지어는 예

---

70) 또한 아래 §29.2을 보라.

배자라는 관계로 전환된다. 단지 예수가 아니라 주(Lord)이신 예수에 근거하여 자신의 정체성을 규명하는 초기 제자들은 기본적인 자기 이해에 있어 엄청난 발걸음을 내디뎠다. 앞으로는 이 점을 신중하게 숙고해야 한다. 여기에 포함되는 주제는 "그의 이름"과 같은 어구의 역할, 설교와 변증에서 예수를 언급한 방식, 예수를 예배했는지와 더불어 예수에 대한 예배가 얼마나 빠르게 시작되었는지, (더욱 논쟁적인) 예수 전승을 어떻게 사용했는지에 관한 것이다.[71]

넷째, 일관성을 위한 또 다른 요인은 위에서 개괄한 많은 측면을 확실하게 하나로 묶는데, 그것은 **독특한 유대교적 특징**이다. 특별히 "교리·회당·성도들·택함 받은 자·가난한 자·길·나사렛파"가 그런 것들이다. 이 용어들이 나타내는 제2성전기 유대교의 "내부" 관점은, 태동기 기독교가 초기에 자신을 가리키는 명칭과 주장에 있어서 자신을 유대교로 인식했으며, 초기에는 그렇게 인식되었음을 명백하게 시사하기에 충분하다. 물론 제2성전기 유대교 자체가 그 성격상 다양했음을 기억해야 한다.[72] 요점은 태동기 기독교라는 새 운동이 초기에 그 다양성의 일부였고, 1세기 제2성전기 유대교의 다양성 **안에** 온전히 존재했다는 것이다. 이것은 간단하게 명칭들을 조사하며 얻은 대 결론이며, 이는 논의를 진행하면서 검증하고 단서를 달아야 할 결론이다. 앞으로의 연구를 통해 이 예비 결론을 입증할 수 있는지와 그렇다면 어느 정도로 입증 가능한지가 이 책의 주요 관심사 중 하나다. 그리고 입증된다면, 계속되는 기독교 이해에서 이 결론이 지니는 중요성에 대한 질문은 3부작 전체에서 가장 중요한 질문 중 하나가 된다.

---

71) 아래 §§23.2; 23.4; 29.7d를 보라.
72) *Jesus Remembered*, §9.

20.2 예수에서 바울까지

마지막에 언급한 두 가지 점(예수와의 연관성 및 태동하는 종파의 유대교적 성격)은 기독교의 시작을 연구하는 학자들의 호기심을 200년 넘게 자극한 주요한 두 가지 난제를 멋지게 소개한다. 하나는 예수와 바울의 차이(혹은 격차)를 어떻게 연결하느냐는 문제로, 이는 어떻게 예수의 천국 메시지가 주(Lord) 로서 십자가에 못 박힌 예수에 관한 바울의 복음이 되었으며, 어떻게 복음 선포자인 예수가 복음의 내용이 되었고, 어떻게 예수**의** 복음이 예수에 **대한** 복음이 되었는가를 설명하기 위함이다. 또 다른 난제 혹은 도전은 **어떻게 한 유대 종파가 이방인을 위한 종교가 되었는가를 설명하는 일이다.** 즉 제2성전기 유대교의 다양성 안에 온전히 자리 잡았던 전도 사업이 어떻게 유대교의 경계를 넘어선 운동이 되어 이방인이 다수인 종교로 태동되었는가, 그리고 다분히 이스라엘의 회복을 지향했던 천국 선포가 어떻게 이방인이 이스라엘의 이름과 그 유업에 참여한다거나, 심지어는 이어받는다는 주장으로 전환되었는가를 설명하는 일이다.

예수를 다룬 책에서 샌더스(E. P. Sanders)는 예수의 의도에 관한 좋은 가설을 검증할 수 있는 "클라우스너(Klausner)의 시험대"를 중요하게 생각했다. 즉 가설이 "예수를 그럴듯하게 유대교 안에 위치시켜야 하지만, 그럼에도 예수가 시작한 운동이 결국 유대교와 갈라선 이유를 설명해야 한다"는 것이다.[73] 이는 예수 가설에 대한 좋은 시금석이다. 그러나 이 가설은 기독교 형성기를 재건하려는 모든 시도와 "역사적 교회 탐구" 및 "역사적 예수 탐구"에도 동일하게 적용된다. 기독교의 태동에 대한 좋은 가설은, 어떻게 기독교가 예수로부터 시작했고 제2성전기 유대교라는 모체에서 일어난 이 운동이 어떻게 그렇게 빠르게 그 모체로부터 이탈했는가를 설명해

---

73) E. P. Sanders, *Jesus and Judaism* (London: SCM, 1985), 3, 18-19에서 J. Klausner, *Jesus of Nazareth: His Life, Times and Teaching* (ET London: George Allen and Unwin, 1925), 369을 언급한다.

야 한다. 그리고 언제나 근원이 되는 논점은 정체성과 관련해서 똑같이 감질나게 하는 질문들이다. 전개된 상황이 그리스도가 제공했거나 구체화한 초기의 자극에 맞게 머물러 있었는가? 그리고 태동한 기독교가 초지일관하게 동일한 정체성을 간직했는가? 아니면 다른 방향으로 발전했는가?

첫 난제의 핵심은 기독론이다. 이것은 필자가 제1권에서 "교의에서의 탈출"이라고 묘사한 것의 또 다른 측면이다.[74] 그곳에서 우리는 교의의 그리스도, 즉 신앙의 그리스도에 반하는 반응이자 역사적 예수 탐구를 최초로 불러일으킨 반응을 살폈다. 여기서 그리스도를 위한 신적인 주장이 아주 초기부터 있었음은 사실이며,[75] 이는 의문을 자극했고 의심을 불러왔다. "예수에서 바울까지"는 이런 전환이 그렇게 빠르게 진행될 수 있었느냐는 난제를 시사하며, 예수의 사명과 메시지의 근본을 어느 정도 기만하거나 심각한 손상 없이 그렇게 성취할 수 있었느냐는 회의를 불러온다.

a. 헤르만 라이마루스(Hermann Reimarus)

역사적 예수 탐구와 마찬가지로, 예수의 메시지와 교회의 초기 가르침 사이의 불연속성을 처음으로 주목한 사람은 영국의 이신론자 토마스 첩(Thomas Chubb)[76]과 독일의 이성주의자 헤르만 라이마루스다. 앞의 경우와 마찬가지로 예수의 메시지와 관련해 가장 통찰력 있고 파괴적인 비평을 한 사람은 라이마루스다. 기독론에 대해서 그는 예수가 "유대인으로 태어

---

74) *Jesus Remembered*, §4.

75) M. Hengel, *The Son of God* (ET London: SCM, 1976)은 "십자가에 못 박힌 예수의 신성화"가 40년대에 이미 틀림없이 일어났다는 점에 관해 유명한 말을 했다[빌 2:6-11에서 바울이 인용한 "찬송"을 말함]: "초기 교회의 교리가 완성된 7세기의 기간보다 채 20년도 안 된 기간에 더 많은 일이 일어났다고 말하려는 유혹을 받는다"(2).

76) Chubb은 그리스도의 고난, 죽음, 부활, 승천에 대한 설명과 이것들에 기반을 둔 교리(예. 그리스도의 가치 있는 고난과 천상의 중보)를 그리스도가 선포한 복음과 날카롭게 구분했다. W. G. Kümmel, *The New Testament: The History of the Investigation of Its Problems* (ET Nashville: Abingdon, 1972), 55-56에서 발췌.

났고 유대인으로 남으려고 의도했다"라고 주장했다.[77]

삼위일체 하나님을 제시하거나 그 자신을 하나님과 동등하게 만드는 행위는
예수의 의도가 아니었으며…또한 그는 유대교에서 벗어난 새로운 교리를 도
입하려고 하지 않았다. 예수가 자신을 하나님의 아들이라고 부를 때는 단지
그가 특별히 하나님의 사랑을 받는 그리스도나 메시아임을 암시하려는 의도
였다.

이 용어에서 더 큰 무엇인가를 처음으로 찾은 사람들은 사도들이었다.[78]

율법에 관한 라이마루스의 결론은 다음과 같다.

사도들은 그들의 스승이 의도하고, 가르치고, 명령했던 것과 정확하게 반대로
가르치고 행동했는데, 그 이유는 그들이 이방인들을 율법에서 해방했을 뿐만
아니라 유대교에서 개종하게 한 사람들이기 때문이다.…사도들은 그들의 가
르침과 삶에서 자신들의 스승으로부터 완전히 벗어났으며, 그의 종교와 의도
를 유기하고 완전히 새로운 체계를 도입했다.[79]

예수의 천국 선언에 관해 라이마루스는 다음과 같은 결론을 내렸다.

예수가 죽은 후에야 제자들은 그가 모든 인류를 위해 고난받는 영적 구세주라
는 교리를 파악했다. 그 결과로 예수의 죽음 후에 사도들은 그의 가르침과 행
동에 관한 그들의 이전 교리를 바꾸었고, 그가 이스라엘 백성의 일시적이고

---

77) C. H. Talbert, *Reimarus Fragments* (Philadelphia: Fortress, 1970/London: SCM, 1971), 71-72. 더 상세한 사항은 *Jesus Remembered*, §4.2과 n. 15을 보라.

78) Talbert, *Reimarus*, 96, 88, 84.

79) Talbert, *Reimarus*, 101-102.

강력한 구원자라는 소망을 처음으로 단념했다.…그러나 그들의 소망이 기대와 어긋나자, 그들은 며칠만에 교리 전체를 변경하고 예수를 모든 인류를 위해 고난받은 구세주로 만들었다. 그런 후에 그들은 자신들이 아는 사실을 그것에 맞추어 변경했다.[80]

라이마루스는 예수의 의도와 그의 추종자들의 이어지는 가르침 사이에 검을 능숙하게 꽂은 것에 만족하지 않고, 마지막에 그 검을 무자비하게 비틀었다. 교리의 변천과 변화에 대한 설명은 조잡하다. 제자들이 처음 예수를 따르게 된 동기는 세속적 야망·부와 권력·토지·세상 물질 같은 것이었다는 것이다(마 19:29). 예수와 함께 있었을 때, 그들은 자신들의 친구들과 지지자들에게 좋은 보살핌을 받았기 때문에, 습관적인 노동에서 벗어났다. 그러나 예수가 죽었을 때 가난과 치욕만이 그들을 기다리고 있었다. 그런 혜택이 멈출 필요가 없다고 깨달을 때까지 말이다. 라이마루스는 이 부와 세상 유익을 향한 욕망 때문에 그들이 부활을 조작했고(그들이 예수의 몸을 옮겼다), 무척이나 낯설고 예수의 의도 및 메시지와 어울리지 않는 교리를 만들어냈다고 주장한다.[81]

예수와 바울 간의 격차에 가교를 놓으려는 라이마루스의 마지막 시도는 애석하게도 매우 서툴다. 자료들을 공정하게 읽기보다는 기독교의 전통적 주장에 대해 자신이 오랫동안 감추어온 환멸을 드러내는 것 같다. 그러나 그는 자료와 수수께끼 및 긴장이라는 특징을 다시 다루는데, 이는 예수에서 바울로의 전환이 어떻게 그렇게 빠르게 이루어졌는지를 설명하려는 어떤 시도에서도 무시할 수 없다. 그가 제기한 논점은 해결되지 못했지만, 우리가 집중해야 할 논점을 제시했다는 점에서 그는 예수/바울의 논쟁에 주요한 이바지를 했다.

---

80) Talbert, *Reimarus*, 129, 134.
81) Talbert, *Reimarus*, 240-54(마 19:29을 145에서 인용했다).

- 유대교의 종말론적 기대를 포함해서, 예수를 당시 유대교 내에 더 완전하게 위치시키면 시킬수록, 다음 질문은 더 무시하기 힘들어진다. 예수의 신적 지위에 대한 믿음과 주장이 어떻게 그리고 왜 일어났는가? 그리고 이것들은 예수가 자신에 대해 말했다고 기억되는 확신과 어긋나는가?
- 율법에 반해서 가르치지 않고 율법을 준수한 유대인으로서 예수를 그 시대 유대교 안에 더 완전하게 위치시키면 시킬수록, 다음 질문이 더 무시하기 힘들어진다. 바울이 이방인 개종자에게 토라를 준수할 필요가 없다고 주장했을 때, 베드로와 요한 같은 주요 제자들이 어떻게 그리고 왜 이 주장을 받아들일 수 있다고 보았는가?
- 이스라엘의 구원을 향한 소망의 성취를 선포하는 예수의 하나님 나라 가르침을 그 시대 유대교 안에 더 완전하게 위치시키면 시킬수록, 다음 질문이 더 무시하기 힘들어진다. 특별히 모든 이를 위한 희생인 예수의 죽음에 대한 믿음, 즉 모든 이를 위한 복음이 어떻게 그리고 왜 처음으로 출현하게 되었는가?

이 모든 질문은 라이마루스의 한층 진부한 표현 중 일부를 피해 제기되었다. 그러나 이 질문들은 그의 질문이며, 이 질문은 끊임없는 관심을 요구한다.

b. 역사의 예수 대 신앙의 그리스도

기독교의 전통 교리에 대해 이성주의자들이 도전한 결과로, 예수 자신의 의도와 초기 기독교가 이해한 예수 사이의 대조(대립이 아니라면)는 지난 200년 내내 주요 과제였다. 그러나 "역사의 예수"를 "신앙의 그리스도"와 대조하려면 기독교의 시작을 연구하는 역사가가 전자를 재발견하려는 목적("역사적 예수 탐구")으로 후자를 통찰하(고 뒤에 남겨 두)기만 해서는 안 된다. 역사가는 예수가 신앙의 그리스도와 너무나 다름에도 불구하고, 어떻게 예수가 그렇게 빠르게 신앙의 그리스도가 되었는지도 설명해야 한다.

다비트 슈트라우스(David Friedrich Strauss)가 가장 먼저 이런 표현으로 이 문제를 제기했다. 슐라이어마허(Schleiermacher)의 『그리스도의 생애』(Life of Christ)에 대한 광범위하고 신랄한 비평의 제목은 『신앙의 그리스도와 역사의 예수』(The Christ of Faith and the Jesus of History)다.[82] 서문에서 그는 슐라이어마허의 기독론을 "교회의 그리스도를 현재의 세계가 받아들일 수 있게 만든 마지막 시도"라고 규정짓고, "슐라이어마허의 그리스도는 교회의 그리스도만큼이나 실제 인물이 아니다"라고 매섭게 대응했다.

> 예수는 완전한 인간이었으며 인류 전체 위에 있는 한 인간이라는⋯환상은 이성이라는 바다에 맞서 기독교 신학이라는 항구를 여전히 봉쇄하고 있는 쇠사슬이다.[83]

슈트라우스는 예수가 어떻게 "교회의 그리스도"가 되었느냐 하는 역사적 문제에는 관심이 없었다. 그의 비평은 요한복음을 "사도적이고 신뢰할 만하다"라고 하며 요한복음에 의지한 슐라이어마허를 직접 겨냥했다.[84] 그러나 역사의 예수와 신앙의 그리스도 사이의 균열이 공관복음과 요한복음의 대조에 이미 반영되었다는 함의는 명확하다. 요한복음에서 역사의 예수는 이미 신앙의 그리스도 뒤로 사라졌다.[85]

그 이후에 기독교 교리에 대한 위대한 역사가이며, 일반 역사에 대해

---

82) D. F. Strauss, *Der Christus des Glaubens und der Jesus der Geschichte* (Berlin: Duncker, 1865). 영어판 *The Christ of Faith and the Jesus of History* (Philadelphia: Fortress, 1977)는 L. E. Keck이 번역하고 편집했으며, 서문을 덧붙였다.

83) Strauss, *Christ of Faith*, 4-5장(추가로 2장).

84) Strauss, *Christ of Faith*, 3장.

85) Robert Morgan은 1835년 Strauss의 *The Life of Jesus Critically Examined* (ET 1846; Philadelphia: Fortress, 1972)에서 이미 공관복음에서 역사의 예수가 신앙의 그리스도 뒤로 사라졌다고 필자를 상기시켜주었다. *Jesus Remembered*, 29-34을 보라.

서는 더 뛰어난 역사가인 아돌프 하르나크(Adolf Harnack)는 동일한 질문을 하면서, 그런 전환의 이유를 바울에게 돌렸다. 그는 유명한 한 문장에서 "그리스도가 선포한 복음은 오직 아버지와만 관계가 있지 아들과는 관계가 없다"고 주장했다. 그리고 후에 벨하우젠(Wellhausen)을 인정하며 그를 다음과 같이 인용했다. "바울의 특별한 작업은 하나님 나라의 복음을 예수 그리스도의 복음으로 전환한 것이기에, 복음은 이제는 천국의 도래에 대한 예언이 아니라, 예수 그리스도가 실제로 천국의 도래를 성취했다는 것이다."[86] 여기서 제기된 도전은 라이마루스가 제기한 도전만큼이나 냉혹하다. 예수는 자신이 중요하다고 주장하지 않았고, 네 번째 복음서 저자보다 훨씬 이전에 신앙의 그리스도를 창조한 이는 바로 바울이라는 것이다.

"역사적 성경의 예수"를 지지하고 "소위 역사적 예수"를 비평하며 역사의 예수와 신앙의 그리스도 간의 대조를 분석의 중심으로 삼은 또 한 사람은 마르틴 켈러(Martin Kähler)다.[87]

부활한 주는 복음서 **배후의** 역사적 예수가 아니라, 사도의 설교와 **모든** 신약성경의 그리스도다.

실제 그리스도, 즉 역사에 영향을 행사한 그리스도는…**선포된 그리스도**다. 선포된 그리스도는…바로 신앙의 그리스도다.

그가 이 땅에 계시던 시절에 대한 회상, 그의 영원한 중요성 및 그가 우리에게 제공한 것에 대한 고백은 신약성경에서 분리되어 있지 않다.

---

86) A. Harnack, *What Is Christianity?* (ET London: Williams and Norgate, 1900; ET., 1901, ⁵1904), 147, 180-81.

87) *Der sogennante historische Jesus und der geschichtliche biblische Christus* (1892), ET *The So-Called Historical Jesus and the Historic Biblical Christ*, ed. C. E. Braaten (Philadelphia: Fortress, 1964). 물론 Kähler는 역사의 예수와 신앙의 그리스도 간의 대조를 Strauss와 매우 다르게 받아들였다. Kähler에게는 그 대조에서 긍정적 측면이 신앙의 그리스도였다. *Jesus Remembered*, §§4.5b, 5.2을 보라.

구세주에 대해 열정적으로 지지받는 교의는, 예수가 그리스도라고 선포하는 성경을 통해 우리에게 전해진 모습의 신뢰성을 보증한다.[88]

슈트라우스는 "신앙의 그리스도"로의 전환을 요한복음에서 가장 선명하게 보았지만, 하르나크는 바울 안에서 이미 발생했다고 보았고, 켈러는 그 전환을 "사도의 설교"에서 보았다. 그는 모든 복음서 저자를 포함한 신약의 저자들이 선포한 유일한 예수는 "신앙의 그리스도"이기 때문에 "성경의 그리스도"와 다른 "역사적 예수"를 회복할 수 있는 가능성을 부인했다. 이렇게 켈러는 독일 학계에서 다음 두 세대 동안 지속될 주제를 제시했다. 곧 신약의 기록이 초기 교회의 설교이며, 이는 "신앙의 그리스도"로의 전환이 그리스도에 대한 첫 설교를 통해 이미 일어났음을 함의한다는 주제다.

루돌프 불트만(Rudolf Bultmann)은 켈러를 "역사적 예수 탐구"에 대한 자신의 "아니요"를 정당화하는 직접적인 기반으로 삼았다. 그는 그리스도가 "다른 어떤 곳이 아닌 설교의 세계에서 우리를 만난다. 부활절 신앙은 바로 이것이다. 곧 설교 말씀의 신앙이다.…설교 말씀은 하나님의 말씀으로 우리를 대면한다. 우리는 그 신뢰성을 의문시할 수 없다"라고 주장했다.[89]

불트만에게 설교는 자명한 실존적 도전이며, 설교가 유효하다는 사실은 예수가 처음부터 신앙의 대상이었음을 충분히 암시한다. 이제 역사의 예수/신앙의 그리스도라는 대조는 역사적 예수와 선포된 그리스도의 대조로 재구성된다. 이것의 함의는 최초의 선포(부활절 신앙)로 하나에서 다른 하나로의 결정적인 전환이 이미 일어났다는 것이다. 또한 처음부터 (십자가와 부활이라는) 신화가 역사적 인물을 모호하게 만들어 접근할 수 없도록 했다는 것이다.

여기서 다시 무시할 수 없는 논점이 제기된다.

---

88) Kähler, *The So-Called Historical Jesus,* 65, 66, 83-84, 95(강조는 원저자의 것임).
89) R. Bultmann, 'New Testament and Mythology', in H. W. Bartsch, ed., *Kerygma and Myth* (London: SPCK, 1957), 1-44(여기서는 41). 추가로 *Jesus Remembered,* §5.3을 보라.

- 공관복음의 예수와 요한의 예수 사이의 대조
- 하나님 나라에 초점을 둔 예수와 예수에게 초점을 둔 바울 간 조화의 어려움
- 성경의 그리스도가 갈릴리의 예수와 서로 관련될 수 없으며 관련되어서도 안 된다는 도전과 그리스도에 대한 선포가 자체적인 인증을 제공한다는 도전

필자는 이미 신앙이 부활절에 처음 시작하지 않았다는 논증으로 역사의 예수와 신앙의 그리스도라는 대조의 요지에 맞서 논박했고, 또한 부활절 이후뿐 아니라 이전에도 있던 예수의 **영향력**이 대개 인식하는 것보다 더욱 이 둘의 연속성을 가리킨다고 주장함으로써 논박했다.[90] 그러나 방금 언급한 대조와 분리는 반격으로 해결되지 않는다. 따라서 기독교의 시작을 분석하려는 그 어떤 시도라도 마주하게 되는 도전은 기독교의 발전에 매우 결정적인 기독론과 관련하여 전개된 사건들을 서술하고, 가능한 한 많이 설명하며 이해하는 것이다.

c. 예수의 기독론?

기독론에서 주목해야 할 요점과 도전은 이미 명확하다. 그러나 오늘날의 기독론 논의를 더 추적하고 이 연구에 적용되는 함의에 대해 간략하게 고찰하는 것은 유익하다.

모울(C. F. D. Moule)은 "역사의 예수"와 "신앙의 주"의 대조를 19세기 말의 탐구자들과 불트만이 어떻게 다루었는가와 관련해서 유익하게 도표로 제시했다.[91] 이것들을 두 개념으로 여긴다면, 이 둘은 구분 선 양쪽에 있는 원으로 나타낼 수 있다.

---

90) *Jesus Remembered,* 129-34, 239-42.
91) C. F. D. Moule, *The Phenomenon of the New Testament* (London: SCM, 1967), 44-45.

하르나크와 그의 동료 자유주의자들의 이해에서는, 기독교 신앙이 반드시 왼쪽 원에 초점을 두어야 하며, 오른쪽 원으로부터 더 단호하게 차단되어야 한다.

반대로 불트만에게는, 오른쪽 원을 더 강조해야 하며, 구분 선은 더 진하게 그려져야 한다.

모울의 예시는 논의의 다음 국면까지 확대될 수 있다. 불트만 이후 세대에서 예수의 메시지 안에 이미 내포된 기독론을 찾기 위해 분리 장벽을 제거하려는 시도가 이루어졌다.[92] 예수의 천국 설교와 바울 복음에는 차이가 없는데, 그 이유는 케제만(Ernst Käsemann)의 권위 있는 표현에 있다: "칭의의 논점은 예수가 선포한 하나님 나라와 다름이 없다.····하나님 나라는 바

---

92) *Jesus Remembered*, §5.4을 보라. 그곳에서 필자는 특히 Bultmann이 그의 제자들과 토론하면서 예수의 설교가 기독론을 은연중에 담고 있음을 받아들였다고 언급했다.

울의 칭의 교리의 내용이다."[93] 이런 논증의 요지는 아래와 같이 두 원이 적어도 서로 스칠 정도로 접해 있거나 심지어 겹치는 부분이 있음을 보여주는 것으로 설명될 수 있다.

그러나 이 문제를 이렇게 표현하는 것은, 비록 오해의 소지가 있지만, 하르나크와 불트만이 더 분명하게 표현한 요점을 혼란스럽게 할 위험이 있다. 우리가 아는 한, 예수는 부활절 이후 공동체에서 그가 자신을 선포하지 않은 방식으로 선포되었기 때문이다. 즉 예수가 자신을 믿으라고 절대 요구하지 않은 방식으로 그리스도에 대한 믿음이 독려되었다. 예수가 자신을 위해 주장하지 않은 주장들이 곧 예수를 위해 주장되었다. 심지어 예수 전승의 증거들을 최대한 쥐어짜도, 예수에 대해 기억된 자기평가와 바울의 선포 사이에는 여전히 상당한 차이가 있다.[94] 그리고 증거를 더 강하게 밀어붙이면 예수의 본래 목소리가 아니라 다듬어진 전승만을 듣게 될 위험이 따른다. 그래서 다음 질문들이 남아 있다. 예수는 왜 그리고 어떻게 그런 식으로 선포되었는가? 다르게 표현한다면, 예수 전승에서 이처럼 풍부한 함축을 왜 그리고 어떻게 듣게 되었는가? 역사적 예수에 대한 "새로운 탐구"가 실패하거나 방법론의 문제에 천착하게 되었다는 사실은[95] 그것이 예수 전승이 지닌 기독론의 연속성과 불연속성이라는 문제와 관련하여

---

93) E. Käsemann, *Perspectives on Paul* (1969; ET London: SCM, 1971), 75은 P. Stuhlmacher, *Revisiting Paul's Doctrine of Justification* (Downers Grove: InterVarsity, 2001), 52에서 동의하며 인용했다. 또한 E. Jüngel, *Paulus und Jesus* (Tübingen: Mohr Siebeck, ³1967)를 보라: 예수의 선포에 내포된 기독론은 칭의에 대한 바울의 가르침으로 분명해졌다(283).
94) *Jesus Remembered*, §§15-17.
95) *Jesus Remembered*, §5.4

난관에 부딪혔다는 사실과 관련이 있다.

d. 종말론에 대한 의문

예수에서 바울로의 전환을 논의할 때 종말론 문제를 오랫동안 회피하기는 거의 불가능하다. 천국에 대한 예수의 담화를 (슈바이처처럼) **임박한 기대**라는 측면에서 보면 볼수록, 다음 질문을 무시하기가 더 힘들어진다. 일어난 사건이 어떤 의미에서 예수의 기대를 충족하는가? "예수는 천국을 선포했는데, 도래한 것은 교회였다"는 알프레드 루아지(Alfred Loisy)의 재담은 여전히 자극적이다.[96] 바울의 "칭의" 설교가 여하튼 예수의 천국 가르침의 연속이라는 생각은[97] 임박한 기대의 실패를 해결하려는 또 하나의 (조금은 아이러니한) 시도다. 그리고 이 주제가 예수의 (하늘로부터) 재림이라는 주제 안으로 자취를 감추는 한 필자는 이미 그런 개념이, 예수 자신의 신원에 대해 기억된 소망 그리고 집을 떠났지만 예기치 않게 귀환하는 주인에 대한 동일하게 기억된 예수의 비유를 결합한 데서 (적어도 부분적으로) 나타났다고 제안했다.[98] 그러나 어떤 경우든 그것은 단지 답의 일부일 뿐이며, 그 질문은 추가적 탐구를 요구한다.

동일하게 "재림의 지연" 문제가 바울 쪽을 압박하는데, 이미 라이마루스가 이를 언급했고,[99] "종말론의 백 년"에 자주 재등장한다.[100] "재림의 지연"은 초기 기독교 신학을 형성하는 주요한 결정요인이었는가?[101] 바울 신

---

96) A. Loisy, *The Gospel and the Church* (London: Isbister, 1903), 166.
97) 위 n. 93을 보라.
98) *Jesus Remembered*, §16.4f.
99) "그리스도가 그의 나라에서 신실한 자에게 상을 주기 위해 오지 않았다거나 오지 않는다면, 우리의 믿음은 거짓과 같이 아무 소용이 없다"(Talbert, *Reimarus Fragments*, 228).
100) 물론 필자는 20세기를 의미한다. 예로 J. Plevnik, *Paul and the Parousia: An Exegetical and Theological Investigation* (Peabody: Hendrickson, 1996)을 보라.
101) 특히 M. Werner, *The Formation of Christian Dogma* (1941; ET London: Black, 1957).

학의 발전을 설명하는 데 재림의 지연을 이용할 수 있는가?[102] 재림의 지연은 신약 문서들이 언제 기록되었는지를 결정할 수 있는 뼈대를 제공하는가?[103] 즉 기대가 강력할수록 더 이른 시기에, 기대가 덜 강렬할수록 저술이 더 늦은 시기에 이루어졌는가?[104] 이미 『예수와 기독교의 기원』에서 다룬, 실패한 기대에 관한 질문이 다시 고개를 드는데, 이는 무시해서도 안 되고 가볍게 일축해서도 안 된다.

다른 측면, 즉 **실현된 기대**라는 관점에서 이 질문에 접근한다 해도, 연속/불연속에 대한 문제는 동일하게 많아 보인다. 케제만만큼 예리하게 이 논쟁을 제기한 사람은 지난 세대에 없었는데, 그는 초기 기독교 시작을 형성한 신학적 자극에 관해 자신의 독특한 재구성을 발전시킨다. 그의 기본 논지는 예수가 세례 요한의 임박한 묵시적 기대를 공유하지 않았으며, 오히려 그는 "가까이 계신 하나님의 긴급성을 선포했다"는 것이다. 원시 기독교가 예수의 가까이 계신 하나님이라는 설교를 "새로운 묵시"로 (어떤 의미에서) 대체한 이유는 부활과 성령 강림 때문이었다는 것이다. 그래서 케제만의 유명한 어록, "묵시는 모든 기독교 신학의 어머니였다"가 등장했다.[105] 따라서 케제만이 제시한 도전은 명확하다. 단순하게 말해 묵시적인 세례 요한과 원시 공동체 사이에 위치한 예수가 묵시적이 아니었다면, 이어지는 기독교 신학의 결정적 요인인 이 묵시주의는 어디에서 유래했는가? "묵시가 모든 신학의 어머니였다"와 예수가 묵시적이 아니었음을 확

---

102) 잘 알려진 대로 C. H. Dodd, 'The Mind of Paul', *New Testament Studies* (Manchester: Manchester University, 1953), 67-128에서 다룬다.

103) 이러한 "규칙"은 "초기 가톨릭"의 태동 시기를 결정하는 데 중요한 요소였고, 누가 신학의 특징에 대해 서술한 것으로 유명한 H. Conzelmann, *The Theology of St. Luke* (1953, ²1957; ET London: Faber and Faber, 1961)에서도 마찬가지다. J. A. T. Robinson, *Redating the New Testament* (London: SCM, 1976)에서는 신약성경의 기록 시기가 70년 전인지 후인지를 가리는 단서로 예루살렘의 함락에 대한 인식을 사용하는 유사한 시도를 했다.

104) *Jesus Remembered*, §12.6d-e.

105) E. Käsemann, 'The Beginnings of Christian Theology' (1960), *New Testament Questions of Today* (ET London: SCM, 1969), 82-107(이곳에서는 101-102). 또한 다음 소논문, 'On the Subject of Primitive Christian Apocalyptic' (1962), 108-37을 보라.

증하는 것은, 예수를 예수 후에 따라왔던 것들로부터 잘라내는 일이고, 기껏해야 예수와 우발적으로 관련이 있는 체험이 기독교의 결정적인 원인이었다고 말하는 셈이다.

e. 최근 논쟁

"역사적 예수 탐구"에 대한 최근 국면의 두 줄기는[106] 이 주제에서 그리 많이 나아가지 못했지만, 동일한 질문을 신선하게 제시했다. 이 논점에 관해서 두 줄기는 1세기 전 자유주의 개신교가 봉착했던 딜레마를 단지 재진술할 뿐이다. 한편으로, 필자가 "신-자유주의 탐구"라고 규정했던 관점은[107] 예수를 (단순히) 체제 전복적 현자로 보았고, 그래서 예수가 바울이 말하는 십자가에서 죽고 부활한 그리스도와는 근본적으로 거리가 멀다고 생각한다. 예수에 대해 근본적으로 다른 반응이 있었다는 주장 외에는 둘 사이에 실제적 연관성이 없다는 것이다. 음으로 양으로 이에 대한 함축적인 의미는, 바울과 마가복음의 그리스도가 "본래" 갈릴리 복음의 변질된 형태라는 데 있다. 한편 소위 역사적 예수의 세 번째 탐구, 즉 필자가 사용하는 표현으로 "유대인 예수에 대한 탐구"는[108] 부활절 이전에 예수가 강조한 내용을 회복하려는 유사한 시도로 보일 수 있다. 뒤따르는 난점은 **예수가 유대인다웠다고 생각하면 할수록, 교의의 그리스도가 어떻게 그리고 왜 나타났는가를 이해하기 더욱 어렵게 된다**는 것이다. 후자는 모호할 뿐 아니라 전자로 돌아갈 길을 봉쇄했는데, 이제는 전자가 후자를 모호하게 하며 후자로 나아갈 길을 막는 장벽을 형성한다.

원시 기독교의 측면에서 살펴보면, 쟁점들은 분명히 보완적이다. 한편으로 오늘날의 관점 중 하나는 예수의 체제 전복적인 지혜로운 가르침

---

106) *Jesus Remembered*, §§4.7, 5.5.

107) *Jesus Remembered*, §§4.7.

108) *Jesus Remembered*, §5.5.

을 보존하고 십자가와 부활의 신학에 관심을 가지지 않은 예수 제자들의 공동체가 계속 존재했다고 강력하게 주장한다.[109] 다른 한편으로, 바르트와 케제만의 노선에 있는 강력한 신학적 논증은 바울의 "예수 그리스도의 계시"(갈 1:22)가 모든 역사적 연속성을 파괴했고, 구원의 전 과정을 새로운 차원("새로운 창조")으로 변환했다는 주장에 이른다.[110] 여기서 예수와 바울의 연속성에 대한 의문은 나사렛 예수와의 특정한 관련성을 기반으로 설립된 몇몇 모임과 공동체의 다양성 및 불일치에 대한 의문과 결합하게 된다.

고(高)기독론이 얼마나 빠르게 출현했느냐는 당대의 논쟁에서 연속성에 대한 쟁점이 가장 예리하게 제기되었다. 앞으로 살피겠지만, 기독론이 유대교라는 모체에서 발전했다는 의견에 대해서는 학계가 상당히 일치한다(§20.3). 그렇다면 바울(과 그의 전임자)이 예수를 선재한 존재·창조의 동역자[111]·참된 야웨[112] 혹은 한 하나님이라는 정체성 안에 포함된 존재로 이미 생각했는가?[113] 혹은 그리스도에게 사용된 지혜 언어, "야웨 본문들"을 그리스도에게 돌리는 것과 그리스도를 통해 바친 헌신이[114] 그렇게 단순하게 이해되어서는 안 되는가?[115] 만일 전자가 옳다면, 후기 교의와의 차이는 대부분 사라진다. 그러나 예수 자신의 자기주장과는 차이가 극적으로 증가하며, 십자가의 고난 이전에 예수의 사명의 중요성이 많이 약화된다.

---

109) 특별히 *Jesus Remembered*, §7.4b 그리고 아래 §21 n. 135.

110) 특별히 J. L. Martyn, *Galatians* (AB 33A; New York: Doubleday, 1997) 그리고 추가로 아래 §31.7을 보라.

111) A. T. Hanson, *The Image of the Invisible God* (London: SCM, 1982); J. Habermann, *Präexistenzaussagen im Neuen Testament* (Frankfurt: Lang, 1990).

112) D. B. Capes, *Old Testament Yahweh Texts in Paul's Christology* (WUNT 2.47; Tübingen: Mohr Siebeck, 1992).

113) R. J. Bauckham, *God Crucified: Monotheism and Christology in the New Testament* (Carlisle: Paternoster, 1998). 가까운 시기에 훨씬 더 큰 단권이 출간될 예정이다.

114) L. W. Hurtado, *Lord Jesus Christ: Devotion to Jesus in Earliest Christianity* (Grand Rapids: Eerdmans, 2003)(『주 예수 그리스도』, 새물결플러스 역간).

115) 필자의 책 *Theology of Paul*, §§10-11의 토론과 추가로 아래 §§23.4과 29.7d를 보라

요약하면, 역사의 예수와 신앙의 그리스도(그리고 이미 필자는 "신앙"이 "부활절"에 처음으로 시작하지 않았음을 지적했다)의 대조에 대한 다양한 표현에 아무리 의문을 제기한다고 하더라도, 그 대조가 계속해서 표현되고 다시 표현된다는 사실은 이 논쟁이 계속되고 있으며 해결되지 않았음을 가리킨다. 앞서 개괄한 내용에서 다음의 몇 가지 측면이 강조된다.

- 공관복음의 예수에서 요한복음의 예수로의 전환을 어떻게 설명할 수 있을까?
- 예수 메시지의 중심 주제, 즉 그의 하나님 나라 선포가 최초 기독교 안에서 상대적으로 사라지거나 격하되었다는 사실이 지닌 의미는 무엇인가?
- 예수 자신의 메시지가 어느 정도 바울의 복음에 (영향을 주었다면!) 영향을 주었고 계속해서 초기 교회 가르침의 일부가 되었는가?
- 선포자 예수로부터 선포되는 예수로의 전환이 어떻게 그리고 왜 일어났는가?
- 부활절은 자기 역할에 대한 예수 자신의 점증하는 확신으로 기억된 내용을 주로 확인하고 보완하는가? 아니면 겨우 형성된 신앙이 갑작스러운 계시의 영향력 아래 놓여 예수에 대한 인식을 완전히 다른 국면으로 옮겼는가?
- 기독론이 매우 빠르게 발전되어 나사렛 예수의 중요성을 처음부터 더욱 짙어지는 그림자 속으로 던져 넣었는가?

요약하면, 부활절 이전의 예수와 부활절 이후의 그리스도 사이의, 그리고 전자의 메시지와 후자의 복음 사이의 연속성과 불연속성에 관한 논의는 그다지 진전하지 못한 채로 왔다 갔다 한다. 이 논의를 진전시킬 수 있는 방안이 있을까?

20.3 유대 종파에서 이방인의 종교로

기독론이 예수와 더불어 시작했는지 아니면 그의 죽음 직후에 시작했는지에 대한 논쟁은 더 광범위한 토론 가운데 하나의 쟁점일 뿐이다. 핵심적인 쟁점이지만 유일한 핵심은 아니다. 광범위한 토론은 기독교와 유대교의 관계를 다룬다. 우리의 관심사에 직접적으로 관련된 측면은, "클라우스너의 시험대"의 후반부인, 유대교에서 기독교가 어떻게 그리고 왜 출현하게 되었는가라는 질문이다.[116]

우리가 앞서 기독교의 시작을 서술할 때 사용할 수 있는 용어들을 분석했기 때문에 이 질문이 즉시 제기된다. 필자는 특별히 "교회·회당·성도·택함 받은 자·가난한 자·길·나사렛 예수파" 그리고 각주 52에서 언급한 "하나님의 백성·열두 종족·아브라함의 씨"와 같은 용어들이 유대적 특징을 띤다고 말했다. 필자는 모든 용어 중 가장 논란이 많은 호칭인 이스라엘을 언급조차 하지 않았다.[117] 첫 신자들 사이에서 사용된 이런 용어를 보면 첫 질문을 예리하게 다듬어야 함을 알게 된다. 즉 이스라엘이란 용어를 사용한 집단(들)에게 그 표현을 부여한 유업과 관련하여 타인이 그들을 어떻게 인식하고 이해했는가? 더욱 날카롭게 표현한다면, 자신들을 이런 용어로 규정한 이들은 그 유업과 그 유업의 다른 권리 주장자와 관련해서 자신들을 어떻게 이해했는가? 표면적으로 보면, 이 표현은 "유대 내부" 혹은 "이스라엘 내부"의 언어다. 그런데 타인들은 이 용어를 사용한 사람들이 유대교 안에 있다고 인식했는가? 이 용어를 사용한 사람들은 자신들이 유대

---

116) 위 n. 73을 보라.

117) 이것을 생략한 부분적인 이유는, 자료에 담긴 함의가 결국은 불분명하다는 점과 이 논의의 너무 이른 단계에서 그 용어들을 포함하면 불필요한 도발을 일으킬 수 있다는 데 있다. 신약의 주요 자료는 롬 9:6("이스라엘" 내의 혹은 "이스라엘"을 넘어선 "이스라엘"?), 고전 10:18("육신을 따라 난 이스라엘"이라는 언급은 또 하나의 이스라엘이 존재함을 암시하는가?), 갈 6:16(여기서 누가 "하나님의 이스라엘"인가?)의 가능성이 있는 함의들이다. 그러나 그리스도인/교회가 이스라엘이라는 주장은 후에 확실하게 명시된다. 예. Justin, *Dial.* 123.7 그리고 135.3; 추가로 *PGL, Israēl,* 4을 보라.

교 안에 있다고 인식했는가? 또는 나사렛 종파는 자신들이 "이 유업이 다른 어떤 사람이 아닌 우리에게 속했다"라고 주장한 쿰란 공동체와 비슷하게 이스라엘의 유업을 독점한다고 주장했는가?[118] 이 새로운 종파는 제2성전기 유대교 내에서 이미 확연하게 보였던 분파주의를 단순히 확산시키기만 했는가?[119]

"기독교"란 용어 자체가 처음 등장하게 된 사상의 맥락 때문에 논점의 날카로움이 멋지게 제기된다. 이그나티오스가 비교적 새로운 이 독립체를 더욱 체계화된 "유대교"와 구별하는 수단으로써 그 용어를 도입한 것으로 보이기 때문이다. "기독교"는 "유대교"와 무언가 다르고 독특하다고 이해되어야 했다.[120] 여기에 흥미 있고 어느 정도 역설적인 진전이 있는데, "유대교"란 이름은 "헬레니즘"과 대조적이고 반대되는[121] 것을 규정하려고 처음 도입됐다. 마찬가지로 "기독교"란 명칭도 유대교에 반대되는 대상을 규정하려고 처음 도입됐다. 마카비 반란군이 "유대교"를 사실상 "비(非)헬레니즘"으로 규정했듯이, 이그나티오스도 사실상 "기독교"를 "비(非)유대교"로 규정했다.[122]

기독교를 그렇게 규정하는 용례는 유대교와 관련하여 기독교의 주요 주장이 된 것을 이미 상징했는데, 주요 주장은 바로 기독교가 유대교를 능가했으며, "하나님의 백성"으로서 이스라엘의 지위를 얻었고, "유대교"

---

118) 그러나 M. Bockmuehl이 요구한 수정사항들을 주목하라. '1QS and Salvation at Qumran', in D. A. Carson et al., eds., *Justification and Variegated Nomism*. Vol. 1(아래 n. 223을 보라), 381-414.

119) *Jesus Remembered*, §9.4을 보라.

120) "예수 그리스도에 대해 말하면서 유대화하려는 것은 부적절하다. 왜냐하면 기독교는 유대교를 믿지 않으며, 유대교가 기독교를 믿기 때문이다…"(Ignatius, *Magn.* 10.3). "그러나 누군가 당신에게 유대교를 해석해주면 그의 말을 듣지 말라. 왜냐하면 할례받지 않은 사람에게 유대교에 관해 듣는 것보다 할례받은 자에게 기독교에 관해 듣는 것이 더 낫기 때문이다"(*Phld.* 6.1).

121) *Jesus Remembered*, §9.2a를 보라.

122) 추가로 K.-W. Niebuhr, '"Judentum" und "Christentum" bei Paulus und Ignatius von Antiochien', *ZNW* 85 (1994), 218-33, 특히 224-33을 보라.

의 모든 본질을 비워 단지 껍데기만 남게 했다는 것이다.[123] 필자는 이 태도가 대부분의 기독교 역사에 걸쳐 유대인/그리스도인의 관계를 어느 정도까지 왜곡했는지, 그리고 특별히 그 태도가 "역사적 예수 탐구"에 어떻게 영향을 주었는지를 살펴 보았다.[124] 그리고 이 기독교 "대체주의"가 어떻게 그리고 언제 처음 등장했느냐는 질문은 더 자세히 살펴야 한다.[125] 여기서 질문은 이 태도가 "기독교"라 명명된 그 운동 내부에서 처음부터 본질적이고 필수적이었는지를 다룬다. 최초에 그 운동은 그 출발점이자 더 큰 종교적 실체인 제2성전기 유대교와 어떤 관계를 맺었는가? 기독교가 유대교에서 어떻게 태동했느냐는 물음은 또한 그 태동 초기에 그 운동의 속성과 정체가 무엇이었는지를 묻는 셈이다.

기독론이라는 주제와 마찬가지로, 기독교가 유대교로부터 어떻게 그리고 왜 태동(혹은 결별)했는가라는 더 큰 논점과 관련하여, 이 논점이 지난 200년 동안 기독교의 기원에 관한 연구에 어느 정도의 영향을 끼쳤는지 기억하는 것은 유익하다. 더 정확하게 말해서 이 질문에는 양면성이 있다. 그 과정에도 양면성이 있기 때문이다. 즉 기독교가 **유대교로부터** 점점 **분리**되었다는 점과(이 아이러니에 다시 주목하라), 기독교가 점점 **헬레니즘에 밀착**되었다는 점이다. 이것은 간단하게 표현한 것이다. 이것은 연구가들로 하여금 지난 200년 내내 기독교의 시작을 연구하도록 동기를 부여한 한 쌍의 관심사를 강조한다. 기독교가 유대교로부터 더욱 구별될수록 기독교는 더욱더 이방인화·그리스화 되었고, 그리스-로마 세계의 종교-철학 논쟁과 점점 더 조화를 이루었다. 이 쌍둥이 같은 움직임의 과정을 어떻게 설명할 수 있을까? 즉 한편에서는 어느 정도의 거부나 추방이 있었고, 또 다른 한편에서는 어느 정도의 끌어당김이나 동화가 있었는가? 이런 질문에 관련해서 이리저리 움직이는 논쟁에 대한 간단한 조사는 더 제한적으로 집중

---

123) 이는 제3권의 주요 쟁점이 될 것이다.
124) *Jesus Remembered*, §5.5
125) 이것 역시 제3권에서야 적절하게 다룰 수 있는 부분이다.

된 "예수에서 바울" 및 기독론 논쟁의 역학을 더 잘 이해하도록 할 것이다.

a. 바우어(F. C. Baur)

라이마루스가 역사적 예수 탐구를 시작한 것처럼, 바우어(Ferdinand Christian Baur)는 역사적 교회 탐구의 핵심 인물이다.[126] 바울 연구의 서두에서 그는 표제적인 질문을 발표했다.

> [기독교] 사상은 민족주의 유대교라는 한계에서 보편적이고 역사적인 기독교를 실현하는 데 최고 장애물을 발견했다. 이 한계를 어떻게 돌파해 나왔는가? 어떻게 기독교가 유대교의 미약한 형태로 머무르는 대신에, 비록 진보적이지만, 자신이 분리되고 독립된 본질임을 주장하면서, 유대교로부터 떨어져 나와, 특별히 유대교의 그 모든 민족적 독특성과는 본질적으로 다른 종교적 사고와 삶이라는 새로운 자율적 형태로 자리 잡게 되었는가 하는 질문은 기독교 초창기 역사에서 궁극적이고 가장 중요한 요점이다.[127]

바우어 자신이 차후에 이야기했듯이,[128] 이 질문 전체에 대한 핵심

---

126) 이어지는 내용은 필자의 The Partings of the Way between Christianity and Judaism and Their Significance for the Character of Christianity (London: SCM/Philadelphia: TPI, 1991, 22006), §1의 자료 중 일부를 사용한다. 필자의 이전 책인 Unity and Diversity in the New Testament: An Inquiry into the Character of Earliest Christianity (London: SCM, 1977, ²1990, ⁵2006)과 마찬가지로, Partings는 초기 기독교의 본질을 밝히려는 시도였다. 유감스럽게도 그리스도인에게 기독교의 유대교적 기원과 성격에 대해 상기(교육)하는 것이 주 의도였던 연구인 이 책의 전체 제목 Partings...and Their Significance for the Character of Christianity 의 중요성은 충분히 인정받지 못했다(Partings의 두 번째 판 서문, 특히 xxviii-xxix을 보라).

127) F. C. Baur, Paulus. Der Apostel Jesu Christi (Stuttgart, 1845), ET Paul: The Apostle of Jesus Christ, vol. 1 (London: Williams and Norgate, 1873), 3.

128) F. C. Baur, 'Die Einleitung in das Neue Testament als theologische Wissenschaft', Theologische Jahrbücher 10 (1851), 294-95. Kümmel, New Testament, 127-28에서 인용되었다.

이 사도 바울과 다른 사도의 관계에 놓여 있다는 통찰을 그의 고린도전후서 연구가 제공했다. 전통적으로는 모든 사도들 간의 완벽한 조화가 전제된다. 반면에 고린도전서 1:12 문구로 시작하는 고린도 서신은 베드로파와 바울파 사이의 날카로운 대립에 대한 증거 그리고 바울과 그의 이방인 사역에 근본적으로 적대감을 가진 유대인 기독교에 대한 증거를 제시한다.[129] 이 통찰 때문에 초기 기독교 역사가 오랫동안 진행된 바울의 기독교와 유대교 기독교 간의 대립의 역사라는 논지가 나왔고, 신약의 책들은 이 대립의 역사의 어디에 들어맞는지에 따라 연대가 정해졌다. 이에 따르면 특히나 사도행전의 역사적 가치를 변호할 수 없게 되는데, 그 이유는 바울과 베드로가 그 메시지와 확신에 있어 서로 유사한 것으로 묘사되기 때문이다. 즉 이 바울은 서신서의 바울과 명백히 다르다. 따라서 사도행전은 대립하는 두 파의 견해를 화해시키려는 시도가 행해진 이후에 기록되었을 것이다.[130] 그리고 이그나티오스와 폴리카르포스의 서신들이 진본일 수 없는데, 그 이유는 단순히 이 두 파가 2세기 후반에 화해했기 때문에 이 서신들의 연대를 기원후 120년대로 잡은 것이 계속 대립 중이었던 국면과 어울

---

129) F. C. Baur, 'Die Christuspartei in der Korinthischen Gemeinde, der Gegensatz des petrinischen und paulinischen Christentums in der ältesten Kirche, der Apostel Petrus in Rom', *Tübinger Zeitschrift für Theologie* 4 (1831), 61-206. 그의 중대한 발견은, "관점이 매우 분명하게 대립하는 다른 두 파가 기독교가 유대교의 좁은 경계를 아직 넘지 못하고 성공적인 현장 사역을 거의 시작하지도 않은 매우 이른 시기에 생겨났다"는 것이다 (Kümmel이 *New Testament*, 129-30에서 인용했다). Baur는 고전 1:12의 그리스도파와 게바파가 하나이며 동일하기에 구호들이 증언하는 파는 오직 2개라고 주장했다. 이 논증을 효과적으로 파기한 사람이 바로 J. Weiss, *1 Korinther* (KEK; Göttingen: Vandenhoeck und Ruprecht, 1910)이다. 만일 그리스도를 배타적으로 주장하는 한 파가 존재했다면, 1:13과 3:23에서 바울의 응답은 단순하게 그들의 계략에 빠졌을 것이다(15-17).

130) 사도행전은 "바울을 가능한 한 베드로주의자로 표현하고, 다른 한편으로는 베드로를 바울주의자로 표현하여 대립하는 두 파의 결합을 촉진하고 성취하려는 바울주의자의 시도이다"(F. C. Baur, 'Über den Ursprungdes Episcopats in der Christlichen Kirche', *Tübinger Zeitschrift für Theologie* 3 [1838], 141. Kümmel, *New Testament*, 133-34에서 인용되었다). Baur, *Paul*, 5-14장의 더 발전된 비평을 보라. 그곳에서 Baur는 바울 서신에 주로 의존하기를 선호하며 사도행전의 역사적 가치를 부인했다(추가로 Kümmel, *New Testament*, 133-36을 보라). 사도행전의 역사적 가치에 대한 논의는 아래 §21.2c를 보라.

리지 않기 때문이다.

바우어의 책 『바울』(Paul)의 인용이 보여주는 것처럼, 그는 "배타주의"와 "보편주의" 곧 유대교 배타주의와 기독교 보편주의라는 편파성이 있는 구분을 가지고 작업했다. 그리고 이것은 이후 10년 사이에 나온 그의 또 다른 저작 『기독교 역사』(Christianity History)에서 충분하게 표현되었다.[131] 여기서 거만함은 아닐지라도, 기독교는 "보편적"이고 "절대적"이며, 유대교는 종교의 다른 형태들처럼 불완전하고 한계가 있으며 일방적이고 유한하다는 기독교 유럽의 자기 확신은 불쾌한 통합 안에서 완전히 성장한 것처럼 보인다.[132]

이제 여기서 우리는 기독교 원리의 독특한 특징을 다시 만난다. 이것은 외면과 우연 및 개별성을 넘어서, 보편과 조건 없음 및 본질…그 정신과 목적의 위엄 있는 보편주의에 이른다. [바울은] 본질적으로 유대교의 배타주의에 반대되는 기독교 보편주의의 원리를 명확하게 단언한 첫 번째 사람이다.[133]

이런 진술은 19세기와 20세기 초 유럽학계의 오만함을 잘 표현했다. 안타깝게도 배타주의/보편주의의 대조가 기독교의 유대교 비판으로 오늘날까지 상당히 확대됐다.[134] 그러나 기독교가 태생으로부터 만개에 이르게 된

---

131) F. C. Baur, *Das Christenthum und die christliche Kirche der drei ersten Jahrhunderts* (Tübingen, 1853), ET 2 vols. *The Church History of the First Three Centuries* (London: Williams and Norgate, 1878, 1879).

132) *Church History*, 5-6. "기독교의 보편주의는 본질적으로 기독교가 등장했을 때 인류가 도달한 의식의 보편 형식에 지나지 않는다"(5).

133) *Church History*, 33, 43, 47.

134) 이것의 부적절성에 대해 특별히 N. A. Dahl, 'The One God of Jews and Gentiles (Romans 3.29-30)', *Studies in Paul* (Minneapolis: Augsburg, 1977), 178-91; A. F. Segal, 'Universalism in Judaism and Christianity', in T. Engberg-Pedersen, ed., *Paul in His Hellenistic Context* (Minneapolis: Fortress, 1995), 1-29; J. D. Levenson, 'The Universal Horizon of Biblical Particularism', in M. G. Brett, ed., *Ethnicity and the Bible* (Leiden: Brill, 1996), 143-69; J. D. G. Dunn, 'Was Judaism Particularist or Universalist?', in J. Neusner and A. J. Avery-Peck, eds., *Judaism in Late Antiquity. Part 3, vol. 2: Where We Stand: Issues and Debates*

역사 과정에 대한 분석에서 바우어의 편향적 재구성은 설 자리가 없다.

영어권 학계에서 바우어의 도식을 가장 극적으로 훼손한 사람은 J. B. 라이트푸트(Lightfoot)이다.[135] 쟁점이 흔히 오해됐음에도 불구하고, 라이트푸트는 바우어를 전면적으로 반대하지 않았다. 그의 통찰력 있는 소논문 「사도 바울과 세 사람」("St. Paul and the Three")에서 그는 "바울을 향한 조직적 증오가 있다는 점은 중요한 사실이며, 그 증오가 너무나도 쉽게 간과되었고, 이것 없이는 사도행전 시대의 모든 역사가 잘못 읽히고 오해될 것이다"라고 주저 없이 말했다.[136] "바리새적 에비온파"(그가 이렇게 불렀다)는 "처음부터 할례 교회(the Church of the Circumcision)의 질병이었다.[137]

바우어와 라이트푸트의 결정적인 차이는 신약 문서에 대한 그들의 해석학적 접근에 있다. 바우어는 저자에 관한 논란의 여지가 없는 바울 서신에서 시작해서 **관념론적 철학이라는 렌즈를 통해 그 서신들을 읽고**, 바울 서신에서 발견한 내용을 가지고 기독교 역사의 첫 200년 동안의 체계를 추론하고, 남은 신약 문서를 그 체계에 꿰맞췄다.[138] 라이트푸트의 대응은 전통적인 **역사적 해석학자**의 반응으로, 누구와도 견줄 수 없는 그의 탁월한 고대 언어와 문서 지식에 의존하여 신약 본문을 엄격하게 비평적으로 분석하는 것이었다. 세 권으로 된 라이트푸트의 이그나티오스와 폴리카르포스에 대한 연구가 비평적 분석 기술의 효과를 가장 잘 보여주었다. 그 책

in Ancient Judaism (Leiden: Brill, 1999), 57-73을 보라. 유대인 관점에서는 D. Boyarin, A Radical Jew: Paul and the Politics of Identity (Berkeley: University of California, 1994)가 양쪽에 도전하는 방식으로 논점을 다루었다(특별히 2-3장).

135) 매력 있게 언급된 설명은 Stephen Neil이 1962년 노팅엄 대학의 퍼스 강연(the Firth Lectures)에서 제공했으며, The Interpretation of the New Testament ([Oxford: Oxford University, 1964], 여기서는 2장)라는 제목으로 출판되었다.

136) J. B. Lightfoot, 'St. Paul and the Three', Saint Paul's Epistle to the Galatians (London: Macmillan, 1865), 292-374(여기서는 311).

137) Galatians, 322-23.

138) 또한 B. N. Kaye, 'Lightfoot and Baur on Early Christianity', NovT 26 (1984), 193-224, 그리고 추가로 J. D. G. Dunn, 'Lightfoot in Retrospect', The Lightfoot Centenary Lectures: To Commemorate the Life and Work of Bishop J. B. Lightfoot (1828-89), Durham University Journal 94 (1992), 71-94을 보라

에서 그는 바우어의 개요에 조화시키려고 그 문서들의 연대를 2세기 후반으로 잡으려는 바우어 추종자들의 시도를 완전히 허물었다.[139] 그러나 결과로 나타난 것은 바우어의 철저한 파괴가 아니라, 바레트(C. K. Barrett)가 묘사했듯이 라이트푸트의 "바우어 추종자의 관점 수정"이었다. 그러나 이 결과는 튀빙엔 학파의 연대기를 확실히 파괴했다.[140]

독일 학계에서 바우어의 견해에 대한 수정은 보다 빠르게 진행되었다.[141] 한때 바우어의 찬양자였던 알브레히트 리츨(Albrecht Ritschl)이 이 수정 과정의 신호를 보냈다. 고대 가톨릭교회의 기원을 추적하려고 시도한 제2판에서[142] 리츨은 초기 기독교 역사를 서로 대항해 갈라서는 두 개의 획일적 구도(베드로의 기독교와 바울의 기독교)로 표현해서는 안 됨을 보여주었다. 베드로(와 원사도들)가 바울의 적대자들("유대화하는 사람들")과 구별되어야 한다는 것이다.[143] 그리고 바울과 바울의 영향을 전혀 받지 않은 이방인 기독교가 존재했다. 바우어는 가톨릭/기독교의 분열을 베드로/바울 분열의 반영으로 본 반면에, 리츨은 이방인 기독교를 초기 가톨릭의 뿌리로 보았다.[144]

여기서 제기된 이중 주제는 20세기 대부분에 걸쳐 지속된 논제를 제공

---

139) J. B. Lightfoot, *The Apostolic Fathers. Part 1: S. Clement of Rome* (2 vols.; London: Macmillan, 1869, [2]1890); part 2: *S. Ignatius, S. Polycarp* (3 vols.; London: Macmillan, 1885, [2]1889).

140) C. K. Barrett, 'Quomodo historia conscribenda sit', *NTS* 28 (1982), 303-20(여기서는 310, 313-14); 또한 그의 "Joseph Barber Lightfoot as Biblical Commentator", *Lightfoot Centenary Lectures*, 53-70을 보라. 이는 *Jesus and the Word, and Other Essays* (Edinburgh: Clark,1995), 15-34에 재인쇄되었다. Baur 진영에 대한 Barrett의 변형된 입장은 그의 글 'Paul: Councils and Controversies', in M. Hengel and C. K. Barrett, *Conflicts and Challenges in Early Christianity* (Harrisburg: Trinity Press International, 1999), 42-74에서 명백히 드러난다. 특별히 51-53.

141) A. C. McGiffert, 'The Historical Criticism of Acts in Germany', *Beginnings*, 2.363-95; E. Haenchen, ET *The Acts of the Apostles* (Oxford: Blackwell, 1971), 15-24의 비평을 보라.

142) A. Ritschl, *Die Entstehung der altkatholischen Kirche* (Bonn, 1850, [2]1857).

143) 그러나 예루살렘 합의(갈 2:1-10)에 관하여 Baur는 유대 기독교에 두 개의 진영, 즉 더 엄격한 진영과 더 자유로운 진영이 있었음을 인식했다(*Paul*, 131-33).

144) *Entstehung*, 22-23. 추가로 광범위한 개요와 함께, Kümmel, *New Testament*, 162-67을 보라.

했다. 한편 초기 기독교의 범위는 더욱 복잡해 보이는데, 유대화하는 사람에서 시작하여 베드로와 열두 사도를 지나, 그리스적 유대인들 및 이방인들을 거쳐, 바울과 그 너머의 더 급진적인 영지주의 그리스도인으로 이어진다. 더 많은 관심이 이 범주 사이에 자리한 "헬라파 유대인들"(행 6:1),[145] 안디옥 교회 복음의 독특한 특징들,[146] 이방인 지역을 향한 가교인 "하나님을 경외하는 자들"[147]과 또한 야고보에게도 주어졌다.[148] 그리고 이런 다양성이 기독론의 발전(바로 이런 다양성과 함께 한 운동으로서)을 추적하려는 진영에서 가장 철두철미하게 수용됐다는 것이 중요하다.[149] 다른 한편으로 고대 가톨릭교회가 어떻게 출현했는지에 관한 논쟁은 "초기 가톨릭"에 대한 논쟁, 즉 초기 가톨릭이 무엇이었고, 얼마나 빠르고 광범위하게 신약에서 그것을 파악할 수 있는지에 대한 논쟁으로 점차 변해갔다.[150]

이 모든 내용은 바우어의 최초 통찰이 여전히 중요성을 지니고 있음을 인정하는 셈이다. 즉 제2성전기 유대교 내의 다른 긴장과 갈등보다 더 맹렬하거나, 적어도 그 정도로 맹렬한 긴장과 갈등이 초기 기독교 발전의 특징이라는 것이다. 바우어는 최초의 기독교 역사가 유대교에서 이탈해 나와 분명히 구별되는 "기독교"(혹은 기독교 원리)였다는 신화를 계속 주장했다. 그러나 그는 기독교의 태동기가 교회의 일치와 일치된 확장의 이상적 시기였다는 "통념"을 완전히 떨쳐버렸다.[151] 사도행전의 화해 경향을 2세기 중반까지 늦출 필요는 없다. 그러나 라이트푸트가 인정했듯이, 모 교회에

---

145) 아래 §24을 보라.

146) 아래 §24.9을 보라.

147) 아래 §29.5c를 보라.

148) 특별히 아래 §36을 보라.

149) F. Hahn, *Christologische Hoheitstitel* (Göttingen: Vandenhoeck und Ruprecht, 1963, ⁵1995), ET *The Titles of Jesus in Christology* (London: Lutterworth, 1969); R. H. Fuller, *The Foundations of New Testament Christology* (London: Lutterworth, 1965).

150) V. Fusco, 'La discussione sul protocattolicesimo nel Nuovo Testamento. Uncapitolo di storia dell'esegesi', *ANRW* 2.26.2 (1995), 1645-91; 2판의 xxix-xxx(= 3판의 xlvii-xlix)을 포함해서, 필자의 *Unity and Diversity,* 14장을 보라.

151) R. L. Wilken, *The Myth of Christian Beginnings* (London: SCM,1979)의 제목을 반영했다.

서 바울의 사역을 향해 발생된 적의를 2세기와 그 후 세기의 에비온파에까지 미룰 수는 더욱 없다.[152] 바레트가 살폈듯이, 바울 시대에 대한 바우어의 도전은 바울 이후 시대에 대한 그의 도전과 쉽게 들어맞는다.[153] 초기 기독교는 두 개의 경쟁하는 사명에 관한 이야기라는[154] 마이클 굴더(Michael Goulder)의 더 최근의 주장은, 바우어의 논지의 요점이 그 잠정적 설명력으로 인해 여전히 존중받을 가치가 있음을 보여준다.

요약하면, 기독교의 형성은 전통적으로 인식했던 것보다 훨씬 더 혼란스럽고 논쟁적이다(내부로부터!). 얼마나 "혼란스럽고 논쟁적"이었는지를 분명히 하는 일이 바로 제2권과 제3권의 주요 관심사여야 한다.

b. 종교사학파

20세기로 전환할 즈음에, 관심은 유대교로부터의 기독교의 출현이라는 질문에서 기독교의 헬레니즘 포용으로 전환되었다.

하르나크는 기독교의 발전을 "그리스화"라는 관점으로 특징지었고, 신조의 개념과 발전을 신약 자체에서는 결코 지배적이지 않은 그리스 정신에 의한 작품으로 보았다.[155] 그러나 종교사학파는 오로지 당시 타 종교

---

152) "이런 오류 형태[에비온주의]와의 거대한 전쟁은 이른 시기, 곧 사도들의 일생과 바로 그 뒤를 이은 시대에 치러진 것으로 보인다"(Lightfoot, Galatians, 336).

153) C. K. Barrett, 'Pauline Controversies in the Post-Pauline Period', NTS 20 (1974), 229-45. Jesus and the Word, 195-212(특별히 208)에서 재인쇄되었다. Barrett를 더럼(Durham)의 20세기 Lightfoot로 적절하게 묘사할 수 있다. 필자의 책 Unity and Diversity는 W. Bauer의 저작에 자극을 받았다(또한 『예수와 기독교의 기원』, §1 n. 21을 보라).

154) M. D. Goulder, A Tale of Two Missions (London: SCM, 1994); 또한 Paul and the Competing Mission in Corinth (Peabody: Hendrickson, 2001). 또한 여기서 G. Lüdemann, Opposition to Paul in Jewish Christianity (Minneapolis: Fortress, 1989)를 언급해야 한다.

155) Kümmel, New Testament, 178-79을 보라. Harnack는 복음과 도그마를 매우 분명하게 구분하여 연구를 진행했다. "도그마는 그것의 인식과 발전에 있어 복음을 토대로 한 그리스 정신의 작품이다"(History of Dogma. Vol. 1 [1886, ET 1894; New York: Dover, 1961], 17). 그는 "헬레니즘, 그리스 정신의 쇄도 및 그것과 복음의 연합"을 "2세기 교회사에서 가장 엄청난 사실"이라고 여겼는데, 그런 유입의 첫 단계를 그는 약 130년으로 잡을 수 있다(What Is

들의 상황 안에서, 그리고(이것이 요점이다) **그 종교들의 영향을 받았다는 맥락** 안에서만 기독교를 처음부터 적절하게 이해할 수 있다는 주장과 함께 출현했다. 특히나 팔레스타인 너머로 확산되기 시작한 기독교는 이미 이교 사상의 영향을 보여주었다.[156) 그 영향은 신생 기독교의 두 영역 곧 예배 의식과 그리스도 신비주의에서 가장 명백하게 나타났다.

세례와 주의 만찬에 대한 바울의 이해에 가장 날카롭게 문제제기를 한 사람은 바로 빌헬름 하이트뮐러(Wilhelm Heitmüller)다.[157) 세례식에서 "~의 이름으로"라는 문구의 사용은 "이름"에 힘과 마술이 있다는 그 당시 종교(유대교 포함)에 널리 퍼져 있던 신념을 반영한 것이다.[158) 그리고 성찬은 디오니소스 신비 의식에서 가장 명백하게 나타나는 신성(godhead) 먹어 치우기라는 원시 개념을 반영한다.[159) 이 새로운 논제의 심장부에서 점증하는 확신은[160) 기독교 자체가 외면상 그리고 사실상 동쪽에서 출현하여 그리스-로마 세계로 진입했고, 아티스(Attis)처럼 죽고 부활하는 신에 대한 기본적인 신앙을 다른 신비 종교와 공유하며, 신의 운명 속으로 참여하게 하는

Christianity?, 203-204). Kümmel이 살폈듯이, 그런 논지는 초기 기독교를 그 환경에서 완전히 고립시키며, "이어지는 교회의 발전에 초기 기독교가 어떤 결정적인 영향을 끼치도록" 허락하지 않는다(178, 206).

156) P. Wendland, *Die hellenistisch-römische Kultur in ihren Beziehungen zu Judentum und Christentum* (HNT 1, 2; Tübingen: Mohr Siebeck, 1907): "이미 초기 기독교문헌 안에서… 이교 사상의 차용 그리고 초기 기독교 문헌이 발전함에 따른 헬레니즘 관념 세계의 흔적과 그런 관념 세계와의 관계가 [점증했다]"(Kümmel, *New Testament*, 247에서 인용됐다).

157) Heitmüller에 앞서, Baur의 마지막 학생인 Otto Pfleiderer를 언급해야 하는데, 그는 이후에 "독일의 종교사학 신학의 아버지"라는 갈채를 받았다(Kümmel, *New Testament*, 207). 그의 *Primitive Christianity* (London: Williams and Norgate, 1906)와 J. Z. Smith, *Drudgery Divine: On the Comparison of Early Christianities and the Religions of Late Antiquity* (Chicago: University of Chicago, 1990), 93-99의 간략한 논의를 보라.

158) W. Heitmüller, *'Im Namen Jesu'. Eine sprach- und religionsgeschichtliche Untersuchung zum Neuen Testament, speziell zur altchristlichen Taufe* (Göttingen, 1903).

159) W. Heitmüller, *Taufe und Abendmahl bei Paulus. Darstellung und religionsgeschichtliche Beleuchtung* (Göttingen, 1903). Kümmel, *New Testament*, 255-57을 보라.

160) H. Gunkel, *Zum religionsgeschichtlichen Verständnis des Neuen Testaments* (Göttingen, 1903), 1, 95에 명백하게 언급되었다. Kümmel, *New Testament* 258-59의 긴 초록을 보라.

수단으로서 의식(성찬)을 믿는 혼합 종교였다는 것이다.[161]

그 초기 평가는 너무 대담했기에 더 주의 깊은 검토를 통해 상당히 수정돼야 했다.[162] (1) 우리는 신비 그 자체에 관해 아는 것이 거의 없다(고대인들은 자신들의 신비를 비밀로 하는 데 능숙했다!). 서투르게 인식된 유비는 기원적 의존 관계에 대한 증거를 거의 제공하지 않는다.[163] 우리가 분별할 수 있는 내용은 다음과 같다. (2) 이시스교의 입문 의식에서, 물 의식은 사전적 정화로 사용되었고 입문의 한 순서로 제정된 것은 아니었다. (3) 죄로부터의 구원보다는 사후 공포로부터의 구원이라는 관점에 그 동기가 더 컸던 것처럼 보인다. (4) 숭배하는 신과 신비스럽게 일치한다는 명확한 개념이 없었음이 분명하며, 이보다는 신의 운명을 재현한다는 개념이 더 뚜렷하다. (5) 신이 주재한 식사가 일종의 유사점(고전 10:20-21)을 제공하지만, "생고기를

---

161) 신비 종파에 대한 최근 논의는 W. Burkert, *Ancient Mystery Cults* (Cambridge: Harvard University, 1987); E. Ferguson, *Backgrounds of Early Christianity* (Grand Rapids: Eerdmans, 1987, ²1993), 235-82; H.-J. Klauck, *The Religious Context of Early Christianity: A Guide to Graeco-Roman Religions* (1995, 1996; ET Edinburgh: Clark, 2000), 81-249을 보라. 이 주제를 다루는 고대 문서의 훌륭한 모음집은 M. W. Meyer, ed., *The Ancient Mysteries: A Sourcebook; Sacred Texts of the Mystery Religions of the Ancient Mediterranean World* (San Francisco: Harper, 1987)를 보라.

162) H. A. A. Kennedy, *St. Paul and the Mystery Religions* (London: Hodder and Stoughton, 1914); A. D. Nock, 'Early Gentile Christianity and Its Hellenistic Background'(1928) 그리고 'Hellenistic Mysteries and Christian Sacraments' (1952), in J. Z. Stewart, ed., *Essays on Religion and the Ancient World* (Oxford: Clarendon, 1972), 1.49-133과 2.791-820; B. Metzger, 'Considerations of Methodology in the Study of the Mystery Religions and Early Christianity', *HTR* 48 (1955), 1-20; G. Wagner, *Pauline Baptism and the Pagan Mysteries* (ET Edinburgh: Oliver and Boyd, 1967); A. J. M. Wedderburn, *Baptism and Resurrection: Studies in Pauline Theology against Its Graeco-Roman Background* (WUNT 44; Tübingen: MohrSiebeck, 1987); Ferguson, *Backgrounds*, 279-82. 또한 M. Hengel, 'Early Christianity as a Jewish-Messianic, Universalistic Movement', in M. Hengel and C. K. Barrett, *Conflicts and Challenges in Early Christianity* (Harrisburg: Trinity Press International, 1999), 1-41을 보라. 그러나 그 환경에서 초기 기독교를 격리하고 그 "독특성"(*Drudgery Divine*, 2-5장)을 유지하기 위한 선언되지 않은 논제들에 대해 Smith가 반복한 경고를 명심할 필요가 있다.

163) 처음 그 논제를 날카롭게 제기한 이는 A. Deissmann, *Light from the Ancient East* (1908, ⁴1923; ET London: Hodder and Stoughton, 1927)이다: "그것은 유비인가 족보인가?"(265-66).

먹는" 디오니소스 의식은 주의 만찬의 선례가 될 수 없다. (6) 특히 예수의 사명에 대한 유대적 배경의 독특한 (바울의) 특징에는 근원이 되는 배경의 영향이 더 선명하게 드러난다. 예수 죽음의 은유인 "세례"와[164] 식탁 교제 그리고 특별히 예수와 제자들의 최후 만찬이 그것이다.[165]

그런데도 학자들은 당시의 종교 문화 및 풍조와는 완전히 분리된 독특한 초기 기독교라는 개념으로 돌아가기를 꺼리고 있음을 당연히 보여 주었다. 바울은 고린도 교회 예배의 혼란스러운 열정(고전 14:23)과 디오니소스 예배의 방종한 황홀경(고전 12:2) 사이에 있는 위험한 유사성을 분명히 인지했다. 그릇된 상태에서 섭취한 빵과 포도주가 파괴적 영향을 줄 수 있다는 암시는 불안한 느낌을 준다. 그리고 앞으로 살펴보겠지만, 고대 세계에서 통과 의례의 기능, 개종과 황홀경 체험, 공동체를 정의하는 식사 의례, 마술적 신앙 및 실행의 편만함을 사회적-인류학적으로 인식하는 것은, 초기 기독교와 기독교의 종교 환경 사이의 울림을 정확하게 인식하지 않고서는 초기 기독교 역사를 정확하게 인식할 수 없다는 종교사학파의 근본적 확신을 견고하게 한다.[166] 또한 우리는 기독교의 시작에 대한 논쟁적 재구성이, 세례와 성찬이라는 기독교 성례의 기원을 설명하기 위해 기독교가 비밀 의식에 직접적 영향을 받았다고 주장하는 이전의 미숙한 논제를 여전히 재작업하려고 한다는 사실을 완전히 무시할 수도 없다.[167] 그렇다면 진행 중인 우리의 논제에 또 하나의 중요한 항목이 여기 있다.

신약에 대한 종교사적 접근의 가장 놀라운 특징은 교리와 도덕으로부터 종교와 체험으로 초점을 전환한 것이었다. 매우 중요한 요인은 "그리스도 신비주의"라는 관점에서 기독론의 발전을 재평가한 것이다.[168] 여기서

---

164) *Jesus Remembered*, §§17.4d, 17.5c.

165) *Jesus Remembered*, §17.4e. 추가로 필자의 *Theology of Paul*, 445-52, 601-608을 보라.

166) 추가로 n. 197을 보라.

167) H. Maccoby, *Paul and Hellenism* (London: SCM, 1991), 3-4장(특별히 65, 73, 123-26); G. A. Wells, *The Jesus Myth* (Chicago: Open Court, 1999).

168) "신비주의자로서 바울, 종교사학파의 이 대단한 주제"(U. Luz, 'Paul as Mystic', in G. N.

주요 주자는 빌헬름 부세(Wilhelm Bousset)다. 예수에 대한 그리스도인의 믿음이 어떻게 발전되었는지를 다룬 그의 훌륭한 저서 『주 그리스도』(Kyrios Christos)에서,[169] 부세는 몇 가지 획기적인 진전을 이루었다. 특별히 그는 원시 팔레스타인 공동체와 안디옥, 다메섹, 다소의 그리스 공동체가 예수와 바울 사이에 위치한다는 인식을 일깨웠다.[170] 부세 이래로 기독교의 시작에 관한 어떤 연구라도 예수에서 바울로의 전환에 있는 거대한 복잡성을 무시하지 않는다. 또한 그는 초기 기독교에 대한 연구가 교리사가 아닌 종교사 연구, 즉 신약 정경의 경계를 뛰어넘는 연구[171]가 되어야 한다는 빌리암 브레데(William Wrede)의 요구를 가장 인상적으로 수행했으며, 이레나이우스까지 다루었다.

그러나 부세의 주요 기여는 바울 사도의 빈도 높은 관용구인 "그리스도 안"이라는 신비주의로 표현된 종교적 느낌의 강렬함을 강조한 것이다. "그리스도 안에 있음"(en Christō einai)이라는 바울의 신비주의의 배경에는 예배와 공동체의 실생활에 나타난 주 그리스도에 대한 산 체험이 자리하고 있다"; "그리스도는 그 존재로 바울의 전 삶을 지탱하고 충만하게 하는 공간을 뛰어넘는 능력이기 때문이다."[172] 이로 인해 죄 용서라는 예수의 윤리적 종교는 잊혔다.[173] 이는 단지 신비주의적인 숭배의 문제, 즉 신비 종교의 영향을 받은 성례의 문제도 아니다. 그것은 바울이 신비주의적 숭배에서 개인 신비주의를 발전시켰기 때문이다.[174] 신의 초자연적 능력(성령)이 한

    Stanton et al., eds., *The Holy Spirit and Christian Origins*, J. D. G. Dunn FS [Grand Rapids: Eerdmans, 2004], 131-43[여기서는 132]).

169) W. Bousset, *Kyrios Christos* (1913, ²1921; ET Nashville: Abingdon, 1970).

170) Bousset은 *Kyrios Christos,* 119에서 W. Heitmüller, 'Zum Problem Paulus und Jesus', ZNW 13 (1913), 320-37과 동의한다고 말한다.

171) W. Wrede, *The Task and Methods of 'New Testament Theology'* (Göttingen: Vandenhoeck und Ruprecht, 1897), ET R. Morgan, *The Nature of New Testament Theology* (London: SCM, 1973), 68-116.

172) Bousset, *Kyrios Christos,* 156, 154.

173) Bousset, *Kyrios Christos,* 182.

174) Bousset, *Kyrios Christos,* 157: "바울이 성취한 것은 종교적 체험의 격정 속에서 공동체적 숭

인간을 사로잡고 그 사람을 통해 은사를 발현하는 예배의 경험에서는 성령-신비주의와 그리스도-신비주의는 동일한 것이다.[175]

이런 발전을 "신비주의"라는 관점으로 특징짓는 것은 부세의 설명이 지닌 매력을 어쩌면 감소시키는데, 학계가 신비주의를 일반적으로 의심스럽게 여겼고,[176] 주류 기독교 전통 내의 대부분 사람들에게 종교 개혁자 슈베머(Schwämer)에 대한 기억을 불러일으키는 황홀한 종교 체험을 너무 강조하기 때문이다.[177] 하지만 부세는 보다 솔깃한 관문을 열었다.

c. 기독교 이전 영지주의에 대한 탐구

죽고 부활하는 신에 대한 개별 신화의 배후에서, 부세는 물질 안으로 스며들고 다시 물질로부터 해방되는 원초적 인간(Primal Man)에 대한 보다 근본적으로 영지주의적인 신화를 보았다.[178] 이 신화는 신비문학 논문집인 「포이만드레스」(Poimandres)와 「나세네(Naassene) 찬가」(Hippolytus, *Ref.* 5.10.2)에서 가장 분명하게 표현된다. 이것이 동양 신비주의의 배경이며, 이 안에서 바울의 신비주의가 이해되어야 한다는 것이다. 달리 표현하면, 원초적 인간은 인간이 내면의 갈등에서 경험하는 높고 낮은 요소, 즉 선하고 악한 요소의 혼합을 만들어 내려고 물질로 내려온 우주적 힘이다. 구원은 파편화

배의 신비주의를 개인주의적 신비주의로 재형성하고, 거기에 윤리성을 부여하여 온전히 개인의 삶으로 옮겨놓았다는 데 있다"(157).

175) Bousset, *Kyrios Christos*, 160-63.

176) 예. R. Bultmann, 'Mysticism in the New Testament', in J. Pelikan, ed., *Twentieth-Century Theology in the Making*. Vol. 2: *The Theological Dialogue: Issues and Resources* (London: Collins Fontana, 1970), 368-73(RGG 소논문의 영어판)과 추가로 필자의 *Theology of Paul*, 390-96을 보라

177) J. Ashton, *The Religion of Paul the Apostle* (New Haven: Yale University, 2000)은 바울의 신학보다는 바울의 종교에 관한 초기 종교사학파의 관심을 새롭게 부각시킨다.

178) C. K. Barrett, *The New Testament Background: Selected Documents* (London: PCK, 1961), 82-90과 R. M. Grant, ed., *Gnosticism: An Anthology* (London: Collins,1961), 115에 본문이 실려 있다.

된 "빛-영혼"에게 그들의 참된 본질을 깨닫도록 지식(gnosis)을 부여하는 것으로 구성되며, 그래서 그 영혼들이 빛의 세계로 올라가 다시 한번 결합할 수 있도록 그 영혼들을 해방한다.[179]

이러한 주장은 만개한 영지주의 신화가 바울 이전에 폭넓게 존재했다고 가정한 루돌프 불트만의 매우 영향력 있는 『신약성서신학』(Theology of the New Testament, 성광문화사 역간)의 중요한 출발점이 되었다.[180] 여기에 이미 바울 이전에 있던 구원 개념에 대한 설명이 있다. 그리스도는 포로 된 자에게 생명의 지식을 부여하는 자로 규정됐으며, 단순히 죽고 다시 살아나는 신의 형태만이 아니라 물질세계로 하강하고 다시 상승하는 구원자(빌 2:6-11에 가장 뚜렷하다)라는 완전한 양식을 모델로 하여 묘사됐다. 그리스도는 사람(the Man), 즉 영적 인간이고, 이 사람은 육의 인간(첫 아담)으로 인한 악영향을 극복한다(고전 15:44-49). 여기에 그리스도인을 육에 속한 자들(psychikoi, 고전 2:13-15)이 아닌 "영에 속한 자들"(pneumatikoi)로 분류한 이유가 있다.[181] 같은 출처에서 바울은 그리스도의 몸이라는 개념을 발견한다.[182]

이 모든 내용과 관련해서 문제는 여기서 추론된 만개한 영지주의적 구원자에 대한 신화가 2세기 전에는 어느 곳에서도 명백히 입증되지 않는다는 데 있다. 사용된 용어들(gnōsis, pneumatikos)은 존재한다. 에녹1서 42장에서 신적 지혜가 내려가고 올라왔다고 말한 것과 같은 부분적 유사어구가 있기는 하다. 그러나 이 논제는 기독교 이전의 자료가 깨어진 신화, 즉 분해된 신화 파편들의 증거를 제공한다고 가정해야 한다. 바꾸어 말하면, 온전한 신화가 전제되어야 그런 특징들이 그 신화의 단편이라고 말할 수

---

179) Bousset, *Kyrios Christos*, 190-98.

180) Bultmann, *Theology*, 1.164-83.

181) R. Reitzenstein, *Hellenistic Mystery Religions: Their Basic Ideas and Significance* (1910; ET Pittsburgh: Pickwick, 1978)가 이미 설명을 제공했다.

182) Bultmann의 제자 E. Käsemann이 발전시켰다. *Leib und Leib Christi. Eine Untersuchung zur paulinischen Begrifflichkeit* (Tübingen: Mohr, 1933).

있다.[183] 이 문제에 직면해서 더 가능성 있는 가설은 온전한 한 편의 신화가 그 자체가 앞선 요소들을 추후에 혼합한 결과물이라는 점이다. 유대교의 아담 신화는「포이만드레스」에 영향을 끼친 것으로 보인다.[184] 고린도전서 15:44-49에서 그리스도는 영의 사람 곧 아담이 아닌 마지막 아담인데, 이것은 플라톤이나 영지주의의 우주론이 아니라 유대교 종말론이다.[185] 그리고 첫 구원자라는 인물은 2세기까지 등장하지 않는다. 어쩌면 그것은 기독교가 혼합주의적 영지주의에 기여한 부분일 수 있다![186]

이런 강력한 반증에도 불구하고, 기독교 이전의 영지주의에 대한 탐구는 20세기 후반에도 지속되었다. 논쟁은 영지주의가 바울에게 영향을 끼쳤느냐, 아니면 바울의 교회들만 영향을 받았냐는 질문으로 옮겨갔다. 바울의 복음이 영지주의에 영향을 받았다는 난처함은 영지주의가 바울의 적대자에 기인한다는 말로써 회피할 수도 있다! 바우어가 바울의 모든 적대자를 "유대화하는 자"로 규정했다면,[187] 이제는 그들을 영지주의자로 규정한다. 당연하게도 고린도전서는 이런 주장을 용이하게 하는데, 거기엔 "영에 속한 자"라는 진술·실현된 종말론 암시(4:8)·이중 금욕주의(7:1)·"지식"을 가진 확신에 찬 진술·부활이나 몸의 부활 부정에 대한 언급(15:12, 35)이 있기 때문이다.[188] 그리고 에베소서와 같은 후기 바울 서신은 영지주의적 대

---

183) C. Colpe, *Die religionsgeschichtliche Schule. Darstellung und Kritik ihres Bildesvom gnostischen Erlösermythus* (Göttingen: Vandenhoeck und Ruprecht, 1961).

184) C. H. Dodd, *The Bible and the Greeks* (London: Hodder and Stoughton, 1935), part 2.

185) 추가로 필자의 *Christology*, 123-25과 xviii을 보라.

186) "영지주의 구원자의 기원에 대한 가장 명백한 설명은 예수에 대한 기독교 개념이 그 구원자의 모델이 되었다는 것이다. 예수 시대 이후에는 다른 구원자들(마술사 시몬, 메난드로스)이 즉시 등장하는 반면에, 예수 이전에는 구원자가 한 사람도 없었다는 사실이 중요해 보인다"(Grant, *Gnosticism*, 18).

187) 바울의 시대에 "유대화"라는 용어는 유대교에 호의를 가지고 특정한 유대 관습을 채택한 이방인들에게 사용된 용어였다(§27.4a[iii]을 보라). 19세기에 도입되어 지배적으로 사용된 그 용어의 용례(이방인 개종자들이 할례를 받고 율법을 준수해야 한다고 주장한 그리스도인 유대인으로서 유대화하는 사람)는 1세기에는 알려지지 않았다.

188) 특별히 W. Schmithals, *Die Gnosis in Korinth* (FRLANT 48; Göttingen: Vandenhoeck und Ruprecht, 1965), ET *Gnosticism in Corinth* (Nashville: Abingdon, 1971); 또한

적자를 물리치기 위해 수정된 영지주의의 용어를 사용한다고 특징지을 수 있다.[189] 그러나 진실은 1세기의 기독교 사상의 발전에 관한 기독교 이전의 영지주의 영향에 대한 탐구는 궁지에 몰리고 말았다는 것이다.[190] 공정하게 말하면, 훨씬 후대에 속한 나그함마디 문서는 이 논쟁이 완전히 멈추지 못하도록 했다.[191] 따라서 이것은 논제로서 계속 유지돼야 한다. 그러나 이 논제가 주도적인 항목은 아니다.

d. 사회학적 관점

종교사적 관점의 자연스러운 표출은 기독교의 시작을 사회 현상으로 연구하는 것이었다. 이런 현상은 집단들을 포함하고, 사회적 구조와 과정과의 상호작용과 또한 사회적 구조 및 과정 사이의 상호작용을 포함한다. 에드윈 해치(Edwin Hatch)는 초기 교회의 조직을 고대 그리스-로마 세계의 사회적 분류와 연결하여 종교사학파가 만개하기 전에 그 진로를 어느 정도 개척했다.[192] 그러나 기독교 발흥이 사회 현상이 아닌 종교 현상이라는 트뢸치(Troeltsch)의 관찰과 계급 갈등을 기반으로 한 마르크스주의 사회 분석에 물러서지 않으려는 그의 자세는 이 관점에 도움이 되지 않았을 것이다.[193]

  Theologiegeschichte des Urchristentums. Eine problemgeschichtliche Darstellung (Stuttgart: Kohlhammer, 1994), 예. 7장.

189) H. Merkel, 'Der Epheserbrief in der neueren Diskussion', *ANRW*, 2.25.4 (1987), 3176-3212 을 보라.
190) 예로 P. Perkins, *Gnosticism and the New Testament* (Minneapolis: Fortress,1993), 특히 74-92; M. Hengel, 'Paulus und die Frage einer vorchristlichen Gnosis', *Paulus und Jakobus* (Tübingen: Mohr Siebeck, 2002), 473-510; K. L. King, *What Is Gnosticism?* (Cambridge: Harvard University, 2003)의 토론을 보라. A. J. M. Wedderburn, *A History of the First Christians* (London: Clark, 2004)는 그 주제에 관해 "초기 기독교 이전에 독립적으로 존재한 그노시스를 위한 공간은 점점 줄어들고 있다"라고 결론짓는다(64-66).
191) 특별히 *Gospel of Philip*, 58.17-22; 71.9-17, 그리고 *Sophia of Jesus Christ*, 100-101. 그러나 그 논지는 "독립성이 우선성을 의미한다"는 불합리한 추론에 여전히 의존한다.
192) E. Hatch, *The Organization of the Early Christian Churches* (London: Longmans,1888).
193) E. Troeltsch, *The Social Teaching of the Christian Churches* (1912; ET London: George

사실 사회학적 관심이 재등장하는 데는 50년이 더 걸렸다.[194] 그러나 게르트 타이센(Gerd Theissen)의 고린도 교회에 대한 선구적 연구 때문에,[195] 사회학적 분석은 학자들의 단행본 출간을 위한 기본 통로가 되었다. 초기 예루살렘 교회에 대한 사도행전의 묘사는 사회학적 분석을 가능하게 할 정도로 충분한 정보(혹은 확신)를 제공하지 않을지도 모른다. 복음서에 제시된 삶의 정황을 재건하는 일은 사변적 수준을 넘어서기 어렵다. 그러나 특정 교회들과 그 상황에 대한 즉시성 및 직접성을 지닌 바울 서신은 이런 면에서 더 유익했다.

사회학적 접근은 바울이 주로 활동했던 도시에 있던 개인 가정(주로 소형 다세대주택)과 같은 소규모 모임의 사회적 역동성을 더 잘 이해하도록 한다. 부유한 자와 빈곤한 자, 노예와 노예 소유자, 유대인과 비유대인의 비율은 어떠했는가? 바울이 자신의 생활을 위해 손수 일한다는 것은 무슨 의미인가? 지중해 세계에서 후원자/수혜자 그리고 명예/수치의 관습은 바울의 교회 안에서의 행동과 관계에 어떤 영향을 미쳤는가? 가정 교회와 교회 사역에서 여성의 지위와 역할은 어떠했는가? 초기 기독교 집단은 주로 적대적인 환경에서 어떻게 생존 내지 번성했는가? 그들은 자신들 주위에 어떤 경계를 세웠으며, 이 경계를 기준으로 어떤 운동들이 허락되었는가?[196] 이런 질문들은 기독교의 형성에 대해 자세하게 서술하려고 할 때

Allen and Unwin, 1931) 43. G. Theissen, 'Sociological Research into the New Testament', *Social Reality and the Early Christians* (Minneapolis: Augsburg Fortress, 1992), 1-29은 "변증 신학의 시기인 1920-70년에 감소한 사회사에 대한 관심"을 토의한다(8-15). 신약 연구를 향한 사회 과학적 접근이 그 시기에 지지를 잃은 주요 이유가 마르크스주의의 영향이라는 의심에 대해서는 J. G. Crossley, *Why Christianity Happened: A Sociohistorical Account of Christian Origins* (26-50 CE) (Louisville: Westminster John Knox, 2006), 5-21을 보라.

194) E. A. Judge, *The Social Patterns of Christian Groups in the First Century* (London: Tyndale, 1960). 이에 대해서 Theissen은 "이 소책자는 현대 사회학 강해의 역사에서 영예의 자리를 차지하기에 합당하다"라고 언급했다(*Social Reality*, 19 n. 23).

195) G. Theissen, *The Social Setting of Pauline Christianity* (Philadelphia: Fortress,1982).

196) 특별히 J. K. Chow, *Patronage and Power: A Study of Social Networks in Corinth* (JSNTS 75; Sheffield: JSOT, 1992); R. F. Hock, *The Social Context of Paul's Ministry: Tentmaking and Apostleship* (Philadelphia: Fortress, 1980); D. G. Horrell, *The Social Ethos of the Corinthian*

상당히 중요하다.

기독교의 시작을 심리학 및 사회-인류학과 같은 방법으로 접근할 경우, 더 상세하게 조사해야 할 대상은 분명히 영과 영적 현상의 현저함이다. 바울의 교회 내에서 성령의 영향에 대한 바울의 설명을 읽고 헤르만 궁켈(Hermann Gunkel)은 "영"에 관한 인식을 헤겔(Hegel)의 관념론적 세계 정신(the idealist world spirit)으로부터 보다 더 원시적인 권능 부여의 체험으로 전환했다.[197] 체험에 기반을 둔 성경 이해는 성령에 대한 신약의 표현을 분석하는 토대가 되었고,[198] 막스 베버(Max Weber)의 은사주의적 지도자에 대

Correspondence: Interests and Ideology from 1 Corinthians to 1 Clement (Edinburgh: Clark, 1996); B. J. Malina, The New Testament World: Insights from Cultural Anthropology (London: SCM, 1983); W. A. Meeks, The First Urban Christians: The Social World of the Apostle Paul (New Haven: Yale University, 1983)을 보라. E. A. Judge가 'The Social Identity of the First Christians: A Question of Method in Religious History', JRH 11 (1980), 201-17에서 "사회학적 오류"라고 묘사한(210), 사회학 모델들의 오용에 관해서는 다음을 보라. Horrell, Social Ethos, 11-18; B. Holmberg, 'The Methods of Historical Reconstruction in the Scholarly "Recovery" of Corinthian Christianity', in E. Adams and D. G. Horrell, eds., Christianity at Corinth: The Quest for the Pauline Church (Louisville: Westminster John Knox, 2004), 255-71(여기서는 267-69): "모델들은 학자의 연구를 시작하고 안내하는 발상이 아니라, 오히려 실증 연구의 결과로 여겨져야 한다. 모델들은 얻은 발견들을 단순화하고, 개요하거나 일반화한다. 그렇게 되면 그것들을 다른 곳에서 추가로 검증할 수 있다"(269); "모델들이나 이론들은 말하자면 자료의 빈 부분을 채워 증거를 대신할 수 없다"(270). J. T. Sanders, Schismatics, Sectarians, Dissidents, Deviants: The First One Hundred Years of Jewish-Christian Relations (London: SCM, 1993)은 특별히 Malina가 Mary Douglas의 집단/통제(group/grip) 모델을 사용한 데에 일격을 가한다(106-13). 그는 Troeltsch의 교회/종파 모델을 사용한 데에 대해서도 비슷하게 비판하지만(114-25) 일탈 이론이 핵심에 더 가깝다는 것을 발견한다(129-51). 이에 대해 J. M. G. Barclay, 'Deviance and Apostasy', in P. F. Esler, ed., Modelling Early Christianity: Social-Scientific Studies of the New Testament in Its Context (London: Routledge, 1995), 114-27은 그를 부드럽게 비평했다.

197) H. Gunkel, Die Wirkungen des Heiligen Geistes nach der populären Anschauung der apostolischen Zeit und der Lehre des Apostels (Göttingen: Vandenhoeck und Ruprecht,1888), ET The Influence of the Holy Spirit: The Popular View of the Apostolic Age and the Teaching of the Apostle Paul (Philadelphia: Fortress, 1979).

198) 예로 다음을 보라. H. Bertrams, Das Wesen des Geistes nach der Anschauung des Apostels Paulus (Münster, 1913), 2장; H. W. Robinson, The Christian Experience of the Holy Spirit (London: Nisbet, 1928); "성령이 교리의 주제가 되기 오래전에, 성령은 공동체의 체험에

한 묘사는[199] 명백한 연결점을 제공했다. 그러나 이 연결점은 많이 활용되지 않았는데, 20세기 전반의 오순절주의의 출현이 학계에서 이 측면을 경시하도록 부추겼을 수도 있다. 이 성령은 **너무나** 원시적인 개념이었던 것이다! 초기 기독교의 (위험한) 특징으로 열광이 중요했다는 케제만의 인식은[200] 기독교의 시작에 대한 학문적 연구의 주요 성과였다. 20세기 후반에 소위 은사주의 운동의 성장이 바울 서신들 안에 있는 은사와 체험에 대한 동일한 정도의 관심을 바울 학계 안으로 불러왔지만 말이다.[201] 그러나 초기 기독교가 성령 운동이었다고 인식하면 할수록, 이 차원을 염두에 두는 것이 앞으로 더욱 중요해질 것이다.

이와 관련이 없지 않은 것은 20세기 전환기에 걸쳐 일어난 루돌프 좀 (Rudolph Sohm)과 하르나크 간의 유명한 논쟁으로, 이것은 "초기 가톨릭주의" 논쟁을 보완한다. 좀은 교회 조직에서 이미 인식된 "기능"과 "직위"의 대조를 "은사"와 "교회 법령"(Kirchenrecht)의 대조로 명확하게 규정했다. 주로 바울에게 근거를 둔 그의 주장은 "기독교 조직은 법이 아닌 은사 조직이었다"와 "모든 기독교는 성령의 은사를 나눔으로 말미암아 조직되었다"는 것이다.[202] 은사의 구조를 인간의 교회 법령으로 대체하는 것은 클레멘스 1서(1 Clement, 1세기 후반)에서 처음 볼 수 있는데, 좀에게 있어 이것은 사도 시대에서 속사도 시대로 "추락했다"는 표시였다. 반대로 하르나크는 "성령"

서 사실이었다"(E. Schweizer, *TDNT*, 6.396); L. T. Johnson, *Religious Experience in Earliest Christianity* (Minneapolis: Fortress, 1998), 6-16. 그러나 Johnson의 부제를 주목하라: *A Missing Dimension in New Testament Studies*.

199) 특별히 M. Weber, *The Theory of Social and Economic Organizations* (ET, New York: Free Press, 1947), 358-92을 보라. Theissen은 Weber의 "은사"(*charisma*)라는 용어가 "은사 없이는 진척할 수 없는 수많은 현상과 관련해서 상당한 유용성을 증명했다"라는 의견을 표했다('Sociological Research', 20).

200) n. 105을 보라.

201) 특별히 J. D. G. Dunn, *Jesus and the Spirit: A Study of the Religious and Charismatic Experience of Jesus and the First Christians* (London: SCM, 1975; Grand Rapids: Eerdmans, 1997); G. D. Fee, *God's Empowering Presence: The Holy Spirit in the Letters of Paul* (Peabody: Hendrickson, 1994)을 보라.

202) R. Sohm, *Kirchenrecht* (1892; Munich: Duncker und Humblot, 1923), 1.1, 26.

과 "직위" 사이의 긴장을 인식했으나 그 긴장이 순차적이 아닌 동시적이라고 보았는데, 은사의 기능과 행정적 직위는 처음부터 어느 정도 긴장 가운데 운용되었다는 것이다.[203] 이는 20세기 후반에 다시 제기된 논쟁인데,[204] 여기에는 베버의 사회학적 용어를 가지고 은사의 "관례화"나 "기관화"가 제2세대에 발전했는지 아니면 바울의 교회들 안에 이미 있던 특징이었는지에 대해서 재론하는 "최초 가톨릭주의" 논쟁이 포함된다.[205] 여기서도 우리는 이어지는 내용에서 은사/직위의 긴장과 논쟁의 다양한 측면들을 무시할 수 없을 것이다.

종교사학파의 자극 때문에 강화된 또 하나의 오래되고 관련성 있는 내용은 바울이 받은 고대 수사학의 영향이다. 바울 서신을 신학적 진술로 여기는 것과는 다르게, 이것은 바울 서신에 접근하는 또 하나의 방법이다. 이는 요하네스 바이스(Johannes Weiss)의 훌륭한 고린도전서 주석에서 분명하게 드러난다.[206] 그러나 여기서 다시 언급하지만, 이 관심은 바르트(와 불트만) 계열의 케리그마 신학 프로그램이 대학의 신학과를 지배한 20세기 중반기에 단속적으로만 주의를 끌었다. 그러나 이 역시 20세기 말에 새롭게 일어났으며, 한스 디터 베츠(Hans Dieter Betz)가 (재)촉진했고,[207] 또한 문학 비평 분야에서 활기찬 포스트모던 논쟁과의 상호 작용으로 더욱 고무되었다. 고대 서신 및 수사 관습을 아는 것이 바울이 사용한 용어와 숙어 그리고 바울이 사용한 전략과 그가 자신의 독자들에게 끼치려 했던 영향을

---

203) A. Harnack, *The Constitution and Law of the Church in the First Two Centuries* (London: Williams and Norgate, 1910).

204) 예. Bultmann, *Theology*, 2.95-118; H. von Campenhausen, *Ecclesiastical Authority and Spiritual Power in the Church of the First Three Centuries* (1953; ET London: Black,1969); E. Schweizer, *Church Order in the New Testament* (ET London: SCM, 1961).

205) 특별히 M. Y. MacDonald, *The Pauline Churches: A Socio-Historical Study of Institutionalization in the Pauline and Deutero-Pauline Writings* (SNTSMS 60; Cambridge: Cambridge University, 1988)를 보라.

206) Weiss, *1 Korinther* (1910).

207) H. D. Betz, *Galatians* (Hermeneia; Philadelphia: Fortress, 1979).

조명하는 데 도움이 되고 있음이 점점 더 분명해진다.[208]

초기 기독교의 확장에 중요한 역할을 한 주요 도시들(예루살렘, 안디옥, 로마, 에베소, 고린도)에 대한 어느 때보다 세밀하고 엄밀한 관심과[209] 더불어 지속적으로 축적되고 있는 고고학적 발견들(구조, 유물, 비문)[210] 그리고 디아스포라 유대교의 특징에 대한 점증하는 인식이[211] 더해질 때, 기독교의 시작에 대한 제법 자세한 논의가 가능하리라는 전망이 점점 밝아진다.

e. 출발점으로 돌아오다

기독교 이전의 영지주의 구원자 신화에 대한 탐구는 최근 2세기 기독교 기원 연구 내 막간의 주제가 되었다. 사회학적 접근은 종교사학이 가진 관심에 쏟은 에너지의 대부분을 흡수 유지하고 있다. 그러나 지난 세대에 유대교 안에서 기독교가 독특한 형식으로 왜 그리고 어떻게 태동했는가를 보다 잘 이해하려는 관심이 주요 논점으로 재등장했다. 클라우스너의 시험대는 여전히 통과해야 한다.

기독론 연구의 주요 물결 중 하나는 그리스도인이 그리스도에 대해 일찍이 어떻게 언급했는지를 알기 위해서, 칭송받는 영웅들(에녹이나 엘리야같

---

208) 예로 R. N. Longenecker, *Galatians* (WBC 41; Dallas: Word, 1990); M. M. Mitchell, *Paul and the Rhetoric of Reconciliation: An Exegetical Investigation of the Language and Composition of 1 Corinthians* (Louisville: Westminster John Knox, 1993)를 보라.

209) 예로 E. M. Meyers, ed., *The Oxford Encyclopedia of Archaeology in the Near East* (New York: Oxford, 1997)와 *NDIEC*의 책들을 보라

210) 예로 B. Mazar, *The Mountain of the Lord: Excavating in Jerusalem* (New York: Doubleday, 1975); W. A. Meeks and R. L. Wilken, *Jews and Christians in Antioch in the First Four Centuries of the Common Era* (Missoula: Scholars, 1978); P. Lampe, *From Paul to Valentinus: Christians at Rome in the First Two Centuries* (Minneapolis: Fortress, 2003); H. Koester, ed., *Ephesos: Metropolis of Asia* (HTS 41; Cambridge: Harvard Divinity School, 1995, 2004); D. N. Schowalter and S. J. Friesen, eds., *Urban Religion in Roman Corinth* (HTS 53; Cambridge: Harvard University, 2005)를 보라.

211) 특별히 J. M. G. Barclay, *Jews in the Mediterranean Diaspora from Alexander to Trajan (323 BCE-117 CE)* (Edinburgh: Clark, 1996).

84 ___ 제6부 기독교의 시작에 관한 역사 쓰기

이), 영광의 천사들 혹은 신과 같은 중간 대행자(특히 지혜) 같은 선례 및 가능성 있는 원형에 대한 조사에 전념했다.[212] 신약 자료 안에서 이런 선례와 함께 그런 인물들을 언급하는 다양한 부분을 고려하면, 더는 다른 곳을 살필 필요가 거의 혹은 전혀 없어 보인다. 그러나 결과적으로 유대교와 결별한 사실을 어떻게 설명할 수 있는가? 모리스 케이시(Maurice Casey)는 결별이 유대 범주를 이방 땅으로 이식하려는 시도의 불가피한 결과라고 논증했다.[213] 래리 허타도(Larry Hurtado)는 초기 공동체들의 그리스도를 향한 헌신을 설명의 근거로 삼았는데, 이는 또한 제2성전기 유대교의 유일신 속박을 벗어버렸다.[214] 필자가 보기에는 그 이유가 유대교와의 관계를 절연한 기독교에 있다기보다는, 유대교의 경계를 더욱 좁혀서 초기 기독교(또한 제2성전기 유대교의 다른 형태들)를 그 경계 밖에 두는 랍비적 유대교에 있다.[215]

신비주의 관점에서, 유대 (메르카바) 신비주의가 바울 시대에 이미 있었다는 인식이 증대됨에 따라, 신비주의라는 범주는 새로운 설명력과 더불어 다시 활성화되었다. "신비"를 비(非)유대(동양)적 영향의 본질적 증거로 여길 이유는 전혀 없다. 바울에게 고린도후서 2:1-4의 증거는 명백하다. 그렇게 보이는 것처럼 고린도후서 4:4-6이 바울의 개종 경험을 반영한다면, 그리스도에 대한 바울의 인식은 전부 그의 환상 경험에서 직접 태동했다는 논증의 기반을 제공한다.[216]

---

212) Dunn, *Christology*; C. Rowland, *The Open Heaven: A Study of Apocalyptic in Judaism and Early Christianity* (London: SPCK, 1982); L. W. Hurtado, *One God, One Lord: Early Christian Devotion and Ancient Jewish Monotheism* (Philadelphia: Fortress, 1988); A. Chester, *Messiah and Exaltation: Jewish Messianic and Visionary Traditions and New Testament Christology* (WUNT 207; Tübingen: Mohr Siebeck, 2007).

213) P. M. Casey, *From Jewish Prophet to Gentile God: The Origin and Development of New Testament Christology* (Cambridge: Clarke, 1991).

214) Hurtado, *One God, One Lord*. Bousset처럼 Hurtado도 초기 기독교 모임에서 그리스도-숭배 체험이 중요했음을 인식했고, 『주 예수 그리스도』(*Lord Jesus Christ*, 새물결플러스 역간)에서는 Bousset가 기독교의 발전하는 기독론에서 그런 경험의 작용을 추적한 것처럼 똑같은 주제를 다룬다.

215) Dunn, *Partings*.

216) 특별히 S. Kim, *The Origin of Paul's Gospel* (WUNT 2.4; Tübingen: Mohr Siebeck, 1981,

바울의 신학에 결정적인 영향을 끼친 것에 대해서는, 데이비스(W. D. Davies)의 노고로 그 조류가 전환되기 시작했다. 그는 바울의 그리스 배경에 지나치게 집중하는 종교사에 이의를 제기하고, 바울 이해의 열쇠는 그의 유대 혈통에 있다고 주장했다.[217] 그러나 이 자료로 바울을 조명하려는 시도에는 주요 장애물이 존재한다. 그것은 비록 무의식적이기는 하지만, 대다수 기독교 학계에 깊게 뿌리 내린 유대교에 대한 편견이다. 바울은 유대교에 등을 돌렸다. 그렇지 않은가? 그의 개종은 율법 아래서의 노예 생활과 율법적인 바리새파주의로부터 바울을 해방했다. 그의 중심 교리인 이신칭의는 칭의가 개인의 열심(공로)에 달려 있다고 가르친 유대교에 반대하여 정식화된 교리가 아니었는가? 따라서 종교사학파는 기독교가 유대교의 좁고 배타적인 속박에서 해방됨으로써만 기독교라는 보편 종교가 될 수 있다는 바우어의 기독교에 대한 인식에서 끊임없이 동기를 부여받았다고 말할 수 있다. 종교사학파와 그 후예들이 볼 때, 성장이 멈춘 유대교 유년기로부터 신생 기독교를 구해내고 성숙에 이르게 한 것은 바로 헬레니즘적 보편 정신의 영향이었다.

제2성전기 유대교와 바울이 유대교 전승에 진 빚에 관한 패러디에 맞서는 목소리가 빈번하게 제기되었다.[218] 그러나 샌더스(E. P. Sanders)가 그런 패러디를 맹렬하게 공격하기 전까지는 바울의 유대적 배경을 경시한 대다수의 관점이 틀렸음이 널리 인식되지 않았다. 그러나 특별히 독일 학계에

---

2 1984)(『바울 복음의 기원』, 두란노 역간); 또한 *Paul and the New Perspective: Second Thoughts on the Origin of Paul's Gospel* (WUNT 140; Tübingen: Mohr Siebeck, 2002); A. F. Segal, *Paul the Convert: The Apostolate and Apostasy of Saul the Pharisee* (New Haven: Yale University, 1990).

217) W. D. Davies, *Paul and Rabbinic Judaism* (London: SPCK, 1948, ⁴1981). 물론 사해 사본의 발견은 대체로 결정적인 요인이었지만, 1994년에 4QMMT이 출판되기 전까지 바울의 신학과 종교에 대한 평가에는 적은 영향을 끼쳤다. 예로 필자의 'Paul and the Dead Sea Scrolls', in J. H. Charlesworth, ed. *Caves of Enlightenment: Proceedings of the American School of Oriental Research Dead Sea Scrolls Jubilee Symposium* (1947-97) (North Richmond Hills: Bibal, 1998), 105-27을 보라. 4QMMT에 관해서는 아래 §27.4b를 보라.

218) 특별히 G. F. Moore, 'Christian Writers on Judaism', *HTR* 14 (1922), 197-254.

서는 그의 논쟁의 퉁명스러움에 상당히 분개했다.[219] 샌더스는 하나님의 백성이라는 유대교의 자기이해(제2성전기 유대교와 랍비적 유대교 모두)의 출발점이 이스라엘과 하나님이 맺은 언약에 있음을 주목했다. 언약이 인간 공로의 성취라고 기록한 유대 문서는 그 어디에도 없다. 그리고 유대인은 율법을 준수하여 자신들의 언약 지위를 유지할 책임이 있었지만, 이스라엘의 "종교 형태" 안에서 회개하는 자에게 속죄를 제공하는 희생 제도의 중심적 역할과 더불어 회개를 반복하여 강조하는 것은, 이 종교를 율법과 공로에 기반을 두었다고 규정하는 것이 오해이며 정당하지 않고 한쪽으로 치우쳤음을 의미한다. 샌더스는 "백성 아닌 자"를 향한 하나님의 선택(언약)이라는 신적 주도권과 그 백성에게 요구되는 순종의 반응, 이 양 측면을 포용하기 위해 "언약적 율법주의"(covenantal nomism)라는 표현을 만들었다.

이것이 "바울에 관한 새 관점"이었다. 실제로 이것은 바울의 유대교에 대한 새 관점이다. 그러나 이것은 바울에 대한 새 관점을 요구했다. 구원이 궁극적으로 인간의 성취에 달려 있다고 이해되는 율법주의적인 유대교에 반발하지 않았다면, 바울은 무엇에 반발했는가? 샌더스는 바울의 반발이 본질적으로 혼란스럽고 일관성이 없다고 보았다.[220] 그러나 필자는 새 관점이 바울 신학의 논쟁적 요지가 어디를 향했는지를 우리가 볼 수 있게 함으로써 바울 신학을 조명했다고 논증했다. 즉 인간이 성취한 공로(선한 행위)로 하나님의 인정을 얻는다는 사고가 아닌, 비유대교와의 접촉 때문에 사라지거나 오염될 가능성이 있는 언약 지위라는 특권을 보호하려는 유대인의 의도에 대한 대항이라는 것이다. 특히 바울은 할례와 정결법과 같은 "율법의 행위"가 유대인은 물론 이방인에게 언약 관계의 조건을 계속해서 규정한다는 (대부분의 다른 유대 그리스도인들이 공유한) 확신에 맞서 대응했다. 이 갈등 안에서 그리고 이 갈등으로부터, 믿음으로만 의롭다함을 받는다

---

219) E. P. Sanders, *Paul and Palestinian Judaism* (London: SCM, 1977).

220) E. P. Sanders, *Paul, the Law and the Jewish People* (Philadelphia: Fortress, 1983); 더 날카롭게는 H. Räisänen, *Paul and the Law* (WUNT 29; Tübingen: Mohr Siebeck, 1983).

는 바울 교리의 전형적 표현이 나왔다(갈 2:1-21). 바울은 바로 "이방인의 사도"로서 칭의 교리를 만들어냈다.[221]

지난 10년 사이에 반응은 끊임이 없었다. 프리드리히 아베마리(Friedrich Avermarie)는 철저한 연구를 통해 랍비적 증거가 샌더스가 인정한 것보다는 더 혼합적임을 관찰했고, 결과적으로 샌더스가 "언약적 율법주의"에서 언약 측면을 너무 강하게 밀고 나갔다고 논증했다.[222] "칭의"라는 표현은 믿음을 통한 첫 시인뿐만 아니라 최후 심판과 관련해서도 사용되었고, 샌더스가 인정하는 것보다 칭의에 관한 유대교적 이해에 조건성이 더 있다고 지적했다. 곧 구원이 순종에 달려 있다는 자주 표현된 신념이다.[223] 핵심 말씀인 로마서 4:4-5은 재해석된 바울 신학을 공격할 수 있는 강한 보루로 기능한다.[224]

진행 중인 이 모든 논쟁의 밑바탕에는 매우 중요한 역사적 질문이 있다. 실로 초기 기독교의 과정 전체가 극적으로 전환하게 된 질문이다.

---

221) J. D. G. Dunn, 'The New Perspective on Paul' (1983), *Jesus, Paul and the Law: Studies in Mark and Galatians* (London: SPCK, 1990), 183-214; 더 최근의 *Theology of Paul*, 14장(334-35에 있는 참고문헌); K. Stendahl, *Paul among Jews and Gentiles* (Philadelphia: Fortress, 1977)은 앞서 충분히 인정을 받지 못했다. 추가로 §§27.2-5를 보라.

222) F. Avemarie, *Tora und Leben. Untersuchungen zur Heilsbedeutung der Tora in derfrühen rabbinischen Literatur* (TSAJ 55; Tübingen: Mohr Siebeck, 1996).

223) Stuhlmacher, *Revisiting Paul's Doctrine of Justification*; D. A. Carson et al., eds., *Justification and Variegated Nomism*. Vol. 1: *The Complexities of Second Temple Judaism* (WUNT 2.140; Tübingen: Mohr Siebeck, 2001); vol. 2: *The Paradoxes of Paul* (WUNT 2.181; Tübingen: Mohr Siebeck, 2004); S. J. Gathercole, *Where Is Boasting? Early Jewish Soteriology and Paul's Response in Romans 1-5* (Grand Rapids: Eerdmans, 2002); Kim, *Paul and the New Perspective*; 또한 A. A. Das, *Paul and the Jews* (Peabody: Hendrickson, 2003)를 보라.

224) 특별히 S. Westerholm, *Israel's Law and the Church's Faith: Paul and His Recent Interpreters* (Grand Rapids: Eerdmans, 1988). 이 책은 *Perspectives Old and New on Paul: The "Lutheran" Paul and His Critics* (Grand Rapids: Eerdmans, 2004)로 개정되었다. *The New Perspective on Paul* (WUNT 185; Tübingen: Mohr Siebeck, 2005; 개정판, Grand Rapids: Eerdmans, 2008), 1장에서 필자는 이 비판에 대응했다. 또한 M. Bachmann, ed., *Lutherische und Neue Paulusperspektive* (WUNT 182; Tübingen: Mohr Siebeck, 2005); 그리고 B. W. Longenecker, 'On Critiquing the "New Perspective" on Paul: A Case Study', *ZNW* 96 (2005), 263-71을 보라.

첫 기독교 복음 전도자가 복음을 비유대인에게 가져가게 된 이유는 무엇인가? 기독교 자체와 유럽 역사에 아주 중요한 발전이 된 새로운 지평이 이방인에게 열린 이유는 무엇인가? 그리고 그들이 이방인 개종자를 유대교 전향자로 간주하지 않고, 할례와 율법의 완전준수를 요구하지 않는 혁명적 결정을 한 이유는 무엇인가? 새 관점을 둘러싼 신학 논쟁의 배경에 있는 논점은 사건의 중대한 전환기에 무슨 일이 왜 발생했느냐는 역사적 질문이다. 그 질문을 더 명확하게 할 수 있다면, 어떻게 유대교 메시아 종파가 이방인이 대부분인 종교가 되었느냐는 비밀을 풀 수 있는 가장 중요한 열쇠 하나를 확실히 갖게 될 것이다.

따라서 이 책은 불가피하게도 대부분 바울에 집중해야 할 것이다. 왜냐하면 바울은 실제로 그 중대한 경계에 서 있을 뿐 아니라 자신 안에 그런 경계가 있기 때문이다. 유대인 바울은 메시아 예수를 믿는 사람이 되었고, 열성적인 바리새파가 이방인의 사도가 되었다. 역설의 바울, 즉 이스라엘**을 위한 사도인가?** 이스라엘**에서 나온 배교자인가?** 물론 우리는 바울이 결정적으로 기여하기 전인 첫 기독교 부활절에서 시작한 과정들을 개괄하며 시작할 것이다. 바울의 기여는 이방인에게 다가가는 중대한 돌파구를 마련한 사건을 포함한다. 그러나 그런 돌파구에 대한 역사적 상황은 너무 모호하다. 역사적 논점뿐만 아니라 신학적 논점의 해답은 바울이 제시한 증거에 달려 있다. 그 해답이 없이는 기독교 시작의 가장 중요한 전개가 수수께끼로 남게 된다.

물론 바울은 새 운동이 팔레스타인과 이스라엘 땅 너머로 나아가는 데 관여한 유일한 유대 그리스도인은 아니다. 태동한 기독교의 초기 발전에 대한 모든 이야기를 사도행전이 다루고 있다는 유혹에 반드시 저항해야 한다. 안디옥과 수리아에서의 명백하고 중요한 발전들은 사도행전에서 암시만 하고 있다. 알렉산드리아와 이집트에서의 기독교의 시작에 관해서는 그 어떤 내용도 없다. 바울의 로마서는 교회들이 설립되었음을 암시하지만, 그 기원과 토대에 대해서는 추측만 할 수 있을 뿐이다. 상황이 심하게 뒤틀리지 않게 하기 위해, 이 책과 제3권에서 가능한 한 이 부분을 살필 것이다. 그러나 중요하게 고려해야 할 요소가 남아 있다. 초기 기독교를 가장 현저하게 확장시킨 인물이 바울이며, 기독교 첫 세대에서 바울 서신만이 (거의) 홀로 살아남았고, 기독교 전파자이자 형성자로 증명된 사람들이 바울의 영향력을 거의 처음부터 매우 중시했다는 점은 그 서신들이 수집되고 보존되었다는 사실로 분명히 암시된다.

그래서 핵심 질문이 여전히 남아 있다. 기독교는 어떻게 그리고 왜 제2성전기 유대교에서 태동했는가? 이에 따른 추가 질문이 있다. 그리스 세계에서 더 온전하게 자리 잡은 새 운동은 그 특징이 어느 정도 변하여 다른 것이 되었는가?

제 21 장

자료

예수의 사명에 대한 탐구의 첫 국면과 마찬가지로,[1] 두 번째 국면도 기독교 첫 세대(기원후 30-70년)와 관련된 자료 중 어느 자료를 중시해야 하느냐는 질문 없이는 앞으로 나아갈 수 없다. 가장 솔깃한 답변은 표면상 그런 자료의 제공에 집중한 것으로 보이는 신약의 저작 곧 사도행전이다. 그러나 앞장(§20.3a)에서 언급한 바우어는 사도행전이 단순하게 역사적 정보를 전달하지 않았을 가능성에 대해 이미 경고했다.

시작부터 바로 사도행전의 가치에 관한 두 가지 문제에 주의해야 한다. (1) 사도행전의 이야기와 바울이 서신에서 자신의 선교에 대해 말한 내용 간의 긴장과, (2) 바울을 집중적으로 다룬 사도행전 후반부다. 첫 번째 경우, 문제는 사건들에 대한 바울의 설명을 사도행전보다 선호해야 하느냐는 것이다. 기껏해야 간접적인 누가의 설명보다 바울의 직접적인 설명이 반드시 우선이라는 대답이 거의 언제나 확실한 대답이다.[2] 단 한 가지

---

1) *Jesus Remembered*, §7.
2) 추가로 §28.1a를 보라

주의해야 할 점은 바울이 감정에 지배되지 않는 견해를 제공한다고 보아서는 안 된다는 점이다. 오히려 그의 서신에서 각 페이지마다 바울의 격한 감정이 명백하게 드러난다. 따라서 서로 설명이 다를 때 바울과 사도행전 사이에서 선택하는 일은 단순하지 않을 수도 있다.[3]

두 번째 경우는 정말 난감한 문제다. 우리는 누가가 초기의 모든 선교 활동에 관해 이야기한다는 점과 바울이 팔레스타인 너머의 유일한 선교사라는 점, 또한 바울의 선교가 휩쓸고 간 지중해 북동쪽 지역만이 예수의 메시지가 침투한 유일한 지역이라는 점을 사실이라고 볼 수 없다. 그리고 안디옥 너머 수리아 지역과 동쪽, 알렉산드리아 및 이집트 그리고 북아프리카 해안 지역으로 퍼진 메시지에 대한 정보가 거의 없다. 이 지역들에서의 기독교의 시작에 관한 탐구는 2세기의 더 확고한 증거에 의존할 때까지 남겨두는 것이 최선이다.[4]

그러나 의존 가능한 제3의 자료가 존재하는데, 이는 제1권에서 다룬 예수 전승을 구전 전승으로 보는 연구를 통해 준비된 자료다. 즉 예수 전승이 예수 사역 후 초기에 어떻게 사용되고 발전되었는지 예수 전승 자체에서 수집 가능한 정보다. 『예수와 기독교의 기원』에서 이미 부분적으로 논의한 질문이 여기 다시 등장한다. 곧 이 전승의 다양한 형태와 강조가 예수의 초기 영향에서 기인한 다른 다양한 운동을 나타내느냐는 질문이며, 그리고 "기독교"의 정의와 일관성에 부차적인 영향을 끼치냐는 질문, 즉 이 모든 내용을 "초기 기독교"나 "원시기독교"라고 정당하게 명명할 수 있느냐라는 질문이다. 특별히 제1권으로부터 상기할 수 있는 점은, Q 문서 전문가들이 일반적으로 Q 문서가 부활 이후 갈릴리 공동체(들)의 역동성을 입증한다고 본다는 점이다. 그러나 그 공동체는 마가와 바울을 통해 알 수 있는 주류 전승에서 다소 벗어났다.

---

3) D. Wenham, 'Acts and the Pauline Corpus II: The Evidence of Parallels', BAFCS, 1.215-58의 토론을 비교하라.
4) 제3권을 보라.

그러나 §7에서처럼, 기독교 자료 밖에서 발견되는 그 시대 초기 기독교에 관한 흔치 않은 언급들을 모아보는 것은 타당한 출발점이 된다.

21.1 외부 자료

이와 연관해서 주로 다음 자료들이 인용된다.[5]

a. 요세푸스(Josephus, 37-약 100)

요세푸스는 그의 글 어디에서도 "그리스도인"을 언급하지 않는다.[6] 이 점은 주목할 만하다. 첫째로 그가 그의 백성인 유대인과 그 역사를 광범위하게 기록했기 때문이다. 둘째로 90년대에 그가 『유대고대사』(*Jewish Antiquities*)를 쓸 때, 황제 가족의 일원으로 로마에 살고 있었기 때문이다(*Life* 423, 428-29). 이는 요세푸스가 "그리스도인"을 몰랐거나 그들을 유대교와 관련해서나 유대교 안에서 중요하거나 골치 아픈 종파로도 언급할 만한 가치가 없다고 생각했다는 의미다. 심지어 로마에서도 말이다. 곧 개관할 다른 문헌을 고려하고, 『유대고대사』와 거의 동시에 기록된 클레멘스의 기독교 서신(*1 Clement*)이 그 도시에 상당수 그리스도인이 있었음을 증언한다는 사실을 고려하면,[7] 이 관찰은 매우 중요하다. 이에 관한 요세푸스의 침

5) 또한 S. Benko, 'Pagan Criticism of Christianity during the First Two Centuries', *ANRW* 2.23.2 (1980), 1055-1118; E. Ferguson, 556-70; R. M. Grant, *Second-Century Christianity: A Collection of Fragments* (Louisville: Westminster John Knox, ²2003), 3-12; 그리고 추가로 R. Wilken, *The Christians as the Romans Saw Them* (New Haven: Yale University, ²2003)을 보라.

6) 기독교의 시작과 관련해서 요세푸스에 대한 가장 유용한 서론은 S. Mason, *Josephus and the New Testament* (1992; Peabody: Hendrickson, ²2003)이다.

7) *1 Clement*는 보내는 교회(로마)의 지위에 대해 아무런 암시를 제공하지 않으나, 곤경에 처한 고린도 교회에 서신을 쓰면서 권위에 대해 의식적으로 주장한 내용(특별히 57:1-2)은, 클레멘스가 로마에 확고하고 강한 기반을 가졌음을 시사한다. 비교. H. E. Lona, *Der erste*

묵에 대해 언급할 내용은 거의 없지만, 그런데도 이는 지중해 대도시에서 기독교 집단이 비교적 눈에 띄지 않았음을 함축한다. 기원후 30년에 예루살렘에서 일어난 사건 너머로 2세대 동안, 나사렛/갈릴리 기독교의 성장과 확산은 이 기간에 확실히 가파르게 지속되었지만, 당시 작가와 사회 논평가의 의식에 영향을 아직 끼치지 못했다. 이 상황은 곧 바뀔 것이다!

요세푸스가 제공한 유일한 정보는 62년 예루살렘에서 약식처형을 당한 예수의 형제 야고보에 관한 간략한 설명이다.[8] 이제 막 대제사장으로 임명된 아나누스는 로마 행정관 베스도(Festus)의 죽음과 그의 후임자 알비누스(Alvinus)가 도착하는 틈에 야고보를 처리할 기회를 잡았다. "아나누스는 산헤드린 재판을 열고, 소위 그리스도라 불리는 예수의 형제(ton adelphon Iēsou tou legomenou Christou)이자 야고보라 불리는 자와 몇몇 사람을 끌고 왔다. 그는 그들이 율법을 어겼다고 고발하고 돌로 쳐 죽이라고 그들을 넘겨주었다"(Ant. 20.200). 아나누스의 행동의 배경이 되는 정치적 동기를 나중에 살펴봐야 할 것이다.[9] 특별히 이 사건이 예루살렘에서 야고보의 지위와 관련하여 또한 긴장이 고조되던 시기에 유대 정치계에서 야고보의 정치참여와 관련하여 무엇을 말해주는지를 말이다. 여기서 요점은 비(非)기독교 역사에서 처음으로 저명한 그리스도인이 등장하고, "이른바 그리스도라 하는 예수"와 관련해서 야고보의 신분을 규정한 것이다.[10] 태동부터 2세대가 지난 후 그리스도인이 비기독교 역사의 표면에 드러나기 시작했다.

2세기(Epictetus, Tacitus, Suetonius, Pliny) 전까지는 비기독교 그리스-로마 자료에 그리스도인이나 기독교에 대한 언급이 없다. 그러나 에픽테토스와 타키투스는 60년대 로마에서 일어난 사건을 기록할 때 이 용어를 사용

Clemensbrief (KEK; Göttingen: Vandenhoeck und Ruprecht, 1998), 84.

8) 이미 Jesus Remembered, §7.1에서 언급했다.

9) 아래 §36.2을 보라.

10) Ho legomenos Christos는 "그리스도/메시아로 불리는 그 사람"(Jesus Remembered, §7.1에서 처럼) 혹은 더 조심스러운 "이른바 그리스도"(여기서처럼)를 의미할 수도 있다. BDAG, 590을 보라.

했다. 따라서 여기서 주의를 기울일 필요가 있다.

b. 에픽테토스(Epictetus, 약 55-135)

에파프로디토스(Epaphroditus)의 노예로서 네로의 자유민이자 비서인 에픽테토스는 스토아 철학 교사인 무소니우스 루푸스(Musonius Rufus)의 강의에 참석을 허락받았다. 자유를 허락받은 후, 에픽테토스는 로마에서 철학을 가르치기 시작했으며, 이어 도미티아누스 황제에 의해 추방당하자 니코폴리스(Nicopolis)에서 가르쳤다. 2세기 초반으로 추정되는 때 그가 니코폴리스에서 가르쳤던 내용을 로마 행정가인 그의 제자 플라비우스 아리아누스(Flavius Arrianus)가 기록했다.[11] 에픽테토스는 그리스도인들을 "갈릴리인"(4.76)으로 한 번 언급했다. 두 번째 단락(2.9.19-21)도 그리스도인들에 관한 언급으로 해석되는데, 이는 아마 잘못된 해석일 것이다.

> 그러므로 만일 광기가 이런 것들(가족의 죽음, 재산 상실)에 관련해서 이런 (초연한) 태도와 습관을 낳았다면, 갈릴리인들과 마찬가지로, 신이 우주에 있는 모든 것과 우주를 만들어 우주 그 자체가 제약을 받지 않고 완전한 우주가 되도록 했고, 우주에 속한 것들이 전체의 필요를 위해 사용되도록 했음을 이성과 논증으로부터 배울 사람은 아무도 없다(4.7.6).

두 가지 특징이 언급할 만한 가치가 있다. 첫째로 범상치 않은 이름인 "갈릴리인"은 더 문명화된 계층 사이에서는, 새 운동이 갈릴리라는 잘 알려지지 않은 지역에서 기원했다거나 또는 이 운동의 첫 구성원이나 지도층이 주로 갈릴리 출신으로 구성되었다고 인식했음을 나타낸다. 이 자체가 흥미로운 관찰이다.[12] 둘째로 이 집단은 에픽테토스 같은 교사가 의식할

---

11) *OCD³*, 532.
12) 또한 §20.1(17)을 보라.

정도로 큰 편이었으며, 갈릴리 사람으로서 그들이 헌신한 목적 때문에 재산이나 가족 심지어 생명도 바치려는 열의가 그에게 인상적으로 다가왔을 정도로 존재감이 있었다. 박해당하던 그리스도인들이 보여준 차분함과 결의에 관련된 언급이 거기에 내포된 것 같다.

그렇다면 왜 당신은 자신을 스토아주의자라고 부르는가? 왜 군중을 속이는가? 왜 유대인처럼 행동하는가? 그리스인이면서 말이다. 어떤 의미에서 사람이 각각 유대인, 수리아인 혹은 이집트인으로 불리는지 인식하지 못하는가? 가령 한 인간이 두 신앙 간의 중간에 멈추어 있는 것을 볼 때마다, 우리는 "그는 유대인이 아니라, 단지 그런 체만 한다"라고 습관처럼 말한다. 그러나 그가 세례받은 사람과 같은 마음의 태도를 보이고 그런 선택을 하면, 그는 실제로 유대인이며 또한 그렇게 불린다. 그래서 우리도 가짜 "세례파"(*parabaptistai*)다. 실제로는 다르지만, 겉보기에는 유대인인 사람들은 우리의 이성에 공감하지 않고 우리가 고백하는 원칙을 전혀 적용하지도 않는다. 그러나 우리는 우리가 그들을 아는 사람이라고 자랑한다(2.9.19-21)

세례가 그 당시 이방인 개종의 일환으로 이미 자리를 잡았다고 추정하면, 여기에 개종자가 언급됐을 가능성이 높다.[13] 로마(와 다른 지역)의 비유대인들은 유대인의 하나님 이해 및 안식일 휴식과 같은 유대의 도덕법과 관습 때문에 회당에 매력을 느꼈다.[14] 그러나 여기서 조심해야 할 부분이 있는데, "세례"가 어쩌면 유대교 내 새 "종파"의 독특한 특징으로 더 오래 전에 자리 잡았을 것이기 때문이다. 그렇다면 위 문단은 단지 그리스도인을 언급하며 새 운동이 (여전히) 유대교와 밀접한 관련이 있는지에 대해 구경꾼들이 가졌던 혼란스러움을 증언하는 것일 수도 있다. 제1권에서 살펴

---

13) *GLAJJ*, 1.543-44을 보라.
14) §29.5c를 보라.

본 "갈릴리인"과 "유대인"이라는 용어의 중복을 고려하면,[15] 에픽테토스가 "갈릴리 사람들"을 한편으로 "유대인"으로도 여겼을 가능성이 전혀 없지 않다.

c. 타키투스(Tacitus, 약 56-약 120)

연대순으로 볼 때 앞서 거론된[16] 그리스도인에 대한 첫 번째 언급의 전문을 여기에 제공한다. 거기서 언급된 대상은 64년 로마 화재 시 네로 황제가 범인으로 지목하여 희생양이 된 사람들이다. 그러나 타키투스는 2세기 20년대에 글을 썼을 것이다.[17]

(지시 때문에 화재가 발생했다는) 소문을 막으려고, 네로는 그들의 악덕으로 인해 혐오를 받고(*per flagitia invisos*) 대중들이 "그리스도인"이라고 규정한 부류를 범인으로 지목하여 최고로 잔인한 형벌을 가했다. (3) 창시자의 이름은 크리스투스인데 그는 티베리우스가 통치할 때 행정 장관 본디오 빌라도의 선고로 사형되었다. 그래서 해로운 미신(*exitiabilis superstitio*)이 잠시 억제되었으나, 그 질병의 고향인 유대에서뿐만 아니라, 세상의 모든 혐오스럽거나 수치스러운 것이 유행되는 수도에서도 다시 한번 일어나 인기를 얻었다. (4) 먼저, 고백한 자들(*fatebantur*)이 체포되었고, 그들이 밝혀지자 수많은 사람이 유죄 선고를 받았다. 방화 때문이 아니라 인류에 대한 혐오 때문이었다. 그들은 멸시받으며 최후를 맞이했다. 맹수의 가죽을 뒤집어쓴 채 개들에 찢겨 죽거나, 십자가에 단단히 묶여 햇빛이 사라질 때 밤을 밝힐 등불로 태워졌다. (5) 네로는 자신의 정원을 구경꾼에게 제공했고, 자신의 원형 극장에서 공연을 열었으며, 전차 마부 복장을 하고 군중에 섞여 있거나 전차를 몰았다. 그러나 최고의

---

15) *Jesus Remembered*, §9.6을 보라.
16) *Jesus Remembered*, §7.1.
17) *OCD*³ 1469-71.

본보기적 형벌을 가져온 유죄에도 불구하고, 국가의 평안을 위해서가 아니라 한 사람의 포악성 때문에 그들이 희생되었다는 동정의 감정이 일어났다.[18]

몇 가지 관찰이 요구된다. 첫째로 타키투스는 "그리스도인"이라는 호칭이 이미 통용되었다고 주장했다. 대중이 그 이름을 사용했다.[19] 그 호칭이 "크리스투스"에서 기원했다는 설명은 타키투스가 추가한 것으로 추정된다.[20] 그래서 그 운동이 유대 너머로 확산했다고 그가 증언하는 내용은 그가 가진 정보였을 것이며, 그것은 그가 묘사할 당시에는 통용되지 않았을 수도 있다. 강제로 받아낸 고백(fatebantur)은 방화에 대해서라기보다는 그들이 그리스도인임에 대한 고백(Pliny, Ep. 10.96.2-3)이었을 것이다(Tacitus는 그들이 방화죄가 있다고 생각하지 않았다).[21] 또는 좀 더 정확히 말하자면, 재난의 원인이라고 비난받는 집단의 구성원이라는 고백이었을 것이다.

둘째로 타키투스는 60년대 초 로마에 상당수의 "그리스도인"이 존재했다고 암시한다. 그의 생생한 용어(multitude ingens, "엄청난 군중")를 어떻게 이해하든지 간에, 그가 서술한 내용이 사실에 기반을 두었다면, 경기장으로 향하는 희생자들과 처형에 대한 메스꺼운 희화화는 그 수가 상당수에 달했음이 틀림없다. 처음 체포된 사람들은 분명히 타인의 이름을 누설하게 하려는 목적으로 고문을 당했다. 그렇다 할지라도 순교 당한 사람들은

18) GLAJJ, 2.89의 번역을 각색했다. "'미신'이라는 단어에는 상대성이 있다"는 것을 인식해야 하는데, "그것이 그 당시의 일반인이나 적어도 교육받은 사람들에 의해 버려진 신념들이나 관습들에 빠지는 일을 의미할 수도 있기 때문이다." 베르길리우스는 아마 자기 시대의 동방 의식과 특별히 관련해서, 그것이 "몽매하고 의미 없는 숭배"를 의미한다고 암시한다(Aen, 8.187). 유베날리스는 Sat. 14.96에서 유대인도 개종자도 아닌 사람들이 어떤 유대교 의식들, 특히 안식일을 준수하는 것에 대해 그 표현을 사용한다(OCD² 1023-24; 또한 OCD³ 1456을 보라).

19) Chrestus와 Christus, Chrestianoi와 Christianoi의 병치는 이 시기의 특징이었다. GLAJJ 2.92; R. E. Van Voorst, Jesus outside the New Testament (Grand Rapids: Eerdmans, 2000), 43-44을 보라.

20) 추가로 Jesus Remembered, §7.1을 보라

21) 대부분이 그렇게 본다. 예. J. Stevenson, ed., A New Eusebius (London: SPCK, 1960) 3; GLAJJ, 2.93

화재 전 로마의 모든 그리스도인 중 소수였을 것이다. 그럼 60대 중반에 로마에 이미 수백 명의 "그리스도인"이 있었다고 생각해야 하는가?[22]

셋째로 동방에서 기원한 종파를 향한 타키투스의 혐오는 명확하고 분명하다(15.44.3). 그러나 "인류에 대한 증오"라는 고발은 유대인을 향한 상습적인 고발이다.[23] 그래서 타키투스는 적어도 기독교를 유대교의 한 형태로 여겼을 가능성이 상당하다. 그러나 아래 발췌문이 보여주는 것처럼, 그들이 더욱 정확하게 "그리스도인"으로 구별될 수 있었다.[24]

짐작하건대 타키투스의 저작은 훗날 예루살렘 함락 절정기에 관해 서술한 기독교 작가 술피키우스 세베루스(Sulpicius Severus)가 자료로 사용했을 가능성이 있다.[25]

> 다른 사람들과 티투스(Titus)는 유대인과 그리스도인의 종교를 더욱 완전히 멸절하려고, 성전을 지체 없이 파괴해야 한다는 의견을 표명했다. 이 종교들은, 서로 반목하긴 하지만, 같은 창시자로부터 유래했다. "그리스도인"은 유대인에게서 나왔으며(Christianos ex Judaeis), 뿌리를 제거하면 그 자손은 쉽게 소멸할 것이다.

---

22) 추가로 §37 n. 237과 238을 보라

23) GLAJJ, 2.93의 상세사항을 보라. "Annals 15.44에서 타키투스가 그리스도인들을 인류에 대한 증오(odium humani generis)로 고소한 내용이 Histories, 5.51에서 유대인들에 관해서 그가 사용한 표현과 거의 같다는 사실은 단지 우연의 일치라고 할 수 없다"(Benko, 'Pagan Criticism', 1064).

24) 그러나 E. A. Judge, 'Judaism and the Rise of Christianity: A Roman Perspective', TynB 45(1994), 355-68은 "인간 부류"(a class of people)라는 모호한 구는 그[Tacitus]가 이미 다루었던 사람들과 밀접한 관련성이 부족함을 있는 그대로 보여준다"고 논평한다(350 n. 4). 또한 (기독교 유대인들이 아닌) 유대인들이 방화로 고소되었거나, 방화가 그리스도인들의 과실이라는 소문을 내기 시작한 자들이 유대인이라는 실제적인 암시는 없다. 1 Clement 6.1-2은 이를 지지하지 않는다(GLAJJ, 2.91; 그리고 아래 §35 n. 36을 보라). 네로에게 화재의 책임이 있음을 대플리니우스(Nat. Hist. 17.5)와 수에토니우스(Nero 38.1)가 계속 주장했다. 추가로 아래 §35.2을 보라.

25) GLAJJ, 2.64-67에서 그렇게 주장했다. 유대인 봉기가 발생하기 전, 그가 66년까지 다루었을 때, 타키투스의 Annals은 16권에서 중단된다.

이 논평이 타키투스의 논평이라면, 70년에 유대인과 그리스도인이 한 종교(religio, 단수)를 형성했고 예루살렘 성전 파괴가 이 종교의 소멸을 재촉한다는 견해를 티투스에게 돌린 것은 주목할 만하다. 여기서 기독교는 여전히 유대교의 일부분으로 이해되었다. 반대로 두 번째 문장은 타키투스 자신의 설명을 덧붙인 논평일 것이다. 그 이유는 그것이 지금 두 **종교**를 말하며, 그리스도인이 유대인에게서 비롯되었음에도 불구하고 두 종교가 "서로 대립"한다고 보았다는 데 있다. 이 모순은 그 시기에 태동한 기독교의 정체가 혼란스럽게 받아들여졌고 혼란스러웠음을 암시한다. "기독교"는 유대교와 같은 종교인가 아니면 다른 종교인가? 이방인 개종자들이 유대 종파의 일원이 되었는가? 똑같은 질문이 제2권 전체에 걸쳐 여러 형태로 반복해서 등장하며 제3권에서도 다루어져야 할 것이다.

d. 수에토니우스(Suetonius, 약 70-약 140)

"선동가 크레스투스(impulsore Chresto) 때문에 [유대인들이] 계속해서 소요를 일으켰기에", 짐작하건대 49년에[26] 유대인이 로마에서 추방되었다는 수에토니우스의 간단한 언급(Divus Claudius 25.4)[27]은 이미 인용했다.[28] 대부분의 사람들이 추정하듯이, 이 문단이 그리스도와 **관련된**(그리스도 **때문이 아닌**)[29] 로마의 소요를 혼란스럽게 묘사한다고 추정하면, 이 문단은 기독교가 로마에서 어떻게 시작했는지에 대해 다시 언급하고 있다. 예수의 가르침이

---

26) 로마에서 유대인이 추방된 시기에 관해서는 §28.1b nn. 29-41을 보라.

27) *OCD*³ 1451-52.

28) *Jesus Remembered*, §7.1.

29) 특별히 (Chrestus가 당시 로마에서 급진적인 유대인 활동가라고 논증하는) S. Benko, 'The Edict of Claudius of A.D. 49', *TZ* 25 (1969), 406-18(또한 'Pagan Criticism', 1056-62)과 논쟁하는 Van Voorst, *Jesus*, 30-39의 논의를 보라. 그리고 다른 참고문헌도 보라. 필자는 일반적인 "선동"보다는 "선동가"라고 번역하는 Van Voorst를 따른다(§7.1에서처럼). *Chrestus*와 *Christus*를 혼동하는 데 관해서는 J. A. Fitzmyer, *Romans* (AB 33; New York: Doubleday, 1993), 31과 위 n. 19을 보라.

나, 더 가능성이 있게는 예수가 그리스도(메시야)라는 주장이 로마의 유대 공동체에 소요를 일으켰기에, 당국은 예수를 메시아로 고백하는 사람들이나 그 주장을 거부하는 사람들 할 것 없이 (수많은) 유대인들 혹은 단순히 주모자들을 추방해서 그 상황을 간단히 해결한 것으로 보인다.[30] 한편으로는 유대인들이 비유대교 로마인들 사이에서 선교 활동을 한 것이 소요의 원인이었다. 즉 로마의 유대인들이 자신의 비유대인 이웃 및 동료들에게 예수가 메시아라고 선포했다.[31]

자료 가운데 가장 호기심이 가는 사항 중 하나를 사도행전 18:2이 제공하는데, 그 이유는 바울과 가장 밀접하게 관련된 브리스길라와 아굴라 부부가 로마에서 유대인이 추방된 사건과 관련이 있기 때문이다. 하나 혹은 그 이상의 로마 회당에서나 광범위한 지역에서 설교나 증언활동을 했기 때문에 일어난 소요로 인해 로마에서 추방당한 유대 그리스도인 중에 브리스길라와 아굴라가 포함되었을 것이라는 제안은 가능성이 있다.[32] 추방 연대가 정말로 49년이라면, 로마에서 기독교의 시작은 이르면 40년대 중반까지 올라갈 수 있다. 예수의 죽음 후 겨우 15년 정도다. 또한 우리는 유대 공동체 내에서든지 그 공동체를 넘어서든지 초기 복음 전도자의 활력 있고 끈질긴 수고와 그들이 일으킨 일("소요")에 대한 반응, 그리고 공동 질서 및 전통 방식을 위협하는 것에 신속하게 대처한 로마 당국에 관한 명확한 인상을 얻는다.

네로의 박해에 관한 수에토니우스의 언급은 타키투스의 서술보다 훨

---

30) 필자의 *Romans* (WBC 38; Dallas: Word, 1988), xlviii-xlix(참고문헌과 함께)을 보라.

31) L. H. Feldman, *Jew and Gentile in the Ancient World* (Princeton: Princeton University, 1993), 300-304. Van Voorst, *Jesus*, 37이 이를 따른다: "로마 당국자들이 원주민 중에서 퍼진 유대교가 추방에 합당한 범죄의 전형이라고 여겼음은 명백하다"(37). "유대인들이 많은 원주민을 그들의 길로 개종시켰기(*methistantōn*)" 때문에 19년에 티베리우스가 유대인을 추방한 적이 있었다(Cassius Dio, 57.18.5a; 비교. Tacitus, *Ann.*, 2.85.4["이집트와 유대교 의식들 금지"]; Suetonius, *Tiberius*, 36: "그는 외래 종교, 특히 이집트와 유대교 의식들을 폐지했다.…[그리고] 도시에서 [유대인들을] 추방했다"). 추가로 §24 n. 247을 보라.

32) 추가로 §28 n. 40을 보라.

쎈 간결하다: "새롭고 사악하며/흉악하고/범죄적인(maleficus) 미신을 가져온 부류(genus)인 그리스도인들(Christiani)에게 형벌이 내려졌다"(Nero 16.2). 이는 공공선을 위해 네로가 부과한 다양한 규제 목록에 등장하며, 로마 화재 사건과는 연관이 없다. 따라서 이것은 적어도 교육받은 로마인에게는 그리스도인이 공공을 위협하는 자로 여겨졌다는 타키투스의 내용과 같은 인상을 준다. 이는 그리스도인들에 대해서 말하기보다는, 타키투스 및 수에토니우스와 같은 명문가 출신 로마인들이 로마 전통 방식과 신념을 오염하는 외래 종파에 대해 느낀 반감을 말해준다. 특별히 유대교와 기독교를 위험하고 이상한 외래 종교라고 비방하는 경향은 당시 그리스-로마 문화권에 도도히 흐르고 있었다.[33] 적어도 이런 언급을 통해서 우리는 첫 그리스도인의 독특한 정체가 더 분명하게 드러남에 따라 그들이 직면했던 혐오감과 적개심이 어떠했는지 대충 짐작할 수 있다.

e. 플리니우스(Pliny, 약 61-113)

가이우스 플리니우스 카에킬리우스 세쿤두스(Gaius Plinius Caecilius Secundus)는 지역의 법과 질서를 회복하라는 위임을 받고, 트라야누스 황제로부터 비투니아 폰투스(Bithynia Pontus)의 총독으로 임명을 받았다(그는 113년에 사망했다).[34] 어떻게 진행해야 하는지 불확실 때, 그는 모든 사례를 트라야누스에게 문의했다. 그중 한 사례가 그리스도인에 대한 것이었다. 이 문제에 조언을 구하는 서신은 다양한 정보를 담고 있어 현재의 목적과 나중에 참고할 목적을 위해 인용할 가치가 있다.

> 저는 그리스도인들의 재판에 참여한 적이 없습니다. 따라서 무엇을 조사하고

---

33) 가장 최근의 P. Schäfer, *Judeophobia: Attitudes toward the Jews in the Ancient World* (Cambridge: Harvard University, 1997); *GLAJJ*에 실린 본문들과 추가로 §29 n. 165을 보라.
34) *OCD*[3] 1198.

어떤 형벌을 내려야 할지 모릅니다. 나이에 따라 어떤 차별이 있어야 하는지, 젊은이와 성인을 구분하지 않아야 하는지, 뉘우치는 사람들을 사면해야 하는지, 아니면 한 사람이 과거에 그리스도인이었는데 이를 포기함으로 아무런 이익을 얻지 않아야 하는지에 대해 정말 확신이 없습니다. 범죄를 저지르지 않았는데 그 이름 자체(nomen ipsum)만으로 처벌해야 합니까? 아니면 그 이름과 관련된 범죄를 처벌해야 합니까? 그동안 그리스도인이라고 고소를 당해 제 앞에 온 사람들에게 이 방법을 적용했습니다. 저는 그들에게 그리스도인인지를 물었습니다. 그렇다고 고백한 자들에게 저는 다시 물었고, 사형을 경고하며 세 번째 물었습니다. 굽히지 않는 자들에 대한 처형 개시를 명령했는데, 그 이유는 그들이 무엇을 믿든 간에, 완강함과 굽힐 줄 모르는 완고함은 처벌받아야 한다고 확신했기 때문입니다. 유사하게 어리석은 일을 저지르는 다른 사람들이 있었는데, 그들은 로마 시민이었기 때문에 그 도시로 보내라고 명령을 내렸습니다.

보통 그렇듯이, 기소 이유를 조사하자 기소 이유가 더 광범위하고 다양하게 나왔습니다. 많은 사람의 이름을 담은 익명의 목록이 공표되었습니다. 그리스도인이거나 그리스도인이었음을 부정하는 사람들이 신들에게 호소하고…당신의 형상에 유향과 포도주를 바치고…더 나아가서 그리스도를 저주할 때, 저는 그들을 물러가게 했습니다. 진정한 그리스도인들은 강요를 받는다고 해도 이 가운데 어떤 행동도 하지 않는다는 말이 있습니다.

밀고자가 지명한 다른 사람들은 자신들이 그리스도인이라고 말했지만 그다음엔 부인했습니다. 그들은 과거에 그리스도인이었지만 이제는 아니었습니다. 어떤 이들은 3년 전에, 다른 이들은 여러 해 전에, 또 다른 이들은 20년 전에 떠났습니다. 이 사람들도 전부 당신의 동상과 신들의 형상들을 숭배하고 그리스도를 저주했습니다. 그들은 자신들에게 죄가 있다면 특정한 날 해뜨기 전 신인 그리스도에게 노래로 응답하려고 함께 모였고, 어떤 범죄도 저지르지 않고 도둑질·강도·간음을 행하지 않으며, 신뢰를 깨지 않고, 보증금을 달라 했을 때 거부하지 않겠다는 엄숙한 맹세(sacramentum)로 서로 결속한 것이라고 주장했습니다. 이런 의식 후에 헤어지고 그 후에 음식을 먹기 위해 다시 모였는데 평범하고 해롭지 않은 모임이었습니다. 심지어 그들은 당신의 명령에 따라 이 회합을 중지하라는 저의 칙령에 순종하여 이 의식을 포기했습니다. 이를 보고 저는 집사라는 두 여성을 고문하여 진실이 무엇인지 알아내는 일이 무엇보다 필요하다고 확신했습니다. 저는 다름 아닌 부패하고 지나친 미신을 발견했습니다.

[많은 사람이 관여되어 있기 때문에, 트라야누스와 상의할 때까지 이 이상의 조치는 연기하며] 모든 연령대와 모든 계층 그리고 남녀의 많은 수가 재판 중이며 재판을 받을 것입니다. 도시뿐만 아니라 마을과 농촌 지역도 이 전염병의 영향을 받았으나, 이를 멈추고 교정할 수 있어 보입니다. 거의 버려졌던 신전에 이제 사람들이 가득하고 오랜 중단 끝에 신성한 축제가 다시 행해지며, 희생제물의 고기가 다시 거래되고 있습니다만, 지금까지는 구매자가 매우 적다는 데 의견이 일치합니다.[35]

이 서신은 그 당시(112)에 "그리스도인"이라는 이름이 확실히 자리 잡았고, 지시 대상이 되는 자들을 식별하는 잘 알려지고 적절한 방법이었음을 확인해준다. 그 호칭으로 불린다는 것 자체가 범죄인지에 대한 플리니우스의 망설임은 주목할 만하다. 그의 망설임에도 불구하고, 트라야누스의 승인으로 그 이름을 고백한 사람들을 처형한 플리니우스의 행동도 동일하게 주목을 받을 가치가 있다.[36] 짐작하건대 "그 이름과 관계된" 범죄는 전통 신들에게 기원하고 트라야누스의 형상을 숭배하는 것에 대한 저항이었을 것이며, 이는 황제의 주권을 거부하는 것과 같다. 로마 시민은 재판을 위해 로마로 보내졌다. 적어도 이 사례에서, 로마 법정이 얼마나 "밀고자"

---

35) Pliny, *Ep.* 10.96(Benko의 번역을 따름). 트라야누스는 그의 대답에서 플리니우스의 실행을 칭찬한다. 그러나 그는 그리스도인을 색출하지는 않아야 하고 익명의 목록이나 고소가 형사 소송에서 가치가 전혀 없다고 판결한다(*Ep.* 10.97).

36) 추가로 Benko, 'Pagan Criticism', 1071-76을 보라.

에 의존했는지에 대해서도 주목해야 한다.[37]

정보의 두 번째 중요한 조각은 그리스도인이 얼마나 널리 퍼졌고 영향력이 있었느냐다. "모든 연령대와 모든 계층 그리고 남녀"가 연루되었다. "도시만 아니라 마을과 농촌 지역도 영향을 받았다." 신전들은 거의 버려졌으며, 신성한 축제도 오랫동안 지켜지지 않았고, 신전에서는 희생제물의 고기가 시장에 나오지 않았다. 고기를 사는 사람들이 너무 적었기 때문이다. 마땅히 언급해야 하는 점은, 이 정보가 과격한 기독교 대적자의 유언비어가 아니라 자문하려고 황제에게 보낸 공식 보고서에 나온 내용으로서, 그 상황에 맞는 조언을 받기 위해 관련된 상황을 조심스럽게 서술하려는 동기에서 비롯되었다는 사실이다. 플리니우스의 보고서를 그에 걸맞게 진지하게 받아들인다면, 기독교가 지역에 널리 퍼졌고 플리니우스가 이 영향력에 대응하려고 강력한 핍박을 가했다는 인상을 피하기 어렵다. 주목할 만한 또 다른 점은, 트라야누스의 대응이 그가 이 문제에 익숙했음을 보여주며, 짐작하건대 기독교의 확산과 영향이 그에게 새로운 일이 아니었음을 암시한다는 점이다. 더구나 플리니우스는 아마 로마에서 초기 재판에 참석하여 트라야누스의 조언자 중 한 사람으로 일했을 것이다. 이는 그런 재판이 점점 자주 열리게 되었지만, 플리니우스와 같은 지위의 사람들이 이 문제를 다루는 절차와 방법에 대해 약간의 지식과 경험을 가질 정도로만 그것이 대두되었음을 시사한다.

주 예수와 황제 트라야누스를 향한 충성 사이의 대립이 그리스도인이 이미 인지한 요인이라는 것이 위 기록의 세 번째 요점이다. 플리니우스는 "진정한 그리스도인들은 강요를 받는다고 해도 이 가운데 어떤 행동[신들에게 기원, 황제숭배]도 하지 않는다"라고 말했다. 또 다른 놀라운 점은 그

---

37) "이와 연관하여 그가 사용한 표현(Christiani deferebantur)은 법률 전문 용어이며, 동사 defero는 '누구에 대해 알려주다' 혹은 기소를 시작한다는 의미이다. 누가 밀고자였는가? 우리는 모르며 단지 추측할 수 있다.…그들은 유대인 혹은 당파적인 그리스도인들이었거나, 심지어는 기독교의 확산으로 제사 물품의 수요가 감소하여 재정 손실로 고생한 상인들이었을 수도 있다"(Benko, 'Pagan Criticism', 1070).

리스도인이라고 고소를 당한 많은 사람이 재빨리 부인했다는 사실이다. 두 번째와 세 번째 요점의 함의는 기독교의 성공을 보고 기독교에 이끌린 사람이 많지만 그중 상당한 비율이 "진실한 그리스도인"으로서의 자격이 없는 사람이라는 것이다. 우리는 기독교의 형성기를 추적하면서 이 점을 기억해야 한다. 곧 일관성 있고 눈에 띄는 성장이 있었지만, 새 종파를 다시 떠난 사람도 많았다는 사실이다. 양방향으로 이동이 있는 가운데, 이 운동이 가진 편차는 매우 듬성듬성했을 것이다.

　마지막으로 2세기 20년대에 비두니아에서 이 초기 기독교 모임들을 묘사한 내용에 주목하지 않으면 안 된다.

- 그들은 특정한 날(추정컨대 일요일)에 두 번 만났다. 한 번은 예배드리며 새롭게 헌신을 다짐하기 위해서고, 두 번째는 식사 나눔을 위해서다.
- 예배는 "신인 그리스도에게 응답하기 위한 노래"를 포함했다. 그러나 플리니우스가 들은 내용에서는 식사가 단순히 "일반" 음식으로 구성되었다.
- 첫 번째 모임에서 주어진 가르침과 권면은 교리 문제가 아닌 사회적·윤리적 책임에 관련되었다. 그것은 "어떤 범죄도 저지르지 않고 도둑질·강도·간음을 행하지 않으며, 신뢰를 깨지 않고 보증금을 달라 했을 때 거부하지 않겠다"는 내용이었다.
- 언급된 유일한 직분 혹은 사역은 "집사라 불리는 두 여성 노예"였다.

이 정보는 양이 적고 그 자체가 단편적이지만, "단편"으로서는 관심을 끌고, 활용할 수 있는 여타 정보에 더해질 때 귀하다.

f. 카시우스 디오(Cassius Dio, 약 160-230)

많이 논쟁되는 문단(67.14.1-3)에서 카시우스 디오는[38] 도미티아누스 황제가 96년에 그의 사촌 플라비우스 클레멘스(Flavius Clemens)를 어떻게 처형했는지 서술했다. 클레멘스와 그의 부인 플라비아 도미틸라(Flavia Domitilla)의 죄목은 "무신론"이었는데, 이는 표류하다가[혹은 난파하여] 유대교를 택한 많은 사람이 비난받는 이유였다. 이들 중 일부는 사형을 당했고, 나머지는 재산을 몰수당했다. 황제의 친척이기도 한 도미틸라는 추방만 당했다. 앞으로 살피겠지만, 플라비우스 클레멘스나 그의 아내가 그리스도인이 되었다는 어떤 암시도 없다. 수년 동안 유대 관습이 유대교를 알고 싶어하는 비유대인들에게 계속 매력적으로 다가왔기 때문이다.[39] 그러나 여기서 언급하는 유대 관습이 기독교적 유대교라 불릴 가능성을 완전히 배제할 수는 없다. 기독교 메시지가 역사적 유대교와 분명하게 구별되지 않는 한, 구도자에게는 중요한 유대교의 고대 핏줄이 지닌 매력이 공유됐을 것이다. 그리고 이미 40년 전에 그랬던 것으로 보이듯이, 기독교가 이미 유대인들 사이에서보다는 비유대인 사이에서 더 빠르게 성장하고 있었다면, 짐작하건대 상류층 출신 로마인들이 로마 사람이 아닌 유대인들과 밀접하게 접촉하기보다는 그리스도인인 비유대인과 접촉했을 가능성이 더 높다.

논점이 너무 모호하기 때문에, 당시 기독교가 유대교와 그렇게 다르게 보이지 않았을 것이라는 점, 그리고 유대 관습이 많은 비유대인에게 매력이 있었기에 그것이 유대 나사렛 종파가 비유대인 사이에서 퍼진 요인 중 하나가 되었을 것이라는 확증 외에는 그에 대해 다른 말을 하기 어려워 보인다.

요약하면, 기독교 자료를 접할 수 없는 역사가는 기독교의 시작에 관해 최소한의 자료에 만족해야 한다. 동시에 그런 자료들은 유대 지역

---

38) *OCD*³ 299-300. 그 문단에 대해서, *GLAJJ*, 2.379-84을 보라.
39) 다시 §29.5c를 보라

의 한 분파로서 유대에서 기원한 크리스투스(Christus) 혹은 크레스투스 (Chrestus)라는 이름으로 식별할 수 있는 운동이 있었음을 증언하며, 이미 60 년대에 추종자들이 수도 로마에 퍼져 있어 눈에 띄었음을 확증한다. 이 외 에는 기독교 자료에 의존해야만 한다.

21.2 사도행전

"사도행전"(praxeis apostolōn, acta apostolorum)은 그 책의 매우 오래된 제목이다. 그 제목은 이레나이우스(Adv. haer. 3.13.3), 무라토리 정경 목록(34행), 그리고 소위 누가복음에 대한 「반-마르키온 서언」(Anti-Marcionite Prologue)에서 사용되었고,[40] 2세기 말경에 등장하기 시작한 제자들 개개인의 행동을 다루는 외경의 전례가 되었다.[41] 그래서 이 제목은 2세기 중반쯤에 자리 잡았을 가능성이 있다.[42] 그 제목은 당시 "사도들"이 매우 존경받았음을 입증한다.[43] 비록 "사도행전"이 실제로 베드로(지금까지는 말이다)와 바울의 활동만 다루고, 새 운동의 확장에 대한 설명을 에게해를 통과해 로마까지 이른 바울의 발자취로 제한하지만, 이 책은 "사도시대"라는 기독교의 시작에 관한 확정적인 설명으로 받아들여진다.

---

40) Irenaeus 약 130년-약 200년; 무라토리 단편은 n. 47을 보라. Anti-Marcionite Prologues에 관해서, E. Haenchen, ET The Acts of the Apostles (Oxford: Blackwell, 1971), 10-12을 보라.

41) Schneemelcher, NTA, vol. 2. 에우세비오스가 "사도의 첫 계승자로 왔다"라고 묘사하고(HE 2.23.3) 170년대 혹은 180년대까지 로마에 있었던(4.11.7) 헤게시포스는 어쩌면 또한 사도행전의 영향을 받아, 자신의 다섯 권이 되는 책의 제목을 Pente hypomnēmata ekklēsiastikōn praxeōn(교회 행전의 다섯 협정)(K. Lake, Eusebius, Ecclesiastical History, LCL[1926], xlvi) 이라고 붙였다.

42) Beginnings, 4.1-2; D. E. Aune, The New Testament in Its Literary Environment (Philadelphia: Westminster, 1987), 78.

43) W. Bienert, in Schneemelcher, NTA, 2.5-27. Didache("The Teaching of the Apostles")라는 제목은 나중까지 입증되지 않았다(K. Niederwimmer, Die Didache [Göttingen: Vandenhoeck und Ruprecht, ²1993], 81-82).

a. 저자와 기록 연대

사도행전은 두 권으로 된 작품(누가-행전)의 두 번째 책이다. 이는 두 번째 책을 시작하는 문장에서 분명히 드러나며(1:1-2), 또한 이 두 권의 문체적 특징이 이를 말해준다.[44] 실질적으로 이 두 권을 하나로 묶어주는, 분명히 의도된 두 책 사이의 병행구도 이를 확증해준다.[45] 그러므로 복음서의 서문(눅 1:1-4)을 바탕으로, 우리는 누가가 서문에서 표시된 자료와 목격자의 정보를 추적하여 사려 깊게 연구했다는 주장을 사도행전에도 적용할 수 있다고 결론 내릴 수 있다.[46]

두 책은 어느 곳에서도 저자를 밝히지 않는다. 그러나 같은 2세기 말의 증언(이레나이우스, 무라토리 단편, 누가복음에 대한 『반-마르키온 서언』)에 따르면,[47]

---

44) H. J. Cadbury, *The Making of Luke-Acts* (New York: Macmillan, 1927). 누가복음과 사도행전을 같은 저자가 기록했다는 점은 여전히 합의된 주요 의견이다. J. Verheyden, 'The Unity of Luke-Acts', in J. Verheyden, ed., *The Unity of Luke-Acts* (BETL 142; Leuven: Leuven University, 1999), 3-56을 보라. 이에 대한 가장 중요한 도전은 R. Pervo and M. C. Parsons, *Rethinking the Unity of Luke and Acts* (Minneapolis: Fortress, 1993)이 제기했다.

45)
누가복음	사도행전
3:21-22	2:1-4
4:14-21	2:14-39/13:16-41
4:40	28:9
5:17-26	3:1-10/14:8-11
8:40-56	9:36-41/20:9-12
22:66-71	6:8-15
22:69	7:56
23:34, 46	7:59-60

M. D. Goulder, *Type and History in Acts* (London: SPCK, 1964), 4장; C. H. Talbert, *Literary Patterns, Theological Themes and the Genre of Luke-Acts* (SBLDS 20; Missoula: Scholars,1974), 16-18; D. Marguerat, *The First Christian Historian: Writing the 'Acts of the Apostles'* (SNTSMS 121; Cambridge: Cambridge University, 2002), 3장; 또한 J. B. Green, 'Internal Repetition in Luke-Acts: Contemporary Narratology and Lucan Historiography', in B. Witherington, ed., *History, Literature and Society in the Book of Acts* (Cambridge: Cambridge University, 1996), 283-99을 보라.

46) 특별히 H. J. Cadbury, 'Commentary on the Preface of Luke', *Beginnings*, 2.489-510(여기서는 492); I. H. Marshall, 'Acts and the "Former Treatise"', *BAFCS*, 1.163-82.

47) 무라토리 단편의 연대는 논쟁 중이나, 2세기 후반으로 의견이 일치한다. 예. F. F. Bruce, *The*

전통적으로 저자는 골로새서 4:14(비교. 딤후 4:11; 몬 1:24)에서 "사랑을 받는 의사"라고 묘사된 누가였다.[48] 사도행전에 있는 증거를 가지고 이 주장을 확고하게 판단하는 일은 가능하지 않다.[49] 그러나 내러티브 후반부(바울을 다룬 부분)의 1인칭 복수("우리/우리를" 부분)를 사용한 문단은 화자가 서술한 사건에 직접 참여하고 관여했다는 인상을 강하게 준다(16:10-17; 20:5-15; 21:8-18; 27:1-28:16). 이 특징을 문체상으로 만들어낸 표현 혹은 문학적 관습이라고 여기는 것이 분명히 비평 학계의 통례지만,[50] 3인칭에서 1인칭으로 그

Acts of the Apostles (Grand Rapids: Eerdmans, [3]1990), 1-2; ODC[3] 846-47, 1126을 보라.

48) Irenaeus, Adv. haer., 3.1.1("바울의 여행 동반자인 누가는 그[바울]가 선포한 대로 복음을 기록했다"); Muratorian Canon 3-6행("그리스도의 승천 후에, 의사인 누가는, 바울이 그를 배운 사람으로 여기고 데려간 후에, 그의[바울의] 관점을 따라 자신의 이름을 내걸고 썼다")(둘 다 U. Schnelle, The History and Theology of the New Testament Writings [London: SCM, 1998], 240에서 인용한 대로다). 누가복음에 관한 Anti-Marcionite Prologue("안디옥 출신 수리아 사람…누가는 직업이 의사이고, 사도들의 제자이며, 나중에 바울이 순교할 때까지 바울의 추종자였다"). 원문은 K. Aland, Synopsis Quattuor Evangeliorum (Stuttgart: Württembergische Bibelanstalt, 1964), 533, 538을 보라. Euangelion kata Loukan이라는 제목은 175-225년으로 추정되는 현존하는 가장 오래된 파피루스 사본 p[75]에 있는 복음서 마지막 부분에서 발견되었다. J. A. Fitzmyer, The Gospel according to Luke (AB 28, 2 vols.; New York: Doubleday, 1981, 1985), 35-36을 보라. J. Jervell, Die Apostelgeschichte (KEK; Göttingen: Vandenhoeck und Ruprecht, 1998)는 "제목과 저자의 이름을 표기하여 책을 출간하는 것이 정상이었다"고 논평했다(55-57). 교부 시기의 증언에 대한 총 논평은 H. J. Cadbury, 'The Tradition', Beginnings, 2.209-64; Aland, Synopsis, 531-48; C. K. Barrett, The Acts of the Apostles (ICC, 2 vols.; Edinburgh: Clark, 1994, 1998), 1.30-48; A. Gregory, The Reception of Luke and Acts in the Period before Irenaeus (WUNT 2.169; Tübingen: Mohr Siebeck, 2003)를 보라. 누가가 안디옥 출신이라는 동시대(2세기 후반) 전승은, 예를 들어 Fitzmyer, Luke, 1.45-47을 보라.

49) Jervell은 누가가 이방인 그리스도인이라는 전통 견해에 이의를 제기하는 최근의 경향을 대표하고, 내부 증거를 바탕으로 누가가 유대인 그리스도인이거나 적어도 그리스-유대 기독교에 뿌리를 둔 하나님을 경외하는 자라고 주장한다(Apg, 84).

50) 예. W. G. Kümmel, Introduction to the New Testament (Nashville: Abingdon, 1975), 184-85; V. K. Robbins, 'The We-Passages and Ancient Sea Voyages', in C. H. Talbert, ed., Perspectives on Luke-Acts (Edinburgh: Clark, 1978), 215-42; Schnelle, History, 267-70; Fitzmyer, Acts, 99의 참고문헌. 그러나 누가는 포함된 내용을 그의 이야기와 일치시키기 위해 "우리/우리들"을 제거하거나, 그의 서술의 더 중요한 부분들을 위해 언급된 내용이 목격자의 증언임을 시사하려고 모티프를 확장하지 않고, 자신의 이야기 특징과 관련이 없는 여행 이야기 단락들을 왜 포함할까? 누가는 그보다 더 나은 이야기꾼이다. 추가로 J. A. Fitzmyer, 'The Authorship of Luke-Acts Reconsidered', Luke the Theologian: Aspects of His

리고 그 반대로 갑작스럽게 전환한다는 사실은 개인의 참여와 불참이라는 관점으로 더 분명하게 설명된다. 종합적으로 볼 때, 화자가 자신이 위에서 서술한 이야기에 관여했다고 자기 독자가 추론하도록 의도했다는 결론을 피하기 어렵다.[51]

일부는 누가의 저작 시기를 바울의 죽음 전으로 생각하고,[52] 다른 이

Teaching (London: Chapman, 1989), 1-26(여기서는 16-22); 또한 *Acts*, 100-103을 보라.

51) J. Dupont, *The Sources of Acts: The Present Position* (London: Darton, Longman and Todd, 1964), 167; W. C. van Unnik, 'Luke's Second Book and the Rules of Hellenistic Historiography', in J. Kremer, ed., *Les Actes des Apôtres. Tradition, redaction, théologie* (BETL 48; Gembloux: Duculot, 1979), 37-60: "이 단순한 '우리'를 도입함으로, 누가는 자신이 바울과 동행했음을 암시한다.···고대 독자는 이 자료로부터 어떤 다른 결론을 내릴 수가 없었다"(41-42). 비슷하게 M. Hengel, *Acts and the History of Earliest Christianity* (London: SCM, 1979), 66; Bruce, *Acts*, 3-5; Aune, *New Testament*, 123-24; 그리고 특별히 철저한 토론은 C.-J. Thornton, *Der Zeuge des Zeugen. Lukas als Historiker der Paulusreisen* (WUNT 56; Tübingen: Mohr Siebeck, 1991)이다: "사도행전에서 '우리'가 나오는 이야기는 고대 독자들에게 완전히 현실이었을 내용만 담고 있다. 그 이야기에서 독자들은 그것들이 저자의 실제 경험이라고만 인식했을 것이다. 저자가 '우리 형식'(we-form)의 이야기에 묘사된 여정에 참여하지 않았다면(또한 고대의 이해에 따르면) 그의 이야기는 거짓말이 될 것이다"(141). Thornton(176)과 Aune(124)는 Polybius 36.12이 관찰한 유익한 병행을 언급한다. J. Moffatt, *An Introduction to the Literature of the New Testament* (Edinburgh: Clark, ³1918), 294-96에 있는 앞선 토론을 보라. Fitzmyer는 "교회 전승의 누가가 사도행전의 저자임을 인정하는 현대 해석가들"의 목록을 작성했다(*Acts*, 51). 특히 언급해야 할 저작은 A. Harnack, *Luke the Physician: The Author of the Third Gospel and the Acts of the Apostles* (London: Williams and Norgate, 1907), 26-120과 또한 *The Date of the Acts and of the Synoptic Gospels* (London: Williams and Norgate, 1911), 1-29이다. "우리"라는 표현이 사도행전의 저자가 기록된 사건에 참여했음을 시사한다는 Dibelius의 견해를 언급해야 한다(M. Dibelius, *Paul*, edited and completed by W. G. Kümmel [London: Longmans, 1953], 9-10). 추가로 아래 n. 94과 §§21.2c-d를 보라.

52) 예로 E. J. Schnabel, *Early Christian Mission* (Downers Grove: InterVarsity, 2004), 30-32 그리고 n. 86을 보라. 사도행전이 바울의 순교를 이야기하지 않고 마쳤다는 사실은 다른 설명들을 쉽게 받아들이게 한다. 예. 이야기가 복음이 어떻게 로마에 이르렀는지를 서술하는 부분에서 절정에 이른다는 견해, 누가가 바울이 여전히 활발하게 하나님 나라를 전파하는 모습과 더불어 자신의 이야기가 "서서히 끝을 맺는 것"을 선호했다는 견해(28:30-31). Bruce는 "기독교의 초기 확장에 관한 이야기에는 자연스러운 하나의 결론이 없다"고 논평한다(*Acts*, 13). Van Unnik는 당시 표준들에 따르면 사도행전의 결말이 훌륭한 결말이라고 주장한다('Luke's Second Book and the Rules of Hellenistic Historiography', 52). 추가로 Bruce의 탁월하고 분별력 있는 논의를 보라(*Acts*, 12-18). 다양한 견해들에 대한 비평은 Fitzmyer, *Acts*, 51-55을 보라.

들은 2세기로 잡는데,[53] 기독교 제2 세대 중반이나 후반으로(80년대 혹은 90
년대 초반)[54] 연대를 잡는 것이 증거에 가장 부합한다. (1) 누가복음보다 약간
나중에 기록된 책이다. 누가복음은 마가복음(60년대 후반 혹은 70년대 초로 대개
추정된다)에 의존한 것으로 여겨진다. (2) 바울의 동료였던 사람이 기록했을
것이다. (3) 최초의 기독교에 대한 묘사는 바울 이후 세대, 즉 그 말썽꾼이
무대에서 사라진 후(20:25-31에서 생생하게 제시되었다)의 관심사를 반영한 것
처럼 보인다.

　　모든 신약 기록은 주로 4세기 이후 다른 본문 양식으로 사본과 번역으
로 전해졌다. 보통 그 기록 간에 많은 차이가 있지만 중요하지는 않다. 그
러나 사도행전의 경우, 사도행전 본문 양식 하나(보통 "서방" 사본이라 불림)가
파악되는데, 이 사본은 수많은 설명으로 본문의 분명함과 매끄러움을 일
관성 있게 추구한다.[55] 분명히 모든 내용이 원문에 속하지 않지만, 그것들
은 때로 흥미롭고, 초기 서방 교회가 사도행전을 어떻게 받아들이고 사용
했는가를 말해준다.

---

53) 가장 최근의 C. Mount, *Pauline Christianity: Luke-Acts and the Legacy of Paul* (NovTSupp
　　104; Leiden: Brill, 2002); J. Tyson, *Marcion and Luke-Acts: A Defining Struggle* (Columbia:
　　University of South Carolina, 2006). Kümmel, *Introduction*, 186과 Fitzmyer, *Acts*, 52-54에
　　두 견해에 대한 더욱더 이전의 참고문헌이 있다.
54) 현재의 일치된 의견이다. 예. Schnelle, *History*, 260; Fitzmyer, *Acts*, 54.
55) Schnelle, *History*, 263-64에 간단한 세부 사항이 있다. 본격적인 세부 사항과 토론은
　　Haenchen, *Acts*, 50-60; B. M. Metzger, *A Textual Commentary on the Greek New Testament*
　　(London: United Bible Societies, 1971, 1975), 259-72; P. Head, 'Acts and the Problem of Its
　　Texts', *BAFCS*, 1.2-29; J. Read-Heimerdinger, *The Bezan Text of Acts* (JSNTS 236; London:
　　Sheffield Academic, 2002)를 보라. Barrett는 다음과 같이 결론짓는다: "서방 사본은 편집
　　한 게 아니라 단순히 다르게 표현하여 개선하려고 한 게 아닐까? 따라서 사도행전에서는 필
　　사자가 예수의 생애와 가르침 그리고 사도들의 편지를 다룰 때보다 사도행전의 이야기 부
　　분(이문이 더 흔하고 다양한 곳)에서 특히 더 자유로움을 느끼지는 않았을까?"(28). 유용한
　　최근 비평과 토론은 T. Nicklas and M. Tilly, eds., *The Book of Acts as Church History: Text,
　　Textual Traditions and Ancient Interpretations* (BZNW 120; Berlin: de Gruyter, 2003)을 보라.

b. 장르 문제

현대 역사 기록학이 발흥하고부터는,[56] 사도행전의 장르에 대해서와 누가의 서술이 지닌 역사적 가치에 관해 내린 결정이 지닌 함의에 대해서 상당한 논의가 있었다. 수많은 전제조건에도 불구하고, 적어도 어떤 의미에서 "역사"라는 표제를 허용해야 한다는 의견에 거의 보편적 합의가 존재한다.[57] 그러나 전제조건들은 발견한 내용을 혼동케 하고 약화시킨다. 그래서 설명해야 할 부분이 몇 가지 있다.

첫째로 고대 "역사가" 중에 단 하나의 완벽한 유형은 없다. 신약성경

---

56) *Jesus Remembered*, §6(특별히 §6.3)을 보라.
57) "사도행전의 저자가 기독교의 첫 역사가라는 것은 신약성경과 고대 역사 연구에서 폭넓게 인정된 견해[Auffassung]이다"(J. Schröter, 'Lukas als Historiograph. Das lukanische Doppelwerk und die Entdeckung der christlichen Heilsgeschichte', in E.-M. Becker, ed., *Die antike Historiographie und die Anfänge der christlichen Geschichtsschreibung* [BZNW 129; Berlin: de Gruyter, 2005], 237-62[여기서는 246-47]). 특별히 Hengel, *Acts*; G. E. Sterling, *Historiography and Self-Definition: Josephus, Luke-Acts and Apologetic Historiography* (NovTSupp 64; Leiden: Brill, 1992); C. K. Rothschild, *Luke-Acts and the Rhetoric of History* (WUNT 2.175; Tübingen: Mohr Siebeck, 2004)을 보고, L. C. Alexander, 'The Preface to Acts and the Historians', in Witherington, ed., *History*, 73-103(여기서는 95 n. 54)의 다른 참고문헌을 보라. 이 책은 L. C. Alexander, *Acts in Its Ancient Literary Context: A Classicist Looks at the Acts of the Apostles* (LNTS 298; London: Clark International, 2005), 21-42(여기서는 37 n. 54)로 재인쇄됐다. C. Breytenbach, *Paulus und Barnabas in der Provinz Galatien* (AGAJU 38; Leiden: Brill, 1996)은 독일과 영국의 사도행전 학계의 차이와 후자의 고대 역사가들과의 상호 관계 정도를 논평하고, 역사성을 판단하고자 형식 분류가 너무 성급하게 받아들여졌다고 논평한다(5-12). Jervell은 역사가로서의 누가라는 측면에 새롭게 관심을 보이는 최근 독일 학계를 언급한다(*Apg*, 50). 그러나 Schnabel은 그 주제에 관한 계속된 회의론의 예들을 제공한다(*Mission*, 22-23). 'The Greek and Jewish Traditions of Writing History' by H. J. Cadbury and the editors, in *Beginnings*, 2.7-29의 이전 비평은 여전히 가치가 있다. 또한 D. W. Palmer, 'Acts and the Ancient Historical Monograph', *BAFCS*, 1-29; B. Witherington, *The Acts of the Apostles: A Socio-Rhetorical Commentary* (Grand Rapids: Eerdmans, 1998), 2-39을 보라. Kümmel, *Introduction*, 161-62은 사도행전이 "'실제 역사 작품'이 아니며(E. Meyer) 그 저자도 '기독교의 첫 역사가'가 아니라(M. Dibelius)"고 주장하나, 다소 놀랍게도 그의 이유는 다음과 같다. (1) 사도행전이 두 권으로 된 작품의 두 번째 책이고, (2) "실제 역사적 저술의 많은 표지가 빠졌다(제재의 완전성, 역사 상세 사항의 정밀성, 연대의 일관성, 자서전적 관심)." 이런 기준은 적지 않은 고대 역사가들이 자격을 잃게 한다.

문서에는 꼭 들어맞는 단일 유형이 없기 때문에 복음서와 서신서를 범주
화해서 특징지으려는 시도는 실패했다.[58] 누가가 쓴 사도행전도 그렇다.
누가가 특정 유형을 따르기보다는 단순히(!) 기독교의 시작에 대해 이야기
하는 데 관심을 두었다고 확신할 수 있을 것이다.[59] 누가는 그런 이야기가
어떻게 이야기되어야 하는지 혹은 이야기될 수 있는지를 충분히 알고 있

---

58) 추가로 *Jesus Remembered*, 184-86과 §29.8b를 보라.

59) 비교. Cadbury: "예수와 사도들에 관해 말하거나 쓴 사람들은 문학 모델을 모방한 것이 아
   니라, 자료에 영향을 끼친 동기들과 목적들의 자연스러운 흐름을 따른 것이다"(*Making of
   Luke-Acts*, 49). 최근 토론은 과도한 분류화의 경향과 문제를 잘 보여준다. Sterling은 자
   신이 하위 범주로 보는 **변증적 역사**를 "자기 집단의 전통을 따르지만 더 큰 세계를 배경
   으로 그 집단의 정체성을 확립하려는 노력으로, 자신들을 그리스화하는 집단의 구성원이
   기록한 확장된 산문 안에 있는 사람들의 이야기"라고 정의한다(*Historiography*, 17). 사도
   행전 자체는 그 정의에 들어맞을 수 있다("그들이 누구인가라는 정의를…제공하려는 노
   력"[19]). 그러나 Sterling이 인용한 전례들은 민족주의적 강조점을 지니는 게 특징이다(16).
   특히 인용된 헬레니즘 유대 역사가들이 그렇다(223; 308-309에서 언급된 Josephus). 따라
   서 그는 사도행전을 "기독교, 즉 사람들의 이야기"로 묘사한다(349)(비교. Rothschild, *Luke-
   Acts*, 51-53). Alexander('Preface'; 또한 'The Acts of the Apostles as an Apologetic Text', in
   Acts in Its Ancient Literary Context, 183-206을 보라) 역시 E. Plümacher가 말한 "역사적 논
   문"(Plümacher는 이 용어를 Cicero와 Sallust에서 가져왔다)보다는 "변증적 역사서"를 선
   호한다. E. Plümacher, 'Die Apostelgeschichte als historische Monographie', in Kremer,
   ed., *Les Actes des Apôtres*, 457-66. Hubert Cancik, 'The History of Culture, Religion, and
   Institutions in Ancient Historiography: Philological Observations concerning Luke's
   History', *JBL* 116 (1997), 673-95은 하위 범주인 "기관의 역사"를 제안한다: "기관의 기원
   과 확산의 역사"인 사도행전(673). 그러나 "기관"이라는 용어는 사도행전이 가톨릭화하려
   는 기독교 역사의 초기 시기(Frühkatholizismus)를 대변한다는 오랜 주장을 떠올리게 하
   며, 경계를 파괴하는 성령의 특징에 대한 누가의 강조에 충분한 비중을 부여하지 않는다.
   이것이 제3권의 논제다. Marguerat는 "시작에 대한 이야기"를 선호한다(*First Christian
   Historian*, 29-31). Jervell은 "구원사"를 주장하지만('The Future of the Past: Luke's Vision
   of Salvation History and Its Bearing on His Writing of History', in Witherington, ed.,
   History, 104-26[여기서는 110]), 그의 주석에서는 "비극사"를 택하는데, 그것은 Plümacher,
   Lukas, 255-58과 Thornton, *Zeuge*, 153ff.(*Apg*, 78)을 참조한 것이다. Aune는 보다 덜 명확
   한 "일반사"를 선호한다(*New Testament*, 77). A. J. M. Wedderburn, 'Zur Frage der Gattung
   der Apostelgeschichte', in H. Lichtenberger, ed., *Geschichte—Tradition—Reflexion*. Vol. 3:
   Frühes Christentum, M. Hengel FS (Tübingen: Mohr Siebeck, 1996), 302-22은 사도행전이
   독특하다(*sui generis*)고 결론짓는다(319). 사도행전을 규정하려고 언급된 장르의 다양성은
   J. B. Green, *The Gospel of Luke* (Grand Rapids: Eerdmans, 1997), 4-6에서 올바로 강조된다.
   논의된 견해들의 자세한 목록은 S. Shauf, *Theology as History, History as Theology: Paul in
   Ephesus in Acts 19* (BZNW 133; Berlin: de Gruyter, 2005), 60-62을 보라.

었다.[60] 이는 그가 규범적이거나 전형적인 기교를 사용한 것을 보면 알 수 있는데, 예를 들어 적절한 지점에서 연설을 포함하거나, 때로는 요약 진술을 배치(줄거리가 계속 진행되도록)한다.[61] 그러나 이야기의 큰 뼈대와 관련해서는 이런 기교의 사용이 누가를 더 좋은 혹은 형편없는 역사가로 만들지는 않는다.

둘째로 자료에 대한 논의는 20세기 초기에 매우 두드러진 논제였는데 이내 곤경에 빠졌다.[62] 사도행전에서 누가의 문장 형식이 아주 일정하며 누가의 특색을 띠고 있기에 원자료를 구분해낼 가능성은 없다.[63] 동시에 우리는 누가가 복음서를 편집하며 이용한 자료를 존중했음을 상기하는데, 이는 마가와 마태의 병행구로 드러나는 사실이다. 사도행전에서 유사한 자료를 찾아낼 수 없다는 사실은, 단순히 사도행전과 유사한 문서가 없기 때문이 아니다. 그것은 누가가 사용한 자료가 문학 작품이 아니라 누가에게 개인적으로 전해진 내용이었다는 입장을 강하게 암시한다.[64] 여기서 우리는 제1권 『예수와 기독교의 기원』에서 길게 논증한 요점을 다시 강화할 필요가 있다.[65] 즉 자료를 (단지) 기록된 것으로 보거나, 저자가 구전된 내용을 의존하는 것을 마치 자료를 복사하는 것(문학의 전형)처럼 여기는 주장은

---

60) Rothschild의 논지의 중심은 고대 역사 기록학의 수사학적 특징이다(n. 69을 보라). Rothschild는 2 Macc. 15.39(Luke-Acts, 3 n. 10)을 적절하게 인용한다.

61) 행 2:42-47; 4:32-35; 5:11-16; 6:7; 9:31; 12:24; 16:5; 19:20; 28:30-31.

62) Dupont는 The Sources of Acts에서 "가장 주의 깊고 상세하게 연구했음에도 불구하고, 사도행전의 저자가 사용한 어떤 자료도 비평가들의 폭넓은 합의를 충족하는 방식으로는 규명될 수 없다"고 결론을 내렸다(166). Haenchen의 토론은 기록된 자료에 대한 의문을 넘어설 때만 온전히 현실적이 된다(Acts, 81-88). Kümmel, Introduction, 174-78의 논평과 Fitzmyer, Acts, 81-85을 보라.

63) n. 44을 보라.

64) "저자에게는 자신이 마음대로 다룰 수 있는 매우 풍부한 구전 자료가 있었다.…최초 시기에 전승을 형성할 수 있는 조건들이 좋지 않아서, 누가가 단지 적은 자료들만 활용할 수 있었다는 널리 퍼진 발상은 안 맞다"(Jervell, Apg, 64; 추가로 64-66을 보라).

65) Jesus Remembered, 특별히 §8; 또한 'Altering the Default Setting: Re-envisaging the Early Transmission of the Jesus Tradition', NTS 49 (2003), 139-75. 이는 A New Perspective on Jesus: What the Quest for the Historical Jesus Missed (Grand Rapids: Baker, 2005), 79-125로 재출간되었다.

역사적 사실성에 미치지 못한다는 것이다. 그래서 그렇게 추정하는 것은 공관복음 전승이 입증하는 일종의 "실행의 다양화"와 더불어, 전승이 보존되고 정보가 구전으로 소통되는 사회 성격에 대한 오해다. 더 중요한 내용은, 그런 추정이 탁월한 이야기꾼인 누가의 자격을 거의 높여주지 않는다는 것이다. 누가의 이야기 기술을 보여주는 뛰어난 예시는, 바울의 회심에 관한 세 번의 기술(행 9장, 22장, 26장)과[66] "바울의 수난 이야기"(21-28장)의 고조되는 절정이다.

셋째로 자료에 대한 논의를 대체하는 논의는 사도행전이 역사인가, 선포인가 아니면 신학인가라는 문제가 지배했다. 역사적 예수 탐구에서처럼[67] 잠정적으로 정한 가정은 역사의 손상이나 변질 없이 사도행전이 역사와 신학 모두가 될 수 없다는 것이다.[68] 그러나 좋은 역사는 결코 단순히 정보를 현학적으로 전달하는 문제가 아니다. 클레어 로스차일드(Clare Rothschild)는 역사가가 자신이 쓰는 내용이 신빙성 있음을 독자에게 설득하려고 늘 수사학 기법을 사용했다는 점과,[69] "고대 역사서의 구성에 신

---

66) *Jesus Remembered*, 210-12; 또한 A. M. Schwemer, 'Erinnerung und Legende. Die Berufung des Paulus und ihre Darstellung in der Apostelgeschichte', in L. T. Stuckenbruck et al., eds., *Memory in the Bible and Antiquity* (WUNT 212; Tübingen: Mohr Siebeck, 2007), 277-98을 보라.

67) *Jesus Remembered*, §4; *New Perspective on Jesus*, 1장.

68) Hengel은 비슷하게 "역사에서의 탈출"을 언급한다(Acts, viii; 비교. *Jesus Remembered*, § 5). Wrede가 공관복음서에 대해 대립을 제기한 것처럼(신학이기에 역사가 아닌, *Jesus Remembered*, 50), Franz Overbeck도 이미 사도행전에 관해 똑같은 대립을 제기했다: 신학이거나 역사다. 신학이기에 역사가 **아니다**(Rothschild, *Luke-Acts*, 25-26, 29-32. 이는 특별히 J. A. Overbeck, *History against Theology: An Analysis of the Life and Thought of Franz Overbeck* [Chicago PhD, 1975]에 의존했다). Harnack의 보수적 학문의 무게가 20세기 전반기의 의심의 물결을 저지했다. 그의 *Luke the Physician*, 또한 *Die Apostelgeschichte* (Leipzig: Hinrich, 1908); 또한 *Date of Acts*를 보라. 20세기 후반에 가장 영향력 있는 학자는 M. Dibelius, *Studies in the Acts of the Apostles* (London: SCM, 1956)와 H. Conzelmann, *Die Mitte der Zeit* (Tübingen: Mohr Siebeck, 1953, ²1957)이었다. 후자는 *The Theology of St. Luke* (New York: Harper and Brothers, 1960)로 의미 있게 번역되었다. 또한 T. Penner, *In Praise of Christian Origins: Stephen and the Hellenists in Lukan Apologetic Historiography* (Emory Studies in Early Christianity; New York: Clark International, 2004), 44-50을 보라.

69) *Luke-Acts*, 61의 그녀의 논지에 대한 서술과 291의 결론을 보라. Rothchilds는 S.

학이 철저하게 통합된다"는 점을 타당하게 강조했다.[70] 그리고 페너(Todd Penner)도 똑같이 고대 역사서의 수사학적 특징에 주목했다. "그들은 기본 내용(fundamenta)을 적게 강조하고 자기 설명의 그럴듯함은 더 많이 강조했다." 즉 단순히 수사학 장치를 사용한 것이 아닌 수사학**으로서의** 역사다.[71] 물론 현대 역사가들이 인물과 사건을 재구성하고 묘사할 때에도 (설득하기 위해) 고대 역사가들보다 편향적이고 과격하고 수사적인 내용이 결코 덜하지 않다. 예를 들어 영국사에서 리처드 3세나 더 최근의 처칠(Churchill) 혹은 마가렛 대처(Margaret Thatcher)와 같은 인물에 대한 작금의 다양한 역사 서술과 평가를 생각할 수 있다. 따라서 누가에게 하나의 신학적 의제, 즉 특정한 **경향**(Tendenz)이 있었다고 인식하기는 어렵지 않으나, 그것이 그가 얻은 정보를 특정한 관점에서 읽는다는 사실 때문에 누가가 형편없는 역사가라는 의미일 필요는 없다.[72] 그래서 사도행전의 익숙한 다

Hornblower, 'Narratology and Narrative Techniques in Thucydides', in S. Hornblower, ed., *Greek Historiography* (Oxford: Clarendon, 1994), 131-66을 효과적으로 인용한다: "역사 제시의 기술을 조사한다고 해서 그것이 제시된 주제가 사실인지 거짓인지를 암시하지는 않는다. 진실한 사실들은 수사학적으로나 비수사학적으로 제시될 수 있다. 더 정확하게는, 진실한 사실들은 다소 눈에 띄는 수사학으로 제시될 수도 있다"(133). 그리고 Rothchilds는 L. H. Feldman, *Josephus' Interpretation of the Bible* (Berkeley: University of California, 1998)도 인용한다: "요세푸스 시대까지 사실상 모든 역사서는…실제로 수사였다"(9)(Rothschild, *Luke-Acts*, 75-76). Rothschild는 van Unnik, 'Luke's Second Book and the Rules of Hellenistic Historiography', 46-59이 제공한 제안을 따랐다. 또한 P. E. Satterthwaite, 'Acts against the Background of Classical Rhetoric', *BAFCS* , 1.337-79; Witherington, *Acts*, 39-49을 보라.

70) 특별히 F. M. Cornford, *Thucydides Mythistoricus* (1907; New York: Greenwood, 1969)와 C. W. Fornara, *The Nature of History in Ancient Greece and Rome* (Berkeley: University of California, 1983), 77-90을 언급하는 Rothschild, *Luke-Acts*, 6, 24. 비슷하게 Hengel: "단연코 고대 역사가들 대다수는 역사가 단지 인간들만의 작품이 아니라는 데 동의한다"(*Acts*, 51-52).

71) *In Praise of Christian Origins*, 3장, 특별히 123-26, 129(217에서 인용). 고대(그리고 누가의) 역사서의 수사학적 특징이 최근 연구에서 두드러졌다. 추가로, D. P. Moessner, ed., *Jesus and the Heritage of Israel* (Harrisburg: Trinity Press International, 1999), 특별히 D. D. Schmidt, 'Rhetorical Influences and Genre: Luke's Preface and the Rhetoric of Hellenistic Historiography'(27-60)를 보라.

72) 역사가의 직무가 사건에 의미를 부여하고, 역사 자료로 역사를 형성하는 것이며, 해석이라

른 제목은 "성령행전"이다.[73]

　마지막으로, 현대 역사서의 표준을 가지고 사도행전을 판단하고 있음을 의식해야 한다. 고대 역사가들은 중요한 시기나 과거 사건에 대해 현대 역사가들에 비해 관심이 적지 않았다. 그러나 현대 역사가들은 훨씬 더 많은 자료와 더 정제된 방법들(특히 저작권 개념)을 가졌지만, 누가 같은 고대 역사가는 참고할 책자가 없었거나, 그의 몇몇 동시대 역사가와는 달리 공식적인 기록보관소에 접근할 수 없었다.[74] 그는 수십 년간 일어난 일을 직접 목격한 자들의 설명과 보고에 의존해야 했으며, 심지어 바울 서신을 알고 있었는지도 드러내지 않는다.[75] 따라서 그의 구레뇨 총독의 인구 조사에 대한 큰 실수(눅 2:2)나[76] 많이 인용된 사도행전 5:36의 드다에 대한 암시,[77] 혹은 누가의 숫자가 보통 에누리해서 받아들여지는 것처럼,[78] 그가 사용한 정보가 때때로 혼돈스럽거나 정확하지 않아도 전혀 놀랍지 않다. 다른 고대 역사가들을 비슷한 예로 지적할 수 있지만, 그들의 역사작업의 전체적

　　는 요소가 피할 수 없는 것이라면, 누가는 역사가의 역할을 성취한다(비교. Schröter, 'Lukas als Historiograph', 247-50, 254; Marguerat, First Christian Historian, 5-7 또한 8-13, 21; Shauf, Theology as History, 66-80).

73)　F. F. Bruce, The Book of the Acts (London: Marshall, Morgan and Scott, 1954), 33에서처럼. 또한 Marguerat, First Christian Historian, 6장과 아래 §22 n. 52을 보라.

74)　필자와 대화하면서 Greg Sterling은 "고대 역사가가 문서 보관소를 방문해서 연구를 진행하는 일은 없었다. 그들은 다른 사람들의 서술을 다시 썼다. 이것이 고대와 현대 역사서의 근본적 차이다"라고 덧붙였다.

75)　주요 고려사항의 예는 G. Lüdemann, Early Christianity according to the Traditions in Acts: A Commentary (London: SCM, 1989), 7-9을 보라.

76)　Jesus Remembered, 344과 n. 29을 보라. 39년대 가이사랴의 이탈리아 보병대의 위치는(행 10:1) 또 하나의 있음직한 실수이나, 그 논제는 논쟁 중이다(§26 n. 47을 보라).

77)　C. Hemer, The Book of Acts in the Setting of Hellenistic History (WUNT 49; Tübingen: Mohr Siebeck, 1989)는 그 문제를 완화하려고 시도했다(162-63). 그리고 추가로 P. Barnett, The Birth of Christianity: The First Twenty Years (Grand Rapids: Eerdmans, 2005), 199-200. Mason은 누가가 요세푸스를 알았는지 혹은 요세푸스의 내러티브와 같은 내용을 알았는지 궁금해한다(Josephus, 277-82).

78)　예. Haenchen, Acts, 188-89. 군중의 크기를 현실적으로 측정하는 것이 얼마나 어려운지 잊기가 쉽다. 오늘날 시위를 조직하는 많은 사람은 군중을 경찰이 추산하는 것보다 두세 배 더 추산할 것이다. 1980년대 이란-이라크 전쟁에서 양측은 상대편에게 당한 엄청난 피해를 자주 보도했다.

평가가 손상되지는 않는다. 사도행전도 똑같이 대우해야 한다.

c. 역사적 가치

논점은 사도행전이 현대의 기준으로 "좋은" 역사인가가 아니라 본질적으로 고대 세계에서 책임감이 있는 역사 서술로 여겨질 수 있는지에 있다. 누가의 독자들은 누가에게 무엇을 기대했는가? 그들은 사도행전을 어떻게 읽었을까? 대부분의 답은 신약 자체에서 얻을 수 있다. 한편 기독교의 시작에 대한 누가의 서술이 넓은 맥락에서 존중받을 만한 합당한 근거가 있다.

(1) 누가복음 서문(눅 1:1-4)의 표현은 관례적이다.[79] 이는 누가가 이 관례를 인지하고 있고 그것을 따르려 한다는 점을 표명한다. 따라서 그의 목적은 "우리 중에 이루어진 사실(pragmatōn)에 대한 내러티브나 담화(diēgēsis)" 를 쓰는 것이다(눅 1:1). "담화"(digēnēsis = narratio)는 이야기 순서 안에 설정된 사건의 기록을 의미하며 특별히 역사 기록과 관련이 있을 수 있다.[80] 물론 누가복음의 경우는 일종의 객관적 공평성이 주장되지 않는다. 누가의 동족 동사(diēgeomai) 사용이 상기하듯이(행 9:27; 12:17),[81] 그의 관심은 그의

---

79) 특별히 L. Alexander, *The Preface to Luke's Gospel: Literary Convention and Social Convention in Luke 1.1-4 and Acts 1.1* (SNTSMS 78; Cambridge: Cambridge University, 1993)을 보라. 그러나 Sterling의 짧은 비판도 보라(*Historiography*, 340-41). 또한 Rothschild, *Luke-Acts*, 68 n. 31. 주제와 복음서 서문의 관련성(서문 자체로는 뒤따르는 내용이 "그리스 역사서"에 속한다고 제시하지 않는다)에 관해서는 Alexander, 'Preface'와 *Preface in Acts in Its Ancient Literary Context*를 비평한 내용에 대한 그녀의 대답은 12-19을 보라. 누가와 요세푸스의 서문의 유사점에 대해서는 Mason, *Josephus*, 252-59을 보라.

80) Josephus, *Life*, 336; Plutarch, *Mor.*, 1093B; Lucian, *Historia*, 55; 자세한 사항은 Fitzmyer, *Luke*, 1.292; Alexander, *Preface*, 111; BDAG, 245. "*Diēgēsin peri tōn...pragmatōn...*이것들은 역사 기록학에서 어느 정도 전문적인 용어다"(van Unnik, 'Luke's Second Book and the Rules of Hellenistic Historiography', 40); 누가는 "마가의 '복음'을 '내러티브'로 대체해서, 역사를 쓰고자 한 자신의 의도를 암시했다"(Aune, *New Testament*, 116).

81) Green, *Luke*, 38. H. Schürmann, *Das Lukasevangelium 1,1-9,50* (HTKNT; Freiburg: Herder, 1969)은 누가가 합 1:5을 암시하려고 했다고 말한다(7-8).

이야기를 자신의 목적을 이루시는 하나님의 일에 대한 내러티브로 전달하는 것이다.[82] 사도행전 1:1에서 사용된 상응하는 "먼저 쓴 글"(logos)이라는 표현은, 누가복음 1:2("처음부터 목격자와 말씀의 일꾼 된 자들이" 전해준 그 담화[diēgēsis])에서 현저하게 사용된 표현을 이어가며,[83] 같은 함의를 더 명확히 전달한다. 이는 누가 자신이 서술한 사건들을 "하나님 말씀의 왕성/흥왕"(행 6:7; 12:24; 19:20)이라고 요약하길 좋아했기 때문이다.

역사적 저작임을 옹호하는 "목격자"(autoptēs)의 증언이라는 주장은 누가의 서문이 단순히 관례적이라는 비평에 쉽게 공격당하게 하는 주장이다.[84] 그러나 사무엘 뷔쉬코그(Samuel Byrskog)는 실제로 주요 그리스-로마 역사가들이 목격자(autopsia)를 과거로 되돌아가는 가장 중요한 수단으로 여겼다고(가치 있게 여기고 사용했다고) 논증했다.[85] 그리고 누가의 표현을 보면, 누가가 자신이 이제 막 관여하려는 많은 일에 대해 자신의 참여가 부족함과 개인적으로 참여한 사람들의 증언에 그가 부여한 가치를 인식했음이 드러난다.[86] 이 점에서 누가의 관심사는 유다를 대신하는 열두 번째 사

---

82) 특별히 J. T. Squires, *The Plan of God in Luke-Acts* (SNTSMS 76; Cambridge: Cambridge University, 1993)를 보라. Rothschild(*Luke-Acts*, 5-6장, 특별히 148-49, 185-89, 212)과는 반대로, 성취된 예언과 *dei*("해야 한다") 모티프의 수사적 효과는 Squires의 주장을 약화하기보다 오히려 강화한다. 또한 Marguerat, *First Christian Historian*, 5장 그리고 Shauf, *Theology as History*, 286-99을 보라.

83) 여기서 누가복음에 사용된 로고스(logos)가 훨씬 더 친숙한 요한복음 도입부의 로고스 중간쯤에 이미 있다는 사실은 거의 주목을 받지 못한다(요 1:1-18)(필자의 *Christology*, 232을 보라).

84) Alexander, *Preface*: 'the convention of *autopsia*' (34-41); Green, *Luke*, 41.

85) S. Byrskog, *Story as History — History as Story* (WUNT 123; Tübingen: Mohr Siebeck, 2000), 48-65(Herodotus, Thucydides, Polybius, Josephus, Tacitus를 인용한다). 또한 Cadbury, *Beginnings*, 2.498-500; Rothschild, *Luke-Acts*, 64, 222-25을 보라. Rothschild 는 누가행전이 목격자에 의존한다는 점을 다양한 방법으로 언급한다(226-31, 240-45). R. Bauckham, *Jesus and the Eyewitnesses: The Gospels as Eyewitness Testimony* (GrandRapids: Eerdmans, 2006)(누가복음 서문에 관해서는[116-24]); M. Hengel, 'Der Lukasprolog und seine Augenzeugen. Die Apostel, Petrus und die Frauen', in Stuckenbruck et al. ed., *Memory in the Bible and Antiquity*, 195-242.

86) 그 그리스어는 두 용어가 동일한 집단의 사람들을 언급함을 암시한다. "원목격자들과 말씀 사역자들"이었던 사람들(Fitzmyer, *Luke*, 294).

도를 선택하는 일과 이어지는 베드로 및 바울의 증언으로 확인된다. 새 사도는 처음부터 제자 집단의 일원이었던 사람이어야 하며(행 1:21), 베드로와 요한은 자신들이 보고 들은 내용을 말할 수밖에 없었고(4:20), 바울은 자신이 본 내용을 증언해야 했다(26:16). 마찬가지로 언급해야 하는 요점은 누가가 말씀을 선포하는 일이 개인적 경험(1:8, 22; 10:39), 특별히 부활하신 예수를 만난 경험(1:22; 2:32; 3:15; 5:32; 10:41; 13:31; 26:16)에 기초했음을 강조했다는 사실이다.

따라서 "그 모든 일을 근원부터 자세히(*akribōs*)[87] 살핀(*parakoloutheō*)"[88] 그리고 "차례대로 써 내려간"(눅 1:3)[89] 누가의 목적이 사도행전에도 적용될 수 있을 것이다.[90] 그가 기본적으로 기술한 내용(행 2-5장은 4개의 사건을 중심으로 하며, 8-12장의 순서는 아주 단편적이다)이 선택적이고 드문드문하다는 사실은 좀처럼 누가에게 부여되지 않았던 조심성과 안목을 보여주는 증거로 삼을 수 있다. 이후로 누가가 그의 두 번째 책에서도 누가복음 1:1-4에서 자신이 정한 계획에 따라 진행하려고 노력했음을 의심할 만한 합당한 이유가

---

87) D. L. Balch, '*akribōs...grapsai* (Luke 1:3)', in Moessner, ed., *Jesus and the Heritage of Israel*, 229-50은 *akribōs*가 "온전히"로 번역돼야 한다는 개연성이 적은 주장을 한다(229-39). 그러나 BDAG, 39을 보라.

88) BDAG의 언급을 살펴볼 필요가 있다: "누가는 그것을 어떻게 그렇게 익숙하게 알 수 있었는지 구체적으로 언급하지 않는다[*parakoloutheō*를 '연구하다' 혹은 '조사하다'와 같이 번역하는 것은 그 단어가 지닌 의미론적 내용이 아닌 맥락을 해석한 것에 의존한다]. 그것의 일부를 2절에서 인용한 자료와 같은 데서 가져왔다고 추정할 수 있다"(767). 추가로 D. P. Moessner, 'The Appeal and Power of Poetics (Luke 1:1-4)', in D. P. Moessner, ed., *Jesus and the Heritage of Israel*, 84-123(여기서는 85-97)을 보라. "누가는 그가 내러티브에 포함한 사건과 전승 및 보고에 깊이 연관된 사람들의 자격을 강조한다"(96).

89) Cadbury, *Beginnings*, 2.501-505; Fitzmyer, *Luke*, 1.296-99; Rothschild, *Luke-Acts*, 67-68 n. 31, 84 n. 96, 98을 다시 보라. Sterling은 Josephus, *Ant*. 14.2-3을 "무엇보다도…주목적이 *akribeias*가 되어야 한다"고 요약한다(*Historiography*, 243-44).

90) 추가로 D. Moessner, 'The Meaning of *kathexēs* in the Lukan Prologue as a Key to the Distinctive Contribution of Luke's Narrative among the "Many"', in F. Van Segbroeck et al., eds., *The Four Gospels 1992*, F. Neirynck FS (3 vols.; Leuven: Leuven University, 1992), 2.1513-28; 또한 'Appeal and Power', 97-114을 보라.

없다.[91] 동시에 재차 언급할 만한 점은, 누가가 편견이 없는 증인보다는 자신의 인생이 "말씀" 때문에 변했고 말씀 사역에 자신을 헌신한 사람들의 증언을 찾고 있었다는 사실이다.

(2) 이 추론들은 사도행전의 "우리" 문단으로 강화된다. 분명히 그 문단들은 저자가 서술한 사건들(바울의 에게해 선교의 시작 및 마지막 그리고 그의 마지막 팔레스타인 방문 및 떠남)에 자신도 참여했다는 증거를 제공한다.[92] 또한 그

91) "확실히 신뢰할 만하고 증명할 수 있는 자료의 기반에 도달하려고 내러티브의 틀과 순서, 특징화 및 양식을 넘어서는 것은 불가능하지 않다면 매우 어렵다"라고 주장하는 Penner (*Praise*, 111)는, 이전의 대조(역사 대 신학)를 역사 대 수사학이라는 대조(비록 그가 이것을 수사법으로서 역사, 유용성으로서 진실함이라는 관점에서 보았을 테지만 말이다, 216-17)로 대체할 위험이 있다. 그러나 Penner가 허용한 것보다 신빙성과 진실성을 구별하는 일은 더 가능하다. 다음 몇 쪽에 걸쳐서 살펴보겠지만, 특정한 경향을 가진 사도행전과 누가복음의 관심사들 사이에서 정확한 자료 인식이 가능하다. 그리고 거듭 사실처럼 보이듯이, 누가가 정말로 직접적인 증언에 의지했다면, 그것은 목격자 전승에 의존한다는 누가의 진술 목적과 궤를 같이 하여(위 n. 85을 보라) 역사가인 누가의 신뢰성을 더 높인다. 심지어 증언들이 대답하는 것보다는 더 많은 질문을 야기할 때에도 말이다. 그것은 이 책에서 누가가 그의 정보를 어디서 가져왔는지를 탐구하려고 사도행전을 사용하면서 반복적으로 직면하는 도전 중 하나다.

92) "본문 자체의 증거는 사도행전의 저자가 자신이 기록한 여행 기록을 이용했고 '우리'라는 표현이 여행 기록에 기재된 대로 유지되었다는 확신을 자아낸다"(R. Jewett, *Dating Paul's Life* [London: SCM, 1979], 17). "이 본문들이 지닌 진의를 보면 저자가 현장에 있었다고 주장한다는 것을 인정해야만 한다.…그 '우리' 문단들이 너무 드러나지 않기에 그 문단들을 읽는 가장 자연스러운 방법은 여전히 그 저자나 자료가 조용하게 자리 잡고 있다고 보는 것이다"(Sterling, *Historiography*, 324-26). Rothschild, *Luke-Acts*, 264-67과 대조하라: "사도행전의 저자가 청자들을 논증을 넘어선 믿음으로 이끌 목적으로 상상의 내용으로 청중들을 충족하려고 '우리'를 집어넣었다"(267). 그러나 마게도냐로의 이동(행 16:10-12)과 나중에 소아시아 해변으로의 여행 일정(행 20:5-15)은 정말로 그런 입증 작업이 필요했는가? 그리고 바울의 투옥과 재판을 다루는 기사에 "우리/우리들"이라는 표현이 없다는 사실은, 그런 "상상"의 이야기의 시작과 끝에 "우리/우리들"이라는 표현이 있다는 것보다 확실히 더 놀랍다. 성경 외의 문헌에 대해 논평하는 S. E. Porter는, 'The "We" Passage', BAFCS, 2.545-74(*The Paul of Acts* [WUNT 115; Tübingen: Mohr Siebeck, 1999]에서 개정됨), 2장에서 "우리"라는 표현의 용례를 설명하는 문헌의 전례가 하나도 없다고 결론을 내리며, 사도행전 저자가 이전에 기록된 "우리" 자료를 이용하지만 누가가 그 자료를 기록하지 않았을 거라고 주장한다(573-74; *Paul*, 27). 그러나 저자가 "우리" 자료를 사용하다가 갑자기 사용하지 않았다는 논지는, 저자가 자신이 전하는 이야기에서 일인칭을 사용하여 개인적으로 개입되었음을 나타내다가 갑자기 일인칭 사용을 멈춤으로 자신이 개입되지 않았음을 표시했다는 논지만큼 설득력이 없다. 비교. J. Wehnert, *Die Wir-Passagen der Apostelgeschichte* (Göttingen: Vandenhoeck und Ruprecht, 1989). 또한 위의 n. 51을 보고, 바울의 로마 항해에 관해서는

문단에서 분명하게 함의된 내용 중 하나는 저자가 이야기 초기 국면에서 참여자들과 논의할 기회를 가졌다는 것이다. 첫 번째 "우리" 문단에 따르면(행 16:10-17), 그는 "형제 중 인도자인"(15:22) 실라의 일행과 어느 정도 시간을 보냈는데, 이 경우 그 형제들은 예루살렘 제자들이다. 세 번째 "우리" 문단에 따르면(21:8-18), 그는 6장에 등장하는 헬라파 지도자 중 한 사람이며 사마리아 지역 복음 전도자인 빌립(8장)과 가이사랴에서 며칠 머물렀다 (21:8, 10). 그곳에서 선지자 아가보를 만났고, 아가보는 예루살렘과 안디옥의 이전 역사와 또 다른 연결 고리를 제공했을 것이다(11:27-28). 그는 예루살렘에 오는 바로 그 길에 "한 오랜 제자"인 구브로 사람 나손 집에 머물렀다(21:16). 예루살렘과 가이사랴에서 바울이 투옥된 동안 실제 목격한 내용("우리")의 부재가 놀랍기는 하지만 다양하게 해명될 수 있으며, 27:1의 "우리"는 저자가 가이사랴에서 어느 정도 시간을 보냈다고 결론짓는 데 충분하다.[93] 그곳에 머무는 동안 "처음부터 목격자와 말씀의 일꾼 된 자들"과 논의할 수 있는 많은 기회가 있었다. 그러므로 타당하게 추론할 수 있는 것은 누가가 바울의 선교에 참여했고 적어도 자신이 사도행전에서 이야기한 이전 사건 중 다수에 대해 1차 증언(목격자)에 의존할 수 있었다는 점이다.[94]

추가로 아래 §34.3을 보라.

[93] 21:18과 27:1 사이에 "우리"라는 표현의 부재가 바울이 구금당했을 기간에 누가가 곁에 없었음을 암시한다고 볼 필요는 없다. 누가는 자신이 일반적으로 사용하는 기교에 따라 이 마지막 몇 장에서 거의 온전히 바울에게 초점을 두었다. 그러나 누가가 다루어야 할 다른 일이 있어서 많은 혹은 대부분의 시간을 함께 하지 못했다는 추정은 문제가 되지 않는다. 그리고 누가는 바울이 참석해야 했던 몇몇 심문에 동행하지 못하도록 금지되었을 것이다.

[94] A. J. M. Wedderburn, 'The "We"-Passages in Acts: On the Horns of a Dilemma', ZNW 93 (2002), 78-98은 효과적으로 다른 문학적인 해결책의 신빙성을 의심스럽게 만든다(81-85, 88-93). 그러나 (1) 그는 저자가 왜 자신을 밝히지 않았는지 의아해한다(예. Thucydides, Julius Caesar, Josephus가 그랬듯이)(80-81). 그리고 (2) 그는 율법에 관해 사도행전이 바울을 묘사하는 내용이 신빙성을 가지기에는 바울 서신의 증거와 너무나 어울리지 않는다는 Vielhauer의 발견을 따른다(85-87): "바울에 대한 폭넓은 다른 묘사에도 불구하고, 사도행전의 저자가 정말로 바울과 동행했다고 논증하려는 시도는 신빙성이 많이 떨어진다"(87). 그러나 (1) 사도행전은 동일하게 익명의 복음서의 후속작이며, 이 복음서는 (익명의) 마가복음이 제공한 본을 단순히 따른 것일 수도 있다. 그리고 (2) 율법을 향한 바울의 태도는 갈라디아서 2:12과 6:15과 같은 논쟁적인 구절들이 암시하는 것보다 훨씬 더 복잡하며, 심지

이 지점에서 제1권인 "누가복음"을 기록할 때 누가가 사용한 기교를 돌아봐도 좋을 것이다. 누가의 "자료"에 대한 이야기가 단지 기록된 자료를 고려하는 것에 한정되지 않았다는 위에서 이미 논의된 요점을 손상하지 않고 언급할 수 있는 사실은, 누가가 사용한 기록된 자료를 통해 (마가복음을) 인식하거나 이 자료들(Q)을 상당히 복원할 수 있다는 점이다. 이는 자신이 세운 기준(눅 1:1-4)을 따라 자신의 직무를 수행하려는 누가의 바람뿐만 아니라 이것을 이룬 그의 성공을 말해준다. 그리고 『예수와 기독교의 기원』의 주요 논지가 올바른 경로에 있다면, 누가가 구전은 물론 기록된 형식에서 습득한 예수 전승의 충실한 전달자라는(또한 혁신적으로 전달했다는) 결론도 나온다. 그렇다면 사도행전에 사용된 기록 자료 혹은 누가의 용례를 통해서 여전히 명확하게 드러날 정도로 이미 고정된 형태를 가진 자료들을 탐지하지 못하는 것은, 누가 자신이 들었거나 목격했을 법한 사건을 전달하는 누가의 신뢰성에 반한다고 결코 생각할 수 없다.[95]

(3) 사도행전을 평가하면서 흔히 간과하는 것은 바울의 기본 이동경로에 관해 사도행전과 바울 서신에서 조금씩 수집할 수 있는 자료의 일치하는 정도다. 요점은 아래의 도표로 효과 있게 정리할 수 있다.[96]

자세한 내용은 진행하면서 논평할 것이다. 그러나 전체적으로 받는 인

어 뒤얽혀 있다. 또한 바울은 롬 3:31; 7:14; 8:4; 13:8-10; 고전 7:19 같은 구절들을 기록했다. 바울을 비논쟁적으로 제시하는 것이 놀라울 수도 있으나, 그것은 누가가 보통 신뢰받는 정도보다 더 타당성이 있고, 누가행전의 저자가 바울의 몇몇 선교 사역에 동반했다는 가능성을 결코 배제하지 않는다. Wedderburn의 해결책은, 누가행전의 저자가 바울의 알려지지 않은 여행 동반자의 제자였고, "우리"라는 표현은 저자가 자신의 정보원이 내러티브의 그 지점들에서 여행에 동반한 것으로 알고 있었음을 나타낸다고 가설을 세우는 것이다(94-98). 그러나 제자가 자신의 존경하는 선생의 정체를 그렇게 모호하게 두었을까? 여전히 가장 간단한 해결책은 저자가 개인적인 회고를 했다는 것이다.

95) 눅 1:1-4이 누가행전과 관련이 있고, 누가가 자신의 복음서를 기록하는 데 구전뿐만 아니라 기록된 자료를 의존했다는 사실은, 사도행전을 기록하는 데 목격자의 증언을 사용했다는 주장의 유효성을 감소시키지 않는다. 오히려 이는 누가가 자신이 알고 있는 예수 전승이 기록이든 구두 형식이든 목격자 증언이라는 특성이 있다고 인식했음을 암시한다.

96) Greg Sterling이 개인 대화에서 그 도표를 필자에게 제시했고, 필자는 그 내용을 기쁘게 채택했다. 그러나 일련의 사건에 대한 필자의 생각과 일치하도록 약간 변형했다.

상은 사도행전의 저자가 바울의 생애와 사역에 대해 잘 알고 있었음을 강력하게 암시한다.

(4) 누가복음에는 성경 외의 자료들과 관련이 있는 세부사항이 매우 적은 반면에, 누가의 사도행전에는 그런 세부사항의 수가 상당하다.[97] 예를 들면, 헤롯 아그리파 1세의 죽음에 대한 놀라운 설명(행 12:20-23)은 주요 부분에 있어 요세푸스의 내용(*Ant.* 19.343-46)과 비슷하며, 많은 이야기꾼들의 이야기 주제였음이 틀림없다. 아그리파의 죽음에 대한 누가의 지식은 아마도 어떤 문학 자료가 아니라 그런 "일반 지식"에서 유래했을 것인데, 의심의 여지 없이 요세푸스의 경우도 마찬가지일 것이다. 마지막 절에서는 누가가 그 이야기를 어떻게 이해했는지 가장 분명하게 드러난다(12:23).

활동/지역	바울 저작	사도행전
그리스도인 되기 전		
계보	고후 11:22; 빌 3:4-5; 롬 11:1	
다소		22:2(9:30; 11:25도 참조)
예루살렘에서 교육받음		22:3
바리새인	빌 3:5(비교. 갈 1:14)	23:6; 26:5
박해자	갈 1:13; 빌 3:6	7:58; 8:1
초기 그리스도인		
부름/개종	갈 1:15-16; 고전 15:9-10 빌 3:4-11	9:1-22; 22:1-21; 26:1-18
아라비아	갈 1:17	
다메섹	갈 1:17; 고후 11:32-33	9:23-25
예루살렘	갈 1:18-19	9:26-29
가이사랴		9:30
다소		9:30

---

97) 개요는 W. W. Gasque, *A History of the Criticism of the Acts of the Apostles* (Tübingen: Mohr Siebeck/Grand Rapids: Eerdmans, 1975), 6장과 7장; 더 최근의 Bruce, *Acts*, 31-33의 간단한 논의; Hemer, *Book of Acts*, 3-14; Fitzmyer, *Acts*, 126-27을 보라.

안디옥		11:26
예루살렘		11:30; 12:25
초기 여행		
안디옥		13:1-3
실루기아		13:4
살라미		13:5
새 바보		13:6-12
밤빌리아의 버가		13:13
비시디아의 안디옥	갈 1:21; 4:13 비교. 딤후 3:11	13:14-52
이고니움	비교. 딤후 3:11	14:1-7
루스드라	비교. 딤후 3:11	14:8-20
더베		14:20
루스드라, 이고니움, 안디옥		14:21-23
버가, 앗달리아		14:25
안디옥		14:26-28
예루살렘 회의		
예루살렘	갈 2:1-10	15:1-29
안디옥	갈 2:11-14	15:36-39
유럽 선교 여행		
수리아와 길리기아		15:41
더베와 루스드라		16:1-5
브루기아와 갈라디아		16:6
무시아		16:7-8
드로아		16:8-10
사모드라게		16:11
네압볼리		16:11
빌립보	살전 2:2; 빌 4:15	16:12-40
암비볼리와 아볼로니아		17:1
데살로니가	살전 2:1-12; 빌 4:15	17:1-9
베뢰아		17:10-14
아덴	살전 3:1-6	17:15-34
고린도	고전 3:6; 4:15	18:1-17
겐그레아		18:18

에베소		18:19-21
가이사랴		18:22
연보 여행		
갈라디아와 브루기아		18:23
에베소	고전 16:8	19:1-40
고린도	고후 13:1-2(비교. 고후 1:15-16; 2:1-2, 5-8; 7:11-12; 12:14, 19-21)	
에베소	고후 2:3-4, 9; 7:8-13	
드로아	고후 2:12-13	
마게도냐	고후 7:5-7	20:1
일루리곤	롬 15:19	
고린도/헬라	롬 15:26; 16:1	20:2
마게도냐/빌립보		20:3-6a
드로아		20:6b-12
앗소, 미둘레네, 기오, 사모		20:13-15
밀레도		20:16-38
고스, 로도, 바다라		21:1-2
두로		21:3-6
돌레마이		21:7
가이사랴		21:8-14
예루살렘	롬 15:25	21:15

언급할 만한 가치가 있는 특징은 이렇게 상호 연관되는 특징들이 "우리" 문단이 시작되면서 빈번해진다는 점이다. 실제로 윌리엄 램지(William Ramsay)가 사도행전의 신뢰성을 높이 평가하기로 마음을 바꾼 이후,[98] 사

---

98) Ramsay는 자신이 마음을 바꿨음을 여러 번 기록한다. W. M. Ramsay, *St. Paul the Traveller and the Roman Citizen* (London: Hodder and Stoughton, 1896), 8; 더 자세히는 *The Bearing of Recent Discovery on the Trustworthiness of the New Testament* (London: Hodder and Stoughton, 1915), 37-63. 그의 견해를 바꾼 핵심은 행 14:6이 제공한 지정학적 정보가 결국 바울의 활동시대에 대해 정확했다는 사실이다(39-44). 추가 연구를 통해 그는 "누가의 역사가 그 신뢰성에 있어 타의 추종을 불허한다"는 점과 "[사도행전이라는] 책이 에게해 세계의 사실에 대해 권위를 가진 책으로서 가장 상세하고 정밀한 검사를 통과한다는 점을 확신하게 되었다(*Bearing*, 81, 85). Ramsey는 사실상 그의 학문을 "북갈라디아" 이론에 오류가

도행전 학자들은 저자가 이야기한 사건에 관해 개인 체험이 없는 작가가 틀릴 만한 다양하고 소소한 세부사항에 있어서 누가가 정확하다는 사실에 자주 감명을 받았다. 누가는 헤롯 안티파스가 갈릴리 분봉왕이라는 칭호를 받았음을 알고 있었고(행 13:1), 아그리파 1세와 2세는 적절하게 왕으로 칭했는데(12:1; 25:13), 이는 가이우스와 클라우디우스가 두 사람에게 왕위를 주었기 때문이다. 구브로의 총독 서기오 바울(13:7)과 고린도의 총독 갈리오(18:12)에게는 proconsul이라는 정확한 칭호를 사용했다. 그는 라틴어 proconsul, 곧 원로원령 속주 총독에 상당하는 적절한 그리스어(anthypatos)를 사용한 유일한 신약 저자다.[99] 반면에 벨릭스와 베스도는 "헤게몬"(hēgemōn), 곧 유대라는 하위 속주의 행정관에 불과했다(23:24; 26:30). 누가는 빌립보를 "식민지"(kolōnia, 16:12)로 그리고 이 지역 주요 치안판사를 "상관들"(stratēgoi)이라고 정확하게 기술했다(16:20). 그리고 데살로니가의 치안 판사를 "읍장"(politarchai, 17:6)이라고 적절하게 지칭했는데, 누가는 이 칭호를 다른 문서 자료에서 가져오지 않았다. 마게도냐 비문으로 이 칭호를 알게 되었지만, 알려진 그리스 문헌에는 이 표현이 없기 때문이다.[100] 클라우디우스가 유대인을 로마에서 추방했다는 누가의 말(18:2)은 위에서 언급한 수에토니우스의 유명한 기록으로 확증된다(§21.1[d]). 사도행전 19장에 언급된 에베소의 몇몇 관리에 대한 그의 지식은 정확하다: 총독(19:38), 주 서기/도시 서기(grammateus, 19:35), 지위가 높은 시 행정청의 아시아 관리(asiarchoi, 19:31).[101] 에베소의 지방 순회 재판은 agoraios라고 정확하게 표현

있다는 것을 증명하는 데 바쳤다(추가로 아래 §31 n. 31-33을 보라).

99) 이미 J. B. Lightfoot, 'Discoveries Illustrating the Acts of the Apostles'(1878)에서 언급했다. 이것은 Essays on the Work Entitled Supernatural Religion (London: Macmillan, 1889), 291-302(여기서는 291-94)으로 재발간되었다: "어느 시대든지 당대의 지식 혹은 적어도 매우 정확한 역사 지식 없이는 특정한 주를 총독이 다스렸는지 행정관이 다스렸는지에 대해 언급할 수 없다"(292).

100) NDIEC, 2.34-35; G. H. R. Horsley, 'Politarchs', ABD, 5.384-89; 또한 'The Politarchs', BAFCS, 2.419-31을 보라.

101) 아시아 관리라는 제도에 관해서는, 특별히 여전히 가치 있는 L. R. Taylor, 'The Asiarchs',

됐다.[102] 로마 시민의 권리와 사법 절차에 대한 누가의 지식은 1세기 후반 상황이 아닌, 그가 사도행전을 쓴 시기인 1세기 중반의 시대 상황을 반영한다.[103]

또한 주목할 만한 가치가 있는 점은 누가의 많은 상세 정보가 특별히 요세푸스에 의해 확인된다는 사실이다. 즉 반란자인 갈릴리의 유다와 드다(5:36-37, 누가가 그들의 시기를 혼동하긴 했다), 그 "이집트인"(21:38),[104] 유대의 벨릭스와 베스도 총독 시기뿐만 아니라[105] 대제사장 아나니아의 정체(23:2; 24:1),[106] 벨릭스 부인의 이름(드루실라, 24:24) 및 아그리파 2세 부인의 이름(버니게, 25:13),[107] 또한 벨릭스와 베스도 및 아그리파 2세의 특징이 그런 정보다. 이런 확증이 없었으면 누가의 이야기는 상상으로 여겨졌을 것이다.

호칭과 재직 시기에 관한 정보를 편리하게 제공하는 연감이 존재하지 않았고 누가와 같은 계급과 지위의 사람이 공식적 기록에 쉽게 접근할 수 없었던 시대였기에, 이미 언급된 어긋난 부분은 쉬이 해명된다. 동시에 바로 앞에서 목록으로 정리한 상세 사항과 설명의 정확성은, 사건에 휩쓸린

Beginnings, 5.256-62의 언급; 또한 R. A. Kearsley, NDIEC, 4.46-55; 그리고 'The Asiarchs', BAFCS, 2.363-76을 보라. 이는 §32 n. 131에서 요약됐다. A. N. Sherwin-White, Roman Society and Roman Law in the New Testament (Oxford: Clarendon, 1963)는 "사도행전의 저자가 아시아 조직의 특이성을 알지 못했다면 실수를 했을 것이다"(90)라고 말한다.

102) Lightfoot, 'Discoveries', 297-301. 그는 "우리는 고대 문헌에는 성 바울의 에베소 여행에 대한 사도행전의 현실적인 내러티브에 비견할 만한…그곳에 대한 제국 시대의 어떤 묘사도 보존되어 있지 않다고 정당하게 말할 수 있다"(301). 비슷하게 Sherwin-White는 "사도행전 저자는 기원후 1, 2세기 에베소의 지방 자치 기관들의 상세 내용에 관해 상당히 잘 알고 있다. 그는 심지어 현재의 모임에서 사람들의 정기적 만남들을 구별하려고 ennomos ekklēsia라는 전문적인 표현을 정확하게 사용한다"(Roman Society, 87). 실질적으로 같은 결론을 내리는 최근의 언급들은 §32 n. 134를 보라.

103) Sherwin-White, Roman Society, 172-89.

104) Josephus, Ant. 18.4-10; 20.97-98, 169-72.

105) Josephus, War 2.247, 271-72; Ant. 20.137-44, 189-94, 197, 200; 또한 Suetonius, Claudius, 28; Tacitus, Ann., 12.54; Hist., 2.2.

106) Josephus, Ant. 20.103, 131, 205-13.

107) Josephus, War 2.217, 220; Ant. 19.354-55; 20.138-45; Suetonius, Claudius, 28; Titus, 7.1; Tacitus, Hist., 2.2.

사람들과(혹은 그 사건 자체와) 누가의 관계 혹은 누가가 사건에 대한 목격자들의 설명을 접할 수 있었다는 사실로 가장 잘 설명될 수 있다.[108]

d. 편향적 역사

동시에 누가의 몇몇 **편향성**은 명백하다.

(1) 우리는 누가가 하나님이 자신의 목적을 따라 일하심을 내러티브로 전달하는 것이 그의 관심사라고 이미 언급했다.[109] 이 요점은 구속사인 사도행전으로, 이스라엘 성경 역사의 연속과 성취인 사도행전으로, 야코브 예르벨(Jacob Jervell)과 다른 사람들이 논증한 것처럼[110] 하나님 나라라는 주제에 관한 누가의 한결같은 관심으로,[111] 주요한 몇 문단을 강조함으로 자

---

108) Ramsay의 판단을 Harnack가 긍정한다: "그 주요 특징에서 그것[사도행전]은 진정한 역사 작품 일뿐만 아니라, 그것이 담고 있는 세부사항 대부분은 신뢰할 만하다"(Apg, 222). 그리고 더 최근에 고대 역사가인 Sherwin-White도 "세부사항을 다루는 문제에서 그것[사도행전]의 기본 역사성을 거부하려는 그 어떤 시도도 이제는 불합리해 보인다"(Roman Society, 189)라고 단언했다. 추가로 Hemer, Book of Acts, 4장; 또한 R. Riesner, Paul's Early Period (1994; Grand Rapids: Eerdmans, 1998), 327-33을 보라. C. K. Barrett는 'The Historicity of Acts', JTS 50 (1999), 515-34에서 "누가가 묘사한 방식대로 그것이 일어났다고 증명할 수는 없으나, 증명할 수 없다면 그것은 비슷한 방식으로 일어났어야만 한다. 그렇지 않았다면 결과가 실제 나온 결과처럼 나오지 않았을 것이다"라고 결론 내릴 수밖에 없다고 말한다 (534). Schröter는 사도행전의 역사적 가치는 총체적(pauschal)이지 않고 개별 사건들에만 있다고 결론짓는다('Lukas als Historiograph', 260).

109) 위 n. 82을 보라.

110) 위 n. 59과 추가로 특별히 Jervell의 이전 저술인 Luke and the People of God: A New Look at Luke-Acts (Minneapolis: Augsburg, 1972); 또한 The Theology of the Acts of the Apostles (Cambridge: Cambridge University, 1996), 3장을 보라. 또한 G. Lohfink, Die Sammlung Israels. Eine Untersuchung zur lukanischen Ekklesiologie (Munich: Kösel, 1971); R. Maddox, The Purpose of Luke-Acts (Edinburgh: Clark, 1982), 2장; J. Schröter, 'Heil für die Heiden und Israel. Zum Zusammenhang von Christologie und Volk Gottes bei Lukas', in C. Breytenbach and J. Schröter eds., Die Apostelgeschichte und die hellenistische Geschichtsschreibung, E. Plümacher FS (AGAJU 57; Leiden: Brill, 2004), 285-308; 또한 'Lukas als Historiograph'을 보라. 비교. Marguerat이 개선한 내용: 누가의 "성취는 이스라엘과의 연속성과 파열의 교차점에 기독교를 위치한 데 있다"(First Christian Historian, 131과 7장).

111) 행 1:3, 6; 8:12; 14:22; 19:8; 20:25; 28:23, 31. 그것이 수미상관으로 기능한다는 점(1:3; 28:31)

세하게 설명할 수 있다.[112] 이 관심사에 포함되는 것은 이방인 선교로 발전한 (한 유대 종파가 진행한) 선교를 정당화하는 것,[113] 그리고 이 운동의 확산이 로마의 권위를 전혀 위협하지 않는다고 변증법적으로 안심시키는 일이다.[114]

(2) 수많은 특징이 누가의 예술가다운 장치를 확증한다. 이미 언급했듯이, 사도행전은 누가복음과의 유사함을 드러내도록 구성됐다.[115] 확실히 누가복음의 다양한 요소는 누가의 두 번째 책을 예상한다(눅 2:32; 3:6; 4:24-27; 12:11-12; 21:12-15; 22:32; 24:47-49).[116] 누가가 분명하게 그 결과를 사도행전까지 보류하길 원했기 때문에 생략했거나 단지 간단하게 언급하기로 선택한 복음서의 수많은 특징은 드물게 언급되었다. 따라서 비록 누가의 복음서가 마가복음의 많은 부분을 자료의 일부분으로 이용하지만, 그럼에도 누가는 예수가 성전을 파괴한다고 위협했다는 고소(막 14:58)를 예수의 재판에서 생략했는데, 짐작하건대 이는 누가가 성전에 대한 대립과 분열을 스데반 이야기(6-7장)까지 보류하기 원했기 때문일 것이다.[117] 마찬가지로 누가

과 바뀌었지만 무시되지는 않은 1.6 질문의 중요성을 주목하라.

112) 행 3:19-26; 15:14-17; 28:23-31; 추가로 필자의 'The Book of Acts as Salvation History', in J. Frey et al., eds., Heil und Geschichte. Die Geschichtsbezogenheit des Heils und das Problem der Heilsgeschichte in der biblischen Tradition und in der theologischen Deutung (WUNT; Tübingen: Mohr Siebeck, 2010)을 보라.

113) 사도행전이 바울의 개종/위임(행 9, 22, 26)과 로마 백부장 고넬료의 개종(10:1-11:18; 15:7-11)을 특별히 부각한 점은 주목받을 만하다.

114) 행 16:35-39; 18:12-17; 19:21-41; 25:19, 25; 26:30-32; 28:31("아무런 제약을 받지 않고"). 또한 P. W. Walasky, 'And So We Came to Rome': The Political Perspective of St. Luke (SNTSMS 49; Cambridge: Cambridge University, 1983)을 보라. 그러나 R. J. Cassidy, Society and Politics in the Acts of the Apostles (Maryknoll: Orbis, 1988); C. Burfeind, 'Paulus muss nach Rom. Zur politischen Dimension der Apostelgeschichte', NTS 46 (2000), 75-91도 보라.

115) 행 1장/눅 1-2장; 행 2:1-4/눅 3:21-22; 행 2:14-36/눅 4:14-27 기타 등등, 행 21-28장/누가의 수난 이야기까지. 또한 위 n. 45을 보라.

116) 추가로 C. K. Barrett, 'The Third Gospel as a Preface to Acts? Some Reflections', in Van Segbroeck et al., eds.,The Four Gospels, 2.1451-66을 보라.

117) 추가로 아래 §24.4c를 보라. 또한 눅 19:46은 "만민이"를 생략했다(막 11:17). 사도행전은 성전에 그런 기능이 없었음을 보여줄 것이다.

는 마가복음에서 정결함과 부정함의 제의적 구별의 결말을 의미하는 이야기를 담은 마가복음 7장을 생략했는데, 이것은 짐작하건대 누가가 베드로의 관점의 "전환"의 온전한 효과를 고넬료 이야기(행 10장)까지 미루기 원했기 때문일 것이다.[118] 또한 누가는 사도행전 24:24-26을 예측하여 그것의 효과를 감소시키기 원치 않았기 때문에 세례 요한의 죽음에 대한 마가복음 6:17-29 기사를 생략했을 수도 있다. 마지막으로 누가는 이사야 6:9-10을 누가복음 8:10에서 제한적으로 암시했는데(막 4:12과 마 13:14-15을 대조하라), 이는 짐작하건대 누가가 이사야 6:9-10의 모든 내용이 지닌 영향력을 사도행전 28:25-27까지 보류하기 원했기 때문일 것이다. 누가가 사용한 기교의 특징으로서, 바울의 개종-위임에 관한 누가의 첫 번째 서술에서 22:17-20의 정보를 더 극적인 두 번째 서술을 위해 아껴둔 것을 비교해볼 수 있다.

(3) 누가는 훨씬 더 명백하게 사도행전을 체계화했다. 분명 누가는 자신의 극에서 두 명의 주요 배우를 나란히 설정하려고 한다.[119] 누가가 고

---

118) §26.3을 보라.
119)

베드로	바울
2:22-39	13:26-41
3:1-10	14:8-11
4:8	13:9
5:1-11	13:6-12
5:15	19:12
8:17	19:6
8:18-24	19:13-20
9:32-34	28:8
9:36-41	20:9-12
10:25	14:11-13; 28:6
12:6-11	16:25-34

그런 병행을 알게 된 건 Schneckenburger, *Über den Zweck der Apostelgeschichte* (Bern, 1841)에까지 거슬러 올라가고, 그것들은 튀빙엔 학파가 기독교 초기 역사를 재구성하는 데 사도행전이 가진 역할을 설명하는 중요한 기초가 되었다(위 §20.3a; Baur, *Paul*, 98-100, 164-74, 198, 201-203을 보라). Kümmel, *Introduction*, 160-61의 간단한 논평과 Gasque, *History*, 2장의 자세한 논평을 보라.

넬료의 개종 이야기를 두 번 말하는 데 시간을 들였다는 사실(10:1-11:18)은, 누가가 이방인 선교를 위해 중대한 전례를 제공하는 데 그 사건이 중요하다고 생각했음을 보여준다(15:7-11; 갈 2:7-9의 동일하거나 상응하는 결정에 대한 바울의 글을 대조해보라). 실제로, 누가가 바울(행 9장)과 고넬료의 개종(10:1-11:18) 이야기를 헬라파의 주도로 기독교가 확장된 것을 설명하는 부분(8:4-40; 11:19-26)에 의도를 가지고 삽입했다는 인식을 피하기 어려운데, 이 때문에 이방인을 향한 획기적 진전(11:20에서 매우 간단하게 언급된다)이 헬라파 덕분이라는 사실이 축소된다. 적어도 같은 책에서 이런 반복은 누가가 무엇을 좋은 역사 서술법 및 좋은 이야기법으로 여겼는지 밝히 보여준다.[120]

(4) 사도행전에서는 다양한 특징을 통해 자신이 의존한 다양한 기록을 일관성 있고 흥미진진한 이야기로 구성한 누가의 자유로움을 볼 수 있다.

- 첫 번째 예루살렘 공동체를 이상화하고 낭만화한 정도(행 2:41-47; 4:32-35)[121]
- 사건을 집약한 누가의 관행[122]
- 특별히 헬라파와 스데반의 활동을 통해 야기된 예루살렘 교회가 직면한 위기의 심각성 축소(6-8장)[123]
- 바울과 예루살렘 교회의 첫 관계를 원만하게 함(9:23-30)
- 안디옥에서 있었던 바울과 그리스도인 유대인 사이의 대립을 무시함(9:23-30)
- 바울의 서신 집필 활동과[124] 특별히 고린도 교회와의 관계에서 암시된 긴장

---

120) Hengel은 "연대순이 모든 역사 서술의 기준이 아니었다"라고 말하며, "그 시대의 전기에서는 연대순이 필요하지 않았다"라고 지적했다(*Acts*, 16-17).
121) 아래 §23을 보라.
122) 예수의 부활한 모습은 40일 후에 중단됐다(행 1:1-11; 고전 15:5-8과 대조하라; 아래 §22.2을 보라). 예루살렘에 가기 전까지 시간의 길이(행 9:23-30; 갈 1:18-20과 대조하라; 아래 §25.5a를 보라); 바울의 두 번째 예루살렘 방문이 지닌 수수께끼(행 11:29-30; 갈 1:21-2:1을 보라; 아래 §25.5g을 보라); 그 "사도들의 결정"(행 15:28-29; 갈 2:6과 대조하라; 아래 §27.3을 보라); 첫 장로들 지명(행 14:23; 장로들은 목회서신 때까지 바울의 교회들에서 나타나지 않는다); 데살로니가에서 (단지) 3주(행 17:1-15; 살전 2:9과 빌 4:16과 대조하라).
123) 아래 §24를 보라.
124) A. Lindemann, *Paulus im ältesten Christentum* (Tübingen: Mohr Siebeck, 1979)은 누가가

(예. 고후 2:12-13; 7:5-7)을 누가는 언급하지 않음

- 바울의 마지막 예루살렘 방문의 주요 이유(연보 전달)를 누가가 누락함[125]

누가는 분명히 바울과 다른 의제를 가졌다. 짐작하건대 누가는 확장하는 나사렛 종파의 일치를 강조하기 원했을 테지만,[126] 바울 서신은 바울의 교회 설립으로 일어난 갈등과 긴장에 기인한다. 따라서 자신의 영웅에 대한 누가의 묘사와 바울 서신에 나타난 바울 자신의 자기 묘사에서 구체적인 내용이 서로 다르고 일치하지 않는 경향이 있음에 놀라지 않아야 한다.[127] 위대한 사역의 가까운 협력자도 그들의 공동 노력에 대해 다

바울 서신들을 알고 있었느냐는 질문에 조심스럽게 긍정한다.

125) 행 24:17에서 단지 간단하게 암시되었다. 바울의 주요 서신들이 타나내듯이, 바울에게 연보가 중요했다는 사실과 대조하라(롬 15:25-28; 고전 16:1-4; 고후 8-9). 추가로 아래 §33.4을 보라.

126) 다음을 통해 목표가 달성되었다. (1) 예루살렘 교회의 중심성과 감독에 대한 강조(8:14과 11:22에서처럼; 15:20, 29의 "사도들의 결정"이 제공한, 유대인들과 이방인들 간의 식탁 교제라는 오래 지속된 문제의 해결책)와 "사도들"의 중심성과 감독에 대한 강조(1:26; 2:42; 8:1; 9:27; 11:1; 15:2, 6, 22-23; 16:4), (2) 바울이 관련된 사건들(이미 언급함)은 말할 것도 없고, "헬라파"(6:1)와 스데반(8:2)이 야기한 긴장을 덮어둠, (3) 그에 대한 내용(21:20-21)과 대조되는 바울이 율법을 지키는 자라는 묘사(16:1-3; 18:18; 20:6, 16; 21:24-26). 누가가 사도행전을 쓴 이유에 관한 논의는 제3권을 보라. 필자의 The Acts of the Apostles (Peterborough: Epworth, 1996), xi-xiv에서 간단하게 언급했다.

127) 도외시된 글 'The Third Aspect: A Neglected Point of View', ST 3 (1949), 79-95에서 Olof Linton은 사도 바울이 문제제기하는 자신에 대한 내용과 누가가 제시한 바울, 특히 바울과 예루살렘의 관계 사이에 몇 가지 공통점이 있다고 언급한다(n. 122). 특별히 행 1:21-22의 "사도"의 자격조건들에 의하면 바울이 제외된다는 사실을 주목하라(14:4, 14에도 불구하고 말이다). 이는 바울이 활발하게 논쟁한 내용이다(갈 1:1). 누가는 행 9:23-27에서 바울이 갈 1:18-20에서 강력하게 부정한 내용을 제시하는 것처럼 보이며, 누가가 행 16:3에서 기록한 것과 같은 내용이 갈 5:11에서 바울이 항의한 내용을 야기했을 수도 있다. Linton은 누가가 일부러 더 융화적인 바울을 그렸다고 결론지었다: 누가는 "바울을 더 좋게 보이게 하려고 바울을 약간 교정하기 원했다"(95). 비슷하게 Haenchen, Acts, 88-89. 이것이 더 유명한 P. Vielhauer, 'On the"Paulinism" of Acts', in L. E. Keck and J. L. Martyn eds., Studies in Luke-Acts, P. Schubert FS (Nashville: Abingdon, 1966), 33-50의 소논문보다 사도행전과 바울 간의 겹치고 나뉘는 부분 안의 긴장을 더 잘 읽어낸 것으로 보인다(이에 관해 Fitzmyer, Luke, 50-51; Porter, Paul of Acts, 199-205을 보라). 비슷하게 Haenchen, Acts, 112-16은 바울의 수사를 전혀 고려하지 않는다. 그리고 Kümmel, Introduction, 179-84은 누가가 바울과 다른 관점의 신학을 가졌고 바울에 대해 다르게 평가할 수 있었다

른 인상을 받고 어긋난 평가를 하는 것은 고대나 현대 역사에서 흔한 특징이다.[128] 실제로 해결책은 예루살렘 교회의 관점을 반영하는 전통을 누가가 일관성 있게 의존했다는 사실에 있을 수 있다. 그 관점은 예루살렘 교회가 예수로부터 유래한 모든 운동의 모교회로서 중심성을 가진다는 것과 예루살렘을 넘어선 확장과 발전을 관장하는 권리를 가졌다고 연달아 주장하는 관점이다.[129] 즉 이러한 강조는 짐작하건대 누가의 "초기 보편교회주의"를 반영하지 않고,[130] 예루살렘 교회의 관점과 자신의 주 영웅인 바울의 선교 확대를 밀접히 관련시켜 기독교 시작을 통합적이고 (비교적) 조화롭게 묘사하려는 누가의 관심을 반영할 것이다.

(5) 필자가 볼 때, 영적이거나 무아지경인 현상에 대한 누가의 설명은 다소 순진하다는 느낌을 준다. 누가는 베드로의 그림자(5:15)와 바울이 접촉한 손수건과 앞치마(19:12)가 지닌 치유 효과라는 믿음의 에피소드를 해설 없이 서술했다. 그러나 이것은 기독교 선교 초창기에 일어난 열광적인 분위기에 대한 언급일 수 있다.[131] 비록 다른 신약 저자들이 "표적과 기사"를 신의 능력과 인정을 나타내는 직접적인 증거로 받아들이기를 지체했지만, 누가는 비판 없이 "표적과 기사"를 이야기한다(2:43; 4:30; 5:12; 6:8; 8:13; 14:3; 15:12).[132] 그리고 누가는 방언에 대한 바울의 망설임(2:4, 8; 10:46; 19:6)

는 인식을 거부한다. 'Der "Paulinismus" in der Apg', in K. Kertelge ed., *Paulus in den neutestamentlichen Spätschriften* (QD 89; Freiburg: Herder, 1981), 157-201에 실린 연구사에 대한 P.-G. Müller의 논평은 여전히 가치가 있다. 또한 같은 책 안의 K. Löning, 'Paulinismus in der Apg', 202-34을 보라.

128) 비교. Riesner, "역사 기록 문제는, 누가가 단순히 그가 필요한 내용을 지어냈다는 것이 아니라, 오히려 자신이 불쾌하거나 부수적이라고 생각한 내용들을 침묵으로 자주 간과했다는 데 있다"(*Paul's Early Period*, 413).

129) 추가로 아래 §36.1을 보라

130) 이것은 20세기 중반에 바울의 관점을 범주화하는 인기 있는 방법이었다. 특별히 E. Käsemann, 'The Disciples of John the Baptist in Ephesus'(1952), *Essays on New Testament Themes* (London: SCM, 1964), 136-48 또한 'New Testament Questions of Today' (1957), *New Testament Questions of Today* (London: SCM, 1969), 1-22이 그렇다.

131) 추가로 아래 §23.2g를 보라.

132) 막 13:22/마 24:24(누가복음은 이 언급을 누락한다!); 요 4:48; 고후 12:12; 살후 2:9. 필자의

이나 예언을 검증해야 할 필요성(20:22을 21:4과 대조)을 하나도 보여주지 않는다.[133]

이 가운데 그 어느 내용도 사도행전의 역사 정보자료로서의 가치를 떨어뜨리지 않는다.[134] 비록 이어지는 내용에서 누가의 불충분한 서술에 필자가 안타깝게 느끼는 경우가 종종 있을 테지만 말이다. 분명 누가가 자신의 이야기에 삽입한 "편견"을 무시하거나 적어도 고려할 필요는 있다. 하지만 21세기 독자들(혹은 관찰자들)은 역사 연구와 묘사에서 이런 일에 꽤 익숙하다. 누가에게 고대 역사가로서 비현실적으로 완벽한 자질이 있다고 하거나, 그의 실수나 경향이 그에게 "역사가"라는 칭호가 걸맞지 않음을 보여준다고 가정하지 않는 것이 이 모든 내용 중에서 제일 중요하다.[135]

Unity and Diversity, 181-82을 보라. 누가가 "기사들"에 대한 보고를 비판 없이 수용한 것은 철저한 기준을 가진 투키디데스와 폴리비오스를 누가와 가장 분명하게 구별해 준다. 그러나 "인기 있는" 역사가들에게는 그런 망설임이 없었다(Penner, Praise, 130-35을 보라).

133) 방언(glossolalia; 고전 14장)과 예언이 검증되고 평가받아야 할 필요(고전 12:10; 14:29; 살전 5:20-22)에 대해서 바울과 대조하라. 추가로 필자의 Jesus and the Spirit, 233-36, 246-48을 보라.

134) 비교. J. Weiss, Das Urchristentum (1914), ET Earliest Christianity (1937; New York: Harper Torchbook, 1959) 148. "어떤 것이 누가의 형식으로 진술되었다는 것은 누가가 그에 앞서 전승에서 시작하지 않았다는 의미가 결코 아니다"(Breytenbach, Paulus und Barnabas, 14, 29-30. Bultmann의 의견을 암시함).

135) 학회 논문집, R. Cameron and M. P. Miller, Redescribing Christian Origins (Atlanta: SBL, 2004)는 사도행전 없이 Q 공동체라는 결함 있는 가설로 역사를 재구성하려고 시도하나, 그런 시도는 기력이 다했으며, 다른 개연성 없는 가설들을 상정해야 하는 늪지에서 몸부림칠 뿐이다(418, 415, 435, 448, 490에 솔직한 자기 평가가 있다). 따라서 이는 학회의 숨은 실력자의 자신감에 구멍을 냈을 것이다. Burton Mack은 자신의 The Christian Myth (New York: Continuum, 2001)에서 "그 학회는 초기 기독교와 신화 이론 및 사회 구성을 연구하는 데 중대한 공헌을 할 준비가 됐다"라고 표현했다(215). 추가로 JBL 124 (2005), 760-64에 있는 필자의 비평을 보라. 어느 정도 비슷한 기획에 관여한 Crossley도 기독교 기원이라는 역사 탐구를 그리스도인의 과한 개입으로부터 자유롭게 하고 "신학적 사유에 의존하지 않고 기독교의 발흥을 철저히 (사회적-)역사적으로 설명하는 것"을 목표로 삼고 다음과 같이 일축한다: "Mack의 많은 논증은…믿을 수 없을 정도로 타당하지 않다."(Why Christianity Happened, 32-33). Lüdemann은 Vouga의 Geschichte desfrühen Christentums가 "떠도는 상상(예. 묵시적이 아닌 예수의 갈릴리 추종자들의 상상)으로 전승(사도행전)을 대체하지 않았는지" 비슷하게 의문한다. 또한 그것이 "거의 이해 불가능한 새로운 추측의 뒤죽박죽"(Primitive Christianity, 18, 23)이라고 한다. Sanders의 Schismatics는 사도행전의 역사

21.3 사도행전 연설

기독교의 기원에 대한 누가의 묘사 중 가장 민감한 영역은 연설과 설교인데, 이는 누가 내러티브의 주요 특징을 구성하며(약 30%의 공간을 차지한다) 그 책이 지닌 가장 비중 있는 신학을 담고 있다.[136] 이 지점에서 고대 역사서의 관습은 현대의 관습과 현저히 차이난다. 고대 역사서에서는 유명한 사람이 말한 내용뿐만 아니라 그가 말했을 법하거나 말했어야 했다고 저자가 생각한 내용까지 표현하려고 연설을 이용했다. 또한 연설은 수사 효과에 포함되어 독자를 즐겁게 하고 정보를 제공하려고 극 중 내러티브를 전개하는 역할도 했다. 고대 역사가는 이 관습에서 책임과 무책임의 다양한 정도를 보인다.[137] 예를 들면 누가와 동시대 사람인 요세푸스는 같은 에피소드(War 1.373-79; Ant. 15.127-46)에 대한 자신의 비슷한 설명에서 상당히 다른 두 연설을 헤롯의 입에 두었다.[138] 이 점에서 고대 역사가와 극작가 간의 차이가 매우 미세하나 현대 역사보다 고대 역사는 역사 소설에 어느 정도 더

적 가치를 거의 병적으로 무시한다.

136) Dibelius, 'The Speeches in Acts and Ancient Historiography' (1949), Studies, 138-85은 연설이 24개라고 계수한다(150). M. L. Soards, The Speeches in Acts (Louisville: Westminster John Knox, 1994)는 36개의 연설을 간단하게 분석한다.

137) R. E. Brown, An Introduction to the New Testament (New York: Doubleday, 1997)는 많이 인용된 Lucian of Samosata, How to Write History, 58을 인용한다: "누군가가 연설을 해야 한다면, 무엇보다도 그의 언어가 그의 인격과 그가 다룰 사안에 어울려야 한다.…그러나 그런 다음에야 수사를 사용하고 우아함을 보여줄 수 있다." Brown은 다음과 같이 말한다: "대부분의 현대인들은 이 과정을 역사적 사실로 여기지 않으나, 루키아노스는 그것이 자신이 이전에 기록한 것과 조화될 수 있다고 생각했다(How, 39): '역사가의 유일한 직무는 그것이 일어난 그대로 말하는 것이다'"(318 n. 94). 또한 van Unnik, 'Luke's Second Book and the Rules of Hellenistic Historiography', 58-59; C. Gempf, 'Public Speaking and Published Accounts', 그리고 B. W. Winter, 'Official Proceedings and the Forensic Speeches in Acts 24-26', BAFCS, 1.259-303과 305-36을 각각 보라. Lucian와 Polybius 그리고 Dionysius of Halicarnassus가 역사 내 연설에 대해 언급한 내용은 Penner, Praise, 170-74, 212-14을 보라. 요세푸스의 저작 내 연설은, Mason, Josephus, 260-61을 보라.

138) Dibelius, Studies, 139. Cadbury는 "Livy가 내러티브의 사실 부분을 위해 Polybius를 따를 때 거의 일정하게 연설의 이유와 형식을 바꾸었다"(Beginnings, 2.13)라고 언급하며, 다른 예들을 추가한다(13-14).

가깝다. 현대 역사는 귀착시킬 수 있는 것과 귀착시킬 수 없는 것, 마땅히 귀착시켜야 할 것과 귀착시키지 말아야 할 것에 대해 훨씬 엄격한 통제를 적용한다.[139] 이 질문에 대한 토론에서 많이 인용되는 것은 가장 위대한 고대 역사가로 여겨지는 그리스 역사가 투키디데스(Thucydides)의 말이다.[140] 『펠로폰네소스 전쟁사』(History of the Peloponnesian War), 1.22.1에서 투키디데스는 다음과 같이 기록한다.

> 전쟁 전이나 전쟁 중 행한 연설에 관해, 나도 그리고 나에게 보고를 한 사람들도 정확한 표현을 기억해내기 어려웠다. 따라서 나는 경우에 맞는 적절한 의미를 각 연설자의 입에 실었고, 연설자가 표현했을 법하다고 내가 생각한 대로 표현했다. 동시에 그가 실제로 말한 내용의 대략적인 의미를 부여하려고 내가 할 수 있는 한 노력했다.[141]

사도행전에서는 누가가 이런 고대 관습으로 어떻게 작업했는지 제법 분명하게 볼 수 있다.[142] 첫째로 다시 한번 말하지만, 모든 연설의 형식은

---

139) 비록 "역사적 소설과 소설 같은 역사 간 경계에는 우리가 인정하고 싶은 것보다 훨씬 더 구멍이 많지만"(Penner, Praise, 138), 사도행전을 역사적 소설에 비유하는 것은 누가의 의도와 그가 기록한 내용에 공정하지 않다. R. I. Pervo, Profit with Delight: The Literary Genre of the Acts of the Apostles (Philadelphia: Fortress, 1987)과 대조하라. Porter의 Paul of Acts, 14-24에서 Pervod와 Robbins(위 n. 50)를 비평한 부분을 보라. Wedderburn이 논평한 것처럼, "이 두 작품을 쓴 이는 고대 역사 소설에서는 생소한, 목적의 심각성을 피력한 것으로 보인다"(History, 12).

140) W. C. McCoy, 'In the Shadow of Thucydides', in Witherington, ed., History, 3-23: "Thucydides는 과거와 현재에서 역사적 저술을 평가하는 지표가 되었다"(3).

141) Bruce, Acts, 34은 B. Jowett의 번역을 따랐다. "Thucydides는 자신이 그의 연설자들을 그들이 정말로 말했을 내용(그들이 말했을 법한 내용이 아닌)을 말한 사람으로 제시했고, 그들이 실제로 말한 내용에 그가 최대한 가까이 밀착했다고 주장했다"(Witherington, History, 25). 그는 Fornara, Nature of History, 154-55이 발견한 내용을 언급한다. "너무 자주 가정되는 것처럼, 고대 역사가의 머리에서 연설을 만들어내는 것은 그들의 관습이 아니었다"(27).

142) "누가가 역사적 서술의 전통을 너무 밀접하게 따랐기 때문에 그가 역사가들의 저술을 읽었다고 추정해야 한다"(Dibelius, Studies, 183). E. Plümacher는 'The Mission Speeches in

철두철미하게 누가의 것이다. 제대로 말하면, 누가의 작문이다.[143] 둘째
로 거의 모든 경우에, 간결함(전달하는 데 3-4분 걸리는 연설)과 세련됨의 결합
에 감명 받을 수밖에 없는데, 그 연설들은 개요나 축약이 아니며 짧은 명
문 곧 정교하게 만들어진 축소판이다.[144] 셋째로 그러나 동시에 대부분의
경우 사용된 자료의 개별성과 독특성이 존재하는데, 이는 **누가가 전승을
사용하고 통합할 수 있었다**는 결론을 가리킨다. 그 전승은 어떤 기록이
나 특정한 회상만이 아니라 개인의 견해와 관련이 있고 (누가의 신중한 판단으
로 볼 때) 그것을 대표하며 시기에 잘 들어맞는 전승이다. 따라서 첫 두 특징
에 집중하여 그 연설들이 단순히 누가의 관심을 반영한다거나, 그 자신의
관점을 제재에 온전히 부과했다는 결론은 현명하지 않다.[145] 사도행전의
연설은 비-누가 자료가 명백하게 암시되었음을 확실히 보여주는데, 이는
누가가 조사한 결과물일 것이며, 따라서 초기 기독교의 선포나 가르침의
원자료가 되었을 것이다. 다만 주의 깊게 사용될 경우에 한해서다. 그것들
은 누가가 묘사한 사건과 인물들에 대해 자신이 받은 인상을 나타낸다. 비
록 그것들이 누가 자신의 눈을 통해서 보고 자신의 관심을 반영한 역사와

Acts and Dionysius of Halicarnassus', in Moessner, ed., *Jesus and the Heritage of Israel*, 251-66
에서 할리카르낫소스의 디오니시오스와의 특별한 병행구를 이끌어낸다. "선교 연설들이 역
사 과정을 결정하는 요소들이라는 누가의 인식은 디오니시오스의 인식과 일치한다"(258).

143) 위 n. 44; Haenchen, *Acts*, 80을 보라.

144) Dibelius는 크세노폰의 *Hellenica*에 있는 다수의 연설에서 같은 특징을 관찰했다(*Studies*,
143-44).

145) "이런 부류의 기독교 설교는 확실히 저자 시대의 관습으로 보인다(기원후 90년). 이것은
복음이 설교되고 설교되어야 하는 방법이다!"(Dibelius, *Studies*, 165은 행 2, 3, 10, 13장
의 "선교 연설"을 언급한다). Dibelius의 전형적인 주장은 결론에서 드러난다. "마지막 분
석에서…[누가는] 역사가가 아니라 설교가다"(183). U. Wilckens, *Die Missionsreden der
Apostelgeschichte* (WMANT 5; Neukirchen-Vluyn: Neukirchener, [2]1963)는 Dibelius의
결론에서 더 나아갔는데, 다음과 같이 결론짓는다. "사도행전 내 사도의 연설들은 (누가
의) 신학 인식을 분명하게 요약한 것들이다. 그것들은 더 오래된 증언으로 평가되거나, 가
장 오래된 초기 기독교 신학으로 평가되어서는 더더욱 안 되지만, 첫 세기를 마무리하는
시기의 누가 신학으로서는 가치가 있다"(186). 비슷하게 E. Schweizer, 'Concerning the
Speeches in Acts', in L. E. Keck and J. L. Martyn, eds., *Studies in Luke-Acts* (Nashville:
Abingdon, 1966), 208-16. Jervell, *Apg*, 152은 Dibelius와 Wilckens의 뒤를 따랐다.

신학이지만 말이다.

　사도행전에 있는 연설을 통해 얻을 수 있는 자료는 초기 기독교의 선포 및 신학을 더 잘 인식하는 데 아주 중요하기 때문에 주요 본보기 몇 가지를 시간을 들여 조사하는 일은 가치가 있다. 여기서 우리는 베드로의 주요 연설이나 설교로 여겨지는 세 가지를 고찰한다.[146]

a. 사도행전 2:14-36/39 - 베드로의 오순절 설교

누가가 초기 전승에 의존할 수 있었음을 암시하는 몇 가지가 있다.

　(1) 이 연설은 유대 설교의 좋은 본보기로 요엘 2:28-32에 대한 주석(midrash)이며, 시편으로 뒷받침되고 사도행전 2:39(다시 요엘서 암시)로 마무리된다.[147]

　(2) 요엘서를 인용한 그 부분은 신약의 다른 곳에서는 암시만 되었으며,[148] 이는 문단 전체에서 말하는 더 자세한 개념이 초기부터 확립된 기독교 전승의 일부가 되었음을 암시한다. 사도행전 2:25-28에서 인용된 시편 16:8-11은 누가의 신학적 무기 중 하나일 수 있다. 이것은 여기서와 사도행전 13:35에서만 사용됐다. 그러나 시편 110:1(2:34-35에서 인용됨)은 예수에게 무슨 일이 일어났는가에 대해 초기 기독교가 고찰한 내용에 확실히 속한다.[149]

　(3) 여기의 종말론은 사도행전 나머지 부분과 비교하면 놀랍게도 초기 단계에 있다. 대체로 누가가 그리스도의 (다시) 오심이 임박했다는 신념에서 뒷걸음질했다고 여겨진다. 그는 다른 곳에서 그런 기대를 수정한 것처

---

146)　필자는 사도행전이 제공하는 일련의 사건 내 다른 연설들을 더 가까이 살필 것이다(§§27, 31, 33).

147)　비교. J. Bowker, 'Speeches in Acts: A Study in Proem and Yelammadenu Form', NTS 14 (1967-68), 96-111.

148)　특별히 롬 10:13과 딛 3:6.

149)　아래 §23.4d를 보라. 특히 막 12:36; 고전 15:25; 히 1:13을 주목하라.

럼 보이고,[150] 사도행전의 관점에서 교회는 이 땅에 오래 머물 준비를 했으며,[151] 이는 "마지막이 가까웠다"는 기대보다는 "마지막 일들"이라는 종말론이다.[152] 따라서 베드로의 연설이 임박한 기대에 관한 원시 기록을 간직하고 있음은 주목할 만하며, 요엘서 인용은 훨씬 더 의미심장한 "마지막 날에"(en tais eschatais hēmerais, 2:17)라는 표현으로 히브리서의 "후에"를 대체했고,[153] 사도행전 2:19-20은 기대감을 고조시키는 우주적 격동이라는 묵시적 이미지를 간직하고 있다. "위대하고 무시무시한 주의 날"(심판의 날)이 임박했다는, 이 구절이 주는 인상은 매우 이른 전승이 있음을 다시 나타낸다.

(4) 여기의 기독론은 여러 면에서 원시 단계의 기독론으로 보인다. 개인 이름인 "나사렛 예수(2:22)·예수(2:32)·이 예수"(2:36)는 신약성경의 다른 곳에서 더 정중한 "그리스도"나 "주"라는 표현의 배후로 빠르게 사라졌다. 예수는 "하나님이 인증한 사람"이라는 눈에 띄게 비(非)신적인 언어로 묘사되며, 그의 성공은 "하나님이 그를 통해 일하셨다는 표지"(2:22)라는 관점에서 표현된다. 사도행전 2:30에 언급된 맹세는 짐작건대 시편 89:4을 암시하고, 따라서 사무엘하 7:12-16의 다윗의 약속을 상기시키는데, 이 약속은 유대 법정에서 예수를 심문할 때 울려 퍼진 것 같다.[154] 이 사례에서 그 약속은 초기 기독교 사상의 시작에서부터 거의 확실하게 작용하고 있었을 것이다. "그 메시아"는 여전히 칭호이지만(2:31), 신약 다른 곳에서는 거의 "예수 그리스도"라는 고유명사가 되었다. 예수를 그가 높아진 후(2:33) 성령을

---

150) 특히 눅 19:11; 행 1:6-7.

151) 이것이 Conzelmann, *Theology*의 주요 논지다. 필자의 *Unity and Diversity*, §71.2에 간단한 논의가 있다.

152) 예로 행 10:42과 17:31에서는 최후 심판의 위협이 덜 긴급하게 보인다는 사실을 주목하라.

153) 비교. 사 2:2; 미 4:1; 아래 §22 n. 139을 보라. 누가는 2:18 끝에 "그리고 그들이 예언할 것이다"도 덧붙였다. 누가 자신이 덧붙였다고 볼 수 있는데, 그는 예언의 고무자인 성령의 역할을 포함해서, 예언의 중요성을 다른 곳에서도 강조하기 때문이다("예언"은 누가행전에서 59번 등장한다)(눅 1:67; 행 19:6). 그러나 예언의 영(고전 12:10; 14:1-5; 살전 5:19-20; 벧전 1:10-11; 계 19:10)은 성령의 전통적인 이해이며(비교. 특별히 민 11:29), 이는 초기 기독교에서 널리 퍼져 있었다.

154) *Jesus Remembered*, 619-20, 632-34, 710-11.

부어주는 자로 묘사한 것은 매우 놀랍다. 이런 기대는 예수보다 앞서 온 세례요한의 영향을 반영한 기대이지만,[155] 신약의 다른 곳에서는 거의 나타나지 않는다. 여러 면에서 가장 놀라운 점은, "하나님이 주와 메시아가 되게 하셨다"(kai kyrion auton kai Christion epoiēsen ho theos, 행 2:36)는 증거로 부활/승천이 인용되었다는 사실이다. 이런 확언은 열광에 도취하여 나온 말일 가능성이 높은데, 오직 부활 시에 메시아가 되었다는 암시는 더 조심스러운 표현으로 곧 배제되었다.[156] 누가가 기록할 당시 기독론이 훨씬 더 발전했기에, 누가가 이런 강조점들을 장려하려고 했다는 판단은 개연성이 적다. 누가가 그의 조사(혹은 상식)로 빛을 보게 된 전승이나 기억에서 이런 강조점들을 가져왔을 가능성이 훨씬 더 높다.

따라서 결론은 명백해 보인다. 베드로의 첫 설교가 누가의 기교 덕을 보았더라도, 누가가 작문하면서 매우 이른 자료에 의존했을 가능성이 상당히 크다. 그 어떤 첫 설교도 이렇게 간결했을 리는 없다. 그러나 이것은 개요도 요약도 아니다. 이 설교는 완전하고 세련된 논증을 포함한다. 그 결과 우리는 누가가 예루살렘 교회의 최초 설교를 기억하는 사람들을 주의 깊게 탐문했고, 예루살렘에서 시작한 기독교의 최초 시기부터 자신의 시대까지 지속된 기억들과 강조들로 설교를 작성했다고 상상해볼 수 있다.

b. 사도행전 3:11-26 - 성전에서 베드로 설교

여기서 다시 누가는 이 설교 틀의 형성에서 바로 몇 개의 오래된 전승에 의지할 수 있었던 것 같다. 무엇보다도, 신약의 다른 어떤 곳에서도 기독론은 거의 보이지 않고 독특한 원시적 느낌이 있는데, 특별히 예수에게 사용된 칭호들이 그렇다.

(1) 그는 파이스(pais) 곧 "종"이라 불렸다(행 3:13, 26). 이 표현은 거의 확

---

155) 막 1:8 병행구들; 비교. 행 1:5. 추가로 아래 §23.4e를 보라.
156) 그러나 행 13:33; 히 1:5; 5:5을 비교하라.

실히 LXX 이사야 52:13의 "내 종(pais)···영화롭게 될 것이며"에서 유래했다. 하나님이 예수를 영화롭게 하셨다는 생각은 요한복음을 제외하고는 신약에서 매우 예외적이고, 신약에서 pais라는 예수 칭호는 사도행전 3-4장에 제한되어 있다(또한 4:25, 27, 30).[157] 짐작건대 이사야 52:13-53:12의 유명한 종의 노래에 대한 이 암시는 아주 초기부터 있었을 것이다. 왜냐하면 "파이스"가 오로지 고난과 신원의 신학만을 표현하기 때문이다. 반면에 여전히 이르기는 하지만, 예수의 고난과 연결해서 그 표현이 지닌 다른 암시는 속죄 신학을 표현하려고 사용된다.[158]

(2) 또한 그는 "거룩하고 의로운 이"라고 불린다. 이는 다른 곳에서는 거의 사용되지 않은 별칭이다.[159]

(3) 똑같이 드물게, 그는 archēgos, "지도자" 혹은 "창시자"(3:15; 5:31)라고도 불린다. 이는 다른 곳에서 히브리서 2:10과 12:2에서만 등장하는 칭호다.

(4) 사도행전 3:19-20의 셈족적인 사고는 주목할 만하다. 3:19에서는 회개에 대한 그리스적 사상이 돌아섬이나 등 돌림(šub), 즉 방향의 근본적인 전환이나 삶의 방향 전환이라는 히브리식 이해로 보완된다.[160] 그리고 3:20-21에서는 셈족 관용구를 자연스럽게 구사하는 사람이 처음 형성한 사상이 있음이 계속 강하게 표시된다. "주(하나님)의 얼굴로부터", "너희를 위해 예정하신 메시아를 보낸다", "하나님이 그의 거룩한 선지자들의 입을 통하여 말씀하신바."

(5) 훨씬 더 놀라운 사실은 3:19-21이 고대의 몇 가지 모티프를 포함한다는 사실이다. 새롭게 될 날을 보장하는 회개로의 요구, 예수의 귀환과

---

157) Cadbury의 Beginnings, 5.364-70의 토론이 추가되어야 하는 BDAG, 750-51의 참고문헌. Barrett는 LXX 사 53장(Acts, 194)에서 pais라는 단어가 등장하지 않는다고 보는 실수를 했다.

158) 비교. 막 10:45; 롬 4:24-25; 벧전 2:22-25. 추가로 아래 §23.4g와 §23.5을 보라.

159) "거룩한"—눅 4:34; 요 6:69. "의로운"—마 27:19; 행 7:52; 22:14; 요일 2:1.

160) Jesus Remembered, 498-500.

만물의 회복,[161] 그리고 분명히 하나님을 의미하는 주께서 지금 하늘에서 땅으로의 귀환을 기다리는 그리스도를 보내심 등이 그것이다. 이 구절들의 정확한 지시 대상이 무엇이든지 간에, 그것이 묘사하는 대상은 하늘로 받아들여져서 모든 만물을 새롭게 하며 회복의 때를 초래하고 거기에 참여할 그리스도로서 돌아올 신호를 기다리는 예수라고 말할 수 있다. 사도행전 2:17과 같이, 이는 종말론 즉 임박한 종말론인데, 누가는 이것을 다른 곳에서는 장려하지 않은 것처럼 보인다. 이 모든 내용은 전율하는 느낌을 주는데, 최근에 떠났으나 역사의 절정을 가져올 채비를 한 그리스도를 기대하는 흥분을 드러낸다. 로빈슨(J. A. T. Robinson)이 이것을 "모든 기독론 중 가장 원시 단계"라고 특징지은 것은 별로 놀랍지 않다.[162]

(6) 주 하나님이 자신과 같은 선지자를 높이신다는 모세의 약속의 성취로서 예수를 제시한 것 역시 놀라우며(행 3:22-23. 신 18:15-16을 인용함),[163] 이 약속을 분명히 인용한 다른 곳은 사도행전 7:37이다. 모세와 같은 선지자에 대한 약속은 놀랍게도 그 당시 유대교 문헌에 별로 반영되지 않았다.[164] 그러나 신명기 18장 본문은 초기 그리스도인의 관심을 끌었던 것 같다. 그것이 초기에 반영되었다고 해서 기독론의 중심적 특징이 되지는 않았지만("예언자"는 그리스도의 중요성을 묘사하기에 부적절하다고 여겨졌다), 그런데도 그 본문은 전승 내 다양한 지점에 흔적을 남겼다.[165]

(7) 그리고 신약에서 매우 특이한 점은, 아브라함을 향한 언약의 약속,

---

161) 두 개의 "시간" 구, 즉 "새롭게 될 시간"과 "회복의 시간"이라는 표현은 신약 다른 부분에서는 등장하지 않는다. 그 표현들의 의미를 채우고 그것들을 서로 구별하기에는 정보가 부족하기 때문에, 그 두 구가 서로 어떻게 관련되는지는 불확실하다.

162) J. A. T. Robinson, 'The Most Primitive Christology of All?', *Twelve New Testament Studies* (London: SCM, 1962), 139-53.

163) 3:22-23의 인용문은 신 18:15-16, 19과 레 23:29의 결합이다. 레 23:29은 원래 모세와 같은 예언자를 희망하는 것과 관련이 전혀 없으며, 이것은 모세와 같은 선지자에 대한 예언과 더불어 그런 강력한 경고를 더욱더 강력하게 한다. 새로운 모세에 대한 반응이 백성의 구성원이 되는 것을 결정한다.

164) 그러나 *Jesus Remembered*, 656; Barrett, *Acts*, 208; Fitzmyer, *Acts*, 289-90을 보라.

165) 비교. 막 9:7; 요 1:25; 6:14; 7:52.

즉 모든 민족(창 22:18)에게 복이 된다(행 3:24-26, 그러나 먼저 이스라엘이 대상이다)는 약속을 성취하는 하나님의 종이 예수라는 마지막 논증이다.[166]

베드로의 이 설교를 작성할 때 누가가 자기 마음대로 사용할 수 있는 매우 오래된 전승을 가졌다는 결론을 피하기는 어렵다. 누가가 명백하게 이런 자료를 발굴하고 이용하려고 노력했다는 사실은 그런 연설을 명확히 서술하는 데 어느 정도 제약을 느꼈다는 분명한 표시다. 그 기독론의 현저한 원시성을 볼 때 누가가 시대착오의 오류를 범할까 조심했으며 이 설교가 자기 시대의 설교 모델이 되기를 의도하지 않았음이 암시된다.[167] 이 이상을 말할 수 없으며 말할 필요도 없다. 누가와 그의 독자에게는 베드로가 단지 그 상황에서 그 말만 했는지는 중요하지 않다. 그 단계에서 베드로가 말하려고 했거나 말했을 수 있는 내용이 타당하게 표현된다면 그것으로 충분했다.

c. 사도행전 10:34-43 - 고넬료를 향한 베드로의 설교

베드로의 세 번째 설교는 이방인 백부장 고넬료의 개종 이야기 후반부에서 시작한다. 평소처럼 이 설교는 누가가 잘 사용하는 짧은 명문으로서 전달하는 데 1분 정도 걸린다. 사도행전 10:44이 암시하고 사도행전 11:15이 분명하게 언급하듯이, 성령이 개입했을 때는 이 연설이 막 시작됐을 때였다. 그러나 평소의 누가다운 연설의 깜짝 등장처럼 이 연설은 멋지고 세련된 통일체이기 때문에 덧붙여야 할 내용은 없다.

구조는 명확한 편이다. 연설의 본론은 다섯 개의 성경 암시를 중심으로 구성되었다.

---

166) 그 본문은 아브라함과 이삭과 야곱에게 반복된 약속을 떠오르게 한다(창 12:3; 18:18; 22:18; 26:4; 28:14). 그러나 이 특정한 인용문은 창 22:18과 26:4에서 온 것이다. 비교. 아래 §36.1b.

167) Dibelius와 Wilckens 및 Schweizer의 일관된 견해(위 n. 145)와는 반대다.

- 10:34 — 신 10:17(하나님은 불공평하지 않다) - 유대 정의(justice)의 밑바탕이 되는 원리로서, 초기 유대 문헌에서 종종 반영된다.[168]

- 10:36 — 시 107:20("그가 그의 말씀을 보내고 그들을 치유했다").

- 10:36 — 불분명하지만, 사 52:7("…평화를 선포하는 자"). 사도행전 10:36의 양 본문은 기독교 본문의 초기 모음집에 속할 것이다. 시편 107:20은 다시 13:26에서 반영되고, 이사야 52:7은 연속 인용문의 일부로 로마서 10:15에서 인용됐다.

- 10:38 — 사 61:6("성령으로 기름부음 받음").

- 10:39 — 신 21:22("나무에 매달림"). 이는 십자가에 달린 메시아의 믿음에 반하는 초기 논쟁의 일부로서 갈라디아서 3:13에 내포되어 있을 수도 있다 — "나무에 달린 자마다 저주 아래 있는 자"(비교. 고전 1:23). 이 논쟁은 바울이 핍박했던 동기의 일환이었을 수 있다. 다른 곳에서는 신명기의 이런 역할이 발전되지 않았다.

이것들 뒤에는 지금은 친숙한 예수의 죽음과 부활에 대한 반복 그리고 믿음을 가지라는 내용에 내포된 요청과 죄 용서의 약속이 있었다. 이는 누가의 특징을 똑같이 띠고 있지만, 다음과 같은 더 오래된 자료의 특징을 가지고 있는 것 같다. 예수 처형에 대한 유대인의 책임(10:39),[169] 세 번 반복된 증언이라는 주제(10:39, 41, 43), "명백한" 부활(10:40, 41), 예수의 이름 언급(40, 43), 또한 이제는 더 멀어 보이며 더 긴 시간을 암시하는, 덜 긴박한 종말론(10:42) 등이다.

그러나 또다시 원시 단계의 특징들이 존재한다.

---

168) 대하 19:7; Sir. 35.12-13; Jub. 5.16; 21.4; 30:16; 33.18; 1 En. 63.8; Pss. Sol. 2.18; Pseudo-Philo 20:4; 2 Bar. 13.8; 44.4; 또한 바울처럼(롬 2:11).

169) J. A. Weatherly, Jewish Responsibility for the Death of Jesus in Luke-Acts (JSNTS 106; Sheffield: Sheffield Academic, 1994)는 전승을 이렇게 강조하여 사용하고 있다고 결론짓는다(242).

1. 메시지의 이스라엘 중심성(10:36, 42).[170]

2. "너희는 안다." 어쩌면 유대인 청중을 암시함(10:36).

3. 예수의 사명의 시작에서, 그리고 예수 사명의 시작으로서 세례 요한과 그의 세례를 설정함(10:37; 참조. 1:22; 13:24).[171]

4. 예수를 "나사렛 사람"으로 규정하는데, 이는 여전히 정체 규명이 필요함. 더 비중 있는 호칭을 아직 취하지 않음(비교. 2:22).

5. 하나님이 성령과 능력을 예수에게 부으셨다(10:38). 다른 말로 하면, 예수는 영감 받은 예언자로 제시된다. 이는 원시 기독론이다. 이사야 61:6의 암시는 누가복음 6:20-27에 함축되었듯이 예수의 자기이해를 반영할 수 있으나, 제2세대의 고조된 기독론의 특징은 아니다.[172]

6. 예수의 치유 사역은 절제된 표현으로 서술됐고(선행과 축귀), 그의 성공은 "하나님이 그와 함께 하셨다"는 사실로 다시 돌려졌다. 이 서술은 예수 사역에 호의를 가진 관찰자의 입에서 나온 서술일 수 있다(10:38; 비교 2:22). 예수에 대한 이런 상당히 온건한 묘사와 10:36의 최후의 고백이 병행되었다는 사실은 놀랍다.

7. 그들이 그를 죽였으나, 하나님이 그를 살리셨다는 이 고난-역전의 주제는 아직은 속죄 교리가 아니다. "제3일에"(10:40)라는 표현은 사도행전에 병행 구가 없지만, 바울의 개종 후 그가 받은 초기 고백 문구에 이미 명시되었다.

8. 예수를 "산 자와 죽은 자의 심판관"으로 지명한 것은 독특한 특징이다. 이는 초기 것일 수 있다. 하나님이 최후의 심판관으로서 자신의 역할을 공유하려고 다른 사람을 선택하심은 초기 기독교 전승(눅 22:30; 고전 6:20)에서만이 아니라, 당시 유대교에서 에녹 및 아벨과 같은 위대한 영웅에 대해 추론한

---

170) 비교. 행 3:25(§21.3b를 보라).
171) 또한 *A New Perspective on Jesus*, 124과 n. 93을 보라.
172) *Jesus Remembered*, 516-17을 보라. 그러나 누가는 나사렛 회당에서 예수의 설교를 자신의 말로 표현하면서 이 주장을 더 분명하게 했다(눅 4:17-21, 24). 누가복음에서는 사람들이 예수의 사역 중에 그가 예언자일 가능성을 얼마나 검토했는지를 강조한다.

내용에서도 반영되었다.[173] 예수를 다니엘 7:13-14의 환상에 등장하는 "인자 같은 이"로 밝히는 것은 예수의 경우에 그런 관련성을 강화했을 것이다. 한편 이 어구에는 긴박감이 놀랍게도 결여되어 있으며(또한 17:31; 3:19-20 대조), 그것은 예수의 재림이 상당히 지체되었다는 사실에 비추어 형성된 종말론으로 읽힌다.[174]

9. 위에 언급된 성경의 암시들은 그 연설의 뼈대를 형성하며, 모두 분명히 예수와 그의 죽음에 대한 그리스도인의 초기 고찰에서 나타난 특징이지 이후 시대에 고조된 기독론의 특징은 아니다.[175]

덧붙여서 사도행전 10:34-35은 맥락에 어울리도록 이미 있었던 자료에 첨가된 서문처럼 보인다. 10:35에서 36절로 건너 뛴 것은 갑작스럽다("그가 전한 말씀에 관하여…").[176] 실제로 34-35절과 43절은 이미 제법 일관성이 있는 몸통에 더해졌을 수 있다.[177]

---

173) *Jub.* 4.17-24; *1 En.* 12-16; *T. Abr.* [A] 13.3-10; *T. Abr.* [B] 10; 11.2; *2 En.* 22.8; 11QMelch. 13-14; 추가로 필자의 'Jesus the Judge', *The New Perspective on Paul*, 18장을 보라.

174) 그러나 벧전 4:5과 딤후 4:1을 비교하라.

175) 추가로 §23.5을 보라. 비교. G. N. Stanton, *Jesus of Nazareth in New Testament Preaching* (SNTSMS 27; Cambridge: Cambridge University, 1974), 3장: "고넬료를 향한 베드로의 연설은, 초기 공동체들이 예수의 죽음과 부활 및 승천뿐만 아니라, 예수의 지상 사역에 대한 그들의 해석을 자세히 설명하여 방어하려고 성경 구절들을 모아두었음을 보여준다"(84). 특별히 "시 107:20은 초기 교회에서 예수 사역의 중요성을 가르치려고 사용한 증거로 보인다"(75). 또한 Stanton은 베드로의 연설이 원래는 시 107편을 길게 인용했을 것이라고 주장한다(73).

176) 그리스어의 어색함에 대해서는 Barrett, *Acts*, 1.521-22을 보라. Fitzmyer는 "이 부분 연설이 단지 누가복음에 대한 개요라면, 누가가 이 지점에서 그런 형편없는 그리스어를 쓴 이유를 설명해야 할 것이다(36-38절)"(*Acts*, 459-60).

177) 증언하는 선지자들에 대한 강조(10:43)는 사도행전 연설에서 지속된 주제이고 또한 눅 24:25-27, 44-48을 반영한다. 염두에 있는 구절은 사 33:24, 55:7 및/혹은 렘 31:34일 수 있다. 대개 그리스도의 죽음에 대한 책임을 언급하기 때문에, 회개의 요구가 없다. 그러나 42절의 "사람들"과의 긴장을 다시 강조하는 "모든 믿는 자"라는 바울의 강조와 더불어(3:25-26에서처럼 다시), 그것은 믿음에 대한 요청으로 대체됐다. 그 구는 신앙에 대한 누가의 표현에 관한 추가 변형으로, 여기서는 "그를 믿음"이라는 표현이 사용되어 명명된 사람에게 (대개 세례로 표현되듯이) 더욱더 헌신한다는 의미를 띤다. 이 초대에 죄(가정하건대 훨씬 광범위하고 특정되지 않은 범위) 용서라는 약속이 포함돼 있다. "그의 이름을 통

위의 모든 세부사항을 고려할 수 있는 그럴듯한 가정 하나는 누가가 하나님을 경외하는 이방인을 향한 초기 설교의 몇몇 전승에 자신만의 짧은 명문을 형성했다는 것이다.[178] 이는 10:34-35, 36c, 39("유대인 나라"), 43("모든 믿는 자")에 있는 더 전통적인 어구와 보편적인 측면 사이에 있는 약간의 긴장을 설명해준다. 어찌됐든 누가는 "경우에 맞는 적절한 의미를 각 연설자의 입에" 넣은 투키디데스의 관습을 다시 따라 연설자가 표현했을 법하다고 생각한 대로 표현했고, 동시에 "실제로 언급된 내용의 대략적인 의미를 부여하려고" 그가 할 수 있는 한 노력한 것처럼 보인다.[179]

초기 기독교 시대에 첫 제자들이 믿고 설교하고 가르쳤던 내용의 증언으로서 이 연설들(그리고 사도행전의 다른 설교)이 지니는 가치에 관해, 베드로가 그 말을 실제로 했다는 논증이나 추측은 필요하지 않다. 필자는 그것이 베드로의 말이 아니라는 결론의 이유를 언급했다. 즉 당시에 유효했던 역사 저술의 원칙에 근거하면, 누가는 그 연설이 전달된 말 그대로일 필요가 있다고 생각하지 않았으며, 누가의 독자도 글자 그대로 전달할 필요가 있다고 생각하지 않았을 것이다. 축소된 2-3분의 연설은 실제 연설이나 설교를 거의 반영하지 않을 것이다. 누가의 양식과 그 자신만의 독특한 신학적 관심이 연설 단락을 형성하고 구조화했다는 증거는 명백하다. 이런 연설의 역사적 가치가 그 상황에서 전달된 내용을 실질적으로 받아적는 데 달렸다고 보는 것은 그것들의 실제 가치를 모호하게 하고 곡해하는 일이다.

해서"라는 표현은 2:38과 4:12이 지닌 강조의 특징이다.
178) C. H. Dodd는 10:34-43이 "대중에 접근하는 방법으로 원시 교회가 처음 사용한 케리그마 형태를 대변한다"라고 주장했다(*The Apostolic Preaching and Its Developments* [London: Hodder and Stoughton, 1936, 1944], 27-28; 또한 'The Framework of the Gospel Narrative', *New Testament Studies* [Manchester: Manchester University, 1953], 1-11[여기서는 9]; 또한 Bruce, *Acts*, 261을 보라).
179) 위에 수집한 모든 증거를 고려하면, 그런 결론은 연설이 온전히 누가의 작문이라는 Dibelius(*Studies*, 110-11)와 Wilckens(*Missionsreden*, 46-50)의 결론보다 선호된다. 유사하게 Lüdemann은 "그 연설 전체의 편집 기원"에 대해 언급한다(*Early Christianity*, 128).

동시에 누가가 이 연설을 구성하면서 초기 자료에 의지할 수 있었다는 증거를 부정하거나 반박하는 것은 훨씬 더 어렵다.[180] 그는 어떻게 이런 자료에 접근할 수 있었는가? 이 연설을 기록한 판본들을 그가 이용할 수 있었기 때문은 아니다. 이는 우리가 기독교의 태동기에서는 완전히 개연성이 없다고 본 문헌 사회나 환경이 있었음을 의미할 테니 말이다.[181] 또한 필자가 보기에는 누가 시대의 공동체에 여전히 있었던 고정되거나 안정된 형태로 그것들이 보존되었기 때문도 아니다. 에반스(C. F. Evans)가 훌륭하게 살펴본 바에 의하면, 예수 전승과는 반대로, 기독교 성장 초기에 사도들의 연설의 보존이나 반복을 위해 어떤 "삶의 정황"(Sitz im Leben)도 상정될 수 없다. 그러나 토론이 너무 쉽게 빗나가거나 길을 잃을 수 있는데, 누가가 진정한 원시 문서에 접근할 수 있었던 것이 문헌이나 유사 문헌을 통해서라고 생각하기 때문이다. 마치 이것이 단지 의심스러운 고정된 전승(사실상 기록돼 전해진)과 몇 명의 제자가 약 50년 전에 행한 설교의 주제와 용어들을 기억해냈다는 개연성 낮은 견해 중 하나를 선택해야 하는 문제인 것처럼 말이다.[182] 그러나 구전 사회(초기 기독교 집단과 공동체가 속한 사회라고 봐야 한다)에서는 지도자들(사도들)의 연설과 설교 및 가르침이 자료와 주제, 강조

180) H. J. Cadbury, 'The Speeches in Acts', Beginnings, 5.402-27은 다음과 같이 결론을 내린다. "Thucydides 및 다른 최고의 연설 작성자들과 같이 그[누가]는 연설자가 말했을 것 같은 내용을 제시하려고 시도했다.…적어도 그것들은, 박식한 다음 세대의 그리스도인에게 팔레스타인과 지중해 세계의 도시들에서 예수의 제자들이 처음 제시한 기독교 메시지의 주요 개요로 보였을 것을 나타낸다(426-27).

181) 위 n. 62을 보라.

182) C. F. Evans, 'The Kerygma', JTS 7 (1956), 25-41. Jervell은 Evans를 요약한다: "사도들의 연설이 매년 반복됐다고 상상할 수 없고, 그것들을 보존한 삶의 정황을 구분할 수도 없다"(Apg, 68). 그러나 그는 그 요점을 수정한다(70-72). 반대로, 'Kerygmatic Summaries in the Speeches of Acts', Witherington, ed., History, 154-84에서 R. Bauckham은 누가가 사용한 전통적 선포의 요약들을 재구성하려고 Dodd가 Apostolic Preaching에서 시도한 내용을 넘어서, "누가는 예수의 역사를 이 연설에서 요약하면서 상당히 전통적이면서도 가변적인 형식(필자는 그것을 선포 요약이라고 부른다)을 따른다"라고 논증하는데(190), 특별히 Ascension of Isaiah와 Ignatius of Antioch에서 병행되는 "선포 요약들"로 자신의 논거를 세운다.

와 주장 및 논증을 제공했고, 자신의 설교와 가르침으로 개인 모임 및 공동체의 교사와 연장자로 등장한 사람들이 이것들을 이어갔다고 상상하는 것은 충분히 가능하다.[183] 이런 강조점과 논증의 다수는 이 공동체 내의 추가적 고찰과 가르침 때문에, 그리고 그들이 상징하는 운동이 널리 발전함에 따라 대체되었을 것이다. 그러나 누가는 이전의 그런 강조점과 논증을 여전히 상기할 수 있는 나이든 교사와 연장자를 찾는 데 어려움을 거의 겪지 않았을 것이다. 비록 교회들의 살아 있는 전통이 그것들을 뒤에 남겨두었다고 할지라도 말이다. 따라서 내 주장은 이런 노선을 따르는 논지가 사도행전의 초기 연설에 있는 모든 증거를 가장 잘 설명한다는 것이다.

21.4. 바울 서신

기독교의 시작을 추적하는 현대의 시도를 통틀어 가장 귀중하게 여겨지는 자료는 바울 서신이다. 이유는 간단하다. 바울 서신은 첫 세대의 사건에 대한 직접적 증언을 제공하지만, 사도행전은 기껏해야 기술된 내용 대부분을 2차 목격자가 제공하며, 많은 사람이 볼 때 순전히 파생적이다. 비록 사도행전의 "우리/우리들" 문단이 서술한 사건에 저자가 직접 참여했음을 증명한다고 보는 견해가 옳다고 해도, 누가는 바울이 등장하기 전의 새 운동의 성장을 설명하려고 두세 다리 건넌 진술에 의존해야 했다. 바울과 누가를 대조하는 설정의 **장점**은, 기독교 형성에 영향력을 끼친 것으로 드러난 다수의 주요 결정, 곧 기독교의 확장과 신학에 바울이 활발하게 관여했다는 데 있다. 그의 증언은 불가피하게 전면에 자리한다.[184] 바울과 누가의 이런 대조의 **단점**은, 바울이 기독교의 확장에서 논란의 인물이며, 복음에 대한 특정한 이해와 메시아 예수를 믿는 사람들이 완전히 받아들이기

---

183) Moffatt이 비슷한 의견을 제시했다, *Introduction*, 306.
184) 사도행전보다 바울 서신을 우선하는 관점은 Bauer, *Paul*, 5-14까지 거슬러 올라간다.

어려운 복음의 함의를 열정적으로 주창했던 사람이었음을 망각하기 쉽다는 데 있다. 다른 말로 하면, 바울은 자신이 기록한 내용에 대해 공정한 증인으로 여겨질 수 없다.[185] 물론 누가도 자신이 기록한 사건에 대해 자신만의 관점이 있다. 그러나 바울도 그렇다! 두 사람 중 누구도 단순히 "역사적"은 아니며, 그들의 신학적 관점이 그들이 저술한 내용을 형성했다.[186] 이 모든 것에도 불구하고, 바울 서신은 가장 우리의 시선을 끈다.

a. 바울은 어떤 서신을 썼는가?

질문을 명확하게 해야 한다. 다수의 서신이 암시하듯, 바울은 대개 언제나 비서나 서기를 이용했기 때문이다. 정확히 말하면 그는 편지를 구술하고 보통 마지막에 인사를 직접 덧붙였다.[187] 이 사실은 이제 바울의 비서나 서기가 바울의 서신 작성에 얼마나 기여했느냐는 질문을 제기한다. 보통 서기는 단순히 구술을 기록하거나 필사한다. 그러나 많은 책임이 비서에게 주어졌을 수도 있다. 예를 들면, 대략적인 구술 사본의 마지막 원고 작성에서, 저자는 형식이나 내용의 소소한 변화를 비서에게 맡길 수 있었다. 오랫동안 편지 작성자의 사고와 관심사에 친숙해진 비서는 편지 작성자의 이름으로 편지를 쓸 수 있는 신뢰를 받은 경우도 있었다. 더구나 바울의 일곱 서신은 공동저자가 있었음을 암시하며, 이는 공동저자(들)가 자신의 표현과 정서로 기여했을 가능성을 크게 한다.[188] 따라서 이 문단 머리말의 질문을 다시 써야 한다. 어떤 서신이 바울 자신의 표현으로 기록되었는가?[189]

---

185) "갈라디아서가 객관적이고 편견이 없으며 자서전다운 문서가 결코 아니며, 오히려 고도로 주관적이고 논란이 많은 글이라는 점은 충분히 고려되지 않았다"(Weiss, *Earliest Christianity*, 158; 또한 258-59를 보라).

186) 추가로 다시 아래 §28.1a를 보라.

187) 롬 16:22; 고전 16:21; 갈 6:11; 골 4:18; 살후 3:17; 몬 19.

188) 고전(소스데네), 고후(디모데), 빌립보서(디모데), 골로새서(디모데), 데살로니가전후서(실루아노와 디모데), 빌레몬서(디모데).

189) 아래 §29.8c에서 더 상세하게 검토한다.

지난 세기를 거의 통틀어, 신약에서 바울의 작품이라 생각되는 서신을 두세 범주로 별 탈 없이 나눌 수 있다는 큰 합의가 있었다.

1. 논란의 여지가 없는 일곱 서신: 로마서, 고린도전후서, 갈라디아서, 빌립보서, 데살로니가전서와 빌레몬서
2. 저자가 확실하지 않은 두 서신: 골로새서와 데살로니가후서
3. 바울을 뒤따른 세대의 작품으로 여겨지는 네 서신: 에베소서와 목회 서신 (디모데전후서와 디도서).

(1) 첫 번째 집합에서 공동 집필자라는 인식은 그 서신들이 진정으로 바울의 것이라는 일반적인 결론을 흩뜨리지 않는다. 기록된 정서가 바울 그 이상이라 할지라도 그것들은 확실하게 바울 자신의 작품이라고 할 수 있다. 바울이 로마서를 쓰는 데 자신의 이름을 다른 어떤 이름과도 연관시키지 않았다는 사실(더디오는 자신을 서기로 밝힌다, 롬 16:22)은, 짐작하건대 로마서가 바울 자신의 관점 표현으로서 특별하고 독특하게 여겨지기 원했음을 암시한다. 주석가들 중에서 의견 차이는 몇몇 서신의 통일성과 관련해서 일어난다. 우리가 지금 소유하고 있는 것처럼 서신이 작성되었는가? 아니면 우리가 지금 소유한 서신은 두세 개의 분리된 편지를 결합해서 나중에 편집한 결과인가? 이 주제에 대한 격렬한 논쟁이 있다. 특별히 고린도후서와 빌립보서의 경우가 그렇다.[190] 그러나 심지어 그렇다 할지라도 대체로 바울이 썼거나 구술한 진짜 서신(의 일부분)임을 드러내는 다양한 요소가 있다. 필자는 앞으로 각각의 경우에서 이 논점을 거론할 것이다.

(2) 두 번째 범주에 있는 두 서신에 관해서는, 그 두 편지가 바울에게서 왔지만 그것들의 현재 형태가 첫 번째 집단의 경우보다 비서에 더 의존했을 수 있다고 잠정적으로 가정하는 것이 필자의 관점이다. 특별히 골로새

---

190) §§32.7a와 34.4a를 보라

서의 경우 다소 독특한 표현을 보면 바울이 (옥중에서) 편지의 윤곽을 다른 이(디모데?)에게 맡겼음이 암시되는데, 마지막에(4:18) 자신의 말을 덧붙여서 자신의 승인(인정)을 보여줄 수 있었다.[191]

(3) 남은 네 개의 서신에 대해서 필자는 이를 익명의 저자의 것으로 여기는 대부분의 학자와 마음을 같이한다.[192] 일부가 논란이 많다고 여긴 한 단어를 사용하여 필자의 견해를 말하고 싶다. 즉 바울 사후에 이 서신들이 기록되었으나 가까운 제자들이 기록했기에, 제자들(과 수신자들)이 그 안에 있는 내용을 변화하는 시대 가운데 주어진 바울의 수락할 수 있는(심지어 권위가 있는) 견해로 받아들였다는 것이다. 말하자면 필자는 이 서신들을 두 번째 집단, 특히 골로새서와 구분하는데, 이 두 집단의 서신들은 다른 사람들이 썼겠지만, (골로새서의 경우처럼) 자신의 이름으로 기록된 것을 승인해줄 수 있는 바울이 이제 생존해 있지 않았다는 점에서 둘을 구분한다. 다른 말로 하면, 방금 언급한 차명 저작이라는 관습은 수신자를 속이려는 시도라는 의미는 결코 아니며, 당시 기준과 관습에 일치한다.[193] 필자는 이 지점에서 필자 주장의 근거에 대한 설명을 제공한다. 왜냐하면 필자가 이 책의 마지막 부분(§37.1)에서 에베소서를 언급한 이유와 목회 서신 자체를 활용하지 않은 이유를 설명할 필요가 있고, 차명 저작에 대한 더 충분한 토론을 조기에 종결하지 않으려고 했기 때문이다. 이에 대한 토론은 제3권에서 해야 한다.

대부분 암시와 추론으로 드러나는, 바울 서신이 제공하는 정보의 가치는 예측할 수 없다. 여러 경우에 바울은 자신이 전승을 받아 전해주었다고 말하며, 전해 받음(paralambanō)과 전해줌(paradidōmi)에 대한 전문 용어를 사용해서, 이것이 그리스도인으로 시작하는 새로운 삶(catechesis)과 교회 설

---

191) 아래 §34.6b를 보라.
192) 아래 §37 n. 208을 보라.
193) §37 n. 209을 보라.

립의 중요한 한 축이었다고 명확하게 암시한다.[194]

b. 자전적 요소

바울 자신에 대한 정보는 간결하지만 서신을 쓰기 전 그의 삶을 폭넓게 다룬다.[195]

- 이스라엘 사람/히브리인 — 롬 11:1; 고후 11:22; 빌 3:5
- 그리스도인이 되기 전 과거 — 갈 1:13-14; 빌 3:4-6
- 핍박 — 고전 15:9; 갈 1:13; 빌 3:6
- 개종/위임/사도 신분 — 고전 9:1; 15:8, 10; 고후 4:4, 6; 갈 1:1, 12, 15-16
- 아라비아에서의 시간 — 갈 1:17
- 예루살렘과의 초기 관계 — 갈 1:17-20
- 초기 선교 — 갈 1:21-23
- 두 번째 예루살렘 방문/예루살렘 공의회 — 갈 2:1-10
- 안디옥에서의 중요한 사건 — 갈 2:11-14/17
- 이방인에게 설교 — 롬 10:14-17; 11:13; 고전 15:1-11; 고후 5:18-21; 갈 1:6-9; 살전 1:9-10
- 선교 원칙 — 롬 11:13-15; 15:20; 고후 10:12-16; 갈 2:9
- 선교 위기 — 고후 11:23-28
- 스페인이라는 목표 — 롬 15:23-24, 28
- 연보 모금에 헌신 — 롬 15:26-31; 고전 16:1-4; 고후 8-9장; 갈 2:10

---

194) *Paralambanō* - 고전 11:23; 15:1, 3; 갈 1:9; 빌 4:9; 골 2:6; 살전 2:13; 4:1; 살후 3:6; *paradidōmi* — 롬 6:17; 고전 11:2, 23; 15:3; *paradosis*(전통) — 고전 11:2; 살후 2:15; 3:6.

195) E.-M. Becker, 'Autobiographisches bei Paulus', in E.-M. Becker and P. Pilhofer, eds., *Biographie und Persönlichkeit des Paulus* (WUNT 187; Tübingen: Mohr Siebeck, 2005), 67-87은 전기적인 진술과 본문들의 더 자세한 목록을 제공한다(82-83). 필자는 바울의 이동에 관해 사도행전과 바울 서신 사이에 조화되는 부분을 이미 언급했다(§21.2c[3]).

- 바울 신학/신학화 — 그의 서신들 자체!

이 자료는 형성 중인 기독교에서 바울의 역할에 집중해야 할 때가 오면 살펴보아야 할 의제를 분명히 제공한다.

c. 당시 유대교에 대한 언급

기독교가 제2성전기 유대교의 다양성에서 출현했음을 고려하면, 바울 서신이 제공하는 유대교 정보를 항목별로 구분하는 것도 가치가 있다. 특히 (제2성전기 유대교의 소산인) 기독교 자체의 성격을 조망하기 위해서다. 결국 바울은 성전 파괴 이전 시기에 개인적으로 쓴 내용을 우리가 여전히 가진 유일한 바리새인이다.[196] 오늘의 유대인들은 보통 바울을 유대인 증인으로 여기지 않는다. 그들의 눈에 바울은 배교자이며 어떤 수용 가능한 의미에서든지 대표적인 유대인으로 여겨질 수가 없다. 그러나 대체로 이런 견해는 제2성전 이후의 전형적인 (랍비) 유대교에 속하는 미쉬나와 탈무드 및 미드라쉬가 형성한 유대교에 대한 이해로 결정됐다. 한편 바울은 제2성전기 유대교의 다양성을 적어도 어느 정도 증언해주며, 유대교에서 기독교와 랍비 유대교가 비롯되었다고 말할 수 있다.[197] 실제로 그의 서신은 제2성전기 마지막 약 40년 "내부에서" 주어진 최고의 증언을 제공한다. 물론 공관복음도 그렇다. 사해 두루마리 및 위경과 함께, 이 신약 저술들은 제2성전기 유대교의 마지막 100년 간의 풍부한 다양성을 입증하는 **유대** 문서로 타당하게 분류될 수 있다.[198] 다른 말로 하면, 바울은 자신의 목소리를 1세기 그리스 세계의 종교적 불협화음 안에서 진정한 유대인다운 목소리로

---

196) 요세푸스는 19세 되는 해에 바리새인 법으로 자신의 삶을 통제하기 시작했다고 주장하나 (*Life* 12), 그의 글은 70-100년대에 속한다(§21.1a를 보라).

197) 이런 이유로 A. F. Segal, *Rebecca's Children: Judaism and Christianity in the Roman World* (Cambridge: Harvard University, 1986)와 같은 제목이 있다.

198) Segal, *Paul the Convert*, xi-xvi; Hengel, 'Early Christianity', 21-28.

여겼고, 제2성전기 후기 유대인으로서 그의 이런 증언은 우리가 새롭게 귀를 기울여야 할 자격이 있다.[199]

이 주제에 대한 바울의 증언은 초기의 전기적 요소와 자연스럽게 겹치는데, 이는 그가 바리새인으로서 무대에 처음 등장하기 때문이다. 아래 목록에서 두드러지는 항목들은 제2성전기 유대교에서 가장 독특한 정체성 표지로 기능한 항목들이며, 바울이 다루었다는 사실이 메시아 예수를 믿는 동료 유대인 대부분을 포함한 그의 유대인 동료에게 무엇보다 중요하고 몇몇 경우에는 바울에게도 계속해서 중요했음을 암시하는 항목들이다.

- 하나님은 한 분이라는 신조적 신앙(신 6:4) — 롬 3:30; 고전 8:6; 갈 3:20
- 창조자 하나님 — 롬 1:25; 4:17; 11:36; 고전 8:6; 10:26; 골 1:15
- 우상숭배에 대한 전적 혐오 — 롬 1:18, 20, 23; 고전 5:10-11; 6:9; 8:7, 10; 10:7, 14; 갈 5:20; 살전 1:9
- 이스라엘의 선택 — 롬 3:1-4; 9:4-13; 11:5-7, 28-29
- "히브리인"으로서의 정체 — 고후 11:22; 빌 3:5
- 결정적 특징인 율법 — 롬 2:12-23; 3:19; 7:1, 12, 14, 16; 8:4; 9:31; 10:5; 13:8-10; 고전 9:20; 갈 3:19-24; 4:4-5; 5:3, 14; 빌 3:5-6
- 율법을 향한 "열심" — 롬 10:2; 갈 1:13-14; 빌 3:6
- 조상의 전통에 대한 높은 평가 — 갈 1:14; 골 2:8
- "율법의 행위"의 중요성 — 롬 2:13; 갈 2:14-16; 3:10
- 특별히 할례를 행하는 것 — 롬 2:25-3:2; 갈 5:2-3; 6:12-13; 빌 3:3, 5
- "할례" = 일반 유대인/이스라엘 — 롬 3:30; 15:8; 갈 2:7-9; 빌 3:3
- 음식 법의 중요성 — 롬 14:2-3, 20; 갈 2:11-14
- 안식일 — 롬 14:5-6; 고전 16:2; 갈 4:10; 골 2:16
- "음행"(porneia)을 향한 적개심 — 고전 5:1; 6:15-20; 10:8; 고후 12:21; 갈 5:19;

---

199) 또한 S. Meissner, *Die Heimholung des Ketzers. Studien zur jüdischen Auseinandersetzung mit Paulus* (WUNT 2.87; Tübingen: Mohr Siebeck, 1996)을 보라.

골 3:5

- (예루살렘) 제의와 성전 ─ 롬 5:2; 12:1-2; 15:16; 고전 10:18; 고후 6:16; 살후 2:4

- 성경의 권위: (kathōs) gegraptai("기록한 바와 같이")가 30회 이상

이 목록은 확대될 수 있다. 물론 위에서 언급한 대다수 구절의 관련성을 명백히 드러내려면 어느 정도의 주석 작업이 요구된다.[200] 특별히 다수의 암시가 논쟁의 대상이었을 것이다. 바울이 그리스도에 대한 새 신앙의 빛으로 이런 정체성의 표지들을 재정의하거나 변경했기 때문이다. 그러나 이런 결점에도 불구하고 이 목록은 바울 시대 유대교의 자기이해와 우선순위를 들여다볼 수 있는 흥미로운 시점을 제공한다.

d. 추정된 예수에 대한 지식

바울이 예수의 수난 전 삶에 거의 관심을 보이지 않았다는 사실은 "예수의 삶" 연구에서 악명이 높다. 그러나 예수에 대한 지식과 예수의 사명의 특징을 바울이 **추정할** 수 있었다는 암시에는 거의 눈길을 주지 않았다. 여기서 우리는 바울이 모든 경우에 교회들, 그리고 **예수의 이름으로** 세례받고 적어도 예수 즉 그들이 따른다고 알려진 그리스도에 관한 기본 교리나 가르침을 받은 개인들에게 편지를 쓰고 있다는 사실을 진지하게 받아들여야 한다. 틀림없이 이 기본 가르침은 예수의 죽음과 부활의 중요성뿐 아니라, 그의 사명의 특징과 적어도 예수의 몇 가지 핵심 가르침을 포함했다. 그런 **연역적** 가능성은 예수에 대한 암시로 확인되는데, 그 암시는 바울 서신의 수신자들이 인식할 수 있었던 것이다. 단 그들이 앞서 배운 가르침으로 그 암시를 채울 수만 있다면 말이다.[201]

---

200) 추가로 *Theology of Paul*과 특별히 아래 §§27.2-5, 31.7, 32.5, 33.3을 보라.

201) J. M. Foley가 "환유적 언급들"(J. M. Foley, *Immanent Art: From Structure to Meaning in*

몇몇 지점에서 바울은 예수 전승이 제공한 본보기나 모범에 호소한다. 로마서 6:17에서 바울은 자신의 청중들에게 전해진 "교훈의 본"(typos didachēs)을 언급한다. 모든 학자는 그것이 새 신자에게 주어진 교리적 가르침임에 동의한다. 그러나 바울 서신에서 "본"(typos)은 거의 언제나 사람을 가리킨다. 행동의 모범을 제공하는 특정한 개인(들) 말이다.[202] 그리고 그 지시 대상이 사람이고(비교. 빌 3:17; 살후 3:9) 그 사람이 그리스도라면 그 **본으로** 인도받는 개종자(세례 시 명명되는 새로운 주에게 인도됨)에 대한 담화는 더 잘 이해된다.[203] 명확한 함의는 예수의 행동 그리고 그의 사명의 성격과 관련해 제공된 정보가 새로운 개종자에게 그들 자신의 행동을 위한 **본보기**를 부여한다는 것이다. 동일한 요점이 골로새서 2:6-7에도 나타나는데, 그 본문은 다음과 같이 번역하는 것이 가장 좋다. "너희가 주 예수 그리스도(의 전승을)를 받았으니, 그 안에서 계속 행하고…너희가 교훈을 받은 대로"(엡 4:20도 비슷함).[204] 여기서도 명확한 함의는 예수에 대한 교리적 가르침을 통해 새 개종자들이 그들이 포용해야 할 새로운 삶의 방식의 명백한 모범을 받았다는 것이다.

로마서 15:1-3이 이 가능성을 견고히 하는데, 여기서 그리스도는 이웃 사랑의 본보기를 제공하는 인물로 언급된다. 짐작하건대 이는 단지 예수의 수난뿐만 아니라 그에 대한 이야기와 그의 가르침에 대한 더 다양한 이야기를 떠오르게 했을 것이다. 여기서 갈라디아 6:2과 병행되는 본문이 주목할 만한 가치가 있는데, 이 말씀은 실패한 자를 향한 비슷한 연민을 요구하며, "그리스도의 법"이 이웃을 사랑하라는 명령으로 요약된다는 함의를

Traditional Oral Epic [Bloomington: Indiana University, 1991], 6-13, 42-45)이라고 부른 것은 필자의 'Altering the Default Setting', 152 = New Perspective on Jesus, 95에서 언급했다.

202) 롬 5:14; 빌 3:17; 살전 1:7; 살후 3:9; 또한 딤전 4:12; 딛 2:7; 벧전 5:3; Ignatius, Magn. 6.2; 그 외에는 오로지 고후 10:6.

203) 추가로 필자의 Romans, 343-44을 보라.

204) 필자의 The Epistles to the Colossians and to Philemon (NIGTC; Grand Rapids: Eerdmans, 1996), 138-41을 보라.

가진다(갈 5:14).[205] 여기서의 함의도 이웃 사랑의 중요성에 대한 예수의 가르침(막 12:31 병행구)과 죄인을 향한 이런 사랑의 구현(마 11:19/눅 7:34)이, 그리스도인에게 율법과 대등한 것, 즉 "그리스도의 법"(갈 6:2)을 제공한다는 것이다.[206] 따라서 고린도 사람에게 "내가 그리스도를 본받은 것 같이 나를 본받으라"(고전 11:1; 비교. 살전 1:6)는 바울의 권면에 놀랄 필요가 없다. "그리스도 닮기"는 단순히 중세 신앙의 기조가 아니었으며, 죽음만이 아니라 삶에서 그리스도가 보여준 우선순위는 바울 자신의 삶과 선교에 대해 분명한 본을 제공했다. 또한 이것은 빌립보서 2:6-11이 지닌 명백한 함의다. "그리스도 예수 안에 있던 마음과 똑같은 마음을 너희 안에 품으라"(고후 8:9도 비슷함).[207]

예수의 모든 사역의 특징을 일반적으로 떠올릴 때, 우리는 그의 삶과 인격의 특별한 특징과 측면에 대한 암시를 발견한다.

- 유대인, 아브라함과 다윗의 자손 ― 롬 1:3; 9:5; 갈 3:16
- 율법 준수자 ― 롬 15:8; 갈 4:4
- 야고보를 포함하여 형제들이 있었다 ― 고전 9:5; 갈 1:19
- 가난을 알았다 ― 고후 8:9
- 순종과 관대함으로 유명했다 ― 고후 10:1
- 그가 배반당하던 밤에 기념 식사를 제정했다 ― 고전 11:23-25
- 예수의 가르침에 대한 암시들.[208]

---

205) *Theology of Paul*, 653-55.
206) 어떤 이들은, 마치 그리스도나 예수 전승 및 사랑의 계명이 십계명과 같은 법적 요구 사항인 것처럼, 여기 *nomos*를 "율법"이라는 의미로 이해할 필요가 있다고 보았다. 그러나 바울이 *nomos*라는 단어로 언어유희를 했고, 갈 5:14이 이웃 사랑이 율법/토라에서 가장 큰 두 계명 중 하나라고 주장한 예수에 대한 기억을 반영한다는 사실이 남아 있다. 추가로 아래 §31 n. 395을 보라.
207) 빌 2:5의 번역에 대해 논쟁이 있다. 예. M. Bockmuehl, *The Epistle to the Philippians* (BNTC; London: Black, 1997), 121-24을 보라.
208) *Jesus Remembered*, 182 n. 48 내 상세 내용; *Theology of Paul*, 182에 있는 참고문헌; 또한 D. C. Allison, *The Jesus Tradition in Q* (Harrisburg: Trinity Press International, 1997), 4장. 예

e. 바울 이전의 기독교 신앙과 예배에 대한 암시

20세기 내내 학계의 관심을 더욱 사로잡은 부분 중 하나는 바울 서신을 통해 바울이 개종한 운동 혹은 종파가 바울이 그것에 독특한 영향력을 끼치기 전에 어떤 상태였는지를 분별하려는 시도다. 중요하면서도 가장 유익한 성과는 바울이 자기 서신에 포함시킨 것으로 보이는 다양한 **선포 및 고백 문구**를 명확하게 드러낸 것이다.[209] 특히 로마서 1:3-4, 10:9 그리고 고전 15:3-5/7이다.

> 롬 1:3-4 — …하나님의 복음…그의 아들에 관하여
>
> 육신으로는 다윗의 혈통에서 나셨고
>
> 성결의 능력으로 하나님의 아들로 지명되었고
>
> 죽은 자 가운데서 부활하사.[210]
>
> 롬 10:9 — 네가 만일 입으로 "예수가 주"임을 시인하고
>
> "하나님께서 그를 죽은 자 가운데서 살리신 것"을 믿으면
>
> 구원을 받으리라.[211]

수 전승에 대한 바울의 지식과 사용에 대한 더 부정적인 견해는, J. Becker, *Paul: Apostle to the Gentiles* (Louisville: John Knox, 1993), 112-24을 보라.

209) A. Seeberg, *Der Katechismus der Urchristenheit* (1903; republished Munich: Kaiser, 1966); A. M. Hunter, *Paul and His Predecessors* (London: SCM, 1940, ²1961), 2-3장; V. H. Neufeld, *The Earliest Christian Confessions* (NTTS 5; Grand Rapids: Eerdmans, 1963); W. Kramer, *Christ, Lord, Son of God* (London: SCM, 1966); K. Wengst, *Christologische Formeln und Lieder des Urchristentums* (Gütersloh: Gütersloher, 1972), 55-143; R. N. Longenecker, *New Wine into Fresh Wineskins: Contextualizing the Early Christian Confessions* (Peabody: Hendrickson, 1999). E. E. Ellis, *The Making of the New Testament Documents* (Leiden: Brill, 1999)는 모든 바울 서신에 있는 미리 형성된 전승들을 규명하려고 시도한다(69-117).

210) 비슷하게 균형 잡힌 문구들(다윗의 아들, 하나님의 아들)은 딤후 2:8과 Ignatius, *Smyrn* 1.1에서 분명하고, 그 문구들은 탄생 내러티브 뒤에 있는 전승의 핵심을 제공했을 수도 있다(*Jesus Remembered*, §11.1 nn. 34-35을 보라).

211) 롬 10:9은 탐구자에 대한 합의된 반응으로 오랫동안 확립된 요약을 표현한다(로마서는 바울이 결코 방문한 적이 없는 교회에 보낸 것이다). 이는 더 인상 깊은 병행구들로 확인된다(고전 8:6; 12:3; 고후 4:5; 빌 2:11; 골 2:6 또한 엡 4:5; 행 2:36; 10:36; 요 20:28을 보라). "예

고전 15:3-5/7 — 내가 받은(parelabon) 것을 먼저 너희에게 전하노니
(paredōka),

이는 성경대로 그리스도께서 우리 죄를 위해 죽으시고

장사 지낸 바 되셨다가

성경대로 사흘 만에 다시 살아나사

게바에게 보이시고 후에 열두 제자에게와

그 후에 오백여 형제에게 일시에 보이셨나니…

그 후에 야고보에게 보이셨으며 그 후에 모든 사도에게 보이셨다.[212]

짐작하건대 준-신조적 주장이나 예배의 응답으로 사용된 몇몇 다양한 어구들은 빈번한 반복과 그 형식의 규칙성 때문에 간단하게 발견된다.

- 부활 어구 — "하나님이 그를 죽음으로부터 일으키셨다"[213]
- "위해 죽으심" 어구 — "그리스도는 우리를 위해 죽으셨다"[214]
- "넘겨졌다"(paradidōmi) 어구 — "그를 넘겨(자신을 넘겨) 주었다(우리 죄 때문에)"[215]
- 결합된 어구 — "그리스도는 죽었고 살아나셨다."[216]

수는 주시다"는 우리가 소유한 기독교의 최초 고백일 수 있다(O. Cullmann, *The Earliest Christian Confessions* [London: Lutterworth, 1949]; Neufeld, *Confessions*, 51).

212) 바울이 받은 전승이 얼마나 온전한 것이었는지에 대한 논쟁은, 예를 들어 G. Strecker, *Theology of the New Testament* (1996; Berlin: de Gruyter, 2000), 74-78; W. Schrage, *1 Korinther* (EKK 7/4; Düsseldorf: Benziger, 2001), 53-54를 보라. 추가로 아래 §23.4을 보라.

213) 롬 4:24-25; 7:4; 8:11; 10:9; 고전 6:14; 15:4, 12, 20; 고후 4:14; 갈 1:1; 골 2:12; 살전 1:10; 또한 엡 1:20; 딤후 2:8; 벧전 1:21; 행 3:15; 4:10; 5:30; 10:40; 13:30, 37도 보라. P. Pokorny, *The Genesis of Christology: Foundations for a Theology of the New Testament* (Edinburgh: Clark, 1987): "예수의 깨어남 혹은 부활에 관한 진술은 더 상세하게 확장된 문구의 가장 오래된 구성 부분이다"(73).

214) 롬 5:6, 8; 14:15; 고전 8:11; 15:3; 고후 5:14-15; 살전 5:10; 또한 Ignatius, *Trall.* 2.1을 보라.

215) 롬 4:25; 8:32; 고전 11:23; 갈 1:4; 2:20; 또한 엡 5:2, 25; 딤전 2:6; 딛 2:14; *1 Clem.* 16.7.

216) 롬 4:25; 8:34; (14:9); 고전 15:3-4; 고후 5:15; 13:4; 살전 4:14.

비록 어떤 시도에는 어느 정도의 범-전례주의 경향이 존재하지만,[217] 바울이 암시했거나 언급한 **예배 자료**를 구별하려는 시도는 동등하게 유익하다.[218]

- 그리스도의 이름으로 세례받음 — 고전 1:13
- 주의 만찬이라는 전통을 받았다(*parelabon*) — 고전 11:23-26
- 확립된 기도 언어(아람어): 아바(롬 8:15; 갈 4:6); 아멘(고전 14:16); 마라나타(고전 16:22)
- 찬송/찬송 자료 — 빌 2:6-11; 골 1:15-20[219]
- 성경 해설 — 특히 시 110:1(고전 15:25)과 사 53장(롬 4:25).[220]

바울이 수년 동안 안디옥 교회와 교제했다는 사도행전의 보고(행 11:25; 13:1)를 근거로 바울이 상속받은 전통들을 "헬라파"(행 6:1)나 "안디옥"의 전형으로 전개하려는 시도가 20세기 후반에 있었다.[221] 이런 구절들 다수의 배후에 있는 이 문제 및 다른 논쟁점은 아래에 자세한 논의를 위한 충분한

---

217) 나는 "범-전례주의"(pan-liturgism)라는 표현을 *Unity and Diversity*, §36에서 사용했는데, 이 용어는 W. C. van Unnik, 'Dominus Vobiscum: The Background of a Liturgical Formula', in A. J. B. Higgins, ed., *New Testament Essays: Studies in Memory of T. W. Manson* (Manchester: Manchester University, 1959), 270-305(여기서는 272)에서 가져왔다.

218) G. Delling, *Worship in the New Testament* (1952; London: Darton, Longman and Todd, 1962); Wengst, *Christologische Formeln*, 144-208; R. Deichgräber, *Gotteshymnus und Christushymnus in der frühen Christenheit* (Göttingen: Vandenhoeck und Ruprecht, 1967); J. T. Sanders, *The New Testament Christological Hymns: Their Historical Religious Background* (SNTSMS 15; Cambridge: Cambridge University, 1971).

219) Wengst는 다른 그리스도 찬양을 파악한다: 요 1:1-18; 엡 2:14-16; 골 2:13-15; 딤전 3:16; 히 1:3; 벧전 1:20; 3:18, 22; Ignatius, *Eph.* 19.2-3(*Christologische Formeln*, 144-208). 비슷하게 Sanders, *Hymns*. Deichgräber는 하나님을 향한 찬양 몇 개를 추가했다: 롬 11:33-36; 고후 1:3-4; 엡 1:3-14; 벧전 1:3-5; 골 1:12-14(*Gottesymnus*, 60-105).

220) 아래 §§23.4d와 23.5을 보라. 바울은 뛰어난 성경 강해자였고(롬 4:3-25; 10:6-9; 고후 3:7-18이 전형적인 예다), 자기 서신의 수신자들이 본문(LXX)을 잘 알아 그런 강해의 중요성을 수용하는 데 익숙했음을 추정할 수 있었다.

221) 추가로 아래 §24 n. 278을 보라.

내용을 제공한다.[222] 지금으로선 이 목록이 바울이 물려받은 강조점과 관례에 대해 몇 가지 예시를 제공한다는 언급만으로 충분하다.

f. 권고와 삶의 양식

예수의 이름으로 거행된 세례가 주 예수를 향한 헌신과 그의 주 되심에 일치하는 삶의 본(바울이 의에 대한 노예와 같은 순종이라고 묘사한 것)을 수반해야 한다는 것은 명백할 것이다. 여기서 흥미로운 내용은 결과적으로 바울이 권면의 어느 정도를 전승에 의존했느냐 하는 것이며, 이는 바울이 그리스도인의 삶에 예상되는 것으로 이미 받아들여진 것 중에서 많은 부분을 취했음을 암시한다. 실제로 전승을 전함/받음에 관한 언어는 그의 서신에서 자신의 개종자들이 살아내도록 기대되는 삶의 특징, 즉 그리스도의 부르심(klēsis)에 반응한 사람들에게 합당한 삶의 방식[223]에 관한 권고와 충고 및 권면을 다룰 때 가장 자주 나타난다.[224]

　일부 권면은 유대 전통에 깊이 의존한다. 예를 들면 고린도전서 5-6장과 8-10장에서 바울의 논의는 간음과 우상을 향한 유대교의 적대감을 반영한 것으로 잘 알려져 있다.[225] 그러나 덜 평가받는 내용은 로마서 12:9-21이 디아스포라 유대인들이 적대적 환경에서 어떻게 살아야 하는지에 대해 수백 년 동안 배운 지혜에 어느 정도 의존했느냐.[226] 또한 다양한 악덕 및

---

222)　아래 §§24.9과 25.5e를 보라.

223)　*Kaleō*: 롬 8:30; 9:12, 24; 고전 1:9; 7:15, 17-18, 20-22, 24; 갈 1:6; 5:8, 13; 골 3:15; 살전 2:12; 4:7; 5:24; 살후 2:14; 또한 엡 4:1, 4; 딤전 6:12; 딤후 1:9; *klēsis*: 롬 11:29; 고전 1:26; 7:20; 살후 1:11; 또한 엡 1:18; 4:1, 4; 딤후 1:9. 그런 부르심에 대한 반응은 타당한 행동 규범이라는 의무를 동반하는데, 그것은 특별히 고전 7:15, 17, 19, 21; 갈 5:8, 13; 엡 4:1; 살전 2:12; 4:7; 살후 1:11; 딤전 6:12에서 명백하다.

224)　위 n. 194에 있는 구절 중 여섯 개는 윤리적 행동을 염두에 둔다(고전 11:2; 빌 4:9; 골 2:6; 살전 4:1; 살후 2:15; 3:6).

225)　위 §21.4c를 보라. 그리고 추가로 B. S. Rosner, *Paul, Scripture and Ethics: A Study of 1 Corinthians 5-7* (Grand Rapids: Baker, 1999)을 보라.

226)　필자의 *Romans*, 738과 아래 §33 n. 250을 보라.

미덕에 대한 바울의 목록이 그리스-로마와 유대교의 도덕적 가르침의 본보기를 반영했음은 잘 알려져 있다.[227] 그리고 바울이 단순히 "선을 행함"이라는 말로 최상의 도덕적 소망을 요약할 수 있었다는 사실은 많은 이들이 공유하는 이상이 "선"이었음을 상기시킨다.[228] 특히 우리는 본서의 21장(§21.4)에서 언급한 예수 전승의 대부분이 음으로 양으로 윤리적 가르침을 포함한다는 사실을 상기해야 한다. 특별히 결혼과 이혼의 문제를 다룰 때 바울이 사용한 첫 방편이 예수의 독특한 가르침이었다는 점은 기억할 가치가 있다(고전 7:10). 그리고 바울은 재정지원을 받기 위해 교회에 부탁하는 단락을 예수 전승에서 또 하나의 가르침을 상기하며 요약한다(고전 9:14).

위에 제시된 것 중 바울이 자신의 도덕적 입장에 대해 새롭거나 독특한 내용을 말하고 있다고 이해할 여지는 없다. 이는 이것들 혹은 그 대부분이 초기 제자들 모임에서 공유된 가르침이었고, 바울이 기독교 종파로 회심했을 때 그가 처음 받은 전승의 일부일 수 있음을 자연스럽게 암시한다. 적어도 우리는 개종자들이 자신을 새 교회에 맞추어 나갈 때 기본적인 윤리적 가르침을 받았음을 상상해볼 수 있다. 그 가르침은 그들의 새로운 부르심과 고백에 합당한 삶의 성격에 집중한 몇몇 가르침이었을 것이며, 유대교의 지혜와 예수 전승에 뿌리를 두었고, 종종 그 시대의 도덕 철학에서 제공한 최상의 윤리적 가르침과 어울리며, 바울이 주요한 기여를 하기 전에 이미 그 새로운 운동의 특징이었던 가르침이었을 것이다.[229]

---

227) 롬 1:29-31; 13:13; 고전 5:10-11; 6:9-10; 고후 6:6; 12:20; 갈 5:19-21, 22-23; 빌 4:8; 골 3:5, 8, 12. 추가로 필자의 *Theology of Paul,* 662-67을 보라.

228) 추가로 필자의 *Romans,* 86, 88을 보라.

229) 추가로 §29.7i를 보라. 1940년대에 신약 서신(골로새서, 에베소서, 베드로전서, 야고보서 등등)에서 초기 교리적 가르침의 확고한 경향의 증거를 찾으려는 다수의 시도가 있었다. 특별히 P. Carrington, *The Primitive Christian Catechism* (Cambridge: Cambridge University, 1940); E. G. Selwyn, *The First Epistle of St. Peter* (London: Macmillan, 1947), 363-466. 추가로 아래 야고보서와 베드로전서에 관한 내용을 보라(§§37.2-3).

g. 바울 이전 교회들의 지도층

바울이 받은, 즉 그가 회심했을 때 받았고 최초 전승(고전 15:3-5/7)으로 고려해야 할 내용에서, 우리는 (1) 계승한 제자들 중 게바가 가장 유력했고(15:5), (2) "열둘"이라는 주요 무리가 있었으며(15:5), (3) 야고보(예수의 형제)도 유력한 인물이었다(15:7)는 인상을 얻는다. (4) "모든 사도"(15:7, 9)는 "열둘"보다는 큰 집단으로 보이는데, 다른 곳에서 바울이 자신은 말할 필요도 없고(고전 9:1; 15:8-9), 안드로니고와 유니아(롬 16:7), 아볼로(고전 4:9), 바나바(갈 2:8-9), 실루아노(살전 2:6-7) 같은 사람들을 이런 "사도"라는 인물군으로 계수했기 때문이다.

갈라디아서 1-2장에 있는 바울의 자전적 내러티브는 모교회인 예루살렘 교회의 초기 지도층의 모습에 대해 몇 가지 설명을 제공한다. 바울의 개종 후, 즉 예수의 십자가 처형으로부터 4년에서 6년 후(1:18), 바울의 첫 예루살렘 방문 시 베드로/게바는 주의 형제 야고보와 더불어 지도자의 위치에 있는 것으로 보인다. 그리고 "그 사도들"은 유력하다고 다시 언급된다. 더 놀라운 내용은 바울의 예루살렘 2차 방문 때(1:19) 이전 서열이 바뀐 것처럼 보인다는 것이다. 야고보와 게바와 요한(2:9)으로 명명된 삼두정치 혹은 삼인 통치체제로 말이다. 이어진 안디옥 사건에서 게바는 야고보의 어떤 말에 양보한 것처럼 그려졌다(2:11-12). "열둘"은 고린도전서 15:5 이외에 다른 바울 서신에서는 등장하지 않는다. 그리고 다소 호기심을 불러오는 내용은, 저자에 대한 논란이 없는 바울 서신에서 "장로"라는 언급을 하나도 발견할 수 없다는 사실이다.[230]

그러나 가장 흥미로운 내용은 바울이 갈라디아서에서 자신의 선교 대적자들, 즉 바울이 "교란자"라고 묘사한 "거짓 형제들"(갈 1:7; 5:10, 12), 고린도 교회에 문제를 일으킨 "거짓 사도들"(고후 11:13-15), 그리고 빌립보서 3:2

---

230) 행 11:30; 14:23; 약 5:14; 벧전 5:1, 5에도 불구하고 그렇다. 또한 아래 §27.1f를 보라.

에서 경고한 "개들", "행악자들"의 정체다. 이들이 꼭 한 집단으로 구성되어 있다고 볼 필요는 없으며, 그들의 정체는 아래에서 더 논의할 주제다. 그러나 한 유력한 이론에서는 그들 중 하나 이상이 예루살렘 교회의 지도층을 직간접적으로 가리킨다고 보기에 필자는 완성도를 위해 여기서 그들을 언급한다.[231] 최소한 우리는 바울의 선교를 특징짓는 긴장과 논쟁, 아니 더 정확하고 핵심적으로 말한다면, 자신들을 복음 설교자(갈 1:8-9) 및 "그리스도의 사도"(고후 11:13)로 생각한 사람들을 도발한 바울의 선교에 있었던 긴장과 논쟁에 관한 몇 가지 생생한 언급을 본다. 기독교가 모든 사도들이 항상 밀접하게 화합해서 일하는 아름다운 사도 시대로 시작했다는 그 어떤 암시도 즉시 매우 의심스럽게 보이기 시작한다.[232] 현재의 논점에 더 맞게 말한다면, 자기보다 그 운동 안에 먼저 있었던 사람들과 관련된 바울의 논쟁에서, 바울 이전의 이 운동이 바울이 수용할 수 있는 것보다 유대교와 마찰이 없었거나 성격상 유대교 전통이었다는 명백한 인상을 얻는데, 비유대인 사이에서 바울의 선교 사역은 그 운동에 심각한 긴장과 분열을 가져왔다.

h. 편지를 받은 교회들의 특징을 나타내는 표지들

바울 서신의 특별한 가치는 그것이 바울이 편지를 쓴 교회와 집단에 대해 많은 것을 말해준다는 사실에 있다. 특히 고린도전서는 초기 수백 년의 어떤 문서도 하지 못한, 초기 기독교회(이 경우 첫 세대 교회)를 "덮은 덮개를 걷어준다." 바울 서신에서 가장 호기심이 가는 특징 중 하나는 바울과 이 교회들이 서로 주고받았을 이야기의 한 측면과 한 부분을 편지들이 구성한다는 것이다. 대부분의 경우에 서신들은 이미 7-8년 동안 지속된 대화의 산물이다. 대화는 편지 그 자체를 넘어 계속되었을 것이다. 그리고 다시

---

231) 추가로 §32.7b를 보라.
232) 필자의 *Unity and Diversity*는 그런 가정을 약하게 하려고 의도됐다.

말하지만, 고린도 교회와의 편지 왕래에는 특별한 가치가 있을 수 있는데, 정경에 포함된 이 서신들이 몇 해 사이에 쓰인 적어도 둘, 어쩌면 별도의 네다섯 개 편지를 포함하기 때문이다. 또한 40년 후에 고린도 교회에 쓴 클레멘스 1서도 있다. 그 결과 우리는 고린도 교회에 대한 첫 두 세대에 걸친 통찰을 얻을 수 있다.[233]

필자는 기독교의 시작에 관한 우리의 지식이 바울 서신에 얼마나 많이 의존하는지뿐 아니라, 우리 연구의 광범위한 영역에 걸쳐 바울 서신에서 얼마나 많이 배울 수 있는지를 강조하려고 이 단락을 여기에 포함했다. 동시에 우리는 이 부분을 포함시키면서 앞선 요점을 강화할 기회가 생긴다. 곧 이 교회들의 특징과 자기이해에 대해 바울이 공정하거나 완전히 객관적인 증인이 아니라는 점이다. 그는 편지의 수신자들이 상황을 자신의 관점에서 생각하도록 하려고 한 주창자이며 복음 전도자이다. 우리는 각 대화의 한 면만을 가지고 있기 때문에, 바울의 눈을 통해서만 "볼" 수 있다.[234] 그 대화의 다른 면을 구성하는 일은 고통스럽고 위험한 작업이다. "반영적 읽기"(mirror reading)는 종종 모호하고 상반되는 신호들을 읽을 때 엄청난 의견의 차이를 가져온다.[235]

이 모든 것을 통해 단순히 관찰할 수 있는 점은 바울의 교회들에 대해 광범위한 정보가 있지만, 그것들이 그의 서신으로 싸여 있고 때로는 그의 수사로부터 풀어내기가 쉽지 않다는 점이다. 또한 이는 앞에 놓인 논제가 얼마나 수고스러운 일인지를 나타낸다.

---

233) 특별히 Horrell, *The Social Ethos of the Corinthian Correspondence*를 보라.

234) 제1권을 읽은 사람은 복음서들과의 병행구를 인식할 것이다. 우리는 단지 그 예수 전승을 기록한 사람들의 눈을 통해서 나사렛 예수를 "볼" 수 있다(*Jesus Remembered*, §6).

235) 이와 관련하여 자주 인용되는 것은 J. M. G. Barclay, 'Mirror-Reading a Polemical Letter: Galatians as a Test Case', *JSNT* 31 (1987), 73-93이다.

21.5 예수 전승

마지막으로, "기독교"라고 알려지게 된 것의 최초 단계에 관한 정보의 출처 중 예수 전승을 잊지 말아야 한다. 물론 이것은 제1권의 주요 자료다. 그러나 예수와 기록된 복음서 사이의 40여 년이라는 간격은 예수 전승의 공백이 아니다. 전승의 흐름은 수십 년 동안 지하로 사라져 마가가 파피루스에 붓을 댈 때만 재등장하지 않았다.[236) 우리가 지금 다루는 기간(30-70년)에 예수 전승은 반향과 사용(더 이상 말하지 않아도)의 주제였다는 추정만이 현실적이다. 그래서 예수 전승이 이 시기에 어떻게 다루어졌는지 얼추 파악할 수 있다면, 초기 기독교회들에 대해 더 많이 알 수 있을 것이다.

사실 초기 교회들이 예수 전승을 처음으로 지속되는 형식으로 만들었고, 교회들이 그렇게 예수 전승을 형성한 사람들의 관심사와 필요 및 우선 사항이 무엇이었는지를 말해준다는 1920년의 관찰에서 양식비평이 출현했다. 불트만은 전승이 아직 구전 양식이었을 때 초기 그리스도인이 사용한 범주를 유추하여 예수 전승을 여러 범주로 배열했다. 그는 예수 전승을 어록과 내러티브라는 두 범주로 나누었다. 그는 어록을 두 하위 범주로 나누었다. 경구(갈등, 교훈적, 전기적. 그러나 많은 이가 "선포 이야기"라는 다른 제목을 선호한다. 즉 예수가 한 말씀으로 절정에 이르는 예수 사역 내 에피소드),[237) 그리고 주의 말씀(지혜 말씀, 예언적·묵시적 말씀, 율법적 말씀 및 교회 규칙, "나는[내가]" 말씀, 비유 및 유사한 형태)이다. 그는 내러티브 전승을 기적 이야기(치유와 자연 기적), 역사 이야기, 전설(특별히 초기, 고난, 부활절 내러티브)로 세분화했다.[238)

---

236) Vincent Taylor, *The Formation of the Gospel Tradition* (London: Macmillan, [2]1935)이 "만일 양식비평이 옳다면, 제자들은 예수의 부활 직후 하늘로 옮겨졌을 것이다"(41)라고 유명하게 지적한 것처럼 말이다.

237) 대개 Taylor가 이 제목을 제시했다고 인정된다(*Formation*, 4장).

238) Bultmann의 절차가 대략 어땠는지 알 수 있도록, 여기에 "혼란과 교훈의 말씀"이라는 제목 아래 검토된 경구 목록을 나열한다.
- 예수의 치유가 원인이 된 말씀: 막 2:1-12; 3:1-6, 22-30; 눅 13:10-17; 14:1-6.
- 예수나 제자들의 행동의 원인이 된 말씀: 막 2:15-17, 18-22, 23-28; 7:1-23; 11:27-33; 눅 7:36-

이 절차는 예수 전승의 최초 양식이 개별적이고 때로는 파편적인 어록이었다는 양식비평의 도구를 사용한 대다수 사람들의 잠정적인 가정에 주요 자극을 주었다.[239] 필자는 이 가정을 이미 신랄하게 비판했다.[240] 또한 이 가정은 양식비평에서 편집비평으로 전환하게 된 주요인이라 할 수 있는데, 이는 20세기 후반의 특징이 됐다. 결국 개별 말씀들이 놓여 있었다고 알려진 유일한 배경(복음서에 여전히 있는 문맥)에서 분리된 일련의 개별 말씀들에 관해서는 말할 내용이 거의 없다. 오히려 마가와 Q가 이미 가공한 더 이전 전승을 마태와 누가가 어떻게 편집했는지에 집중하는 것이 훨씬 더 유익하다.

모울(Moule)은 전승의 각 단위에 집중하여 그 양식에서 그 양식을 결정한 삶의 무대를 유추하려고 노력하기보다, 다른 각도에서 양식비평의 과제에 접근했다. 그는 예수(그리고 다른) 전승이 기능했다고 유추할 수 있는 다음과 같은 큰 맥락들을 신약 자체에서 관찰했다. 예배 중인 교회, 교회 자체의 설명, 공격받는 교회 등이다. 그의 시도는 "신약성경의 출생"[241]을 더 잘 이해하기 위함이었다. "기독교 문헌의 기원을 설명하려는 사람은 예배하고 일하고 고난받는 공동체의 상황과 필요를 반드시 살펴야 한다."[242] 그러나 그런 명백한 연역적 배경을 상기시킴으로써, 그는 예수 전승의 초기 단계와 예수 전승의 사용 및 공연에 대한 현실적인 역사적 배경을 보여 주었다. 이는 최초 단계를 단지 전승의 개별 단위로만 상상할 수 있다는 비

50.
- 주인이 질문을 받음: 마 11:2-19/눅 7:18-35; 막 9:38-40; 10:17-31, 35-45; 11:20-25; 12:28-34; 눅 9:51-56; 12:13-14; 13:1-5; 17:20-21.
- 대적자들이 제기한 질문들: 막 10:2-12; 12:13-17, 18-27.

239) 예수 세미나(Jesus Seminar)가 그 가정을 단순하게 받아들였다: "구전의 흔적을 가진 전승의 파편들: 짧고, 도발적이고, 인상적이고, 자주 반복된 구와 문장 및 이야기들"(R. W. Funk and R. W. Hoover, *The Five Gospels: The Search for the Authentic Words of Jesus* [New York: Macmillan/Polebridge, 1993], 4).

240) *Jesus Remembered*, 127-28, 193-95, 241-42, 245-48을 보라.

241) C. F. D. Moule, *The Birth of the New Testament* (London: Black, 1962, ³1981).

242) Moule, *Birth*, 270.

현실적인 가정에 의존하지 않는다.

필자는 이미 교사와 공동체의 독특한 구전 전승 유지에 책임이 있는 다른 사람들이 자료들을 같은 종류끼리 분류하는 것이 자연스러운 경향이었다고 주장했다. 기본 전승의 불가피하게 상당히 광범위한 목록이었을 내용에서, 교사들은 자연스럽게 하부 목록(선포 이야기, 천국 비유, 치유 이야기 등등)을 마음에 두고 있었을 것이다. 공관 복음서에서 발견되는 내용이 명백하게 연역적인 이 내용을 확증한다.

a. 개별 이야기와 말씀

앞 문단에서처럼 논증하면서, 예수의 이야기와 가르침이 비슷한 자료의 단편 및 모음집으로**만** 기억되고 사용됐다고 암시하는 것이 필자의 의도는 아니다. 반대로 특정한 개인이나 집단에 강한 영향을 주고 그 자체로 그 사람이나 집단에게 특별한 생명력을 유지한 개별 요소들은 틀림없이 존재했다. 우리는 "떠돌아" 다니는 예수 말씀의 예로, "들을 귀 있는 자는 들을 지어다"[243] 혹은 소금에 대한 말씀(막 9:45-50과 병행구) 혹은 당시 복음서에 포함되지 않은 예수의 말씀(행 20:35; GTh 82)을 들 수 있다.[244] 필자는 이미 예수의 기도 형식인 "아바 아버지"라는 본보기가 아람어를 사용하는 첫 번째 회중에서 확고히 자리를 잡았기에 이 표현이 아람어 형식으로 그리스어를 사용하는 교회들에 전해졌다(롬 8:15; 갈 4:6)고 암시했다. 그리고 필자는 주기도문(마 6:9-13/눅 11:2-4)이 그 자체로나 여타 예전 자료와 함께 많이 반복된 전승으로 유지됐고, 처음부터 기독교 예배의 특징이었다는 것을 의심하지 않는다.[245]

내러티브에 관해서는, 예수가 식탁에 앉았을 때 그의 머리에 기름을

---

243) *Jesus Remembered*, 462 n. 379.

244) *Jesus Remembered*, 172.

245) *Jesus Remembered*, 226-28.

부은 여인에 대한 이야기(막 14:3-9 병행구)가 반복해서 들려졌다는 분명한 표시가 있다. 이 이야기는 "어디서든지 복음이 전파되는 곳에서는 이 여자가 행한 일도 말하여 그를 기억하리라"(14:9)는 예수의 말로 끝난다. 비슷하게 바디매오 치유 이야기(막 10:46-52 병행구)는 자연스럽게 바디매오 자신에게 중요했을 것이다. 그것이 마가가 그의 이름을 여전히 간직한 이유일 수도 있다.[246] 레위/마태를 부른 장면(막 2:14 병행구)과 베드로가 예수를 부인한 대목(막 14:53-54), 그리고 아리마대 요셉의 묘실에 안치된 예수(막 15:42-47 병행구)와 같이,[247] 인물의 이름을 담은 이야기는 명백히 그 사람들에게 특별히 소중하거나 쓰라렸기 때문에 예수 전승 내에서 그것들이 차지한 자리를 견지했을 가능성이 있다. 마찬가지로 예수의 십자가를 강제로 짊어진 사람으로 기억되는 구레네 시몬이 알렉산더와 루포의 아버지라는 언급은 알렉산더와 루포가 기독교계에 잘 알려졌다고 강하게 암시할 뿐만 아니라 그들이 예수를 기억하는 데 그 에피소드가 그들에게 중요했음을 분명히 암시한다.[248]

이 지점에서 이 전승이 대체로 특정 교사나, 구체적으로 예수의 직계 제자에게서 비롯되지 않았느냐는 의문을 제기할 수 있다. 확실히 전통에서는 네 개의 정경 복음서 중 두 개를 열두 제자 중 두 명의 작품으로 여겼고(마태와 요한), 이 주장은 존중받기에 합당하다.[249] 그러나 이 복음서를 구성하고 있는 전승의 전달을 책임진 선생(들)의 신원을 확인하기 위한 시도가 복음서 자체에는 분명히 없다(요한복음의 신비스러운 사랑하는 제자는 별개

---

246) "…제자들 사이에서 그것은 전승의 초기부터 지속된 형식을 제공한 바디매오의 증언일 수도 있다"(*Jesus Remembered*, 643).

247) *Jesus Remembered*, 774 nn. 54, 782; 또한 예수의 무덤에 있던 여인들(832-34).

248) Bauckham은 자신들의 이야기를 하고 재차 말한 그런 개인들의 지속된 역할을 강조한다(*Jesus and the Eyewitnesses*, 3장).

249) 추가로 제3권을 보라. 제3권이 나오기까지는 단지 M. Hengel, *The Four Gospels and the One Gospel of Jesus Christ* (London: SCM, 2000)을 언급한다. 「도마복음」이 담고 있는 도마의 특성에 관해서는 Schneemelcher, *NTA*, 110-11을 보라.

로 보인다).[250] 이는 그 전승 자체에 권위가 있었고 전승에는 어떤 꼬리표를 붙이거나 저자를 언급할 필요가 없었음을 암시한다. 여기서 우리는 초기 랍비 전승과 예수 전승 사이에 유사한 면이 있음을 볼 수 있다. 전자의 특징은 몇몇 구전 전승이 명확하게 이름이 밝혀진 선생의 작품이지만 대부분은 작자 불명이라는 것이다.[251] 다시 말해서, 여기서도 예수 전승이 처음부터 전해지고 전달된 방법에 대한 증거가 있을 수도 있다. 틀림없이 첫 제자들과 사도들이 예수 전승의 권위 있는 출처였다. 그러나 분명 이 전승은 베드로에게서 유래했고 저 전승은 야고보에게서 유래했다는 식으로 표시할 필요가 없다고 생각됐다. 다시 말해서 초기 전승의 익명성은 최초 가르침과 예수 전승 이야기를 들려주어야 하는 사도의 책임을 논박하지 않고, 예수 전승이 최초 그리스도인에게 다른 어떤 사도나 선생의 예수 전승이 아니라, **예수** 전승으로서 중요했음을 상기시킨다.[252]

『예수와 기독교의 기원』에서 전승이 기록되기 전 예수 전승을 생생하게 유지했던 무명의 제자와 교회에 필자가 너무 많은 신뢰를 부여했고 사도들에게 충분한 신뢰를 부여하지 않았다고 생각하는 사람들은, 이 요점을 기억할 필요가 있다.[253] 그러나 필자는 『예수와 기독교의 기원』에서 예

---

250) Bauckham은 이 결론에 이의를 제기한다(*Jesus and the Eyewitnesses*, 특별히 6-7장).

251) J. Neusner, *The Rabbinic Traditions about the Pharisees before 70 A.D.* (3 vols.; Leiden: Brill, 1971).

252) 바울도 자신이 베드로에게 받는 전승에 관해서 침묵하고(갈 1:18) 고전 15:3-5/7의 전승이 누구에게서 왔는지 말하지 않는다. 물론 이것은 예수 전승을 명백하게 예수의 것이라고 말하지 않는 것과 같지만, 이 경우에 그는 그것이 **예수** 전승이었음이 폭넓게 알려졌다고 추정할 수 있었다(추가로 *Jesus Remembered*, 183-84를 보라).

253) B. Gerhardsson, 'The Secret of the Transmission of the Unwritten Jesus Tradition', *NTS* 51 (2005), 1-18은 *Jesus Remembered*를 주로 비판하는데, 그는 대개 그 책의 "구두적 접근"을 부정한다(18). 비교. Gerhardsson의 제자 Byrskog, *Story as History*. 그는 R. Bauckham, 'The Eyewitnesses and the Gospel Tradition', *JSHJ* 1 (2003), 28-60과 또한 *Jesus and the Eyewitnesses*(『예수와 목격자들』, 새물결플러스 역간)에 영향을 끼쳤다. 필자는 'Eyewitnesses and the Oral Jesus Tradition', *JSHJ* 6 (2008), 85-105에서 Gerhardsson과 Bauckham에 대응했다. Barnett의 *Jesus Remembered*에 대한 부정적인 비판(*Birth*, 117 n. 27)의 대응으로, 눅 1:1의 *diēgēsis*가 단순히 "사실들이나 사건들, 단어들의 질서 있는 묘사"를 가리키고 기록된 내러티브 외에 낭독을 포함한 다른 형식을 가리킬 수도 있음을 기억

수 전승의 주요 출처가 첫 사도들("사도들의 가르침", 행 2:42)이어야 한다는 점을 명확히 했다고 생각한다.[254] 그리고 필자는 모든 초기 전승에 그들의 지문이 있음을 의심하지 않는다. 그러나 운동이 퍼져나감에 따라 전승의 유지와 형성을 위해 적어도 지역적 수준에서는 지역 선생의 역할이 동일하게 중요해졌음은 의심할 여지가 없다. 반복한다면, 짐작하건대 전승이 **예수 전승**임을 알고 있다는 사실은 누가 어느 때 그 전승을 전달했느냐는 문제를 분명 덜 중요하게 만들었을 것이다.[255]

b. 예수의 가르침 분류하기

전승의 개별 항목에 덧붙여, 말씀 자료의 다양한 모음집을 다시 언급하는 게 좋다.[256]

- 팔복 — 마 5:3, 4, 6, 11, 12; 눅 6:20b, 21b, 22, 23
- 예수 따르기 — 마 8:19-22; 눅 9:57-62

해야 한다(BDAG, 245; 추가로 Fitzmyer, *Luke I-IX*, 292을 보라). 1:1-3의 구문은 더 이전의 *diēgēseis*가 이미 기록된 것인지 아닌지를 분명히 하지 않는다(Barnett, 118 n. 28에도 불구하고 말이다). *Jesus Remembered*의 "구두" 이론은 바로 Barnett의 가정(즉 초기 예수 전승이 기록되지 않았다면, 우리에게 전해지지 않았을 것이다)에 반하여 발전되었다. (필자의 논지와는 정반대로 Barnett은 "구두성이라는 문화에 기반을 둔" 연구가 "예수의 실제 가르침에 이르는 모든 경로"를 차단한다고 여겼다[136].) 그 논지를 토론할 때, **주어진 내용이** "공관복음 전승의 성격과 같으나 다른" 것이라는 점을 상기해야 한다. 문제는 가르침과 전달, 기록과 구두가 상호 배타적인지가 아니라, 무엇이 총체적으로 최상의 설명인가이다.

254) *Jesus Remembered*, 특별히 128-33, 239-43.
255) *Jesus Remembered*에 대한 다른 비평, 특별히 필자가 기억에 대한 현대 이론에 주목하지 않았다는 것에 관해서는 필자의 'Social Memory and the Oral Jesus Tradition', in Stuckenbruck, eds., *Memory in the Bible and Antiquity*, 179-94; 또한 'On History, Memory and Eyewitnesses: In Response to Bengt Holmberg and Samuel Byrskog', *JSNT* 26 (2004), 473-87을 보라.
256) *Jesus Remembered*, 246-47. 또한 U. Wilckens, *Theologie des Neuen Testaments*. Vol. 1: *Geschichte der urchristlichen Theologie* (4 vols.; Neukirchen-Vluyn: Neukirchener, 2003), 1/2.210-29를 보라.

- 새로운 것과 낡은 것 — 마 9:14-17; 막 2:18-22; 눅 5:33-39
- 빛과 심판 비유 — 막 4:21-25; 눅 8:16-18[257]
- 예수와 세례 요한 — 마 4:2-19; 눅 7:18-25[258]
- 예수와 축귀 — 마 12:24-26; 막 3:22-29; 눅 11:15-26[259]
- 제자도의 대가 — 마 16:24-27; 막 8:34-38; 눅 9:23-26[260]
- 위기 비유 — 마 24:42-25:13; 막 13:33-37; 눅 12:35-46[261]

위에서 언급된 『예수와 기독교의 기원』의 문단에서 기록했듯이, 기록된 복음서들 간에 이 분류가 결코 동일하지 않다는 사실은, 복음서 저자들이 하나의 기록된 자료에서 각각의 전승을 끌어오지 않았음을 분명하게 암시한다. 오히려 더 타당한 추론은 특정 논제나 주제에 대한 그런 모음집 몇 개가 (다양한 사도와 교회 선생의 레퍼토리로) 회람되었고, 복음 전도자는 상이한 모음집이나 하나 이상의 모음집을 알고 있었다는 것이다. 여기서 필자는 이런 유사하거나 같은 자료의 분류가 기록된 복음서 안에서 이루어졌으며 보존되었다고 언급하길 원한다. 이런 분류가 단지 예수 전승이 기록될 당시에 이루어졌다고 추정할 이유는 전혀 없고, 이런 분류가 자연스러운 교수법으로서 거의 처음부터 구전 전승 과정의 특징이었다고 추정하지 않을 이유도 없다.

---

257) *Jesus Remembered*, 246 n. 295에서 필자는 그 어록이 Q에서도 따로 보관되었다고 말했다 (마 5:15/눅 11:33; 마 10:26/눅 12:2; 마 7:2/눅 6:38b; 마 25:29/눅 19:26).
258) *Jesus Remembered*, 445-46.
259) *Jesus Remembered*, 456-57.
260) *Jesus Remembered*, 246 n. 294에서 필자는 그 어록이 Q에서도 따로 보관되었다고 언급했다 (마 10:38/눅 14:27; 마 10:39/눅 17:33; 마 10:33/눅 12:9).
261) *Jesus Remembered*, 428-29.

c. Q 자료 내 초기 묶음 증거

필자는 예수 전승을 인식할 수 있을 정도의 Q 모음집을 언급할 수 있다고 추정한다. 그 경계가 분명하든지 불분명하든지 말이다. 또한 이것을 주로 1세기 40-50년대 작성된 Q 모음집으로 볼 수 있다고 추정한다.[262] 기본적으로 예수 가르침의 모음인 Q 자료의 바로 그 특징은 초기 기독교 집단과 교회에서 예수 전승을 보존하는 절차와 전승의 전달 과정이 어땠는지 암시한다. 인식 가능한 Q 자료에서 그 절차와 과정에 대해 강한 확신을 가지고 추론할 수는 없다. 그러나 적어도 그 절차와 과정이 처음부터 어느 정도 일관성이 있었을 가능성은 있다.

제1권에서 살폈듯이, 최초 Q 문서 연구에 가장 영향력 있는 연구는 클로펜보그(J. Kloppenborg)의 『Q의 형성』(The Formation of Q)이다.[263] "Q 문서의 지혜 연설"에 대한 클로펜보그의 분석은,[264] 지혜 연설과 권고 모음집이 Q 문서의 형성에 중요한 요소였고, 그 문서는 "회개하지 않은 이스라엘의 파멸을 선포하는 경구와 예언 말씀을 추가하고 삽입하여 늘어난 모음집"이라는 결론으로 그를 이끌었다.[265] 편의상 Q[1]이라고 지칭할 수 있는 이 "형성층"은 여섯 개의 "지혜 연설"로 구성됐고, "주 편집[Q[2]]의 전형적인 주제가 아닌 충고와 격려 및 교훈적 관심으로 결합돼 있다."[266] 그는 여섯 개의 "지혜 연설"을 다음과 같은 목록으로 제시했다.[267]

---

262) *Jesus Remembered*, §7.4(147-60)을 보라. 비교. Allison, *Jesus Tradition in Q*, 1장.

263) J. S. Kloppenborg, *The Formation of Q: Trajectories in Ancient Wisdom Collections* (Philadelphia: Fortress, 1987); 또한 그의 걸작 *Excavating Q: The History and Setting of the Sayings Gospel* (Minneapolis: Fortress, 2000)을 보라.

264) Kloppenborg, *Formation*, 5장.

265) Kloppenborg, *Formation*, 244.

266) Kloppenborg, *Formation*, 317; *Excavating Q*, 146. 필자는 마태복음/누가복음이 공유한 구절들을 언급할 때 누가복음 구절만 언급하는 관례를 따른다.

267) Kloppenborg, *Formation*, 5장은 *Excavating Q*, 146에서 요약되고 수정됐다. 경구 어록의 여섯 모음집이 Q 배후에 있다는 점은 D. Zeller, *Die weisheitlichen Mahnsprüche bei den Synoptikern* (Würzburg: Echter, 1977), 191-92(Q 6.20-23, 31, 36, 43-46; 10.2-8a, 9-11a,

1. Q 6.20b-23b, 27-35, 36-45, 46-49

2. Q 9.57-60, (61-62); 10.2-11, 16, (23-24?)[268]

3. Q 11.2-4, 9-13

4. Q 12.2-7, 11-12

5. Q 12.22b-31, 33-34(13.18-19, 20-21?);[269] 그리고 아마도

6. Q 13.24; 14.26-27; 17.33; 14.34-35.

필자는 이 특정 이론에 너무 의존하고 싶지 않으나, Q 자료가 이미 사용되고 회람되는 자료의 집합체라고 유추하는 것은 역사적으로 상상하기 힘든 일은 아니다. 그리고 클로펜보그의 논지는 적어도 반드시 발생했어야 할 종류의 내용을 설명한다. 클로펜보그는 "전승사는 문헌사로 전환할 수 없으며" 그의 관심이 오로지 후자에 있음을 분명히 한다. 자료가 편집되었고 이차적이라는 판단은 **문헌적** 판단이며, 그 판단은 다루고 있는 전승의 **역사적** 기원 혹은 출현에 관해 어떤 함의도 가질 필요가 없다.[270] 그래서 그는 자신의 분석이, 이차로 작성하는 단계에서 사용된 편집 자료들이 주님(Lord)의 것이 아님을 반드시 나타낸다는 의미를 띠기를 확실히 원치 않았다. 같은 이유에서 Q¹ 자료가 Q 문서 전승에 있어 반드시 가장 오래

12, 16(?); 11.2-4; 12.2-3, 8-9, 10; 마 6:25-33, 19-21; Q 12.35-37(?), 39-40)에서 이미 제안되었다. R. A. Piper, *Wisdom in the Q-tradition: The Aphoristic Teaching of Jesus* (SNTSMS 61; Cambridge: Cambridge University, 1989)은 다섯 개의 모음집을 파악했다: Q 11.9-13; 12.22-31; 6.37-42; 6.43-45; 12.2-9. 그는 여기에 눅 6:27-36과 16:9-13을 더했다.

268) Kloppenborg는 10:23-24을 10:21-22(*Formation*, 201-203)과 더불어 이차 Q 편집의 일부로 여겼다. 하지만 몇몇 단서를 달았다(*Excavating Q*, 147 n. 63).

269) 'Jesus and the Parables of Jesus in Q', in R. A. Piper, ed., *The Gospel behind the Gospels: Current Studies on Q* (NovTSupp 75; Leiden: Brill, 1995), 275-319에서 Kloppenborg는, Q 13.18-21(*Formation*, 223 n. 214에서 Q¹을 분석할 때 다루지 않았다)이 Q 형성층에 있는 Q 12.2-12, 13-14, 16-21, 22-31, 33-34에 추가되었을 것이라고 제안한다(311).

270) Kloppenborg, *Formation*, 244-45. 그는 이어지는 저술에서 계속 이렇게 주장했다. 가장 최근에는 'Discursive Practices in the Sayings Gospel Q and the Quest of the Historical Jesus', in A. Lindemann, ed., *The Sayings Source Q and the Historical Jesus* (Leuven: Leuven University, 2001), 149-90.

된 자료라는 의미가 뒤따를 필요는 없다. 한편으로는 Q 자료의 일부가 새 운동의 첫날부터 그때까지 틀림없이 통용되고 있었을 것이다(만일 예수의 가르침 중 아무것도 그의 첫 제자들이 기억하지 못했다는 불가능한 가정을 하지 않는다면 말이다). 그리고 클로펜보그의 Q¹ 문단은 그 자료가 띠었을 모습이나 포함했을 내용을 다른 것만큼이나 잘 보여주는 표본이다.

Q¹ 문단을 자세히 연구하면서 필자는 다음과 같이 주장했다.[271] (1) Q¹은 교훈 자료 모음집과 지혜의 말씀 및 권고로 구성되어 있고, 초기 기독교 공동체에서 교사들이 구두로 가르칠 때 사용했다. (2) 마태와 누가가 이 자료를 사용한 것을 보면, 그런 가르침에 사용된 구전 전승의 유연함과 다양한 성격이 드러난다. 따라서 Q 문서 편찬자들이 이 재료로 Q 문서 본문을 재구성하면서 어려움을 경험한 것은 일반적이었다.[272] (3) Q¹ 자료가 하나의 일관성 있는 단위와 단권 모음집을 구성하여, 그런 자료에 친숙했을 것이라고 유추되는 몇몇 공동체가 그것을 그런 형식으로 이용했을 가능성은 그리 높지 않다.

예를 들면 클로펜보그가 파악한 첫 번째 집단의 자료는 대체로 "평지 설교"(마태복음 산상 수훈에 상응하거나 일부분인 Q 내용)라고 알려진 내용의 핵심을 아래와 같이 형성한다.

- 마 5:3-6, 11-12/눅 6:20b-23b/「도마복음」 54, 68, 69
- 마 5:39-47; 7:12/눅 6:27-35/*Did* 1.3-5
- 마 7:16; 12:35/「도마복음」 45
- 마 5:48; 7:1-5; 10:24/눅 6:36-42/「도마복음」 26.34
- 마 7:21, 24-27/눅 6:46-49

271) Dunn, 'Q¹ as Oral Tradition', in M. Bockmuehl and D. A. Hagner, eds., *The Written Gospel*, G. N. Stanton FS (Cambridge: Cambridge University, 2005), 45-69.
272) J. M. Robinson, P. Hoffmann, and J. S. Kloppenborg, eds., *The Critical Edition of Q* (The International Q Project; Leuven: Peeters, 2000).

이 자료를 선생의 손가방에 모아놓은 예수의 가르침의 전형이라고 쉽게 상상해볼 수 있다. 팔복 한 단락, 타인을 향한 태도에 관한 두 단락의 말씀(적의에 대한 반응과 타인 비난), 성격과 행위에 관한 경구, 현명한 자와 어리석은 자의 집 짓는 비유가 그런 것들이다. 동시에 마태복음과 누가복음에서 이 자료의 순서가 다르며, 마태가 간직한 자료 일부분이 산상 수훈 밖에 있으며(마 10:24; 12:35), 「도마복음」에 다른 자료가 없다는 사실은, 구전을 행할 때 이런 자료의 사용이 얼마나 유연했는지를 상기한다.[273]

짐작하건대 처음부터 나사렛 종파의 특징이었을 주제, 즉 **제자도와 선교**라는 주제는 자연스럽게 두 번째 묶음을 만들어냈다.

- 마 8:19-22/눅 9:57-62
- 마 9:37-38; 10:7-16/눅 10:2-11/「도마복음」 14, 39, 73
- 마 10:40/눅 10:16/요 13:20

마가복음 6:7-13이 이문을 형성한다는 사실과 중복되는 선교 위임이 있다는 점은, 이런 자료가 돌에 새겨진 것이 아니며, 짐작하건대 다른 선교 상황에서 채택되어 다양한 형태로 반복되었음을 다시 상기시킨다.[274]

초기 선생들이 **기도**에 대한 예수의 가르침을 소중히 여겼다는 점도 자연스럽다.

- 마 6:9-13/눅 11:2-4
- 마 7:7-11/눅 11:9-13

---

273) 또한 Allison, *Jesus Tradition in Q*, 79-95을 보라.
274) 눅 9:1-5과 10:1-12의 위임하는 두 장면이 각기 다른 상황을 반영한다고 보통 추정하는데, 후자는 아마 이방인을 향한 더 확장된 선교를 위해 새로 표현된 예수의 선교 위임에 대한 더 광범위한 관점일 것이다. 또한 *Jesus Remembered*, 247을 보라.

담대하게 고백하라고 격려하는 예수

- 마 10:26-31/눅 12:2-7
- 마 10:19-20/눅 12:11-12/막 13:11/요 14:26

그리고 올바른 우선순위에 대한 예수의 가르침

- 마 6:25-33/눅 12:22-31/「도마복음」 36
- 마 6:19-21/눅 12:33-34

그러나 클로펜보그의 마지막 묶음은 Q 문서 이전의 묶음의 증거로 인용될 수 없다(Q 13.24; 14.26-27; 14.34-35).

필자는 그런 자료들이 초기 그리스도인들이 모아놓은 예수 전승의 매우 초기 묶음이라고 결정적으로 규정할 수는 없음을 다시 강조해야 할 것 같다. 그러나 이것들은 처음부터 기독교 사도들과 선생들의 가르침 목록의 특징으로 예상할 수 있었던 자료의 일종이다. 그리고 이런 묶음들이 Q 문서라고 알려진 더 정교한 모음집 이전에 이미 사용 중이었고 회람된 내용의 묶음으로 밝혀지는데, 적어도 밝혀지는 만큼은 초기 기독교 집단과 교회의 가르침 중 중요한 부분을 구성하는 자료의 증거가 된다. 이뿐만 아니라, 여기서 전승이 명명된 어떤 선생의 작품이 아닌, 사실상 처음부터 많은 교회가 틀림없이 공동(그러나 다양한 형태)으로 보관했을 내용에서 왔음을 다시 언급하는 것은 중요할 것이다.

d. 마가복음 이전 자료의 증거

공동 합의에 의하면 예수 전승 최초의 그리고 명확한 다른 표현은 마가복음이다.[275] 여기서도 더 개연성 있게 말한다면, 마가가 그의 복음서에 분명하게 삽입한 마가복음 이전의 자료를 말할 수 있다. 그런데 필자는 이렇게 말하면서 마가가 단지 이전에 형성된 자료를 수집한 사람임을 암시하려는 의도는 없다. 전혀 아니다. 마가복음의 구성과 신학은 나중에 분석할 주제다.[276] 그러나 마가가 이전의 자료를 편집할 수 있었고 편집했다는 점은 마가가 원저자라는 사실을 결코 훼손하지 않는다. 여기서 필자는 자료의 내용과 범위에 대해 완전하게 확신하고 이 자료를 발췌할 수 있다고 착각하는 것도 아니다. 이미 언급했듯이 마가가 물려받은 자료에서 그의 편집 기여를 구분하는 마가복음 편집 비평은 너무나도 어렵다.[277] 마태와 누가에게 있던 자료 중 하나가 마가복음이기에, 자료를 편집된 자료와 비교할 수 있는 분명한 가능성이 있지만, 마가복음의 경우에는 마가의 자료를 마가의 편집과 구별해야 한다. 마가가 편집한 부분을 밝히기 위한 신뢰할 만한 기준으로 마가복음 전체에 적용할 수 있는 것은 없다. 그런데도 마가가 이전에 형성된 자료에 의존했을 가능성이 본질적으로 있고, 제시된 몇몇 본보기는 살필만한 가치가 있다.

사실 필자는 마가가 의존했을 가능성이 있는 이전에 형성된 자료에 대한 개요를 이미 보여주었다.[278] 그래서 제시된 Q¹처럼, 예수 운동의 최초 시절에 예수 전승을 어떻게 다루었는지에 대한 통찰을 몇 가지 더 얻을 수도 있다.

- 1:21-28   예수 사역의 24시간
- 2:1-3:6   갈릴리 논쟁 속에서의 예수
- 4:2-33   예수의 비유

---

275) 다시 *Jesus Remembered*, 143-46을 보라.
276) 제3권을 보라.
277) *Jesus Remembered*, 155.
278) *Jesus Remembered*, 247에서 필자는 특별히 H. W. Kuhn, *Ältere Sammlungen im Markusevangelium* (Göttingen: Vandenhoeck und Ruprecht, 1971)를 언급했다(n. 300).

- 4:35-5:43; 6:32-52   호숫가에서의 예수의 기적
- 10:2-31   결혼, 어린이, 제자도
- 13:1-32   작은 묵시
- 14:1-15:47   수난 서사

마가복음 2:1-3:6은, 열두 제자 중 하나 혹은 초기의 한 제자가 예수를 죽이려는 음모(3:6)의 절정에 이르게 하는 극적 결과를 형성하려고 수많은 **논쟁 이야기들**을 어떻게 모았는지의 좋은 본보기를 제공한다.[279] 이런 다섯 이야기의 한 묶음은 새 그리스도인에게 예수가 어떻게 공격에 반응했는지를 보여주는 가르침으로서, 그들이 비슷한 상황에서 어떻게 반응해야 하는가에 대한 본보기로 제공될 수 있었다. 그 이야기 순서는 기독론에 대한 관심을 고조시키는 초기 상황을 보여줄 것이며, 지금은 칭호로 여겨지는 인자(그러나 "인자"는 기독론에 대한 계속되는 고찰에서 칭호로 확립되지 않았다)의 권위에 강조점을 둔다.[280] 그것은 예수의 "죄인"(2:15-17)과의 관계를 강조하는데, 이는 유대교 영역에서만 의의가 있는 표현이었다.[281] 그것은 그리스도인이 금식을 계속해야 하느냐는 의문에 대해 분명히 있었던 초기 혼란을 암시한다(2:18-21).[282] 그리고 이것은 안식일을 여전히 중요하게 여기는 상황과 논점이 안식일을 지켜야 하는지의 **여부**가 아니라, **어떻게** 지켜야 하느냐에 있었던 상황을 반영한다(2:23-3:5). 다시 말해서 이 이야기는 팔레스타인 상황 내에서 분명하게 그 이야기의 현재 형태를 취했고, 이는 거룩

---

279) 또한 필자의 'Mark 2.1-3.6: A Bridge between Jesus and Paul on the Question of the Law', *NTS* 30 (1984), 395-415을 보라. 이것은 내용을 추가하여(32-36) 필자의 *Jesus, Paul and the Law* (London: SPCK, 1990), 10-31에서 재발간됐다.

280) 'Mark 2.1-3.6', 26; *Jesus Remembered*, 737-39, 그리고 끝나지 않는 논쟁에 대한 논평(734-36).

281) *Jesus Remembered*, 528-32.

282) 최초의 기독교 관습이 무엇이든지 간에(막 2:18-19 병행구들), *Did.* 8.1은 금식이 전형적인 기독교 규율로 재개되었음을 보여준다(막 2:20 병행구처럼, 그리고 또한 마 6:16-18이 함의하듯이).

한 날들을 지키는 것이 문제가 되기 전이었다(갈 4:10; 롬 14:5; 골 2:16).[283] 따라서 이 묶음이 예수 운동의 첫 십 년 내에 현재 순서로 되어 있지 않았을 이유는 없다.

위에서 이미 제시했듯이(§21.5b), 명백하게 **예수의 비유들**은 초기 기독교 공동체에서 가르침의 재료였다. 마가복음 4:2-33은 그런 비유 모음처럼 보이고, 마가는 먼저 그가 원하는 대로 장면을 바닷가로 설정해서 그 비유들을 자신의 내러티브에 넣었으며, 마지막으로 그의 메시아 비밀이라는 모티프를 암시하여 그 비유 모음집을 마무리한다(4:3-4).[284] 심지어 우리는 마가가 비유 모음집을 알기 전까지 수년 동안 그것들이 구전되는 과정에서 어떻게 발전되어 왔는가를 탐지할 수 있다. 이어지는 내용에서 한 가지 가능한 시나리오를 제공할 것이다.

- 모음집의 초기 국면은 단순히 씨의 성장에 관한 두세 개의 비유로 구성되었다. 씨 뿌리는 자(3-8절), 씨가 은밀히 자람(26-29절), 겨자씨(30-32절). 이것들은 주제적으로 그리고 용어상으로 명백하게 연결되기에 서로 모였을 것이다. Q 문서는 다른 모음집을 입증하는데(마 13:31-33/눅 13:18-21), 마태와 누가는 이에 의존할 수 있었다.[285]
- 어느 지점에서부터 하나의 해석이 확실히 자리를 잡아 씨 뿌리는 자의 비유에 덧붙여졌다(13-20절). 대체로 그 해석이 전승 과정에서 나타나게 되었다고 보는데, 그 이유는 그 어휘가 기독교적 특징을 띠기 때문이다.[286] 그리고 이것이 10-12절보다 앞서 비유 모음집에 포함되었을 가능성이 있는데, 이

---

283) 'Mark 2.1-3.6', 21-23.

284) 26-29절에서 그랬듯이, 마태가 34절을 누락한 사실은 주목할 만한데, 그것은 종종 마태가 마가의 편집을 알고 있었다는 표시가 된다. 추가로 필자의 'Matthew's Awareness of Markan Redaction', Van Segbroeck et al., eds., *The Four Gospels*, 3.1349-59을 보라

285) *Jesus Remembered*, 462-64을 보라.

286) 특별히 "그 말씀"이라는 표현은 예수 전승에서 예수의 언어를 묘사하지 않았지만, 4:13-20에서 8번 사용되었다. 추가로 *Jesus Remembered*, 492-93 n. 16을 보라.

는 10절이 대체로 비유에 대한 논의를 확장하는 반면에("그 비유들"), 13절은 씨 뿌리는 자 비유를 직접 언급하기 때문이다("이 비유")

- 짧은 비유 말씀(21-22, 24-25절)은 짐작하건대 독립적으로 사용됐을 것이다. 위에서 언급했듯이(n. 257), 그에 상응하는 Q 자료가 마태복음과 누가복음 전역에 산재해 있기 때문이다. 그러나 그것들은 어떤 지점에서 더 큰 비유 모음집을 만들려고 사용되었다.

- 어쩌면 모음집은 서론(2절)과 결론(33절)을 더해서 마가복음 이전 단계에서 마무리되었을 수 있다.

- 9절("들을 귀가 있는 자는 들으라")은 예수의 특징적인 말씀의 한 예로 보이는데, 그것은 예수 전승을 전하는 가운데 임의로 혹은 더 낫게는 자연스럽게 그 전승 안으로 들어온 것처럼 보이지만, 특정한 레퍼토리에서는 항상 확고히 자리를 잡은 것은 아니다. 이 경우 그것은 23절에서 반복됐다. 그러나 마태복음과 누가복음에서는 반복되지 않았다.[287]

- 추가된 서론과 결론(1, 34절) 외에는, 마가가 수정한 흔적은 (마가의) 비유 이론을 제공하려고 추가된 10-12절에서 가장 분명해 보인다.[288]

요점을 다시 말하자면, 필자는 이것을 마가복음 4:1-34의 작성 역사에 대한 확고한 제안으로 제공하지 않는다. 필자의 논지는 다른 초기 제자들의 집단 및 교회들에서 여러 번 가르친 사례와 관련이 있는데, 유사한 자료(이 경우는 비유들) 모음집이 구두로 전달할 때마다 그 내용과 용도가 다양했다는 것이다. 필자가 제안하는 것은 다음과 같다. (1) 유사한 자료의 모음집은 어쩌면 처음부터 최초 교회의 가르침의 특징이었을 것이다. (2) 모음집은 교회마다 다양하고 중복됐을 것이다. (3) 이런 가르침의 자료는 더 큰 자료로

---

287) 다시 *Jesus Remembered*, 462 n. 379을 보라.
288) 그것은 11-12절이 예수의 제자들이 기억하는 예수의 말씀일 수 없음을 의미하지는 않는다 (*Jesus Remembered*, 493-96); Kloppenborg가 한 번 이상 언급했듯이, 문헌사는 전승사와 동일하지 않다(위 n. 270).

결합되는 것을 피할 수 없었을 텐데, 이 자료의 일부는 본서에서 다루는 기간(30-40년)에 제법 확고하게 자리를 잡았을 것이다. (4) 마가는 자신의 복음서를 저술하면서 이것들 중 하나에 의존할 수 있었다. 마가 이전의 모음집이 그 작성 역사의 어떤 단계에서도 이미 기록된 형태였다고 결론지을 만한 유효한 증거는 없다.

이와 비슷하게, 사도와 교사들이 자료를 함께 모아서 그것을 오늘날 하나의 문서로 볼 수 있는 예수의 기적 능력 이야기 모음집 안으로 집어넣었다고 예상할 수 있다.

- 광풍을 잠잠하게 함(4:35-41)
- 가이사랴의 귀신들린 자 치유(5:1-20)
- 야이로의 딸 치유/일으킴(5:21-43)
- 5천 명을 먹임(6:32-44)
- 예수가 물위를 걸음(6:45-52)

이 모두는 같은 주제로 연결되어 있다(생명을 위협하는 세력을 능가하는 예수의 능력). 이 이야기들은 배로 호수를 오가면서 나온 결과들을 시간순으로 연결한 것이며,[289] 바로 그 호숫가에서 실제로 일어난 기적으로 시작과 끝이 형성된다. 다시 말하지만, 이것이 분명 전체나 일부분으로서 마가 이전의 모음집이었을 것이라고 주장할 필요는 없다. 그러나 이런 가정은 활용 가능한 자료를 잘 이해하는 것이며, 우리가 연역적으로 기대했던 내용의 한 종류다. 마가복음에서 6:53-56의 요약은 일련의 이야기들을 마무리한다. 비록 이 문단이 초기 모음집의 일부라는 것이 약간 불분명하지만 말이다.

이러한 자료(기적 이야기 모음집)들은 예수를 주로 혹은 어쩌면 온전히 기적 행위자로서 묘사하려 한 마가가 활용할 수 있던 기적 자료의 증거로 받

---

289)   4:35; 5:1, 21; 6:45에 있는 *eis to peran*("저편으로")의 반복을 주목하라.

아들여졌다. 이로부터 예수에게 일찍이 응답한 사람 중에 예수를 우선(어쩌면 온전히) 기적 행위자, 즉 주장 중인 논지의 언어로는 "신적 인간"(theios aner)으로 여긴 집단들/공동체들이 있었다고 주장하는 것은 가능하다. 그러면 마가는 예수를 고난받는 인자로 제시하여 "신적 인간" 기독론을 교정하고자 한 사람으로 제시될 수 있다.[290] 그 논지가 제3권의 주요 내용이다. 여기서 제1권에서 제공한 "Q 공동체"와 "한 공동체당 한 문서"라는 오류에 대한 비평을 단순히 상기할 필요가 있다. 필자가 볼 때는, **단 하나**의 가설 문서 혹은 자료 모음집으로 집단들과 교회들의 특징을 유추할 수 있다는 것은 단지 비현실적이고, 그런 집단들/교회들이 예수에 관한 **단 하나**의 문서 혹은 전승 모음집을 소유했다는 유추 역시 받아들일 수가 없다. 완전히 대조적으로, 교육의 편의를 위해 함께 분류되고, 사도들과 선생들이 설교하고 가르칠 때 의존했던 훨씬 풍부한 예수 전승 목록의 단지 한 부분을 제공하는 기적 이야기의 직접적인 모음집의 증거를 여기서 보게 될 가능성은 크다.

　　마가 이전의 자료에서 또 다른 예를 간단하게 인용한다면, 소위 "작은 묵시"(13장)로 불리는 내용은 성전에 대한 예수의 예언이 어떻게 첫 제자 집단과 공동체 사이에서 심사숙고할 주제가 됐는지의 증거가 되고,[291] 또한 66-70/73년의 유대인 봉기 수십 년 전부터 팔레스타인 유대인들이 직면했던 다양한 위협과 도전 국면 가운데 그 자료가 어떻게 수차례에 걸쳐 재작업 됐는지의 증거가 된다.[292] "멸망의 가증한 것이 서지 못할 곳에 선 것을 보거든"(막 13:14)이라는 말을 분명히 상기시켰을 위협 하나는, 예수가 죽은 지 10년도 채 되기 전에 예루살렘 성전에 황제 가이우스 칼리굴라(Gaius Caligula)가 자신의 상을 세우도록 한 결정이 불러온 위기다.[293] 마가의 기록

---

290) 예. H. Koester, 'One Jesus and Four Primitive Gospels', J. M. Robinson and H. Koester, *Trajectories through Early Christianity* (Philadelphia: Fortress, 1971), 158-204(여기서는 187-93).

291) *Jesus Remembered*, 149-52.

292) *Jesus Remembered*, 417-19을 보라.

293) *Jesus Remembered*, 296에서 간단하게 언급했다. 칼리굴라 사건이 막 13:14에 영감을 주

186 ___ 제6부 기독교의 시작에 관한 역사 쓰기

은 그런 두려운 전망을 맞이한 상황에서 기독교의 가르침이 띤 특징이었을 가능성이 높은 감탄사("읽는 자는 깨달을진저")를 예수 전승을 다시 말하는 이 부분에 포함하고 있다.

요약하면 마가가 통합되지 않고 작은 단위로만 알려진 자료를 이어받았다는(수집했다는) 가설은 마가복음에 있는 그런 자료를 잘 설명할 수 없다. 마가가 베드로의 설교와 가르침을 정리했다는 파피아스(Papias)의 설명이 유일하게 가능한 설명일지라도,[294] 여전히 개연성이 큰 것은 최소한 마가가 한 명 이상의 선생들의 가르침에 의존할 수 있었고, 그런 가르침의 내용이 예수 전승의 다양한 모음집을 포함했을 수 있다는 점이다. 그런 모음집은 적절한 격언과 이야기의 선택을 위해 분해되거나, 상황에 적절한 대로 다른 자료와 결합되었을 것이다. 그것들 중 일부가 이미 기록되어 있었다는 것은 상당한 가능성이 있으나, 세 명의 공관 복음 기자가 다양한 양식으로 다른 장소에서 사용한 자료 자체를 보면 구전 전승이 유연했고 다양하게 전달되었음이 암시된다.

e. 내러티브 관심사에 대한 암시들

마지막으로, 사도들과 예수 전승의 첫 교사들이 전승을 주제별 모음집(혹은 개별 항목)으로 전달했다고 추정해야 하는가? 초기의 양식비평가들은 마가복음에 있는 연대기와 지형에 대한 언급이 마가가 추가한 부분이라는 슈미트(K. L. Schmidt)의 결론을 받아들였다. 이를 바탕으로 그들은 최초의 그

었다는 생각에 대해서는 G. R. Beasley-Murray, *Jesus and the Last Days: The Interpretation of the Olivet Discourse* (Peabody: Hendrickson, 1993), 415 n. 111(또한 407-16)에 있는 참고문헌; Barnett, *Birth*, 35-36; 그리고 특별히 G. Theissen, *The Gospels in Context: Social and Political History in the Synoptic Tradition* (ET Minneapolis: Fortress,1991), 151-65을 보라. 또한 아래 §26.5a를 보라.

294) *Jesus Remembered*, 44 n. 90, 146, 223 n. 216을 보라.

리스도인들이 예수의 전기에 관심이 없었다고 유추했다.[295] 이 특정한 결론이 그 자체로 얼마나 정당화되든지, 그것은 전승을 전달한 첫 그리스도인들이 예수 사역에 대한 내러티브적 관심이 전혀 없었으며, 마가가 전승에 내러티브 흐름을 부여한 첫 사람임을 암시하는 것으로 너무 섣부르게 이해된다.

그러나 다시 한번 말하지만, 몇몇 증거에 기반을 둔 논지는 대체로 전체 증거를 넘어설 위험이 있으며 역사적으로 타당하지 않게 될 위험이 있다. 왜냐하면 첫 그리스도인들이 그들의 이름(그리스도의 사람들)의 유래가 되는 사람의 특징과 사역에 관심이 없었다고 추정하는 것(또는 그러한 자료에서 유추하는 것)은 단순히 받아들이기 어렵기 때문이다. 예수 전승이 기록되기 전에 회람되고 사용되었다는 이미 검토된 증거는 그에 대한 반증으로 충분하다. 그러나 우리는 예수의 삶과 사역에 관심을 가진 내러티브의 존재 여부를 다시 물어야만 한다. 예수 전승을 예수에 대한 이야기나 이야기들로 보려는 관심이 있었는가? 즉 이야기의 특성·시작·중간·종결·줄거리나 성격 묘사를 가진 이야기 말이다. 상식(인간 호기심이 보편적이라는 인식)적으로 생각하면 긍정의 답이 강하게 암시된다. 예수 전승이 마가와 그의 계승자들이 제공한 내러티브 형식으로 내려왔기 때문에, 초기 내러티브 관심사를 증명하는 일은 예상보다 어렵다. 그러나 몇 가지 표지가 있다. 『예수와 기독교의 기원』에서 필자가 염두에 둔 문단들을 여러 지점에서 다루었기에, 그것들을 단순히 나열만 해도 될 것이다.

- 예수 사역의 시작인 세례 요한(막 1:1)[296]
- 예수 생애의 24시(막 1:21-38)
- 예수를 향한 점증하는 적의(막 2:1-3:6)

---

295) 추가로 *Jesus Remembered*, 74-75을 보라.
296) *Jesus Remembered*, 352-55; 'Altering the Default Setting', 174 = *New Perspective on Jesus*, 124.

- 바닷가 주변에서의 기적의 연속(막 4:35-5:43; 6:32-52)
- 갈릴리 남부를 넘어선 지역 선교(막 10:1, 32, 46)
- 갈릴리에서 예루살렘으로의 이동(막 10:1, 32, 46)
- 마지막 주/수난 이야기(막 11-15장)

물론 이 표지 중 일부가 마가의 것이라고 할 수 있다. 그러나 다른 표지들은 전승의 본체에 잘 새겨져 있으며 전승의 다른 형태에도 나타난다. 그리고 어떤 경우든 이 증거는 마가가 이런 내러티브 표지를 제공하면서 전례가 전혀 없는 혁신적인 내용을 도입했다고 유추하도록 하는가? 아니라고 생각한다. 오히려 마가는 그가 선생들과 전달자들에게서 그 전승을 받고 그들과 공유했기 때문에, 그들의 발자취를 따르는 예수 전승의 전달자로 더 잘 묘사된다. 물론 마가가 전달한 것은 그의 전임자들과 비교해서 매우 복잡했고, **기록되었기** 때문에 지속되었다. 그러나 한편으로는, 덜 발전되었긴 하지만 예수 전승의 더 초기 형태들과 전달 내용의 대부분이 유사한 내러티브적 관심을 표현했다는 결론을 내릴 충분한 이유가 있다. 세상 모든 사람은 훌륭한 이야기를 좋아한다. 그리고 예수와 그의 사명, 가르침 및 기적에 대한 이야기는, 사도들이 새로운 교회의 설립에 부여한 전승임에 틀림없고 그 교회의 선생들이 예수 전승을 보존하고 상황에 따라 이야기할 수 있던 어느 정도의 내러티브 틀을 제공했을 것이다.

  요약하면, 예수 전승은 우리가 받은 발전되고 기록된 형태로도 최초의 기독교 집단들과 교회들에 관해 더 많은 것을 알려준다. 물론 방금 개괄한 내용이 예수 전승이 실제로 기록되기 전 30-40년을 가로지른다는 것은 사실이다. 그러나 필자의 전체 논증은 이 부분에 암시된 과정이 나중에서야 시작된 것이 아니라 기독교 첫 세대 내내 예수 전승을 사용할 때 드러난 특징이라는 점이다. 더 구체적으로 말한다면, 우리는 공관복음 전승을 보며 다음과 같이 말할 수 있다. (1) 첫 그리스도인들이 예수 사역에서 기인하고 공관복음에 담긴 전승(그래서 그들에게 틀림없이 중요했을 내용)을 틀림없이 전달했을 것이다. (2) 공관복음 전승을 통해 그들이 **어떻게** 예수를 기억했고 예수 전승을 이용했는지를 알 수 있다(형식과 묶음). (3) 그들이 예수에 대한 기억에서 끌어낸 **내용**은 그들의 삶과 증언 및 예배에 중요했다. 모울(Moule)이 분석하며 제시했듯이, 이 마지막 내용은 기도와 제자도 및 우선순위에 대한 가르침, 유익한 이야기와 도전적인 비유, 설교와 복음 전도의 내용, 의문을 다루는 가르침과 본보기, 그들이 틀림없이 직면했을 논란과 도전을 분명히 포함한다.[297]

21.6 결론과 절차에 관한 언급

종종 주장되는 입장은 바울이 영향력을 끼치기 전 기독교 시작의 역사에 대해 제대로 근거를 둔 통찰을 얻을 전망이 밝지 않다는 것이다. 그리고 외부 자료가 거의 아무 내용도 말해주지 않는다는 점과 사도행전에 대한 피상적인 견해가 너무 많은 부푼 기대로 인도한다는 점은 사실이다. 그러나 우리는 사도행전이 신약 학계를 지배했던 "신학-그러므로-비역사" 학파가 인식하려고 했던 것보다 더 신뢰할 만한 역사 자료를 제공할 가능성이 있음을 살펴보았다. 누가가 그의 등장인물의 입을 통해 표현한 연설들도 누가 이전에 있던 내용이며 원시적인 상세사항을 담고 있다는 강한 증거를 제공한다. 그리고 우리는 누가의 사도행전에만 의존하지 않는다. 왜냐하면 바울이 물려받은 광범위한 자료에 대한 언급과 암시를 드러내려고 바울 서신의 표면 아래로 파고드는 일은 어렵지 않기 때문이다. 그런 자료는 기독교 초기 역사의 여러 양상에 대해 증언하며, 그중에는 누가가 확증해주는 부분도 있고 이의가 있는 부분도 있다. 우리는 누가의 자료 및 바울 이전의 자료와 분명히 나란히 유지되었지만 누가와 바울이 대부분 당연하

---

297) 복음서 전승에 흘러 들어간 내용 외에 예수 전승의 또 다른 흐름(들)에 관해서는 §22.1b를 보라.

게 여긴 예수 전승의 흐름을 잊어서는 안 된다. 엄밀히 말해 사도행전과 바울 서신이 그것을 전해주려고 한 것은 아니었기 때문이다.

통틀어 본다면, 기독교의 첫 10-20년을 포함해서 기독교 형성기의 두 번째 국면에 대한 자료는 이 장의 도입부에서 상상했던 것보다 더 탄탄하다. 따라서 제7부를 시작할 수 있는 전망이 좋다.

그러나 먼저 절차에 대해 언급할 필요가 있다. 본서의 초반부는 제1권의 제1부와 제2부의 양식을 따랐고, "역사적 교회 탐구"와 30-70년에 대해 우리가 활용할 수 있는 전승의 출처 및 특징의 분석을 포함한다. 그러나 필자는 이 지점에서 어느 정도 방향을 바꾸었는데, 이는 『예수와 기독교의 기원』에서 예수 사역 자체를 연구하기 전에 예수 사역에 대한 역사적 배경을 (§9) 묘사하려고 애를 썼기 때문이다. 제2권의 바로 이 상응하는 지점에서 그렇게 하려는 마음이 생기기도 한다. 그럴 경우에 필자는 초기 기독교가 나아가게 된 때의 정치와 사회 및 종교 상황에 대해 개관하려고 했을 것이다.[298] 여기에는 서부의 유대인 디아스포라, 기독교가 자리를 잡은 주요 도시들(예루살렘, 안디옥, 에베소, 고린도, 로마), 초기 그리스도인의 사회 환경, 그들이 직면한 주요 철학적·종교적 대항에 대한 묘사가 포함된다.

그러나 그것은 필자가 추구하려는 과정이 아니다. 이제 『생성기의 기독교』(Christianity in the Making)라는 이름으로 진행 중인 이 연구 프로젝트를 처음 마음에 품은 이래로 필자는 "신약사"의 장르에 관해 수년 전에 에드윈 저지(Edwin Judge)가 언급한 내용으로 반복해서 돌아가는 필자 자신을 발견했다.[299] 저지가 보기에, 그런 역사는 다루고 있는 시기에 대한 "조감도"를 현대 저자에게 제공한다. 그 역사는 예루살렘에서 어떤 일이 일어나는 동안 로마에서 무슨 일이 일어났는지 독자에게 알려준다. 그 역사는 서술된

---

298) 예를 들어 H. Koester, *Introduction to the New Testament*. Vol. 1: *History, Culture and Religion of the Hellenistic Age*; vol. 2: *History and Literature of Early Christianity* (Berlin: de Gruyter, 1980; ET Philadelphia: Fortress, 1982)의 발자취를 따라서 말이다.

299) Judge는 주로 Bruce의 *New Testament History*를 염두에 두었던 것 같다.

사건 이전뿐만 아니라 이후의 사건과 상호 참조할 수 있도록 한다. 그 역사는 그것이 기술하는 내러티브의 배우들에게는 완전히 알려지지 않았을 수도 있는 기록물과 두루마리 및 비문에 의지할 수 있다. 그 역사는 다른 역사적 관점에서 사건들을 평가할 수 있다. 문제는 그렇게 함으로써, 서술되는 역사과정 **안으로** 독자들이 들어가는 것을 방해할 수 있다는 것이다. 독자들은 멜로드라마의 시청자와 같은 사람들이 되어 남녀 주인공이 그들을 위협하는지 알아차리지 못한 위험을 인지할 수 있다. 또는 독자는 긴장과 흥분으로 가득한 중요한 축구 시합이 녹화된 것을 시청하지만, 시합의 결과를 알기 때문에 생중계로 보는 사람들처럼 손에 땀을 쥐는 긴장감을 결코 느끼지 못하는 사람과 같다. 초기 기독교 역사도 그렇다. 기독교가 승리하여 로마 제국의 국교가 된다는 것을 이미 아는 상태에서 어떻게 독자가 초기 그리스도인의 불확실한 마음과 공포를 충분히 공감할 수 있겠는가?

물론 참으로 "내부에서" 바라본 기독교의 시작에 대한 역사를 달성하기란 불가능하다. 21세기 독자들은 완전히 객관성을 가지고 앞선 역사의 일부분을 살펴보려고 자신을 자신의 역사에서 분리할 수 없다. 그러나 할 수 있는 일은 가능한 한 초기 그리스도인들의 **지평 안에서** 작업하고, 첫 제자들처럼 팔레스타인 밖에서 무슨 일이 일어났는지 모르는 것처럼 생각하고, 바울과 함께 에베소나 로마에 처음 방문하는 것처럼 들어가며, 초기 신앙인들이 대화가 어디로 이어질지 모른 채 예수 그리스도의 중요성에 대해 고찰한 내용을 엿듣는다고 시도해보는 것이다. 필자는 이 시도가 위험하고, 어쩌면 무모하다고 인정한다. 위에서 언급했듯이, 필자는 『생성기의 기독교』의 첫 권에서 이 길로 모험을 처음 떠났는데, 주요 용어의 "역사적 상황 속 의미"를 통해 분석을 진행하려고 한 점과 그런 용어들의 의미의 지평이 밀려나는 과정에 있었다는 사실("과도기에 있는 개념")이 더 인정받지 못한 데 다소 실망했다.[300] 그러나 필자는 그 시도가 여전히 가치 있다고

---

300) §20 n. 4을 보라.

믿으며, 독자들이 살아 있는 체험이라는 약간의 실존적 흥분과 더불어, 단순히 역사 및 신학 병리학자의 임상적 관심에서가 아니라, 역사 과정의 "내부에서" 형성 중인 기독교를 조금이나마 경험했으면 하는 소망을 소중히 간직한다. 이것이 이 삼부작의 타이틀을 나의 전작인 『생성기의 기독론』 (Christology in the Making)과 유사한 『생성기의 기독교』(Christianity in the Making)로 정하는 위험을 감수한 주요 이유다. 왜냐하면 필자의 주된 관심이 두 경우 모두 "생성되는" 과정을 더 자세히 인식하는 데 있기 때문이다.

따라서 필자의 절차는 새로운 운동의 각 단계를 다룰 때마다 각 단계의 배경을 설명하는 것이다. 예를 들면 디아스포라 유대교에 대해 바로 서술하기보다는, 어떻게 디아스포라 유대교의 실체가 초기 제자들에게 그 영향력을 점차 확대했는지를 어렴풋이 반영해서, 그 실체가 우리에게 조금씩 영향을 주도록 하는 것이 더 적절하다(§24, 27, 29). 마찬가지로 고린도로 확장된 바울의 선교는 그가 그곳에서 무엇을 보았고 경험했는지에 대해 서술하기에 적합한 장소다(§31). 사실상 "역사적 상황"이라는 긴 장이 될 수 있었던 것은 나눠졌고, 나뉜 항목들은 발전의 각 단계마다 발생한 사건을 더 잘 이해하기 위해 필요한 만큼 따로 다루었다. 필자의 바람은 이렇게 해서 이런 발전들 다수가 야기한 충격과 놀라움을 더 분명히 하는 것이다. 그러면 자신들에게 불확실한 미래였던 모험 안으로 들어간 사람들의 담대함을 더 잘 이해할 수 있을 것이다. 이미 20장(§20)에서 필자는 문제가 어떤 것인지 대략 언급했다. "기독교"는 언제 시작했는가? 역사적으로 더 정확한 칭호나 표현을 사용할 수 있는가? 이제 우리의 과제는 형성되어가던 기독교를 가능한 한 경험하는 것이고, 어떻게 "기독교"가 그 호칭의 내용을 얻었으며, 그리스도인이 되는 것의 특징이 무엇이었고 또한 무엇인지를 살피는 데 있다.

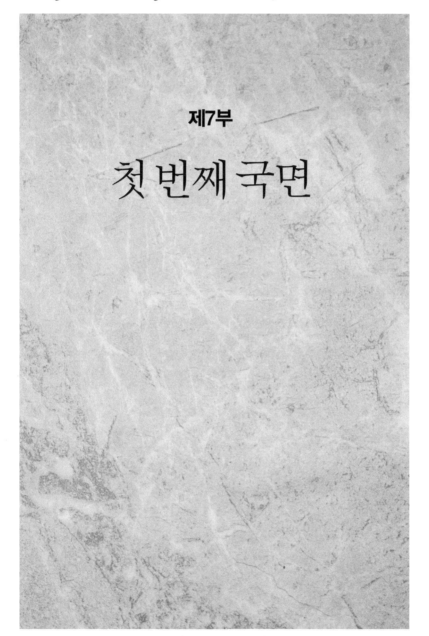

제7부

첫 번째 국면

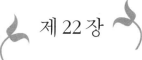

제 22 장

예루살렘에서 시작함

22.1 한 공동체인가? 여러 공동체인가?

기독교 혹은 신생 기독교는 처음에 어떻게 등장했는가? 답은 언뜻 보기에 간단하다. 사도행전의 첫 몇 장에서 누가는 예루살렘에서 시작한 교회에 대해 이야기하는데, 그 교회는 기독교의 모교회이며 새 종교의 시작이다. 교회가 태어난 구체적인 날과 심지어 시간을 누가가 제공한 정보를 통해 알 수 있는데, 그때는 예수가 처형된 유월절 이후 오십 일째 날인 오순절 오전 9시 바로 전이다!(행 2:1, 15)

그러나 이 문제는 누가의 매력 있는 묘사가 시사하는 것처럼 그렇게 간단하지 않다. 고려할 중요한 사항이 두 가지 있다.

a. 종교사에서 경계할 이야기

우리는 기독교가 세상에서 하나의 종교 세력으로서 그 출생이 독특하다고 가정하며 시작해서는 안 된다. 사실 첫 시작은 나중에 그 종교나 운동에 헌신한 사람들이 보통 인정하는 것보다 대체로 훨씬 더 혼란하고 복잡하다. 기독교는 오랫동안 확립되어 존재했던 제2성전기 유대교라는 모체에서 출생했기 때문에, 이 경우 가장 비슷한 것은 기독교 내에서 새롭게 발전한 교파일 것이다. 16세기 종교개혁과 18세기 감리교, 20세기 오순절주의의 출현은 더 큰 모체 안에서 일어난 갱신 운동으로 성장하여 모체에서 독립한 초기 기독교의 첫 등장과 특징을 공유한다.[1] 그러나 각 경우에 출현의 과정은 결코 간단하지 않았고, 그 결과물을 하나의 실체로 그려내기는 어렵다.

프로테스탄트주의의 출현에 관한 한, 우리가 추적해야 할 경로는 루터주의와 개혁교회의 어느 정도 갈라진 경로만이 아니다. 또한 성공회(잉글랜드의 종교 개혁), 회중주의자, 재세례파와 기타 보다 급진적인 개혁자들, 보헤미아의 후스파 및 이탈리아의 발도파와 같은 선구자들, 또한 네덜란드의 공동생활 형제단을 포함해야 한다. 감리교의 출현과 관련해서는, 웨슬리 형제와 헌팅던 백작 부인의 커넥션(the Countess of Huntingdon's Connexion), 감리교 뉴 커넥션(Methodist New Connexion), 원시 감리교 전통의 초기 발전만이 아니라 조지 휫필드(George Whitefield)도 고려해야 한다. 그리고 그다음에 성공회에 남은 친 복음주의자와 미국의 회중 감리교주의의 발달이 있다. 오순절주의와 관련해서는, 오순절주의의 출현을 단순히 1906년에 로스앤젤레스 아주사 거리(Azusa Street)에서 일어난 오순절 같은 부흥으로 추적할 수는 없다. 하나님의 성회(The Assemblies of God)는 그때를 시작으로 볼 수 있지만, 클리블랜드 하나님의 교회(the Church of God, Cleveland)의 시작에는 다른 이야기가 있으며, 오순절 성결 운동의 전통은 또 다르다. 영국에는 하나님의 성회와 함께, 자신들의 시작에 대해 각각 자신들의 이야기가 있는 엘

---

1) 첫 두 경우의 "모체"는 분명하다. 즉 중세 서구 (가톨릭) 교회와 성공회다. 세 번째 경우는 19세기 북미에 다소 널리 퍼진 경건 운동을 언급해야 한다.

림 오순절(Elim Pentecostal) 교회와 사도 교회(Apostolic Church)도 있다.[2]

따라서 과도한 의심을 하지 않더라도, 누가가 제시한 뒤따라올 모든 것(기독교)의 기원에 대한 시간과 장소는 그가 장미빛 안경을 쓰고서 이런 기원들을 회상한 결과가 아니냐는 의문을 가질 수 있다. 또는 더 안 좋게 말해서, 그는 어쩌면 편파적 입장을 받아들여 훨씬 더 엉망이고 분열된 시작에 온전히 주목했을 것이다. 아마도 심지어 그의 내러티브는 예루살렘에서의 시작을 단순히 확증하기 위해서뿐만 아니라, 자신이 서술하기 시작한 그 운동의 기원과 초기 확장에 관한 다른 출처 및 기원의 존재를 부정하려고 그 주제에 고의로 침묵하여 논쟁의 우위를 점했을 수도 있다.

이러한 추측들은, 검토해보아야 할 가정들에 기반을 둔 기독교의 기원에 관련된 증거를 다루고 있음을 독자들에게 단순하게 상기시키려고 제시되었으며, 또한 연역적으로 배제할 수 없는 가능성들도 있음을 알리기 위해서이고, 증거에 담겨 있을지 모르는 모든 암시와 함축을 향해 눈과 귀를 열도록 도움을 주기 위해서다. 제1권의 도입부에서[3] 필자는 다양한 지중해 주요 거점도시들에 자리 잡았던 기독교 초기 형태가 하나같이 "정통적"이었고 "이단"은 늘 순수한 원조의 타락으로부터 등장했다는 전통적인 견해에 맞선 바우어의 도전을 회상했다. 바우어는 기독교의 초기 형태가 이전에 생각했던 것보다 훨씬 더 "혼합체"였다고 정반대로 논증했다. 그는 "정통"이 승리한 종파, 즉 다른 설명의 모든 기억과 기록을 지우고 기독교의 기원에 자신의 설명을 덧씌우는 데 성공한 종파라고 주장했다.[4] 바우어

---

2) 세 가지 중 마지막이 덜 알려졌을 수 있기 때문에, 필자는 단지 W. J. Hollenweger, *The Pentecostals* (London: SCM, 1972)와 V. Synan, *The Holiness-Pentecostal Movement in the United States* (Grand Rapids: Eerdmans, 1971, [2]1997)를 인용한다.

3) *Jesus Remembered*, §1.

4) W. Bauer, *Rechtgläubigkeit und Ketzerei im ältesten Christentum* (1934, [2]1964), ET *Orthodoxy and Heresy in Earliest Christianity* (Philadelphia: Fortress, 1971). 또한 Wilken, *Myth*를 보라. "정통/이단"이라는 문제를 유대교에 적용해본 흥미로운 시도는 D. Boyarin, *Border Lines: The Partition of Judaeo-Christianity* (Philadelphia: University of Pennsylvania, 2004)를 보라.

의 논증이 옳다고 추정하지 않고(이 주장은 중대한 비평 대상이었다[5]), 2세기 기독교에 대한 그러한 논쟁이 있다는 사실은 1세기 기독교의 출현에 대해서도 그와 유사한 토론의 타당성을 배제해서는 안 된다고 경고한다.

b. 신약성경 내 암시

기독교의 시작에서 현대 학계가 중요시하고 인정하는 가정은 예수를 추종하는 공동체의 존재인데, 이는 40년대와 50년대 내내 갈릴리에 계속 존재했고, 예수의 고난으로 절정에 이르는 마가복음을 형성한 초기 전승과는 아주 독립적인 예수에 관한 기억과 가르침을 유지했을 공동체다. 이 공동체는 『예수와 기독교의 기원』, §7에서 언급된 소위 Q 공동체인데, 이와 관련된 주장은—예수의 가르침에 초점을 두었으나 수난 이야기가 결핍된 Q 문서를 보면—예수를 단지 지혜의 교사로 여겼고 예수의 죽음에 마가가 부여한 중요성을 전혀 인식하지 못한 한 공동체의 존재가 입증된다는 주장이다. 필자는 이미 이 가설이 설득력이 거의 없다고 언급했다.[6] 한 공동체가 오로지 **한** 문서 혹은 예수 전승의 한 유형만을 알고 있었거나 가지고 있었다는 가설은 이미 설득력이 없다(그들은 예수의 행위에 관한 전승은 무시하고 오직 예수의 가르침에 관한 전승만을 소중히 여기기로 작정했는가?). 이 한 문서로 그 공동체를 정의하고 그 공동체의 특성 및 구별된 강조점을 읽어 낼 수 있다는 가설은 더욱 가당치 않다. Q 자료가 언제 기록되었는지에 대한 불명확

---

5) 예. T. A. Robinson, *The Bauer Thesis Examined: The Geography of Heresy in the Early Christian Church* (Lewiston: Mellen, 1988)를 보라.

6) 또한 A. J. Hultgren, *The Rise of Normative Christianity* (Minneapolis: Fortress, 1994), 31-41의 비평을 보라. 필자의 비판은 J. Schröter, 'Jerusalem und Galiläa. Überlegungen zur Verhältnisbestimmung von Pluralität und Kohärenz für die Konstruktion einer Geschichte des frühen Christentums', *NovT* 42 (2000), 127-59에까지 확대되었다. 그러나 "일관성 내 다원성"(159)이라는 그의 결론적 묘사는 "예수 죽음 이후 첫 수년과 수십 년간 기독교의 선교와 확장은 완전히 통일성이 부족한 현상이었다"(*Introduction*, 2.94)라는 Koester의 결론을 한층 발전시킨 환영할 만한 견해다.

함은 말할 것도 없이, Q 문서의 범위와 내용이 심각한 논쟁에 노출되어 있음을 상기한다면 이 가설은 한층 더 현실성이 없어진다. 필자는 갈릴리의 특징을 강하게 띠며 수난에 맞춘 관점을 적게 보여주거나 아예 보여주지 않는 예수 전승에 대한 가장 좋은 설명은 그 전승의 현재 형태가 예수의 갈릴리 사역 중에 이미 갖추어졌다는 견해라고 여전히 생각한다.[7]

그러나 그렇다고 하더라도, Q 공동체를 옹호하는 사람들은 예루살렘과 독립적으로 계속 존재한 갈릴리 공동체의 존재를 가정하는 20세기 학계의 유일한 사람들이 아니다.[8] 특히 고려해야 할 내용은 예수의 제자들이 갈릴리에 계속 있었다는 사실에 대한 이상한 침묵이다. "갈릴리…교회"라는 유일한 언급이 사도행전 9:31에 등장한다. 혹자는 예수가 갈릴리 마을들에 끼친 영향력이 이 한 번의 언급이 드러내는 것보다 더 지속적인 효과가 있었다고 생각할 것이다.[9] 그러면 필자가 용인한 것보다 "갈릴리 Q

---

7) *Jesus Remembered*, §7.4; 또한 *New Perspective on Jesus*, 26-28을 보라. 또한 M. Frenschkowski, 'Galiläa oder Jerusalem? Die topographischen und politischen Hintergründe der Logienquelle', in Lindemann, ed., *The Sayings Source Q and the Historical Jesus*, 535-59; B. A. Pearson, 'A Q Community in Galilee?', *NTS* 50 (2004), 476-94을 보라.

8) E. Lohmeyer, *Galiläa und Jerusalem* (Göttingen: Vandenhoeck und Ruprecht, 1936); L. E. Elliott-Binns, *Galilean Christianity* (London: SCM, 1956), 43-53; W. Schmithals, *Paul and James* (1963; London: SCM, 1965): "예루살렘이 아니라, 갈릴리가 기독교의 고향이다"(33); L. Schenke, *Die Urgemeinde. Geschichtliche und theologische Entwicklung* (Stuttgart: Kohlhammer, 1990)은 부활 후 첫 "기독교" 공동체를 형성한 작은 예수 제자 집단이 팔레스타인 전역에 흩어져 있었다고 상상한다(23; 그리고 추가로 9-10장). 그런 논지를 향한 이전의 반응은 Weiss가 명확하게 표현한다. "대중의 견해와는 반대로, '갈릴리 전승'은 공상의 산물로 여겨져야 한다"(*Earliest Christianity*, 1.18). L. Goppelt, *Apostolic and Post-Apostolic Times* (London: Black, 1970)는 논쟁을 퉁명스럽게 마무리한다: "예루살렘과 다른 그 자신만의 전승을 발전시킨 '갈릴리 교회'는 결코 존재하지 않았다"(22). M. Hengel and A. M. Schwemer, *Paul between Damascus and Antioch* (London: SCM, 1997): "복음서들을 근거로 하여 특히 부활절 이후 선교 활동에 열심이었던 갈릴리 공동체를 이방인 선교의 창시자들로 보려는 접근은 양식비평의 오용이다"(30-31).

9) 랍비 전통은 갈릴리에 있는 *minim*("이단자들")을 언급하는데, 이는 적어도 그리스도인들(그리스도인 유대인들)을 포함했을 것이다. R. T. Herford, *Christianity in Talmud and Midrash* (London: Williams and Norgate, 1903)의 증거 자료와 토론을 보라. 그러나 그들이 유대인 공동체들의 (논란이 있는) 일부였을지라도, 그들이 예수의 원래 선교 때 혹은 단지 그 후에 유래했는지는 알 길이 없다. 필자는 제3권에서 이 논제를 다룬다.

공동체" 가설에 더 중요한 어떤 것이 있을 수 있었을까? 갈릴리에서 지속된 예수의 사역의 결과가 주류 안에 있는 누가와 다른 사람들이 기록하지 않기로 선택한 형식을 취했기 때문에 사도행전과 다른 신약성경 저자들이 갈릴리 기독교에 대해 침묵했을까? 이 논제를 확대하면, 제임스 로빈슨(James Robinson)과 헬무트 쾨스터(Helmut Koester)가 신약성경 안으로 다른 궤적을 소급함으로써 실행하려고 시도했던 것처럼, 2세기 기독교 기원의 완성되지 않은 다양성에 관한 바우어의 논증을 더 확고하게 1세기에 적용시켜야 하는가?[10] 버튼 맥(Burton Mack)이 추구한 의제는 같은 논리의 극단적예다.[11]

그리스도와 관련해서 자신들을 정의하지만 자신들의 기원을 예루살렘에 두지 않는 집단으로 알려진 다른 집단들에 대한 신약성경의 암시를 상기하면 줄거리가 더 복잡해진다. 특히 마가복음 9:38-40/누가복음 9:49-50에서 회상한 흥미로운 작은 일화를 생각하게 되는데, "예수 이름으로" 축귀를 행했으나 "우리와 함께하지" 않은 어떤 한 사람에 대한 이야기다. 그 일화는 예수의 사역 안에 위치하며, 이는 의심할 이유가 없다. 그러나 첫 그리스도인들이 "우리와 함께하지 않는" 예수를 따르는 자와 대면했을 때, 그들이 어떻게 해야 하는지 보여주기 위해 이 일화가 간직되어 재활용되었는가? 그다음 동일하게 호기심을 끄는 일화가 사도행전 18:24-19:7에 있다. 먼저, "주의 도를 배웠으나" 요한의 세례만을 아는 아볼로에게는 "더 정확한" 가르침이 필요했다(18:25-26). 예루살렘의 오순절 사건에서 유래한 주류에 속한 사람이 어떻게 그럴 수 있었는가? 그리고 그다음은 오순

---

10) Robinson and Koester, *Trajectories*, 특별히 Koester의 소논문 'Gnōmai Diaphoroi: The Origin and Nature of Diversification in the History of Early Christianity'(*HTR* 58 [1965], 279-318을 재인쇄했다) 그리고 'One Jesus and Four Primitive Gospels'(*HTR* 161 1968], 203-47을 재인쇄했다). 필자는 제3권에서 묵시 복음서들을 다시 다룰 텐데, 그 동안에는 *Jesus Remembered*, §§7.6, 8을 보라.

11) Mack, *The Christian Myth*. 필자는 그 어떤 가치 있는 결과들을 얻지 못한 그 의제의 완전한 실패를 이미 언급했다(§21 n. 135).

절은 말할 것도 없이, 요한의 세례만 알았고 심지어 "성령이 계심도 들어보지도 못한" 열두 "제자들"이다(19:2-3). 그런 제자들은 어디에서 왔는가? 만일 그들이 그렇게 조금밖에 알지 못했다면, 어떤 의미에서 그들은 "제자"인가?[12] 다른 이들은 고린도와 다른 지역에서 바울이 직면한 문제를 비기독교 자료가 아닌 오히려 다양한 기독교 자료에서 추적이 가능하다고 짐작한다.[13] 그러나 우리는 누가가 사도행전에서 모든 것을 말하는지 의심할 만한 충분한 이유를 이미 지적했다. 그리고 이것은 누가가 그가 서술하기로 선택한 역사 안에서 다소 불미스러운 몇몇 일화를 언급하지 않으려고 했다는 앞서 관찰한 내용에서 어느 정도 지지를 받는다.[14]

어쩌면 무엇보다도 초기 예루살렘에 관한 누가의 설명이 시사하는 내용은 누가가 어느 정도 선택적이고 편향되었다는 것이다. 그러나 이에 대해서 더 자세히 검토할 필요가 있다.

22.2 부활절과 오순절 사이

누가는 기독교의 "도약대"인 오순절(행 2장)을 설명하기 전에, 제자들 앞에 나타난 예수 이야기(1:1-8), 40일 후에 하늘로 들려 올라간 예수(승천, 1:9-11), 제자들이 예루살렘 "다락방"에 머묾(1:12-19), 그리고 유다의 계승자 선택(1:15-26)에 관한 보도로 50일을 채웠다. 이 경우에는 명확한 역사적 관점을 얻기가 너무나도 어렵다. 누가의 복음서와 사도행전 사이에 있다고 이미

---

12) *Jesus and the Spirit*에서 필자는 누가가 다메섹 공동체의 기원을 설명하지 않았다고 언급했다(9:2, 10, 19), n. 8에서 언급한 학자들은 갈릴리의 영향 때문으로 본다(137 그리고 n. 8). 그러나 8:1-3과 9:1-2의 함의는 다메섹 제자들이 예루살렘에서 그곳으로 도망쳤다는 것이다.

13) 예. Robinson and Koester, *Trajectories*, 40-46을 보라.

14) 위 §21.2d(4)을 보라

언급된 병행구에[15] 누가복음 1-2장과 사도행전 1장 사이의 병행구를 추가할 수 있을지도 모른다. 누가의 첫 책을 여는 장에서 가장 오래된 전승을 구분하기 어렵다는 사실은 예수에 대한 역사적 설명이 사실상 예수의 사명과 함께 시작해야 한다는 의미다.[16] 그래서 기독교의 시작을 역사적으로 설명하려고 할 때, 누가의 두 번째 책의 도입부에서 확고한 역사적 기반을 발견하는 데서도 비슷한 어려움을 겪게 된다.

사도행전 1장은 기독교의 시작의 역사를 재구성하려 할 때 일련의 중요한 시험 사례를 제공하므로 상당한 관심을 요구한다. 수많은 질문이 바로 제기된다.

a. 예수의 출현이 예루살렘으로 제한되었는가?(행 1:1-8)

앞서 고찰한 내용을 고려하면(§22.1), 한 가지 특징이 즉시 시선을 끈다. 누가가 예수의 출현을 예루살렘으로만 제한했다는 사실이다. 사도행전의 설명에서 이 요점은 그리 명백하지 않다. 그러나 그것은 누가복음 마지막 문단에서 이미 명확하게 언급되었으며, 그곳에서 부활 후 예수가 (예루살렘에서) 제자들에게 나타난 첫날 저녁에, 제자들은 분명하게 "[오순절에] 너희는 위로부터 능력으로 입혀질 때까지 예루살렘에 그대로 있으라(kathisate)/머물라"는 말씀을 들었다(눅 24:49). "사도와 함께 모이사 그들에게 분부하여 이르시되 '예루살렘을 떠나지 말고 내게서 들은바 아버지께서 약속하신 것을 기다리라'(행 1:4)는 사도행전의 설명은 분명히 그 가르침을 반영한다. 다른 세 복음 전도자가 입증한[17] 예수의 갈릴리 출현을 기억하는 사람들에게는 누가가 이 점을 반복하여 강조한 것이 기이하게 보였을 것이다.

그뿐만 아니라, 누가는 예수의 갈릴리 출현에 대한 모든 전승을 배제

---

15) 위 §21 n. 45을 보라.

16) 위 *Jesus Remembered*, §11.1을 보라

17) 상세한 내용은 *Jesus Remembered*, §18.3을 보라.

하려고 애를 쓴 것으로 보인다. 여인들에게 "가서 그의 제자들과 베드로에게 이르기를 **예수께서 너희보다 먼저 갈릴리로 가시나니** 전에 **너희에게 말씀하신 대로** 너희가 거기서 예수를 뵈오리라"(막 16:7. 14:28을 재언급함)고 명령한 청년에 관한 마가의 설명이 어떻게 바뀌었는지는 주목할 필요가 있다. 여기서 마태는 마가를 따른다(마 28:7). 그러나 누가는 그 대신 "**그가 갈릴리에 계실 때에 너희에게 어떻게 말씀하셨는지** 기억하라.···인자가 반드시 넘겨져야"(눅 24:6-8) 한다고 말했다. 누가가 앞선 마가의 약속("내가 살아난 후에 너희보다 먼저 갈릴리에 가리라", 막 14:28)을 단순히 누락했으므로, 그가 이 지점에서 의도적으로 마가복음을 편집했다는 결론을 피하기 어렵다.[18] 이 경우 명백하게 함의되는 점은 누가는 예루살렘을 둘러싼 이 40일 간의 사건에 집중하길 원했고[19] 다른 장소에서 나타난 예수에 대한 내용을 고의로 제외했다는 것이다.

누가가 그렇게 한 동기가 단순히 문장을 깔끔하게 다듬으려고 했기 때문은 아니었을 것이다. 여기에는 신학적 의도가 분명히 있다. 또한 그 의도는 사도행전의 처음 다섯 장에 제시된 내러티브가 온전히 예루살렘에 집중한 데서 분명히 드러나고, 그 과정에서 신생 교회의 예루살렘 지도층이 기독교 선교에 있어 처음 세 가지의 획기적인 진전을 감독하고 승인했다는 면에서 명백히 드러난다.[20] 누가는 예루살렘이 기독교 선교의 중심이며 근원이라는 신학적·교회적 관점을 유지하기 원했으며, 그래서 어쩌면 예루살렘 교회의 관점을 반영할 뿐만 아니라 새 운동과 옛 이스라엘 간의 연속성도 유지했을 것이다.[21] 그러나 또한 누가가 이렇게 한 것이 다른 시

---

18) 예. I. H. Marshall, *The Gospel of Luke* (NIGTC; Exeter: Paternoster, 1978), 886; Fitzmyer, *Luke*, 1545. 그러나 Weiss는 "'갈릴리 전승'[즉 "갈릴리로의 도피"에 대한 전승]을 환상의 산물로 봐야만 한다"는 주장을 유지했다(*Earliest Christianity*, 16-20).

19) 엠마오는 예루살렘에서 단지 약 11km 즉 걸어서 3시간 정도 되는 곳이기 때문에, 눅 24:13-32은 예루살렘을 향한 초점을 약하게 하지 않는다. 특별히 뒷이야기는 두 제자가 예루살렘으로 돌아간 내용이기 때문이다(24:33).

20) 행 8:14-25; 11:1-18, 25-26.

21) 추가로 Fitzmyer, *Luke*, 164-68과 n. 48을 보라.

작을 증언하는 목소리 혹은 기독교로 자라난 운동의 시작이 자신들에게 있다고 주장하는 다른 사람들을 침묵시키려 했다고 추론해야 하는가?

b. 왜 40일인가?(행1:1-8)

사도행전(눅 24:50-51과 대조하라)에서 누가는 부활 후 예수가 나타난 기간이 "40일 동안"(행 1:3; 비교. 13:31, "많은 날 동안")이라고 매우 명확히 한다. 여기서도 다른 복음서와 약간의 긴장이 있는데, 예수의 출현이 부활 후 일주일 뒤에 일어난 요한복음 20:26-29과 달리 공관복음서에서는 예수가 부활하신 바로 그날 예루살렘에 나타났다. 동시에 갈릴리에서의 출현에 대한 전승을 포함하면 불가피하게 연대표를 상당히 확대해야 한다. 요한복음 21장 전승은 예수의 출현에 앞서 어느 정도 시간이 지났음을 암시하는 듯하다 (21:3). 그러나 정작 문제는 고린도전서 15:5-8에서 바울이 기록한 초기 전승을 참조할 때 일어나는데, 부활 후 예수가 나타난 기간이 적어도 40일을 훨씬 넘긴다고 예상되기 때문이다. 개연성이 가장 커 보이듯이,[22] 이는 그 목록이 적어도 부분적으로라도 연대기 순서를 따랐음을 추정한다.[23]

- "오백여 형제에게 일시에" 나타나신 일(고전 15:6)은 40일이라는 기간에 여느 때보다 더 많은 수의 제자들이 있었음을 전제한다. 어쩌면 그 일은 진행 중인 새 운동의 첫 확장 후에 발생했을 텐데, 누가의 연대표를 따르면 이는 오순절 이후다.

---

22) 일련의 *eita...epeita...epeita...eita*("그 후에…그 후에…그 후에…그 후에") 뒤에 *eschaton de panton*("맨 나중에")이 뒤따르는데, 이는 발생 시간의 순서로 읽는 것이 가장 자연스럽다 (BDAG, 361).

23) 예. H. Grass, *Ostergeschehen und Osterberichte* (Göttingen: Vandenhoeck und Ruprecht, 1956), 96-98; R. H. Fuller, *The Formation of the Resurrection Narratives* (London: SPCK, 1972), 28-29; C. Wolff, *Der erste Brief des Paulus an die Korinther.* Vol. 2 (THNT; Berlin: Evangelische, 1982), 166.

- 야고보에게 나타나신 것은 확인할 수 없으나(비교. 행 1:14),[24] "모든 사도"에게 나타나신 일은(고전 15:7) 자신들이 선교의 부름을 받았다고 믿는 한 커다란 무리("사도들")의 출현을 전제한다. 그들의 위임은 예루살렘을 넘어선 선교의 첫 주요 확장의 전조이며 그것을 설명하는 데 도움을 준다.[25]
- 바울에게 나타나심(15:8)은 대체로 부활 후 약 18개월에서 3년 사이에 일어났다고 간주된다.[26] 조금만 생각해도, 그런 오랜 공백 후에[27] 예수가 자신에게 나타나셨다는 바울의 주장이 (의심이 심한 제자들에 의해) 받아들여졌을 개연성은 적다. 유일하게 인정된 예수의 나타나심이 오래전인 부활 후 40일 뒤에 중단되었다면 말이다.[28]

이 점들을 고려하면, 인지된 나타나심을 확대하기보다는 그 횟수를 제한하려고 시도했을 가능성이 훨씬 높다. 누가가 취한 방법은 예수의 출현을 사도행전 1:1-11의 40일로 제한한 것이다. 물론 그렇게 해서, 그는 예수가 사도를 세우기 위해 나타나셨던 일과 그리스도의 부활에 대한 증언에서 바울을 사실상 제외했으며(1:21-22), 일부러 그렇게 했다고 보인다. 14:4-14에도 불구하고 누가는 바울을 열두 제자와 동등한 인물로 받아들이지 않았다![29] 동시에 우리는 바울도 예수의 인지된 출현과 사도를 세우기 위해 나타나심을 제한할 필요를 느꼈다는 사실을 인식해야 한다. 바울

---

24) *Jesus Remembered*, 862-64을 보라. Wilckens는 예수가 나사렛에서 야고보에게 나타났다고 생각한다(*Theologie*, 1/2.129).

25) 이미 언급했듯이, "사도"계는 열둘보다 더 컸는데, 이는 안드로니고와 유니아를 포함하고, 여성들(Stuhlmacher, *Biblische Theologie*, 1.212), 아볼로(고전 4:9), 바나바(갈 2:8-9) 및 실루아노(살전 2:6-7)를 포함했다(롬 16:7). "사도"에 관한 참고문헌은 아래 §29 nn. 47, 49을 보고, 바나바에 관해서는 특별히 M. Öhler, *Barnabas. Die historische Person und ihre Rezeption in der Apostelgeschichte* (WUNT 156; Tübingen: Mohr Siebeck, 2003), 10-15를 보라.

26) 아래 §28.1을 보라.

27) 누가가 표시하고(행 9:26) 바울이 암시한 것처럼(갈 1:18-20) 말이다.

28) 추가로 필자의 *Jesus and the Spirit*, 143-46을 보라

29) 예. Barrett, *Acts*, 1.671-72의 토론을 보라. 바울의 사도 지위 주장에 반대하는 전승의 영향을 누가가 받았다는 증거가 여기에 있는가?(§21 n. 127) 이 전승은 *Epistula Petri* 2.3의 논쟁으로 결론을 내렸다. Ps-Clem., *Hom.* 17.18-19(*Unity and Diversity*, §54.2b를 보라).

은 "모든 이 중 마지막"(eschaton de pantōn)에 예수를 보게 되었고, 자신이 거듭날 때 사도로 세우기 위한 예수의 (곧 중지될) 나타나심에 억지로(ektrōma, "만삭되지 못하여 난", 고전 15:8) 노출되었다.[30] 그러므로 부활 출현 전승을 이용하여 예수에 대한 기억 및 전승을 공인하거나 정당화할 수 있는 위험은 이미 인지되었을 수 있다.[31]

왜 40일인가? 왜 30일이나 50일이 아닌가? 여기서 답은 어림짐작일 뿐이다. 물론 누가가 다양한 40일 전승, 즉 광야에서의 이스라엘의 40년(출 16:35), 시내산에서 모세가 40일 주야를 머무름(왕상 19:8), 다윗의 40년 통치(왕상 2:11), 호렙산을 향한 엘리야의 40일간 여정(왕상 19:8), 광야에서의 예수의 시험(막 1:13)과 같은 전승을 단순하게 받아들여서 자신의 내러티브에 40일을 사용했을 수 있다.[32] 필자가 추측하기로는 첫 오순절 전승, 즉 그리스도인의 공동 기억 속에 첫 번째 위대한 성령 경험에 대한 전승이 그다음 순례 축제에서 일어난 것으로 이미 충분히 확립되었다.[33] 숫자 40은 50 이전의 가장 분명한 어림수다.[34]

부활 출현 기간을 40일로 택한 누가의 이유가 무엇이든지 간에, 작용하고 있는 또 다른 신학적 고려사항을 언급해야 한다. 10일이라는 간격

---

30) Dunn, *Jesus and the Spirit,* 101-102. A. C. Thiselton, *1 Corinthians* (NIGTC; Grand Rapids: Eerdmans, 2000), 1208-10의 토론. 또한 아래 §25 n. 142를 보라.

31) 우리는 출현 기간을 더욱 길게 잡은 영지주의계의 후기 전통들도 알고 있다. 이레나이우스에 따르면 18개월이고(*Adv. haer.* 1.3.2; 1.30.14), *The Apocryphon of James* (Schneemelcher, *NTA,* 291)에 따르면 550일이며, *Asc. Isa.* 9.16에 따르면 545일이다. Harnack가 언급했듯이, 이 기간들은 바울의 개종을 포함한다. 더 상세한 내용은 K. Lake, 'The Ascension', *Beginnings,* 5.20; A. Grillmeier, *Christ in Christian Tradition.* Vol. 1: *From the Apostolic Age to Chalcedon (AD 451)* (London: Mowbrays, ²1975), 75-76을 보라.

32) 이것이 누가복음 내 승천 논의에서 나온 40일에 관한 가장 흔한 설명이다(예. Jervell, *Apg.,* 111).

33) Dunn, *Jesus and the Spirit,* 139-42. 그리고 추가로 아래를 보라(§22.3).

34) G. Lohfink, *Die Himmelfahrt Jesu. Untersuchungen zu den Himmelfahrts- und Erhöhungstexten bei Lukas* (Munich: Kösel, 1971), 184-86. S. G. Wilson, *The Gentiles and the Gentile Mission in Luke-Acts* (SNTSMS 23; Cambridge: Cambridge University, 1973): "40일이 누가에게 성령 오심의 날짜를 오순절로 잡도록 강제한 것이 아니라, 오순절이 누가에게 40일을 사용하도록 했다"(100). Haenchen, *Acts,* 141 n. 1,172, 174과 대조하라.

은 예수 시대와 성령 시대를 명백히 구별하며, 부활하신 예수의 출현과 성령 부으심을 구별한다.[35] 어떤 면에서 인식 가능한 부활 출현의 기간을 제한해야 할 필요성과 유사하게, 부활 출현을 성령의 영감 및 위임과 명확히 구별할 필요가 있다는 인식이 이미 있었을지도 모른다(비교. 행 2:1-4; 4:8, 31; 10:19-20; 13:3).[36] 이유는 역시 명백하다. 부활 후 예수의 나타나심을 보았다는 주장에는 그 어떤 성령 경험에 대해 주장할 수 있는 중요성을 훨씬 더 초월하는 공인과 정당성에 대한 권리가 있었다.[37]

이 토론은, 예수의 출현에 관한 그의 설명을 예루살렘 및 한정된 기간으로 제한함으로써 누가가 기독교의 시작에 관한 전승에 과한 물리력을 적용했는지에 대해 더 명확하게 말해주지 않았다. 그러나 이는 그가 기독교의 시작에 대한 이 내러티브를 형성하게 한 것으로 보이는 강렬한 신학적 관심사를 많이 강조한다.

---

35) J. F. Maile, 'The Ascension in Luke-Acts', *TynB* 37 (1986), 29-59(여기서는 48-54)과 대조하라: "누가 신학의 연속성을 전달하는 수단." W. Kasper, *Jesus the Christ* (London: Burns and Oates, 1977)─부활절 이야기와 교회의 시작의 중복을 제공하는 승천(148). 동시에 이는 "증인"인 제자들이 중요한 연속성의 요소를 제공한다는 점을 부인하지 않는다(Lohfink, *Himmelfahrt*, 267-72).

36) 예. Conzelmann, *Theology of St. Luke*, 203-204, Fitzmyer, *Acts*, 208-11. 이는 E. von Dobschütz, *Ostern und Pfingsten* (Leipzig, 1903), 31-43의 자주 반복되는 논지, 즉 오순절에 대한 서술이 500명 이상에게 나타나셨다는 내용(고전 15:6)의 이문으로 시작했다는 논지와 대조된다. 그러나 J. Kremer, *Pfingstbericht und Pfingstgeschehen. Eine exegetische Untersuchung zu Apg., 2,1-13* (SBS 63/64; Stuttgart: KBW, 1973), 232-37과 필자의 *Jesus and the Spirit*, 144-46(397 n. 40에 있는 다른 참고문헌. Barrett, *Acts*, 109과 Wedderburn, *History*, 26은 그 가정에 어느 정도 지지를 보여준다)을 보라. G. Kretschmar는 승천과 오순절을 같은 날로 잡은 수리아와 팔레스타인 교회들(이르면 3, 4세기)의 전승을 입증한다 ('Himmelfahrt und Pfingsten', *ZKG* 66 (1954-55), 209-53). 이 전승이 이른 전승이라면, 누가가 그 둘을 분명하게 분리한 어떤 동기를 제공했다고 볼 수도 있다.

37) 예를 들어, 바울이 고전 7:40에서 논증한 것보다 갈 1:11-12, 15-16과 고전 9:1-2에서 훨씬 강하게 제기한 주장을 비교하라.

c. 사도행전 1:1-8에서 누가의 독특한 강조들

또한 누가가 명백하게 자신의 독자에게 관철하길 원했던 관심사의 분명한
표지들이 지닌 여타 특징은 주목할 만한 가치가 있다.

(1) 누가는 첫 책에서 상술한 예수의 행함 및 가르침 그리고 40일 동안
예수가 말한 내용 사이의 연속성을 강조하려고 상당히 노력했다.[38] 예수
의 사역 기간은 복음서의 시작에서 펼쳐져(행 1:1) 단지 그의 수난 때까지가
아닌 "승천하신 날까지"다(1:2, 22). 더구나 40일 동안 예수와 제자들이 나
눈 담화의 주제는 예수의 가르침의 중심 주제인 "하나님 나라"로 묘사된다
(1:3).[39] 그렇게 구체적으로 언급함으로써 누가는 예수의 부활 이전 메시지
와 부활 후 가르침의 연속성을 시사했을 뿐만 아니라, 복음서에 이미 제시
된 가르침에 추가되었거나 어긋나는 부활 이후의 가르침일 가능성이 있는
내용은 제외했다.[40] 또한 누가는 "하나님 나라"가 계속해서 초기 기독교의
설교나 가르침의 특징이었음을 시사하려고 애를 썼다.[41] 1:3이 28:31과 수
미상관을 형성한다는 사실이 특별히 눈에 띄는데, 바울의 설교에서 마지
막 언급(하나님 나라 선포)은 예수 가르침의 주요할 뿐 아니라 마지막인 주제
와 조화를 이룬다. 이것은 비록 부활 이후 선포가 예수의 죽음과 부활에 집
중했지만, 예수의 부활 이전 설교와 가르침이 계속해서 부활 후 설교와 가
르침의 근본적인 특징이었다고 표시하기 위한 누가의 방법이었을 것이다
(2:42).

(2) 부활 출현의 확실함. 예수는 그들[제자들]에게 "확실한 많은 증거로

---

38) *Ērxato*의 함의(예수가 시작하고 가르친 내용으로서 복음)는 Barrett, *Acts*, 66-67을 보고,
   Haenchen, *Acts*, 137 n. 4과 대조하라.

39) *Jesus Remembered*, §12.

40) Jervell, *Apg.*, 111 n. 24. 부활한 그리스도의 가르침으로 여겨지는 다양한 가르침이 이미 회
   람되고 있었다고 추론할 필요는 없다(n. 31을 보라. 그러나 R. Pesch, *Die Apostelgeschichte*
   [EKK; Zürich: Benziger, 1986], 1.63을 보라). 그러나 적어도 누가는 그런 가능성을 알고 있
   었다(행 20:30).

41) 그래서 또한 8:12; 14:22; 19:8; 20:25; 28:23, 31.

친히 살아계심을 나타냈다"(1:3). 어쩌면 누가가 염두에 둔 내용은 첫 부활 주일 저녁에 모인 제자들에게 예수가 나타나셨다는 그의 서술에서 분명히 보인다(눅 24:38-43).[42] 따라서 이것은 필자가 이미 논평한 예수의 부활에 대한 다른 인식과 긴장을 형성한다.[43]

(3) 그의 첫 책에서 누가는 마가나 마태보다 자주 열둘을 "(그) 사도들"이라고 언급해서 열둘에게 중요성을 추가로 부여한다.[44] 두 번째 책에서 그들은 중앙 무대에 이내 재등장한다. 부활한 예수의 가르침은 "성령을 통해서 그가 선택한 사도들에게 주어졌다"(1:2).[45] 열둘의 신분의 이중 확약(예수가 선택한 자들, 성령의 감동으로 된 가르침)은[46] 전개될 내러티브 안에서 사도들이 권위와 연속성의 중심으로서 역할을 할 것을 암시한다.

(4) 또한 누가는 복음서에서 답변 없이 남아 있는 하나님 나라에 관한 질문을 할 기회를 가졌는데,[47] 그 질문은 "이스라엘을 회복하심이 이때이니까?"(1:6)이다. 흥미롭게도 예수는 질문에 대해 명확한 답을 주지 않았다. 예수는 그 생각 자체는 아니지만 때에 관한 추측은 일축한다(1:7). 대신에 제자들의 초점을 그들 앞에 놓여 있는 직무와 책임으로 전환한다(1:8). 그러나 제자들의 계속되는 직무에서 "이스라엘적 차원"은 이어지는 내러티브에서 자주 언급되고,[48] 사도행전 마지막 장면에서 바울의 동기부여와 포부

---

42) 필자는 주목을 끄는 기적과 영적인 것의 실체적인 면을 누가가 선호한다는 점을 다른 곳에서 언급했다. *Unity and Diversity*, 180-84과 §21.2d(5)를 보라.

43) *Jesus Remembered*, §18.5b.

44) 마 10:2, 막 3:14과 6:30. 그러나 눅 6:13, 9:10, 11:49, 17:5, 22:14, 24:10.

45) 그리스어 순서는 어느 정도 모호하게 만들지만, Barrett, *Acts*, 69을 보라.

46) 부활한 예수의 가르침이 성령의 영감에서 기인했다는 특이함은 거의 언급되지 않는다. 복음서에 직접 병행하는 구절은 없다(비교. 눅 4:14, 18; 10:21). 사도나 선지자의 말은 확증하는 표현("성령을 통해서")이 필요했겠지만, 부활하신 그리스도의 말에는 이것이 필요한가? 이것은 부활 후 기간의 가르침을 받는 방식이 예수의 (부활 이전) 선교 시대와 상당히 다르다는 점뿐만 아니라, 부활한 그리스도가 여전히 성령에 의존했고 승천/고양되지 않아서 성령을 부어주는 자가 아직 안 되었음을 인정하는 누가의 방식인가?(2:33)

47) *Jesus Remembered*, 886. 그리고 눅 22:29-30과 24:21을 보라. 행 1:6에서 누가가 사용한 시제는 질문이 반복되었음을 암시한다.

48) 특별히 2:39; 3:25-26; 5:31; 9:15; 10:36; 13:23; 15:15-18; 23:6; 26:6-7을 주목하라.

를 "이스라엘의 소망"이라고 표현한 것은 주의 깊은 독자에게는 놀라운 일이 아니다(28:20).

(5) 하나님 나라에 대한 이야기가 성령의 약속과 교대로 등장한다는 점과 하나님 나라에 대한 의문이 그 약속으로 틀이 잡혔다는 사실은 이 둘이 서로 밀접할 뿐 아니라 약속된 성령이 사실 하나님 나라에 속한 능력의 현존과 활동임을 시사하려고 의도되었을 것이다.[49] 예수의 사역에서처럼 하나님의 왕적 권능의 현재 활동은 아직 와야 할 왕국의 전조다.[50]

(6) 성령의 약속이 특별히 주목받는다. 세례 요한이 누가의 첫 책 도입부에서 예언했듯이(눅 3:16), 임박한 오순절 경험은 제자들이 성령 세례를 받는 것으로 표현된다(1:5).[51] 따라서 누가는 이곳에서도 그가 쓴 두 권을 단단하게 묶는다. 그리고 그렇게 해서 누가는 오순절 체험으로부터 출발하는 새 운동에 어떻게 참여할 수 있는지에 대한 자신의 이해에 성령 체험이 얼마나 본질적이었는지를 제시한다.[52]

(7) 보통 인식하듯이, 사도행전 1:8은 이어질 사건에 대해 계획된 기록을 제공한다. 즉 예루살렘에서 시작해서(행 2-7장), 유대와 사마리아에서 계

---

49) "최초의 그리스도인들은 성령의 부어주심을 세상의 종말이 가까이 왔다는 표지로 받아들였다. 이것을 염두에 두면 그들이 왜 '하나님 나라가 성령이 오심과 동시에 오나이까?'라고 물었는지 이해하기가 쉽다"(Haenchen, Acts, 143). 또한 필자의 'Spirit and Kingdom', ExpT 82 (1970-71), 36-40을 보라

50) "그것은 하나님 나라의 영을 의미한다. 즉 그 나라를 이루는 권능이다"(Jervell, Apg., 112과 또한 114).

51) 누가가 왜 그 약속을 예수가 한 약속으로 회상하는지는 명확하지 않다. 이는 눅 3:16에서 세례요한이 그 예언을 했다는 점과 누가복음에서 누가가 자신의 약속을 반복하는 예수를 그 어느 곳에서도 회상하지 않는다는 사실에도 불구하고 그렇다. 세례자의 원예언이 지닌 이미지에 관해서는, Jesus Remembered, 366-69을 보라.

52) 그런 이유로 2:38-39; 8:15-17; 9:17; 10:44-48; 11:15-18; 15:8-9; 19:2-6. 추가로 필자의 Baptism in the Holy Spirit (London: SCM, 1970), 4장을 보라. 놀랍게도 Fitzmyer는 열두 제자가 열두 지파와 대립하고 열두 지파에게 증언하는 일(비교. 2:14와 36)이 "성령 세례를 받는 일보다 훨씬 더 중요하다"고 생각한다(Acts, 232). Barrett의 "성령은 사도행전에서 가장 주요한 주제 가운데 하나다. 어떤 이들은 가장 중심적이고 중요한 주제라고 말할 것이다"(Acts, 74)와 대조하라.

속되며(8-12장), 그곳에서부터 "땅끝까지"(13-28장) 이르는 이야기다.[53] 부활 출현 이야기의 독특한 특징인 사도행전 1:8은 예수를 본 사람들이 선교를 위해 위임받는 장면을 묘사한다.[54] 따라서 그것은 누가에게 자신의 증언이라는 모티프를 시작할 기회를 부여하는데, 그 모티프는 앞으로 솔직담백하게 주어질 증언의 신뢰성을 변증하는 그의 특징이다. 오실 성령은 예수가 행한 일(10:39)과 특별히 그의 부활에 대해 증언할 때 권능을 부여한다. 즉 더 효력 있게 한다.[55] 비록 1:22이 사건을 목격한 사람이 더 있음을 나타내지만, "그 사도들"만이 분명하게 언급되고, 누가는 바울을 "그가 보고 들은 것"의 증인으로 조심스럽게 포함한다(22:15; 26:16).

누가의 의제가 매우 명백한 곳에서는, 그가 당시의 회상에 의존할 수 있는 정도와 실제로 의존한 정도에 관한 질문이 더욱 모호하게 남아 있기 마련이다.

d. 누가는 승천으로 무엇을 이해했는가?(행 1:9-11)

예수가 출현한 40일에 관한 누가의 서술의 절정은 "예수가 (하늘로) 들려

---

53) 복수 형태("세상의 끝들")는 더 흔하나, 사 49:6에 대한 암시가 있을 수 있다: 그 종은 "이방인의 빛이 되어 나의 구원을 베풀어서 땅끝까지 이르게 하리라." 똑같은 본문은 바울이 특별히 부름을 받은 선교의 표어로 행 13:47에서 인용되었다(사 42:6-7을 암시하는 26:17-18). 상상컨대 누가는 로마를 마음에 두고 있으며(*Pss. Sol.* 8.15에서 로마를 언급하며 흔치 않은 단수가 사용되었다), 이것은 사도행전이 바울이 그의 선교를 로마에서 성취한 이유를 설명하는 장면으로 끝나는지를 설명하는 데 도움을 줄 것이다. E. E. Ellis, "'The End of the Earth'" (Acts1:8)', *BBR* 1 (1991), 123-32은 "누가는 (곧 있을) 바울의 스페인 선교와 그것을 자신의 내러티브 중 일부로 삼으려는 의도를 표시한다"(132)라고 주장하나, 그는 누가가 왜 그런 선교에 대한 내용을 포함하지 않았는지 어리둥절해 한다(그는 사도행전의 연대를 60년대 중반으로 잡았다). Schnabel은 광범위한 지시 대상이 있다고 주장한다: "문자 그대로 (그 당시에 알려진) 사람이 거주하는 세상에서 가장 먼 거리"(*Mission*, 372). 짧은 토론은 Barrett, *Acts*, 80과 Fitzmyer, *Acts*, 206-207을 보고, 다른 참고도서는 Jervell, *Apg.*, 116 n. 54을 보라.

54) *Jesus Remembered*, 859, 864-65을 보라.

55) 눅 24:46-48; 행 1:8, 22; 2:32; 3:15; 4:20, 33; 5:32; 10:39, 41; 13:31; 18:5; 20:21, 24; 22:15, 18, 20; 23:11; 26:16; 28:23.

올라 가신 날"(1:2, 11, 22)[56] 곧 "승천"이다.[57] 여기서 그 승천에 대한 사도행전의 설명이 신약성경에서 독특하기 때문에 바로 다시 의문이 일어난다.[58]

(1) 복음서에서는 부활과 승천 사이의 시간 구분이 거의 없거나 전혀 없다. 마태는 엄밀한 의미에서 승천을 이야기하지 않았으며, 자기 복음서의 마지막 이야기에서 반복하는 부분에도 시간적 고려를 전혀 하지 않았다(마 28:16-20). 복음서에서 누가는 그리스도가 부활하신 바로 그날에 "하늘로 올려지셨다"는 인상을 남기는 것으로 만족했다(눅 24:50-51). 그리고 요한은 비슷하게 부활하신 날에 승천이 일어났다고 말한다(요 20:17). 하지만 또한 그는 한 주 후에 예수가 나타나셨음을 묘사한다(20:26-29). 요한은 추기 부분에서 예수가 갈릴리에서 나타나셨음을 언급한다(21:1-23). 그러나 두 사건은 그다음에 예수에게 어떤 일이 일어났는지를 말하지 않고 서서히 마무리된다.

(2) 신약성경 다른 곳에서 사용된 다소 다른 이미지는 부활과 승천이 한 사건임을 시사한다.[59] 예를 들면, 사도행전 2장에 나오는 베드로의 연설이다: "이 예수를 하나님이 살리신지라. 우리가 다 이 일에 증인이로다. 하나님이 오른손으로 예수를 높이시매…"(행 2:32-33). 빌립보서의 찬송은 "죽기까지 복종하셨으니 곧 십자가에 죽으심이라. 이러므로 하나님이 그를

---

56) 본문 1:2의 관해서 특별히 Metzger, *Textual Commentary*, 273-77; M. C. Parsons, 'The Text of Acts 1:2 Reconsidered', *CBQ* 50 (1988), 58-71; A. W. Zwiep, 'The Text of the Ascension Narratives (Luke 24.50-53; Acts 1.1-2, 9-11)', *NTS* 42 (1996), 219-44(여기서는 234-38)을 보라.

57) 누가의 서술이 어느 장르(천국 여정, 가정, 승귀, 황홀)에 가장 맞는지에 관한 양식비평은 Lohfink, *Die Himmelfahrt Jesu*, and A. W. Zwiep, *The Ascension of the Messiah in Lukan Christology* (NovTSupp 87; Leiden: Brill, 1997)를 보라. 두 사람은 양식비평 관점에서 누가의 승천 이야기가 승천의 황홀경(Entrückung) 유형에 속한다고 동의한다. 또한 n. 67을 보라.

58) J. G. Davies, *He Ascended into Heaven* (Bampton Lectures 1958; London: Lutterworth, 1958)은 이 점에 관한 Harnack의 판단(승천이 원시 전승에서 독립된 위치를 차지하지 못했다는 것)이 영어권 학계에 큰 영향을 끼쳤고, 그것이 20세기 초반 영국에서 그 주제를 비교적 소홀히 했던 이유를 설명한다고 지적한다(9-10).

59) 예로 Zwiep, *Ascension*, 4장을 보라.

지극히 높여"(빌 2:8-9)라고 말한다. 히브리서의 전체 이미지는 (자신의) 희생 보혈을 간직한 제사장으로서 하늘 지성소에 들어가는 것과 관련이 있다. "죄를 정결하게 하는 일을 하시고 높은 곳에 계신 지극히 크신 이의 우편에 앉으셨느니라"(히 1:3 등등). 그리고 요한복음 신학은 영화·승천·견인이라는 단일 행위와 관련이 있으며, 이는 십자가로 시작하여 하늘에서 절정에 이른다.[60]

그런데 왜 유일하게 사도행전에서만 부활과 승천 간의 그런 명백한 구별과 분리(40일)가 존재하는가? 가장 간단한 대답은 누가가 부활 출현의 연속 사건에 최종적이고 논란의 여지가 없는 마침표를 찍기 원했다는 것이다.[61] 어쩌면 이것이 예수가 증인들 앞에서 마지막으로 떠나심을 그가 각별히 생생하게 강조하는 이유일 것이다.[62] 누가는 세 구절에서 제자들이 일어난 일을 **보았다**고 다섯 번이나 강조했다.[63] 또한 이는 일부 사람들이 누가의 "부재자 기독론" 곧 예수의 떠남과 세상에서의 부재를 승천이라고 부른 것,[64] 혹은 육신의 현존으로부터 그의 이름을 통한 현존으로의 전환(행 3-4장)과 일치한다.[65]

---

60) 예로 R. E. Brown, *The Gospel according to John* (i-xii) (AB 29; New York: Doubleday, 1966), 145-46을 보라.

61) 누가의 수사학 기법 관점에서 개연성 있는 또 다른 보충 설명은 B. W. Longenecker, *Rhetoric at the Boundaries: The Art and Theology of New Testament Chain-Link Transitions* (Waco: Baylor University, 2005), 221과 n. 16을 보라.

62) Lohfink, *Himmelfahrt*, 81-98.

63) A. Weiser, *Die Apostelgeschichte* (ÖTKNT 5/1; Gütersloh: Gütersloher, 1981), 57: "…그들이 보고 있을 때…시야에서 사라지고…그들이 하늘을 쳐다볼 때에…하늘을 올려다 보면서…하늘로 올라가신 그대로."

64) C. F. D. Moule, 'The Christology of Acts', in Keck and Martyn eds., *Studies in Luke-Acts*, 159-85(여기서는 179-80).

65) 비교. M. C. Parsons, *The Departure of Jesus in Luke-Acts: The Ascension Narratives in Context* (JSNTS 21; Sheffield: JSOT, 1987), 161-62. A. W. Zwiep, 'Assumptus est in caelum: Rapture and Heavenly Exaltation in Early Judaism and Luke-Acts', in F. Avemarie and H. Lichtenberger eds., *Auferstehung — Resurrection* (WUNT 135; Tübingen: Mohr Siebeck, 2001), 323-49은 황홀경 이야기라는 유대 장르가 누가에게 승천이 즉위나 절정의 행동이 아님을 암시하고, "유대 황홀경 후보군들은 종말에 어떤 과업을 성취하도록 보존된다"(348)라

역사 연구에서 이 모든 내용은 곤란한 추가 질문들을 제기한다. 누가는 예수의 부활한 육체를 어떻게 생각했는가? 그는 제자들에게 예수가 보이지 않을 때 부활한 예수가 어디에 있었다고 생각했는가? 비록 누가복음에서 병행하는 사건들은 예수의 등장 시간을 비교적 짧게 보이게 하지만(눅 24:31-51), 사도행전 1:4의 "그들과 함께 머무는/먹는 동안"(synalizomenos)은[66] 예수의 가시적 체류가 길었다는 표시로 받아들일 수 있다. 그러나 만일 부활한 그리스도의 몸이 십자가형을 당한 그리스도의 육신보다 덜 육체적이지 않다면(눅 24:39), 이것은 그다음 40일 동안 그의 보임과 (추정컨대) 보이지 않음의 교차에 관해 무엇을 말해주는가? 아니면 40일간의 예수의 상태를 일종의 과도기적 상태로 받아들여야 하는가? 혹은 그는 승천을 통해 또 다른 상태에 이르렀는가? 아직 하늘로 올라가지 않은 40일 동안 그는 비물질이 되었거나 어떻게든 지상에 "숨어" 있었는가? 아니면 승천이 그리스도가 하늘로 첫 번째로 올라간 것을 부각하려는 의도였다면(그는 "하늘로"[1:11][67] "들려올라 갈 때까지"[2:22] 계속 나타났다), 추정하건대 그는 아직 하늘에 있지 않았거나(아직 승천하지 않았다), 부활한 모습으로 출현하는 시간 사이사이에 하늘로 사라지지 않았다고 받아들여진다.[68] 이런 질문들이 조잡

고 논증한다. 이는 즉시 행 3:20-21을 생각해볼 수 있을 것이다.

66) Synalizomenos의 정확한 의미가 무엇이든지 간에(예로 Barrett, Acts, 71-72; Fitzmyer, Acts, 203; BDAG, 964을 보라), 행 10:41은 똑같은 이야기를 하는 듯하다. 그들은 "그가 죽은 자 가운데서 부활하신 후 그와 함께 먹고 마셨다." Jesus Remembered에서 언급한 것처럼, 식사 나눔은 여러 부활 출현 이야기의 흔한 특징이다(859-60).

67) Analambanō는 하늘로 올림을 당하는 일을 표현하는 거의 전문 용어가 되었다(왕하 2:10-11; Sir. 48.9; 49.14; 1 Macc. 2.58; Philo, Mos. 2.291; T. Job 39.11-12; T. Abr. [A] 7.7; [B] 4.4; 7.16; 또한 막 16:19; 1 Clem. 5.7).

68) Bruce는 그런 질문들을 인정하며, 하나님의 오른편에서 예수의 즉위는 40일째 되는 날까지 연기되지 않았고, 출현 사이의 간격은 "땅에 매인 상태에서 보냈다고" 생각하지 말아야 하며, 그의 부활 출현들이 "그의 '영광의 몸'이 이제 속한 영원한 질서로부터 방문한 것이었다"고 주장했다(Acts, 103). 그러나 다른 신약성경 저자들을 그렇게 조화시키는 것이 행 1장에서 누가가 목적한 바를 충분히 정당화하는가? Zwiep, Ascension, 5장도 비슷하다. 그러나 1:2, 22의 표현은 이런 해석을 거의 지지하지 않고("그가 승천하신 날까지"), 2:33은 오로지 그가 고양된 후에 "성령을 받았다"고 암시한다. 이는 행 1-2장에서 오직 1:9-11의 승천을 가리킨다. Fitzmyer는 눅 24:46에서 결정적인 실마리를 보았다: "부활한 그리스도는 '영

하고 심지어는 우둔해 보이며 슈트라우스(D. F. Strauss)의 비평적 회의주의를 반영하는 것 같지만,[69] "확실한 증거들"을 주장하는 누가의 저술(행 1:3)이 이런 질문들을 제기하도록 했다![70]

이 모든 내용에서 우리는 누가가 단지 그 자신에게 가능했던 개념의 틀 안에서만 작업할 수 있었음을 상기해야 하는데, 그런 개념 안에서는 하늘을 문자 그대로 "위에 있다"라고 생각했고, 하늘로 떠나감은 문자 그대로 승천 곧 "들어 올려짐"이라는 관점에서만 생각할 수 있었다. 누가가 어떤 문학 유형을 취하거나 배제하고 작업을 한다는 것은 단순히 문학 장르의 문제가 아니다. 오히려 시대의 사고방식과 세계관은 **실제로 본 내용과 그렇게 목격한 사건이 어떻게 개념화되는지에 영향을 미쳤다.**[71] 많은 사람이 예수를 목격했음은 의심할 여지가 거의 없고(목격한 것이 어떻게 해석되었든지 간에[72]), 바울이 동의했듯이(고전 15:8, "맨 나중에") 일련의 출현이 어느 시점에 중단되었기 때문에, 우리는 마지막 출현을 하늘로 떠남으로 쉬이 상상

광'에서 출현한다. 즉…아버지의 영광의 현존으로부터"(*Acts*, 200). 반대로 B. Donne, *Christ Ascended: A Study in the Significance of the Ascension of Jesus Christ in the New Testament* (Exeter: Paternoster,1983)는 Bruce와 비슷한 문제로 동기부여를 받았으나, "각각의 출현이 죽음에서 부활한 순간에 하늘로 승천한 주가 하늘에서 내려옴을 시사한다는 충분한 성경의 증거는 없는 듯하다"(8)라고 논증한다. Barrett, *Acts*, 64.

69) Strauss, *Life of Jesus*, 749-52.

70) 누가가 영적 현상을 일관성 있게 유물적으로 개념화했음을 여기서 다시 명심할 필요가 있다(*Jesus and the Spirit*, 121-22).

71) Pesch는 자신이 글을 쓸 때 이것을 허락하지 않았다: "볼 수 있는 '기사'는 빈 무덤 혹은 인간이 로켓으로 하늘로 여행하는 것이 아니라, 예수 자신이 세운 모임이다(1:14). 그 안에서 믿고 의심하지 않는 모든 사람은 고양된 주를 보며, 주는 실제로 그들 가운데 보이지 않게 현존하며 그의 영으로 말미암아 모든 이들을 서로 결속한다"(*Apg.*, 75). 추가로 필자의 'The Ascension of Jesus: A Test Case for Hermeneutics', in Avemarie and Lichtenberger, eds., *Auferstehung — Resurrection*, 301-22(여기서는 311-22). 또한 "묵시적 무대의 지주"인 구름에 이것을 적용할 수 있다(Fitzmyer, *Acts*, 210). "그 구름은 분명히 그리스와 유대의 승천 이야기들에서 들어 올림을 당할 때 나타나는 전형적인 구름이다"(Zwiep, *Ascension*, 104).

72) *Jesus Remembered*, §18.5c를 보라

할 수 있다.[73] 그렇다면 승천은 단순히 예수의 "고별" 출현이었는가?[74]

이 질문에 대해서는 더 앞으로 나아갈 수 없고, 이 질문에만 집중하면 예수의 승천에 대한 모든 언급이 훨씬 더 중요하게 여긴 요지를 놓치게 된다. 따라서 우리의 자료에서는 이 질문에 무관심했다.[75] 요점은 승천으로 주장되는 것이 지닌 신학적 중요성에 있다. 초기부터 분명히 중요하게 여겨졌던 것은, 예수가 "죽은 자 가운데서 부활"하여 "죽은 자의 부활"을 처음으로 경험하고 그것의 시작이 된다는 점만이 아니라, 그가 승천하셨다는 점이다. 첫 그리스도인들이 십자가에서 처형당했던 예수를 위해 이 **두 가지**(죽음에서 부활뿐만 아니라 하늘로 높아짐)를 주장해야 할 필요성을 알았기 때문에, 분명히 누가는 **둘 다** 중요하며 하나가 다른 하나를 그 안으로 포함하지 않는다는 사실을 신선하고 명확한 방식으로 언급하기 위해 예수의 부활 출현에 대한 전승을 다시 언급하는 것이 타당하다고 생각했다.[76] 아래에서 이 요점을 다시 다룰 것이다(§23.4d).

e. 누가 있었는가?(행 1:12-15)

승천과 오순절 사이에 10일이라는 간격을 둔 누가는 이 단계에서 먼저 제자들이 어떤 사람들로 구성되었는지를 기록하며 이 간격을 채운다. 그는

---

73) 적어도 예수의 나타나심 중 몇몇을 "하늘로부터"라고 인식했다면 더욱더 그렇다(*Jesus Remembered*, 858과 n. 144을 보라).

74) A. M. Ramsey, 'What Was the Ascension?', *SNTSBull.* 2 (1951), 43-50(여기서는 44); Bruce, *Acts,* 103; Fitzmyer, *Luke,* 1588; Zwiep, 'Assumptus est in caelum', 348. 비교. Lüdemann: "이[1:9-11] 배후에는 그 형식을 알 수 없는 전승이 있다"(*Early Christianity*, 29; 또한 30-31).

75) Haenchen은 그 서술이 "감상적이지 않고 거의 이상하게 소박하다"라고 묘사한다(*Acts,* 151).

76) Zwiep은 부활("고양")과 승천("들어 올려짐")을 구분해서 논제를 혼동한다: "누가의 승천 이야기는 하나님 우편으로 높아짐을 묘사하는 내러티브가 아니다"('Assumptus est in caelum', 348과 n. 65). 그러나 이미 언급했듯이, 누가가 1:9-11에서 묘사한 승천에 대한 언급으로 독자들이 그리스도의 고양을 하나님의 오른편으로 그리고 성령 받음으로 이해하도록 의도하지 않았다고 한 것은 신뢰하기 어렵다.

누가복음 6:14-16에서 이미 제공한 명단을 두 가지를 변경하여 반복한다. 첫 네 명을 재배치했고, 관계가 있는 형제들 두 쌍을 분리했다. 요한(야고보의 형제)을 베드로 다음에 기록했는데, 이는 이어지는 장들(3:1-11; 4:13, 19; 8:14)에서 베드로와 요한의 밀접한 관계를 분명히 암시한다. 야고보(요한의 형제)는 전과 마찬가지로 세 번째로 등장하며, 이는 그가 미래에 중요한 인물이 될 것을 암시한다(12:2). 안드레는 나머지 여덟 명의 목록에서 제일 먼저 등장하지만, 이들은 모두 계속되는 누가의 서술에서 등장하지 않는다.[77] 다른 변경은 물론 가룟 유다의 누락인데, 누가는 바로 이어 이 누락을 설명한다(1:5-19).

초점은 남은 열한 명의 제자에게 있으며, 이들은 1:12-13에서처럼 1:14에 등장하는 주동사의 주어다("그들이 마음을 같이하여 오로지 기도에 힘쓰더라"). 그러나 누가는 그들과 함께 있었던 (불특정한) 여인들이 그들과 예수의 어머니 마리아 및 그의 형제들과 함께 있었다고 언급한다(눅 23:55이 언급한 사람들과 24:10에서 명명된 이들 중 일부일 것이다). 여기서 두 가지가 주목을 받는다. 첫째로 예수의 형제 야고보는 물론 포함되었지만, 분명하게 지칭되지는 않았다. 그 후에도 그는 예수의 형제라고 명쾌하게 언급되지 않았다(갈 1:19과 대조). 이 점은 다소 특이한데, 열한 명의 목록이 특별히 앞으로 베드로와 요한 그리고 예수의 형제 야고보의 중요성을 반영한다는 관점에서 그렇다 (12:17; 15:13-21; 21:18). 이 지점에서 누가의 침묵은 예수가 40일간 "사도들"에게만 나타나셨다는 함의에 추가되어야 한다(1:2). 이것들은 모두, 만일 누가가 이 야고보에게 예수가 나타나셨다는 제대로 자리 잡은 전승을 알았다면, 그가 고린도전서 15:5-7의 순서에서 그 출현이 후반에 일어났음도 알았을 것임을 시사한다.[78] 주목할 만한 내용은 예수의 형제 야고보가 (바

---

77) 예수가 열둘을 선택한 일에 관해서는 *Jesus Remembered*, §13.3b와 추가로 §22.2f를 보라.

78) 위 §22.2b를 보라. 야고보가 예수의 출현으로 개종했다는 함의가 있다고 볼 필요는 없다. 야고보와 예수 가족의 다른 구성원들이 그의 선교 막바지 단계에 예수의 제자와 합류했다는 것은 상당히 개연성이 있다. 그래서 특별히 R. B. Ward, 'James of Jerusalem in the First Two Centuries', *ANRW* 2.26.1 (1992), 779-812(여기서는 786-91); R. Bauckham, *Jude and*

울과 같이) 사도 중 한 명이 아니라는 함의다. 누가복음 8:19-21은 야고보가 사도 중 한 명이 될 자격을 갖추지 못했음을 함의한다(1:21-22). 그러므로 이 짧은 문단에서 사도들과 첫 제자들 중에서 베드로의 으뜸됨이 절묘하게 보호되었다.

다른 궁금한 점은 예수의 어머니 마리아에게 예수가 부활 후 나타나셨다는 회상이 없다는 것이다. 예수의 출현이 제시된 1:1-11에서 마리아는 제외되었다. 그리고 고린도전서 15:5-7의 (공인된) 증인 목록이나 그 어떤 복음서도 그런 출현을 언급하지 않으며, 그 특권이 마태복음 28:8-10에서 이름이 알려지지 않은 여인 그리고 특히 막달라 마리아에게 주어졌다(요 20:11-18).[79] 이와 관련해서 무슨 말을 더 해야 할지는 모르겠다.

동일하게 "무리의 수가 약 120명"이라는 언급은 정말 놀랍다. 이 구절은 오늘날 우리가 각주로 추가 정보를 제공하는 것처럼, 삽입구 방식으로 베드로의 연설의 시작을 바로 방해하는데, 이는 자신의 연구로 수집한 정보를 누가가 여기서 인용했음을 시사하는지도 모른다.[80] 그러나 그 사람들은 어디에서 왔는가? 그들 모두는 누가복음 1:13-35의 글로바와 다른 사람들처럼 그 지방 사람들(그리고 동조하는 사람들)인가? 오직 열한 제자와 사도로 지명될 수 있었던 다른 소수의 사람들만이 갈릴리 출신으로 확인되었다(1:11, 21-22). 그리고 그들은 그 기간에 어떻게 살았는가? 적어도 여인들은 다른 곳에서 숙박했을 테지만, 윗방/다락방(to hyperōon, 1.13)은 어쩌면 그 지방의 후원자가 제공했을지도 모른다.[81] 그리고 120명의 모임을 위해서

the Relatives of Jesus in the Early Church (Edinburgh: Clark, 1990), 46-57; 그리고 J. Painter, Just James: The Brother of Jesus in History and Tradition (Columbia: University of South Carolina,1997), 11-41.

79) "누가에게 부활 이후 기간의 마리아에 대한 정보가 없었거나, 그가 정보를 제공하는 데 관심이 없었음은 분명하다"(Barrett, Acts, 89).

80) "어떤 저자라도 그런 방식으로 기꺼이 스스로를 방해하려 했다고 생각하기는 어렵다. 그래서 이 지점에서 누가가 그가 주로 의존하는 한 자료에 다른 자료를 합병하고 있다고 가정하는 게 자연스럽다"(Barrett, Acts, 1.95).

81) 누가는 그 방을 최후의 만찬을 축하했던 바로 그 방(anagaion)으로 생각했을까?(눅 22:12)

는(짐작하건대 성전의 바깥뜰처럼 개방되지 않은) 역시 상당한 크기의 방이 필요했을 것이다. 물론 누가는 그런 문제에 신경 쓰지 않았지만, 그의 내러티브의 신빙성은 이런 문제에 상당히 좌우된다. 누가의 내러티브가 계속 전개됨에 따라 이 문제들을 다시 다루어야 한다.

f. 유다의 최후와 교체(행 1:15-26)

오순절을 앞둔 10일의 기간을 채운 다른 사건은 파열된 열두 사도단의 회복이다. 물론 그 파열은 그들과 함께 계수되었고(열둘 중 하나로) "이 직무"로 자신의 몫을 받았음에도(1:17) "예수 잡는 자의 길잡이가 된" 유다의 변절과 이어진 죽음(1:18) 때문이다. 누가가 베드로의 연설(1:16-22) 안에 다소 어색하게 삽입한 유다의 최후에 대한 설명(눅 1:18-19)은 유일한 다른 초기 기록인 마가복음 27:3-10과는 놀랄 정도로 어울리지 않는다. 이미 언급했듯이, 이런 차이는 유다의 죽음에 대한 세부 사항이 초기 그리스도인의 관심사가 아니었음을 보여주는 것 같다.[82] 분명히 마태는 "예언의 성취"라는 자신의 모티프의 본보기로 그에게 알려진 말씀 판본을 사용했으며, 성취의 정도를 가장 명확하게 하려고 그 이야기를 자세하게 다시 언급했다.[83] 반면에 누가는 "하나님에 맞서 행하는 자들은 이렇게 멸망할 것"이라는 전승

Fitzmyer는 전통적 견해에서는 그 방이 동일한 방이고, 요한 마가의 어머니인 마리아의 집에 있는 방이라고 추정했음을 언급했다(행 12:12)(Acts 213). 그러나 또한 Barrett, Acts, 86-87을 보라. 추가로 아래 §23 n. 40을 보라.

82) Jesus Remembered, 224 n. 218. 다른 전승들이 지속적으로 증언하는 것은 다음과 같다. (1) 유다가 수치스러운 죽음을 당했고, (2) 그가 예수를 배신해서 ~받은 보상금이 땅을 구입하는 데 사용되었으며, 그 땅이 "피의 땅/장소"(akeldamach. 이에 관해서는 Fitzmyer, Acts, 224-25을 보라)로 알려졌다. 두 본문은 그 땅의 이름이 그 지방에서 잘 알려졌다고 언급한다(마 27:8; 행 1:19). 즉 그들은 명확하게 기독교 전승이 아닌 것에 의존했다는 것이다. 추가로 A. W. Zwiep, Judas and the Choice of Matthias (WUNT 2.187; Tübingen: Mohr Siebeck, 2004), 5장을 보라.

83) 필자의 Unity and Diversity, 92-93을 보라.

에서 유다의 죽음이 지닌 섬뜩한 성격을 묘사할 기회를 잡는다.[84] 그러나 채워야 할 자리(열둘 중 하나)가 왜 존재했고 왜 그 자리가 채워져야 하는지에 관한 근본 이유를 설명하는 데 누가의 요점이 있다.

자리를 채우려는 동기는 명백하게 손상된 열둘이라는 집단을 재완성하려는 데 있다. 이스라엘의 역사와 성향에 정통한 누구에게나 명백한 함의는 예수가 열둘을 원래 선택했을 때와 동일하다. 즉 예수의 열두 제자가 어떤 의미에서 이스라엘 열두 지파를 대표하고, 그래서 그들은 이스라엘의 재형성, 곧 하나님이 지명한 백성이 되도록 하는 종말론적인 이스라엘의 회복을 위한 중심이었다(특별히 눅 22:29-30).[85] 이 추측은 이미 앞에서 언급한 함의와 잘 맞아떨어지는데, 특별히 1:6부터가 그러하다.[86] 누가는 열둘이 완벽해야 하고, 성령의 권능이 부여되기 전에 반드시 완성되어야 함의 중요성을 분명하게 인식했다. 심지어 어쩌면 오순절의 필요조건으로도 말이다.

누가가 열둘이 성취할 역할에 대해 언급한 유일한 것은 그것을 "이 직무(그리고 사도직)"라고 묘사한 것이다(1:17, 25). 누가는 아마 "사도의 가르침"(2:42)도 포함했을 열둘의 특별한 책임("말씀 사역")을 6:4에서 같은 용어로

---

84) 가장 유명한 사례들은, 이세벨(왕하 9:30-37), 안티오코스 4세(2 Macc. 9.5-29), 헤롯 대왕 (Josephus, *War* 1.656, 665; *Ant.* 17.168-69), 헤롯 아그립바(행 12:23)를 포함한다. 또한 K. Lake, 'The Death of Judas', *Beginnings*, 5.22-30; Zwiep, *Judas*, 3장을 보라. 또한 아래 §26 n. 140을 보라.

85) *Jesus Remembered*, §§13.3, 14.9b; 눅 22:29-30에 관해서는 416 n. 178, 420 n. 205, 510-11, 820을 보라. 비교. 특별히 K. H. Rengstorf, 'The Election of Matthias: Acts 1.15ff.', in W. Klassen and G. F. Snyder, eds., *Current Issues in New Testament Interpretation*, O. A. Piper FS (New York: Harper and Row, 1962), 178-92: "그들의 수(이스라엘 열두 지파의 수)를 완성함으로, 그들은 예수가 이스라엘이 끊임없이 그의 백성이라고 주장하심을 분명히 보여주었다"(188). "베드로가 '열한 사도와 서서'(2:14) 유대인들과 대면했을 때, 그 '열두 사도들은' '이스라엘의 열두 지파'와 대면했고(눅 22:29; 비교. 행 2:36, "이스라엘의 온 집") 그들의 심판자 역할을 했으며, 그렇게 함으로 최후의 만찬에서 누가의 예수가 예언한 내용을 암시했다"(Fitzmyer, *Acts*, 234). 또한 예로서 Pesch, *Apg.*, 91; Jervell, *Apg.*, 125을 보고, 추가로 M. E. Fuller, *The Restoration of Israel: Israel's Regathering and the Fate of the Nations in Early Jewish Literature and Luke-Acts* (BZNW 138; Berlin: de Gruyter, 2006)를 보라.

86) 위 n. 21과 §22.2c(4)를 보라.

표현했다. 다시 한번 함의는 열두 사도가 모습을 드러낼 공동체의 구성과 권위의 핵심을 차지한다는 데 있다. 그 공동체는 120명 안에 이미 싹이 트고 있었다.

또한 누가는 최초 공동체(들)의 특징이었을 논증의 맛을 어느 정도 보여주는 데 성공했다. 누가는 베드로가 성취되어야 하는 일에 대해 지도를 받으려고 성경에 직접 의존하는 모습을 묘사하는데(1:16), 그는 시편 69:25과 109:8을 인용한다.[87] 인용된 구절들이 이상하게 보이고 원맥락에서 이탈한 것처럼 보일 수 있지만, 그것들은 시편 저자가 자신의 적과 사악한 자를 향한 하나님의 심판을 요청하는 저주 시편에서 왔다.[88] 분명히 시편 69편 앞부분은 특별히 예수의 고난과 거부에 대한 전조가 되는 것으로 이내 여겨지고,[89] 첫 제자들이 자신들의 고통을 표현하고 일어난 일을 이해하기 위해 바로 그런 시편에 의존한다는 예상은 역사적으로 충분히 가능한 일이다. 실제로 필자는 그리스도의 십자가 형벌 이야기에 대한 첫 번째 재언급이 시편이 부여한 의미를 중심으로 이미 형성되었음을 암시했다.[90] 그래서 필자는 그들의 적대자로 분명하게 증명된 사람들에게 임할 내용과 관련하여, 베드로가 시편 69편 및 이와 유사한 시편 109편에서 방향을 잡았다는 것이 전혀 개연성이 없다고 여기지 않는다.

그러나 누가의 설명은 세 개의 추가 질문을 남긴다. 하나는 매우 사소한 문제다. 바울의 회심 때에 받은 전승은 예수가 "열두 명"에게 나타나셨음을 게바에게 나타나심에 이어 두 번째로 언급했다(고전 15:5). 그것은 최초 공동체에 그 공동체를 구성하기 위해 완전한 "열둘"(종말론적 이스라엘의 대표

---

87) 비교. 특별히 눅 4:17-21; 24:44; 그리고 사도행전 연설에서 자주 인용되는 성경(2:17-21, 25-28, 34-35; 3:22-25; 4:24-26; 7:3, 5-6, 18, 27-28, 33-35, 37, 40, 42-43, 49-50 등등). 그러나 그런 집착은 첫 공동체에 명백하게 널리 퍼져 있었다(§23.2b[1]을 보라).

88) LXX 시편 본문이 전제되었다는 사실은 그런 본문들을 최초 (아람어를 말하는) 공동체에서 고려하지 않았다는 결정적인 암시는 아니다(Haenchen, *Acts*, 161과는 반대). 누가는 그런 본문의 사용을 그에게 익숙한 본문(LXX)으로 전환했을 것이기 때문이다.

89) 비교. 막 15:23, 36 병행구와 더불어 시 69:21.

90) *Jesus Remembered*, 777-78.

로서)의 존재가 중요했음을 강화해준다. 그러나 논란의 여지가 없는 유다의 배반이라는 전승을 고려하면, 비록 처음에는 열한 명만이었지만 열둘이 **핵심적인 제자 집단의 명칭으로** 재빠르게 자리 잡았다는 가설만이 그것을 유일하게 설명해준다.[91] 누가는 사실 누가복음 24:9과 33에서 남은 "열한 명"의 제자라고 정확하게 언급했지만, 엄밀히 말해서 사도행전 1:1-11의 (오직) 열한 명에게 예수가 나타나셨다는 언급은 "열둘"에게 나타나심을 배제한다. 지금 열두 번째 자리를 채울 두 명의 "후보"는 예수의 부활의 증인이어야 했기에, 이런 예외는 실제로 예외이기보다 예외적으로 보이는 것이다(1:22).[92] 그래서 비록 (부활) 출현 전승에서 누가의 초점이 오로지 열한 명에게 있지만, 그 함의는 예수의 나타나심을 본 사람 안에 적어도 120명 중 다수를 포함해야 한다는 것이다.

더욱 두드러지는 것은 왜 공석이 된 열두 번째 사도 후보자로 요셉 바사바와 맛디아만 지명되었는가라는 질문이다. 또는 예수의 형제 야고보가 나중에 중요한 자리를 맡은 것을 고려한다면 왜 그는 아닌가라는 질문이다. 기독교 첫 세대에서 원래 열두 제자와 함께 중요한 지위에 이른 다른 두 사람은 오직 예수의 형제 야고보와 바울이 된 사울이다. 바울은 이 단계에서 열두 번째 지위의 경합자는 아니지만, 야고보는 그 자리에 있었고 (1:14에 따르면), 고린도전서 15:7은 예수가 부활 후 그에게 나타났다고 인정한다. 심지어 1:22의 제한된 기준에서 봐도, 분명 누가는 야고보를 그 역할에 어울리는 사람으로 생각했을 수 있다. 그러나 후보자는 두 명의 알려지지 않은 다른 인물이었고 그중 한 명이 지명되었다.[93] 그러면 다시 한번 새

---

91) Lüdemann, *Early Christianity,* 37은 Meyer가 언급한 이해를 돕는 고대의 병행구를 인용한다: "안토니우스와 옥타비아누스는 레피두스의 퇴위 후에도 집정관으로 남았다"(E. Meyer, *Ursprung und Anfänge des Christentums* [3 vols.; Stuttgart: J. G. Cotta, 1921, 1923], 1.297 n. 2). 비슷하게, Xenophon, *Hellenica,* 2.4.23은 이미 두 명이 사형을 당한 후에도 여전히 "30명"을 말한다(BDAG, 266).

92) "주된 요점은 부활이 실제 사건이라는 데 있지 않고, '이스라엘의 희망'이라는 의미를 띤다는 데 있다"(Jervell, *Apg.,* 127).

93) 그러나 맛디아에 관해 사도행전의 나머지 부분과 기독교 문헌이 침묵한다는 사실에 대해

운동에서의 야고보의 초기 관여(언제 그리고 어떻게)에 대해 의문이 생긴다.

모든 내용 중에 가장 두드러지는 것은 다음과 같은 명백한 질문이다. 공석이 된 열두 번째 자리는 왜 예수가 그들과 함께한 시기와 오순절 성령 강림 간의 10일이라는 기간에 채워졌는가? 만일 열둘의 완성을 그토록 중요하게 여겼다면, 부활한 예수가 지명할 수도 있었다. 어쨌든 누가는 예수가 사도들을 선택했다는 사실에 어느 정도 무게를 실어 주었다(1:12). 부활한 예수가 바울을 직접 지명한 사건도 중요하다(9:15; 26:16-18).[94] 또한 예수 이외의 명확한 지명자는 성령이기도 하다(13:2-4에서처럼). 승천과 오순절 사이의 공백 기간을 강조한 누가가 그럼에도 그 기간에 유다를 대신할 사람을 지명하는 이야기를 기술하기로 선택했다는 점과, 예수나 성령이 지명했다면 불필요하거나 시대에 뒤떨어진 것으로 되었을 방법(제비뽑기)을 사용한 점 모두 기이하다. 누가의 관점에서 이 사건이 이상하다는 사실은, 물론 여기서 누가가 전승에 의지했고,[95] 그들이 성령의 인도를 확신하기 전 불확실한 기간에 취했던 행동을 공동체가 기억하고 있었다는 긍정적인 표시가 된다(나중의 실패. 혹은 더 긍정적으로 말해서 요한의 형제 야고보를 대체하지 않은 분명한 결정과 대조하라. 12:2).[96] 그러나 설명 자체는 이스라엘의 운명의 촉진과 성취의 핵심으로서 열두 사도가 중요하다고 신호를 보내면서, 동시에 누가가 유다를 대신할 사람의 지명에 어떤 결함이 있었음을 표시하려고 시도하지 않았느냐는 궁금함을 남겼다.[97] 다시 한번 누가는 기독교의

언급할 내용이 없다. 다른 열한 명의 사도 가운데 여덟 명도 똑같은 침묵으로 덮여 있기 때문이다. 두 명의 이후 역할에 관해 추측한 것은, 예로 Fitzmyer, *Acts*, 226-27; Zwiep, *Judas*, 159-63을 보라.

94) 제비뽑기가 열두 번째 사도를 하나님이 결정하시도록 한 방법이라는 대답은(Haenchen, *Acts*, 164에서처럼) 적절하지 않은데, 이는 다른 모든 사도들(바울을 포함해서!)은 예수가 선택했기 때문이다.

95) 특별히 Weiser, *Apg.*, 64-66의 논평을 보라.

96) 그러나 Wedderburn은 "순교자인 야고보가 종말의 심판자로서 자신의 역할을 여전히 수행할 수 있다"고 지적한다(*History*, 23). "맛디아가 선택된 것은 유다가 죽었기 때문이 아니라 배교자가 되었기 때문이다"(Zwiep, *Judas*, 179).

97) 제비뽑기를 통한 의사 결정은 신약성경 다른 곳에서는 나타나지 않는다. 제비뽑기 이용에

시작을 이야기하면서 결과를 궁금하게 만드는 느슨한 결말 및 유도만 하고 답하지 않은 질문을 남겼다.

g. 결론

그래서 요약하면 누가는 그의 두 번째 책의 도입부에서 무엇을 성취하길 원했는가? 그는 확실히 음으로나 양으로나 여러 가지를 강하게 단언했다. 그중 가장 중요한 것은 다음과 같다.

- 기독교의 시작에서 예루살렘의 중심성
- 사도 곧 열두 사도의 본질적 역할과 권위
- 이스라엘의 역할과 사역의 지속으로서 새 운동의 위치
- 예수의 사역과 메시지(하나님 나라)를 이어가는 사도행전
- 선교 계획을 이루는 데 성령의 권능을 받은 증인의 필요성
- 매우 실제적인 부활 출현
- 짧은 기간으로 끝난 부활 출현
- 예수의 승천과 예수의 부활을 구별하는 중요성
- 승천과 오순절의 분명한 구별과 간격

이런 내용은 오순절이라는 "대폭발"을 위해 상황을 설명하는 누가의 방식이다. 이 이야기를 하는 데 누가가 가진 자유는, 『예수와 기독교의 기원』에서 살폈듯이, 공관복음의 배경에 있고 공관복음이 표현하는 예수의 사역을 다시 말할 때 반드시 예상해야 하는 자유와 다르지 않다.

누가의 재언급을 형성한 근거이며 출처가 된 역사 자료 역시 분명

관해서는 W. Foerster, *TDNT*, 3.758-59, 761을 보라. 요세푸스가 확인한 것처럼(*War* 4.153), 제비뽑기는 당시에 여전히 사용되었다. Zwiep은 그 절차가 "누가의 관점을 고려하면 상당히 적절하고…완벽하게 '성경다운' 각본"이라고 결론짓는다(*Judas*, 171).

하다. 그 자료들은 초기 그리스도인 전승 내의 다른 곳에서 입증되었고, 그 리스도인과의 교제와 예배 경험을 통해 누가가 이내 친숙해졌거나 처음부 터 운동에 관여한 사람들이 회상한 일반적인 내용이었다.

- 십자가 죽음 이후 예수는 예루살렘과 그 주변에서 그의 여러 제자들(열한 명 보다 많음)에게 나타났음(부활 출현)
- 또한 예수가 자신을 본 사람들을 위임했다는 독특한 확신
- 어느 정도 시간이 지난 후 이런 광경이 중지됨
- 이스라엘과 관련해서 하나님의 왕적 통치라는 예수의 메시지를 지속해서 고찰함
- 초기부터 "열둘"의 중요성을 인식함
- 예수는 죽음에서 부활하기만 한 것이 아니라 하늘로 들려 올라갔다는 초기 의 이해
- 가룟 유다의 수치스러운 죽음
- 일어난 일과 이제 행할 필요가 있는 일을 이해하는 데 도움을 주는 성경 찾기
- 첫 제자들이 자기확신(성령-확신)을 얻기 전에 가룟 유다의 빈 자리를 채우 려는 조치를 취했을 가능성.

마지막으로 누가가 이 공유된 전승들을 다시 이야기할 때 어디에서 여 러 질문이 제기되었고 대답 없이 남겨졌는지에 대해 상기할 필요가 있다.

- 누가의 설명은 갈릴리에서 예수(부활 후 출현)를 목격한 다른 전승과 어떻게 관련지을 수 있는가?(바울의 주장은 말할 것도 없다, 고전 15:8)(§22.2a)
- 만일 40일이라는 출현의 제한을 유지할 수 없다면, 누가가 출현과 오순절을 명백하게 구별한 결과는 무엇인가?(§22.2b)
- 누가의 부자연스러운 장치를 고려할 때(그리고 1세기 세계관에서), "승천"을 어떻게 생각해야 하는가?(§22.2d)

- 언제 그리고 어떻게 예수의 가족은 지속된 제자들의 모임과 어울리게 되었는가?(§22.2e)

연구의 다음 단계를 위한 마지막 논점이 멋지게 준비돼 있다. 열두 번째 사도를 선택하는 시기를, 예수가 제자들 가운데 여전히 현존하고 있다고 받아들여지지 않았으며 성령도 그들에게 아직 주어지지 않았을 그때로 누가가 설정했다는 사실은 (1) 부정적 측면에서는 그 시간의 중간에 이루어진 결정이 적절하지 않았다고 암시하거나, (2) 긍정적 측면에서는 새로 태어난 교회가 (a) 예수의 가르침 전승과 (b) 성령의 인도하심에 의존해야 할 필요성을 (대조함으로) 강조하려는 데 의도가 있었는가?

22.3 오순절

첫 번째 기독교 오순절에 대한 누가의 묘사(행 2:1-13)는 가장 유명하고 영향력이 있는 내러티브 가운데 하나다. 누가는 몇몇 능숙한 붓놀림으로 관심을 끄는 장면을 그려냈다. 오순절이 밝아왔을 때, 제자들은 모두 함께 있었다(120명 전부였을 것이다, 1:15?).[98] 갑자기 격렬한 바람(pnoē biaia)과 같은 소리가 하늘에서 (내려) 왔고 그들이 앉아 있던 집 전체에 가득했다(2:2).[99] 그리고 "불의 혀처럼 갈라지는 것들"이 그들에게 나타나 각 사람에게 임했다.[100] 그들은 모두 "성령의 충만함을 받고" 성령이 그들로 말하게 한 대

---

98) J. Dupont, 'The First Christian Pentecost', *The Salvation of the Gentiles: Studies in the Acts of the Apostles* (1967; New York: Paulist, 1979), 35-59은 "1:13-14이 오순절 내러티브의 원본이자 일반적인 서문을 구성하지만, 1:15-26의 삽입으로 그 내러티브에서 분리되었다"라고 제시한다(38).

99) 누가는 어디에 그 집(oikos)이 있었는지 언급하지 않았다. 어쩌면 1:13과 똑같은 장소일 것이다.

100) "누가는 불의 혀가 각 사람에게 임했다고 말하는 듯하다"(Barrett, *Acts*, 114). Haenchen은 *1 En.* 14.8-15과 71.5(*Acts*, 168 n. 2)에 주목한다.

로 "다른 언어들"(*heterais glōssais*)로 말하기 시작했다(2:1-4). 다른 나라에서 왔지만 예루살렘에 살고 있던(*katoikountes*) 수많은 경건한 유대인들이 이 소리(*phōnē*)에 매료되어 어찌할 줄 모르고 모여들었다. 그 이유는 자신들의 언어로 표현되는 전능하신 하나님의 행하심을 들었기 때문이다(2:5-6, 11). 어떤 이들은 들은 내용을 술에 취한 허튼소리라고 일축했고(2:13), 그들의 부정직한 언급은 베드로의 첫 기독교 설교의 실마리를 제공했다(2:14-16). 어쩌면 여기서 함의된 내용은 그사이에 제자들이 그 집에서 어떤 열린 공간으로 나왔다는 것이다.[101] 그 설교는 듣는 사람들을 강하게 깨우쳤고, 3천 명이나 되는 사람들이 회심하고 세례를 받았다(2:37-41).

이렇게 그려진 광경이 지닌 사로잡는 능력을 생각하면, 기독교 신앙을 가지고 있거나 단순히 기독교에 공감하는 누구든지, 누가가 기록한 바로 그대로 그 모든 일이 일어났다고 소망하지 않을 수 없다. 그러나 사도행전에 대해 앞장에서(§22.2) 제기된 비슷한 질문들이 바로 제기된다.

a. 누가의 신학적 의제

세 가지 특징이 이목을 끈다.

(1) 이전 책(누가복음)과 연결을 강화하려는 누가의 관심은 매우 분명하다. 예수의 사명이 앞서 성령의 기름 부으심에 의존했고(눅 3:22; 4:18; 행 10:38), 그래서 사도들의 사명도 같은 성령의 능력 부음에 의존했다(눅 24:49; 행 1:8). 예수의 복음이 실제로는 누가복음 3-4장에서 시작한 것같이, 사도행전도 실제로는 2장에서 시작한다.[102]

더욱이 오순절의 성령강림은 누가복음 3:16에서 세례 요한이 약속하

---

101) 성전 뜰이 상당히 자주 제안된다. 예로 Kremer, *Pfingstbericht*, 98 n. 34을 보라. 그러나 *oikos*가 성전 바깥뜰과 인접했다고 여기지 않는다면, 장면의 상당한 이동은 누가의 드문드문한 내러티브 때문에 배제된다. 누가는 성전을 항상 *to hieron*으로 언급한다(2:46; 3:1-3, 8, 10; 4:1; 5:20-21, 24-25, 42 등등; Haenchen, *Acts*, 168 n. 1; Kremer 104).

102) 또한 Longenecker, *Rhetoric at the Boundaries*, 215-26과 §21 n. 45을 보라.

고 예수가 반복한 약속의 성취로 분명히 밝혀진다(행 1:5). 비록 누가복음 3:16의 전승이 성령 세례받음을 강렬한 정화 체험으로 예상하지만,[103] 누가는 그 사역을 성령 충만의 매우 다른 체험, 즉 정화 체험보다는 환희 체험으로 성취되었다고 분명하고 거리낌 없이 묘사한다.[104] 이제 세례 요한의 예언을 예수가 결국 성취했다는 함의가 다시 살아났으며, 이는 베드로의 연설(행 2:33)과 승천한 예수에게 성령 세례로 인해 부여된 지위에 관한 중요한 결과로 분명해졌다[105] 누가는 세례 요한의 예언에서 이중 요소인 바람/성령(ruach/pneuma)과 불(눅 3:16)을 무시하지 않았다. 오순절 사건/체험이 바람 소리와 불을 보는 것을 포함한 것은 확실히 우연만이 아니다. 비록 바람 같은(hōsper) 소리와 불과 같은(hōsei) 혀이지만 말이다(행 2:2-3). 그래서 어쩌면 누가는 세례 요한의 예언의 성취가 (비록 세례 요한의 기대와는 다르지만) 세례 요한이 기대했던 것의 진정한 성취로 이해되길 원했을 것이다.[106]

(2) 누가의 신학적 논제를 나타내는 두 번째 표시는 방언 소리에 끌린 대중이 "천하 각국"에서 왔다고 묘사하는 데 있다(2:5). 분명한 과장(천하 각국으로부터?)은 차치하더라도, 누가는 이 장면을 시므온의 원래 예언(눅 2:30-32)의 성취의 시작으로 분명히 제시한다. 오순절에 참여한 제자들은 이미 요엘의 예언의 "모든 육체"를 대표하고, 이어질 보편적 선교의 전조로 명백하게 제시되었다(1:8; 2:21, 39; 3:25; 4:12 등등).[107] 예견된 선교 활동영역(2:9-11)

---

103) *Jesus Remembered*, 366-69.

104) *Jesus Remembered*, 803-804에서 필자는 눅 12:49-50에 내포되었듯이, 예수가 세례자의 예언을 재해석하기 시작했을 수도 있다고 제안했다.

105) 추가로 §23.4e를 보라.

106) 초기 기독교 메시지의 중심은 결국 예수의 사역과 "오실 이"를 향한 세례자의 기대 간의 차이에도 불구하고, 예수가 정말로 요한이 예언한 그 사람이라는 것이다(*Jesus Remembered*, 439-55를 보라).

107) 그러나 누가는 오순절에 "경건한 유대인들"만 있었다고 분명히 함으로, 베드로의 고넬료 선교가 지닌 **획기적** 진전이라는 특징을 보존하지 않았다("이방인들에게도"[10:45], "이방인에게도"[11:18]). Jervell은 유대인만 있었다는 점을 너무 강하게 주장했다: "열방의 목록은 세상에 관해서가 아니라 세계 유대교와 관련됨을 명확하게 보여준다"(*Apg.*, 134-36. 그러나 137도 보라).

은 군중들의 감탄 속에 다소 부자연스럽게 삽입된 "나라들의 목록"으로 더 정확하게 주어졌으며, 군중들은 전개되는 이야기에서 사실상 합창 역할을 감당한다. 누가가 그 이름 목록을 어디서 얻었느냐는 쟁점,[108] 그렇게 말하는 군중을 상상할 때의 인위성 정도,[109] 다양한 요소의 비일관성(예루살렘에 거주하는 유대인[!], 예루살렘에 "거주하는" 메소포타미아 "거주인"[2:5], 그 목록에 유대를 포함함[2:9][110]) 등 이 모든 것이, 바로 첫날부터 예수의 부활이라는 좋은 소식이[111] 광범위한 디아스포라 유대인에게 전해졌다는 누가의 요점으로부터 주의를 다른 곳으로 돌리게 해서는 안 된다.

(3) 누가의 기록을 대하는 대부분의 독자에게 가장 놀라운 점은 성령이 충만하여 다른 나라 말을 한 사람들에 관한 보고다. 그들이 실제로 그렇게 말했다고 보는 것은 누가가 기록한 내용을 이해하는 가장 분명한 방법이다. 뻔한 이유로 어떤 이들은 말하기의 기적보다는 듣기의 기적을 상상

---

108) 그 목록이 누가의 이어지는 서술의 전조가 되지 않았음을 주목하는 것이 중요하다. 예를 들면 수리아, 마게도냐, 아가야에 대한 언급이 없고, 동쪽 지역은 포함되지도 않는다. 그러나 그것이 최초 예루살렘 공동체에서 그 민족들의 범위에 관해 누가가 조사한 내용에 필적하지 않는다면, 왜 그런 목록이 있는가(어디에서 가져왔는가)? 추가로 Haenchen, Acts, 169-70 n. 5; B. M. Metzger, 'Ancient Astrological Geography and Acts 2:9-11', in W. W. Gasque and R. P. Martin, eds., Apostolic History and the Gospel, F. F. Bruce FS (Exeter: Paternoster, 1970), 123-33; Fitzmyer, Acts, 240-43을 보라. R. Bauckham, 'James and the Jerusalem Church', BAFCS, 4.415-80은 열방의 목록에서 예루살렘 중심적인 관점을 설득력 있게 알아냈다(419-22). G. Gilbert, 'The List of Nations in Acts 2: Roman Propaganda and the Lukan Response', JBL 121 (2002), 497-529은 그 목록을 로마 제국의 세력을 과시하는 지리 목록을 향한 누가의 비판 그리고 보편적 권위에 대한 누가의 대안으로 보았다(518-19).

109) K. Lake, 'The Day of Pentecost', Beginnings, 5.111-2: "묘사된 현상을 목격한 어떤 단체도 자신들이 떠나온 열방의 완전한 목록을 포함하여 연설했을 가능성은 없다"(120).

110) 특별히 A. J. M. Wedderburn, 'Traditions and Redaction in Acts 2.1-13', JSNT 55 (1994), 27-54(여기서는 39-48)을 보라.

111) 여기서 지시 대상은 "하나님의 큰일"(2:11)이 아니라 똑같은 청중을 향한 (토착어로?) 뒤따라오는 설교다(2:14-36). 물론 누가는 예수의 부활이, 만일 가장 큰일이 아니라면, 하나님의 "큰일들" 가운데 하나임을 암시하려고 했을 수도 있다. 그러나 그 표현 자체는 유대 용법의 특징을 반영한다(신 11:2; 시 71:19; 105:1; 106:21; Sir. 17.8-9; 18.4; 36.10; 42.21에서처럼).

해서, 이렇게 이해된 사건의 기적적 특성을 약화시키려고 했다.[112] 어떤 사람들은 단지 술에 취한 횡설수설을 들었다는 2:13의 함의는 이 논증에 어느 정도 무게를 실어준다. 그러나 누가에게 있어서는, 누가가 2:6과 11에서 사용한 표현을 볼 때, 방언을 하는 사람들이 그들이 그때까지(그리고 여전히) 모르는 다른 나라 말을 기적적으로 했음을 누가가 전달하려고 했다는 해석 외에 다른 해석은 어렵다. 중요 단어인 *glōssa*(2:4, 11)는 영어에서 "언어"(language)라는 2차 의미와 함께 "방언"을 의미한다. *Heterai glōssai*(2:4)는 "다른 언어"라는 의미로밖에 이해될 수 없다. 이는 더 자세한 표현인 *hēmeterai glōssai*(2:11)가 "우리 언어"로 밖에 이해되지 않는 것과 마찬가지다. "우리 언어"라는 표현이 군중이 들은 내용을 기록한 것은 사실이며 (2:6), 비슷하게 2:6에서도 "각각 자기의 언어(*dialektōs*)로 제자들이 말하는 것을 들었다"고 말한다. 그러나 "다른 언어"라는 언급은 일어난 일을 누가 자신이 묘사한 것이다. "그들이 다른 언어들로 말하기를 시작하니라"(2:4).[113]

성령이 제자들에게 임함이 지닌 결과(나타남)를 이해하는 누가의 기반은 이전의 요점을 강화할지도 모른다. 비록 모든 사람은 아니었지만(2:3), 폭넓은 범위의 군중이 이해할 수 있는 말하기를 성령이 가능하게끔 했거나 영감을 불어 넣었는데(2:8-11), 그 군중은 하늘 아래에 있는 모든 나라를 어느 정도 대표한다고 볼 수 있다. 다른 말로 하면, 오순절의 성령 부으심은 광대한 범위의 민족들에게 의미 있는 예배(그리고 선포?)를 강화하고 가능하게

---

112) 비교. Bruce: "그들이 구사한 갈릴리 언어의 특이성으로부터 갑자기 해방된 제자들은 하나님을 찬양하고, 각 청자들이 자기 언어나 방언을 놀랍게 인식하는 방식으로 하나님의 큰 일들을 상세히 이야기했다"(*Acts*, 115). Kremer, *Pfingstbericht*, 136 n. 148의 다른 사람들. 이제 또한 P. Barnett, *Jesus and the Rise of Early Christianity: A History of New Testament Times* (Downers Grove: InterVarsity, 1999), 197.

113) 누가가 오순절을 바벨 저주의 반전(창 11:6-9)으로 보았다는 걸로 보기에는 매력 있는 제안은 개연성이 적다. 오순절은 단일하고 보편적인 언어의 회복이 아니었다. 물론 누가는 예루살렘에 거주하는 디아스포라 유대인에게 공통 언어인 그리스어가 있었다는 사실을 신경 쓰지 않는다.

했다.[114]

우리는 누가의 내러티브에서 공정하게 더 읽어낼 수 있는가?

b. 오순절의 신학적 중요성

문자 그대로 "오십"을 의미하는 "오순절"은 "50번째 날"인 *hē pentēkostē hēmera*의 약어로, 유월절 후 50번째 날에 기념한 축제를 말하며 이는 유대력에서 두 번째 큰 순례 축제였다.[115] 오순절의 중요성은 예수 시대 전후에 발전하고 있었던 것으로 보인다. 오순절은 『희년서』(*Jubilee*) 6.17-21에서 그리고 어쩌면 쿰란 공동체에서도(참고 1QS 1.16-2.18) 언약 갱신의 축제가 되었고, 그 관련성은 역대하 15:10-12에서 이미 암시됐다.[116] 거의 확실히 이는 특별히 오순절과 시내산 언약 간의 연결을 의미한다. 출애굽기 19:1(시내산 언약)과 역대하 15:10(언약 갱신)은 모두 "세 번째 달"(오순절이 기념된 그달)을 명시했다.

필론(Philo)의 저작에서 시내산 전통은 그 자체로 발전했다. 시내산에서 하나님의 소리(출 19:16-19)가 "나팔을 통한 숨(*pneuma*)처럼 들렸다." "불꽃

---

114) 놀랍게도, Jervell은 2:4에서뿐만 아니라 2:14의 *apophthengomai*의 반복에서 "2:14ff.의 베드로의 연설이 방언을 말하는 것으로 분명하게 이해되었다"라고 추론한다(*Apg.*, 134). 그러나 Hanchen은 *apophthengomai*가 "활홀경의 연설이 아니라, 근엄하거나 영감 받은 방식으로 말하는 것"을 의미한다고 이미 주장했다(*Acts*, 168 n. 3).

115) 오순절은 밀 수확의 첫 열매들을 야훼께 바쳤을 때 추수 축제로 시작했으며, 보리 수확을 시작한 때로부터 7주 후에 기념했다(그래서 "칠칠절"). 더 상세한 사항은 출 23:16; 34:22; 레 23:15-21; 민 28:26-31; 신 16:9-12; Tob. 2.1; 2 Macc. 12.32; 4Q196 frag. 2.10; Philo, *Decal.* 160; *Spec. Leg.* 2.176-88; Josephus, *War* 1.253; 2.42; 6.299; *Ant.* 3.252-57; 13.252; 14.337; 17.254; E. Lohse, *TDNT*, 6.45-48을 보라.

116) 예로, Kremer, *Pfingstbericht*, 14-18; Schürer, *History*, 2.582, 595; M. A. Knibb, *The Qumran Community* (Cambridge: Cambridge University, 1987), 88-89; H. Stegemann, *The Library of Qumran* (1993; Grand Rapids: Eerdmans, 1998), 108, 164-65; Fitzmyer, *Acts*, 233-34을 보라. Barrett는 *Jub.* 6.17-18이 모세 언약이 아닌 노아 언약만을 언급한 것처럼 보인다고 논평하나(*Acts*, 111), Wedderburn은 *Jubilees*에서 "하나님이 노아, 아브라함, 모세와 맺은 언약은 한 언약이며 오순절에 갱신된 듯하다"라고 말한다('Traditions and Redaction', 34; 또한 Kremer 15-16). 추가로 Lohse, *TDNT*, 6.48-49을 보라.

은 청중들에게 친숙한 언어를 담은 명확한 연설이 되었다"(Decal. 33, 46). 그러나 필론은 시내산 계시를 오순절과 연관시키지 않았다. 차후 랍비 유대교에서는 이 둘이 정말로 하나가 되었다. 오순절은 율법의 부여와 명확히 연관되었고(b. Pesah. 68b), (시내산에서) 그 (한) 목소리가 (7개 목소리로 나뉘었고 이 것들은) 70개 언어로 나뉘졌다(그래서 모든 나라가 자기 언어로 들었다)는 랍비 요하난(Yohanan)의 말은 (다양한 형태로) 자주 인용된다.[117] 그러나 오순절과 시내산의 연관성은 2세기와 랍비 요하난(279년에 사망했다) 이전에는 기록되어 있지 않다.

110년 이상 사도행전을 연구하는 학자들은 이러한 유사성에 친숙했고, 이 유사성은 자연스럽게 첫 기독교 오순절에 대한 누가의 서술이 이런 전통의 영향을 받았는지 그리고 만일 받았다면 어느 정도로 받았는가 하는 의문을 불러왔다. 누가는 언약 갱신 축제인 오순절 사상에 단지 친숙했을 뿐 아니라, 산 아래에 모인 사람들에게 이해 가능한 언어로 주어진 불 같은 계시로 생각되는 시내산에 관한 추측과도 친숙하지 않았을까? 그리고 만일 친숙했다면, 누가는 요엘과 다른 예언자들이 예견한 성령의 부으심인 오순절이 사실상 이스라엘의 시내산 체험과 대등한 기독교적 경험임을 제시하려고 자신의 내러티브에 그런 추측의 요소를 포함했는가? 이 쟁점을 더 뚜렷하게 표현한다면, 누가는 오순절이 (1) 새로운 운동을 위한 동등하게 기초적인 사건이며, (2) 그렇기에 오순절이 새로운 언약을 위한 예언적 소망을 성취했다는 점뿐만 아니라,[118] 또한 (3) 성령이 새 종파의 삶과

---

117) Lake, Beginnings, 5.115-16; Haenchen, Acts, 173-74; Kremer, Pfingstbericht, 241-53.

118) 특히 렘 31:31-34과 겔 36:26-27. M. Turner, Power from on High: The Spirit in Israel's Restoration and Witness in Luke-Acts (Sheffield: Sheffield Academic, 1996)의 논지는 오순절 때 성령의 오심이 이스라엘의 회복을 위한 전통의 일부분이라는 데 있다. J. M. Scott, 'Acts 2:9-11 as an Anticipation of the Mission to the Nations', in J. Ådna and H. Kvalbein, eds., The Mission of the Early Church to Jews and Gentiles (WUNT 127; Tübingen: Mohr Siebeck, 2000), 87-123은 "사도행전 2:9-22의 목록에서 처음 등장하는 이름들이 수 세기 전 이스라엘과 유다가 유배생활을 보냈던 민족과 장소인 것은 결코 우연이 아니다"라고 결론지었다(123).

신앙의 결정적 요인으로 사실상 토라를 대체했음을 암시하려고 그런 전승을 이용했는가?[119] 물론 요점은 만일 누가의 내러티브가 그런 영향의 산물이라면, 그런 상세한 내용(특별히 불과 많은 언어)이 누가가 활용할 수 있었던 여러 종류의 역사적 회상 때문이라고 주장하기가 더욱 어려워진다.

오순절이 유대교 전통과 관습에 있어 이미 언약 갱신의 축제가 되어 있다고 어느 정도 자신 있게 말할 수 있다. 언약이 이스라엘에게 토라와 상당히 일치하는 상황에서,[120] 어쩌면 오순절은 시내산에서 율법을 받은 일을 기념하는 것까지 포함했을 것이다. 또한 이런 연관은 절기들이 이스라엘 역사를 기념하는 날이 되었을 때부터 불가피했다.[121] 시내산의 계시 사건이 세 번째 달(유월절 후 6주에서 10주 후)에 있었다고 보는 것은 이런 연관을 명확하게 제시했을 것이다. 그리고 추측하건대 오순절 때 출애굽기 19장을 읽는 관습은 예수 이전 세기에 확립되었을 가능성이 있다.[122] 그 결과 누가 자신이 이 연관들을 인지했는지에 상관없이, 누가의 많은 독자는 이를 알고 있었을 것이기에 (모든 첫 제자들처럼) 유대인이라면 오순절의 성령 부으심이 하나님의 언약 갱신이나 새 언약의 확립임을 떠올리지 않고 이 이야기를 듣기는 어려웠을 것이다.[123]

---

119) 그러나 Jervell은 누가에게 율법과 성령은 밀접하다고 생각하며(Apg., 132과 133 n. 149, 139), 엡 4:7-8의 배경이 되는 전승에서 그 지지를 발견한다(그 시내산 언급과 더불어, 시 68:17-18을 인용함)(138-39). 또한 §23 n. 100을 보라.

120) 택함과 언약 및 율법의 결부는 유대교의 자기이해에서 근본적이고 일관된 주제였다. 이는 Ben Sira(Sir. 17.11-17; 24.23; 28.7; 39.8; 42.2; 44.19-20; 45.5, 7, 15, 17, 24-25), *Jubilee*(1.4-5, 9-10, 12, 14, 29; 2.21; 6.4-16; 14.17-20; 15.4-16, 19-21, 25-29, 34; 16.14; 19.29; 20.3 등등), 다메섹 문서(CD 1.4-5, 15-18, 20; 3.2-4, 10-16; 4.7-10; 6.2-5 등등) 그리고 Pseudo-Philo(*LAB* 4.5, 11; 7.4; 8.3; 9.3-4, 7-8, 13, 15; 10.2; 11.1-5 등등)가 예시한다. *Mek. Exod.* 20.6("언약은 토라만을 의미할 뿐이다")은 이후 랍비 사상에 잘 나타난다(추가로 Str-B 3.126-33을 보라).

121) 유월절(비교. 출 12:12-13, 17, 23-27, 39); 초막절(레 23:43).

122) Lohse, *TDNT*, 6.47 n. 19.

123) 누가가 단 두 번 "언약"을 언급한 증거는 모호하다. 3:25은 누가의 새 언약 신학으로 추정되는 것에 어느 정도 여지를 두지만, 7:8은 아브라함 언약을 "할례자 언약"이라고 규정한다. 갈 3장 및 롬 4장을 대조하라. 그러나 바울도 "언약 신학"을 많이 다루지 않는다. 필자의 'Did Paul Have a Covenant Theology? Reflections on Romans 9.4 and 11.27', *The New Perspective on Paul*, 20장을 보라. 그러나 S. McKnight, 'Covenant and Spirit: The Origins

그 외에는, 역사적 기초들이 아주 불확실해진다. 사도행전 2장 전통은 시내산에 대한 랍비들의 생각과는 현저히 다르다.[124] 그 생각의 시기가 이르면 이를수록 사도행전 2장과 차이가 더 크다. 출애굽기 19장에 대한 필론의 논의는 단순히 성경 내러티브에 관한 그의 (전형적인) 해설로 보이고(히 12:19과 대조하라), 사도행전 2장과의 연관성은 거의 없다. 동시에 오순절과 시내산이 관련이 있다는 인식을 기원전 2세기의 랍비 전통에서 추적할 수 없다는 사실은 이런 관련이 초기에 이루어졌다는 견해에 맞설 정도로 결정적이지는 않다. 랍비의 침묵은 단순히 오순절을 중요하게 생각지 않은 그들의 평가를 반영하며, 이는 그 당시 오순절을 중요하게 여긴 "유대교 이단들"이 받은 높은 평가에 대한 반응에서 나온 결과일 것이다. 필자는 오순절이 쿰란에서 중요했음을 이미 언급했다.[125] 테라퓨테(Therapeutae) 종파는 오순절을 연중 최고 축제로 여겼으며(Philo, *Vit. Cont.* 65-66),[126] 필론도 그렇게 생각했을 수 있다(*Spec. Leg.* 2.176-87). 그리스도인이 여기에 추가한 중요성은 사도행전 2장 이야기 그 자체에서 명백히 드러난다.[127]

이 모든 내용은 누가의 오순절 내러티브의 중요성에 어느 정도 영향을 끼치는가? 모든 논쟁에서 가장 흥미로운 측면은 자신의 독자들이 그런 함축을 듣기 원했다는 누가의 명백한 암시가 그 내러티브에서 거의 부재하다는 점이며, 누가가 그 함축들을 더 분명히 하려고 내러티브를 형성

---

of the New Covenant Hermeneutic', in Stanton et al., eds., *The Holy Spirit and Christian Origins*, 41-54은 "새 언약 해석학은 초기 예루살렘에 기반을 둔 예수 추종자의 성령 경험에 그 기원을 둔다"(51)고 언급한다.

124) 시내산(하늘에서 한 목소리가 70개의 언어로 율법을 선포함); 오순절(많은 사람이 성령의 영감을 받아 많은 언어로 하나님을 찬양함).

125) 위 n. 115을 보라.

126) Schürer, *History*, 2.592-93, 595.

127) Wedderburn, 'Traditions and Redaction'은 시내산에서 율법과 언약의 수여와 관련된 유대 전통들에 대한 암시가 우연이라고 하기에는 그것이 행 2:1-13에서 너무 분명하게 드러나지만, 누가가 그런 병행을 의식했다는 어떤 표시도 없다고 생각한다. 그의 해결책은 오순절이 누가 이전 사람들, 즉 누가가 의지한 전승을 진술한 사람들에게 영향을 끼친 것과 연관해서 전승의 발전의 세 단계를 파악하는 것이다.

했다는 점은 더 불명확하다.[128] 물론 오늘날의 해석학은 기록된 글을 읽는 독자들이 저자가 전혀 알지 못했던 내용을 떠올리고 연관시킬 수 있음을 인식하도록 북돋아 준다. 그러나 우리의 연구는 누가가 자신의 내러티브 역사의 토대로 사용한 자료와 관련이 있다. 그리고 이와 관련해서는, 누가의 내러티브가 토라 부여에 관한 당대의 고찰과 추측의 산물이라고 보게 할 비중 있는 증거가 없다는 점만 언급할 수 있다. 이미 오순절에 추가된 언약과의 연관성은 또 다른 문제일 수 있지만, 여기서 요점은 그런 연관성이 누가가 서술하는 내용보다는 오순절 그 자체에 더해졌다는 데 있다. 그런 연관성은 기독교의 첫 오순절을 역사적으로 관련시키는 작업의 일부분일 수도 있다. 누가가 별다른 의미를 부여하지 않기로 했어도 말이다!

c. 오순절에 관한 누가 서술의 역사적 기초들

그렇다면 누가의 사도행전 내러티브의 기초가 된 역사 자료에 대해 우리는 어떤 말을 할 수 있는가?[129]

(1) 기독교가 된 그 운동은 제2성전기 유대교 안에서 열광적인 종파로 시작했다. 비록 타인이 선호했을 법한 것보다[130] 누가가 이 체험들을 조

---

128) Fitzmyer, *Acts*, 234은 J. Dupont, 'La nouvelle Pentecôte (Ac 2,1-11)'에 주목한다. Fête de la Pentecôte', *Nouvelles études sur les Actes des Apôtres* (LD 118; Paris: Cerf, 1984), 193-98은 행 2장에 있는 출 19-20장의 언어적 암시를 언급한다: "함께"(2:1; 출 19:8), "소리"(2:2, 6; 출 19:16), "불"(2:3; 출 19:18), "하늘에서"(출 20:22)(이미 Dupont, 'First Christian Pentecost', 38-42에서 언급함). 그러나 첫 두 항목은 기껏해야 부수적인 상세 사항인데, 암시가 효과적이려면 출애굽기 서술이 지닌 몸서리치는 경외감을 반드시 환기해야 했다: 폭풍과 번개 및 먹구름, 계속되는 큰 나팔 소리(Philo이 언급했다), 가마의 연기와 같은 연기. 바람과 불은 신의 현현을 보여준다고 광범위하게 이해됐다(출 3:2-6; 13:21; 19:16-18; 24:17; 왕상 19:11-12; 시 104:4; 사 66:15; 겔 1:4; Kremer, *Pfingstbericht*, 102, 106, 113-14, 238-40). "이 모든 것들은 구약의 일반 어휘와 유대교의 신 현현에 속한다"(Kremer, 239). 또한 *Jesus Remembered*, 366-67을 보라.

129) 아래의 몇 가지 요점, 특히 (3)과 (4)는 필자의 *Jesus and the Spirit*, 138-40에 의존했다.

130) 황홀경: 2:1-4; 8:17-18; 10:44-46; 11:15; 19:6; 영감 받은 연설: 4:8, 31; 5:32; 6:3, 5, 10; 11:28; 13:9; 20:23; 21:4, 11; 방언: 2:4; 10:46; 19:6; 환상: 7:55; 9:10; 10:3-6, 10-16; 16:9-10; 18:9;

금 더 실재화했다 할지라도, 이는 사도행전의 명백한 증언이다.[131] 그리고 누가의 증언을 바울이 확증하는데, 그는 좀 더 신중하지만 방언하는 것에 대해 자유롭게 말하며(고전14장), 성령의 소멸을 경고하고(살전 5:19), 바람직하게 여겨진다면 자신의 많은 계시와 환상을 자랑할 수 있었고(고후 12:1, 7), 성령의 능력으로 일어난 표적과 기사가 사실이라고 주장하는 데 망설이지 않았다(롬 15:19; 갈 3:5). 때때로 다른 구절들은 그런 큰 그림을 확인해준다. 술 취함을 성령 충만함과 대조하여 오순절 체험과 유사한 체험을 제시하는 에베소서 5:18과, "표적들과 기사들과 여러 가지 능력과 및 자기의 뜻을 따라 성령이 나누어 주신 것(merismois)"을 입증한 히브리서 2:4절, 그리고 "영과 진리로 예배함"(요 4:14과 7:38에 비추어 본 요 4:23-24)이라는 묘사에서 경험적으로 풍부한 이미지를 사용한 요한이 그 예다.[132]

그런 특징들(활홀경 체험, 환상, 예언, 놀라운 치유[기적])이 §22.1a에 인용된 세 가지 유사한 유형들(특별히 급진적인 종교개혁과 오순절주의)의 기원에서 있었던 비슷한 체험들과 상응한다면, 이는 종교 운동 역사가에게 중요하다. 어떤 이들에게는 혼란스럽겠지만, 최초의 기독교를 "열광적 종파"라고 묘사할 때, 급진적인 종교개혁의 결과로 Schwärmerei("열광")에 부여된 의미를 피하기는 어렵다.[133] 그리고 만일 17, 18세기 열광주의의 과도함과 광신주의적 의미 때문에 "열광주의"가 만족스럽지 않은 묘사로 드러난다면, 단

22:17-18; 26:19("황홀한", 10:10; 11:5; 22:17); 영감 받은 지시: 8:29, 39; 10:19; 11:12; 13:2, 4; 15:28; 16:6-7; 19:21; 20:22; 치유: 3:1-10; 8:7; 9:18, 33-34, 36-41(베드로의 그림자를 통해서 [5:15-16] 그리고 바울이 만진 옷과 앞치마를 통해서[19:11-12]); 심판의 기적: 5:1-11; 13:8-11; 19:13-16.

131) 위 §21 n. 132과 필자의 *Unity and Diversity,* 176-84을 보라. 오순절 체험이 지닌 환상 요소 (광경과 소리)는 필자의 *Jesus and the Spirit,* 147-48을 보라.

132) 또한 Kremer, *Pfingstbericht,* 28-59을 보라. 비교. Pokorny: "그러므로 활홀경의 표현이 동반되며 마음에서 우러나온 이 기쁨은 진술된 환호와 고백적인 표현보다는 부활 사건을 향한 기본적인 반응이었다"(*Genesis,* 117).

133) 필자의 'Enthusiasm', *The Encyclopedia of Religion* (New York: Macmillan, 1987), 5.118-24 을 보라. *The Christ and the Spirit.* Vol. 2: *Pneumatology* (Grand Rapids: Eerdmans, 1998), 32-42에서 재인쇄되었다.

순히 우리는 "명백하게 영적"이거나 더 20세기다운 "은사적"(혹은 심지어 "오순절주의")이라는 몇몇 용어로 대체해야 한다. 어쨌든 이 강렬한 갱신 운동 유형은 더 오래되고 확립된 전통을 소중하게 여기는 사람들을 분명히 불편하게 하거나 심지어 적의를 품게 했다.[134]

타당한 서술 용어라는 문제를 놓고 고심하지 않아도, 요점은 그 운동에서 그렇게 정형화된 특징들이 어느 단계에서 처음 나타났으며, 그런 방식이 그 당시에 그리고 그 이후에 그 운동에 참여한 사람들에게 하나의 전형으로 설정되었다는 데 있다(1906년 아주사 거리의 체험이 많은 오순절주의자에게 하나의 전형을 제공하듯이). 이는 오순절을 기독교 내에서 "영감 받은 군중의 활홀경의 첫 번째 사건"이라고 명명한 사람들이 어쩌면 바른 경로에 있음을 시사한다.[135] 그 운동의 첫 지도자들이 하나님의 성령 체험으로 인식했고 공유했던 체험이 있었을 개연성은 상당하다.[136] 짐작하건대 누가의 오순절에 대한 서술은 그런 체험에 대한 그의 서술이다.

(2) 황홀경과 영감의 체험만이 아닌(행 9:31; 13:52) 그런 체험들이 처음부터 **예언적 소망의 성취인** 하나님의 성령 체험으로 이해됐다고 확신해도 된다. 누가가 첫 오순절을 "성령의 약속"(2:33, 39)인 "아버지의 약속"(눅 24:49; 행 1:4)의 성취로 강조하는 것은 누가만의 강조가 아니다.

- 동일한 강조가 갈라디아서 3:14과 에베소서 1:3에서도 발견된다.
- 에스겔 11:19을 반영한 고린도후서 3:3, 에스겔 36:26-27을 반영한 데살로니가전서 4:8, 에스겔 37:5, 10을 반영한 요한계시록 11:11.
- 이사야 11:2의 표현에 의존한 베드로전서 4:14.

---

134) 비교. Pesch, *Apg.*, 1.109-13의 짧은 비평.

135) Lohse, *TDNT*, 6.51; Goppelt, *Apostolic*, 22. Kremer는 "대중 활홀경"이라는 표현을 좋아하지 않고, "높임을 받은 주가 보내신 약속된 성령이라고 그들이 설명한 너무나 강력한 권능으로 크게 자극받은 기다리는 사도들"이라는 언급을 선호한다(*Pfingstbericht*, 263, 267).

136) H. Conzelmann, *History of Primitive Christianity* (Nashville: Abingdon, 1973): "그 원시 공동체에서 성령의 권능을 체험했다는 점은 개연성 있는 역사의 핵심으로 남아 있다"(49).

- 성령 "부으심"(행 2:17-18)이라는 요엘서의 이미지도 로마서 5:5과 디도서 3:6에 반영되었다.

- 바울은 모든 그리스도인이 "성령 세례를 받았음"을 당연시했다(고전 12:13).

- 요한의 오순절이라 불리는 요한복음 20:22은 창세기 2:7과 에스겔 37:9의 성경 전통에 있는 독특한 언어(*emphysaō*)를 사용했다.[137]

달리 말하자면, 고대했던 다가올 시대(약칭으로는 종말론적 성령)를 그들이 현재 누리고 있다는 의미가 첫 기독교 공동체 가운데 널리 퍼져 있었다.

누가가 베드로의 연설에 포함한 요엘의 예언의 변형은 사도행전 2장에서 가장 놀라운 특징 중 하나다. 이미 언급했듯이,[138] 이는 요엘의 예언을 "그 후"라는 더 모호한 표현으로 시작했기 때문이다(욜 2:28 = 히 3:1; 그리스어는 "이 일들 후에"). 그러나 사도행전 2:17은 요엘서가 "마지막 날에"라는 말을 하는 것처럼 인용했다.[139] 베드로의 두 번째 설교(3:19-21)는 제외하고, 누가의 내러티브에서는 종말론적 열정(마지막 시대에 속한다는 의미)이 거의 없기 때문에 이 특징이 눈에 띈다.[140] 그렇다면 누가가 이야기를 쓰기 위해 결합한 전승을 살펴보았을 때 그 강조가 드러났을 개연성이 있다. 물론 성취된 소망

---

137) Dunn, *Baptism in the Holy Spirit,* 180; 추가로 M. M. Thompson, 'The Breath of Life: John 20:22-23 Once More', in Stanton et al., eds.,*The Holy Spirit and Christian Origins,* 69-78을 보라.

138) 위 §21 n. 153을 보라.

139) 이 변경은 보통 누가가 했다고 보는데(예. Metzger, *Textual Commentary,* 295), 짐작하건대 이는 최초의 공동체를 특징짓는 종말론적 흥분에 관한 누가의 인식을 나타낼 것이다. Haenchen은 "이 일들 후"라는 표현이 원문이라고 논증한다: "누가 신학에서 마지막 날은 성령이 부어지자마자 시작하지 않는다!"(*Acts,* 179). 그러나 F. Mussner, '"In den letzten Tagen"(Apg. 2,17a)', *BZ* 5 (1961), 263-65; Jervell, *Apg.,* 143 n. 207에 언급된 다른 이들.

140) 아래 §23.4을 보라. Fitzmyer는 누가의 구원사에 대한 Conzelmann의 3단계 구분(이스라엘 시기, 예수 시기, 교회 시기)을 유지해야 한다고 주장한다. 그것을 약간 변경하지만 말이다(*Acts,* 201, 자신의 *Luke,* 181-87과 Conzelmann, *Theology of St. Luke,* 12-17을 다시 언급한다). 즉 누가는 구원사가 예수의 재림(눅 21:27; 행 1:11; 3:20-21)으로 끝나기 전에 기간이 더 확장된다고 보았다. 그 의미에 대한 몇몇 생각에 대해서는 "종말론적"이라는 용어를 사용할 수 있고 사용해야 한다. *Jesus Remembered,* 398-401을 보라.

(실현된 종말)이라는 의미는 왕이신 하나님이 이미 통치하고 계심에 대해 예수가 주장한 내용을 반영한다. 그러나 거의 확실하게 그런 의식은 제자들이 경험했던 두 사건에서 자극을 받았을 것이다. 즉 (예수의 부활로) 이미 시작된 종말의 부활과, 예고되었고 이제 부어진 성령의 증거가 그것이다. 이것들은 뒷부분에서 다시 다루어야 할 초기 기독교의 측면들이다(§23. 4a, e).

(3) 그러나 "첫 번째 군중의 황홀경"은 어디서 일어났는가? 예루살렘에서 그런 체험/사건이 있었을 가능성이 높다. 여기서 주요 사실은 새 운동에서 예루살렘이 그 운동의 중심으로 분명하게 받아들여졌다는 것이다. 예루살렘을 대체할 중심지나 기원적 장소는 우리가 활용할 수 있는 그 어떤 문서나 자료에 암시조차 없다.[141] 다시 한번 여기서 바울의 증언이 중요하다. 이미 암시했듯이, 그리고 앞으로 충분히 살피겠지만, 바울은 자신이 특별하게 예루살렘에 의존한다고 여기지 않았으며, 심지어 때때로 예루살렘의 사자들을 향해 적의가 제법(아니면 아주 많이) 있었다.[142] 그러나 그는 어떤 경우에서는 예루살렘의 우월성과 권위 및 근원적 지위를 인정했다(특히 갈 2:1-10과 롬 15:25-27에서). 만일 기독교에 또 다른 중심지나 기원적 장소가 있었다면, 바울이 그에 대한 암시 몇 가지를 제공했을지도 모른다. 그의 서신에서 그런 암시를 발견할 수 없다는 사실(바울은 갈 2:11에서만 안디옥을 언급했다)은 단순히 모든 일이 시작된 장소가 예루살렘이라는 의미다.[143]

눈에 띄는 사실은 예루살렘 지도자들이 처음부터 갈릴리 출신이었다는 점이다(베드로, 야고보, 요한, 예수의 형제 야고보[아래 §23:3]). 예수의 갈릴리 제자들이 예수가 자신의 소명을 가장 성공적으로 수행했던 그 지역을 완전히 포기한 사실은 더없이 놀랍다.[144] 추측하자면 부활절에 펼쳐지기 시작

---

141) 다시 *Jesus Remembered*, §12.5을 보라.
142) "예루살렘"을 사용한 표현("천상의 예루살렘" 등등[갈 4:25-26; 히 12:22; 계 3:12; 21:2, 10; 추가로 *PGL*, 671을 보라)은 지상의 예루살렘이 실제로 기독교가 기원한 장소였다면 가능하다.
143) 추가로 §§27.2-6, 31.7, 32.7과 34.4을 보라.
144) Cameron and Miller, *Redescribing Christian Origins*, 2부에 기여한 이들이 기독교의 기원을

한 극적인 종말론적 사건과 절정의 다음 국면을 위한 명백한 장소가 예루살렘이었을 것이기 때문이다.[145] 그러나 이유를 불문하고 결과적으로 예수의 가장 중요한 제자들은 갈릴리에서 멀어졌고, 그 결과 갈릴리는 새로운 운동의 주요 지역이나 심지어 그 운동의 대체 형식으로도 등장하지 않는다.[146] 여기서도 우리는 그 모든 일이 예루살렘에서 시작했다는 결론에 이른다.[147]

(4) 그리고 언제인가? 두 가지 고려사항이 예수의 십자가 사건 후 오순절로 우리를 압박한다. 하나는 초기 기간을 상당한 자신감을 가지고 묘사할 수 있다는 것이다. 틀림없이 바울은 예수가 죽은 후 2, 3년 안에 회심했을 것이다.[148] 바울의 회심 수개월 전, 우리는 새 종파에 대한 바울의 박해와 박해하도록 그를 조장한 이유들 그리고 그에 선행한 사건들을 담고 있는 사도행전 2-8장의 기간을 관찰해야 한다. 그러나 때때로 제시되는 것처럼, 예수의 부활을 믿는 믿음을 확고히 하는 데 수개월(심지어는 몇 년)이 걸렸다면, 불가능하다고 말할 수는 없지만 그 사건들이 바울의 회심 이전에 일어났다고 보기는 어렵다. 역사의 재구성이라는 압력이 우리로 하여금 "첫 군중의 황홀경"을 누가가 서술한 오순절 근방의 날짜로 위치시키도록 가차 없이 밀어붙인다.

이에 더해서 많은 사람이 지적했듯이, 초기 그리스도인들이 오로지 두

예루살렘 밖에 자리하게 하려는 시도는 그 자료에서 그들이 발견하기 원하는 내용만을 발견하는 극단적 논쟁이라는 대단히 흥미로운 예를 제공한다. 특별히 바울 본문들(갈 1:18; 2:1-14; 롬 15:19, 25-26)에서 명백하게 추론할 수 있는 내용을 무시하고, 다른 곳(예루살렘을 제외한 그 어떤 장소라도 찾으려고 하는 것처럼 보인다)에서 중대한 발전이 이루어졌다는 가정을 지지하는 증거를 찾으려고 시도한다.

145) J. Becker, *Jesus of Nazareth* (Berlin: de Gruyter, 1998)은 "예수가 성전 파괴를 예언했거나 예루살렘을 향해 하나님의 심판을 선언했다면, 부활 이후 최초의 교회가 예루살렘보다는 갈릴리에 설립되었을 것이다"라고 논평했다(334).

146) 아래 §23.4부터 보라.

147) 비슷한 결론에 도달한 사람들에 관해서는 필자의 *Jesus and the Spirit*, 396 n. 33과 위 nn. 7-8을 보라.

148) 아래 §28.1d를 보라.

가지 유대 축제인 유월절과 오순절(비교. 행 20:16; 고전 16:8)을 이어받았다는 사실은 첫 그리스도인들에게 특별하고 중요한 일이 부활절과 오순절에 일어났음을 암시한다.[149]

더욱이 오순절 축제는 누가의 서술에 있는 주요한 이상한 점에 대한 또 다른 해결책이나 수렴점을 제공한다. 필자는 누가가 말하듯이 부활 출현이 예루살렘에서만 있었던 것이 아니라 갈릴리에도 있었다는 전승을 주목한다. 유대인에게 오순절은 그다음의 거대한 순례 축제이며 유월절로 시작한 축제 기간의 절정이다.[150] 그래서 갈릴리에서의 출현으로 새 활력을 얻고 예수의 부활로 시작하는 하나님의 드라마를 이어가거나 그 드라마의 종막을 장식할 분명한 장소로 예루살렘을 생각한 사람들에게는,[151] 예수 부활 후 바로 그다음 오순절이 그 기대가 성취될 명백한 시간이었다. 죽음에서 살아난 예수가 나타났음을 고려할 때, 갈릴리에서 예루살렘으로 귀환하려고 생각하던 사람들에게 오순절보다 더 좋을 때는 없었다.[152] 이런 결과는 예루살렘뿐만 아니라 갈릴리에서도 예수가 출현했다는 이상한 점을 충분히 해결해주며, 누가가 갈릴리에서의 출현을 무시할 수 있었던 이유를 설명해준다. 이것들은 정작 누가의 서술의 요지에 별다른 영향을 끼치지 않았다.

앞에서 왜 40일인지 물었다. 누가는 왜 부활 후 (예수의) 출현을 40일로 한정했는가? 필자는 누가의 전승에서 오순절의 50일이 이미 고정된 날이었다는 한 가지 이유를 제시했다. 따라서 누가는 단순하게 50보다 적은 40을 그다음으로 중요한 숫자로 결정했을 것이다(위 §22.2b). 위에서 살펴본 내용은 이러한 주장에 더 무게를 실어준다. 누가가 사도행전 2장에서 다시 말한 사건이 예수가 처형된 유월절 다음 오순절에 실제로 일어났다는 결

---

149) Jervell, *Apg.*, 138. 또한 n. 186에 추가 참고문헌이 있다.

150) Lohse, *TDNT*, 6.45-48.

151) 다시 아래 §§23.4a, f를 보라.

152) 비교. C. F. D. Moule, 'The Post-resurrection Appearances in the Light of Festival Pilgrimages', *NTS* 4 (1957-58), 58-61; Wedderburn, *History*, 26-27.

론은 그 사건이 놀라울 정도로 역사적이라는 느낌이 들게 한다(§22.2d). 그렇다면 오순절은 첫 (그리스도인) 성령 체험으로서 "시작되었다."[153]

(5) 수많은 지지자와 개종자가 기독교 초기에 매우 **빠르게** 합류했으며, 예수의 죽음 후 1, 2년 안에 일어난 바울의 박해는 새 종파가 너무 대중성이 있고 위협적인 영향력을 가졌음을 충분히 확인해준다. 거의 모든 고대의 추정치와 마찬가지로, 2:41과 4:4에서 누가가 언급한 숫자를 걸러 듣더라도, 새로운 운동의 빠른 성장은 무시할 수 없는 거의 확실한 역사적 사실이다. 그런 이유로, 추가적인 동기부여 없이 드러나지 않은 복음 전도가 있었다는 관점은 빠른 성장을 가장 명백하게 보여주는 역사적 설명이 아니다. 훨씬 더 분명한 사실은, 제자들에게 갑자기 활기를 주고, 매력을 느낀 탐구자들로 하여금 그들에게 다가오게 한 어떤 "대폭발"이 있었다는 사실이다. 사도행전 2장은 누가 판 "대폭발"이다.

"천하 각국으로부터"(행 2:5)라고 누가가 오순절의 군중에 대해 서술한 내용은 분명히 과장이다(과장법). 또한 그는 그들을 "예루살렘에 사는…경건한 유대인"(2:5)이라고 묘사한다. 즉 다른 나라에서 축제에 참석하러 온 순례자들(만)이 아니라는 것이다. 누가는 디아스포라 출신의 상당수 유대인이 예루살렘에 정착했다는 사실을 분명히 염두에 두었다. 그리고 누가는 베드로의 연설에 반응한 사람들에게 한 약속을 "너희와 너희 자녀와 모든 먼 데(*eis makran*) 사람을 위한 것"[154]이라고 묘사했다. 새 운동의 신봉자나 개종자에 디아스포라 유대인들이 상당히 포함되었다는 함의는 타당한 근거가 있어 보인다. 이것은 그다음 내러티브의 세부 사항에서 확인되는데, 그 내용은 누가가 다른 곳에서 얻은 내용이며 누가의 어떤 특정한 의제를 반영하지 않은 정보다. 우리는 구브로 태생이었으나 분명히 예루살렘에

---

153) "제자들에게 성령 내림을 오순절과 관련지은 이는 누가가 처음이 아니다"(Kremer, *Pfingstbericht,* 260). 반대로 G. Schille, *Die Apostelgeschichte des Lukas* (THNT 5; Berlin: Evangelische, 1983)는 누가가 오순절을 기독교 절기로 표현하는 데 초기 기독교의 종파적 원인론에 의존했다고 논증한다(96-98).

154) 아래 §23 n. 279을 보라

정착했으며 예루살렘과 그 주변 땅을 소유했던 바나바를 곧 만나게 된다 (4:36-37). 필자는 역시 구브로 출신이며 예루살렘 가까이에 재산을 소유한 "초기 제자" 나손을 이미 언급했다(21:16). 가장 뚜렷하게는, 사도행전 6장에서 누가는 "히브리파"와 "헬라파"가 예루살렘 공동체에 포함된 사실을 갑자기 독자들에게 소개했다(6:1). 이내 살펴보겠지만(§24), "헬라파"는 거의 확실하게 예루살렘에 정착한 디아스포라 유대인(적어도 대부분)을 가리킨다. 제2성전기 유대교 내의 새로운 갱신 운동이 폭이 좁은 팔레스타인이나 아람어를 말하는 종파가 아니라 처음부터 이스라엘 땅 출신이 아닌 그리스어를 말하는 유대인을 상당수 포함했다는 사실은, 초기 기독교의 독특한 특징을 드러내는 중요한 신호다.

(6) 또한 종교사에서 있었던 유사한 사건들은 성령 충만하여 알려지지 않은 외국어로 말한 사람들에 관한 누가의 기록에 역사적 토대가 있음을 시사하기도 한다. 예를 들면, 초기 오순절주의는 "성령 충만"한 사람이 자신은 모르지만 일부 청자에게 알려진 언어로 말하는 것을 개인들이 들었다는 많은 서술을 쏟아냈다.[155] 이런 증언이 흥미로운 이유는 이들이 구전의 현대적 본보기라는 데 있다. 이런 증언은 악명이 높을 정도로 추적하기가 어렵고, 대개는 두세 사람(아니면 더)을 거쳐 탐구자에게 이른다. 사도행전 2장에 있는 누가의 서술에 가장 밀접한 연관이 있는(그리고 물론 대개 누가의 서술로 영감된) 그런 증언이 20세기 운동에서 아주 빈번했다는 것이 그 요지다. 그렇다면 누가의 (외국어 말하기에 대한) 글이 자신의 신학을 지지하기 위해 고안한 내용이었을 뿐이라는 결론을 반드시 내릴 필요는 없다. 누가가 오순절에 관한 내용을 들었고, 더 나아가 그가 이를 조사하는 중에 오순절에 자신이 정말로 외국어를 들었다고 주장하는 개인들을 만났다는 것은 온전히 현실성이 있다.[156]

---

155) 필자의 *Jesus and the Spirit*, 399 n. 83을 보라.

156) 추가로 필자의 *Jesus and the Spirit*, 148-52을 보라. 비슷하게 Barrett, *Acts*, 116; 비교. C. Colpe, 'The Oldest Jewish-Christian Community', in J. Becker, ed., *Christian Beginnings*

『예수와 기독교의 기원』에서 필자를 따라온 사람들은 여기의 논쟁이 §15.7c에서 다룬 예수의 기적에 대한 논쟁과 유사함을 기억할 것이다. 거기서 필자는 "기적"에 대한 보고가 사건이나 보고의 사후 해석이라는 가정에 대해 경고했다. 적어도 일부의 치유가 **기적으로 체험되었음**을 의심할 이유가 없다. 그래서 여기서 누가가 첫 제자들이 "우리 자신의 언어로"(2:11) 말하는 것에 관해 보고를 받았거나 아니면 그 사건에 참여한 사람에게서 그에 관해 증언을 들었을 공산을 확실히 배제할 수 없다. 누가가 그 내용을 곧이곧대로 받아들이는 일이 현명한 일이었느냐는 질문은 가능하지만,[157] 누가가 이야기 전체를 고안했다는 단순한 결론은 안 된다.

d. 결론

우리는 기독교의 첫 오순절에 관한 누가의 서술에서나 그 서술을 통해서 혹은 그 서술의 기저에서, 기독교가 된 운동을 시작하게 한 영적 갱신과 열정의 첫 격발에 대해 공유된 기억을 발견한다. 그것이 바로 예루살렘에서 일어났고 예수가 죽은 직후의 오순절에 발생했을 가능성은 상당하다. 일부 사람들이 자기의 모국어로 들었을 방언 현상을 포함해서, 그것이 핵심 제자들이 영적 황홀경이라는 체험을 즐기는 형식이었을 가능성은 가장 크다. 그리고 디아스포라에서 돌아온 사람들을 포함하여, 그 지방의 많은 유대인이 그 운동에 합류하는 결과를 가져왔다는 것도 논쟁의 여지가 없다.

초기 기독교에서 가장 중요한 내용은, 분명히 이런 체험이 첫 세대 기독교로 하여금 자신을 본질적으로 **하나님의 영의 운동**으로 보고, 성령으로 갱신되고 성령이 부어져 찬양·예언·증거·행동에 영감을 받은 백성(하나님의 백성 이스라엘)에 관한 고대 예언의 성취로 보는 데 확신을 준 주요 요인이었다는 점이다. 새로운 운동의 자기이해를 지배하는 특징이 예수를 향

(1987; Louisville: Westminster John Knox, 1993), 75-102(여기서는 82).

157) 다시 위 §21 n. 132을 보라.

한 초점이라는 것은 곧 드러나는데, 이 초점이 우리로 하여금 초기 기독교의 이 두 측면을 무시하거나 밀쳐두도록 하지 않아야 한다. 만일 부활과 승천이 기독교의 온전한 구성 요소가 예수에게 일어난 일에 대한 그리스도인의 이해임을 상기한다면, 오순절은 그리스도인들이 자신의 종교를 성령의 종교로 이해했다는 점을 결단코 잊을 수 없게 한다.[158]

---

158) J. Gnilka, *Die frühen Christen. Ursprünge und Anfang der Kirche* (Freiburg: Herder, 1999)는 "Die frühe Kirche"을 다루면서 첫 두 부분을 "Bekenntnisbildung"("고백 형성")과 "Das Wirken des Gottesgeistes"("성령의 역사")라는 제목 아래에 넣음으로 사실상 똑같은 주장을 한다(219-48). 또한 Wilckens, *Theologie*, 1/2.168-75과 추가로 필자의 *New Testament Theology* (LBT; Nashville: Abingdon, 2009), §2.4을 보라.

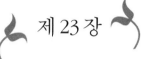

제 23 장

최초의 공동체

예루살렘의 첫 기독교 공동체 출현에 관한 자세한 내용이 어떻더라도, 예수가 죽은 후 오래지 않아 존재하게 된 공동체를 분명하게 언급해야 한다. 새로운 시대에 대해 약속된 성령이 부여한 영적 열정과 더불어, 하나님이 예수를 다시 살리셨다는 확신은 (1) 새 지지자들을 끌어들였고, (2) 성전 관계자의 커지는 반대를 야기한 태동기의 새 종파를 배태했다. 사도행전 2:41- 5:42의 상세 내용의 전부나 대부분이 무시되거나 회의적으로 간주되더라도, 부정할 수 없는 증거인 사울의 박해는 두 사실의 충분한 표지가 된다.

23.1 첫 기독교 공동체의 사회적 특징

이 공동체에 대해 무슨 말을 할 수 있을까? 몇몇 초기 장면은 제대로 되어 있다. 이 단계에서는 이 기간의 전반기인 대략 30년에서 아그리파 1세가 죽은 44년까지만 관심을 가질 필요가 있다(행 12:20-23).

a. 예루살렘의 사회 환경

우리는 예루살렘 내 첫 기독교 공동체의 환경을 제법 알고 있다. 고대 자료
(특히 필론과 요세푸스)와 고고학으로부터 말이다.

　　정치적 권력 면에서 우리는 당시에 로마가 유대를 직접 통치했다고 알
고 있다. 유대인의 왕 아그리파 1세가 다스렸던 짧은 기간(41-44년)을 제외
하고, 6년에서 41년까지 그리고 다시 44년에서 유대인 봉기가 시작한 66
년까지 그랬다. 우리는 이 기간에 제국의 정책이 유대인에게 동정적이었
음을 알고 있다.[1] 부분적으로는 유대인이 율리우스 카이사르를 지지했
기 때문이고 또한 헤롯 아그리파 1세가 황제 가족의 친구였기 때문이다.[2]
우리는 본디오 빌라도가 그가 소환되었던 37년까지 총독으로 일했고, 유
대가 수리아 지방의 속지였음도 알고 있다.[3] 또한 우리는 유대에 대한 로
마의 군사적 지배가 견디지 못할 정도로 심하지 않았음을 안다. 총독은 가
이사랴에 거주했으며, 특별히 주요 유대 축제와 같은 특별한 기간에 예루
살렘을 방문하여 헤롯 궁전에 머물렀다. 총독의 지휘 아래 있는 군대는 대
부분 가까운 지역에서 모집됐지만 전부 비유대인인 예비군이었다. 카이사
르 때부터 유대인들은 군 복무를 면제받았기 때문이다. 단 하나의 보병 부
대가 예루살렘에 주둔했다(비교. 행 21:21).[4] 빌라도는 직무 기간 초기(26년과
30년 사이, 즉 예수 사역 동안)에,[5] 예루살렘을 중심으로 악영향을 끼친 두 번의

---

1) Schürer, *History*, 1.271-76.
2) 아래 §26.5b를 보라. 예외는 티베리우스 통치 아래 권력을 잡았던 세야누스(Sejanus) 때였
　　었는데, 31년에 티베리우스가 세야누스를 축출했고 세야누스의 반유대 정책을 뒤집었다
　　(Philo, *Legat.* 159-61). 또 다른 예외는 39-40년에 예루살렘 성전에 자신의 상을 세우려 했던
　　칼리굴라(Schürer, *History*, 1.343 n. 17, 394-96을 보라)다.
3) Schürer, *History*, 1.358-60.
4) 더 자세한 내용은 Schürer, *History*, 1.361-66에 있다.
5) 빌라도는 예루살렘에 황제의 상과 군기를 들여오려고 시도했고, 예루살렘에 물을 끌어오기

대립을 일으킨 것 말고는 내부 문제에 거의 개입하지 않은 듯하다.[6] 이 모든 사건은 새 종파에 직접적인 영향을 거의 끼치지 않았다. 빌라도는 초기 기독교 이야기에 다시 등장하지 않으나, 헤롯 아그리파는 본인의 짧은 유대 통치 기간에 간단하지만 잠재적으로 아주 파괴적인 방식으로 개입했다 (12:1-19).

종교적인 면에서는 대제사장과 통상 대제사장을 배출하는 집안에 주요 권위가 있었다.[7] 그 당시에 안나스의 집안이 지배력을 행사했고, 안나스의 사위인 요셉 가야바는 18년부터 37년까지 집권했다.[8] "대제사장의 문중"(4:6)과 "대제사장들"(4:23; 5:17, 24), 그리고 "대제사장과 그와 함께한 사람들"(5:21)을 여러 번 기록하는 사도행전 4-5장에서는 대제사장과 그의 후계자 그리고 대제사장으로 선출될 수 있는 귀족 집안의 구성원들을 거의 확실하게 염두에 두고 있다.[9] 이들과 관련해서 우리는 (땅을 소유한) 유력 집안의 (평신도) 어른인 "장로들"에 대해 종종 읽게 되지만, 권력은 분명히 주로 대제사장들에게 있었다.[10] 대제사장은 나라와 법 문제를 다루고 정책에 대

위한 송수로 건설에 성전 금고의 돈을 사용했다(Josephus, *Ant.* 18.55-59, 60-62). 요세푸스는 그 사건들의 시기를 대략 예수의 사역 때로 잡는다(18.63-64). 이에 대한 토론은 H. K. Bond, *Pontius Pilate in History and Interpretation* (SNTSMS 100; Cambridge: Cambridge University, 1998)을 보라.

6) *Jesus Remembered,* 308-309을 보라.

7) 요세푸스는 "차례로 대제사장이 항상 배출된 그 집안들"을 언급한다(*War* 4.148). 피아비 (Phiabi), 보에투스(Boethus), 안나스(Annas)와 카미트(Kamith) 집안은 하스몬가 말기에서 유대 봉기 초 사이에 재직한 25명의 대제사장 중 자그마치 22명이나 배출했다. J. Jeremias, *Jerusalem in the Time of Jesus* (London: SCM, 1969), 194-98, 377-78; Schürer, *History,* 2.229-32; E. P. Sanders, *Judaism: Practice and Belief, 63 BCE-66 CE* (London: SCM, 1992), 328을 보라. 로마 치하에서 "대제사장은 성전과 예루살렘을 다스렸고, 사실상 유대를 다스렸을 것이다"(Sanders, *Judaism,* 323).

8) 특별히 H. K. Bond, *Caiaphas: Friend of Rome and Judge of Jesus?* (Louisville: Westminster John Knox, 2004)을 보라. 여기서는 특히 74-77.

9) 4:6의 요한(요나단)은 짐작하건대 안나스/아나누스의 아들로, 36년이나 37년에 대제사장 가야바를 계승했다(4:6). 달리 알려지지 않은 알렉산더(4:6)는 안나스/아나누스의 또 다른 친척이었을 것이다(Bond, *Caiaphas,* 75). 또한 Mason, *Josephus,* 188-90을 보라.

10) Jeremias, *Jerusalem,* 222-28; Sanders, *Judaism,* 329; 또한 330을 보라: "귀족 계층의 제사장들이 종종 이름이 알려졌다.…중요한 평신도는 거의 이름이 알려지지 않았다."

해 조언하며 결정하기 위해 공회를 소집할 권한이 있었다. 이 단계에서 이 공회(synedrion)가 "산헤드린"인지는 어느 정도 논쟁이 있지만,[11] 사도행전 초반부에 이런 공회가 분명히 등장한다(예수를 빌라도에게 넘겨주는 결론에 이른 청문회).[12] 5:34의 공회에 유명한 바리새인인 가말리엘(더 유명한 힐렐의 손자)이 참석한 것은 확실히 개연성이 크다.[13] 그가 대제사장의 적대감에 어느 정도 맞서는 것으로 들리는 충고를 했다면, 이는 그런 공회에서 대제사장파(사두개파)와 바리새파 간에 있었다고 우리가 알고 있는 긴장과 일치한다(비교. 23:6-9).[14]

대제사장 및 대제사장계 집안의 권위와 권력 기반은 물론 성전이었다. 이미 말했듯이,[15] 유대는 사실상 성전 국가이고, 영토는 성전 제의를 지원하기 위해 필수적 요소로 여겨졌다.[16] 예루살렘은 교역로나 강변 혹은 바

Archontes("통치자들, 판사들")는 어쩌면 제사장들과 평신도들을 포함했을 것이다(3:17; 4:5, 8, 26).

11) 전통적으로 "산헤드린"에 대해 언급해왔는데(E. Lohse, *TDNT*, 7.862-66; Schürer, *History*, 2.199-226), 산헤드린은 주도 인물인 대제사장들뿐만 아니라, "장로들"과 서기관들(전문 법률가들) 및 적어도 다수의 바리새인으로 구성되었다. 그러나 Sanders는 J. S. McLaren, *Power and Politics in Palestine: The Jews and the Governing of Their Land, 100 BC-AD 70* (JSNTS 63; Sheffield: Sheffield Academic, 1991)를 따라서 "산헤드린"보다는 "공회"(특정 업무를 위해 만들어진 조직)라는 언급을 선호한다(217).

12) 눅 22:66; 행 4:15; 5:21, 27, 34, 41; 6:12, 15.

13) Schürer, *History*, 2.367-68.

14) 물론 갈릴리 유다를 드다 "다음에" 위치시킨 실수(5:36-37)는 누가 자신이 한 것이나(위 § 21 n. 77을 보라), 새 운동이 바리새인 중에서 몇몇 동조자를 얻었다는 사실은 15:5(참고. 갈 2:4)과 23:6-9이 확인해준다. 그래서 가말리엘에 대한 누가의 묘사를 쉽게 일축해서는 안 된다. "누가는 역사가로서 신빙성을 염려한다. 가말리엘은 기민한 대중 정치인으로 등장하는데, 그는 행정적 필요와 대중적 경건을 비교하며 검토했다"(S. Mason, 'Chief Priests, Sadducees, Pharisees and Sanhedrin in Acts', *BAFCS*, 4.115-77[여기서는 150-51]; 이 집단들을 묘사하는 누가와 Josephus 간의 일치점들에 대해서는 추가로 174-77을 보라). 또한 P. J. Tomson, 'Gamaliel's Counsel and the Apologetic Strategy of Luke-Acts', J. Verheyden, ed., *The Unity of Luke-Acts* (BETL 142; Leuven: Leuven University, 1999), 585-604을 보라.

15) *Jesus Remembered*, 287-88.

16) "예루살렘 인근에서 발견되는 모든 소는…예외 없이 제물이 될 것으로 여겨졌다(M. Shek. 7.4)"(Jeremias, *Jerusalem*, 57).

닷가에 자리하지 않았으며, 예루살렘의 중요성은 온전히 성전에 있었다.[17] 헤롯 대왕이 설계했던 거대한 지대에 자리한 성전이 이 성을 지배했고, 성전을 지배한 사람들이 그 성의 생명줄을 쥐고 있었다.[18] 소득은 희생제사와 디아스포라 사방에서 흘러들어온 성전세에서 나왔으며, 순례 행렬은 틀림없이 어마어마했을 것이다.[19] 또한 성전은 은행 역할을 했고, 막대한 개인 자금이 성전에 예치되었다.[20] 성전 자체는 여전히 건설 중이었고, 엄청난 거래와 일꾼들이 관여됐다.[21] 왕궁과 주둔군을 제외하고는 대략 모든 거래와 상업은 직간접적으로 성전에 의존했다. 성전이 사도행전 3-7장의 전체 행동의 배경과 계기를 제공하고, 주요 상호 작용이 성전 관계자와 관련된다는 사실에 놀랄 이유가 없다.

역사가가 이 외의 확실한 자료를 얻으려면 애를 많이 써야 한다. 고고학적 조사에서 얻은 자료는 실망스러울 정도로 적다. 70년과 135년의 엄청난 파괴 사건이 예루살렘성을 완전히 산산조각냈기 때문이다. 성전 대지/지대, 특별히 성전의 남서쪽 모퉁이의 최근 발굴지,[22] 그리고 성벽(적어도 첫 성벽)이 있었다고 여겨지는 장소에 관한 신뢰할 만한 추측을 제외하고는,[23]

---

17) 예루살렘은 "기이할 정도로 교역하기에는 상당히 불리한 지역에 있었다." "유대는 세계 교역에 관여하지 않았다"(Jeremias, *Jerusalem*, 27, 54).

18) 성전의 전략적 중요성은 수리아에 대항한 마카비 전쟁과 66-70년의 유대 봉기에서 성전이 담당한 역할에서 강조되었는데, 이것을 Josephus, *War*가 상당히 생생하게 묘사한다.

19) Jeremias, *Jerusalem*, 27-29; M. Goodman, 'The Pilgrimage Economy of Jerusalem in the Second Temple Period', *Judaism in the Roman World: Collected Essays* (Leiden: Brill, 2007), 59-67.

20) 2 Macc. 3.6, 10-12, 15; 4 Macc. 4.3, 6-7; Josephus, *War* 6.282.

21) 요세푸스는 62-64년에 성전이 완성되었을 때 18,000명이 넘는 일꾼들이 일자리를 잃었다고 언급한다(*Ant.* 20.219).

22) J. Murphy-O'Connor, *The Holy Land* (Oxford: Oxford University, ⁴1998), 96-103; 또한 D. Bahat, 'The Herodian Temple', *CHJ*, 3.38-58을 보라.

23) 첫 번째 성벽은 다윗의 성과 시온산을 둘러싼다. 헤롯 대왕이 건설한 두 번째 성벽 경로는 덜 분명하나 성전 북쪽 구역을 에워쌌다. 아그리파는 그의 짧은 재임 기간에 훨씬 더 넓은 북쪽 교외를 에워싼 세 번째 성벽을 건설하기 시작했다. 세 성벽에 관한 요세푸스의 묘사를 보라(*War* 5.142-47. 세 번째 성벽의 견고함에 관한 추가적 묘사는 148-75); M. Ben-Dov, *Historical Atlas of Jerusalem* (2000; New York: Continuum, 2002), 102-25에 있는 지도들과

예루살렘 성 구조의 분명한 모습을 얻기가 너무나 어려운 것으로 드러났다. 우리는 안토니아 요새와 실로암 및 베드자다/베데스다 연못(요 5:1-9) 자리를 알고 있으며, 몇 개의 시장/상점가의 위치 추측은 가능하다.[24] 또한 우리가 하스몬 궁전의 자리를 알고 있듯이, 헤롯과 아디아베네(Adiabene) 왕들의 궁전이 있었을 법한 위치도 알고 있다. 게다가 1976년부터 옛 도시의 유대인 지역을 복원하면서 성 북부(Upper City) 지역에 자리한 부자들의 거주지와 이 지역에 인접한 티로포에온 계곡(Tyropoean Valley)의 증거를 찾아냈는데, 그때는 여전히 성전 대지와 성 북부 사이를 제법 깊게 깎아내는 중이었다.[25] "에세네파의 문"이라는 요세푸스의 언급은 그것이 도시 남서쪽 모퉁이에 있었음을 암시하는데, 이는 성의 그 구역에 있던 에세네파의 주거지에 대해 추측하도록 했으며, 그 구역은 전통적으로 최후의 만찬의 "다락방"이 위치한 장소와 가까웠다.[26] 그러나 이 이상 말하는 것은 거의 모두 짐작이다.[27]

도표들; 또한 Mazar, *The Mountain of the Lord*, 204-209; Sanders, *Judaism*, 125, 306을 보라.

24) Jeremias, *Jerusalem*, 18-21. Jeremias는 예수 시대에 25,000-30,000명의 거주자가 예루살렘에 있었다고 보았다(27, 84). Pseudo-Hecataeus는 120,000명으로 추산하나(Josephus, *Ap.* 1.197), Mazar는 이 숫자가 교외와 외곽 마을을 포함했을 것이라고 언급하고(*Mountain of the Lord*, 210), Sanders는 비록 예루살렘 축제에 300,000에서 500,000 사이의 군중들이 예루살렘 절기에 참여했을 것이라고 추정하지만(128), 그 이상 다른 언급을 할 수 없다고 느꼈다(*Judaism*, 125). 가장 최근의 토론은 적어도 60,000명의 정착 인구를 추정한다. D. A. Fiensy, 'The Composition of the Jerusalem Church', *BAFCS*, 4.213-36(214과 n. 3); W. Reinhardt, 'The Population Size of Jerusalem and the Numerical Growth of the Jerusalem Church', *BAFCS*, 4.237-65(240-59).

25) Murphy-O'Connor, *The Holy Land*, 73-76; L. Ritmeyer와 K. Ritmeyer, *Jerusalem in the Year 30 A.D.* (Jerusalem: Carta, 2004)를 보라.

26) R. Riesner, 'Das Jerusalemer Essenerviertel und die Urgemeinde. Josephus, Bellum Judaicum V 145; 11Q Miqdasch 46, 13-16; Apostelgeschichte 1-6 und die Archäologie', *ANRW*, 2.26.2 (1995), 1775-1922; 또한 'Synagogues in Jerusalem', *BAFCS*, 4.179-211(여기서는 206-207); J. Murphy-O'Connor, 'The Cenacle — Topographical Setting for Acts 2:44-45', *BAFCS*, 4.303-21을 보라. 또한 n. 45을 보라.

27) 1979년에 성 북부(Upper City)의 발굴을 지휘했던 Nahman Avigad 교수에게 홀리랜드 호텔의 옛 도시 모형이 고고학 발견에 어느 정도 기반을 둔 것인지 물었다. 그는 성전 지대를 제외하고, 고고학적으로 5%만 신뢰할 만하다고 여겼다. Ben-Dov의 *Historical Atlas*, 102-25은 70년대 이전 예루살렘의 몇 가지 주요 특징들을 훌륭하게 재구성한다. 그리고 Ritmeyers

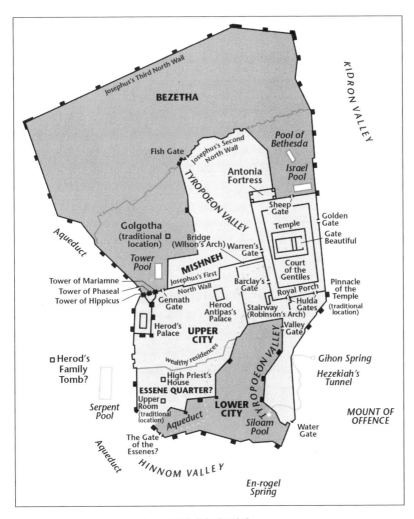

Josephus's Third North Wall

KIDRON VALLEY

BEZETHA

Fish Gate

Josephus's Second North Wall

Pool of Bethesda

Israel Pool

Antonia Fortress

TYROPOEON VALLEY

Sheep Gate

Temple

Golden Gate

Gate Beautiful

Aqueduct

Golgotha (traditional location)

Bridge (Wilson's Arch)

Warren's Gate

MISHNEH

Josephus's First North Wall

Court of the Gentiles

Royal Porch

Tower Pool

Barclay's Gate

Pinnacle of the Temple (traditional location)

Tower of Mariamne
Tower of Phaseal
Tower of Hippicus

Gennath Gate

Herod Antipas's Palace

Stairway (Robinson's Arch)

Hulda Gates

Herod's Palace

UPPER CITY

Valley Gate

wealthy residences

Gihon Spring

Hezekiah's Tunnel

Herod's Family Tomb?

High Priest's House

ESSENE QUARTER?

Upper Room (traditional location)

LOWER CITY

TYROPOEON VALLEY

MOUNT OF OFFENCE

Serpent Pool

Aqueduct

Siloam Pool

Water Gate

The Gate of the Essenes?

Aqueduct

HINNOM VALLEY

En-rogel Spring

‖ 1세기의 예루살렘

이 모든 내용이 의미하는 바는 예루살렘에서 성장하기 시작한 초기 기독교 공동체의 사회적 상황과 환경을 재구성하기가 무척이나 어렵다는 것이다. 우리는 그들이 어디에서 살았고 어디에서 만났는지, 그들의 사회적

의 *Jerusalem*은 훌륭한 사진들과 도표들을 담고 있다. 또한 Schnabel, *Mission,* 417-20을 보라.

지위와 직업이 무엇이었는지도 모른다.[28] 누가가 그런 질문을 놓고 고심하지 않아도 사도행전 내러티브의 줄거리는 유지될 수 있다. 이상적인 재구성이라는 인상을 강화하는 다소 꿈같은 이야기 순서를 누가가 만들어냈다 할지라도 말이다. 그러나 그런데도 우리는 그가 제공한 정보로 어느 정도 관련 있는 내용을 관찰할 수 있고, 개연성이 있는 역사적 상상을 그의 서술에 덧붙일 수 있다.

b. 첫 그리스도인들은 누구였는가?

그러나 사도행전 2:41(3천 명의 회심자)과 4:4(5천 명의 신자)의 정확성과 상관없이, 새로운 예루살렘 종파는 틀림없이 빠르게 성장했다. 그러나 이 첫 그리스도인들은 누구이고, 예루살렘의 어떤 사회 계층 출신이며, 자신들의 생계를 어떻게 꾸려나갔는가? 우리가 가진 정보가 종합적인 그림의 출발점조차 제공하지 않지만, 몇 가지 윤곽은 그려낼 수 있다.

이미 말한 놀라운 사실, 즉 제자들 중 핵심 구성원이 갈릴리 사람이라는 점(1:11, 2:7)은 반복할 만한 가치가 있다. 그들은 친척이나 친구 혹은 이미 제자인 몇몇 지역 주민과 같이 살았는가? 그들은 어떻게 자신들을 부양했는가?[29] 그들이 모두 "믿음으로" 살았다 할지라도, 그들은 자신들의 경제

---

28) 비록 그의 논의가 랍비 자료에 심하게 의존하지만, Jeremias, *Jerusalem*은 예루살렘의 산업과 상업에 관해서(가내 물품들, 음식, 거래들과 조합들, 순례자들의 왕래)와 예루살렘 사람들의 경제 상황에 관해 많은 정보를 제공한다. 그는 전형적으로 "인구 대부분이 주로 아니면 오로지 자선이나 구제로 살았다" 그리고 예수 시대에 예루살렘은 "이미 구걸의 중심지였다"라고 말한다(111-12, 116-18; 또한 126-34을 보라). 또한 Mazar, *Mountain of the Lord*, 210-16을 보고 Fiensy가 예루살렘의 사회 집단들을 다룬 부분을 보라('Composition', 215-26). Fiensy는 "이처럼 우리가 다루는 시대(기원후 30-66년)의 예루살렘에는 다양한 사회적·경제적 구성원들이 거주했다. 부유층은 성 북부에, 하층은 성 남부나 급성장하는 뉴타운에 사는 경향이 있었다. 최하층의 많은 이들이 노숙자였고, 그들은 거리를 배회하고 구걸을 하거나 성 변두리에 살았다"라고 요약한다(226).

29) "예루살렘에서 그들은 일용직 노동자나 종으로 자신과 자기 가족을 부양하는 것 외에 다른 선택이 없었다"(Haenchen, *Acts*, 234-35). 아니면 야고보와 요한은 몇몇 사람을 고용한 자기 아버지의 수산업 수입에 의존할 수 있었는가?(막 1:19-20)

적 생존을 위해 일정한 수입에 의존해야 했다.[30]

또한 우리는 이내 "이 도에 복종하게 된 허다한 제사장의 무리"(6:7)와[31] 나중에 "바리새파 중에 믿는 어떤 사람들"(15:5)에 대해 듣게 되는데, 후자는 바울이 갈라디아서 2:4에서 언급한 "거짓 형제"라는 표현에서 확인된다. 그래서 제사장들이 십일조 수입에 의존하고 첫 열매와 성전 제물의 분배에 의존했다고 타당하게 상상할 수 있으며,[32] 바리새인들은 보통 사업을 할 수 있었을 것이다.[33]

제자들 중에 여인들이 자주 언급된다.

- "여자들과 예수의 모친 마리아"(행 1:14)

- 요엘의 예언에서 딸들과 여자 하인/종(2:17-18)

- 아나니아의 부인 삽비라(5:1-10)

- 남녀(제자들)의 큰 무리(5:14)

- 헬라파 과부들(6:1)

- 사울이 박해한 남녀 희생자들(8:3; 9:2; 22:4)

- 다비다/도르가(9:36-41)

- 요한 마가의 어머니 마리아

- 여종 로데(12:12-15).

---

30) 행 2:9-11에 언급된 나라들 목록의 흥미로운 특징은 갈릴리 사람들이 포함되지 않았다는 점이다(그러나 유대 사람들은 포함되었다!). 그래서 갈릴리 사람들이 순례 절기에 왔지만 (*Jesus Remembered*, 296), 누가의 기록에는 그 절기 후 갈릴리로 돌아갈 갈릴리 신자들을 위한 여지가 없다.

31) Jeremias는 예수 시대의 유대교에 18,000명의 제사장과 레위인이 틀림없이 있었을 것으로 생각하며, 그중에 적어도 7,200명이 제사장이고, 귀족 제사장과 "평범한" 제사장 간에 상당한 "사회적 격차"가 있었을 것으로 예상한다(*Jerusalem*, 180-81, 198-207). 또한 Schürer, *History*, 2.238-50을 보라.

32) Schürer, *History*, 2.257-74; Sanders, *Judaism*, 146-57, 170-82.

33) Sanders, *Judaism*, 404-406.

또한 우리는 첫 그리스도인 중 재산을 가진 몇 사람을 알고 있다.

- 나귀 주인(눅 19:29-31)
- 베다니에 있는 후원자(막 14:3; 비교. 눅 19:29; 24:50)
- 다락방 주인(눅 22:12 = 행 1:13?)
- 예루살렘 밖에 농장을 가진 구레네 사람 시몬(막 15:21)
- 엠마오의 제자들(눅 24:13, 29)
- 예루살렘에서 바울을 손님처럼 접대할 수 있었던 베드로(갈 1:18)
- 밭을 판 바나바(4:37)[34]
- 팔 재산이나 땅을 소유했던 아나니아와 삽비라(5:1)
- 대문과 종을 비롯해 상당한 재산을 소유한 요한 마가의 어머니 마리아 (12:12-13)[35]
- 바울이 마지막 예루살렘 방문 때 묵었던 예루살렘 밖의 집을 가진 구브로 사람 나손(21:16).[36]

덧붙여서, 사도행전의 다른 세 언급이 재산의 소유를 시사한다.

- 첫 제자들은 날마다 서로의 집에서 모였다(*kat' oikon*)(2:46; 5:42).
- 아마도 어떤 개인 소유지에서 공동체 전체의 만남이 가능했다(15:6, 12).
- 야고보 "그리고 모든 장로"는 바울의 일행이 예루살렘에 도착했을 때 맞이 할 수 있었다(21:18).

---

34) 그러나 Haenchen은 매각한 그의 재산이 구브로에 있었을 것으로 언급한다(*Acts*, 232).
35) "마리아의 남편이자 마가의 아버지로 한 사람도 언급되지 않았다는 점이 눈에 띈다. 누가의 내러티브 배경 어딘가에 아버지가 이미 죽었거나 그리스도인이 되지 않은 예루살렘의 기독교 가정에 대한 전승이 있다"(Barrett, *Acts*, 1.583).
36) D 사본은 그 장소를 "어떤 마을"에 위치시키는데, 짐작하건대 가이사랴와 예루살렘 사이 어디일 것이다. 그 여정은 적어도 이틀이 걸렸을 것이다. Bruce는 나손이 예루살렘에 살았다고 가정하지만(*Acts*, 443), 행 21:17의 더 자연스러운 의미는 바울 일행이 나손의 집에 묵은 후 예루살렘에 도착했다는 것이다.

이런 정보는 너무나 간략해서[37] 위에 언급된 개인들이 어떻게 자신의 삶을 꾸려나갔는지에 관한 실마리를 거의 제공하지 않는다. 그러나 그들 가운데 집 주인 및 장사하는 사람, 땅 소유자와 소매상인, 서기관과 노점상들이 있었을 것이다. "예루살렘 성도 중 가난한 자들"(롬 15:26)이라는 나중 언급으로 판단하면, 적지 않은 예루살렘의 걸인들이 새 종파에 매력을 느꼈을 것이다. 이 모두가 짐작이지만, 예루살렘 교회에 "거의 모든 사회 계층이 등장한다"라고 추정한 데이비드 핀지(David Fiensy)가 옳을 수 있다.[38]

c. 그들은 어디에서 모였는가?

사도행전 2:41과 4:4에 제시된 숫자를 에누리해서 받아들인다 할지라도, 이미 말했듯이 새 종파의 급격한 확장은 결코 논란거리가 아니다. 그렇다면 그렇게 빠르게 성장한 종파는 어디서 모일 수 있었을까? (1) *Epi to auto*(1:15; 2:1, 44; 4:26), "같은 장소에서, 함께"는[39] 확실히 큰 공동체 모임을 의미한다. 그러나 성전 뜰만이 매우 큰 모임에 충분한 공간을 제공했으며 (솔로몬 기둥/행각, 행 5:12), 그곳에서의 가르침(2:42)은 정말 대중적이었고 복음 전도나 변증의 경향을 띨 수밖에 없었을 것이다. 성전 관계자들이 그렇게 큰 모임을 받아주었을까? 이 상황을 고려해서, 제자들 전체가 하나의 모임으로 모였는지 혹은 모이려고 시도했는지를 물어야 한다. (2) "다락방"(1:13)은 상당히 큰 모임을 수용할 수 있었을 테지만, 2:41과 2:47에 제시된 숫자만큼은 아니었을 것이다. 모임 장소인 다락방은 사실상 회당 같은 기능을 했는가?[40] 그리고 그랬다면, 처음부터 그렇게 많은 그리스도인 회

---

37) Bauckham은 예루살렘 교회의 구성원이 확실하거나 가능성이 있는 45명의 이름을 나열했다('Jesus and the Jerusalem Community', 81-92).

38) Fiensy, 'Composition', 213, 226-30.

39) 아래 n. 125을 보라.

40) Riesner는 *hyperōon*이 회당의 다락방을 가리킬 때 사용되었고(달마티아 스토비의 3세기 회당 명문), 다락방이 선생들이 선호하는 모임 장소로 랍비 문헌에도 등장한다고 언급한다. 또

당/모임을 상상해야 하는가? 그런 경우라면, 열둘이라는 다른 구성원들이 회당 지도자/선생 역할을 했을 것이다. (3) 언급된 다른 장소들은 다양한 제자들의 가정이며(2:46; 5:42), 이는 다수의 원래 제자들이 지도하며 가르치는 책임을 분담한 가정모임이나 가정교회의 연결망을 암시한다.

갱신 운동의 역사가 암시하듯이, 어느 경우든 분명한 구조와 공동생활 양식이 아주 빠르게 확립되었다고 추정하지 않아야 한다. 반대로 새 운동이 매일 혹은 매주 새로운 신자를 얻는 것과 발맞추어, 상당한 **임기응변 정책**이 있었을 것이다. 태동한 조직 모형 하나(소유 공동체)가 압박 때문에 빠르게 무너진 듯하고(6:1), 그것은 어떤 종파든 빠르게 성장할 때 마주할 법한 문제의 종류를 잘 보여준다.

d. 소유 공동체

사도행전에 따르면, 경제적 관점에서 본 새 종파의 가장 놀라운 특징은 "믿는 사람이 다 함께 있어 모든 물건을 서로 통용"했다는 점이다(2:44). "모든 물건을 서로 통용하고 자기 재물을 조금이라도 자기 것이라 하는 이가 하나도 없더라"(4:32). 여기서 다시 누가는 장밋빛 관점을 통해서 이 시작을 되돌아보는 이해할 만한 경향을 보여준다. 재산과 소유를 팔아 각 사람의 필요를 따라 나눠 주었다는 것이다(2:45). "그중에 가난한 사람이 없으니"(4:34).[41] 그러나 공정하게 본다면 누가는 공동 자금 관리가 이내 실패했다고 기록한다(6:1).

"원시 공산주의"라는 묘사는 꽤 많은 회의론을 불러왔다. 항상 제대로

한 그는 예루살렘 다락방(행 1:15)이 "누가에게는 일종의 기독교 회당"이었다고 제안한다('Synagogues in Jerusalem', 200, 206). '[시온산 기독교 건물]을 거룩하게 여긴 전통은 아주 이상적인 그리스도인들이 예루살렘의 가장 부유한 구역의 부유한 신자 가정에서 공동생활을 한 1세기로 거슬러 올라갈 것이다(Murphy-O'Connor, 'The Cenacle', 303). 또한 R. W. Gehring, *House Church and Mission* (Peabody: Hendrickson, 2004), 65-69를 보라.

41) 그 표현은 신 15:4의 표현을 반영한 것으로 보인다. 짐작하건대 의도적이었을 것이다.

된 근거가 있는 것은 아니지만 말이다.[42] 그러나 그 기본 세부사항은 완전히 그럴듯하다. 적어도 많은 예루살렘 신자들이 확실히 알고 있었을 쿰란 공동체도 재산을 공동 소유했고, 초심자들에게 공동체에 자기의 모든 재산을 넘기도록 요구했다(1QS 6:19-22).[43] 필론도 두 곳에서 "개인 자산을 소유하지 않고 모든 것을 공동 소유하며, 임금을 공동체 회계에게 양도하는" 팔레스타인 마을과 성에 거주한 에세네 집단을 언급했다.[44] 다른 곳에서 필론은 테라퓨테(Therapeutae)라는 알렉산드리아 근처에 있던 은둔 공동체를 묘사하는 데 소책자를 할애했다. 테라퓨테는 특히 "자기 소유를 허비하는 대신에 기부했다"(Vit. Cont. 16). 이 유사문구들이 문학적 차원에서만 기능해서, 비슷한 내용을 기독교의 시작을 묘사하는 데 포함하도록 누가에게(아니면 그의 출처에) 영감을 주었다는 가정은 지나치게 편협한 생각이다.[45] 오히려 우리는 서로를 향한 과도한 헌신으로 표현된 일종의 영적 열광에 대한

---

42) "역사적 신뢰성이 전혀 없는 내러티브"(Baur, *Paul*, 32). 두 요약 문단(2:42-47과 4:32-37)의 토론에 대한 Haenchen의 논평을 비교하라(*Acts*, 193-96, 232-35): "두 요약은 온전히 누가의 붓에서 나온 것으로 보인다"(195); "누가는 원시 교회가 그리스의 공동체 이상도 실현했다고 여기서 제시한다!"(233, Plato과 Aristotle를 언급함. Pesch, *Apg.*, 1.184-85과 Barrett, *Acts*, 1.168-69에 서지가 있다). Jervell, *Apg.*, 156도 비슷하지만 단서를 단다(191). M. Öhler, 'Die Jerusalemer Urgemeinde im Spiegel des antiken Vereinswesens', *NTS* 51 (2005), 393-415은 그 시대의 자발적 연합과의 유사점을 보여주고(추가로 아래 §30.3을 보라), "누가는 자기 독자들이 모방할 수 있도록[특별히 부자와 가난한 자의 평등과 함께 하는 식사] 이상적인 공동체를 묘사한다"라고 제안한다(415).

43) 어떤 개인 소유물도 소유하지 않는 쿰란 공동체의 규율은 고대 세계에서 잘 알려졌다. Pliny, *Nat. Hist.* 5.73; Philo, *Prob.* 86; Josephus, *War* 2.122을 보라.

44) Philo, *Hypothetica* 11.4-12; "그들은 모두 단 하나의 금고를 소유하고 공동 지출을 했다. 그들은 옷도 공동으로 소유했고 그들의 공동 식사라는 제도를 통해 음식도 공유했다. 실생활에서 더 확고하게 세워진 주거지와 생활 및 식사라는 관습을 그 어떤 공동체에서도 발견할 수 없다.…그날의 노동으로 받은 임금을 전부 그들의 자유 재산으로 간직하지 않고 공동 보유액에 넣어 그것을 사용하고자 하는 사람들이 그 유익을 공유할 수 있도록 허용했기 때문이다"(*Prob.* 86).

45) 추가로 B. Capper, 'The Palestinian Cultural Context of Earliest Christian Community of Goods', *BAFCS*, 4.323-56; 또한 'Community of Goods in the Early Jerusalem Church', *ANRW*, 2.26.2 (1995), 1730-74을 보라. Capper는 "그 다락방"(만찬을 가진 방)과 에세네 문(그리고 에세네파 구역?)이 근접했기 때문에 태동기에 있던 기독교회에 에세네파가 영향을 끼쳤다고 보았다(341-42).

추가 증거를 여기서 볼 수 있다. 결국 예수는 가난한 자를 위한 사역에 높은 우선순위를 부여한 사람으로 기억되었고,[46] 그가 가진 모든 것을 팔아서 가난한 자에게 분배하라는 도전을 받아들이지 못한 젊은 부자라는 조심스러운 이야기는 모든 공관복음서에 간직되어 있다(눅 18:18-23과 병행구들). 이스라엘에는 "가난 구제"라는 제도가 이미 있었다(비교. 약 1:27).[47] 몇 세기 후 이와 비슷한 정신은 기독교 수도원주의로 이끌었다. 은둔자와 공동 청빈 서약은 단순히 흥미로운 역사적·문학적 현상이 아니라, 영적 갱신 체험과 운동이 새 열정을 따라가는 사람들에게 자기를 희생하는 헌신과 강력한 이타적 삶의 양식이라는 동기를 어떻게 철저하게 부여했는가를 추가로 입증한다. 누가가 오순절 사건 거의 바로 뒤에 공동 소유를 언급한 것은 전혀 놀랄 일이 아니다.[48]

누가의 서술에서 흥미로운 특징은 그 서술의 독특한 성격이다. 이는 그가 쿰란이나 에세네(아니면 필론)에서 그에게 제공된 다른 본보기보다는 예루살렘 공동체의 초기 열광에 대한 기억에 의존했다는 또 하나의 암시일 것이다. 모든 믿는 자들이 재산과 소유를 전부 팔아 그 돈을 공동 기금에 기부했다고(초심자들의 재산 양도가 의무적인 쿰란과는 달리) 누가가 말하지 **않았기** 때문이다.[49] 오히려 그의 묘사는 기금이 더 필요했을 때 새 종파의

---

46) 특별히 누가복음에서 그렇다. 눅 (3:11); 4:18; 6:20; 7:22; 12:33; 14:13, 21; 16:19-31; 18:22; 19:8. 또한 M. Hengel, *Property and Riches in the Early Church* (London: SCM, 1974), 31-35을 보라.

47) Jeremias, *Jerusalem*, 126-33: "따라서 이런 방식들이 원시 교회의 모델이 되었음을 의심할 수 없다"(131). Jervell은 그 행동들이 율법을 성취했다고 강조한다(*Apg.*, 156, 191).

48) 또한 S. S. Bartchy, 'Community of Goods in Acts: Idealization or Social Reality?', in B. A. Pearson, ed., *The Future of Early Christianity*, H. Koester FS (Minneapolis: Fortress, 1991), 309-18. "누가는 초기 기독교의 '공동 소유'가 아니라 가난한 자를 위해 금융 자산을 포기한 것을 묘사한다"(Schnabel, *Mission*, 413).

49) 다시 1QS 6.19-22을 보라. Capper는 행 5:4에서 쿰란의 단계적 수련의 병행을 본다('Community of Goods', 338-40). 비록 초심자가 2년이 되기 전에 탈퇴를 결정하면 소유물과 소득을 그에게 돌려주었지만, 쿰란 재정으로 넘겨진 것들이 여전히 "초심자의 손" 안에 있다는 묘사는 부정확하다(1QS 6.19-20).

구성원들이 소유물과 재산을 팔았다고 상상하게 한다(2:45; 4:35).[50] 그리고 4:34을 재산을 가진 모든 사람이 모두를 위해 재산을 전부 팔아 사도에게 가지고 나온 것으로 이해할지 모르지만, 뒤따라오는 이야기에서는 그렇지 않다. 요셉 바나바가 땅을 팔아 그 (모든) 돈을 가져와서 사도에게 내려놓았기 때문에 그를 특별히 언급했다(4:37). 어쩌면 그의 기여가 보기 드물게 후했거나 첫 큰 기증이었기 때문일 것이며,[51] 그렇다 해도 그가 소유한 모든 땅을 팔았다는 암시는 어디에도 없다. 마찬가지로 바로 이어지는 이야기에서는, 아나니아와 삽비라의 죄가 재산을 판 돈의 일부를 숨겼다는 것이 아니라 사도에게 돈 전부를 내놓은 척했다는 데 있다. 사실 그들은 그 돈의 일부를 간직했다(5:3-4, 8-9).[52] 그리고 필자는 마가의 어머니 마리아처럼 여전히 비교적 큰 집을 가진 사람들이 종파 공동체의 정신을 어겼다는 아무런 암시가 없음을 이미 언급했다.

따라서 소유 공동체는 쿰란보다 훨씬 자발적이었으며,[53] 분명히 재산은 오직 공동 기금을 유지하기 위해서만 팔렸고, 그 기금으로 공동체에서 더 가난한 사람들을 부양할 수 있었다.[54] 그런데도 누가에 따르면 이 공동 기금이 소득이 아닌 자본재를 팔아서 유지되었다는 점에서(2:45; 4:34-37), 어느 정도는 비정기성을 넘어선 관행으로 보인다. 만일 그렇다면, 이런 정책

---

50) 누가는 2:45에서 미완료 시제를 사용한다: "그들은 팔아서(*epipraskon*) 나누어주곤 했다(*diemerizon*).…"; "그곳의 관행은 팔아서 나눠주는 것이었다.…"; Lake and Cadbury, *Beginnings*, 4.29; K. Lake, 'The Communism of Acts 2 and 4-6 and the Appointment of the Seven', *Beginnings*, 5.140-51(여기서는 140-41); Haenchen, *Acts*, 192; Barrett, *Acts*, 1.169. 4:35도 이와 비슷하다.

51) Jeremias, *Jerusalem*, 130 n 19. Öhler는 바나바가 오랫동안 예루살렘에서 살았고, 아마도 거기서 태어났을 것이며, 부활절 전에 이미 제자가 되었다고 논증한다(*Barnabas*, 139-67, 479).

52) 추가로 아래 §23.2g를 보라.

53) 또한 K.-J. Kim, *Stewardship and Almsgiving in Luke's Theology* (JSNTS 155; Sheffield: Sheffield Academic, 1998), 234-52을 보라.

54) 갈 2:10에서 바울을 향한 권고와 그 이후 예루살렘 교회의 가난한 자를 위해 기금을 모으려는 바울의 관심(롬 15:26; 비교. 약 2:2-6)은 구제가 예루살렘 교회의 주요 관심사였음을 시사한다.

은 긴 기간을 위한 본보기가 결코 아니었다. 특별히 그 지역의 정기적인 기근을 고려하면, 보유한 재산과 소유를 계속해서 내어놓는 것은 머지않아 공동체가 빈곤하게 되는 길이었다.[55]

반면에, 적어도 짧은 기간만이라도 이 정책은 새로 들어온 사람들의 지속적인 기부로 유지될 수 있었을 것이다.[56] 가난한 자를 부양하는 것은 지속적인 고갈을 의미했지만, 그들의 추가적인 헌신이 기금 운용에 도움이 되었을 것이다.[57]

우리는 그들이 공유한 경험에서 나온 서로를 사랑하는 마음의 표현으로서, 그리고 그들의 미래 지평이 상당히 한정되어 있다는 표시로서 최초 공동체의 공동 소유를 이해해야 할 것이다. 달리 말하면, 그들은 공동생활 형식을 오랫동안 할 계획이 아니었다. 그들은 부활하고 승천한 예수가 곧 돌아와 "모든 것을 회복"하리라 기대했기 때문이다(3:21).[58] 결과적으로 이 것은 그들이 소망했던 이스라엘 왕국의 회복이라는 그들의 생각과 맞아 떨어졌을 것이다(1:6). 상세사항은 고사하고, 그 주제에 관한 그들의 기대조차 분명했다고 추정할 필요는 없다. 누가가 묘사한 희열을 담은 낙관주의가, 부주의하다고까지는 말할 수 없지만, 겉으로 보기에 태평스러운 소유 공동체의 앞날을 위한 계획을 충분히 설명한다. 좌우간 공동 기금의 수요 증가와 함께, 반복되는 재산의 처분이 차후 예루살렘 교회의 상대적 빈곤의 주요 요인이 되었을 공산을 배제할 수 없다(비교. 11:29; 롬 15:26-27).[59]

---

55) Jeremias, *Jerusalem*, 140-44; 추가로 §25 n. 242을 보라.

56) 필론에 따르면, 에세네파는 결혼을 삼갔다. "에세네 사람은 아내를 취하지 않는다"(*Hypothetica* 11.14). 결혼하지 않고 새 신자들에 의존하며 고아들을 맡음으로 공동체를 이어갔던 셰이커 교도와 비교하라.

57) 행 6:1이 시사하듯이, 과부들이 주요 수혜자 집단을 형성했다(비교. 9:39-41; 그리고 나중에 딤전 5:3-16). "많은 유대인이 거룩한 성에서 죽고 묻히려고 예루살렘에 왔고, 그들의 과부들은 자신들을 돌보아줄 가족이 없었다"(Haenchen, *Acts*, 235).

58) 추가로 §23.4f를 보라. "그다음 날이 없었을 것이기 때문에 그다음 날을 생각할 필요가 없었다"(Barrett, *Acts*, 1.168).

59) Weiss, *Earliest Christianity*, 72-73; 또한 Haenchen, *Acts*, 235은 Troeltsch의 "원시 기독교의 사랑의 공산주의"라는 묘사를 언급하며, 그런 사상의 붕괴가 나중에 재정 위기를 가져왔다

23.2 첫 기독교 공동체의 종교적 특징

예루살렘의 첫 기독교 모임들의 사회적 구성과 상관없이, 종교가 그들의 주 동기였다고 당연하게 받아들일 수 있다. 즉 "부활 출현" 및 종교적 열정이라는 두 가지 체험과 이 체험들이 낳은 해석들(예수가 하늘로 높여졌고, 이제 다가올 시대의 약속으로서 성령이 부어졌다)이 주된 동기가 되었다는 것이다. 오순절에 대한 서술에 바로 이어지는 이야기(행 2:41-47)는 태동하기 시작한 공동체의 성격을 여러 가지로 보여준다. 이 문단은 누가가 요약한 부분이지만, 그가 강조한 특징이 대부분 다른 곳에서 확인되었고, 그 표지들은 이미 우리가 새 종파에 관해 추론한 내용과 확실히 일치한다.[60]

a. 예수의 이름으로 받는 세례

누가에 따르면, 베드로는 청중에게 "회개하고 각각 예수 그리스도의 이름으로 세례를 받고 죄 사함을 받으라. 그리하면 성령의 선물을 받으리니"라는 요청으로 첫 설교를 끝냈다(2:38). 사람들은 이에 반응해서 즉시 세례를 받았는데, 약 3천 명이었다(2:41)! 이것을 새 종파의 공식적인 시작이라고 말할 수 있다. 그러나 이 부분은 수많은 질문을 낳는데, 특별히 두 질문으로 집중된다.

첫째로 도대체 왜 세례인가? 누가-행전을 차례대로 읽으면, 속편인 사도행전의 특징이 세례가 될 것이라는 사전 예고는 없다. 세례 요한은 자신의 물세례를 오실 이에게서 기대하는 성령과 불의 세례와 대조했다(눅 3:16). 그리고 누가는 예수가 요한의 세례를 계속 시행했다는 어떤 암시도

고 말한다(233). Hengel, *Property*, 31-34.

60) 2:42에 관해서 Barrett는 "그렇게 이상화하는 작업은 분사 *proskarterountes*("오로지 힘쓰니라")형태에 의해 표현된다.⋯누가의 서술의 개요를 의심할 근거는 하나도 없다. 만일 누가가 그것을 제공하지 않았다면, 우리는 거의 틀림없이 비슷한 것을 추측했을 것이다"라고 논평한다(*Acts*, 166).

주지 않는다.[61] 누가복음의 부활한 그리스도는 마태복음에서 그랬듯이(마 28:19), 기독교 형식의 세례를 베풀도록 위임하지 않았다. 반대로 누가는 다시 한번 요한의 물세례와 대조하여 제자들이 곧 성령 세례를 받을 것이라는 세례 요한의 기대를 되풀이하며, 오순절 체험이 세례 요한이 기대한 일의 완전한 성취라고 암시하고, 요한의 물세례의 지속성이나 필요성의 여지를 조금도 남기지 않았다. 그런데 베드로가 그의 청중들에게 세례받으라고 요청한 장면을 누가는 곧바로 기록했다. 이것을 어떻게 봐야 하는가?

20세기 초에 인기 있던 견해는 원래 성령 체험(성령세례 받음)을 요한의 세례의 완성으로 이해했고, 물세례는 수년이 지난 어느 시점에 헬라파만 재도입했다고 보았다.[62] 그러나 (물)세례가 최초의 기독교 자료 모든 곳에서 당연하게 받아들여졌기 때문에 그 해결책은 받아들이기 어렵다. 특히 우리가 가진 가장 초기의 직접 증인인 바울은 모든 신자가 세례를 받았다고 단순하게 추정하며,[63] 그에게는 세례를 받지 않은 그리스도인이란 분명히 존재하지 않았다.[64] 로마서 6:3-4과 고린도전서 12:13의 "우리 모두"가 바울을 포함해야 한다는 사실은 바울이 회심했을 때(행 2장에서 언급된 시작에서 기껏해야 2년이나 3년이 경과한 시점) 세례가 이미 새 종파의 확립된 관행이었음을 보여준다. 이 관행이 새 신자를 타인과 구별하기 위해 새로 고안된 제도였을 가능성은 거의 없다.

---

61) 또한 *Jesus Remembered*, 606-607을 보라
62) Weiss, *Earliest Christianity*, 50-51, 172-73, 196 n. 12; Foakes-Jackson and Lake, eds., *Beginnings*, 1.332-44. Pokorny는 "교회의 중요한 부분에서 예수를 믿는 믿음이 물세례와 관련되지 않은 짧은 기간의 흔적들"을 신약성경에서 발견한다(*Genesis*, 208). 비교. F. Avemarie, *Die Tauferzählungen der Apostelgeschichte* (WUNT 139; Tübingen: Mohr Siebeck, 2002), 265-66; Jervell, *Apg.*, 113; Wedderburn, *History*, 35.
63) 고전 1:13-15; 롬 6:4. 마찬가지로 성령이나(고전 12:13) 그리스도의 죽음(롬 6:3)으로 세례받음이라는 이미지의 사용과 이스라엘이 홍해를 건넌 사건을 세례의 일종으로 이해하는 것(고전 10:2)은, 개종자의 입회에서 세례가 정규 의식이었음을 전제한다. 바울 외에 특별히 벧전 3:21과 히 6:2을 주목하라.
64) 모든 "제자들"이 세례받았다고 추정하는, 바울이 행 19:2에서 제기한 질문은 서신들에서 드러나는 바울의 견해와 온전히 일치한다.

따라서 세례를 처음부터 새 종파의 특징으로 묘사한 누가가 옳았다는 결론으로 다시 돌아가게 된다. 예수는 그 관행을 뒤로한 것처럼 보이는데,[65] 그들이 그 관행을 다시 도입한 이유는 수수께끼로 남아 있다. 가장 개연성이 큰 해결책은 부활한 그리스도가 첫 기독교 공동체를 그렇게 가르쳤다는 것이다. 말하자면 마태복음 28:19의 뿌리는 어쩌면 하늘로부터 경험한 계시나, 예수의 복음선포에 반응한 사람들에게 세례를 베풀라는 명령을 포함한 부활한 그리스도가 위임한 내용의 기억에 있을 것이다.[66] 이런 위임에 대해 이야기하지 않기로 한 누가의 선택은 조금 이상하다. 그러나 우리가 살폈듯이, 누가는 나중에 관련시키기 위해 특정 사건들을 남겨두는 습관이 있다.[67] 그는 자기 독자들이 누가복음 24:47의 함의("그의 이름으로 죄 사함을 받게 하는 회개가 모든 족속에게 전파될 것")를 인식한다면 사도행전 2:38, 41에 놀라지 않을 것으로 생각했을 수 있다.[68]

둘째로 이 세례는 어떻게 이해되었는가? 사도행전 2:38의 표현은 세례 요한의 사역에 대한 내용을 떠올리게 한다. 회개·세례·죄 용서·성령을 약속함(눅 3:3, 16) 등이다.[69] 따라서 여기서 함의되는 바는 기독교 세례가 요한의 세례의 재개나 재작업으로 먼저 이해되었으나, 약속된 성령(성령세례 받

---

65) *Jesus Remembered*, 606-607.

66) G. R. Beasley-Murray, *Baptism in the New Testament* (London: Macmillan, 1963), 83-84. 논의 전체는 여전히 가치가 있다(77-92). F. Hahn, *Mission in the New Testament* (London: SCM, 1965), 63-68; Goppelt, *Apostolic*, 41; P. Stuhlmacher, 'Matt 28:16-20 and the Course of Mission in the Apostolic and Postapostolic Age', in Ådna and Kvalbein, eds., *The Mission of the Early Church*, 17-43. "작은 묵시" 전승에 막 13:10을 추가한 것은 어쩌면 똑같은 후기 고찰을 반영할 것이다(Hahn, *Mission*, 70-74; *Jesus Remembered*, 435-36).

67) 위 §21.2d(2)을 보라.

68) 또한 Avemarie, *Tauferzählungen*, 212-13을 보라. 예수가 요한에게 세례를 받았다는 점과 그가 성령 받은 사건이 그 세례와 밀접하게 연관된 사실(막 1:9-11 병행구들)이 그 이유 중 하나였을 수 있다(예. Gnilka, *Die frühen Christen*, 286-87). Wilckens는 (세례자가 예언한) 요한의 세례와 오순절 체험의 연관성이 대답을 제공한다고 생각한다(*Theologie*, 1/2.185-87).

69) 눅 3:3: 요한은 "죄 사함을 받게 하는 세례를 전파"하러 왔다; 3:16: "나는 물로 너희에게 세례를 베풀거니와…그는 성령과 불로 너희에게 세례를 베푸실 것이요." 추가로 *Jesus Remembered*, 357-62을 보라.

음)이 그것의 직접적인 실현으로 이해되었다(그리고 체험되었다!)는 것이다.[70] 이것은 끝없는 토론의 원인이기도 한 사도행전 2:38, 41의 다양한 뒷이야기를 설명하는 데 도움을 준다.[71] 이야기 하나하나는 세례와 함께 성령의 은사를 기대했다는 믿음을 다른 방법으로 끌어내는 데 기여한다. "주 예수의 이름으로 세례를 받았을 뿐" 성령이 없었던 사마리아 사람들은 사도의 개입이 필요했고(8:16-17), 고넬료와 그의 친구들은 성령세례를 받았음에도 예수 그리스도의 이름으로 세례받는 것이 필요하지 않은 것이 아니었으며(10:27-48), 성령에 대한 무지로 회개의 세례가 완성되지 못한 에베소 "제자들"은 모든 과정(오순절 때 제자들에게 성취된 것처럼)을 통과할 필요가 있었다. 물론 누가는 이 모든 것으로 자신의 주장을 드러낸다. 곧 사도행전 2:38이 일종의 회심과 입문의 모범이라는 것이다.[72] 그러나 바울이 세례를 그리스도와의 연합 그리고 성령의 은사에 관한 은유로 계속 사용한 것을 보면, 다수의 전형적인 회심자에게 세례 시의 심오한 종교적 체험이 동반되었음을 확인할 수 있다. 그리고 세례가 그 양식을 세운 초기 기독교 공동체의 고양된 종교적 분위기 안으로 들어가는 과정이었다 할지라도 전혀 놀랍지 않다.

어떤 면에서 세례라는 새 의식의 놀라운 특징은 "그리스도의 이름"

---

70) "세례의 의미는 요한의 세례의 의미와 거의 다르지 않았을 것이며, 이것은 바로 예수와 그의 첫 '제자들'이 받은 것이다"(Bultmann, *Theology*, 1.39). 베드로가 자신의 입으로 세례를 언급했다는 것이 중요하며, 짐작하건대 베드로는 요한의 세례를 통해서 예수의 제자가 되었을 것이다(요 1:35-42과 3:22이 암시함); H. Kraft, *Die Entstehung des Christentums* (Darmstadt: Wissenschaftliche Buchgesellschaft, 1981), 216.

71) 이 뒷이야기들이 필자의 박사 논문인 *Baptism in the Holy Spirit*의 주제이며, 그 요지를 버려야 할 아무런 이유가 보이지 않는다. 그래서 필자는 본문이 성령이 세례 때에 부어졌다는 결론을 허용하는지 여전히 의심한다(예. Conzelmann, *History*, 49-50; Colpe, 'Oldest Jewish-Christian Community', 83-84). Wilckens는 자신이 의존한 다른 어떤 신약 학자보다 성령의 은사를 세례의식과 결합하는 데 더 관심이 있음을 전형적으로 보여준다(*Theologie*, 1/2.179-82). Turner, *Power from on High*, 12장; Avemarie, *Tauferzählungen*, 129-74의 최근 토론들을 보라.

72) "세례와 성령 받음의 규범적 연합"(Avemarie, *Tauferzählungen*, 138-44).

으로 행해졌다는 것이다.[73] 이 표현은 기독교 세례의식을 세례 요한의 세례와 가장 확연하게 구별해주는 특징이다. 어떻게 이 표현을 사용하게 됐을까? 매력적인 추론은 이제 그리스도가 없으므로, "그의 이름으로" 세례 주는 것이 이 예수의 제자도로 들어옴을 나타내는 표시로 받아들여졌다는 것이다. 이 추론은 세례가 재도입된 이유를 추가로 설명해준다. 예수의 사역 동안의 제자도는 실제로 예수와 어느 정도 가까움을 수반하는 반면에, 예수의 부재 상황에서 세례받는 행위는 제자도에 헌신하는 것과 맞먹을 정도의 실재였다. 어떤 경우든, 이 표현은 세례받는 자가 예수의 이름으로 표현된 권위 및 능력에 자신을 확실히 내려놓음을 말한다.[74] 이것이 고린도전서 1:12-15의 명백한 암시이며, 여기서 "~의 이름으로 세례"라는 표현은 그 이름을 내세운 종파의 구성원을 의미한다고 이해된다. 이는 어떻게 "그리스도인"이라는 이름이 나왔는가(행 11:26)를 설명하는 데 중요하다. 그리스도 종파에 속한 사람으로서 그리스도인은 예수 그리스도의 이름 아래 결집했다.[75] 그리고 이는 그리스도인이 "주 예수의 이름을 부르는 사람들"이라는 묘사(고전 1:2; 롬 10:12-14)와도 일관성이 있으며, 사도행전에도 이 말이 등장한다(2:21; 9:14, 21; 15:17). 바울의 세례에서 명백히 드러나듯이(22:16), 세례는 처음으로 "그의 이름을 부름"을 위한 원인이었다는 것이 논리 있는 결론이다.[76]

사회적 함의도 무시해서는 안 되는데, 그 함의가 처음부터 명백했을

---

73) "그리스도의 이름으로(epi)"(2:38); "그리스도의 이름으로(en)"(10:48); "주 예수의 이름으로 (eis)"(8:16; 19:5; 고전 1:13, 15에는 내포됨). 고린도전서 구절들은 이 문구가 이미 기독교 세례 집행의 표준 규정이 되었다고 다시 확증한다.

74) 예를 들어, Haenchen, *Acts*, 184; Stuhlmacher, *Biblische Theologie*, 1.218, 220; Barrett, *Acts*, 1.154; Jervell, *Apg.*, 150이 그렇게 주장한다. L. Hartman, *'Into the Name of the Lord Jesus': Baptism in the Early Church* (Edinburgh: Clark, 1997), 37-50은 오히려 그 표현이 "예수에 관련해서"("관해서", "염두에 두고")라는 무난한 의미라고 논증하는데, 그러나 그는 이름의 권위와 능력을 강조하는 행 3-4장을 무시한다(§23.4d를 보라).

75) 위 §20 n. 5과 아래 §24.8d를 보라.

76) 비슷하게 Avemarie, *Tauferzählungen*, 41-43.

것이기 때문이다.[77] 예수의 이름으로 주는 세례는 정규적으로 시행하는 세 정식의 첫 번째 순서가 아니었다. 쿰란 공동체 입회자의 경우에는 그랬다. 세례 요한의 의식과 마찬가지로 그것은 일회성 의식이었다. 그리고 그 세 례는 세례 요한의 세례보다는 더 분명하게 입회의식이었다. 그 의식은 세 례받는 사람을 새로운 모임 즉 새 종파로 이동시킨다. 이 종파는 예수의 제 자도에 대한 헌신 그리고 어쩌면 예수가 메시아이심을 인정하는 것("예수 그리스도의 이름으로")과 그의 주권에 순종하는 것("주 예수의 이름으로")으로 특 징지어졌다.[78] 그런 헌신이 어떻게 드러났든(우리는 이 주제를 탐구하는 중이다), 그리스도인들을 예루살렘의 상황에서 가장 뚜렷이 눈에 띄게 한 것은 바 로 세례를 통해 먼저 표현된 헌신이었다. 첫 그리스도인들을 유대인과 제2 성전기 후기 사회의 온전한 회원으로 보는 것도 중요하지만, 적절한 때에 기독교를 고대 종교들 가운데 독특하고 분리된 정체성에 이르게 한 집단 형성과 경계표시에서 "예수의 이름으로" 주는 세례의 역할을 처음부터 인 식하는 일 역시 중요하다.

b. 사도들의 가르침

새롭게 태어난 종파를 분명하게 묶어주는 요소는 그들을 집단으로서 구 별해주는 확신과 가르침이다. 물론 이 중에서 주요한 내용은 그들이 예수 의 이름으로 세례를 받았고 그의 제자도 안으로 들어왔다는 믿음이다. §§34.4-5에서 예수에 대한 믿음을 더 자세히 탐구할 예정이다. 여기서 가르 침의 출처와 "그 사도들이" 그것들을 어떻게 다루었는지 알아보는 것이 중요하다. 우리는 연역적으로 특별히 두 개의 초점이 있었다고 가정할 수 있다. (1) **성경**(그리스도인들이 구약이라 부름)과 (2) **예수 전승**이다. 예수와 가장

---

77) 다수에게 세례를 주기 위해서는 실로암이나 베데스다 우물과 같은, 물의 주공급원에 접근 해야 했을 것이다. 즉 그런 세례는 아주 공개적인 의식이었다.

78) 추가로 아래 §23.4d를 보라.

가까웠던 제자들이 예수 전승의 주된 출처이자 주창자들이다.[79)]

(1) 누가는 새로이 부활한 그리스도가 "모든 성경에 쓴 바 자기에 관한 것"(눅 24:25-27; 또한 44-46)을 엠마오로 가는 제자들에게 "해석했다"고 묘사하고, 예수가 그들에게 성경을 풀어주실 때 그들의 마음이 얼마나 뜨거워졌는지를 그들이 회상했다고 언급한다(24:32). 베드로의 두 번째 연설은 마찬가지로 하나님이 모든 예언자를 통해 미리 말씀하신 내용이 예수 안에서 성취됐다는 주장으로 시작한다(행 3:18). 그리고 이어서 누가는 베뢰아의 유대인이 "이것[예수에 관한 그리스도인의 주장]이 그러한가 하여 날마다 성경을 상고"했다고 묘사한다(17:11). 누가의 상세 내용을 어떻게 이해하든지, 그 이야기들은 거의 반드시 첫 제자들로 하여금 그들이 체험한 것을 성경이 가르친 내용이나 그들로 기대하도록 이끈 내용과 연관 짓도록 이끌었던 호기심(약하게 말한다면)을 조금은 반영할 것이다.[80)] 성경은 그리스도인들이 이미 형성한 종교적 정체성에 있어 너무나 중요했기에, 그들은 그들이 체험한 일로 인해 자기 백성의 성경이 구식이 되었거나 더 상관없다고 생각할 수는 없었다.[81)] 그리스도의 성경 논의는 다른 건 몰라도 이 점을 어

---

79) Pesch, *Apg.*, 1.133; Gnilka, *Die frühen Christen*, 268-72. Barnett는 그것들에 합당한 진지함으로 두 요소를 다룬 몇 안 되는 사람 중 하나다. 그는 성경 구절의 수집이 "자석이 철가루를 모으는 것같이 예수를 중심으로 모여들었다"라고 논평하는 Moule(*Birth*, 69)을 인용하며, 예수의 신탁과 행동에 부여된 중요성을 언급한다(*Jesus*, 200-207).

80) 대표적 연구인 B. Lindars, *New Testament Apologetic: The Doctrinal Significance of the Old Testament Quotations* (London: SCM, 1961)는 예수를 변호하는 예수의 첫 추종자들이 성경을 처음에 어떻게 사용했는지를 탐구했다(252). 그러나 D. Juel, *Messianic Exegesis: Christological Interpretation of the Old Testament in Early Christianity* (Philadelphia: Fortress, 1988)은 (이미 진술된) 복음의 변호가 아니라 사실상 복음 자체의 이해와 진술을 위해 성경을 사용했다고 논증한다. 그의 주요 논지는 "기독교의 생각의 시작을 이스라엘 성경의 해석으로 추적할 수 있고, 그 성경 해석의 주 초점이 십자가에서 죽고 부활한 메시아 예수였다"는 것이다(1). Schenke는 초기 그리스도인이 숙고했을 다양한 구절을 인용한다 (*Urgemeinde*, 100-107; 추가로 12-13장).

81) "초기 교회에서 때때로 교훈을 위해서나 선교 목적으로 구약 성경의 예언을 입증하려고 했음은 의심의 여지가 없지만, 특별히 변증이 그 이유가 되었다.···고린도전서 10:11에서는 예언의 증명을 '우리', 즉 교회에서 찾아야 한다는 원리가 분명하게 진술되었다(비교. "위하여"···고전 9:10 그리고 롬 15:4)"(Bultmann, *Theology*, 1.41-42).

느 정도 깊게 강화했을 것이다.[82]

　베드로가 했다고 받아들여지는 연설/설교에서 초기 그리스도인들이 위안과 가르침을 위해 의지했던 일종의 성경 해석에 누가가 의존할 수 있었음을 우리는 이미 보았다. 시편 16:8-11이 사도행전 2:25-28과 13:35에만 등장하나, 분명 그 시편은 다윗의 시편으로서 연구할 거리를 제공했을 것이다. 그 시편이 드물게 사용되었다는 사실은 누가만이 독자적으로 그것을 사용했다기보다는, 그 본문이 연구되다가 망각되었음을 시사한다.[83] 어쩌면 2:30에 암시된 시편 89편은 기독교의 신학 작업 초기에 확고히 자리를 잡았을 텐데, 이는 신약의 여타 부분에서 그 본문을 암시한 사실에서 드러난다.[84] 신명기 18:15-16은 사도행전 3:22-23과 7:37에서만 인용되었으나, 의미를 추적하려고 성경을 살펴볼 때 분명한 판단 기준을 제공했을 것이다. 그 본문은 공관복음에 있는 예수의 변화산 사건에서 반영되었고,[85] 그 이야기는 부활 출현에서 유래한 확신을 반영한다고 할 수 있다.[86] 그리고 고넬료를 향한 베드로의 설교를 구성하는 내용 중 중심이 되는 다섯 개의 성경 암시는 유대 상황에서 시작한 기독교를 고려할 때 예상할 수 있는 본문들을 엮는 작업을 잘 보여주는 실례를 제공한다.[87]

　아주 중요한 점은, 필자가 제시한 내용이 올바른 노선에 있다면, 예수의 수난 이야기를 전하려는 첫 번째 시도가 그 사건 자체를 조명하여 이해를 돕는 성경(특히 시 22편과 69편)에 의존했을 것이라는 점이다.[88] 예수의 메

---

82) *Jesus Remembered*, §§9.9c 그리고 14.4.

83) "사도행전 2장 연설의 복잡한 성경 배경 연구는 부활 사실을 기반으로 예수의 메시아 됨을 주장한 원시 논증의 존속을 보여주었다"(Lindars, *Apologetic*, 44).

84) Juel, *Messianic Exegesis*, 107-10. 특히 주로 눅 1:51(89:11), 눅 1:69(89:24), 요 12:34(89:36), 행 2:30(89:4), 골 1:5(89:27), 히 11:26 그리고 벧전 4:14(89:50-51), 계 1:5(89:27, 37)을 언급한다.

85) *Jesus Remembered*, 491 n. 7; 656, 665.

86) *Jesus Remembered*, 665-66.

87) 신 10:17; 시 107:20; 사 52:7(?); 61:1; 신 21:22; 위 §21.3c 그리고 n. 175을 보라.

88) *Jesus Remembered*, 777-79. "소위 고난 시편들(시 22, 69 그리고 아마도 31편)은 초기부터 예수의 죽음을 이야기하는 데 이용되었다"(Juel, *Messianic Exegesis*, 116).

시아 신분에 대한 논점이 그의 사역 중에 일어났고[89] "그리스도"라는 칭호가 새 종파(그들의 첫 번째 공식 칭호는 "그리스도인들"이다, 행 11:26)의 구성원들에게 그렇게 빠르게 확립되었다는 점에서 우리가 추론할 수 있는 것은 예수의 메시아 신분이 초기 기독교 신학에서 두드러지는 부분이었다는 것이며, 그런 신학 작업에서 사도행전 2:23, 33과 로마서 1:3-4에서 바울이 사용한 초기 고백 문구에 반영되었듯이, 시편 2:7과 사무엘하 7:12-14과 같은 중요한 본문이 특정한 역할을 거의 확실히 감당했을 것이라는 점이다.[90] 그리고 참으로 다니엘 7:9-14의 환상이 예수가 자신에 대해 가졌던 기대에 영향을 끼쳤다면, 그것은 사도행전 설교의 특징인 고난과 신원이라는 주제에 영향을 주는 데 틀림없이 기여했을 것이다(추가로 §23.4g를 보라). 나중에 더 살피겠지만(§23.4d), 기독론적 사고가 형성되던 매우 이른 초기부터 시편 110편이 상당한 역할을 했음이 틀림없다.[91] 어쩌면 초기부터 시편 8:4-6과 밀접하게 관련해서 말이다.[92] 그리고 예수 자신의 사고 형성에서 이사야 53장이 어떤 역할을 했든지 간에,[93] 그것은 사도행전 8:32-33에서 반영되고 로마서 4:25에서 암시된 고백 표현에서 반영되듯이, 매우 두드러지고도 빠르게 도입된 것으로 보인다.[94] 이와 마찬가지로 버린 돌에 대한 본문(시 118:22)은 예수의 거부당함과 신원에 관한 초기의 기독교적 의미를 표현하려고 이른 시기부터 인용되었을 것이다. 이는 사도행전 4:11이 시사하고[95]

---

89) *Jesus Remembered*, §15.3.

90) 추가로 Juel, *Messianic Exegesis*, 3장을 보라.

91) Lindars, *Apologetic*, 45-51: 시 110:1은 "아마도 문자적 성취를 논증하는 데 이용된 성경 중에서 가장 중요했을 것이다"; "사도행전 2장의 논증은 시편 110:1의 원래의 기본적인 사용을 보존하고 있다"(45, 47); Juel, *Messianic Exegesis*, 6장. 추가로 n. 240을 보라.

92) Lindars, *Apologetic*, 50-51; Dunn, *Theology of Paul*, 248-49.

93) *Jesus Remembered*, 809-18, 820.

94) M. Hengel, *The Atonement: A Study of the Origins of the Doctrine in the New Testament* (London: SCM, 1981), 35-36; O. Hofius, 'The Fourth Servant Song in the New Testament Letters', in B. Janowski and P. Stuhlmacher, eds., *The Suffering Servant: Isaiah 53 in Jewish and Christian Sources* (Grand Rapids: Eerdmans, 2004), 163-88(여기 180-82). 또한 *Jesus Remembered*, 811 n. 221 그리고 추가로 아래 §23.5를 보라.

95) 사 8:14, 28:16; 그리고 어쩌면 단 2:34.

로마서 9:33과 베드로전서 2:4-8이 암시한 대로, 돌을 언급하는 여타의 본문과 초기에 결합되었을 것이다.[96] 이 마지막 사례에서 우리는 예수 전승 자체(막 12:10-11과 병행구들)를 설명하려고 성경 본문 하나(시 118:22-23)가 개입되는 것을 볼 수 있을 것이다.[97] 첫 그리스도인들이 연관된 성경 본문이나 "증언" 모음집(선생들이 새 개종자를 가르치는 데 사용하려고)을 만들기 시작했을 공산은 사해 두루마리에서 그런 증언 모음집(4Q174-177)이 발견되었기 때문에 더 크다.[98]

최초 기독교의 또 다른 주요 특징(약속된 종말론적 성령 체험인 그들의 체험)은 사도행전 2:17-21이 시사하듯, 틀림없이 요엘의 예언으로부터 조명되었을 것이다.[99] 성령과 관련된 "부으심"이라는 이미지를 반영하는 것(롬 5:5; 딛 3:6)은 어쩌면 요엘의 말이 초기 그리스도인들의 어휘로 들어온 방식을 반영할 것이다. 그리고 믿는 자를 묘사하는 "주의 이름을 부름"이란 표현도 요엘서 본문(욜 3:5)에서 유래했다는 사실은 그것이 초기 기독교 사상에 끼친 영향을 다시 보여준다. 마찬가지로 바울이 에스겔 11:9과 37:14(고후 3:3; 살전 4:8) 같은 본문을 암시할 수 있었다는 점은, 자신들이 체험하고 있던 것과 자신들이 속한 새 운동의 중요성을 이해하려는 초기 그리스도인들에게 그런 본문들과 표현이 영향을 끼쳤음을 시사한다.[100]

필자는 아주 초기 그리스도인의 자기이해와 신앙고백 및 변증에 사용

---

96) 또한 Lindars, *Apologetic*, 169-86을 보라.

97) *Jesus Remembered*, 721-22 n. 67.

98) 전체 주제에 관해서 M. C. Albi, *'And Scripture Cannot Be Broken': The Form and Function of the Early Christian Testimonia Collections* (NovTSupp 96; Leiden: Brill, 1999)를 보라.

99) 욜 2:28-32은 "마지막 날에 살고 있음과 성령을 소유하고 있음을 주장하려고⋯초기 그리스도인들이 사용한 많은 종말론적 구절 중 하나다"(Lindars, *Apologetic*, 37).

100) 몇몇 학자는 행 2:33의 배경에 시 68:19에 대한 그런 해석이 있었고, 이는 엡 4:8-10에서 사용된 오순절 전승에도 드러난다고 주장한다. 예. Lindars, *Apologetic*, 51-59; J. Dupont, 'Ascension du Christ et don de l'Esprit d'après Actes 2:33', in B. Lindars and S. S. Smalley, eds., *Christ and Spirit in the New Testament*, C. F. D. Moule FS (Cambridge: Cambridge University, 1973), 219-28; Barrett, *Acts*, 149-50(Fitzmyer, *Acts*, 259에 언급된 다른 이들); 또한 §22 n. 119을 보라. 그러나 Fitzmyer는 언어적 암시가 "존재하지 않는 것처럼 미미하다"라고 생각한다(259).

된 그런 본문이 사도행전 2:42이 전하는 대로 전부 "사도들의 가르침"에서 나왔음을 시사하지 않는다. 그러나 그런 본문에 대한 고찰과 해석은 첫 기독교 공동체의 자기이해와 메시지를 형성했던 가르침의 일부였음이 틀림없다.

(2) 마찬가지로 우리는 예수가 행하고 가르쳤던 내용을 지닌 전승에 많은 관심이 쏟아졌다고 안전하게 추정할 수 있다. 죽은 자 가운데서 예수가 부활했다는 깨달음과 오순절 체험이 틀림없이 야기했을, 예수에 대한 첫 제자들의 생각에 일어난 대변혁이 예수의 사역에 반응하여 제자가 된 이들로 하여금 예수의 사역에 관한 기억을 잊거나 하찮게 여기거나 무시하게 했다고 추정할 수 없다.[101] 반대로 제자도에 새롭게 매력을 느낀 사람들은 이 예수를 더 배우거나 그들이 이미 가지고 있던 그런 지식을 새롭게 하거나 교정하고자 했을 것이다. 어쨌든 그들은 "그의 이름으로" 세례를 받았기 때문이다. 그들의 지도자들이 누구였고 예수가 제자들에게 무엇을 기대했느냐가 필연적으로 그들이 가장 궁금해한 내용 중에 있었을 것이다. 예수의 죽음과 부활에 대한 진술(예. 고전 15:3-5)만으로는 그런 자연스러운 호기심을 충족하기에 결코 충분하지 않아 보인다.[102] 예수의 사역 기간에 이미 예수에 대한 인상을 나누고 예수 전승을 형성하기 시작한 제자 집단에 대해 필자가 묘사했던 모습은[103] 사역 내내 예수를 따랐던 사도들과 기

---

101) 비슷하게 Wilckens, *Theologie*, 1/2.163-64, 196-203. 그는 마 23:10에 주목하고 예수의 부활과 승천이 예수의 부활절 이전의 사역과 가르침을 확인하고 강화한다고 언급한다(199). F. Hahn, *Theologie des Neuen Testaments* (2 vols.; Tübingen: Mohr Siebeck, 2002), 1.144-46의 빈약한 연구와 대조하라.

102) "고대 세계에서 십자가에서 죽은 사람, 즉 그의 활동과 고난 및 죽음에 관한 분명한 설명 없이 일반 범죄자처럼 수치스럽게 죽은 사람을 하나님의 아들과 세상의 구원자로 선포하는 일은 불가능했다.…승귀한 예수는 지상의 예수 이야기로만 묘사할 수 있었다"(Hengel, *Acts*, 43-44). 또한 Hengel, 'Eye-Witness Memory and the Writing of the Gospels', in M. Bockmuehl and D. A. Hagner, eds., *The Written Gospel*, G. N. Stanton FS (Cambridge: Cambridge University, 2005), 70-96: "예수 전승을 이야기하지 않고서는, 정형화된 '선포'를 교회가 처음부터 이해할 수 없었을 것이다"(75-76).

103) *Jesus Remembered*, 239-43, 180-81. L. M. White, *From Jesus to Christianity* (San Francisco: HarperSanFrancisco, 2004)는 대부분의 학자보다 초기 전승이 지닌 구전 특징을 더 인정

타 120명(?) 제자단(여성 포함)이 전하는 가르침을 신실하게 받아들이는 개종자/새 신자의 모습으로 쉽게 대체된다.[104]

이런 새 제자들을 위한 "교수 요목"의 큰 부분을 틀림없이 제공했을, 공관 복음 전승에 보관된 일종의 자료를 필자는 이미 언급했다(§21.5).[105] 예수의 처형과 매장에 대한 기억이 아직은 생생한 시기에, 예수가 식탁에서 여인으로부터 기름 부음을 받은 이야기(막 14:3-9)가 특별히 가슴을 저미게 했을 것이다.[106] 마태나 바디매오나 구레네 시몬과 같은 개인의 증언이 어쩌면 그런 모임의 정기적인 특징이었을 것이다. 누가복음 9:57과 마가복음 8:34-37처럼 제자도를 위해 큰 대가가 따른다는 도전의 말씀이 그런 무리를 자극했음이 틀림없으며, 후자(막 8:34-37)에서는 예수에게 일어난 일 때문에 충격이 더해졌다. 비슷하게 우리는 새것과 낡은 것(막 2:21-22 병행구) 그리고 밭에 숨겨진 보화 및 값진 진주(마 13:44-46)와 같은 비유에 온전히 새로운 시작(부활과 성령의 시대)에 참여한 초기의 느낌이 듬뿍 묻어난다고 타당하게 상상할 수도 있다.[107] 예수의 가르침인 하나님의 공급하심에 대해 걱정 없이 신뢰하는 것(마 6:25-33/눅 12:22-31)은 초기의 공동 소유를 가능케 한 요인이었을지도 모른다. 그리고 예수의 식탁 교제 관습은[108] 틀림없이 최초 공동체가 보여준 비슷한 관습의 이유였을 것이다(§23.2d). 여기서 상기해야 할 것은 단지 오순절 이전 기간만이 아니라, 예수의 가르침과 천국에 대

한다. "[정보 자료] 대부분은 회중 자체에서 반복되고 보존된 구전 전승이었다.…운동의 토대들에 관한 최초의 자료들은 그들이 예수를 회상하는 상황에서 발생한다"(118).

104) W. R. Farmer, 'James the Lord's Brother, according to Paul', in B. Chilton and C. A. Evans, eds., *James the Just and Christian Origins* (Leiden: Brill, 1999), 133-53은 "야고보는 예수의 가르침을 예수가 사용하지 않은 언어로 옮기는 일을 사도로서 관찰할 때 예수의 가족을 대표할 수 있었다.…예수가 사용한 숙어가 지닌 미묘한 차이를 표현할 때는 그의 담화를 형성한 언어문화를 직접 경험한 사람이 필요했다"라고 주장한다(141-42).

105) 비교. Schenke, *Urgemeinde*, 164-74.

106) 마가는 그 이야기가 이미 널리 알려졌다고 당연하게 받아들였다.

107) *Jesus Remembered*, 442-43을 보라.

108) *Jesus Remembered*, §14.8. 안디옥에서 바울의 태도(갈 2:11-17)가 예수가 "죄인"과 함께 식사하신 일에 대해 그가 알고 있었음을 반영한다면(*Theology of Paul*, 192), 분명 바울은 그가 초심자였을 때 이 관습을 배웠을 것이다.

한 주요 주제가 제자들을 계속 사로잡았다는 사실이다(§22.2c). 바울이 서신을 쓸 때쯤에 이 주제가 논제의 전면에서 사라졌고 미래에 관한 기대에 대한 문구로 더 기능했다는 사실은[109] 예수의 가르침과 사도의 가르침 사이에 연속성이 부족했음을 나타내는 것이 아니라, 오히려 그 연속성이 정형화된 용어들로 유지되었음을 나타내는 것으로 보아야 한다.

새 운동의 메시지가 대립을 불러오자마자, 두려움 없이 신앙을 고백하라는 예수의 격려가[110] 가르침 "목록"에서 두드러진 요소가 되었다고 상상할 수 있다. 그리고 논란 중에 예수가 자신을 어떻게 다스렸는지에 대한 이야기들이 제공한 가르침은 소중하게 여겨졌을 것이다(막 2:1-3:5). 안식일 논쟁의 경우(막 2:23-3:5 병행구들), 이 이야기들은 분명히 유대적 맥락에서 최종 형태로 다듬어졌을 것이다. 여전히 안식일을 지켜야 한다고 가정하기 때문이다. 이방 교회들에서처럼 "모든 날이 같다"(롬 14:5)라는 가능성은 아직 인식되지 않았다. 보통 말하는 정결법에 도전하지 않는 방식으로 불결함의 진짜 근원을 다루는 예수의 가르침을 어떻게 해석할 수 있는가를 (그리고 해석되었는지를) 마태복음 15:11, 17-18(막 7:15, 18-20과 비교해서)이 제시한다.[111] 그리고 마태복음 5:23, 15:11과 23:25 같은 본문은 여전히 성전에 다니면서 정결 문제를 계속 고민하는 사람들에게 예수의 가르침이 살아 있는 기억임을 입증한다. 축귀와 치유가 초기 기독교 공동체에서 계속 일어났기 때문에,[112] 예수의 치유를 다시 언급하고 축귀에 대한 예수의 가르침을 회상하는 데서(막 3:22-29 병행구들) 초기 공동체들 가운데 있는 성령의 열정을 볼 수 있을 것이다.[113]

모든 내용 중에서 가장 흥미로운 부분은 예수 전승이 부활 신앙의 관

---

109) 고전 6:9-10; 15:50; 갈 5:21; 엡 5:5; 살전 2:12; 살후 1:5.

110) 마 10:26-31/눅 12:2-7; 마 10:19-20/눅 12:11-12/막 13:11/요 14:26.

111) *Jesus Remembered*, 574-75을 보라.

112) 예. 행 3:1-10; 8:6-7; 9:33-41; 16:18; 롬 15:19; 갈 3:5; 히 2:4.

113) 예. J. Boring, *The Continuing Voice of Jesus: Christian Prophecy and the Gospel Tradition* (Louisville: Westminster John Knox, 1991), 213.

점으로 어떻게 형성되고 해석되었는지를 나타내는 표지들이다. 버려진 돌의 증언(시 118:22)이 초기에 포도원 농부 비유(막 12:1-9 병행구들)에 더해졌을 가능성은 이미 언급했다.[114] 부적절한 금식에 대한 예수의 가르침(막 2:19)을 둘러싼 해석 문제 때문에 마가복음 2:20이 더해졌다고 일반적으로 그리고 타당하게 추정된다. 즉 예수의 죽음과 떠남이 영적 훈련으로서 금식을 재개하는 이유로 이내 받아들여졌다.[115] 예수의 비유에서 예수의 신분을 신랑으로 규정한 것은 예수 전승의 여타 요소에 관한 광범위한 기독론적 해석과 같은 종류이다. 나중에 더 살펴겠지만, 가장 분명한 예는 예수의 자기 언급인 "인자"로부터 기독론적 칭호인 "인자"로의 전환이다.[116] 그리고 필자는 예수의 돌아옴(재림)에 대한 기대가 예수를 신원하는 하늘로(to)의 도래라는 예수의 기대를 하늘에서부터 (다시) 오심이라는 그리스도인의 소망으로 완전히 바꾸었고, "위기의 비유들"[117]에서 등장하는 주인/집 주인/신랑이 예수를 위한 풍유로 읽히고/들려지는 이유를 제공했다.[118] 어쩌면 예수 전승 내의 그런 요소들이 예수가 하늘에서 돌아오리라는 첫 신념을 확인해주거나 그 신념의 발단이었다는 추론이 더 정확할 것이다. 누가 돌아올 주인/집 주인/신랑이었는가? 예수 말고 누구였겠는가!

다른 경우들에서 예수 전승이 어떻게 이용되고 해석되었는가를 보여주는 흔적은 분명 후기의 것이다. 예를 들어 위임 명령이라는 지속된 형식들(막 6:7-13과 병행구들)에[119] 내포된 폭넓은 선교적 함의 혹은 견유학파 철학자들과의 대조나 비교 가능성에 대한 함의는, 이스라엘 너머의 선교를 심각하게 고려하고 실행하기 시작했을 당시에 위임 명령을 사용했거나

---

114) 위 n. 97.
115) *Jesus Remembered*, 442 n. 288.
116) 아래 §23.4f를 보라.
117) *Jesus Remembered*, §12.4g.
118) *Jesus Remembered*, 754, 757-58, 761.
119) 제자들이 pēra("동냥 주머니", 막 6:8 병행구)를 지니는 것은 용납되었는데, 이는 순회하는 견유학파 설교가의 특징이었다(BDAG, 811). 추가로 *Jesus Remembered*, 159 n. 96과 247을 보라.

재작업했다는 것이다. 그리고 성전 안에 자신의 상을 세우려는 칼리굴라(Caligula)의 제안(39년)이 가져온 위기가 "작은 묵시"(막 13장)로 알려진 종말론 담화를 구성하는 전승을 새롭고 분명하게 표현하게 된 계기였다고 보는 관점도 상당히 그럴듯하다.[120] 그러나 위의 예시 중 나머지에 관해서는 예수 전승의 사용 및 재사용이 "사도들의 가르침"의 일부로서 예루살렘의 최초 기독교 공동체에서 시작되었다고 믿을 만한 타당한 이유가 있다.

c. 교제(행 2:42)

누가가 첫 신앙인들을 "교제"(koinōnia)에 헌신하는 사람들로 묘사한 점이 마음을 사로잡는다. 누가는 이 말을 단 한 번 사용했으나, 바울은 이 용어가 마음에 들었다.[121] 바울에게 이 용어는 "~에 참여하기" 곧 나눔의 행동이나 경험을 의미한다. 예를 들어 공유하는 성령 체험(고후 13:13; 빌 2:1), 주의 만찬을 나눔(고전 10:6) 등이 있다.[122] 누가는 그 용어를 나눔의 표현이자 결과인 "교제, 공동체"라는 파생된(그리고 지금은 인기 있는) 의미로 읽기 시작한 것으로 보인다.[123] 그리고 오순절 이야기를 뒤따르는 문맥에서 누가가 그 단어를 한 번만 사용하지만, 그 용례는 함께 체험한 성령으로 존재하게 된 공동체의 중심 사상을 여전히 간직하고 있다.[124]

이 초반부에 누가가 반복해서 사용한 다른 두 구절에서 비슷한 함축이 분명하게 드러난다. *Epi to auto*("함께, 같은 장소에서, 동시에, 한마음으로")[125] 그리

---

120) *Jesus Remembered* 417-18, 그리고 위 §21 n. 293.
121) *Koinōnia*: 롬 15:26; 고전 1:9; 10:16; 고후 6:14; 8:4; 9:13; 13:13; 갈 2:9; 빌 1:5; 2:1; 3:10; 몬 6; *koinōneō*: 롬 12:13; 15:27; 갈 6:6; 빌 4:15.
122) 필자의 *Theology of Paul*, 561 그리고 n. 153; BDAG, 552-53을 보라.
123) 비교. Barrett, *Acts*, 163-64; Fitzmyer, *Acts*, 269("공동생활 형태").
124) 비교. Pesch, *Apg.*, 1.133.
125) 행 1:15; 2:1, 44. Bruce, *Acts*, 108, 132; BDAG, 153을 보라. 2:47에 관해서는 Bruce, 133; Barrett, *Acts*, 172-73을 보라.

고 *homothymadon*("한마음/목적/충동으로")이다.[126] 누가가 이야기를 이상적으로 전달했다는 것은 의심할 여지가 없으나, 그런 내용이 누가에게 전적으로 책임이 있다기보다는 그 현장에 있었던 몇몇 사람의 장밋빛 기억을 반영할 가능성이 더 높다.

우리는 그런 공동체적 느낌과 공유된 체험을 "아바"(*Abba*) 기도에서 보는데, 이는 어쩌면 예수의 기도에서 영감을 받았을 것이다.[127] 로마서 8:15과 갈라디아서 4:6은 이 기도가 아람어 형식으로 확립되었다는 점과 초기 그리스도인의 헌신에서 광범위하게 볼 수 있는 특징이었다는 점을 충분히 보여준다. 이 서신들은 여러 다양한 회중을 위해 기록됐는데, 그럼에도 불구하고 로마서 8:15의 "우리"와 갈라디아서 4:6의 "너희들"은 공통적이고 친숙한 경험을 상정한다. 그런 양식은 아람어를 쓰며 모체가 되는 유대 공동체에서만 확립될 수 있다. 놀라운 사실은 바울 서신의 그 두 구절이 아바기도가 똑같은 성령 체험을 표현함을 당연하게 받아들이고, 또한 그렇게 기도하는 사람들이 아들 및 상속자라는 공유 관계로 결합된다고 동일하게 추론한다는 점이다. 바로 그런 체험의 특징이 새 개종자들을 하나 되게 한다고 보는 것은 무리가 아니다. 그런 모임은 그들이 함께 체험한 성령에게서 나오고 그런 체험을 표현하는 교제이자, 거대한 심리적·사회적 힘을 가진 결속 요인이다.[128]

성령 체험이 결속하게 하는 힘이라는 또 다른 암시가 초기 그리스도인들의 몇몇 가정에서 나눈 식탁 교제에 관한 누가의 묘사인 "기쁨과 순전한

---

126) 행 1:14; 2:46; 4:24; 5:12. 누가는 그 용어를 10번 사용했는데, 신약성경 다른 곳에서는 롬 15:6에서만 등장한다. BDAG, 706; Barrett, *Acts*, 88-89; S. Walton, '*Homothymadon* in Acts: Colocation, Common Action or "Of One heart and Mind?"', in P. J. Williams et al., eds., *The New Testament in Its First-Century Setting*, B. W. Winter FS (Grand Rapids: Eerdmans, 2004), 89-105을 보라.

127) *Jesus Remembered*, 711-18.

128) "그래서 초기 그리스도인이 집단 정체성을 확립하고 주변 세계로부터 자신들을 구별하기에 충분히 강한 체험을 했다"; "첫 번째 국면은 열정적 기쁨에 대한 충격과 성령 체험으로 구성되었다"(Pokorny, *Genesis*, 156, 169).

마음으로"(en agalliasei kai aphelotēti kardias)에 담겨 있다(2:46). *Agalliasis*라는 용
어는 종교저술에서만 나타나며, 시편에 자주 나타났고, 순전한 기쁨과 열
정은 오늘날 중동 국가들에서처럼 종교적 축제를 특징짓는다.[129] 주목할
만한 사실은, 돌아온 전도자들이 성과를 보고하는 자리에서 예수가 "성령
으로" 기뻐했음을 묘사하려고 누가가 동족 동사(*agalliaō*)를 사용했다는 사
실이다(21절). 여기서 묘사되는 예수의 모습은 다른 어떤 것보다 오순절 성
령 체험의 모습과 가장 비슷하다(눅 10:18-21). 초기 그리스도인을 특징짓는
같은 정도의 감정이나 표현의 강렬함이 바울이 두 개의 **아바** 기도를 묘사
하며 사용한 동사에도 암시되었다(롬 8:15; 갈 4:6). 그 동사는 *krazein*이며 첫
번째 뜻은 "격렬하게 외치다"이다.[130]

또한 연보와 관련해서 바울이 *koinōnia*라는 용어를 사용한 것은 우연
이 아닐지도 모른다.[131] 이방인 신자들도 같은 영적 실재에 참여하도록 허
락받았다는 생생한 느낌(롬 15:27)은, 에게해 근방 교회들이 비록 서로 수백
킬로미터 떨어져 있었지만 동료 신자들을 위해 평소와는 달리 관심을 가
지도록 했을 것이다. 그렇다면 누가가 *koinōnia*를 공동 소유를 묘사하는 부
분과 밀접하게 사용했다는 점은 놀랍지 않다(행 2:42-45). 부어진 성령을 같
이 체험하며 지금 모두 크게 기뻐하고 있다는 강력하고 감정으로 뿌리내
린 확신이 공동 자산을 설립하게 한 주요 요인이었다.[132] 여기 진정한 영적
공동체가 있다. 이 공동체의 영성은 숨길 수 없었다.

---

129) 예. 욥 8:21; 시 30:5; 42:4; 45:7, 15; 47:1; 65:12; 100:2; 105:43; 107:22; 118:15; 126:2, 5, 6;
132:9, 16; BDAG, 4을 보라. Bultmann에게 그 단어는 "하나님의 구원하시는 행위로 이루어
진 마지막 때의 공동체라는 공동체 의식을 특징짓는다"(*TDNT*, 1.20). 그것은 "종말론적 기
쁨을 의미할 것이다"(*Theology*, 1.40). 그 분위기는 눅 1-2장의 찬송에 잘 표현됐다.

130) BDAG, 563. Weiss가 대부분의 사람보다 그 분위기를 여전히 더 잘 포착한다(*Earliest
Christianity*, 40-44): "격적적 열광, 압도하는 감정의 강렬함, 하나님의 임재를 즉각 인지함,
비할 데 없는 능력을 느낌, 의지와 속사람 그리고 심지어 타자의 육체적 상황에 대한 저항
할 수 없는 통제. 이것들이 역사적인 초기 교회에서 근절할 수 없는 특징이다"(42-43).

131) 롬 15:26; 고후 8:4; 9:13. 추가로 아래 §33.4d를 보라.

132) 또한 U. Wendel, *Gemeinde in Kraft. Das Gemeindeverständnis in den Summarien der
Apostelgeschichte* (Neukirchen-Vluyn: Neukirchener, 1998), 134-61을 보라.

d. 떡을 뗌(행 2:42, 46)

주석가들은 떡을 뗀다는 언급이 "초기 그리스도인들의 예전적 식사"를 가리킨다고 관례적으로 받아들였다[133] 더 명백하게 말한다면, 그 식사는 예수의 "최후의 만찬"을 기억하며 다시 제정하는 일을 포함한다.[134] 그리고 확실히 바울은 성만찬의 떡 부분에 대해 "떡을 뗌"(고전 10:16)이라는 표현을 사용했고, 주의 만찬에서 빵과 포도주를 식사 중에 받는 것을 당연하게 생각했다(11:20-26). 식사는 평상시대로 떡을 떼는 것으로 시작하고 잔은 "식사 후"에 들었다(11:25). 더욱이 코이노니아에 대한 바울의 또 다른 가장 중요한 용례로, 이것은 같은 맥락에서 그리스도의 몸과 피를 나누는 행위를 묘사한다(10:16). 게다가 제자들과 함께한 예수의 최후의 만찬 전승을 바울이 수용했다는 사실은 바울이 예수의 가르침을 받기 전에 그 식사를 기념하던 관습이 이미 잘 확립되었음을 암시한다.[135] 그래서 이 모든 내용에서 추론할 수 있는 명확한 점은 예수가 제자들과 나눈 마지막 만찬에 대한 기억이 첫 제자들 가운데 생생하게 남아 있었고, 제자들이 이 만찬을 초기부터 기념했다는 것이다. "이를 행하여 나를 기념하라"(눅 22:19; 고전 11:24, 25)는 명령이 기억된 예수의 말씀의 원내용의 일부가 아니라면,[136] 초기 공동체의 아주 이른 시기에 전승을 사용하며 그것에 설명을 덧붙인 또 다른 예를 보게 된다.

　그러나 누가는 그 문구를 사용하면서 날마다 함께하는 식사 관습을 염두에 두고 있었을 것이다. "떡을 뗌"은 집안 가장이 식사를 시작하라고 주는 신호인 첫 행동에 대한 환유적 언급이며 날마다 하는 식사를 단순히 묘사한다.[137] 이것이 어쩌면 사도행전의 다른 세 곳에 담긴 내용일 것이다. 첫

---

133) BDAG, 546.

134) 이에 관해서는 *Jesus Remembered*, 771-73, 804-805을 보라.

135) 필자의 *Theology of Paul*, §22, 특별히 606-608; *Jesus Remembered*, 230 n. 241을 보라.

136) 예. 필자의 *Theology of Paul*, 607-608을 보라.

137) 이 의미로 유대 용법에서 취하지 않았다면("떡을 뗌" = 온전한 식사), 여기서 누가의 용법

두 언급에서, 바울과 동료들은 주일에 떡을 떼고(20:7), 그 후에 바울은 자정까지 이야기를 계속했다. 유두고는 떨어진 후 보살핌을 받았고, 그들은 다시 떡을 나눴다(20:11). 바울은 새벽까지 그들과 대화를 계속했다. 누가는 반나절에 두 번 있었던 식사를 염두에 둔 듯하다. 그리고 세 번째 언급은 배가 여러 날 동안 광풍에 밀린 후 등장하는데, 수일 동안 아무 음식도 먹지 못했을 때, 바울은 떡을 떼서 먹기 시작했고, 이에 많은 사람이 고무되어 모든 사람이 음식을 나눴다(27:35-36). 누가는 선원과 승객들에게 필수 영양분을 공급하는 가장 기본적인 식사를 떠올리도록 의도했을 것이다.[138]

사도행전 2:42, 46에 언급된 식사를 예전적 식사로 보기보다는, 오히려 그 안에서 예수의 사역과 제자도가 지닌 고유한 특징이 재개된다고 보는 것이 좋다.[139] 예수의 식탁 교제는 소문이 자자했고, 그가 주인으로 행동해야 할 때는 떡을 떼어서(막 6:41 병행구; 비교. 눅 24:30) 축사하고 식사를 시작했고, 참석한 나머지 다른 사람들에게 나눠 주었다. 이 식사가 함의하는 것은 삶의 전환(2:46)이라는 체험을 공유한 사람들의 자발성("가정에서 가정으로")과[140] 기쁨이지, 공식적인 예전적 의식은 아니다.[141] 그래서 그런 식사들은 "닫혀 있어" 신자들만을 위한 것은 아니었고, 예수의 평소 식탁 교제와 마

은 기독교에서 발전된 용법이었을 것이다(비교. Barrett, *Acts*, 165-66). 2:46에서 "그들의 음식을 나누고/그들의 식사를 하고"라는 말은 "그들의 [다양한] 가정에서 떡을 뗌"을 다시 언급하는 듯하다(그러나 또한 Fitzmyer, *Acts*, 270-71을 보라).

138)   추가로 아래 §34 n. 179을 보라. Stuhlmacher는 27.35-36을 무시한다(*Biblische Theologie*, 1.210).

139)   J. Jeremias, *The Eucharistic Words of Jesus* (London: SCM, 1966): "초기 교회의 식사는 원래 예수가 제자들과 기념한 마지막 식사의 반복이 아니라, 그와 제자들이 함께한 식탁 교제를 날마다 반복하는 것이다"(66). 비교. Stuhlmacher, *Biblische Theologie*, 1.206-10; Jervell, *Apg.*, 155. 그러나 Jeremias는 아가페를 언급하며 2:42의 코이노니아를 (식탁) 교제로 번역하는 것을 옹호한다: "그다음에 '떡을 뗌'은 분명 그 이후의 성만찬을 의미할 것이다"(119-20). 그러나 Haenchen, *Acts*, 191과 n. 2; 그리고 §23.2c를 보라.

140)   놀랍게도 Schnabel은 식사를 개인 가정에서뿐만 아니라 "그들이 날마다 성전을 방문할 때도" 함께 했다고 생각하는 듯하다(*Mission*, 414).

141)   바로 그런 모임 중에 예수의 식사 이야기(특별히 오병이어[막 6:32-44 병행구])가 지금의 형태를 띠게 되었다고 상상할 수도 있다.

찬가지로 열려 있었다. 그런 식사에는 지인들과 문의하는 사람들이 참여하여 예수에 대해 들을 수 있도록 기꺼이 환영받았다.

이것은 상당히 독특한 두 전승이 초기에 있었음을 의미하지 않는다. 즉 사도행전 내러티브가 암시하듯이 식탁(포도주와 제정 표현이 없는)을 둘러싼 더 축제적이고 열정적이며 종말론적인 기념을 담은 전승과, 예수의 죽음에 더 주목하는 (어쩌면 더 신비적 제의에 영향을 받았을) "바울의" 예전적 형식을 담은 전승 말이다.[142] 그러나 그 논지가 전제하는 두 가지가 있는데, 하나는 바울의 문구(고전 11:23-26)가 새로 도입한 문구라는 전제다. 이것은 전승을 "받았다"는 표현(11:23)을 오해한 것이다. 또 다른 전제는 최후의 만찬 전승이 예수의 식탁 교제 관습에 대한 기억(그리고 연속성)과 구별된다고 생각했다는 것이다. 그러나 이것은 자료에 없는 내용이다.[143] 필자가 다른 곳에서 제시했듯이,[144] 어쩌면 최후의/주의 만찬 기념이 처음에는 연례행사, 즉 오순절의 기독교적 형태였을 것이다. 이는 공관복음에서 최후의 만찬이 유월절 식사로 제시된 정도에 반영됐다. 오리게네스(Origen)와 에피파니오스(Epiphanius)에 따르면,[145] 에비온파 사람들은 최후의 만찬을 연례행사로 기념했는데, 이는 어쩌면 초기 예루살렘의 관습과 비슷할 것이다. 그러나 어쨌든 우리는 확장되고 있던 초기 교회들 사이에 관습의 획일성이 있었다고 추정해서는 안 되며,[146] 성만찬에 대해 여러 세기에 걸쳐 발전된 고(高)신학에 비추어 초기 전승들을 읽어내는 것에도 분명히 오류가 있다. 이

---

142) 이 논지의 가장 유명한 형태는 H. Lietzmann, *Mass and Lord's Supper: A Study in the History of the Liturgy* (1926; ET Leiden: Brill, 1953-55, 1979), 15-16장이었다. 이전에는 Weiss, *Earliest Christianity*, 56-66. Lohmeyer는 예수의 식탁 교제 관습을 반영하는 떡을 뗌에 대한 갈릴리 전승과 최후의 만찬 전승에서 유래한 예루살렘 전승을 구별하여 이것을 수정했다('Das Abendmahl in der Urgemeinde', *JBL* 56 [1937], 217-52). 또한 §20 n. 162을 보라.

143) 또한 *Jesus Remembered*, 229-31, 771-73, 그리고 위 §20 n. 167을 보라.

144) *Unity and Diversity*, §40.2.

145) Origen, *In Matt. comm. ser.* 79; Epiphanius, *Pan.* 30.16.1.

146) 우리의 자료가 "제정 표현"의 다른 형식들을 보여줌을 상기해야 한다(*Jesus Remembered*, 229-30).

런 읽기가 일상적인 식사와 성만찬을 기념하는 것 간의 명백한 구별을 전제하지만, 이 전제는 거의 확실하게 시대착오적이기 때문이다.[147]

e. 기도들(행 2:42)

기도는 누가복음의 두드러진 주제이며,[148] 예수가 기도의 사람으로 기억되었고 제자도의 핵심 측면으로 기도를 제자들에게 가르쳤음을 의심할 이유가 없다.[149] 따라서 기도가 첫 제자들에게 높은 우선순위였다는 누가의 보고를 의문시할 필요는 없다.[150] 그것은 이미 언급했던 그들이 함께 공유한 체험과 큰 기쁨의 "자연스러운" 표현이었다. 틀림없이 이 초기 몇 달 동안 주기도문은 이미 언급한 예전적 발전을 겪기 시작했을 것이며,[151] **아바** 기도는 아람어 형식으로 확실하게 자리를 잡았을 것이다. 우리는 2:46에서 언급된 가정 모임에서 제법 즉흥적인 예배와 기도 시간(2:47)뿐 아니라, 가르침과 더불어 최후 만찬을 기념하는 모습을 상상할 수 있다. 고린도 교회에서 여전히 분명하게 드러난 비(非)격식적인 특징(고전 14:26)은 처음부터 교제 모임이 어땠는지에 관해 대략 감을 잡을 수 있게 한다. 그러나 그들의 매일의 모임에서 주일이 특별한 날로 이내 등장했다는 암시는 없다(2:46).[152]

그러나 기도에 관한 가장 놀라운 언급은 사도행전 3:1에 있다. 베드로

---

147) Lietzmann의 논지는 많은 지지를 얻지 못했다. 예. E. Schweizer, *The Lord's Supper according to the New Testament* (Philadelphia: Fortress, 1967), 23-28; I. H. Marshall, *Last Supper and Lord's Supper* (Exeter: Paternoster, 1980), 130-33; P. F. Bradshaw, *The Search for the Origins of Christian Worship* (Oxford: Oxford University, 1992), 51-55; Hahn, *Theologie*, 1.157.

148) 눅 3:21; 5:15; 6:12; 9:18, 28-29; 11:1-2; 18:1, 10-11; 22:40-41, (44), 46.

149) *Jesus Remembered*, 554-55, 711-18.

150) 특별히 행 1:14, 24; 2:42; 6:4, 6; 8:15; 9:11, 40; 10:9; 11:5; 12:5, 12; 13:3 등등.

151) *Jesus Remembered*, 226-28.

152) Colpe, 'Oldest Jewish-Christian Community', 85과는 반대.

와 요한이 기도 시각인 제9시(= 오후 3시 정각)에 성전으로 정기적으로 올라 갔다(anebainon)는 정보가 그것이다. 이는 새 종파의 주요 지도자들이 성전 이 제공하는 공식적 "의식"인 예배에 참여했음을 보여주는데, 그 당시에 그 들이 성전에 올라간 어떤 다른 이유도 제시되지 않았다. 그때의 예배를 단 순히 공동 기도로 요약할 수 있었음을 기억해야 하며, 이런 이유로 회당을 "기도(의 집)"로 묘사한다.[153] 따라서 특정 형식의 표시로 "기도들"이라는 표 현이 있다.[154] 이 모든 내용은 새 종파 구성원들이 "날마다(kath' hēmeran) 성 전에서 함께 많은 시간을 보냈다(proskarterountes)"는 초기 기록과 일치한다 (2:46). 실제로 적어도 새 종파의 지도자들은 결코 오랫동안 성전을 떠나 있 지는 않은 듯하다(3:11; 4:1; 5:12, 20-21, 42). 물론 성전은 예루살렘에서 가장 큰 사회적 공간이며, 큰 모임 장소로는 완벽했다(3:11; 5:12). 누가에 따르면 그 들의 지도자들은 주로 새로운 신앙을 전하려고 그곳에 갔다(4:1-2, 18; 5:20- 21, 25, 28, 42). 그러나 성전이나 성전 의식에 대한 비판이 있었다는 어떤 암 시가 없다. 첫 제자들이 이미 성전과 절연했다면, "허다한 제사장들"이 그 [새] 신앙에 강한 매력을 느꼈을까?[155] 누가는 예배와 공동체의 새 양식이 신자들의 가정에 자리 잡아감에 따라, 동시에 그들이 성전 의식과 기도 시 간에도 가치를 두고 계속 참여했다(3:1)는 인상을 남기는 데 분명히 만족 했다.[156] 또한 예루살렘에도 회당이 있음을 들었기 때문에(비교. 6:9),[157] 관 계자들과 참여한 사람들이 가정 모임을 회당과 비슷한 비공식적 모임으로

---

153) *Jesus Remembered*, 304 n. 226에 있는 자료.

154) "그 기도들은 무엇보다도 유대인 회중과 함께 드린 것이다"(Haenchen, *Acts*, 191); "그 기 도들은 익숙한 유대교 기도였다"(Barrett, *Acts*, 166). 비슷하게 Jervell, *Apg.*, 155. 특별히 D. K. Falk, 'Jewish Prayer Literature and the Jerusalem Church in Acts', *BAFCS*, 4.267-301(여 기서는 269-76, 285-92); 그리고 추가로 P. F. Bradshaw, *Daily Prayer in the Early Church* (London: SPCK, 1981), 2장을 보라.

155) 또한 아래 §24 n. 88을 보라.

156) 1:12에서 "안식일에 가기 알맞은 길"이라는 누가의 언급도 주목하라. "누가는 사도들 을 자신들의 유대인으로서의 의무들을 여전히 준수하는 그리스도인으로 묘사하려고 한다"(Fitzmyer, *Acts*, 213).

157) 아래 §24 n. 30을 보라.

여겼을 것으로 추론할 수도 있다.

f. 하나님의 교회

바울이 자신의 핍박을 "하나님의 교회"에 대한 핍박이라고 분명히 회상한 사실(고전 15:9; 갈 1:13)은 다음 두 가지 중 하나를 의미할 것이다. 예루살렘과 유대의 교회들이(갈 1:22-24) 자신들을 이렇게 생각했다는 것, 혹은 자신이 실제로 "하나님의 교회"를 핍박했다는 깨달음이 바울의 회심의 충격적 단면이었다는 점이다. 전자라면 첫 신앙인들이 이미 자신들을 하나님의 백성, 즉 *qahal Yahweh/Israel*의 종말론적 표현으로 여겼다는 암시가 있다.[158] 이는 예수가 그의 제자 모임에 대해 그렇게 언급했다고 기억되었을 가능성을 열어준다.[159] 이것은 예루살렘의 (몇몇) 지도자를 종말의 성전의 "기둥"으로 본 사상과 결부되며,[160] 바울이 그의 모든 교회에 대해 일정하게 *ekklēsia*라는 용어를 사용한 이유를 설명해준다.[161]

g. 거룩한 비밀 집회

최초의 예루살렘 공동체에 대한 누가의 묘사에서 주목할 만한 특징은 예루살렘 사람들 가운데서 새 종파와 이 종파의 행동이 환기한 "두려움"이나 "경외"를 거듭해서 언급했다는 사실이다. "사람마다 두려워하는데(*phobos*), 사도들로 말미암아 기사와 표적이 많이 나타나니"(2:43); "아나니아와 삽비라에 대해 이야기를 들은 모든 교회와 사람이 크게 두려워하더라(*phobos*

---

158) W. Kraus, *Zwischen Jerusalem und Antiochia. Die "Hellenisten", Paulus und die Aufnahme der Heiden in das endzeitliche Gottesvolk* (SBS 179; Stuttgart: Katholisches Bibelwerk, 1999), 33-38.

159) *Jesus Remembered,* 513-14을 보라.

160) 아래 n. 202과 322을 보라.

161) 추가로 아래 §30.1을 보라.

megas)"(5:5, 11).[162]

　"기사와 표적"은 누가가 좋아하는 용어이며 요엘서의 예언에서 가져왔다(2:19 = 욜 2:30). 의심의 여지 없이 그것은 치유 기적에 대한 누가의 (다소 무비판적인) 평가를 암시한다.[163] 그러나 "놀라운 일들"이 초기 기독교 공동체에서 일어났다는 점도 의심할 여지가 없다.[164] 갈라디아서 3:5과 로마서 15:19에서 바울이 회상하는 내용을 떠올려보면 된다. 누가는 단지 그런 하나의 치유 사건을 이야기한다. 즉 성전 미문에 있던 태어날 때부터 걷지 못한 사람에 대한 이야기다(3:10).[165] 그 이야기는 예루살렘 전승을 통해서나 그 당시에 새 운동 안에서 이미 활동 중이었거나 들어온 몇몇 사람의 개인적 회상을 통해 누가에게 전해졌을 것이다. 누가는 이 이야기를 베드로의 두 번째 설교에 덧붙여서 그것의 중요성을 드러냈고, 이는 적어도 그 당시 강조되던 몇 가지 기억에 거의 틀림없이 의존했을 것이다.[166] 그리고 누가는 베드로 및 요한 그리고 성전 관계자 사이의 첫 대립의 원인으로 치유 기적을 제시했다(4:1-22). 그러나 누가가 그런 기억으로 전형적인 이야기를 만들었다 하더라도, 우리는 그런 치유(들)가 실제로 일어났고, 새 운동에 대한 대제사장급 지도층의 반대가 아주 일찍부터 시작됐다고 확신할 수 있다. 새 공동체의 행적이 대중의 주목을 받았고, 많은 대중의 지지를 얻은 그 공동체가 대제사장들과 권위자들에게 위협으로 받아들여졌기 때문일 것이다.

　그러나 여기서 필자가 주목하고 싶은 요점은, 새 종파의 **하나님을 느끼게 하는** 특징이라고 부를 수 있는 내용에 누가가 부여한 인상이다. 그런

---

162) Colpe는 가장 오래된 회중의 "도취적 동기" 그리고 "도취적 복잡성"에 주목한다('Oldest Jewish-Christian Community', 76).

163) 다시 §21.2d(5)를 보라.

164) *Jesus Remembered*, §15.7을 보라.

165) 어떤 문을 언급한 것인지는 논란이 있다. 대부분은 니카노르(Nicanor) 문이라고 생각하는데, 이 문은 동쪽 이방인 뜰에서 여성의 뜰로 통했다. K. Lake, *Beginnings*, 5.479-86; Barrett, *Acts*, 179-80; Fitzmyer, *Acts*, 277-78의 논의를 보라.

166) 위 §21.3b를 보라.

놀라운 일은 두려움과 경외를 불러일으켰다(2:43).[167] 걷지 못하는 자의 치유를 목격한 사람들은 "완전히 놀랐다"(ekthamboi, 3:11). 3-4장에서 예수 그리스도의 이름이 주목받는다(3:6, 16; 4:7, 10, 12, 17, 18:30). 최근에 십자가에서 죽었으나 지금은 죽음에서 일어나 하늘로 높이 들린 사람(적어도 초기 그리스도인들은 그렇게 선포했다)의 현존을 나타내는 "그 이름"은 신성한 존재 곧 거룩한 존재의 임재와 능력에 대해 동일하게 환기시켰을 것이다. 특별히 새 종파가 새로운 구성원을 얻는 데 "예수 그리스도의 이름"이 효과가 많다고 증명되었을 뿐만 아니라(2:21, 38, 41) 기적적인 치유(들)에 효과가 있다는 점에서 그렇다(3:6, 16; 4:10, 30).[168] 우리는 정제되지 않고 억제할 수 없는 힘이 영적 영역에 있다고 본 환경, 그리고 새 종파가 루돌프 오토(Rudolf Otto)가 무섭고도 매력적인 신비(mysterium tremendum et fascinans)라고 언급한, 거룩함이라는 일종의 기운을 가진 것으로 보이는 환경을 서슴없이 그리고 무리 없이 상상할 수 있다.[169]

이와 비슷한 기운이 충격적인 아나니아와 삽비라 이야기의 바탕에 깔려 있다고 생각한다. 그 이야기에서 땅을 판 돈 일부를 남기기로 결정하고(그들은 그렇게 할 권리가 있었다) 거짓말을 한 이 부부는 베드로 앞에서 죽음을 맞이했다(5:1-11). 합리적인 분석이 이 이야기의 핵심을 관통할 수 있다는 추정은 쓸모가 없다. 이는 거룩함의 침해가 부른 엄청난 결과에 대한 기본

---

167) "여기에 또 다른 초자연적 사건들에 대한 진정한 두려움이 있다.…egineto(미완료)는 상태를 묘사한다. 즉 **엄습한 공포**가 아니라(5:5, 11에서처럼, egeneto) **계속된 공포다**"(Barrett, Acts, 166-67).

168) "이름에 능력이 있는데, 이는 그들이 명명된 실재에 참여하고 그 실재를 정의하며 정체성을 부여하기 때문이다. 즉 이름의 능력이 명명된 존재와 상호관계에 있고, 이름의 능력은 명명된 존재와 공유된다"(F. M. Denny, 'Names and Naming', Encyclopedia of Religion [16 vols.; New York: Macmillan, 1987], 10.300-301). 이름과 사람의 동등함은 3:6("나사렛 예수 그리스도의 이름으로 일어나 걸어라")과 9:34("예수 그리스도가 너를 낫게 하니 일어나 걸어라")을 비교하면 드러난다. 그러나 19:13-16의 이야기에 있는 경고를 주목하라. 추가로 S. New, Beginnings, 5.121-23; H. Bietenhard, TDNT, 5.243, 250-51, 253-58, 269-70, 277; D. E. Aune, 'Magic in Early Christianity', ANRW, 2.23.2 (1980), 1507-57(여기서는 1545-49); Barrett, Acts, 182-83을 보라.

169) R. Otto, The Idea of the Holy (London: Oxford University, 1923).

묘사로 보이기 때문이다. 고대 세계에서는 거룩한 장소나 물건에 이런 거룩함이 있고, 하나님께 구별되어 그의 임재의 두려운 능력이 깃들어 있다고 보았다. 최고의 본보기는 시내산에 접근하거나 접촉하지 못하도록 제한한 이야기(출 19:10-25), 나답과 아비후 그리고 아간과 관련된 경고성 이야기들(레 10:1-3; 수 7장), 또한 웃사가 언약궤를 붙들었을 때 그가 맞이한 운명에 관한 무시무시한 이야기다(삼하 6:6-7).[170] 성전 자체가 이스라엘의 종교에서 거룩함의 초점이었고(행 6:13),[171] 성전을 성별하는 일은 거룩한 존재를 경험한 또 다른 사건으로 상기되었다(대하 7:1-3). 이런 일반 사람들의 기억은 생생한 영성을 가졌고 이전에 활용할 수 없었던 영적 기운(그리고 물리적 능력)에 다가갈 수 있는 것으로 보이는 새 종파의 지도자들을 둘러싼 그런 거룩한 능력이 현존한다는 느낌을 고조하는 데 기여했을 것이다. 나중에 바울은 또 한 사람의 심각한 죄와 관련해서 베드로와 똑같은 역할을 기꺼이 하고자 했고(고전 5:3-5),[172] 자격 없이 성찬에 참여하는 일이 가져올 수 있는 치명적인 결과를 염려한다(11:29-30).[173] 따라서 우리는 이것들을 단지 독자들에게 감명을 주려고 누가가 아무 자료에서나 뽑아낸 민간 설화라고 보아서는 안 된다. 오히려 이것들을 초기 기독교 모임에서 간직되고 다시 이야기된 민중의 기억으로 이해하는 것이 더 낫다. 특별히 예루살렘 교회 초기에 고도로 충만한 영적 분위기를 기억하는 사람들이 그런 이야기를 전했다고 보아야 한다.[174]

---

170) 다수의 주석가들은 왕상 14:1-18을 포함하지만 삼하 6:6-7은 무시한다. 예. Barrett, *Acts*, 263과 Fitzmyer, *Acts*, 319. Marguerat은 예표의 모형이 아간이 아니라 아담과 하와라고 논증한다. "누가는 **교회의 원죄가 돈의 죄**라고 독자에게 알리길 원한다"(*First Christian Historian*, 172-78, 여기서는 176).

171) *Jesus Remembered*, 788-89.

172) 필자의 *Jesus and the Spirit*, 166; Conzelmann, *1 Corinthians*, 97-98; Schrage, *1 Korinther*, 1.374-78에 있는 토론; Thiselton, *1 Corinthians*, 395-400을 보라.

173) *Theology of Paul*, 612-13; Schrage, *1 Korinther*, 3.52-53에 있는 주의 깊은 진술들; Thiselton, *1 Corinthians*, 894-97.

174) 행 5:1-11에 대한 논의를 비평한 Fitzmyer(*Acts*, 316-20)는 그 이야기의 이런 국면을 논의에서 얼마나 적게 고려했는지를 보여준다. 제기된 도덕적 문제들(Haenchen, *Acts*, 239-41)

이 방식으로 사도행전 3-5장을 보는 것은 아나니아와 삽비라의 끔찍한 운명에 이어지는 초기 공동체에 관한 누가의 추가적 서술을 설명할 수도 있다. 더 많은 "기사와 이적"(5:12), 새로운 종파를 둘러싼 일종의 보호 분위기(5:13), 매력을 느끼고 새로 온 사람들(5:14),[175] 그리고 예수에게서처럼(눅 8:44-46) 베드로에게서도 영적인 치유 능력이 나옴(5:15-6) 등이다.[176] 이런 분위기에서 (모든) 사도들이 감옥에서 기적적으로 풀려나 성전으로 돌아왔다는 이야기(행 5:17-26) 같은 내용이 등장하고 번성할 수 있었다. 다시 한번 말하지만 우리는 이 후자 이야기가 기적적인 감옥 탈출 이야기[177] 양식에 속한다고 단순하게 꼬리표를 붙이는 데 만족하거나, 누가가 이 지점에서 이 양식의 본보기를 어느 정도 제멋대로 삽입했다고 추정해서는 안 된다. 오히려 우리는 여기서 그들의 영적 의식이 높아지고 흥분과 열정 및 기대로 고양된 분위기에서 모였기에, 예루살렘의 최초 기독교 공동체에는

　　을 부각하지 않고도 그 이야기가 전달될 수 있었다는 점은, 삼하 6:6-7과 고전 11:29-30이 제기하는 비슷한 문제들을 단순히 상기한다. Lüdemann이 비슷하게 관찰한 것처럼, "고린도전서 5장은 생각하도록 만든다!"(*Early Christianity*, 66). 거룩함의 위반은 도덕적 범주에도 영향을 미친다. Otto가 관찰했듯이, "*qadosh*나 *sanctus*는 원래 도덕적 범주가 전혀 아니다"(*Idea*, 54). 이 지점에서 "파문"의 언급 그리고 쿰란에서 시행된 규율 간의 병행(비교. 예. Jervell, *Apg.*, 199 n. 537, 538)이 와해된다.

175) "부부의 처벌로 엄청난 두려움이 야기된 후에, 유대인들이 전율하지 않을 수 없는 두려움(*mysterium tremendum*)을 느끼고 우려 때문에 거리를 유지했을 것이라고 기대할 것이다.…그래서 모순이 불가피하게 일어났다. 한편으로는 경이로움을 느끼며 행동을 자제하게 되었고, 다른 한편으로는 위대한 선교 사역의 성공이 있었다"(Haenchen, *Acts*, 244). 왜 "모순인가"? Haenchen은 Otto의 문구(*mysterium tremendum et fascinans*)를 잊었다.

176) Haenchen은 5.15-16에 관해 "사도에 대한 이런 사상은 환상적이라고 보기에는 너무 강조되었다"라고 썼다(*Acts*, 246). 그는 동아프리카나 서아프리카 출신 그리스도인과 그런 이야기에 관해 토론해 보았을까? P. W. van der Horst, 'Peter's Shadow: The Religio-Historical Background of Acts 5.15', *NTS* 23 (1976-77), 204-12이 고려한 다양한 내용을 보라.

177) 행 12:6-11; 16:25-26. 특별히 O. Weinrich, 'Gebet und Wunder. Zwei Abhandlungen zur Religions- und Literaturgeschichte', *Religionsgeschichtliche Studien* (Darmstadt: Wissenschaftliche Buchgesellschaft, 1968), 147-79; J. B. Weaver, *Plots of Epiphany: Prison-Escape in Acts of the Apostles* (BZNW 131; Berlin: de Gruyter, 2004)는 "하나님을 대적하는 자"(*theomachoi*)가 되는 것에 대한 가말리엘의 경고(5:39)에서 에우리피데스가 저술한 *Bacchae*의 직접적인 영향이 자주 감지되었다고 언급한다(132-48). 또한 §31 n. 76을 보라.

큰 기쁨이 가득한(어떤 이들은 "열성적"이라는 표현을 선호할 것이다) 태도와 체험이 있었다는 추가적 증거를 보게 된다.[178]

23.3 지도층

첫 기독교 공동체의 지도층에 관해 무슨 말을 할 수 있을까? 거의 모든 상세 내용이 시간이란 안개 속으로 사라졌지만, 몇 가지 일반적인 특징들은 여전히 뚜렷하다.

a. 열두 제자

이스라엘의 충만함을 나타내는 열두 지파는 야고보서 1:1과 요한계시록 21:12이 증언하듯이 초기 기독교에 분명히 중요했다. 이미 언급한 것처럼, 예수가 열두 제자를 선택한 것의 중요성을 해석할 수 있는 유일하고 분명한 방법은, 적어도 하나님의 기독론적 의도 안에서는, 그들이 이스라엘(의 열두 지파)을 대표한다고 보는 것이다.[179] 기독교의 초기 기록에서 "열둘"이 두드러지는 배경에는 동일한 근거가 자리하고 있다. 가장 주목되는 증언은 부활 후 "열둘"에게 나타났다는 고린도전서 15:5의 증언인데, 이는 바울이 개종할 당시에 이미 확립된 전승으로 받아들여졌다. 그리고 요한계시록 21:14에서 "열두 사도"에게 부여된 지위는 1세기 말까지 "열둘"의 역할이 기독교의 참된 기반으로 여겨졌음을 확인해준다.[180]

---

178) 비슷한 고려사항들이 "그들이 함께 모인 장소가 진동했다(*esaleuthē*)"(행 4:31)는 누가의 묘사에도 적용될 수 있다. 필자의 *Jesus and the Spirit*, 188 n. 150 (407), 192을 보라.

179) *Jesus Remembered*, 510-11 그리고 위 §22.2f.

180) *Didache*의 원제목, 「열두 사도의 가르침」('The Teaching of the Twelve Apostles'), 아니면 더 긴 「열두 사도를 통해 이방인에게 주어진 주님의 가르침」('The Teaching of the Lord through the Twelve Apostles to the Gentiles')에서 "열둘"이라는 단어는 나중에 추가된 것

여기서 추론할 수 있는 내용은 예수가 택한 열둘 혹은 열한 제자가, 열한 명 그대로든지 아니면 유다를 대체하여 열둘로 회복되었든지 간에,[181] 시작부터 새 종파의 핵심으로 받아들여졌다는 점이다. 새 운동에 들어온 사람들은 예수의 부활과 더불어 분명해진 새 시대의 이스라엘에 참여하려고 그 제자들을 중심으로 밀착했다.[182] 이 모든 내용은 새 공동체의 통일되고 협력하는 지도층이 "열둘"이었다는 누가의 묘사(6:2)가 초기의 실제 상황을 적어도 어느 정도는 공정하게 묘사했음을 분명하게 나타낸다. 다른 말로 하면, "열둘"이라는 상징의 지속적인 가치는 열둘의 역할이 시작부터 효력을 지닌 실체였고 초기 그리스도인의 공동 기억에서 그 상징의 힘을 확립했음을 보여준다.[183]

그 이상은 말할 수 없다. 열둘이 실제로 누구였느냐는 기억이 이내 혼란스러워졌다는 사실은[184] 그리스도의 재림 전 기간이 길어지고, 이방인 선교가 이스라엘을 향한 초점을 완화했기에 열둘의 중요성이 사라졌다는 의미다.[185] 신약성경 저자들이 열둘의 정체에 얼마나 적은 관심을 보여주

일 수도 있다(위 §21 n. 43을 보라).

181) 위 §22.2f를 보라.

182) W. Horbury, 'The Twelve and the Phylarchs', NTS 32 (1986), 503-27은 마 19:28을 특별히 언급하며 지파들의 열두 왕자, 즉 족장들(phylarchs)(민 1:4-16; 7:2; Philo, Fug. 73; Josephus, Ant. 3.220)이 열두 제자의 모형을 제공한다고 제안한다. Bauckham은 열둘, 즉 "종말론적 이스라엘의 족장들(마 19:28; 눅 22:29-30)이 자신들과 예루살렘의 종말론적 중요성 때문에 예루살렘에 정착한 것으로 확실하게 받아들일 수 있다"('James and the Jerusalem Church', 439; 또한 422-27)고 덧붙인다.

183) "열두 제자마저도 관리 기관이 아니라 마지막 때의 하나님 백성인 교회의 본질을 상징하는 대표자다"(Conzelmann, History, 56). 또한 S. S. Bartchy, 'Divine Power, Community Formation, and Leadership in the Acts of the Apostles', in R. N. Longenecker, ed., Community Formation in the Early Church and in the Church Today (Peabody: Hendrickson, 2002), 89-104을 보라.

184) Jesus Remembered, §13.3b (507-11); 그러나 Bauckham은 Eyewitnesses, 5장에서 다르게 논증한다. "그 목록들은 열둘의 정확한 구성원에 대한 부주의함이 아니라 그 반대를 보여준다. 즉 예수의 사역과 예루살렘 초기 교회 기간에 제자들이 당시 상황에서 알려진 방식 그대로를 보존하려고 세심한 주의를 기울였다는 것이다"(108).

185) "부활한 그리스도가 구성한 새롭고 광범위한 무리들이 바로 그 이전 제도를 대체했다면, 열두 제자의 역할이 거의 완전히 잊혀 갔다는 점을 설명하기가 더 쉽다"(Wedderburn,

었는지가 확실하게 눈에 띈다. 그리고 누가도 "열둘"보다는 "사도들"을 강조해서(물론 그가 열둘을 사도로 보고 있지만), 초기에 "열둘"의 역할을 깎아내리기 원한 듯하다. 따라서 "열둘"의 역할이 새 운동의 빠른 확장과 그에 따른 변화 때문에 이후에 중요성이 떨어졌다고 추정해야 한다.[186]

b. 베드로

누가는 사도행전 초반부에서 베드로의 지도력을 거의 배타적으로 부각한다.[187] 이는 예수가 사역하는 동안 그의 탁월성뿐만 아니라[188] 예수가 베드로라는 인물에게 처음 나타났다는 전승(고전 15:5)과도 제대로 부합한다.[189] 베드로의 명백히 오래된 이름인 게바는[190] 예수가 설립한 교회의 "주춧돌"이 베드로라는 사상(마 16:18)과[191] 가장 분명하게 관련이 있다(마 16:18). 정말로 베드로가 기독교의 형성에 토대 역할을 했다면, 베드로만 이렇게 기억된다는 점을 타당하게 설명할 수 있다.[192]

베드로의 두드러짐은 바울이 개종한 지 3년 후 "게바를 알려고", 즉 베드로와 얼굴을 익히고 그에게서 배우려고 예루살렘에 올라갔다는 바울의

History, 23).

186) Schnabel은 사도들이 대체로 폭넓은 선교 사역에 관여했다는 자신의 견해를 지지하기 위해 외경 행전들에 가능한 한 많은 비중을 부여하기 원하나(*Mission*, 372-76, 469-98, 526-33, 22장 여러 곳), 열두 제자(베드로 제외)가 폭넓은 선교에 참여했다는 그런 전승들은, 다른 지역 교회들이 사도적 기반을 주장하려 했기에, 전설 영역에 속할 가능성이 높다(예. Reinbold, *Propaganda*, 253-64). 그러나 누가가 기록한 것보다 첫 제자 중 다른 이들의 폭넓은 선교 사역은 고전 9:5뿐만 아니라 막 6:6-12 병행구에 있는 선교 명령이 많이 사용되고 재조정된 것으로 보인다는 사실로 지지받는다.

187) 행 1:15; 2:14, 37-38; 3:1-6, 12; 4:8, 19; 5:3-9, 15, 29.

188) *Jesus Remembered*, 540, 645.

189) *Jesus Remembered*, §18.3(3)(843-46).

190) 바울은 갈 2:7-8을 제외하고 베드로를 항상 게바로 언급한다(고전 1:12; 3:22; 9:5; 15:5; 갈 1:18; 2:9, 11, 14). 고전 15:5과 갈 1:18에서 베드로의 별칭 "게바"가 사용된 것(아람어 *Cepha* = 그리스어 *Petros*, 막 3:16 병행구)은 분명 "열둘"과 동일한 이른 시기를 반영한다.

191) M. Hengel, *Der unterschätzte Petrus* (Tübingen: Mohr Siebeck, 2006), 30-39.

192) Hengel, *Petrus*, 45-58 그리고 추가로 84-92, 128.

증언(갈 1:18)으로 추가 확인된다.[193)]

　그렇다면 기독교 역사에서 차후 베드로의 지위는 처음에 혹은 처음부터 "열둘"과 "사도들"의 인정받은 지도자이거나 대변인으로서 그의 지위를 분명히 반영했다. 예를 들어 사도행전 5:2-3에서 "사도들의 발아래에" 헌물을 내려놓는 일이 베드로와 얼굴을 마주하는 일이라는 의미는 주목받을 만하다. 그가 주요 책임과 권위를 가지고 맡게 된 역할에는, 갈라디아서 1:18에서 바울의 표현이 확인해주듯이, "사도들을 가르침"(행 2:42)이 포함되며, 초기에 설교하고 치유할 때 그리고 성전 당국자와 대면할 때 본이 된 것(행 3-5장의 주요 주제)도 포함된다.[194)] 그 외에는 자료들이 추가적인 추측의 근거를 제공하지 않는다. 그러나 기독교의 시작 이야기가 전개됨에 따라 우리는 분명 베드로를 다시 다루어야 한다(§26).

c. 야고보와 요한

언급된 열둘 중에 세베대의 두 아들이 가장 수수께끼다. 필자는 베드로와 함께 이 둘이 예수의 제자 가운데 중추 세력을 형성한 것처럼 보인다고 이미 언급했다.[195)] 비록 사도행전 1:13의 목록에서 순서의 역전(야고보와 요한 대신 요한과 야고보)이 그들을 향한 누가의 상대적 관심을 예시하지만, 이 지위는 종파 초기까지 지속되었을 것이다.

　요한은 사도행전 3-4장에서 정기적으로 등장하는데(이름으로 6번 언급됐다), 항상 베드로의 동료로서 언급되며, 때때로는 뒤늦게나(3:4) 반사적으로(4:13, 19; 8:14) 언급된다. 이것은 단순히 누가의 문체의 결과일 수 있다. 나

---

193)　*historeō*의 기본 의미는 "~를, ~관해 탐구하다, ~에게 묻다"이다. 필자의 *Galatians*, 73을 보라. "목적격이 인칭일 때, 그 대상에 **관한** 인식을 포함하는 '알아간다'는 개념을 배제하기는 어려운데, 그런 인식은 개인이나 그 사람의 중요성에 관해 적절한 의견이나 판단을 가능하게 하는 인식이다"(73).

194)　§23.2b를 보라.

195)　*Jesus Remembered*, 540.

중에는 바울도 비슷한 방식으로 실라를 무색하게 한다(16:25-17:13). 그러나 이는 기질에 관해 기억된 차이를 어느 정도 반영하고 있다고도 할 수 있다. 어쨌든 8:14 이후 요한은 누가의 드라마에 다시 등장하지 않는다. 그의 초기 지위는 바울 서신에서도 표시되는데, 곧 예루살렘의 "기둥같이 여기는 사도" 중 한 명으로 제시된다(갈 2:9). 그러나 신약성경의 요한 저작에 대한 토론에 휘말리지 않고서는 더 말할 수 없다. 제3권에서 요한의 저작을 다룰 것이다.

요한의 형제 야고보는 사도행전 1:13의 첫 목록 이후 단 한 번 언급됐다. 재통일된 헤롯 왕국의 왕으로서 아그리파는 그의 짧은 통치 기간(41-44)에 이 야고보를 "칼로 죽였다"(12:2). 이는 공식적인 처형으로 보이며,[196] 새 운동에 대한 반대가 강해졌다는 암시일 것이다.[197] 그러나 여기서 야고보가 새 운동에서 아주 두드러진 인물이었음을 언급해야 한다. 이 경우에 누가가 야고보의 죽음이라는 사실만을 기록했다는 점은 특별히 언급할 만한 가치가 있다. 이는 이어지는 베드로 이야기(12:3-17)와 대조되며, 앞서 스데반의 순교에 기울인 관심(7장)과 극명하게 대조된다. 누가가 왜 예수와 가까운 한 사람의 죽음을 충분히 기술하지 않았는지는 분명하지 않다. 누가가 자신이 찾아낼 수 있는 유일한 자료를 가지고 더 자세한 이야기를 만들어내지 **않았다**는 사실은 그의 역사가로서의 신뢰성을 좀 더 높여줄 수 있다. 그러나 드러난 사실 외에 누가가 침묵했다는 사실은, 최초 공동체의 기억이나 그 공동체에서 나온 기억이 왜 이 지점에서나 야고보의 역할과 지위에 대해서 자세하지 않았느냐는 대답할 수 없는 의문을 가지게 한다.[198]

---

196) Barrett, *Acts*, 1.574-75에 있는 토론.
197) 아래 §§24.4, 25.2, 그리고 추가로 §26.5c를 보라.
198) 위 §22 n. 96에서 언급했듯이, 요한의 형제 야고보의 자리는 "열둘"의 온전함을 유지하려고 채워지지 않았다. 누가가 열두 번째 자리를 예수의 형제 야고보가 채웠다고 암시하지 않았다면 말이다(두 야고보의 언급이 12:1-17에서 일종의 수미상관을 형성한다).

d. 예수의 형제 야고보

갈라디아서 1:19은 30년대 중반 예루살렘을 방문했을 때 바울이 만난 사람이 예수의 형제 야고보였다고 말한다. 그러나 이는 단지 야고보의 훗날의 중요성을 언급한 것일지도 모르며(특별히 갈 2장에 기록된 사건에서), 그가 이미 그 이전에 중요한 인물이었음을 반드시 암시하지는 않는다. 한편으로 그는 베드로를 제외하고, 부활한 예수가 개인적으로 그에게 나타났다고 인정받은 유일한 사람이다(고전 15:7). 그리고 그는 예수의 가장 나이든 동생으로서 그가 새 운동에 참여하기 시작했을 때부터 그 운동 안에서 중요한 인물로 여겨졌을 것이다.[199] 그때가 언제였는지는 모호하지만(위 §22.2e를 보라), 사도행전 12:17 전까지 누가의 이야기에 등장하지 않는다는 사실은 그가 중요한 지위를 맡게 될 때까지는 어느 정도 시간이 걸렸음을 시사할 수 있다. 12:17은 베드로가 예루살렘을 떠났다고 표시하는 듯하기에,[200] 누가는 이것이 예루살렘에서 베드로의 중요성이 야고보의 중요성으로 전환되는 순간이었음을 암시하고 있을 수도 있다.[201] 모든 내용 중에 가장 놀라운 사실은 이 야고보가 베드로와 요한과 더불어 "세 기둥"으로서 존재했다는 바울의 언급이다. 이 용어는 지도자 역할을 맡은 이 세 명의 사도를 "[종말의] 성전 기둥"으로(계 3:12) 여겼음을 시사한다.[202] 여기서 요점은 바울이 예루살렘을 두 번째로 방문하기 얼마 전, 즉 첫 기독교 부활절 약 15

---

199) 때로는 (오늘날 사우디아라비아처럼) 계승이 아들보다는 형제를 통하는, 이후의 칼리프 지역 전승이 호소된다(예. Colpe, 'Earliest Jewish-Christian Community', 98).

200) 누가는 베드로가 "떠나 다른 지역으로 갔다"라고 불가사의하게 말한다(12:17). 아래 §26 n. 130을 보라.

201) W. Pratscher, *Der Herrenbruder Jakobus und die Jakobustradition* (FRLANT 139; Göttingen: Vandenhoeck und Ruprecht, 1987), 74-77.

202) 추가로 *Jesus Remembered*, 514; Bauckham, 'James and the Jerusalem Church', 441-48을 보라. 그러나 Bauckham은 잠 9:1을 기반으로 그 기둥이 7명으로 된 집단이라고 추정한다 (447-48). Pratscher는 기둥 집단은 예전의 열둘(혹은 게바)의 전승(고전 15:5)과 더 최근의 야고보 전승(고전 15:7) 간의 타협으로 등장했다고 주장한다. 물론 지도자 역할이 여전히 게바에게 주어졌지만 말이다(*Herrenbruder*, 68-70).

년 안에, 그 역할이 예수의 형제 야고보에게 주어졌다는(그리고 살아 있던 예수의 제자 두 명과 함께 계수되었다는) 점이다. 그러나 갈라디아서 2장과 사도행전 15장의 증거는 우리가 먼저 다루기로 한 기간(30-44년)을 넘어서기에, 이 시점에서는 다른 내용을 더 언급하지 않을 작정이다. 그러나 야고보는 베드로처럼 초기 기독교에서 막중한 인물이고 기독교의 형성이라는 이야기 전개에서 두드러질 것이다.[203]

e. 그밖에 누구?

"장로들"은 사도행전 11:30에서 예루살렘 교회의 지도자로 처음 언급되었으나, 단지 예루살렘 공의회와 그 이후의 서술(15:2-6, 22-23; 16:4; 21:18)에서야 "사도들"과 연계되어("사도들과 장로들") 부각된다. 여기서 전형적인 유대 공동체와 회당구조로 비교적 늦게 회귀했다는 점은[204] 어쩌면 종말론적 열정이 낳은 첫 감동(이 단계에서는 조직이 임시적일 수 있다[4:32-37; 6:1-6])이 곧 더 규칙적으로 구성된 지도력의 필요성을 인식하는 것으로 바뀌었다는 추가적 암시일 것이다.[205] 장로들의 등장이 예루살렘 교회에서 예수의 형제 야고

---

203) 특별히 아래 §36을 보라.

204) Bultmann, *Theology*, 2.101; G. Bornkamm, *TDNT*, 6.662-63; BDAG, 862; Hengel and Schwemer, *Paul*, 254; 그리고 J. T. Burtchaell, *From Synagogue to Church: Public Services and Offices in the Earliest Christian Communities* (Cambridge: Cambridge University, 1992)의 더 광범위한 논지. 테오도토스 명문(§24 n. 30)의 장로들에 대한 언급에 주목하라. "장로"는 공식 직책이기보다(연령과 경험의 지혜에 대한) 명예직일 수 있으나, 어느 정도 지도적 지위를 암시한다. R. A. Campbell, *The Elders: Seniority within Earliest Christianity* (Edinburgh: Clark, 1994)를 보라. 그는 여기서 염두에 있는 이들이 예루살렘 가정 교회의 지도자들일 수 있다고 제안한다(159-63). 비슷하게 Gehring, *House Church*, 101-105.

205) 행 12장에 언급된 헤롯 아그리파의 핍박이 열두 제자의 지도력에 종지부를 찍고, 야고보와 장로들에게로 지도력이 옮겨간 표시라고 종종 추론된다. 특별히 Bauckham의 'James and the Jerusalem Church', 432-41을 보라. 또한 Bauckham은 행 6:1-6에서 일곱 사람에게 넘어간 재정에 대한 책임을 장로들이 이어받았다고 제시한다(429-30). 또한 *Jude and the Relatives of Jesus in the Early Church* (Edinburgh: Clark, 1990)에 언급된 Bauckham의 이전 추측을 주목하라. 즉 열두 명으로 구성된 장로 집단이 초기 열둘(사도들)의 지도력을 이어받았고, 예루살렘에 계속 거주한 사도들이 거기에 포함된다는 것이다. 그는 심지어 그들

보의 첫 출현 지역과 일치하기 때문에, 어쩌면 더 전통적인 양식의 지도력을 주장한 야고보의 영향력을 볼 수 있을 것이다(비교. 약 5:14). 그러나 이 모두는 근거가 희박한 추측이다.

사도행전의 초반부에 등장하는 또 다른 지도 집단은 6:3-4에서 지명된 일곱 명인데, 그들은 §24에서 집중적으로 살펴볼 스데반처럼, 헬라파 이야기에 속한다.

이 기간에 예수의 어머니 마리아의 지위와 영향은 입증되지 않았으나, 그녀가 계속 함께했음은 암시된다(1:14). 그리고 특히 몇몇 초기 예수 전승을 형성하고 틀을 잡는 데 이 여인이 어느 정도 영향력을 끼쳤을 것이다.

초기 예루살렘 지도자들 중 언급한 사람 외에 언급할 만한 유일한 사람은 바나바인데, 그는 4:36에서 공동 기금의 유력한 기부자로 처음 등장하고, 안디옥에 획기적인 돌파구를 마련할 예루살렘 특사(8:14의 베드로와 요한의 역할과 동등한 역할)로 다시 등장한다. 그러나 바나바도 나중 단계에서는 온전히 주목받을 만하다. 특히 신선하고 새로운 여명이 한낮의 열기를 이겨내지 못했을 때 새 운동을 망가뜨리기 시작한 긴장 상태 가운데 서로를 받아들이고 인정하는 데 주요한 영향력을 끼친 사람이다.

23.4 예수에 관한 신앙

새 운동을 명확하게 구별하는 한 가지 특징은 예수에 관한 그들의 확신이다. 즉 예수 안에서 일어난 신기원이라 할 수 있는 어떤 중요한 일이 일어났고, 이제 예수를 이스라엘과 세상을 위한 하나님의 목적의 절정에 서 있는 주연으로 본다는 믿음이다.[206] 그러나 이런 믿음은 무엇인가? 이미 관

중 몇 사람을 밝히려고 시도했는데, 에우세비오스의 예루살렘 주교 목록에 의존했다(*HE* 4.5.3). 요한, 맛디아, 빌립, 삭개오, 유스도(바사바)가 언급되었다(74-76).

206) Barnett, *Birth*의 논지는 "시간적으로나 본질적으로 기독교의 출생과 기독론의 출생을 분

찰했듯이, 예수에 관한 후기의 고백과 교의가 실제 내용을 모호하게 했다는 의식이 "역사적 예수 탐구"를 대부분 주도했다.[207] 이는 역사적 교회 탐구에도 똑같이 적용된다. 이 두 사례가 담고 있는 가정은, 미루어 짐작하건대 신조와 교의적 신앙이 단지 시간이 흐르면서 나타났고, 그래서 신조와 교조 신앙이 역사 탐구자들을 첫 그리스도인들의 훨씬 더 단순하고 덜 복잡한 견해로부터 멀어지게 했다는 점이다. 따라서 최초의 예수에 대한 신앙이 실제로 무엇인지를 가능한 한 명확히 하는 것이 중요한데, 이는 신앙의 역할을 인정하는 어떤 견해도 예수에 관한 역사적 지식과 예수가 사역 동안 끼친 영향에 장애물이 된다고 여기는 유사한 실수를 역사적 교회(들) 탐구자들이 범하지 않게 하기 위해서다.

a. 죽은 자 가운데서 부활

하나님이 죽은 자 가운데서 예수를 살리셨다는 것이 첫 그리스도인의 핵심 주장이었음은 논쟁의 여지가 없다. 복음서의 부활 내러티브를 어떻게 이해하든지 간에, 적어도 예수가 십자가에서 죽은 후 상당히 이른 시기부터 죽은 자 가운데서 살아나셔서 그들에게 나타났다는 개개인의 믿음을 현실적으로 반박할 수 있는 사람은 아무도 없다. 그들이 그런 체험을 통해 예수가 부활하셨다고 확신하게 됐다는 것도 동일하게 분명하다.[208] 예수가 죽은 자 가운데서 살아나셨다는 주장은 사도행전의 설교의 주요하고 중심적인 메시지다.[209] 누가가 초기 설교와 변증에 대한 확고한 기억에 의존했

리할 수 없다. 기독교는 기독론이다"라는 것이다. 그가 "합리적으로 추론한 내용은 기독론이 첫 부활절부터 마지막 바울 서신까지 거의 변하지 않았다는 데 있다"(8). "모든 본질적인 부분에서 [바울의] 기독론은 그가 만든 것이 아니라 바울에 앞서 신자였던 사람들이 진술한 것이다.…기독론이 기독교를 낳았다. 그 반대가 아니다"(26).

207) *Jesus Remembered*, 4장.
208) *Jesus Remembered*, 18장.
209) 행 1:22; 2:24-32; 3:15, (22, 26); 4:2, 10, 33; 5:30; (7:37); 10:40-41; 13:30-37; 17:3, 18, 31-32; 23:6; 24:15, 21; 26:8, 23. 또한 Pokorny, *Genesis*, 66-68을 보라.

음은, 하나님이 예수를 죽은 자 가운데서 살리셨다는 주장에 초점을 두었고 §21.4c에서 개괄한 선포와 고백 문구로 확인된다. 그렇다면 우리는 예수의 부활이 처음부터 초기 기독교 신앙에서 두드러지고 독특한 특징이었고, 그의 이름으로 모인 새 종파를 정의하는 정체성의 표지로 기능했다고 상당히 확신할 수 있다.

여기서 강조해야 할 요점은 예수의 부활이, 어쨌든 처음에는, 고립된 예외적 사건이 아니라 오히려 마지막 심판 이전 세상 끝에 있으리라고 기대되었던 부활의 시작으로 인식되었다는 점이다.[210] 필자는 주요 자료를 이미 인용했다.[211]

- 롬 1:4 — 예수가 능력 가운데 하나님의 아들로 지명되었다는 초기 신조는 "죽은 자 **가운데** 부활하셨다"였다("그가 죽음**에서** 부활하셨다"가 **아니다**)
- 고전 15:20, 23 — 예수의 부활이 첫 열매 곧 (보편적인) 부활의 추수의 시작이라는 바울의 지속적인 생각은, 추정하건대 예수의 부활을 문자 그대로 마지막 부활의 시작으로 본 상당히 이른(최초) 이해를 반영한다.[212]
- 마 27:52-53 — 예수의 부활 때에 죽은 성도들이 부활했다는 이야기(예수의 부활 후에 그들이 무덤에서 나와서⋯많은 사람에게 보이니라")는 예수의 부활을 성도의 보편 부활의 기폭제로 이해하는 데서 발전해 나온 전설이라는 느낌이 있다.

그렇다면 요점은 처음에 예수의 부활이 새 시대를 연 것으로 받아들여졌으며, 그 시대는 오랫동안 창조 그리고 특별히 이스라엘을 향한 하나님의

---

210) 죽은 자의 부활이 지닌 "마지막 지점"(혹은 "마지막 단계")이라는 특징에 관해서는 N. T. Wright, *The Resurrection of the Son of God* (London: SPCK, 2003), 특별히 200-206을 보라.
211) *Jesus Remembered*, 868-70.
212) 성령은 부활의 첫 열매로도 이해됐다(롬 8:23). Weiss가 말했듯이, "'첫 열매'가 수확될 때, 모든 곡식이 곧 수확될 것을 의심할 수 없다"(*Earliest Christianity*, 40).

계획의 절정으로 여겨졌던 마지막 때다.[213] 부활이 시작되었다! 마지막 때의 추수가 시작되었다. 마지막 대단원은 오랫동안 연기될 수 없었다. 이런 이해는 누가의 서술(행 2-5장)이 이미 보여주었던 열렬하고 신성한 기운을 설명하는 데 도움이 될 것이다. 이것이 첫 공동체와 그 공동체의 메시지를 묘사하는 데 사용된 "종말론적"이라는 용어의 의미다. 초기에 그 표현은 실현되고 있는 마지막 기대와 임박한 완성에 대한 모든 함축을 수반했다.

b. 메시아직 재규정

여기서 우리는 상당히 구체적으로 말할 수 있다. 우선 첫째로 "그리스도"(히브리어 *Mashiah*의 그리스어 형태)라는 칭호가 예수에게 이내 붙여졌고, 신약의 최초 문헌(바울 서신들)에서[214] 예수의 고유명으로 확립되었다(메시아 예수를 한 발자국 넘어선 예수 그리스도). 예수가 메시아라는 주장이 추가 확인이나 변호가 필요하지 않을 정도로 그리스도인들 사이에 오래전부터 상당히 명백했을 것이다. 따라서 이것은 그 주장이 초기부터, 가정하건대 처음부터 새 운동을 규정하는 특징이었음이 틀림없다는 의미다.[215] 안디옥에서 새

---

213) 유대인의 "종말론적" 기대에 대해서는 *Jesus Remembered*, 390-404을 보라. Lüdemann, *Primitive Christianity*, 7-10은 Schenke, *Die Urgemeinde*에 있는 초기 기독교의 종말론적 해석을 특별히 언급한다. "Schenke는 항상 예수의 부활을 마지막 때의 여명이라는 맥락에서 이해하는데, 마지막 때에 보편적 부활이 예상되었다"(9).

214) 필자의 *Theology of Paul*, 197-99을 보라. 그러나 필자는 바울 서신 몇 곳에 칭호로 사용되는 경우가 아예 없지는 않다고 지적했다.

215) Cameron and Miller, eds., *Redescribing Christian Origins*에서 시도된 다수의 논지에서 가장 개연성이 떨어지는 것은 *Christos*의 사용이 예수를 메시아로 보는 어떤 개념으로도 설명될 수 없다는 논지들이다(289). "'메시아 개념'은 기독교 실험의 시작에서 전혀 역할을 하지 않은 것으로 보인다"(290, B. Mack을 인용). 이와 비슷하게, 롬 1:2-3 그리고 9:5과 같은 본문을 고려하면, 바울이 *Christos*를 칭호적 중요성 없이 단지 고유명으로 사용했다는 제안은 단순히 신뢰할 수 없다. Miller는 적어도 *Christos*가 그 이름의 칭호적 중요성을 염두에 두지 않고 어떻게 이름이 될 수 있었는가를 상상하기 어렵다고 인식한 듯하고, *Christos*의 함의가 왕과 관련된다고 쉽게 추정한다(310, 316, 326, 또한 452-53)! 예로 M. Hengel, 'Erwägungen zum Sprachgebrauch von *Christos* bei Paulus und in der "vorpaulinischen" Überlieferung', in M. D. Hooker and S. G. Wilson, eds., *Paul and Paulinism*, C. K. Barrett

종파의 구성원들에게 그리스도인이라는 칭호가 부여된 일(행 11:26)이 기독교가 존재한 지 10년 안에 일어났을 것이며, "그 길"을 따르는 사람들을(9:2) "그리스도의 사람"으로 불렀다.[216] 이는 "그리스도"가 새 종파를 규정하는 주요 표지로 여겨졌음을 확인한다. 그리고 동일선상에서 우리는 예수가 "그 그리스도"라는 주장이 대단히 빠르게 새 운동을 규정하는 핵심 특징들 가운데 하나가 되었으리라고 추론할 수 있다. 말이 나온 김에 언급해야 하는 점은 정치적 명칭인 "메시아"를 그리스어 고유명인 "그리스도"로 신속하게 전환한 일이 예수를 (그) 그리스도라고 부를 때 있을 법한 정치적 위협을 완화했을 것이라는 점이다. "그리스도"를 메시아/왕의 칭호로 이해했다면, 짐작하건대 안디옥의 관리들은 그들이 "그리스도인들"이라고 지명한 종파에 더욱 적의를 가졌을 것이다.

또 하나의 지배적인 요인은, 짝을 이루지만 대조되는, 예수가 메시아라는 논제가 예수가 사역하는 동안에 제기되었을 것이라는 점과 그가 메시아를 사칭했다고 빌라도에게 고발당했다는 점이다. 로마에 저항해서 이스라엘의 왕이라는 주장이 지닌 모든 함의와 더불어, 예수는 자칭 메시아로 십자가에 달렸다.[217] 이런 확고한 역사적 사실은 베드로의 첫 두 설교의 기초 요소들을 예수가 그의 부활과 승천 시점에 메시아로 처음 지명되었다는 주장으로 해석해야 한다는 관점을 불가능하게 만든다. 사도행전 2:36의 "하나님이 그를 주와 그리스도가 되게 하셨다"라는 말은 분명히 그런 방식으로 이해될 수도 있지만,[218] 예수의 사역과 죽음을 언급한 증거라

FS (London: SPCK, 1982), 135-59의 결론과 대조하라: "바울과 그의 독자들이 그 용어가 지닌 메시아적 의미를 이해했음은 의심할 여지가 없다. 비록 분명히 그 점이 그들에게 논란거리가 아니었지만 말이다."(159).

216) 위 §20.1(1) 그리고 아래 §24.8d를 보라.

217) *Jesus Remembered*, §§15.3-4에 있는 자세한 논의를 보라.

218) Weiss, *Earliest Christianity*, 31, 118-19; Bousset, *Kyrios Christos*, 33; Bultmann, *Theology*, 1.43; E. Schweizer, *Erniedrigung und Erhöhung bei Jesus und seinen Nachfolgern* (Zürich: Zwingli, ²1962), 59-60; M. de Jonge, *Christology in Context: The Earliest Christian Response to Jesus* (Philadelphia: Westminster, 1988), 110; Barrett, *Acts*, 151-52(이것은 "누가가 이

는 관점에서 보면, 이 표현은 그들이 이전에 인식한 것보다 예수가 훨씬 더 중요한 인물임을 깨달았다는 열정적인 표현으로 받아들여야 한다. 영어의 put이나 독일어의 machen처럼 "만들었다"(poiein)라는 동사는 다목적 동사이며, 아무 생각 없이 영어와 독일어의 등가적 표현으로 사용되었을 것이다. 어쩌면 2:36을 "하나님이 그를 메시아뿐만 아니라 주로 만드셨다"라고 바꿔서 표현해야 할지도 모르겠다.[219]

해석이 진행되어야 하는 이 두 가지 제한 범위 안에서 내려야 할 더 분명한 결론은 예수의 죽음과 부활이 "메시아"를 새로운 방식으로 정의했다는 사실이다. 이미 지적했듯이, 예수는 유대인이 기대한 메시아의 전형과 어울리지 않으며, 그의 동시대 사람들이 소망했던 메시아가 아니었다.[220] 그러나 그가 메시아였느냐는 논제는 그의 사역 중에 이미 명백하게 제기되었고, 그의 죽음에도 불구하고 피할 수 없는 질문이었다. 그렇지 않았다면, 예수가 메시아로 여겨질 수 있었는지 의심하게 된다. 닐스 달(Nils Dahl)이 그의 결정적인 연구에서 주장했듯이, 부활 자체는 십자가에 달려 죽은 사람에게 "메시아"라는 별칭을 처음으로 부여하는 충분한 이유가 아니었다.[221] 그렇다면 십자가에 달려 죽은 예수가 그의 부활 때문에 유대인이 기대한 메시아가 되었다고 생각해서는 안 된다. 오히려 언급해야 할 내용은 메시아 예수가 십자가에 달려 죽었고 죽은 자 가운데서 살아났다는 사실이 메시아직을 재평가하고 예수가 메시아로서 행해야 했던 일을 재규정

지점에서 자료를 사용하고 있다는 분명한 증거다. 그는 이 방식으로 자신을 표현하지 않았을 것이다")을 보라.

219) 행 3:20에 관해서는 §23.4f를 보라.

220) *Jesus Remembered*, 647-54.

221) N. Dahl, 'The Crucified Messiah', *Jesus the Christ: The Historical Origins of Christological Doctrine*, ed. D. H. Juel (Minneapolis: Fortress, 1991), 27-47. 이는 *Jesus Remembered*, 626-27에서 언급되었다. 비슷하게 Stuhlmacher, *Biblische Theologie*, 1.185. 유대교 사상에서는 과거의 다른 영웅들이 메시아적 지위를 가진다는 함의 없이도 그들이 하늘로 올라갔다는 확신을 포용할 수 있었다. 예. 의인(Wis. 5.5, 15-16), 아담과 아벨(*T. Abr.* 11,13), 에스라(*4 Ezra* 14.9), 바룩(*2 Bar.* 13.3 등등).

하도록 했다는 점이다.[222] 예수의 죽음에 비추어볼 때, 메시아가 결국 고난받아야 한다는 점이 그제서야 보이기 시작했다(눅 24:26-27, 46; 행 3:18; 17:3). 이미 살폈듯이, 이런 재규정 과정은 "사도들의 가르침"의 필수 부분이었을 가능성이 높다(§23.2b). 우리가 여기서 다시 주목해야 할 점은 "그리스도"에 대한 신학적 재규정 작업이 그 이름에 관한 그리스도인들의 관심을 끌었고, 그 때문에 그들이 정치적 주장을 하는지 의심한 로마 당국의 눈초리를 모면했다.[223]

c. 능력으로 하나님의 아들로 지명됨

예수를 "하나님의 아들"로 지명한 것은 사도행전 전승과 가장 이른 신약 문헌에서 놀랍게도 드물게 등장한다.[224] 그러나 더 분명한 표현은 예수가 하나님을 "아바 아버지"라고 부르며 기도한 기억에 뿌리를 둔다.[225] 그리고 이로부터 예수가 하나님의 아들이라고 공식적으로 추론한 것은, 갈라디아서 4:6이 암시하듯이, 초기 그리스도인의 사상에 의심할 여지 없이 빠르게 등장했다. 사도행전 9:20과 갈라디아서 1:16 및 데살로니가전서 1:10의 밀접한 일치가 특별히 눈에 띈다. 바울은 자신의 개종을 이방인 가운데 하나님의 아들을 선포하라는 위임 명령으로 이해했는데, 이런 이해는 "그 예수가 하나님 아들이다"(행 9:20)라는 누가가 요약한 바울의 첫 기독교 설교, 그리고 하나님의 아들이 곧 하늘에서 돌아오신다(살전 1:10)고 바울이 자신

---

222) Weiss가 관찰한, 메시아 예수의 선포에 대해 "들어보지 못한" 특징을 기억할 때, 이 점은 더욱 중요해진다. "그 시대의 메시아 운동 중 어느 하나도 그들의 지도자가 몰락하지 않은 운동은 없었다(행 5:35ff에서 가말리엘의 말이 내포하듯이)"(*Earliest Christianity*, 14).

223) 이것은 초기 기독론에서 "다윗의 아들"이 왜 거의 언급되지 않았는가를 설명하는 데 도움을 줄 수도 있다. *Kata sarka*("육신으로는")에 약간의 부정적인 함축이 있을 수도 있는 롬 1:3은 예외다(필자의 *Romans*, 12-13을 보라).

224) 행 9:20; 13:33; 롬 1:3-4, 9; 5:10; 8:3, 29, 32; 고전 1:9; 15:28; 갈 1:16; 2:20; 4:4, 6; 골 1:13; 살전 1:10; 또한 엡 2:2. 야고보서나 베드로전서에서는 전혀 없다.

225) *Jesus Remembered*, 711-18.

의 설교를 요약한 내용과 잘 맞아떨어진다. 그래서 예수가 거의 처음부터 하나님의 아들이라고 더 공식적인 방식으로 이해됐음을 나타내는 좋은 표시들이 있다.

그러나 예수가 메시아임을 살펴볼 때(행 2:36을 말함) 언급된 내용과 비슷한 특징이 여기서 발견된다. 예수가 하나님의 아들이라는 몇몇 초기 언급은 부활이라는 (단지) 그 결과 때문에 예수가 하나님의 아들이 되었다는 암시로 보인다. 사도행전 13:33에서 명백한 부활의 언급과 더불어 "너는 내 아들이라 내가 너를 낳았도다"라는 시편 2:7의 인용은, 히브리서 1:5과 5:5에서 그 구절이 유사하게 사용되었기 때문에 더욱 힘이 실린다. 그리고 바울은 로마서의 도입부에서 "죽은 자 가운데서 부활하사 능력으로 하나님의 아들로 지명"(롬 1:4)되었다고 말하는 더 이른 시기의 초기 문구를 인용하는 듯하다.[226] 그러나 "메시아"의 경우와 마찬가지로, 초기 그리스도인들은 그것 때문에 예수가 하나님의 아들로서 자기 사역을 성취했다는 믿음을 반대하지 않았을 것이다. 그의 아바 기도에 대한 기억이 매우 신선하고 굳건하게 뿌리를 내렸기 때문이다. 따라서 짐작하건대 그 표현은 예수의 부활이 야기한 놀람과 기쁨을 표현하고, 예수가 새로운 지위로 높여져 하나님의 아들로서 공공연하게 영광을 받았음을 의미할 것이다. 예수가 "선포되었다(horisthentos)"라고 언급하는 바울은[227] 그 사건이 예수에게 아들이라는 지위를 처음으로 부여했다고 결코 생각하지 않는다. 그 문구의 두 부분은 예수의 지상에서의 삶을 포함하여, 예수의 아들 됨("능력으로 하나님의 아들")을 묘사한다(1:3-4).[228] 적어도 그에게 부활은 예수의 아들 됨의 첫 수여가 아니라 강화를 표시한다. 따라서 로마서 1:4은 부활 문구라기보다는 고양 문구다.

---

226) 필자의 *Christology in the Making*, 33-36을 보라.

227) 필자의 *Romans*, 13-14을 보라.

228) "롬 1:3-4의 배경에 있다고 추정되는 두 단계 양자 기독론은, 막 1:9-11 병행구 배경에 있다고 추측되는 양자론 만큼이나 초기 기독교 안에 설 자리가 없다"(Stuhlmacher, *Biblische Theologie*, 1.188).

d. 예수가 주로 높임 받다

"메시아/그리스도"가 이내 그 칭호상의 중요성을 잃어가면서, 예수에게 가장 중요한 칭호로 "주"가 나타났다. 이 칭호는 바울에게 중요하나,[229] 그것은 바울 이전에 제대로 확립되었을 것이다. 고린도전서 16:22에서 아람어 형식 *mar*가 계속 사용된다는 점은 가장 주목할 만한데,[230] 이것은 이 칭호가 아람어를 구사하는 팔레스타인 공동체에 빠르게 고착되었음을 나타낼 것이다.[231] 사실 부활과 승귀를 통해 예수가 주로 확립됐다는 강력한 암시가 있다. 어쩌면 로마서 10:9에 반영된 확립된 세례 고백 내용은 "하나님이 죽은 자들로부터 그를 살리셨다"라는 믿음의 표현을 "예수는 주시다"라는 확언과 연결한다.[232] 빌립보서 2:6-11에서 바울이 사용한 찬송이나 찬송 구절은 예수의 주 되심을 그의 죽음에 이은 승귀 때문이라고 말한다.[233] 그리고 사도행전 2:36("하나님이 그를 주와 그리스도가 되게 하셨다")도 그의 승귀라는 결과 때문에 주라는 지위에 임명됐다는 비슷한 관점을 나타낸다(2:33).[234] 예수의 부활과 예수가 주로서 임명되는 일 사이에 존재한다고 인식되는 관련성은 흥미롭게도 누가가 예수의 동시대 사람들의 입에서 "주"라는 칭호를 예수의 부활 후까지 유보했다는 데서 확인된다.[235]

---

229) 필자의 *Theology of Paul*, 244-52을 보라.

230) 마라나타(*maranatha*)는 마라나 타(*marana tha*) 혹은 마란 아타(*maran atha*)로 표현될 수 있는데, 이 둘 다 "우리 주여, 오소서!"라는 의미다. Conzelmann, *1 Corinthians*, 300-301; Stuhlmacher, *Biblische Theologie*, 1.183을 보라.

231) 'Ho kyrios를 예수에 대한 종교적 의미로 사용하는 것이 단지 헬레니즘 공동체에서만 가능한 용례라는 Bousset의 주장에 고전 16:22은 치명적인 오점이다(*Kyrios Christos*, 128); Bultmann은 고전 16:22의 "주"가 원래 하나님을 가리켰다고 주장하여 Bousset를 옹호하려고 했다(*Theology*, 1.51-52). 추가로 C. F. D. Moule, *The Origin of Christology* (Cambridge: Cambridge University, 1977), 36-43을 보라.

232) §21 n. 211을 보라.

233) §21 n. 217과 그 아래를 보라.

234) 또한 위 §23.4b를 보라.

235) 누가의 "난잡한 칭호 사용"이라는 Conzelmann의 주장(*Theology of Luke*, 171 n. 1)에 대응하는 Moule, 'The Christology of Acts'.

이 경우에서 결정적인 영향을 끼친 것은 시편 110:1의 "여호와께서 내 주에게 말씀하시기를 '내가 네 원수들로 네 발판이 되게 하기까지 너는 내 오른쪽에 앉아 있으라' 하셨도다"로 보인다. 예수가 이 본문을 과장해서 말했느냐는 여부와 관계없이(막 12:35-37 병행구들),[236] 이 본문이 초기 그리스도인이 예수의 지위에 관해 고찰하는 데 주요한 역할을 했다는 점은 의심의 여지가 없다.[237] 명시적으로 인용되거나 암시되는[238] 이 본문의 전반에 걸친 현저함은, 이 본문이 예수의 부활이 그의 지위에 대해 무엇을 말하느냐는 첫 질문에 가장 명확한 몇 가지 답변을 제공한다고 가정하면 가장 잘 설명된다. 필자는 시편 110:1이 마가복음 14:62의 병행구 전승 안에서 사용된 방법을 통해 그러한 고찰을 볼 수 있다고 이미 말했다.[239] 사람들이 소망했던 메시아에 대한 이에 앞선 유대교 사상에 이 내용이 포함되느냐와 관계없이, 예수의 죽음과 부활이 그의 첫 추종자에게 제기한 중대한 수수께끼에 열쇠를 제공한 본문은 분명히 바로 이 본문이다.[240]

조금 더 추측해본다면, 아마도 바로 이 본문이 예수에게 일어난 일이 부활(죽은 자들 추수의 시작)일 뿐만 아니라 고양이라고 이해하는 것의 중요성을 부각했을 것이다. 그는 죽음에서 부활한 자로서 하나님 앞에서 (앞선 순교자와 의인들처럼) 신원 받았을 뿐만 아니라, "하나님 오른편"에 앉기 위해 하늘로 들려 올라갔다. 초기 신자들이 어떻게 시편 110:1 없이 이런 결론에 도달할 수 있었겠는가?! "아버지 오른편에 앉음"(sessio ad dexteram Patris)이라

---

236) *Jesus Remembered*, 634-35, 651.

237) n. 58에 있는 추가 참고문헌과 더불어, 필자의 *Theology of Paul the Apostle*, 246-49을 보라.

238) 막 12:36 병행구들; 14:62 병행구들; 행 2:34-35; 롬 8:34; 고전 15:25; 엡 1:20; 골 3:1; 히 1:3, 13; 8:1; 10:12; 12:2; 그리고 벧전 3:22; Albi, '*Scripture Cannot Be Broken*', 217-19에 있는 더 자세한 목록.

239) *Jesus Remembered*, 749-51, 758, 761; 비교. Albi, '*Scripture Cannot Be Broken*', 229-30.

240) 특별히 D. M. Hay, *Glory at the Right Hand: Psalm 110 in Early Christianity* (SBLMS 18; Nashville: Abingdon, 1973); Juel, *Messianic Exegesis*, 135-50; M. Hengel, "'Sit at My Right Hand!' The Enthronement of Christ at the Right Hand of God and Psalm 110.1', *Studies in Early Christology* (Edinburgh: Clark, 1995), 119-225; Albi, '*Scripture Cannot Be Broken*', 216-36.

는 표현은 기독교 교리에서 아주 오랫동안 확립되어 있었기에, 기독교 전통에 조예가 깊은 사람들조차도 십자가에서 죽은 자에 대한 이런 표현이 그것이 만들어졌을 때 얼마나 충격을 주는 결론이고 확언이었는지를 인식하기가 어렵다.[241] 필자가 이미 제시했듯이, 누가가 부활과 승천이 같지 않다고 명백하게 구별한 것은 여전히 중요하다. 그리고 더 초기의 문구가 이 부분을 희미하게 했을지라도,[242] 여러 경우에 부활 승천한 예수의 승귀한 지위는 모호한 문구의 주된 강조였고, 이는 빌립보서 찬송에서 가장 뚜렷하다(빌 2:8-11).

물론 그런 상황에서 "주"라는 칭호는 권위와 지배 및 우월함이라는 함의를 수반한다. 어쩌면 예수의 "이름"이 갖는 중요성이 이 칭호가 최초의 공동체에서 어떻게 작용했는가를 나타낼 텐데, 바로 그 이름이 세례를 인가하고 치유를 가져왔기 때문이다.[243] 세례와 치유를 받은 사람들은 예수의 권위 곧 죽음에서 부활한 예수의 권위를 따라 행동했다(행 3:15-16; 4:10-11). 그리고 세례를 받은 사람들은 주 예수의 이름을 부르며(행 22:16; 고전 1:2) 그의 주 되심에 복종하고 종이 되었다. 이렇게 명칭을 사용하는 일에 어떤

---

241) 전설적인 인물들에게도 비슷한 점들이 있지만(위 §21 n. 173 그리고 §23 n. 221을 보라), 이와 상당히 유사한 인물은 하나도 없다. G. Jossa, *Jews or Christians? The Followers of Jesus in Search of Their Own Identity* (WUNT 202; Tübingen: Mohr Siebeck, 2006): "예수의 승귀(와 예수의 십자가에서 죽음)에 대한 주장은 사실 그의 제자 무리를 그 당시 다른 유대인 무리의 상황과는 완전히 다른 상황에 놓이게 했다"(68); "그리스도에게 주 되심을 돌리는 것은 이스라엘의 메시아에게 관례적으로 인정된 능력을 훨씬 넘어선다"(93). 또한 Chester는 최초의 기독론이 예수를 제2성전기 후기 유대교의 신학 작업에서 다룬 중보자들과 단순하게 연관 짓는 것으로 설명될 수 없다고 경고한다. 비록 그런 중보자들이 신과 인간 영역 사이의 장벽을 점점 넘나들 수 있다고 입증되지만 말이다. 그는 "최초의 기독론 현상이 유대교 상황에서 발전했다고 볼 수 있고, 유대교의 중보자들이 그 상황의 중심적이고 필수적인 부분을 구성한다.…[그리고] 변화되고 천상에서 하나님과 나란히 자리한 부활한 예수에 대한 초기 환상 체험들이 기독론의 발전에 결정적이었다"라고 결론짓는다(*Messiah and Exaltation*, 119-20). J. Carleton Paget, 'Jewish Christianity', *CHJ*, 3.731-75과 대조하라: "초기 단계에서는 예수께 헌신하는 일이 그들이 물려받은 신앙을 이어가는 데 부정적인 의미를 띤다는 기미가 그들에게 전혀 없었다"(742).

242) 위 §22.2d를 보라.

243) §§23.2a, g를 보라.

함의가 있는지를 얼마나 깊게 생각했는지는 불분명하다. 사도행전 4:12은
[244] 초기 그리스도인들이 경험하고 인정하기 시작한 것에 대한 흥분을 표
현하는 열광적인 찬사인가? 아니면 그 구절의 "배타성"은[245] 누가 시대의
더 발전된 신학을 반영한 것인가(비교. 10:36c)? 또한 불분명한 점은, 예수의
주 되심에 대한 이런 확언이 실질적인 정치적 위협으로 받아들여졌는지
혹은 얼마나 빨리 그렇게 받아들여졌는지에 대한 부분이다.

그러나 중요한 점은 누가가 기록한 최초의 반대 이야기가 "그의 이름
으로" 더 이상 말하지 말라고 베드로와 요한을 공식적으로 금지한 지배자
들과 대제사장 가족들에 관한 이야기라는 점이다(행 4:17-18; 5:28, 40). 당시
지배자들의 요구와는 다른 우선순위를 요구하는 주 되심이 지닌 함의들은
이내 분명해졌다.

"하나님 우편"에서 예수가 통치하신다는 말의 가장 놀라운 측면은 하
나님을 "주"로 언급한 성경 본문들이 예수에게 사용되기 시작했다는 사실
이다. 보통 이 점은 주요 본문인 고린도전서 8:4-6과 빌립보서 2:9-11을 특
별히 언급하며[246] 바울 신학과 관련해서 논평되는데, 주로 바울이 예수를
하나님이라는 측면에서 생각했음을 나타낸다고 보았기 때문이다.[247] 그러
나 빌립보서 2:9-11은 초기의 찬송이나 시를 인용했을 것이다. 고린도전서
1:2은 "주"가 야웨라고 한 요엘 2:32을 암시하여, 그리스도인들을 "주의 이
름을 부르는 자들"로 정의하는 잘 확립된 표현을 활용한 것 같다. 모든 내
용 중에서 가장 눈에 띄는 점은 동일한 특징이 사도행전 2장의 베드로의

---

244) "다른 이로서는 구원을 받을 수 없나니 천하 사람 중에 구원을 받을 만한 다른 이름을 우
리에게 주신 일이 없음이라 하였더라." 여기 그리스어의 모호성에 관해서는 Barrett, *Acts*,
1.232-33을 보라.

245) Schnabel, *Mission*, 421-23.

246) 필자의 *Theology of Paul*, 245-46, 251-52, 253을 보라.

247) 특별히 Capes, *Old Testament Yahweh Texts*; 또한 'YHWH Texts and Monotheism in Paul's
Christology', in L. T. Stuckenbruck and W. E. S. North, eds., *Early Jewish and Christian
Monotheism* (JSNTS 263; London: Clark International, 2004), 120-37; Bauckham, *God
Crucified*; 비교. Fitzmyer, *Acts*, 260-61; 그리고 추가로 아래 §23.4h를 보라.

첫 설교에도 나타난다는 사실이다. 그 연설은 요엘의 예언으로 둘러싸여 있고(2:17-21, 39),[248] 절정 부분에서 인용된 성경은 시편 110:1(2:34-35)에서 가져온 것이다. 따라서 논리적으로 추정할 수 있는 것은 그들을 부르시고 그들이 부른 그 주가 승귀한 주 예수로 이해되었다는 점이다.

우리는 이 모든 내용에서 기독론의 중대성을 어느 정도 읽어내야 하는가? 특히 새 공동체의 아주 초기에서 말이다. 열쇠는 다시 한번 시편 110:1일 것이다. 이 본문은 두 명의 주, 즉 주 하나님 그리고 하나님 우편에 승귀해서 "내 주"로 묘사된 다른 한 인물을 예상하게 하기 때문이다. 초기 그리스도인들이 예수에 관해 사용했던 표현을 위해 이 본문을 사용했다면, 그리고 예수와 관련해서 초기에 그들이 "주"를 사용한 것이 다른 적절한 "주" 본문들을 다소 차별 없이 사용하게 했다면, 두 명의 주를 읽어내는 일은 충분히 이해가 된다.[249] 결국 시편 110:1은 예수가 하나님의 오른편으로 올림 받았음을 시사한다. 그런 고양은 이내 그의 적을 자신의 발판으로 만드실 하나님을 향한 온전한 복종을 요구한다. 그리고 예수에 대해 "주"를 사용한 것은 적어도 이 초기 단계에서는, 높임 받은 예수의 신적 지위나 신성에 대한 깊은 생각을 반영한 것은 아니다. 오히려 그의 오른편에서 주 하나님이 임명한 두 번째 주라고 예수를 언급한 것은 시편 110:1을 어느 정도

---

248) Barrett, *Acts,* 1.156.

249) 행 2:20-36의 "주"는 2:20, 25과 34a절에서 야웨이고, 2:34b과 36절에서는 분명히 그리스도를 염두에 두고 있다. 2:21과 39절에서 "주"는 욜 2:32의 야웨일 것이다("주 우리 하나님"). 비록 롬 10:13은 요엘서 본문이 (나중에?) 예수에게도 적용되었음을 보여주지만 말이다. 1:24의 기도는 하나님을 *kardiognōstēs,* 즉 "사람의 마음을 아는 분"이라고 부른다. 그 단어가 유일하게 사용된 다른 곳에서처럼 말이다(15:8; 비교. 눅 16:15)(Fitzmyer, *Acts,* 227과 그곳에서 인용된 내용; 그렇지 않으면 Barrett, *Acts,* 1.103을 보라). 그러나 누가는 예수가 마음의 생각을 아신다고 한 이야기를 정말로 회상한다(눅 5:22; 9:47). 주제 전체에 관해서는 필자의 'KYRIOS in Acts', in C. Landmesser et al., eds., *Jesus Christus als die Mitte der Schrift,* O. Hofius FS (Berlin: de Gruyter, 1997), 363-78을 보라. G. Schneider, 'Gott und Christus als KYRIOS nach der Apostelgeschichte', in J. Zmijewski and E. Nellessen, eds., *Begegnung mit dem Wort,* H. Zimmermann FS (Bonn, 1980), 161-73은 누가행전에서 *kyrios*를 혼합적으로 사용한 곳이 하나도 없다고 결론짓는데, *kyrios*가 각각 하나님이나 예수를 언급하기 때문이다(171). Cadbury의 마지막 언급은 신중하다(*Beginnings,* 5.374).

사려 깊지 않게 사용한 것이었다.[250] 그러나 물론 시편 110:1에 대한 이런 초기 해석이 열어놓은 가능성은 이어지는 기독론의 주요 술기가 되었다.

e. 성령 수여자

승귀한 예수에 관한 주장 중에서 가장 놀랍지만 가장 소외된 부분은 베드로에게 귀착된 주장으로서, 하나님 우편에 승귀한 예수가 하나님으로부터 성령의 약속을 받았으며 오순절에 이 성령을 부어주셨다는 주장이다(행 2:33). 즉 마지막 때 성령을 부은 이는 하나님이 아니라 바로 승귀한 예수라는 것이다. 물론 누가는 이것을 세례 요한이 예견한 내용(1:5)의 성취로 이해한다. 그 예언 자체는 전례가 없다.[251] 그러나 예수의 승귀는 이 기대를 다른 차원으로 전환했다. 그때까지는 하나님만이 하실 수 있다고 한 역할, 즉 성령을 인간에게 부어주는 역할이 이제 승귀한 예수에게 돌려졌기 때문이다.[252] 유대교 사상에서는 하나님의 다른 역할들이 인간에게 돌려졌다는 생각에 익숙했다. 특히 아담과 아벨, 에녹과 멜기세덱 같은 과거의 전설적 인물들이 영광스러운 하늘의 존재로 보좌에 앉아서 마지막 심판에 참

---

250) "우리는 여기서[2:36] 분별없는 기독론을 다루고 있다.…그것은 바울이 제공할 수 있었던 그런 신학적 비판에 아직 노출되지 않았다. 하나님의 왕위를 공유하는 자는 하나님의 신성을 공유한다. 그리고 하나님인 그는 영원에서 영원까지 하나님이다. 그렇지 않으면 그는 하나님이 아니다. 명백한 이 진리는 즉시 인식되지 않았다. 부활이라는 믿기 어려운 사실은…예수의 지상 삶과의 대조를 표시하고, 제자들로 하여금 완전히 부적절하게 보이지 않을 몇몇 전문 용어를 찾도록 했다"(Barrett, *Acts*, 1.152).

251) 필자의 'Spirit-and-Fire Baptism', *NovT* 14 (1972), 81-92. 이는 필자의 *The Christ and the Spirit*. Vol. 2: *Pneumatology* (Grand Rapids: Eerdmans, 1998), 93-102로 재인쇄됐다. 또한 *Jesus Remembered*, 366-71을 보라. 시 68:19이 너무 빠르게 오순절에 적용되었다기보다는 세례 요한에게 영향을 받았다고 보는 것이 더 개연성이 있어 보인다(물론 두 제안이 양립할 수 없는 건 아니다)(n. 100을 보라). 엡 4:8이 그 시편을 인용했을 때, 그것은 단지 성령이 아닌 은사, 즉 사역의 은사를 부어주는 승귀한 예수의 관점에서다.

252) 전형적으로 사 44:3; 겔 36:26-27; 39:29; 또한 욜 2:28-29. 비슷하게 행 5:31은 회개의 제공을 승귀한 예수에게 돌리며, 11:18은 하나님에게 돌린다.

여할 것을 준비하고 있다는 암시를 이 시기의 많은 글에서 만난다.[253] 예수는 자신의 친밀한 제자 무리가 "보좌에 앉아서 이스라엘 열두 지파를 심판"할 것으로 예상했다고 기억된다(마 19:28/눅 22:30). 그리고 바울은 성도들이 세상을 심판하리라 기대했다(고전 6:2). 그러나 이것은 질적으로 다르다. **하나님**이 성령을 주시는 분이라고 한결같이 이해하는 곳에서는 성령의 은사의 출처를 예수로 보는 것이 놀라운 발전이었기 때문이다. 비록 예수는 아버지로부터 약속된 성령을 받았지만 말이다(2:33). 결국 우리는 **하나님의 성령**에 대해 말하고 있다. 유대 종교나 신학에서는 이런 발전에 대한 어떠한 실마리도 없다.[254]

어쩌면 바울이 위의 내용을 그대로 따르지 않았다는 사실은 중요할 것이다. 하나님은 바울의 글에서 항상 성령을 주시는 분으로 묘사되었다.[255] 누가가 사도행전 2:14 설교를 작성하는 데 상당히 이른 선포 자료에 의존했다 해도, 오순절이 성령으로 세례를 줄 오실 이에 관해 세례 요한이 기대한 것의 성취라는 주장의 반복 외에는, 누가 역시 그 주장을 많이 사용하지 않았다(행 1:5; 11:16).[256] 따라서 예수에게 성령을 귀속하는 것은 아주 독특한 일이 아니라 단순히 주 하나님이 그의 권능 중 또 다른 하나를 승귀한 주 그리스도와 공유하시는 것으로 여겨진 듯하다. 성령 세례자로서 오실 이에 대한 세례 요한의 기대는 **신적** 권능에 대한 근본적인 재규정이나 재귀착을 요구하는 것으로 받아들여지지 않았다. 그런데도 사도행전 2:33이 오순절에 관한 기독론적 의미에 대한 상당히 이른 고찰의 어느 정도 고립된 파

---

253) 위 §21 n. 173을 보라.

254) 특별히 M. Turner, 'The Spirit of Christ and "Divine" Christology', in J. B. Green and M. Turner, eds., *Jesus of Nazareth: Lord and Christ*, I. H. Marshall FS (Grand Rapids: Eerdmans, 1994), 413-36; Schnabel, *Mission*, 401을 보라. 비교. Wilckens, *Theologie*, 1/2.173-75.

255) 고전 2:12; 고후 1:21-22; 5:5; 갈 3:5; 4:6; 살전 4:8; 엡 1:17; 비교. 롬 5:5과 고전 12:13의 "신적 수동태."

256) 세례 요한의 기대에 비추어볼 때, 성령을 선물로 주는 일이 예수의 천상 사역과 연관이 없었던 적이 있었는지는 의심스럽다(Hahn, *Titles*, 98과는 반대).

편이라면(초기 기독교 신학화에서 그런 고립은 엄밀한 의미로 남은 부분이라는 표시다), 그렇다면 그것은 오순절이 촉발한 화산 폭발과 뿜어진 통찰 및 주장에 대해 더욱 강력하게 말한다. 그런 통찰과 주장 가운데 몇 개는 요한복음의 저자가 발전시키기까지는 다루어지지 않았다.[257]

f. 곧 다시 올 (인자)

사도행전 2:33-36이 베드로의 첫 설교에서 가장 초기 기독론의 가장 두드러진 암시를 담고 있다면, 3:19-21은 그의 두 번째 연설에서 가장 현저한 문단이며, 어쩌면 "모든 기독론 중에서 가장 원시적인 기독론"으로 볼 수도 있을 것이다.[258] 그 중심적 특징은 메시아 예수가 이제 하늘에 있고 "하나님이 영원 전부터 거룩한 선지자를 입을 통하여 말씀하신 바 만물을 회복하실 때까지" 그곳에 머무를 것(3:21)이라는 주장이다.[259] 비록 기대된 재림의 임박함이 필연적인 결과는 아니지만,[260] 이스라엘의 회개가 예수의 재림에 필수 신호라는 함의를 피하기는 어렵다(3:19-20). 이것은 나중의 연설에서 예수의 심판자 역할이 임박한 기대이기보다는 신앙의 확신으로 보이기 때

---

257) 추가로 필자의 'Towards the Spirit of Christ: The Emergence of the Distinctive Features of Christian Pneumatology', in M. Welker, ed., *The Work of the Spirit: Pneumatology and Pentecostalism* (Grand Rapids: Eerdmans, 2006), 3-26을 보라.

258) 위 §21 n. 162을 보라. 20세기에 걸쳐 예수에 대한 초기 메시아 개념은 오실 메시아로 자주 추정되었다(대체로 오실 인자와 합병되었다). Bousset, *Kyrios Christos*, 45-52("메시아-인자 신앙"); Bultmann, *Theology*, 1.33-37, 49("메시아-인자로서 예수의 중요성은 과거에 그가 한 내용에 있지 않고, 온전히 미래에 그에게 기대한 내용에 있다"); Hahn, *Titles*, 161-62("따라서 예수의 메시아 지위는 부활과 승귀 관점에서 처음 고백된 것이 아니라, 재림 시 그의 권위 있는 행동에 따른 고백이다"). 비슷하게 Fuller, *Foundations*, 158-60. 그러나 § 21.3b를 보라.

259) *Apokatastaseōs pantōn*("만물의 회복")의 중요성에 대해서는 Fitzmyer, *Acts*, 288-89을 보라. "어쩌면 그것은 일반적으로 우주의 회복을 일컬으며, 이는 유대 예언서와 묵시에 모호하게 언급되었다." 그는 말 3:24; 사 62:1-5; 65:17; 66:22; 1 *En.* 45.4-5; 96.3; 4 *Ezra* 7.75, 91-95; *T. Mos.* 10.10 (289)을 인용한다.

260) "Weiser의 지적처럼, 그 회개가 재림을 앞당기지 않는다. 그것은 구원이 도래하려면 필요한 것이다"(Barrett, *Acts*, 203).

문에(10:42; 17:31) 더욱더 두드러진다. 따라서 이것이 누가의 특징적인 주제로 보이지는 않는데, 이는 누가가 자신의 견해를 표현하려고 자료들을 주무르기보다는 이 지점(3:19-21)에서 초기 전승에 의존했을 가능성을 높이는 사실이다.[261]

여하튼 임박한 기대라는 의미는 초기 기독교 전승에서 시종 강력하다. 고린도전서 16:22에 보존된 아람어 기도는 오실 주(예수)를 고대함을 표현한다. 바울의 설교에 대한 최초의 암시에서도 하늘로부터 하나님의 아들이 (돌아오길) 기다린다고 말한다(살전 1:10). 그리고 그의 이 최초의 서신(살전 4:13-16)에서 바울이 다룬 문제는 자신들 중 누가 죽기 전에 예수가 (다시) 올 것이라는 데살로니가 사람들의 가정이 원인이었을 소지가 다분하다.[262] 필자는 예수에게 일어난 일을 "부활"로 개념화하는 데 가정된 내용을 이미 언급했다. 즉 그의 부활이 마지막 때 부활의 시작이며, 아주 짧은 기간을 다시 염두에 두었음이 암시된다는 점이다(§23.4a). 그럴 뿐만 아니라, 마지막 때의 성령이 이미 부어졌거나 부어지기 시작했다. 예수의 경우처럼(?)[263] 종말은 오랫동안 지체될 수 없었다. 또한 관련 있는 내용은 그런 기대가 공동 소유의 배경에 있는 역시 단기적 사고로 보이는 것을 타당하게 설명한다는 개연성이다(§23.1c). 그리고 필자는 예수 전승에서 읽히고 구전되었을 법한 최초 해석 중 하나가 "위기의 비유들"에서 돌아올 주인/집주인/신랑이 다름 아닌 예수라고 보았다고 언급했다(위의 n. 118).[264]

가장 놀라운 점은, 예수의 자기 언급인 "인자"가 전승 과정에서 어떻게 예수 "그 인자"가 되었는지를 나타내는 전승 자체에 있는 표시들이다.[265]

---

261) 비교. 2:17(아래 §21 n. 153을 보라).
262) 추가로 아래 §31.5을 보고, 바울의 종말론적 사도직의 의미는 §29.3e를 보라.
263) *Jesus Remembered,* 479.
264) 다시 *Jesus Remembered,* §12.4g와 754, 757-58, 761을 보라. 이제 또한 M. Casey, *The Solution to the 'Son of Man' Problem* (LNTS 343; London: Clark International, 2007), 11장을 보라.
265) *Jesus Remembered,* 759-61; 예수가 오실 인자를 다른 이로 생각했다고 믿는 사람들은 부활 후 제자들이 예수를 인자로 규정했다고 말한다(비교. 예. Hahn, *Titles,* 33-34; Schenke,

사도행전 7:56 외에는[266] "인자" 칭호가 여타의 최초 전승에 흔적을 남기지 않았기 때문에, 우리는 그 예수 전승이 사용되었을 때 예수 전승과는 독립적인 인자 기독론을 야기하지 않았고,[267] 예수 전승 자체 안의 이런 발전은 상당히 초창기에 진행되었다고 추정해야 한다. 이 지점에서 주요 특징은 예수 전승이 전달되면서 필자가 "이동 방향"이라 칭한 내용이 변화되었을 또 다른 가능성이다.[268] 다시 말해서, 하늘**에** 가서 신원 받는다는 예수의 기대가 하늘**에서** 그가 (다시) 옴이라는 그리스도인의 소망으로 완전히 바뀌었다는 가능성이다. 더 자세히 말한다면, 하늘에 "옛적부터 항상 계신 이"에게 오실 인자 같은 이라는 다니엘의 환상(단 7:13-14)으로 표현된 예수의 소망이 예수가 이미 확실히 신원 받았다는 관점을 거치면서, 하늘에서 돌아올 인자인 예수에 대한 기독교적인 소망으로 재빠르게 재해석되었다.

하늘로부터 예수가 재림하신다는 기대가 왜 애초에 등장했느냐고 묻는다면, 명확한 대답은 즉시 나오지 않는다. 죽은 과거의 다른 성도들과 영웅들은 하늘로 승귀했다고 이해되었으며, 그들이 하늘에서 돌아올 것이라는 귀결은 없었다.[269] 대답의 일부는 역사라는 무대에서 특별히 중차대한 인물이 무대에 재등장할 것이라는 자연스러운 갈망(혹은 두려움)에 있을 수 있다. 우리는 1세기 후반에 특징을 이룬 네로 환생의 "두려움"만을 예로 들어도 된다.[270] 더 가능성이 큰 대답은 부활 출현 기간에 그런 믿음이 계시를 통해 왔다는 것이다. 비록 요한복음(요 21:22)과 누가의 예수 승천에 대한 서

Urgemeinde, 127-29, 137).

266) 히 2:6(시 8:4), 계 1:13, 14:14(단 7:13)의 "인자"라는 표현은 명칭이 아니라, 단지 그 구가 나타나는 두 성경 본문을 인용하거나 반영한 것이다.

267) 추가로 필자의 Christology in the Making, 90-92을 보라.

268) Jesus Remembered, 757-58.

269) 기억할 만한 가치가 있는 사실은 하늘에서 돌아올 것이라고 기대된 사람들(엘리야[말 3:1-3; 4:5; Sir. 48.10-11; 막 6:15 병행구; 8:28 병행구들] 그리고 몇몇 집단에서는 에녹[1 En. 90.31; Apoc. Elij. 5.32; 계 11:3-4])이 죽지 않았기 때문에 이 땅에서 추가 봉사를 위해 (말하자면) "준비하고" 있을 수도 있다는 것이다.

270) D. Aune, Revelation (WBC 52; Nashville: Nelson, 1997, 1998), 737-40.

술(행 1:11)이 이를 언급하고, 그중 후자가 가르침의 요점으로 언급할 뿐이지만 말이다. 어쩌면 바울이 예수의 재림의 방법에 관한 자신의 가르침을 "주의 말씀"이라고 언급한 사실(살전 4:15)이 더 중요한데, 그 말씀은 데살로니가 신자들이 바울에게 제기한, 재림 이전에 그리스도인의 예기치 않은 죽음이라는 문제에 관심을 가진 모임에서 주어진 예언적 표현일 것이다(4:13).[271]

추측하건대, 처음에는 예수가 그의 사역 기간이나 부활 후의 가르침에서나 자신의 돌아옴을 언급했다고 기억되지 않았을 것이다. 그러나 예수가 떠난 후 신자들이 그 문제에 대해 처음으로 고찰했을 때, "위기 비유들"은 예수가 자신의 돌아옴을 이 비유들을 통해 간접적으로 말했다는 해석을 곧바로 부각시켰다. 따라서 그 비유들은 거의 바로 그 문제에 관한 예수의 이해와 의도의 표현으로 이해되었다. 이와 동시에 아니면 결과로서, 인자인 예수에 대한 고찰은 그의 예견된 "구름 타고 오심"(막 13:26 병행구들; 14:62 병행구)이 이 세상에 (다시) 오심으로 이해되어야 한다는 추론으로 이어졌다. 이 안에 중요한 내용이 있다면, 재림의 소망이 인자 기독론에 의존하지 않았고, 하나님의 아들(살전 1:10), 주(고전 16:22), 메시아인 예수와 관련하여 빠르게 확인됐다는 점이다.

또 다른 요인은 초기 그리스도인들이 부활절 이후 그들의 상황에 빛을 밝혀줄 성경을 찾는 과정에서 말라기 3:1이 새롭게 다가왔다는 사실이다. 그것은 "너희가 구하는 바 주가 갑자기 그의 성전에 임하시리니"라는 예견 때문이다. 이 말씀은 이내 세례 요한에 대한 내용에 섞여 들어갔다(마 11:3, 10/눅 7:19, 27; 막 1:2).[272] 따라서 세례 요한과 예수의 관계 그리고 성전에 대한 예수의 마지막 초점(막 11:17 병행구들)을[273] 최대한 이해하려고 했다면 어떻

---

271) 필자의 *Theology of Paul*, 303-304을 보라. 거기서 필자는 (예언자적인) "주님의 말씀"이 막 13장에 보존된 전승 때문에 자극받았을 수도 있음을 언급했다. 이는 예수 전승이 전수만 된 것이 아니라 어떻게 반영되었는지를 보여주는 또 하나의 예다(§21.5을 보라).

272) *Jesus Remembered*, 353, 370, 451을 보라.

273) *Jesus Remembered*, 636-40, 650.

게든 말라기 3:1을 찾게 되었을 것이다. 이 가설이 지닌 중요한 측면은 왜 갈릴리 제자들이 예루살렘으로 돌아온 것처럼 보이고(오순절을 지키기 위해서?), 그곳에 정착해서 성전에 계속 다녔는지를 설명하는 데 도움을 준다. 사실 성전 가까이에 있을 목적이 아니라면 예루살렘에 정착할 종교적 감성을 가진 사람은 없다.[274] 그렇다면 첫 그리스도인의 소망이 예수가 성전 혹은 어쩌면 감람산(슥 14:4)에 돌아오신다는 데 있었다고 추론된다. 누가는 마지막 사건까지 오랜 시간을 예상했다. 사도행전 1:8의 계획을 먼저 수행해야 하기 때문이다.[275] 그러나 누가가 3:19-21에 있는 초기 자료를 사용한 것을 보면, 그가 최초의 임박한 기대를 완전히 제거하기를 원치 않았음을 알 수 있다. 그리고 누가에게 성령은 재림 (지체) 문제의 해결, 즉 임박한 재림의 "대체"(Ersatz)라는[276] 콘첼만(Conzelmann)의 유명한 제안은 누가가 보여주는 오순절이 유발했다고 여겨지는 종말론적 흥분(성령의 부으심 그 자체가 "마지막 날"의 표지다[2:17])을 콘첼만이 과도하게 경시하기 때문에 과녁을 벗어났다.[277]

특히 중요한 사실은 그런 기대가 예루살렘이라는 경계 너머를 복음화하는 일에 놀라울 정도로 준비가 안 된 새 운동의 첫 단계에서 나타난 일(행 1-5장)을 설명하는 데 큰 도움을 준다는 사실이다.[278] 물론 그 특징은 기독교 첫 세대의 확장 단계를 누가가 설정했다는 관점에서 설명할 수 있다. 그는

---

274) "그 성전과 더불어 예루살렘이 제자들의 소망의 초점이 아니었다면, 자신들에게 위험한데도 왜 그 성을 근거지로 삼았는가를 물어야 한다"(Wedderburn, *History*, 31).

275) Conzelmann, *Theology of Luke*, 95-136; 비교. Haenchen: "[누가는] 임박한 종말에 대한 모든 기대를 결정적으로 포기했다"(*Acts*, 143).

276) Conzelmann, *Theology of Luke*, 95, 135-36; 비슷하게 Haenchen, *Acts*, 179.

277) Pesch, *Apg.*, 1.70; 그리고 위 §21.3a(3)와 §22.3c를 보라. "우리가 아는 한, 포로 귀환과 탈무드 기간 사이의 유대 역사에서 전례가 없는 종말론적·묵시적 열정"(Hengel and Schwemer, *Paul*, 28).

278) "이교도 선교를 예루살렘 교회가 의무로 여기지 않았다"(Bultmann, *Theology*, 1.55). 마 10:5-6이 예수에게 기인한다 할지라도(*Jesus Remembered*, 435, 511, 515, 537), 그것은 이방인 선교를 향해 계속되는 보수적 태도를 표현하고 정당화하려고(?) 보전되었을 것이다(마태 집단에서만).

확장에 대한 언급을 스데반 순교 이후의 박해 때까지 미루었다(8:1-4).[279] 그러나 그렇다 할지라도, 온전하게 예루살렘에 집중한 1-7장과 초기 확장을 박해로 인한 섭리의 부산물로 묘사한 부분(8:4)은 1:8에 언급된 계획을 고려하면 어색해 보인다. 그렇다면 메시아의 재림이 임박했다고 기대했기 때문에 예루살렘의 초기 기독교 회중들 사이에서 복음 전도를 하고자 하는 마음과 활동이 부족했는가? 어쩌면 이런 다소 혼란스러운 자료를 읽는 가장 간단한 방법은 이스라엘을 향한 하나님 나라의 회복이라는 소망이 초기 예루살렘 공동체에 계속 영향력을 끼쳤을 것이고(회복은 분명하게 이스라엘에 초점이 맞춰졌다), 1:8이 새 종파 안에서 천천히 커졌고 그 공동체 안에서 논쟁의 주제가 된 지역 전도의 필요성이라는 의식을 대변한다고 보는 것이다.

그런데 예수의 임박한 재림에 대한 믿음의 기원과 내용이 무엇이든지 간에, 재림은 비록 가장 중요하지는 않았지만[280] 초기 공동체의 예수 신앙에서 주요하고 두드러진 측면이었다.[281] 그렇게 그것은 예루살렘의 초기 기독교 공동체의 열정적이고 열렬한 사고방식과 동기의 중요한 추가 지표다.

g. 예수에 대한 다른 초기 평가

사도행전의 초기 연설에 보존된 예수에 대한 다른 초기 명칭 중에서, "거룩하고 의로운 이"(3:14)와 "지도자"(3:15, 5:31; 개역개정에서는 "생명의 주"와 "임금"—

---

279) 이 경우 "먼 데 있는 사람에게"(2:39) 주어진 약속은 누가에게 예측이 가능했을 것이다(1:8 처럼). 물론 원래는 주로 디아스포라 유대인들을 염두에 두었을 수도 있다(비교. 2:5; 욜 2:32). 여기에 반영된 것처럼 보이는 사 57:19에서처럼 말이다.

280) "의심의 여지 없이 임박한 재림의 선포가 아닌 예수의 부활에 대한 증언이 중심이었다"(Goppelt, Apostolic, 37).

281) 큰 요점은 논쟁거리가 아니다. 그러나 Hahn, Titles와 Fuller, Foundations, 6장은 사고의 발전을 과도하게 도식화하고, 팔레스타인 공동체가 예수의 재림에 집중했기 때문에 예수의 승귀가 그리스 공동체가 등장할 때까지 기독론적 중요성을 띠지 않았다고 추론한다.

역주)는[282] 초기 기독론을 인식하는 데 많은 내용을 추가하지 않는다. 비록 "구주"(5:31)가 적어도 옛 구원자들처럼 위기에서 그의 백성을 구원해냄을 의미하지만 말이다.[283] 사도행전 3:22-23과 7:37에 인용된 신명기 18:15-16 과 사도행전 10:38(비슷하게 2:22)에서 예수를 성령의 기름 부음을 받은 예언 자로 묘사한 부분에서 드러나는 것처럼, 예언자 기독론에 대한 암시가 더 흥미롭다. 이미 언급했듯이(§21.3b[6]), "예언자"는 예수의 온전한 지위를 표현하기에는 부족한 칭호로 차후에 인식됐다. 따라서 이 칭호는 초기에 그리스도인들이 예수를 이해하려고 했을 때 확실하게 등장했을 것이다.[284] 이는 자신의 사역을 예언자적 관점에서 언급한 예수에 대한 기억과 연속성이 있다.[285] 그러나 이 칭호는 초기 공동체가 예수를 언급하기 위해 적절한 범주와 언어를 찾아내려고 애쓴 증거를 추가로 제공한다.

그러나 가장 흥미로운 점은 예수를 "하나님의 종(pais)"으로 지명했다는 사실이다(3:13, 26; 4:25, 27, 30). 이미 언급한 것처럼(§21.3b) 이 단어는 "나의 종(pais)이…영광을 받으리니"라는 LXX 이사야 52:13에서 가져왔음이 거의 확실하다. 그러나 주목할 만한 점은 이사야 52:13-53:12의 유명한 종의 노래에 대한 이 암시가 고난과 의의 신학만을 표현하지만(3:13-15), 이에 대한 다른 암시는 초기임에도 불구하고 예수의 고난과 관련하여 속죄 신학을 표현하려고 사용된다는 사실이다.[286] 비슷하게 신명기 21:22-23을 암시하

---

282) Barrett, *Acts*, 197-98, 290; Fitzmyer, *Acts*, 286에 더 상세한 내용과 참고문헌이 있다. 예수가 "생명의 주" 즉 "생명으로 인도하는 주"(Barrett, 198)라고 불릴 때 떠오르는 그림은 히 2:10에 있는 내용이다.

283) 삿 3:9, 15; 느 9:27. 후자의 경우 차이는 그들이 하나님께 울부짖을 때 하나님이 이스라엘에 구원자를 보내주셨지만, 예수는 죄 용서는 물론이고 회개를 제공해서 구원하신다는데 있다. 이는 최초 공동체에서 회개한 사람의 수에서 분명하게 드러나는 듯하다(2:38-41; 3:19-4:4). 그 명칭의 사용의 범위와 또한 그 별칭을 받을 만한 사람들의 범위를 고려하면 (BDAG, 985), 황제숭배에 일부러 도전하기 위해 예수에게 그 명칭을 처음으로 사용했을 개연성은 낮아진다(Cadbury, *Beginnings*, 5.371의 초기 토론과 n. 2).

284) Hahn, *Titles*, 372-88: "예수가 종말론적 모세라는 개념이 팔레스타인 전승에서 중요한 역할을 했다"(383). 비슷하게 Fuller, *Foundations*, 169.

285) *Jesus Remembered*, §15.6 (660-66)을 보라.

286) 비교. 막 10:45; 롬 4:24-25; 벧전 2:22-25; 고전 15:3b에 관해 §23.5a를 보라.

는[287] 예수가 나무에 달린다는 언급(5:30; 10:39; 비교 13:29)은 범죄자의 시체가 당하는 수치스러움을 염두에 둔 듯하다. 그러나 확실히 누가는 바울이 신명기 말씀에서 끌어온 갈라디아서 3:13의 신학적 함의에 부합하려고 노력하지 않았다.[288] 사도행전 초반부에서 일관되게 계속된 주제는 "너희가 예수를 죽였으나, 하나님이 그를 사망에서 살리셨다"라는 반복된 고발로 요약된다.[289]

h. 그리스도께 헌신

래리 허타도(Larry Hurtado)는 그가 "그리스도께 헌신함"이라고 칭한 내용이 초기 기독교에까지 거슬러 올라갈 수 있다고 주장했다.[290] 그리고 승귀한 예수에 대한 "헌신"이 처음부터 있었음은 거의 의심의 여지가 없다. 예수는 하나님 우편으로 높여졌고, 시편 110:1에 따라, 그의 대적자들은 그에게 곧 복종하게 될 것이었다. 그는 이스라엘의 메시아로 신원 받았고, 능력으로 하나님의 아들로 임명됐다. 그는 그들의 주였고 또한 주가 되었다. 하나님의 영의 부으심은 그의 대리자적 역할에 돌려졌다. 그는 자신의 하늘 권

---

287) 특별히 Fitzmyer, *Acts*, 337을 보라.

288) 그러나 D. P. Moessner, 'The "Script" of the Scriptures in Acts: Suffering as God's "Plan"(*boulē*) for the World for the "Release of Sins"', in Witherington, ed., *History*, 218-50 을 보라.

289) 행 2:23-24; 3:14-15; 5:30-31; 13:28-30. "이사야서 암시들이 예수 추종자들에게 예수의 죽음과 신원 받음에 대해 말하는 방식을 제공했을 개연성이 더 높다.…따라서 우리는 고난받은 종이 아닌 '거부되고 신원 받은 종'에 대해 말하며, 이사야 52-53장이 주로 예수의 수치와 승귀를 말하는 방식이었다고 인정해야 할 듯하다"(Juel, *Messianic Exegesis*, 132-33). "고난 후에 신원해주신 하나님의 행동이 종에게 중요성을 부여한다"(Barrett, *Acts*, 194).

290) Hurtado, *Lord Jesus Christ*, 특별히 3장; 또한 그의 *How on Earth Did Jesus Become a God? Historical Questions about Earliest Devotion to Jesus* (Grand Rapids: Eerdmans, 2005)를 보라. 또한 Weiss는 초기 제자들이 "이미…기도를 [그들의 승귀한 예수]에게 했다고 확신한다. 이것은 기독교의 기원의 역사의 모든 내용 중 가장 중요한 발걸음, 즉 '예수-종교'로 나아감이다"(*Earliest Christianity*, 37). 그는 그것을 "예수 개인의 지속된 영향"에게까지 추적한다(39).

능을 보여주려고 이내 돌아올 것이었다. 그의 제자들은 그의 이름이 지닌 권능을 따라 활동함으로 자신들을 규정했다.[291] 그래서 너무나 당연하게도 그들은 그를 자신들의 주로 불렀고(고전 1:2) 자신들의 주로 이내 돌아오시기를 탄원했다(고전 16:22). 어떻게 정의한다고 하더라도, 이 모든 내용은 "그리스도께 헌신함"에 적격이다.

그렇게 명백하게 제시된 숭배를 "예배"라고 추가적으로 묘사해야 하는가는 또 하나의 질문이다. 만일 "예배"가 오로지 신에게만 타당하게 바치는 것이라고 정의한다면, 기독교 운동의 최초 단계에서 예수를 예배했는지는 명확하지 않다.[292] 초기 기독론의 발전에서 시편 110:1의 중대한 역할을 통해, 승귀한 예수는 하나님 우편에 있는 사람, 즉 그의 "총독" 혹은 "수상"으로 인식되어 모든 숭배와 명예 및 순종을 받을 만한 존재로 여겨졌다. 그러나 이는 또한 하나님의 주권이 독특하고 더 형언할 수 없는 것임을 암시한다. 누가는 "메시아" 예수를 보내신 주(= 하나님)라는 사도행전 3:20의 초기 문구를 보존했을 때 이러한 측면을 다소 반영하는데, 이는 바울이 "**하나님과 우리 주** 예수 그리스도의 아버지"라고 반복 언급했던 것과 같다.[293] 실제로 시편 110:1(고전 15:24-28)에 암시된 두 주님의 관계를 설명하려는 유

---

291) Hurtado는 여기서 자신의 주장을 강하게 역설한다: "필자는 초기 그리스도인이 예수 이름을 사용한 것이 유대인의 '유일신적인' 관심 및 종교 관습의 참신한 적용을 나타낸다고 제안하고자 한다. 초기 그리스도인들은 예수를 한 하나님의 **유일하게** 중요한 중재자로 보았고, 자신들의 신앙심에서 그들은 하나님의 유일성을 하나님의 유일하게 중요한 대리인을 수용하는 데까지 확장했다"(*Lord Jesus Christ*, 204).

292) J. L. North, 'Jesus and Worship, God and Sacrifice', in Stuckenbruck and North, eds., *Early Jewish and Christian Monotheism*, 186-202은 예수가 신이라는 결론을 내리기에는 "예배(*proskynēsis*)"라는 표현이 너무나 부정확하다고 지적하며, 신성의 본질적 차이는 신에게 드리는 예배(*proskynēsis*)보다는 제사였다고 논증한다. 같은 책에서, L. T. Stuckenbruck, '"Angels" and "God": Exploring the Limits of Early Jewish Monotheism', 45-70은 어떤 유대 자료들은 온전한 유일신 초점을 유지하면서, 천사들을 향한 숭배적인 표현을 관용할 수 있었다고 관찰한다. 그리고 W. Horbury, 'Jewish and Christian Monotheism in the Herodian Age', 16-44은 "헤롯 시대 상황들은…엄격한 유일신주의자들이 피했을 법하고 나중에 피하려고 한 방식으로 유대 유일신주의를 해석하는 데 적절했다"라고 결론짓는다(44).

293) 추가로 필자의 *Theology of Paul*, 244-60; 그리고 §29.7d를 보라.

일한 사례에서, 바울은 하나님의 하나님 되심이 지닌 초월적 최종성을 명확히 한다(15:28). 위대한 첫 기독교 신학자인 바울 이전에 그 주제에 대해 이런 진지한 사고와 같은 것이 있었다는 주장은 가장 심각하게 의심해보아야 할 대상이다.[294]

그렇다면 우리는 최초 기독론의 사려 깊지 못한 측면을 인식해야 한다. 예수에 관한 놀라운 언급들과 그에게 적용된 성경 구절들은 최근까지 갈릴리 언덕과 호숫가를 거닐었던 한 사람을 향한 환희의 열광과 깊은 경외의 표현으로 가장 잘 받아들여진다. 그리고 그들의 본능적인 반응은 예수의 중요성에 대한 그리스도인의 판단을 곧바로 높은 궤도에서 시작하도록 만들었다. 그러나 증거는 이 이상 말하는 것을 주저하게 만든다.

23.5 예수의 죽음의 중요성

중요한 논제 하나가 남아 있다. 첫 그리스도인들은 예수의 죽음을 어떻게 받아들였는가? 특별히 그들은 얼마나 빨리 예수의 죽음에서 구원의 의미를 보았는가? 좀 더 정확하게 말한다면, 그들은 얼마나 빨리 예수의 죽음을 (그들의) 속죄에 효력이 있는 (그) 희생으로 여겼는가? 필자는 우리가 활용할 수 있는 본문에서 예수가 자신의 죽음을 그런 관점에서 예견했다는 결론을 내리기가 얼마나 어려운지를 이미 보여주었다. 비록 이사야 53장이 이 주제에 관한 예수의 사고에 영향을 끼쳤음을 보여주거나 그렇게 추측할 수 있다고 다른 이들이 강하게 주장함에도 불구하고 말이다.[295] 그러

---

294) Hurtado는 시 110:1의 두 주님의 관계가 서로 어떻게 인식되었는지를 충분히 반영하지 않았고(*Lord Jesus Christ*, 179-85), "제의적 헌신"(그의 핵심 용어)과 "예배" 간의 관계를 더욱 분명히 할 필요가 있다. 필자의 *ExpT*, 116 (2004-5), 193-96에 있는 비평, 그리고 §29.7d를 보라. Jossa는 최초 팔레스타인 공동체가 이미 예수를 주로 "예배했다"고 훨씬 더 거리낌 없이 주장한다(*Jews or Christians?*, 71-74).

295) *Jesus Remembered*, §17.5d. 거기서 언급된(811 n. 221) Janowski와 Stuhlmacher가 편집한

나 고린도전서 15:3b에서 바울은 그의 회심[296] 때나 그 후 자신이 받은 메시지에 "성경대로 그리스도께서 우리 죄를 위하여 죽으시고"라는 글이 첫 부분에 포함되었음을 상기한다. 더 온전한 문구는 제대로 구조를 갖추었고, 명백히 주의 깊고 동의된 성숙한 합의며,[297] 기독교가 태동한 첫 해나 둘째 해로 우리를 인도한다.

a. 고린도전서 15:3

희생을 통한 속죄가 필요하다고 보는 종교 전통에서, 이러한 문구는 단순히 예수의 죽음이 이미 희생적으로 이해되었음을 의미할지도 모른다. "성경을 따라서"라는 마지막 구절에서도 동일한 함의를 끌어낼 수 있다. 예수의 죽음이 긍정적 결과를 낳는다는 이해의 토대가 될 수 있는 다양한 선례들과 모형들을 성경이 제공했음은 사실이다. 예들 들어 언약적 희생이나 유월절 희생(둘 다 "죄를 위해서"라고 적절하게 묘사되지는 않았다), 고난받는 의인이나 순교자 등이다.[298] 그러나 "우리 죄를 위해서"라는 표현은 그 암시를 속죄제물과 속죄일에 대한 성경의 규정, 아니면 희생 이미지를 포함하거나 통합하는 다른 이미지들에 밀접하게 위치시킨다.[299] 희생에 대한 암시를 아주 명확하게 하려고 이사야 53장을 구체적으로 암시할 필요는 없다.[300]

책은 이제 영어로 볼 수 있다(n. 94을 보라).
296) 가정하건대 다메섹이나 안디옥일 것이다(갈 1:17; 행 11:25-26).
297) 위 §21.4e n. 212을 보라.
298) 필자는 이것들이 자신의 임박한 죽음에 대한 예수의 언급을 형성했다고 더욱 명료하고 개연성 있게 보일 수 있는 범주들이라고 제안했다. 다시 *Jesus Remembered*, §17.5을 보라.
299) 가장 현저하게 4 Macc. 17.22. Hahn, *Theologie*, 1.152-53(그 생각은 "비제의적 속죄와 관련된다")과 대조하라.
300) 고전 15:3b("이는 성경대로 그리스도께서 우리 죄를 위하여 죽으셨다")에 사 53:4-6, 8, 11-12(특별히 53:5)이 의도적으로 반영되었다는 입장은 최근에 강하게 주장되었다. Hofius, 'The Fourth Servant Song', 177-80; W. R. Farmer, 'Reflections on Isaiah 53 and Christian Origins', in W. H. Bellinger and W. R. Farmer, eds., *Jesus and the Suffering Servant: Isaiah*

예수의 죽음을 속죄 희생으로 이해하는 것은 바울이 전심으로 받아들인 신조다.[301] 그 이해가 초기 그리스도인 무리에 널리 공유되고 논쟁되지 않았다는 점은 바울이 이 주제를 언급한 방식으로 명백해졌다.[302] 한 예를 든다면, 그는 다른 초기 문구에 자주 의존했고, 그 문구의 넓은 수용과 반향을 당연하게 받아들였다.[303] 또한 바울은 예수의 죽음을 속죄 희생으로 믿는 자신의 믿음에 관해 자세하게 설명할 필요성을 느끼지 못했다.[304] 그렇다면 바울은 "우리 죄를 위한" 예수의 죽음이라는 가르침을 자신의 독특한 가르침으로 여기지 않았고, 그것을 설명할 필요도 느끼지 못했던 것 같다. 요약하면, 어떤 초기 기독교 교리보다도 예수의 죽음에 관한 초기 기독교 신학의 합의를 바울의 글에서 읽을 수 있다.

그리스어 문구에서 아람어 판본을 구분해낼 수 있는가를 다루는, 장기간 계속된 고린도전서 15:3b 문구에 관한 논쟁이 있다. 주요 논제는 "성경대로"에 해당하는 셈어의 부재이고, 관사가 없는 *Christos*가 아람어로 번역될 수 있는지와 관련한다.[305] 아람어가 문자 그대로 번역되지 않고도 아람

---

53 and Christian Origins (Harrisburg: Trinity Press International, 1998), 260-80(여기서는 263)을 보라. Hengel도 "이사야 53장이 최초의 선포(*kerygma*)의 기원과 형성에 영향을 끼쳤다"고 확신한다(*Atonement*, 59-60, 또한 36-39). 다른 이들은 특정한 암시를 추론할 필요가 없다고 본다. Thiselton, *1 Corinthians*, 1190-92과 Schrage, *1 Korinther*, 4.32-34에 있는 참고문헌과 논의를 보라. S. G. F. Brandon, *The Fall of Jerusalem and the Christian Church* (London: SPCK, 1951)는 "고난의 종 개념에 있는 구원론적 가능성은 유대 그리스도인이 발전시키지 않았는데, 이는 십자가 처형에 대한 강조가 바리새파의 동조와 지지를 방해한다고 보았기 때문이다"고 생각했다(xiv, 77).

301) 필자의 *Theology of Paul the Apostle*, 207-23을 보라.

302) Hengel, *Atonement*, 53-54.

303) 롬 4:25; 5:6, 8; 8:32; 14:15; 고전 8:11; 11:24; 고후 5:14-15; 갈 1:4; 2:20; 살전 5:10. 추가로 위 §21.4e를 보라. 고전 15:3이 사 53장을 의식적으로 암시함을 지지하는 결론으로 기울어지게 하는 데 롬 4:25이면 충분했을 것이다(Hengel, *Atonement*, 35-38). M. D. Hooker, 'Did the Use of Isaiah 53 to Interpret His Mission Begin with Jesus?', in Bellinger and Farmer, eds., *Jesus and the Suffering Servant*, 88-103은 이제 롬 4:25이 사 53장을 분명하게 반영한다고 받아들인다. 그녀는 그 암시를 *Jesus and the Servant*에서는 인식하지 못했다(London: SPCK, 1959).

304) 히브리서, 특별히 9:1-10:18과 대조하라.

305) Pokorny, *Genesis*, 64 n. 4; 그리고 Schrage의 짧은 비평을 보라(*1 Korinther*, 4.23-24).

어 형태가 충실하게 그리스어로 번역될 수 있음을 잊어서는 안 되지만, 신조 문구는 더 엄격했을 것으로 예상할 수 있다. 그렇다 할지라도, 사도행전은 상당히 이른 시기부터 예루살렘에 헬라파 개종자들, 즉 예루살렘에 정착했으나 그리스어만 구사한 디아스포라 유대인들("헬라파" = 그리스어를 하는 사람들)의 출현을 입증한다.[306] 다른 말로 하면, 그리스어를 사용하는 개종자들이 자신들을 위해 작성한 고백 문구가 있었다고 상상하는 것은 충분히 개연성이 있다. 이는 이미 예루살렘에서 있었고 여전히 매우 이른 때다.

요약하면, 그렇다면 바울 이전의 문구에 관한 첫 조사는 질문에 제공된 답이 예수의 죽음을 속죄 희생으로 믿는 믿음을 예루살렘 교회의 최초 시기까지 추적할 수 있도록 했다. 비록 추적 가능한 최초 문구를 보면 그리스어를 사용하는 신자들이 그 문구를 만들어냈음이 드러나지만 말이다. 따라서 당연한 추가적 귀결로서 그런 믿음 자체도 헬라파 그리스도인들이 처음 표현했다고 추론해야 하는가?

b. 사도행전의 증언

여기에 다소 난해한 부분이 있다. 충분히 명확한 점은 아주 초기부터 예수가 "우리 죄를 위해서" 죽으셨다고 이해했다는 사실이다. 그러나 동시에 예수의 죽음을 둘러싼 사건과 바울 서신에서 증언하는 최초 문구 사이에 어색한 차이가 있다. 이는 초기 예루살렘 교회에 대한 사도행전의 증거에서는 공백으로 남겨놓은 듯한 차이다. 이 차이는 증거에 있는 비연속성을 표시하고 "언제"라는 질문을 더 분명히 제기한다.

쟁점의 날카로움은 피할 수 없다. 초기 그리스도인들이 예수의 죽음을 속죄 희생으로 믿었고 예수가 그렇게 믿도록 그들을 가르친 것으로 기억했다면, 이것은 예루살렘 성전에서의 속죄제 및 속죄일 의식에 대한 그들

---

306) 추가로 §24.2을 보라.

의 태도에 틀림없이 깊은 영향을 주었을 것이다. 예수의 죽음이 효과 있는 속죄제물, 즉 참된 속죄제물이었다면, 성전의 속죄제는 불필요하고 구식이 되었으며, 예수의 죽음이 죄를 다루는 성전 의식을 온전히 대체했다는 피할 수 없는 결론에 이른다. 히브리서에서 내린 결론(히 10:1-10)은 기독교 운동이 동틀 무렵에 이미 나와 있었을 것이다. 이런 경우 성전에 계속 다니며 성전 의식에 의존하는 것은 복음의 유효성과 "죄를 위한" 예수의 죽음이 지닌 효력을 부정하는 일이다. 이는 히브리서가 이내 지적하듯이(6:4-8; 10:26-31) 배교에 버금가는 일이었다.

그러나 사도행전에 따르면, 이 결론은 초기 그리스도인이 내린 결론이 **아니다**. 누가에 따르면, 첫 예루살렘 그리스도인들은 **실제로** 성전에 계속 다녔다. 베드로와 요한은 "제 구 시 기도 시간에(행 3:1)", 즉 매일 오후 번제가 드려지는 그 시간에[307] 성전에 갔다.[308] 날마다 숫양을 번제로 두 번 드리는 일이 어쩌면 속죄로 여겨지지 않았을 것이다.[309] 그러나 분명하게 이것은 디아스포라를 포함한 이스라엘의 지속적인 안녕을 위해 필요한 제사로 받아들여졌다.[310] 첫 그리스도인이 이 성전 제의의 필수 부분에 계속 관련되었다는 사실은, 예수의 죽음을 마지막 번제로 이해하는 것이 그의 첫 추종자들의 사고와 그에 따른 관습으로 이미 확고해졌느냐는 질문을 제기할 수밖에 없다. 더군다나 우리는 메시아 예수를 믿는 첫 신앙인들이 그들이 기억한 예수의 행위대로(마 17:24-27) 성전세를 계속 지불했다는 점과 속죄제를 포함하는 성전 제사에 그 세금이 쓰였다는 점(느 10:32-33)

---

307) Josephus, *Ant.* 14.65; 단 9:21. 제사 때 기도는 일상 관습이었다(Falk, 'Jewish Prayer Literature', 296-97).

308) 행 3:1은 "베드로와 요한이 기도 시간인 제9시에 성전에 가곤 했다"(비교. 2:46)로 번역될 수 있다.

309) Sanders, *Judaism*, 104-105.

310) 경비는 성전세로 지급되었으며, 이는 디아스포라에 사는 이들을 포함한 모든 유대인 남자로부터 거둬졌다. 하루 두 번 있던 이 제사는 나라와 카이사르를 위한 제물이었거나 그것을 포함했다. "그들의 통치자들을 위한 관례 제물"을 포기한다는 결정이 첫 유대인 봉기의 기반이 되었다(Josephus, *War*, 2.197, 409-10).

을 확실하게 추론해야 한다. 몇몇 사람들은 누가에게 성전은 더 이상 제사의 장소가 아닌 오직 설교와 기도의 장소였다고 주장한다.[311] 그러나 2:46에는 설교를 하려했다는 암시가 없다. 그리고 저녁 제사 때 그 제의에 사실상 반하는 설교는 3-4장에서 예상한 것보다 더 엄청난 적대감을 불러왔을 것이다. 그리고 개인 기도가 목적이었다면, 제9시는 그 목적으로 성전에 가는 자는 누구나 피해야 할 시간이었다. "기도 시간"은 공중 기도 시간이었고, 그 시간에 성전에 가는 사람은 누구나 그렇게 자신을 그 기도와 공공연하게 관련시켰다.[312] 성전을 "하나님의 집"으로 여전히 소중히 여기지만 성전의 희생제사가 이제 효력이 없다고 여기는 사람이라면 누구라도 설교나 헌신을 위해 제9시가 **아닌** 다른 시간에 성전에 갔을 것이다.[313] 이런 생각은 예수가 성전을 대신하는 새 종파를 세우려고 했다는 가능성과 결정적으로 반대된다. 이 경우에 여기서 베드로와 요한으로 대표되는 예수의 가장 가까운 제자들이 이 문제에서 그의 의도를 완전히 오해했음이 틀림없다.[314]

---

311) Hengel, *Atonement*, 57; G. Schneider, *Die Apostelgeschichte* (HTKNT, 2 vols.; Freiburg: Herder, 1980, 1982), 1.288-89, 299. Pesch, *Apg.*, 1.37이 이를 인정하면서 인용한다.

312) Barrett, *Acts*, 1.178; Fitzmyer는 그들이 성전에 빈번하게 다녔고 성전의 기도와 제사 및 예배에 참여했다고 2:46에서 명백하게 추론한다. "그들이 부활한 그리스도의 추종자로서 세례를 받았다 할지라도, 그들은 모범적인 유대인으로 남았으며, 여기에 어떤 모순이 있다고 보지 않았다"(*Acts*, 272).

313) 희생제의의 대부분이 속죄와 관련이 없다고 주장할 수도 있는데, 그렇다면 제의의 나머지에 참여하는 일에 영향을 끼치지 않고 속죄의 중요성을 예수의 죽음의 결과로 돌릴 수 있었다(비교. R. Bauckham, 'The Parting of the Ways: What Happened and Why', *ST* 47 [1993], 135-51[여기서는 150-51 n. 37]; Wedderburn, *History*, 206 n. 54). 그러나 희생제의 안에서 그런 분명한 괴리가 예수의 추종자에게 일어났는가? 누가에 따르면 아니다(아래 21:23-24을 보라).

314) M. Bockmuehl, *This Jesus: Martyr, Lord, Messiah* (Edinburgh: Clark, 1994), 75과 201-202 n. 50; J. Klawans, 'Interpreting the Last Supper: Sacrifice, Spiritualization and Anti-Sacrifice', *NTS* 48 (2002), 1-12(여기서는 9-10). "처음부터 유대 그리스도인들은 제의에 원천적으로 초연한 태도를 보였을 것이다"(*Atonement*, 56)라고 생각한 Hengel과는 반대다. 그는 이 부분에서 2:46과 3:1의 증거를 완전히 무시한다. S. McKnight, *Jesus and His Death: Historiography, the Historical Jesus, and Atonement Theory* (Waco: Baylor University, 2005) 는 여기서 제기된 특정 논제를 다루지 않고, 예수 이후에 발전된 속죄 신학을 검토한다

사도행전 3:1의 함의가 예루살렘의 상황에 관한 누가의 이해와 상충하지 않음을 예루살렘 교회에 대한 그의 나중 서술이 확인해준다. 바울이 개종 후에 자신이 예루살렘 성전에서 기도했다고 긍정하는 장면을 누가는 기록했다(22:17). 그리고 누가의 서술을 따르면, 야고보도 나중에 그가 예루살렘 교회에서 논쟁의 여지가 없는 지도자로 자리 잡은 지 오래되었을 때, 무수한 유대인이 믿게 되었고, 그들이 "율법에 열성을 가진 자"(21:20)라고 바울에게 말했다. 성전 제의에 참여하지 않고 그렇게 묘사될 수 있는 사람은 예루살렘에 한 사람도 살지 않았다. 속죄 의식을 준수하지 않는 "율법에 열심인 사람"이 예루살렘에 있기는 불가능하고, 율법에 너무나도 중심적인 성전을 무시하거나 부정하는 믿음을 가진 동료 유대인을 그들이 용인한다는 것도 거의 불가능하다.

또한 이것은 바울이 성전 의식에 참여했다는 뒷이야기(21:23-24, 26)에 담긴 함의다. 누가에 따르면, 야고보의 제안으로 바울은 서원한 네 사람과 합류한다. 그는 그들과 함께 정결 의식을 행하고 그들이 머리를 깎을 수 있도록 비용을 지불했다. 예상되는 상황은 민수기 6:9-12의 규례가 다루었던 상황이었을 것이다. 거기서는 나실인의 "구별됨"이 시체와의 접촉 때문에 더럽혀진다고 말한다. 그 더럽혀짐은 7일간의 정화 기간과 이전까지는 자르지 않은 머리의 삭발을 요구했다. 8일째 되는 날에는 산비둘기나 집비둘기 새끼 두 마리를 바쳐야 했는데, 하나는 속죄제물로 다른 하나는 죄를 속하는 번제물로 드렸다.[315] 바울이 자신을 "서원 아래" 있다고 여겼는지(비교. 행 18:18), 아니면 정결하지 않은 사람으로서 자신을 위해 제물을 드릴 필요가 있다고 여겼는지는 분명하지 않다. 약간의 절충이 분명히 포함된다. 그러나 그것이 바울이 믿었던 내용에서 어느 정도나 떨어져 있다고

(339-74).

315) 나실인 법은 제2성전기 말에 하나님의 은혜에 감사를 표하는 매우 대중적인 방법이 되었다. 전승에 의하면 헤롯 아그리파 2세의 누이인 버니게와 아디아베네의 여왕이자 유대교 개종자인 헬레나가 나실인 서약을 했다(추가로 G. Mayer, *nzr, TDOT,* 9.309-10을 보라).

여길 수 있는가(비교. 고전 9:20-21)?[316] 어떤 경우든 바울은 속죄제물을 드리는 것을 포함해서, 의식을 지키는 사람들과 함께했다.[317] 그리고 비록 바울이 여기서 자신에게 맞지 않는 행동을 했을지라도, 이 행동은 예루살렘 공동체의 믿음과 관습에 아주 잘 어울리는 것으로 묘사된다. 이렇게 행동한 공동체가 예수의 죽음이 그런 모든 희생을 종결시킨 속죄제물이라고 믿을 수 있었을까? 우리는 예루살렘의 많은 신자가 벌써 전통적인 유대교로 되돌아갔다고 상상해야 하는가? 그렇지 않으면 그리스도의 죽음이 속죄제물이라는 이해가 예루살렘 교회에서 분명하게 설명되지 않았다는 추론이 더 간단한가?[318]

c. 누가의 신학인가? 초기 강조의 반향인가?

방금 개괄한 추론은 이 모든 내용에 역사적 서술보다는 누가의 신학적 특징을 감지함으로써 논박할 수 있다. 한 예로, 누가는 초기 설교들을 기술하면서 예수의 죽음이 속죄를 위한 것이라는 발상을 피했거나 비중을 별로 두지 않은 것처럼 보인다.[319] 그리고 바우어 이래로 반복된 주장은 누가가 특히 바울을 유대화해서 기독교의 다양한 분기를 화해하게 하려고 했다는 것이다.[320] 그러면 초기 기독교에 관한 누가의 서술이 예수의 죽음과 "우리

---

316) Barrett, *Acts*, 1011-13; Fitzmyer, *Acts*, 694; Porter, *The Paul of Acts*, 180-82에 있는 논의를 보라. 그리고 추가로 아래 §34.1a를 보라.

317) Wilckens는 이 상세 사항을 무시한다(*Theologie*, 1/2.189 n. 59).

318) "바울 서신에서 발전한 것으로 보이는, 예수의 죽음이 속죄를 위함이라는 특별 **강조**가 초기 유대인 기독교 정황에서는 없었을 수도 있다고 보는 것은 합리적이다"(Hurtado, *Lord Jesus Christ*, 186).

319) 행 2:23-24; 3:14-15; 4:10; 5:30; 8:32-33; 10:39-40; 13:28-30; 눅 22:27에 관해서는 *Jesus Remembered*, 812-14을 보라. 추가로 H. J. Sellner, *Das Heil Gottes. Studien zur Soteriologie des lukanischen Doppelwerks* (BZNW 152; Berlin: de Gruyter, 2007), 10장을 보라. 이는 비록 속죄 관점에서는 아니지만 예수의 죽음이 지닌 구원의 중요성을 토론한다.

320) 예. Gasque, *History of Criticism of Acts*, 4-5장을 보라. 그는 그 주제에 관해 Jülicher가 산뜻하게 개선한 내용을 인용한다. "바울은 유대화되지 않았고, 베드로도 바울화되지 않았다. 오히려 바울과 베드로는 누가화, 즉 가톨릭화되었다"(101).

의 죄를 위해서"라는 예수의 죽음에 대한 고백 간의 차이를 연결하는 역사적 자료를 제공할 것이라고 기대할 수 없다.

한편으로, 예루살렘 공동체가 성전 제의에 계속 참여했다는 누가의 서술이 실로 역사적 기억 속에 확고히 뿌리를 내렸다는 암시가 다른 곳에 있다.

(1) 중요한 점은 예루살렘이 처음부터 기독교의 모 교회였고 그렇게 남았다는 사실이다. 이미 언급했듯이, 예루살렘 자체가 주로 성전을 위해 그리고 성전 제의를 돕기 위해 존재했기 때문에, 갈릴리 사람들이 예루살렘으로 이주할 유일한 이유는 성전에 가까이 가려는 바람에 있었다.[321] 그리고 시대의 절정 사건들이 그곳에서 일어날 것이라는 기대가 그들의 유일한 이유였을지라도, 성전과 시온은 그런 기대에 있어 불가분의 개념이었다.

(2) 갈라디아서 2:9에서 야고보와 베드로 및 요한을 "기둥" 사도로 지명한 것이 실로 그들이 "[종말론적] 성전 기둥"으로 여겨졌다는 암시라면,[322] 예루살렘 성전과 공동체 사이에 연속성이 있다는 함의가 있을 것이다.[323] 상징성이 있는 예수의 성전 정화는 같은 방향을 지향한다고 기억되었는데, 그것은 성전이 "만민이 기도하는 집"(막 11:12-17 병행구들)이라는 점이다.[324]

(3) 율법 때문에 바울의 선교를 맹렬하게 반대한 사람들은[325] 토라에 상당히 중심적인 성전 의식을 율법을 향한 그들의 열심에서 떼어낼 수가 없었을 것이다. 한편으로 성전 제의가 바울의 논쟁에 등장하지 않는다는 사

---

321) 위 §22.3c를 보라. "예루살렘 신자들에게, 성전은 **예수의 추종자로서의** 그들의 믿음과 경건의 철저한 구성 요소였다"(Hurtado, *Lord Jesus Christ*, 197).

322) 위 §23.3d 그리고 추가로 아래 §36.1을 보라.

323) 쿰란이 자신들이 타락한 성전을 대신하여 기능한다고 생각했다고 해서 성전이 그들이 기대하는 바와 관련하여 더 이상 아무 기능도 하지 않았다는 의미는 아니다. 11QTemple이 증명하듯이 말이다.

324) *Jesus Remembered*, 636-40, 650.

325) 특별히 갈라디아서와 빌립보서(아래 §§31.7과 34.4).

실은 이런 가정에 반하는 점이다. 그러나 이 논쟁이 디아스포라에서 발생했기에, 성전 제의를 지키려는 마음은 어쨌든 실제적인 문제가 아니었을 것이다.

(4) 그러나 히브리서는 성전 제의의 실재성이 많은 이방 그리스도인에게 틀림없이 아주 매력적으로 보였을 것임을 증명한다.[326] 예루살렘과 유대에 살고 있는 사람을 포함해서, **모든** 그리스도인이 성전 제의를 버렸다면, 이방 신자들(만일 히브리서에서 이들을 염두에 두었다면)이 예수를 믿는 믿음의 일부로서 그것에 그렇게까지 마음이 끌렸을 가능성은 거의 없다. 그것에 끌렸다면 이방인들은 기독교 종파를 우회해서 유대교 자체를 받아들였을 것이다.

(5) 성전 제의에 계속 의지함을 보여주는 말씀을 담고 있는 예수 전승을 여기서 상기하는 것이 중요하다: "예물을 제단에 드리려다가 거기서 네 형제에게 원망들을 만한 일이 있는 것이 생각나거든 예물을 제단 앞에 두고 먼저 가서 형제와 화목하고 그 후에 예물을 드리라"(마 5:23-24). "예물"(dōron)이라는 용어는 물론 엄밀하게 제물을 의미할 필요는 없으나, 레위기의 "예물을 가지고 오다, 예물을 드리다"라는 표현의 빈번한 사용이 명확히 하는 것처럼, 여기서 사용된 그 표현은 성전의 희생제의에 참여한다는 어느 정도 전문 용어다.[327] 요점은 이 명령이 예수의 가르침의 일부로 기억된다는 점이다. 예수가 성전의 희생제의에 등을 돌렸다면, 그런 말이 보존되었을 가능성은 거의 없다. 이 명령을 매일의 삶을 위한 실제적 충고로 진지하게 받아들인 사람들은 그 명령이 언급한 제의를 계속해서 지켰을 것이다. 그렇다면 그들은 그릇된 인도를 받았는가? 그들이 예수의 가르침이나 죽음에서 초기부터 끌어낸 추론에도 불구하고 전통적인 유대교 의식을 다시 준수했는가? 그렇지 않으면 마태복음 5:23-24은 그 말씀을 소중하게

---

326) 제3권을 보라.

327) BDAG, 267; W. D. Davies and D. C. Allison, *Matthew* (ICC, 3 vols.; Edinburgh: Clark, 1988, 1991, 1997), 1.516-17.

생각하는 사람들 가운데 예수의 죽음을 속죄제물로 이해하는 관점이 아직 등장하지 않았음을 추가로 증명하는가?

(6) 덧붙여서 사도행전 20:28의 혼란스러운 언급("하나님이 자기 피로 사신 [*periepoiēsato*] 교회를")이 보여주듯이, 누가는 구원에 예수의 죽음이 필요하다는 생각을 결코 반대하지 않았다.[328] 그래서 누가가 기록한 어떤 복음 전도 설교에서도 고린도전서 15:3b이 반복되지 않았다는 사실은 어쩌면 그의 편견보다는 그가 받은 전승 때문일 것이다.

(7) 사도행전 8:32에서 유일하고 분명하게 인용된 이사야 53:7에서 더욱 확실하게 볼 수 있듯이, 누가가 이사야의 종을 암시한 것은 전부 고난과 신원이라는 주된 주제에 기여하는 것처럼 보인다.[329] 예수의 죽음이 속죄의 죽음이라는 생각은 아직 분명하게 존재하지 않았음을 상기해야 한다.[330]

이 모든 내용에서 내릴 수 있는 명백한 결론은 예수의 신원과 승귀라는 주제가 예수에게 일어난 일에 대한 초기 그리스도인들의 고찰을 지배했다는 것이다. 예수는 가장 야만스럽고 수치스러운 죽음의 고통을 겪

---

328) "28절은 그[누가]가 [예수의] 대속적인 죽음이라는 개념을 다소 자명한 것으로 추정함을 보여준다. 비록 그것이 그의 신학적 사고의 중심 역할을 하지 않는다 할지라도 말이다."(Pesch, *Apg.*, 1.204-205. 이는 J. Roloff를 인용한다). "'피' 언급은 분명 예수의 대속의 피 흘림을 가리킬 것이다"(Fitzmyer, *Acts*, 680). Barrett, *Acts*, 976-77에 있는 추가적 논의와 아래 §33 n. 397을 보라.

329) J. B. Green, *The Death of Jesus* (WUNT 2.33; Tübingen: Mohr Siebeck, 1988): "명백하게도 초기 기독교에 있어 최우선 순위는, 예수의 죽음이 하나님에게는 하나도 놀라운 일이 아니었으며, 당시의 기독론적 주장들과도 모순이 있다고 여겨지지 않았음을 증명하는 데 있었다. 예수가 '우리를 위해서' 죽었다는 발상은 이 요점을 분명하게 하는 매우 이르고 중요한 수단으로 여겨졌다"(320-23).

330) 위 §23.4g를 보라. 비교. Hahn, *Theologie*, 1.152-53, 158, 169-70. P. Stuhlmacher, 'Isaiah 53 in the Gospels and Acts', in Janowski and Stuhlmacher, *The Suffering Servant*, 147-62은 행 2:38, 5:31; 10:43 등과 함께 3:13, 19을 언급하며, 하나님의 종으로서 예수라는 더 큰 개념 없이, "*pais Theou*인 예수의 사역으로 말미암은 죄의 용서라는 표현은 이해가 불가능했을 것이다"라고 논증한다(156). 그러나 이 점은 그렇게 분명하지 않은데, 2:38이 세례 요한의 표현을 반복한 것처럼 보이기 때문이다(§23.2a를 보라). 세례 요한은 속죄제나 다른 속죄 의식과는 별개로 용서를 약속한 것으로 보인다(*Jesus Remembered*, 358-60).

었다.[331] 그러나 하나님이 그를 죽음에서 살리셨다. 하나님은 그를 죽음에서 살리심으로 예수가 이사야서의 고난의 종처럼 부당하게 고난을 겪었음을 보여주셨으며, 이사야 53장에서 예언했듯이 그를 신원하셨다. 따라서 예수의 죽음을 속죄로 이해하는 것은 아람어를 말하는 첫 제자들이 아닌 그리스어를 말하는 헬라파와 함께 초기에 나타났을 가능성이 더 높으며, 바울은 헬라파에게서 그의 고린도전서 15장의 교리 문답을 배웠다. §24에서 헬라파를 다룰 것이다.

23.6 요약: 메시아 종파

기독교의 시작을 다루는 대부분의 연구는 초기 예루살렘 공동체에 단 몇 쪽만을 할애할 뿐이다.[332] 활용할 수 있는 자료는 너무 적으며, 사도행전 1-5장에 누가가 서술한 내용은 이상화된 내용이라고 너무 쉽게 무시될 수 있다. 그러나 이와는 어느 정도 대조적으로 필자는 다음의 과정들을 통해 상당히 현실적인 개요를 발췌하고 세울 수 있다고 생각한다. 곧 (1) 당시 더 큰 역사적 상황을 배경으로 설정할 뿐만 아니라, (2) 우리가 가진 가장 초기 기독교 증언자인 바울이 제공한 다수의 추론과 함의를 포함한 정보를 통해, (3) 초기부터 예수 전승을 틀림없이 사용했을 방법에 대한 상당히 명백한 추론을 통해, 그리고 (4) 사도행전 1-5장에서 얻은 인상을 누가가 그 시기에 관해 모은 정보의 반향으로 보거나, 아니면 그가 개괄한 내용을 잘 알고 현실감 있게 그려내려고 한 그의 시도로 진지하게 받아들임을 통해서다.

물론 대부분의 자료는 정확성과 시기의 정밀성에 관한 한 통제할 수 없다. 그러나 몇몇 경우에서 우리는 거의 처음부터 명백하고 확고하게 자

---

331) M. Hengel, *Crucifixion* (London: SCM, 1977).
332) "원시 교회에 대한 역사는 거의 알려지지 않은 채로 있다"(Conzelmann, *History*, 33).

리를 잡았거나(죽음에서 일어나 하늘로 올린 예수, 메시아 예수, 그의 이름으로 세례, 예수의 재림), 후기에는 이어지지 않았거나(인자 기독론, 예언자 기독론), 차후에 다른 방법으로 발전한(성전을 향한 태도, 예수 죽음의 중요성) 요소를 강조할 수 있게 됐다. 그리고 비록 어떤 특정한 요소가 처음부터 존재했는지 확신할 수 없다 할지라도, 분명히 추론할 수 있는 점은 경향과 흐름이 거의 처음부터 확실하게 자리를 잡았다는 것이다(일어난 일에 비추어 성경 해석하기, 명백한 표현과 전승 사용, 예배와 증언 형식들). 여기서 드러난 결론은 대단치 않은 것이 아니다.

요약한다면, 예수의 사역과 죽음 및 부활 때문에 일어난 새로운 운동에 대한 가장 어울리는 짧은 묘사가 무엇인지를 질문할 수 있다. "메시아 종파"라는 표현이 가장 분명한 후보다.

그것은 누가와 요세푸스가 사용한 의미에서 "종파"(*hairesis*)였다.[333] 그 종파는 바리새파와 사두개파처럼 제2성전기 유대교라는 모체에서 활동했으며, 예수 역시 그 안에서 활동했다. 1세기 유대교 내 한 종파로 시작했다는 의미에서 "종파"이며, 다른 종파들과 의견이 다르지만, 그들도 유대교의 한 부분임을 부정하지 않는다. 오늘날 영국에서 대립하는 정당들이 다른 정당들을 합법적이지만 영국 사회의 동일한 민주적 이상이라는 책무를 다르게 표현하는 정당으로 인정하는 것처럼 말이다. 쿰란과 다르게 이 종파는 하나님의 이스라엘의 일부로서 적대자들이 가진 어떤 지위도 부정하지 않았다. 그런 의미에서 그것은 모체를 떠난 유대교 "교회"의 한 부분이라는 의미의 "종파"가 아니었다. 베드로와 요한이 부활에 관한 불일치라는 면에서 고발당한 장면을 누가가 묘사할 때(4:2) 어떤 역사적 긴장도 야기되지 않는다. 나중에 누가가 똑같은 논쟁에서, 자신의 이전 바리새파 동료에게 지지를 요청하는 바울을 묘사할 때처럼 말이다(23:6-9). 성전 당국자

---

333) §20.1(15)을 보라. J. H. Elliott, 'The Jewish Messianic Movement', in Esler, ed., *Modelling Early Christianity*, 75-95은 "분파에서 종파까지"를 추적한다(79-84). White는 "종파"와 "종교 집단"의 구별에 대해 유익한 논의를 제공한다(*From Jesus to Christianity*, 129-31).

들이 초기에 의문시한 것은 새 종파의 존재가 아니라 바로 그들의 믿음이었다.

그들의 가장 독특한 특징이 예수에 관한 그들의 신앙이라는 점에서 그것은 **메시아** 종파였다. 즉 하나님이 메시아인 그를 죽음에서 일으키셨고, 그들이 그의 이름으로 즉 그의 이름을 부르고 그의 이름이 지닌 권능으로 행동함으로 자신들을 규정했다는 면에서다. 여기서 다시 제기되는 문제는 새 운동의 존재나, 심지어 그들과 예수가 관련된다는 사실도 아니며, 예수가 죽음에서 부활했음을 선포하고 다른 이들에게 그의 주 되심에 복종하라고 선포하는 그들의 자유와 대담함이다.

다른 용어들(특별히 "종말론적", "열광적" 혹은 "영적")도 거의 동일하게 타당하다. "종말론적"(혹은 더 적합하게 보이는 다른 표현)이라는 용어에 실제적 내용을 부여하지 않는다면,[334] 우리는 초기 기독교가 지닌 특징의 진가를 제대로 인정하지 못할 것이다. 하나님 나라와 그 회복에 대한 계속되는 강조, "열둘"의 지속적인 중요성, 하나님의 메시아가 이미 예수로 왔고 예수에게 일어난 일에서 "죽은 자 가운데서 부활"이 시작되었다는 확신, 마지막 날 약속의 성취로서 그들에게 성령이 부어졌다는 의식, 예수의 재림에 대한 소망 이 모두는 초기 기독교의 자기이해에 필수였고, 흥분되는 실현과 기대라는 태도를 표현하고 자아낸다.[335] 새 시대의 동이 텄고, 자기 백성을 위한 하나님의 마지막 목적과 창조가 성취 중이라는 압도적인 직감을 2천 년 후를 사는 우리가 충분히 이해하기는 어려운데, 이에 대한 어느 정도의 감정이 이입된 이해 없이는 첫 기독교 공동체의 신앙과 동기를 이해할 수 없다.

"열광"이라는 표현도 비슷하다. 여기서도 최초 기독교 공동체(들)의 특

---

334) 예로, White는 "묵시적 유대 종파"를 선호한다(*From Jesus to Christianity*, 128).

335) "역사적 종교의 관점에서 볼 때, 초기 교회는 그 자체를 유대교 안의 종말론적 종파로 제시하는데…특별히 자신을 마지막 날에 부름을 받고 선택받은 회중으로 이미 의식했다는 사실 때문에 다른 종파들 및 추세들과 구별된다"(Bultmann, *Theology*, 1.42).

징은 "위로부터" 권능을 받고 영감을 통해 할 말을 부여받은, 놀라운 일을 가능하게 한 체험(혹은 개념화된 체험)이었다. 불충분할지는 모르지만, "열광"이라는 표현은 첫 제자들이 처음부터 불러일으킨 것으로 보이는 그들의 열정과 흥분을 잘 요약한다. 그런 모든 주장을 "광신"이라고 무시하거나 일축하는 현대 이성주의자는 충분한 설명이라며 이런 현상들을 추적이 불가능한 사회 심리적 요인으로 치부해버린다. 그러나 개념화된 체험의 실재를 부정해서는 안 되며, 기독교의 시작을 이해하는 데서 그것들의 중요성을 축소해서도 안 된다. 라틴 아메리카와 아프리카 및 동남아시아에서 (다양한 형태의) 오순절주의의 영향력과 확장은, 더 오래된 기독교 신학 전통의 상속자들로 하여금 성령론에 대한 재평가가 필요한 측면과 국면이 있음을 깨닫게 했다. 여기서 이에 버금가는 1세기에서의 영향력과 확장을 염두에 두며, 기독교의 시작에 관한 전통적인 이해도 동일하게 재평가하도록 요청된다.

그 시작들을 묘사하는 다른 방법 하나를 소홀히 해서는 안 된다. 바로 제2성전기 후기 유대교 내의 갱신 혹은 부흥 운동이다. 이 사건들과 신념들 그 자체는 제2성전기 유대교의 다양한 구조에 어떤 종류의 파열도 남기지 않았다. 특징들 대부분은 쿰란 종파와 유사하기도 하다. 즉 준-메시아적 지위를 가지고 있는 "의의 선생", 옛 예언들이 종파의 미래를 확고하게 염두에 두었다는 종말론, 심지어 자신들이 약속된 마지막 성령을 경험했다는 그들의 믿음과 "안식일 제사 노래"에 표현된 열광 등이다.[336] 차이점은 쿰란이 율법에 더 집중했다는 데 있지 않다. 우리가 파악할 수 있는 한, 최초의 공동체도 나름대로 율법에 동일하게 집중한 것으로 보이기 때문이다 ("율법에 열성을 가진 자", 행 21:20). 오히려 차이점은 쿰란이 더 종파적이고 배타적이며 다른 모든 유대인을 멸시했다는 데 있다.[337] 또한 제2성전기 유대교

---

336) 1QS 4.20-23; 1QH 15[= 7].6-7; 17[= 9].32; 20[= 12].12; CD 5.11; 7.3-4.

337) Goppelt는 "예수의 제자들은 에세네파와 바리새파처럼 자신들이 **참된** 이스라엘이 될 것이라고 여기지 않았다.…오히려 그들은 자신들을 하나님의 구원이 이미 임한 **새** 이스라엘

의 다른 구성원들에게 갱신을 가져다줄 더 큰 잠재력이 초기 기독교 운동
에 있었다고 볼 수 있다. 얼마나 오랫동안 그 잠재력이 살아 있었고 적절했
는지는 또 다른 이야기다.

이라고 여겼다"라고 말한다(*Apostolic*, 28).

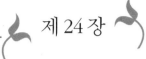

제 24 장

헬라파와 첫 역외 전도

기독교의 최초 시기를 넘어가기 시작하면서 우리는 중요한 한 가지 특징과 대면한다. 누가는 사도행전의 다음 국면을 계획하면서 세 가지 전승에 의존할 수 있었던 것으로 보인다. (1) "헬라파"와 예루살렘을 넘어 퍼져나간 새 운동에 관한 전승들, (2) 바울의 등장을 둘러싼 전승들, 그리고 (3) 베드로와 그의 선교 사역에 관한 전승들이다. 이 전승들 간에 독립성의 정도에 약간의 어색함이 존재한다. 우리는 이 전승들을 연대순으로 어떻게 연관 지어야 하는지 모른다. 어떤 것이 우선인가? 앞으로 살피겠지만, 누가는 그것들 간의 관련성을 어느 정도 보여준다. 특별히 베드로와 바나바를 통해서 말이다. 비록 이 전승들이 초기 기독교를 연구하는 역사가에게 더 문제되는 단락들에 속하지만 말이다. 그러나 전승들의 독립성은 비교적 영향을 받지 않으며, 이는 자신의 전체적인 계획에서 자료를 가능한 한 있는 그대로 제시하려는 누가의 의도를 보여주는 듯하다.

여기서 더 중요한 점은, 누가가 전승들의 한 장면에서 다른 장면으로 진행하면서, 전승들을 서로 혼합하기보다는 사이사이에 삽입하여 연대기적 진행이라는 강력한 표준을 유지하려고 노력했다는 사실이다. 누가는 바울의 개종과 베드로의 사역에 관한 내용을 헬라파의 내러티브에 삽입했으며, 안디옥의 획기적 진전에 관한 서술은 바울과 베드로 이야기를 더 전개하기 전에 언급되어야 했다. 그래서 이 지점에 선택의 여지가 있다. 사실상 사도행전에 서술된 누가의 본보기를 따르거나, 세 종류로 분류된 전승을 각각 추적하여 그 전승들의 일관성을 더 잘 이해하고 기독교의 형성에 대한 더 나은 이해를 위해 그 전승들이 일관된 분류로서 공헌한 부분을 더 잘 파악하는 것이다. 필자는 후자를 따르도록 하겠다. 각각의 사례에서 그 이야기는 첫 10년(혹은 실제로 40년대 중후반)을 넘어가서 다음 가닥을 찾기 위해 시간을 어느 정도 뒤로 돌려야 할지도 모른다. 그러나 이렇게 가닥들을 나누어 다루면 그것들의 역사적 가치를 더 잘 인식하고 누가가 제공한 연관 부분들을 보다 공정하게 평가할 수 있다.

누가가 안내한 대로, 우리는 헬라파에서 시작한다.

24.1 새 국면

"그때에 제자가 더 많아졌는데 헬라파 유대인들이 자기 과부들이 매일의 구제에 빠지므로 히브리파 사람을 원망하니"(행 6:1). 누가는 이 말과 함께 초기 기독교의 가장 흥미로운 국면 가운데 하나를 소개한다. 빠르게 늘어가는 신자들, 거룩한 분위기가 하나님이 인정한 신자들의 지위를 증명하며 그들의 온전함을 지켜줌, 성전과 가정에서 의연하게 설교함, 그리고 혼란스러운 성전 당국자의 반대라는 이상적인 장면이 내부적인 다툼의 부조화 때문에 방해를 받는다. 이때까지 연합되어 있던 신자들은 적어도 두 이질적인 무리로 구성된 듯하다. 즉 헬라파와 히브리파다(6:1). 그때까지만 해도 논란의 여지가 없었던, 예수에 의해(혹은 제비를 통해) 지명된 "사도들"의 지도력은 모든 공동체가 뽑은 일곱 명으로 보충돼야 했다(6:2-6). 일곱 명 중 한 명(열둘 중 하나가 아님)이자 영적 위상을 가진 한 인물(스데반)은 베드로가 사라지자 중앙 무대에 등장했다(6:8-15). 스데반이 했다고 여겨지는 연설은 이 책에서 가장 길고(7:2-53), 그의 죽음은 박해와 첫 국면에서 거의 보이지 않았던 메시지의 역외 전도를 촉발했다(8:1-4). 그리고 중앙 무대에 나온 다음 인물은 같은 일곱 무리에서 등장한 것처럼 보이며(빌립), 유대인의 오랜 적인 사마리아인들 가운데서 일어난 획기적 진전과 첫 이방인(그것도 내시[8:26-40])이 온전하게 개종한 일도 그 덕분이다. 더 놀라운 일은 동일한 상황과 자극(박해 때문에 흩어짐) 때문에 말씀이 더 폭넓게 전해지고 특별히 제국 동쪽의 주요 도시인 수리아의 안디옥에 교회가 설립되었다는 점이다(11:19-26).[1]

누가가 내러티브 이 부분에서 자료에 의존했다는 데에 학계는 대체로 의견을 같이한다.[2] 사실 일곱 명을 지명하는 장면에서 안디옥 교회 설립까지 상당히 일관성이 있는 내러티브(꼭 기록일 필요가 없는 구전 기억)가 누가에게 제공되었을 가능성이 있다. 이런 내러티브는 어쩌면 안디옥 교회에 대한 이야기의 일부였을 것이고(설립 내러티브), 누가가 그 교회나 그 교회의 구성원들과 어떤 식으로든 접촉이 있었다면, 그는 그 이야기의 기본 개요를 배우고 종래와 같이 자신의 용어로 그것을 표현할 수 있었을 것이다. 사도행전 안에서는 누가가 바울의 개종과 베드로의 선교에 관한 서술(9:1-11:18)을 삽입했기 때문에 그 이야기의 연속성이 중단됐으나, 11:19에서 반복된 8:4의 표현은 나중에 누가가 의식적으로 자신의 초기 (구전) 내러티브 자료로 돌아왔음을 충분하게 나타내는 듯하다.[3]

---

1) Penner는 "현대 학계가 헬라파에 부여한 중요성은 그들 자신의 신학과 역사적 논평의 산물이고, 초기 교회의 실제 현실과는 거의 아무 관련이 없다"라고 결론지으면서, 헬라파 소개 및 스데반 활동의 뒤를 잇는 이 일련의 사건에 거의 비중을 두지 않는다(Praise, 331).

2) "누가가 6:1에서 새로운 전승(어떤 이들은 새롭게 기록된 전승이라고 말한다.…)을 따랐다는 것은 사도행전의 거의 모든 학자가 동의한다"(Barrett, Acts, 1.305).

3) 8:4: "그 흩어진 사람들이 두루 다니며 복음의 말씀을 전할새(hoi men diasparentes diēlthon eunangelizomenoi ton logon)"
11:19: "흩어진 자들이…곳곳으로 다니며…말씀을 전하는데(hoi men oun diasparentes…diēlthon

누가가 자료에 의존했고, 그가 이야기를 다시 전달할 때 그런 자료에 제약을 받았다는 암시는 많다.

- "헬라파"와 "히브리파"라는 용어는 자명한 것처럼 설명 없이 도입된다.[4]
- 어느 정도 알력이 있었다는 암시(6:1)는 1-5장에서 자주 언급되던 말 (*homothymadon*, "한마음/목적/동기로"[1:14; 2:1 이문; 2:46; 4:24; 5:12])과 어긋난다. 누가는 그런 불화에 대한 기록을 왜 주도적으로 삽입했는가?
- (하나님의) 지명보다는 마지못해 선출에 의존한 장면(6:3-6)은 누가가 첫 단계의 신정 정치라는 신중하고 정교한 묘사로부터 약간 움츠러들었음을 암시한다.
- 선출된 일곱 명의 이름은 그 에피소드 전체에 대한 정보를 제공한 사람들이 누가에게 전해주었을 가능성이 가장 큰데, 이는 그가 일곱 명 중 다섯 명에게 더는 관심을 보이지 않았기 때문이다. 그들은 1장 이후로는 언급되지 않은 사도 열 명보다 더 단명했다.[5]
- 일곱 명의 선택이라는 상황은 장면에서 이내 사라졌고, 중앙 무대로 등장한 스데반은 식탁 "봉사자"가 아니었다. 누가에게 그 사건에 관한 훌륭한 전승이 없었다면, 누가가 스데반(그리고 빌립)을 그 상황에 맞추어 등장시켰겠는가?[6]

...*lalountes ton logon*)."
비교. 예. Barrett, *Acts*, 1.547; Fitzmyer, *Acts*, 474.

4) "5절의 목록과 히브리파 및 헬라파의 갑작스러운 소개는 기록된 전승이 있었음을 가장 잘 보여준다"(Lüdemann, *Early Christianity*, 78); "이 절[6:1]에 있는 대부분의 표현은 누가답지 않은데, 이는 누가가 자료에서 이것들을 가져왔음을 시사한다"(Fitzmyer, *Acts*, 348).

5) "'이 단락에 기반이 되는 전승은 5절의 일곱 명 목록이다"(Lüdemann, *Early Christianity*, 77); "누가가 지면상으로 그 이름들을 보지 못했다면, 그들은 어쩌면 매우 잘 알려졌거나 영향력 있는 무리가 틀림없다고 결론지어야 한다"(Barrett, *Acts*, 1.314). 추가로 아래 §24.3을 보라.

6) "누가가 이것을 고안했다면, 그는 이야기를 잘 전하지 못했다. 배경을 고안해놓고서는 즉시 버렸기 때문이다. 그 가난한 과부들은 곧 버림을 받았다. 구제품 분배와 연관 있는 사람들이 설교가와 논쟁가가 되었다는 점은 충분히 이해해 만하나, 무엇보다 그들에게 그 일을 맡긴 후 다른 사역을 위해 그 일을 소홀히 한 듯이 그들을 묘사하는 것은 서투른 글쓰기다"(Barrett, *Acts*, 1.306).

- 예루살렘이 성전과 성전 유지를 위해서 존재하는 상황에서 예루살렘 회당에 대한 언급(6:9)은 어느 정도 예상치 못했다.[7]

- 스데반의 대적자들은 3-5장의 대제사장급 관계자들이 아닌 그의 동료 헬라파들로 드러난다(6:9-14).[8]

- 스데반에 대한 고소(6:14)는 예수가 말했다고 기억되며 첫 그리스도인들을 불안하게 만든 말의 전승에 대한 추가 증언이다. 마가복음 14:57-58과 사도행전 6:13-14에서는 거짓 증언으로 취급됐으나, 요한복음 2:19에서는 사실상 인정됐다.[9]

- 스데반이 행했다고 받아들여지는 연설(7장)은 사도행전에서만 나오고, 누가가 결과에 어울리는 자료를 사용할 수 있었음을 암시한다. 그 연설에서 표현된 성전을 향한 태도는 1-5장 전반에 묘사된 그림과는 분명히 어울리지 않는다.[10]

- 그 장들을 관통해 흐르며 인지할 수 있는 성전 중심 사상이 있다. 스데반에 대한 고소(6:14), 스데반의 연설에서 성전 비평(7:48), 그리고 다른 성전에 헌신하는 사람들(사마리아 사람들)과 내시(이스라엘 회중에서 제외되었다)를 향한 빌립의 사역.[11]

- 베드로와 요한에게 공급된 하나님의 보호는 스데반에까지 확대되지 않았다(7:57-60).

- 사울/바울이 초기 신자들의 최고 박해자였음은 바울 자신이 확인해주었다 (고전 15:9; 갈 1:13, 23; 빌 3:6, "그 박해자").

---

7) 그러나 아래 n. 30을 보라.
8) "누가가 무시할 수 없는 전승이 없었다면, 누가가 이 사람들을 소개해야 할 아무런 이유가 없다"(Haenchen, *Acts*, 273).
9) *Jesus Remembered*, 631-33을 보라. "예수가 성전 파괴를 예언했다는 견해는 강하게 주장할 수 있다"(Barrett, *Acts*, 1.329)
10) 아래 §24.5을 보라. 누가가 바로 이 지점(6:7. 일곱 명의 선택과 논란이 있는 스데반의 사역에 대한 묘사 사이)에 "허다한 제사장의 무리도 이 도에 복종하니라"라는 말을 기록한 것은 우연이 아니다. 누가는 이렇게 해서 이 장들에 있는 성전 모티프를 준비하고 강화했다.
11) 추가로 아래 §24.7을 보라.

- 다양한 언어적 특이성들은 다른 이들이 제공한 표현이 있었음을 암시한다. 특별히 "제자"라는 용어가 6:1에 처음 등장하며,[12] 사도들은 사도행전에서 한 번만 "열둘"이라고 불렸으며(6:3),[13] "성령 충만(plērēs)"이라는 표현은 이 자료에서만 발견되고(6:3, 5, [8]; 11:24), "은혜"(charis)라는 표현은 그 자료의 특징으로(6:8; 7:10, 46; 11:23) 누가의 이전 용법보다 바울의 용법을 예시하고, 그 내러티브는 "그리스도인"이라는 칭호의 첫 등장으로 절정에 이른다 (11:26).

요약하면, 사도행전 11:19-26과 함께 완성된 6:1-8:40의 이야기는 "헬라파"로 시작해서 "그리스도인"으로 끝나며, 기독교의 등장에서 가장 중요한 전환 국면 중 하나를 이야기하려고 분명하게 짜였다(어쩌면 안디옥의 관점에서).[14]

그렇다면 우리가 상당히 확신할 수 있는 점은 누가가 이야기된 사건들의 직접적 결과로 구성되는 이야기들로부터 자기 이야기의 이 두 번째 단계에 대한 내러티브 가닥(그리고 적어도 표현 일부)을 끌어냈다는 점이다. 누가가 그렇게 해서 자신의 논제를 밀고 나아간 것은[15] 놀라운 일이 아니며 이 결론을 약화시키지 않는다. 그의 "논제"는 적어도 부분적으로 자신의 연구에서 발견한 내용으로 빚어졌을 것이다.[16] 누가가 심각한 내부 분열 없이 진행된 선교를 묘사하려는 시도를 너무 손상시키는, 자신의 이야기가 지니고 있는 특징들(그가 받은 이야기의 일부분)을 대충 넘어가려고 했을

---

12) 6:1, 2, 7; 9:1, 10, 19, 25-26; 11:26.

13) Barrett, *Acts*, 1.310-11.

14) 또한 T. Seland, 'Once More — the Hellenists, Hebrews, and Stephen: Conflict and Conflict-Management in Acts 6-7', in P. Borgen et al., eds., *Recruitment, Conquest, and Conflict: Strategies in Judaism, Early Christianity, and the Greco-Roman World* (Atlanta: Scholars, 1998), 169-207(여기서는 195-99)을 보라.

15) 예. 행 8장에 서술된 빌립의 선교는 분명히 1:8에서 위임한 내용의 진전이다(사마리아).

16) "바로 이러한 전개를 알았기에 누가는 1:8에서처럼 자신의 목차를 형성하게 됐다("온 유대와 사마리아")"(Dunn, *Acts*, 79).

가능성은 더 문제가 된다. 누가의 이야기에 안디옥에서 바울이 관련된 날카로운 대립이나(갈 2:11-17), 갈라디아와 다른 곳에서 다른 복음 설교자들이 바울의 선교에 대해 도전했다는 점이 전혀 언급되지 않았다는 사실을 고려하면, 우리는 누가가 그렇게 하는 데 상당히 능숙했음을 알고 있다.[17] 그리고 스데반의 등장과 죽음(행 6:8; 7:57-60) 및 안디옥에서의 획기적 진전(11:20)에 관한, 누가의 서술의 갑작스러움과 간결함은, 그 자신 나름대로의 좋은 이유 때문에 이런 일들을 더 명료하고 분명하게 표현하지 않았다는 의심을 품게 한다. 결과적으로, 제공된 서술의 배경이 되는 역사를 추적하려면 탐정물의 특징을 약간 취해야 하며, 누가가 남긴 몇 안 되는 실마리를 우리가 어떻게 이해하는지에 모든 것이 달렸다. 그 조사에는 좋은 탐정물이 지닌 모든 매력이 있다![18]

첫 과제는 여는 장면에 누가 관련되어 있는지 더 명확하게 파악하는 것이다.

24.2 누가 헬라파였는가?

"헬라파"와 "히브리파"라는 지시 대상의 갑작스러운 병치는 매우 효과적이다. "헬라파"(Hellēnistēs)라는 단어는 "그리스어 사용자"를 의미한다.[19] 마

---

17) 고후 11:4-5; 갈 1:6-7; 빌 1:15-17. 누가의 서술에서 그런 도전들은 모두 외부, 특히 "유대인"에게서 왔다.

18) 누가의 주 관심사가 위기를 잘 극복하는 공동체의 칭찬할 만한 점(행 6:1)을 드러내는 데 있다는 Penner의 논지는 너무 대조적인 방식으로 구성되어 있다. 마치 누가가 초기 예루살렘 공동체에 있었다고 알려진 초기 긴장과 불일치를 축소할 수 없었거나, 그런 목적을 인식하는 것이 불가피하게 [이야기의] 역사성을 적절하게 평가하는 일을 (방해하지 않는다면) 모호하게" 하는 것처럼 말이다(Praise, 262-87, 특별히 275-76과 286).

19) BDAG, 319; 추가로 Barrett, Acts, 1.308; Fitzmyer, Acts, 347; H. A. Brehm, 'The Meaning of Hellēnistēs in Acts in Light of a Diachronic Analysis of hellēnizein', in S. E. Porter and D. A. Carson, eds., Discourse Analysis and Other Topics in Biblical Greek (JSNTS 113; Sheffield: Sheffield Academic, 1995), 180-99을 보라. 그 요점은 논란의 대상이 아니다. 누가가

찬가지로 "히브리파"(Hebraios)는 "히브리어나 아람어 사용자"를 의미할 것이다.[20] 그러나 다른 의미도 있다.

a. 그리스어를 하는 사람들

첫째로 그리스어는 예루살렘과 그 주변에서 상당히 흔하게 사용됐는데, 유대인뿐 아니라 이주자도 사용했다.[21] 그래서 그리스어 사용자와 아람어 사용자 간의 구별은 후자의 사람들("히브리파")이 오로지 아람어만을 하고 그리스어를 이해하지 못했다는 의미가 아니다. 그러나 전자의 사람들("헬라파")은 사실상 그리스어만을 했고 아람어를 한다 해도 잘 이해하지 못했다.[22] 당시 상황이 그랬을 것이다. 가장 가능성이 큰 것처럼, 예루살렘에 정착해서 지중해 세계의 공통어인 그리스어로 생활하는 디아스포라에서 온 유대인들이 헬라파였다면 말이다.[23] 헹엘(Hengel)은 은퇴해서 예루살렘

Hellēnistai를 ethnē나 Hellēnes, 즉 이방인이나 그리스인과 동의어로 사용한다고 논증하려는 Cadbury의 시도(Beginnings, 5.59-74)는 설득력이 떨어진다.

20) 비교. BDAG, 269-70; Lüdemann, Early Christianity, 78; Barrett, Acts, 1.308. Barrett는 두 용어 "히브리파"와 "헬라파"가 다소 대조적으로 놓였다는 사실에 무게를 두지 않는다.

21) 예루살렘에서 발견된 당시 봉안당 비문의 삼 분의 일 이상이 그리스어로 쓰였다. 특별히 M. Hengel, The 'Hellenization' of Judaea in the First Century after Christ (London: SCM, 1989), 9-11을 보고, 예루살렘 지도층의 "헬라화"에 관해서도 보라(4장).

22) C. F. D. Moule, 'Once More, Who Were the Hellenists?', ExpT 70 (1958-59), 100-102; M. Hengel, Between Jesus and Paul (London: SCM, 1983), 8-11; P. F. Esler, Community and Gospel in Luke-Acts: The Social and Political Motivations of Lucan Theology (SNTSMS 57; Cambridge: Cambridge University, 1987), 138-39; H. Räisänen, 'Die "Hellenisten" der Urgemeinde', ANRW 2.26.2 (1995), 1468-1514(여기서는 1477-78). Räisänen는 안드레와 빌립이 중개자였을 것이라고 상상한다(비교. John, 12.20-22). 또한 바나바도 그렇다(1478).

23) Haenchen, Acts, 260-61, 266-67; Schneider, Apg., 1.423; N. Walter, 'Apostelgeschichte 6.1 und die Anfänge der Urgemeinde in Jerusalem', NTS 29 (1983), 370-93; H.-W. Neudorfer, Der Stephanuskreis in der Forschungsgeschichte seit F. C. Baur (Giessen: Brunnen, 1983), 220-23, 293, 309-10, 329-31(표는 81-85). 예루살렘에서 발견된 봉안당 그리스어 비문 증거를 고려하며, Fitzmyer는 이런 추정의 논리를 의문시하나(Acts, 347), 그리스어만으로 생활했던 예루살렘 거주 유대인들(Fitzmyer가 동의하듯이, 가장 가능성 있는 가정)이 그 지역 원주민이었을 가능성은 거의 없다(Fitzmyer도 동의하는 듯하다, 350).

으로 온 디아스포라 유대인을 상상한다.[24] 예루살렘으로 돌아가는 것은 세계 전역에 있던 이민 공동체에게 절실한 염원이었다.[25]

실제로 그러했을 개연성은 누가가 2:5-11에서 언급한 예루살렘 내 디아스포라 유대인 거주자를 분명히 포함해서 6:9의 "자유민들,[26] 구레네인,[27] 알렉산드리아인, 길리기아[28]와 아시아에서 온 사람들의 회당"이라는 언급 때문에 즉시 커진다. 라틴어 용어인 libertini("자유민")는 기원전 62년에 폼페이우스가 예루살렘을 점령한 후 유대에서 노예로 잡아가 나중에 풀어준 유대인 자손들을 가리킬 것이다(Philo, Leg. 155).[29] 이런 용어로 알려

---

24) Hengel, *Between Jesus and Paul*, 12, 16, 18. 그 문단에 대한 Hengel의 평가는 큰 영향을 끼쳤다. Penner, *Praise*, 29-39을 보라. Hengel은 인구가 80,000에서 100,000명 정도였음을 고려하면, 명문의 증거가 예루살렘 외곽에 8,000에서 16,000명 정도의 그리스어를 하는 유대인이 있었음을 시사한다고 생각했다('Hellenization', 10). *Paul*, 160에서 Hengel과 Schwemer는 욥바(Jaffa)에서 발견된 다수의 두 유대 집안 비문을 인용한다. 원래 소논문인 'Zwischen Jesus and Paul'에 추가해서, Hengel은 헬라파가 바울과 초기 공동체 사이에 충분한 가교 역할을 했고, 바울 이전 이방인 기독교 공동체라는 가설을 쓸모없게 만들었다고 다시 주장한다(*Paulus und Jakobus* [Tübingen: Mohr Siebeck, 2002], 58-62).

25) N. T. Wright는 제2성전기 유대인들에게 "추방에서 돌아옴"이라는 희망이 얼마나 중요했는가를 상기하는데, 그것은 이스라엘의 흩어진 족속이 이스라엘 땅을 회복하는 희망이다. *Jesus Remembered*, 473을 보라. 디아스포라 유대인들이 "아람어로 소통할 수 없거나 원하지 않았다면 그들이 유대의 수도에 정착할 수 없었을 것이다'라고 주장할 때, Schnabel은 이 요소를 무시했다(*Mission*, 654). 오늘날 많은 영어 사용자가 스페인어도 모르고 배우려고 하지 않으면서 스페인으로 간다.

26) 출신지보다는 노예 출신으로 정체성이 부여된 자유민은 상당히 있었을 것이다. Hengel은 헤롯 대왕의 성취가 예루살렘에 가져다준 특권이 유력한 디아스포라 유대인들의 예루살렘 귀환을 용이하게 했을 것으로 생각한다('Hellenization', 13, 32-35).

27) Fitzmyer는 구레네 출신의 한 유대인 가족의 매장지가 예루살렘에서 발견되었다고 언급하는데(*Acts*, 358), 이는 N. Avigad, 'A Depository of Inscribed Ossuaries in the Kidron Valley', *IEJ* 12 (1962), 1-12에서 인용한 것이다. 막 15:21의 시몬은 구레네 출신이었고, 그의 두 아들 알렉산더와 루포도 그곳 출신이었을 것이다.

28) 물론 사울/바울은 길리기아 출신이고, 그의 누이는 후에 예루살렘 거주민으로 언급되었다(23:16). Bruce는 사울이 이 회당에 참석했는지, 아니면 ("히브리인 중의 히브리인"으로서) 예배가 히브리어로 진행되는 회당을 선호했는지 궁금해 한다(*Acts*, 187). 사울/바울이 스데반과 논쟁한 사람들 중의 한 사람인지 궁금해하는 것은 당연하다.

29) Schürer, *History*, 2.428 n. 8. 노예들은 일정 기간 섬긴 다음에 정기적으로 해방되었다. Tacitus는 "그 미신(*ea superstitione infecta*)으로 더럽혀진 해방된 노예들(*libertini*)의 4,000명의 자손들"을 언급한다(*Ann*.2.85.4). 즉 그들은 개종자(어쩌면 단순히 하나님 경외자)가

진 회당의 존재는 디아스포라 귀환자들이 특정 회당에 자주 다녔다는 점 뿐만 아니라, 그 회당이 "그들의 회당"으로 알려졌음을 나타내는 듯하다.[30] 물론 단일어 공동체는 일상 언어가 자신들에게 친숙하지 않은 도시에서 공동 활동을 위해 함께 모인다는 점은 충분히 이해할 만하다. 과거에도 그 랬듯이 그런 경험은 오늘날에도 흔하다.

"히브리파"라는 이름은 예루살렘이라는 배경을 고려하면 놀랍다. 다 수가 아람어를 말하는 백성의 대표를 누가 "아람어를 하는 사람들"이라고 지명하겠는가? 가장 논리적인 답은 비아람어권 사람들이 이 용어를 사용 했다는 것이다. 그래서 오늘날 영국 한 도시의 원거주자들이 소수 언어를 사용하는 무리를 "우르두어 사용자"라고 부르겠지만, 자신들을 "영어를 하 는 자"라고 결코 언급하지 않을 것이다. 반면에 자신들이 원어민 언어에 약 하다고 인식한 이민자들은 원주민들 일부를 "영어 사용자"라고 부를 수도 있을 듯하다.[31] 비슷하게 유대인과 이방인을 "할례자"와 "비할례자"라고 바울이 명명하는 것은 확실히 유대적 관점을 드러낸다.[32] 자신을 "비할례

되었다(*GLAJJ*, 2.68-73에 있는 본문과 주석을 보라). Lake와 Cadbury는 바울이 자유민인지 를 궁금해한다(*Beginnings*, 4.68).

30) 비록 그 그리스어가 그 이상(비교. 24:12) 혹은 적어도 두 개의 다른 집단을 나타낼 수도 있 지만(*tōn ek...tōn apo...*), 단 하나의 회당이 의도된 듯하다. Bruce, *Acts*, 187; Barrett, *Acts*, 1.324에 있는 토론; 더 이전 Neudorfer, *Stephanuskreis*, 158-63, 266-69에 있는 토론; Jervell, *Apg.*, 225 n. 663에 있는 참고문헌. 비록 명문의 시기에 대한 논쟁이 있지만, 해외에서 온 유 대인들의 유익을 위해 Theodotus라는 사람이 예루살렘에 설립한 회당에 대한 고고학 증 거가 있다. 그러나 Riesner, 'Synagogues in Jerusalem', 192-200과 J. S. Kloppenborg, 'Dating Theodotus (*CIJ* II 1404)', *JJS* 51 (2000), 243-80를 보라. 이는 *Jesus Remembered*, 303 n. 220에 서 언급되었고, 'The Theodotus Synagogue Inscription and the Problem of First-Century Synagogue Buildings', in J. H. Charlesworth, ed., *Jesus and Archaeology* (Grand Rapids: Eerdmans, 2006), 236-82로 개정되었다. 또한 Hemer는 그것이 "확실히 70년 이전"이라고 생각한다(*Book of Acts*, 176). 명문에 있는 본문은 다양한 출판물에서 볼 수 있고 자주 토론되 었다. Riesner와 Kloppenborg 외에, 예로 Lake and Cadbury, *Beginnings*, 4.67-68; Hengel, *Between Jesus and Paul*, 17-18; *NDIEC*, 7.89를 보라.

31) 이는 *Hellēnistai*가 "예루살렘에 국한된 현상"이라는 Hengel의 관찰을 더 진전시킨다. "여기서 그리스어를 당연히 모국어로 여겼기에, 그리스어를 말하는 디아스포라에는 *Hellēnistēs*라는 용어 사용이 의미가 없기" 때문이다(*Between Jesus and Paul*, 8).

32) 엡 2:11에 분명히 언급된 것처럼.

자"라 구분하는 이방인은 없으며, 오로지 할례를 중요하게 여기는 사람들만 그런 식으로 구분할 것이다(따라서 할례의 부재가 부정적인 정체성 표지가 된다). 그렇다면 추론할 수 있는 점은 **"헬라파"와 "히브리파"의 대조가 헬라파의 관점에서 본 표현**이라는 것이다.[33] 이는 누가가 이 장들을 서술할 때 자칭 "헬라파"가 형성한 기억들과 이야기들에 의존했다는 개연성에 더 힘을 실어주는 관점이다. 이는 결국 이어진 내용이 사실 **헬라파의 관점에서 제공된 서술**임을 차례로 암시한다. 실제로도 헬라파에 의해서 제공된 것이다. 그리고 이 장의 제목("헬라파…")은 이어지는 내용에 있는 그 사람들의 역할을 온전히 공평하게 평가한다.

b. 귀환한 디아스포라 유대인들

둘째로 다수의 추가 추론은 상당히 유효하다. 안전하게 주장할 수 있는 것은 언어가 문화의 표현이라는 점이다. 따라서 그리스어가 "헬라파"의 유일한 언어라면, 그들의 문화와 태도가 특성상 틀림없이 "헬라"다웠다는 의미다.[34] 이는 사도행전 6:1의 헬라파들이 디아스포라에서 돌아온 유대인이라는 가정과 정확하게 일치한다. 그리스어만을 사용한 디아스포라 유대인으로서 그들의 생활 유형과 기풍은 적어도 어느 정도는 그리스적 관점과 가치를 반영했을 것이다. 이 점에는 그들이 (은퇴해서?) 예루살렘에 돌아왔다는 사실이 곧바로 조건으로 달려야 한다. 그들은 디아스포라의 삶과 문화에 그리 현혹되지 않았다![35] 그러나 그렇다 할지라도, 그들이 그리스

---

33) 비교. R. Pesch et al., "'Hellenisten' und 'Hebräer'", *BZ* 23 (1979), 87-92. K. Löning, 'The Circle of Stephen and Its Mission', in Becker, ed., *Christian Beginnings*, 103-31이 관찰했듯이, "['헬라파'] 실제 의미는 '헬라파'를 '히브리파'와 대조할 때 발생한다"(105).

34) Weiser, *Apg.*, 165; G. Harvey, *The True Israel: Uses of the Names Jew, Hebrew, and Israel in Ancient Jewish Literature and Early Christian Literature* (AGAJU 35; Leiden: Brill, 1996), 135-36.

35) 성전에 대한 헬라파의 반대를 그들이 디아스포라 출신이라는 사실에 근거를 두려는 시도는 훨씬 더 주의 깊은 진술을 요구한다. 비교. Walter, 'Apostelgeschichte 6.1', 376-77, 384.

어만으로 살아갔다는 사실은 디아스포라에서 그들의 사회와 소통망이 틀림없이 그리스어를 하는 사람들만을 포함했음을 보여준다.[36]

"히브리파"라는 표현은 방금 앞 (a) 단락에서 보았듯이 예루살렘 배경에서 자기 지칭으로는 결코 적합하지 않지만, 디아스포라 환경에서는 충분히 이해할 만하다. 신약성경에서 다른 두 경우만 후자의 상황이다(고후 11:22; 빌 3:5). 각 경우에 바울은, 비록 그리스 환경에서 살고 있지만 히브리어/아람어를 배우고 사용하여 자기 정체성을 유지하고자 했던, 디아스포라에서 성장한 유대인의 관점에서 말한다. "히브리파"는 예루살렘에서는 자기 묘사로서 별로 의미가 없는 반면에, 디아스포라 상황에서는 충분히 이해할 수 있다.

요점은 더 강화될 수 있다. "히브리파"라는 명칭은 어느 정도 고어다. G. 하비(Harvey)가 말했듯이, "'히브리파'라는 이름은 보통 전통주의나 보수주의와 관련이 있다."[37] 다른 말로 하면, 디아스포라 유대인이 자기 지칭으로 이 용어를 사용하는 것은 ("히브리인" 관점에서 보았을 때) 마음을 끌지만 타락하기 쉬운 헬레니즘의 영향력에 맞서 전통적 유대인의 정체성을 유지하기로 결심했음을 시사한다. 이는 특별히 빌립보서 3:5의 자기 지칭("히브리인 중에 히브리인")에서 드러나는 것처럼, 틀림없이 바울의 태도였다. 이는 자신을 자기 백성의 옛 기원과 특징으로 가능한 한 완전하게 규정하기로 한 바울의 초기 결심을 나타낸다.[38] 디아스포라 유대인들이 예루살렘에 있는 일단의 기독교 동료들을 지칭하는 데 이 용어를 사용했다는 사실은 무엇보다도, **디아스포라 유대인들이 전통적이고 보수적인 태도를 그렇게 명명된 사람들에게 돌린다**는 사실을 나타내는 것 같다.

여기서 우리는 그리스적인 것을 향한 반감이 "유대교"라는 용어를 만

---

36) 디아스포라 유대인들이 받아들이거나 성취한, 지역 사회 및 문화로 통합하는 일의 정도에 관해서는 §29.5b를 보라.

37) Harvey, *The True Israel*, 146.

38) 대부분의 빌립보서 주석이 그렇게 본다. 예로 J. Gnilka, *Der Philipperbrief* (HTKNT 10.3; Freiburg: Herder, ²1976), 189-90을 보라.

들어내고 그 용어를 삶으로 표현한 사람들을 특징짓는다는 사실을 상기해야 한다.[39] "히브리인"이라는 자기 명칭은 짐작하건대 "헬레니즘"에 대한 훨씬 심각한 적대감을 시사하기 때문이다.[40] 그리고 "헬라파"라 자처하는 사람이 다른 사람을 "히브리인"이라고 부르는 것은 그런 반감에 대한 헬라파의 인식을 나타낸다. 요점을 반대로 말한다면 이렇다. 구분되지 않는 "헬레니즘"으로 휩쓸려 들어가지 않겠다는 결심 때문에 국가와 종교의 표현으로 형성된 것이 "유대교"라면, 헬레니즘에 대한 의심이 유대적 특성을 구성하는 요소였고 많은 팔레스타인 유대인의 본능이었을 개연성이 있다.[41]

이 모든 내용을 고려할 때 피할 수 없는 결론은 **"헬라파"와 "히브리파"라는 용어는 그렇게 표시된 두 무리 사이에 어느 정도의 의심과 어쩌면 심지어 적대감도 있었음을 시사한다는 것이다.** 헬라파는 히브리파를 지역주의자와 전통주의자라고 무시했을 가능성이 높다. 마찬가지로 히브리파는 헬라파를 유대인으로서 그들이 공유하는 신앙과 실천의 주요 전통을 희석하고 타협하는 사람들로 여겼을 것이다. 음식법과 거룩한 날에

---

39) *Ioudaïsmos*는 *Hellēnismos*의 반대어로 만들어졌다. *Jesus Remembered,* 261과 추가로 아래 §§ 25.1d 및 29.2a를 보라.

40) 바울은 자신의 이전 삶을 "히브리인 중에 히브리인"(빌 3:5)과 "유대교에 있을 때"(갈 1:13-14)로 묘사했다는 사실을 주목해야 하는데, 이 둘은 "하나님의 교회", 즉 특히 어쩌면 헬라파에 대한 그의 폭력적 박해로 표현됐다. 아래 §25.2을 보라.

41) M. Simon, *St. Stephen and the Hellenists in the Primitive Church* (London: Longmans, Green, 1958)가 필자로 이 연관성에 주목하게 했다(12-13). 이 요점은 헬레니즘이 팔레스타인과 팔레스타인 유대교 안으로 침투한 정도 때문에 방해받지 않는다. 팔레스타인 유대교와 그리스적 유대교 간의 단순한 대조가 가능하지 않다는 점은 M. Hengel의 위대한 기여 가운데 하나다(*Judaism and Hellenism* [London: SCM, 1974]); 또한 'Hellenization'; 또한 'Judaism and Hellenism Revisited', in J. J. Collins and G. E. Sterling, eds., *Hellenism in the Land of Israel* (Notre Dame: University of Notre Dame, 2001), 6-37. 그러나 같은 책에 있는 J. J. Collins, 'Cult and Culture: The Limits of Hellenization in Judaea', 38-61도 주목하라. 반대로, 바로 그런 침투의 사실로 인해 더 많은 전통적 유대인들이 유대 사회와 종교가 너무 "그리스화" 되었다고 의심하게 했을 것이다. 동시에, 디아스포라 유대교가 성전과 율법에 덜 충실했다는 추정에 대한 Esler의 경고(*Community and Gospel*, 145-48)에 주의를 기울여야 한다. 또한 유대교/헬레니즘이라는 "구분"의 문제와 이념적 오용에 대해서는 T. Engberg-Pedersen, ed., *Paul beyond the Judaism/Hellenism Divide* (Louisville: Westminster John Knox, 2001), 1-3장에 있는 W. A. Meeks, D. B. Martin and P. S. Alexander의 소논문들을 보라.

관한 히브리파/헬라파의 태도와 방식의 충돌이라고 정당하게 특징지을 수 있는 로마의 상황에 대한 바울의 권면에서 바울이 그런 전형적인 태도를 포착했음을 본다(롬 14:3-5).[42] 누가가 이처럼 전체 모습을 전달하지 않았을 가능성은 더욱 커졌고(한 문장!), 누가가 언급한 헬라파/히브리파의 구별이 전부가 아니라는 의심은 훨씬 더 확고해진다.

c. 그들의 불평

헬라파의 원망에 대한 내용에서 무엇을 유추할 수 있는가? 사용된 바로 그 용어와 구가 흥미롭다. *Gongysmos*는 "무대 뒤에서 속삭이듯이 하는 말", 따라서 구시렁거림으로 표현된 불쾌함, 즉 "불평"이라는 의미다.[43] 여기에서 함의는 자신들이 어려움을 겪었고 불평을 표면으로 드러내기 전에 얼마 동안 서로 불평한 집단이 있었다는 것이다. 그리고 "원망"은 지도자들이 아니라 "히브리파"를 향했다. 여기의 함의도 한 집단("우리")이 다른 집단인 "그들"을 향해 억울한 감정을 가진 상당히 다른 두 집단에 관한 것이다.

헬라파 과부들은 누가의 이야기 초기에 언급된 공동 기금(2:44-45; 4:32, 34-35)에서 나오는 매일의 구제에서 간과되고 무시됐기(*paretheōrounto*)[44] 때문에 불평이 생겼다.[45] 제시된 사회적 상황은 매우 쉽게 설명된다. 10대 소

---

42) 추가로 필자의 *Romans*, 799-802과 아래 §33.3f를 보라.

43) BDAG, 204, 광야에서 이스라엘이 한 원망의 전형적인 표현(출 16:7, 8, 9, 12; 민 17:5, 10).

44) 미완료 시제를 주목하라. 그 상황은 한동안 지속됐다. D 사본은 *tōn Hebraiōn*을 추가했다: "'히브리파'의 매일의 분배."

45) 이어진 랍비 전통에서 구제의 분배는 "옷과 음식이 포함된 일주일 분의 구호품"을 포함했다. Jeremias는 이것이 이미 관습이었고 "원시 교회"의 모형이 되었다고 추정한다(*Jerusalem*, 131-32). 그 논제가 중요한데, 예루살렘에 이미 제대로 자리 잡은 자선의 관행이 있었다면, 헬라파 과부들이 그 관습에 의존할 수 있었기 때문이다(비교. Lüdemann, *Early Christianity*, 75-76). Walter는 6:1에 언급된 구제의 붕괴는 성 전체 제도의 붕괴였다고 추정한다('Apostelgeschichte 6.1'). 그러나 새 종파의 공동 기금 전승 및 여기 상세 내용에 반영된 상황은(이어지는 11:27-30의 전승과 "예루살렘 성도 중 가난한 자들"을 위한 바울의 연보[롬 15:26]는 말할 것도 없다), 그 관습이 Jeremias가 제시하는 것처럼 발전되지는 않았음을 시사한다. 예를 들어, Capper는 랍비 제도에서는 일주일 분의 구호품을 말하지만, 여기서는

녀들이 나이 많은 남자와 결혼하는 것이 관습이었기 때문에, 그들 중 다수는 아직 비교적 젊었을 때 과부가 되었다.[46] 디아스포라에서 아내와 함께 돌아온 남자의 경우 틀림없이 이런 예가 많았을 것이다. 여전히 낯선 곳에서 단일어 공동체에 매여 있고, 또한 이런 상황에서 분명하게 드러나듯이, 개인 자산도 얼마 없고 의지할 친척도 없는 그들의 어려운 상황은 쉽게 상상할 수 있다.[47] 예루살렘에 돌아온 많은 디아스포라 유대인들이 부유했다고 상상해볼 수도 있는데, 누가는 새 종파에 매력을 느낀 많은 과부가 그렇지 않았음을 암시한다.[48]

바로 헬라파 과부들(일반 과부가 아님)이 무시당했다는 사실은 이 두 집단(히브리파와 헬라파)이 예루살렘에서 사회적으로 그리고 어쩌면 지역적으로(구역으로) 분리된 채 생활했을 가능성을 확고히 한다. 다시 말해서, 조성된 공동 기금으로 구제하는 제도의 실패는 단순히 새 종파에 합류한 사람들(모두 세례받았는가?)의 수가 증가했기 때문이 아니다. 결정적인 요인은 두

날마다 이루어진 분배를 언급한다고 관찰한다('Community of Goods', 351). "짐작하건대 모든 가난한 자를 위해 예루살렘에 더 제대로 확립된 가난 구제 제도가 존재했으나, 새 운동에 동조한 사람들은 그곳에서 지원받아야 한다고 이미 정해져 있었을 것이다"(Dunn, *Acts*, 81). "그 가난 구제를 포괄적인(성 전체의) 제도가 아니라, 더 작은 회당 공동체들의 제도라고 묘사해야 한다"(Pesch, *Apg.*, 1.233). *T. Job* 10("나는 내 집에 온전히 낯선 이들을 위해 식탁 30개를 상시로 펴놓았다. 또한 과부들을 위해 12개의 다른 식탁을 가지고 있었다")에서 얼마나 많은 내용을 추정할 수 있는가? 추가로 D. Seccombe, 'Was There Organized Charity in Jerusalem before the Christians?', *JTS* 29 (1978), 140-43; Walter, 'Apostelgeschichte 6.1', 379-80; M. Goodman, *The Ruling Class of Judaea: The Origins of the Jewish Revolt against Rome AD 66-70* (Cambridge: Cambridge University, 1987), 65-66을 보라.

46) "흔히 남편의 죽음으로 가난하게 된 과부의 처지는 율법과 예언서에서 자주 언급한 주제였다(신 14:29; 24:17; 26:12; 사 1:23; 10:2; 렘 7:6; 22:3; 말 3:5)"(Fitzmyer, *Acts*, 345).

47) "아마 헬라파 과부의 수가 제법 되었을 텐데, 많은 경건한 유대인이 거룩한 성 가까이에 묻히기 위해 인생 말년에 예루살렘에 정착했기 때문이다. 그런 남자들의 과부들은 그들을 돌봐줄 친척들이 전혀 없었고 공동 자선에 의존하는 경향이 있었다"(Haenchen, *Acts*, 261).

48) 예루살렘의 더 상위 계층 거주자들은 국제적이고 더 복잡한 헬레니즘 문화에 영향받았을 가능성이 있다(이 당시에 예루살렘에 있었다고 알려진 궁전들과 부유한 저택이 증명한다). 그러나 헬라파/히브리파를 계급 체계(부유한 상류층 출신이며 세상에서 교양이 있는 헬라파; 더 가난하고 낮은 계층의 히브리파)로 보는 관점은 너무 안이하다. 적어도 헬라파 과부들은 잘 알려진 "고상한 빈곤"이라는 특징의 전형적인 예였다. 또한 F. S. Spencer, 'Neglected Widows in Acts 6:1-7', *CBQ* 56 (1994), 715-33을 보라.

집단이 서로 상당한 정도로 분리되어 있었거나 삐걱거렸다는 점이었다.[49] 이것이 이유가 아니라면 어떻게 헬라파 과부들이(그리고 그들만이?) 이러한 무시를 당했을까?[50] 여기서 다시 첫 번째 집단이 두 번째 집단을 향해 점점 불만이 커지고("불평"), 반면에 두 번째는 첫 번째를 의심하며 바라보는, 독특한 두 집단이나 분파라는 인상을 받게 된다.

대체로, 누가가 알게 되었고 가장 간단한 서술로 전달한 전문 용어와 상세 내용이 "자신도 모르게 비밀을 누설했다"는 결론을 피하기 어렵다. 이미 새로운 종파가 시작된 지 몇 달이 지나지 않아, 상당한 정도의 분파주의가 나타났다. 행헨(Haenchen)처럼[51] "분립"이라고 말하면 너무 성급한 주장이 된다. 그러나 마찬가지로 무엇인가 잘못된 부분이 있었음을 부정하려는 크레이그 힐(Craig Hill)의 시도는[52] 사용된 전문 용어의 분명한 함의와 상상할 수 있는 상황을 단순히 무시하거나 억압하는 일이다.[53] 역사적 실재였

---

49) 이미 신학의 차이가 있었다고 자주 제시되었지만, 아직은 그것이 요인이 아니었을 수 있다 (Neudorfer, *Stephanuskreis*, 310, 표는 99-101을 보라).

50) "아람어를 하는 그리스도인 모임에서 분배가 이루어졌기 때문에 '헬라파' 과부들이 배제되었고, 그들은 언급된 내용을 이해할 수 없었기 때문에 그 모임에 참여할 수 없었다"(Wedderburn, *History*, 45). 반대로 Wilckens는 히브리파와 헬라파가 따로 예배를 드렸다는 암시에 반대하고, 심지어 공동 예배 용어가 그리스어였다고 주장한다(*Theologie*, 1/2.231-32). 하지만 이는 주요 자료, 즉 예루살렘의 초기 공동체가 그들이 사용하는 언어로 구분되는 두 집단으로 묘사될 수 있었다는 사실을 거의 설명하지 못한다.

51) E. Haenchen, 'The Book of Acts as Source Material for the History of Early Christianity', in L. E. Keck and J. L. Martyn, eds., *Studies in Luke-Acts* (Nashville: Abingdon, 1966), 258-78: "교회사에서 첫 분립"(264). 이는 필자가 *Unity and Diversity*, §60의 이전 토론에서 헬라파 에피소드를 다룰 때 머리말로 사용한 도발적인 표현이다.

52) C. C. Hill, *Hellenists and Hebrews: Reappraising Division within the Earliest Church* (Minneapolis: Fortress, 1992)는 널리 동의하는 네 가지 합의에 이의를 제기한다: "헬라파와 히브리파는 독특한 이념 집단이며, 헬라파 지도자인 스데반은 성전에 반하는 언급을 했다.…자신의 진보적인(혹은 급진적인) 견해 때문에 스데반은 사형당했고, 히브리파가 아닌 헬라파가 유대인의 박해를 받았다"(11-12). Bauckham은 Hill을 대체로 따른다. 예. 'Jesus and the Jerusalem Community', 63-64.

53) 예를 들면, 헬라파가 사실상 그리스어로만 생활했을 가능성을 염두에 두지 않고(nn. 19, 22) "헬라파"와 "히브리파"의 병치를 고려하지 않으면서, *Hellēnistēs*가 "디아스포라 출신으로 그리스어를 말하는 유대인"을 의미한다는 인식(*Hellenists and Hebrews*, 24)은 정말 만족스럽

던 그런 이상적인 상황은 정말로 마지막에 이르렀다. 수백 년 동안 알려졌던 것과 같은 그리고 이스라엘 회중(qahal Israel)이 오랫동안 익숙했던 "교회"의 현실은[54] 재확인됐다. 즉 다른 배경에서 자신들의 공동신앙에 이르렀고, 공동신앙을 다르게 지키는 것을 선호했으며, 서로 간에 의심과 분노가 쉬이 커져 때가 되면 증오를 담은 분파주의가 되고 종국에는 분립될 가능성이 있는 집단들의 현실 말이다. 독이 든 혼합물이 발효되고 가열되기 시작했을 뿐이지만, 필수 요소는 이미 있었고, 그 과정은 그렇게 이른 시기에도 이미 진행 중이었다.

24.3 일곱 사람

누가의 이야기 배경에 어떤 역사적 정황이 놓여 있든지 간에, 누가는 신생 예루살렘 교회가 이 첫 내부 도전에 어떻게 반응했는가를 서둘러 제시한다. "열둘"이 "모든 제자"를 불렀다(6:2). 즉 모두 5천 명이 넘는(4:4; 5:14) "온 무리"(6:5)를 불렀다! 그들은 우선순위를 매겼다. 하나님 말씀에 주목하는 그들의 책임(짐작하건대 설교와 가르침)이 "접대"에 우선해야만 했다(6:2,4). 따라서 그들은 평판이 좋고(martyroumenous) 성령과 지혜가 충만한(plēreis) 사람을 찾으려고(episkepsasthe)[55] 구성원들을 세심히 살펴야 했다. 그다음에 열둘은 이 사람들에게 그 일을 맡길 터였다(6:3). 즉 헬라파 과부들이 공동 소유로 하는 매일의 구제에 포함되는 것을 확실히 하는 일이었다. 무리는 일

지 않다. 스데반의 죽음과 이어진 박해가 히브리파/헬라파의 긴장에 대한 설명일 필요가 없다는 것은 사실이나(31, 34), 만일 성전이 스데반과 그의 동료 헬라파 간의 논제였다면 (Hill은 이것도 의문시한다), 히브리파가 스데반의 견해를 비판했을 것이라는 필연적인 결론을 피하기 어렵다. 또한 Lüdemann의 비판(Primitive Christianity, 58-59)도 보라.

54) Jesus Remembered, §9.4을 보라.
55) B 사본은 episkepsōmetha를 "우리로 선택하게 하라"로 읽는데, 이는 오로지 "열둘"로 그 상황을 해결하려는 시도로 보인다. Lake와 Cadbury가 이 독법을 선호하나(Beginnings, 4.65), 5-6절의 추가 묘사와 어긋난다(비교. Metzger, Textual Commentary, 337).

곱 명을 택했으며, 그들을 사도들 앞에 세워 기도하고 안수했다(6:6).[56]

이 일곱 명은 누구인가? 이들의 이름은 누가가 이 단락에서 의지한 기본 정보를 제공한 자료(들)에서 나왔을 것이다. 그들 모두가 그리스 이름을 가졌고,[57] 이는 그들이 모두 "그리스어 사용자" 출신임을 시사한다.[58] 이 추측은 결코 확실하지 않다. 예수의 제자들 가운데 몇 명도 그리스어 이름을 가졌다. 안드레(Andreas)와 빌립(Philippos)이다.[59] 스데반과 빌립이 중요한 역할을 하는 속편(6-8장)은 11:19-26까지 이르는 내러티브의 일부분이다. 이는 6:5 목록에서 언급된 첫 두 명인 스데반과 빌립이 자신들의 관점에서 본 이야기를 누가에게 제공한 집단에 속해 있었음을 강하게 암시한다.[60] 일곱 명 중 마지막 사람인 니골라는 개종자 곧 유대교로 완전히 개종한 이방인(그리스어 원어민)으로 묘사되었다. 또한 그는 안디옥 사람으로 안디옥과 추가 관련이 있음이 드러난다. 그리고 이스라엘에서 사용된 이름에 대한 실질적 증거(묘비와 다른 문서)는 그 이름 중 오직 두 이름이 이스라엘에서 익숙했음을 보여준다(빌립과 니가노르). 따라서 공정하게 추정할 수 있는 점은

---

56) 그 구문은 똑같은 주어(전 공동체)가 기도하고 안수함을 나타내는 것으로 가장 분명하게 읽힌다. 이것이 누가의 의도였을 수도 있다. 그렇게 사역을 위해 구별하는 일이 공동체 전체의 책임으로 보이도록 하는 것이다(비교. 13:3; 어쩌면 민 8:10을 반영함). 대부분은 누가가 안수를 한 이들이 사도들이라고 말하려고 했을 것이기 때문에, 누가의 문구가 조심성 없이 표현되었다고 추정한다. 하지만 사도들의 권위를 강조하려는 누가의 관심을 고려하면, 누가가 자신이 한 그대로 모호하게 서술했다는 사실은 더욱 의미심장하다(추가로 Barrett, *Acts*, 1.315-16을 보라). 후대 교회론 관점에서, 여기에 첫 "안수"가 있다고 보는 것이 자연스러우나(예. Jervell, *Apg.*, 219 n. 636이 인용한 학자들을 보라), 시대착오적인 거슬러 읽기라는 위험이 상당히 있다. 누가는 "교회 직책의 기원을 여기에서나 다른 곳에서도 말하지 않는다"(Goppelt, *Apostolic*, 55). 또한 n. 65을 보라.
57) E. Preuschen, *Die Apostelgeschichte* (HNT; Tübingen: Mohr Siebeck, 1912), 36이 제공한 *IG*의 기록에 대한 반복 언급과 함께, 자세한 내용은 Barrett, *Acts*, 1.314-5에 있다.
58) 이것은 일반적 합의다. 예. Bruce, *Acts*, 183; Pesch, *Apg.*, 1.229; Jervell, *Apg.*, 219.
59) 안드레: 막 1:16 병행구들; 1:29; 3:18 병행구들; 13:3; 요 1:40, 44; 6:8; 12:22; 행 1:13; 빌립: 막 3:18 병행구들; 요 1:43-46, 48; 6:5, 7; 12:21-22; 14:8-9; 행 1:13.
60) 스데반 자신이 헬라파였다는 강한 의견 일치가 존재하는데(Neudorfer, *Stephanuskreis*, 252-54, 293, 311), M. H. Scharlemann, *Stephen: A Singular Saint* (AnBib 34; Rome: Pontifical Biblical Institute, 1968), 54은 이를 의문시한다.

일곱 명 모두가 6:1에서 "헬라파"로 명명된 집단에 속했다는 것이다.

이것은 어느 정도 특이한 특징을 강조한다. 즉 공동체 전체(히브리파와 헬라파 모두)가 헬라파만을 선출했을 가능성이다. 이는 결과적으로 공동체를 위한 공동 기금 관리가 고려 대상이 아니라, 사실상 공동체의 헬라파를 위한 사역을 염두에 두었음을 시사한다. 실제로 누가는 그 일곱 명이 "이 필요"(헬라파 과부의 홀대)를 충족하려고 지명됐음을 말하고 있다.[61]

이 경우, 어쩌면 그 이상의 추론도 가능하다. 그리스어만 하는 사람들은 추측하건대 아람어 사용자와 별도로 그리스어 사용자 가정에서 모였을 것이다(비교. 2:46; 5:42). 따라서 그 일곱 명은 헬라파 가정 교회의 지도자였을 수도 있다.[62] 실제로 단 일곱 명만 선택한 것은 그리스어를 사용하는 일곱 개의 집단/회중이 존재했음을 시사할 수 있다.[63] 또한 이것은 일곱 명을 헬라파 신자들을 대표하는 지도자로 여겼음을 시사하며, 이는 교회 전체에서 열두 사도가 제공한 지도력(그러나 히브리파에게 더 효과가 있다!)과 유사하다. 이런 이유로 "열둘"과(6:2) 비슷하거나 동등하게 "일곱"(21:8)이라고 부를 수도 있다.[64] 이것은 시중드는 자로 지명된 사람들이 어떻게 복음 전도

---

61) "그 논란의 해결은 '헬라파' 과부들을 '히브리파' 회중들의 '매일 분배'로 통합하는 것이 아니라, 오히려 헬라파 공동체 내에서 돌보는 일을 조직할 사역자들을 세우는 것이다. 이 공동체는 분명히 공동체 안의 가난한 자를 돌볼 어떤 준비도 되어 있지 않았다"(Capper, 'Community of Goods', 353-54). Esler는 그 일곱 명이 그들 자신의 가난한 자들을 위해 사용하려고 별도 기금을 조성했고, 따라서 집단 간의 분리가 더 깊어졌다는 근원적인 역사를 제안한다(Community and Gospel, 141-45). G. Theissen, 'Hellenisten und Hebräer (Apg., 6,1-6). Gab eine Spaltung der Urgemeinde?', in H. Lichtenberger, ed., Geschichte — Tradition — Reflexion, M. Hengel FS. Vol. 3: Frühes Christentum (Tübingen: Mohr Siebeck, 1996), 323-43은 누가의 내러티브 뒤에 사도들의 순례-선교 역할과 함께 (예루살렘에 있는) 지역 조직의 발전이 있다고 논증한다. 그러나 이 논증은 예수의 제자들이 확립된 근거지 없이 순례하는 은사자들이었다는 타당하지 않은 이전 논지에 너무 많이 의존한다(Jesus Remembered, 54-56, 244, 558-59을 보라).

62) Hengel, Between Jesus and Paul, 12-17. 앞서 Simon이 이를 제안했다. (더 진보적인) 회당의 "지도부"(St. Stephen, 9).

63) Barrett는 어떤 직무를 수행하려고 일곱 명을 지명하는 유대인의 관습에 대한 증거가 충분한지 궁금해한다(Acts, 1.312). Fitzmyer는 그렇게 생각하지 않는다(Acts, 349).

64) Neudorfer는 Wellhausen이 이 병행구를 처음 제안했고, 일곱 명이 헬라파 (가정) 집단의 지

에서 그런 활기 넘치는 지도자(스데반과 빌립)가 되었는가를 설명하는 데도 도움을 주었을 것이다.[65]

이 모든 내용에서, 누가가 헬라파나 안디옥의 관점에서 자기 이야기를 한다는 암시가 점차 강해진다.

- 6:1에서 처음 등장하는 "제자들"이라는 용어의 사용은 이 용어가 헬라파 안에서 초기 자기 묘사였음을 시사한다(6:1, 2, 7; 9:1, 10, 19, 25-26; 11:26).
- "일곱 명"을 "열둘"과 병치한 것은 도입부에서 "헬라파"와 "히브리파"의 병치를 반영하며, 이는 두 용어("히브리파"와 "열둘", 행 6:2에서만 나타남)가 헬라파가 "다른 이들"을 언급하는 방법이었음을 시사한다.
- 선택받은 사람들은 "성령과 지혜가 충만"해야 했다. 두 용어는 누가의 서술의 "헬라파 부분"에서만 나타나는데("성령 충만": 6:3, 5; 7:55; 11:24; "지혜": 6:3, 10; 7:10, 22), 이것은 여기서 누가의 용례가 헬라파나 안디옥 자료에서 기인한 것임을 다시 시사한다.
- 누가가 사용한 동사구(특별한 상황을 위한 "성령으로 충만함")와의 대조는 헬라파 자료가 영감에 대해 더 안정된 수준의 개념을 가졌음을 암시할 수도 있다(4:8을 7:55 및 11:24과 대조하라). 이 구절 전체는 영감과 통찰력 및 분별력이 이례적으로 잘 성숙한 사람을 상상한다.[66]

도자 역할을 했다는 점은 Loisy가 제안한 것이라고 언급한다(*Stephanuskreis*, 112-13, 목록 124-25).

65) 누가가 여기서 "집사들"의 첫 지명을 묘사하려고 했을 개연성은 적다. 그는 단지 명사 *diaknoia*(섬김)(6:1; 또한 6:4)와 동사 *diakoneō*(섬기다)(6:2)를 사용했고, 일곱 명을 "집사들"(*diakonoi*)이라고 묘사하지 않았다. Barrett가 살폈듯이, "그 첫 직분자들을 집사라 부르지 않고서 집사 직분의 기원에 대한 이야기를 시작한다는 것은 불가능하다"(*Acts*, 1.304). 누가는 단지 사역(식탁 시중)에 관한 지명을 묘사했을 뿐이다. Haechen은 "안디옥에서 온 연보를 예루살렘에서 집사가 아니라 장로들이 받았다(11:30)"라고 지적한다(*Acts*, 266). 또한 n. 56을 보라.

66) 이 모든 것에 민 11:16-30과 27:16-23 그리고 또한 어쩌면 출 31:3과 35:31이 반영된다.

아무튼 헬라파 과부들만 소홀히 여겨진 것처럼 헬라파만 선택되었다면, 한 교회에 두 개의 다른 집단이 있었다는 점이 강력하게 시사된다. 언어와 문화 그리고 추측하건대 사회 구성에 있어서 다양성은 거의 처음부터 첫 교회의 일부였다. 교회사에서 문화와 관점 및 조직의 결점으로 인한 긴장이 없었던 때는 한시도 없었다!

24.4 스데반

a. 스데반은 언제 무대에 등장했는가?

누가는 이 초기 사건들의 날짜를 밝히려고는 하지 않았다(눅 2:1-2; 3:1-2과 대조하라). 사도행전 12장 전까지 누가의 연대순서는 꽤 명백하나, 2장과 12장 사이에서는 달수와 연수가 혼란스럽고 모호하게 남아 있다. 여기서 특별히 누가는 6:1의 내부 위기가 얼마나 빨리 일어났고, 스데반이 얼마나 빠르게 주도적인 자리에 있게 되었는지 어떤 암시도 하지 않았다. 6:6(7명 지명)과 6:8(스데반 등장) 사이에 요약문 하나를 삽입한 것은 두 사건 사이에 시차가 있었음을 나타낸다. 상대적으로 말해서, 유일하게 확실히 주어진 내용은 바울의 경력에 부여할 수 있는 날과 시간이다.[67] 그리고 예수의 처형 후 약 2, 3년이 채 지나기도 전에 바울이 개종했음을 그의 연대기가 제시하기 때문에, 중요하고 필연적인 결론은 바울의 개종 전을 다루는 사도행전의 모든 사건이 이 시간이라는 틀에 속한다고 받아들여야 한다는 것이다. 이 사건들은 사울/바울의 박해 활동기를 포함하는데, 이는 적어도 수 주 동안 계속된다. 그가 "박해자"라는 평판을 얻을 정도로(갈 1:23) 충분히 철저하고 광범위해야 하기 때문이다. 여기에 사울/바울의 분노를 일으켜 박해

---

67) 아래 §28.1을 보라.

를 야기한 사건들을 추가하면 (아마도 더) 많은 주와 달이 시야에 들어오게 된다. 그러면 우리는 새로운 종파가 시작된 첫해 안에 내부적 위기가 등장했고, 예수의 죽음 후 18개월이 되기 전에 스데반이 두드러졌다고 보아야 할 것이다.[68]

b. 스데반의 사역

이 연구에 관한 한, 스데반의 사역에서 가장 눈에 띄는 점은 그가 (곧) 기적을 행하고 다른 사람과 논쟁하는 데 많은 시간을 사용한 것처럼 보였다는 점이 아니다(6:8-10).[69] 누가가 자신의 이야기를 통해서 분명히 밝힌 "기사와 표적"을 향한 관심은[70] 그가 가진 헬라파 자료에서 비슷하게 공유되거나 그 자료 때문에 고무되기도 했을 것이다(6:8; 8:6, 13). 그리고 이미 분명히 살

---

68) A. Strobel, *Die Stunde der Wahrheit. Untersuchungen zum Strafverfahren gegen Jesus* (WUNT 1.21; Tübingen: Mohr Siebeck, 1980), 88; Riesner, *Paul's Early Period*, 59-63, 71; H.-W. Neudorfer, 'The Speech of Stephen', in I. H. Marshall and D. Peterson, eds., *Witness to the Gospel: The Theology of Acts* (Grand Rapids: Eerdmans, 1998), 275-94(여기서는 277)은 31/32년을 선호한다. Bruce는 누가가 경과보고를 순차적으로 제공함으로(6:7; 9:31; 12:24; 16:5; 19:20; 28:31), 사도행전을 여섯 구획으로 나누어 구획 당 평균 5년씩 다루었다는 C. H. Turner의 견해를 언급한다(*Acts*, 185, 이는 *HDB*, 1.421-23을 언급한 것이다). 그러나 바울의 개종(행 9장)이 첫 성 금요일과 부활절로부터 2, 3년 내였다면(다시 아래 §28.1을 보라), 6:7은 그 틀에 산뜻하게 들어맞지 않는다. 비슷하게, 스데반 처형을 로마 총독 빌라도 소환으로 일어난 권력의 공백기(36-37년)에 일어났다고 보려는 시도는 바울의 개종을 "불가능할 정도로 늦게" 잡는다(Barrett, *Acts*, 1.381-82; 비슷하게 Pesch, *Apg.*, 1.267; Fitzmyer, *Acts*, 391은 그 제안을 더 긍정적으로 다룬다). 그러나 어느 경우든, 총독은 이때 예루살렘에 없었을 것이다(교수형은 순례 축제 동안에는 일어나지 않았다). 그래서 예루살렘 주둔군은 비교적 적었을 것이고(§23 n. 4에서) 그들의 관점에서 사소한 내부 소란으로 보이는 일에 관여할 필요가 없다고 생각했을 것이다. 어쨌든 로마 당국자들은 사울/바울의 박해에 거의 주목하지 않고, 이 역시 정치적 파문이 없는 내부 문제로 여겼을 것이다. N. H. Taylor, 'Stephen, the Temple, and Early Christian Eschatology', *RB* 110 (2003), 62-85은 성전에 자기의 상을 세우려는 칼리굴라의 시도가 불러온 위기 때 스데반이 어려움을 당했다고 본다. 그러나 이는 우리가 알고 있는 스데반의 죽음에 이은 박해 내용과의 "서투른 조화"가 훨씬 더 악화된다.

69) Löning은 "스데반을 우두머리로 하는 스데반 측의 사람들이 바로 처음부터 예루살렘에서 적극적인 선교사 역할을 했다"는 역사적 개연성을 시사한다('Circle of Stephen', 107).

70) 위 §21 n. 132을 보라.

폈듯이,[71] 초기의 은사적 열성 가운데 놀라운 사건("기이한 일들")과 기적 같은 치유에 관한 많은 증언이 있다. "믿음과 성령이 충만한"(6:5), "은혜와 권능이 충만한"(6:8), "성령이 충만한"(7:55) 그리고 능히 당하지 못할 "지혜와 성령"으로 말하는 인물로 수차례 묘사되는 스데반은 신약성경 전체에서 가장 한결같고 실질적인 은사 사역자로 제시된다! 그래서 스데반에 대한 누가의 묘사가 강력하고 설득력 있는 은사 사역자에 대한 기억에서 왔음을 의심할 필요는 거의 없다.

그러나 여기서 특별히 관심이 가는 내용은 스데반의 복음 전도든지 대화나 논쟁이든지 그것이 온전히 디아스포라 유대인 무리 가운데서 행해진 것처럼 보인다는 것이다. 예루살렘에 있는 수많은 디아스포라 유대인들이 예배를 드렸던 회당에 관한 구체적 언급이 이를 제시한다.[72] 이 지점에서 혼돈이 생길 수 있는 하나의 요점을 명확히 할 필요가 있다. 6:1에서 "헬라파"는 분명히 예수를 메시아로 믿게 된 디아스포라 유대인들, 즉 내부 그리스도인을 가리키는 지시어다. 그러나 "헬라파" = "그리스어 사용자"는 그리스어 사용자를 더 일반적으로 언급하는 것이기도 하다. 짐작하건대 9:29에서는 그리스어를 사용하는 유대인들을 가리키는 것 같고, 누가의(그리고 신약성경의) 이 단어의 유일한 다른 용례로 보이는 11:20에서는 그리스어 사용자 = 그리스인이다.[73] 이것은 6:1의 헬라파가 예루살렘을 거주지로 택한 디아스포라 유대인 가운데 단지 일부(적은가 많은가?)였음을 상기해준다. 신앙을 가진 (그리스도인) 헬라파는 디아스포라에서 돌아온 그리스어를 사용하는 더 큰 유대인 무리의 일부였을 뿐이다. 그러나 6:9이 드러내는 내용은 **헬라파 내부 논쟁**에 대한 언급으로 볼 수 있는데, 이는 사실상 그리스어만

---

71) 위 §23.2g를 보라.
72) 서쪽 디아스포라 내 주요 유대인 집중 지역은 바로 6:9이 보여준 구역에 있다. 즉 지중해 남쪽 해안에 있는 알렉산드리아와 키레나이카, 북동쪽 해안의 수리아길리기아 및 소아시아였다. 또한 자유민이 있었다. 자유민 대부분은 조상이 노예였으며 로마에서 자유를 얻었을 것이다. 추가로 아래 §27 n. 181을 보라. 유명한 테오도토스 명문에 관해서는 위 n. 30을 보라.
73) 추가로 아래 §24.8b를 보라.

구사할 수 있는 사람들이 그리스어로만 진행한 논쟁이었을 것이다.

이것에서부터 추가로 추론할 수 있는 점은 논쟁의 원인이 디아스포라 유대인 중 일부가 메시아 예수를 믿는 신앙인이 되었다는 사실뿐 아니라, 예루살렘에서 그리스어를 사용하는 공동체 내의 긴장과 다툼이었을 것이라는 점이다. 두 가지 가능성이 있다. 하나는 관련된 이들의 세대 차이와 같은 문제가 있었을 수도 있다는 것이다. 디아스포라에서 (수많은) 그리스어 사용자들이 돌아왔고, 그중 많은 사람/대부분이 예루살렘에서 은퇴하려고 했음을 필자는 이미 언급했다. 이 경우에 적어도 몇몇 가정의 젊은 구성원들은 지중해나 어떤 국제 무역로의 길목에 위치한 어떤 다문화적 대도시에서 변두리에 있는 예루살렘으로 왔다는 사실을 원망했을 수도 있다. 알렉산드리아나 안디옥, 에베소 혹은 로마의 "밝은 빛"에 익숙한 사람들은 예루살렘을 문화의 변두리라고 쉽게 괄시했다. 여기서 추가로 추정할 필요가 있는 점은 스데반이 대부분의 다른 그리스어 사용자보다 더 젊은 세대에 속했고 "대 변혁을 원하는 젊은이"였을 가능성이다. 물론 이것은 전부 추측이다. 그러나 더 이상의 정보가 없는 상황에서 더 선명한 그림을 얻으려면 어느 정도의 추측은 피할 수 없다.

속편에서 더 신빙성을 얻는 다른 가능성은 스데반과 그의 논쟁자들 간 긴장의 주원인이 성전이었다는 것이다. 물론 디아스포라 유대인들이 예루살렘에 돌아온 주된 이유는 성전을 가까이하여 가능하다면 성전 가까이에 묻히기 위해서다.[74] 따라서 더 큰 헬라파 공동체에서 세대 간 긴장이 있었다면, 그들은 쉽게 예루살렘 성전에 초점을 맞출 수 있었다. 이는 디아스포라에서 돌아온 이유에 대해 원망하는 것이다. 어쨌든 어떤 이유와 요인들이 개입했다 할지라도, 여기서 염두에 있는 것은 예루살렘에 정착한 디아스포라 유대인 구성원 간의 날카롭고 심지어는 격렬한 논쟁이다.

---

74) "예루살렘은 의심의 여지 없이 로마 제국에서 가장 인상 깊고 유명한 도시 가운데 하나였고, 심지어 이교도들에게게도 거의 '신비스러운' 기운으로 둘러싸인 곳이었다"(Hengel, 'Hellenization', 13).

c. 스데반의 혐의

이제 흥미로운 추가 요점에 다다랐다. 스데반의 논증이 불러온 분노는, 누가가 암시했듯이, 예수의 죽음과 부활에 집중한 메시지(2-5장의 설교에서처럼)가 원인이 아니었다. 오히려 혐의는 스데반이 "모세와 하나님을 모독하는 말을 했다"(6:11)는 것, 즉 "이 사람이 (이) 거룩한 곳과 율법을 거슬러 말하기를 그치지 않았다"(6:13)는 데 있다.[75]

스데반이 예수에게 돌린 역할이 "이곳을 헐고 또 모세가 우리에게 전하여 준 규례를 고치겠다"(6:14)는 역할이었다고 증언된다.[76]

예수에게 제기된 혐의들이 분명히 반영된다. 성전을 파괴할 것이라는 예수의 말을 사람들이 들었다는 점, 혐의가 "거짓 증인들" 때문에 가능했다는 점(6:13),[77] 그가 신성 모독으로 기소됐다는 점(막 14:57-59, 64 병행구) 등이다. 주목할 만한 점은 누가가 공회 앞에서 일어난 예수의 재판을 서술하며 이것 중 첫 번째와 마지막 요소를 누락한 것이다(눅 22:66-71). 다른 곳에서처럼, 누가는 이 지점에서 그 요소들을 포함하려고 예수의 재판 기록에서는 이것들을 언급하지 않았다.[78] 함의가 명백한데, 누가는 많은 그리스도인 회중에서 회자되는 예수의 재판에 관한 표준 서술(특히 마가복음에 있는 내용)을 잘 알고 있었을 뿐만 아니라, 또한 여기서 더 중요하게도, 그런데

---

75) "이것들은 새로운 고소인데, 누가의 이야기에서 열두 제자나 다른 그리스도인들이 이 지점까지는 당하지 않은 고소다"(Fitzmyer, *Acts*, 363-64).

76) 누가가 이 문단에서 일어난 일과 관련하여 두 판본에 의존했을 가능성은 Barrett, *Acts*, 1.321, 380을 보라.

77) 거짓 증인이 고소했다고 보는 것은 스데반을 향한 반대를 깎아내리거나 약화시키는 분명한 방법이다. 비교. 신 19:16-19; 시 27:12; 35:11; 잠 24:28. 나봇(왕상 21장)과 수산나의 조심스러운 이야기가 전형적이다. 또한 G. N. Stanton, 'Stephen in Lucan Perspective', in E. A. Livingstone, ed., *Studia Biblica 1978*. Vol. 3 (JSNTS 3; Sheffield, JSOT, 1980), 345-60(여기서는 347-48), 그리고 K. Haacker, 'Die Stellung des Stephanus in der Geschichte des Urchristentums', ANRW 2.26.2 (1995), 1515-53(여기서는 1523-29)을 보라. Haacker는 스데반을 둘러싼 갈등의 중요한 요소가 예루살렘 제사장들에게 갈릴리에서 일어난 경건한 평신도 운동처럼 보이는 것에 대한 그들의 적의일 수 있다고 언급한다(1520-21).

78) 위 §21.2d(2)를 보라.

도 스데반이 성전("이 거룩한 곳")과 모세를 향해 첫 공격을 제대로 시작했기 때문에 고소당했다고 묘사하기 원했다.

신성 모독이라는 기소에 마가복음 14:62(눅 22:67-71은 이를 신성 모독으로 묘사하지 않았다)에 상응하는 내용이 있었는지는 불확실하다. 스데반의 재판과 처형의 극적인 결말은 확실하게 그런 내용이 있었음을 시사한다.[79] 그러나 6:13-14에서 혐의의 초점은 "이 거룩한 곳"(성전, 시 24:3에서처럼)을 향한 공격에 있다. 예루살렘 거주자들, 특별히 성전을 가까이하려고 디아스포라의 삶을 포기한 사람들에게, 이것은 자신들이 그 거룩한 성에 있는 바로 그 이유에 이의를 제기하거나 정말로 신성 모독의 일종이었다. 그리고 모세의 법 가운데 많은 부분이 성전 및 성전 제의 기능과 관련이 있기 때문에, 성전에 대한 공격으로 인식한 것은 확실히 모세와 "모세가 우리에게 전하여 준 규례"에 대한 공격으로도 인식됐다.[80]

이것은 논란이 되는 문제를 제기한다. 즉 스데반(과 헬라파)이 율법에 대한 급진적인 비평에 이미 관여했느냐다. 사울/바울이 "율법에 대한 열심" 때문에 스데반의 동료들을 박해했음(바울이 갈 1:13-14과 빌 3:6에서 말한 것과는 상당히 다름)을 기반으로, 주석가들은[81] 그렇다고 대답한다. 그러나 앞으로 보게 되겠지만, 바울의 표현은 미묘한 차이가 있다. 또한 곧 보겠지만, 스데반이 했다고 여겨지는 연설에서는 모세가 아닌 성전에 공격을 집중

79) B. Wander, *Trennungsprozesse zwischen Frühen Christentum und Judentum im 1. Jh. n. Chr* (Tübingen: Francke, 1994), 137-40.

80) 요세푸스도 모세를 향한 신성 모독을 언급한다(*War* 2.145). 또한 *Jesus Remembered*, 751도 보라. "모세에 반하는 말이 하나님에 반해서 말하는 것, 즉 신성 모독임은 자명하다"(Jervell, *Apg.*, 226).

81) 독일 신학계의 강력한 흐름 하나가 이 견해를 취한다. 이것은 틀림없이 율법에 대한 바울의 훨씬 더 급진적인 비판이라고 그들이 이해한 전례가 있기에 고무되었다. 예로 Bultmann, *Theology*, 1.54-56, 109; Schmithals, *Paul and James*, 25-27; Conzelmann, *History*, 59을 보라. Hengel은 이미 그의 *Judaism and Hellenism*, 1.313-14 = *Judentum und Hellenismus* (WUNT 10; Tübingen: Mohr Siebeck, ³1988), 569-70에서 이런 주장을 했고 그 이후에도 자주 그렇게 추정했다(*Acts*, 6장 여러 곳). 그러나 Hengel and Schwemer, *Paul*, 88-89; Pesch, *Apg.*, 1.239-40에서는 더 조심했다. Lüdemann, *Early Christianity*, 78, 82, 85; Schenke, *Urgemeinde*, 176-83; Wedderburn, *History*, 49-54; "그것은 아버지의 오른편에 계신 그리스

했다.[82] 그래서 스데반을 향한 주요한 혹은 가장 민감한 혐의가 그의 성전에 대한 비난이었을 가능성은 여전히 염두에 둘 가치가 있다.[83]

사실『예수와 기독교의 기원』에서 보았듯이, 사도행전 6:14은 예수가 성전 파괴를 예언한 것과 몇몇 전승에서는 성전 파괴에 대한 예수 자신의 역할을 언급한 것으로 기억됐을 개연성을 상당히 강화한다.[84] 예수가 성전의 (임박한) 파괴에 대해 말했다는 기억은 여전히 살아있었으며, 이것은 단순히 그의 추종자들 사이에서만 있는 게 아니었다. 따라서 예수를 메시아로 믿은 최초 예루살렘 회중이 성전 가까이에 머물러서, 계속하여 성전에 정기적으로 참석하고 거기서 모였다는 사실은 다소 놀랍다.[85] 반대로 스데반은 예수의 가르침에서 무시된 측면으로 여겨진 내용을 취해서 강력하게 전면에 내세운 것으로 기억된다.[86] 요하네스 바이스(Johannes Weiss)가 "원

도를 영적으로 체험하는 일이었으며, 그래서 인자와 주라는 역할에 대한 믿음은 화해의 도구인 모세 율법에 도전하고, 공식 유대교와의 결별을 결정했다"(Jossa, *Jews or Christians?*, 82-84). Räisänen('Hellenisten', 1473, 1485)과 Jervell(*Apg.*, 226-28)은 이 견해에 강하게 저항한다. 또한 Kraus, *Zwischen Jerusalem und Antiochia*, 41-42; 그리고 Hengel에 대한 Penner의 비판을 보라(*Praise*, 23-29).

82) 또한 J. Carleton Paget, 'Jewish Christianity', *CHJ* 3.731-75은 6:14의 *kai*가 설명하는 보족어 일 수 있다고 지적한다. "즉 '그리고 모세의 규례를 고치겠다'라는 표현은 오직 예수가 성전을 향해 할 일과 관련이 있다"(743).

83) K. Berger, *Theologiegeschichte des Urchristentums. Theologie des Neuen Testaments* (Tübingen: Francke, 1994), 140-42; Kraus, *Zwischen Jerusalem und Antiochia*, 44-55. 그러나 헬라파(디아스포라 유대인)가 율법에 대체로 더 "자유로웠다"는 견해에 반대해서, Jervell은 그런 디아스포라 유대인들이 "율법을 향한 그들의 신실함 때문에 예루살렘에 가까이 왔다"라고 올바로 지적한다(*Apg.*, 222. 그는 216 n. 609에 언급된 학자들을 의문시한다). 또한 H. Räisänen, '"The Hellenisten": A Bridge between Jesus and Paul?', *Jesus, Paul and Torah: Collected Essays* (JSNTS 43; Sheffield: JSOT, 1992), 149-202(여기서는 177); 또한 'Hellenisten', 1486-88; Barrett, *Acts*, 1.337-38을 보라.

84) 다시 *Jesus Remembered*, 631-33을 보라.

85) 위 §23.2e와 §23.5b를 보라.

86) 그 외에는 누가가 성전을 긍정적으로 보고 스데반에 대한 고소가 거짓임을 밝히려 애쓰는 것을 고려하면, 누가가 그 혐의를 만들어냈을 가능성은 거의 없다. 개연성이 더 높은 것은 그러한 혐의가 스데반에 관한 전승의 일부로 기억되었고, 누가가 여기서(그리고 7장에서) 오해를 바로 잡으려고 했다는 것이다. 그 혐의들이 "거짓"이라는 누가의 스데반 변호는, Stanton이 주장한 것처럼('Stephen', 348, 351-52), 누가가 7:44-48을 성전에 대한 공격으로 여기지 않았음을 의미할 필요는 없다. 단지 스데반의 비판이 예수의 비판보다 더하지(그러

제자들이 아무는 것을 기쁘게 지켜보았을 상처를 스데반이 찢어 열어젖혔다"고 주장했을 때 그는 바른 노선에 있는 듯하다.[87]

그렇다면 이러한 성전에 대한 비판(그렇게 인식되었을 것이다)은 스데반 자신이 속한 그리스어 사용자 공동체를 향한 것으로 보인다. 그러나 또한 어느 정도는 예수를 믿는 그의 동료들을 향한 것이다. 이것은 2-5장에서 더 전통적인 생각을 가지고 전통을 지키는 신자를 빗대어 "히브리파"라는 별칭을 (헬라파 내 스데반 분파가) 사용한 이유의 일부임에 틀림없다. 이 별칭은 자신들을 자기 전통에 충성하는 사람들로 보는 (그리고 타인들이 그들을 보기에도) 부류와 관련해서는 적절하다. 물론 이 전통에는 성전과 그 제의를 향한 지속적인 헌신도 포함된다.[88] 요컨대 여기서 드러나는 것으로 보이는 역사는 두 영역에서 활발하게 반대한 스데반이라는 인물을 보여주는 것처럼 보인다. 겉으로는 자신의 동료 헬라파와 반대하고 간접적으로는 헬라파의 정체성을 가지고 "히브라파"를 반대하는 것이다. 그리고 둘 다 같은 논제, 즉 성전을 향한 계속된 충성과 참여가 예수가 성전에 관해 말한(그리고 행한) 내용에 맞느냐는 문제를 다룬다.

이야기는 점점 더 복잡해진다.

나 덜하지도) 않다는 것이다(n. 124을 보라).

87) Weiss, *Earliest Christianity*, 168.

88) 이것이 예수와 스데반에 대한 혐의가 "거짓 증언"이라고 한 이유의 일부인가? 성전에 반하는 예수의 언급의 전승이 최초 예루살렘 공동체에게는 당혹스러운 것이었을까? 다시 물을 수도 있다. "허다한 제사장"이 성전을 때가 지난 것으로 여기는 신앙에 매력을 느꼈을까(추가로 Dunn, *Acts*, 85을 보라)? Esler가 지적하듯이, "그 제사장들이 그리스도인이 되고 나서 제사장직을 포기했다는 암시가 본문에 전혀 없다"(*Community and Gospel*, 140). "그렇게 많은 제사장이 성전에 붙어 있다는 사실은 많은 비율의 신자를 성전 질서에 붙들어 매는 유대감을 강화했을 것이다. 이것은 그들과 성전에 대한 스데반의 부정적인 견해에 동의하는 이들 간의 긴장을 고조시켰을 것이다"(Bruce, *Acts*, 185). 또한 B. F. Meyer, *The Early Christians: Their World Mission and Self-Discovery* (Wilmington: Glazier, 1986), 4-5장을 보라.

d. 스데반의 죽음

스데반 이야기의 절정은 그의 즉결 처형이다. 그는 첫 기독교 순교자였다
(7:54-60). 여기에도 예수의 고난이 분명하게 암시되는데, 이는 누가가 명백
하게 의도했다. 가장 눈에 띄는 내용은 예수에 관한 스데반의 마지막 말로,
예수는 하나님 오른편에 서 있는 "인자"로 분명하게 밝혀진다(7:55-56). 다른
말로 하면, 스데반이 본 장면은 예수의 재판에서 예수가 기대한 것이 실현
된 모습이다("이제부터는 인자가 하나님의 권능의 우편에 앉아 있으리라", 눅 22:69 병행
구들)[89] 스데반의 재판은 단순히 예수의 재판을 반영하지 않고, 사실상 예
수의 재판을 마무리하며 (예수가 잡히고 재판받는 상황에서) 가망이 없어 보이던
예수의 희망이 정말 놀랍게 실현되었음을 입증한다.[90]

그러나 거의 똑같이 현저한 내용은, 적어도 누가에 의하면 스데반과
예수의 마지막 말이 너무나 비슷하다는 사실이다. 다른 사람들은 이것을
상기하지 않았다.[91]

- 예수: "아버지, 내 영혼을 아버지 손에 부탁하나이다"(눅 23:46)

  스데반: "주 예수여, 내 영혼을 받으시옵소서"(행 7:59)

- 예수: "아버지, 저들을 사하여 주옵소서. 자기들이 하는 것을 알지 못함이니
  이다"(눅 23:34)[92]

  스데반: "주여, 이 죄를 그들에게 돌리지 마옵소서"(행 7:60)

---

89) *Jesus Remembered*, §17.6을 보라.
90) 그리스도가 왜 "하나님 우편에 서 있는 것"(7:55)처럼 보였는지는 분명하지 않다. 어쩌면 자
   신의 죽어가는 제자들을 변호하거나 환영하기 위해서일 것이다. Barrett(*Acts*, 1.384-85)
   과 Fitzmyer(*Acts*, 392-93)는 다양한 제안을 논평한다. Neudorfer, *Stephanuskries*, 199-207,
   283-87, 313-14에 있는 더 이전의 토론. N. Chibici-Revneanu, 'Ein himmlischer Stehplatz.
   Die Haltung Jesu in der Stephanusvision (Apg. 7.55-56) und ihre Bedeutung', *NTS* 53
   (2007), 459-88은 그 묘사가 하늘에 있는 순교자들과 고난받는 의인이라는 모티프가 시
   110:1의 이미지와 결합된 결과라고 제안한다. 또한 n. 191을 보라.
91) *Jesus Remembered*, 779-80.
92) *Jesus Remembered*, 780 n. 86을 보라.

다시 말하지만 이것은 결코 우연이 아니다. 스데반이 죽음을 맞이한 방식은 예수의 죽음의 재연이고, 이 반복은 누가가 두 인물의 주요 특징(가망 없는 상황에도 침착하며 담대했고, 상황을 지배하는 하나님의 계획에 대해 확신했다)으로 여긴 내용을 강조한다. 예수가 그의 아버지께 호소한 곳에서 스데반이 주 예수께 호소한 장면은, 누가가 묘사하는 스데반에게 예수는 참으로 하나님 우편으로 높여졌고 인자로서 하나님의 일을 행하는 자와 전권대사로 활동할 수 있었음을 확인해준다.

이 마지막 장면의 어느 정도가 누가의 문학적 기교의 결과물인지를 가늠할 수는 없다. 확실히 언급된 요점들은 복음서의 수난 이야기(아무 판본이 아니라, 누가가 알았거나 만든 판본)를 알고 있는 사람들에게만 분명했을 것이다. 그래서 이 요점들이 누가의 헬라파 서기로부터 비롯되었다고 확신 있게 말할 수 없다. 그러나 스데반의 순교는 누가가 상상한 허구일 가능성이 없는데, 순교는 그렇게 가볍게 다루어지기에는 마음에 사무치는 민감한 문제다. 이 초기 순교를 미화된 전기를 통해 보고 있으나(비교. 6:15),[93] 이런 순교의 발생을 부인하는 사람은 무정한 비평가일 것이다. 사실 예수의 재판과 죽음이라는 병행구는 무너지는데, 누가는 스데반에게 제공한 해명 기회를 공회에서 열린 공식 회의로 묘사한 반면(6:12), 그의 처형은 통제할 수 없는 무리들의 격분 탓으로 돌리기 때문이다(7:57-58).[94] 더욱이 7:55에서 헬라파의 특징 가운데 하나("성령이 충만한"[plērēs])[95]의 반복은 누가가 자신이 자료에서 받은 서술을 자세하게 설명했음을 강하게 암시한다. 그리고 누가가 다른 어떤 곳이 아닌 바로 이 지점에서 어떻게든 인자에 관한 언급

---

93) 비교. 예. 2 Macc. 7; 4 Macc.; *Mart. Pol.*; 리용과 비엔의 순교자들(Eusebius, *HE* 5.1.3-63).

94) 돌로 쳐 죽이는 것은 레 24:11-16, 23에 따르면 신성 모독에 대한 처벌이다. 추가로 Fitzmyer, *Acts*, 391, 393을 보라. 그는 돌로 쳐 죽이는 사형에 관한 미쉬나 규정(*m. Sanh.* 6.3-4)이 이미 실행 중이었다고 "순진하게" 추정을 한 Haenchen(*Acts*, 296)을 정당하게 힐책한다.

95) 번역에서는 어휘의 그런 변별성을 주시해야 한다. NRSV와 Fitzmyer(*Acts*, 392)는, 마치 그 문구가 4:8과 13:9에서와 똑같은 것처럼, "성령으로 충만하다"로 옮겼다.

을 했다면 다소 어색했을 것이다.[96)

논제는 확고한 증거 너머에 있다. 그러나 스데반의 죽음 장면과 그에 대한 혐의가 지닌 함의를(§24.4c) 하나로 묶을 때, 스데반 이야기의 역사적 핵심에 다음과 같은 내용이 있다는 개연성이 더 커진다. 즉 새 운동의 최초 국면에서 많은 사람을 상당히 당황하게 한 예수의 가르침 중 무시된 내용(예수가 성전 파괴를 예고했다는 것)을 이어간 사람으로 스데반이 기억되었다는 점, 예수의 가르침에서 스데반이 바로 그 요소를 지속적으로 강조하여 신앙과 생계를 온전히 성전에 초점을 맞춘 공동체의 살인적 분노를 자신의 머리에 쏟아지게 했다는 점이다.[97)

남아 있는 하나의 논제 역시 확고한 결론을 낼 수 없어 애를 태운다. 누가는 "사울이라 하는 청년"이 스데반을 처형한 당사자이고(7:58) 그 후에 바로 그 사울이 "교회를 잔멸"하는 데 앞장섰다고(8:3) 기록한다. 그때 사울/바울이 실제로 예루살렘에 있었다는 점은 상당히 개연성이 있고, 자신이 예수 믿는 자들의 주요 박해자였다는 그의 고백은 초기 이야기를 타당하게 만든다.[98) 그러나 바울은 자신의 이런 초기 개입에 대해 아무런 암시도 하지 않는다. 그리고 그 에피소드가 제공하는 속편(행 9장)과의 연결은, 이 연결에 무언가 더 있다고 확신하기에는 이야기 순서가 너무 잘 들어맞아 보여서 의심스럽다.[99) 따라서 우리는 여기의 상세 내용만 언급하고 더 견고한 자리로 나아갈 수 있다.

그러나 스데반을 둘러싼 장면에서 여전히 주의를 필요로 하는 중요한

---

96) 생각해볼 수 있는 점은, 예수 전승의 "인자" 언급들을 복음서들에 있는 "그 인자"로 설명하는 것이 아람어 전승을 그리스어로 옮긴 헬라파 번역가들의 작품이었다는 것이다. 추가로 아래 §24.9a, b를 보라.

97) 62년에 일어난 예수의 형제 야고보의 즉결 처형과의 병행이 때때로 언급되었다. 아래 §36.2을 보라.

98) Barrett는 스데반의 죽음에 대한 그(혹은 하나의) 서술이 스데반의 죽음이 사울에게 "강한 인상"을 끼쳤음을 입증하는지를 궁금해 한다(Acts, 1.381). 추가로 §25.2을 보라.

99) 바울이 두 개의 별도 전승(스데반의 죽음과 바울의 박해)을 결합했다는 가정은 흔하다(예. Jervell, Apg., 256).

요소가 하나 있다.

24.5 스데반이 했다고 여겨지는 연설

누가는 공회에서 열린 스데반 청문회라는 공식적 배경에 (비교적) 매우 긴 연설을 포함할 기회를 잡았다(6:12, 15). 사도행전의 모든 연설과 마찬가지로, 누가가 어디에서 이 연설을 얻었느냐 하는 질문은 무시하면 안 된다.[100]

a. 헬라파의 소책자?

주석가들이 사도행전과 사도행전의 연설들에 관해 자주 언급한 점은 스데반이 했다고 여겨지는 연설이 그 상황에 잘 어울리지 않는다는 것이다.[101] 무엇보다도, 연설은 스데반에 대한 기소 내용을 다루기 전에 제법 길게 계속되고, 그나마 주어진 대답도 간접적일 뿐이다. 그러나 우리는 지금쯤이면 사도행전의 연설이 이야기된 사건들에 대한 일종의 글자 그대로의 내용이라는(그리고 누가가 그렇게 의도했다는) 생각을 하면 안 된다. 스데반의 사건과 같은 이야기를 이해하는 데 연설이 차지하는 잠재적 기여도를 판단할 때, 실제로 수많은 경우에 그것을 척도로 삼는다. 그렇다면 사도행전 7장의 연설을 어떻게 이해할 수 있을까?

한편으로는 연설이 그리스어로 번역되었다는 사실이 논증에 결정적임을 인식하는 것이 중요하다.

---

100) 위 §21.3을 보라.

101) 예. Haenchen, *Acts*, 286-88; Barrett, *Acts*, 1.335. Dibelius가 그 연설이 연관성이 없고 요점이 없다고 본 견해('Speeches in Acts', 167-68)는 상당한 영향력이 있었다. 예. Haenchen, *Acts*, 287-88. 그러나 Penner, *Praise*, 303-27을 보라.

- 7:42b-43 = LXX 아모스 5:25-27, "다메섹 밖"이 "바벨론 밖"으로 대체됨.[102]
- 7:45에서는 "여호수아"의 그리스어 번역인 *Iēsous*를 언급한다. 그러나 그 연설에서는 "예수"에 대한 함의나 그림자가 명확하게 드러난다.
- 이는 "광야 *ekklēsia*"라는 초기 언급(7:38; 비교. 신 9:10; 18:16; 23:1)이 "교회"에 대한 유사한 함의와 그림자라는 개연성을 높인다.
- 그리고 하나님이 "그의(모세의) 손을 통해 구원(*sōtēria*)"(7:25)하셨다는 더 이른 언급에는 마찬가지로 함축적인 의미가 가득하다.

물론 스데반이 그리스어만으로 그런 담화를 할 수 있었을 것이라는 점(헬라파 즉 그리스어 사용자이기에)은 결코 놀라운 일이 아니다. 그러나 예루살렘 **산헤드린** 앞에서 이런 공식 청문회가 그리스어로 진행되었거나, 법정 당국이 그리스어로 그렇게 긴 연설을 하도록 그들을 허락했다고 보는 것은 개연성이 적다.[103] 더욱이 다수가 보여주었듯이,[104] 누가는 그 연설을 확실하게 자기 언어로 표현했다.[105] 그래서 이런 연설은 어떤 기억이나 법정 기록에서 가져왔을 가능성이 거의 없다.

한편으로는 그 연설이 누가 자신의 것이 아니라는 다양한 표시가 있다.

- 그 내용은 사도행전에서만 나오며, 누가의 보통 연설들보다 훨씬 더 길고, 분명하게 기독교다운 면이 마지막까지 없으며, 마지막에 가서도 회개하고

---

102)   Haenchen, *Acts,* 284과 n. 1; Barrett, *Acts,* 1.368-71에 자세한 내용이 있다.

103)   "스데반이 히브리어 성경과 많이 다른 70인역으로 공회를 설득하려 했다고 주장하는 사람은 하나도 없을 것이다"(Haenchen, *Acts,* 289). 또한 예수의 재판과 현저하게 다른 점을 추가로 주목하라. 이것은 아주 간단하게 기록되었다.

104)   E. Richard, *Acts 6:1-8:4: The Author's Method of Composition* (SBLDS 41; Missoula: Scholars, 1978). 누가가 자신이 선호하는 표현 가운데 하나("기사들과 표적들")를 이 자료에서 가져왔을 가능성은 고려할 가치가 있다. "기사들과 표적들"은 모세가 그의 백성을 구출할 때 드러난 특징이었고(특별히 출 7:3; 비교. 시105:27), 모세 이야기를 다시 언급할 때 자주 등장한 특징이기 때문이다(예. *Jub.* 48.4, 12).

105)   Hengel이 말했듯이, "고대 역사가는 자료의 모형이 인식되지 않을 만큼 자료를 재형성하여 자신만의 특징이 더욱 분명해지는 것을 자랑했다"(*Between Jesus and Paul,* 4).

믿으라는 일반적인 요구가 없다.

- 그것은 이스라엘 역사에 대해 어느 정도 비정통적으로 보이는 특징을 포함한다. 특별히 이스라엘의 공식 역사에 기록된 대로 헤브론보다는 세겜(사마리아)에 아브라함과 이삭과 야곱을 장사했다는 점(7:16).[106]

- 할례("할례 언약", 7:8)에 대한 염려가 있었다는 암시의 부재는 그 연설이 바울 이전 기간에 있었음을 반영한다.[107]

- 7:46-47에서 사무엘 7:1-14을 암시한 것은 예수와 스데반에 대한 혐의와의 연관성을 보여준다.[108]

- 그리고 특히 7:48의 성전에 대한 맹비난은 누가가 이 외에는 성전을 일관되게 긍정적으로 평가한 것과 상당히 어긋난다.[109]

두 자료에 관한 가장 좋은 설명은 어쩌면 누가가 특별히 이스라엘 역사와 성전에 대한 헬라파의 견해를 표현하는 헬라파 자료 곧 헬라파 소책

---

106) 창 49:30-31과 50:13에 따르면, 족장들의 매장지는 막벨라, 즉 오늘날의 헤브론이다. 창 23:3-20과 33:19 사이에 어떤 혼란이 있었을 수 있는데, 이는 수 24:32에서 요셉을 세겜에 장사했다는 기록과 연관이 있다(Barrett, *Acts*, 1.351의 토론). 한편으로, 여기 연설은 신성한 장지가 (사마리아에 있는!) 세겜이라고 주장하는 사마리아인들의 다른 전승을 따랐을 수 있다. 이 경우에, 그 연설이나 글이 빌립의 성공적인 사역 이후 사마리아 전승으로 형성되었다는 추가 암시가 있을 것이다. 빌립의 사역에 관한 내용은 헬라파들이 자신들이 행한 일들에 대해 말하고 누가가 접근하도록 제공된 그 서술 내의 또 다른 장(chapter)이다. 7:32에서 복수 "너희 조상들"은 히브리 성경과 70인역("너희 조상")보다는 오히려 사마리아 오경과 더 일치한다. "모세와 같은 선지자"에 대한 기대는 사마리아 신학에서 중요했다(§24.7b과 n. 170을 보라). Scharlemann은 "스데반의 담화에서 사마리아의 함축들"이라고 알맞게 요약한다(*Stephen*, 50). 그러나 구별된 사마리아 자료라는 제안은 이제는 대체로 부정된다(특별히 K. Haacker, 'Samaritan, Samaria', *NIDNTT*, 3.464-66과 G. Schneider, 'Stephanus, die Hellenisten und Samaria', in Kremer, ed., *Les Actes des Apôtres*, 215-40; 또한 *Apg.*, 1.412-13; 또한 예. Bruce, *Acts*, 191, 196; Barrett, *Acts*, 1.361; Fitzmyer, *Acts*, 368).

107) 롬 4장에서 **더 앞서 있었던** 하나님의 다루심이 결정적이었다는 바울의 주장과 대조하라. 여기서는 창 15:6을 언급하지 않는다. 바울은 아브라함에게 주어진 약속을 "할례 언약"이라고 묘사하기를 주저했을 것이다. *Jub.* 15.25-34과 대조하라.

108) 아래 n. 122을 보라.

109) 눅 1:8-23; 2:22-38, 41-50; 24:53; 행 2:46; 3:1; 5:42(Taylor, 'Stephen', 73-74과는 반대). 추가로 아래 §24.5b를 보라.

자를 사용할 수 있었을 것이라는 설명이다.[110] 이는 당대의 역사 편찬 방식과 온전히 궤를 같이한다.[111] 그리고 스데반이 헬라파 지도자이자 그의 "거룩한 곳"에 대한 태도 때문에 순교당한 인물로 기억되었기 때문에, 그 연설이 스데반의 죽음을 불러온 견해를 대표한다고 의심의 여지 없이 받아들일 만한 충분한 이유가 있다.[112]

그렇다면 우리는 그 연설과 사도행전 6-7장에서 그 연설의 어색함을 어떻게 이해해야 하는가?

b. 연설의 목적

연설은 익숙한 장르, 즉 한 백성의 정체와 자기이해를 형성한 (신성한) 역사의 반복에 속한다. 이 이야기, 특히나 그 시작에 관한 이야기는, 그 백성이 어떤 백성이며, 어떻게 구성되고, 무엇을 옹호하는지를 말해준다. 베르길리우스(Virgil)가 「아이네이스」(Aeneid)에서 아우구스투스의 로마를 위해 이런 작업을 했다. 무함마드 이야기가 이슬람에서 같은 역할을 한다. 미국에 정착한 청교도와 독립 선언서도 미국에 똑같은 중요성을 띤다. 이스라엘

---

110) Fitzmyer는 적절한 합의의 전형적인 예다: "현재 형식은 확실히 누가다운 작문이나, 그것은 전해 받은 전승, 어쩌면 안디옥 전승에 뿌리를 두었을 것이다"(*Acts*, 365). 비슷하게 Wilckens, *Theologie*, 1/2.236. 다소 놀랍게도, Hengel은 스데반과 헬라파의 직접적인 연관이 "극도로 의심스럽다"고 생각한다. 비록 그가 "직접적인"이라는 표현에 너무 많은 무게를 부여하지만 말이다(*Between Jesus and Paul*, 19). Jervell은 누가가 편집한 부분을 구별하려는 시도를 간단하게 논평한다(*Apg.*, 249-50). Lüdemann은 누가의 편집 부분을 자신 있게 구별하고, 그 연설의 배경이 되는 전승과 역사를 다루어야 할 필요를 전혀 못 느낀다(*Early Christianity*, 86-89). 비슷하게, Hill은 그 연설을 누가의 작문으로 여겼고(Richard를 따름), 그 연설에서 일관성 있는 누가 이전의 신학을 찾을 가능성을 전혀 허용하지 않는다(*Hellenists and Hebrews*, 50-101). 그 논쟁은 Penner, *Praise*, 86-90에서 논평했다.

111) 다시 §21.3을 보라.

112) "가장 그럴듯한 설명은…'헬라파' 즉 디아스포라 회당에서 선포되었을 법한, 그리고 헬라파 유대인들이 헬라파 유대 그리스도인이 되었을 때 쉽게 받아들이고 사용할 수 있는 일종의 설교, 즉 '헬라파' 설교를 누가가 개요 형식으로 우리에게 주었다는 것이다"(Barrett, *Acts*, 1.338).

도 비슷하다. 족장들과 출애굽 및 광야에 대한 이야기를 전하고 반복하는 일이 이스라엘의 정체성을 구성했다. 이것이 토라(율법)의 많은 부분이 이야기 형식으로 되어 있으며, 유월절 주요 축제가 실제로는 출애굽기 사건의 재현인 이유이기도 하다. 사도행전 7장의 스데반의 연설을 제대로 이해하려면 이 사실을 인식해야 한다. 어떤 이들은 이 연설을 오히려 이스라엘 초기 역사의 따분한 재연이라고 생각했다. 그들은 기원 이야기에 있는 힘을 인식하지 못했다.

그렇다면 스데반이 했다고 여겨지는 연설을 이해하는 열쇠는 연설에서 이스라엘 이야기가 어떻게 전달되는지 주목하는 데 있다. 즉 무엇에 강조점이 있으며, 무엇이 더해지고 빠졌는가를 살펴보는 것이다. 그 이야기에 이스라엘의 정체를 표현하고 규정하는 힘이 있기 때문에(신 6:20-14과 26:5-9 같은), 그 이야기를 주의 깊게 반복하는 일은 정체성을 강화하거나 재형성할 수 있다. 따라서 예를 들면 느헤미야 9:6-31에서 반복된 이야기는 언약의 하나님 앞에서 제대로 된 참회의 느낌을 북돋아 주며, 시편 105편과 106편에서의 이야기의 반복은 언약의 하나님을 향한 영적 헌신을 새롭게 한다. 『희년서』(약 기원전 150년에 기록됨)에서의 반복은 율법의 엄격한 해석과 이방 관습에 대한 혐오를 강화한다. 그리고 『에녹1서』 83-90(『희년서』보다 약간 이른 시기)의 꿈에서 환상의 형태로 이야기를 다시 전하는 부분은 하나님의 대단히 중요한 절정의 목적을 향한 신뢰감을 북돋아 준다. 사도행전 7장의 이야기의 반복도 그렇다. 어쩌면 선택과 경향이라는 관점에서 가장 가까운 병행은 CD 2:14-62에 있는 이스라엘 역사에 대한 에세네파의 이해다.

스데반의 연설을 분석해보면 두 가지 주제가 드러난다.

(1) 하나님의 종인 요셉(7:9)과 모세(7:23-29, 35, 39) 및 예언자들(7:52)을 배척하는 것은 "의로운 자"(예수)[113]를 배척하는 데서 절정에 이른다.[114] 이는

---

113) "누가는 스데반을 조심스럽게 모세와 나란히 한다: 스데반은 모세와 선지자들 및 예수(그리고 바울)처럼 일부 이스라엘에 의해 배척당했다"(Stanton, 'Stephen', 349).

114) 비록 헬라파 신자들의 전유물이 아니었지만, 이것은 예수를 언급하는 초기 방식이었다

이전 연설에서 반복된 강조와 완전히 궤를 같이한다.[115] 특별히 7:9의 "그러나 하나님"은 2:24의 "그러나 하나님"을 되울린다. 그리고 모세와 같은 예언자에 대한 소망을 강조하는 부분(7:37)은 3:22-23의 동일한 소망을 되울린다. 이 점에 관해서 스데반은 앞선 베드로와 요한보다 더 나쁘거나 더 도전적인 말을 하지 않았다.[116] 그러나 첫 번째 주제에 맞물리며 더 두드러지는 두 번째 주제가 더욱 도발적이다.

(2) 하나님의 현존을 보장하려면 필요하다는 성전을 배척함. 여기 연설에서 다수의 특징이 있다.

(i) 연설은 대부분 약속의 땅 입성과 성전 건축 이전 시기에 초점을 둔다(7:2-46). 그 부분을 다시 말하면서, 하나님이 약속의 땅 밖에서도 그들과 함께하셨음을 반복해서 강조한다. 하나님은 메소포타미아에서 아브라함에게 나타나셨다(7:5).[117] 하나님이 이집트에서 요셉과 함께하셨다(7:9). 하나님은 약속의 땅에서 멀리 떨어진 거룩한 땅인 시내산에서 모세에게 나타나셨고(7:30-33), 광야의 회중(*ekklēsia*, "교회")에게 "살아 있는 말씀"을 주셨다(7:38). 이스라엘 이야기를 다시 언급하는 함의는 명백하다. 그의 백성과 함께하시는 하나님의 현존을 보장하는 데 약속의 땅이나 신성한 장소가 필요하지는 않다는 점이다.[118]

(ii) 정반대로, 시내산 금송아지 죄에서(7:41) 하늘의 군대를 숭배하는 것

(3:14; 22:14).

115) 행 2:23; 3:13-15; 4:10; 5:30.

116) 추가로 Stanton, 'Stephen', 354-57; H. A. Brehm, 'Vindicating the Rejected One: Stephen's Speech as a Critique of the Jewish Leaders', in C. A. Evans and J. A. Sanders, eds. *Early Christian Interpretation of the Scriptures of Israel* (JSNTS 148; Sheffield: Sheffield Academic, 1997), 266-99을 보라.

117) "그래서 아브라함은 방랑자가 되었고, 독자들은 하나님의 예배가 어떤 개별 장소에 묶여 있지 않음을 알게 되었다"(Fitzmyer, *Acts*, 366).

118) 비교. Löning, 'Circle of Stephen', 111. 또한 G. E. Sterling, '"Opening the Scriptures": The Legitimation of the Jewish Diaspora and the Early Christian Mission', in Moessner, ed., *Jesus and the Heritage of Israel*, 199-225을 보라.

(7:42)은 바로 연관되는데,[119] 아모스는 이것이 바벨론 유배의 원인이라고 했다(7:42-43). 이스라엘 안에서 이 두 이야기는 이스라엘 역사의 두 최저점, 즉 이스라엘의 실패의 밑바닥으로 여겨졌다.[120] 스데반의 연설은 모든 가나안 정착과 왕정 역사를 사실상 무시했고, 그 사이에 있는 이스라엘의 역사를 이 두 가지 최악의 순간으로 종합한다.[121]

(iii) 하나는 더 암시적이고 다른 하나는 거의 명시적인 두 요점은 끝에서 두 번째 문단(7:44-50)에서 요약된다. 광야 기간과 하나님이 광야에서 그의 백성과 함께하신 기간은 "증거의 장막"(예. 출 27:21)으로 압축되었다. 그 장막은 하늘 양식을 따라 만들었다(7:44; 출 25:40). 하나님의 임재에 대한 초점은 이스라엘의 가장 위대한 왕 다윗의 통치 때까지 줄곧 지속되었다(7:45-46).[122] 이후 솔로몬의 성전 건설(7:47)은 근본적으로 오해되었거나, 하나님에 관한 그릇된 인식을 담았다(7:48-50).[123] 열왕기상 8:27과 사도행전 7:49-50에서 인용한 이사야 66:1-2에서 솔로몬에 대한 존중을 철저한 비평으로 바꾼 것은 7:41에서 황금 송아지에 관해 쓰였던 용어들과 동일한 용어로 성전을 묘사했다는 사실이다.[124] 그런 상황에서 "손으로 만든"이라는

---

119) 하나님이 "그들을 우상숭배에 넘겨주셨다(paredōken)." 이는 바울이 롬 1:24-25에서 사용한 바로 그 표현이다.

120) 렘 7:18; 19:13; 암 5:25; Wis. 14.12-27; 롬 1:24-25; 고전 10:7-9.

121) 비교. Simon, *St. Stephen*, 48-56: "왕조 시대에 우상숭배는 광야에서 이미 시작된 우상숭배에 뿌리를 두며 그것과 연속성이 있다"(56).

122) 삼하 7:1-14에 대한 7:46-47의 암시는 종말론적으로 재건된 성전과 연결되고(4Q174[4Q Flor] 1.10-12), 따라서 예수(막 14:58)와 스데반(행 6:14)을 고소할 때 암시된 똑같은 사상 계를 떠올리게 한다. 추가로 *Jesus Remembered*, 448, 620과 n. 20을 보라.

123) 비교. W. Manson, *The Epistle to the Hebrews* (London: Hodder and Stoughton, 1951)는 그 대조를 확대하여 해석한다: "초기의 이동식 성막은 그의 백성으로 계속 이동하라는 하나님의 부르심과 부합하며, 고정된 성전과는 부합하지 않는다." "이스라엘은 그의 구원을 역사와 땅에서의 안녕 및 세간과 동일시하려는 유혹을 받았고, 스데반은 교회 내 '히브리파' 형제들의 태도에서 똑같은 위험을 볼 수밖에 없었다"(35).

124) 7:41: "그 우상, 자기 손으로 만든 것(to eidōlon, ta erga tōn cheirōn autōn)"; 7:48: "지극히 높으신 이는 손으로(en cheiropoiētois) 지은 곳에 계시지 않는다." 신 4:28, 시 115:4, 렘 1:16, Wis. 13.10에 쓰인 표현의 되울림을 주목하라. 또한 하나님이 만드신 것("내 손", hē cheir mou, 7:50)과 인간이 만든 것(cheiropoiēton)의 대조를 보라. 그리고 7:41과 19:26을 함께

표현은 유대의 예루살렘 성전 묘사에서는 발견하기 놀라울 정도의 용어인데, *to cheiropoiēton*이 "우상"을 멸시하는 헬레니즘 유대교의 표현이기 때문이다.[125] 여기서 암시된 비평을 피하기 어려운데, 스데반을 고소한 자들의 성전에 대한 태도는 우상숭배와 조금도 다름이 없다![126]

절정인 마지막 문장에서 두 개의 주제가 결합한다(7:51-53). 그들이 예수를 인정하지 못한 것은 성전에 대한 자신들의 우상숭배적 태도와 맥을 같이한다.[127] 그들이 율법에 결코 순종하지 않았다는 점 및 성전과 예수에 대한 그들의 그릇된 인식은 그들이 율법준수와 성령에 귀 기울이는 데 모두 실패했음을 보여준다.

보라.

125) 레 26:1, 30; 사 2:18; 10:11 등등; 단 5:4, 23; Jdt. 8.18; Wis. 14.8; Philo, *Mos.* 1.303; 2.165, 168[그러나 Philo은 똑같은 상황에서 성전을 *cheiropoiēton*이라고 말하기를 주저하지 않는다, *Mos.* 2.88]; *Sib. Or.* 3.605-606, 722; 4.28a; 또한 예로 시 115:4과 사 2:8을 보라. 70인역에서 *cheiropoiētos*는 거의 항상 히브리어 *'elil*을 나타낸다. 이에 관해서 H. D. Preuss, *'elil*, *TDOT*, 1.285-87을 보라.

126) "스데반의 단어들은 유대인에게 신성 모독의 느낌을 주었을 것이다"(Haenchen, *Acts*, 285). "그런 언어들을 성전과 연관 짓는 것은 유대인의 귀에는 틀림없이 아주 많이 거슬렸을 것이다"(Barrett, *Acts*, 1.373, 그리고 추가로 374). "잘못 이해된 이런 행동은 야웨를 이교도의 우상 같이 만들었다"(Fitzmyer, *Acts*, 367, 384). "7:48의 표현("인간의 손으로" 만든 성전)과 7:41의 표현("그들의 손으로" 우상 만들기)을 분명하게 연관시키는 것은, 성전을 우상숭배와 연관 짓는 심각한(그리고 외견상 누가답지 않은) 결론을 피하려는 학자들의 수많은 시도를 약하게 한다"(Penner, *Praise*, 98). 이 당연한 귀결에 대한 반대로, E. Larsson, 'Temple-Criticism and the Jewish Heritage: Some Reflexions on Acts 6-7', *NTS* 39 (1993), 379-95은 그런 비난하는 말이 성전은 물론 장막에도 적용된다고 말한다(391). 그러나 *cheiropoiētos*인 성전에 반해서(7:48) 누가는 "그[모세]가 [시내산에서] 본 모양을 따라서" 장막을 만들었다고 했다(7:44). Hill도 7:41과 7:48이 묶여있음을 무시했다(*Hellenists and Hebrews*, 69-81).

127) Haenchen은 그 연설을 "반 유대적 공격"이라고 묘사하지만, 이는 거의 정당화되지 않는다(*Acts*, 290). 그것은 거의 논란의 여지가 없고, 그 절정 부분은 이스라엘의 이전 실패에 대한 성경 자체의 몇몇 요약을 되울리기 때문이다(출 33:3, 5; 민 27:14; 왕상 19:10, 14; 대하 36:16; 느 9:26; 사 63:10). "할례받지 못한 마음과 귀"(7:51)라는 비난은 예를 들어 레 26:41과 렘 6:10에서 가져온 것이다. 예언자들에 대한 거부(7:52)는 유대 사상에서 흔했다(Fitzmyer, *Acts*, 385; *Jesus Remembered*, 417 n. 184의 상세 사항; 또한 "The Lives of the Prophets," in *OTP*, 2.385-99을 보라). 그리고 제2성전기 유대교 내에서 한 분파가 다른 분파를 비난하는 일은 낯선 것이 아니다(예. 1QS 2.4-10; CD 8.4-10; *Pss. Sol.* 1.8; 2.3; 8.12). 그러나 7:41을 상당히 밀접하게 따르는 7:48은 여기서 그 비판에 독특한 날카로움을 더한다.

이것이 바로 스데반의 연설이 표현한 이스라엘 이야기의 개작이다. 절정 지점에 등장한 성령과 예수(7:51-52)는 새로운 종파의 중심이 성령과 예수라는 누가의 반복된 강조를 강화한다.[128] 사건들을 총괄하시는 하나님의 주권적 목적은 훨씬 더 지속되는 주제다.[129] 그러나 이외에도, 혹은 반대로, 성전이 제공하는 연속성은 근본적으로 의문시되며, 연속성 노선은 재규정되기 시작한다. 특별히 먼 땅에 있으며 성전과 같은 거룩한 장소에 의존하지 않는 자기 백성에게도 알려진 하나님이라는 관점에서 말이다. 그럴 뿐만 아니라, 첫 신앙인들이 성전을 통해서나 성전에 다님으로써 계속 이어간 헌신으로부터 움츠리게 한 내용이 있는 듯하다. 성전은 특히 이동식 장막과는 반대로 하나님의 임재에 관한 그릇된 인식을 야기하는 심각한 장애 요인이자 그것을 구체화한 것으로 제시되었다. 그래서 기독교 선교의 다음 국면을 위한 방법이 준비되었고(행 8장), 그것은 스데반을 따르는 자들이 예루살렘으로부터 추방되면서 시작되었다. 이 이스라엘 이야기가 헬라파 관점에서 재언급되었고, 안디옥 교회의 존재에 대한 설명과 정당화의 일부분이라는 점은 당연한 귀결이다.

연설에 담긴 신학에 관한 한, 마지막 요점은 언급할 만한 가치가 있다. 이 연설은 성전에 대한 비판처럼 보임에도 불구하고, 율법은 비난하지 않는다.[130] 모세는 이스라엘 이야기의 영웅으로 제시되는데, 연설의 거의 절반이 그에게 할애됐다.[131] 아브라함에게 주어진 약속은 모세 시대에 성취되었다(7:17). 모세는 하나님이 특별히 인정하는 자로 제시된다(7:20). 그는 "애굽 사람의 모든 지혜를 배워 그의 말과 하는 일들에 능했고"(7:22),[132] 하

---

128) 위에서 필자가 언급했듯이 말이다. 특별히 §22.3d.

129) 행 7:2, 6-7, 9, 17, 25, 32, 35, 37, 42, 45-46. 위 §21 n. 82을 보라.

130) Schneider, *Apg.*, 1.416; S. G. Wilson, *Luke and the Law* (SNTSMS 50; Cambridge: Cambridge University, 1983), 62-63; Pesch, *Apg.*, 1.247; Berger, *Theologiegeschichte*, 146-47; Haacker, 'Stephanus', 1533-34. 또한 n. 81을 보라.

131) 그 연설은 "그리스도 중심이라기보다는 훨씬 더 '모세 중심'이라고 묘사할 수 있다"(Simon, *St. Stephen*, 45).

132) 7:22은 출애굽기에 병행구가 하나도 없으나, Artapanus와 Eupolemus가 잘 보여주듯이,

나님의 백성에게 구원(sōtēria)을 가져다 주었다(7:25). 하나님은 그를 이스라엘의 "관리와 속량하는 자"로 보내셨고(7:35), 그는 그리스도에 대한 예언자적 전형을 제공했다(7:37). 천사가 시내산에서 그와 말했고, 그는 그곳에서 "살아 있는 말씀"으로 묘사된 율법을 받았다(7:38).[133] 율법은 스데반과 그를 고소한 자들에겐 쟁점이 아니었으며, 그들의 실패는 율법에 헌신했다는 데 있는 것이 아니라 율법을 준수하지 못했다는 데 있다(7:52-53). 요컨대 누가에게 있어 이 단계에서 율법을 위반한 것은 없었다. 그것은 이후에 나타난다(행 15장).

c. 스데반이 야기한 위기에 대한 증언인 연설

방금 한 분석의 가장 두드러진 결과는 이제 그 연설이 스데반에 관한 누가의 이야기의 나머지 부분을 보완한다고 볼 수 있다는 것이다. 또한 각 장에서 독립적으로 끌어낸 추론을 두 장(행 6, 7장)이 확인해준다고 볼 수 있다.

(1) 스데반은 예루살렘의 그리스어 사용자(디아스포라) 공동체에서 성령이 충만한 인물로 기억되는데, 성전에 대한 예수의 비난 혹은 적어도 임박한 성전 파괴라는 예수의 예언을 활발하게 되살려서 그 공동체에서 전통적인 관점을 지닌 자들을 격분하게 한 사람이다.[134]

그 시기 유대인, 특별히 헬라파(혹은 디아스포라) 유대인 변증에서 두드러졌던 일종의 모세 예찬을 잘 나타낸다. J. J. Collins, *Between Athens and Jerusalem: Jewish Identity in the Hellenistic Diaspora* (New York: Crossroad, 1983), 1장; 그리고 추가로 J. G. Gager, *Moses in Greco-Roman Paganism* (SBLMS 16; Nashville: Abingdon,1972), 1장; 또한 D. C. Allison, *The New Moses: A Matthean Typology* (Edinburgh: Clark, 1993), 특별히 2장을 보라. Barrett는 Philo, *Mos.*와 Ezekiel의 *Exagoge* 그리고 두라-에우로포스(Dura-Europos) 회당의 그림들을 언급한다(*Acts*, 1.338). 모세가 "강력한 연설가"였다는 것은 출 4:10-16과 반하고, 바울과 대비된다(고후 10:10)!

133) 즉 또한 "삶/생명의 신탁"(신 30:15-20; 32:47). 유대교와 기독교 전통의 다른 곳처럼, 율법을 수여할 때 천사가 참여했다는 점은 확실한 모티프다(7:53; LXX 신 33:2; *Jub.* 1.29-2.1; Josephus, *Ant.* 15.136; 히 2:2; 비교. 갈 3:19).

134) "…대중이 받아들이기에는 너무나 혁명적으로 드러난, 예언자다운 통찰력을 부여받은 대단히 뛰어난 신학 천재"(Scharlemann, *Stephen*, 187-88).

(2) 스데반 때문에 일어난 격분은 주로 예루살렘 내 그리스어 사용자인 디아스포라 유대인 내부의 격분이었다. 그러나 성전이 예루살렘 사람들의 정체와 삶 모두에 필수인 그런 논쟁적인 주제가 쟁점이기 때문에, 예루살렘 군중이 빠르게 격앙되고 그가 옹호한 내용에 대중이 분노하여 스데반을 처형한 것은 결코 놀라운 일이 아니다.

(3) 또한 사도행전 2-5장과 6-7장 사이의 단절과 대조는 스데반과 그의 견해가 예루살렘에서 예수를 믿는 사람들("히브리파")의 중심부에 심각한 의문을 제기했음을 시사한다.[135] 성전을 향한 태도 그리고 또한 공회(synedrion) 당국자의 도전에 대한 다른 결과에 명백한 대조가 있다. 6:9-10과 7:51-53이 나타내듯 스데반이 거침없이 말했다면, 새 종파의 공인된 지도자들이 이를 온전히 승인했겠는가?(비교. 4:19-20; 5:29) 그들은 스데반을 위해 개입하려 했는가, 아니면 그들이 개입하기에는 위기가 너무 빨리 전개되었는가?[136] 이 에피소드를 기독교 운동 내 "첫 분립"으로 보는 것은[137] 확실히 너무 대담하나, 설령 그렇다 하더라도, 그의 견해 때문에 스데반이 믿지 않는 헬라파뿐만 아니라 믿는 히브리파에게서 미움받았을 가능성을 배제할 수 있는가?[138] 이것은 초기 기독교사에서 이어지는 다음 사건들을 조명해줄 수도 있다.

---

135) 스데반이 했다는 그 연설의 초점이 지극히 높으신 이가 성전에 계시지 않는다는 사실에 있다는 Stanton의 주장이 옳다면(7:48)('Stephen', 352. 이는 Haacker, 'Stephanus', 1538이 따른다), 그것은 여전히 성전에 묶여 있는 동료 신자들에 대한 비판이 된다.

136) 누가가 스데반을 장사한 이들을 "경건한 사람들"이라고만 묘사하지, 그들이 누구인지 구체적으로 언급하지 않는다는 점은 특이하다(8:2). 그들은 분명 처형되었거나 주인 없는 시신의 장사를 치르는 일을 경건한 행동으로 여기는 경건한 유대인들일 것이다(비교. 눅 23:50-53). 그러나 누가는 6:1의 "히브리파"나 "헬라파"의 인물을 염두에 두었는가? 그 언급의 삽입(8:1 후에)은 누가가 그의 독자들이 그들을 예수 믿는 신자로 규정하지 않도록 의도했음을 시사한다. ("누가에 따르면 모든 그리스도인이 도망갔기 때문에, 이제 스데반을 장사 지낸 이는 '경건한' 비기독교 유대인일 수밖에 없다"[Haenchen, Acts, 294].) 그러나 8:1을 다시 고려하면, 사도들은 아니었을까?! Barrett는 3절의 "교회"가 2절의 경건한 사람들과 밀접한 연관이 있지만, "그들을 서로 관련지으려는 시도는 전혀 없다"고 말한다(Acts, 1.393).

137) 위 n. 51을 보라.

138) Jervell은 이 개연성을 충분히 다루지 않는다(Apg., 245).

24.6 첫 박해: 누구를 향했는가?

누가는 스데반의 처형이 "예루살렘 교회를 향한 대박해"의 시작이라고 보도하며, 그 결과는 "사도 외에는 다 유대와 사마리아 모든 땅으로 흩어지니라"였다(8:1). 이 구절은 일종의 머리말을 형성하며, 스데반의 장사와 애곡(8:2), 사울의 박해에 대한 묘사(가혹한 가택 급습, 남녀를 감옥으로 끌고 감 [8:3][139]), 그리고 사마리아로 흩어진 초기 결과에 관한 훨씬 더 포괄적인 묘사(8:4-25)와 같은 더 정확하고 자세한 내용이 그 뒤를 잇는다.

머리말 구절의 어색함이 즉시 눈길을 끄는데, 8:3에 암시된 흉포함에도 불구하고 누가는 "사도들"에게는 박해가 미치지 않았다고 주장한다. 그런 흉포함으로 어떤 운동을 억압하려는 시도가 그 운동의 지도 세력을 아무 탈 없이 남겨놓겠는가? 억압과 박해 및 집단학살 같은 정책은 고대 세계에서 결코 새로운 것이 아니며, 그런 전술들은 잘 준비되고 실행되었다. 첫 번째 규칙은 거의 예외 없이 그 지도자들을 "제거하고", 가장 큰 양귀비의 머리를 쳐내어 나머지를 지도자 없이 버려두는 것이었다(오늘날도 그렇다!).[140] 그러게 되면 한 운동의 영향력이 훨씬 더 적어지고 억압 정책에 더 취약해진다(비교. 12:1-4). 8:3에서 암시된 것과 같은 정책이 "사도들"을 우선적인 목표로 삼지 않았다는 것은 상상하기 어렵다.[141]

사도들은 친구들과 동조자들에게 몸을 의지할 수 있었을 것이다. 그러나 누가의 서술을 보면 완전한 휩쓸어 버림을("모든 사람") 상상하게 된다. 이것은 박해가 사도들을 **제외한** 모든 다른 사람을 목표로 삼는 데 성공

---

139) "여기의 험악한 표현("교회를 잔멸하다." 비교. 대하 16:10; 시 80:13)은 바울이 회상한 험악함과 일치한다(갈 1:13; 비교. 행 9:21; 22:4; 26:10-11)"(Dunn, *Acts*, 106); 또한 Lake and Cadbury, *Beginnings*, 4.88; Barrett, *Acts*, 1.393을 보라.

140) 이는 Livy, *Hist.* 1.54의 암시로, Herodotus, *Hist.* 5.92에서 Thrasybulus에 대한 서술을 회상한다.

141) "…이해하기가 불가능하다"(Simon, *St. Stephen*, 27). 누가의 주장은 "틀렸고 불가능하다"(Jervell, *Apg.*, 257). 그러나 Fitzmyer는 문제가 없다고 보았다(*Acts*, 397).

했다(적어도 예루살렘에서 그들을 몰아냈다는 점에서)는 누가의 서술의 어색함을 더욱 강조한다. 사도들**만** 면제되었다는 것이다! 그렇지 않으면, "모든 사람"이라는 표현은 누가의 특징적인 과장으로 어느 정도는 무시해야 할 것이다.[142] 즉 박해가 상당한 혹은 엄청난 수의 예수 믿는 자들이 예루살렘에서 탈출한 원인이기는 하나, 결코 새 종파의 모든 구성원과 동조자가 예루살렘을 떠나지는 않았다는 것이다.[143] 그렇다 하더라도, "사도들"이 자유롭게 벗어났다는 사실은 수수께끼로 남는데, 특히 누가가 그들의 멀쩡한 상태를 하나님의 개입으로 돌리려고 하지도 않았기 때문이다(비교. 5:19; 16:26).[144]

누가가 개요한 각본의 믿기 어려움은 대안을 탐구하도록 고무한다.

우리는 새 종파에 대한 박해가 있었다는 확실한 기반에서 시작할 수 있다. 자신이 하나님의 교회를 박해하고 파괴하려 했다는 바울의 고백(갈 1:13; 고전 15:9)은 이 문제에 논란의 여지가 없게 했다. 바울은 그의 박해 현장을 구체적으로 언급하지 않았고, 이 문제에는 어느 정도 논쟁의 여지가 있다. "유대의 교회들이 나를 얼굴로는 알지 못하고"(갈 1:22)라는 그의 주장은 자신이 유대에서는 어떤 박해에도 관여하지 않았다는 의미이거나,[145] 그의 박해 목표가 대체로 유대 밖으로 도망간 헬라파였다고 받아

---

142) 예로 눅 4:15, 22, 28, 36-37; 5:17; 6:17, 19; 행 2:5, 47. 행 18:2에 흥미롭고 중요한 병행구가 있다. "모든 유대인들"이 로마를 떠나라는 명령을 받았다고 생각하는 이는 거의 없다(아래 §28.1b n. 40을 보라). Barrett는 칼뱅을 인용한다: "그들은 확실히 다 흩어지지 않았다"(*Acts*, 1.391).

143) 비교. Bauckham, 'James and the Jerusalem Church', 428-29. Schnabel, *Mission*, 671이 이를 따른다. Barnett은 행 8:1을 "'히브리파'와 '헬라파' 모두 쫓겨났다는 의미로 받아들여야 한다"(*Birth*, 73)라고 주장하지만, 그는 앞서 "예루살렘 교회가 점차 '히브리파' 교회가 된 것처럼 보이며, 반면 이스라엘의 '헬라파들'은 시야에서 거의 사라진다"라고 말했다(67).

144) Haenchen은 박해 때문에 "흩어진 사람들"을 언급하는 8:4과 11:19 사이에 9:31(평안하여 든든히 서가는 교회)을 삽입하는 누가 내러티브의 몇몇 혼란스러운 인상도 언급한다(*Acts*, 266).

145) 갈 1:22은 사울이 예루살렘에서 시간을 보냈기에, 그가 그곳에서 잘 알려졌음을 부인하거나 그의 박해 활동이 유대 밖이었음을 확증하는 근거로는 충분치 않다(R. Bultmann, 'Paul' [1930], *Existence and Faith* [London: Collins Fontana, 1964], 130-72[여기서는

들여질 수 있다. 한편으로, 바울은 그가 회심했을 때 유대 교회가 한 말을 바로 전달한다: "**우리를** 박해하던 자가 전에 멸하려던 그 믿음을 지금 전한다"(1:23, 강조는 덧붙여진 것임).[146] 최상의 설명은, 유대 내 박해가 사울/바울의 지휘로 진행되었지만 박해받은 사람들과 대면하는 일은 최소한이었다는 것이다.

또한 그런 박해는 예루살렘에서 총괄되었을 가능성이 있다. 바리새인인 사울은 당연히 예루살렘을 자신의 기지로 여겼을 것이다.[147] 새 종파의 주장에 대한 성전 당국자의 그런 초기 동요는 사도행전 4-5장에서 드러나는데, 그런 동요는 스데반이 예수의 성전에 관한 예언을 이어감으로 확실히 심해졌다. 그리고 사도행전 7장에서 표현된 견해들이 성전을 향한 헬라파 신앙인들의 태도를 표현한다면, 예수에 대한 조치를 유발한 것과 똑같은 논리가 배가된 힘으로 적용된다. 즉 예수를 현장에서 제거했지만, 위험한 반-성전 수사로 너무 쉽게 대변되는 내용은 약화되지 않았다. 더욱이 가말리엘과 같은 바리새파 지도자의 충고가 적어도 베드로와 요한이 이끌었던 새 종파에 대한 더 이상의 무자비한 행동을 완화하고 제어했겠지만(행 5:33-39), 바리새파 내에서 훨씬 더 급진적인 목소리가 등장한 것(심지어 가말

131]; J. Knox, *Chapters in a Life of Paul* [London: SCM, 1950, ²1989], 22; G. Bornkamm, *Paul,* [London: Hodder and Stoughton, 1969], 15; Haenchen, *Acts,* 297-98, 625; Becker, *Paul,* 38-39과는 반대). 예수를 따르는 자들이 그를 몰랐을 상황을 상상하거나(Hengel, *Pre-Christian Paul,* 23-24; K.-W. Niebuhr, *Heidenapostel aus Israel* [WUNT 62; Tübingen: Mohr Siebeck, 1992], 58-59), 아니면 그곳에 헬라파의 박해(그들을 유대 너머로 도망가게 한)가 유대의 더 전통적인 교회들에는 거의 미치지 않았다고 상상하는 것은 어렵다. 또한 Murphy-O'Connor, *Paul: A Critical Life* (Oxford: Clarendon, 1996), 54; Hengel과 Schwemer, *Paul,* 37-38; Kraus, *Zwischen Jerusalem und Antioch,* 32-33. 추가로 필자의 *Galatians,* 81을 보라.

146) 유대 거주민이 아닌 헬라파가 대상이었다면, 갈 1:22은 유대 교회들과 박해받는 헬라파들 사이에 현저한 일치가 있음을 입증한다. 유대 교회들의 관점에서, (헬라파) 신자들을 박해한 그는 "우리의 박해자"이다. Wilckens는 바울이 "하나님의 교회(갈 1:13)를 박해할 때를 회상할 때, 그는 예루살렘 초기 공동체를 의미(포함)했을 것이라고 지적한다(*Theologie,* 1/2.242-43).

147) §25.1f를 보라.

리엘의 제자 중 하나[22:3]!)은 제사장 계열이 지배하는 공의회에서 "매파"의 힘을 엄청나게 강화했을 수도 있다. 요약하면, 예루살렘 안에서부터 초기에 적어도 사울이 총괄했고, 인지된 성전에 대해 예수가 한 공격의 재출현을 향한 격렬한 억압 정책이 있었다는 점은, 역사를 기반으로 타당하다고 볼 수 있고 매우 그럴듯한 역사적 추측도 가능하게 한다.[148]

이런 사고의 노선이 "사도 외에…다 흩어지니라"(8:1)라는 상반된 표현을 설명하는 데 도움을 줄 수도 있는데, 이 단락은 여기서 시작한다. 필자는 내러티브 이 부분에서 누가가 의존한 정보가 헬라파 자료에서 나왔고 헬라파의 관점을 표현했을 공산을 이미 언급했다. 그래서 "모두/모든 이"는 같은 관점을 표현하고 박해의 예봉을 실제로 견디어낸 사람들을 주로 언급한 것일 수 있다. 즉 스데반이 대표하며 대변한(혹은 대변한 것으로 여겨진) 헬라파다.[149] 한편으로 새 종파의 원래 지도자들(사도들)은 성전을 계속 의지해서 생활한 것으로 보이고, 따라서 박해의 표적이 아니었다. 적어도 누가가 전달한 속편이 이 추측들을 증명하는 듯하다. 중차대한 발걸음을 앞으로 내디딘 사람은 "사도들" 가운데 하나가 아닌 박해 때문에 흩어진 사람 가운데 하나였다. 실제로 일곱 명(헬라파 지도자들) 중 하나인 빌립이 6:5에서 지명되었고 스데반의 협력자로 인식되었을 것이다. 반면에 "사도들"은 예루살렘에 남았는데, 박해 때문에 흩어지지 않았고, 함께 만나 상의를 하고, 그 내용을 따라 행동할 수 있었다(8:14).[150]

이 사항들과 더불어 마지막 두 부분을 통해 이어지는 실마리 및 암시를 고려하면(§§24.4-5), 가능한 각본이 강점을 가지고 등장한다. (1) 예루살렘에 있는 헬라파 신앙인들은 새 종파라는 폭넓은 단체에서 독특했다. 그들

---

148) 바울의 박해와 그 근거는 §25.2을 보라. 행 8:1b에 언급된 심한 박해에 관한 Hill의 토론은 갈 1:13-14을 전혀 고려하지 않았다는 점에서 특이하다(*Hellenists and Hebrews*, 32-39); 또한 Räisänen이 Hill을 비판한 내용을 보라('Hellenisten', 1476).

149) 그러나 Haenchen은 헬라파 지도자만 예루살렘 성을 떠났다고 생각한다(*Acts*, 297).

150) Bauckham은 "박해가 예루살렘 교회에 있는 그들의[사도들의] 지도력을 단절하지 않았다"는 것이 누가의 요점이었다고 보았다('James and the Jerusalem Church', 428-29).

은 그리스어로만 활동했을 것이다. 그들의 예배와 삶은 대부분의 타 신앙인과 다소 동떨어졌을 것이다. 공동 기금 분배의 위기를 다루려고 선택된 일곱 명은 사실상 이미 헬라파 지도자였을 수 있다. (2) 예수-메시아 헬라파 구성원 내에서는 하나님의 임재가 성전에 (계속) 집중되어 있다는 입장에 맞서는 뚜렷한 반작용이 있었다. 이 부정하는 태도는 스데반이 가장 강력하고 전형적으로 보여준 듯하다. (3) 헬라파 신앙인들이 "히브리파"로 분류한 사람들은 이 견해에 동조하지 않았다. 바로 그 호칭은 스데반과 같은 헬라파들이 히브리파 신앙인들을 전통주의자이자 퇴영적인 사람으로 보았음을 시사하는데, 이는 특히 그들이 성전 의식에 계속 참여하며 보여준 태도 때문이다. 다른 말로 하면, 우리는 "히브리파"와 스데반으로 대표되는 헬라파 사이에 드러나는 이해와 호의의 뚜렷한 분리 혹은 심지어 괴리를 인식해야 할 것이다. (4) 스데반이 그의 견해로 인해 즉결 처형되었을 때, 히브리파는 전혀 놀라지 않았거나, 스데반이 논증한 견해를 방어하고자 하는 마음도 없었을 수도 있다.

이 내용은 모두 이 단락 도입부에 있는 질문에 개연성 있는 답을 형성한다. 박해가 일어났을 때, 스데반을 따르는 그리스어 사용자가 주로 겨냥됐지 새로운 종파 전체는 박해받지 않았다는 것이다.[151] 예루살렘에서 도망친 사람들 가운데는 "헬라파"가 아닌 사람들도 포함됐을 수 있다. 그러나 디아스포라 사람인 사울이 다른 디아스포라 유대인들을 주로 목표로 삼았다면 놀랄 이유는 없다. 사울은 헬라파 유대인들이 조상들의 유전을 향한 자신의 지나친 열심과는 반대편에 서 있다고 여겼다(갈 1:14).[152] 더욱이 바울과 누가의 증언에 의하면, 예루살렘이 나중에 새 종파의 보수적 의견과 실천의 보루가 되었다(갈 2:12; 행 21:20). 이는 아무리 예루살렘에서 초

---

151) 대부분이 이렇게 주장한다. 예. Simon, *St. Stephen*, 27-28; Hengel, *Between Jesus and Paul*, 13; Wilson, *Gentiles*, 5장; Esler, *Community and Gospel*, 139-40; Barrett, *Acts*, 390; Jervell, *Apg.*, 221-22.

152) 다시 아래 §25.2c를 보라.

기 박해가 무차별적이었다고 하더라도, "히브리파"가 예루살렘에 돌아와 그곳에서 계속 삶을 영위할 수 있었고, 성전과 (대부분의) "모세가 전해준 관습"에 계속 애착을 가지고 있었음을 의미하며, 또한 몇 명이든 예루살렘에 돌아온 사람은 "헬라파"가 아닌 오로지 "히브리파"였음을 의미한다.

요약하면, 초기 박해가 사실상 이미 성전에 대한 헬라파의 견해 때문에(6:9-11) 야기된 예루살렘의 그리스어 사용자 공동체 내의 긴장을 첨예하게 했다는 결론이 가장 그럴듯하다. 즉 스데반과 그의 추종자들이 신성 모독을 했다는 관점에서, 사울이라는 열심을 가진 젊은 바리새인의 지도 아래 그런 신성 모독을 억제하려고 급진적인 발걸음을 내디딘 사람들은 바로 믿지 않는 헬라파였다.

24.7 빌립의 선교

누가는 박해의 물결로 인한 첫 긍정적 결과인 빌립의 선교를 이내 서술한다(8:4-5). 전체 내러티브에 있는 헬라파의 특징으로 보아, 여기서 등장하는 빌립은 1:13에서 사도로 언급된 빌립이 아니라 이후에 "복음 전도자 빌립"으로 묘사된 인물(21:8), 즉 6:5에서 명명된 일곱 명(헬라파 지도자들?) 가운데 한 명이 틀림없다. 빌립 선교의 중요성은 이미 8:1의 머리말이 시사했듯이, 사마리아에서 그가 거둔 성공에 있다. 물론 이 성공은 1:8에서 누가가 언급한 계획과 일치하며("온 유대와 사마리아"), 사마리아가 예루살렘과 가까움을 고려하면, 박해 때 도망간 지역 가운데 하나가 그곳임을 의심할 만한 타당한 이유는 없다. 사마리아 선교의 성공은 다른 기독교 자료(특히 요 4:39-42)에서도 반영되었다.[153] 누가가 사마리아에서의 획기적 진전(8:4-13)과 첫

---

153) O. Cullmann, 'Samaria and the Origins of the Christian Mission', *The Early Church* (London: SCM, 1956), 183-92은 요 4:38에 언급된 "다른 사람들"의 이전 사역이 아마도 헬라파들의 선교 사역을 암시한다고 말했다. Simon, *St. Stephen*, 36-37이 이 견해를 받아

이방인 개종(8:26-39)을 비교적 잘 알려지지 않은 빌립의 공으로 돌리기로 선택한 명백한 이유는 없다.[154] 그래서 다시 한번 우리는 위대한 이야기꾼인 누가가 자신들의 시작을 박해 때문에 "다른 나라로 흩어진" 사람들에게까지 추적하는 교회로부터 배운 이야기로 자신의 이야기를 형성하고 있음을 보아야 할 것이다.[155]

a. 사마리아

빌립의 선교의 중요성을 제대로 평가하기 위해서는 유대와 사마리아의 관계에 존재하는 문제 많은 역사를 상기해야 한다. 사마리아는 다윗과 솔로몬의 통일 왕국이 솔로몬의 죽음 후 분리되자 등장한 예전의 북왕국(이스라엘)으로서, 공식적으로 기원전 722년에 앗수르에 의해 완전히 파괴되고 인구가 줄게 되었다. 앗수르 때문에 정착한 피가 섞인 사람들은 그들의 새 나라의 종교를 받아들였고, 모세를 가장 중요한 율법 수여자이자 예언자로 보는 종교를 자신들이 완전히 상속했다고 여겼다.[156] 그들에겐 자

들였다.

154) "헬라파 빌립이 수행한 사마리아 선교가 모든 면에서 역사적 사실일 개연성은 아주 높다"(Lüdemann, *Early Christianity*, 100).

155) "우리" 자료는 가이사랴와 연관이 있는데(21:8-16; 27:1), 누가는 빌립을 그곳에 둔다(8:40; 21:8-9).

156) Schürer, *History*, 2.16-20; T. H. Gaster, 'Samaritans', *IDB*, 4.190-95; Haacker, 'Samaritan', 3.449-53; F. Dexinger, 'Limits of Tolerance in Judaism: The Samaritan Example', in E. P. Sanders, eds., *Jewish and Christian Self-Definition*. Vol. 2: *Aspects of Judaism in the Graeco-Roman Period* (London: SCM, 1981), 88-114; J. D. Purvis, 'The Samaritans and Judaism', in R. A. Kraft and G. W. E. Nickelsburg, ed., *Early Judaism and Its Modern Interpreters* (Atlanta: Scholars, 1986), 81-98; 또한 'The Samaritans', *CHJ*, 2.591-613; R. T. Anderson, 'Samaritans', *ABD*, 5.941-43을 보라. 팔레스타인 다른 곳과 알렉산드리아에도 사마리아인 거주 지역이 있었고(Josephus, *Ant.* 12.7-10; 13.74-79), 데살로니가와 로마에도 있었다. 명문 증거에서 델로스 섬(에게해 지역)에 사마리아 공동체가 있었으며, 그들은 자신들을 "이스라엘인"이라고 불렀음을 알 수 있다(Schürer, *History*, 3.66-67, 70-71, 81; *NDIEC*, 8.148-51).

신들만의 모세 오경이 있었고(거의 틀림없이 히브리 성경 이전의 초기판)[157] 여호수아 24장의 우선성을 주장해서 그리심산에 자기들만의 성전을 세웠다 (Josephus, *Ant.* 11.302-25).[158] 그 결과 그들은 재정착하려고 바벨론에서 유대로 돌아와 에스라의 지도 아래 사실상 자기들만의 모세 오경과 모세의 유산을 온전히 주장한 사람들에게 덜 우호적인 사람들로 기억되었다(스 4장). 그 지역을 다스리던 수리아 대군주에 대항한 마카비 전쟁은 초기에는 사마리아 사람들에게 영향을 주지 않았다. 그러나 하스몬가의 요한 히르카누스 (John Hyrcanus)가 작은 유대 영토를 확장하고 이전에 통일 다윗 왕국의 일부였던 북쪽 지역들을 되찾기 시작했을 때, 그리심산 성전을 파괴할 것을 주장했다(기원전 128년). 그렇게 그는 이스라엘 초기 종교의 사마리아 형식을 비난하고 무효로 만들었다. 이미 언급했듯이, *Ioudaios*라는 표현이 지역을 가리키는 언급("유대")에서 보다 종교적인 내용을 포함하는 넓은 의미의 용어("유대인")로 바뀐 게 어쩌면 이 시점일 것이다.[159] 이 점에서 하스몬가의 정책 실패는 마카비/하스몬가 시기에 등장한 이 새로운 범주("유대인")와 종교적·국수주의적 "유대교" 안으로 사마리아를 끌어들이지 못한 그들의 실패로 특징지어진다. 갈릴리에서 동일한 정책의 대조되는 성공은[160] 유대교 이전의 자기들만의 전통을 유지하려는 사마리아 사람들의 완고함을 더욱 부각시켰다.

정치적으로 사마리아는 유대와 똑같은 영역 곧 둘 다 헤롯 대왕 왕국의 일부로 간주되었고,[161] 아르켈라오스(Archelaus)가 폐위된 후 가이사랴

---

157) B. K. Waltke, 'Samaritan Pentateuch', *ABD*, 5.932-40을 보라.

158) "단순히 사마리아 성전의 존재가 아니라, 바로 이 주장[세겜/그리심이 이스라엘의 제의적 삶을 위해 신이 정해준 중심지라는 주장]이 사마리아인과 유대인을 영구히 갈라지게 했다"(Purvis, 'The Samaritans', 89).

159) *Jesus Remembered*, §9.2을 보라.

160) *Jesus Remembered*, §9.6을 보라.

161) 헤롯이 사마리아 성을 재건했고 세바스테(Sebaste)라는 새로운 이름을 붙였다(Josephus, *War* 1.403; *Ant.* 15.296-98).

총독의 통치 아래로 들어갔다.[162] 실제로 빌라도는 이 장에서 다루고 있는 시기에 사마리아에서 있었던 소요를 잘 다루지 못해 로마로 소환됐다(Josephus, Ant. 18.85-89).[163] 그러나 유대와 사마리아 사이의 갈등은 끈질기게 계속됐고, 이는 예수 전승에 있는 사마리아와 사마리아 사람에 관한 다양한 언급에 반영되었다.[164]

메시아 예수를 선포하며 그들에게 나아가는 것 역시 주요 경계를 뛰어넘은 중요한 발걸음이었다. 이는 단순히 예수의 경우처럼 ("죄인"과 관련해서) 내부 경계를 무너뜨리거나, 예수가 자신에게 호소한 비유대인을 동정한 것이 아니라,[165] 유대교가 자신을 사마리아인이 아닌 유대인으로 규정했던 경계 중 하나를[166] 의도적으로 넘어선 것이다(빌립은 한/그 사마리아 성에 간다)![167]

---

162) Schürer, *History*, 2.163.

163) 추가로 Schürer, *History*, 1.361 n. 36, 386-87을 보라.

164) **마 10:5** — 사마리아 사람들은 "이스라엘 집의 잃어버린 양"에서 분명하게 제외되었다 ("빌립의 선교에 대한 초기 예루살렘 논쟁의 흔적"인가? Räisänen, 'Hellenisten', 1497).
눅 9:52-54 — 예수가 "예루살렘을 향하여 가기로 굳게 결심했기" 때문에 한 사마리아 마을이 예수를 환대하지 않았고, 형제인 야고보와 요한이 하늘로부터 불을 내려 그들을 멸하겠다고 제안하며 반응한다.
요 4:4-26 — 예수와 사마리아 여인과의 만남은 유대인과 사마리아인 간의 뿌리 깊은 적대감을 전제한다("유대인이 사마리아인과 상종하지 않는다"; "사마리아인은 그들이 모르는 것을 예배한다").
요 8:48 — 누군가를 "사마리아인"이라고 부른 것은 그 사람이 귀신들렸다고 비난하고 모욕하는 것과 같다.

165) *Jesus Remembered*, §§13.5, 7.

166) 사마리아가 옛 북이스라엘 왕국의 수도였기 때문에, 마 10:5-6에서 "이스라엘 집의 잃어버린 양"에게만 가고 "사마리아의 어떤 마을에도 들어가지 말라"는 명령에 있는 (역사적·정치적·신학적) 역설을 주목해야 한다!

167) 비록 이방인이 다수였지만, 염두에 있는 그 "성"은 아마도 세바스테(이전의 사마리아)였을 것이다(Schürer, *History*, 2.162-63). 따라서 다른 사람들은 네아폴리스(고대 세겜, 나블루스)를 선호한다. 세겜은 사마리아 종교의 중심지다(Bruce, *Acts*, 216; Haenchen, *Acts*, 301-302은 Wellhausen과 Zahn 및 Meyer를 인용한다). 혹은 수가가 중심지다(요 4:5). 추가로 Hengel, *Between Jesus and Paul*, 123-26; Schnabel, *Mission*, 676-77을 보라. 본문의 불명확성에 관해서(본문에 정관사가 있는가?), Metzger, *Textual Commentary*, 355-56; Barrett, *Acts*, 1.402-403을 보라.

b. 사마리아의 전도자/사도

누가의 서술은 단순하게 시작한다. 빌립은 "메시아를 선포했다." 즉 예수를 메시아로 선포했다.[168] 그리고 "하나님 나라와 예수 그리스도의 이름에 관한 복음"(8:12)을 선포했다.[169] 그는 축귀와 치유 사역을 상당히 성공적으로 수행했다(8:7, 13). 두 요소는 누가가 받았던 전승에서 왔을 것이다.

- 보통 누가는 예수를 "예수 그리스도"로 언급하는데, 8:5에서 했듯이 "그리스도/메시아"를 밝히지 않는 것은 상당히 예외적이다.
- 사마리아 사람들은 자신들의 성경에서 "타헤브"(Taheb)라고 일컫는 그들만의 메시아 희망이 있었다.[170] 실제로 누가가 전달한 내용은 이 희망이 이미 사마리아 사람들 가운데 있었고 빌립은 이 소망이 이제 예수 안에서 실현되었다는 주장으로 자신의 복음을 호소했음을 충분히 나타낸다.
- 똑같은 기대가 스데반의 연설을 작성하려고 누가가 의존했던 자료에 투영되었을 수도 있는데, 그 연설이 모세와 같은 예언자에 대한 기대(사마리아 신학에서도 분명하게 드러나는 기대)를 크게 부각하기 때문이다(7:37).[171]
- 비록 누가가 자기 이야기의 등장인물들이 행한 "기사와 표적들" 혹은 "표적들과 큰 능력"을 특별히 부각하지만,[172] 여기서 그는 단순히 "표적들"(8:6)이나 "표적들과 큰 능력"(8:13)을 언급한다. 더 중요한 요점은 누가가 빌립의 사역을 더러운 귀신들을 쫓아내는 사역으로 묘사한 것이 사도행전의 전형

---

168) F. S. Spencer, *The Portrait of Philip in Acts* (JSNTS 67; Sheffield: JSOT, 1992), "여기서 정관사와 함께 사용했다, 그리스도를 틀림없이 명목상 의미인 '그 그리스도'나 '그 메시아'로 이해해야 한다"(38).

169) 추가로 Spencer, *Philip*, 39-44을 보라.

170) Gaster, 'Samaritans', 194; J. Macdonald, *The Theology of the Samaritans* (London: SCM, 1964), 362-71; J. Bowman, *Samaritan Documents Relating to Their History, Religion and Life* (Pittsburgh: Pickwick, 1976), 257-58, 267-71; S. Isser, 'The Samaritans and Their Sects', *CHJ*, 3.569-95(여기서는 591-93)을 보라.

171) Macdonald, *Theology of the Samaritans*, 160, 197-98, 363 n. 1, 443.

172) 위 §21 n. 132을 보라.

과 다소 다르며 평소와 달리 생생하다는 것이다(8:7, "크게 소리를 지르며 나가고", 비교. 5:16; 16:18).

　그렇다면 여기서 우리는 다시 한번 누가가 자신의 (헬라파) 정보 제공자에게서 받은 내용에 맞추어 그의 이야기를 형성했다고 추론해야 할 것이다.[173]

　그러나 단순한 내러티브라는 인상이 이내 사라진다. 마술사 시몬은 빌립의 가장 중요한 개종자 중 한 사람으로 소개되지만(8:9-13), 이어지는 시몬과 베드로의 중대한 대립을 준비하는 역할을 할 뿐이다(8:18-24). 빌립의 사역에서 중요한 결함을 인식하게 된다(그의 개종자들은 성령을 받지 못했다). 이는 처음부터 끝까지 성공 이야기로 들리는 빌립 이야기에서 언급되지 않고(8:6-13), 다만 속편에서 일종의 회상으로만 언급된다(8:16). 그리고 속편에서는 온전히 베드로(와 요한)에게 초점이 있으며, 빌립은 장면에서 완전히 사라진다. 마치 상당히 분리된 이야기 두 개(혹은 더 많은!)가 서투르게 하나로 연결된 것처럼 말이다.[174] 두 특징은 어느 정도 주목을 요구한다. 필자는 내러티브 후반부 순서에 따라 이 특징들을 살펴볼 것이다(8:14-24).

---

173) 누가가 분리된 두 전승을 결합했다는 추론이 사마리아 이야기 연구의 특징이었다. 예. A. von Dobbeler, *Der Evangelist Philippus in der Geschichte des Urchristentums* (Tübingen: Francke, 2000), 1장에 있는 토론과 결론을 보라. 그는 "양 전승의 배경에 실제 역사적 사건이 존재하며, 그 사건들은 여기서 이야기 형태로 나왔다"(103). 추가로 C. R. Matthews, *Philip: Apostle and Evangelist* (NovTSupp 105; Leiden: Brill, 2002), 2-3장을 보라. 그는 다음과 같이 결론짓는다. "빌립은 비유대인, 특별히 소외되었다고 볼 수 있는 사람들에게 복음을 선포한 사람으로 기억된다"(94).

174) Lake and Cadbury, *Beginnings*, 4.88. Jervell은 제공된 다양한 가설을 간단하게 목록으로 제시했다(*Apg.*, 267 n. 825). 그리고 Matthews, *Philip*, 54-64를 보라. Barrett는 "두 개의 독특하고 날카롭게 대조되는 이야기가 있었다기보다는 누가가 활용할 수 있었던 시몬에 관한 수많은 단편이 있었을 가능성이 높다"라고 생각한다(*Acts*, 1.399). Matthews가 관찰했듯이, "사마리아의 개종을 베드로와 요한이 했다고 보는 원전승이 있었다면, 그 성취를 '중요성이 적은 사람'에게 공을 돌리는 후기 전승은 등장하지 않았을 것이다"(*Philip*, 41).

c. 성령의 지체

기독교 입문과 기독교 세례의 시작에 대한 누가의 이해에 관심이 있는 사람에게는 이 이야기가 다소 난해하다. 우리는 사도행전 2:38이 새 종파의 구성원이 되고 구성원으로 인정받을 수 있는 정상 과정이라고 누가가 받아들였던 내용을 암시한다고 추론할 수 있다. 즉 회개/믿음과 예수 그리스도의 이름으로 받는 세례 그리고 이에 뒤따르는 성령의 선물이다. 그리고 적어도 세례와 성령의 선물 간의 밀접한 관계를 내포하는 이런 양식은 누가가 전달하는 개종에 관한 모든 다른 이야기에 나타난다.[175] 그러나 독자는 여기서 둘 사이에 존재하는 상당한 격차에 직면한다. 적어도 그 소식이 예루살렘에 있는 사도들에게 전해지고(한바탕의 박해 중에?) 베드로와 요한을 사마리아로 파송하는 데 걸린 시차가 있다. 실제로 누가는 그의 회상 구절 안에 있는 이례적인 부분에 분명하게 주목한다. 사마리아 사람들은 "주 예수의 이름으로만 세례를 받았고(monon de bebaptismenoi)" 성령은 "아직(oudepō) 한 사람에게도 내린 일이 없었다"(8:16). 오직 베드로(와 요한)가 기도하고 사마리아 개종자에게 안수했을 때 그들은 성령을 받았다(8:15, 17). 그러나 다른 지시는 더 없었던 것 같다.

물론 누가가 이 이야기를 억지로 짜 맞추었을 수 있다. 짐작하건대 그는 사마리아에서 있었던 획기적 진전이 예루살렘 당국자에게 즉시 보고되었다고 보여주길 원했다. 비록 이것이 빌립이 아주 성공적으로 사역했다

---

175) 행 2:38; 9:17-18; 10:47; 19:2, 5-6. 여기 8장의 이 문단은 입교(견신례)에 대한 발전하는 신학과 실천에 중요했다. 비록 이 문단을 기껏해야 세례를 보조하는 안수의 첫 사례 혹은 개종/세례 및 이어지는 성령의 선물 간의 전형적인 오순절주의적 구분으로 볼 수도 있겠지만 말이다(예. Pesch, *Apg.*, 1.280-81; Barrett, *Acts*, 1.400을 보라). 후자에 관해서 필자의 *Baptism in the Holy Spirit*, 5장, 또한 'Baptism in the Spirit: A Response to Pentecostal Scholarship on Luke-Acts', *JPT* 3 (1993), 3-27(필자의 *The Christ and the Spirit*. Vol. 2: *Pneumatology* [Grand Rapids: Eerdmans, 1998], 222-42로 재인쇄됨), 그리고 M. Turner, 'The Spirit and Salvation in Luke-Acts', in Stanton eds., *The Holy Spirit and Christian Origins*, 103-16을 보라.

는 누가의 자료가 전한 내용을 어느 정도 폄하한다는 의미일지라도 말이다. 한편으로 누가는 자신이 하나님이 정하신 결합(세례와 성령)으로 믿었던 내용을 독단적으로 이렇게 나누고, 하나님의 질서를 교회 일치의 질서에 종속시켜도 괜찮다고 느꼈는가? 그의 다른 이야기의 강력한 균형은 확실히 이것에 반한다.[176] 필자의 제안은 누가가 자기 독자들이 사마리아인의 "신앙에 결점이 있다"는 것을 인식하길 의도했다는 제안인데,[177] 그들이 그렇게 무분별하게 세례를 받지 않았어야 했다는 것이다. 이 견해는 많은 지지를 얻지 못했다.[178] 확실히 베드로와 요한이 추가로 가르쳤다고 누가가 말하지 않는다는 사실(19:4과도 대조하라)은 이 제안을 약화시킨다. 그리고 모든 장면에서 누가가 주요 인물에게만 집중하기를 선호했다는 것으로 설명되지 않는다면, 그 장면에서 빌립의 완전한 부재 문제는 아직 풀리지 않은 채 남아 있다.[179]

필자에게 더 중요하게 보이는 요인은 누가가 성령의 선물을 새 종파로 입문하는 중차대한 요소로 보았다는 것이다. 누가가 (초기의) 성령 받음을 수고롭게 언급한 각각의 경우에서, 성령 받음은 더 길어진 개종과 입회에 관련된 어떠한 과정에서도 중차대한 순간과 절정을 형성했다.[180] 더욱이 성령 받음은 이 운동의 초기에 성령을 받은 사람에게 중요하고, 변혁적

---

176) "열광주의자" 누가와 "초기 가톨릭" 누가 간의 그 어떤 토론에서도, 전자가 상당한 차이로 이긴다.

177) *Baptism in the Holy Spirit*, 63-68. 보통 누가는 "그들이 주를/하나님을 믿었다"라고 말했으나(5:14; 9:42; 10:43; 11:17; 16:31, 34; 18:8), 여기서는 "그들이 빌립을 믿었다"라고 말한다(8:12). "믿음의 방향이 빌립을 향했다는 것은 예외적이고 사마리아 사람들의 반응이 옳지 않았음을 표시하는 누가의 방식일 수도 있다"(Dunn, *Acts*, 110).

178) 예로 Schnabel, *Mission*, 679-80을 보라. 그러나 Barrett는 Stählin이 시몬의 "'믿음'이 진짜 믿음이 아니고, 그의 개종이 참다운 개종이 아니다"라고 생각했다는 사실에 주목한다(*Acts*, 1.409). 그리고 Fitzmyer는 에우세비오스가 "시몬이 세례받을 때까지 그리스도를 믿는 척했다"고 생각했음에 주목한다(*HE* 2.1.11; Fitzmyer, *Acts*, 405). 요점은 누가가 사마리아 사람들의 신앙과 세례 그리고 시몬의 믿음과 세례를 구분하지 않았다는 데 있다(8:13).

179) 위 §23.3c를 보라.

180) 2:38; 10:44-48(세례가 두 번째로 고려되며, 그 타당성은 성령의 부으심으로 반론의 여지가 없게 되었다); 19:1-6.

이며, 때때로 눈길을 끄는 체험이었음을 기억해야 한다.[181] 성령은 성령을 믿기 전에 체험되었고, 믿음을 형성하도록 도와주었다.[182] 그렇다면 사마리아 선교는 의도한 효과를 얻지 못했거나 제대로 기능하지 못한 것일 수 있는데, 어떤 이유에서(겨우 추측만 할 수 있다) 지금까지 정상적인 양상을 띠었고 바울의 선교에서도 정상적인 양상이었던(참고. 갈 3:2-5) 것이 사마리아에서 일어나지 않았기 때문이다. 성령이 개종자의 삶 속으로 들어오셨음을 알린다고 생각되는 표지들이 없었다. 이런 상황에서 8:14에서 요약된 사건들이 일어나 8:15-17에 암시된 결과를 가져왔을 수 있다. 이는 빌립의 선교와 시간상 근접한 연속 사건일 필요가 없지만, 예루살렘이 통제하는 주류에서 갈라서는 분파 운동이 될 가능성이 있는 운동을 그들의 테두리 안으로 끌어당기려고 예루살렘이 주도해서 취한 조치 가운데 하나일 가능성은 있다.

논제가 너무 불확실하기에 어떤 확고한 결론을 내리기가 힘들다. 그러나 누가의 신학적 의제(예루살렘의 중심 역할 강조)가 이 경우에 이제 예루살렘에서부터 확장되기 시작한 운동에 대한 지도와 감독을 주장하는 예루살렘 사도들의 초기 시도와 맞아떨어질 가능성을 쉽게 부정해서는 안 된다.[183] 어쨌든 기독교 초기 확장에서 성령 사역의 효과와 성령 체험의 중요성은 정확한 역사적 내용이 무엇이든지 간에 명백하다.

---

181) "누가는 조용한 성령의 오심을 몰랐다!"(Dunn, *Acts*, 111); 추가로 필자의 *Baptism*, 66-67; *Jesus and the Spirit*, 7장; 또한 *Theology of Paul*, §16을 보라.

182) 필자의 *Theology of Paul*, §16, 그리고 추가로 *Jesus and the Spirit*를 보라.

183) 이 와중에 박해가 일어났다고 추정하면, 새 종파가 사마리아 일탈자들을 환영했다는 소식은 새로운 종파가 전통적인 경계선을 위협하기 시작했다는 대제사장들의 의심을 거의 확실히 키웠을 것이다. 그러나 누가가 사울이 이끈 박해와 행 8장 사건들이 어떻게 맞물린다고 보았는지는 결코 명확하지 않다. 이야기의 전개가 역사적으로 사건이 일어난 순서라는 추정은 현명하지 않다.

d. 베드로와 마술사 시몬의 대치

그 이야기(혹은 두 이야기)에서 훨씬 더 흥미를 끄는 부분은 시몬 마구스 곧 마술사 시몬의 소개다. 시몬은 고대 세계에서 가장 흥미로운 사람 중 하나다. 2세기 기독교 변증가인 순교자 유스티누스는 사마리아 출신이며, 시몬의 고향을 기타(Gitta)라 지명했고, 시몬의 고향 사람들이 그를 최고의 신으로 숭배했다고 전한다(Apology 1.26.3).[184] 과장일 수 있으나 2, 3세기 자료에서는[185] 시몬을 시몬 영지주의의 설립자로 규정하는데, 이 주장은 근본적으로 타당하다. 이것이 누가의 이야기에 어느 정도 반영되었는지는 말할 수 없다.[186] 물론 그 사건의 결과는 기독교의 관점에서 언급된다. 그리고 누가는 기독교가 마술(mageia, 8.11)과 다르고, 마술보다 우월하며, 마술을 이김을 보여주려고 이 이야기를 사용했다.[187] 그러나 역사적으로 실존했던 시몬과 초기 기독교 선교사들 간의 대면은 충분히 일어날 수 있었다.

시몬에게 부여된 칭호("큰 능력", 8:10)는 실제로 있었던 칭호처럼 보

---

184) 유스티누스는 나블루스/네아폴리스/세겜 출신이었다.

185) 예로, G. Lüdemann, *Untersuchungen zur simonianischen Gnosis* (Göttingen: Vandenhoeck und Ruprecht, 1975), 98-102; Barrett, 405, 또한 416을 보라.

186) 특별히 K. Beyschlag, *Simon Magus und die christliche Gnosis* (WUNT16; Tübingen: Mohr Siebeck, 1974); R. M. Wilson, 'Simon and Gnostic Origins', in Kremer, ed., *Les Actes des Apôtres,* 485-91을 보라.

187) 또한 행 13:6-11; 16:16-18; 19:18-19을 보라. BDAG는 *mageia*를 "초월적 능력에 영향을 주고/조절하려고 고안된 주문을 사용하는 의식이나 의식들"이라고 규정한다(608). 누가의 서술이 함의하는 바는, 책에 기록될 수 있거나, 실행자가 될 사람들이 배우고 사용할 수 있는(19:13, 18-19) 특별한 문구나 기교(8:19)의 사용으로 신을 조종하려는 시도가 "마술"이라는 점이다. 안수나 축귀라는 기독교 실천이 상당히 똑같게 보일 수도 있고, 실제로 매우 비슷한 효과가 있을 수도 있으나(8:9-11을 8:6, 8, 13과 비교), 누가가 8:17-24과 19:13-16의 이야기를 기술하는 주요 관심 가운데 하나는 그 차이를 분명히 하는 것이다(추가로 Aune, 'Magic'; S. R. Garrett, *The Demise of the Devil: Magic and the Demonic in Luke's Writings* [Minneapolis: Fortress, 1989], 19-36과 3장; H.-J. Klauck, *Magic and Paganism in Early Christianity: The World of the Acts of the Apostles* [London: Clark, 2000], 14-19을 보라. 또한 N. Janowitz, *Magic in the Roman World* [London: Routledge, 2001]을 보라).

인다. 유일신 체제에서 "능력"은 하나님을 상징하기도 한다(막 14:62처럼).[188] 그러나 이 시기에 하나님(혹은 지극히 높으신 하나님)이 세상 및 인간과 어떻게 교류하셨는지에 대해서는 상당한 추측이 있었다. 알렉산드리아의 유대인 철학자인 필론은 하나님이 이 땅과 사람에게 영향을 끼치시는 다양한 방법(하나님의 지혜 사상이나, 심지어 폭넓은 유대교 내의 성령과 같다)을 묘사하려고 "능력"이라는 단어를 정교한 유일신주의가 어떻게 사용했는지를 보여준다.[189] 그러나 누군가가 "위대하다"고 불릴 수 있는 능력 체계는 이후 세기에 영지주의 체계의 특징이 된 내용의 초기 전형을 반영한 것일 수 있다. 영지주의 체계에서는 신성이 점점 줄어드는 중간자가 신과 인간 사이의 현저한 차이를 설명하는 데 도움을 준다.[190] 누가는 시몬이 자신에 대해 주장한 내용("자칭 큰 자", 8:9)과 시몬이 "위대한 능력"(8:10)을 보여주는 구현체라는 대중의 의견을 구분하려고 어느 정도 주의를 기울였다.[191] 그러나

---

188) *Jesus Remembered*, 749 n. 180을 보라.

189) 필자의 *Christology in the Making*, 225과 n. 45과 47에 있는 참고도서와 Schürer, *History*, 3.881-85을 보라. 추가로 Barrett, *Acts*, 1.406-408을 보라. H. G. Kippenberg, *Garizim und Synagoge. Traditionsgeschichtliche Untersuchungen zur samaritanischen Religion der aramäische Periode* (Berlin: de Gruyter, 1971), 329-48과 J. E. Fossum, *The Name of God and the Angel of the Lord: Samaritan and Jewish Concepts of Intermediation and the Origin of Gnosticism* (WUNT 36; Tübingen: Mohr Siebeck, 1985), 171-72은 "위대한 능력"을 사마리아인들이 사용한 하나님의 칭호로 여긴다.

190) 또한 Bruce, *Acts*, 219; Jervell, *Apg.*, 261 n. 799에 요약된 자료들을 보라. 8:22에 있는 *epinoia*("생각")라는 용어에 시몬의 여성 동료 시모니안 그노시스(Simonian Gnosis)가 암시된다는 G. Lüdemann, 'The Acts of the Apostles and the Beginnings of Simonian Gnosis', *NTS* 33 (1987), 420-26의 제안은, 다른 자료에 대한 그의 논평이 나타내듯이, 그 증거를 너무 과하게 사용한다(424). Lüdemann은 행 8장에 있는 시몬 전승의 기반이 "시몬을 신으로 경배한다는 점과 *epinoia*가 그의 동료로 존재한다는 점"이라고 놀라울 정도로 확신한다(*Early Christianity*, 101-102). 또한 Spencer, *Philip*, 90-91을 보라.

191) Isser의 언급은 흥미로운 점을 시사한다. 시몬이 "또한 자신을 '서 있는 자'(ho hestos)로 불렀고, 이는 qa'em이라는 단어의 번역으로 보이는 영원한 인내를 의미한다"는 것이다. Isser는 "이 용법은, 문자적으로는 '서 있는 자'를 의미하고 [사마리아 문헌]에서는 하나님 앞에 선 모세를 묘사하는 데 사용된다(신 5:28[31?]; 비교. 출 33:21) 용어의 재해석이다"라고 주장한다('The Samaritans and Their Sects', 594). 예수를 모세-예언자(행 7:37)로 언급하는 이 중 연결과 하나님 옆에 "선" 인자를 본 스데반의 이상(7:55-56)은, 지금까지 인식한 것보다 행 7-8장의 헬라파 전승에 더 강한 사마리아 배경이 있음을 시사할 수도 있다(위 n. 106을

그것이 얼마나 중요한가는 불분명하다.[192]

두드러진 대조는 쌍둥이 같은 이야기의 두 반쪽 사이에 있다. 첫 번째에서 빌립은 자신이 하나님 능력(dynameis, 8:13)의 훨씬 더 인상 깊은 도구이자 통로임을 증명했다. 다른 사람들을 놀라게 한 유명한 사람(8:11)인 시몬은 빌립의 훨씬 더 놀라운 기적에 대단히 놀랐다고 묘사된다(8:13). 그는 빌립에게 아부하며 그에게 세례도 받았다(8:13). 그러나 속편에서 그는 사기꾼으로 등장한다. 그가 빌립을 가까이 한 이유는 빌립의 성공 비밀을 배우고자 하는 욕망이었으며, 세례는 빌립의 환심을 사는 수단이었을 것이다.[193] 그의 주된 관심사는 자기 마술의 향상이었다. 특별히 시몬이 베드로와 요한의 사역에서 목도한 결과와 영적 징후의 원인인 비결을 배우기 위해서였다(8:18-19).[194] 베드로가 보인 반응은 즉각적인 거부와 맹렬한 비난이었다. 시몬은 일어난 일과 전혀 상관이 없었다(8:21).[195] 그는 여전히 "악독이 가득하며 불의에 매인 바 되었다"(8:23).[196]

시몬이 실컷 혼났다는 점과 그가 온전히 진실하지 못했음을 드러낸 누가는 호의적인 해결(8:24)을 위한 문을 약간 열어놓았고, 이 지점에서 이야기를 멈추었다(5:5, 10과 13:11을 대조하라). 고의로 이렇게 했을까? 누가가 이미 회자되던 시몬에 관한 다른 이야기들을 알아서, 독자들이 이야기에서가 아니라 각자 알아서 해결을 찾아보도록 했을까? 아무튼 누가가 이야

보라).

192) Haenchen은 "[최고의] 신이 인간을 구원하려고 인간으로 땅에 왔다고 시몬이 선언했다"라고 결론지으면서 증거를 완전히 넘어선다(*Acts*, 303).

193) 비교. Avemarie, *Tauferzählungen*, 51-54.

194) 시몬은 성령이 "사도들의 안수로"(8:18) 주어졌다고 보았으나, 누가는 이것을 일어난 일에 대한 시몬의 마술적 인식과 즉시 대조한다(8:19). 19:11-16에 있는 비슷한 대조를 주목하라.

195) 누가는 "이 도에는(*en tō logō*) 관계도 없고 분깃도 없다"라고 말하는데, 이에 관해서 Haenchen은 "시몬이 공유를 거부당한 그 *logos*가 기독교다"라고 언급한다(*Acts*, 305). 비슷하게 Jervell, *Apg.*, 265. 독자는 시몬이 세례는 받았지만, 베드로와 요한에게 안수를 받지 않았기에 성령(체험)을 받지 않았다고 이해해야 할 것이다.

196) 8:21과 8:23의 표현은 일련의 성경 구절에서 가져왔다. 신 12:12; 14:27, 29; 시 78:37; 신 29:18.

기를 만족할 만하게 결론짓지 못했다기보다 그런 의도를 가지고 있었다고 추론하는 것이 누가의 이야기 전달 능력에 대한 더 공정한 평가일 것이다.[197]

대신에 누가는 빌립 이야기로 되돌아가지 않고, 사마리아 마을에서 베드로와 요한이 복음을 더 전했다고 언급함으로 사마리아 이야기를 마무리한다(8:25). 누가의 관점에서, 그리고 추측하건대 이 문제에 있어 누가가 대변하는 예루살렘의 관점에서도, 사마리아에까지의 확장을 거의 처음부터 예루살렘에 있는 사도들이 감독하기 시작했다고 말할 수 있었다는 사실이 중요하다.

e. 첫 이방인 개종자

다소 놀랍게도, 삽입어구로 보이는 부분(8:14-25) 뒤에, 누가는 빌립에게 다시 눈을 돌리며 그가 에티오피아 내시를 개종시킨 이야기를 한다(8:26-39). 초자연적 개입이 그 이야기의 틀을 형성한다. 이야기는 "주의 천사"가 예루살렘과 가자를 이으며 큰 바닷길(Via Maris)과 만나는 남쪽에 있는 길로 빌립을 인도하는 장면으로 시작하고,[198] 성령이 빌립을 낚아채어(hērpasen) 빌립이 자신이 더 북쪽인 아소도에 있음을 발견(heurethē)하면서 마무리된다.[199] 전자는 누가가 이야기하는 역사를 결정하는 하나님의 주도하심과 인도하심을 묘사하는 그의 방법 가운데 하나다.[200] 그러나 후자는 사도행전에

---

197) 비교. Klauck, *Magic and Paganism*, 20-23.
198) 예루살렘에서 가자까지의 길을 "광야"로 묘사한 부분은 수수께끼이다. 사막이 가자 남쪽에서 시작되기 때문이다. 누가나 그의 자료가 그런 상세 사항을 약간 혼동했는가?
199) 아소도(고대 아스돗)는 가자에서 32km 북쪽에 있다(Fitzmyer는 15km라고 말한다). 짐작하건대 상세 내용은 빌립 전승에서 왔을 것이다. 가이사랴는 추가로 북쪽 88km에 있었다. 추가로 Schürer, *History*, 2.108-109(아소도), 115-18(가이사랴); Hengel, *Between Jesus and Paul*, 112-15를 보라.
200) 행 5:19; 10:3; 11:13; 12:7; 27:23

서 예외다.[201] 비록 엘리야 이야기가 반영되고 있음을 인식해야 하지만 말이다(왕상 18:12; 왕하 2:16).[202] 그러나 이중 괄호 효과는 이야기에 민간전승의 전설(기적 같은 이동은 이 장르에 더 맞는 특징이다)이 담고 있는 특징을 어느 정도 부여하는 것이다. 누가가 이 특정한 이야기를 바로 이 방식으로 구성한 이유는 분명하지 않다. 그의 다른 주요한 역사적 "순간들" 가운데 이에 상응하는 특징을 지니고 있는 것은 하나도 없다.[203] 그러나 어쩌면 이 이야기의 중대성이 실마리를 제공할 것이다.

이 이야기의 중요성은 다른 주요 등장인물을 "에티오피아 내시"라는 두 단어로 묘사한 데 있다.[204] 먼저 내시는 할례를 받을 수 없는 사람으로, "야웨의 총회(ekklēsia)"에 들어오는 것이 금지되었음을 상기해야 한다(신 23:1).[205] 그래서 이야기는 최고의 역설로 시작한다. 여기 이스라엘 종교에 호의를 가지고 있는 한 외국인이 있으며, 그는 가능하다면 개종자가 되

---

201) 동사 *harpazō*("잡아채 가다, 따라잡다")는 고후 12:2과 살전 4:17(또한 계 12:5)에서 하늘로의 이동을 뜻하는 표현이다. "발견되었다"는 표현은 예기치 않음이라는 느낌을 더한다. Haenchen(*Acts*, 313-14)은 자신이 "심리적" 합창이라고 부른 내용, 즉 자료를 빌립의 추정된 황홀경으로 해석하는 입장을 정당하게 비평한다. 예. Lake and Cadbury: "기독교 설교자는 황홀경 상태에서 이동하기에 그가 어떻게 한 장소에서 다른 장소로 이동했는지 모른다"(*Beginnings*, 4.99).

202) 추가로 Spencer, *Philip*, 135-41을 보라.

203) 예로 10:23-24; 16:10-11과 대조하라.

204) "내시"(히브리어로 *saris*)가 고위직을 가리킬 수 있음은 사실이나, 누가는 두 번째 서술어인 *dynastēs*(궁전 관리)로 에티오피아인의 직분을 나타내려고 주의를 기울였다. 추가로 Spencer, *Philip* 166-67을 보라. 거의 확실하게 누가는 자기 독자가 *eunouchos*를 그 그리스어의 분명한 의미인 "거세당한 남자"로 이해하도록 의도했다(BDAG, 409; Barrett, *Acts*, 1.424-25). 독일 주석가들은, 행 10장 이전에 누가가 비유대인이나 비개종자의 개종을 이야기하려고 하지 않았을 것이라는 근거로(비슷하게 Fitzmyer, *Acts*, 410, 412), 자신들을 곤경에 빠트린다(예. Pesch, *Apg.*, 1.289; Jervell, *Apg.*, 270-71). 그러나 그런 반대는 누가가 그의 계획에 맞추려고 원자료들(아니면 자료들에 관한 자신의 이해)을 상당히 가차 없이 재단했다고 추정한다. Haenchen이 더 균형 잡힌 평가를 한다(*Acts*, 314).

205) Cadbury, *Beginnings*, 5.66-67 n. 2. 그러나 또한 D. L. Christensen, *Deuteronomy* (WBC 6B; Nashville: Nelson, 2002), 537-38을 보라. 고대 사회에서 내시의 사회적 지위에 관해서는 B. Kedar-Kopfstein, *TDOT*, 10.346-47; J. Schneider, *TDNT*, 2.765-66; Spencer, *Philip*, 167-69을 보라.

고자 하는 마음이 간절했다.[206] 어쨌든 "그는 예배드리기 위해 예루살렘에 왔다"(8:27). 물론 성전에서 말이다. 그러나 그는 이방인이자 내시이므로 성전의 바깥뜰(이방인의 뜰)을 넘어서 안으로 들어갈 수 없었을 것이다.[207] 내시가 사회적 약자임을 암시하는 이사야 56:3-5의 환상은 아직 실현되지 않았다.[208] 대신에 그는 바로 예루살렘에서 돌아오는 중에 자신에게 (짐작하건대) 불가능했던 받아들여짐을 얻게 된다. 다시 말해서 성전은 "만민이 기도하는 집"(사 56:7)이 되는 데 실패했고,[209] 새 메시아 종파의 대표가 내시의 영적 열망과 필요를 채워주었다.[210] 중심 성역이라고 주장되는 두 장소 간의 경쟁이 대체되었음을 암시하는 사마리아 사람의 이야기와 같이, 빌립의 두 번째 이야기에서 성전에 대한 비판이라는 함의를 다시 듣게 된다는 사실은 결코 우연이라고 할 수 없다. 누가는 이 성전에 대한 암시를 부각하려고 시도하지 않았으나, 분리된 유대/사마리아의 역사와 내시가 이스라엘의 예배에 참여할 자격이 없음을 아는 사람은 누구나 그 함의를 놓칠 수 없다. 그렇다면 여기서 다시 한번 6-8장의 자료를 밀접하게 잇는 성전과 관련된 가닥을 볼 수 있다. 그리고 누가가 그 연관성에 거의 주의를 기울이지 않았기 때문에, 이 제재의 결합이 누가에게 도달하기 전에 이미 이루어졌다고 공정하게 결론지을 수 있다. 바로 그런 자료는 누가가 자신의 이야기 중 이 부분을 위해 분명하게 의존할 수 있었던 원자료에 일관된 헬라파의 관점이 있었다는 가정을 지지한다.

또 다른 중요한 요소는 그 사람이 에티오피아인이었다는 사실이다. 당

---

206) 다시 위 n. 204을 보라. 그렇게 먼 길을 왔다는 사실과 아마 그리스어로 기록되었을, 틀림없이 값비쌀 두루마리를 장만했다는 점은 내시가 얼마나 헌신했는지를 보여준다.

207) 요 12:20에 언급된 "헬라인들"처럼.

208) Wis. 3.14-15와 비슷하다. 이는 성전 당국자의 견해를 거의 대변하지 않았을 것이다.

209) 다시 (사 55:6의) 함의는 이방인이 제의에 온전히 참여함에 관한 것이고, 이는 원칙상 이방인에게 거부되었던 일이다. 추가로 아래 §24.9a를 보라.

210) 8:36의 표현은 여기서 중대할 수도 있다. "세례받음에 무슨 거리낌이(kōluei) 있는가?" 함의된 바는 그의 이전의 바람이 좌절되었으나, 이제는 아무런 장애물이 남지 않았다는 것이다. 추가로 Spencer, Philip, 171-72, 183-85을 보라.

시에 남쪽으로 애굽과 국경을 맞대고 있었던(겔 29:10) 에티오피아(혹은 누비아)는 당시 지리적 상식에 있어 경계에 위치한 지역을 나타냈다. 이사야 11:11-12은 에티오피아를 "땅 사방" 중 하나로 여긴 것으로 보이며(비교. 습 3:10), 호메로스(Homer)는 에티오피아 사람들을 "가장 멀리 떨어진 사람"으로 간주했고(Odyssey 1:23), 지리학자인 스트라본(Strabo)는 에티오피아를 로마 제국 "극단"에 위치시켰다(Geog. 17.2.1).[211] 그래서 빌립이 에티오피아 사람이 신앙을 가지도록 했다는 사실은 복음이 "땅끝(마지막)까지" 이르게 된 첫 사례임을 드러내려고 언급된 것일지도 모른다(행 1:8). 사도행전에서 누가가 의도한 계획이라는 관점에서, 이는 실제로 가장 놀라운 특징이다. 누가가 이내 이 장 뒤에 복음을 가지고 주로 이방인에게 나아가라고 지명된(9:15) 바울의 개종을 서술했고, 이어서 베드로가 이방인 고넬료를 개종시킨 내용이 등장하기 때문이다(10장). 누가에게는 이 두 이야기가 절대적으로 중요했다. 그가 각 이야기를 자그마치 세 번이나 서술하거나 언급했기 때문이다.[212] 교회에 결정적인 전례가 된 일은 베드로가 고넬료를 개종시킨 일이었고(15:7-11), 이방인에게 빛을 전하라는 위임을 받은 이는 바로 바울이다(26:17-18). 그렇다면 왜 누가는 첫 이방인 전도를 빌립에게 돌리는가? 왜 교회의 확장 목표("땅끝까지")가 베드로나 바울이 아닌 훨씬 덜 중요한 빌립으로 이미 이루어졌다는 암시를 허용해야 했는가?[213] 유일하고 분명한 대답은 이 이야기가 누가에게 왔을 때 이렇게 들렸다는 것이다. 그리고 비록 누가가 이야기를 초자연적인 시작과 끝으로 형성했다 할지라도 (어쩌면 이것이 "즉시" 일어나지 않았음을 암시하려고[?]), 누가의 헬라파 자료(들)가 헬라파 개척 영웅 중에서 빌립을 두드러진 인물로 상기했다는 함의는 견고하며 거의 회피할 수 없다.[214] 비록 자료가 자신이 의도한 계획에 영향을

---

211) 추가로 Spencer, *Philip*, 149-51; Barrett, *Acts*, 1.424에 있는 상세 내용을 보라.

212) 바울: 행 9:1-19; 22:3-16; 26:9-18; 고넬료: 10:1-48; 11:1-18; 15:7-9.

213) 다시 위 n. 204을 보라.

214) Haenchen, *Acts*, 315-16; Lüdemann, *Early Christianity*, 105; von Dobbeler, *Philippus*, 177-78; Wilckens, *Theologie*, 1/2.241.

미친다 할지라도, 자료에 충실한 누가는 자료를 정당하게 평가했다.

　여기서 다시 누가는 이야기를 마무리 짓지 않는다. 내시에게 무슨 일이 일어났는가? 에티오피아 궁중의 중요한 구성원으로서[215] 그는 상당한 영향력을 행사할 수 있었다. 그러나 마술사 시몬의 이야기에서와 마찬가지로, 누가는 이야기 모서리에 가닥을 매달아 두었다. 누가는 그의 캔버스 모서리에서 사라지는 인물들의 그림을 그렸다. 누가는 그들이 어떻게 되었는지 상상하고, 어쩌면 독자들 자신의 지식과 이어지는 역사로 뒷이야기를 채우도록 초대한다. 그는 이미 종결된 이야기를 전달할 의도가 없었으며, 이야기는 그의 청중의 생애 동안 계속된다.[216]

f. 빌립의 선교의 중요성

누가는 그가 전달한 대로 빌립의 선교를 이야기함에 있어서, 자신이 이야기하고 싶은 더 큰 이야기 안으로 빌립을 끌어들이는 데 적절한 주의를 기울였다.

- 사마리아에서 엄청난 지지를 받은 빌립의 초기 성공은, 비록 그가 "주 예수의 이름으로" 세례를 주었지만, 그의 개종자들이 그의 사역을 통해 성령을 받지 못했다는 사실로 이내 단서가 달린다.
- 그의 성공으로 보이는 마술사 시몬을 신앙으로 인도한 일은 시몬의 요청과 베드로의 맹렬한 비난 때문에 공허해졌다.

---

215) 그는 간다게의 관리인(*dynastēs Kandakēs*), 이 경우에는 "여왕의 모든 국고를 맡은 자"였다 (27절). "간다게"는 여왕의 이름이 아니라 통치하는 여성 지도자의 칭호였을 것이다. 아마도 누가나 그의 전승에 있던 또 하나의 가벼운 오해였을 것이다(BDAG, 507에 있는 상세 사항; Barrett, *Acts*, 1.425). 내시들은 책임을 맡은 고위직, 특히 여왕을 섬기는 일에 고용되었다(비교. 에 2:14). 추가 증거 자료는 Fitzmyer, *Acts*, 412을 보라.

216) "비록 Irenaeus, *Adv. Haer.* 4.23.2과 Eusebius, *HE* 2.1.13에 따르면 그 내시가 그곳의 첫 선교사였지만, 1세기 에티오피아에 교회가 있었다는 증거는 하나도 없다"(Barrett, *Acts* 1.422). 그가 첫 선교사였다는 내용은 이 문단에서 추정했을 것이다!

- 빌립은 장면에서 완전히 사라지고, 사마리아 선교를 이룬 사람은 바로 베드로와 요한이다(8:25).

빌립의 선교가 예루살렘 사도의 영향력에 재빨리 포함된 것으로 묘사하려고 누가가 빌립의 선교를 무시하~~거나~~ 심지어 폄하하려고 했는가? 어쩌면 그렇다 하더라도, 누가는 베드로와 요한을 이야기하는 부분에서 빌립을 무대 뒤에 두려고 했다. 빌립과 두 사도 간 대립은 말할 것도 없고, 음으로나 양으로 그 어떤 비난도 암시되지 않는다.

한편으로 누가의 이야기(8:14-15은 제외)는 빌립을 크게 칭찬하기만 하는 듯하다.

- 사마리아에서 첫 번째로 초기의 획기적 진전을 성취하고, 이스라엘-유대 전통의 주류나 비주류를 넘어 훨씬 더 멀리 있는 사람에게 나아간 이가 바로 빌립이다.
- 그의 선교는 하나님의 승인이라는 명백한 표지로 주목을 받았다. 기사와 축귀, 성령의 명백한 개입(8:29, 39),[217] 그리고 (누가의 관점에서) "기쁨의 기독교 복음"(8:8, 39)이라고[218] 적절하게 묘사된 것.
- 그의 메시지는 누가가 다른 곳에서 표준 설교로 표시한 내용과 온전히 일치한다. 즉 하나님 나라[219] 및 예수 그리스도의 이름(8:12)[220]에 관한 복음이다. 그리고 예수를 이사야 53장의 종으로 규정하는 명료한 첫 언급(8:32-35)은 중요할 수도 있으나,[221] 언급 그 자체(사 53:7-8의)는 초기 연설들에 있는 예

---

217) Spencer, *Philip,* 44-53.
218) *Chairō:* 행 5:41; 8:39; 11:23; 13:48; 15:23, 31; *chara:* 8:8; 12:14; 13:52; 15:3.
219) 위 §22 n. 41을 보라.
220) 위 §23.4d를 보라.
221) Barrett, *Acts,* 1.429-30이 인용한 것들을 보라. 비교. Bruce, *Acts,* 227-29; 추가로 아래 § 24.9c를 보라.

제24장 헬라파와 첫 역외 전도 ___ 403

수의 죽음을 고난-신원으로 취급하는 것과 같은 종류다.[222]

- 믿음이 선언되자마자 빌립이 세례를 시행하고(8:12) 예비적 가르침을 추가로 주지 않는 것은 누가의 서술의 특징이다.[223] 사마리아에서 빌립의 습관이나 세례에 대한 비판이 8:14-26에 추가로 암시되었다면, 내시의 경우에서도 똑같은 절차를 따랐던 빌립을 누가가 기꺼이 기록하기로 한 점은 더욱 수수께끼다.

요약하면, 어쩌면 누가는 헬라파의 초기 역외 선교에 관련된 정보인 이 자료들에서 이런 내용을 얻었을 것이다. 그 내용을 그의 예루살렘 중심의 선교로 통합한 것 외에는, 누가가 추가적인 언급 없이 들은 대로 빌립의 선교 이야기를 하는 데 온전히 만족한 것으로 보인다. 그리고 이것은 감명 깊은 이야기로서, 떠오르는 기독교 운동의 경계를 중요 부분에서 그리고 중요한 원칙을 가지고 더 넓힌 한 사람의 진취성과 관련이 있다. 누가의 기독교의 시작에 대한 서술에서 빌립은 스데반 및 바나바와 더불어 소영웅 중 하나로 드러나는데, 빌립이 없었다면 이야기는 상당히 다르게 진행됐을 것이다.[224]

특히 빌립의 선교에 대한 서술이 지닌 특이성은 빌립이 가이사랴에까지 이르는 유대 해안을 따라 선교한 장면으로 마무리된 방식에 있다. 빌립

---

222) 위 §23.4g를 보라. 여기서 사 53:8의 마지막 행 바로 앞에서 인용을 중단한 것은 주목할 가치가 있다.

223) J. Munck, *Paul and the Salvation of Mankind* (London: SCM, 1959)은 "신약성경 다른 곳에서처럼, 사도행전에서도 세례를 거행하는 데 어떤 머뭇거림도 없었던 것으로 보인다. 어떤 면에서 그것은 현대의 공식적인 의식과 비교하면 놀라울 정도로 우발적이다"라고 말한다(18 n. 1). 서방 사본을 책임진 서기관들은 그 서술이 너무 간단하다고 생각하여 37절("그리고 빌립이 이르되, '네가 마음을 다하여 믿으면 가하니라.' 그가 이르되, '내가 예수 그리스도가 하나님의 아들이심을 믿노라.'")을 더했다. "본문에 이 구절을 삽입한 것은 빌립이 신앙고백을 확인하지 않고 에티오피아인에게 세례를 줄 수 없다는 생각 때문으로 보인다"(Metzger, *Textual Commentary*, 359-60; 또한 Barrett, *Acts*, 1.433을 보라).

224) 빌립은 "초기 기독교에서 진정으로 위대한 인물 중 한 명"이다(Spencer, *Philip*, 127). 빌립의 중요성은 그가 2세기에 상대적으로 유명했다는 사실로 반영된다(Matthews, *Philip*을 보라). 이것은 제3권에서 다룰 주제다.

은 분명히 가이사랴에 정착하고 성공했다(21:8).[225] 그래서 유대 해안의 복음화는 빌립의 공일 수 있다.[226] 8:14-25과는 대조적으로 9:32-43의 베드로 선교는 이 지역에 이미 자리 잡고 있었던 제자 집단을 상상하게 한다.[227] 어색한 점은 사도행전 10장에 있는데, 이방인 백부장이 복음을 더 배우고자 했을 때, 복음 전도에 성공하고 이미(?) 가이사랴에 거주하는 빌립보다 상당히 멀리 거주하고 있던 베드로를 찾도록 지시받았다는 것이다(10:5-9, 23-24). 물론 누가의 이야기 순서가 역사적 순서와 같다고 추정해서는 안 된다. 이런 상세 사항(8:40 같은)을 포함하기로 한 누가는 그의 원자료에서 겹치는 부분들이 어떻게 서로 연관되는지를 불분명한 채로 남겨두었다. 누가가 분명히 그런 질문에 신경 쓰지 않았다고 해서 그가 형편없는 역사가가 되는 것은 아니다. 누가가 자료의 거친 부분들을 문질러 없애고 기독교의 기원을 연구하는 후대 역사가들에게는 단지 매끄럽고 복잡하지 않은 서술을 남겼다는 것보다는 그런 자료들이 포함되었다는 사실이 더 중요했다(또한 중요하다).

24.8 안디옥에서의 획기적 진전

빌립의 선교에 대한 누가의 묘사를 보면, 누가는 두 가지 주요 결과(사울/바울의 개종과 그 여파[행 9:1-31] 그리고 도입부와 더불어 고넬료의 개종[9:32-11:18])를 삽입한다. 이 사건들을 삽입한 이유는 분명하고 이미 시사되었다. 이 사건들

---

225) 빌립의 집은 바울과 그의 동료("우리")를 위한 손님방과 더불어, 빌립과 그의 미혼인 네 딸을 수용할 만한 크기였다(21:8-9).

226) "모든 작은 성"에는 유대인 정착촌이 포함된다(비교. 9:32, 36). 따라서 누가가 두 그리스풍 성만 언급한 사실은 중요할 수도 있다(추가로 Hengel, *Acts*, 79을 보라).

227) Spencer는 사마리아 선교와의 병행을 제시한다. 사마리아는 "빌립이 복음을 위한 교두보를 확립한 곳이며 베드로가 나중에 와서 어린 회중들을 양육하고 확장하려고 한 곳"이다 (*Philip*, 153; 추가로 'Philip the Forerunner and Peter the Culminator', 220-41).

은 예루살렘과 그 주변에서 주로 혹은 심지어 배타적으로 활동한 새 종파가 팔레스타인과 유대교를 넘어 강력한 선교 운동으로 변하게 했다. 그 사건들은 두 번째 오순절을 포함하는(11:15-17) 두 번째 파동을 제공하며, 그 사건들이 없었다면 누가가 알고 있는 기독교는 결코 태동할 수 없었다. 그러나 누가는 이 두 이야기에 온전히 주목한 후, 6-8장에서 자신이 의존했던 자료로 명백하게 되돌아간다. 8:4이 빌립의 선교와 관련이 있는 장을 도입하듯이, 11:19은 그렇게 안디옥에서 획기적 진전(11:19-12)을 소개하려고 똑같은 가닥을 뽑아 들었다.[228]

a. 안디옥

예루살렘에서 흩어진 신앙인들은 유대와 사마리아(그러나 갈릴리는 아닌가? 비교. 9:31)[229] 그리고 짐작하건대 다메섹(9:1-2)에 흡수되었다. 그러나 더 큰 집단은 해안 위쪽에 있었던 것 같으며, 가장 명백한 목표와 목적지로서 오론테스강에 위치한 안디옥과 함께 베니게와 구브로에서 멀지 않은 곳이 포함된다(11:19).

셀레우코스 제국의 옛 수도인 안디옥은 그 지역에서 큰 도시였고, 당대 로마의 수리아 지방의 수도였다. 이곳에서 로마 제국의 동쪽 전 지역을 관장했고(특별히 파르티아인들의 지속적인 위협에 대항하여), 로마 제국에서 (로마와 알렉산드리아 다음으로) 세 번째로 큰 도시였다. 인구는 15만 명에서 4만 명 사이로 다양하게 추정된다.[230] 불과 100년 전에 폼페이우스가 동쪽을 정복했을

---

228) 그래서 예로 Wedderburn, *History*, 71-73과 위 n. 3을 보라. 또한 바나바의 묘사(11:24)가 스데반의 묘사(6:5; 7:55)와 짝을 이룬다는 점과 "교회"(8:1, 3; 11:22, 26; 13:1)와 "제자들"(6:1, 2, 7; 11:26, 29)이 반복되어 사용됨을 주목하라.

229) "벽지의 갈릴리, '오지' 갈릴리는 그 이후의 최초 기독교 역사에서 그 중요성을 잃었고 심지어 성전 파괴 후에도 그 중요성을 다시 얻을 수 없었다"(Hengel, *Acts*, 76).

230) Hengel과 Schwemer는 300,000명이 "더 현실성 있는 추산"이라고 보고(*Paul*, 186), Schnelle는 300,000명과 600,000명 사이를 생각한다(*Paul*, 113. F. W. Norris, 'Antiochien I', *TRE*, 3.99을 인용함).

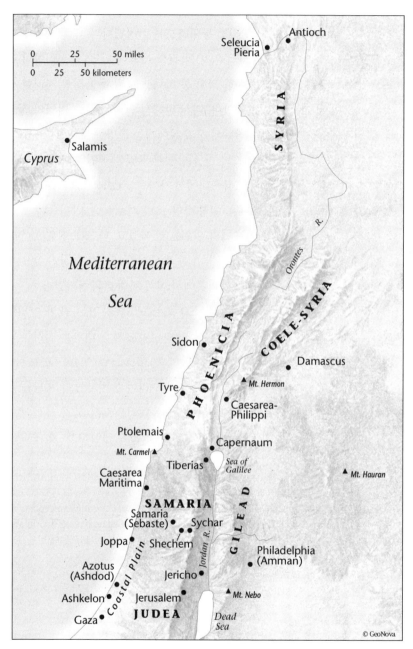

▎ 빌립과 헬라파의 선교

때 수리아는 로마에 합병됐고, 새롭게 편성된 지방은 팔레스타인 지역을 관리하고 유대와 사마리아를 직접 통치하도록 결정됐다. 유대 총독인 본디오 빌라도는 안디옥에 있는 군주(특사)의 관할 아래에 있었다. 수리아의 총독 자리는 제국에서 가장 중요한 직위 중 하나였고 황제가 직접 지명한 집정관 계층의 원로원 의원이 맡았다. 다시 말해서 안디옥은 전 지역의 정치적·문화적 수도였고 확장을 염두에 둔 운동에게는 분명한 토대였다.[231]

또한 안디옥은 아르테미스와 아폴론 숭배가 있는 곳인 다프네(Daphne)에 가까워서 유명했고, 때때로 다프네에서 가까운 곳(hē epi Daphnē, Epidaphna)으로 불렸다(Tacitus, Ann. 2.83.3). 전통적인 로마 사람들은 안디옥과 동쪽의 다른 도시들을 퇴폐와 비도덕의 원천으로 여겼고, 다프네 행위(Daphnici mores)는 문란한 삶의 대명사가 됐다.[232] 동쪽 도시의 대표적 특징인 많은 사원과 제의 중에서, 황제 제의는 안디옥에서 이미 제대로 확립되었다.[233]

안디옥이 지배당한 역사(셀레우코스와 로마)를 고려하면, 유대와 안디옥이 서로 밀접하게 관련되었다는 것은 놀랍지 않다. 헤롯 대왕은 빛나는 대리석 바닥에 줄기둥으로 된 거리를 만들었다(Josephus, War 1.425; Ant. 16.148). 많은 유대인이 안디옥에 정착했는데, 특히 수리아 통치자들이 그들을 환영하고 공정하게 대했기 때문이다. 특별히 유대인으로서 자기 자신의 관습을 따르도록 허락하고 시민권과 동등한 권리를 인정했다.[234] 실제로 요

---

231) 여기서와 이어지는 두 문단에 대한 상세 사항은, Schürer, History, 3.13-14, 141-42; Meeks and Wilken, Jews and Christians in Antioch, 2-13; I. Levinskaya, BAFCS, 5.127-35; M. Zetterholm, The Formation of Christianity in Antioch: A Social-Scientific Approach to the Separation between Judaism and Christianity (London: Routledge, 2003), 2장; Schnabel, Mission, 782-86; Hengel and Schwemer, Paul, 430-31 n. 949에 있는 핵심 참고문헌을 보라.

232) Bruce, Acts, 271.

233) Zetterholm, Formation, 26-27. 안디옥 내 종교 상황은, 추가로 F. W. Norris, 'Antioch on the Orontes as a Religious Center I: Paganism before Constantine', ANRW 2.18.4 (1990), 2322-79; Hengel and Schwemer, Paul, 268-79을 보라.

234) Josephus, War 7.43-44; Ant. 12.119; Ap. 2.39; E. M. Smallwood, The Jews under Roman Rule from Pompey to Diocletian (Leiden: Brill, 1981), 358-60; E. J. Bickerman, The Jews in the Greek Age (Cambridge: Harvard University, 1988), 91-92; Hengel and Schwemer, Paul, 186-88; Zetterholm, Formation, 32-37의 토론을 보라.

세푸스는 모든 디아스포라 중 수리아, 특히 안디옥이 유대인 거주자의 비율이 가장 높았다고 말한다(War 7.43). 유대인들이 그곳에서 틀림없이 번성했는데, 요세푸스는 "화려하게 디자인된 그들의 값비싼 제물이 성전을 아주 멋지게 장식했다"(War 7.45)고 언급한다. 짐작하건대 그것은 예루살렘 성전을 가리킬 것이다. 안디옥에 있던 유대인 수는 3만 명 정도였을 것이다. 이는 전체 인구의 상당 부분을 차지한다.[235]

모든 내용 중 가장 흥미로운 것은 유대인들이 "계속해서 그리스인들에게 그들의 종교의식에 흥미를 가지도록 했고, 그들[유대인들]은 이들이 자신들과 운명을 어느 정도 공유하도록 했다(moiran hautōn pepoiēnto)"(War 7.45)는 요세푸스의 언급이다. 앞부분에서 요세푸스는 각 수리아 성에 "유대화된 사람들", 즉 유대인다운 삶의 방식을 받아들인 이방인들이 있었고, 유대인 봉기 중에 수리아 사람들이 유대인과 "어울린"(memigmenon) 사람들을 몹시 두려워했다고 말한다(War 2.463). 비록 요세푸스의 언급이 60년대 사건들과 관련 있지만, 요세푸스의 서술이 상상하게 하는 유대인과 유대인에게 호의를 가진 비유대인들의 관계는 틀림없이 어느 정도 지속되었을 것이다. 이는 예루살렘에서 흩어진 사람들이 안디옥에 왔을 때 그들이 처한 상황을 타당하게 묘사한 듯하다.[236] 다시 말해서, 우리는 유대교의 경계를

---

235) C. H. Kraeling, 'The Jewish Community of Antioch', JBL 51 (1932), 130-60은 안디옥의 유대인 인구를 45,000명에서 60,000명 사이로 추산한다. Hengel and Schwemer는 30,000-50,000명으로 그 범위의 확대를 제안하며, 인구가 "그 성의 다른 지역들에 흩어져 있었을 것"이라고 본다(Paul, 189, 196); Riesner는 20,000명과 60,000명 사이로 추산하는데, 이는 인구의 10%를 넘는다(Paul's Early Period, 111). 그러나 전체 인구가 위에서 언급된 범위의 아랫부분에 있었음을 근거로 Meeks and Wilken은 1세기 유대 인구를 22,000으로 추산한다(Jews and Christians, 8); Schnelle는 20,000-30,000명으로 산출한다(Paul, 113-14).

236) 6세기 Malalas는 Chronicle에서 기원후 40년 안디옥에서 있었던 반유대인 폭력을 기록했는데, 이는 예루살렘 성전 안에 자신의 상을 세우려는 칼리굴라의 시도와 연관이 있는 듯하다(Jesus Remembered, 296 그리고 §26.5a를 보라). 그때는 안디옥 기독교가 자리 잡은 초기였을 것이다(Meeks and Wilken, Jews and Christians, 4; Levinskaya, BAFCS, 5.130-32; Hengel and Schwemer, Paul, 184-85의 자세한 내용). Malalas는 악명이 높을 정도로 신뢰할 수 없고, 자연스럽게 요세푸스는 할 수 있는 한 유대교를 동정하는 이방인들을 긍정적으로 그렸으나, 유대교에 매력을 느낀 상당수의 이방인이 있었다는 점과 유대인과 관련된

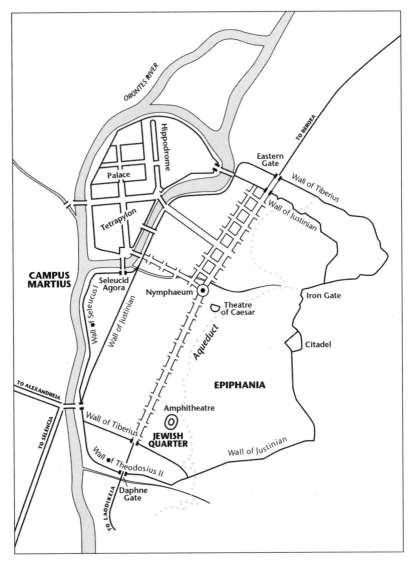

▌(수리아에 있는) 안디옥

넘는 예수 메시아 운동의 확장에 중대해 보이는 현상을 상당 부분 안디옥

것을 혐오하는 대중이 더 많이 있었음을 상상하는 것은 어려운 일이 아니다. 또한 아래 §26 n. 96을 보라.

에서 처음 대한다. 필자는 유대인 공동체 안과 주변에 있었고 어느 정도 유대인 공동체의 일부였던 "유대화된 사람들", "하나님을 경외하는 자들" 혹은 "하나님을 예배하는 자들"과 같은 이방인, 특히 유대교 회당을 중심으로 종교 활동을 한 이방인의 존재를 말하고 있다.[237] 여하튼 누가가 최대한 간결하게 묘사한 사건들에서 안디옥 디아스포라 공동체 내 유대인과 비유대인 간의 겹치는 부분이 틀림없이 주요소였다.

b. 그리스인/그리스어 사용자를 향한 설교

누가에 따르면, 필자가 추정하는 대로 흩어진 헬라파들은 초기에 "유대인에게만 말씀을 전했다"(행 11:19).[238] 그러나 구브로와 구레네에서 온 그들 중 일부는 안디옥에 도착하자마자 "헬라인에게도 말하여 주 예수를 전파했다"(11:20). 두 요점을 약간 명확히 할 필요가 있다. 첫째 "구브로와 구레네 사람들"이라는 명확한 언급이, 디아스포라 유대인 중 그들만 예루살렘에서 도망갔고 도망간 다른 유대인은 "히브리파"였음을 암시한다고 보아서는 안 된다. 오히려 더 분명하게 추론할 수 있는 점은 예루살렘에서 도망간 사람들이 모두 디아스포라 유대인이고, 이 흩어진 헬라파 중에서 누가가 간단하게 묘사한 대로 주도권을 행사했다고 기억되는 사람들이 바로 구브로와 구레네 사람이라는 것이다.[239]

　　명확하게 할 필요가 있는 또 다른 요점은 구브로와 구레네 신자들이 누구에게 전도했느냐 하는 훨씬 더 어려운 질문이다. 가장 오래된 사본은

---

237)　추가로 아래 §29.5c를 보라.

238)　성전에 대한 헬라파의 태도가 무엇이었든지 간에, 그들이 유대교나 그들의 동료 유대인에게 등을 돌리지 않았음을 주목하라. 또한 Jervell, Apg., 321-22을 보라.

239)　행 13:1은 어쩌면 여기서 언급된 사람들 가운데 한 사람의 이름("구레네의 루기오")을 제공하는 듯하다. 바나바가 구브로 출신이며(4:36) 구레네의 루기오처럼 안디옥 교회의 지도자인 것을 볼 때(13:1), 우리는 누가가 여기서 사용한 전승이 훌륭한 일차 정보에 기반을 둔다고 확신할 수 있다.

"헬라파/그리스어 사용자(*Hellēnistas*)"라는 독법을 더 견고하게 지지한다.[240] 헬라파가 (우리가 추정하듯이) "그리스 사람들"에게 말했다는 것은 오히려 어색하게 보인다. 그러나 분명히 스데반은 예루살렘에서 훨씬 이전에 바로 그렇게 했다(6:9). (누가에 따르면) 바울도 그의 개종 후에 예루살렘 첫 설교에서 그렇게 했다(9:29). 그래서 이렇게 보면 구브로와 구레네 사람의 행동은 그리 혁신적으로 보이지 않는다. 짐작하건대 이는 다른 독법을 설명한다. "그리스어 사용자"가 아닌 "그리스인(*Hellēnas*)", 즉 바울 서신을 통해 익숙해진 "유대인과 그리스인" 간의 대조에 있는 "이방인"을 가리킨다.[241]

누가가 원래 쓴 내용이 무엇이든지 간에, 그가 의도한 것에 대한 열쇠는 흩어진 헬라파들이 "유대인에게만" 설교한 첫 단계와 *Hellēnistas/Hellēnas*에게 설교한 두 번째 단계 간의 대조에 있을 것이다.[242] 누가가 원래 구술하거나 적은 단어가 무엇이든 간에, 누가는 그 단어를 "유대인에게만"과 대조하려고 했다. 여기서 *Hellēnistai*가 그리스어를 사용하는 신자들뿐만 아니라 예수가 메시아임을 믿지 않은 디아스포라 유대인들도 가리킴을 상기하는 것은 적절하다. 이미 언급했듯이, 스데반이 일으킨 논쟁은 헬라파 내부의 논쟁이었다(6:9).[243] 그리고 개종한 바울과 변론한 사람들을 "헬라파"로 묘사하는 데 있어서, 분명히 누가는 새 종파에 속하는 디아스포라 유대인이 아니라, 스데반이나 개종한 바울과 같은, 예수의 복음을 믿고 설교하는 동료 헬라파와 논쟁한 디아스포라 유대인들을 가리키려고 했다. 그렇다면 여기서 중대 요소는, 누가가 "그리스인들"(*Hellēnistai*)이라는 표현을 언어 사용의 척도("그리스어 사용자")로 주로 사용했다고 할 수 있고, 따라서 바로 그 맥락이 **어떤** 그리스어 사용자를 염두에 두고 있는지를 시사한다는 것이다. 6:1에서는 제자가 된 그리스어 사용자들이었고, 9:29에

---

240) Metzger, *Textual History*, 386-89; Bruce(*Acts*, 272)와 Fitzmyer(*Acts*, 476)는 *Hellēnas*를 선호한다.

241) 롬 1:16; 2:9-10; 3:9; 10:12; 고전 1:22, 24; 10:32; 12:13; 갈 3:28; 골 3:11.

242) Kraus, *Zwischen Jerusalem und Antiochia*, 62.

243) 위 §24.2을 보라.

서는 죽음에서 일어난 예수가 메시아임을 부정하는 디아스포라 유대인이었으며, 11:20에서는 유대인(흩어진 신앙인들이 초기에 말씀을 전한 유일한 사람들)과 구별되는 그리스어 사용자, 즉 그리스인/비유대인/이방인들이다.[244] 여기서 바울이 비유대인들을 이방인으로 특징짓기도 하지만 더 자주 "그리스인"으로 특징지었다는 사실은 주목할 필요가 있다. 유대인과 이방인을 가장 잘 구별해주는 것은 "그리스인다움"이다.[245]

그리스어를 사용하는 이 비유대인들은 누구인가? 요세푸스의 두 보도를 고려하면(§24.8a), 그들이 안디옥 (몇몇) 회당(들)에 어느 정도 속했던 수많은 유대화된/하나님을 경외하는 이방인들이었다고 확신 있게 결론지을 수 있다.[246] 11:19에서 11:20으로의 전환이 장소의 변화를 수반할 필요는 없다. 누가는 화자의 관점에서 하나님을 경외하는 사람들에게 설교하는 것이 그렇게 획기적인 일이 아니었기 때문에, 그 부분을 가볍게 보는 듯하다. 흩어진 헬라파는 안디옥 회당(들)에서 예수의 복음을 설파했고, 어쩌면 자기 자신들이 다소 놀랄 정도로, 하나님을 경외하는 이방인들이 자기들의 메시지를 아주 설득력 있게 여겼다. 따라서 그 사건은 성령의 환상과 명백한 인도가 동반된 베드로의 고넬료 개종처럼 명백한 진전은 아니었다.

그러나 11:19-21의 간결함을 어떻게 이해하든, 기독교의 시작에 관한 후대 역사가의 관점에서 그 사건의 중요성은 아무리 강조해도 지나치지 않다. 한 예를 들면, 유대교는 선교하는 종교가 아니었다.[247] 바리새파

---

244) 비교. Metzger, *Textual Commentary*, 388-89; Brehm(위 n. 19); Jervell, *Apg.*, 322. Barrett는 11:20의 언급이 누가의 자료보다는 누가 자신의 손에서 나왔다고 논증하면서 동일한 용어(*Hellēnistai*)의 다른 지시 대상들에 너무 많은 의미를 둔다(*Acts*, 1.547, 550-51).

245) "유대인과 그리스인": 롬 1:16; 2:9, 10; 3:9; 10:12; 고전 1:22, 24; 10:32; 12:13; 갈 3:28; 골 3:11; "유대인들과 이방인들": 롬 3:29; 9:24; 갈 2:14-15.

246) Zetterholm은 회당이 무려 18개나 있었을 것으로 생각한다(*Formation*, 37-38).

247) Harnack, *Mission*, 9-18이 잘 보여준 (이스라엘이 선교하는 종교였다는) 이전 견해와 반대다. "이것은 유대 종교의 '선교 시대'였다"(Goppelt, *Apostolic*, 82); "바울 시대 바리새파는 어쩌면…고도로 선교적이 되었을 것이다"(W. D. Davies, 'Paul: From the Jewish Point

와 에세네파는 동족 유대인이 자신들의 언약적 의무에 더 엄격하게 헌신하게 하려는 데 보다 관심이 있었을 뿐,[248] 그들의 방식을 택할 **비유대인들**을 얻으려고 하지 않았다.[249] 유대교는 결국 유대인 국가의 종교였고, 밖으

---

of View', *CHJ*, 3.678-730[여기서는 682-83]); 특별히 Feldman, *Jew and Gentile*, 9장에서 다시 언급됐다. J. Carleton Paget, 'Jewish Proselytism at the Time of Christian Origins: Chimera or Reality?', *JSNT* 62 (1996), 65-103(여기서는 66-67 n. 4-17)에 있는 다른 참고문헌. 특별히 S. McKnight, *A Light among the Gentiles: Jewish Missionary Activity in the Second Temple Period* (Minneapolis: Fortress, 1991); P. Fredriksen, 'Judaism, the Circumcision of Gentiles, and Apocalyptic Hope: Another Look at Galatians 1 and 2', *JTS* 42 (1991), 532-64(여기서는 533-48); M. Goodman, *Mission and Conversion: Proselytizing in the Religious History of the Roman Empire* (Oxford: Clarendon, 1994), 또한 'Jewish Proselytizing in the First Century', *Judaism in the Roman World*, 91-116; R. Riesner, 'A Pre-Christian Jewish Mission?', in Ådna and Kvalbein, eds., *The Mission of the Early Church*, 211-50; L. J. L. Peerbolte, *Paul the Missionary* (Leuven: Peeters, 2003), 1장; Schnabel, *Mission*, 6 장; J. P. Ware, *The Mission of the Church in Paul's Letter to the Philippians in the Context of Ancient Judaism* (NovTSupp 120; Leiden: Brill, 2005), 1장과 추가로 2-3장을 보라. 또한 L. V. Rutgers, 'Attitudes to Judaism in the Greco-Roman Period: Reflections on Feldman's *Jew and Gentile in the Ancient World*', *JQR* 85 (1995), 361-95과 Feldman, 'Reflections on Rutgers's "Attitude to Judaism in the Greco-Roman Period"', *JQR* 86 (1995), 153-70 간의 토론을 보라. Peerbolte는 개종 종교인 기독교의 발전에 대한 바울의 기여를 조사하는 출발점으로서 McKnight와 Goodman의 결론을 받아들였다(기독교 선교가 유대교 선교와 별반 다를 게 없다는 Harnack의 이전 견해의 영향과 이전 참고문헌은, *Paul*, 2-6과 nn. 6-10을 보라). "디아스포라 유대교가 선교 활동으로 특징지어졌다는 이론은…고대 유대교에 대한 더 크고 확실히 기독교적인 인식의 필수적인 일부분이었는데, 그 인식에서 유대교는 교회의 준비로서뿐만 아니라 미숙한 기독교로 보였다"(S. J. D. Cohen, 'Adolph Harnack's "The Mission and Expansion of Judaism": Christianity Succeeds Where Judaism Fails', in B. A. Pearson, ed., *The Future of Early Christianity*, H. Koester FS [Minneapolis: Fortress, 1991], 163-69[여기서는 169]).

248) 어쩌면 여기에 마 23:15이 적용될 것이다. "서기관들과 바리새인들"이 "단 한 명의 개종자를 얻으려고 바다와 땅을 건넌 것"은, 이자테스처럼 유대교로 개종하기 원했던 자들로 하여금 완전한 개종자가 되게 하려는 엘르아살의 열심을 언급한 것일 수 있다(Josephus, *Ant.* 20.38-46; §27 n. 166을 보라). "마태복음 23:15은 어쩌면 이교도 이방인의 유대교로의 개종이 아니라 하나님을 경외하는 이방인이 개종자가 되는 것을 염두에 두고 있다"(Riesner, 'A Pre-Christian Jewish Mission?', 234, 추가로 232-34). 그 문단은 갈라디아와 빌립보에 있는 교회들 경험을 반영할 수도 있으며, 그곳에서 전통주의 유대교 신자들은 이방인 개종자들을 할례를 받도록(즉 전통주의 견해에서 온전한/참된 개종자들이 되도록) 설득하려고 했다.

249) 4QMMT는 이제 전형적인 예로 여겨지는데, 이는 이 서신(C26-32)에 동료 유대인들이 나열된 규칙을 받아들이고 따르도록 하려고 기록되었다.

로 나가 비유대인들을 이 민족 종교로 개종하는 일은 중요하지 않았다. 이스라엘은 하나님을 경외하는 사람들을 뜨겁게 환영했고 디아스포라의 종말론적 귀향의 일부로서 열방이 시온으로 밀려올 것이라고 고대했으나,[250] 나가서 이방인들을 안으로 들어오도록 설득하는 일은 대본에 없었다. 따라서 헬라파가 한 일은 예외적이고 너무나 놀라운 일이었다. **기독교의 가장 초기 특징 중 하나는 기독교가 제2성전기 유대교 안에서 선교 종파로 등장한 것이다.**

분명히 우리는 안디옥의 수많은 이방인이 예수 메시아를 믿는 사람이 되었고, (짐작하기는) 세례받음으로써 자신들을 공개적으로 새 메시아 종파에 의탁한 상황을 상상해야 한다. 10:44-48을 고려하면, 이 이방인들이 할례를 받지 않았음에도 불구하고,[251] 하나님이 완전히 받아들인 사람들처럼 새 종파에 완전히 받아들여졌다고 누가가 이해했다는 점에 대해 결코 의심할 수 없다. 이런 추정은 짐작하건대 바나바에게 너무나도 명백했던 "하나님의 은혜"(11:23)로 요약된다. 말하자면 헬라파의 설교를 받아들인 하나님을 경외하는 이방인들은 새 종파로 받아들여지고 어느 정도의 하나 됨을 얻었다. 이는 유대교 회당에서는 결코 얻지 못했던 것이다.[252] "유대화되고 있는" 하나님을 경외하는 자는 거의 의미상 그 사람이 유대 공동체로 완

---

250) Carleton과 J. P. Dickson은 *Mission-Commitment in Ancient Judaism and in the Pauline Communities* (WUNT 2.159; Tübingen: Mohr Siebeck, 2003), 1장(마 23:15에 관해서는 Paget, 94-98과 Dickson, 39-46을 보라)에서, 유대교가 많은 이방인에게 매력이 있었고 유대교에서 하나님을 경외하는 자들과 개종자들을 그렇게 환영했다는 사실은 어떤 선교 활동이 있었음을 나타낸다고 논증한다. 또한 Kraus, *Zwischen Jerusalem und Antiochia*, 71-81을 보라. P. Borgen, 'Militant and Peaceful Proselytism and Christian Mission', *Early Christianity and Hellenistic Judaism* (Edinburgh: Clark, 1996), 45-69에서 McKnight에게 도전하는 내용은, 유대인들이 개종을 강요할 만큼 정치적·군사적 힘이 있었던 몇 경우에 주로 의존한다.

251) 그들에게 할례를 요구하지 않았다는 것이 공동 의견이다(Haenchen, *Acts*, 365과 n. 6).

252) 그러나 Peerbolte는 유대인들과 그리스인들 간의 친교가 안디옥 회당이 예수 운동에 관여하기 이전에 이미 있는지를 궁금해한다(*Paul*, 131, 137). 그러나 비록 "유대인들과 이방인들의 친교가 예수 운동에서 시작했다는 암시가 하나도 없지만", 그것은 예수 전승과 예루살렘 회중의 관습인 식탁 교제로부터 분명하게 추론할 수 있는 내용이다. §23.2d를 보라.

전히 통합되는 조치(할례)를 (아직) 취하지 않았기 때문에 이렇게 불렸다. 그는 (아직은) 개종자가 아닌 여전히(단지) 유대화된 사람이다.

고넬료와 마찬가지로, 요점은 그런 사람이 아직 할례를 받지 않은 채 한 유대 종파의 정회원이 되는 일이 **그 종파를 주류 유대교와 반드시 충돌하게 하는 혁신**이라는 사실이다. 그리고 고넬료(그리고 그의 가정)의 개종처럼, 한 사람의 개종이 이례적으로 보이지만, 그런 개종자(전통적 유대교의 관점에서는 불완전한 개종자들)의 빠른 증가는 새 종파와 새 종파를 태생하게 한 전통적 유대교 간의 관계에 무리를 줄 수밖에 없었다.[253] 우리가 나중에 살펴볼 이유로 인해 그런 관계의 금이 이내 분명해지지는 않았다.[254] 그러나 안디옥 헬라파들의 혁신적인 복음 전도(점점 더 많은 이방인을 할례를 요구하지 않고 새 종파의 정회원으로 받아들임) 때문에 돌이킬 수 없는 선을 넘었음을 언급하지 않는 것은 사료 편찬의 책임을 다하지 못한 것이다. 이 정책이 시행되기 전에 위대한 자기 성찰이 일어났다고 추측해서는 안 된다. 더 개연성이 있는 점은, 이방인을 향한 설교의 성공이 설교에 그리고 설교를 통해 임한 하나님의 은혜 표시로 단순하게 받아들여졌고, 그리스도의 백성(그리스도인)의 모임에서 그런 이방인을 받아들임이 헬라파 신자들 사이에서 아무런 의심도 자아내지 않았다는 것이다. 정확한 내용이 무엇이든지 간에, 누가의 간결한 언급이 안디옥에서 일어난 일의 중요성을 모호하게 해서는 안 된다. 누가는 이방인에게 일어난 획기적 진전의 공을 주로 베드로에게 돌리는데, 고넬료 이야기에서 베드로가 그토록 자세하게 반복하여 등장하는 이유가 이것이다(10:1-11:18).[255] 그러나 헬라파 신자들은 그 이야기를

---

253) 이자테스가 유대교로 개종한 일을 다시 상기해도 좋다(n. 248에서 언급됨). 그의 개종 연대는 불분명하고, 이 당시에 개종하지 않았을 수도 있다. 그렇다 하더라도, 그 이야기는 당시 이방인 추종자를 향한 유대인들의 다른 태도 사이의 긴장을 강조한다(추가로 §§27.2-3을 보라).

254) 다시 아래 §§27.2-3을 보라.

255) 누가는 66개의 구절(또한 15:7-11)을 고넬료 이야기에 할애했으나, 안디옥에서의 획기적 진전에는 단지 여덟 구절을 할애했다.

다르게 이야기했을 것이다. 누가가 잘 한 것은 그들의 서술을 자신의 이야기와 나란히 그리고 그 이야기 안에 간직했다는 점이다. 물론 내용에 가중치를 다르게 주었지만 말이다. 이방인 선교는 안디옥의 헬라파에서 시작했다.

c. 바나바의 역할

누가의 이야기에서 중요도가 적은 인물 중 가장 중요한 인물로 다시 돌아가자. 새 종파의 성장 초기에 사도들 외에 처음 명명된 이는 바나바다(4:36-37). 누가에 따르면, 최근에 개종한 사울/바울이 처음 예루살렘에 왔을 때 예루살렘 사도들의 의심을 거두어준 이는 바나바다(9:26-27).[256] 그리고 이어서 그가 안디옥에 정착했고 그곳의 교회를 이끈 구성원으로 묘사되었다(13:1-2). 따라서 그는 짐작하건대 예루살렘과 안디옥에 자산을 가진 재력가였을 것이다.[257] 구브로 사람인(4:36) 바나바는 박해 때문에 예루살렘에서 도망간 (헬라파) 사람들 가운데 한 사람이었을 것이다.[258] 다르게 본다면, 그는 사회에서 지위가 있는 인물로 그에 걸맞은 영향력이 있어서, 제자들에게 가해진 가장 심각한 조치에서 제외되었을 수도 있다.

　역사적 사실이 무엇이든지 간에, 누가는 "예루살렘 교회"가 안디옥에서 전개된 사건들을 확인하려고 바나바를 그곳에 보냈다고 서술한다(11:22). 여기에 함의된 바는 종파의 성장과 이방인 제자들의 수적 증가가 빌립이 사마리아에서의 성공이 가져온 것과 같은 논제를 예루살렘 지도자들에게 던져주었다는 것이다. 물론 이것은 예루살렘이 지휘했거나 적어도

---

256) 이 지점에서 누가가 보고한 내용을 둘러싼 문제들에 대해서는 §25.5a를 보라.

257) 위 §23 n. 34과 n. 51을 보라.

258) 그러나 Hengel과 Schwemer는 그가 "히브리인"이고(Paul, 213-15) 헬라파 "중개인"임을 확신한다(216-17). 그리고 Öhler는 바나바가 레위인으로서 스데반의 일과 관련하여 히브리파 편에 섰을지라도, 안디옥 사건에서 바나바의 개방성과 그의 중재 역할이 그의 성격을 높이 평가한다고 말한다(비교. 4:36)(Barnabas, 219-25, 479-80).

승인했던 새 종파의 초기 확장을 묘사하려는 누가의 관심과 제대로 들어 맞는다. 하지만 동시에 바나바의 선교를 누가의 창작으로 가정할 필요는 없다. 갈라디아서 2:12은 예루살렘에서 안디옥으로 대표단이 왔을 가능성을 확인해준다. 그리고 누가는 안디옥에서의 획기적 진전을 구브로와 구레네에서 온 이름을 모르는 헬라파들에게 지체하지 않고 돌렸으며, 8:14-17과 같은 내용을 만들어내려고 시도하지도 않았다. 반대로 누가는 바나바가 안디옥의 상황에 만족했다고 모호하지 않고 솔직하게 전한다. 베드로가 고넬료의 경우에 만족한 만큼 말이다.[259]

여기에 있는 내용은 누가가 정보를 얻은 자료의 관점에 관한 추가 증거인데, 추측하건대 그것은 헬라파나 안디옥의 자료일 것이다. 누가는 여기서 안디옥 교회의 설립에 관한 안디옥 자체 이야기의 일부를 포함했다. 바나바는 그 이야기에서 분명히 중요한 역할을 했다. 그가 안디옥에 정착했고 (곧) 그곳 교회를 이끄는 구성원이 됐기 때문이다(11:25-26; 13:1-2). 그는 "성령과 믿음이 충만한 착한 사람"으로(11:24) 기억되었고,[260] 기독교의 확장을 굳건히 하고 새 교회를 안전한 기반 위에 세웠다. 그럴 뿐만 아니라, 그는 재력과 지위를 가지고 예루살렘 제자들의 존중을 받은 사람으로서, 예루살렘과 안디옥의 새로운 교회 간에 우정을 다지고 상호 신뢰를 쌓았다.[261] 안디옥 교회를 대표하여 바나바와 사울/바울이 흉년을 맞은 예루살렘에 방문한 일을 누가가 언급한 부분에서(11:27-30)와 예루살렘과 안디옥 간의 이후 상호 교류에서(갈 2:1-14) 이것은 이미 암시되었다. 나중에 이

---

259) 하나님의 은혜(11:23) = 성령의 부어주심(10:44-48). 다음 병행을 주목하라: 바울의 이방인 전도의 성공은 여기서 똑같은 용어, 즉 하나님의 은혜로 묘사된 반면(갈 2:7-9), 고넬료의 경우에서 베드로의 성공은 성령이 그들에게 오심으로 언급되었다(11:15-18). 이는 질문을 촉발한다. 바울은 자신의 독특한 "은혜" 이해를 헬라파나 안디옥 교회에서 배웠는가?

260) 다시 헬라파의 흔적을 주목하라: 스데반처럼, *plērēs pneumatos hagiou kai pisteōs*(6:5; 11:24; 위 §24.1을 보라). Barrett의 "또 하나의 누가적 특징"(*Acts*, 1.553)과 대조하라.

261) 여기서 대두되는 역사적 주요 특징은 바나바가 중재하는 인물이었다는 점이다. "한 중재자"(a *Vermittlungsfigur*)"(Öhler, *Barnabas*, 481-82).

두 내용을 다룰 것이다.[262] 여기서의 요점은 안디옥 교회 설립에 대한 누가의 서술이 (안디옥 사람의) 일차 기억에 기초했다는 것이다. 누가는 간결한 개요긴 하지만 안디옥 교회의 관점에서 이것을 충실하게 전했다.

d. 첫 "그리스도인"

이 간결한 문단에서 또 다른 주목할 만한 특징은, "제자들이 비로소 그리스도인이라 일컬음을 받게 되었더라"라는 거의 각주 같은 마지막 언급이다 (11:26). 이것도 누가가 다른 언급 없이 전해주었으나, 그것 역시 새 종파의 주목할 만한 단계를 표시한다. 다른 사람들이 새 운동에 사용한 유일한 다른 이름들("길", "나사렛 종파"[263])은, 유대교 관점에서 그 운동을 당시 유대교의 한 종파로 보았지만 그 특성을 자세히 설명하지 않았음을 나타낸다. 그러나 여기서 사용된 용어는 *Christianoi*("그리스도인들")라는 신조어다. 더 중요한 점은 *Christianoi*는 라틴어 *Christiani*의 그리스어 형식이다. 즉 그 이름은 거의 확실하게 라틴어 사용자나 라틴어 구조에 익숙한 사람이 만들어낸 이름이다.[264] 이는 안디옥의 로마 당국자가 헤롯당(*Hērōdianoi*)이나 카이사르당인 카이사르 사람들, 혹은 카이사르 집안 사람(*Kaisarianoi*)에 비추어 그 용어를 만들었음을 함의한다.[265] 그들은 그리스도 신봉자, "그리스도"를 따르는 사람, 그리스도당원으로 인식되었기 때문에 "그리스도인들"이라

---

262) §§25.5g, 27.2-4을 보라.

263) 위 §20.1을 보라.

264) E. J. Bickerman, 'The Name of Christians', *HTR* 42 (1949), 109-24과는 반대다. 그는 동사 *chrēmatisai*의 중간태 의미("자신을 부르다")를 논증했는데, 예수의 제자들이 그렇게 자신들을 불렀다는 당연한 결론이 뒤따른다(123). 비슷하게 Spicq, 'Dénominations', 13 n. 1. 그러나 Karpp, 'Christennamen', 1132; H. B. Mattingly, 'The Origin of the Name Christiani', *JTS* 9 (1958), 26-37(여기서는 28 n. 3); BDAG, 1089을 보라.

265) B. Reicke는 사용된 동사(*chrēmatisai*)에 "공식적으로 불리다"라는 의미가 있고, 11:26을 "안디옥에서 제자들이 공식적으로 처음 그리스도인이라고 알려졌다"라고 번역한다 (*TDNT*, 9.481-82). 또한 Hengel과 Schwemer는 칼리굴라의 정책이 야기한 불안이 당국자들을 바짝 경계하게 만든 기간에 그 이름이 등장했을 것이라고 시사했다(*Paul*, 229-30).

고 불렸다.[266] 처음에는 그 용어가 사도행전 11:26이나 26:8에서처럼 수리아(그리고 팔레스타인)를 언급하거나, 그곳에서 유래한 본문들에 대부분 등장한다는 사실은 언급할 만한 가치가 있다.[267]

이 발전에는 이중적 의의가 있다. 하나는 안디옥에서 발생한 새 운동의 발전이, 체제전복적일 수 있는 새 집단이나 단체를 늘 경계하는 로마당국자의 주목을 끌 정도로 대중적 성격(수많은 사람의 관여, 몇몇 중요한 인물, 공적 세례)을 띠었음을 확인해준다. 다른 하나는 예수를 메시아(그리스어로 Christos)로 믿고 말하는 것이 안디옥에서 급성장하는 집회의 틀림없는 특징이었음을 확증한다. 이것은 어떤 정보원이나 정보 제공자가 새 단체(들)의 모임에서 정기적으로 들었을 내용이고, 그들이나 당국자들은 Christos가 그들 지도자의 이름이라고 결론을 내렸을 것이다.[268]

---

266) "그리스어를 사용하는 로마의 회당들은 자신들의 이름에 그리스어 접미사 -esioi를 사용했다. 접미사 -ianus는 정치적 논평을 구성한다.…그것은 신을 따르는 자에게는 사용되지 않았다. 그것은 사람들을 정치나 군사 지도자의 열렬한 지지자로 분류하며, 다소 경멸적이다"(Judge, 'Judaism and the Rise of Christianity', 363). 또한 §21.1d; 그리고 추가로 Barrett, Acts 1.556-57; Hengel and Schwemer, Paul, 228-29과 nn. 1171-72, 1185; Fitzmyer, Acts, 478; D. G. Horrell, 'The Label Christianos: 1 Peter 4:16 and the Formation of Christian Identity', JBL 126 (2007), 383-91(또한 §37 n. 228)을 보라. "몇몇 그리스도인이 그 표현을 받아들이기 다소 꺼린다는 점은 그것이 원래 자칭이었다는 점과 반대된다"(Riesner, Paul's Early Period, 112). 또한 위 §20 n. 5을 보라. A. M. Schwemer, 'Paulus in Antiochien', BZ 42 (1998), 161-80은, 게르마니쿠스(Germanicus)를 살해한 혐의로 기소된 칼푸르니우스 피소(C. Calpurnius Piso)의 재판을 다루는 최근 발견된 기원후 20년의 명문에, 수리아에 있는 로마 군대가 피손당(Pisoniani)과 카이사르당(Caesariani)으로 나누어졌다는 정보와, 가장 붐비는 대로에 그 원로원의 결정을 동판으로 두드러지게 전시하라는 명령이 포함된다고 지적한다(171-72). 이 자료는 그 용어가 "속한다"는 의미이지, 카이사르나 헤롯을 따르듯이 단순히 "~를 따르는 사람"이라는 의미가 아니라는 Jossa의 주장을 약하게 한다(Jews or Christians?, 75-76). White는 바울이 그 이름을 결코 사용하지 않았음을 근거로, 예수의 죽음 후 40-50년 동안 그 이름이 등장하지 않았을 수도 있다고 제안한다(From Jesus to Christianity, 121-22). 만약 안디옥 당국자들이 그 이름을 만들어서 붙여주었다면, 그 점은 바울이 그 표현을 사용하기 꺼렸음을 충분히 설명한다(벧전 4:16과 대조하라).

267) Hengel and Schwemer, Paul, 226-27과 n. 1158.

268) 비교. Suetonius, Claudius, 25.4은 "Chrestus"가 로마에서 소요를 일으킨 선동자의 이름으로 받아들여졌다고 추론한다(또한 §21.1d를 보라). Chrēstianos는 4세기 북브루기아(N. Phrygia)의 서신과 명문에 있는 Christianos의 다른 철자법으로 증명되었다(NDIEC, 2.102;

이 마지막 관찰에도 이중적 결과가 있다. 하나는 *Christos*라는 용어가 칭호라기보다는 오히려 이름으로 이해되었다는 점이다. 안디옥의 로마 당국자들이 "메시아"라는 칭호의 의미를 이해하지 못한 그리스인들의 전갈에 의존했다면 이는 이해할 만하다. 그러나 또한 그것은 칭호에서 적절한 이름으로 전환된 "메시아 예수"나 "예수 메시아"(*Christos Iēsous, Iēsous Christos*)의 반복된 언급으로 새 교회 모임에서 그 명칭의 의미를 이미 덮어씌웠음을 나타낸다. 이는 바울 서신에서 *Christos*의 명칭적 중요성이 대체로 그 배경에 있는 이유를 설명하는 데 도움을 준다.[269] 물론 이것은 어쩌면 당국자들이 예수의 메시아 칭호를 인식하지 못했거나, 그들이 *Christos*라는 이름에 정치적 의미가 없다고 보았음을 또한 암시한다. 어쩌면 안디옥의 첫 그리스도인들은 그 이름이 지닌 정치적 함축을 역설하지 않았고, 심지어 메시아 = 왕이라는 연관을 일부러 회피하거나 예방하려고 했을 수도 있다. 이 등식은 예루살렘 당국자들이 예수를 빌라도에게 넘겨줄 때 이용한 것으로 보인다.[270] 그렇지 않았다면 안디옥의 로마 당국자들은 안디옥 교회에 대해 누구나 바울이 묘사한 것보다 "그리스도인들"에 대해 훨씬 더 우려했을 것이다. 초기 기독교 복음이 담고 있었을 정치적 함축을 고려할 때, 이런 고려사항들은 주의 깊게 살펴보아야 한다.

또 다른 귀결은 안디옥의 제자들을 "그리스도인"으로 부른 일이 "그리스도인"을 새로운 종교로 혹은 안디옥 회당들로부터 상당히 분리된 독특한 종파로 관리들이 인식했음을 나타낸다고 볼 필요는 없다는 것이다.[271]

3.98).

269) 아래 §29.7b와 위 §23 n. 215을 보라.

270) *Jesus Remembered*, §15.3a를 보라.

271) Kraus, *Zwischen Jerusalem und Antiochia*, 62-64; Jervell, *Apg.*, 324-25; Jossa, *Jews or Christians?*, 126("아직 유대인과 그리스도인의 구분은 없었다"). 다시 Suetonius를 언급한다: 크레스투스에 대한 불안으로 인해 (그) 유대인들이 로마에서 추방되었다(§21.1d). Becker와 대조하라: "그것은 그 집단의 독립성을 나타내는 이름이다.…이미 독립한 집단이다"(*Paul*, 87). 그리고 전형적으로 Barrett는 그가 "그리스도인들"이라는 호칭이 유대인과는 명확하게 구별할 수 있는 "제3의 인종"을 의미한다고 제시할 때, 사실 상당히 시대

요세푸스는 안디옥 유대인들의 "그 회당"을 언급하지만(War 7.44), 인원수를 고려하면 많은 유대인 모임(synagōgai)이 있었다고 추정해야 하며, 적어도 이 모임 중 일부는 개인이 소유한 큰 집에서 열렸을 것이다. "그리스도인들"이 "혼재된" 모임(유대인들, 개종자들, 하나님을 경외하는 자들)과 즉시 구별됐을 가능성은 거의 없다.[272] 당국자들이 디아스포라 유대인과 유대화된 이방인이라는 커다란 혼합체 안의 한 분파로 인식한 것을 가리키려고 그 이름을 만들어냈을 가능성이 더 크다.[273] 그 이름이 지닌 상당한 새로움과 독특성(Christos를 빈번하게 언급함으로 표시됨)은 당국자들이 이들 "그리스도인들"을 주시할 만한 충분한 이유가 되었을 것이다.[274]

물론 의혹을 가진 로마 당국자들이 예수를 (그) 그리스도로 부르는 사람들을 언급하려고 사용한 약칭에서 "그리스도인"이라는 이름이 유래했다는 사실은 아이러니하다. 그 이름이 그렇게 불린 사람들 사이에 자리

착오적이다"(Acts, 1.548, 556); P. Richardson, *Israel in the Apostolic Church* (SNTSMS 10; Cambridge: Cambridge University, 1969)를 보라. K. Haacker, 'Paul's Life', in J. D. G. Dunn, ed., *The Cambridge Companion to St. Paul* (Cambridge: Cambridge University, 2003), 19-33은 "*Christianoi*라는 용어의 형태가 그리스도를 예배하는 새 종교 집단의 이름 같지 않으며, 그런 종교 단체를 가리키는 적절한 용어는 *Christastai*였을 것이다"라고 지적한다 (26). Zetterholm은 "회당은 한 단체로 여겨졌고 보호받았기 때문에, 예수 운동이 성의 당국자의 승인을 받은 방식 외 다른 방식으로 조직되었을 가능성은 높지 않다"라고 말한다 (*Formation*, 99).

272) Hengel과 Schwemer는 "그리스도인들"이 어쩌면 "한 주의 첫날"에 이미 모임을 했기에, 더 분명하게 "회당 공동체에서 분리"되었다고 추정하며(*Paul*, 200-204, 225), 또한 비교적 독립된 "특별한 회당들"을 설립하는 일이 가능했다고 말한다(285). 다수의 안디옥 회당과 초기부터 문제가 있었다면, 회당에 출석했던 하나님을 경외하는 이방인들을 모집하기 어려웠을 것이다. 그 이방인들은 한동안 회당에 계속 다녔을 것이다. 또한 우리는 회당과 교회 출석 인원의 중복이, 안디옥을 포함한 로마 제국의 많은 지역에서 3세기 동안 끈질기게 계속되었음을 주목해야 한다(추가로 제3권; 또한 필자의 *Partings* [²2006], xviii-xxiv).

273) 비슷하게 Wedderburn, *History*, 69.

274) J. J. Taylor, 'Why Were the Disciples First Called "Christians" at Antioch?', *RB* 101 (1994), 75-94은 "그리스도"와 "그리스도인"이라는 이름이 대중의 혼란과 관련해 비기독교 자료에서 처음 등장한다고 주목한다(Suetonius, *Claudius*, 25.4과 Tacitus, *Ann.* 15.44.2을 언급함). 이것은 예루살렘 성전에 자신의 조상을 세우라는 칼리굴라의 명령 때문에 유대인 가운데 일어난 위기가 동쪽에 있는 로마 관리들로 하여금 유대인 집단을 더 자세히 보게 했음을 시사한다. 또한 Schnabel, *Mission*, 794-96을 보라.

잡는 데 시간이 걸린 이유는[275] "그리스도인" 자신들이 그렇게 불리는 것에 그렇게 열렬하게 반응하지 않았음을 암시한다. 그러나 그 이름이 붙박이가 되었고, 흔히 그렇듯이 한 운동을 식별하려고 타인이 사용한 별명이 적절한 때에 구성원들에게 인정받고 선호되는 자기 호칭이 되었다.

e. 언제 이 모든 일이 일어났는가?

사도행전의 중심이 되는 장들에서 대부분 그렇듯이, 그 장들 상호 간의 전후관계에 관한 의문이 일어나고, 이 사건들 간의 발생 순서라는 논제가 제기된다. 이 문제는 이 경우에 더욱 중요한데, 9:1-11:18이 없으면 사울의 박해 때문에 흩어졌던 사람들이 복음을 신속히 중단 없이 안디옥까지 전달했다는 함의가 있기 때문이다. 그렇다면 안디옥에서의 획기적 진전은 이두 다른 이야기와는 확실히 독립적으로 보일 것이다. 그리고 짐작하건대 누가의 헬라파 자료들에서는 그 이야기를 그렇게 전했을 것이다. 안디옥 교회의 설립 이야기는 바울의 회심이나 베드로가 남부지역에서 선교한 내용을 포함하지 않았다.

　　안디옥 교회가 위임한 선교 사역이 늦어도 40년대 중반이고(행 13:1-3) 안디옥 사건 전에 그 교회가 제대로 자리 잡았음을 고려하면(갈 2:11-17), 안디옥에서의 획기적 진전은 어쩌면 기독교가 존재한 지 10년 이내인 30년대에 일어났을 것이다.[276] 정말로 사울/바울이 예수의 십자가 처형 후 2-3년 이내에 새 종파를 박해했다면, 안디옥에서의 획기적 진전은 30년대 중

---

275) 위 §20.1(1)과 §24 n. 264을 보라.

276) "19-26절 배경에 있는 전승은 틀림없이 역사적이다. 즉 헬라파가 구브로와 베니게 및 안디옥에서 이방인 선교를 시작했다는 것이다.…그들의 시작을 30년대 중반으로 잡을 수있다"(Lüdemann, *Early Christianity*, 137). Hengel과 Schwemer는 그 시기를 36년으로 제안한다: "1년 전이나 후라고 하더라도 문제 되지 않는다"(*Paul*, 172-73). "누가의 연대라는 구속복을 제거하면[11:20], 이 전승 조각은 이 행동이 예루살렘에서 일어났던 스데반과 그의 집단에 대한 박해보다 선행하지 않았느냐는 의문을 불러온다"(Wedderburn, *History*, 68).

반에 일어났을 수 있다.[277] 누가의 이야기 배열은 이 문제를 더 분명하게 볼 수 없게 한다.

여기서 쟁점은 물론 안디옥에서 일어난 일을 누가가 충분히 인정하느냐는 것이다. 이방인의 개종에 결정적이거나 적어도 전형적인 진전을 베드로에게 돌리려는 마음에(10:1-11:18), 누가는 획기적인 진전이 안디옥에서 실제로 발생했음을 인정하지 못했는가? 누가는 베드로를 개척자로 제시하려는 욕심 때문에 이름이 밝혀지지 않은 헬라파와 바나바를 충분히 공정하게 다루지 못했는가? §25과 §26에서 이런 질문으로 반드시 되돌아가야 한다. 우선은 안디옥에서의 획기적 진전이 아주 중요했음을 요약적으로 언급하는 것으로 충분하다.

- 처음으로 복음이 로마 제국의 주요 도시로 침투함.
- 광범위한 이방인 선교의 도약대가 될 교회가 설립됨.
- 상당수 이방인들의 첫 개종(그들에게 할례를 요구하지 않고)이 일어남.
- 그리고 또한 유대인과 비유대인이 온전히 혼재된 첫 회중이 생겨남.

예수에 초점을 둔 새 메시아 운동은 안디옥에서 다른 것으로 바뀌기 시작했다. "헬라파"로 시작해서 "그리스도인들"로 마무리되는 일련의 사건(6-8장, 11:19-26)이 시사하듯, 헬라파로 인한 변화가 있었다. 신자들이 안디옥에서 처음으로 "그리스도인"으로 불렸기 때문에, 새 운동을 "기독교"라고 언급하기 시작할 수 있었던 곳이 바로 안디옥이라고 상당히 타당하게 말할 수 있다.

---

277) Riesner는 안디옥 교회 설립에 대한 다양한 연도(31/32, 37/38, 41)가 전승에서 드러난다고 말한다. 전승은 35년과 39년 사이를 가리킨다(*Paul's Early Period*, 59-60, 110).

24.9 헬라파/안디옥 신학?

시간상으로 떨어져 있는 이 시점에서 안디옥 교회의 신학과 방식, 또는 전도를 통해 안디옥 교회를 세운 헬라파의 신학과 방식이라고 타당하게 부를 수 있는 핵심 내용을 밝힐 수 있는가? 이 방향으로 움직이려는 시도들은 아주 적은 양의 털실로 너무 큰 옷을 만들려는 위험한 시도이지만,[278] 통합해볼 만한 최소한의 암시들이 있다. 그 암시들이 초기 기독교의 일관되고 독특한 표현에 이르는지는 논의의 여지가 있는 문제다.

a. 예수 전승을 그리스어로

가장 분명한 출발점은 *Hellēnistai*(그리스어를 사용하는 사람들)라는 말이 규정하는 특성이다. 즉 그들이 그리스어로 활동했다는 것이다. 이는 그들이 듣고 그들을 설복한 메시지는 틀림없이 그리스어로 전달되었다는 의미다. 또한 이는 헬라파 사람들을 성공적으로 복음화한 사람들이 틀림없이 이중언어 사용자였으며, 예수에 대한 메시지와 그의 가르침을 그리스어로 옮

---

278) 가장 주목할 만한 시도는 J. Becker, *Paul: Apostle to the Gentiles* (Louiville: Westminster John Knox, 1993), 104-12; E. Rau, *Von Jesus zu Paulus. Entwicklung und Rezeption der antiochenischen Theologie im Urchristentum* (Stuttgart: Kohlhammer, 1994)이다. 훨씬 더 야심 찬 토론은 Berger, *Theologiegeschichte*, 5-11부다. 비교. Neudorfer, *Stephanuskreis*, 338-39이 제공한 간단한 개요. W. Schmithals, 'Paulus als Heidenmissionar und das Problem seiner theologischen Entwicklung', in D.-A. Koch, ed., *Jesu Rede von Gott und ihre Nachgeschichte im frühen Christentum*, W. Marxsen FS (Gütersloh: Mohn, 1989), 235-51은 다메섹에서 이미 만인 구원설 기독교가 생겼다고 생각한다. 그러나 Schnabel 이 지적하듯이, 그 논지는 신약 본문에 근거가 없다(*Mission*, 700 그리고 추가로 796-97). Schmithals는 비록 다른 공동체에서 다른 강조점을 규명할 수 있다는 똑같은 오류가 있는 논리를 따르지만, "다메섹 (선 존재) 기독론"을 "안디옥 (양자) 기독론"과 구분할 수 있다고 주장한다(*Theologiegeschichte*, 5장). Stanton('Stephen', 346)과 Räisänen('Hellenisten', 1470)은 다른 신약 문헌에서 헬라파의 영향을 추적하려고 다양한 제안을 요약한다. 그러나 Hengel and Schwemer, *Paul*, 286-91, 309의 경고를 주목하라("범-안디옥주의"[pan-Antiochenism]에 대해 경고한다, 286]. 그리고 Schnelle, *Paul*, 116-18을 주목하고, 또한 Hahn, *Theologie*, 1.166-75의 더 절제되고 요약적인 논의에 주목하라.

길 수 있었음을 나타낸다. 필자는 아람어로 된 예수 전승을 그리스어로 옮기는 이 과정이 예수가 사역하는 중에 이미 진행되었을 가능성을 전혀 배제하지 않는다. 또한 필자는 제자들(사도들)이라는 핵심 집단의 지휘와 관리 아래, 그런 번역이 공식 활동으로 이미 시행되었거나 초기의 문헌 활동이 있었음을 반드시 함의하려는 것은 아니다. 그와는 반대로, 어쩌면 초기에 두 언어를 쉽게 구사하는 단지 몇몇 사람이 그리스어로 설교하고 가르쳤을 것이고, 개인들이 여러 다양한 상황에서 서로 대화하고 소통할 때 무작위로 정보가 전달되었을 듯하다. 필자의 요점은 단순히 이 과정이 처음부터 바로 진행된 것으로 보이고, 상당히 초기부터(수년이 아니라 몇 주나 몇 달) 그리스어로 예수 전승을 알고 친숙했던 상당수의 새 종파의 구성원들이 존재했고 그 수가 증가했다는 것이다.[279]

물론 번역의 특성을 고려하면, 당연하게 뒤따르는 결론은 예수 전승이 다양해졌고 그것이 들려지고 이해된 방법이 확장되었다는 것이다. 한 언어의 어떤 단어가 다른 언어의 가장 가까운 대응어에 있는 의미와 함축의 범위와 정확하게 겹치는 경우는 있다고 해도 그 수가 적고, 문법과 구문론은 각 언어에서 독특하며, 관용구는 방언적·문화적 측면에서 아주 민감하다. 따라서 예수 전승을 아람어에서 그리스어로 번역하는 행위는 예수 전승의 형태와 분류에 훨씬 더 다양하고 유연한 특성을 필연적으로 가져다주었다. 물론 이런 인식이 예수 전승의 내용이 상당히 변형됐다는 결론을 수반할 필요는 없다. 또한 예수 전승이 그리스어 사용자 모임에서 전해지고 반복된 방법이 아람어로 전해진 것과 그 특성 및 내용에서 차이가

---

279) Hengel은 예수의 메시지를 그리스어라는 새 매개체로 해석하는 데 헬라파가 감당한 역할을 적절하게 충분히 강조했다. "예수와 바울 사이의 진짜 가교 역할은 거의 이름이 알려지지 않는 유대-그리스도인 '헬라파'이다"(*Between Jesus and Paul*, 24, 29). E. Larsson, 'Die Hellenisten und die Urgemeinde', *NTS* 33 (1987), 205-25(여기서는 207-208, 214-15)이 이를 따른다. Räisänen은 Hengel이 상상하는 일이 일어나기에는 시간이 너무 짧다고 생각하나('Hellenisten', 1507-8), 예루살렘과 예수 전승을 그리스어로 옮기는 일 사이의 기간이 길면 길수록 그것이 어떻게 일어났는지를 설명하는 어려움도 커진다. 복음이 그리스어로 말하는 자들에게 설파되자마자 그 과정이 시작됐다는 견해가 훨씬 더 그럴듯하다.

있음을 암시한다고 볼 필요도 없다. 또한 그로 인해 첫 증인들이나 최초 제자들의 모임이 행사했던 통제력이 소멸하지도 않았다. 그리스어를 하는 사람들이 나사렛 종파의 구성원이 되려면, 그들은 새로운 종파의 믿음과 전통에 대해 충분히 숙지하고 있어야 했고 그들의 신앙과 증언을 아람어 사용자의 신앙 및 증언과 결합해야 했다. 그러나 예수 전승의 전달이 필연적으로 훨씬 더 가변적이었음을 인정해야 한다. 실제로 기록된 공관 복음에 예수 전승의 다양함이 여전히 분명하다는 사실은, 예수 전승을 아람어에서 그리스어로 옮겼던 초기까지 어느 정도 되돌아갈 수 있다. 그 과정의 마지막(공관복음)에 다소 평범한 분량의 다양함이 있었다는 점과 특히 복음서 저자들이 편집했다는 분명한 사실을 고려하면, 아람어에서 그리스어로 전환된 주요 부분들(복수에 주목하라)이 그리스어 형태의 전승에 상당히 현저한 흔적을 남겼다고 가정하는 것은 전혀 공상적이지 않다.

앞 §21.5에서 개괄된 예수 전승의 발전이 얼마나 헬라파에서 기인했는지는 분명하지 않다. 그러나 다소 개연성 있는 몇 가지 특징은 규정할 수 있다.[280]

- 전승에서 "인자"(son of man)로부터 "그 인자"(Son of Man)로의 전환은 적어도 부분적으로 그리스인의 귀에 익숙하지 않은 아람어 관용어구를 옮긴 결과로 볼 수 있다.[281] "인자"(Son of Man)라는 칭호가 복음서 외에 유일하게 스데반의 입에서 등장한 사실은 그 칭호가 높임 받은 예수에 대한 언급으로 헬라파 내에서 얼마 동안 사용됐음을 나타내는 실마리일 수 있다.
- 마가복음 2:1-3:6의 장면은 이 전환을 반영할 수 있는데, 그 장면이 인자이신 예수의 권위에 초점을 두었으나(2:10, 28) 여전히 안식일의 중요성을 추정하기 때문이다(2:23-3:5).[282]

---

280) Berger, *Theologiegeschichte*, 149을 비교 대조하라.
281) *Jesus Remembered*, 739-46을 보라.
282) 위 §21 n. 278을 보라.

- 같은 장면에서, 2:20을 마가복음 2:18-20에 추가한 것은 금식의 재개를 뜻하는데(비교. 행 13:2-3),[283] 이는 헬라파가 전승을 재작업한 것으로 보아야 할 것이다. 짐작하건대 헬라파 사람들이 예루살렘에서 흩어졌기에, 임박한 예수의 재림(성전으로?)에 대한 소망이 약해졌을 것이다.

- 마가복음 7:15, 19에 내포된 정결 의식의 필요성에 대한 날카로운 비판은 헬라파 경향의 본보기를 추가로 제공한 것일 수 있는데, 제의적 정결이라는 논리 전체가 성전에 들어가기 위한 정결의 필요에 입각하기 때문이다.[284]

- 수난 이야기의 도입부에서 예수의 "성전 정화" 사건이 성전이 종말에 "만민을 위한" 기도의 집으로 기능할 것을 염두에 두었음을 명확하게 한 이들은 바로 헬라파일 것이다(막 11:17).[285]

- 대제사장에게 심문받는 사건에 대한 전승에서 마가복음 14:58의 *cheiropoiētos*("손으로 만든")라는 단어의 사용은 전승이 헬라파 유대교의 범주로 전환되었음을 반영하는 듯하다.[286]

- 인자가 "하나님 우편에 서 있다"는 묘사(행 7:56)는 다니엘 7:13과 시편 110:1이 어우러졌음을 나타내고, 헬라파가 예수 전승을 설명한 또 하나의 부분이 여기서 인지됨을 시사할 수도 있다(막 14:62).[287]

- 이러한 예들이 대부분 마가 전승과 관련 있다면, 결과적으로 Q 자료에 포함된 (그리스어로 된) 가르침의 초기 분류를 헬라파가 했는지는 고려할 만한 가치가 있다.[288]

---

283) *Jesus Remembered*, 442 n. 288. Barrett는 사도행전에서 세 번의 금식에 대한 언급(13:2, 3; 14:23)이 모두 안디옥과 관련이 있다고 말한다(*Acts*, 1.605).

284) 또한 *Jesus Remembered*, 289-90, 573-77을 보라.

285) *Jesus Remembered*, 636-40.

286) *Jesus Remembered*, 631 n. 89.

287) *Jesus Remembered*, 749-51, 761을 보라.

288) 위 §21.5c를 보라.

b. 기독론과 신학의 발전

또한 아람어에서 그리스어로의 전환은 신학과 예배 언어에 어느 정도의 변화를 불가피하게 수반한다.

- 우리는 아람어 *Mešiḥa*가 그리스어 *Christos*로 전환되어 그 이름이 지닌 명칭상의 중요성이 어느 정도 상실되었음을 이미 언급했다.
- 대조적으로 "마르"(*mar*, "주")라는 예수의 호칭을 그리스어 "퀴리오스"(*kyrios*)로 옮길 때, 그 명칭이 그리스 제의에서 일정하고 광범위하게 사용되었음을 고려하면, 그 표현은 더 풍부한 의미를 띠게 되었을 것이다.[289] 스데반이 "주"께 하듯 예수께 기도하고 호소하는 장면이 회상됐다(7:59-60). 그리고 예수는 죄를 누구에게 돌리고/기록할 수 있거나(7:59-60) 그렇게 하지 않을 권능을 가진 이로 상기된다(7:60).[290] 그러나 우리는 7:55-56에서 "하나님 우편에 있는"(= 시 110:1의 "나의 주") 예수가 "하나님의 영광"(요 12:41과는 다름)[291]과 구별되고, 또한 "서 있는"("앉아" 있지 않음) 예수가 하나님의 보좌를 공유하지 않는다고 이해됨을 언급해야 한다. 그리고 헬라파 이야기의 마지막 단락(행 11:19-26)에서는 그들이 "주 예수의 복음을 전파하니"라고 말하는데(11:20), 이는 초기 복음 전도가 사도행전에서 이렇게 묘사된 유일한 경우다.
- 또한 반대로 스데반 이야기에서 모세-예언자와 인자라는 표현(7:37, 56)은 헬라파들이 첫 예루살렘 신자들의 초기 기독론적 표현을 일찍이 받아들였음을 암시한다. 인자라는 표현은 예수의 형제 야고보의 처형에 관한 헤게시포스(Hegesippus)의 서술에 반영되어 있다.[292]
- 적어도 바울이 자신의 서신에서 반영한 고백 및 찬송 문구 몇몇은 대개 예

---

289) 관련 자료는 LSJ, *kyrios* B; *NDIEC* 3.33, 35-36을 보라. 행 25:26에서 황제는 단순히 "그 주"로 언급되었다. 또한 아래 §29.4d를 보라.

290) 아마 "의의 서기관"인 에녹같이 말이다. 위 §23 n. 253을 보라.

291) 위 §23.4d를 보라.

292) 아래 §36.2b를 보라.

수와 관련이 있으며,[293] 그에게 신앙을 전수한 헬라파 교사들에게 분명히 거슬러 올라가고, 안디옥에서 만들어냈을 수 있다(추가로 아래 §24.9c를 보라).[294]

- 하나님을 "지극히 높으신 이"(ho hypsistos)로 묘사한 부분(7:48) 역시 주목할 만한 가치가 있는데, 이는 그리스어로 기록된 글과 비문에 자주 등장하는 가장 높은 신을 가리키는 칭호이고, 유대인이 그리스어로 하나님을 언급할 때 사용할 수 있던 명백한 용어다.[295]

- 헬라파들이 히브리 성경보다 70인역을 사용해야 했다는 사실은, 특히 70인역의 더 넓은 범위를 고려하면, 그와 관련된 일들을 초래했을 것이다.[296]

- 또한 가능성 있는 점은, "~의 이름으로 세례받음"(baptizesthai eis to onoma)이라는 표현이 (헬라파 자료인) 8:16에서 처음으로 사용되었으며, 상업 거래(이름이 기재된 사람에게 얼마를 넘겨주는 오늘날의 수표처럼)를 본으로 삼아 의도적으로 세례를 해석했음을 반영한다.[297]

---

293) 위 §21.4e를 보라.

294) 예. D. Georgi, 'Der vorpaulinische Hymnus Phil. 2,6-11', in E. Dinkler, ed., *Zeit und Geschichte*, R. Bultmann FS (Tübingen: Mohr Siebeck, 1964), 263-93은 그 찬송이 스데반을 둘러싼 집단에서 기인했다고 한다. H. Merklein, 'Zur Entstehung der urchristlichen Aussage vom präexistenten Sohn Gottes', *Studien zu Jesus und Paulus* (WUNT 43; Tübingen: Mohr Siebeck, 1987), 247-76은 헬라파가 예수의 선-존재를 처음으로 고려했다고 논증한다.

295) BDAG, 1045; Fitzmyer, *Acts*, 384. 누가는 자신의 복음서에서 그 용어를 하나님에 대해 여러 번 사용하지만, 복음서들 다른 곳에서 하나님에 대해 그 용어를 사용한 유일한 경우는 가이사랴의 귀신들린 사람이 언급했을 때다(막 5:7). 사도행전 다른 곳에서는 16:17에서만 등장하는데, 거기서도 역시 귀신들린 이방인이 언급한다!

296) 그러나 Berger(*Theologiegeschichte*, 141)가 제시했듯이, 헬라파가 성경의 "풍유적" 해석을 도입했다는 어떤 암시도 우리 자료에는 없다.

297) W. Heitmüller, 'Im Name Jesu'가 처음 제시했고, 그 이후에 영향력을 계속 끼쳤다 (Hartman, *Name*, 40 n. 16을 보라).

c. 성전을 향한 태도

사도행전 6-8장에 있는 헬라파 전승의 두 번째 특징은 예루살렘 성전에 대한 비판적인 태도다. 스데반은 예수의 성전 파괴 이야기를 되살린 사람으로 기억된다. 스데반이 행했다고 보는 그 연설은 성전을 우상숭배라는 관점에서 묘사하며, 빌립은 사마리아로 가서 파괴된 그리심산 성전을 소중히 기억하는 사마리아인들을 그들의 배교자 지위를 개의치 않고 새로운 신앙으로 인도한다.[298] 그런 후 그는 예루살렘 성전이 온전히 받아들일 수 없는 사람을 세례로 받아들이는데, 그는 이방인이고 더구나 내시다.

성전을 향한 이런 헬라파의 비판은 성전을 계속 의지하고 성전에서 모이는 히브리 전통주의자의 관습에 대해서도 비판적이었을 것이다. 그리고 이어지는 박해의 목표가 누구였든지, 결과적으로 더 전통주의적인 진영은 예루살렘에 머물렀지만(혹은 돌아왔지만), 헬라파는 자신들이 예루살렘에서 퍼져나갈 때 예수의 복음을 가지고 갔다. 그들은 디아스포라 유대인으로서 성전과 지속해서 연관되지 않은, 또한 사실상 성전 및 그 지배층과 독립된 종교 생활을 하는 데 익숙했을 것이다. 그렇다면 우리는 우리가 바울의 경우에서 알아낸 것과 같은,[299] 성전과 제사장직을 향한 다른 태도의 뿌리가 헬라파의 토양에 깊이 잠겨 있음을 보는 것같다.

그 비판은 예수의 죽음이 속죄제사며 성전의 희생제사를 불필요하게 만든 희생이라는 신학의 발전을 포함하는가?[300] 우리는 만일 예수가 자신의 예상된 죽음에서 어떤 희생적 함의를 보았다면, 그것이 언약적 희생의

---

298) "사마리아 사람들을 받아들이는 데 있는 약간의 문제는 그 자체로 유대인과 사마리아인 사이에 있는 적대감의 깊이를 반영하는 듯하며, 그들의 성령 받음을 더욱더 강조한다. 성령은 성전이 분열을 초래한 곳에 통합을 가져온다"(Dunn, *Acts*, 102-103).

299) 아래 §30 nn. 277과 243을 보라.

300) Pesch, *Apg.*, 1.239; Becker, *Paul*, 112; Stuhlmacher, *Biblische Theologie*, 1.192-95; Räisänen, 'Hellenisten', 1490-91, 1506; Löning, 'Circle of Stephen', 111-12; Hengel and Schwemer, *Paul*, 182, 199; Schnabel, *Mission*, 661-65; Barnett, *Birth*, 75; Wilckens, *Theologie*, 1/2.237-38.

관점이었을 가능성이 크다고 이미 언급했다.[301] 또한 초기 제자들이 성전에 계속 다녔다는 사실은, 심지어 오순절 후에도 예수의 죽음이 성전 의식을 이제 불필요하게 만들었다고 그들이 생각하지 않았음을 가리키는 듯하다.[302] 그러나 헬라파들이 성전에 등을 돌렸다면, 그것은 그들이 이미 예수의 죽음을 희생(그 마지막 속죄 희생)으로 보는 이해를 발전시켰거나, 그런 신학적 문구가 하나님의 백성이 하나님을 만나는 그 장소가 성전임을 그들이 거부한 결과이기 때문일 것이다.

다른 요인은 순교 신학이 디아스포라 유대교에서 처음으로 나타났거나 강하게 대두되었을 수도 있다는 점이다.[303] 이 경우에 그것은 헬라파가 이런 관점에서 예수의 죽음을 생각하고, 속죄일 의식이라는 관점으로 예수의 죽음을 묘사하는 데 있어 마카베오 4서(17:21-22)를 따르는 것은 자연스러웠을 것이다.[304] 여기서 누가가 6-8장을 구성하며 의존한 헬라파 자료에 암시가 있을 수 있다. 빌립만이 이사야 53장에 나오는 고난의 종과 예수를 분명하게 동일시하는 것으로 드러난다(행 8:32-35)는 사실을 기억해야 한다. 앞에서 언급했듯이, 누가가 참조한 구절은 고난-신원의 대조로 예수의 죽음을 제시하는 자신의 양식을 따랐다("너희가 십자가에 못 박고 하나님이…다시 살리신").[305] 그러나 어쩌면 사도행전 8:32-35은 예수의 죽음이 대속적 희생이라는 헬라파의 더 온전한 고찰을 반영하는 것처럼 보인다.

이 모든 내용은 불가피하게 추측이지만, 바울이 회심했을 때 그가 배

---

301) *Jesus Remembered*, 816-18.

302) 위 §23.5을 보라.

303) E. Lohse, *Martyrer und Gottesknecht* (Göttingen: Vandenhoeck und Ruprecht, ²1963)는 디아스포라 유대교가 멀리 떨어진 예루살렘의 희생 제의의 대체로서 순교 신학을 발전시켰다고 제안한다(71). 그 순교자 주제는 2 Macc. 7장에서 순교자가 신원 받은 것처럼 신원 받기 원했던 예수에게 제시되었을 수도 있다. *Jesus Remembered*, 821-22과 추가로 M. de Jonge, *Christology in Context: The Earliest Christian Response to Jesus* (Philadelphia: Westminster, 1988), 181-84을 보라.

304) Becker, *Paul*, 112.

305) 다시 위 §23.5c를 보라.

운 내용과 같은 복음, 즉 "그리스도가 우리 죄를 위해서 죽으시고"(고전 15:3)라는 표현이 실제로 헬라파의 문구인지에 대해 이전에 제기된 논제에 유익하게 반영될 수도 있다.[306] 이는 예수의 죽음이 대속적 희생이라는 신학을 예루살렘 지도층이 받아들이지 않았다는 말이 아니다. 우리의 자료에 그런 암시는 전혀 없으며, 초기 기독교 안에서 십자가 신학에 논란이 많았다는 표시의 부재는 오히려 그 반대를 암시한다. 그런데도 예수의 죽음이 희생이었다는 관점이 바울 신학의 중심 특징이었다는 사실은 바울이 예수의 죽음을 원래보다 더 강조할 필요가 있다고 보았음을 나타낼 수도 있다.

d. 발전하는 역외 선교

첫 두 항목은 헬라파 사람들이 예수 전승과 그들이 설교했고 따라 살았던 복음에 대한 그들의 이해를 발전시키려고 했음을 암시한다. 이는 그리스어로 된 (유대) 성경의 사용을 포함하며, 그들이 인용한 성경의 번역은 히브리어 성경과 다른 곳에서 그리스어역을 따랐다. 또한 그것은 로마서 1-2장에서 매우 명확하게 반영된 지혜서와 같은 글의 사용과 더불어, 70인역의 폭넓은 영역을 포함한다.[307] 그리고 어쩌면 거기서 그리스 철학과 종교를 폭넓게 다루기 시작했을 것이다. 누가가 남긴 헬라파 자료에서는 그것 중 어느 하나도 분명하게 드러나지 않으나, 안디옥에 교회를 설립하고 거기에 있는 다른 그리스인들/그리스어를 하는 자들과 관계를 맺었을 때 헬라파들/안디옥 사람들은 적어도 조금은 그런 것들을 다룰 수밖에 없었을 것이다.

---

306) Schenke, *Urgemeinde*, 334-39; Jossa, *Jews or Christians?*, 82-83. 그것은 바울이 롬 3:25-26에서 인용한 바울 이전의 진술이 헬라파 문구였음을 자연스럽게 나타낸다(예. Kraus, *Zwischen Jerusalem und Antiochia*, 53-54[참고문헌과 함께], 176-78을 보라).

307) §33 nn. 99, 105를 보라.

누가가 분명히 기쁘게 남겨두었던 그 대조를 덜 심각하게 받아들여서는 안 된다. 예루살렘이라는 벽을 넘어 복음화하려는 아무런 생각이나 노력이 없던, 예루살렘에 뿌리내린 예루살렘 교회 그리고 폭넓게 설교하고 어디로 가든지 성공한 흩어진 헬라파 간의 대조가 그것이다. 세 번째 요점(§24.9c)이 어느 정도로 이 부분에 들어맞는지는 명확하지 않다. 확실히 가능하게 보이는 점은 성전에 대해 등을 돌림이 메시아 예수가 성전에서/으로 재림할 것이라는 임박한 소망에도 등을 돌리는 일이라는 것이다.[308] 이는 그리스도가 다시 오시기 전에 예수의 복음을 더 널리 선포해야 한다는 커지는 신념을 나타낸다(비교. 행 1:6-8). 우리는 여기서도 가능성을 추측할 뿐이다. 그러나 누가가 제시하듯이 폭넓은 복음 전도의 발단이 박해의 부산물이라는 것이 사실이라 할지라도, 타당하게 말하면, 기독교 선교의 시작은 분명히 헬라파 덕분이다. 같은 방향으로 나아가는 그다음의 거대한 선교가 안디옥 교회에서 기인했다는 사고 노선은 이와 일치한다. 한편 누가에 따르면 예루살렘 교회는 안디옥 교회를 독려하고 자신들이 추가로 역외 선교를 주도하기보다는 그런 선교를 멈추려고 한 것으로 보인다. 다시 말해서, **우리는 제2성전기 유대교 안의 새 종파를 전도하는 종파로 탈바꿈한 일을 헬라파에게로 돌려야 할 것이다.** 이는 이스라엘 역사에서 처음으로 지속된 역외 전도이며, 참으로 주요한 발전이다.

또한 이 점들은 모두 바울이 회심할 때 받았던 전승을 다른 점에서 보면 드러나는 수수께끼 같은 내용을 설명하는 데 도움을 주기도 한다. 고린도전서 15:5-7이 "열두 제자"와 "모든 사도"에게 부활한 그리스도가 나타났다고 상기하기 때문이다. 누가는 "열두 제자"와 "사도들"을 동의어로 여겼기 때문에, 그런 구분은 수수께끼로 남아 있다. 초기에 "사도"가 "선교사"라는 (우리에게) 덜 구체적인 의미였다는 사실에 해결책이 있을 수 있다.[309] 말하자면, "모든 사도"에게 예수가 나타났다는 내용은 헬라파 전

---

308) 위 §23.4f를 보라.
309) "Apostle"은 *apostolos*의 번역이 아니라 음역이다.

승의 일부일 가능성이 있으며, 이는 폭넓게 복음화하려는 동기가 예루살렘을 떠나가며 성공적으로 복음을 전하고 교회를 설립하여 자신들을 구별해 나가던 사람들에게 부활한 그리스도가 나타났기 때문임을 상기한다. 다시 한번 우리는 추측의 영역에 있다. 자료들이 이 문제에 대해 침묵하기 때문이다. 그러나 방금 개괄한 사도직에 대한 이해(부활한 그리스도가 전도하고 교회를 설립하라고 지명함)가 바울의 이해였음을 다시 한번 상기해야 한다. 그래서 다시 우리는 바울 자신의 소명 이해가 바울이 회심할 때나 그 후에 그와 어울렸던 첫 그리스도인들이 헬라파였다는 사실로부터 형성됐다는 증거가 여기에 있음을 보아야 한다.

e. 성령의 영향력

헬라파와 안디옥에서의 획기적 진전에 대해 서술할 때 누가가 의존한 자료의 뚜렷한 특징은 성령을 강조한다는 사실이다.[310] 물론 그 자체로 6-8장과 11:19-26의 자료를 사도행전의 나머지 부분에서 구분하지는 않는다. 그러나 개인들을 "성령 충만하다"(특별한 경우에 개인이 "성령으로 충만"했다고 누가가 묘사한 부분과 구별됨)고 한 묘사는 분명히 두드러지고 지속되는 특징으로서[311] 단순히 표현의 차이만 있지 않음을 시사한다. 어쩌면 성령이 어떻게 개인들 안에서 그리고 개인들에게 작용하는지에 대해서도 어느 정도 다른 이해가 암시되었을 것이다. 확실히 누가의 표현은 성령의 오심, 사람 위에 역사하시는 성령에 초점이 있다.[312] 헬라파들은 성령이 신자 안에 내주하신다고 생각했고, 지도력(6:3), 효과적인 증언(6:5, 10), 환상(7:55), 그리고 기대할 수 없는 상황에서도 하나님의 은혜를 신속하게 인식함에서(11:23-

---

310) 행 6:3, 5, 10; 7:51, 55; 8:7, (15, 17-19), 29, 39; 11:24; 또한 13:2, 4을 주목하라.
311) 위 §24.3을 보라.
312) 필자의 *Baptism*, 70-72에 있는 자료를 보라.

24)[313] 드러난 성령 "충만함"을 사람 안에서와 사람을 통해서 역사하시는 하나님의 현존과 계속된 활동의 주요 표지로 보았을 것이다. 사람에게, 사람 안에, 사람을 통한 성령의 활동에 대한 묘사에 있는 유사한 강조점의 차이가 바울과 누가를 구분해주기에,[314] 어쩌면 여기서도 성령이 어떻게 역사하는지에 대한 바울 자신의 이해가 성장한 토양을 볼 수 있을 것이다.

그런 가능성은 같은 자료에서 "은혜"라는 말의 두드러짐을 상기하면 적게나마 추가적인 지지를 얻는다.[315] 사도행전 11:23-24과 갈라디아서 2:8-9의 병행은 특별히 눈에 띈다. 하나님의 은혜는 안디옥에서 전도한 무명의 헬라파들(행 11:21)과 수리아와 길리기아에서 전도한 바울(갈 1:21)[316]의 성공적인 결과를 통해 아주 분명히 드러났으므로 안디옥의 동정적인 바나바처럼 예루살렘의 좀 더 냉정한 사도들도 그것을 더는 부인할 수 없었다.[317] 그렇다면 바울이 초기에 다른 어떤 것보다도 그의 신학을 잘 요약하는 용어("은혜")를 개종 후에 그와 관련이 있는 헬라파로부터 가져왔다는 관점이 누가가 이 문단에서 사용한 이 용어를 바울에게서 가져와 자신의 이야기 초기에 사용했다고 보는 것보다 가능성이 더 크다. 대체로 기독교 신학에서 이 용어의 중요성을 고려하면, 기독교가 헬라파나 안디옥 사람들에게 큰 빚을 진 셈이다.

우리가 관찰한 이런 내용에는, 할례받지 않은 이방인들이 성령을 받았다는 증거에 거의 의존하여, 그들의 개종에서 하나님의 손길을 인식하고 그리스도인이라는 새로운 단체의 완전한 참여자로서 그들을 받아들이려는 당시의 중대한 결정이 포함된다. 분명히 그것은 하나님의 은혜와 성

---

313) 또한 아래 §27.1b를 보라.

314) *Baptism*, 70에서 나열된 용어 중에서 바울은 성령에 대해 *eperchesthai*나 *epipiptein*("임하다", "달려들다")을 사용하지 않았다.

315) 위 §24.1을 보라.

316) 또한 행 13:43; 14:3, 26을 보라.

317) Haenchen은 11:23에 관해 쓸 때 성령의 활동에 대한 명백한 증거의 중요성을 완전히 과소평가한다. "단순히 이방인들의 자발성과 반응에서 그[바나바]가 받은 인상으로 이[할례 요구의] 포기를 설명할 수 없다"(*Acts*, 371).

령의 임재의 명확한 현현이었으며, 또한 하나님이 할례받지 않은 이방인을 용납하신다는 분명한 표지였다. 이런 용납은 성령 받음이 선교를 위해 나아가고 주 오심을 준비하는 길이라는 초기 그리스도인의 인식에서 가장 중요한 요인이었다. 이 요점을 강조할 필요가 있다. 비유대인이 **이스라엘 백성**으로 어떻게 환영받아야 하는가에 관한 수 세기의 전통을 고려하면, 이 전통들을 무시하거나 우회해야만 한다는 하나님께 기인한 반박할 수 없는 몇 가지 표지가 필요했을 것이다. **이방인 개종자들 가운데 그렇게 드러난 성령과 하나님의 은혜는 전통주의 유대인 신자마저도 확신하게 하는 분명하고 충분한 증거다.** 성령의 증거가 결정적이었다.[318] 이 지점에서 역외 전도에 관여한 사람들(베드로, 헬라파들, 바나바, 바울)이 새 운동의 오순절적 특징을 유지했고, 그들의 복음 전도와 전도 효과를 통해 성령의 사역과 체험이 그리스도인의 정체성의 중심이라는 독특한 기독교적 강조를 역설했다는 것을 볼 수 있다.

f. 율법을 향한 태도

율법에 대한 헬라파의 태도는 더 모호하다. 우리가 살폈듯이, 그들이 유대 전통을 비판하는 요지는 주로 혹은 유일하게, 성전이 하나님의 계속되는 임재(그리고 그리스도의 임박한 재림?)의 중심지라는 관점을 겨냥한다.[319] 그러나 성전을 향한 이런 태도는 이것과 더불어 토라의 여타 주요 요소들에 대한 함의를 반드시 동반할 것이다. 그것은 특별히 (성전에 들어가는 데 필요한) 정결 의식과 제사장을 위한 십일조(그들이 성전 직무를 자유롭게 하려고)이다.[320] 경건한 사람들이 대개 토라의 명령들이 서로 맞물려 있다고 이해했음을 고려하면, 율법의 중요한 요소들을 실제로 그렇게 가볍게 취급하는 것은

---

318) 추가로 아래 §27.2b과 4d를 보라.
319) 위 §24.4c를 보라.
320) §23 n. 32을 보라.

적어도 율법에서 어느 정도 분리해서 나아가는 출발을 의미한다. 이는 무엇보다도 할례법을 포함해서 율법이 모든 (이방인) 개종자에게 여전히 결정적이고 구속력이 있다고 볼 필요가 없다는 인식이다. 스데반이 했다고 여겨지는 연설에서 모세에 대한 긍정적인 언급은 율법에 대한 폭넓은 비판이 아직 발전되지 않았음을 시사한다. 그래서 바울이 발전시킨 더 근본적인 비판은 성전과 관련한 율법과 전통들에 대한 헬라파의 비판을 더 진전시킨 것으로 보면 된다. 그러나 여기서 다시 우리는 적어도 어느 정도 바울에게 영향을 준 요인을 볼 수 있다.

이방인 개종자에게 할례가 불필요하다고 인정하는 일은 율법을 심각하게 무시하는 것이 아닌가?[321] 물론 어느 정도는 그렇다. 두 가지 요점을 언급할 필요가 있다. (1) 성령을 받았고 그 유효한 은혜가 명백하게 작용했다는 사실은, 그 문제에 대해 품을 수 있는 어떤 의심도 압도할 정도였는데, 심지어 사도행전 11:2의 "할례자들"과 갈라디아서 2:7-9의 야고보처럼 토라에 충실한 유대인에게도 그랬다.[322] (2) 안디옥 사건에서 선뜻 베드로와 "야고보에게서 온 어떤 이들" 편에 선 안디옥의 믿는 유대인들의 태도 (갈 2:11-14[323])는, (헬라파 유대인이) "율법에 대한 급진적 비판"이라는 딱지를 받을 만한 어떤 관행을 밀어붙이기를 꺼렸음을 명확하게 암시한다.[324] 오히려 야고보와 바울 사이에 (우리가 그렇게 말할 수도 있듯이) "중간기"가 있었다고 추정해야 하는데, 그 기간은 헬라파 신자들이 할례가 없는 복음으로 살았지만 실제로는 자신들을 제2성전기 유대교의 한 종파로 생각한 때다(갈 2:11-14의 베드로가 예시했다). 그들은 (그들의 관점에서) 성령 때문에 이방인에게 자신들의 문을 열어야 할 필요가 있었으나(1), 바울이 사용한 그 논제의 논

---

321) 위 n. 248에서 언급된 이자테스의 경우에서처럼 말이다.

322) 다시 아래 §27.4d를 보라.

323) 추가로 아래 §27.6을 보라.

324) Becker와 대조하라: "안디옥 그리스도인들이 독립적인 이방인 기독교회의 생활을 세우려는 목적으로 회당을 떠날 때, 유대인과 이방인을 분리하는 율법 준수라는 부분을 온전히 포기한다. 바울은 자신의 여생에서 이 결정을 당연하게 받아들인다"(*Paul*, 105).

리로 역설하지 않았다.

　"야고보에게서 온 사람들"이 개입하기 전에 안디옥 교회에서 분명히 일반적이었던 율법 준수에 대한 더 느긋한 태도는 그런 변칙적인 위치를 제대로 나타내는 듯하다. 현대 유대교가 상기시켜주듯이, 음식 법과 비유대인과의 식탁 교제를 향한 더 자유로운 태도는 정통을 더 철저히 지키는 사람들만큼이나 유대인답다. 그리고 갈라디아서 2:12은 안디옥 교회에서 유대인 그리스도인과 이방인 그리스도인이 자유롭게 그리고 분명히 제한 없이 함께 먹는 관습이 발전되었음을 보여준다. 그 관습은 안디옥에서 획기적 진전을 이룬 헬라파 유대인들에게서 틀림없이 기인했을 것이고, 자신이 안디옥에서 본 사실을 칭찬하기로 한 바나바는 짐작하건대 하나님이 할례자와 비할례자의 그런 식탁 교제를 인정하셨음을 인식했을 것이다(이는 적어도 함의된다). 누가는 이에 관해 아무런 암시도 하지 않는 쪽을 택했다. 그러나 갈라디아서 2:11-17이 상기하듯이, 안디옥에서 이 문제 때문에 생긴 베드로와 바울의 이어지는 대립은 어쩌면 진작 일어났어야 했다. 필자는 아래 §§27.2-4에서 이 질문으로 돌아간다.

g. 교회론

예수 전승을 그리스어로 번역하고 복음을 그리스어로 표현하면서 핵심 단어 "에클레시아"(ekklēsia)가 나왔는데, 이는 "교회"인 그리스도인의 정체성에 아주 중심이 되는 단어였다.[325] 그러나 교회와 교회 질서에 관한 독특한 헬라파 개념의 출현도 감지할 수 있는가?

　이에 대한 대답은 사도행전 6:3-6에 묘사된 일곱 명의 선택과 임명을 어떻게 이해하느냐에 어느 정도 달려 있다. 그들이 모두 헬라파였고 사실

---

325) 사도행전에서 그 첫 번째 두드러진 용법이 헬라파 자료에 있다. 7:38; 8:1, 3; 11:22, 26. 또한 위 §20.1(2)을 보라.

상 헬라파의 지도자들이었다면,[326) 그들은 어느 정도 누가의 "사도"인 "열두 제자"와 비슷하면서도 다른 구조를 형성한다. 결국 누가의 서술에서 제자들/헬라파가 일곱 명을 선택했고(6:3a), 사도들이 임명했다(6:3b).[327) 그래서 목회라는 개념과 실행이 이미 발전 중이었다고 묘사된다. 그리고 공동 복지기금 관리자로서 그들의 역할이, 증언하며 주도권을 가지고 행동하며 복음을 전하는 훨씬 폭넓은 지도적 역할의 일부만을 나타낸다면, 목회에 대한 이해, 즉 목회에서 무엇을 인식해야 하고 무엇이 효과 있고/유효한지에 대한 이해가 수직적이 아니라 은사적인 방향으로 발전하고 있었음을 볼 수 있다.

어쩌면 안디옥 교회에 관한 사도행전 13:1-3의 서술에서 더 많은 내용을 추정할 수 있을 듯하다. 야고보(예수의 형제)가 예루살렘에서 다소 논란이 없는 유일한 지도자가 되었고, 장로의 규칙이라는 회당 양식이 나타난 것으로 보이는 그때,[328) 안디옥 교회는 다섯 명의 "예언자들과 교사들"이 이끌었다고 묘사된다(13:1).[329) 그들의 예배(leitourgein)[330)는 금식(13:2-3),[331) 성령의 음성에 귀 기울이기[332)(틀림없이 예언자 중 한 명을 통해서[13:2,4]), 선교사들을

---

326) 위 §24.3을 보라.
327) 필자는 공동체가 그들을 안수했는지 사도가 안수했는지는 다루지 않았다(6:6). 위 n. 56을 보라.
328) 위 §23.3e를 보라.
329) 그들 중 몇몇은 부유한 가구주였을 것이다(Gehring, House Church, 111).
330) "'주를 섬겨'라는 표현으로 누가는 무엇보다도 기도를 암시하려고 70인역에서 특별히 엄숙한 표현을 빌렸다"(Haenchen, Acts, 395).
331) 위 n. 283을 보라. 다른 이들 중에 Bruce는 금식이 영적 소통에 더 깨어 있게 한다는 가능한 함의에 주목한다(Acts, 294).
332) Hengel과 Schwemer는 살전 5:19-20이 "안디옥 교회의 예배를 간접적으로 이미 특징짓는다"라고 말하고, 한 주의 첫날에 드린 제의적 예배는 "바울이 이미 전제한 것으로 보인다"라고 주장했다. "예언-황홀경 요소[고전 14장에서처럼]는 적어도 나중의 고린도 교회에서만큼이나 매력적이었을 것이다"(Paul, 202, 197). 초기 기독교에서 예언의 중요성에 대해서는 추가로 Paul, 231-40을 보라. 비록 필자는 누가가 "'질서의 사람으로'…그들[예언자들]에 대해 비교적 비판적이었다"(231; §21.2d[5]을 보라)라는 Hengel과 Schewemer의 판단을 의문시하지만 말이다.

직접 파송하려는 마음(13:3)을 포함한다.[333] 이것은 예루살렘 교회가 보여준 모범과는 상당히 다르고, 바울이 설립한 교회가 은사적으로 질서가 잡히는 일을 준비하는 것으로 보인다. 다시 말해서, 바울이 자신의 개종자들이 정기적으로 "교회"에/로서 하나로 모인다고 말할 때 안디옥 양식을 따랐을 수도 있다(고전 11:18).[334]

"예언자"와 "교사"만 언급됐다는 사실은 중요할 수도 있다(이것은 사도행전에서 "교사들"이 등장한 유일한 곳이다). 이 둘은 여느 교회 생활에서 필요한 균형을 암시한다. 즉 성령의 영감으로 된 새로운 통찰력과 발전에 대한 개방성(예언자 역할)과, 배우고 해석된 전통 가르침에 충실함으로(교사 역할) 균형을 유지하는 것이다.[335] 다른 혹은 더 높은 권위의 인물(사도, 장로)은 언급되지 않았다. 누가는 다른 곳에서 바울의 교회에서 장로를 임명했음을 추정했기 때문에(14:23; 20:17), 이곳의 묘사는 그가 꾸며낸 것이 아니라 확실히 전통에서 가져온 것이다.

지도자 집단의 다양성 역시 주목할 만하다. 먼저 언급된 바나바(11:23-26에서 시작한 예루살렘과의 연속성을 구체화함), 흑인("니게르"[Niger] = "검은")이었을 수 있는 시므온, 구레네 사람 루기오(구레네에는 큰 유대인 정착촌이 있었다 [비교. 2:10; 11:20]), 분봉왕 헤롯(안티파스)과 함께 자랐거나 가까운 친구였던 (syntrophos) 마나엔[336] 그리고 사울 등이다.[337] 그리스어를 보면 첫 세 명은

---

333) "안수"는 일생이나 영구적 사역을 위한 것이 아니라 그들이 보내진 선교를 위한 것이었다 (13:3).

334) 또한 롬 12:6-9; 고후 12:28; 14:26; 살전 5:19-22을 보라.

335) 필자의 *Jesus and the Spirit*, 227-33, 236-38을 보라. 비록 우리가 순회 예언자들에 대해서도 듣지만(행 11:27; *Did.* 15.1-2), "예언자들"은 분명히 교회의 고정 구성원이었다. 나중에 바울의 교회들에서처럼 말이다(고전 12:28; 14:29-33). Lüdemann, *Early Christianity*, 148을 보라. Hengel과 Schwemer는 "사도", "예언자", "선생"이 이미 제대로 규정되었다고 가정하는 것에 대해 올바르게 경고한다(237). 또한 그들은 Theissen이 "순회 은사자"에게 돌렸던 역할의 "사회 낭만주의"에 대해 정당하게 경고한다. "순회 예언자들은 갈릴리와 유대의 흩어진 작은 농촌 공동체들에서 활동했지만, 수리아의 큰 도시들에서는 더 오래 체류하고 더 안정적이어야 했다"(*Paul*, 235과 n. 1222).

336) 추가로 BDAG, 976; *NDIEC*, 3.37-38; 또한 Haenchen, *Acts*, 394 n. 5; Bruce, *Acts*, 293을 보라.

337) 누가가 13:1의 정보를 훌륭한 전승에서 가져왔다는 일반적인 합의가 있다. 예. Lüdemann,

예언자로, 뒤의 두 명은 교사로 지명되었음이 암시될 수 있다.[338] 그렇다면, 사울/바울의 이어지는 사역에 비추어볼 때 그의 지위는 흥미롭다(비교. 6-8장 스데반과 빌립). 한 사람의 이름도 6:5의 이름과 일치하지 않는다는 사실이 헬라파가 안디옥 교회를 설립했다는 견해에 반한다고 받아들일 필요는 없다. 빠르게 성장하는 선교에서 새로운 지도자들이 계속 나타났을 것이다.

이러한 특징들을 넘어서면 이런 고찰들이 기초한 불확실한 기반마저도 재빨리 사라진다. 그러나 위의 내용 대부분이 (어쩔 수 없이) 추측이라 할지라도, 안디옥 교회의 설립이 최초 기독교의 등장 시기에 가장 중요한 진일보를 나타낸다는 확고한 결론을 약화시킬 정도로 적절한 망설임을 방치해서는 안 된다. 스데반의 이야기와 새로운 종파의 구성원들이 예루살렘으로부터 흩어졌다는 뒷이야기에 관한 상세 내용이 무엇이든지 간에, 결과적으로 그 종파는 선교 운동으로 전환하기 시작했다. 거의 확실하게 헬라파에서 전도자들(혹은 전도한 신자들)이 나왔고(6:1), 그들은 메시아 예수의 복음을 먼저 유대 경계 너머로 가져갔으며, 그다음에 지역의 주요한 성인 안디옥으로 가져갔다. 그들이 안디옥에 설립한 교회는 처음부터 유대인과 헬라인 사이의 경계를 어느 정도 아울렀다. 그들의 지도층에서 이방인을 위한 그 사도인 사울/바울이 등장했으며, 그는 결과적으로 기독교 교회론과 신학에 결정적인 흔적을 남겼다. 그런 토대 사역을 위한 준비 작업은 대부분 안디옥에서 진행되었을 것이다. 11:20의 알려지지 않은 모험가와 혁신가들 없이는 나사렛 종파가 결코 "기독교"가 될 수 없었을 것이다.

Early Christianity, 147; Barrett, *Acts*, 1.599-600; Jervell, *Apg.*, 342을 보라. "이 확장하는 열정적인 메시아 운동이 많은 분파로 빠르게 망가지지 않았다는 사실은 놀랍다"(Hengel and Schwemer, *Paul*, 220).

338)   그렇게 Harnack가 제안했다(Fitzmyer, *Acts*, 496을 보라).

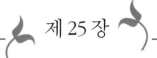

제 25 장

바울의 등장

기독교의 기원에서 예수 다음으로 가장 중요한 인물은 바리새인 사울이며, 그는 사도 바울이 되었다. 그는 기독교의 진정한 설립자라고 서술될 정도로 중요한 인물이다.[1] 이유는 간단하다. 예수를 제2성전기 유대교에 근접시키고, 기독교의 최초 단계가 (단지) 제2성전기 유대교의 (메시아) 종파로 여겨질수록, 2세기부터 계속된 이방인이 다수인 기독교로의 전환은 더욱더 엄청나게 보인다. 그리고 한 사람이 다른 어떤 사람보다 그 전환에 더 책임이 있다면, 그는 자칭 "이방인의 사도"인 바울이다(롬 11:13). 따라서 바울의 등장은 기독교의 형성에 아주 중요한 순간이며, 필자가 바나바나 야고보 심지어는 베드로에게 할애한 것보다 훨씬 더 많은 관심을 요구한다. 가톨릭의 관점에서 오랫동안 지속된 베드로의 중요성에도 불구하고 말이다.

이미 살폈듯이, 바울의 등장과 새 운동의 첫 십 년 동안의 다른 발전 간

---

1) W. Wrede, *Paul* (London: Philip Green, 1907): "기독교의 두 번째 창시자"로서, "첫 번째 기독교 창시자를 분명히 넘어 더 많은…영향력을 행사했다"(180). 추가로 아래 §29 n. 8을 보라.

의 정확한 상호 관계는 결코 명확하지 않다. 우리는 이미 헬라파 및 그들과 관련된 초기 확장을 살폈고(§24), 베드로의 초기 선교를 고찰할 것이다(§26). 누가는 사울의 개종 이야기를 헬라파의 확장에 대한 서술(사마리아 복음화 이후이지만 안디옥에서의 획기적 진전 이전)에 포함시키고 베드로의 선교 이야기 이전에 위치시켰다. 그리고 필자는 전승의 각 줄기(헬라파, 바울, 베드로)를 온전히 따라가서 그들의 연속성과 일관성의 의미를 찾아보려 했다. 비록 누가가 이야기 순서를 나누면서 그런 연속성을 모호하게 하지만 말이다. 그러나 누가가 배치한 각 장면의 주된 이야기의 대략적인 순서(헬라파, 바울, 베드로)에서 벗어나야 할 타당한 이유는 없어 보인다. 필자가 사도행전 8장부터 안디옥에서 예수 종파의 확립이라는 헬라파 서술의 결말까지 밀고 나갔지만(행 11:19-26), 이제 누가가 사도행전 9장에서 시작한 바울의 이야기로 다시 시선을 돌린다.

시기에 관해서는, 사울/바울의 삶과 선교의 연대표를 제대로 산출할 수 있는데, 오차범위는 겨우 몇 년일 정도로 연대표의 대부분은 놀라울 정도로 확실하다.[2] 그 연대의 가장 확고한 지점은 우리가 다루고 분석하고 있는 이야기 뒤에 놓여 있다. 그래서 필자는 전개되는 이야기 및 주인공들의 지평 안에 머물려는 노력을 방해하기보다는, 바울의 연대표를 제8부에 가서야 온전히 다룰 것이다. 제8부는 기독교의 기원에서 바울이 감당한 역할에 관심을 쏟는다.

25.1 사울의 초기 삶과 교육

이 부분에서 필자는 먼저 우리에게 주어진 몇 개 안 되는 정보에 집중한

---

2) 주요 불일치점은, 바울이 에베소 감옥에서 시간을 어느 정도 보냈고 그곳에서 자신의 "옥중서신" 중 두 개 아니면 그 이상을 썼느냐는 문제와 관련이 있다. 이 서신들의 연대의 오류 폭은 최대 10년 정도 된다. 추가로 아래 §28.1을 보라.

후, 이 자료들이 우리의 연구과제에 어떠한 의미를 지니는지 전체적으로 평가할 것이다.

a. 출생일

바울의 나이에 대해서는 두 가지 실마리만 있다. 사도행전 7:58에서는 사울이 "청년"(neanias)으로 묘사된다. 그리고 빌레몬서 9절에서 그는 자신을 "나이 많은 이"(presbytēs)라고 묘사한다.[3]

"청년"(neanias)은 24세에서 40세까지의 사람을 지칭한다.[4] 우리는 바울이 스데반의 죽음에 개입했다는 누가의 보고에 어느 정도 비중을 부여해야 할지 모른다. 하지만 스데반이 죽었을 때[5] 바울의 신분이 **청년**이었다는 것이 누가의 추정에 불과하다고 해도, 이후에 바울과 누가의 개인 친분을 고려하면[6] 나이와 관련해서 사울이 기원후 약 31년에 청년이었다는 묘사가 타당한 묘사임을 시사한다.

빌레몬서에 있는 바울의 진술과 관련해서, 사람의 "일곱 시기"라는 (보편적은 아니지만) 대체적인 기준에서 presbytēs는 50세부터 56세까지로 두 번째로 나이가 많은 시기에 속한다.[7] 빌레몬서의 연대 및 어디서(에베소 혹은 로마) 편지를 작성했는지에 대한 불확실성, 그리고 바울이 정확하게 말

---

3) 모든 그리스어 사본의 만장일치에도 불구하고, 일부 학자는 presbeutēs("특사")라는 확정되지 않은 교정을 선호하거나, presbytēs가 "특사"를 의미할 수 있다고 논증한다. 그러나 그 단어의 분명하고 일정한 의미를 버릴 이유가 없다(BDAG, 863; R. F. Hock, 'A Support for His Old Age: Paul's Plea on Behalf of Onesimus', in L. M. White and O. L. Yarbrough, eds., *The Social World of the First Christians*, W. A. Meeks FS [Minneapolis: Fortress, 1995], 67-81; J. D. G. Dunn, *The Epistles to the Colossians and to Philemon* [NIGTC; Grand Rapids: Eerdmans, 1996], 322 n. 3; J. A. Fitzmyer, *The Letter to Philemon* [AB 34C; New York: Doubleday, 2000], 105-106).

4) Fitzmyer는 Diogenes Laertius, 8.10과 Philo, *Cher.* 114을 인용한다.

5) 위 §24.4d를 보라.

6) 위 §21.2a를 보라.

7) BDAG, 863; Dunn, *Philemon*, 327; Murphy-O'Connor, *Paul,* 1-4; Fitzmyer, *Philemon,* 105.

했는지 혹은 효과를 위해 말했는지의 불확실성을 고려하면, 50-56년이라는 계산을 기원후 54년(에베소)부터 해야 하는지 61년(로마)부터 해야 하는지 불명확하다.[8] 엄밀하게 추정하면, 사울/바울의 출생은 기원전 2년-기원후 4년 아니면 기원후 5-11년으로 잡을 수 있다.[9] 후자는 바울이 "하나님의 교회"의 박해자가 되었을 때 그가 상당히 젊었다고 보기 때문에(20대 후반) 전자가 더 가능성이 있다.[10] 그러나 불확실성 때문에 확실하게 말할 수는 없다. 사울/바울의 나이가 그의 이야기를 전개하는 데 큰 차이를 가져오지 않는다는 점이 더 중요하다. 그래서 우리는 추론 가능하고 또 추론할 수도 있는 내용을 언급하고 앞으로 나아가야 한다.

b. 다소

우리는 누가를 통해 사울이 다소라는 성에서 태어났음을 알게 된다(행 22:3). 비록 바울이 그 성을 언급하지는 않았지만, 사도행전의 다른 언급들은 사실상 바울이 그곳과 밀접한 관련이 있었음을 말하는 누가가 신뢰할 만한 정보를 가지고 있었다는 사실로 가장 잘 설명된다(9:30; 11:25; 21:39).[11]

소아시아 동남쪽에 위치한 다소라는 성은 기원전 67년 폼페이우스가 정복한 후 로마 지방 길리기아의 수도가 되었다. 키케로(Cicero)는 기원전 50-51년에 길리기아 총독으로 그곳에 거주했고, 다소는 아우구스투스 치하에서 번성했다. 그곳은 섬유 산업에 크게 의지했고, 상업 중심지로도 유명했다.[12] 또한 다소는 문화 도시였다. 스트라본(Strabo)에 따르면(14.5.131),

---

8) 추가로 아래 §28.1c를 보라.

9) 아래 §28 n. 56를 보라. 사울/바울의 이름에 관해서는 §27 n. 35을 보라.

10) "따라서 바울은 예수보다 몇 년 더 어렸을 것이다"(J. Gnilka, *Paulus von Tarsus. Zeuge und Apostel* [Freiburg: Apostel, 1996], 23).

11) H.-M. Schenke, 'Four Problems in the Life of Paul Reconsidered', in B. A. Pearson, ed., *The Future of Early Christianity*, H. Koester FS (Minneapolis: Fortress, 1991), 319-28은 바울이 다메섹 거주자였고, 그곳에서 다소인, 즉 "다소 출신"으로 알려졌다고 제안한다(319-21).

12) *OCD*⁵, 1476; Murphy-O'Connor, *Paul*, 33-35.

1세기 다소 사람들은 철학에 관심이 많았고,[13] 바울의 다음 세대인 디온 크리소스토모스(Dio Chrysostom)는 그곳의 웅변가와 선생들을 언급했다(Or. 33.5).[14]

어쩌면 셀레우코스 왕조 치하에서 유대 식민지 주민들 상당수가 다소에 정착했을 것이다. 필론은 밤빌리아와 길리기아, 그리고 비두니아와 본도 변두리까지 아시아 전반에 있는 유대인 거류지들을 언급했다(Leg. 281).[15] 그런 유대인과 예루살렘 사이의 끈끈한 연결은 길리기아가 사도행전 6:9에서 언급된 회당이 섬기는 집단 중 하나라는 사실로 제시됐다.[16]

셀레우코스 왕조는 유대 이주민에게 집단으로 시민권을 주어서 그들을 시민 "집단"(phylē)으로 등재했을 수 있다.[17] 그렇다면 이것은 다소 시민권을 가지고 있다는 바울의 주장을 설명해준다(행 21:39). 이 본문을 설명하는 다른 제안에는, 그의 아버지가 다소에 제공한 봉사 때문에 바울이 시민이 됐거나,[18] 그의 아버지가 시민권을 샀거나,[19] 시민권(politēs)이라는 용어가 완전한 법적 시민권이 아닌 다소의 유대인 공동체 구성원이라는 의미였다는 제안들이 있다.[20] 여기서도 반드시 그런 논쟁의 해결을 볼 필

---

13) "다소 사람들은 철학뿐 아니라 교육 전반에 아주 열정적이었기에, 아덴과 알렉산드리아, 혹은 철학 학교와 강의가 있다는 장소로 알려질 수 있는 곳이 어떤 곳이든 넘어섰다"(Murphy-O'Connor, *Paul*, 35이 인용함).

14) F. F. Bruce, *Paul: Apostle of the Free Spirit* (Exeter: Paternoster, 1977), 33-36; Hengel, *The Pre-Christian Paul* (London: SCM, 1991), 90-91 n. 11; W. W. Gasque, 'Tarsus', *ABD*, 6.333-34에 있는 상세 사항들을 보라. "헬레니즘 문화의 대도시 중심가"(Schnelle, *Paul*, 59).

15) 유대 디아스포라의 규모는 V. Tcherikover, *Hellenistic Civilization and the Jews* (Philadelphia: Jewish Publication Society of America, 1959), 284-95; Schürer, *History*, 3.1-86을 보라. 그리고 추가로 아래 §27 n. 181.

16) 또한 Barrett, *Acts*, 2.1026을 보라.

17) W. M. Ramsay, *The Cities of Paul* (London: Hodder and Stoughton, 1907), 169-86이 이것을 논증했다. 추가로 Hemer, *Book of Acts*, 122 n. 59 그리고 위 §24 n. 234을 보라.

18) Ramsay, *St. Paul*, 31-32.

19) Hengel, *Pre-Christian Paul*, 5-6. 보통은 상당한 재산 조건을 충족해야 했다. 그러나 바울이 로마 시민이기도 했다면(행 16:37; §25.1c), 그의 출생 시 지위가 좀 더 낮았을 수도 있다.

20) H. W. Tajra, *The Trial of St. Paul* (WUNT 2.35; Tübingen: Mohr Siebeck, 1989), 78-80. Meeks는 "유대인 개인이 대부분의 유대인이 우상숭배라고 여길 만한 활동에 직접 관여하

요가 없는데, 그것이 우리가 초기 바울에 대해 그릴 그림에 별로 영향을 끼치지 않기 때문이다.

c. 로마 시민?

결론에 더 많은 무게가 실리는 문제는, 사도행전 22:25이 주장하듯이, 사울/바울이 로마 시민이었느냐는 문제다. 몇몇 사람은 유대인이 로마시민권을 획득할 가능성이 없었고 바울이 시민권에 대해 한마디도 하지 않았음을 근거로 이 문제에 대해 긍정적인 대답을 하지 않는다. 또한 다른 사람들도 바울이 견디었다고 말한 형벌("세 번 태장으로 맞고", 고후 11:25)은 로마시민이라면 결코 받지 않았을 것이라는 점을 근거로 그 질문에 대해 부정적으로 대답한다.[21)]

그러나 부정적인 답변 중 첫 번째 이유와 관련해서, 유대인이 시민이 될 수 없었다고 볼 이유는 없다. 로마시민의 해방된 노예는 시민권을 받았기 때문이다. 그렇다면 바울이, 기원전 63년 폼페이우스의 예루살렘 함락으로 노예가 됐고 그 이후에 자유와 시민권을 얻은(비교. Philo, *Leg.* 155-57)[22)] 팔레스타인 유대인의 자손이었다고 생각해볼 수 있다. 다소에 이미 있던 큰 디아스포라 유대인 공동체의 존재를 고려하면, 사울의 조부나 부친이 자유민(liberinus)으로 사업이나 무역 때문에 그곳에 정착했다고 충분히 상상해볼 수 있다.[23)] 또한 한편으로는 사울의 부친이 국가나 고위 관리에게

지 않고 그리스 시민권을 획득하는 방법을 찾을 수…있었을 것이다"라고 제시한다(*Urban Christians*, 37). 추가로 B. Rapske, *Paul in Roman Custody*, BAFCS, 3.72-83을 보라.

21) 특별히 W. Stegemann, 'War der Apostel Paulus ein römischer Bürger?', ZNW 78 (1987), 200-229; C. Roetzel, *Paul: The Man and the Myth* (Edinburgh: Clark, 1999), 2, 19-21을 보라.

22) 그러나 히에로니무스는 바울이 갈릴리의 기샬라에서 전쟁 포로로 그의 부모와 다소에 왔다는 취지의 전승을 가지고 있었다(*De vir. ill.* 5; *Comm. in Phlm.* 23). Weiss는 그 전승에 역사적 근거가 있을 수 있다고 생각했다(*Earliest Christianity*, 181 n. 1).

23) 추가로 Lüdemann, *Early Christianity*, 240-41; Hemer, *Book of Acts*, 127 n. 75; Hengel, *Pre-Christian Paul*, 11-15; Murphy-O'Connor, *Paul*, 40-41; Riesner, *Paul's Early Period*, 147-

탁월하게 봉사하여 시민권을 받았거나,[24] 시민권을 살 수 있을 정도로 부자였을 것이다(비교. 행 22:28).[25] 공화정 후기에 로마 시민권이 광범위하게 주어지기 시작했기 때문에, 이탈리아 해안을 훨씬 넘어 비(非)라틴 사람들에게도 시민권의 부여가 가능했고 주어졌다.[26] 로마 시민권의 폭넓은 확산은 로마가 그 광범위한 제국을 연합했던 것처럼 로마를 연합할 수 있는 수단 가운데 하나였다.

후자의 이유와 관련해서, 사도행전 22:25과 고린도후서 11:25 간의 갈등을 너무 강하게 밀어붙여서는 안 된다. 빌립보서의 바울과 실라의 이야기에 어떤 역사적 근거가 있다면,[27] 그것은 바울이 그 사건들에서 시민권이 있다고 말하지 않았거나(바울이 예수가 로마인 손에 부당하게 당한 고난에 참여하기 원했거나, 실라가 로마 시민이 아니었기 때문에?), 당국자들이 믿지 않았거나/무

56(여기서는 152-53); K. Haacker, *Paulus. Der Werdegang eines Apostels* (SBS 171; Stuttgart: KBW, 1997), 27-44; Rapske, *Paul in Roman Custody*, 83-90; 또한 'Citizenship, Roman', *DNTB*, 215-18; S. Legasse, 'Paul's Pre-Christian Career according to Acts', *BAFCS*, 4.365-90(여기서는 368-72); R. Wallace and W. Williams, *The Three Worlds of Paul of Tarsus* (London: Routledge, 1998), 140-42; H. Omerzu, *Der Prozess des Paulus* (BZNW 115; Berlin: de Gruyter, 2002), 17-52을 보라. Schnelle, *Paulus*, 44-47. E. Ebel, 'Das Leben des Paulus', in O. Wischmeyer, ed., *Paulus* (Tübingen: Francke, 2006), 83-96은 장점과 약점을 간결하게 논의한다(89-91).

24) Bruce, *Paul*, 37-38. G. Gardner, 'Jewish Leadership and Hellenistic Civic Benefaction in the Second Century B.C.E.', *JBL* 126 (2007), 327-43은 유대인의 기부금이라는 유명한 전통을 언급한다.

25) Hengel은 현명하게 토론을 마무리했다: "여기에 많은 가능성이 있지만 개연성은 없다"(*Pre-Christian Paul*, 15). J. J. Meggitt, *Paul, Poverty and Survival* (Edinburgh: Clark, 1998)은 바울이 도시 빈민에 속했다고 주장하고 "바울의 부유한 배경이라는 신화"에 도전했으나(75-97), Meggitt은 다른 곳에서처럼 여기서도 자신의 주장을 과장한다. 바울의 사회적 지위에 관한 다양한 평가에 대한 최근의 간단한 논평은 Schnelle, *Paul*, 63 n. 34을 보라.

26) *OCD*³, 334: "로마 시민권은, 그것을 도시 시민권과 구별하고 나중에 그리스 참관인들을 놀라게 한 두 가지 특징이 있다. 로마의 해방된 노예들의 로마 시민으로의 자동 편입, 그리고 외부인 공동체 전체가 시민으로 인정받는 용이성이 그것이다". G. H. R. Horsley는 50년대 중반 에베소의 고기잡이 연합에서 식별 가능한 구성원들의 약 절반이 로마 시민이었다고 언급한다(*NDIEC*, 5.108-109).

27) 아래 §31.2b를 보라.

시한(행 16:22, 37) 곳에서 발생했음을 보여준다.[28] 오늘날에도 자주 일어나 듯이 과거에 틀림없이 빈번하게 일어났을 변칙적이고 혼란스러운 사건들을 인식함으로써 역사적 판단의 엄격함이 언제나 완화되었다. 여기서 더욱 중요한 내용은, "로마 시민권에 의지해 카이사르에게 호소하지 않았다면, 바울의 소송이 로마로 이양된 사실을 설명하기가 어렵다"는 것이다.[29]

바울이 지닌 로마 시민권의 중요성은, 그것이 그의 선교에 담대함을 더해주었고, 마침내 그가 로마로 이송되는 데 확실한 역할을 했다는 데 있다(행 25:11-12).[30]

d. 유대인 바울

출신과 관련하여 바울 자신의 주장이 있는 빌립보서 3:4-5에서 훨씬 더 견고한 기반을 발견한다. "그러나 나도 육체를 신뢰할 만하며, 만일 누구든지 다른 이가 육체를 신뢰할 것이 있는 줄로 생각하면 나는 더욱 그러하리니, 나는 팔일 만에 할례를 받고 이스라엘 족속(의 구성원)이요 베냐민 지파(의 구성원)요…." 여기에 하나님 앞에서의 "신뢰"(pepoithēsis)[31]와 "육체"에 대한 신뢰라는 표현이 명확히 나온다. 언약 백성인 이스라엘의 구성원, 아브라함의 실제("육체") 자손이자 아브라함에게 그리고 그를 통해 약속된 언약의 상속자("육체"의 할례를 통해서 확인됨)라는 지위를 고안했거나 과장했을 가능성은 거의 없다.[32]

---

28) Hengel, *Pre-Christian Paul*, 6-7 및 각주(101-104)에 있는 그런 경우의 예들과 추가 참고문헌; 비슷하게 Murphy-O'Connor, *Paul*, 39-40; 추가로 J. C. Lentz, *Luke's Portrait of Paul* (SNTSMS 77; Cambridge: Cambridge University, 1993), 5장; Rapske, *Paul in Roman Custody*, 129-34.

29) Schnelle, *Paul*, 60-61, 추가로 60-62; 비슷하게 Gnilka, *Paulus*, 25-26; Wedderburn, *History*, 83. Rapske는 "로마 시민권을 거짓 주장하는 자들은 심한 벌을 받았다"(3.24.41)는 에픽테토스의 말을 인용한다(*Paul in Roman Custody*, 87). 또한 Tajra, *Trial*, 81-89을 보라.

30) 아래 §34 nn. 131과 138을 보라.

31) 빌 1:14; 2:24; 또한 고후 1:9; 살후 3:4; 엡 3:12에서처럼.

32) H. Maccoby, *The Mythmaker: Paul and the Invention of Christianity* (London: Weidenfeld

- "팔 일만에 할례받음"(창 17:12을 따라서). 바울이 자신의 이력서를 그렇게 시작했다는 사실은 단순히 할례가 빌립보 교회에 들어온 침입자의 주요 논제였음을 상기하려는 데 목적이 있지 않다. 그것은 또한 할례가 언약 백성을 규정하는 특징 중 하나(유일한 특징이 아니라면)이고,[33] 그래서 "비(非)유대 환경에서 구별되는 표지"라는 바울의 인식을 확인한다.[34] 여기에 자신의 유대인다운 독특함을 의식하며 말하는 유대인이 있다.

- "이스라엘 백성(의 일원)", 즉 개종자가 아닌(롬 11:1과 유사하게), 아브라함과 이삭과 야곱의 직계 자손. 여기서 하나님 앞에서 바울이 가진 확신의 기반은 분명히 그의 민족적 정체성이다. 그는 이스라엘 사람이며, 하나님이 모든 민족 중에서 자신을 위해 선택한 백성에 속한다(신 32:8-9).

- "베냐민 지파의 (일원)"(롬 11:1과 유사하게). 바울이 자기 지파 혈통을 알았고 그것이 자신의 자랑거리였다는 점이 흥미로운데, 그것은 하나님 앞에서 그가 가진 확신의 추가 기반이었다. 야곱의 열두 자녀 중에서 베냐민만이 약속의 땅에서 태어났고(창 35:16-18), 솔로몬이 죽은 후 왕국이 갈라질 때 베냐민 지파만이 유다와 다윗의 집에 끝까지 충성했다.[35]

- "히브리인 중의 히브리인." 필자는 이미 "히브리인"이라는 이름이 보통 전통주의나 보수주의와 연관되었다는 하비(Harvey)의 관찰을 인용했다.[36] 단순한 "나는 히브리인이요"보다는 "히브리인 중의 히브리인"(고후 11:2처럼)처럼 주장을 강조하는 것은, 자신의 민족적 정체성을 유지하고 자기 백성의

---

and Nicolson, 1986), 95-96과는 반대다. 그는 바울에 대한 적의를 가진 선동가이며 일부 증거만 끊임없이 만들어 토론하고, 증거를 아주 편향적으로 제시한다.

33) 추가로 아래 §27.2a를 보라.

34) Niebuhr, *Heidenapostel*, 105.

35) J. B. Lightfoot, *Philippians* (London: Macmillan, [4]1878), 146-47; P. T. O'Brien, *Philippians* (NIGTC; Grand Rapids: Eerdmans, 1991), 370-71; Bockmuehl, *Philippians*, 196. Hengel은 가말리엘 1세를(사도행전에 따르면 바울의 선생) 포함해서 몇몇 탁월한 유대인들이 베냐민 자손이라고 주장할 수 있었음을 언급하고, "그리스어를 사용하는 어떤 디아스포라에서도 이런 정보와 비교할 만한 정보를 얻을 수 없다"고 덧붙인다. 사울이 이스라엘의 첫 번째 왕을 따라 지은 이름이었을 가능성은 다분하다.

36) 위 §24 n. 37을 보라.

고대 기원과 특성을 자신에게 온전히 적용하려는 바울의 초기 결심을 틀림없이 반영하고 있다.[37]

바울의 가장 이른 시기에 관한 이 모든 언급은, 그가 디아스포라에서 어린 시절을 보냈음에도, 처음부터 충실히 행하는 유대인이 되도록 양육받았음을 확실하게 암시한다.[38] 그가 할례받았다는 사실, 그가 민족 정체에 자부심을 가졌다는 점, 자신의 가문이 일종의 족보를 보존했다는 점, 현지인만큼 아람어/히브리어를 할 수 있었다는 점은, 오늘날 이스라엘 땅 밖에 사는 정통 유대인처럼 경건한 가정에서 양육되었음을 가장 확실하게 암시한다.

e. 헬라파 바울

그러나 헬라파인 사울/바울은 어찌 되었나?[39] 다소가 그리스 문화의 아주 강력한 지적 중심지였다는 사실 그리고 이 기간에 그곳에서 다양한 종파가 성행했을 가능성 때문에,[40] 바울이 그리스 문화의 영향력에 종속됨에

---

37) 대부분의 학자가 그렇게 본다. 예. Gnilka, *Philipperbrief*, 189-90; "그의 유대인 정체가 지닌 다른 요소의 절정과 같다"(Niebuhr, *Heidenapostel* 106-108).

38) Murphy-O'Connor는 "자신의 유대인 자격을 확인하려는 그런 관심은 국외 거주자, 즉 디아스포라 내 한 유대인의 삶을 저버리는 것이다"라고 예민하게 살핀다(*Paul*, 32). Lentz는 "바울이 바리새인 가정에서 태어났고 또한 다소와 로마의 시민이기도 했다"라는 상상이 어렵다고 생각하나(*Paul*, 3장), "바리새인 가정"이라고 특징짓는 것이 그의 주장을 약하게 한다(§25.1f를 보라).

39) M. Grant, *Saint Paul: The Man* (Glasgow: Collins Fount, 1978), 14; B. Witherington, *The Paul Quest: The Renewed Search for the Jew of Tarsus* (Downers Grove: InterVarsity, 1998), 2장("The Trinity of Paul's Identity"); Wallace and Williams, *The Three Worlds of Paul of Tarsus*에 있는 것처럼, 필자는 이런 면에서 바울을 세 가지 세계(유대, 그리스, 로마)에 속한 사람으로 보는 일반 견해를 따른다.

40) 우리는 여전히 많은 부분에서 Ramsey, *The Cities of St. Paul*, 137-56에 의존한다. B. Chilton, *Rabbi Paul: An Intellectual Biography* (New York: Doubleday, 2004), 9-12은 타르쿠(Tarku) 의식을 묘사하는 데 Ramsay에 의존한다.

대한 다양한 추측이 있었다. 바울이 그리스어로 글을 잘 썼고 그의 서신들이 상당한 정도의 수사학적 기술을 보여준다는 사실은 어린 바울이 다소에서 받은 초기 교육이 그에게 토대가 되었고, 바울이 초기 기독교에서 일으킨 변화가 그가 그리스와 유대라는 두 문화를 아울렀다는 사실에 근간을 둔 것이라는 견해를 촉진했다.[41] 그런 추측은 예수의 죽음과 부활(죽고 살아나는 신에 대한 신화), 그리고 세례와 주의 만찬(신비 의식에서 본뜸)에 대한 바울 가르침의 출처를 제공한다고 보는 초기 종교사학파 전문가들에게 유용했다.[42]

그러나 빌립보서 3:4-5에 있는 고백을 한 사람이, 이스라엘의 종교를 그리스어로 번역하는 일뿐 아니라, 광범위한 그리스 문화("유대교"가 대항한 "그리스화")에 통합하는 일의 중요성을 보았다는 의미에서 "헬라파"였다는 견해는 믿기가 거의 불가능하다.[43] 이 "히브리인"은 단순히 "그리스어를 하는 자"라는 별칭 외에, 자신을 "헬라파"로 부르는 일에 온전히 적대적이었을 것이다.

더구나 바울이 고전 교육을 향유했다거나, 혹시 향유했다면 그것이 어떤 영향을 그에게 계속 끼쳤는지에 대한 흔적이 거의 없다.[44] 예를 들면, 그는 "덕"을 높게 치는 그리스의 평가를 공유하지 않았고, 고대 그리스 문헌에 관한 지식을 하나도 보여주지 않는다.[45] 그는 철학적 금언 몇 개를 알고

---

41) Roetzel은 "바울은 그리스어를 하는 자로서 헬레니즘 철학과 종교의 영향을 강하게 받지 않을 수 없었다"라고 논증한다(*Paul*, 3).

42) 위 §20.3b를 보라. 오늘날도 여전히 Maccoby, *Paul and Hellenism*, 3-4장은 바울이 "신비 종교의 중심지"인 다소의 신비 종교들에 익숙했다(115)고 주장한다. 그러나 Hengel and Schwemer, *Paul*, 167-69을 보라: "그래서 우리는 바울 시대에, 전통적이며 오랫동안 확립된 디오니소스나 아마도 이시스를 제외하고, 다소에서 실제로 신비 종교의 신들을 섬겼는지 의심해볼 수 있다"(168).

43) *Jesus Remembered*, §9.2a.

44) 더 긍정적인 견해는 Schnelle, *Paul*, 75-83. T. Vegge, *Paulus und das antike Schulwesen. Schule und Bildung des Paulus* (BZNW 134; Berlin: de Gruyter, 2006), part B(결론 455-56, 486)를 보라.

45) 우리가 행 17:28과 고전 15:33에 언급된 일반 통념을 고려하지 않는다면 말이다.

있었으나, 그것들은 일상의 흔한 표현이 되었다. 그리고 그가 분명히 보여준 수사학 기술은 그의 초기 여행에서 몇몇 대중 연설을 듣고 배웠을 가능성이 있다.[46] 바울의 유창한 그리스어와 설득력 있는 연설자로서 능력이 다소의 교육에서 비롯되었다고[47] 볼 필요는 없다. 특히 앞에서 주장했던 것처럼(§24.2) 그리스어로만 제대로 생활할 수 있었던 헬라파가 예루살렘에 있었다는 점과 수사학 훈련이 그리스어를 사용하는 세계 전역에서 모든 교육의 주요소였다는 점을 고려하면 말이다.[48]

f. 예루살렘 교육

사울이 그의 기본 교육을 다소에서 받았는지 아니면 예루살렘에서 받았는지는 오래 지속된 논쟁이다.[49] 주요 본문은 사도행전 22:3과 26:4이다.

---

46) Hengel and Schwemer, *Paul*, 169-71: "실제로, 바울의 표현 및 '교육의 요소'는, 그리스어를 말하는 회당에서 그리고 그가 피하지 않았던 비유대인과의 대화에서 배운 것을 넘어서지 않았다"(170-71). "그는 그리스 및 이교도의 사고방식을 제한적이고 피상적으로만 알았을 뿐이다"(Grant, *Saint Paul*, 6). "바울의 사고와 연설은 그리스 교육이 아니라, 성경 공부와 해석을 통해 결정되었다"(E. Lohse, *Paulus. Eine Biographie* [Munich: Beck,1996], 22). 비슷하게 Legasse, 'Paul's Pre-Christian Career', 374.

47) Murphy-O'Connor는 바울이 20살이 되기까지 다소를 떠나지 않았다고 주장한다(*Paul*, 46-51). Roetzel도 바울이 아람어를 알았거나 구사했는지 의문하며, 그가 "어린 시절부터 성인기까지" 예루살렘에서 살았을 가능성이 적다고 생각한다(*Paul*, 11-12). 비슷하게 A. du Toit, 'A Tale of Two Cities: "Tarsus or Jerusalem" Revisited', *NTS* 46 (2000), 375-402. 이는 du Toit, *Focusing on Paul: Persuasion and Theological Design in Romans and Galatians* (BZNW 151; Berlin: de Gruyter, 2007), 3-33으로 재인쇄되었다.

48) 추가로 Hengel, *Pre-Christian Paul*, 2-4, 93-96을 보라. 그는 사실상 Bornkamm, *Paul*, 9-10의 주장에 단서를 다는데, Bornkamm은 바울 어법의 수준에 관해 훌륭한 그리스어 학자인 Wilamowitz-Moellendorf의 판단을 인용한다: 바울의 그리스어는 "자신의 글을 전형적인 헬레니즘 저작으로 만들었다." 그리고 Becker, *Paul*, 51-56, "바울이 헬레니즘에서 가능했던 고등 교육을 받았다는 인상을 더불어 강화하는 몇 가지 암시가 있다"(55).

49) 특별히 W. C. van Unnik, *Tarsus or Jerusalem: The City of Paul's Youth* (London: Epworth, 1962)를 보라. 이는 *Sparsa Collecta: Part One* (NovTSupp 29; Leiden: Brill, 1973), 259-320으로 재인쇄되었다.

- 22:3: "나는 유대인으로 길리기아 다소에서 났다(*gegennēmenos*). 하지만(*de*) 이 성에서 자라(*anatethrammenos*) 가말리엘 문하에서 우리 조상들의 율법의 엄한(*kata akribeian*) 교훈을 받았다(*pepaideumenos*)"
- 26:4: "내가 처음부터 내 민족과 더불어 예루살렘에서 젊었을 때 생활한 상황(*biōsin*)을 유대인이 다 아는 바라."

반 우니크(W. C. van Unnik)는 자신의 대표적인 연구에서, 22:3에 있는 세 개의 분사가 중요한 사람의 이력서에 있는 세 표준 단계(출생, 어린 시절, 교육)와 들어맞는다고 관찰했다. 두 번째 단계(*anatrephō*, "양육하다, 기르다, 훈육하다")가 "이 성"에서 이루어졌다고 말하는데, 이는 사도행전 22장 맥락에서 예루살렘만을 의미한다.[50] 반 우니크가 논증한 대로, 이것은 사울/바울의 기초 교육이 예루살렘에서 이루어졌음을 암시한다. 또한 그것은 사울이 어린 나이에 예루살렘에 보내졌거나 누가 그를 그곳으로 데려왔음을 의미한다(행 23:16을 보면 그의 누이가 그곳에 살고 있었다).[51] 그러나 얼마나 이른지는 명확하지 않다.[52] 사도행전 26:4은, 그의 청년(*neotēs*) 시기 "처음부터" 행했고 예루살렘에서 잘 알려진 방식으로서, 사울이 "생활한 상황"을 언급한다. 그것은 어린 시절보다는 청소년기에 대해 말하며, "생활"(*biōsis*)은 의식을 가지고 책임감 있게 선택한 삶의 양식을 뜻한다.[53] 두 언급은 예루살렘에서의

---

50) 대부분이 이렇게 본다. 특별히 Barrett, *Acts*, 1034-36을 보라. 따라서 *de*는 반의 접속사일 것이다.

51) "그의 부모는 그가 예루살렘에서 형성기를 보내도록 주선하여 정통적인 양육을 받도록 했다"(Bruce, *Paul*, 43). Stuhlmacher, *Biblische Theologie*, 1.229-30도 비슷하다.

52) Van Unnik는 매우 초기라고 생각한다: "분명히 그가 문밖을 내다볼 수 있기도 전에 그리고 확실히 거리를 배회할 수 있는 시기 전에"(*Sparsa Collecta*, 301). Haenchen, *Acts*, 624-25과 n. 5; Gnilka, *Paulus*, 28(또한 31-32)이 이를 따른다.

53) 그 용어가 나타난 몇 곳에서도 암시되듯이 말이다(LSJ, 316; Bruce, *Acts*, 497). 그래서 여기서는 *anastrophē*(갈 1:13)와 같다. BDAG는 이 단어를 "특정 원리를 따라서 표현된 행동"으로 정의한다(73). 그러나 바울이 약 15세에 예루살렘에 왔다는 Schnelle의 추정은 너무 늦은 감이 있다(*Paul*, 69). Chilton은 훨씬 더한데, 그는 바울이 21살 때까지 다소를 떠나지 않았다고 주장한다(*Rabbi Paul*, 27, 267).

바울의 초기 삶에 관한 누가의 추정만을 말해주나, 다른 곳에서 가져온 의문스러운 추론을 선호하여 이 자료의 가치를 깎아내리는 것은 어리석은 일이다.[54]

"가말리엘 문하에서 우리 조상들의 율법의 엄한 교육을 받았다 (pepaideumeonos)"는 22:3의 마지막 절은[55] 우리가 지금 바울의 고등교육이나 제3차 교육이라고 부를 수 있는 내용을 가장 명백하게 언급한다.[56] 누가가 그 동사를 유일하게 다른 곳에서 사용한 것은 모세가 "애굽 사람의 모든 지혜"(7:22)를 배웠음을 묘사한다. 그리고 "엄한"(akribeia, "정확함, 정밀함")은 율법을 정확하게 해석하고 그 해석을 고지식하게 따르려는 바리새파의 의도에 가까운 표지다.[57]

이 지점에서 누가의 서술은 빌립보서 3:5e-6과 갈라디아서 1:13-14에서 자신의 초기 삶을 특징짓는 바울의 언급과 잘 들어맞는다.

- 빌립보서 3:5: 그 이름이 연상시키는 엄격함과 분리됨이라는 모든 함의를 지닌 "율법으로는 바리새인."[58] 바리새인이 되는 일은 태생이 아닌 선택의 문제였다. 바리새인이 되는 훈련은 예루살렘에서만 이루어졌으며,[59]

---

54) 위 §24 n. 145을 보라.

55) "가말리엘 문하에서"를 중간 절과 함께 이해할 수 있으나(NRSV, Barrett, Acts, 1029), 그 표현("우리 조상들의 율법의 엄한 교육을 받았다")은 사울이 바리새인으로 받은 훈련을 가장 분명하게 언급한 것이다(대부분이 이렇게 본다. 예. REB, NIV, NJB, Haenchen, Acts, 624 n. 5; Fitzmyer, Acts, 705).

56) G. Bertram은 Zahn을 인용한다: "세 번째 진술은 우리가 대체로 교육이라 부르는 내용이 아니라, 장차 랍비가 될 젊은이의 학생 시절을 언급한 것이다"(paideuō, TDNT, 5.619 n. 144). 이 절에 대해 언급하는 Hengel에 따르면, 누가가 "고대 세계의 비유대인 가운데 유대 상황[Verhältnisse]을 가장 정확하고 분명하게 서술한다"(Pre-Christian Paul, 40). Verhältnisse는 "사정"으로 보는 것이 더 좋을 것이다.

57) Jesus Remembered, 269-70과 n. 67을 보라.

58) 다시 Jesus Remembered, 269-70을 보라.

59) 특별히 Hengel, Pre-Christian Paul, 27-34(nn. 118-24)을 보라. 비슷하게 Niebuhr, Heidenapostel, 55-57; Lohse, Paulus, 21-22. "바리새인들이 예루살렘 밖에 영구한 기반을 두었다는 신뢰할 만한 증거가 하나도 없다"(Murphy-O'Connor, Paul, 58).

디아스포라에서 엄격하게 사는 바리새파다운 삶의 언급은 모순적인 표현이다.[60] 바울이 이미 예루살렘에 있었다면, 그는 분명 바리새인 선생 아래로 들어갔을 것이다. 사도행전 22:3의 장면은 개연성이 아주 크다.[61]

- 빌립보서 3:6: "율법의 의로는 흠이 없다(amemptos)." 이는 엄격한 바리새인이 가진 두드러진 확신의 표현으로, 그는 자신이 하나님의 율법의 요구를 따라서 하나님 앞에서 살고 있다고 보았다. 즉 "죄 없는" 삶이 아니다.[62] "율법으로는"라는 말에는 부정함과 죄가 언약적 삶을 손상했을 때 율법의 의식 및 제의 조항들을 이용할 수 있었다는 점이 포함되었을 것이다.[63] 샌더스(Sanders)는 율법을 지향하는 이런 삶의 양식을 "언약적 율법주의"(covenantal nomism)라는 표현으로 제대로 포착했다.[64]

---

60) 행 23:6에서 바울은 자신을 "바리새인이요, 또 바리새인의 아들"로 묘사한다. 이것은 디아스포라에서 "엄격하게" 살아가는 바리새인이 있었다는 의미로 종종 받아들여진다. 예로 "다소에서 그는[바울은] 사실 바리새파 유대교 안에서 자랐다"라는 Dibelius의 너무 조심성 없는 가정을 보라(Paul, 37). 그러나 "바리새인의 아들"이라는 구에 대한 더 개연성이 있는 이해는 그것을 한 바리새인의 문하생으로 훈련받았다는 주장으로 보는 것이다. 오늘날 박사과정 학생은 그들의 지도 교수를 여전히 "아버지 박사"(doctor father)라고 일컫는다(Jeremias, *Jerusalem*, 252 n. 26; Rapske, *Paul in Roman Custody*, 95-97; Barrett, *Acts*, 2.1063).

61) "바울이 기원후 15년경에 예루살렘에 도착했다면, 그가 그곳에 있었을 시기는 가말리엘 1세가 있었을 시기와 일치했을 것이고, 바울이나 다른 바리새인들이 그의 영향력을 피할 수는 없었을 것이다"(Murphy-O'Connor, *Paul*, 59). Schnelle는 요세푸스가 16세에 유대 "종파들"에 관한 공부를 시작했다고 언급한다(Schnelle, *Paul*, 55. 이는 Josephus, *Life* 10을 언급한 것이다). Lake와 Cadbury는 바울이 가말리엘에게서 배웠을 법한 것을 심하게 회화화함으로 그런 주장의 역사성에 반대하는 것에 대해 이미 경고했다(*Beginnings*, 4.278-79). J. Klausner, *From Jesus to Paul* (London: Allen and Unwin, 1943)은 가말리엘의 가르침을 비웃은 무례한 가말리엘의 "문하생"에 대한 랍비 전승을 언급하고, "그 문하생"이 다름 아닌 바울이라고 믿는다(309-11).

62) "Amemptos가 바울이 율법을 충족했거나[성취했거나] 죄를 완전히 피했다는 의미라고 역설해서는 안 된다"(O'Brien, *Philippians*, 380). Lightfoot는 그 주장을 "나는 아무리 사소한 것이라 할지라도 지키지 않은 것이 하나도 없다"라고 다르게 표현한다(*Philippians*, 148).

63) Sanders가 특별히 상기시켜 주었듯이, 언약적 율법의 조건은 회개의 요구와 죄에 대한 희생제 준비 및 죄의 속죄를 포함한다(*Paul and Palestinian Judaism*; 또한 그의 *Judaism*, 특별히 107-10, 271-72).

64) F. Thielman, *Paul and the Law: A Contextual Approach* (Downers Grove: InterVarsity, 1994) 155; M. A. Seifrid, *Justification by Faith: The Origin and Development of a Central Pauline Theme* (NovTSupp 68; Leiden: Brill, 1992) 174; Bockmuehl, *Philippians*, 202; D. A. Hagner,

- 갈라디아서 1:14: "내가 내 동족 중 여러 연갑자보다 유대교를 지나치게 믿어(progressed in)[65] 내 조상의 전통에 더욱 열심이 있었으나."[66] 우리는 여기서 그리스도인이 되기 전의 바울이 바리새파 유대 법규(halakhoth)에 열성적으로 헌신하고 더 철저하게 적용함으로써 그의 동시대 사람들을 넘어서려고 했다는 점과 그의 많은 동료 바리새인을 넘어섰다는 점에서 경쟁적 요소가 있음을 보게 된다.[67] 연상하게 되는 장면은 예루살렘의 열정이 많은 바리새파 학생들 집단이나 예루살렘의 "가말리엘 문하"에서 사울과 함께한 다른 사람 중에서 바리새인 방식과 실천에 특별히 열정이 있는 헌신자로서 사울의 모습이다.[68]

빌립보서 3:5-6과 갈라디아서 1:13-14의 바울의 자서전적 회상과 사도행전 22:3, 26:4 사이의 밀접한 유사성은, 사울이 정말로 자신의 형성기 대

'Paul as a Jewish Believer—according to His Letters', in Skarsaune and Hvalvik, eds., *Jewish Believers in Jesus*, 96-120(여기서는 103)이 그 요점을 인정했다. 추가로 필자의 *The New Perspective*, §§1.4.1b과 22.4을 보라.

65) Michael Wolter는 무언가(배움, 철학, 덕)에서 "진척하는 것"(progression in)이 스토아 윤리에서 비교적 폭넓게 퍼진 자서전 형태라고 필자에게 상기했다(비교. G. Stählin,*TDNT*, 6.705-706).

66) "바리새인들은 조상들에게서 내려온 특정 규정들을 사람들에게 전달했는데, 그것들은 모세 율법에 기록되지 않은 것들이다"(Josephus, *Ant*. 13.297). 필자가 실수로 *Jesus Remembered*, 261에서 "우리 시기에" 기인했다고 언급한, "유대교로서 훌륭한 삶을 산" 여인을 칭송하는 이탈리아의 추모 비문(*CIL* 537)은 3세기나 4세기 것일 가능성이 더 높다(*JIWE*, 2.584).

67) "그 전투적 어조와 경쟁 정신은 엘리트 집단들의 동일한 특징이다"(Murphy-O'Connor, *Paul*, 60).

68) 사울이 (비교적) 더 자유로운 분파인 힐렐을 지지했느냐, 아니면 더 엄격한 분파인 샴마이를 지지했느냐는 논쟁이 현실적이라면(Hengel, *Pre-Christian Paul*, 28; 118-19 n. 157에 있는 참고문헌), 이 절은 후자를 지지하는 쪽으로 기울 것이다(Schürer, *History*, 2.367-69을 보라). 또한 Hengel, 40-53; Haacker, *Paulus*, 71-77; 'Paul's Life', in J. D. G. Dunn, ed., *The Cambridge Companion to St. Paul* (Cambridge: Cambridge University, 2003), 19-33(여기서는 21-23); Hengel and Schwemer, *Paul*, 392-93 n. 622; Davies, 'Paul', 687-91을 보라. Chilton은 스데반 때문에 32년에 가말리엘과 결별했음을 상정한 것을 포함하여, 가말리엘이 사울에 끼친 영향력을 풍부한 상상력으로 서술한다(*Rabbi Paul*, 35-43). 다시 Klausner의 추측을 주목하라(위 n. 61).

부분을 예루살렘에서 교육과 훈육(paideia)으로 보냈다는 점을 사실상 의심할 수 없도록 한다.[69]

어떤 지점에서 사울은 천막을 만들거나(skēnopoios) 가죽 세공 일을 했다(행 18:3).[70] 힘든 육체노동을 해야 하는 일을 했다는 사실은 자신을 부양할 수 있었던 바울의 능력과 확실히 일치하고,[71] 그것은 이후 랍비의 관행(랍비는 자신의 생계비를 벌어야 한다는 것)과도 일치한다. 그러나 언제 그런 일을 배웠는지는 분명하지 않으며, 우리가 가진 그의 자서전적 정보에 30년대 후반과 40년대 초 몇 년간의 침묵이 있음을 고려하면, 바울이 예루살렘 교육의 일환으로 그 일을 배웠다고 단순하게 추정할 수는 없다.[72]

우리가 바울이 결혼했느냐는 논제에 답을 해보려 해도 정보가 불충분하다.[73] 예수의 경우와 마찬가지로, 추측은 실제 근거가 부족하고 아무런 도움이 되지 않는다.

g. 요약

증거는 사울을 디아스포라와 예루살렘에 근거를 둔 상당히 놀라운 젊은이

---

69) Roetzel, *Paul*, 24, 그리고 J. A. Overman, 'Kata Nomon Pharisaios: A Short History of Paul's Pharisaism', in J. C. Anderson, eds., *Pauline Conversations in Context*, C. J. Roetzel FS (JSNTS 221; London: Sheffield Academic, 2002), 180-93은 그들이 상징하는 것에 공감하기보다는, 바울이 바리새인이었는지를 의문시한다. 그러나 갈 1:14의 자기 묘사는 바울의 헌신을 나타내는데, 이는 빌 3:5와 행 22:3의 묘사와 잘 맞아떨어진다.

70) Hock, *Social Context*, 20-21; 비교. W. Michaelis, *TDNT*, 7.393-94; BDAG, 928-29; 추가로 P. Lampe, 'Paulus — Zeltmacher', *BZ* 31 (1987), 256-61; Barrett, *Acts*, 2.863; Murphy-O'Connor, *Paul*, 86-89; 그리고 아래 n. 216을 보라.

71) 살전 2:9; 고전 9:18; 고후 12:13.

72) Hock는 바울이 그의 아버지에게 그 사업을 배웠고, 13세 때 2, 3년의 수습 기간을 시작했다고 제시하나(*Social Context*, 22-25), Hengel은 Hock가 "너무 많은 것을 안다고 주장하고 있다"라고 무미건조하게 말했다(*Pre-Christian Paul*, 16; 추가로 15-17을 보라). Schnelle가 추가 참고문헌을 제공한다(*Paul*, 47-48). 또한 아래 §29.5d를 보라.

73) Murphy-O'Connor는 언급할 수 있는 내용을 말하고, 또한 거기에 조금 덧붙인다(*Paul*, 62-65).

로 상상하도록 요구한다. 전자와 관련해서는 다음과 같이 말할 수 있다.

- 그는 정치와 문화로 유명한 디아스포라 성에서 태어났다.
- 그곳에서 시민권을 계속 가지고 있었다.
- 그의 가족은 다소에서 상류층이었을 수도 있다.
- 누가는 바울이 회심한 후 다소로 돌아갔다고 상기하는데(행 9:30, 11:25), 이 것은 그곳에 가족들이 계속 있었음을 암시한다.
- 바울이 그리스어에 능통한 것은 결코 제2언어로서가 아니며, 그가 선택한 성경은 70인역으로 보인다.[74]

요약하면, 바울이 그리스 문화에 친숙하다는 사실은 그가 다소에 있었던 초기에 국한되지 않는다. 바울은 엄격한 유대인으로서나 회심한 그리스도인으로서나 그곳에서 분명히 제대로 생활할 수 있었다. 이것은 그리스 상황과 문화 가운데서 생활할 수 있는 그의 능력 혹은 심지어는 자발적인 의향을 암시하는데, 이는 어쩌면 그가 다소에서 어린 시절을 보냈기 때문일 것이다. "히브리인 중의 히브리인"은 빌립보서 3:4-5의 미사여구가 제시하는 것처럼 폭넓은 문화의 영향으로부터 단절될 필요는 없었다.

동시에 갈라디아서 1:13-14과 빌립보서 3:5-6의 수사법을 고려한다고 해도(그의 온전한 회심을 강조하려고 자기가 젊었을 때 지닌 열정을 대조적으로 부각함), 다소에서 사울의 출생 및 초기의 삶이 그에게 열정적으로 헌신하는 (정통) 유대인이라는 강력한 뿌리를 부여했음은 충분히 명확하다. 확실한 (학문적) 잠재력과 (종교적) 헌신을 가진 젊은이가 "제2차" 및 고등 교육을 위해 (부모의 열성으로) 예루살렘에 보내진 것은 자연스럽다. 특별히 예루살렘에 있는 친척과 머물렀다면 말이다. 다시 말해서, 사울이 청소년 때에 예루살렘에 정착해 그곳에서 주요 교육을 받았을 가능성이 있다.[75] 이것은 그가 그리

---

74) Hengel, *Pre-Christian Paul*, 35-37.
75) 이것은 Hengel의 결론이기도 하다(*Pre-Christian Paul*, 37-39). 예루살렘에서의 유대인의 그

스어로 계속 교육받았음을 배제하지 않는다. 비록 바울이 "히브리인 중의 히브리인"으로 그리스어로만 생활한 사람 중 한 명이 아니었을 테지만, 그는 사도행전 6:9에 언급된 "길리기아에서 온 사람들" 가운데 한 명일 수는 있다.[76] 그의 고등 교육은 바리새파 입문 교육이었고, 분명히 그는 율법과 "조상의 유전"을 위해 열심을 내고 토라와 바리새파 규범에 엄격하게 순응해서 살아가는 데 그의 동료들보다 더 탁월해지려고 했다. 바울은 자기 인생의 그 시점을 돌아볼 때, 자신의 삶이 신실한 유대인이 지향하는 모습의 전형이었던 그 시기에 경험한 자부심을 여전히 상기할 수 있었다. 비록 그 시기에 대한 그의 기독교적 평가가 상당히 다를지라도 말이다(빌 3:7-8).

25.2 "박해자"(갈 1:23)

이미 언급한 대로, 사울이 초기 기독교 운동을 박해하는 데 깊숙이 개입했음은 의심할 여지가 없다. 그 결론은 사도행전 8:3과 9:1-2에 있는 누가의 서술에 의존한 것이 아니기 때문에, 대체로 사도행전 7:58과 8:1에 대해 제기된 역사적 신뢰성 문제에도 흔들리지 않는다.[77] 또한 그것은 자신의 박해자 역할에 관한 바울의 고백에만 의존하지도 않는다.

- 고린도전서 15:9 – "나는 하나님의 교회를 박해했다."
- 갈라디아서 1:13 – "하나님의 교회를 심히 박해하여 멸했다."
- 빌립보서 3:6 – "열심으로는 교회를 박해했다."

리스 교육은 Hengel, 54-62을 추가로 보라.

76) "다소의 사울은 그리스어를 하는 디아스포라 유대인으로서, '헬라파' 회당에 속했거나 그곳의 랍비였을 가능성이 있다"(Barnett, *Birth*, 20).

77) 위 §24.6을 보라.

덧붙여서 바울은 자신을 향한 유대 교회들의 태도에 관해 그들에게서 분명히 들었거나 그 교회들과 관련하여 들은 전갈들을 인용하거나 요약했다. "다만 우리를 박해하던 자가 전에 멸하려던 그 믿음을 지금 전한다 함을 듣고"(갈 1:23). 에른스트 바멜(Ernst Bammel)이 이 문장을 "기독교 진술 가운데 가장 오래된 것 중 하나"로 분류한 것이 너무 강해 보이기는 하나,[78] 이것이 초기 교회들이 실제로 사울/바울을 바라본 관점(박해자[ho diōkōn] 사울)이었다는 것을 의심할 이유는 없다.

사울이 열심을 가지고 박해한 대상이 누구였는지는 이미 논의했고,[79] 다른 질문들도 논의가 필요하다.

a. 누구의 권위로?

젊은 바리새인 사울(약 30세)이 체포 권한을 포함해서(행 8:3) 임의로 권위를 사용할 수 있었다는 순진한 가정이 있을 곳은 없다. 이미 언급한 대로, 바리새인 그 자체로는 1세기 회당에서 가진 권한이 없었고, 또한 바리새파가 그 당시에 유대교를 "움직였다"는 견해에 대한 샌더스의 격렬한 항의를 반드시 상기해야 한다.[80] 로마인들이 그들 자신의 지위를 넘어 허락한 이런 행정적 권한은 대제사장과 그의 가까운 무리에게 주어졌다(행 4-5장에 묘사되었듯이).[81] 한편으로 몇몇 원로 바리새인들이 대제사장이 소집한 공의회에 참석하도록 부름을 받았다는 정보는 충분히 확실하고,[82] 바리새인들이 공식 대표단으로 선임되었다는 몇 가지 증거가 있다. 유대인 반란 초기에 갈릴리에서 있었던 자신의 위임과 관련된 책략에 대한 요세푸스의 언급이 주요 사례다(Life 197). 따라서 예수의 유죄 선고를 야기한 것(행 6:14; 7:48)과

---

78) E. Bammel, 'Galater i.23', ZNW 59 (1968), 108-12.
79) 다시 위 §24.6을 보라.
80) Jesus Remembered, 307-308과 nn. 240과 244을 보라.
81) "산헤드린의 권한"에 관해서는 Schürer, History, 2.218-23을 보라. 그러나 §23 n. 11도 보라.
82) Schürer, History, 2.210-17.

비슷한 상황이라는 관점에서, 제사장의 권위가 도전받는 상황을 타당하게 상상해 볼 수 있다. 그 상황은 그런 견해를 가졌다고 짐작되는 사람들을 체포하고 추방하여 그 견해를 제거하려는 시도로, 흠잡을 데 없는 자격과 열심이 있는 젊은 바리새인이 성전 치안관의 지원과 함께 자율 재량권을 부여받은 상황이다.

다메섹에서 그 도의 구성원을 다루는 권한을 부여받은 사울이 그들을 체포해서 예루살렘으로 데려왔다는 누가의 보고는(행 9:1-2) 대체로 아주 의심스럽게 받아들여졌다.[83] 특별히 예루살렘의 대제사장은 전혀 다른 관할하에 있는 성에 대해 어떤 권위를 가지고 있었는가? 이것은 누가의 "과도한" 과장 중 하나로 읽힌다.[84] 그런데도 첫인상보다 더 많은 내용이 거기에 있을 수 있다. 우선 누가는 주도권을 바울에게 돌렸다. 대제사장에게 가서 공문을 요구한 사람은 바로 바울이다(비교. 22:5). 더구나 그 편지의 수신인이 (다메섹) "회당들"이라고 한다. 대제사장이 회당에 대한 공식 관할권이 없다는 것은 온전한 사실이며, 다른 나라에 있는 회당에 대해서는 특히 그렇다.[85] 그러나 대제사장에게는 적어도 회당장들(archisynagōgoi)과 회당 장로들에게 지울 수 있는 상당한 제약 두 가지가 있었다. 하나는 대제사장이 유대교의 내용과 실행 시기를 정할 책임이 있었다는 사실이다. 대제사장과 공회원들은 논쟁에서 최종 권위를 가졌으며, 예루살렘 당국자들이 디아스포라 회당들에 전통을 유지하도록 격려하고 또한 절기 및 그와 비슷한 모임의 시기에 관한 논쟁에서 한편이 되도록 하려고 편지를 썼을 가능성도 전혀 없지는 않다.[86] 대제사장은 다메섹을 포함한 "유대 외곽"에 대한

---

83) 예. Knox, *Chapters*, 24; Lüdemann, *Early Christianity*, 106-107. Barrett는 찬성하는 쪽이다: "다메섹 회당의 협력하려는 자세를 고려하면, 그리스도인이라고 알려진 유대인들이 '사라지고'(우리 시대도 그 현상과 말에 친숙하다), 예루살렘의 반갑지 않은 상황에 놓인 자신들을 발견했을 가능성이 상당했을 것이다"(*Acts*, 1.446-47).

84) Hengel, *Acts*, 77; Legasse, 'Paul's Pre-Christian Career', 388-89.

85) 1 Macc. 15.16-21에 기록된 것처럼, 로마 총독이 본국 송환권을 대제사장에게까지 확대한 것은 어느 정도 전례가 된다(Bruce, *Paul*, 72). Barrett, *Acts*, 1.446을 보라.

86) 행 15:23-29에 서술된 야고보의 것으로 여겨지는 서신에서 예루살렘 당국자들에게 그런 관

관할권도 기꺼이 주장할 수 있었다.[87] 어쨌든 대제사장은 자기 특사가 가볍게 무시되어 그의 사명을 완수하지 못하게 되는 사람이 아니었다. 다른 하나는 예루살렘 성전이 고국이나 해외에 있는 유대인을 위해 놀라울 정도의 예치금을 가지고 있었다는 사실이다. 성전은 유대교의 "중앙은행"이었다.[88] 따라서 어떤 청탁도 음으로든 양으로든 금전 제재의 위협으로 이루어졌다고 충분히 상상할 수 있다. 물론 이 모두가 추측이기는 하나, 그런 가능성은 누가의 서술에 보통보다 더 많은 신뢰를 부여한다.[89] 그리고 우리는 사울이 자기 인생의 이 지점에서 어떻게 다메섹으로 가게 되었는지를 설명해야 한다(갈 1:17). 우리가 세부사항에 대해 얼마나 판단을 유보해야 하든지 간에, 누가는 대답을 제공한다(행 9:1-2).

사울의 박해는 얼마나 가혹했는가? 누가는 사울이 교회를 "잔멸했고"(elymaineto, 8:3) "위협과 살기가 등등했다"(9:1)라고 전한다. 사도행전에는 "많은 성도를 옥에 가두며 또 죽일 때에 내가 찬성투표를 하였다"(26:10)라는 바울의 고백이 있다. 그것은 회당이 실행할 수 있는 규율을 넘어선 것으로 보인다. 바울이 고린도후서 11:24에서 증언한 "사십에서 하나 감한 매"도 넘어선다. 그러나 여기서도 누가의 상당히 현란한 표현에는 보기보다 더 견고한 기반이 있다.[90] 바울 역시도 자신의 박해하는 열심을 사나운 말로 묘사했기 때문인데, 그는 하나님의 교회를 단순히 추적/박해한 것이 아

행이 있었음을 가정하고 있음을 나중에 살필 것이다. 아래 §37 n. 115을 보라.

87) 아래 §36 n. 25를 보라.

88) 다른 유명한 신전들도 그랬다. 예. 에베소의 아데미 신전(Dio Chrysostom, 31.54-55).

89) 또한 Hengel과 Schwemer는 누가가 과장한다고 생각한다: "오히려 사울은 다메섹에 도망간 '헬라파' 유대인 그리스도인의 압력을 저지하여 그곳에 있는 유대인들을 도우려고, 예루살렘의 그리스어를 말하는 하나 혹은 그 이상의 회당을 통해 다메섹으로 보내졌다." 그들은 다음을 덧붙인다: "그러나 그가 대제사장에게 자신의 권한을 증명하는 공문을 요청해야 했다는 사실은 상당한 의미가 있다. 대제사장과 유대교 지도층은 이 중요한 유대인 공동체의 평화를 회복하는 데 틀림없이 관심이 있었을 것이다"(Paul, 51).

90) Elymaineto에 대해서는 대하 16:10과 시 80:13; 또한 행 9:21; 22:4; 26:10-11을 참조하라. 그리고 추가로 BDAG, 604; Lake and Cadbury, Beginnings, 4.88; Barrett, Acts, 1.393을 보라. 26:10에 관해서 Barrett는 누가의 표현을 "수사적"으로 치부하는 것에 대해 경고하고, 누가가 "아마 적어도 당시 사람들의 기억을 나타낸다"고 본다(Acts, 2.1155-56).

니라, "놀라울 정도로, 기준을 넘어서, 터무니없을 정도로, 넘쳐나게"(*kath'
hyperbolēn*) 했다.[91] 그는 심지어 교회를 "멸하려고 했다(*eporthoun*)." 메누(P. H.
Menoud)가 살폈듯이, 동사 *porthein*이 다른 곳에서 사물이나 사람에게 쓰일
때는 항상 물리적 공격(도시나 지역을 파괴하고 황폐하게 만드는)이나, 더 폭력적
인 육체적 혹은 정신적 파괴라는 의미를 전달한다.[92] 분명 바울도 자신의
이전 삶을 어느 정도 경악하며 돌아보면서 과장된 표현을 사용했을 수도
있지만, 그렇다 할지라도 "폭력의 사용"[93]은 배제할 수 없다. 예루살렘에서
는 대제사장의 지원이나 적어도 묵인하에, 불같은 젊은 바리새인이 이끄
는 제한된 치안 활동이 있었음을 상상하기는 어렵지 않다. 로마 주둔군은
개입해야 할 필요를 느끼지 않으면서 주목하고 관찰했을 것이다. 다른 곳
에서, 그리고 특별히 대제사장이 자신의 공식 권위를 효과 있게 행사할 수
있는 영역 밖에서, 우리는 회당 지도자들에게 그 도에 속한 반항하는 추종
자들을 징계하고 모든 물리력을 동원해서 그렇게 하도록 촉구할 대표단을

---

91) 이는 잘 알려진 관용구이고 바울의 특징적인 표현이다(롬 7:13; 고전 12:31; 고후 1:8; 4:17).
그러나 Fredriksen은 *kath' hyperbolēn*이 율법이 허락하는 최대의 채찍질(39대)을 사울/바
울이 집행했음을 가리킬 뿐이라고 생각한다('Judaism', 549-50).

92) P. H. Menoud, 'The Meaning of the Verb *porthein* (갈 1:13, 23; 행 9:12)', *Jesus Christ and the
Faith* (Pittsburgh: Pickwick, 1978), 47-60; Hengel, *Pre-Christian Paul*, 71-72와 n. 308. 누가
는 행 9:21에서 바울의 용례를 반영한다. S. A. Cummins, *Paul and the Crucified Christ in
Antioch: Maccabean Martyrdom and Galatians 1 and 2* (SNTSMS 114; Cambridge: Cambridge
University, 2001)은 안티오코스 4세의 "예루살렘 약탈"과 순교자들의 "파괴"라는 "주목할
만한 비유"에 주목한다[4 Macc. 4.23; 11.4; 70인역에서 유일하게 *porthein*이 등장하는 곳
이다](122).

93) Hengel, *Pre-Christian Paul*, 72. W. D. Davies는 'Paul: From the Jewish Point of View', *CHJ*,
3.678-730(여기서는 681-84)에서 그 표현을 과소평가하며 *kath' hyperbolēn*을 무시한다.
Murphy-O'Connor는 비록 여전히 "한동안 바울은 추산하기 불가능할 정도로 큰 피해를
줬다"라고 결론을 내리지만, 바울의 표현을 지나치게 문자 그대로 수용하는 것에 대해 경고
한다("그것은 사도가 헌신한 정도를 표현한 것이지, 그가 쓴 수단을 표현한 것이 아니다")
(*Paul*, 67). 그리고 Davies는 바울의 공격이 "오히려 신학 논증 형태였을 것이다"라고 제안
한다('Paul', 683)! 그러나 Legasse는 전혀 의심하지 않는다. "서신의 어휘들과 일치하는 사도
행전의 어휘들은 일말의 의심도 없이 폭력의 행사를 표현한다." 그러나 그는 바울이 그의 서
신에서 자신이 박해한 사람들의 죽음에 책임이 있다고 암시하지는 않는다고 말한다('Paul's
Pre-Christian Career', 381, 384). 추가로 아래 §25.2c를 보라.

이끄는 사울을 상상해야 할 듯하다.[94] 이 정도로 보지 않으면, 우리는 바울의 표현에서 그것의 명백한 의미를 비워버리고 그것을 알맹이 없는 가식으로 격하시킨다.

b. 사울은 왜 박해했는가?

과거에는 사울이 그리스도인을 박해한 이유에 대해 물었을 때, 보통은 세 가지 대답 중 하나 혹은 그 이상이면 충분하다고 여겼다.

- 사울은 십자가에 못 박혀 죽은 사람이 메시아로 선포되었다는 주장을 격렬하게 반대했다.[95] 갈라디아서 3:13에서 타당하게 추론할 수 있는 내용은 사울이 십자가에 못 박힌 예수를 하나님의 저주받은 자로 여겼고, 그를 메시아로 맞이하는 것은 사울에게 일종의 신성모독으로 보일 수 있었다.[96] 예수의 추종자들이 예수에게 이미 드리고 있던 헌신(이나 예배)이 또 다른 요인이라는 제안은 바울의 자기 개종에 대한 언급으로 지지받지 못했다.[97]

---

94) 행 26:10-11에서 누가는 "모든 회당에서 여러 번 형벌하여 강제로 모독하는 말을 하게 하고 그들을 향해 심히 격분하여 외국 성에까지 가서 박해했다"라고 고백하는 바울을 보여준다.

95) "기독론은 바울과 그가 박해한 그리스도인들 간에 틀림없는 쟁점이었다"(Räisänen, 'Hellenisten', 1501).

96) 예. Lohse, *Paulus*, 59; Barnett, *Jesus*, 223-25. 사울/바울이 예루살렘에 있을 동안 예수의 말씀을 직접 들었느냐는 질문에 관해서는 최종적인 답을 줄 수 없다. 한편으로 바울이 예수의 말씀을 듣거나 심지어 그의 처형을 목격했을 가능성은 거의 배제할 수 없다(예. Weiss, *Earliest Christianity*, 187-89; Klausner, *From Jesus to Paul*, 313-16이 이렇게 주장한다). 반면, 사울이 예루살렘에서 공부했다고 추정된 기간은 예수가 예루살렘에 한 번(아니면 그 이상) 방문한 것에 선행한다. J. Weiss, *Paul and Jesus* (ET London: Harper, 1909), 41-56이 논증하듯이, 유명한 고후 5:16이 반드시 바울이 예수를 알았다는 암시는 아니다. 그러나 그렇다 할지라도, "육신을 따라" 안다는 말은 바울이 개종 전 예수에 대해 가졌던 견해를 가리킬 것이다. 그러나 그런 앎은 무엇을 배경으로 형성되었나? 비교. Hengel, *Pre-Christian Paul*, 63-64.

97) 특별히 L. W. Hurtado, 'Pre-70 C.E. Jewish Opposition to Christ-Devotion', *JTS* 50 (1999), 35-58. 그는 갈 1:15-17, 고후 3-4장, 빌 3:4-16에서 증거를 발견한다(50-53; 또한 *How on Earth?*, 169-72). 그러나 고후 3-4장은 바울의 이전의 적대감에 대한 어떤 이유도 암시하지

- 사울은 성전을 향한 예수의 비판이 헬라파에서 소생하는 것을 맹렬히 반대했다(행 6:4). 철저한 바리새인은 성전의 신성함 때문에 사도행전 7:48에서 발견되는 것과 같은 성전 묘사를 금했을 것이다.[98]
- 사울은 첫 그리스도인들을 철저한 바리새인들의 종교의 중심인 율법을 오용하고 폐기하여 유대교 자체를 위협하는 자들로 보았다.[99] 이것은 "내 조상의 전통에 더욱 열심이 있었으나"(갈 1:14)라는 이전 자신에 대한 묘사와 들어맞는다.

이런 이유는 모두 타당하며, 사울이 암으로 여겼던 것이 이스라엘의 몸체 안에 지나치게 커지기 전에 새 운동을 "멸하려는" 사울의 충동에 이 모든 이유가 어느 정도 역할을 했음을 의심하기는 어렵다. 그러나 그것들이 충분한 설명이 되는가? 어쨌든 우리는 "히브리파"(6:1)가 십자가에 달린 예수가 메시아임을 계속 주장했음에도 예루살렘에 머물 수(아니면 돌아올 수) 있었던 것으로 보인다고 이미 언급했다. 헬라파가 성전을 부정한 일은 틀림없이 예루살렘에서 강한 반작용을 야기했을 것이다. 누가가 주장하고 바울이 암시한 것처럼, 그것이 "외국에 있는 성들"까지 추적하도록 했을까? 이는 결국 예루살렘과의 거리로 인해 자신들의 유대교 실천에서 성전의 중요성이 제한되었던 디아스포라 유대인들이 틀림없이 있었음을 의미한다. 그리고 율법에 관해서는, 헬라파에 관한 연구(§24)에서 우리는 율법이 성전과는 다르게 원칙적으로 의문시되지 않았거나, 바울이 후에 행한 정도로 부정적으로 언급되지 않은 듯하다고 결론지었다. 예를 들면, "율

않는다. 갈 1:13-14은 바로 율법을 향한 열심이 하나님의 교회를 박해하도록, 즉 조상의 전통에서 떠났거나 그 전통을 위협하는 사람들을 박해하도록 바울을 이끌었다고 밝힌다. 그리고 빌 3장에서 바울이 등을 돌렸다고 회상하는 것은, 그의 유대인이라는 정체성과 상당히 헌신적인 바리새인(자신의 박해하는 열심이 보여주었듯이)이라는 자신감이다.

98) Wander는 헬라파 가운데 퍼진 성령 체험이 사울에게는 토라의 제의적 정결 규칙을 준수하지 못하도록 하는 위협으로 받아들여졌다고 제안한다(*Trennungsprozesse*, 159-63).

99) "그는 그들을 율법의 배교자로 보았다"(S. Kim, *The Origin of Paul's Gospel* [WUNT 2.4; Tübingen: Mohr Siebeck, 1981/Grand Rapids: Eerdmans, 1982], 44-46, 51).

법에 따라서 경건한 사람"(행 22:12)이라는 다메섹의 제자 아나니아에 대한 묘사는 주목할 만한 가치가 있다.[100] 따라서 과거에 틀림없이 중요했던 이 요인들이 사울의 박해하는 열심을 충분히 설명하느냐는 궁금증이 남는다.

필자는 위의 설명에서 바울이 교회를 박해한 원인을 그의 "열심" 탓이라고 할 때 바울이 염두에 둔 내용이 지닌 중요한 측면을 놓치고 있다고 결론을 내렸다.[101]

c. 열심당 사울

개종 이전 사울의 박해자로서의 세계관을 특징짓는 한 단어가 있다면, 그것은 "열심"이다. 이는 누가의 서술과 바울 자신의 회상이 완전히 일치하는 점 가운데 하나다.

- 사도행전 22:3-4: "…율법의 엄한 교훈을 받았고 오늘 너희 모든 사람처럼 하나님께 대하여 열심(*zēlōtēs tou theou*)이 있는 자라. 그리고 내가 이 도를 박해하여 사람을 죽이기까지 하고…."
- 갈라디아서 1:13-14: "하나님의 교회를 심히 박해하여 멸하고 내가 내 동족 중 여러 연갑자보다 유대교를 지나치게 믿어 내 조상의 전통에 대하여 더욱 열심이 있었으니(*zēlōtēs tōn patrikōn mou paradoseōn*).

---

100) 아나니아는 누가가 지어낸 인물이 아님을 Wilson, *Gentiles*, 162-65; N. Taylor, *Paul, Antioch and Jerusalem* (JSNTS 66; Sheffield: Sheffield Academic,1992), 65-66이 타당하게 논증했다.

101) 필자는 여러 곳에서 이런 논증을 했다. 'Paul's Conversion—a Light to Twentieth-Century Disputes', in J. Ådna et al., eds., *Evangelium—Schriftauslegung—Kirche*, P. Stuhlmacher FS (Göttingen: Vandenhoeck und Ruprecht, 1997), 77-93(이는 *The New Perspective on Paul*, 15장으로 재인쇄됨); 간단하게 *Galatians*, 60-62. 너무 많은 사람이 "열심" 모티프가 이 질문을 설명해줌을 인식하지 못한 것이 놀랍다. 예. Gnilka, *Paulus*, 37-38; Peerbolte, *Paul*, 143-46; Schnelle, *Paul*, 85-86; 그리고 심지어 Hengel, *Pre-Christian Paul*, 84(70-71에도 불구하고), *Acts*, 83, 그리고 그의 이전 책 *The Zealots* (1961, ²1976; ET Edinburgh: Clark, 1989). 그러나 또한 Haacker, *Paulus*, 84-90을 보라.

▪ 빌립보서 3:6: "…열심(zēlos)으로는 교회를 박해하고…."

우리는 바울이 "열심"(zēlōtēs)이라는 용어를 긍정적로나 부정적으로도 사용할 수 있었다고 알고 있다.[102] 그리고 이 세 개의 구절 가운데 두 구절은 바리새파의 규율이라는 관점에서 이해하고 실천한, 하나님과 토라를 향한 바울의 헌신을 언급한다. 자신을 "열성분자"(zēlōtēs)라고 불렀다고 해서 바울이 후에 로마에 대항해 반란을 이끈 급진파("열심당")의 구성원이었음을 인정한 것이라고 추론해서는 안 된다.[103] "열성분자"라는 용어는 바울의 개종 25년이나 30년 후에 그런 정치적이고 명목적인 중요성("열심당")을 가졌다.[104] 그러나 빌립보서 3:6의 사용에서 눈에 띄는 점은 바울이 자신의 "열심"이 교회에 대한 박해에서 특징적으로 드러났고 가장 명백하게 표현됐다고 분명히 기억했다는 사실이다("열심으로는 박해자"). 더구나 바리새인인 사울에게 "열심"은 자신이 "육신으로" 가진 최고 자신감의 기반 중 하나였다. 이 용어는 분명히 절정에 이른 목록(3:4-6)에서 그의 "흠 없음"에 이어 두 번째로 등장한다. 이뿐 아니라, 우리는 그가 계속해서 제시하는 평가의 근본적인 변화도 관찰해야 한다(3:7-8). 그리스도인인 바울에게 이 전자의 "열심"은 그가 지금 후회하는 것이다. 그렇다면 그가 매우 엄격한 바리새인으로서 그렇게 높은 가치를 두었고 박해를 통해 가장 잘 드러난 "열심"은

---

102) 긍정적으로("열심, 열정"): 고후 7:7, 11; 9:2; 11:2; 부정적으로("시기, 질투"): 롬 13:13; 고전 3:3; 고후 12:20; 갈 5:20.

103) J. B. Lightfoot가 그렇게 추정했다(*Galatians*, 81-82); J. Taylor, 'Why Did Paul Persecute the Church?', in G. N. Stanton and G. Stroumsa, eds., *Tolerance and Intolerance in Early Judaism and Christianity* (Cambridge: Cambridge University, 1998), 99-120; 비교. M. R. Fairchild, 'Paul's Pre-Christian Zealot Associations: A Re-examination of Gal. 1.14 and Acts 22.3', *NTS* 45 (1999), 514-32. "열심당"이라는 용어가 지닌 정치적/민족적 함의에 관한 다양한 견해를 간단하게 논평한 T. Seland, 'Saul of Tarsus and Early Zealotism: Reading Gal 1,13-14 in Light of Philo's Writings', *Biblica* 83 (2002), 449-71(여기서는 450-56)을 보라. Davies는 통명스럽다. "그런 '당'은 그의 시대에 전혀 존재하지 않았다"('Paul', 681).

104) *Jesus Remembered*, 272-73을 보라. 거기서 필자는 유대인 봉기 전까지는 요세푸스가 "열심당"이라는 용어를 사용하지 않았고, 그가 자신을 포함해서(*Life* 11) "대의에 열심인 사람"이라는 의미로 그 용어를 앞서 사용했다고 언급했다(출 20:5; 34:14; 신 4:24; 5:9; 6:15).

무엇이었는가? 어떤 의미에서 바울은 "열성분자"였는가?

실마리는 토라에서 "열심/시기"(히브리어, qn')라는 모티프를 최초로 사용한 곳에 있다. 야웨의 "열심/시기"는 이스라엘이 다른 신을 섬겨서는 안되며 그분께만 헌신해야 한다는 데 있다.[105] E. 로이터(Reuter)는 야웨와 그의 예배자의 관계가 "배타성이라는 불관용적 요구로 특징지어지는데, 야웨의 의지는 '이스라엘의 유일한 하나님이 되는 것이며…그는 자신을 향한 예배와 사랑을 어떤 다른 신과도 공유할 마음이 없다.'"[106]

하나님의 이 열심이 이스라엘에게 "열심"을 요구하고 양식을 제공한다고 여겨졌다. 그 열심은 야웨가 거룩하시듯이 그 거룩함을 향한 "열심"이다(레 19:2). 즉 하나님의 구별된 백성인 이스라엘의 정체성을 유지하려는 불타는 관심이자, 다른 나라들과 대조적으로 이스라엘의 거룩함을 보호하려는 열정적인 관심이다. 그들 민족의 공동 기억에서 많은 유대인이 소중하게 간직한 일련의 이야기에서, 이 열심은 이스라엘의 구별됨, 곧 이스라엘의 하나님을 향한 거룩함을 위반하는 것을 방지하거나 제어하려는 폭력적인 행동으로 표현되었다. 즉 이스라엘의 특징적인 거룩함에 대한 어떤 불순물이나 타협을 예방하거나 반대함으로 말이다. 오로지 하나님을 위해 이스라엘이 지켜야 하는 하나님의 "열심"은 (다른) 나라로부터 이스라엘을 구별하는 경계를 방어하고 강화하는 "열심"에 직접 반영되었다.

이스라엘의 "열심의 영웅" 중 가장 유명한 인물은 비느하스로, 그는 이스라엘 사람이 미디안 여인을 그의 회막으로(야웨의 회중 안으로) 데려왔을 때, 그 둘을 당장 죽였다. "하나님을 향한 열심 때문이었다"(민 25:6-13). 민수기 25:11에서 비느하스의 열심이 야웨의 열심을 직접 반영한 것이라고 본

---

105) 출 20:5; 34:14; 신 4:23-24; 5:9; 6:14-15; 32:21; 11QTemple 2.12-13. Hengel은 그 형용사가 하나님께만 적용된다고 말한다(Zealots, 146).

106) E. Reuter, qn', TDOT, 13.54. 여기서 von Rad, Old Testament Theology, 1.208을 인용했다. "내가 하나님의 열심으로 너희를 위해 열심을 낸다"(고후 11:2)라는 바울의 고린도 교인들을 향한 호소는 하나님의 이런 열심/시기를 직접 반영한다.

것은 놀라운 일이 아니다.[107] 그는 이 행동 하나로 자주 기억되었고 그의 열심은 칭송을 받았으며,[108] 나중에 열심당의 모본과 영감이 되었다.[109] 다른 많은 영웅도 그들의 "열심"으로 유명했다.

- 시므온과 레위는 "당신(하나님)께 대한 열성이 대단하였고, 그들의 피로 더러워지는 것을 싫어했다"(Jdt. 9.2-4). 이는 하몰의 아들이 그들의 누이 디나를 유혹한 후 그들이 세겜 사람들을 학살한 일을 가리킨다(창 34). 「희년서」(Jubilees) 30장에서는 디나를 더럽힌 일에 대한 복수(4-5절)와 이방인의 더럽힘으로부터 이스라엘의 거룩함을 보호하는 일(8, 13-14절)이 그들에게 의로 여겨졌다(17절).

- 주를 향한 엘리야의 "열심"은 바알 예언자들에 대한 그의 승리(그리고 처형!)에서 가장 온전히 표현되었다.[110]

- 맛다디아는 "열심" 즉 "비느하스처럼 율법을 위한 열심"에 사로잡혀 수리아에 대항하는 봉기에 불을 붙였으며, 수리아 관료와 금지된 희생물을 바치게 된 배교한 유대인을 처형했다(1 Macc. 2.23-26). 맛다디아는 "율법에 열심이 있고 언약을 지지하는 모든 자는 나와 함께 합시다"(2:27; Josephus, *Ant.* 12.271)라고 외치면서 반란을 결집했으며, 그의 임종 증언은 열심과 이스라

---

107) "모세를 위한 여호수아의 열심처럼(민 11:29), 야웨를 위한 바리새인의 열심은 야웨의 질투를 실현한다.… 그렇지 않았다면 그 질투가 모든 이스라엘을 삼켰을 것이다"(Reuter, *qn'*, *TDOT*, 13.56). A. Stumpff는 그 용어("열심")가 "분노"(신 29:20)와 "진노"(민 25:11; 겔 16:38, 42; 36:6; 38:19; 또한 1QH 17[= 9].3; 4Q400 1.1.18; 4Q504 frag. 1-2 col. 3.10-11; 5.5을 보라)와 연결돼 있다고 이미 보았다(*TDNT* 2.879). Hengel, *Zealots*, 146-47도 비슷하다. 바울에게 "전형적인" 선례가 되는 비느하스의 중요성은 더 광범위하게 인식되었다(Haacker, *Paulus*, 89 n. 130).

108) 시 106:28-31(이 일이 "그의 의로 인정되었다"); Sir. 45.23-24("주를 경외하는 데 열심이므로 영광에서 세 번째"); 1 Macc. 2.26, 54("우리 조상 비느하스는 열심이 컸기 때문에 영원한 제사장의 언약을 받았다"); 4 Macc. 18.12.

109) Hengel, *Zealots*, 4장.

110) 왕상 18:40; 19:1, 10, 14; Sir. 48.2-3; 1 Macc. 2.58. 바알의 예언자들 가운데는 적어도 바알 숭배에 봉사한 동족 이스라엘 사람들이 있었을 것이다. 또한 출 32:26-29과 왕하 10:16-28을 보라.

엘 영웅들에 대한 찬가였다(1 Macc. 2.51-60).[111]

- 쿰란도 타인에 **맞서는** "열심"에 대해 같은 이해를 표명한다. "내가 [하나님께] 가까이 갈수록, 더욱더 나는 모든 부정한 자와 속이는 자에 반하는 '열심'(*qn'thi*)으로 충만해진다"(Vermes)(1QH 6[= 14].14; 동일하게 10[= 2].15.)

- 필론도 같은 태도에 대해 증언한다. 바울이 박해자로 활동하기 약 10여 년 전에, 필론은 "율법에 열심이고(*zēlōtai nomōn*), 조상의 유전을 가장 엄격하게 수호하고, 그것들을 뒤엎으려는 자들에게 무자비한 자들이…수천 명 있다"라고 경고한다(*Spec. Leg.* 2.253).[112]

- 같은 기조로 된 판결이 미쉬나에 있다: "만일 어떤 사람이…아람 여인을 정부로 삼는다면, 열심 있는 자는 그를 공격해도 된다. 만일 제사장이 (제단에서) 불결한 채로 섬겼다면, 그의 형제 제사장들이 그를 법정으로 데려오지 않고, 제사장 중 젊은 사람들이 그를 성전 뜰 밖으로 끌어내어 곤봉으로 그의 뇌가 터져 쏟아지게 했다"(*m. Sanh.* 9.6).[113]

이 증거를 고려하면, 하나님/토라를 향한 열심이라는 전통은 특별히 세 가지 특징으로 표시된다.

---

111) Cummins는 "갈라디아서 1:13-14에서 사용된 주제들과 용어들은 열심 있는 바리새인으로서 바울의 이전 삶이 마카비 전통에 확고하게 서 있음을 시사한다"라고 결론짓는다(*Paul and the Crucified Christ,* 122).

112) 비슷하게 *Spec. Leg.* 1.54-57: "그러나 민족의 어떤 구성원이 '그분'에게 마땅히 드려야 할 존경을 배반한다면, 그들은 최고의 형벌을 받을 것이다.…그리고 덕에 대한 열심을 가지고 있는 모든 이가, 범법자를 배심원이나 공의회나 어떤 법정에든 끌고 오지 않고 지체 없이 즉각 형벌을 부과할 수 있도록 허락하는 일은 타당하고, 그들을 사로잡은 감정, 즉 불경건한 자에게 자비 없이 벌을 내리도록 촉구하는 악에 대한 혐오 및 하나님을 향한 사랑을 충분히 드러내는 것은 적절하다"(1.54-55). 여기서 비느하스를 예로 든다(1.56). 추가로 Seland, 'Saul of Tarsus', 456-68을 보라.

113) 열심이 폭력으로 표현된 다른 사례들은 삼하 21:2을 포함한다: "(왕) 사울이 이스라엘과 유다 족속을 위하여 열심이 있으므로 그들[기브온 사람들]을 죽이고자 하였더라." 그리고 왕하 10:16: "여호와를 위한 [예후의] 열심"이 그가 아합 지지자들을 진멸하는 것으로 표현되었다. 또한 Haacker는 출 32:26-29과 요 16:2을 인용한다(*Paulus*, 88-89).

1. 그것은 율법을 무시하는 동료 유대인의 모습 때문에 촉발되며, 특별히 하나님을 향한 이스라엘의 구별됨과 여타 나라 및 그들 신들의 더럽힘으로부터 구별됨이 위협받거나 타협될 때 그랬다.[114]

2. 그것은 이국 "타자들"을 향했던 것만큼 (타협하는) 동족 유대인들을 향했을 수도 있다.[115] 이방인들의 개입은 이스라엘의 경계가 허물어짐을 나타낸다.

3. 하나님을 향한 이스라엘의 온전한 구별 그리고 하나님 앞에서 거룩함을 위협하는 것에 대해 엄정함이 필요했기 때문에(열성분자들의 관점에서), 그것은 자주 폭력과 피 흘림을 동반했다.[116]

여기서 이내 놀랍게 다가오는 점은, 이 세 가지 특징이 사울의 박해를 놀랍게도 정확하게 묘사한다는 사실이다. 특별히 사울이 그의 동료 유대인들(헬라파)을 겨냥했고, 그가 기억하는 박해가 맹렬했다는 점에서 그렇다. 그렇다면 이에 따른 가장 흥미로운 결론은 세 가지 특징 가운데 첫 번째가 "사울은 왜 박해했는가?"라는 질문에 답을 제공한다는 사실이다. 그것이 제공하는 답은 그가 헬라파를(§24) 하나님을 향한 이스라엘의 구별됨을 위협하는 자들로 여겼기 때문이라는 것이다.[117] 그것은 또한 율법을 향한 열심으로 묘사할 수도 있으나, 이 경우에는 율법이 다른 나라의 타락

---

114) 단순히 율법에 대한 열심으로서가 아니라, 이스라엘의 구별됨을 유지하려는 열심이라는 이 측면을 대개 놓친다. 예. Schnelle, *Paul*, 85-86.

115) 1 Macc. 1.34과 2.44, 48의 "죄인들과 율법 없는 자들"은 마카비 사람들이 유대인 배교자, 즉 율법을 유기한 이스라엘 사람들이라고 여긴 사람들을 확실히 포함한다. 추가로 필자의 'Pharisees, Sinners and Jesus', *Jesus, Paul and the Law* (London: SPCK/Louisville: Westminster John Knox, 1990), 61-86(여기서는 74)을 보라.

116) Seland가 주목했듯이, 필론의 언급들은 염두에 있는 "열심"이 지닌 폭력적 특징을 확인한다('Saul of Tarsus', 466-68).

117) "주류 유대교는 왜 기독교가 정도를 벗어났다고 생각했는가?"라는 질문의 답을 찾으면서, J. T. Sanders는 "유대교 지도계는 초기 기독교를 처벌했다.…그리스도인들이 어떤 방법으로든 유대교의 경계를 뚫고 들어오는 동안, 유대의 정체성을 강하게 주장하는 자들은 사건들 때문에 유대교의 경계를 유지해야 했기 때문이다"라고 결론 내린다(*Schismatics*, 136-41, 150).

과 더럽힘에 대한 방어벽이라는 역할을 했다.[118]

이렇게 추론하기 위해 헬라파가 이미 (사마리아나 안디옥에서) 비유대인들을 향해 선교를 시작했다고 논증할 필요는 없다. 헬라파의 선교는 (적어도 사도행전을 보면 사울의) 박해가 원인이기 때문에, 가장 개연성이 있는 시기를 놓고 말한다면, 사울의 박해 활동은 안디옥의 획기적 진전 이전에 이미 일어났음이 틀림없다. 스데반을 향한 고소와 헬라파 견해의 진술을 따르면(행 6:14; 7:48), 성전을 무시한 일 자체가 사울의 분노를 일으킬 충분한 근거였다.[119] 또한 우리는 "헬라파"라는 꼬리표에, 맛다디아를 분노케 하고 마카비 반란(1 Macc. 2)을 불러일으킨 헬라화 정책과 관습에 대한 울림이 있을 수 있음을 무시하거나 평가절하해서는 안 된다. 물론 그 모든 내용 중에서 가장 놀라운 내용은 다메섹 회당에서 바울이 억압정책을 계속 펼쳤다는 기록이다(행 9:1-2). 이는 그의 박해 중에 (아마도 박해의 결과로서) 예수의 추종자들이 이미 다메섹으로 피했음을 시사한다. 당연히 사울은 다메섹을 그들의 "헬라화" 정책이 더욱 진전된 곳으로 의심했을 것이다.[120]

그러나 추정할 필요가 있는 내용은 열심이 가득한 사울이 일부 (대표적) 헬라파의 특정 태도와 행동이 이스라엘의 구별됨을 위협하며[121] 율법이 형성하고 율법을 행함으로 유지되는 방어선을 깨트린다고 여겼다는 점이다.[122] 비느하스와 맛다디아의 폭력적 열심을 촉발하는 데 하나의 사건

---

118) 이는 *Letter of Aristeas*, 139-42에서 전형적으로 표현된다. "법 제정자[즉 모세]는 그의 지혜로⋯어떤 문제에서든 우리가 다른 어떤 사람들과 섞이는 것을 방지하려고 부러지지 않은 방책과 철벽으로 우리를 둘러싸, 몸과 영혼의 순수함을 유지하게 했다.⋯타인과 접촉하거나 악한 영향을 받음으로써 우리의 존재가 왜곡되는 것을 방지하기 위해, 율법의 방식을 따라 고기, 음주, 접촉, 듣기 및 보기와 관련된 엄격한 규율로 우리의 사방팔방을 둘러쌌다"(Charlesworth).

119) Weiss는 바울이 스데반과의 논쟁을 직접 들었고(행 6:9-10), 심지어 그가 토론에 참여했을 수도 있다는 것이 사실상 확실하다고 보았다(*Earliest Christianity*, 187).

120) 비교. Fredriksen, 'Judaism', 548-58.

121) "바리새파"가 일종의 별칭("분리된 사람들")임을 상기할 수 있다(*Jesus Remembered*, 268 n. 57).

122) "그는 쉽게 길을 잃을 수 있는 그곳의 수많은 동조자를 타락하게 하는, 수치심 없는 메시아 분파들을 멈추게 하려고 다메섹에 갔다"(Hengel and Schwemer, *Paul*, 54).

으로 충분했다면, 사울의 경우에서 더 타당하고 일관성 있는 사건을 찾을 필요가 없다.[123] 사울이 그리스도인이 되기 전에 보여준 이런 근본주의적 사고방식을 고려하면, 헬라파가 "배신자"처럼 행동한다는 의심만으로도 억압적이고 폭력적인 대응을 유발하고 그것을 정당화하기에 충분했을 것이다.[124] 이런 태도와 함께 필자에게 가장 의미 있는 설명은 그가 "하나님의 교회"에 대해 폭력을 행사한 것이 이 동일한 "열심" 때문이라고 한 사실이다(빌 3:6). 바울의 박해하는 열심은 가능한 한 최고가 되고자 한 열심(율법을 향한 열심)이 아니라, (그에 따르면) 구별된 이스라엘의 경계를 위반하기 시작한 유대인들을 공격해서("멸하려 한!"[갈 1:13, 23]) 이스라엘의 거룩함을 유지하려는 단호한 결심이었다.

25.3 "다메섹에 가까이 갔을 때에 오정쯤 되어"

아마 예수가 십자가에서 처형당한 지 2-3년 후,[125] 사울이 "다메섹 도상에서" 회심했다는 전승은 일반적으로나 초기 기독교 역사가에게도 잘 확립된 내용이다. 실제로 "다메섹 도상에서의 회심"이라는 표현은 다양한 상황에서 정책의 갑작스러운 전환이나 삶의 방향의 완전한 반전을 가리키는데 널리 사용되었다. 그리고 바울이 자신의 회심이 어디에서 일어났는지 말하지 않았지만, 갈라디아서 1:17(개종 후 곧 아라비아로 갔고 그 후에 다메섹으로 "돌아왔다")의 함의는 합리적 의심을 넘어설 정도로 그 중차대한 사건(행 9:3-8; 22:6-11; 26:12-20)에 대한 사도행전의 서술과 충분히 일관성이 있다.

---

123) "바울 시대에 어떤 사람이 비느하스의 정신을 떠올리지 않고 그런 매우 비슷한 열심을 말할 수 있었는가?"(Becker, *Paul*, 68)
124) 우리는 미국과 영국의 "9/11"과 "7/7" 사건 이후, 테러 활동의 의혹만으로도 촉발되는 폭력적인 반응을 이에 비교할 수 있을까?!
125) 아래 §28.1을 보라.

a. 왜 다메섹인가?

예루살렘에서 도망한 그렇게 많은 헬라파가 왜 다메섹으로 향했는가? 그리고 왜 사울은 다른 사람들보다 이 헬라파들을 더 추적했는가? 답은 거의 확실하게 겹친다. 주된 요인은 다메섹에 많은 유대인이 있었다는 사실일 것이다. 요세푸스는 유대인 10,550명이 유대인 반란으로 그곳에서 죽었고, 더 중요하게는, 다메섹 유대인들이 다메섹 사람들의 부인들 가운데 많은 개종자를 얻었다고 언급한다(*War* 2.560-61; 비교. 7.368). 또 다른 요소는 다메섹에서 아라비아 왕 아레타스(Aretas) 4세의 행정 장관이 그 시기에 정치적인 힘과 유사 군사적인 힘을 어느 정도 행사할 수 있었다는 점(고후 11:32)일 수도 있다.[126] 내부 (유대인) 징계라는 사명은[127] 로마의 직접 통치가 약한 상황에서 어쩌면 더 쉬이 행해졌을 것이고, 가이사랴와 해변 지역(행 8:40)은 로마 당국자의 감독을 더 엄격하게 받았을 것이다. 그리고 예루살렘에서 약 216km 밖에 떨어지지 않은 다메섹은 역사적으로 이스라엘과 밀접한 관련이 있었다.[128] 그러나 사마리아는 왜 아닌가?(행 8장) 도망간 헬라파 대부분이 사마리아를 우회했기 때문에, 어쩌면 빌립의 선교는 상당히 고립되었을 것이다. 그렇다면 왜 갈릴리는 아닌가? 어쩌면 갈릴리는 도망가는 헬라파에게 확실한 목적지가 아니었을 것이고, 많은 혹은 대다수 예수의 제자들이 예루살렘으로 이동했기에 활동하는 예수의 최초 제자들 공동체가 거의 남지 않았을 것이다.[129] 쿰란의 초기 역사와 어떤 관련이 있었는지는 아주 모호하다.[130]

---

126) 아래 §28.1b를 보라.

127) 위 §25.2a를 보라.

128) 그 성의 역사와 유대 공동체에 대해서는 추가로 Hengel and Schwemer, *Paul*, 55-61을 보라.

129) §24 n. 229을 보라. 그러나 "왜 갈릴리는 아닌가?"라는 질문은, 갈릴리가 초기 교회의 중심지였고 필자가 *Jesus Remembered*, §9.6에서 알게 된 경우보다 더 헬라화에 개방되었다고 여긴 사람들이 대답해야 한다.

130) CD 6.5, 19은 "유다 땅을 떠나 다메섹에 살던 이스라엘의 개종자들…다메섹 땅에서 새 언

물론 요점은 "그 도를 따르는 사람들"의 영향력(행 9:2)이 다메섹 유대인 공동체에 그리고 그 안에서 상당히 퍼졌다는 데 있다. 이 회당들은 이미 갈릴리로부터 직접적인 영향을 받았을 수 있다. 예수의 북갈릴리 사역에 대한 소식이 틀림없이 이르렀을 정도의 거리에 다메섹이 있으며, 상당히 많은 다메섹 유대인들이 갈릴리에 직접 가서 듣고 보았을 것이다. 그러나 일차 박해 때 예루살렘을 떠난 일부/(많은?) 헬라파가 결국 다메섹에 머무르게 되었다는 누가의 서술이 암시하는 기본적인 장면을 의문시할 이유는 없다.[131] 사울이 다메섹 회당과 관련해서 위임받았다는 사실은 헬라파 이민자들이 메시아 예수를 향한 신앙을 전한 일이 유대 공동체에 불안을 일으키기에 충분했음을 시사한다. 그리고 자신의 열심을 자극했다는 바울의 말은, 그들의 증언이 관심을 끄는 데 성공했고 심지어는 회당과 관련된 상당히 많은 비유대인 동조자와 개종자를 얻었음을 시사한다. 우리는 누가가 하듯이 하나의 다메섹 "교회"를 언급하는 일을 삼가야 할 것이다. 헬라파의 (사울의 눈에) 불온한 견해들이 전파된 다른 집에서 "제자들이" 분열하려는 의도 없이 모였다는 내용(9:10, 19, 25)은 사울의 열정 넘치는 분노를 불러일으키기에 충분했다.[132]

약에 들어간 사람들"을 언급한다(또한 8.21; 19.33-34; 20.12). CD에 있는 "다메섹"에 대한 다양한 해석은 G. Vermes, *An Introduction to the Complete Dead Sea Scrolls* (Minneapolis: Fortress, 1999), 233 n. 8을 보라. CD 7.12-21이 스데반 연설에서 등장하는(행 7:42-43. 그러나 7:43은 아모스서와 CD의 "다메섹"보다는 "바벨론"이라고 읽는다) 바로 그 문단(암 5:26-27)을 사용하고, 그것을 야곱에게서 별이 나올 것이라는 발람의 예언(민 24:17)과 연결한다는 점은 특이하다.

131) 누가가 좋은 전승에 의존할 수 있었다는 암시들은, 여기서 다메섹에 있는 제자들을 "그 도"(9:2; 또한 22:4 언급)와 "그 성도들"(9:13; 비교. 26:10)의 사람으로 언급한 것을 포함하는데, 이 둘은 사도행전 이곳에서 처음 등장한다. 아나니아는 (위 n. 100을 보라) 엄밀한 의미에서 헬라파였을 필요도 없고, 들어온 헬라파들이 전도한 그 지역의 유대인이었을 것이다 (22:12은 그를 "율법에 따라 경건한 사람으로 거기 사는 모든 유대인들에게 칭찬을 듣는" 사람으로 묘사한다). 그러나 22:14을 보면, 바울은 "그 도"를 율법과 예언자들에 헌신하는 일과 연관 지었다.

132) 또한 Hengel and Schwemer, *Paul,* 80-90을 보라. 사울이 유대보다는 다메섹에서 박해자로 활동했을 가능성에 대해서는 341 n. 163을 보라.

다메섹으로 도망간 사람들의 도피 이유와 사울의 박해 이유가 무엇이
든 간에, 사울의 "회심"으로 알려진 그 사건이 다메섹 도상에서 일어났다는
(그가 다메섹에 다다랐을 때, 9:3) 전승은 충분히 신뢰할 만하다. 필자는 이미 사
도행전의 세 가지 서술이 지닌 핵심을 공관적으로 다루었고(9:1-22; 22:1-21;
26:9-23), 그 서술 간에 있는 다양성뿐 아니라 핵심 사건에 대한 단어들이 일
치함을 언급했다(9:1-22; 22:1-21; 26:9-23). 이는 필자가 볼 때 사울의 회심 이야
기를 누가뿐 아니라 초기 교회들 가운데서 다시 이야기하는 방식의 전형
적인 예들이다.[133] 그러나 여기서 더 중요한 내용은 자신의 회심을 바울이
언급한 곳이 있다는 점이다(고전 9:1, 15:8, 고후 4:6[어쩌면], 갈 1:15-16과 빌 3:7-8).

- 고린도전서 9:1 — "내가 사도가 아니냐? 내가 우리 주를 보지 못하였느냐?"
- 고린도전서 15:8 — "맨 나중에 만삭되지 못하여 난 자 같은 내게도 보이셨
  느니라."
- 고린도후서 4:6 — "'어두운 데에 빛이 비치라' 말씀하셨던 그 하나님께서 예
  수 그리스도의 얼굴에 있는 하나님의 영광을 아는 빛을 우리 마음에 비추셨
  느니라."[134]
- 갈라디아서 1:15-16 — "그러나 내 어머니의 태로부터 나를 택정하시고 그
  의 은혜로 나를 부르신 이가 그의 아들을 이방에 전하기 위하여 그를 내 속
  에 나타내시기를…."

---

133) *Jesus Remembered*, 210-12. 또한 A. M. Schwemer, 'Erinnerung und Legende. Die Berufung
des Paulus und ihre Darstellung in der Apostelgeschichte', in L. T. Stuckenbruck et al.,
eds., *Memory in the Bible and Antiquity* (WUNT 212; Tübingen: Mohr Siebeck, 2007), 277-
98을 보라. Marguerat는 세 가지 서술이 누가가 바울의 선교를 묘사한 부분에 나온다고 언
급한다: "이방인 선교역사는 이 계몽적인 사건으로 규정된 공간에서 펼쳐진다.…서술자
는 사울의 개종이 해석의 핵심으로 기능하게 하며…바로 이 돌파를 통해서 기독교 신앙
이 조상들의 하나님을 향해 기본적인 성실함을 유지했다는 사실의 전형적인 예다"(*First
Christian Historian*, 203-204).
134) 고후 4:6이 바울의 개종을 암시한다는 것이 주석가들 대부분의 견해일 것이다. M. Thrall,
2 Corinthians (ICC, 2 vols.; Edinburgh: Clark, 1994, 2000), 316-20, 316 n. 878과 Schnelle,
Paulus, 80-81에 있는 논의를 보라. 추가로 §25.4a를 보라.

- 빌립보서 3:7-8 — "그러나 무엇이든지 내게 유익하던 것을 내가 그리스도를 위하여 다 해로 여길뿐더러 모든 것을 해로 여김은 내 주 그리스도를 예수를 아는 지식이 가장 고상하기 때문이라."

앞으로 살피겠지만, 바울 자신에게 있어서나 누가가 사울의 회심에 대해 듣고 다시 말한 것처럼, 바울의 자기 회상과 사도행전 서술 간의 관련 정도는 사울의 회심의 주요 특징들을 파악하기에 충분하다. 이 특징들 외에, 전달 시 발생한 사도행전 서술 간의 차이들은 무의미해진다.[135]

b. "내가 예수 주를 보지 못하였느냐?"(고전 9:1)

예수를 보았다는 바울의 확신은 결코 의심할 수 없다. 즉 예수가 죽음에서 일어나 하늘로부터 바울에게 나타났다는 것이다. 바울은 죽음에서 부활한 예수가 먼저 베드로와 열둘에게 나타난 것(고전 15:8)처럼 그에게 나타났음을 확신했다. 사도행전에서는 그 사건을 다시 말하면서 시각적 측면에 집중한다.

- "하늘로부터의 빛"(9:3), 사울은 눈이 멀었다가 회복되었다(9:8, 18), "주 예수가 너에게 나타나셨다"(9:17).
- "하늘로부터의 큰 빛"(22:6), "나는 그 빛의 광채로 말미암아 볼 수 없었다"(22:11), 시력을 회복했고(22:13), "그 의인을 보도록" 선택받았다(22:14).
- "하늘로부터 해보다 더 밝은 빛"(26:13), "내가 네게 나타난 것은 곧 네가 나를 본 일과 장차 내가 네게 나타날 일에 너로 종과 증인을 삼으려 함이니"(26:16), "하늘에서 보이신 것을 내가 거스르지 아니하고"(26:19).

---

135) 사도행전 서술 간의 차이를 "불일치"나 "부조화"라고 언급하는 것은 구전 전승이 사용되던 (되는)/전달된 방법에 대한 흔한 오해를 반영한다. 다시 *Jesus Remembered*, §8을 보라.

고린도후서 4:6에서 발견한 그런 묘사의 되울림을 무시하지 않아야 한다. 빛이 비쳤고, 바울은 예수 그리스도의 얼굴을 보았다. 사도행전 22:14에서 갈라디아서 1:15-16을 희미하게 반영한 것도 무시하지 않아야 한다. 그리고 빌립보서 3:8의 "그리스도 예수를 앎"이라는 말은 이미 아주 개인적이다.[136]

그 전승은 사울이 예수를 인식하고 그 즉시 이 예수를 믿게 되었다는 의미인가? 사도행전에서 빛에 둘러싸인 인물을 "퀴리에"(kyrie, "주, 선생")라고 부른 것은,[137] 이 "퀴리오스"가 예수라는 신속한 고백이기보다는, 그런 인물에 걸맞은 호칭이었을 것이다. 결국 첫마디는 "주여, 누구시니이까?"라는 질문이었다(9:5; 22:8; 26:15). 그러나 그가 예수를 봄(seeing)으로 체험했다는 이해는 어쩌면 그 사건 자체("나는 네가 박해하는 예수라," 이야기의 핵심 중 일부, 9:5)에서 그에게 주어졌거나, 바울이 곧 어울리게 됐던 그리스도인들이 그에게 제공했을 것이다. 바울 자신의 회상(단순히 누가의 서술뿐 아니라)이 지닌 함의는, 사울이 예상과 달리 다메섹 회당 당국자에게 가지 않았고, 그가 박해하려 했던 사람들 가운데 한 사람이나 다수를 그가 찾아냈거나 그 사람들이 그를 찾아냈을 것이라는 점이다.[138] 그래서 사울이 보고/체험한 사건은 분명히 그를 중간에서 멈추거나 방향을 전환하도록 할 만큼 그 자체로 강제력이 있었을 것이다. 또한 이것은 누가가 사도행전 9:8-19을 서술할 때 많은 부분을 훌륭한 전승에 의존할 수 있었음을 내비친다.

필자는 이미 어떤 종류의 "봄"이었는지 물었다.[139] 여기서 간단하게 다음 사항을 다시 언급할 필요가 있다. (1) 다른 나타남과는 다르게 이 나타

---

136) Schnelle, *Paulus*, 81.

137) 물론 빛은 천상의 인물들이 등장할 때 드러나는 일반 특징이다. 예로, Barrett, *Acts*, 1.449에 있는 자료를 보라.

138) 누가는 사울이 "직가"에서 "유다의 집"으로 갔거나 끌려간 이유와 유다가 신자였는지를 설명하지 않는다(Hengel and Schwemer, *Paul*, 81은 그가 신자가 아니었다고 생각한다). 아나니아에 대해서는 다시 n. 100을 보라.

139) *Jesus Remembered*, 872-74.

남은 하늘로부터 직접 왔을 것이다. (2) 누가는 그것을 "하늘에서 보이신 것"이라고 주저 없이 말했고(26:19), (3) 바울은 하나님이 "내 속에" 그의 아들을 나타내셨다고 말했다(갈 1:16).[140] 따라서 강한 환상적·주관적 요소가 있음을 부정할 수 없다. 그러나 주요인은 바울이 예수를 **봄으로** 만났다는 것이다. 바울이 개념화한 이런 방식이 그 사건 후에 주어졌다고 하더라도, 자신이 박해한 운동에 헌신하게 된 사건은 "전기적 재구성"(biographical reconstruction)[141]이라는 결과로 이어졌다. 이것이 바울이 그때부터, 즉 거의 처음부터 자신에게 일어난 일을 이해한 방식이다. 고린도 사람들에게 던진 그의 질문(고전 9:1)은 명백하게 긍정적인 답(그래, 나는 우리 주 예수를 보았다!)을 요구한다.

c. "내가 사도가 아니냐?"(고전 9:1)

다양한 언급과 서술의 다른 일관성 있는 특징은 사울이 부활하신 예수와의 만남을 위임받는 사건으로 체험했다는 점이다. 바울의 이후 삶에서 무엇보다도 더 중요한 내용은, 그가 그 사건에서 자신이 사도로 위임받았을 뿐만 아니라(고전 9:1; 갈 1:1), 더 구체적으로는 **이방인**의 사도(롬 1:5; 15:15-16)로 위임받았다고 이해했다는 사실이다. 이것이 고린도전서 15:8에 분명히 함의된 내용이다. 그리스도가 그에게 나타나셨다는 사실은 그를 복음

---

140) BDF, §220(1), RSV/NRSV에도 불구하고, *en moi*의 선호되는 번역은 "내게"보다는 "내 안에"이다. 바울이 동사 "드러나다"를 여격으로 사용하려고 할 때는 그렇게 했다(고전 2:10; 14:30; 빌 3:15). 갈 1:16의 "내 속에"는 갈 2:20의 "내 안에"와 잘 어울린다. 참고. 고후 4:6, "우리 마음에." B. R. Gaventa, *From Darkness to Light: Aspects of Conversion in the New Testament* (Philadelphia: Fortress, 1986)는 병행되는 *en tois ethnesin*을 고려하면 *en*이 두 경우에서 "~에게"라는 의미를 띤다는 것이 시사된다고 논증한다(27). 그러나 후자의 더 자연스러운 의미는 "이방인 가운데"이다.

141) Segal, *Paul the Convert*, 28의 참고문헌. L. Bormann, 'Autobiographische Fiktionalität bei Paulus', in Becker and Pilhofer, ed., *Biographie und Persönlichkeit des Paulus*, 106-24은 H. Winter("자서전의 진실은 항상 그 작가에게만 진실이다")를 인용한다(113).

을 선포하라고 위임받은 사도로 선택된 무리 가운데 하나(가장 작은 자; 15:9-11)[142]로 세웠다. 여기서 "사도"는 여전히 "전달자, 특사"라는 기본 의미를 지닌다. 즉 위임받아서 다른 이(들)를 위해서나 대표해서 말하도록 보냄을 받은 자다.[143] 고린도후서 4:6에 바울과 모세의 사역을 비교하며 대조하는 절정이 있다. 그리고 갈라디아서 1:15-16에서 바울은 자기 안에 아들을 계시하신 하나님의 목적이 바울이 이방인 중에 그리스도의 복음을 전하도록 하기 위해서라고 분명하게 언급한다.

여기서도 사도행전의 서술들은 바울의 회상과 밀접한 연관이 있다. 시각적 요소와 마찬가지로, 위임은 바울의 회심에 대한 레퍼토리 가운데 확고한 부분이다. 그러나 여기서 흥미로운 단서를 달아야 하는데, 하늘에 계신 예수와 사울 사이의 간단한 대화는 이 이야기의 다양한 판에 확고한 핵심에 속하지만, 위임은 모든 요소 중 가장 가변적인 요소다.

- 9:15에서 위임은 아나니아의 환상에서만 암시되었다(사울은 이방인에게 하나님의 이름을 전하라고 선택된 도구다). 비록 바로 이어지는 속편에서는 사울이 직접 위임받았음을 내포하지만 말이다(9:20, 27-29).

- 두 번째 서술에서 위임은 개종 장면에서만 간단하게 언급되었고("너는 모든 사람에게 증인이 되리라", 22:15), 후에 예루살렘 성전에서 명백한 환상으로 확인된다("내가 너를 멀리 이방인에게로 보내리라", 22:21).

- 그러나 세 번째 서술에서 위임은 다메섹 도상에서 만나는 장면에서 부활한

---

142) 편의를 위해서 *Theology of Paul*, 331 n. 87 도입부에 있는 필자의 언급을 반복한다. *Ektrōma*는 "미숙한 출생"을 뜻한다. 그것은 종종 그런 출생과 관련하여 기형을 의미할 수도 있기 때문에, 그 표현은 대적자들이 바울을 모욕한 데서 비롯되었을 수도 있다("기형아", "흉물덩어리"). 바울은 (신자로서) 자신의 출생을 말하며, 때를 앞선 강제를 나타내려고 그 표현을 사용했을 텐데, 그것은 사도계가 닫히기 전에 그를 그 안에 포함하기 위해서였다("가장 작은 자"). 추가로 필자의 *Jesus and the Spirit*, 101-102; Fee, *1 Corinthians*, 732-34; 그리고 아래 §29 n. 50을 보라. 또한 M. W. Mitchell, 'Reexamining the "Aborted Apostle": An Exploration of Paul's Self-Description in 1 Corinthians 15.8', *JSNT* 25 (2003), 469-85을 보라.

143) 추가로 §29.3을 보라.

예수의 명백하고 제법 자세한 말로 주어졌다(26:16-18). "···내가 너를 그들에게 보내어 그 눈을 뜨게 하여 어둠에서 빛으로···돌아오게 하고···"(26:17-18).

위임 장면이 제시되는 방법의 차이에도 불구하고, 이 모티프의 불변성은 그것이 사울/바울의 개종에 관한 다양한 이야기의 확고한 요소였음을 분명히 나타낸다. 누가는 그 이야기를 몇 번이나 들었을 것이고, 그도 그것을 다시 이야기했다.

이 모든 점을 어떻게 이해해야 하는가? 우리는 사울의 다메섹 도상 경험에 시각과 청각 두 요소가 관련되었다고 쉽게 받아들일 수 있다.[144] 정확하게 바울이 무엇을 들었든지 간에, 그것은 그가 박해하고자 했던 형제 무리에 합류해야 함을 확신시키기에 충분했다. 그가 보았던 것과 마찬가지로, 이 문제에서도 그의 이해는 시간이 흐르면서 더 명백해졌다. 예를 들어, "사도직"이라는 표현은 예기치 않게 그의 마음에 떠오른 것 같지 않다. 우리가 말할 수 있는 것은, 바울이 자신이 "예수 그리스도를 통하여" 직접 위임받았고, 그의 복음도 "예수 그리스도의 계시를 통하여" 직접 받았다는 점을 갈라디아서에서 고집스럽게 강조하며 주장할 수 있었다는 사실이다(갈 1:1, 12). 이 부분과 1:16(하나님이 내 속에 그의 아들을 계시하셨다) 간의 상호연관은, 이전 두 절에서 그가 자신의 다메섹 도상 체험을 언급하고 있음을 거의 확실하게 시사한다. 더욱이 바울은 자연스럽게 자신을 "이방인의 사도"로 생각했다(롬 11:13). 그가 받은 "은혜와 사도직"은 이방인을 믿음에 순종하게 하기 위함이다(롬 1:5; 15:15-16). 그가 처음에 자신을 사도로 여겼고, 이후(동료 유대인 가운데서 선교 사역에 실패한 후?)[145]에야 자신의 사도직이 이방인

---

144) 두 요소는 예언자들의 "소명" 간증의 특징이다. 예. 사 6:1-13; 렘 1:4-13; 겔 2:1-3:13; 암 7:14-8:3.

145) F. Watson, *Paul, Judaism and the Gentiles* (SNTSMS 56; Cambridge: Cambridge University, 1986), 28-32; 개정판 (Grand Rapids: Eerdmans, 2007), 69-82에서 그렇게 논증한다. Segal은 롬 7장과 관련해서 탁월하게 논증했다(*Paul the Convert*, 7장).

을 위한 것이라고 결론지었다는 암시는 없다.[146] 바울이 뒤돌아봤을 때, 그의 확신은 확실했다: 부활한 주는 그가 다메섹 도상에서 사울과 만났을 때 사울을 이방인을 위한 그의 선교사/사도로 위임했다.[147]

d. 이방인에게

사울이 다메섹 도상에서의 만남을 다른 무엇보다도 이방인에게 하나님 아들에 대한 복음을 전하라는 부름(갈 1:16)으로 이해했다는 인식에는 중요한 결론 몇 가지가 뒤따른다.

(1) 바울의 **회심**이라고 말하는 것이 더 적절한지 아니면 **위임**이라고 말하는 것이 더 적절한지에 대한 논쟁은 다소 무의미해졌다.[148] 물론 사울이 한 종교에서 다른 종교로(유대교에서 기독교로) 개종했다고 생각하지 않아야 한다.[149] 특별히 후자의 초기 상태와 관련해서 그리고 이 시기에 양쪽이 다양하고 딱히 특정한 형태가 없었음에 관해서도 이미 충분히 언급했기

---

146) 2:7-9과 함께 갈 1:21은 바울의 최초 선교 사역이 이방인 가운데 있었음을 분명하게 나타낸다. 갈 1:17에 관해서 아래를 보라(§25.5b). T. L. Donaldson, *Paul and the Gentiles: Remapping the Apostle's Convictional World* (Minneapolis: Fortress, 1997)은 갈 5:11이 이자테스가 개종할 때 엘르아살이 했던 것처럼(Josephus, *Ant.* 20.43-46) 바울이 정말 할례를 설교했을 때를 가리킨다고 주장한다(278-84). 하지만 그는 바울의 "열심"의 특징과 목표를 충분히 고려하지 않았다. 바울이 이방인 개종자들을 포함하려고 하기보다는 반대하려고 했을 가능성이 더 높다. Donaldson이 그 주제를 논의한 부분(286, 290, 292)을 비교하라. 필자의 *Galatians* (BNTC; London: Black, 1993), 278-80; Martyn, *Galatians,* 167-68과 476-77을 보라.

147) 여기서 필자는 S. Kim, *The Origin of Paul's Gospel* (WUNT 2.4; Tübingen: Mohr Siebeck, 1981/Grand Rapids: Eerdmans, ²1984), 60, 65-66, 95에 동의한다. "바울 사도가 갈라디아서를 쓸 때 다메섹 근방에서 주어진 부활한 예수의 계시가 이미 이방인을 향한 사도 위임을 포함한다고 확신했음은 완전히 명백하다"(Riesner, *Paul's Early Period,* 235).

148) Stendahl, *Paul among Jews and Gentiles,* 7-23: "개종보다는 부르심."

149) 예. W. D. Davies, 'Paul and the People of Israel', *NTS* 24 (1977-78), 4-39을 보라. "유대인 예수를 메시아로 받아들이는 데 있어, 바울은 자신이 새로운 종교로 이동했다기보다는 자신이 태어났던 유대 전통의 최종 표현과 의도를 발견했다는 관점에서 보았다." "바울은 우리가 보통 한 종교에서 다른 종교로의 개종이라고 부르는 관점에서가 아니라, 유대인들이 자신들 종교의 마지막 혹은 진정한 형식을 인식했다는 관점에서 바라본다"(20, 27).

에, 이런 지나친 단순화는 완전히 시대착오적이고 역사적 묘사로서 받아들일 수 없다고 확고하게 말할 수 있다.[150] 그렇기는 하지만 바울의 체험을 회심이라고 말하지 않을 수 없다. 그가 말한 완전한 변화(빌 3:7)는 누구나 상상할 수 있는 그런 명확한 회심이다.[151] 명확하게 해야 할 필요가 있는 부분은, 그것이 한 종교에서 다른 한 종교로의 개종이 아니라, 제2성전기 유대교의 한 형태에서 다른 형태로, 즉 바리새주의에서 예수 메시아주의로의 회심이었다는 것이다. 심지어 닫힌 유대교에서 열린 유대교로의 회심이라고 말할 수도 있다.[152] 그렇다면 두 개의 범주를 대조나 대립으로 설정할 이유는 없다. "회심(개종)"은 종교사학자의 언어에 가깝고, "위임"은 바울의 자기이해의 표현이다. 그러나 이 둘은 공존할 수 있다.[153]

(2) "이방인을 위해 부름 받음"의 강조는 갈라디아서 1:11-12과 고린도 전서 15:3의 모순되어 보이는 내용을 설명하는 데 도움을 준다.

- 갈라디아서 1:11-12 ― "내가 사람에게서 복음을 받은(parelabon) 것도 아니요 배운 것도 아니요 오직 예수 그리스도의 계시로 말미암은 것이라."

---

150) 위 §20.1(1)과 Roetzel, Paul, 44-46을 보라.

151) "그런 급진적 변화들이 개종이 아니라면 무엇이 개종을 일으킬 수 있는지는 알기 어렵다"(Barrett, Acts, 1.442).

152) Segal, Paul the Convert, 6, 21, 79-84, 113, 117, 147. 또한 비록 "유대교"라는 바울의 언급에 있는 미묘한 의미를 놓치고 있지만, S. J. Chester, Conversion at Corinth: Perspectives on Conversion in Paul's Theology and the Corinthian Church (London: Clark, 2003), 153-64을 보라: "바울은 자신이 낮은 유형의 유대교를 더 높은 유형으로 교환했다고 생각하지 않는다"; "바울이 떠난 것은 유대교 그 자체다"(162-63). 등장하기 시작한 용어인 "유대교"는 오늘날 우리가 "제2성전기 유대교"라는 훨씬 광범위한 현상의 구체적인 이해를 가리키는데, 그것은 정치적·종교적 그리스화에 대항한 마카비 세력이 구축한 이해다(Jesus Remembered, §§9.1과 2a를 보라). 바울의 경우에서 "유대교"는 "바리새파 유대교"라고 더 정확하게 묘사할 수 있는 것을 나타낸다(추가로 §29.2a를 보라).

153) Hagner는 필자가 바울의 개종을 "그리스도의 복음을 이방인에게 가져가기 위한 필요"로 묘사한 것을 비판한다. "그것은 바울 자신에게 일어난 일이라는 개인적 중요성을 정당하게 평가하지 않는다"('Paul as a Jewish Believer', 102 n. 32). 그러나 필자의 문구는 바울이 자신의 개종을 회상한 내용을 단순히 반영하며(갈 1:13-16), 갈 1:13-16과 마찬가지로 바울의 개인적 변화를 저평가하지 않는다.

- 고린도전서 15:3 — "그리스도께서 우리 죄를 위하여 죽으셨음을 (전승이 전해준) 복음으로 내가 받았고(*parelabon*)···."

해결은 상당히 간단하다. 바울은 확실히 자신의 복음이 베드로와 야고보 및 요한이 동의한 복음과 다르다고 생각하지 않았고(갈 2:2-9), 고린도전서 15:3-4/5의 복음은 그들 모두가 선포한 복음이다(15:11). 바울 복음의 다른 점은 **복음이 이방인에게도 열렸다는 그의 확신**이며, 또한 회심 때 자신에게 전해진 전승에 있는 복음(고전 15:3)이 이방인에게 전하라고 위임받은 하나님의 아들의 메시지(갈 1:16)라는 데 있다. 그것이 바로 바울이 그의 동료 사도들과 불편한 관계에 놓였던 이유이며, 바울은 자신을 그 무엇보다도 "이방인의 사도"로 여겼다. 바울이 볼 때는 이것이 위임받았을 때부터 사실이었다.

(3) 바울은 이 위임이 이스라엘의 예언자들이 받았던 위임과 같은 선상에 있고, 열방을 향한 이스라엘의 사명을 성취하는 위임인 것을 의도적으로 시사하는 듯하다. 갈라디아서 1:15-16은 이사야 49:1-6과 예레미야 1:5의 암시를 명확하게 하는 방식으로 표현되었다.

- 갈라디아서 1:15-16 — "···내 어머니의 태로부터(*ek koilias mētros mou*) 나를 택정하시고(*aphorisas*) 그의 은혜로 나를 부르신(*kalesas*) 이가···그의 아들을 이방(*en tois ethnesin*)에 전하기 위해서···."
- 예레미야 1:5 LXX — 예레미야는 부름에 대한 자신의 이해를 표현한다. "내가 너를 모태에(*en koilia*) 짓기 전에 너를 알았고 네가 배에서 나오기 전에 너를 성별하였고 너를 열방의 예언자(*prophētēn eis ethnē*)로 세웠노라."
- 이사야 49:1-6 LXX — 야웨의 종 = 이스라엘(49:3)이 말한다. "그는 태에서부터 나의 이름을 부르셨다(*ek koilias mētros mou ekalesen*).···보라, 내가 너를 언약 백성을 위해 세웠고, 열방/이방(*eis phōs ethnōn*)의 빛으로 삼아 구원을 베

풀어서 땅끝까지 이르게 하리라(*eis sōtērian heōs eschatou tēs gēs*)."[154]

- 사울의 회심의 세 번째 서술 절정부에 이사야 49:6의 암시도 있을 것이다(행 26:23). 누가는 사도행전 13:47에서 같은 본문을 인용하는 바울과 바나바를 묘사한다.
- 바울 서신에서 다른 암시들은 바울이 주저하지 않고 제2이사야서의 종에게 부여된 역할에 비추어 자신의 사역을 조망했다는 암시를 확인하는 듯하다.[155]

따라서 바울이 자신의 회심을 예레미야 1:5에서 언급한 예레미야의 위임처럼 예언자적 위임으로 보았고, 더 구체적으로는 제2이사야의 종에게 사용된 용어에 비추어 보았다는 점에는 조금의 의심도 없다.[156] 바울의 소명과 이스라엘(야웨의 종)의 소명 사이의 이런 연속성은 바울의 자기이해에 분명 중요한 부분이었다. 다메섹 도상에서 일어난 일은 **회심이었으며**, 이 회심은 이스라엘을 위한 하나님의 뜻과 목적이 어떻게 진척되었느냐는 사울의 과거 이해로부터의 회심이었다. 그러나 바울은 그것을 이스라엘을 위한 그 뜻과 목적의 **더 나은 것**, 정말로 올바른 이해로의 회심으로 보았다. 이방의 사도는 맞다. 그러나 그것 때문에 이스라엘**의 배교자**가 아니라, "열방의 빛"이라는 이스라엘의 운명을 지고 나아가도록 위임받은 이스라엘**의 사도**다.[157]

---

154) 행 1:8에서 *heōs eschatou tēs gēs*가 다시 언급된 것을 기억할 것이다.

155) 롬 10:16(= 사 53:1); 롬 15:20-21(= 사 52:15); 고후 6:1-2(= 사 49:8); 빌 2:16 (비교. 사 49:4). 또한 T. Holtz, 'Zum Selbstverständnis des Apostels Paulus', *TLZ* 91 (1966), 331-40을 보라.

156) 추가로 K. O. Sandnes, *Paul — One of the Prophets?* (WUNT 2.43; Tübingen: Mohr Siebeck, 1991), 5장(그러나 그는 소명에 필수 부분인 "열방"이라는 측면을 명확하게 하지 못했다); Dunn, *Galatians*, 63-64을 보라. 갈 1:15의 *aphorisas*("택정")는 바리새인의 별칭이 된 단어(= "분리된 자들")에 대한 고의적인 언어유희일 수도 있다(다시 *Jesus Remembered*, 268 n. 57을 보라). 율법을 위한 바리새인 바울의 "분리주의"는 복음을 위한 사도라는 그의 "분리"로 대체되었다.

157) 추가로 필자의 'Paul: Apostate or Apostle of Israel?', *ZNW* 89 (1998), 256-71을 보라. 결국 해결되지는 않을지라도, 바울이 얼마나 빨리 그 깨달음을 뼈저리게 느꼈느냐

(4) 바울이 이해한 자신의 회심에 대한 통찰이 §25.2에서 제안한 가정과 얼마나 연관이 있고, 그 가정을 확인하는 데 도움을 주느냐는 문제는 특별히 중요하다. 그 가정은 사울의 박해하는 열심이 성전에 대한 헬라파의 비판 때문이나, 이방인과 관련하여 이스라엘의 거룩함이라는 장벽을 기꺼이 낮추려는 헬라파의 시도 때문에, 하나님이 이스라엘을 구별하신 상태가 타협되는 것을 예방하려는 결심이었다는 것이다. 자신의 핵심 동기(예수의 도를 추종하는 자들과 관련하여)가 완전히 잘못되었다는 충격적인 깨달음이 다메섹 도상에서 사울을 무너뜨렸다. 하늘의 빛은 바울의 자기이해 안에 있는 주요 오점을 드러냈다. 그가 (이스라엘을 향한 하나님의 뜻과 관련해서) 완전히 그릇된 방향으로 나아가고 있었다는 것이다. 그래서 사울에게 일어난 일을 "회심"으로 묘사하는 것은 온전히 타당하다. 그가 실제로 "회심하여"(즉 "돌아서서") 자신이 박해했던 것의 옹호자가 되었기 때문이다(갈 1:23). 그는 이스라엘의 경계를 위협하는 자들을 박해하는 데서 그에게 그 경계를 넘도록 요구하는 사역으로 돌아섰고, 근본적으로 이방인을 부정하는 태도(나중에 엡 2:12에서 표현됨)를 버리고 메시아 예수의 복음을 그들에게 전하는 데 헌신하게 되었다.[158]

물론 이 모든 내용으로 필자는, 의심할 여지 없이 "회심"이라고 일컬을 수 있는 사울의 체험을 어느 정도 뚫고 들어가 보려고 시도한다. 그 사건에서 다양한 요인(빛, 개인적 만남의 체험, 위임의 의미)이 어떤 역할을 하고 어떻게 상호 작용을 했는지 그리고 얼마만큼의 내용이 이후에 주어진 가르침과 고찰 및 전기적 재건에 기인했는지는 현재로선 결정할 수 없다. 이런 전형적인 "회심"과 관련하여 예상할 수 있듯이, 관련된 심리적 역동성에 대한 끝없는 추측이 있었다. 비록 이 추측의 대부분이 확고한 뿌리가 너무 부족

는 의문은 언제나 고려할 만한 가치가 있다(Wedderburn, *History*, 85처럼). 또한 A. du Toit, 'Encountering Grace: Towards Understanding the Essence of Paul's Conversion Experience', *Focusing on Paul*, 57-75을 보라.

158) 이방인을 밖의 사람, 즉 "약속의 언약들에 대하여는 외인이요 세상에서 소망이 없고 하나님도 없는 자"(엡 2:12)로 보았다.

해서 불만족스럽고 대개는 열매가 없는 활동이지만 말이다.[159] 여기서 확실히 붙잡아야 할 요점은, 바울의 회심이 바울을 열성적이고 무자비하게 첫 그리스도인들을 핍박한 박해자로부터 그가 박해했던 운동을 옹호하는 자로 완전히 변화시켰고, 이내 제2성전기 유대교의 경계를 넘어선 새 운동의 확장에서 가장 열매를 많이 맺는 선교사가 되게 만들었다. 바울의 심리적 윤곽을 어떻게 추론하든지, 그의 이후 활동은 회심 체험과 그 결과에 대해 기본적으로 긍정적인 평가를 받는다.[160]

그러나 사울의 복음과 뒤따르는 그의 신학에 대해 회심 체험이 지닌 중요성에 관해 말할 내용은 여전히 많다.

25.4 바울 복음의 기원

바울의 회심을 바울 복음에 창의적인 영향력을 끼친 하나의 요소(주요한 요소가 아니라면)로 다시 자리 잡게 한 공을 김세윤에게 돌려야 한다.[161] 그 주제에 대해 설득력 있게 논증하는 일은 어렵지 않은데, 특별히 두 가지 측면에

---

159) 예. W. James, *The Varieties of Religious Experience* (1902; London: Collins, Fontana, 1960), 35, 251; Klausner, *From Jesus to Paul*, 326-30; C. G. Jung, *Contributions to Analytical Psychology* (ET 1945), 257(C. S. C. Williams, *Acts* [BNTC; London: Black, 1957], 123이 인용함); W. Sargant, *Battle for the Mind* (London: Pan, 1959), 106; J. G. Gager, 'Some Notes on Paul's Conversion', *NTS* 27 (1981), 697-704; Taylor, *Paul*, 69-74을 보라. 더 일반적으로는 Gaventa, *From Darkness to Light*를 보라.

160) 필자는 기독교의 시작을 인식하는 데 있어 "종교 체험"에 중요성을 부여하는 일에 대해 드러나는 노골적인 적대감이 당혹스럽다(Cameron, *Redescribing*, 16). 바울의 개종 체험이 매우 명확하게 중요한데 말이다.

161) Kim, *Origin of Paul's Gospel*, 또한 *Paul and the New Perspective*, 1장과 5장. 그곳에서 김세윤은 그의 이전 책에 대한 필자의 비판에 대응한다. 이전 책은 '"A Light to the Gentiles": The Significance of the Damascus Road Christophany for Paul', in L. D. Hurst and N. T. Wright, eds., *The Glory of Christ in the New Testament: Studies in Christology*, G. B. Caird FS (Oxford: Clarendon, 1987), 251-66(여기서는 256-63). 필자는 *The New Perspective on Paul*, 특별히 (2005), 33-37, 81 n. 349, (2008), 36-41, 90 n. 377에서 답했다. 추가로 §§27.2-5을 보라.

서 그렇다.[162]

(1) 한 측면은 **바울의 기독론**, 즉 예수가 누구였느냐에 대한 바울의 이해와 관련된다. 사울/바울이 예수와의 만남으로 인식한 것이 예수에 관한 그의 이해를 분명 완전히 변화시켰을 것이다. 그 이해는 다메섹 도상에서나 바로 그 후(아나니아가 설명한 대로?)에 주어졌다. 더욱이 우리는 첫 제자들이 예수에 관해 믿었던 내용에 대한 그의 지식이 그가 그렇게 만났던 사람에 관한 자신의 개념을 형성했다고 자신 있게 추정할 수 있다. 그리고 처음부터 그렇게 형성되었을 것이다. 이것이 그의 "회심"의 핵심에 있었던 충격적인 깨달음이었다. 즉 그가 추적했던 사람들이 예수에 관해 주장했던 내용이 실제로 참이었다는 것이다! 결국 그들이 옳았음에 틀림없다!

- 예수가 죽음에서 부활하여 하늘로 들려 올라갔음은 하늘로부터 온 "예수 그리스도의 계시"(갈 1:12)로 자명해졌으며, 이것은 부활하신 그리스도의 또 한 번의 (마지막) 출현으로 곧 이해되었다(고전 15:8).

- 그는 (따라서) 하나님의 메시아가 틀림없다. 사도행전 9:22에 따르면 사울은 예수가 그리스도라는 새로운 확신을 새 신자의 열정으로 보여주려고 했다.[163] 바울 설교의 특징이 된(고전 1:23; 2:2; 갈 3:1) 십자가에 달린 그리스도에 대한 강조는, 그가 바로 그 메시지에 대해 가졌던 반감을 되울리는 듯하다(비교. 고전 1:23; 갈 3:13).[164] 또한 그가 이전에 "그리스도를 육신에 따라 알았다"(고후 5:16)라는 말은 예수가 "그리스도"시라는 주장에 대해 몹시 부정적으로 평가했던 것을 포함할 것이다.[165]

---

162) Schnelle는 주로 첫 번째 측면에 대해서는 김세윤에 동의하나, 두 번째에 대해서는 아니다(*Paul*, 4장). 또한 R. N. Longenecker, ed., *The Road from Damascus* (Grand Rapids: Eerdmans, 1997)를 보라.

163) Hengel과 Schwemer는 사울이 자신의 5번 매 맞음(고후 11:24) 중 첫 번째를 다메섹에서 맞았는지를 궁금해한다(*Paul*, 93).

164) 추가로 필자의 'Paul's Conversion', 80-82/344-47을 보라.

165) Murphy-O'Connor는 고후 5:16을 타당하게 논평한다: "명백하게 그의 개종 전에 바울은 자신이 나중에 수치스럽게 여긴 방식으로 예수에 관해 생각했다"(*Paul*, 73). 또한 위 n. 96을

- 그는 (결국) 하나님의 아들이었다. 회심한 사울이 이미 예수를 "하나님의 아들"(행 9:20)[166]로 이내 선포하기 시작했다는 사도행전의 내용은 "하나님이 그의 아들을 내 속에 계시하셨다"(갈 1:16)라고 바울이 자신의 회심을 상기한 내용과 상당히 깔끔하게 연관된다.

- 그는 주로 임명되었다. 예수를 "주"로 언급하는 바울의 가장 특징적인 방식은 동일한 체험에 뿌리를 둘 것이다. 그는 첫 그리스도인들이 시편 110:1의 중요성을 인식했음을 이미 알고 있었고, 자신이 예수를 만난 사건을 고려하면 그것이 지닌 중요성에 대해 설득당할 필요가 없었다.[167]

- 우리에겐 명확하지 않은 논리로, 이 기독론은 그것이 이방인뿐만 아니라 유대인에게도 복음이라는 함의를 수반한다. 그리스도는 "아브라함의 복을 이방인에게 이르게 하려고"(갈 3:13-14) 십자가에서 저주를 받으셨다. 예수는 "(바울이) 그를 이방에 전하기 위해서"(갈 1:16) 하나님의 아들로 계시되었다. 예수가 주라는 점은 "모든 사람의 주가 되사 그를 부르는 모든 사람에게 부요"(롬 10:12)함을 의미했다.

이 측면에 대해 얼마나 더 많이 언급할 수 있느냐는 주로 고린도후서 4:6을 어떻게 평가하느냐에 달려 있다. 그 말씀은 바울의 회심 체험을 암시하는가? 그렇다면 그것은 바울이 예수를 신적 영광을 가진 인물로 보았음을 암시하는가? 그런 질문의 해답은 결과적으로 고린도후서 4:6이 유대인 신비주의자들이 추구하고 향유했던 체험과 비슷한 체험을 반영하느냐에 달려 있다. 메르카바(merkabah, 전차) 신비주의의 한 형태가 이미 이 당시에 행해졌다는 충분한 암시가 있다. 유대 신비주의자들은 이미 에스겔 1장이 전하는 환상을 다시 체험해보려고, 즉 신의 전차를 보려고 노력을 많이

보라.

166) 바울이 자신의 설교에 관해 최초로 언급한 곳도 그렇게 하나님의 아들을 언급한다(살전 1:9-10).

167) 갈 1:19에서 "주의 형제"라는 그의 언급은 그때, 즉 그의 개종 2, 3년 후에 바울이 사용한 표현을 반영하는데, 이는 그가 "주"라고 말하는 습관에 이내 빠졌음을 시사한다.

했다. 여타 예언의 환상, 특별히 "보좌에 앉으신 하나님"이라는 이사야의 환상(사 6:1-6)은 묵상의 초점과 자극을 제공했는데, 묵상을 통해 그런 체험이 다시 주어질 것이라는 소망이 있었다.[168] 따라서 신비 체험에 가치를 두거나 발을 담가본 사람은[169] 하늘 광채로 둘러싸인 인물을 목격했을 때, 승귀한 예수가 하나님 **앞**보다는 하나님과 **함께** 서 있다는 결론을 수월하게 내렸을 수도 있다.[170] 여기에 관련된 모든 내용을 추적하는 일은 나중에 다룰 논제의 일부다.[171] 여기서 문제는, 그런 일련의 사고가 얼마나 빨리 작용하기 시작했는가, 아니면 그들이 얼마나 재빠르게 그런 결론에 이르렀느냐다. 김세윤은 그들이 매우 이른 시기, 즉 거의 처음부터("30년대 초반") 그런 결론에 이르렀다는 답을 역설한다.[172] 그 주장의 한 가지 문제는 고린도후서 4:6이 바울의 저작 안에서 상당히 고립돼 있고, (위의 "메시아", "인자", "주"와 관련하여 언급된 것처럼) 충분히 확증할 수 없다는 데 있다. 자신의 다메섹 도상에 대한 바울의 고찰은 며칠이나 몇 주에 완성되지 않았고, 시간이 흐르면서 그 체험의 의미가 더 깊어졌다. 특별히 연이은 환상(고후 12:1, 7)[173]과 "그리스도 안에" 있는 체험이 더해지면서 말이다. 요약하면, 고린도후서 4:6이 다메섹 도상에서의 만남에 관한 바울의 초기 혹은 더 성숙한 회상/평가를 반영하느냐를 결정할 만한 증거는 불충분하다.

(2) 바울 복음의 다른 측면에 대해서는 상황이 조금 더 낫다. 가정하건대 **그리스도가 우리 죄를 위해 죽으셨다**는 말이 거의 즉시 그에게 전해

---

168) 예. 추가로 필자의 *Partings*, §11.6b를 보라.

169) 아래 n. 238을 보라.

170) 비교. Hengel and Schwemer, *Paul*, 39-40(150도 주목하라); 그리고 특별히 Segal, *Paul the Convert*, 8-11, 22, 2장('Paul's Ecstasy'). Chilton, *Rabbi Paul*, 48-56도 비교하라.

171) §29.7을 보라.

172) *Origin of Paul's Gospel*, 5-11, 128-36, 223-33: "다메섹 계시에서 바울은 그리스도가…참된 지혜임을 깨달았다"(128); "바울은 다메섹 도상에서 하나님의 형상으로서 영광 가운데 있는 승귀한 그리스도를 보았다"(193). 그리고 추가로 *Paul and the New Perspective*, 5장을 보라.

173) 고전 12:1, 7에 관해서 아래 §25.5f를 보라.

겼을 것이다(고전 15:3). 이 문구가 예수의 죽음을 고난-신원으로 이해한 것보다 초기의 이해를 헬라파가 설명한 것을 표현하느냐에 관계없이,[174] 바울은 예수의 죽음을 죄의 대속으로 보고 대속죄일 제사에서 유추한 이해를 상속받았다.[175] 그리고 바울이 예루살렘 성전을 가볍게 다루었다는 사실은 그가 그것이 그의 복음과 관련이 없다고 빠르게 추론했음을 강하게 시사한다. 그러나 얼마나 빨리 그랬는지 다시 질문해야 한다. 누가는 예루살렘으로 돌아와 성전에서 기도하는 사울을 묘사하는데(행 22:17), 이는 사도행전 7:48에서 스데반이 보여준 태도보다는 사도행전 3:1에서 베드로와 요한이 드러낸 태도에 더 가까운 것이었다. 여기서 쟁점은 성전을 향한 누가의 태도와 사울의 예루살렘 귀환을 전하는 누가의 전갈이 지닌 진실성과 얽혀 있다. 따라서 논제에 먹구름이 빠르게 뒤덮여 해결이 어려워졌다.

우리는 **성령의 은사**가 그리스도인이 되는 데 핵심이며 그리스도인 됨을 구성하는 요소라는 바울의 이해에 대해 더욱 자신할 수 있다. 누가가 바울의 회심에서 바울이 성령을 받았다는 사실을 거의 활용하지 않았고(행 9:17), 바울이 자신의 회심을 언급할 때도 자기가 성령 받았음을 명확하게 언급하지 않았다는 사실에도 불구하고(행 9:17), 이를 더욱 확신할 수 있다. 그러나 바울을 통해 신앙을 얻은 사람들의 회심에서(갈 3:2, 5) 그리고 신앙인으로 살아가는 데 필수 구성 요소인 성령의 역할이 바울에게 너무나 명백하기 때문에,[176] 의심할 여지 없이 바울 자신의 체험도 그랬을 것이다.[177] 이 주장은 세례와 "그리스도 안"에 있음에 대한 주장과 같다.[178]

---

174) 위 §24.9c를 보라.

175) 롬 3:25; 4:24-25; 8:3; 고후 5:21. 이 구절들에 있는 대속 신학에 관해서는 필자의 *Theology of Paul*, §§9.2-3을 보라.

176) 예. 갈 3:2; 고전 12:13; 롬 8:9; 빌 3:3; 추가로 필자의 *Theology of Paul*, 16장과 §29.7g를 보라.

177) 특별히 G. D. Fee, 'Paul's Conversion as Key to His Understanding of the Spirit', in Longenecker, ed., *The Road from Damascus*, 166-83; F. Philip, *The Origins of Pauline Pneumatology* (WUNT 2.194; Tübingen: Mohr Siebeck, 2005), 6장.

178) 다시 *Theology of Paul*, 15과 17장; Schnelle, *Paul*, 97-100을 보라.

바울 신학의 본질이라고 그렇게 많은 이들이 받아들인 "이신칭의"라는 신학적 진술은 어떻게 되었는가? 김세윤은 다시 "가능한 한 이른 시기"라는 답을 역설한다.[179] 여기서도 우리는 요구된 반응이라는 관점에서 비유대인을 위한 사울/바울의 복음선포가 언제부터였든지 간에, 믿음으로 응답해야 하는 필요성에 항상 주요한(실제로 유일한) 강조를 두었음을 확신할 수 있다. 바울이 처음엔 다른 점을 강조하다가 나중에서야 복음에 선포된 주 예수 그리스도를 단순히 믿음으로써 복음을 받을 수 있음을 인식했다고 암시하는 곳은 하나도 없다. 문제는 오히려 바울이 그런 기본적인 이해를 자신의 선교 경험을 통해서 발전시켰거나 다른 선교사와의 대립에 비추어 발전시켰느냐다. 사실 필자는 이것이 사실이라고 믿는다. 그러나 그것을 입증하기 위해 §27까지 기다려야 한다.

같은 논제와 밀접한 관련이 있는 문제는 바울이 부활한 그리스도와의 만남을 **토라/유대 율법**과 완전한 결별을 요구하는 것으로 보았느냐다. 오늘날의 튀빙엔 학파는 헬라파의 비판이 율법을 대체로 부인하는 데 이르렀고, 이는 바울이 그가 반대하던 것으로 개종한 일이 율법을 거절하는 헬라파로의 개종이기도 하다고 추정하는 경향이 있다.[180] 특별히 슈툴마허(Stuhlmacher)는 로마서 10:4("그리스도는 율법의 마침이다")이 바울이 다메섹 도상의 만남에서 직접 얻은 결론이라고 논증했다.[181] 여기서 다시 필자의

---

179) Kim, *Origin of Paul's Gospel*, 269-74: "바울은 다메섹 도상에서 하나님의 아들의 계시를 즉시 율법과 별도인 하나님의 의의 계시로 인지했다"(롬 3:21); "하나는 확실하다. 즉 다메섹 계시에서 바울은 '율법(의 행위)으로 의롭다 하심을 얻을 이가 하나도 없다'는 것을 이해하여 율법 자체의 근본적 문제를 보게 되었다"(283). Hengel과 Schwemer는 마땅히 더 조심스럽게 말한다(*Paul*, 101).

180) §24.4c를 보라.

181) P. Stuhlmacher, "'The End of the Law': On the Origin and Beginnings of Pauline Theology', *Reconciliation, Law, and Righteousness: Essays in Biblical Theology* (1981; ET Philadelphia: Fortress, 1986), 134-54; *Biblische Theologie*, 1.248과 20장: "바울이 불신자의 칭의를 처음으로 가르치기 전에(비교. 롬 4:5; 5:6), 바울 자신이 그것을 다메섹 밖에서 체험했다!"(1.247); 또한 Kim, *Origin of Paul's Gospel*, 3-4장과 여러 곳; C. Dietzfelbinger, *Die Berufung des Paulus als Ursprung seiner Theologie* (WMANT 58; Neukirchen-Vluyn: Neukirchener, 1985), 105-106, 118, 125, 145; D. Marguerat, 'Paul et la loi. Le

의견에는 이 문제에 더 복잡하고 개입된 더 많은 과정이 존재한다. 필자는 헬라파의 비판이 율법보다는 성전을 향했다는 결론을 이미 제시했다.[182] 그리고 율법에 대한 바울의 발전된 비판은 많은 이들이 추정하듯이 그렇게 흑백이 아니었음을 나중에 살필 것이다.[183]

필자의 제안은 박해자 사울을 이끌었던 "열심"이 가장 도움이 되는 실마리라는 것이다. 사울이 처벌하려고 했던 것은 비차별이라는 방법으로 이방인을 유대 메시아 종파로 받아들이는 문을 열어주어 율법을 어긴 것이며, "구별된" 바리새인으로서 사울이 지키고자 했던 것은 이스라엘의 "구별됨"(다른 나라로부터 그리고 하나님께로)이었다. 다른 말로 하면, 그가 강화하려고 시도했던 것이 이스라엘을 규정하며 경계선 표시 역할을 하는 율법이었으나, 그가 그리스도와 만났을 때 그것을 더는 방어할 수 없음을 알았다. 그것은 헬라파 복음 전도자들이 이방인들에게 전향하도록(할례받도록) 요구하지 않고 이방인들을 받아들였다는 의미인가? 아니면 사울은 단순히 이것이 헬라파들이 불가피하게 나아가야 할 방향이라고 인식했는가? 우리가 가진 자료에는 이 질문에 답할 수 있는 내용이 아무것도 없다. 단지 자신 있게 말할 수 있는 점은 사울/바울이 이방인에게 복음을 전하기 시작할 때마다, 그가 그들에게 할례를 요구하지 않고 복음을 전했다는 사실이다. 사울은 개종자가 되고자 하는 사람에게 할례의 필요성을 확실하게 주장했을 바리새인이었지만, 무언가가 그로 하여금 다른 결론을 내리게 했다. 즉 헬라파 복음 전도자 사이에서 이미 시행되고 있었거나, 그에게 계시된 복음에 내포되어 있는(갈 1:11-12, 16) 실천을 채택한 것이다. 사울/바울 생애의 다음 국면에서 이 논제에 관해 더 조명할 수 있을 것이다(§27).[184]

---

retournement (Philippiens 3,2-4,1)', in A. Dettweiler et al., eds., *Paul, une théologie en construction* (Geneva: Labor et Fides, 2004), 251-75(여기서는 267-68)을 보라.

182) 위 §§24.4d와 24.5b를 보라.

183) 아래 §§31.7과 33.3을 보라.

184) 또한 Kraus, *Zwischen Jerusalem und Antiochia*, 82-105을 보라.

여기서 내린 결론에 중요한 점이 많이 달려 있지는 않다. 다메섹 도상에서 사울의 경험은 사울의 자기이해와 하나님이 그에게 무엇을 요구하시는가에 대한 이해, 자기 조상의 믿음에 대한 이해 및 그가 이제 추구해야하는 목표에 대한 그의 이해에 엄청나고 급진적인 변화를 불러일으켰다. 빌립보서 3:7-9의 표현은 분명히 과장되었지만, 그것은 확실히 그런 변혁을 입증한다. 사울이 차후 자기 서신에서 표현된 결론들을 즉시 아니면 머지않아, 혹은 나중에 오랜 시간에 걸쳐 내렸느냐는 문제는 그의 농익은 신학을 평가하는 데 별로 중요하지 않다. 그리고 이 저작들 이전 기간의 대부분이 시간이라는 안개 속으로 사라졌으므로 건전한 주해를 위해 추정이 개입돼야 한다. 이 경우 우리는 각 사례의 다양한 장단점을 언급하는 데 만족하고 앞으로 나아가야 한다.

25.5 그 여파와 잠복기

사울의 회심이 가져온 즉각적인 여파는 혼란으로 덮여 있고, 그때와 안디옥 교회 선교사로서 그의 등장(행 13:1-3) 사이의 기간은 터널 사이의 몇몇 틈으로만 기차를 가끔 볼 수 있는 알프스의 긴 터널과 같다.

a. 누가 대 사울

사울의 회심의 속편을 탐구하다 보면 사도행전 이야기와 바울의 서술 사이에 있는 주요 갈등 중 하나에 맞닥뜨리게 된다. 사도행전에서 누가는 회심한 사울이 짧은 시간 안에 다메섹을 떠나 곧바로 예루살렘으로 가서 "사도들"의 영접을 받았다고 암시하는 듯하다(행 9:23-27). 사도행전 22장에서 그 시기는 훨씬 더 좁혀진다. 거기서 바울은 자기 증언에서 세례를 받으라고 요구한 아나니아를 상기한 후, "내가 예루살렘에 돌아가서…"(22:16-

17)라고 이어서 말한다. 반대로 바울의 증언은 아주 다르다. 갈라디아서 1:16-20이다.

> [16]...그의 아들을 이방에 전하기 위하여 그를 내 속에 나타내시기를 기뻐하셨을 때에, 내가 곧 혈육과 의논하지 아니하고, [17]또 나보다 먼저 사도 된 자들을 만나려고 예루살렘으로 가지 아니하고, 아라비아로 갔다가 다시 다메섹으로 돌아갔노라. [18]그 후 삼 년 만에 내가 게바를 방문하려고 예루살렘에 올라가서 그와 함께 십오 일을 머무는 동안에, [19]주의 형제 야고보 외에 다른 사도들을 보지 못하였노라. [20]보라, 내가 너희에게 쓰는 것은 하나님 앞에서 거짓말이 아니로다.

두 서술의 겹치는 부분은 서로 대조되는 부분만큼이나 놀랍다. 바울은 자신의 회심 후 속편의 다른 판본에 명확하게 항의한다. 왜 그는 자신이 혈육과 의논했다는 것을 부인하는가? 명백하게 추론할 수 있는 점은 자신이 그렇게 **했다**는 주장에 대응하고 있다는 것이다. 이와 비슷하게, 이 언급이 1:1과 병행한다는 사실은, 그의 위임이 (하나님으로부터 예수 그리스도를 통해 왔다기보다) 동료에게서 그리고 인간의 손을 통해서 왔다는 주장에 이의를 제기할 필요가 있음(도입부에서!)을 인지했음을 내비친다. 그리고 그에 앞서 사도가 된 사람들을 만나러 예루살렘으로 올라갔다는 주장을 바울은 왜 부인했는가? 함의는 동일하다. 바울은 타인이 자신에 관해 말했던 내용, 즉 그가 예루살렘 사도들에게서 자신의 위임과 복음을 받았다는 말을 부인하고 있다.[185] 요점은 누가가 바로 그렇게 말하는 것 같다는 데 있다. 즉 바울이 자신의 개종 직후 예루살렘에 올라가 사도들과 협의했다는 것

---

185) 바울 변호의 초점은 여기서 염두에 둔 "사도들"이 고전 15:7에서 언급한 사도들(= 선교사들)이 아니라, 다른 사람들이 "사도들"(예루살렘 지도층)이라고 여긴 사람들이라는 데 있다. 이것은 바울의 용법이 누가의 용법과 거의 유사한 하나의 경우이며, 이는 누가의 용법이 바울 비판자들의 용법에 가깝다는 것과 바울이 여기서 양보해서 말하고 있음을 시사한다.

이다. 따라서 바울은 누가의 서술을 부인하려고 애를 쓴 듯하다!

분명히 바울은 자신의 이야기를 계속 펼쳐야 한다고 느꼈다. 바울이 예루살렘에 올라간 것은 단지 3년 후였다.[186] 그의 회심 후 처음이었다. 그래도 그는 게바(베드로)하고만 함께 머물렀고 별도로 야고보만 만났다. 그 주장은 바울에게 아주 중요했고, 타인이 회자하던 다른 이야기를 논박하는 일이 너무나도 중요했기에 바로 그 시점에서 이 점에 대해 엄숙히 서약한다. "내가 너희에게 쓰는 것[복수]은 하나님 앞에서 거짓말이 아니로다"(1:20).[187]

이것을 어떻게 이해해야 하는가? 두 서술 간의 갈등을 피할 길은 없는 것처럼 보인다. 누가는 개종한 사울을 예루살렘 지도계에 합류시키기 위해, 그리고 기독교의 시작에서 예루살렘이 중심이었다는 자신의 주제를 지탱하기 위해 그 이야기를 수단으로 여겼다. 그리고 그의 서술(9:19-25)은 다메섹에서의 사울의 촌스러운 탈출(바구니로!) 전에 어느 정도의 시간을 위한 공간을 남겨 두었다.[188] 그러나 누가는 바울이 예루살렘을 향하기 전 3년이 (아라비아에서) 경과했다는 인상을 주지 않고, 또한 사도행전 22장도 그런 공백을 전혀 암시하지 않는다.

---

186) "3년 후에(meta etē tria)"는 그리스어 일반 관용구로 표현되었다(BDAG, 637-38). 그것은 온전히 3년이란 간격을 나타내기도 하나, 계수를 시작한 해를 첫 1년이라고 여겼기 때문에, 그 기간이 2년을 많이 넘지 않았을 수 있다. 추가로 아래 §28.1b를 보라.

187) "거짓말이 아니로다"라는 표현은 확인하는 문구의 힘을 지닌다(욥 6:28; 27:11; 시 89:35; 4 Macc. 5.34; Plutarch, Mor. 1059A; BDAG, 1097; H. Conzelmann, TDNT, 9.601). 바울은 그 문구를 다른 곳에서도 사용한다(롬 9:1; 고후 11:31; 또한 딤전 2:7). 유대 전통에서 거짓말의 심각성에 대해서는 TDNT, 9.598-600을 보라. 추가된 "하나님 앞에서"는 그 확언에 신성한 맹세라는 의미를 더하는데, 그것은 바울이 방금 쓴 내용의 진실성에 관해 하나님 앞에서 자신의 모든 지위를 걸었음을 나타낸다. 추가로 J. P. Sampley, "'Before God, I Do Not Lie' (Gal. 1.20): Paul's Self-Defence in the Light of Roman Legal Praxis', NTS 23 (1977), 477-82을 보라.

188) 9:19: "며(tinas)칠 후에"는 모호하고 부정확하다. 9:22: 사울은 "다메섹에 살던 유대인들"과 여러 날 맞섰다. 9:23: "몇(hikanai) 날 후에." Hengel과 Schwemer는 이렇게 구분된 시간에 대한 기록들이 누가의 책임감 있는 역사 편찬을 나타낸다고 본다. 그것들은 "누가를 역사가로서 두드러지게 하고, 사도들에 대한 이야기를 만들어내는 사람들로부터 그를 구별해준다"(Paul, 402 n. 701).

어쩌면 우리는 사도행전이 단순히 혹은 오로지 바울에 대한 변호가 아니고, 또는 적어도 바울 자신의 용어로 한 자기변호가 아님을 인식해야 할 것이다. 명백하게 누가는 자신을 단순히 바울의 변호인으로 여기지 않았고, 바울의 선교를 반대한 사람들의 견해와 그의 복음에 불안감을 가졌던 사람들의 견해를 포함하여 바울에 대한 다른 견해에 친숙했다.[189] 누가가 바울의 서신을 온전히 알고 있었다면, 그는 바울과 예루살렘의 관계에 관한 바울의 서술에 너무 많은 일방적인 진술과 선입견이 있다고 생각했을 수도 있다. 그렇다면 누가는 두 관점을 알면서도 하나의 서술로 구성하려고 시도했을 것이다. 어느 하나도 배제하지 않고서 말이다.[190]

b. "나는 아라비아로 갔다"(갈 1:17)

사울이 간 곳과 간 이유는 모두 불명확하며 상당히 논란이 되는 주제다.[191] "아라비아"는 수에즈 지협(비교. 4:25, 시나이반도)을 포함해서, 메소포타미아의 서쪽과 수리아 및 팔레스타인의 동쪽과 남쪽 지역을 가리킬 수 있다. 그러나 다메섹에 가까운 곳(다음 구절에 암시됨, "그리고 다메섹으로 돌아갔다")은 가장 자연스럽게 다메섹 바로 남쪽에 있는 나바테아(Nabatea) 왕국을 가리킨다. 이것은 다른 증거들과 가장 잘 들어맞는데, 증거 중 하나인 고린도후서 11:32에서는 아레다(Aretas) 왕이 언급된다. 그는 나바테아 왕 아레다 4세였을 것이다.[192]

---

189) 추가로 위 §21 n. 127을 보라. 비교. Betz, *Galatians*, 79. 그 외에 Barrett는 누가가 의존한 전승들에 대해 긍정적으로 언급할 수 있는 내용을 보여준다(*Acts*, 1.460-62).

190) 이 제안은 누가의 이야기가 초기 기독교의 베드로당과 바울당 사이에 있던 대립을 통합했다고 보려는 Baur의 유명한 시도의 수정판으로 볼 수 있다(§20.3a를 보라). 이는 Baur가 누가가 제시한 내용에서 중요한 특징을 인식했음을 인정한다.

191) 이 부분에서 필자의 *Galatians*, 69-71을 깊이 의존했다.

192) BDAG, 127-28; Murphy-O'Connor, *Paul*, 81(아레다에 관해서는, 83-84); Hengel and Schwemer, *Paul*, 386-87 n. 571. 이 기간에 나바테아가 정확히 어디까지 다스렸는지는 분명하지 않다(아래 §28 n. 19을 보라).

더 답하기 어려운 질문은 사울이 왜 거기에 갔느냐다. "아라비아"가 바울에게 사막이나 반사막인 나라를 의미했다고 추정하지 않아야 한다. 확실히 예수의 광야에서 40일이라는 전승의 몇몇 병행구는 솔깃하다. 이것은 계시나 환상을 체험한 후에, 예언자적 아니면 주술적 역할을 준비하는 일환으로서 사람이 살지 않는 곳으로 퇴거하는 기간이라는, 종교사에서 훨씬 광범위하게 증명된 관행과 일치한다. 그리고 우리는 그런 "칩거"와 그의 사고세계의 재건에 대한 정신적 필요가 있었음을 선뜻 상상할 수 있다.[193) 또한 그것은 이 단락을 관통하는 바울의 강조("내가 곧 혈육과 의논하지 아니하고…아라비아로 갔다")와 들어맞는다.[194) 유일한 문제는 당시 아라비아/나바테아가 번창한 지역으로서 많은 마을을 포함했고, 다른 데가볼리 성들(거라사, 빌라델비아)과 매우 가까웠다는 점이다. 그래서 사울이 "이방인 중에 그리스도를 선포하려고" 아라비아로 갔다는 추론은 확실히 개연성이 있다.[195) 이것 역시 갈라디아서 1:12-2:14의 자기방어 진술에 있는 바울의 목적에 이바지했을 것이다(Betz). 여기서는 그가 선포한 복음이 이처럼 처음부터 확고하게 확립되었음이 함의된다(비교. 행 9:20).[196)

그러나 바울은 이 부분을 불명확하게 남겨두었고, 더 명확하게 하는

193) "우리는 바울의 이상이 이렇게 파괴되는 일, 즉 자기 존재의 전 계획이 와해되는 것이 얼마나 어렵고 절망스러운지를 충분히 알 수 없다"(Weiss, *Earliest Christianity*, 194). 특별히 E. de W. Burton, *Galatians* (ICC; Edinburgh: Clark, 1921), 55-57; Taylor, *Paul*, 67-74; Wedderburn, *History*, 86-87.

194) Lightfoot, *Galatians*, 90.

195) Bornkamm, *Paul*, 27; Betz, *Galatians*, 73-74; Bruce, *Paul*, 81-82; 또한 *Galatians* (NIGTC; Grand Rapids: Eerdmans, 1982), 96; Meeks, *Urban Christians*, 10; Murphy-O'Connor, *Paul*, 81-82; Lohse, *Paulus*, 73; Hengel and Schwemer, *Paul*, 107-13; Hengel and Schwemer의 독일어판 469-71에 있는 E. A. Knauf, 'Die Arabienreise des Apostels Paulus'; 그리고 추가로 Hengel, 'Paulus in Arabien', *Paulus und Jakobus* (Tübingen: Mohr Siebeck, 2002), 193-212 = 'Paul in Arabia', *BBR* 12 (2002), 47-66; Schnabel, *Mission*, 1035-45. 바울이 아라비아에 있는 교회들을 암시하지 않았기 때문에, 그의 최초 선교 사역이 완전한 실패였다는 개연성 있는 결론이 뒤따른다(갈 2:7-9에도 불구하고).

196) Hengel과 Schwemer에게는, 갈 4:25에서 "아라비아"라는 추가 언급이 바울이 아브라함의 약속과 그 성취에 관한 근본적인 이해(갈 3장과 롬 4장에서 자세히 설명한다)를 아브라함의 다른 아들인 이스마엘의 영역인 아라비아에서 이미 얻었음을 시사한다(*Paul*, 113-20).

일은 불가능하다.[197] 예를 들어, 자신의 최초 선교였을 그 선교의 성공(이나 실패)에 대한 바울의 침묵이 본인의 관점에서 선교가 상대적 실패였음을 나타내고, 그것이 자신의 선교와 복음을 어느 정도 재평가하게 한 원인이었는지에 대해 추측하는 일은 무의미하다.[198] 바울이 주장하기로 선택한 유일한 점은 아라비아에서의 시간이 그가 예루살렘의 지도층으로부터 독립했음을 추가로 지지한다는 사실이다. 아라비아에서는 그가 협의할 수 있는 사람이 아무도 없었다.[199] 우리는 이것으로 만족해야 한다.

아라비아에서의 불특정 기간을 보낸 후 사울은 "다메섹으로 다시 돌아왔다." 바울은 이 지점에서 시간이 얼마나 흘렀는지에 관해 아무런 암시도 주지 않는데, 그 정보가 그의 주 관심사(그와 예루살렘 사도들의 관계)와 상관없기 때문이다. 다메섹으로 "돌아왔다"는 말은 그의 회심 이후 초기를 그곳에서 보냈음을 명확히 나타낸다. 물론 16절의 "곧"이 17절까지 이어진다면, 사울은 아라비아로 떠나기 전에 잠시라도 다메섹에 남아 있지는 않았을 것이다. 그러나 추측하건대 그는 다메섹에서 세례를 받고 제자들 모임에 받아들여질 정도로 그곳에 충분히 오래 있었을 것이다. 나중에 세례받았다면, 그것은 바울이 자신("우리")이 세례를 통해 그리스도 안에서 삶을 시작하는 것으로 생각했다는 로마서 6:3-4의 명백한 함의와 일치하지 않는다.[200] 확실히 바울에게 더 중요한 점은 자신이 성령을 받았다는 사실이다(행 9:17). 바울에게 그를 "그리스도의 소유"로 만든 사건은 무엇보다도

---

197) Riesner는 Harnack를 인용한다. "그가 아라비아로 가게 된 이유와 그가 그곳에서 행한 일은 우리의 인지 영역 너머에 있다"(*Paul's Early Period*, 260).

198) 위 nn. 145, 146을 보라.

199) "그 의미는 그가 아라비아에 있었기 때문에 예루살렘에는 없었다는 것이다"(Linton, 'Third Aspect', 84). 비교. D. J. Verseput, 'Paul's Gentile Mission and the Jewish Christian Community: A Study of the Narrative in Galatians 1 and 2', *NTS* 39 (1993), 36-58(여기서는 38-43).

200) Taylor는 사울이 다메섹으로 돌아와서야 다메섹 교회와 처음으로 접촉했고 세례를 받았다고 주장하려고 "곧"을 너무 강하게 역설한다(*Paul*, 66-67, 71). "역사적으로 바울은 다메섹 외에 다른 곳에서 세례를 받지 않았을 것이다"(Hengel and Schwemer, *Paul*, 43).

이것(위로부터 온 능력으로 충만해지는 의식적인 경험)이다(롬 8:9). 이 모두는 사도행전 9:8-19과 충분히 긴밀하게 연관이 있기에 사건의 기본 순서를 파악하게 한다.

우리는 그가 다메섹으로 돌아오기 전에 아라비아에서 얼마나 오랜 기간을 보냈는지 모른다. 그것은 상당히 짧은 기간이었을 수도 있다. 부정과거 시제("내가 돌아왔다")는 다메섹을 근거지로 삼고 아라비아를 반복해서 방문했다는 함의를 배제할 것이다. 다른 관점으로 같은 요점을 표현한다면, 그의 회심 및 위임과 그의 첫 예루살렘 방문(1:18) 사이에 있는 2-3년 중 얼마 동안을 다메섹에서 보냈는지 모른다. 여하튼 이 2-3년이라는 시작 기간은 다메섹에서의 사울의 창피한 탈출로 끝났다. 바울이 상기하듯, 그는 재빠르게 빠져나와야 했다. 아레다 왕이 그를 "잡으려고(piasai)" 했기 때문이다(고후 11:32-33). 어쩌면 아라비아 체류 동안에 바울이 야기한 동요가 그 이유일 것이다.[201] 누가는 그 도피를 다메섹 유대 공동체 탓으로 돌렸는데(행 9:23-25), 바울이 정치적 말썽꾼이었다는 제안은 누가의 묘사와 들어맞지 않을 것이다.[202] 두 서술은 보완적일 수 있다(중요한 유대 공동체 내 동요와 불평에 왕이 대응함).[203] 그러나 누가는 사울의 더 심각한 반대자들을 은폐하거나, 다메섹 유대 공동체의 반대에만 집중하기로 했었을 수도 있다. 그러나 바울은 갈라디아서에서 이를 전혀 언급도 하지 않았는데, 다시 말하지만 그것이 그의 복음을 방어하는 주목적과 아무 상관이 없었기 때문이다.

---

201) Hengel and Schwemer, *Paul*, 128-32; Thrall, *2 Corinthians*, 763-66에 자세한 논의가 있다.

202) "나바테아 왕국에서 선교 활동으로 죄를 지은 선동가를 체포해야 한다는 암시를 행정 장관이 왕으로부터 받았다면, 그의 개입이 이해가 될 것이다"(Hengel and Schwemer, *Paul*, 128-29).

203) "누가의 간접적인 판본은…믿기 어려운 내용투성이다"(*Paul*, 6장)라는 Murphy-O'Connor의 판단은 지나치게 가혹하다. 또한 다메섹에서의 은밀한 탈출이 그곳에서만 위험이 있었고 밖에서는 없었음을 나타낸다는 분명한 표시는 없다. Murphy-O'Connor는 후자를 "순전히 터무니없다"라고 여긴다(6).

c. "그 후 삼 년 만에 내가 게바를 방문하려고 예루살렘에 올라갔다"(갈 1:18)

간단한 개인 진술인 이 부분에서 바울은 예루살렘 및 그곳의 사도와 자신의 관계에 집중한다. 다른 모든 내용은 시야에서 사라진다. "삼 년 후"가 정확히 어느 정도의 시간을 나타내든지,[204] 요점은 명확하다. 기원후 35년에 이루어진 바울의 예루살렘 여행은 그의 첫 예루살렘 방문이었고, 그에게 주어진 "예수 그리스도의 계시" 이후로 예루살렘 지도층과의 첫 만남이었다. 그 두 사건 사이의 시간 경과는, 바울이 예루살렘을 방문하기 전에 이미 그 계시를 확고하게 이해하고 있었고, 예루살렘의 지도층이 거기에 어떤 기여도 하지 않았다는 점이 모든 이에게 명백할 정도로 충분히 길었다. 다시 말하지만, 바울은 명백하게 널리 퍼진 견해를 논박하려는 분명한 목적을 가지고 기록하는데, 그 견해는 사실상 바울의 복음이 예루살렘의 지도층에 의존하고 거기서 유래했으며, 어떤 문제든 바울의 노선보다 예루살렘의 지도층이 옹호한 노선을 따라야 한다는 함의를 지닌 견해다.

홍미롭게도 바울은 예루살렘 지도층과의 접촉을 드러내놓고 부인하지 않았다. 그가 반대한 견해는 적어도 바울과 예루살렘 지도층 간에 어떤 접촉이 있었다는 정보에 기초한다. 이미 제시했듯이, 이 정보는 누가가 사건에 관한 자기 이야기의 초안을 잡으면서 의존한 견해일 것이다(행 9:26-27). 바울로서는, 그의 첫 번째 예루살렘 방문과 주요 사도인 게바/베드로와 함께 2주를 보냈음을 자유롭게 인정한다. 그 외에는 "주의 형제"[205] 야

---

204) 다시 아래 §28.1b를 보라.

205) 갈 1:19를 어떻게 번역할까? *Ei mē*는 예외를 소개한다("~ 외에 오직"). 그러나 그 예외가 절 전체를 가리키는가?: "나는 다른 어떤 사도들(게바 외에)을 보지 않았다. 내가 본 유일한 사람은 야고보였다." 즉 사도 중 하나로 야고보를 계수하지 **않았다**는 말인가? 아니면 그 예외가 단지 "사도 중 다른 이"와 관련이 있는가?: "나는 야고보를 제외하고 사도들 중 다른 이를 보지 않았다." 즉 야고보가 바울이 만난 유일한 다른 사도인가? Lightfoot(*Galatians*, 84-85; Bruce, *Galatians*, 101이 따랐다)에도 불구하고, 그 문제는 구문적으로도 해결되지 않는데, "다른" 이가 게바까지 거슬러 올라가는 언급으로 충분히 설명될 수 있고, 그렇게 연결된 절들의 관계가 정확할 필요가 없다는 것을 1:7의 동일한 구조가 나타내기 때문

고보만 "보았"고 다른 사람은 만나지 않았다고 인정한다. 방어선은 명백하다. "그에 앞서 사도들이었던 사람들"의 중요성, 베드로의 탁월함, 베드로와의 폭넓은 소통, 야고보와의 짧은 만남을 인정하지만, 그 외에 사도다운 권위를 가졌거나 자신의 복음에 권위를 가지고 기여했다고 인정받을 수 있는 다른 사람과는 결코 접촉하지 않았다는 것이다.[206] 사울이 예루살렘에서 보낸 시간에 관해 도출할 수 있는 다른 추론은 명백하기보다는 강한 호기심을 불러일으킨다. 사울은 베드로와 함께 예배하는 신앙인들(그의 가정 교회)만 만났는가? 사울이나 다른 사도들이 회피한 더 큰 다른 공동체 모임이 있었는가?[207] 우리는 갈라디아서 1:18-19이 최초의 예루살렘 회중(들)의 활동을 조명해주기를 바라지만, 이 지점에서 바울의 초점이 지닌 면도날 같은 협소함이 더 큰 그림을 얻지 못하도록 한다.

여기서 가장 중요한 쟁점은 바울이 게바/베드로를 "알기 위해서(*historēsai*)" 방문했다고 말할 때 그가 의미한 바다. 동사 *historeō*는 신약에서 이곳에서만 등장하며, 이 단어의 정확한 비중 또한 하나의 중요한 논란

이다. 야고보는 누가의 서술에서 사도계 밖에 속했고(행 1:26), 바울은 예루살렘에 그렇게 뿌리 내린 그 사람이 사실 사도 = 선교사라고 인정하는 데 주저했을 수도 있다. 그러나 요점은 바울이 야고보의 지위를 분명히 하지 않았고 의도적으로 모호하게 남겨두기로 했을 수도 있다는 것이다. 자신이 사도였다는 바울의 주장을 고려하면, 이는 주목할 만한 특징이다(갈 1:1). 추가로 필자의 *Galatians*, 77을 보라.

206) 행 9:26과 갈 1:18-20을 일치시킬 수는 없어 보인다. 바울이 예루살렘을 방문할 때 자신을 제한적으로만 드러냈다는 암시는(갈 1:18-20), 바울이 "주 예수의 이름으로 담대하게 말" 했고 헬라파들(예수가 메시아이심을 믿기를 거부한 그리스어를 말하는 자)과 변론했다는 누가의 묘사(행 9:28-29)와 일치시키기 어렵다. 그러나 우리는 똑같은 복잡한 사건들에 대한 서술들이 증인들의 관점에 따라 완전히 다를 수 있음을 상기해야 한다. Hengel과 Schwemer는 누가의 서술에서 가져올 수 있을 만큼 끌어왔다(*Paul*, 134-42). 그리고 로마서 15:19은 바울이 그의 선교 초기에 예루살렘에서 실제로 설교했음을 암시할 수도 있다. 비록 바울이 이후 예루살렘 협의에서 자신의 복음을 방어한 일을 마음에 두었을 수 있다고 할지라도 말이다(*Romans*, 863). 추가로 필자의 *Galatians*, 75를 보라.

207) 다른 사도들과 접촉하지 않은 가능한 이유에 대해서는 필자의 *Galatians*, 75를 보라.

거리다.[208] 기본 의미는 "~를, ~에 관해, ~에게 알아보다"이다.[209] 그리고 비록 그 의미가 여행자의 단순한 "목격"이라는 의미로 약화될 수도 있지만,[210] "방문"이 담고 있는 "탐구"라는 요소를 제외하기는 대체로 어렵다(예. Josephus, *Ant.* 1.203). 그리고 목적어가 사람일 때, 개인에 **대해** 알게 됨을 포함하는 "알게 된다"는 의미를 배제하기도 똑같이 어렵다. 그런 앎은 개인이나 그의 중요성에 관해 정보에 근거한 의견이나 판단을 가능하게 하는 앎이다(Josephus, *War* 6.81; *Ant* 8.46).[211] 이에 더해진 정보는 사울이 "15일 동안 그와 함께 머물렀다(epemeina)"는 것으로, 이는 전통적으로 방문자에게 제공되는 환대 기간인 이삼일을 훨씬 초과한 기간이다.[212]

바울의 주의 깊은 언어 선택에서 몇 가지를 추론할 수 있다. (1) 자신이 이전에 제거하려고 했던 복음을 선포하도록 직접 위임받았다는 확신에도 불구하고, 그는 예수의 사역에서 가장 탁월한 제자인 게바와의 만남이 가진 중요성을 보았다. 그것은 사울이 자신의 위임이 예수가 게바에게 한 위임과 같고, 또한 그보다 먼저 사도로 지명된 사람들이 선포한 복음이 곧 그의 복음임을 받아들였다는 의미일 것이다. (2) 게바와 함께 머문 2주 동안 게바를 "알아가는" 일에는, 베드로가 예수와 함께한 시간과 예수의 고난 이

---

208) 비교. 예. 다른 번역들: "방문하다(visit)"(RSV, NRSV, JB), "만나다(meet)"(NJB), "알게 되다 (get to know)"(NEB/REB), "교제하다(get acquainted with)"(NIV), "~에게 정보를 얻다 (obtain information from)"(GNB).

209) LSJ, *historeō*. 예. Herodotus, *Hist.* 2.19; 3.77; Polybius 3.48.12; Plutarch, *Mor.* 516C에서 그런 의미로 사용된다. 비교. 1 Esdr. 1.33, 42("전하다").

210) MM, *historeō*.

211) BDAG, 483: "방문하다(누군가 아니면 무엇을 알기 위한 목적으로)." 추가로 필자의 'The Relationship between Paul and Jerusalem according to Galatians 1 and 2', *NTS* 28 (1982), 461-78을 보라(*Jesus, Paul and the Law* 108-26[여기서는110-13]으로 재인쇄됨). 그리고 O. Hofius, 'Gal. 1.18: *historēsai Kēphan*', *ZNW* 75 (1984), 73-85에 대응하는 'Once More — Gal. 1.18: *historēsai Kēphan*', *ZNW* 76 (1985), 138-39 = *Jesus, Paul and the Law*, 127-28에서 추가로 명확하게 한 부분.

212) 바울은 자신이 마치 게바/베드로하고만 2주의 대부분을 보낸 것처럼 말한다. "바울은 그가 예루살렘에 있었던 총 기간이 2주로 이해되기를 의도했을 것"이다(Wedderburn, *History*, 223 n. 39). 방금 말한 내용(1.18-19)에 관한 1.20의 엄숙한 맹세를 다시 주목하라.

전 사역에서 베드로가 맡은 역할에 대해 듣는 것을 확실히 포함한다. 베드로가 예수와 함께한 시간은 베드로에게 너무나도 변혁적인 시간이었기에, 예수와 함께한 시간에 대한 베드로 자신의 고찰을 포함하지 않고서는 사울이 게바를 "알아간다"고 말할 수 없었다는 결론을 내려도 아무런 무리가 없다. 이는 예수가 부활 후 게바에게 나타나셨음의 중요성 그리고 예루살렘에서 새 종파의 초기 몇 개월에 게바가 맡았던 역할을 축소하지는 않는다. (3) 따라서 확실히 포함된 내용은 예수 전승에 대한 면밀한 소개였을 텐데, 그것은 공식적 가르침이었을 수도 있고, 아니면 단순히 예수가 행하고 말한 내용에 관해 베드로가 회상한 내용이었을 수도 있다.[213] 2주를 체류하는 동안 게바와 사울이 많은 시간을 대화로 보냈다고 상상하는 것은 역사적 상상의 남용이 아니며, 결과적으로 이는 잘 훈련된 사울의 마음을 그가 설립한 교회에 전해줄 많은 전승으로 충분히 채웠을 것이다. 여기서도 갈라디아서 1:1, 11-12의 바울의 주장과 갈등이 없음을 상정할 필요가 있다. 즉 바울이 예수의 사역에 대해 더 배웠다고 해서 "이방인에게" 주어진 바울 복음의 구별성과 독립성이 절충되지는 않았다.[214]

d. 사울과 안디옥 교회의 연계

어떤 지점에서 사울은 안디옥 교회에서 활동하게 되었고, 실제로 곧 그곳 지도자 중 하나가 되었다(행 13:1). 누가는 바울이 다소로 돌아왔다고 말하는데(행 9:30), 그는 기원후 약 36년에 돌아와 얼마 동안 거기에 머물렀다. 이

---

213) Murphy-O'Connor는 동의한다(*Paul*, 90-93). Hengel과 Schwemer는 그 대화가 일방적이기만 하지 않았을 것이고, 바울이 자신의 복음 이해로써 베드로에게 감명을 주었을 것이라고 논증한다(*Paul*, 147-50). 이 생각의 유일한 문제는 바울이 초기 단계에서 자신의 견해를 지지하는 협력자를 찾았다는 암시가 없다는 사실과 이후 베드로나 다른 사람들의 지원을 얻어야 할 필요를 여전히 염려해야 했다(갈 2:2)는 점에 있다.

214) 추가로 필자의 *Galatians*, 74을 보라. 한편 그 대화는 자신의 위임이 무엇인지에 대해 사울/바울이 고찰한 내용을 포함했는가(Wilckens, *Theologie*, 1/2.247-48)? 그 경우 이후의 나눔(갈 2:2)은 베드로에게 놀라운 일이 아니었을 것이다.

는 바나바가 다소에서 안디옥으로 바울을 데려오기 전이었고(11:25-26), 또한 이어서 안디옥에서 파송 받아 선교하기 전이었다(13-14). 그러나 바울은 (약 13년이라는) 전 기간을 간결하게 다룬다: "내가 수리아와 길리기아 지방에 이르렀다"(갈 1:21).[215] 그것은 적어도 길리기아의 다소와 수리아의 안디옥 간의 관련성을 가능하게 한다.[216] 그러나 이것은 두 가지 중요한 논제를 완전히 불명확하게 남겨둔다.

하나는 사울이 안디옥 교회와 관계한 시점이다. 이 대답에는 그의 선교가 수리아에서 독립적으로 진행되었느냐(아라비아에서처럼?) 아니면 안디옥과 연합해서 진행되었느냐는 질문이 달려 있다. 분명한 대답을 제공하는 자료가 거의 없지만, 그나마 있는 자료는 후기보다는 초기에 안디옥과 연관되었음을 가리킨다.

- 갈라디아서 1-2장에서 바울이 묘사하는 자신과 예루살렘 지도층의 관계는, 예루살렘 공의회와 안디옥 사건 이전에 그가 독립선교사로 활동하지 않았음을 시사한다.[217]
- 수리아와 길리기아에서 진행된 사울의 복음 전도자 사역(갈 1:21)이, 그가 안디옥 교회와 확고하게 연계하기 이전이라 할지라도, 안디옥 교회의 후원이나 승인 아래 진행되었을 것이다(유대에서 초기 복음 전도가 예루살렘 지도층과 협력하여 진행되었다고 추정할 수 있듯이). 안디옥이 그 지방의 수도였기 때문이다.[218]

---

215) Schnabel은 자신의 평상시 경향을 따라서, 바울이 사역했을 수도 있는 성들에 대해 상세한 내용을 제공하지만, 그것을 뒷받침하는 전승을 언급하지 않는다(*Mission*, 1049-68). 비슷하게, M. Wilson, 'Cilicia: The First Christian Churches in Anatolia', *TynB* 54 (2003), 15-30.

216) 어쩌면 바로 이때 바울이 장사를 배웠을 것이다. Murphy-O'Connor가 논증했듯이, 바울의 개종이 그가 바리새인으로서 의존했던 자원들을 박탈했을 테니까 말이다(*Paul*, 85-86).

217) 아래 §27.1을 보라.

218) 로마 영토인 길리기아와 수리아는 서로 인접해 있고(지중해 북동쪽 모퉁이를 둘렀다), 길리기아 동쪽은 약 60년 전에 수리아와 단일 지방으로 병합되어 안디옥이 관할했다(W. M. Ramsay, *A Historical Commentary on St. Paul's Epistle to the Galatians* [London: Hodder

- 이 점은 안디옥 교회를 예루살렘 교회에서 파생된 교회거나(행 11:19-21), 적어도 예루살렘 교회의 인정을 받은(11:22-24) 교회로 볼 수 있고, 사울이 안디옥 교회에서 교사(및/혹은 예언자)로 일했다는(행 13:1) 사도행전의 서술과 상당히 잘 들어맞는다.[219]
- 또한 그것은 사울이 안디옥에서 그렇게 위임 받았을 때만, 선교를 시작했다는 사도행전의 주장과도 어울린다(13:2-3).

사울이 예루살렘을 떠난 후 바로, 혹은 다소에서 잠깐의 휴지 후에 안디옥 교회와 접촉했을 가능성이 있다. 곧바로 혹은 안디옥과 떨어진 곳에서 선교 사역 후(그리고 바나바가 안디옥으로 데려옴), 사울은 안디옥에서 더 확실하게 세워졌고 그곳의 지도자 가운데 한 사람으로 등장했다. 물론 그것은 갈라디아서 1:21과 1:23에 언급된 폭넓은 지역에서의 복음 전도를 배제할 수는 없다. 그러므로 기원후 약 40년(앞뒤로 2년의 차이가 있을 수 있다)을 사울이 안디옥에서 자리를 잡은 시기로 보는 것이 활용 가능한 빈약한 자료와 가장 잘 들어맞는다.[220]

갈라디아서 1:21이 바울의 예루살렘의 첫 두 방문 사이의 기간을 다루는 것처럼 보이기 때문에, 거기엔 보통 1차 선교여행이라고 묘사된 내용(행 13-14)이 포함되어야 할 것이다.[221] 좋게 봐도 중복되는 부분이 다소 미약한

---

and Stoughton, 1900], 275-78; Bruce, *Galatians,* 103; BDAG, 977). 타우루스산맥 북쪽에 형성된 장벽을 고려하면, 길리기아가 소아시아의 내륙 지역보다 안디옥과 더 연결되는 것은 자연스럽다. 추가로 §27.1을 보라.

219) 위 §24 n. 335을 보라.

220) Hengel and Schwemer, *Paul,* 178-79, 261과 비교하고 대조하라. 그들은 바울이 안디옥 교회와 연계하기 전에 6, 7년 동안(아라비아에서의 시간 포함) 독립선교사로서 활동했다고 생각한다(행 11:25-26은 "바나바가 바울을 발견하기가 그리 쉽지 않았음을 나타낼 수도 있다"). 그러나 그가 독립선교사로서 성공을 이미 맛보았다면, 우리가 그의 서신을 통해 아는 바울이 바나바의 지도 아래에서(행 13:1-6이 분명하게 암시하듯이, §27.1a-b를 보라) 기꺼이 활동했겠는가? 바울에 대한 바나바의 영향력은 Hengel and Schwemer, 205, 218-20, 224을 보라. 고후 12:2-4에서 언급된 황홀 경험(아래 §25.5f를 보라)이 다소에서 안디옥으로 옮기는 데 어떤 역할을 했다는 암시가 전혀 없다(Schnabel, *Mission,* 1069).

221) 여기서 필자는 두 번째 예루살렘 방문(갈 2:1-10)이 행 11:30에서 언급된 방문, 즉 "1차 선교

데, 여정 노선이 바나바와 사울을 완전히 수리아와 길리기아 밖으로 인도했기 때문이다.[222] 우리가 말할 수 있는 점은 "내가 수리아와 길리기아 지방에 이르렀으나"라는 다소 모호한 언급이 긴 기간의 끝부분에 일어났고 사도행전 13-14장에서 진술한 것과 같은 특정한 모험을 **배제하지** 않는다는 것이다.[223] 그렇다 할지라도, 갈라디아서 1:21에서 바울의 침묵은 약간 어색하다. 실제로 그것이 갈라디아에 복음을 가져온 선교였다면 말이다. 한편 바울은 "복음의 진리가 항상 너희 가운데 있게 하기 위해서"(갈 2:5) 예루살렘에서 디도로 할례받게 하려는 시도에 저항했다고 조금 뒤에서 언급하는데, 이는 갈라디아 선교에 대한 암시일 수도 있다. 이는 예루살렘 공의회 이전에 복음이 갈라디아에 선포됐음을 넌지시 보여준다.[224] 그렇다면 그들이 바울의 변호 진술 그 시점에서 그 부분에 대해 상기될 필요가 없었거나, 안디옥 선교사로서 성공한 바울에 대한 분명한 언급은 자신의 복음이 독립적이라는 주장과 잘 어울리지 않았을 것이다.[225] 여기서 다시 바울이 회상하는 내용의 간결함이 사도행전 13-14장을 맞추어 넣기 어렵게 만든다. 이 지점에서 역사 탐구자는 터널 기간의 전체 그림을 묘사하기에는 자료가 너무나 단편적이라고 단순히 인정해야 한다.

그러나 어느 정도 자신감을 가지고 두 가지를 말할 수 있다. (1) 누가는 안디옥 교회와 바울의 관계에 관해 잘 알고 있는 듯하다(행 13:1). 갈라디아

여행" 전의 방문일 수 없다고 추정한다. 아래 §27.3a-b를 보라.

222) 위 n. 218과 추가로 §27.1을 보라.

223) 우리는 갈 1:21이 바울의 두 번째 예루살렘 방문 이전 바울의 전체 순회 일정을 제공하지 않고, 단순히 그 시기에 그가 예루살렘에 없었음을 확인만 해주려고 언급되었음을 기억해야 한다(Weiss, *Earliest Christianity*, 203-205; Breytenbach, *Paulus und Barnabas*, 88-89). "바울은 지역적 너그러움으로 갈 1:21에서 준 정보에 있는 용어인 *klimata* 아래에 이 지역들[밤빌리아, 비시디아, 길리기아와 경계를 접한 루가오니아]을 여전히 분명하게 포함한다"(Hengel and Schwemer, *Paul*, 261). 또한 행 15:23이 안디옥과 수리아 및 길리기아 교회에 편지를 보냈는데, 맥락상 거기에 "1차 선교여행"의 교회들이 포함된다(행 13-14장). 추가로 §27.3e를 보라.

224) Murphy-O'Connor, *Paul*, 24.

225) 바울이 자신의 이후 서신에서 초기 선교 때의 교회들을 언급하지 않은 점은 비슷한 이유로 설명될 수도 있다. 추가로 아래 §27.6(3)을 보라.

서 2:11-14의 안디옥 사건에 반영된 그곳에서의 바울의 위상은 우리가 가진 유일한 다른 자료로 확인되는 충분한 증거일 것이다. (2) 이 기간에 바울은 더 넓은 지역을 선교하는 데 상당한 시간을 할애했다. 바울의 서술은 그가 이 지역들에서 "복음을 전했"(갈 1:23)음을 나타내고, 그는 그 선교를 통해 하나님이 그를 통해 이방인 가운데서 효과 있게 역사하셨음을 보았을 것이다. 적어도 그것은 누가의 서술이 지닌 두 가지 특징을 다루고 있다. 안디옥 교회의 지도자로서 긴 기간(행 13:1), 그리고 이방인 중에서 효과 있는 선교(13-14장)다. 후자는 이방인들을 새 종파로 받아들이는 조건들이라는 문제를 첨예한 논란의 원인이 되도록 했다(행 15:1-2; 갈 2:1-5). 그러나 우리는 앞서가고 있다. §27에서 다시 그 이야기로 돌아가야 할 것이다.

e. 바울 신학에 끼친 안디옥의 영향?

필자는 바울 신학의 형성에 끼친 가장 큰 영향이 다메섹 도상에서 부활한 예수와 만난 사건이었을 가능성에 대해 이미 논의했다(§25.4). 20세기 내내 다른 주요한 설명은 바울 신학이 그가 수리아와 길리기아에서 접한 이방 혼합주의에 더 영향을 받았다는 주장이다.[226]

바울이 그가 안디옥에서 알게 된 헬라파/안디옥 신학(§24.9)의 영향을 받았다는 점은 조금도 의심할 여지가 없다. 그래서 예수에 대한 이해와 자신이 선포하도록 위임받았다고 믿었던 복음에 대한 이해의 발전은 몇몇 영향이 혼합된 것이다.

- 그의 조상의 신앙과 성경에 관한 깊은 지식
- 다메섹 도상에서 승귀한 그리스도와의 만남
- 예루살렘에서 게바/베드로와 함께한 두 주 동안 그가 얻은 정보

---

226) "안디옥" 신학을 재건하려는 시도(§24 n. 278)는 초기 종교사학파 논지의 많이 희석된 형태다(위 §20.3b를 보라).

- 안디옥 교회와의 관계에서 그리고 관계하는 동안 그가 배운 내용
- 그가 계속 체험한 그리스도의 영과 급성장한 선교에 대한 자신의 고찰

　그것을 기초로 바울이 쓴 모든 내용을 이해하는 데 어려움이 없다. 전통 그리스-로마 종교, 종교 철학, 신비 종교 혹은 황제숭배로부터 추가적인 영향을 받았다고 반드시 가정할 필요는 없다. 바울이 이런 그리스-로마 종교성의 다른 갈래들에 익숙했다는 점은 그의 서신의 다양한 지점에서 명백하게 드러난다.[227] 그리고 그가 쓴 내용의 일부가 그가 의도한 것과는 다른 관점에서 들리고 이해될 수도 있다는 점도 사실이다.[228] 그러나 그의 성례 신학과 구원의 복음이 신비 종교와 기독교 이전 영지주의 구원자 신화로 추정되는 것의 영향으로만 적절하게 설명된다는 20세기 초 종교사학파의 독창적인 제안은 거의 근거가 없다. 이는 당시엔 빠진 내용 대부분을 읽어 들인 불필요한 가정이다.[229]

f. "내가 그리스도 안에 있는 한 사람을 아노라"(고후 12:2)

사울이 안디옥 교회와 관계한 초기 기간에 관한 두 가지 다른 사항을 이 지점에서 언급할 필요가 있다. 첫 번째는 고린도후서 12:2-4의 수수께끼 같은 암시다.

　[2]내가 그리스도 안에 있는 한 사람을 아노니, 그는 십사 년 전에 셋째 하늘에

---

227) 예를 들어, 약간의 스토아 철학에 대한 지식이 롬 1:20-28에 나타나고(예. 필자의 *Romans*, 57-68을 보라), 황제숭배를 다루는 부분은 다양한 지점에 암시돼있는 듯하다(§29.4d를 보라).
228) 예를 들어, 고린도전서의 "지혜", "지식", "영들", "성숙"이라는 언급은 폭넓게 사용되고 다양하게 이해된 종교 용어를 사용한 것이다. 또한 기독교 예식들(세례, 성찬)이 다른 비슷한 제의와 상응하게 보인다는 사실에 놀랄 이유가 없다.
229) 위 §20.3b-c를 보라.

이끌려 간지라. 그가 몸 안에 있었는지 몸 밖에 있었는지 나는 모르거니와 하나님은 아시느니라. [3]내가 이런 사람을 아노니, 그가 몸 안에 있었는지 몸 밖에 있었는지 나는 모르거니와 (하나님은 아시느니라), [4]그가 낙원으로 이끌려 가서 말로 표현할 수 없는 말을 들었으니 사람이 가히 이르지 못할 말이로다.

일반적으로는 그 문단을 자서전적 내용으로 보는 것이 제일 낫다고 여긴다. 바울은 자신의 "환상과 계시" 중 하나를 회상하는데(12:1), 그것은 "지극히 크다"라는 말로 표시된다(12:7). 여기서 바울은 자기 경험을 묘사한 것이 틀림없다. 이는 자신이 자랑스러워할 수 있는 근거들을 기술하는 중이었기 때문이며, 그 근거들은 12:11-12의 "지극히 크다는 사도"로 분명하게 인정받게 될 사도직의 "표지들"이다. 이 3인칭 묘사는 가정하건대 체험 자체가 아니라 다른 사람들이 그런 체험들에 부여한 중요성으로부터 자기 자신은 거리를 두려는 바울의 방법이다.[230]

역사가에게 이 정보는 언급한 체험의 시기를 어느 정도 정확하게 추정할 수 있을 만큼 가치가 있다.[231] 고린도후서를 기록하기(기원후 55/56년) 14년 전은 우리를 약 42년으로 데려갈 것이다.[232] 몇몇 사람들은 이 신비 체험을 사울의 회심 체험으로 규정하려고 시도했고, 고린도후서 4:6에서 후자를 암시한 내용을 12:1, 7에서 암시된 체험(특별히 12:2-4 체험이 아니라면)과 합병하려는 유감스러운 경향이 있다.[233] 그러나 그 논지는 유효하지 않다.

- 연대 결정을 보면 그 주장이 불가능한데, 바울의 회심 시기가 그보다 약 10

---

230) 추가로 Thrall, *2 Corinthians*, 778-82; M. J. Harris, *2 Corinthians* (NIGTC; Grand Rapids: Eerdmans, 2005), 834-35을 보라.

231) "바울이 정확한 시기를 기입한 기본적 이유는 그가 그 사건의 사실성을 강조하려 하기 때문이라는 상당히 광범위한 합의가…있다"(Thrall, *2 Corinthians*, 783).

232) 다시 주목해야 할 내용은 그 시대의 시간에 관한 일반 관례(포괄적 추산)로서, 이것은 주어진 연수 안에 시작과 끝 모두를 포함한다.

233) C. Buck and G. Taylor, *Saint Paul: A Study in the Development of His Thought* (New York: Scribner's, 1969), 220-26; Segal, *Paul the Convert*, 2장.

년 전이기 때문이다(32년이나 33년).[234]

- 바울은 다메섹 도상 체험이 독특하고 분리된 범주, 즉 보통 "부활 출현"으로 묘사된 엄선한 일련의 체험임을 명확히 했다. 그가 볼 땐 다메섹 도상의 "계시"가 그를 사도로 만들었다(고전 9:1; 15:8). 바울의 "맨 나중"이라는 그의 다메섹 도상의 "환상" 묘사는 일련의 체험이 자신의 회심/부름 후에 끝났다고 분명히 암시한다. 반대로 고린도후서 12:1, 7은 수많은 비슷한 "환상과 계시"를 마음에 그린다.[235]

- 바울의 회심은 하늘로부터의 환상, "마음에" 빛을 비춤(고후 4:6), "내 속에" 계시함(갈 1:16)을 포함하는 반면에, 고린도후서 12:2-4은 하늘로의 여행을 묘사한다.

- 바울은 자신의 체험 중에 "표현할 수 없는 말들"을 들었는데, "표현할 수 없는" 이유는 그것들이 인간의 언어로 표현될 수 없거나 반복되지 않아야 하는 데 있다.[236] 어느 쪽이든, 그 강조는 자신의 회심-위임을 말하려는 바울의 자발성과 어긋난다(갈 1:12, 15-16).[237]

그러나 고린도후서 12:2-4(혹은 1-7절)의 서술은 가치가 있는데, 그것이 사울의 영성에 관한 놀라운 국면을 보여주기 때문이다. 그는 "환상과 계시" 체험에 익숙했다. 어쩌면 실제로 메르카바 신비주의를 능숙하게 실천했다고 추론해야 한다.[238] 그렇다면 그가 그리스도인이 되기 이전 시기에 바리

---

234) 고후 12:2-4의 체험을 행 22:17-21의 환상과 동일시하는 일은 약간만 덜 어려울 것이다. 그 사도행전 환상은 사도행전 연대표에서 바울 개종 이후 첫 예루살렘 방문에서 발생했다. 그러나 예를 들어 Ramsey는 두 환상을 행 11:30의 방문과 연결한다(*St. Paul*, 60-64).

235) 또한 고후 5:13을 주목하고, 그에 관해서 Thrall, *2 Corinthians*, 406을 보라.

236) BDAG, 134; Thrall, *2 Corinthians*, 794; Harris, *2 Corinthians*, 843-44.

237) 이것은 고후 12:2-4를 행 22:17-21의 환상이나 행 13:2-3의 환상과 동일시하려는 시도에도 적용된다(Taylor, *Paul*, 91-92). Chilton은 바울이 들은 "말로 표현할 수 없는 것" 가운데 하나가 이방인들이 세례로써 이스라엘인이 실제로 될 수 있다는 생각이었고, 바울이 초기에 예루살렘 지도층에게 이 정보를 밝히지 않았다고 논증한다(*Rabbi Paul*, 142-45).

238) 바울이 메르카바 신비주의 관습에 익숙했다는 점은 J. Bowker, '"Merkabah" Visions and the Visions of Paul', *JSS* 16 (1971), 157-73이 제시했다. 또한 J. D. Tabor, *Things*

새인으로서 그 관습으로 훈련을 받았고, 그 이후 "그리스도 안"에서 그 관습을 지속했다고 추가로 추론해야 하는가? 확실히 고린도후서 12:2-4의 체험 시기는 바울의 회심 후로 잡아야 한다. 동시에 그가 그런 "놀라운" 환상을 상기하려고 14년 뒤로 가야 했다는 사실은 12:2-4의 하늘로의 여행이 예외였음을 암시한다. 그런데도 12:1-7, 11-12은 그가 사도로서 그의 복음 전파와 목회 사역 동안에 환상을 계속 체험했음을 암시한다.[239] 비록 그가 그것들을 그렇게 중요하게 여기지 않았지만 말이다.[240] 그가 자랑하는 것이 타당하다고 생각했다면 그에겐 자랑할 수 있는 많은 "환상과 계시" 곧 "지극히 큰" 환상이 있었다. 두 특징(그런 경험이 바울에게 계속되었고 그가 그것들을 그렇게 중요시하지 않았다는 것)은 바울의 영성을 인식하는 데 중요하다.

g. 예루살렘의 "기근 구호 방문" 문제(행 11:30)

누가는 바울이 안디옥 교회 지도자 중 하나로 등장한 시기로 추정할 수도 있는 다른 이야기 하나를 기록한다. 이것은 예상된 극심한 기근을 고려해 예루살렘 제자들을 도우려고 바나바와 사울이 안디옥에서 예루살렘에 방문했다는 논란 많은 누가의 서술이다(행 11:27-30).[241] 이 이야기는 9:26-30처

Unutterable: Paul's Ascent to Paradise in Its Greco-Roman, Judaic, and Early Christian Contexts (Lanham: University Press of America, 1986)을 보라. 그리고 더 상세한 내용과 참고문헌은 Harris, *2 Corinthians*, 838-46을 보라. 그러나 또한 P. Schäfer, 'New Testament and Hekhalot Literature: The Journey into Heaven in Paul and Merkavah Mysticism', *JJS* 35 (1985), 19-35의 경고성 언급을 보라. Ashton은 바울의 종교 체험을 샤머니즘 맥락에 설정한다(*Religion*, 2-3장).

239) 사도행전은 바울의 선교 사역 동안에 그가 체험했던 다수의 환상을 이야기한다(16:9-10; 18:9-10; 23:11; 27:23). 또한 갈 2:2과 고후 5:13을 주목하라.

240) 바울의 "방언" 경험에 대한 태도를 비교하라(고전 14:18-19).

241) Barrett는 누가가 직접 정보를 얻을 수 있었다고 지적하나(아가보는 21:10-11, 즉 "우리" 문단에서 등장한다), 그 예언이 단지 예루살렘이나 유대의 기근을 예언한 것일 수도 있다고 생각한다. "천하에"라는 표현은 누가가 묘사를 과장했기 때문일 것이다(*Acts*, 1.561). 그러나 B. W. Winter, 'Acts and Food Shortages', *BAFCS*, 2.59-78은 "온 천하에 퍼진" 기근을 언급한 기원후 163년 명문을 언급하고, 그런 표현을 단순히 "자연스러운 시적 과장"이나

럼 동일한 문제에 직면한다. 클라우디우스의 통치 기간에(41-54년) 있었던 기근에 대해 기록이 없는 건 아니다. 그런 언급이 다수 있다.[242] 또한 예루살렘 교회에 빈곤한 구성원들이 많이 있었다는 암시가 없는 것도 아니다. 로마서 15:6이 이것을 확증한다. 오히려 바울의 엄숙한 진술(갈 1:18-2:1)이 바울이 예루살렘을 방문한 여지를 허락하지 않는다는 데 문제가 있다. 갈라디아서 2:1-10이 그 방문을 가리킨다고 할 수 있으나(갈 2:1 = 행 11:27-30),[243] 앞으로 살피겠지만, 갈라디아서 2:1-10과 사도행전 15장 간의 상응성은 그 둘을 분리할 수 없을 정도로 너무나 두드러진다.[244] 필자의 생각에

문학적 관습으로 여겨야 하는지 궁금해한다(65-69).

242) Hemer, *Book of Acts*, 164-65이 논평했다. Bruce, *Acts*, 276; Barrett, *Acts*, 1.563-64; Hengel and Schwemer, *Paul*, 240-41; Riesner, *Paul's Early Period*, 127-34; Fitzmyer, *Acts*, 482. 요세푸스는 40년대 중반(45년이나 46-47년) 유대에 "큰 기근"이 있었다고 전하는데, 그 기간에 예루살렘을 위해 아디아베네의 헬레나 왕대비가 구호품을 구입했고, 이자테스 왕은 돈을 보냈다(*Ant.* 20.51-53, 101; 추가로 LCL에 있는 Feldman의 언급을 보라). 추가로 Barrett를 보라. 그는 47년 기근에 대한 언급이 가장 개연성이 있다고 생각한다(563, 565). Winter는 기원후 45년이나 46년 가을에서 다음 봄(46년이나 47년)까지 이집트에 극심한 흉작이 있었다고 말한다('Acts and Food Shortages', 63). Hengel과 Schwemer는 44/45년이 더 개연성이 있다고 생각한다(*Paul*, 243). "기원후 44년과 46년 사이"(Riesner, 134). 40년대 중반의 예루살렘 방문(그것이 기근 바로 전이 아니라면 말이다. 기근은 11:28에서만 예언되었다)은 예루살렘 협의를 위한 방문에 매우 가까웠을 것이다(아래 §28.1을 보라). 어느 경우든, 그 이야기가 행 12장에 묘사된 사건들 이후였음을 주목해야 한다. 헤롯 아그리파의 죽음은 44년으로 추정한다.

243) 아래 §27.3a를 보라.

244) §27.3b를 보라. 제공된 다른 해결책 중(예. Longenecker, *Rhetoric at the Boundaries*, 242-52을 보라), 가장 타당한 견해는 누가가 자신이 받은 두 가지 (구전) 전승을 혼동했거나 병합했다고 본다. 그럴듯한 하나는 아가보의 예언에 대한 내용이고, 다른 하나는 예루살렘의 가난한 자를 위해 바울이 구호물자를 가지고 방문했다는 내용이다. 누가는 행 24:17 외에는 나중에 있는 연보에 대해 더 언급하지 않는다(Haenchen, *Acts*, 378-79). 다른 제안으로, 하나는 할례와 식탁 교제에 대한 질문을 다루고, 다른 하나는 자선 구제의 조직과 이행이다(Barrett, *Acts*, 560을 보라). 아니면 누가는 단순히 바울의 두 번째 방문에 대한 전승을 혼동했을 것이다(갈 2:1-10). 그 전승은 행 15장에서 누가가 다룬 주제는 물론이고 구호의 의무에 관한 언급(2:10)을 포함한다(Lüdemann, *Early Christianity*, 138). Hengel과 Schwemer는 바울이 대표단과 함께 여행했으나 예루살렘에 들어가지 않았을 가능성을 고려한다. 그의 목숨이 여전히 위험했거나, 그가 환영받지 못했을 것이기 때문이거나(*Paul*, 242-43), 그가 안디옥에서 이 연보를 준비하고 있었기 때문이다(465 n. 1273).

는, 바나바와 사울이 한 조가 되기 전에, 바나바가 홀로[245] 아니면 다른 사람(들)과 함께 방문했다는 것이 더 개연성이 있다. 또한 나중에 바울에게 악의를 가진 사람 가운데 몇 사람이, 바울과 바나바가 이후에 매우 가까운 일원이 되었다는 사실 때문에, 바나바가 방문할 때 사울이 그와 동행했다고 추정했을 것이다. 바울이 예루살렘을 더 자주 방문했고 따라서 그가 예루살렘의 지도층에 더 의존/복종했다고 보려는 시도는 바울이 자신의 예루살렘 방문을 용의주도하게 항목화한 이유다. 자신이 유대 교회들 눈에 띄지 않게 있었고, 오로지 14년이 더 지난 후 예루살렘에 다시 갔다는 바울의 주장(갈 1:22; 2:1)은 "나는 그 중간기에 예루살렘에 올라가지 **않았다**"라고 강조하는 다른 방식이다. 사도행전 11:27-30은 누가가 거기서 바울의 회고와는 어울리지 않는 바울과 예루살렘 간의 관계에 관한 설명을 들었으나, 예루살렘 지도층과 바울의 이방인 선교 간의 연속성이 지닌 강점을 강조하려고 사용하기로 선택한 또 다른 단락으로 보인다(누가는 그 문제에 관한 바울의 서술에 친숙하지 않았을 수도 있다). 그러나 다시 한번 말하지만, 우리는 역사적 자료라는 최소량의 지푸라기로 역사적 사실이라는 벽돌을 만들려 하고 있다.

---

245) Hengel, *Acts*, 111이 제시했다. Öhler는 예루살렘으로의 이동이 예루살렘 사람 요한 마가가 바나바와 바울 일행의 일원이 되었는지를 설명한다는 사실을 중시한다(행 12:25) (*Barnabas*, 238-52).

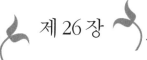

제 26 장

베드로의 선교

우리는 누가 이야기의 첫 15년 정도와 관련하여 그가 활용할 수 있었던 전승에 있는 헬라파와 바울 부분을 모두 살폈고, 마침내 베드로 부분을 다루게 되었다. 기독교의 시작에 대한 누가의 서술 첫 국면에서는 베드로가 가장 중요한 인물이었으나(행 1-5장) 이후의 장에서는 대체로 사라진다. 스데반 에피소드 전체에서 베드로의 부재는 놀랍고 약간 어리둥절하게 한다. 초기에 성전 당국자와 언쟁할 때 두려움 없음을 이미 보여준, 새 종파를 이끄는 인물이 사도행전 6:8-15에서 개괄된 악화되는 상황에서나, 아니면 스데반이 "재판"받고 폭력을 당하는 위기의 때에 왜 개입하지 않는가? 베드로(그리고 요한)는 빌립의 사마리아 선교에서 부족했던 부분을 돕고, 예루살렘과 예루살렘 주변을 넘어서는 선교의 첫 단계에서 예루살렘 감독권을 확보하려고 (누가에 의해) 효과 있게 투입된다(행 8:14-25). 그러나 베드로는 바울의 개종과 그에 뒤따른 일에 관련해서나(9:26-30. 갈 1:18과 대조하라), 11:27-30의 "기근 구제 방문"이라는 누가의 서술에서도 명쾌하게 언급되지 않는다. 그리고 각각의 경우(9:32; 12:1-3)에서 베드로 전승을 삽입하는 전환은 갑작스럽다. 그래도 그런 전환이 괜찮은 이유는 매우 부드러운 상호 연결이 누가가 적극적으로 편집했음을 시사하기 때문이다. 그리고 각각의 경우에서 그런 갑작스러움은 누가가 더 우아한 전환을 만들려고 하지 않고 단순히 전승의 한 부분에서 다른 부분으로 넘어갔음을 상기해준다. 그렇기는 하지만, 베드로를 다른 부분에 삽입하지 않기로 한 누가의 선택 그리고 그곳에서 베드로의 상대적 부재라는 사실은 베드로가 이 초기에 실제로 얼마나 중요했느냐는 질문을 하게 한다. 적어도 누가가 의존한 전승을 형성한 사람들에게 있어서 말이다.

그렇기는 하지만, 누가가 활용할 수 있던 베드로 전승의 확고한 부분이 명백하게 있었고, 사도행전 9:32에서 누가는 바로 그것으로 눈을 돌린다.

26.1 "할례자"를 향한 선교

우리는 갈라디아서 2:7-9을 통해 베드로가 예루살렘 협의 이전 기간에 자기 동족인 유대인 선교에 성공했음을 알 수 있다. 확실하게는 40년대 초반이고, 어쩌면 또한 30년대 후반이었을 수도 있다. 실제로 바울은 베드로의 "할례자를 위한 사도직(apostolē)"(갈 2:8)을 "이방인의 사도"(롬 11:13)라는 이후 자기 자신의 묘사와 비슷한 방식으로 언급한다. 약간 다른 표현 형식은 [1] 삼중 함의를 지닌다.

- 베드로는 자신이 특별한 임무(apostolē), 즉 자신의 동족에게 예수 그리스도

---

1) 다수의 주석가들이 볼 때, 바울이 일관성 있게 "게바"라는 이름을 사용한 맥락에서(1:18; 2:9, 11, 14) "베드로"라는 이름의 갑작스러운 언급뿐만 아니라(2:7-8), "무할례자의 복음", "할례자의 (복음)"(2:7), "할례자의 사도"(2:8)와 같은 비(非)바울적 표현의 사용은, 바울이 여기서(2:7-8) 당시에 도달한 공식적 합의를 인용하고 있음을 시사한다. 상세한 내용과 토론은 Betz, *Galatians*, 96-98에 있다.

의 복음을 전하라는 부름을 받았다고 믿었다.

- 이 사도직을 예루살렘 지도층의 나머지 사람들이 온전히 인정하고 확인했다. 그들은 베드로가 이 위임을 받았다고 믿었다(갈 2:7).
- 그리고 베드로는 이 선교에서 두드러지게 성공했다. 하나님이 그를 통해 효과 있게 일하셨다(2:8).

이것은 베드로가 상당 기간 이 선교를 수행했음을 시사한다.

a. 베드로의 위임

복음 전도를 위해 베드로가 받은 위임에 대해 더 언급할 수 있는가? 바울을 선교로 부르심에 대해 기록한 누가(또한 바울)에게 있는 매우 명백한 관심을 고려하면(§25.3c-d), 그의 백성 중에서 선교하도록 베드로를 위임한 사건에 대해 누가가 그에 상응하도록 서술할 필요를 느끼지 않았다는 점은 놀랍다. 물론 사도행전 1:8에 언급된 위임과 사도됨의 정의(1:22)는 그런 부름을 암묵적으로 포괄한다.[2] 그러나 새 운동의 첫 국면(행 2-5)은 베드로가 그 위임을 예루살렘을 넘어선 전도라는 관점에서 보았다는 암시를 주지는 않는다.[3] 여기서도 우리는 그렇게 주어진 인상의 대부분이 국면들을 구별하여 유지하려는 누가의 단순한 편집 관행의 결과일 수 있음을 기억하는 것이 좋다.[4] 이 경우 베드로의 위임 환상은 사도행전 10장까지 연기된다. 그러나 베드로가 왜 그리고 어떻게 할례자의 선교와 관련되었는지를 아는 것은 유용하다.

---

2) 여기서 다시 베드로와 열둘에게 나타난 일(고전 15:5)이 "모든 사도들"에게 나타난 것(15:7)과 다른 성격이었느냐는 질문이 제기된다. 그런 나타남은 모두를 위임하기 위한 나타남(사도-지명하기)으로 체험되거나 여겨졌는가? 아니면 베드로와 열둘은 "모든 사도"에 포함되었는가? 아래 §25.3c-d와 §29.3을 다시 보라.

3) 마 16:18-19과 요 21:15-17의 위임도 그 취지가 복음 전도보다는 교회와 목회에 있었다.

4) 위 §21.2d와 §24의 도입부를 보라.

어쩌면 흩어진 헬라파 때문에 예루살렘 밖 선교의 필요성이라는 인식이 촉발됐을 것이다. 이미 언급했듯이 "모든 사도들"에게 나타나신 사건(고전 15:7)과 헬라파의 역외 진출 사이에 관련이 있음을 보아야 할 것이다(행 8:4). 이 "사도들"은 예루살렘을 떠나 그들이 가는 곳을 복음화하라는 위임을 받았다고 믿었다.[5] 또한 여기서 이스라엘에 초점을 둔 "히브리파"가(비교. 행 1:6) 보존했을 예수의 가르침인 마태복음 10:5-6의 영향이 있다고 보아야 하는가? 즉 초기 제자들에게 분명히 금지된 사마리아 마을까지 복음이 전해지면서, 예수가 원제자들에게 가르치신 내용에 대한 기억이 헬라파의 복음 전도 소식에 대한 반응을 불러일으켰는가?[6] 그렇다면 사도행전 8:14-25의 역할 중 일부는 물론 사마리아 선교를 인정하고 자신이 거기에 활동 중인 베드로를 보여주고자 한 것이다. 또 한 가지 가능성은, 바울이 갈라디아서 2:7-8을 제외하고는 항상 베드로를 "게바"[7]라고 불러서 베드로의 아람어 별칭을 떠오르게 하고, 베드로가 "하나님의 교회"의 메시지가 보편적으로 확산되는 데 기초 역할을 했음을 아마도 암시했을 것(마 16:18-19에서 더 자세히 설명됨)이라는 점으로 제시될 수 있다.[8] 그러나 그런 추측이 역사적 실체에 근접했는지 그렇지 않은지는 차치하고라도, 무엇인가가 베드로에게 복음을 전파하도록 했을 것이다.

b. 유대 해안 평지에서의 베드로의 선교(행 9:32-43)

베드로의 첫 번째 "단독" 사역에 대한 묘사는 베드로가 "할례자"를 위해 선교했다는 바울의 묘사와 일치한다.[9] 베드로의 사역지로 상기되는 두 지역

---

5) 위 §22.2b를 보라.

6) 비교. Hahn, *Mission*, 54-59.

7) 고전 1:12; 3:22; 9:5; 갈 1:18; 2:9, 11, 14.

8) 추가로 아래 §35.1d를 보라.

9) Barnett, *Jesus*, 234; 비교. 추가로 237-40.

인 룻다[10]와 욥바는 전통적으로 유대 지역의 경계에 있었고 유대인 인구가 대부분이었다. 그래서 "룻다의 모든 거주인"(9:35)은 모두 유대인을 의미할 수 있다. 실제로 마카비 혁명 기간에 강제로 유대화된(1 Macc. 13.1) 욥바(= 오늘날의 야파[Jaffa])는 기원후 66년 전쟁이 시작될 때 혁명의 중심지가 되었다.[11] 그렇다면 베드로는 사마리아 지역에 짧게 머문 후, 예수가 하시던 대로 다시 유대교의 고향 땅 외곽 지역을 다녔을 것이다.[12]

누가는 이 베드로 선교의 발전을 다룰 때 초기 기억에 분명히 의존할 수 있었다. 이름들(애니아, 다비다/도르가)[13]과 장소들(룻다, 사론, 욥바)은 분명 지역 전승을 통해서 누가에게 왔으며,[14] 또한 다비다의 평판(다비다의 자선 사역에 관한)에 관한 생생한 서술과 그녀가 죽은 후의 처리방식에 대한 상세 내용(9:36-37, 39)도 마찬가지다. 그리고 치유(애니아)와 소생(다비다/도르가)에 관한 서술은 분명 같은 자료에서 누가에게 왔을 것이다.[15] 누가는 그런 치유가 일어났다고 의심하지 않았기 때문에 단순히 그렇게만 서술한다. 어

---

10) 룻다(구약에서는 롯: 대상 8:12; 스 2:33; 느 7:37; 11:35)는 예루살렘에서 욥바까지의 도상에 있고, 예루살렘에서 하룻길이다. 요세푸스는 룻다를 "크기에서 성보다 못하지 않다"라고 묘사하며(*Ant.* 20.130). 룻다 주변 지역은 그 이름으로 불렸다(*War* 3.54-55).

11) Josephus, *War* 2.507-508; 3.414-31; 추가로 Schürer, *History,* 2.3, 112-14; Schnabel, *Mission,* 688.

12) *Jesus Remembered,* 322-23; S. Freyne, *Jesus, a Jewish Galilean* (London: Clark, 2004), 3 장. 룻다와 욥바는 "해안 평지에서 거의 유대인만 있는 가장 중요한 지역이었다"(Hengel, *Between Jesus and Paul,* 116; 추가로 116-18을 보라).

13) "애니아"(Aeneas)라는 이름은 유대인 이름이 아니지만, 우리는 그리스 이름들이 유대인들 가운데 자주 사용되었음을 알고 있고(§24 n. 59에서 보라), "Aineas"는 팔레스타인 명문에서 실제로 발견된다(BDAG, 27). Barrett가 언급했듯이, "베드로가 이미 이방인들을 상대하고 있었다면 누가는 그 문제에 대해 침묵하지 않았을 것이다"(*Acts* 1.480). 다비다(아람어)/도르가(그리스어)는 팔레스타인 성과 읍의 많은 사람이 이중 언어 사용자였음을 상기해준다.

14) M. Hengel, 'The Geography of Palestine in Acts', *BAFCS,* 4.27-78은 "갈릴리와 사마리아, 유대 대부분에 관한 누가의 정확하지 않은 지식"과는 대조적으로, 해안 평지의 성들, 예루살렘에서 가이사랴까지의 길, 그리고 "예루살렘 성전과 안토니아 요새 간의 관련성에 대한 그의 정확한 정보는 두드러진다. 이는 누가가 바울의 동료로서 팔레스타인을 방문했다는 견해와 일치한다"(27)라고 말한다.

15) 전승이 어떻게 누가에게 이르렀는가를 이해하는 데 있어 양식비평 방법론에 갇혀 있는 사람들은 그들이 여기서 기적 이야기 양식이라고 추정한 내용의 불완전성에 놀란다. 누가가 그 내용을 압축했을 것이다(예. Lüdemann, *Early Christianity,* 122).

쩌면 그가 들은 거의 그대로 말이다. 즉 그 지역에 있던 초기 "성도들"의 기억 거의 그대로라고 말할 수 있다(9:32, 41).[16]

그러나 베드로가 소생시킨 다비다에 대한 내용(행 9:40)은 좀 더 억지로 짜 맞춘 것일 수도 있다. 그 이야기는 군중을 물리쳤다는 점(눅 8:51)과 사용된 문구(개인 호칭과 일어나라는 명령, 눅 8:54)라는 두 가지 면에서 복음서에 서술된 야이로의 딸이 소생한 이야기를 상기시킨다. 그것은 마가의 서술에 훨씬 더 가깝고(막 5:40-41),[17] 엘리야와 엘리사가 생명을 부여한 비슷한 서술과는 더 거리가 있다.[18] 한편, 일으킬 때 사용된 문구에 등장하는 동사가 다르다.[19] 그리고 치유를 서술할 때 누가가 더 전형적으로 사용한 "예수를 부름"이나 "예수의 이름을 부름"이라는 표현이 언급되지 않았다는 사실은 그가 이 부분에서도 전승에 의존했음을 동일하게 시사한다고 할 수도 있다. 지금 확인할 방법이 없는 다비다의 실제 상황이 어떠했는지, 그 사건에 가장 가까이 있었던 사람들은 분명히 다비다가 죽음에서 소생했다고 이해했다.[20]

그러나 주목해야 할 점은 그 어떤 복음 전파의 성공도 베드로의 목회 사역이 성공적이었다는 사실에 따른 당연한 귀결이라고 누가가 부여한 강한 인상이다.[21] 처음에 그의 관심은 특징상 더 목회적 차원으로 제시되었고, 룻다의 성도들과 욥바의 제자들 및 성도들 가운데서 표현되었다(행

---

16) 여기서 치유는 특별히 대단한 구경거리가 아니다. 애니아는 8년 동안 앓았다(3:2의 나면서부터 못 걸었던 사람과 대조하라). 치유 문구인 "예수 그리스도가 너를 낫게 하신다"(9:34)는 사도행전에서 흔하지 않다. 그 이야기는 애니아가 개종했는지 언급하지 않는다. 애니아가 이미 그리스도인이었느냐(Haenchen, *Acts*, 338) 아니었느냐(Fitzmyer, *Acts*, 444)를 어떻게 결정하는지는 알기 어렵다.

17) 아람어로 다시 번역되었다. 오직 한 글자만 다르다: 탈리타 쿰(*talitha koum*, 막 5:41); 타비타 쿰(*tabitha koum*, 행 9:40).

18) 왕상 17:17-24; 왕하 4:32-37. Weiser는 병행구를 표로 만들었다(*Apg.*, 238).

19) 9:34에서처럼, 누가는 다른 곳에서 예수의 부활을 묘사한 동사(*anistēmi*)를 이곳에서 쓴다.

20) 비교. Pesch, *Apg.*, 1.320, 325-26.

21) 행 8:25에서 누가는 "사마리아의 많은 마을을 향한" 베드로(와 요한)의 설교의 성공(혹은 실패)에 대해 어떤 말도 하지 않았다.

9:32, 38, 41).[22] 많은 사람이 "주께로 돌아오고" "주를 믿도록" 한 원인은 그의 성공적인 치유(설교가 아닌) 사역에 대한 소식이었다(9:35, 42).[23] 그런 결과는 기대되었던 것과 신앙을 불러일으키는 기적의 효과에 대한 누가의 일관적인 강조와 일치한다.

이 모든 내용이 지닌 함의는 베드로가 개척 선교 사역에 관여하려고 기꺼이 몸을 던지거나 빌립을 따르지 않았다는 것이다("성도들"은 빌립이 회심케 한 이들이었을까?, 8:40).[24] 베드로의 신학과 자기이해를 상당히 뒤흔드는 사건 후에야 그가 그런 사역을 준비했다는 사실이 다음 이야기의 요지다(10:1-11:18). 이것은 유대인의 관점에서 유대 종교의 다름과 독특성(하나님께로 분리됨)의 표시로 하나님이 세우신 그 경계를 예루살렘에 근거지를 둔 첫 신앙인들 대부분이 자신들의 운동이 완전히 돌파하기 시작했다는 가능성을 심사숙고하면서 느낀 심각한 거리낌과 망설임을 상당히 정확하게 반영하는 듯하다.[25] 또한 그것은 자신을 예루살렘에서 멀어지게 하는 확장 과정을 베드로가 시작했다는 신호다(갈 2:7-9). 야고나 더 전통주의적 요소가 예루살렘을 관리하도록 남겨두고 말이다.[26]

베드로의 욥바 체류에 대한 마지막 언급(9:43)은 바로 이야기되는 극적인 다음 단계를 준비한다(10장). 그러나 욥바에서 베드로를 대접한 주인 시몬을[27] "무두장이"라고 묘사했다는 사실이 중요할 수도 있다. 무두질과 관

---

22) 누가가 "성도"와 "제자들"이라는 용어을 사용해서 유대인 신자들을 언급하고 있다는 점은 거의 확실하다. 위 §20.1(4)과 (8)을 보라. 또한 Barrett, *Acts*, 1.479-80, 482를 보라.

23) 개종을 묘사할 때 누가가 사용한 두 표현이 있다: "주께 돌아오다"(11:21; 비교. 14:15; 15:19; 26:18, 20; "주를 믿다"(11:17; 16:31; 22:19). Haenchen이 살폈듯이, 그 표현은 유대인을 염두에 두고 있음을 나타낸다. 이방인은 "하나님께 돌아"왔을 것이다(14:15; 15:19; 26:20) (*Acts*, 338).

24) Schnabel은 베드로가 "이 지역의 개척 선교사"였다는 주장에 약간의 우려를 보인다 (*Mission*, 693).

25) 이 점에서 누가와 바울은 동의한다. 예. 행 11:2-3; 15:1; 21:20-21; 갈 2:4, 12-13.

26) 추가로 아래 §26.5.d를 보라.

27) "그 이름은 틀림없이 전통적이다. 순전히 만들어낸 이름이었다면, 시몬 베드로를 또 다른 시몬과 머물게 하여 혼란을 초래하지 않았을 것이다(Barrett, *Acts*, 1.486). Lüdemann, *Early Christianity*, 123과 대조하라.

련된 냄새는 그 일을 불쾌하게 만들 뿐 아니라, 그 일을 하는 사람을 제의적 정결 의식을 최대한 지켜야 한다고 여기는 사람들에게 받아들일 수 없도록 만드는 직종이었다(무두장이의 일은 사체의 가죽을 끊임없이 만지는 일을 수반한다).[28] 이 사실의 언급은 베드로가 성전 중심의 예배와 사역이라는 이전의 관점에서 이미 멀리 이동했음을 시사하는가?(5:42)[29] 이것은 누가가 그의 독자들이 이 언급만으로 그런 중요성을 인식하도록 기대했다는 견해보다 더 개연성이 있다.

26.2 중심축인 가이사랴

누가는 8장에서 시작된 헬라파 그리스도인의 확장 역사에 두 번째 중요한 단락을 삽입한다. 9:1-31의 서술은 사울의 개종을 효과적으로, 그것도 초기에 강조하기 위해 그 단락을 중단했다. 그러나 이제 훨씬 더 긴 삽입 단락이 펼쳐지는데(10:1-11:18), 베드로가 백부장 고넬료와 그의 친척 및 친구들을 만나고 그들에게 성공적으로 설교한 일에 대한 서술이다. 목적이 분명하다. 베드로가 이방인들을 향한 복음의 첫 획기적 진전, 혹은 적어도 예루살렘 교회가 인정한 첫 획기적 진전(따라서 8:26-40의 에티오피아 내시의 개종은 포함되지 않는다)을 주도했음을 보여주려는 것이다.[30]

---

28) Str-B 2.695; Jeremias, *Jerusalem*, 304-305, 310. *m. Ket.* 7.10; *b. Pesah* 65a와 특별히 관련해서, Barrett, *Acts*, 1.486.

29) 물론 여타 경멸받는 자("세리와 죄인들")를 향한 예수의 개방성의 직접적인 영향을 경시하거나 무시하지 않아야 한다.

30) Reinbold는 고넬료 이야기가 어쩌면 예루살렘 공의회 이후에 일어났을 것이라고 논증한다(*Propaganda*, 55-62). 이 결론을 Schnabel, *Mission*, 707-708이 제대로 비판했다.

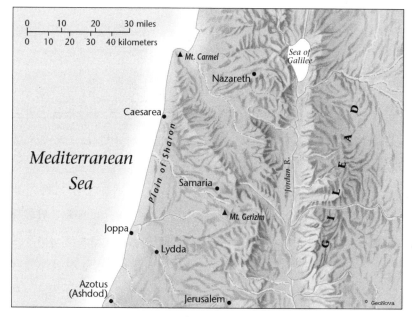

│ 베드로의 선교

인용된 결정적 증거는 두 가지다. 첫째로 고넬료와 베드로의 맞물린 환상이 있었다(10:1-23). 천사가 베드로를 위해 사람을 보내라고 고넬료에게 지시한 환상(10:1-8), 그리고 베드로에게 일어나 죽이고 먹으라는 명령을 동반하고 세 번 반복되며 온갖 종류의 동물들과 새들이 가득한 큰 보자기 환상이다(10:9-16). 이 둘은 이어지는 구절에서 다시 회상된다(10:30-32; 11:5-10). 아나니아의 경우처럼(9:10-12), 보완적인 환상들로 주어진 하나님의 인정이라는 이중 증언은 그 문제를 확실하게 했다. 하나님이 다음 단계를 승인하고 의도하셨다. 베드로의 경우 환상의 중요성(10:14-15)은 (고넬료에게 가라는) 성령의 예외적인 독려가 확인해준다. 이것도 두 번 언급됐다(10:19-20; 11:11-12). 둘째로 베드로가 아직 설교하는 중에 고넬료 및 그와 함께한 사람들 위에 예기치 않게 성령이 부어졌다는 서술도 이중 효과를 위해 두 번 반복되었다(10:44-47; 11:15-17). 전자의 증거는 베드로가 고넬료를 완전히 받아들였음을 확실하게 하며(10:47-48), 후자는 예루살렘의 사도들과 형제들이 그를 받아들였음을 확실히 한다(11:18).

a. 누가와 그의 전승

보통 때처럼 우리는 누가가 이 내용 중에서 어느 정도를 짜 맞추었고 어느 정도가 역사에 타당한 뿌리를 두고 있는가를 질문해야 한다. 그리고 늘 그렇듯이 답은 어느 정도 둘 다다.

첫째로 누가가 기록에 틀을 입혔다는 증거는 명백하다. 두 가지 가장 놀라운 요점만 언급할 필요가 있다. (1) 에티오피아 내시의 개종도 있었지만(8:26-39), 이방인을 향한 첫 번째 획기적인 진전은 시기상으로 안디옥에서 발생했을 것이다(11:19-24).[31] 문제는 이런 진전과 예루살렘 사이의 연관성이 상당히 불명확하다는 데 있다. 그러나 연대기적 순서가 어떠하든지 간에, 요점은 누가가 중차대하고 획기적인 진전을 베드로 개인이 관여한 이야기, 즉 베드로가 이룬 획기적 진전으로 받아들였다는 것이다. 지도급 사도가 할례받지 않은 이방인을 받아들이고(함께 먹음, 11:13) 세례를 베푸는 전례 없는 걸음을 내디뎠을 뿐 아니라(10:45-48), 베드로가 처음 자신에게 확신을 준 하나님의 승인이라는 확실한 증거를 이야기함으로써 그의 예루살렘 동료들이 확신하게 할 수 있었다는 점(11:1-18)은 누가에게 중대했다. 그래야만 누가는 예수 운동 전반이 새 국면으로 넘어가는 이 중차대하고 획기적인 진전이 이전에 행한 모든 일과 온전히 연속성이 있음을 자기 독자들에게 보여줄 수 있었다.

(2) 누가는 이 지점까지 정결과 부정함의 문제에 대한 어떤 대립도 연기했다. 마가복음에서 예수는 이 문제에 이미 직면했고 마가복음 7:1-23에서 유대 전승을 향해 날카롭게 문제를 제기한다. 그러나 누가는 자신의 복

---

31) 두 이야기의 시기는 모호하다. 안디옥 이야기는 30년대 후반에 일어났을 것이다(§24.8e를 보라). 고넬료 이야기는 헤롯 아그리파가 등장하기 전(12:1), 즉 41년 전 어느 때 일어났을 것이다. Fitzmyer는 그 사건을 "41년 전"으로 잡아 Bruce에 동의한다(*Acts*, 449).

음서에서 그 본문을 완전히 누락했다. 이것은 누가가 주요 자료로 사용한 마가복음에서 그가 빠뜨린 "엄청난 누락"(막 6:45에서 8:13/26)의 부분적인 그리고 어쩌면 상당히 주요한 이유일 듯하다.[32] 앞서 우리는 누가가 이 기교를 사용한 것을 보았는데, 그는 예수의 심문에서 스데반의 고소까지 성전 파괴라는 기소를 지체한다(6:14을 다룬 부분을 보라).[33] 그래서 여기서 분명하게 누가는 자신의 두 권의 저술에서 그 논제를 마주할 적절한 장소가 베드로/고넬료 이야기라고 결정했다. 그가 이렇게 결정한 것은 부분적으로는 글을 차례대로 쓰려는 그의 의도 때문이고, 한편으로는 새 운동이 제대로 도약했을 때까지 유대교 전통의 정체성 표지에 대한 의문이 아직 심각하게 제기되지 않았고, 제기되었을 때도 하나님의 부인할 수 없는 인도하심이 있었음을 보여주려고 했기 때문이다. 누가는 이 방법으로 마가복음 7:1-23이 사도행전 10:14과 병행될 때 제기된 문제를 피했으나, 이는 역사적 질문을 더욱 예리하게 만든다. 정말로 예수가 마가복음 7:15, 18-19에서처럼 말씀했고(어떤 음식도 불결하다고 여겨서는 안 된다고 마가가 7:19에 언급한 함의가 있다) 그 가르침대로 행동했다면, 베드로가 어떻게 불결한 음식 먹는 것을 전혀 고려하지 않았다고 말할 수 있었는가?(행 10:14)

어떤 이들은 이런 고려사항을 기반으로 그 이야기가 거의 완전히 짜 맞추어졌다고 추정한다. 누가가 베드로의 초기 선교 사역에서 간단하게 회상한 다소 모호한 이야기를 받아들여서, 처음부터 중요성이 인식된 주요 사건으로 정교하게 만들어냈다는 것이다.[34]

---

32) "더 엄청난 누락"에 대해서는 예로 Kümmel, *Introduction*, 61-62을 보라.

33) 위 §§21.2d와 24.4c를 보라.

34) 잘 알려진 대로 M. Dibelius, 'The Conversion of Cornelius', *Studies*, 109-22이 이렇게 주장한다: "단순한 개종에 대한 전설이며, 에티오피아 내시에 관한 전설의 단순한 아름다움과 비교할 만하다"(120). 추가로 Weiser, *Apg.*, 1.253-62의 전승과 편집에 대한 주의 깊은 분석을 보라. Haenchen, *Acts*, 355-57; Jervell, *Apg.*, 318-20의 논평을 보라. 바울 이전에 활발한 개종 활동이 있었다는 암시를 거부하는 Peerbolte는 "복음선포가 고넬료의 사회적·종교적 망을 통해 그에게 도달했다"라고 추론해야만 했다(*Paul*, 126). 그러나 Pesch는 "예술적인 작문이 주로 누가의 작품이 아니라, 대체로 누가 이전의 전승으로 거슬러 올라간다"는 견해를 강

둘째로 그러나 누가 전승의 역사적 가치에 관해 더 언급할 내용이 있다. (1) 유대인/이방인 관계라는 주제에 대해 베드로가 머뭇거린 사건은 바울도 증언했다(갈 2:11-12). 이방인 선교가 공식적으로 승인받은 이후에도(갈 2:7-9), 베드로가 이방인 신자와 함께하는 식탁 교제를 유지하기 꺼렸다면, 베드로가 그보다 이른 시기에 보여준 거리낌은 더욱 눈에 띄었을 것이다. 동시에 마가복음 7:15-19에서 드러난 마가의 편향성도 인식돼야 하며(마태의 병행구와 반대다. 마 15:11-17), 그것은 이방인 선교에 대해 마가 전승의 재언급이 가져다준 더 예리한 초점을 반영한다.[35] 따라서 누가는 이 문제에 대해 베드로가 실제로 드러낸 거리낌을 사도행전 10:14에서 잘 표현하는데, 이는 이방인을 받아들이는 문제가 그에게 처음 제기되기까지는 시험대에 오르지 않은 거리낌이다. 그리고 초기 그리스도인들이 환상을 체험했고 그런 환상이 방침과 신학을 형성하는 데 도움이 되었다고 받아들이면,[36] 누가에게 전달된 전승이 베드로에게서 사도행전 10:14의 태도를 털어내게 한 환상을 포함하지 않았다고 볼 이유는 원칙상 존재하지 않는다.[37]

(2) 누가는 10:44-48에서 이야기한 일련의 장면을 주도적으로 소설 쓰듯이 고안하지 않은 것 같다. 정상적 형태(세례와 성령, 2:38)에서 그렇게 벗어남(성령이 세례를 선행한 일)은 고넬료를 누가 당시 교회론의 불편한 전례로 만들었을 것이다.[38] 새로운 종파의 특징인 열심을 고려하면, 베드로의 초

하게 논증한다(*Apg.*, 1.333-35). 그리고 Barrett는 "누가가 보편화한 내용(그런 게 있다면)이, 일반적 합의의 기반으로 기여할 수 있었고 또 그렇게 기여한(15:7-9) 특정한 지역의 합의였다고 보는 것이 더욱 그럴듯하다"라고 생각한다(*Acts*, 1.535). Wilckens는 그런 사건이 예루살렘 사람들과 안디옥 사람들 간에 이룬 이후의 기본적 합의를 위한 필수 가정이라고 생각한다(*Theologie*, 1/2.260).

35) 필자의 'Jesus and Ritual Purity: A Study of the Tradition History of Mark 7.15', *Jesus, Paul and the Law*, 89-107을 보라.

36) 이는 바울의 경우에서 일축할 수 없는 점이다(§§25.3-4).

37) Dibelius, *Studies*, 111-12과는 반대다. 아래 n. 40을 보라.

38) 가이사랴에서 베드로에게 세례받고 성령을 받은 이방인의 개종에 대한 주요 전승을 추정하면서(*Early Christianity*, 131). Lüdemann은 그런 고려사항을 무시한다.

기 설교는 이방인 청자들 가운데 성령의 임재로 인한 은사의 나타남이 동반되었을 것이다. "하나님을 경외하는 자"(10:2)인[39] 고넬료는 유대인 모임에 자주 참여했을 것이다. 하나님이 그렇게 입증해주시는 일은 갈라디아서 2:8에서 할례자를 향한 베드로의 사역에 대한 간단한 언급에 넌지시 시사되었다.[40] 그러나 그것이 정말로 일어난 일이었다면, 그 사건에는 베드로가 분명히 인식했을 중요성이 있다. 즉 오순절에 첫 제자들에게 성령이 부어진 것처럼(11:15), 성령이 이방인에게, "이방인에게도"(10:45) 부어졌고, 제자들이 받았던 선물을 이방인들이 주 예수 그리스도를 믿을 때 하나님이 그들에게 주셨다(11:7)는 점이다. 그런 현현에 가치를 두었던 종파에게 그 결론은 피하기 어렵다. 하나님이 그들을 받아주셨다. 하나님이 명확하게 드러내신 뜻을 베드로와 다른 신자들이 어떻게 막을 수 있겠는가?(11:17)

다른 말로 하면, 그것이 언제 발생했든지 간에(초기가 틀림없다), 베드로가 고넬료를 받아들인 사건은 엄청난 의미를 지니는 한 걸음을 나타내며, 당시엔 이것을 결코 무시할 수 없었다.[41] 따라서 누가가 한 것은 단지 그 사건을 더욱 부각하고, 안디옥에서 행한 헬라파의 선교에 대한 서술 앞에 그 내용을 두어서 가장 강력한 전례(사도 베드로와 예루살렘이 이방인 고넬료를 받아들임)를 빛이 환하게 비치는 중앙 무대에 확실하게 위치시킨 것으로 보인다.[42] 기본 이야기 자체는 9:32-43 뒤에 있는 전승들과 함께 누가에게

---

39) 아래 n. 54을 보라.

40) 갈 2:7-9에서 바울은 베드로의 선교와 자신의 선교를 반복해서 비교한다: "베드로가 ~함과 같은"(kathōs Petros, 2.7); "또한 내게"(kai emoi, 2.8); "우리를 이방인에게로, 그들은 할례자에게로"(2.9). 갈 3:2-5에서 바울이 언급한 성령의 은사들은 분명히 베드로의 개종자들이 지닌 특징과 같았다(비교. 행 10:44-47; 11:15-17).

41) "원시 공동체 시대에는 주목을 요하는 특이한 사건 없이도 이방인이 그 집단에 받아들여질 수 있었다"는 Dibelius의 가정에 대해서, Haenchen은 이렇게 보았다. "이 가정은…너무 개연성이 없다. 공동체가 이방인의 입회를 가장 상상할 수 없었을 때가 바로 아주 초기였다"(Acts, 360-61). 또한 Avemarie, Tauferzählungen, 381-94을 보라.

42) 그 이야기에 대한 두 언급(10:1-48과 11:1-18)에 "자기모순"이 있다고 하는 것은(Haenchen, Acts, 355처럼), 그런 이야기를 구두로 재현할 때(그리고 그 이야기의 전달에서) 드러나는 "같으나 다른" 특징을 인식하지 못했음을 나타낸다.

전달됐을지도 모른다. 그 전승들은 가이사랴 교회가 보존한 설립 전승의 일부였을 것이다.[43]

b. 가이사랴

고넬료 이야기의 의의는 부분적으로 가이사랴의 중요성에 있다. 누가가 보통 그렇게 하듯이, 이 점을 더 끌어내리려는 시도는 없었다(안디옥과 마찬가지로). 그는 자신의 독자들이 그것을 알 것이라고 단순하게 추정했고, 누가가 나중에 그 내용에 추가한 다양한 암시는[44] 그가 그것이 지닌 정치적·경제적 중요성을 인식했다는 충분한 증거다. 그가 가이사랴에서 어느 정도 시간을 보낸 것은 거의 확실하며(21:8; 27:1), 따라서 그는 그곳의 주요 특징에 익숙했다. 가이사랴는 헤롯 대왕이 그곳을 재건(기원전 13년에 완성됐다)하며 중요해지기 시작했는데, 헤롯 대왕은 가이사랴에 방파제와 뛰어난 항구를 제공하려고 당시로서는 앞선 과학을 사용했고, 황제의 이름으로 그곳을 개명했다. 가이사랴는 빠르게 번성해서 팔레스타인의 주요한 성 중 하나가 되었고, 기원후 6년부터 로마 총독과 그의 지휘하에 있는 주요 주둔군의 본부가 되었다. 더 중요한 점은 비록 상당한 규모의 유대인이 있었지만, 그곳의 주민과 기풍이 주로 이방적이었고, 시민권 문제와 관련해서 유대인과 이방인 사이에 긴장이 오랫동안 지속되었다는 사실이다.[45]

---

43) Barrett는 베드로가 개척한 가이사랴 교회의 자체 서술에 누가가 의존할 수 있었다고 결론 짓는다(Acts, 1.496-97).

44) 12:19; 18:22; 21:8, 16; 23:23, 33; 25:1, 4, 6, 13.

45) Schürer, History, 2.116-17에 자세한 내용이 있다. "가이사랴 마리티마는 헤롯의 대표적인 성이었다. 그곳은 지중해로 가는 주요 항구였다. 그 성은 그 지역 내 교역의 흐름을 재구성했다. 생산과 교역 및 사람들이 양방향으로 오갔다. 그곳은 그리스와 로마 사상이 유대의 확신과 거칠게 다툰 곳이고, 로마인과 그리스인, 유대인과 나바테아인 및 이집트인들이 날마다 어울린 곳이었다. 성의 면적은 497,763 제곱미터였고, 국가 지원을 받은 다수의 건물이나 왕족 건물들이 있었다. 설비와 창고가 있는 항구, 급수와 하수 시설, 성벽들과 출입문들, 거리, 광장, 경기장, 극장, 원형경기장, 곳 궁전, 그리고 항구 중심 지점에서 전체를 아우르는 로마 및 아우구스투스 신전 등이다"(P. Richardson, Herod: King of the Jews and Friend of the

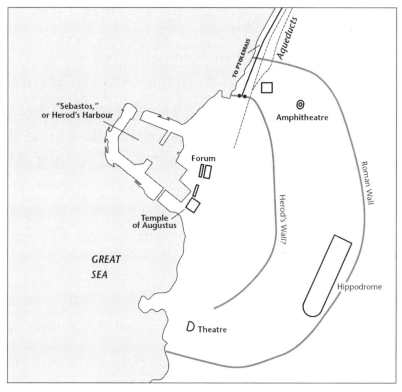

┃ 가이사랴

그렇다면 가이사랴에 기독교가 자리 잡은 일은 새 운동의 완전히 새
로운 지평을 여는 것이다. 지역의 로마 주둔군과 로마 정책을 움직이고 다
루는 자들에게 영향을 끼칠 가능성이 있었다. (우리가 아는) 팔레스타인의
성 중 처음으로 복음이 침투하면서, 유대 공동체 너머로 복음이 도달할 수
있다는 가능성이 생겼다(안디옥에서 일어났듯이). 그리고 그곳이 주요 항구(헤
롯 항 덕분에)였기에, 지중해를 건너 다른 주요 항구와 성(에베소, 고린도, 로마,
알렉산드리아 등 미래 기독교의 주요 중심지를 포함함)에까지 복음의 메시지가 전달
될 가능성이 실재가 되었다. 베드로가 선교하기 전에도, 빌립과 헬라파 복

Romans [Columbia: University of South Carolina, 1996], 178-79). 또한 Schnabel, *Mission*,
688-90을 보라.

음 전도자들의 사역으로 뿌리내린 어린 초목에서 얼마나 많은 씨앗이 얼마나 빠르게 타국으로 옮겨졌는지를 누가 지금 말할 수 있겠는가?

베드로에게는 가이사랴에서의 선교가 룻다와 욥바의 초기 선교를 넘어선 중요한 발걸음이었다. 가이사랴 마리티마는 누가가 묘사한 이야기에 알맞은 장소였다. 그의 이야기는 끊이지 않고 장 전체로 퍼져나간다. 그러나 두 단계가 명확히 눈에 띈다. 첫 번째는 하나님이 대체로 인간의 기본 정체성(인종적·사회적·종교적)을 바탕으로 그들을 받아들일 것인지 아닌지를 정하지 않으셨다는 베드로의 인식이다. 두 번째는 그런 인식에 기초하여 베드로가 고넬료에게 설교했고, 하나님이 고넬료와 그의 동료들을 받아들이시는 현저한 결과가 뒤따랐다는 것이다. 첫 단계의 절정은 베드로가 고넬료에게 행한 설교에 있다(10:28-29).

26.3 베드로의 회심

그렇다면 누가의 서술이 두 부분으로 나누어진다는 점과 그 과정의 첫 부분이 두 단계로 제시되는 베드로의 회심임을 파악하는 것이 중요하다. 초기에는 독실한 유대인이 이방인과 관계하는 것에 거리낌이 있었다. 베드로가 받은 계시와 그에게 임한 새로운 확신은 극적이거나 사울의 경우처럼 대단히 충격적인 것은 아니었다(9장). 그러나 그것은 모든 면에서 사울의 경우처럼 일종의 회심이었다. 누가의 이야기에 의하면, 그것은 그 순간까지 그의 삶을 완전히 지배한, 전통적이며 깊게 뿌리내린 확신으로부터의 회심이었다(10:14-15, 28).[46] 그런 후 그는 전과 같지 않게 이방인에게 예수의 복음을 전파할 준비가 되었다. 베드로의 회심을 완성하기 위해 예상치 못하고 전례가 없는 방법으로 고넬료에게 성령 부으심이라는 추가 사

---

46) 또한 Klauck, *Magic and Paganism*, 36도 그렇게 본다. 물론 필자는 베드로가 이 시점에서야 예수의 추종자나 신자가 되었다고 암시하지 않는다.

건이 필요했다는 사실은 베드로에게 정말 얼마나 중요한 변화가 일어났고 새 운동에 의해 얼마나 극적인 발걸음이 내디뎌졌는지에 대한 누가의 평가를 시사한다. 누가가 조심스럽게 이야기를 서술한다는 점은 인상적이다. 누가는 자세한 내용을 전하려고 공을 들였다. 이 초기의 발걸음이 하나님이 지시한 명령이라는 점은 의심의 여지가 전혀 없다. 대조적으로 중대성에서 비견할 만한 다른 사건이 간단하게 기록되었다는 사실을 비교해 볼 수 있다(8:5-8, 12-13; 11:19-21).

a. 고넬료

"고넬료"라는 이름은 분명히 누가에게 온 전승의 일부였다. 그는 확실히 이방인으로 이해되었다(10:35, 45; 11:1). "이탈리아 부대"(10:1)는 원래 이탈리아 사람으로 구성되었겠지만, 로마군은 로마 제국 내 여러 나라에서 폭넓게 모집되었기에, 그가 어느 나라 국적을 가졌는지는 모른다. 고넬료는 로마의 행정 수도(가이사랴)에 자리를 잡았고, 휘하에 병사를 두고 복무 중인 장교였을 것이다(10:7). 가이사랴에 주둔했던 이탈리아 부대에 대한 기록이 부족한 것은 사실이다(또한 우리가 가진 기록들은 결코 완벽하지 않다).[47] 그리고 헤롯 아그리파가 통치하는 동안에는 가이사랴에 로마군이 주둔하지 않았을 것이다(비교. 12:20-23). 그러나 하나님을 경외하는 고넬료가 군에서 은퇴하여 가족과 함께[48] 가이사랴에 정착했을 가능성은 배제할 수 없다(로마

---

47) 그 이름으로 알려진 집단의 존재는 기원후 69년 수리아에서만 증명되었다(T. R. S. Broughton, 'The Roman Army', in *Beginnings*, 5.427-45[여기서는 441-42]; Schürer, *History*, 1.365 n. 54). Lüdemann은 "[행 10:1의] 정보가 역사적으로 부정확하다고 무뚝뚝하게 결론 짓는다(*Early Christianity*, 126). 그러나 Hengel은 확고한 결론을 내리기엔 팔레스타인 내 군사 환경에 관해 우리가 아는 정보가 너무 적다고 제대로 지적한다(*Between Jesus and Paul*, 203-204 n. 111). 추가로 I. Levinskaya, 'The Italian Cohort in Acts 10:1', in P. J. Williams et al., eds., *The New Testament in Its First-Century Setting*, B. W. Winter FS (Grand Rapids: Eerdmans, 2004), 106-25을 보라.

48) 10:24이 "친척들"(아내와 아이들?)이 있었음을 나타낸다(또한 11:14을 보라).

군 자체의 이익이라는 관점에서 퇴역 군인의 정착에 대한 조건은 관대했을 것이다). 또한 10:7에서 (고넬료와) 마찬가지로 "경건"하다고 뚜렷하게 묘사된 군인은 그와 함께 은퇴한 그가 좋아하는 부하였을 수도 있다.[49]

고넬료에 관한 묘사(10:2)는 그의 경건함을 강조한다. 사용된 용어는 그가 유대교에 매력을 느낀 많은 이방인 중 한 사람이었음을 암시한다(이 것이 가이사랴에 정착한 이유인가?). 그는 하나님을 경외하고 항상 하나님께 기도했다. 이 언급이 누가의 붓에서 나왔기에, 하나님은 틀림없이 이스라엘의 하나님일 것이다. 고넬료는 이스라엘의 하나님이 유일하고 참된 하나님이라고 이미 믿었다. 그리고 그는 사람들을 많이 구제했는데, 이는 유대교 경건의 특징적인 표지다.[50] 이 인상을 10:22의 추가 정보가 확인해주는데, 10:22은 고넬료를 "의로운/곧은" 사람(비교. 눅 1:6; 2:25; 23:50), "유대 온 족속이 칭찬했다"라고 묘사한다. 고넬료는 누가의 선한 백부장 중 한 사람이었다.[51] 고넬료가 새 운동에 대해 열려 있었고 이후에 그 운동의 구성원이 되었음을 보여줌으로써, 누가는 성장하는 종파가 로마 당국자와 좋은 관계였음을 보여주는 추가 목표로 나아갈 수 있었다(조금이라도 말이다).

베드로가 넘어서려고 한 그 간격을 줄이고 그런 넘어섬을 유대 전통주의자들에게 훨씬 덜 위협적으로 만들려고, 고넬료가 이스라엘 종교에 이미 가까웠던 정도를 누가가 과장했는가? 반드시 그런 것은 아니다. 유대교에 매력을 느끼고 어느 정도 "유대화"되었지만(즉 독특한 유대 방식의 삶을 좇

---

49) Broughton, 'Roman Army', 443; Barrett, *Acts*, 1.499, 503-504. 물론 그 경우에 가이사랴에 고넬가 있었다는 사실이 당시 가이사랴에 이탈리아인 집단이 있었음을 요구하거나 반드시 있었다는 암시는 아니다.

50) 과거와 현재 유대교의 가장 인상 깊은 특징 중 하나는 가난한 자와 약자들을 위한 공급을 강조한다는 데 있다. 전형적으로 과부와 고아 및 방문자가 대상이다(예. 신 24:10-22; 사 10:2; 58:6-7; 렘 7:6; 말 3:5). 따라서 구제는 종교적 책임의 주요 행동이었다(예. Sir. 3.30; 29.12; Tob. 12.9; 14.11; 마 6:2-4); 추가로 아래 §27 nn. 188-89을 보라.

51) 눅 7:5; 23:47; 행 27:43. 그러나 그것은 "베드로가 개종한 첫 번째 이방인이 백부장이라는 사실이 전통에 속한 내용으로 보기에는 누가의 변증에 너무 잘 들어맞는다"는 Lüdemann의 부정적인 판단을 보증하는가?(*Early Christianity*, 126)

은) 온전히 개종하지 않은(즉 할례받지 않은)[52] 다른 이방인에 관한 기록이 많이 있다. 유대교는 그런 사람을 찾지 않았으나(유대교는 선교하는 종교가 아니었다),[53] 기도와 토라 읽기 모임 및 축제에서 그런 동조자들은 기꺼이 환영을 받았다. 그런 이방인 동조자들은 보통 "하나님을 경외하는 자"로 불렸는데, 우리가 그것이 공식 명칭이라고 추정하지 않고 단순히 경건이라는 두드러진 태도를 나타낸다고 본다면, 그 명칭은 아주 적절하다.[54] "하나님을 경외함"이라는 묘사 안에 포함된 고넬료 집안은 그의 집안 식솔들을 포함할 것이다(10:2). 요약하면, 누가는 엄청난 기교로 베드로의 완전한 변화를 위한 무대를 설치했으나, 베드로의 회심에 필수불가결한 만남이 고넬료와 같은 사람, 아니면 실제로 "역사적 고넬료"와 관련되어 있음을 의심할 타당한 이유는 없다.

b. 베드로에게 주어진 환상

이야기의 핵심은 욥바의 지붕에서 베드로가 받은 환상이다. 그것은 고넬료의 이전 환상(10:3-6)[55]과 이어진 성령의 명령(10:19-20) 사이에 있다. 또한 환상의 시각은 영적 분위기를 강화한다. 제9시(10:3)는 성전의 저녁 희생제사 시간이자 저녁 기도를 드리기에 좋은 시간이었다(3:1). 베드로도 비슷하게 추가 (3번째) 기도시간인 정오에[56] 혹은 단순히 기도할 기회를 얻어 기도하고 있다고 묘사된다.

---

52) 예. Josephus, *War* 2.462-63; 7.45; *Ap.* 2.282을 보라. 추가로 아래 §27.4 n. 251을 보라.

53) 위 §24 n. 247을 보라.

54) 10:2, 22, 35; 또한 13:16, 26, 50; 16:14; 17:4, 17; 18:7에서처럼. 추가로 아래 §29.5c를 보라.

55) 고넬료 환상의 이야기는 10:30-33에서 강조를 위해서뿐만 아니라, 절정을 향해 가는 그 이야기의 극적 "느낌"을 살리려고 다시 이야기된다. 천사의 옷에 관한 상세 내용은 다양성을 제공하려고 더해졌으며(10:30), 그것은 같은 전승이 잇따라 재현되면서 드러나는 전형적인 특징이다.

56) 비교. 시 55:17; 단 6:10.

베드로는 환상에서 네 귀가 매여 땅으로 내려오는 큰 보자기(*skeuos*)[57] 그리고 그 안에 있는 "각종 네 발 가진 짐승과 기는 것과 공중에 나는 것들"(10:11-12)을 보았다. 명쾌하게 언급되지는 않았지만, 환상에(10:11-13) 등장하는 보자기 안의 짐승들은 유대교 율법에서 불결하다고 여기는 짐승, 특별히 파충류(레 11:1-47)를 포함하는 것이 분명하다. 따라서 차별 없이 "잡아먹어라"는 명령은 신실한 유대인에게 비난받을 만한 일이었을 것이다. 꿈에서처럼 베드로는 그 명령이 환상 그 자체의 일부로서 어느 동물을 언급하는지 알았다(어쩌면 역사적 회상). 누가의 서술에서 베드로의 반응은 강렬하다. "주여, 그럴 수 없나이다(*mēdamōs*)!"(10:14).[58] 그는 거절하면서 암암리에 하늘에서 온 환상을 힐책한다.[59] 이어진 자기 증언도 동일하게 강력하다. "속되고 깨끗하지(*koinon kai akatharton*) 아니한 것을 내가 결코(*oudepote*) 먹지 아니하였나이다."[60] 강조하며 부정하는 말을 11:8이 반복하고 10:28이 반영한다.

이곳에서는 베드로가 제2성전기 유대교의 조상의 유전에 아주 철저히 헌신한다고 묘사한다. 음식 정결법 준수는 그리스/이방의 영향에 반하는 것으로 스스로를 규정하는 유대교의 독특한 정체적 표지가 되었다(1 Macc. 1:62-63).[61] 당시 이스라엘의 대중적 이야기에 등장하는 남녀 영웅들은 이방 음식을 거부함으로써 자기 백성과 종교를 향한 자신들의 충성을 보여주

---

57) BDAG, 927을 보라.

58) 이 표현은 겔 4:14를 되울린다.

59) 다시 말하지만, "주"는 반드시 예수나 하나님을 가리키지 않는다(비교. 9:5과 10:4).

60) 두 단어는 흔히 "부정한" 음식을 나타낸다(비교. 10:15; 11:19; 롬 14:14, 20). *Koinos*는 보통 그리스어에서 단순히 "흔한, 보통"이라는 의미다. "불경한, 불결한"이라는 의미는 성경의 *tame'*(예. 레 11:4-8; 신 14:7-10; 삿 13:4; 호 9:3) 혹은 *chol*(예. 레 10:10; 겔 22:26; 44:23)과 동등한 의미로 사용된 *koinos*의 용례에서 가져온 것이다. 이는 구약이 LXX으로 번역된 후 등장했지만, 마카비 혁명 시기와 그 이후에 증가했던 정결에 대한 염려를 반영한다(1 Macc. 1.47, 62). 막 7:2, 5에서 마가는 자신의 그리스인 청자들에게 *koinos* = "부정한"이라고 설명해야 했다.

61) 4 Macc. 8-9(8.12, 29)에서 마카비 순교자들이 취한 이 입장에 관한 설명을 주목하라.

었다.[62] 바리새파와 특히 에세네파는 그들의 다양한 할라카(덜 명확하게 규정된 법에 관한 판결)로 식탁의 정결을 보호하는 엄격함으로 유명했다.[63] 그리고 안디옥과 고린도 및 로마의 기독교 공동체에서 이후에 발생한 긴장은 많은 유대 그리스도인의 자기 정체성에 음식물 규칙이 아직도 얼마나 중요했는지를 정확하게 보여준다.[64]

그렇다면 21세기 독자는 그 논제가 음식에 관한 중요하지 않은 유행처럼 작은 문제가 아니었음을 인식하는 것이 중요하다. 그것은 유대인의 정체성의 심장에 자리한다. 거기에 달린 문제는 하나의 유대교 운동인 새 운동의 특성과 정체성 전환의 과정이다. 새 운동은 지금의 언약 백성의 전통적으로 독특한 특징에 여전히 충실하게 머물러 있어야 했는가? 순교자와 남녀 영웅이 기꺼이 모든 것을 희생하려고 했던 원리와 관습에 충실해야 했는가? 지금까지 베드로와 그의 형제 사도들 및 예루살렘의 신자들은 그 답이 예라고 추정했다.[65] 그러나 이제 베드로는 상상할 수 있는 한 가장 철저하게 재고해야 할 종교 원리 가운데 하나에 직면했다. 이것이 바로 누가가 이 이야기를 부각하면서 매우 주의 깊게 서술한 이유다.

전통적 관습에 대한 도전은 이보다 더 날카로울 수 없었다. "**하나님**께서 **깨끗하다** 하신 것을[66] **네가 속되다** 하지 말라(ha ho theos ekatharisen, sy mē koinou)." 이중 대조가 요점에 못을 박는다(theos/sy, ekatharisen/koinou)(10:15-16). 이것은 새로운 종교와 종파들이 태어나는 순간이다. 즉 지금까지 근본적이고 정체를 규정하는 원리라고 당연하게 여겼던 것을 의문시하고, 그 의문이 하나님의 목소리로 들릴 때 말이다. 베드로와 독자의 마음에 어떤 의심도 사라지도록, 누가는 그 계시가 세 번이나 반복됐다고 언급한다.

---

62) 예. 단 1:8-16; Tob. 1.10-13; Jdt. 10.5; 12.1-20; Add. Esth. 14.17; Jos. Asen. 7.1; 8.5.
63) 추가로 *Jesus Remembered*, 267-68, 272을 보라. 예수가 등장하기 한 세기 전에 고조된 정결법에 대한 관심은 Jdt. 12.7; *Jub.* 3.8-14; *Pss. Sol.* 8.12, 22; 1QS 3.5; CD 12.19-20을 보라.
64) 갈 2:11-14; 고전 8장; 롬 14장. 또한 아래 §27.3e("사도의 결의")를 보라.
65) 행 10:14; 11:3; 비교. 갈 2:12-13.
66) 비교. 레 13:6, 13, 17, 23; 막 7:19.

베드로가 당황할 만하다(10:17-23). 오래 확립된 원리와 유전을 그렇게 철저하게 넘어선 꿈과 환상을 어떻게 평가해야 하는가? 답은 이중 확증으로 주어진다. (1) 이제 막 도착한 전령과 함께 가야 한다고 성령이 베드로에게 말씀하신다(베드로에게 명확한 확신을 주었다. 비교. 13:2과 16:6). 그의 환상과 그들의 도착은 결코 우연이라고 할 수 없다. (2) 그리고 세 사람은 요청하면서 고넬료의 보완적인 환상을 알린다. 결론은 분명하다. 부정함의 고대 기준을 하나님이 무효로 하신 베드로의 환상은 분명 하나님을 경외하는 이 이방인을 가리킨다. 그는 천사의 명령으로 베드로의 방문을 요청했었다.[67]

c. 베드로의 회심

고넬료와의 만남(10:27-29)은 그 이야기 전반부의 절정이다. 고넬료의 집에 모인 사람들을 향한 베드로의 첫마디는 중대한 논지를 보여주었다. "유대인으로서 이방인(allophylos)과 교제하며 가까이하는 것이 위법(athemitos)인[68] 줄은 너희도 알거니와, 하나님께서 내게 지시하사 아무도 속되다 하거나 깨끗하지 않다(koinon ē akatharton) 하지 말라 하시기로"(10:28). 베드로가 방금 배운 교훈의 중요성이 분명하게 언급되었는데, 이를 놓쳐서는 안 된다. 즉 그가 이제 거리낌 없이 "부정한" 고기를 먹을 수 있을 뿐만 아니라, 다른 **사람**을 "부정하다"고 부를 수 없다는 것이다!

이야기의 이 부분의 핵심은 베드로가 "유대인은 자신을 이방인과 구별해야 한다"[69]라는 유대인의 인간관계 및 공동체의 삶에 대한 근본적인

---

67) 천사와 성령이 동등하고 다양하게 하나님의 목소리로 묘사될 수 있다는 사실에 주목해야 한다(비교. 10:5-6과 10:20).

68) 2 Macc. 6.5과 7.1의 athemitos 용례를 비교하라. 추가로 Wilson, *Luke and the Law*, 69을 보라. Bruce는 이 맥락에서 athemiton을 "'터부'로 번역할 수 있다(비교. 벧전 4:3)"라고 말한다 (*Acts*, 259).

69) 필자의 'The Incident at Antioch (Gal. 2.11-18)', *JSNT* 18 (1983), 3-57(*Jesus, Paul and the Law*, 129-82[여기서는 137-42, 특별히 142]로 재인쇄됨); Esler, *Community and Gospel*, 73-86 에 모아 놓은 자료를 보라. R. J. Bauckham, 'James, Peter, and the Gentiles', in B. Chilton

지도 원리를 위반하고 있다는 인식이다. 물론 그 관습은 틀이 확실히 잡히지 않았으며, 그랬다면 유대인과 이방인 사이에 어떤 상업적 관계나 사회적 관계도 없었을 것이다. 이스라엘 내에서든(그곳에 많은 이방인이 정착했다. 구약성경의 "외국인 거주자") 혹은 디아스포라(유대인이 소수였던 지역)에서든 말이다.[70] 예를 들면, 이미 언급했듯이, 요세푸스는 수리아에서 유대화된 많은 이방인이 "유대인과 (문자 그대로) 섞였다"라고 말했다(War 2.463).[71] 많은 이방인이 "유대화"했다는 사실은 틀림없이 그런 이방인과 지역의 유대인이 서로 교류할 수 있도록 했을 것이다.[72] 그리고 고넬료를 높이 칭찬한 가이사랴 유대인들은(10:22) 틀림없이 고넬료와 어떤 관련이 있었을 것이다. 그러나 그런데도 그 원칙은 유대인의 정체성의 기본 항목이었다. 그것은 이스라엘이 하나님이 택한 나라이기에 주 앞에서 거룩함을 유지하려고 다른 나라들과 자신을 분리해야 한다는 근본적인 확신이다.[73] 그리고 시험대는 언제나 식탁이었다. 식탁은 환대나 우정의 주요한 표현이고, 또한 부정

---

and C. Evans, eds., *The Missions of James, Peter, and Paul* (NovTSupp 115; Leiden: Brill, 2005), 91-142는 대부분의 제2성전기 유대인에게는 이방인들이 **제의적으로는** 불결하지 않으나 **도덕적으로는** 불결하고 불경스럽다고 말한다. "오로지 유대인만 거룩(불경스럽지 않음)할 수 있다"(91-102).

70) Schürer는 행 10:28을 언급한다: "그 진술은…그런 관계가 금지되었다는 의미가 아니고, 각각 그런 관계가 부정함의 원인이었다는 것이다"(*History*, 2.83-84). 추가로 S. J. D. Cohen, 'Crossing the Boundary and Becoming a Jew' (1989), *The Beginnings of Jewishness* (Berkeley: University of California, 1999), 140-74; E. P. Sanders, 'Jewish Association with Gentiles and Galatians 2.11-14', in R. T. Fortna and B. R. Gaventa, eds., *Studies in Paul and John*, J. L. Martyn FS (Nashville: Abingdon, 1990), 170-88; Segal, *Paul*, 231-33("유대인이 이방인과 함께 먹는 것을 금지하는 법이 랍비 문헌에 없다"); P. Borgen, '"Yes", "No", "How Far?": The Participation of Jews and Christians in Pagan Cults', in Engberg-Pedersen, ed., *Paul in His Hellenistic Context*, 30-59; Barclay, *Jews in the Mediterranean Diaspora*, 434-37; Zetterholm, *Formation*, 149-55("사회적 교류는 한 가지 일반적인 예외인 결혼을 제외하고는 삶의 거의 모든 영역에서 존재했다")를 보라. 또한 아래 §27.4을 보라.

71) 위 §24.8a를 보라.

72) 다시 위 n. 70과 아래 §27.4 n. 251을 보라.

73) 예. 레 20:24-26; 스 10:11; *Ep. Aris.* 139-42; Philo, *Mos.* 1.278. 또한 이것은 구경꾼에게 준 인상이었다. 디오도로스 시켈리오테스(34.1.2)와 타키투스(*Hist.* 5.5.1-2)는 유대인이 타인과 함께 떡 나누기를 거부한 일을 세상의 다른 사람들을 혐오한다는 표시로 보았다(*GLAJJ*, 1.182-83; 2.19, 26의 본문들).

함이 전염되는 곳이었다.[74]

그렇다면 요점은 베드로가 정결한/부정한 음식 법과 유대인 및 이방인의 분리됨 사이의 밀접한 상호관계를 인식했다는 것이다(레 20:24-26에서 분명하고 간결하게 설명되었듯이).[75] 그러나 더 중요한 점은 베드로가 자기 환상의 중요성을 인식했다는 것이다. 정결법이 이스라엘의 분리를 구현하고 보호에 기여했기 때문에, 그 법의 폐지는 열방과 이스라엘을 분리하는 시대의 종말을 의미했다.[76] 부정한 동물이 없다면, 어떤 인간도 부정하다고 지정될 수 없었다. 베드로는 이제 그가 여느 동족 유대인을 대우하듯 고넬료를 대우하는 데 있어 자유로워졌다.

---

74) 이런 이유로 11:3의 가정과 비난이 있었다. 비교. 눅 7:34; 15:1-2; 19:7; 갈 2:11-14.

75) 레 20:22-26:

> [22]너희는 나의 모든 규례와 법도를 지켜 행하라. 그리하여야 내가 너희를 인도하여 거주하게 하는 땅이 너희를 토하지 아니하리라. [23]너희는 내가 너희 앞에서 쫓아내는 족속의 풍속을 따르지 말라. 그들이 이 모든 일을 행하므로 내가 그들을 가증히 여기노라. [24]내가 전에 너희에게 이르기를 너희가 그들의 땅을 기업으로 받을 것이라. 내가 그 땅 곧 젖과 꿀이 흐르는 땅을 너희에게 주어 유업을 삼게 하리라 하였노라. 나는 너희를 만민 중에서 구별한 너희의 하나님 여호와이니라. [25]너희는 짐승이 정하고 부정함과 새가 정하고 부정함을 구별하고 내가 너희를 위하여 부정한 것으로 구별한 짐승이나 새나 땅에 기는 것들로 너희의 몸을 더럽히지 말라. [26]너희는 나에게 거룩할지어다. 이는 나 여호와가 거룩하고 내가 또 너희를 나의 소유로 삼으려고 너희를 만민 중에서 구별하였음이니라.

C. Wahlen, 'Peter's Vision and Conflicting Definitions of Purity', NTS 51 (2005), 505-18은 레 20:22-26이나 그 이야기와 관련한 레위기의 중요성을 고려하지 않는다.

76) 또한 1 Enoch 85-90(더 자세히 102-16)과 관련해서, Bauckham, 'Peter, James, and the Gentiles', 104-106을 보라. "누가가 환상이 원래 담고 있는 것과 다른 의미를 그것에 부여했는지를" 궁금해하는 데 있어, Barrett(Acts, 1.494, 497, 509, 516; 비교. Wilson, Luke and the Law, 68-70)는 레 20:22-26이 암시하는 불결한 동물들과 사람들 간의 매우 중대한 연관성을 놓쳤고, 따라서 사고방식의 획기적 진전이 누가가 받은 이야기에 근본적임을 인식하지 못한 사람들의 전형적인 예다. 그 비판은 특별히 Dibelius, Studies, 112, 118 그리고 Conzelmann, Apg., 61-62(비교. Haenchen, Acts, 361-62; Lüdemann, Early Christianity, 126-27, 131-32)에게도 적용된다. 부정한 음식과 부정한 사람 간의 연결이 깨어졌다는 점이 누가에게 기본 음식 법이 가볍게 무시될 수 있다는 의미는 아니다(행 15:20, 29; 21:25)(비교. Haenchen, Acts, 361-62에 대응하는 Jervell, Apg., 306, 316-17).

요약하면, 베드로가 넘어야 할 간격은 하나님과 인간 간의 수직적인 간격이 아니라(따라서 누가가 고넬료의 경건을 강조함) 유대인과 이방인 간의 수평적 간격이었다. 이스라엘을 둘러쌌던 인종/종교라는 경계의 와해는 열방을 향한 복음의 획기적 진전에 필수 불가결했다. "땅 위의 모든 족속"(3:25)을 위한 하나님의 계획의 성공은, 이스라엘이 이방인과의 분리로 자신을 규정하는 한, 이스라엘의 정체성의 재규정을 수반했다.

여기서도 우리는 누가의 수준 높은 이야기 전달과 극적인 특징을 즐길 수 있는데, 그런 수준과 특성을 즐길 수 있다고 해서 그 이야기가 처음부터 끝까지 만들어졌거나 중심 메시지가 고안되었다고 추론할 필요는 없다. 누가가 그 이야기에 자신의 재주와 기교를 제공하지만, 갈라디아서 2:6-9, 12a에서도 증명된 것처럼, 우리는 이방인 선교를 향한 베드로의 개방성이 어느 정도 그런 계시에 기인한다는 점을 그 이야기에서 거의 확실하게 알 수 있다. 바울은 더 철저한 전환을 입증하고, 그 원인을 똑같이 "계시"(갈 1:12,16)로 돌렸다. 사도행전 10:14에 있는 베드로의 항의에 확고한 근거가 있다면, 그를 돌려놓을 계시가 똑같이 요구될 것이다.[77] 누가는 그가 가진 모든 기교로 이야기를 하지만, 그것은 시작부터 훌륭한 이야기였고, 그 이야기의 중요성은 그런 적절한 방식으로 끌어내야 했다.

26.4 고넬료를 받아들임

그 이야기는 반만 전달됐다. 지금까지 우리는 복음이 이방인을 위한 것일 수 있다는 가능성을 생각해보지도 못하도록 베드로를 방해한 장벽이 제거되는 것을 보았다. 이제 베드로는 그가 예루살렘 거주자에게 했던 것처럼 자유롭게 이방인 고넬료에게 복음을 전할 권한을 부여받았다. 그리스도

---

77) 아이러니하게도 Lüdemann은, 갈 2:12에서 베드로가 이방인들과의 식탁 교제에서 물러나려면 "계시가 필요했을 것이다"라고 말할 때 그 점을 인식한다(*Early Christianity*, 132).

안에 있는 하나님의 목적의 더 충만하고 절정으로 치닫는 현현은 이방인들이 그것을 추구한다면 그들이 참여할 수 있도록 이제 그들에게 개방되었다.

이야기의 후반부도 두 부분으로 나누어진다. 베드로의 연설 그리고 고넬료 및 그의 동료에게 임한 성령이다.

a.베드로의 연설과 신학적 긴장(행 10:34-43)

필자는 이미 어느 정도 자세하게 그 연설을 분석했다(§21.3c). 여기서는 드러나는 신학적 긴장에 초점을 맞추는 것이 타당하다.

도입부의 내용("내가 참으로 하나님은 사람의 외모를 보지 아니하시고 각 나라 중 하나님을 경외하며 의를 행하는 사람은 다 받으시는 줄 깨달았도다", 10:34-35)은 베드로가 최근 계시를 통해 배운 주요 교훈을 요약한다. 이 본문이 누가의 작문이라 할지라도, 그것은 예수의 복음의 새로운 이해가 촉발한 신학적 긴장을 강조한다. 베드로가 받은 계시의 함의는 신명기 10:17에서처럼 하나님이 공정하시다는 진술이 유대인은 물론 이방인을 향한 하나님의 관심에까지 확대된다는 것이다. 공정한 하나님에게 있어, 사람을 용납할 만하게 만드는 것은 인종적 유산이나 국적의 문제가 아니라 하나님을 경외하고 의를 행하는 일이다.[78] 물론 이 이해는 이스라엘의 선택이라는 원리 그리고 이스라엘이 (다른) 나라들과 구별됨에 대한 강조와 어느 정도 긴장을 이룬다. 그러나 베드로는 유대교 안에서 그것을 경험한 첫 번째 사람도 아니고 마지막 사람도 아니다.[79] 그래서 이것은 해방된 유대인의 언어이며, 하나님이 하나님을 경외하는 사람(10:2)을 이제 율법의 추가 조건(특별히 할례)을 만족시키지 않아도 유대인만큼이나 받아주신다는 사실에 대한 인식

---

78) 이것이 베드로가 바울에게 매우 가까이 나아간 요점 중 하나다(롬 2:6-11). 추가로 아래 §33 n. 106을 보라.

79) 이미 암 9:7; 요나서; 마 3:8-9에 있었다.

이다.[80] 이스라엘을 둘러싼 국가적 경계는 종교적 경계로도 역할을 했지만, "하나님의 존전"에서는 상관없게 되었다. 다른 말로 하면, 하나님을 경외하는 이방인은 하나님을 경외하는 유대인만큼이나 예수의 이름과 하나님의 성령으로 말미암은 축복을 받을 수 있다는 것이다.

그러나 고넬료는 하나님께 받아들여질 만했는가? 아니면 이미 받아들여졌는가? 10:35의 그리스어는 이 두 가지 의미를 띨 수 있다. 핵심은 "하나님을 경외함"과 "의로운 일을 행함"(문자 그대로 "의를 행함")을 하나님의 백성, 즉 하나님의 언약과 관련된 구성원에게서 기대되는 전형적인 표현으로 인식하는 데 있다.[81] 그렇다면 베드로가 직면한 문제는 이것이다. 이방인이 하나님의 백성의 신실한 구성원에게 기대되는 영성을 보여준다면, 그 남자나 여자가 하나님께서 받으실 만하다는 점을 어떻게 의심할 수 있느냐 하는 것이다. 누가(와 베드로)에게 "받아들여질 수 있음"이 "받아들여졌음"을 의미하느냐를 검증하는 것은 고넬료에게 주어진 성령의 선물일 것이다. 그러나 고넬료가 **이방인으로서** 하나님께 받아들여질 수 있었음이 핵심이고, 유대 메시아 종파로 그를 완전히 받아들이는 것은 오직 그의 믿음과 성령 받음에 의존한다. 유대교의 개종자가 되지 않은 **이방인으로서** 말이다.

긴장은 연설 전반에 걸쳐 계속된다. 인용한 첫 두 본문은[82] 이스라엘을 주된 수혜자로 보는 듯하다. 시편 107:20("그가 그의 말씀을 보내어 그들을 고치시고")에 "이스라엘의 자손들에게 보내신"(행 10:36)이라는 구가 더해진다. 이사야 52:7("…평화를 공포하는 자")에서 선포는 시온을 향한다. 이것은 10:34-35 안에 내포된 긴장을 훨씬 더 끌어낸다.[83] 이스라엘에 초점을 **맞춘** 축복은 이스라엘을 **통한** 축복이 되어가고 있다. 약속의 백성의 정체는 이스라엘이라는 경계 너머로 확장된다. 이것이 누가가 이야기 전체에서 표현하고

---

80) 비교. 신 10:12; 시 2:11; 잠 1:7; 말 4:2.
81) 비교. 예. 시 15:2; 겔 18:5-9; 히 11:33; 약 1:20. 또한 Barrett, *Acts*, 1.519-21의 토론을 보라.
82) 위 §21.3c를 보라.
83) 이미 2:39, 3:25 그리고 4:10, 12에서처럼.

자 했던 베드로의 자기이해의 재구성이다.

긴장은 "그가 만유의 주"(10:36)라는 구절로 인해 더욱더 고조된다.[84] 그것은 이스라엘의 유일신 신앙과 묶여 있다. 하나님이 한 분이라면, 그는 **모든** 사람, 즉 유대인은 물론 이방인의 하나님이기도 하다.[85] 그러나 이 지점에서 "주"는 다시 한번 명백하게 예수다.[86] 여기에 이중적인 메시지가 있다. 첫째로 고넬료에게 명령한 주 하나님은(10:33) 예수 그리스도와 주 되심을 공유하셨다.[87] 둘째로 그리스도의 주 되심은 하나님의 주 되심이 유대인은 물론 이방인 곧 모든 사람에게 확장됐음을 베드로로 하여금 깨닫게 했다. 그렇다면 이 표현에는 하나님의 목적뿐만 아니라 하나님에 대한 재정의가 압축돼 있다. 이로써 공통의 유산을 공유했던 기독교와 유대교가 몇십 년 후에 분리하게 되었다.

긴장의 원인이 된 모든 내용은 그 연설 내에서 명백하지도 분명하지도 않다. 심지어 누가가 그것들을 몰랐을 수도 있다. 긴장은 연설이 전달된 정황 속에서 그리고 그 연설의 일부 상세 내용과 상황의 상호작용으로 일어났다. 다시 말해서, 누가의 설명 방식은 단순히 유대교의 전통적 경계에 부딪히며 일어난 신생 종파에 그런 질문들을 제기한 전형적인 상황을 반영할 뿐만 아니라, 상황에서 드러난 첫 제자들(실제로 어쩌면 베드로)의 본문과 신학적 고찰을 반영할 수도 있다.

주요 연설의 나머지 부분은 주로 사도행전의 앞선 연설들의 더 특징적인 부분과 강조들을 따른다(행 37:43)[88] 그런 특징과 강조는 예루살렘에서의 시작과 누가가 지금 전개하고 있는 전통적 관점에서 벗어나는 진전 사이에 있는 연속성 정도를 부각시키려는 누가의 방식이다.

---

84) 동시대 병행구는 Fitzmyer, *Acts*, 463-64을 보라.
85) 바울은 롬 3:29-30에서 이 긴장을 효과 있게 이용했다.
86) 비교. 2:21, 36; 롬 10:12-13.
87) 이 점은 이미 2:21, 34-36에서 제기됐다.
88) 다시 위 §21.3c를 보라.

b. 이방인의 오순절(행 10:44-48)

이야기의 절정이자 방금 개괄한 긴장을 해결하는 것은 성령이 "말씀을 들은 모든 이에게 부어졌다"는 사실이다(10:44). 여기서 성령이 임하신 사실이 우리가 하나님께 받아들여졌다는 최고의 표지라는 점은 논쟁의 여지가 없다. 명백히 함의된 내용은 고넬료가 믿었다는 것이다(10:34. 11:17과 15:7, 9에서 분명하게 언급함). 성령의 임함은 인간의 규정이나 명령을 기다리지 않는다. 동시에 예수 그리스도의 이름으로 세례가 필요 없게 되지도 않았다(비록 속편[11:15-18]에서 언급되지 않지만). 사실 고넬료의 성령 받음(10:44-47)에 대한 계속된 강조가 예수의 이름을 두 번 언급한 구절들(10:43, 48)로 싸여 있다는 점은 우연이 아니다. 새 운동의 주요 정체성 표지 두 가지는 상호 의존한다. 그러므로 고넬료는 받아들여질 수 있는 존재에서 받아들여진 존재로 이동했고, 열방을 향한 하나님의 축복이라는 중차대하고 획기적인 진전이 일어났다. 이스라엘의 하나님이 하나님을 경외하는 자를 받아들이심은 예수를 통해 하나님을 믿는 모든 이의 받아들임이 되었다.

베드로와 함께 한 사람들은 "신자들"(pisteusantes/pisteuontes)[89]보다는 "신실한 자들"(pistoi, 문자적으론 "할례로 말미암아 신실한 자들")로 묘사됐다(10:45). 이렇게 누가는 그들이 할례를 여전히 언약 백성의 가장 독특한 특징으로 여기고(비교. 7:8), 따라서 할례로 표시되는 유대인과 이방인 사이의 근본적 분리가 유지되어야 한다고 가장 확신하는 교회의 한 부류를 대표한다는 신호를 보낸다.[90] "(그) 할례자들"은 거룩하고 구별되라는 이스라엘의 기본 부름에 신실하고 충성했으며, 이스라엘의 정체성 표지와 경계를 유지하는 데 열성적이었다. 그들이 가이사랴의 이방인에게 성령이 오셨음을 확신하게 됐다는 점은 성령이 부어졌다는 사실이 의문의 여지가 없다는 의

---

89) 위 §20.1(5)을 보라.
90) 비교. 11:2; 15:1, 5; 갈 2:12. 바울은 유대인과 이방인을 단순히 "할례자"와 "무할례자"로 구별할 수 있었다(롬 2:25-26; 갈 2:7). 또한 §27.2a를 보라.

미다. 이 점이 뒤에서 강화되는데, 할례받지 않은 이방인과 함께 먹는 베드로를 비판했던 "할례자들"(11:2-3)도 베드로가 일어난 일을 다시 이야기할 때 잠잠해졌고, "그러면 하나님께서 이방인에게도 생명 얻는 회개를 주셨도다"(11:18)라고 말하며 하나님을 찬양했다.

이 세 절(10:44-46)의 독특한 특징은 눈에 보이는 성령의 영향에 대한 강조다. 성령이 그들에게 부어졌고(8:16에서처럼), 무언가가 그들을 "강타했다." 보이지 않는 능력의 보이는 영향이 있었다. 그 영향이 너무나 명백했기에 베드로와 함께한 사람들은 부인하거나 의심할 수 없었다. 언급된 특별한 증거는 그들이 방언을 하고 하나님을 찬미했다는 사실이다. 그 체험과 오순절[91] 사건은 서로를 상기시키도록 명백히 의도되었다. 고넬료와 그의 동료들에게 일어난 일은 오순절에 첫 제자들에게 일어난 일과 분명 다르지 않다. 어떻게 "할례받은 신자들"이 하나는 긍정하고 다른 하나는 부인할 수 있겠는가? 그들은 부인할 수 없었다.

필연적인 결론을 내린 사람은 바로 베드로다. "이 사람들이 우리와 같이 성령을 받았으니 누가 능히 물로 세례 베풂을 금하리요?"(10:47) 하나님은 아주 분명히 그들을 받아들이셨다. 오순절과의 병행이 되풀이된다("우리와 같이"…). 그런데 우리가 어떻게 그들을 거부할 수 있는가? 이것은 임의적이거나 생각 없는 황홀경이라고 일축될 수 없었다. 하나님이 그 가운데서 역사하셨다는 사실은 논란을 넘어섰다. 질문(10:47)은 8:37에서 내시가 제기한 질문과 같다. "하나님께서 매우 분명하게 허락하신 일을 누가 금하겠는가?" 그리고 답도 똑같다. "아무도 없다." 여기서 순서는 예외적이다. 성령의 선물이 세례를 앞선다. 누가는 하나님이 자기 뜻을 매우 명백하게 드러낼 수밖에 없었다는 사실을 자기 독자들이 이해하기를 분명히 원했다. 그렇지 않았다면 베드로도 이방인들에게 먼저 할례를 요구하지 않

---

91) "부어졌다"(2:17-18, 33과 10:45); 방언을 말함과 하나님의 큰일 말하기(2:4, 11과 10:46); "성령이 그들에게 임하시기를 처음 우리에게 하신 것과 같이 임했다"(11:15); "하나님께서 우리에게 주신 것과 똑같은 은사를 그들에게 주셨다"(11:17).

고 그렇게 조치하기를 주저했을 수도 있다. 동시에 성령이 먼저 부어졌다는 사실은 세례가 생략될 수 있거나 생략되어야 한다는 결론으로 베드로를 이끌지 않았다(10:47). "예수 그리스도의 이름으로" 받는 세례(10:48)는 그를 믿고 그의 이름으로 죄 용서받는다는 선포 그리고 성령의 부여로 이미 시작된 과정을 완성한다. 성령의 선물이 하나님이 고넬료를 받아들이셨다는 사실을 인정하는 곳에서는, 이제 유대인과 할례자의 교회가 그들이 이 이방인들을 받아들였음을 세례로 인정해야 한다. 추가적인 가르침이나 지체 없이 평상시처럼 세례가 즉시 시행되었다.

물론 누가는 이 사건을 잘 활용했는데, 그 이야기를 아주 극적인 용어로 표현하며 두 번 반복한다. 성령이 물리적 현상과 더불어 감지할 수 있는 방법으로 오심은 성령과 성령의 일하심에 대한 누가의 인식과 상당히 부합한다. 수 세기 동안의 가정과 전통이 새 메시아 종파의 초기 확장으로 인해 매우 빠르게 전복되려면, 이와 같은 일이 일어나야 했을 것이다. 그 장면은 우리가 갈라디아서 3:2-5과 2:7-9을 읽으며 추론해냈을 바로 그런 장면이다. 또한 하나님이 그들을 받아들이셨느냐의 문제를 논란의 여지 없이 정리한 것도 바로 바울의 갈라디아 개종자들에게 명백하게 임한 성령이었다(3:2-5). 이방인을 받아주신 하나님의 은혜에 대한 그런 분명한 증거는 바울의 메시지가 복음이고 그가 헛되이 달음질하지 않았음을 더 보수적인 예루살렘 지도층으로 하여금 확신하게 했다(2:2, 6-9).[92] 그래서 이 이야기의 중요성이 처음에는 온전히 보이지 않았을지라도, 또한 이전에는 중요하지 않은 것으로 보였던 이야기에 누가가 전형적인 중요성을 부여했다 할지라도(비교. 행 15:7-11), 누가의 서술이 기본적으로 훌륭한 전승에 의존했을 가능성은 여전하다.[93] 그렇지 않았다면, 안디옥의 획기적 진전은 더 일찍 적의에 부딪혔을 것이고, 바울의 선교는 새 운동 내에서 실제보다 훨씬

---

92) 또한 아래 §27.3d를 보라.
93) "그[고넬료]와 유대인들 간의 식탁 교제는 결정적 요인이 아니다. 부정함은 영과 환상의 상황으로 극복되기 때문이다"(Wander, *Trennungsprozesse*, 282).

더 심각한 분열에 직면했을 것이다. 베드로를 통한 고넬료의 회심은 새 운동의 초기에 하나의(어쩌면 가장) 중요한 분수령이었으나, 그 사건은 베드로 자신의 회심 때문에 일어날 수 있었다!

c. 하나님의 주도권 인정(행 11:1-18)

11:1-18이 단순히 극적인 우화를 이야기꾼이 자기 멋대로 반복한 것이 아님을 인정하는 일이 중요하다. 그런 반복은 다른 목적에 이바지한다. 그것은 **고넬료**를 받아들임과 고넬료가 대표했던 것에 대한 것만큼이나 **베드로**를 받아들임과 베드로가 행했던 일과 관련이 있다. 고넬료가 성령세례를 받음으로 절정에 이른 그 사건의 두 번째 서술(11:4-17)은 자신의 행동에 관한 베드로의 변호를 제시했다(11:3). 그리고 그를 겨냥한 비난은 그가 할례받지 않은 이방인에게 세례를 베풀어서가 아니라 이방인들과 함께 먹었다는 데 있다(11:3). **바로 베드로의 받아들임, 즉 유대인으로서 이방인을 받아들인 첫 행동이 주요 쟁점이었다.** 그러므로 신기원적 사건의 두 번째 서술은 첫 서술의 두 단계를 반영한다. 첫 서술이 베드로의 회심, 다른 나라들과 유대 민족의 "구별"에 근본적 질문을 제기함, 비유대인 자체를 하나님이 받아주시지 않는다는 가정을 포기함에 집중하는 반면에, 두 번째 서술은 베드로의 새 확신과 이어진 행동을 예루살렘의 사도들이 받아들임에 집중한다. 다시 한번 누가는 가이사랴 사건들 자체뿐만 아니라 예루살렘의 사도들이 그런 일들을 받아들이는 것이 얼마나 중요한지를 강조하고 있다. 그래서 새 운동의 일치와 새 운동과 이전 유산 간의 연속성은, 이전에 소중하게 여긴 근본 신념이 탈바꿈하는 과정을 통해서라도 유지되었다.

10장에서 서술된 사건의 기본 개요가 가이사랴 교회의 초기 기억에서 유래되었다면, 그 사건은 11:3에서 표현된 것 같은 의구심을 불러일으켰을 것이다. 또한 이 경우에 예측하지 못하게 주도권을 잡은 베드로는 예루살렘 교회에서 폭넓은 동의를 얻어야 했을 것이다. 그런 동의가 규칙의 예외인지, 더욱 보편적인 중요성을 지니는지는 결국 불분명했을 것이다. 그래서 15:1, 5에서 그 문제가 다시 대두된다는 사실은 놀랍지 않다. 누가는 중대한 선례가 인정되었다는 분명한 암시와 함께 그 이야기의 반복을 마무리한다(11:18). 그러나 분명 사도와 형제들 중에 그 사건을 단지 예외로 보는 사람들이 있었을 것이다.

26.5 헤롯 아그리파 1세 치하의 불안한 시기

베드로가 30, 40년대 전반에 활동한 내용에 대한 정보는 터널 기간 때문에 제한적이다. 사실 30, 40년 전반에 걸친 기독교의 시작에 관한 누가의 서술은 두 지점에서만 당시의 비기독교 역사와 얽혀 있다. (1) 사도행전 5:34과 22:34의 가멜리엘에 대한 언급,[94] 그리고 (2) 헤롯 아그리파 왕에 관한 12장의 자세한 언급이다. 그러나 이것은 누가가 하나 혹은 더 많은 주제를 강화하려고 기꺼이 도입할 수 있었던 수리아-팔레스타인의 여러 이야기를 무시했다는 의미다.

a. 사라진 이야기들

그의 독자(들)에게 적절한 교훈을 제공하거나 그의 이야기에 신빙성을 더하는 데 도움을 주기 때문에(비교. 눅 3:1), 누가가 암시했을 수도 있는 이야기 중 아래 사항들은 가장 중요하다.[95]

---

94) 위 §23 nn. 13, 14을 보라. 그러나 누가는 바울이 다메섹을 떠나는 장면을 서술할 때 아레다의 이름을 밝히지 않았다(고후 11:32).

95) Schürer, *History*, 1.350, 386-88, 394-97에 더 상세한 내용이 있다. 또한 Hengel and Schwemer, *Paul*, 181을 보라.

- 36년에 벌어진 헤롯 안티파스와 나바테아의 아레다 간의 짧은 전쟁과 37년
  에 벌어진 아레다에 맞선 로마의 수포가 된 군사작전(Josephus, *Ant.* 18.113-
  15, 120-26)
- 빌라도의 사마리아인 학살 그리고 36-37년에 이어진 그의 몰락(*Ant.* 18.85-
  89)
- 수리아 사절 비텔리우스(Vitellius)가 37년에 예루살렘을 방문했을 때, 대제
  사장 가야바가 면직됨(*Ant.* 18.90-95)
- 예루살렘 성전에 자기 형상을 세우려는 칼리굴라의 오랜 시도(39-41). 이는
  이스라엘 내 유대인의 상당히 강렬한 항의와 모든 유대인 사회의 전반적인
  불안, 디아스포라 유대인 공동체, 특별히 알렉산드리아와 안디옥에 있는 공
  동체에 대한 이차적 공격을 유발했다.[96]

물론 이것 중 어떤 것도 누가가 전하는 이야기에 필수적인 내용은 없다. 그
러나 그 사건들이 초기 기독교 공동체에 영향을 주지 않았거나 해를 끼치
지 않은 것은 아니다.[97]

특별히 관련 있는 내용은 칼리굴라의 도발이 유대인 공동체에 틀림없
이 끼쳤을 위기다.[98] 이미 언급했듯이, 자신의 복음서를 쓰는 데 마가가 사
용한 마가복음 13장에 있는 전승이 그 위기에 반응하면서 오래 지속된 지

---

96) Josephus, *War* 2.184-203; *Ant.* 18.257-88; 또한 Philo, *Legat.* 197-338; 안디옥에서의 불안에
   대해서는 §24 n. 236을 보라.

97) 신뢰할 수 없는 Malalas에 따르면, 희생자들 가운데 "많은 유대인과 갈릴리인이" 포함되
   었다(Levinskaya, *BAFCS*, 5.131-32에 있는 본문). 그곳에서 "갈릴리인들"은 종종 등장하는
   그리스도인들의 초기 이름을 반영할 수도 있다(§20 n. 68을 보라).

98) 이미 *Jesus Remembered*, 296에서 언급했다. 타키투스는 칼리굴라가 죽임을 당하지 않았다
   면 그의 명령 때문에 전면적인 봉기가 일어났을 것이라고 말한다(*Hist.* 5.9.2; *GLAJJ*, 2.21, 29,
   51을 보라). 추가로 N. H. Taylor, 'Popular Opposition to Caligula in Jewish Palestine', *JSJ*
   32 (2001), 54-70을 보라. "이스라엘 땅과 수리아에서 묵시적 열기를 더한, 칼리굴라 치하의
   이 사건들이 바울 서신들이나 누가의 저술 그리고 복음서들에서 언급조차 되지도 않았다
   는 점은 두드러진다. 알렉산드리아뿐 아니라 이후에 모국이 그 사건들의 영향을 받았을
   뿐만 아니라, 전 디아스포라, 특별히 제국의 동쪽 지역이 동요했기 때문이다"(Hengel and
   Schwemer, *Paul*, 182).

금의 형태로 대부분 자리 잡았다고 보는 것은 개연성이 있다. "'멸망의 가증한 것'이 서지 못할 곳에 선 것"(막 10:13)이라는 말은 신성모독적인 칼리굴라의 계획에 대한 암시일 수 있는데, 이는 기원전 167년에 셀레우코스 왕조가 예루살렘 성전에 세웠던 이교도 제단에 대한 다니엘 12:11의 언급을 상기케 한다.[99] 그렇다면 칼리굴라의 명령이 야기한 그 위기가 유대인 공동체들 내의 예수 종파 구성원들 사이에서 종말의 열기를 조금씩 고양했다고 충분히 추론할 수도 있다. 이는 여전히 마가복음 13:5-27에서 명백하게 드러나는 강렬한 묵시적 기대다.[100] 그런 강렬함이 누가가 그 사건을 언급하지 않은 이유를 설명해준다. 마가복음 13장의 전승을 사용하면서 누가는 마가복음 13:14을 예루살렘 포위에 대한 언급으로 바꾸었고(눅 21:20), 인자가 돌아오기 전 더 긴 기간을 예상해야 한다고 암시했다(21:24-28). 그러나 이스라엘 땅에서 초기 그리스도인들이 그 시대의 정치적 압박 및 다른 위기와 완전히 무관했다고 추정하지 않는다면, 주 예수의 (다시) 오심을 포함하여, 임박한 미래에 대한 그들의 기대가 적어도 이 위기들을 어느 정도 반영했을 공산이 있다고 보아야 한다. 마가복음 13:5-27의 상세 내용과 강렬함은 당시 사람들이 틀림없이 경험했을 염려와 희망을 제대로 표현한다.[101] 이 주제에 관한 누가의 침묵은 기독교 형성에 대한 정보에 안타까운 틈을 남겼다.

b. 헤롯 아그리파 1세(기원전 10년-기원후 44년)

헤롯 아그리파 1세는 이 시기 유대 역사에 등장하는 가장 매력 있는 인물 중 하나다. 아리스토불루스의 아들이며 헤롯 대왕의 손자인 그는 아우구스투스의 친구이며 동쪽 지역 대리인인 마르쿠스 아그리파(Marcus Agrippa)

---

99)   1 Macc. 1.41-64; 2 Macc. 6.1-11; Josephus, *Ant.* 12.253.

100)   위 §21 n. 293을 보라.

101)   또한 *Jesus Remembered*, 417-19을 보라.

의 이름을 따랐다. 그는 어릴 때 교육을 위해 로마로 보내졌다. 그곳에서 왕족과 친구가 되었고 오랫동안 그들 가운데서 활동했다. 티베리우스 통치 말기에 그는 칼리굴라를 지원해서 유명해졌고, 이로 인해 티베리우스가 결국 그를 투옥했다. 칼리굴라는 황제의 자리에 오른 후, 그를 즉시 석방했고 그에게 특별한 호의를 베풀었다. 성전에 자신의 형상을 세우라는 칼리굴라의 명령으로 인한 위기 가운데 아그리파는 칼리굴라와의 친밀한 우정을 앞세워 그 무모한 사업을 중지하도록 그를 설득할 수 있었다.[102] 그리고 이어서(41년) 아그리파는 클라우디우스의 계승을 확고히 하는 데 중대한 역할을 한다.[103] 유대인에게 그런 대표자가 있었다는 사실은 아그리파가 로마에 있는 동안 "세속적"이었다 할지라도,[104] 로마 당국자가 유대 백성들에게 호의를 유지하는 데 틀림없이 도움이 되었을 것이다.

칼리굴라는 황제로 즉위하면서 아그리파에게 왕이라는 칭호와 더불어 필리포스와 리사니아스(Lysanias)의 이전 영지를 주었다.[105] 이후에 헤롯 안티파스의 영지는 아그리파 왕국과 합쳐졌고(Josephus, War 2.182-83), 클라우디우스가 황제가 되었을 때 그는 유대와 사마리아를 더해주었다. 따라서 헤롯 대왕이 죽은 후(기원전 4년)부터 처음으로 이스라엘 왕국이 한 통치자 아래 통일되었다.[106] 그때부터 아그리파는 알렉산드리아의 유대인을 위해 클라우디우스에게 효과 있게 탄원할 수 있었다(Ant. 19.279, 288).

41년에 예루살렘에 돌아오자마자, 아그리파는 이내 자신의 경건을 보여주기 시작했고, 그 때문에 특별히 바리새인의 지지를 얻었다. "그는 예루

---

102) Philo, *Legat.* 261-333; Josephus, *Ant.* 18.289-304.

103) Josephus, *War* 2.206-13; *Ant.* 19.236-47.

104) 그의 사치 때문에 큰 빚더미에 앉게 되었다(Josephus, *Ant.* 18.143-67). 더 상세한 내용은 Schürer, *History*, 1.442-45; Smallwood, *The Jews under Roman Rule*, 187-93, 또한 196-97을 보라. 자세한 전기적 내용은 D. R. Schwartz, *Agrippa I: The Last King of Judaea* (Tübingen: Mohr Siebeck, 1990)을 보라.

105) Josephus, *War* 2.181; *Ant.* 18.237-39.

106) Josephus, *War* 2.214-17; *Ant.* 19.274-75. 그러나 초기 신자들 가운데 누구도 앞선 질문("이 스라엘 나라를 회복하심이 이때니이까?"[행 1:6])에 대한 답을 보지 못한 듯하다.

살렘에 들어서자마자 감사제를 드렸으며, 우리 율법에 요구된 의식 중 하나도 빠트리지 않았다. 또한 그는 상당수의 나실인이 머리를 깎을 수 있도록 했다"(*Ant.* 19.293-94). 즉 그들이 서원을 행하는 비용을 부담했을 것이다 (비교. 행 21:24).[107] "그는 예루살렘에 거주하기를 즐겼고 계속 그랬으며, 자기 백성의 유전을 철저히 지켰다. 그는 정결의식을 소홀히 하지 않았고, 자신을 위해 규정된 제사를 지내지 않고서는 하루도 그냥 넘어가지 않았다"(*Ant* 19.331).[108]

아그리파의 통치 기간은 예수 운동에 관한 사도행전의 서술 세 부분에 영향을 준다.

c. 야고보의 처형(행 12:1-2)

누가의 내러티브에서 가장 놀라운 요소 중 하나는 아그리파가 세베대의 아들 야고보를 처형했다는 언급이다.

> ¹그때에 헤롯왕이 손을 들어 교회 중에서 몇 사람을 해하려 하여 ²요한의 형제 야고보를 칼로 죽이니.

놀라운 점은 물론 이 언급이 아주 간결하다는 사실이다. 1:13 외에 이것은 사도행전에서 요한의 형제 야고보에 대해 유일하게 언급하는 것이다.[109] 다른 언급은 모두 야고보가 초기 예루살렘 교회의 지도자 중 한 사람이

---

107) 또한 §34 n. 19을 보라.
108) "그때는 다시 바리새파의 황금기였다.…이는 요세푸스와 탈무드가 하나같이 그를 칭송하는 이유다"(Schürer, *History*, 1.446). 더 자세한 사항은 단락 전체를 보라(1.445-54). Smallwood는 이를 무시한다: "피상적 경건", "허울뿐인", "그의 중심은 그의 가족처럼 이교도적"(*Jews*, 194).
109) 증거 없이 원문을 "…야고보와 그의 형제 요한을 죽였다"라고 읽는 제안은 Bruce, *Acts*, 280-81을 보라.

었다고 제시한다. 베드로와 그의 형제 요한과 더불어 그는 열두 제자 가운데 일종의 핵심층을 형성했다고 기억된다.[110] 그리고 아그리파는 야고보가 새로운 종파의 지도자 중 한 사람이기 때문에 그를 대상으로 삼았을 것이다. 그렇다면 왜 누가는 그의 처형에 관한 소식을 그렇게 대충 전하는가? 이는 그가 스데반이 당한 폭력에 주목한 분량(행 6-7장)과 대조된다. 그리고 아그리파가 가한 고난을 포함해서, 베드로가 예루살렘에서 받은 다양한 재판과 고난에 할애된 분량도 대조적이다(행 4-5장; 12:3-19). 그들에게 폭력을 행사한(아그리파의 심복이 행사한 폭력?) "어떤 사람들"(중 나머지)은 훨씬 더 적게 주목을 받았다.[111]

물론 그 이야기와 관련해서 누가가 활용할 수 있는 더 자세한 기록이나 회상이 누가에게 없었다는 것은 하나의 분명한 대답이 될 수도 있다.[112] 그러나 그런 해결은 단순히 "왜 그런가?"라는 추가 질문을 야기할 뿐이다. 왜 예루살렘 교회는 그런 회상이나 전승, 특별히 야고보의 죽음에 관한 전승을 보유하지 않았는가? 결국 야고보는 그렇게 두드러진 인물이 아니었거나, 어쩌면 논란이 많은 인물이었는가? 그러나 그렇다 하더라도, 새로 구성된 열두 제자 중 첫 번째로 순교 당한 인물로서, 야고보의 죽음이 누가가 제공한 것보다 더 주목받고 더 많이 언급되어야 한다고 생각할 수 있다. 이 점에 대한 누가의 침묵은 답 없는 수수께끼로 남아 있다. 더 긍정적이며 당연한 결론은 누가가 너무 내용이 빈약한 사망통지서에 내키는 대로 설명을 덧붙여야겠다고 생각하거나 시도하지 않았다는 것이다.[113]

---

110) 막 3:16-17; 5:37; 9:2; 14:33; 행 1:13.
111) 시데(Side)의 필리포스(기원후 약 430년)의 발췌문에는 "파피아스가 그의 두 번째 책에서 신학자 요한과 그의 형제 야고보를 유대인이 죽였다고 말한다"라는 내용이 포함된다. 그러나 요한이 이 이른 시기에 순교했음을 뒷받침하는 증거는 너무 없다. 추가로 Lake and Cadbury, *Beginnings*, 4.133-34; Bruce, *Acts*, 280-81; Lüdemann, *Early Christianity*, 142-43; Hengel and Schwemer, *Paul*, 247을 보라.
112) Jervell, *Apg.*, 337-38.
113) 이후 전승은 그 결점을 보충했다. Eusebius, *HE* 2.9.2에 따르면, 알렉산드리아의 클레멘스는 야고보를 담당한 관리가 야고보의 증언에 감동해서 그도 그리스도인이 되어 야고보와

따라서 누가의 짧은 언급은 그가 얻을 수 있었던 생생한 정보만을 기록한 역사가로서의 양심을 더 강조할 수도 있다.[114] 그러나 야고보의 성격과 역할, 그리고 동료 신자들의 그에 대한 평가는 수수께끼로 남아 있다. 또한 모호한 점은 유다의 경우 채워졌던 빈자리(1:15-26)가 야고보의 경우에는 채워지지 않았다는 점이다. 가능성 중 하나는 "열둘"이 지닌 상징성이 이미 완화되고 있었고, 신자들이 그리스도의 재림 전에 죽음을 맞이할 가능성을 이미 받아들였다는 것이다.[115]

아그리파가 독단적으로 야고보를 처형한 동기는 아그리파가 예루살렘에 거주하는 동안 보였던 종교적 헌신에 대한 요세푸스의 서술에서 추론할 수 있다.[116] 새로운 종파(특히 스데반과 헬라파들)가 성전을 무시한다는 증거는 이미 드러났다. 그리고 가말리엘이 보여주었던 관용에도 불구하고(행 5:33-39), 핍박자 사울은 새로운 종파를 강하게 반대했던 바리새파 내 한 당파를 분명히 대표했다. "히브리파"와 "헬라파"라는 구분(6:1)은 자기 백성의 율법과 유전에 열심히 헌신하는 사람에게는 의미가 없었을 것이다. 아그리파의 행동을 설명하려고 새 종파와 성전 당국자 및 바리새파 간의 관계가 틀어졌을 것이라고 추론할 필요는 없다. 아그리파가 그의 종교와 나라를 위한 자신의 헌신을 드러낼 기회를 찾고 있었다는 점만으로도 충분하다.[117] 그런 가정은 아그리파가 자신을 로마의 지배에서 이스라

같이 교수형을 당했다는 전승을 알고 있었다. Haenchen은 누가가 베드로와 그의 기적 같은 석방에 더욱 초점을 맞추려고 야고보의 순교를 무시했다고 말한다(*Acts*, 389).

114) 누가가 전달하는 내용의 역사성을 아무도 의심하지 않는다.

115) 그러나 다시 Zwiep의 관찰을 주목하라. "맛디아는, 유다가 단순히 죽었기 때문이 아니라 배교자가 되었기 때문에 선택되었다"(*Judas*, 179).

116) 따라서 아그리파가 야고보와 베드로에 대응한 때는 41년이나 42년일 것이다(Riesner, *Paul's Early Period*, 118-21). Schnabel은 야고보를 처형하는 데 있어 아그리파가, 로마에서 예수를 메시아로 선포한 유대인들을 핍박한 클라우디우스의 전례를 참조할 수 있었다고 제안하나(*Mission*, 719), 41년에 클라우디우스가 취한 조치(Cassius Dio 60.6.6)가 예수를 메시아로 믿는 유대인을 직접 겨냥했다는 암시는 하나도 없다(또한 Schnabel, 806-807을 보라). 49년과 관련해서 수에토니우스의 보고와 대조하고(§21.1d), §28 n. 33을 보라.

117) "야고보와 베드로에 관한 그의 행동은, 당연히 이단 종파를 진압하는 '좋은 유대인'의 역할의 일부로 볼 수도 있다"(Barrett, *Acts*, 1.574). 비록 이 "이단"이라는 표현은 시대착오적

엘을 해방할 수 있는 지도자로 여겼다는 암시와 제대로 들어맞는다.[118] 다시 말해서, 새로운 예수 종파에 대한 의문들이 아그리파가 그 종파를 지목하여 본보기로 삼으려는 데 충분한 이유를 제공했을 수도 있다. 이런 처사는 그가 이스라엘의 전통 관습으로부터의 일탈을 기꺼이 짓밟을 수 있다는 점뿐만 아니라, 즉각적이고 결정적인 행동을 취할 수 있는 지도자의 자질이 그에게 있음을 보여주는 일이었다.

누가의 서술의 피상성은 적어도 아그리파가 야고보를 즉결 처형한 돌발성을 반영한 것으로 보인다. 재판이나 청문회가 암시되거나 제시되지 않았다. 오히려 염두에 있는 것은 무자비한 지도자가 반체제 가능성이 있는 자들을 무자비하게 제거하는 일인 듯하다. 앞으로 살피겠지만, 헤롯 대왕 이후로 알려지지 않은 영역과 권력을 획득하게 된 일이 아그리파에게 이스라엘의 위대함을 회복하려는 꿈을 가지게 한 것으로 보인다. 또한 그는 자기 조부가 무자비한 선제 행동으로 왕국과 권위를 확보했음을 잘 알고 있었다. 그의 삼촌 헤롯 안티파스도 비슷한 독단으로 세례자 요한의 처형을 명할 수 있었다(막 6:17-27 병행구들). 야고보가 ("칼로") 교수형을 당했다는 점은, 아그리파가 새 종파를 그의 정치적 야망을 위협하는 것으로 여겼거나, 아니면 그렇게 묘사하기로 마음먹었다는 암시일 수도 있다.[119] 동시에, 요세푸스가 그 사건을 언급하지 않았다는 사실은 독단적인 행동이 놀

이지만 말이다. 아그리파는 자신의 더 불명예스러운 이전 행위(n. 102을 보라)가 예루살렘에 충분히 알려졌음을 분명히 알았을 것이다. 추가로 Hengel and Schwemer, *Paul*, 246-50을 보라. 이들은 아그리파의 동기가 "무엇보다도 정치 지도자들이었던 사두개파 제사장들로 이루어진 귀족당에 속한 자들의 호의를 확보하고 유지하는 데 있었다"라고 강조한다(249). 이방인을 향한 야고보와 베드로의 개방성이 요인이었다는 주장(Riesner, *Paul's Early Period*, 122-23)은 더 의문스럽지만, 예수의 형제 야고보가 표적이 아니었던 이유를 설명하는 데 도움이 될 수 있다. 어쩌면 그가 전통적인 방식에 헌신한다는 사실이 알려졌기 때문일 것이다. 추가로 A. M. Schwemer, 'Verfolger und Verfolgte bei Paulus. Die Auswirkungen der Verfolgung durch Agrippa I. auf die paulinische Mission', in Becker and Pilhofer, eds., *Biographie und Persönlichkeit des Paulus*, 169-91(여기서는 177-81; 비교. 182-91).

118) 추가로 아래 §26.5e를 보라.
119) 비교. Barrett, *Acts*, 1.574-75.

랍거나 언급이 필요한 행동이 아니었음을 시사한다. 예수 종파는 요세푸스가 관심을 가질 정도로 충분히 두드러지지 않았다.

d. 베드로의 투옥(행 12:3-19)

누가는 아그리파가 베드로에게 가한 행동이라는 더 작은 문제에 더 많은 주의를 기울였다. 야고보에 대한 선제공격이 제대로 성공한 것을 보고, 아그리파는 새 종파를 향한 추가 조치를 통해 백성이나 내부의 주요 종파들이 그에게 더욱 호의를 보일 것으로 판단한 것 같다. 누가는 반유대교라는 인상을 주는 일반화와 함께 "유대인들"이라고만 단순하게 언급했다.[120] 그러나 "유대인들"이라는 언급이 약간 특이한 의미를 띤 채로 사용되는 것은 누가의 이야기에서 처음이다. 아그리파의 독단적 행동의 대상도 유대인이었기 때문에 그런 용례는 다소 특이하다.[121] 어쩌면 여기에 예루살렘 주민들의 분위기가 달라졌다는 암시가 있는 듯하다. 즉 칼리굴라가 시도한 신성 모독이 야기하고, 한 통치자의 지배하에 헤롯 왕국(다윗 왕국)이 다시 통일되었다는 사실 및 아그리파의 경건이라는 명백한 표지 때문에 많이 활발해진, 대중 여론의 고조에 대한 암시 말이다. 필연적으로 이 사건들은 많은 유대인의 마음속에서 잠자고 있던 이스라엘의 주권 회복이라는 소망을 틀림없이 다시 불러일으켰을 것이다. 누가가 신생 종파의 지도층에 맞서기로 한 아그리파의 결정을 이런 견지에서 조망했다는 것은 아그리파의 끔찍한 죽음에 대한 서술을 포함함으로써 강하게 암시된다(행 12:20-23). 그렇지 않으면 이 서술은 신생 교회의 삶과 결코 관련이 없다. 사도행전 12장 전체는 아그리파의 행동 때문에 절정에 이른 정치적 위기를 반영하며, 그

---

120) 특별히 J. T. Sanders, *The Jews in Luke-Acts* (Philadelphia: Fortress, 1987)가 그렇게 보았다.
121) 이전에 언급된 "유대인들"은 다메섹에 사는 "유대인들"을 염두에 둔 것이거나(9:22, 23), 고대 유대 지역 밖에서 사는 이방인을 향한 연설에서 사용한 타당한 일반화였다(유대인 = 유대 지역 사람)(10:22, 39).

의 죽음만이 그 위기를 해결할 수 있다는 함의가 있다.[122]

이 경우 두 가지 당연하고 중요한 결론을 내릴 수 있다. 첫째로 40년 대 초 예수 운동을 표적으로 삼았던 박해는 그 동기가 종교적·신학적이기 보다는 정치적이었으며, 예루살렘에 남아 있던 예수 믿는 자들이 따른 "길" 이 대부분의 전통주의자에게는 특별히 다르거나 논란이 없었을 수도 있으 나, 국가의 열기가 고조된 상황에서는 그 어떤 차이도 (특히 대중에게는) 싹트 기 시작한 시류가 모종의 위협으로 보였을 수 있다. 이와 관련된 또 하나의 결론은 이 에피소드 안에서 새로운 종파에 대한 전통주의 유대인들의 태 도에 영향을 끼칠 수밖에 없는, 유대 지역 안에서 성장하는 정치적·국수주 의적 정서의 시작이 드러나기 시작했다는 것이다. 예수를 주라고 한 새 종 파의 주장은 국수주의자의 포부에 거슬린 듯하고, 국가를 하나로 묶는 유 전과 관습을 지키는 일에서 벗어나는 그 어떤 일도 의심스럽게 보일 수밖 에 없었을 것이다.

베드로와 관련된 그 이야기는 "기적의 탈옥"이라는 독특한 장르로 볼 만한 이야기의 전형적인 예다.[123] 무교절 기간(행 12:3), 즉 유월절 다음에 오 는 이렛날이었지만(출 12:15-20), 베드로는 체포됐다.[124] 교회가 그를 위해 열 렬하게 기도하는 동안(12:5) 그는 간수의 삼엄한 감독하에 투옥됐고(군인 넷 씩 네 패!)(행 12:4), 군인들 틈에서 두 쇠사슬로 묶였다(12:6). 베드로가 (재판이나 처형을 위해) 사람 앞에 서기 전날 밤에 주의 천사가 나타나 빛이 옥을 비추 었다. 베드로는 깨어났으며, 쇠사슬은 풀렸다(12:7).[125] 그는 일어나서 옷을

---

122) 추가로 아래 §26.5e를 보라.

123) Weiser, *Apg.*, 1.284-85; Barrett, *Acts*, 1.580, 581-82; Weaver, *Plots of Epiphany*, 149-72; 그 리고 위 §23 n. 177을 보라. 그 이야기는 베드로와 바울 간에 있는 병행구 중 하나를 제공 한다(비교. 16.25-40).

124) 추가로 Fitzmyer, *Acts*, 487을 보라. 누가는 눅 22:1과 이곳에서처럼(행 12:4) 모든 기간을 "유월절"로 언급할 수도 있었다.

125) Haenchen은 "무뚝뚝한 천사가 그를[베드로를]…깨우기 위해 갈비뼈를 쿡 찔러야 했다. '빨리 일어나라!'라고 그가 말한다. 이것은 그 서술이 누가에게서 기원하지 않았음을 보여 주는데, 누가는 천상의 존재가 항상 품위 있고 가능한 한 성경적 언어를 사용하는 것으로

입고, 천사의 안내로 수많은 파수꾼을 지나쳐 스스로 열린 쇠문에 이른다 (12:8-10). 환상이 아니라 실제였다(12:9). 천사가 떠난 후 베드로는 마리아의 집에 갔는데, 그곳에서 많은 신자가 모여 기도하고 있었다(12:12). 혼란과 오해의 재미있는 장면이 이어지는데, 여자아이는 베드로의 목소리를 인식했으나 문을 열지 않았으며, 안에 있는 사람들은 그 아이를 믿지 않았고, 베드로는 계속 문을 두드렸다(12:13-16). 문제의 해결 후 놀랍다는 일반적인 어투로 "어떻게 주께서 자기를 이끌어 옥에서 나오게 하셨는가"라는 베드로의 설명 그리고 "다른 장소로" 떠남이 뒤따른다(12:17).[126] 이 장르의 또 다른 특징은 베드로를 대항한 사람들에게 일어난 혼란 그리고 무능력한 간수들을 죽이라는 아그리파의 야만적인 마지막 선고다(12:18-19).

이것은 거의 누가가 들은 대로일 것이다. 누가가 들었던 이야기에 이런 상세한 내용이 고스란히 포함됐을 것으로 생각할 필요는 없다. 그 이야기 자체는 여러 형태로 전달되고 다시 이야기될(재현될) 수도 있었다. 누가가 바울의 개종 이야기를 세 개의 다른 형태로 다시 말한 것처럼 말이다. 누가가 같은 이야기를 다시 전할 때 이야기꾼의 솜씨(누가나 다른 사람의 솜씨)가 엿보인다고 말할 수 있다.

- 주요 장면의 극적인 사건은 이야기의 전달 면에서나 시각적으로 흥미진진하다. 시기의 선택(베드로의 재판/처형 전날 밤)과 베드로 투옥의 삼엄함(쇠사슬과 다수의 파수꾼)은 풀려남의 기적적인 특징을 강조한다. 천사가 등장하고 어두운 감옥에 빛이 비침으로 명암대비가 있으며, 쇠사슬이 벗겨지고 저절로 철문이 열린다.
- 누가는 (아마도) 인간사에 이런 하늘의 개입이 지닌 확실성에 대한 자기 자

묘사했다(비교. 고넬료를 향한 천사의 말)"라고 말한다(*Acts*, 390).

126) 흔하지 않게도, 역본 가운데 NRSV은 12:19의 "그"가 베드로를 언급한 것으로 읽는다. "그가 유대를 떠나 가이사랴에 내려가 그곳에 머물렀다"(12:19). 그러나 거의 모든 학자가 동의하듯이, 그 그리스어가 아그리파를 가리킨다고 보는 것이 자연스럽다.

신의 전형적인 이해를 드러내는 언급을 추가했을 것이다. 일어난 일은 환상이 아니라 실제(*alēthes*)다.[127]

- 여자아이 로데가 등장하는 이어진 이야기는 훌륭한 이야기 전개 방법인데, 신비한 탈출에서 감돌던 긴장감이 로데의 혼동에서 온 기쁨과 베드로의 좌절감 및 모인 자들의 놀람 안으로 사라지게 한다.

그 이야기는 예루살렘과 유대의 예수를 믿는 자들의 작은 집단들에서 이 방식이나 유사한 방식으로 틀림없이 계속해서 들려졌을 것이다. 누가는 이 이야기를 자신의 것으로 만들기 전에 어쩌면 이 이야기를 수차례 들었을 것이다.

어떻게 이것을 이해해야 할까? 이야기꾼의 기교(그리고 의도)를 꿰뚫고 처음 그 이야기를 진행시킨 사건에 도달하기는 어렵다. 우리가 그런 기교가 훨씬 더 간단한 이야기에 **나중에** 추가된 꾸밈이었다고 추정할 필요는 없다. 반대로 필자는 그 이야기가 최초부터 어느 정도 그런 방식으로 들렸고/재현됐다고 생각한다.[128] 베드로의 투옥을 의심할 이유가 없다. 그것은 야고보의 처형으로 시작되고 아그리파의 죽음으로 끝난 역사적 사건들과 너무나 밀접하게 들어맞기에 의심의 여지를 많이 남기지 않는다. 파수꾼들을 향한 마지막 야만성(12:19) 역시 우리가 알고 있는 그 당시 통치자들이 독단으로 행사한 권력과 일맥상통한다. 마리아, 요한 마가, 로데라는 이름과 마리아의 집이라는 기도 모임 장소는 그 이야기의 초기 형태에 들어가 있었을 것이며, 명명된 사람 가운데 한 사람이 이야기의 내용을 제공했을 수도 있다.[129] 마지막으로, "다른 장소"로 떠난 베드로를 신비스럽

---

127) Lane Fox는 신들의 환상이 자주 "꿈에서가 아니라 깨어 있는 현실에서 묘사된다"라고 언급한다(*Pagans and Christians*, 138, 144, 150-51).

128) "주석자들은 모두 누가가 이 이야기를 크게 바꾸지 않고 받아들였다는 데 동의한다. 그 양식이 그에게 온전히 낯설었고, 그가 그것을 손대지 않는 것이 옳았다"(Haenchen, *Acts*, 391). 또한 위 n. 123을 보라.

129) 벧전 5:13에 따르면 베드로는 요한 마가를 알았고, 비록 "우리" 문단에는 등장하지 않지만

게 언급한 마지막 내용(12:17)은 누가가 억지로 짜 맞춘 것이 아니라고 말할 수 있다(누가는 베드로를 단지 세 장 뒤에 예루살렘에 위치시킨다, 15:7-11). 대신 그것은 누가가 물려받은 원고/기록이 틀림없으며, 베드로의 행방을 비밀로 하는 것이 여전히 중요했을 때 서술된 그 이야기의 초기 형태를 반영할 수 있다.[130] 이 이상 이야기하기는 어렵고, 감옥에서 베드로의 석방에 신비한 상황이 있었음을 언급하는 것으로 만족해야 할 것 같다.[131] 누가가 베드로의 구출 이야기를 자세히 하기 전에 야고보의 처형을 일부러 매우 간결하게 언급한 것은, 하나님의 주권의 목적이 기대하지 않은 더 좋은 상황뿐 아니라 설명할 수 없는 비극을 포용하고, 하나님의 말씀이 그런 일들을 통해 그리고 그것들을 넘어 계속 나아감을 상기하기 위함일 것이다(12:24).[132]

(행 12:25; 13:13; 비교. 골 4:10), 누가에 따르면 요한 마가는 바울의 동료였다. 몬 24절에서 마가와 누가는 바울의 동료 일꾼으로 함께 명명되었다(비교. 딤후 4:11). Barrett는 행 9:32-43을 언급하며 "베드로에 관한 이야기들은 분명히 다수의 이름을 포함했다"라고 관찰한다 (*Acts*, 1.570).

130) 그가 로마(비교. 이미 Eusebius, *HE* 2.14.6)나 메소포타미아 아니면 에데사(Edessa)로 향했다는 암시에 관해서는, Fitzmyer, *Acts*, 489-90과 참고문헌; Barrett, *Acts*, 587을 보라. Haenchen은 Wellhausen(1907) 이래, "다른 장소"를 보통 안디옥으로 규정했다고 언급한다(*Acts*, 386 n. 1). 비교. 갈 2:11; Wilckens는 페니키아 해변의 마을들(행 9:32ff.)이 가장 그럴듯한 지시대상이라고 생각한다(*Theologie*, 1/2.257 n. 57). 비록 C. P. Thiede, *Simon Peter* (Exeter: Paternoster, 1986), 153-57이 주장하고 Pesch, *Apg.*, 1.368-69과 Schnabel, *Mission*, 721-27, 801, 807이 호의를 가지고 고려하지만, 베드로가 그렇게 이른 시기(42, 43년)에 로마로 가지는 않았을 것이다(Bruce, *Acts*, 287; Hengel and Schwemer, *Paul*, 252과 n. 1319을 보라. 또한 256-57을 보라). O. Cullmann, *Peter: Disciple, Apostle, Martyr* (London: SCM, ²1962)는 그 견해에 동의할 것이라고 기대되는 사람이지만, 그는 자신의 간단한 토론을 다음과 같이 요약한다. "그 표현은 '다른 장소'를 로마로 밝히지 않는다"(39). 그리고 프로테스탄트와 가톨릭의 합작품인 *Peter in the New Testament*, R. E. Brown, K. P. Donfried and J. Reumann, eds., (London: Chapman, 1974)은 훨씬 더 매몰차다. "그 전승을 지지하는 과학적 증거가 없고, 그것은 진지하게 토론할 가치가 없다"(48 n. 114).

131) Lüdemann은 "야고보에 대한 자신의 행동이 분명 인기가 없어 보이자 아그리파는 베드로를 석방했다"라는 Baur의 옛 제안을 다시 주장한다(*Early Christianity*, 145). Hengel과 Schwemer는 몇몇 호의를 가진 바리새인이 베드로의 탈출을 꾀할 수도 있었다고 추측한다(*Paul*, 470 n. 1315).

132) Barrett의 질문들("군인들의 생명은 하나도 중요하지 않았는가? 왜 야고보가 아니라 베드로를 구해야 했는가? 교회는 야고보를 위해 기도하지 않았는가? 베드로를 위해 기도한 사람들은 자신들의 기도가 효과가 있을 것이라고 믿지 않았는가?"[*Acts*, 1.573])은 물론 그 이

그 이야기는 사실상 베드로의 선교의 절정으로 작용한다. 우리가 기독교의 시작을 인식하는 데 있어 그 사건이 지니는 중요성은 세 가지다.

1. 베드로는 예루살렘 장면에서 빠졌다. 그가 떠나면서 남긴 마지막 메시지 ("야고보와 형제들에게 이 말을 전하라", 12:17)는 예수의 형제 야고보가 예루살렘 교회에서 걸출한 단일 지도자로 등장했다는 의미로 받아들여질 수 있었다.[133] 이는 단독 주교제도의 첫 전조였다.

2. 베드로와 고넬료의 개종에 대한 서술에 뒤따르는 12:17을 갈라디아서 2:7-8에 비추어 보았을 때 드러나는 함의는, 이 이후로 베드로가 대부분 예루살렘에서 떨어져 사역한 선교사로 자신을 자리매김하고, 어쩌면 예루살렘에 남았던 (야고보를 포함한) 많은/대부분의(?) 동족 유대인 신자보다 안디옥에서 일어난 일(11:20-21)과 이후 바울의 선교(13-14장)에 더 열려 있었다는 것이다.[134]

3. 예루살렘에서 자신의 거주를 확립한 이스라엘의 왕 아그리파가 조장한 유대에서 고조된 민족주의 열기와 나사렛 종파를 향해 커지는 적대감에 대한 암시를 간과하지 않아야 한다. 적어도 나사렛 종파의 구성원 중 일부는 아그리파의 몰락으로 절정에 이른 정치적 동향과 맞지 않았을 것이다.

야기가 역사적인가에 상관없이 여전히 적절한 질문이다.

133) 예루살렘에서 베드로와 바울이 연관된 나중(5, 6년 후) 이야기에서는, 분명히 야고보가 회합의 수장이 되었다고 이해된다(행 15:13-29). 바울은 세 "기둥 사도" 중 첫 번째로 야고보를 명명함으로 사실상 동의한다: 야고보, 게바, 요한(갈 2:9). 비슷하게 Bauckham, 'James and the Jerusalem Church', 434-36은 다음과 같이 말한다. "'다른 지역으로'라는 의도적으로 모호한 표현은, 베드로의 이야기가 비록 끝나지 않았지만, 사도행전의 독자들이 베드로의 이야기에 더 신경 쓸 필요는 없다는 표시다"(434); "아그리파 1세의 핍박(기원후 43년이나 44년)이 시작할 때가 열두 제자가 예루살렘 교회의 지도층에서 내려온 시기였다는 점은 매우 신뢰할 만한 역사다"(439-41).

134) Cullmann, *Peter*, 42. 추가로 아래 §35을 보라.

e. 아그리파의 죽음(행 12:20-23)

베드로의 탈옥 이야기가 "기적적인 탈옥" 장르의 전형적인 예라면, 아그리파의 죽음(44년) 이야기는 인간의 오만함에 대한 신의 징벌이라는 장르의 훨씬 더 대표적인 예다. 이 이야기는 잘 알려졌고, 요세푸스가 전하는 이야기는 누가의 이야기와 상당히 가깝다. 비록 두 이야기가 이야기꾼의 다른 관점을 반영하지만 말이다.

아그리파는 이내 그의 정치적 완력을 과시하기 시작했다. 그는 예루살렘 요새를 강화하기 시작했는데, "그런 광범위한 규모대로 완성되었다면, 이후 로마의 모든 포위 작전이 헛되었을 것이다"(Josephus, War 2.218). 그러나 수리아 총독이 그의 행동을 클라우디우스에게 보고했을 때 중단되었고, 클라우디우스는 그를 힐책했다(Ant. 19.326-27). 또한 그는 지역의 다른 분봉 왕과의 관계를 발전시켜서, 수리아의 로마 총독 마르수스(Marsus)의 의심을 추가로 불러 왔다(Ant. 19.338-42).[135] 유일하게 누가가 두로와 시돈의 대표단에 대해서나, 혹은 대표단을 오게 만든 원인이었던[136] 아그리파의 분노(이 자유 도시들이 그의 동맹 맺음을 지지하기 꺼린 것에 대한 분노?)를 언급하는데, 그 서술은 요세푸스가 전한 아그리파의 점증하는 정치 활동과 일치한다.

(가이사랴에서의) 모임 자체와 관련해서, 누가는 요세푸스에게 알려진 더 정교한 판본을 무시하는데, 그 판본은 옷에 달린 은장식이 햇빛으로 반짝이는 눈부시게 아름다운 아그리파의 옷이 "그의 아첨꾼들"로 하여금 그를 신으로 호칭하도록 부추겼다(Ant. 19.344)고 말한다. 누가의 훨씬 더 간략한 서술은 아그리파의 "의관"만을 언급하며, 개연성이 적게도 아그리파가 연설할 때 군중들은 "이것은 신의 소리요 사람의 소리가 아니라"(행 12:22)라

---

135) 요세푸스가 명명한 5명의 왕들에 대한 추가 내용은 Schürer, *History*, 1.448-51 n. 34; 또한 Smallwood, *Jews*, 197-98을 보라.

136) 분명히 아그리파는 그의 정책을 진행하기 위해 경제적 제재를 사용하려고 준비했다. 대표단은 자신들의 도시가 아그리파의 지역에서 공급하는 식량에 의존했기 때문에 화해를 추구했다(12:20).

고 외쳤다고 말한다. 군중을 언급할 때 누가가 사용한 "백성"(dēmos)이라는 표현은 누가가 다른 곳(12:11처럼)에서 "이스라엘 백성"을 뜻할 때 사용한 단어가 아니다. 그것은 단순히 행사에 모인 군중을 가리킨다.[137] 따라서 누가는 그 행사가 성격상 이방인들의 모임이었고, 군중이 인간과 하나님을 구별하는 데 실패한 전형적인 이방인처럼 실수했다는 인상을 가까스로 보여줄 수 있었다.

요세푸스와 누가의 다른 관점의 특징은 아그리파의 실제 죽음에 대한 그들의 다른 서술에서 드러난다. 요세푸스는 이를 "운명"이라고 언급하고, 아그리파가 치명적 공격을 받기 직전에 "재앙의 전조(angelos)"인 올빼미를 보았음을 묘사한다(Ant. 19.346-47). 누가는 아그리파의 죽음의 원인을 즉시 "주의 천사(angelos)"에게 돌렸고, 간단명료하게 이유를 제공한다. "그가 영광을 하나님께 돌리지 아니했기 때문이다"(행 12:23). 하나님은 오직 하나님의 것인 영광의 몫을 주장하는 사람, 특히 유대인의 왕을 용납하지 않으셨다.[138] 우리는 그 장을 하나의 통일된 단위로 묶는 문학적이고 극적인 효과를 놓치지 않아야 한다. 즉 하나님은 요약하자면 아그리파가 야고보의 목숨을 앗아간 방식대로 즉결적으로 아그리파의 목숨을 앗아가셨다(12:2).

요세푸스와 누가의 서술에 공통되는 특징은 아그리파의 죽음(44년)이 복막염이나 독살이 원인이었다고 암시할 수 있다.[139] 그러나 역사적 사실이 무엇이라 할지라도, 두 서술은 그 이야기들이 들려진 방식 그리고 같은 이야기를 말하는 구전의 "같으나 다른" 특징의 또 다른 좋은 본보기를 제공한다. 이것은 예수 전승에 관한 우리의 결론과 일치하며, 그 본보기는 더욱더 가치가 있다. 두 가지 판본이 매우 다른 목적을 추구하는 너무나 다

---

137) 그러나 누가가 그 단어를 사용한 다른 세 곳(17:5; 19:30, 33, 신약에서 유일한 등장)에서 그것은 그리스 도시의 대중 총회, "공공 업무를 처리할 목적으로 함께 불러낸 시민 집회"를 가리킨다(BDAG, 223).

138) Klauck는 누가가 자기 시대의 황제숭배에 대한 간접 비판을 의도했는지를 궁금해한다(Magic and Paganism, 43-44).

139) 소화관 내 기생충이 아그리파의 죽음을 재촉했을 수 있다.

른 두 저자에게서 왔기 때문이다. 누가의 관심은 주로 아그리파의 죽음을 하나님의 행위라고 묘사하는 데 있다. "주(= 하나님)의 천사"에게 책임이 있었다(12:7-10에서처럼). 선례들은 명확했고, 아그리파는 선례들이 담고 있는 경고에 주의를 기울이지 않았다.[140] 하나님께 맞서는 자들은 모두 그렇게 망한다. 정치적 압력과 박해에 직면한 많은 초기 그리스도인은 이 서술로 위안과 힘을 얻었을 것이고, 아그리파 치하에서 교회가 처한 "곤경"과 아그리파의 무시무시한 최후를 대조하는 위치에 있었던 첫 그리스도인 중 많은 이는 아그리파의 죽음을 회상함으로써 분명히 안심과 새로운 자신감을 얻었을 것이다. 의심의 여지 없이 이것이 누가가 표면적으로 기독교의 성장에 관한 자신의 기록과 직접적인 관련이 없는 이야기를 포함한 이유다.

정작 가이사랴 사람들과 세바스테 사람들(사마리아)이 아그리파의 죽음의 소식에 기뻐 소란을 피웠다는 사실(Josephus, Ant, 19.356-59)은 아그리파 치하에서 유대/유대인 국수주의의 태동이 유대 근방의 그리스 도시에서 적지 않은 두려움으로 받아들여졌음을 강하게 시사한다. 그리고 아그리파의 정책이 유발했고 잠재적으로 신생 교회를 상당히 위협한 국수주의 정서의 파장은 잠시 진정되었고, 고향 유대 땅에 있는 새 운동에는 숨 돌릴 여지가 조금 더 생겼다. 어쨌든 클라우디우스는 헤롯 대왕의 자손들의 통치 아래에 통일된 이스라엘 왕국을 유지하려는 시험을 계속하지 않았고, 예전에는 유대와 사마리아뿐이었던 전 지역을 수리아 총독의 감독 아래에 있는 행정관이 관리해야 한다고 판단했다. 따라서 로마로부터 더욱 독립해야 한다는 국수주의자의 꿈은 짓밟혔다. 비록 제거되지는 않았지만 말이다.

---

140) 선례에는 앗수르로부터 예루살렘이 구원받았다는 점(왕하 19:35; Sir. 48.21; 1 Macc. 7.41), "몸에 기생충이 뒤덮은" 안티오코스의 끔찍한 죽음(2 Macc. 9.9), 헤롯 대왕의 끔찍한 죽음(Josephus, Ant. 17.168-70)이 포함된다. 유대(행 1:18)와 아나니아 및 삽비라(5:5, 10) 같은 더 "내부적인" 사례는 말할 것도 없다. 자신이 신이 아닌 단지 인간인데도 "나는 신이다"라고 외치지 않도록, 특별히 두로의 왕자는 모든 왕에게 경고가 되어야 했다(겔 28:2, 9). 추가 상세 사항은 Bruce, Acts, 289; Barrett, Acts, 1.591-92; Fitzmyer, Acts, 491; 그리고 위 §22 n. 84에 있다.

26.6 독특한 베드로의 신학?

사도행전의 초기 연설에서 베드로의 독특한 신학을 구분하는 일은 사실상 불가능하다. 당대 역사서라는 관점에서(§21.3) 그 연설에서 안전하게 추론할 수 있는 내용은, 누가가 그의 두 번째 책을 위한 연구를 시작할 때 여전히 구할 수 있있던, 예루살렘 내 첫 신앙인들의 가장 이른 서술에 있는 정보와 되울림에 의존할 수 있었다는 것뿐이다. 베드로의 지도적 역할을 고려할 때, 우리는 베드로가 이런 신앙과 주장의 대변인이었고, 독특한 특징 중 몇 개는 베드로에게서 기인했다고 추론할 수 있다. 우리는 §§23.2b과 23.4에서 끌어낸 파편들과 강조를 그 정도로만 베드로의 가르침과 신학으로 묘사할 수 있다.[141] 헹엘이 제시했듯이[142] 아래 특징들은 특별히 베드로의 영향 때문이라고 보아야 할 것이다.

- "죄 용서를 위한" 세례 요한의 세례 재개
- 예수에게 일어난 일을 이해하려는 초기 시도 중 하나로, 예수를 "주"로 일컫기 위한 시편 110:1의 사용(행 2:33-36; 비교. 벧전 3:22)
- 초기 그리스도인들이 예수의 죽음에 관해 고찰한 내용에 이사야 53장의 삽입. 이는 사도행전 3:13과 26(비교. 벧전 2:22-25)에서 베드로가 암시한 "파이스"(pais, "종/어린이")로 시사된다.[143]

여기서 바울과의 대조는 불만족스럽다. 분명 바울이 손수 썼다고/구술했다고 할 수 있는 서신들이 있고, 거기에 있는 초기 전승의 이용과 암시는 구분할 수 있기 때문에, 우리는 누가가 묘사한 바울에 대한 내용과 바울

---

141) 또한 Hengel, *Petrus*, 54-56 그리고 아래 §35.1d를 보라. 사도행전과 베드로전서에 있는 베드로의 설교들 간 사고의 연관은 Selwyn, *First Peter*, 33-36을 보라.

142) Hengel, *Petrus*, 140-45; 비슷하게 Barnett, *Birth*, 77, 87-88.

143) Cullmann, *Peter*, 67-69도 그렇게 본다. 또한 그는 초반부터 "보편주의"가 베드로에게서 기인했다고 주장한다(66-67).

서신을 통해 바울이 직접 말한 내용을 비교할 수 있을 뿐만 아니라, 그가 받은 전승을 추론할 수도 있다. 그러나 예루살렘에서 2주를 함께하는 동안 (갈 1:18) 베드로가 바울에게 전해주었을 수 있는 독특한 **베드로** 전승들을 바울 서신에서 추론하는 것은 불가능하지는 않더라도 어려운 과업이라 하겠다. 심지어 베드로에게 있어 부활한 예수의 출현에 대한 언급은 두 단어로 제한됐다: ōphthē Kēpha, "그가 게바에게 보이셨다"(고전 15:5).[144]

그러나 이 내용은 아직 충분히 발전하지 않았고, 최초의 기독교에서 베드로의 역할과 신학의 기여에 대한 충분한 평가는 나중에나 가능하다 (§35.4). 우리가 얻을 수 있는 베드로다운 가르침과 신학의 최고 근사치는 그의 것으로 여겨지는 서신이다(베드로전서). 베드로의 복음과 신학의 독특한 형태를 구별하는 게 가능하다면, 그것은 그의 서신을 다룰 때 더 명확해질 것이다.

---

144) 또한 *Jesus Remembered*, 843-46을 보라.

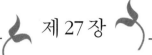

제 27 장

위기와 대립

사도행전 13장부터, 즉 약 40년대 중반부터 누가는 그의 관심을 사울/바울 및 주로 그와 관련된 선교에 거의 온전히 집중한다. 우리는 베드로가 선교 사역을 계속했음을 알지만,[1] 누가는 한마디도 하지 않는다. 사도행전 15장에 묘사된 공의회에서 베드로의 결정적인 개입은 단지 선례가 된 베드로를 통한 고넬료의 개종만을 언급한다(10-11장). 그리고 예수의 동생 야고보는 예루살렘의 신생 교회 지도자로서 그곳에 자리를 잡고 머문 듯하지만(15:13-21; 21:18-26), "이방인 형제들"에게도 관심을 보인다(15:23). 고린도전서 9:5(그들의 부인과 동반할 권리를 행사한 주의 형제들) 그리고 야고보서 1:1("디아스포라의 열두 지파에게 쓰였음)이[2] 시사한 폭넓은 관심은 누가가 자세히 다루지 않는다. 안디옥 교회의 설립을 이끌었던 복음 전도(행 11:20)와 같이, 알

---

1) 갈 2:8-9; 고전 9:5. 고린도에서 "게바파"의 존재(고전 1:12)는 베드로가 고린도에서 선교 사역을 했음을 암시하는가? 베드로전서의 서두(1:1)는 나열된 지역(본도, 갈라디아, 갑바도기아, 아시아와 비두니아)에서의 선교를 암시하는가? 이 질문에 관해서는 §32 n. 170과 §37.3a, 그리고 추가로 아래 §§35.1b-c를 보라.
2) 추가로 아래 §37.2a를 보라.

려지지 않은 헬라파(혹은 다른 이들)의 복음 전도도 더 언급되지 않았다. 물론 누가가 바울의 선교 사역과는 별개로 팔레스타인 너머의 여타 선교 사역의 일별이 가능하도록 커튼을 종종 열어젖히기는 한다.[3] 다른 지역(예. 수리아나 에데사, 알렉산드리아나 구네레의 다른 지역)[4]에 뿌린 예수 메시아를 향한 새로운 신앙에 관해서 누가는 침묵한다. 누가는 13장부터는 바울이 개척한 새로운 길에 집중하고 로마에서 끝을 맺는다. 그의 이야기는 예루살렘에서 안디옥, 안디옥에서 에게해, 그리고 에게해에서 로마로 건너뛰곤 하는데, 누가는 이들 중심지 주변의 발전 혹은 중심지에서 확장되는 발전에 대해서도 거의 관심을 두지 않았다.[5] 사도행전은 기독교의 시작을 완전하게 묘사하지 않는다. 그것이 사도행전의 의도도 아니었다.

누가가 정한 발자취를 따라가는 것이 가장 간단하다. 그 절차는 바울 자신의 서신이 담고 있는 보완적이며 때로는 확정적인 증언에 의존할 수 있다는 이점이 있다. 어쨌든 사도행전과 저자에 대한 논란이 없는 바울 서신은 신약성경의 거의 삼 분의 일을 차지한다. 그리고 바울은 첫 그리스도인 세대에서 우리가 여전히 접근할 수 있는 유일한 직접 목격자다. 그래서 기독교의 형성을 연구하는 역사가들이 사도행전과 바울 서신에 우선 주목한 것은 당연하다. 때때로 누가가 자신이 드러낸 만큼 가린다고 생각할지라도, 기독교의 시작에 관한 다른 곳에 드리운 장막이 더욱 두껍고 관통하기 어렵다는 것도 여전히 사실이다. 따라서 누가의 터널 시각을 넘어선 첫 세대의 출발에 대한 평가는 2세기에 그 장막이 걷힐 때까지, 즉 제3권까지 남겨두고자 한다.

---

3) 행 18:25; 19:1; 28:14-15.

4) 특별히 흥미를 불러일으키는 내용은 기독교의 근본이 되는 사건들 가운데 구레네나 구레네 사람들을 암시하는 일련의 내용이다. 막 15:21 병행구들; 행 2:10; 6:9; 11:20; 13:1.

5) 분명히 누가는 내용을 요약하는 문단에서 그런 폭넓은 역외 전도를 암시하는 데 기꺼이 만족했다. 9:31, 35; 11:21, 24; 12:24; 13:49; 16:5; 19:20.

27.1 안디옥으로부터의 선교(행 13-14장)

a. 철저한 혁신

다소 놀라울 정도로, 사도행전 13-14장은 사도행전에서 가장 논란이 되는 연속 사건 중 하나다. 이는 부분적으로 사도행전 13-14장을 두 번의 예루살렘 방문 기간 사이에 수리아와 길리기아에서 사역했다는 바울의 증언(갈 1:21)과 통합하기 어렵기 때문이고, 또 부분적으로는 바울 선교의 다양한 연대표에 그것을 제대로 끼워 맞추기가 어렵기 때문이다.[6]

사도행전 13-14장은 중대한 연속 사건을 묘사한다. 동쪽 지중해 해안 지방을 넘어 예수 메시아 복음의 첫 기록된 역외 선교가 그것이다. 빌립과 이름이 알려지지 않은 헬라파의 선교가 유대와 이스라엘 땅을 넘어섬으로써 길을 예비했다(8:4-25; 11:19). 그리고 비록 에티오피아 내시와 고넬료 및 고넬료 집안의 개종이 어느 정도 상황적이고 예외일 수도 있지만(8:26-39; 10:1–11:18), 안디옥에서 이방인을 향한 획기적 진전은 광범위하고 지속되었다(11:20-21). 그러나 이제 우리는 안디옥에서 시작된 역외 선교를 이어갈 의도, 즉 유대인뿐만 아니라 이방인에게 복음을 전하는 일을 계속할 의도가 있었다고 보아야 한다. 물론 그런 사명이 사울/바울의 부르심에 필수적인 부분이었고, 바울(갈 1:15-16)과 누가는 이 점에 동의했다.[7] 그러나 그가 언제 그 부르심을 성취하기 시작했는지, 또는 (다르게 표현한다면) 그의 회심/부르심의 온전한 함의가 그에게 언제 명백해졌는지는 전혀 분명하지 않다. 특별히 자신의 최초의 복음 전도 설교에 관한 바울의 증언(갈 1:21-23)을 누가가 사도행전 13-14장에 서술한 내용과 어떻게 연결해야 하는지는

---

6) 아래 §28.1을 보라. 행 13-14장의 배후에 자료가 있는지에 대한 독일 학계의 논쟁은 Breytenbach, *Paulus und Barnabas*, 16-20을 보라. Breytenbach은 누가가 재건하기 불가능한 구전 형태의 전승에 의존할 수 있었다고 추정한다(30).

7) 행 9:15-16; 22:21; 26:17-18. 위 §25.3c-d를 보라.

감질나게도 불분명하게 남아 있다.[8]

그런 모호함 때문에, 제2성전기 유대교 내에서 (적어도 부분적으로) 비유대인의 개종을 목표로 한 바울의 최초 선교 사역이 지닌 혁신을 놓쳐서는 안 된다. 이미 언급했듯이(§24.8b), 유대교는 항상 하나님을 경외하는 이방인과 개종자를 환영하고 받아들였으나, 민족 종교로 남아 있었다. "유다이스모스"(Ioudaïsmos, 유대교)는 (물론) 유대인(Ioudaioi, 유대 사람/유대인)의 종교다. 유대 종파가 신비 종교의 양상들 가운데 일부를 받아들여 모든 인종과 나라에서 구성원을 모으려고 하는 것[9]은 간혹 고려되었으나,[10] 그때까지는 그것을 일관성 있게 아니면 주된 전략으로 추진하지 않았다. 안디옥 교회에서 파송 받은 바나바와 바울은 바로 이런 일에 착수했다고 묘사된다. 이는 모태가 되는 종교에서 출현하고, 그 안에서 점점 독특하게 자랐으며, 모태 종교로부터 궁극적으로 분리된 기독교가 거친 장기간의 지루한 과정의 중대한 전환점이었다. 유대인과 같은 조건(예수 메시아에 대한 신앙)으로 이방인에게 그렇게 문이 열림에 따라, 그 신앙의 이방화가 시작되었다. 따라서 메시아적 유대교를 전하는 유대교의 한 형태로서 시작한 기독교는 다른 것이 되기 시작했다.

누가는 그가 사도행전 13-14장에서 서술한 복음 전도 사역에서 적어도 몇몇 중요한 함의를 인식했다. 짐작하건대 그것을 성령이 선교를 명령

---

8) 다시 위 §25.5d를 보라. 행 13:1은 물론 안디옥 교회에서 현지 사역을 더 했음을 암시한다. 이는 갈 1:21이 안디옥 교회로부터 시작한 선교는 물론 그 현지 사역을 포함할 공산을 강화시켜준다(행 13-14장). 추가로 아래 n. 319을 보라. Hengel과 Schwemer에 따르면, "행 13:1ff.는 페니키아와 수리아 및 길리기아의 선교 지역을 충분하게 '사역했다'는 것을 나타낸다"(*Paul*, 265).

9) 전통 종교는 그 특징상 모두 민족 종교다. 종교 철학자들은 지역 신들의 다른 이름들이 종종 똑같은 신을 가리키는 것으로 보려고 한다. 기꺼이 그런 민족 종교들을 존중하는 것이 로마 제국이 가진 장점 중 하나였다. 신비 종교들은, 그 기원이 한 지역이나 국가에 있을지라도 폭넓은 범위의 국가들로부터 참여자나 구성원을 환영했다는 점에서 독특하다. 추가로 아래 §30.3a를 보라.

10) 수용적인 측면과는 별개로, 긍정적인 역외 활동은 오로지 가끔 상상되었다. 요나서와 사 66:19은 분명히 예외다. 위 §24 n. 247 그리고 추가로 아래 §29.3-5를 보라.

하셨다고 누가가 강조한 이유일 것이다. 고넬료를 받아들임은 하늘의 환상과 성령의 지시라는 결합된 권위에 의해 인정됐기 때문에(10:11-16, 19-20), 이제 고넬료와 같은 타인을 향한 역외 전도도 하늘의 환상(22:21; 26:17-18)과 성령의 인도(13:2, 4)라는 동일한 이중 증언으로 인정받았다. 누가가 이 지점에서 훌륭한 전승, 즉 예배 중 특정한 예언에 대한 기억(13:2)에 의존했음을 의심할 필요는 없다. 어쨌든 "계시"를 포함한 예언은 최초 기독교 공동체의 흔한 특징이었다.[11] 더 중요한 점은 다름 아닌 위로부터 분명하게 인정받았다고 인지한 내용이 결국 당연하고 보편적인 가정을 넘어서도록 하기에 충분했다는 점이다. 그 보편적 가정은 유대교가 유대인의 종교이고, 유대교의 예배에 참여하기 위해서는 적어도 "유대화"(유대인의 독특한 관습을 취하는 일)하거나 개종자(즉 유대인으로 귀화 되는 것)가 되어야 한다는 것이다.

동시에 누가는 바나바와 사울의 위임이 안디옥 교회의 도움 때문이라고 밝힌다. "이에 금식하며 기도하고 두 사람에게 안수하여 보내니라"(13:3). 여기서도 병행구를 언급할 만한 필요가 있다. 하늘의 환상과 성령의 지시에 대한 베드로의 반응을 예루살렘 교회가 확인했듯이(11:1-18), 성령이 바나바와 사울을 위임하신 일은 안디옥 교회를 통해 진행되었다(13:3).[12] 이 둘 중에 더 중요한 것은, 누가에게 항상 그랬던 것처럼, 명확하고 분명한 성령의 뜻이었다. 그러나 후자도 중요하다. 또한 주목해야 할 점은, 전승에는 이 두 인물 중 바나바가 주도적 인물로 기억되고, 그들이 안디옥 교회의 선교사로 나아갔다고 언급된다(13:2, 7)[13]는 것이다. 이들의 선교는 보통 바울의 "첫 선교 여행"으로 불린다. 비록 "선교 여행"이라는 표현

---

11) 예언(행 2:17-18; 11:27-28; 21:9-11; 롬 12:6; 고전 11:4-5; 12:10, 28-29; 14; 살전 5:20), "계시"(고전 14:6, 26; 고후 12:1, 7; 갈 2:2). Chilton은 그 성령의 가르침이 "안디옥 메르카바 집단의 예언 활동" 중에 주어졌다고 추정한다(*Rabbi Paul*, 115-16).

12) Lightfoot가 주장했듯이(*Galatians*, 96), 이때 바나바와 바울이 "사도"가 되었을 것이다(14:4, 14의 언급처럼). 즉 그들은 안디옥 교회가 위임한 사도들이다(추가로 아래 n. 108을 보라).

13) Barrett, *Acts*, 1.601; Öhler, *Barnabas*, 267-70.

은 사울/바울이 진행한 이후의 선교를 잘못 특징짓지만 말이다.[14] 그리고 그는 안디옥 교회의 충분한 지원을 받는 그들의 선교사로 사역했다.

b. 구브로(행 13:4-12)

누가는 어느 정도 자세하게 바나바와 사울이 따른 경로를 추적한다. 처음 멈춘 곳은 안디옥의 항구인 실루기아에서 단지 96km 떨어진 구브로였다. 이는 당연한 첫걸음인데, 바나바가 그 섬 출신이며(행 4:36), 그보다 이른 시기에 헬라파가 이미 구브로에 도착했고(11:19), 안디옥 교회를 처음 설립했던 사람들 중 구브로 사람들이 있었으며(11:20), 어쩌면 많은 유대인이 구브로에 정착했을 것이기 때문이다(비교. 1 Macc. 15.23).[15]

섬의 동쪽 끝에 위치한 살라미에서 그들은 자신들의 선교 방식이 될 방식을 정했는데, 실제로 이는 안디옥 교회의 설립을 이끈 헬라파의 선교 방식을 따른 것으로, 지역 회당에서 먼저 설교하는 것이다.[16] 일부는 이방인의 사도인 바울이 실제로 이 관행을 따랐는지를 의문시했다.[17] 이런

---

14) 아래 §31.1을 보라.

15) 추가로 P. W. van der Horst, 'The Jews of Ancient Cyprus', *Jews and Christians in the Graeco-Roman Context* (WUNT 196; Tübingen: Mohr Siebeck, 2006), 28-36을 보라. 또한 1288에 있는 지도와 함께, T. B. Mitford, 'Roman Cyprus', *ANRW*, 2.7.2 (1980), 1285-1384을 보라.

16) 행 13:14; 14:1; 16:13; 17:1, 10, 17; 18:4, 19; 19:8; 28:17, 23. 이것은 "먼저는 유대인에게요 그리고 헬라인에게라"(롬 1:16)라는 바울이 한 말의 누가식 형태다(Barrett, *Acts*, 1.611).

17) 예. Schmithals, *Paul and Jesus*, 60("거의 상상하기 불가능하다"); Sanders, *Paul, the Law and the Jewish People*, 179-90; Meeks, *Urban Christians*, 26; Martyn, *Galatians*, 213-16; Horrell, *Social Ethos*, 75; White, *Jesus to Christianity*, 171-72. 그들은 바울이 자신의 이방인 선교가 적어도 초기에는 회당에서 가장 효과 있게 수행될 것으로 여겼을 가능성을 분명히 고려하지 않는다. 즉 이미 유대교에 매력을 느꼈으나 개종자가 되는 데 있어 율법과 할례의 전면적 실시의 요구 때문에 그러지 못한 이방인들을 얻기 위해 향했다는 것이다. 그들은 바울의 선교에서 하나님을 경외하는 이방인의 중요성을 간과했고, 보통 그들은 바울이 실제로 어떻게 이방인들에게 이르렀느냐는 질문에는 답을 하지 않는다. J. Gager, *Reinventing Paul* (New York: Oxford University, 2000)은 바울이 회당에서 설교했으나, (오직) 유대인 신자에게 했다(51, 68)고 생각한다! 추가로 아래 §29.5b와 또한 R. Hvalvik, 'Paul as a Jewish Believer —according to the Book of Acts', in Skarsaune and Hvalvik, eds., *Jewish Believers in Jesus*,

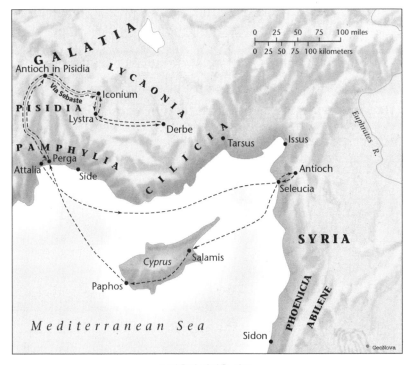

▌바울의 안디옥 선교

반대 견해는 지나치게 세세한 내용에 얽매여 있다. 복음에 가장 열려 있을

법한 이방인들은 유대교에 호의를 가졌거나 "하나님을 경외하는 자"로서

이미 유대교에 끌려 지역 회당에 다니는 이방인들이었을 것이다.[18] 유대

교의 규율 아래 자신이 당한 고난에 대한 바울의 회상(39대의 매를 5번이나 맞

았다, 고후 11:24)은 회당을 향한 바울의 헌신이 오랫동안 계속되었음을 확인

해준다.[19] 반대로 누가가 (어떤 회당이든) 구브로 유대인의 반대에 대해 기록

하지 않았다는 사실은 누가가 유대인이 복음에 반대했다는 사실에 집착하

121-53(여기서는 124-28)을 보라.

18)   아래 n. 135과 추가로 §29.5c를 보라.

19)   A. J. Hultgren, *Paul's Gospel and Mission: The Outlook from His Letter to the Romans*
      (Philadelphia: Fortress, 1985): "바울이 회당 공동체들을 피하고 오로지 이방인으로서 이방
      인들 가운데서 살았다면 그가 처벌받고 박해받았을 것이라고 상상하기 어렵다"(142).

지 않았음을 암시한다. 비록 그런 반대가 다음 단계부터 특징이 되지만 말이다.

누가의 서술(그리고 어쩌면 그가 들은 내용)은 오로지 한 가지 이야기에 집중한다. 즉 섬의 서쪽 끝인 바보(살라미에서 일주일 거리)에서 마술사 엘루마를 만나고 지방 총독 서기오 바울이 개종한 이야기다.[20] 둘 다 타당성 있는 역사다. 로마 자료는 동쪽에서 유래한 "미신"에 매력을 느낀 한 명 이상의 명문가 출신 로마 사람을 언급한다.[21] 그리고 몇몇 로마 지배자의 개인 보좌관 가운데 마술사와 점성가가 있었다.[22]

바예수는[23] 유대인이 더 넓은 종교 세계로 통합한 **그릇된** 본보기의 전형이다("마술사"일 뿐만 아니라 "거짓 예언자"인 유대인).

- 비록 마술과의 대립이 사도행전의 2차 주요 주제였지만, 그는 사도행전에서(13:6) 마술사(*magos*)로 묘사된 유일한 사람이다.[24]

---

20) 누가는 "바예수 이야기 외에는 이 여정에 대한 구체적 전승을 가지고 있지 않은 것으로 보인다. 그는 그 이야기를 전하려고 서두른다"(Haenchen, *Acts*, 402).

21) 세네카는 어린 시절 자신이 육식을 자제하기 시작했으나 그 관습을 버렸는데, "어떤 외래 의식이 그 당시에 발족했고, 특정 종류의 육식을 자제하는 일이 이상한 종교에 대한 관심의 증거로 보였기" 때문이라고 자서전적으로 말한다(*Ep.* 108.22). 그가 기원후 19년 티베리우스 치하에서 박해받은 유대와 이집트 의식들을 염두에 두었을 가능성이 높다(Tacitus, *Ann.* 2.85). *GLAJJ*, 1.§189과 2.§284에 있는 본문들. 더 자세한 내용은 Smallwood, *Jews*, 201-10을 보라.

22) 예를 들어, 황제 티베리우스에게는 그에게 가까운 조력자 중 점성가 트라실루스가 있었다. 이는 잘 알려져 있었을 것이다. A. D. Nock, 'Paul and the Magus', *Beginnings*, 5.164-88(여기서는 183-84)에 자세한 내용이 있다. "그런 부류의 사람들은 강력한 보호자가 있었으면 편했을 것이다"(Barrett, *Acts*, 613). 요세푸스는 벨릭스가 유대 총독이었을 때, 자신을 마술사라고 천명한 구브로 출신 유대인인 아토무스라는 사람을 불렀는데, 이는 벨릭스가 사랑에 빠진 드루실라로 남편을 떠나 자신과 결혼하도록 설득하기 위해서였다고 말해준다(*Ant.* 20.142). 타키투스는 "음모를 가진 포파에아[네로의 부인]는 많은 점성가를 고용했고, 그들의 사악한 행동으로 그녀가 황제와 결혼할 수 있게 되었다"라고 기록한다(*Hist.* 1.22).

23) 바예수 = "예수의 아들". 이 이야기에서 예수의 제자이자 신자인 인물은 "예수의 아들"과 직면하고 그를 물리친다! "누가가 그 이야기를 만들어냈다면, 그는 결코 이 이름을 생각해내지 않았을 것이다: 그래서 여기에는 누가가 전승을 따른다는 증거가 있다"(Haenchen, *Acts*, 402). 바울은 그를 "마귀의 자식"이라고 부른다(13:10)!

24) 특별히 8:9-24과 19:11-20. J. Taylor, 'St. Paul and the Roman Empire: Acts of the Apostles

- 마찬가지로 그는 "유대인 거짓 예언자"로 묘사된 유일한 사람이다(13:6). 대립은 기적의 능력들 사이에서뿐 아니라(8장의 시몬의 경우처럼), 또한 두 사도와 거기서 전제된 영감을 준 세력 사이에도 있다(13:1-4).[25] 이 시점에서 전승은 특별히 이스라엘 내의 거짓 예언과 그것이 제기하고 명확히 인식된 위험이라는 실제 역사와 연결된다.[26] 바예수의 복음 반대(13:8)는 사울의 성령 충만하고 통렬한 비난과 대조된다(13:9-11).[27]

거짓 예언자 바예수에 대한 비난은 성경 언어로 그리고 성경에 나타난 선례에 근거해서 형성되었다.[28] 비록 훌륭한 이야기꾼인 누가가 그 사건을 더 극적으로 만들 기회를 놓치지 않았지만, 마술과 영적 능력의 상황에서 그런 비판이 지닌 효과를 의심할 필요가 없다.[29]

13-14', *ANRW* 2.26.2 (1995), 1189-1231: "구브로 섬은 사실 마법으로 명성이 있었다"(1195). 마술은 1세기 세계에서 폭넓게 실천되었다. 위 §24 n. 187; 그리고 추가로 Garrett, *Demise of the Devil*, 4장을 보라.

25) 그런 순회 예언자들이 존재했다는 점은 다른 곳에서 잘 입증된다(비교. 11:27; 21:10; *Did.* 12-13; Josephus, *Ant.* 20.169-71; Lucian, *Alexander the False Prophet*).

26) 이는 왕상 22장과 렘 28장에서 전형으로 예시되었다. 민 23-24장과 대조하라. Klauck는 "단일 문단 안에 [거짓 예언자들에 반대하는] 격렬한 비판의 모든 요소를 모은" 렘 29:9-32을 인용한다(*Magic and Paganism,* 48). 구약과 신약에서 상당히 자주 그러듯이, 예언의 실제에 대한 인식은, 거짓 예언의 위험이 있다는 인식과 예언의 능력이 있다는 주장을 시험하고 증명해야 한다는 강조된 요구로 제한된다(필자의 'Discernment of Spirits — a Neglected Gift', *The Christ and the Spirit*. Vol. 2: *Pneumatology* [Grand Rapids: Eerdmans, 1998], 311-28; R. W. L. Moberly, *Prophecy and Discernment* [Cambridge: Cambridge University, 2006]을 보라).

27) 그의 알려진 다른 이름인 엘루마가 바예수의 번역이라는 누가의 13:8 언급이 끝없이 어리둥절하게 하는데, 그 둘은 서로 아무 상관이 없기 때문이다. 어쩌면 "엘루마"는 일종의 별칭이었을 것이다. 그러나 그렇다 해도, 그 점은 우리에게 모호하다. 비록 Klauck가 "마술사"와 대략 일치하는 셈어 어근(*alim*, 아랍어로 "현명한 사람" 혹은 *haloma*, 아랍어로 "꿈 해석가")의 어원을 제시하지만 말이다(*Magic and Paganism,* 50). 추가로 Barrett, *Acts*, 1.615-16을 보고 Jervell, *Apg.*, 346 n. 416에 있는 참고문헌을 보라.

28) 13.10 — 비교. 잠 10:9과 호 14:10; 렘 5:27; Sir 1.30; 19.26. 13.11—"눈이 멀 것이다"라는 심판과 함께(비교. 신 28:28-29), 바로와 그의 마술사에게 승리한 모세와 아론에 대한 고대 서술들(출 7:4, 5, 17; 9:3). Weiss는 "그렇게 신뢰할 만한 서술"을 망치는 기적 이야기의 "침범"을 유감스러워한다(*Earliest Christianity*, 215).

29) 위 §23.2g를 보라.

누가가 언급한 좋은 로마 사람 중 하나인 서기오 바울은[30] 대조적인 위치에 있다.[31] 바예수와의 대조는 의도적이며 세 가지로 제시된다. 서기오 바울은 하나님의 말씀에 열려 있고 말씀을 듣는 데 열심인 로마 당국자의 전형인 "지혜 있는 사람"이었고(13:7), 유대인 마술사이자 거짓 예언자는 말씀 전도자에 저항했을 뿐 아니라, 그들이 선포한 신앙에서 총독을 돌이키려고 했다.

결과적으로 서기오 바울은 개종한다. 그러나 뒤의 이야기들을 고려하면, 누가가 구브로 유대인들의 반응이나 다른 성공에 대해 서술하려고 머물러 있지 않았다는 것이다. 특이하게도, 그 두 승리에 따른 다른 개종이 일어나지는 않은 것 같다.[32] 이는 단순히 누가가 다음 이야기로 서둘러 가기를 원해서 침묵한 경우인가?[33] 아니면 그것은 구브로에서 놀랄 정도로 성과가 없었음을 시사하는가?[34] 아니면 그는 몇몇 사람이 생각한 것보다 자기가 가진 자료의 간결함 때문에 더 제약을 받았는가? 어쨌든 누가가 자기 이야기를 단순히 반복된 표현이나 어떤 표준적인 방식으로 구성하지 않았다는 사실을 언급해야 한다. 그의 전승은 개략적이었을 수 있지만, 그에게는 거의 확실하게 어느 정도의 전승이 있었다.

바울의 두 번째 이름에 대한 언급 혹은 유대의 "사울"에서 그리스-로마의 "바울"로의 전환은 흥미롭게도 이 지점에서 나온다(13:9). 그것이 이야기의 과정을 반영한 것 같지는 않다. 바울은 마치 서기오 바울의 아들이나 종

---

30) "총독"으로 바르게 서술되었다. 위 §21 n. 99; 그리고 추가로 Lake, *Beginnings*, 5.455-59; Barrett, *Acts*, 1.613-14; A. Nobbs, 'Cyprus', *BAFCS*, 2.279-89(여기서는 282-87); Taylor, 'St. Paul and the Roman Empire', 1192-94을 보라.

31) 비교. 행 10:1-2; 18:14-16; 27:43.

32) 특별히 나중에 마술을 이긴 사건과 대조하라(19:17-20).

33) 누가는 서기오 바울이 세례받았다는 언급을 누락했는데, 그런 공개적 고백은 총독에게 너무 부담스러웠는가?

34) 그러나 이미 11:19에 언급된 내용과 15:39에서 바나바가 구레네로 돌아간 일을 주목하라. 이는 안디옥으로부터 파송 받아 선교하는 중에 바울이 설립한 교회로 돌아간 것과 병행한다(16:1-5).

의 지위를 취한 것처럼(그의 이름 변경은 총독의 개종 이전에 기록됐다!) 그의 걸출한 개종자에게서 그 이름을 받았다.[35] 그러나 그것은 선교가 더 공공연하고 즉각적으로 그리스인과 로마인을 향해 방향을 전환했음을 반영한 것일 수도 있다. 그리스-로마 신분은 관계를 가능하게 했을 것이다. 그가 "사울"이라는 이름으로 안디옥 교회에서 알려졌다면, 그런 이름의 변경은 그와 안디옥 간의 관계 전환을 반영할 수도 있다.[36] 그리고 그것은 바나바와 관련해 사울/바울이 지도자 위치로 올라서서 이전 관계가 바뀌었음을 확실하게 반영한 듯하다.

c. 비시디아 안디옥(행 13:13-52)

누가는 선교사 일행이 바보에서 아나톨리아 남쪽 해안으로 그리고 거기에서 밤빌리아에 있는 버가로 항해하고, 또한 좀 더 수고하여 내륙으로 들어간 것을 기록한다.[37] 여정 방향은 다소 놀라운데, 정동 항로는 해안 평지를 가로질러서 유대인의 중심부였을 시데(Side)로 그들을 데려갔을 것이기 때문이다.[38] 아니면 더 서쪽의 분기점은[39] 로마의 아시아 지방의 주요 성인

---

35) Haenchen, *Acts*, 399-400과 n. 1; Nobbs, 'Cyprus', 287-89; Taylor, 'St. Paul and the Roman Empire', 1196-98; Riesner, *Paul's Early Period*, 143-46; 또한 Fitzmyer, *Acts*, 502-503을 보라. "바울"의 이름에 관해서는 C. Hemer, 'The Name of Paul', *TynB* 36 (1985), 179-83을 보라: "'바울'이라는 이름은 흔한 별칭이었다.…대체로 선거권을 부여받은 지방 사람들처럼 바울의 경우에서도, 그 첫 이름은 이방 세계에서 일상적으로 사용한 이름이었을 것이며, 첫째 이름, 둘째 이름, 아버지의 첫째 이름, 로마 종족 및 별칭은 공식 문서로 보유되었으나 우리에게는 알려지지 않았다"(183).

36) 비교. Barrett, *Acts*, 1.609, 그리고 추가로 616; Fitzmyer는 "이 지엽적인 점"에서 많은 내용을 읽어내는 일을 경고한다(*Acts*, 500).

37) 이 지역에 대한 논의는 S. Mitchell, *Anatolia: Land, Men, and Gods in Asia Minor* (2 vols.; Oxford: Clarendon, 1993)가 필수 불가결하다.

38) 1 Macc. 15.23; 또한 Philo, *Legat.* 281; 행 2:10; 추가로 Schürer, *History*, 3.33을 보라. 그러나 해안을 따라가든 내륙으로 가든, 시데 너머로의 여정은 불가능하지 않다면 비현실적이었을 것이다. R. J. A. Talbert, ed., *Barrington Atlas of the Greek and Roman World* (Princeton: Princeton University, 2000)의 65-66번 지도를 보라.

39) Mitchell, *Anatolia*, 1.120에 있는 지도; Talbert, *Barrington*, 62, 65번 지도.

에베소로 가는 길인 리쿠스 계곡(Lycus Valley)의[40] 큰 유대인 정착지로 그들을 안내했을 것이다.[41] 그러나 후자는 수리아 안디옥에 있는 그들의 근거지에서 너무 멀리 떨어지게 한다. 반면에 비시디아 안디옥에 이르는 세바스테 길(Via Sebaste, 아우구스투스가 건설한 길)은, 그들이 원했다면, 수리아 안디옥으로 돌아가는 직항로를 제공했다.[42] 누가의 서술의 간결함은 두 가지 풀리지 않는 중요한 질문을 남겼다.

(1) 바나바의 사촌이며(골 4:10) 바나바와 사울의 조력자(hypēretēs)로 함께 한(13:5)[43] 요한 마가는 왜 그들을 버가에 남겨두고 예루살렘으로 돌아갔는가?(13:13) 타당해 보이는 대답들은 다음과 같다. 그는 바울이 바나바로부터 선교의 주도권을 취해서 분노했다. 그리고/아니면 그는 그들이 취한 방향에 불만이 있었다. 구브로 선교보다 훨씬 더 야심 찼다는 것이다.

(2) 왜 아나톨리아 고지대로 향했는가? 여기서도 그럴듯한 답을 제시할 수 있을 뿐이다. 하나의 인기 있는 제안은 바울이 육신이 약한 상태로 갈라디아에 왔다는[44] 그의 기억(갈 4:13-14)에 기반을 두는데, 이는 바울이 자신의 건강을 위해 해안 지역을 떠나 더 내륙의 고지대로 들어가야 할 필요를 느꼈다고 추론할 수 있게 한다.[45] 또 하나는 서기오 바울(구브로의 총독)이 비시디아 안디옥 출신이었고 그곳에 있는 가족들과 강한 유대를 유지

---

40) Schürer, *History*, 3.27-30.

41) D. H. French, 'The Roman Road-System of Asia Minor', *ANRW* 2.7.2 (1980), 698-729(여기서는 706-708)를 보라.

42) Mitchell, *Anatolia*, 1.70 그리고 D. H. French, 'Acts and the Roman Roads of Asia Minor', *BAFCS*, 2.52-53, 55의 요약 논평; 또한 J. D. Crossan and J. L. Reed, *In Search of Paul: How Jesus' Apostle Opposed Rome's Empire with God's Kingdom* (San Francisco: HarperSanFrancisco, 2004), 200-201; Schnabel, *Mission*, 1074-76을 보라.

43) 요한 마가는 예루살렘 교회에서 중요하고 부유한 구성원인 마리아의 아들이다(*Acts*, 12.12).

44) 행 13-14장이 언급하는 교회들이 갈라디아서가 말하는 교회들이라고 가정한다면 말이다. 아래 §31 n. 32를 보라.

45) "만성 말라리아의 종" = 고후 12:7의 "육체의 가시"(Ramsay, *St. Paul*, 92-97). 그러나 160km가 넘는 고된 오르막 여정은 말라리아열로 고생하는 사람에게 상당한 부담이었을 것이다. 인기 있는 제안은 간질이다(예. Dibelius, *Paul*, 42-43을 보라). Chilton은 "대상 포진"을 제안한다(*Rabbi Paul*, 126). 또한 아래 §32 n. 507을 보라.

했을 것이라는 다소 예상치 못한 증거인데, 이것도 바울이 안디옥에서 중요한 만남을 가질 수도 있었기 때문에 그곳으로 향했다고 추론할 수 있게 한다. 비록 누가는 이에 대해 암시하지 않지만 말이다.[46] 누가가 단어 몇 개로 긴 기간과 많은 지역을 도외시한 매우 많은 다른 예들과 마찬가지로, 연구하는 역사가들에게는 답할 수 있는 내용보다 더 많은 질문이 남는다.

어쨌든 비시디아 안디옥은 자신이 말씀을 전하는 데 적절한 중심지라는 바울의 생각과 잘 어울린다. 그곳은 "그리스 동쪽의 주요 로마 식민지로, 여러 면에서 의도적으로 제국 수도의 본을 따라 만들어졌다."[47] 어쩌면 바울에게 더 중요한 내용은, 그곳에 큰 유대인 정착지와 번성하는 회당 공동체가 분명히 있었다는 점이다(13:14).[48] 많은 다른 사례와 마찬가지로, 회당이 뒷골목의 작은 모임이었다고 추정해서는 안 된다. 중세의 유대인 지구라는 이미지를 첫 3세기에 투사해서는 확실히 안 된다. 그 전체 기간에 우리가 알게 된 몇몇 도시에서 회당은 크고 두드러진 건물이었으며(되었으며), 실제로 건축학적으로 그 도시에 기여했다. 그런 유대인 공동체와 회당은 때때로 유력한 시민들과 고문들을 포함하여 호의를 보이는 상당히 많은 이방인(하나님을 경외하는 자)의 마음을 끌었다.[49] 누가가 13:50에 서술한 내용은 안디옥의 유대인 공동체가 "경건한 귀부인들과 그 시내 유력자들 (tous prōtous)"의 지지를 얻을 수 있었음을 나타내는데, 이는 우리에게 알려

---

46) Mitchell, *Anatolia*, 2.6-7의 상세 내용을 보라. "우리는 총독이 바울에게 다음 목적지를 그곳으로 하라고 제안하며, 틀림없이 통행하고 체류하는 데 도움을 주라는 소개 편지를 써주었을 것이라는 결론을 피할 수 없다"(7). 또한 *NDIEC* 4.138-39을 보라. 놀랍게도 사도행전 주석가들은 그 자료를 무시했다. 그러나 Breytenbach, *Paulus und Barnabas*, 38-45; Taylor, 'St. Paul and the Roman Empire', 1205-7; Riesner, *Paul's Early Period*, 138-41, 275-76(세르기우스 가문[Sergii]의 가계도, 416); Öhler, *Barnabas*, 308-309; Crossan and Reed, *Paul*, 181-82; Schnabel, *Mission*, 1088을 보라.

47) Mitchell, *Anatolia*, 2.7; "축소된 로마"(Crossan and Reed, *Paul*, 204; 추가로 204-209); Schnabel, *Mission*, 1098-1103. 제국 종교의 중요성은 §29 n. 124을 보라. Ramsay, *Cities of Paul*, 285-96은 그것이 지닌 중요성에 대해 잘 모르는 듯하다.

48) 또한 Schürer, *History*, 3.32; Breytenbach, *Paulus und Barnabas*, 48-50을 보라.

49) 아래 §29 n. 188; 또한 §27 n. 136을 보라. 여기서 또한 Taylor, 'St. Paul and the Roman Empire', 1207-10을 보라.

진 내용과 일치한다.[50] 이것은 바울 선교 전략의 거의 확실한 핵심 요인이었다. 즉 회당에서와 회당을 통해서 지역의 유대인과 하나님을 경외하는 이방인에게 다가가는 것이다.[51]

명백히 누가는 그 전략의 첫 실행을 사역의 전형으로 여겼다. 회당의 청중에게 말하도록 초대된(13:15) 바울은 유대인 거주자와 이방인 지지자에게 말했다. "형제 유대인들, 그리고 하나님을 경외하는 사람들아"(13:16, 26). 누가는 첫 안식일에 "많은 유대인과[52] 유대교에 입교한 경건한 사람들"이 호의를 가지고 그 설교를 받아들이고(13:42-43), 그 내용이 도시에서 많은 흥미를 유발했다고 회상한다. 그다음 안식일에 "거의 온 시민이" 바울이 말하는 내용을 들으려고 모인 것이 그 결과이며(13:44), 이는 결국 안디옥 "유대인들"의 부정적인 반응을 불러왔다(13:45). 다수의 안디옥 유대인들에게 거슬렸던 것은 바울의 메시지라기보다 많은 안디옥 시민이 그 메시지에 대해 보인 놀라울 정도의 관심이었다고 추론할 수도 있다. 그들이 두려워했던 것은 그들이 경험하지 않았고 검증되지도 않은 새로운 종파가 도시 안에 자신들을 위해 세워 놓은 유대인 공동체의 좋은 지위와 관계를 뒤엎고 약하게 하는 것과 관련이 있다. 소수자들은 지역과 국제 정치가 매우 예측할 수 없기 때문에 자신들의 법적·사회적 위치를 항상 염려하기 마련이다.[53]

바울의 반응도 전형적이다. 그는 이방인에게 향했고, 그들 중 많은 사람이 기쁨과 믿음으로 말씀을 받았다(13:46-48). 이사야 49:6의 인용(행 13:47)은 바울의 강한 자기이해를 표현한다. 즉 그가 받은 사명이 "이방인을 위

---

50) P. W. van der Horst, *Ancient Jewish Epitaphs* (Kampen: Kok Pharos, 1991)는 활용 가능한 비문 자료에 의하면 적어도 개종자의 50%와 하나님을 경외하는 자들의 약 80%가 여성이었다고 말한다(109-11, 136-37).

51) 다시 아래 §29.5b를 보라.

52) 사도행전의 다른 지역에서 바울의 설교에 대해 유대인들이 더 적대적이었음을 고려하면 (9:22-23, 29; 13:45, 50; 14:19; 17:5, 13; 18:6 등등), 이곳의 반응은 놀랍게도 긍정적이다.

53) 특별히 M. Goodman, 'The Persecution of Paul by Diaspora Jews', *Judaism in the Roman World*, 145-52을 보라. 따라서 누가의 "유대인들"의 더 정확한 표현은 "유대인 공동체"일 것이다.

한 빛"이 되라는 이스라엘의 소명과 같고 그것을 성취하기 위함이라는 것이다.[54] 누가가 말한 대로, 이 "이방인을 향한 전환"에 최종적이고 변경할 수 없다는 의미가 있지만, 그것은 이야기를 너무 단순히 읽는 것이다.[55] 바울이 그 이후에도 동일한 관례(새 마을과 도시 회당에서 설교를 먼저 함)를 지속했다고 누가가 동일하게 밝히기 때문이다.[56] 요점은 오히려 그 각본이 반복된다는 데 있다(18:6; 28:25-28).[57] 이것이 그 메시지의 특징이며 설교자의 운명이다. 메시지는 무엇보다도 이스라엘 백성을 위한 것이고, 유대인에게 항상 먼저 전해져야 한다. 비록 그들 중 일부가 받아들이고 나머지는 거부한다 할지라도 말이다. 이 점에서 누가는 "먼저는 유대인에게요 또한 헬라인에게"라는 바울의 진정한 관심을 정확히 포착했다.[58]

d. 안디옥에서의 바울의 설교(행 13:16-43)

13:13-16과 42-43절은 사도행전에서 더 중요한 연설 중 하나에 틀을 제공하는데, 그 연설의 길이와 성격이 베드로의 첫 설교(2:14-36, 38-39)에 필적한다. 틀림없이 의도된 병행이다.[59] 바울은 베드로와 똑같은 메시지를 전한다.

---

54) §25.3c-d를 보라. 자신의 위임에 대한 바울의 기억에서 사 49:1-6의 되울림을 특별히 주목하라(갈 1:15-16). 사 49:6은 바울의 선교에 관한 누가의 견해와도 일치하는데, "땅끝까지"(사49:6)는 누가가 행 1:8에서 사용한 구와 똑같다.

55) "이것이 복음과 유대교가 이혼하는 순간이다"(Acts, 417, 추가로 417-18)라는 Haenchen의 언급은 지나친 과장이다. 또한 Jervell, Apg., 363-64를 보라.

56) 위 n. 16을 보라.

57) "계획에 따른 결론", "되풀이되는 경향"(Barrett, Acts, 1.625; 또한 657). Lake와 Cadbury는 "마치 갈라디아서 2:7-9이 바울과 바나바가 유대인들에게 설교하지 말아야 했음을 의미하는 것처럼, 학자들은 갈라디아서 2:7-9에 지나친 관심을 쏟는다"라고 현명하게 논평한다(Beginnings, 4.159).

58) 롬 1:16; 9:24; 10:12. 또한 A. Deutschmann, Synagoge und Gemeindebildung. Christliche Gemeinde und Israel am Beispiel von Apg 13,42-52 (BU 30; Regensburg: Pustet, 2001)를 보라.

59) Lüdemann은 나사렛에서 예수가 한 첫 설교와의 병행도 언급한다. "두 경우에서 설교는 거의 계획적으로 예수와 바울이 활동을 시작할 때 등장한다"(Early Christianity, 153).

- 도입 단락이 개별 상황에 독특하고 각각의 상황에 적절하다(13:16-25; 2:14-21).
- 핵심 가르침이 예수의 죽음에 초점을 둔다. 자기 백성이 그의 죽음을 선동했고, 하나님은 부활로 그를 신원하신다("그러나 하나님이 그를 일으켰다"). 그의 직계 제자들은 증인이었다(13:26-31; 2:22-24, 32).
- 예언 성취: 여기서 시편 2:7은 시편 110:1을 대신하나, 두 시편이 시편 16:10을 인용했고 똑같은 논쟁을 유발했다(13:32-37; 2:25-31, 33-36).
- 결론에서는 믿으라고 호소하며 죄 사함을 약속한다(13:38-41, 2:38-39).

이스라엘의 과거 계시와 연속성이 2장에서보다 더욱 강조된다. 출애굽부터 첫 예언자(사무엘)와 초대 왕(사울) 그리고 특별히 다윗을 지나 다윗의 위대한 계승자까지 이어진다(13:17-23).[60] 세례 요한 및 이전의 다윗을 통해 주어진 약속을 예수가 성취하신다(13:23-27, 32-37). 메시지와 성취는 모든 이스라엘 백성을 위한 것이다(13:23-24).[61] 그러나 더 놀라운 내용은 그 연설이 이스라엘 곧 아브라함의 직계 상속인뿐만 아니라, 하나님을 경외하는 자들 곧 하나님을 두려워하며 유대교에 호의를 보인 자들(13:16, 26)에게도 향했다는 사실이다.[62] 놀라운 점은 그들도 이 연속성에 동등하게 포함되었다는 것이다. "우리 조상들"(13:17), "하나님이 우리 조상들에게 하신 약속

---

60) 첫 묘사(13:17-19)에는 성경 언어, 특별히 신명기의 표현이 많은데, 이스라엘을 백성으로서 선택한 사실과 이집트로부터의 구원을 상기한다(신 1:31; 4:34, 37; 5:15; 9:26, 29; 10:15). 그러나 이스라엘이 이집트에 있을 때 위대하게 되었다는 생각은 독특한데, 신명기는 그들에게 노예의 경험을 더 상기하게 한다. 이스라엘 앞에서 파멸한 가나안의 일곱 나라에 대한 언급과 함께(신 7:1) 이것은 이스라엘을 높이는 이중 언급이 된다. 이런 언급은 디아스포라 유대인 공동체가 자신들이 정착한 지역의 대다수 사람에게 자신의 나라가 좋은 혈통과 감명 깊은 역사를 가졌다고 상기해줄 필요를 느꼈음을 반영한다. 또한 위 §24 n. 132를 보라.

61) "그 연설은 유대 그리스도인들이 회당에서 자신들의 목소리를 내기 시작하자마자 틀림없이 계속되었을 광범위한 주해 논쟁을 반영할 것이다"(Barrett, Acts, 1.623). 또한 Barrett는 바울의 설교와 Bowker, 'Speeches in Acts', 96-111이 언급한 회당의 훈계 형식들이 일치하는 정도에 주목한다(624). 또한 Bruce, Acts, 303을 보라.

62) Barrett는 "하나님을 경외하는 사람들아"라는 언급(13:16, 26)을 개종자로 제한하기 원한다 (Acts, 1.629-31, 639). 비교. 13:43.

을 그들의 자녀인 우리에게 이루셨다"(13:33), "형제들"(13:26, 38), "우리에게",
"그들의 자녀인 우리에게"(13:26, 33) 같은 표현에서 드러난다. 바로 그 연설
은 베드로의 초기 설교에서 단지 암시로 그쳤던 개방성을 표현한다(2:39;
3:25; 또한 10:34-35).

　　보통처럼 여기서 누가의 의도는 그때 바울이 실제로 전달한 설교를 제
시하는 데 있지 않고, 짧은 명문 형식(전달하는 데 3분 정도 걸리는 완벽한 축소판)
으로 그때 바울이 말했을/말할 수 있었던/말해야 했던 내용의 맛보기를
제공하는 데 있다.[63] 방금 언급된 이중 강조(이스라엘과의 연속성과 이방인을 향
한 개방성)는 특징상 확실히 바울의 것이다. 한편, 결론부의 장황한 연설은
더더구나 바울의 말처럼 보이지 않는다. 그의 서신에서 바울은 "죄 사함"
에 대해 거의 말하지 않았고,[64] 13:39은 율법에 관한 바울의 관점을 기록한
것으로는 어색하게 읽힌다.[65] 그러나 베드로의 첫 설교에서와 마찬가지로,
그 전승은 오래된 것이며,[66] 시편 2:7을 초기 기독론에 사용한 것처럼 보이

---

63)　Schnabel은 유대 청중을 향한 바울의 선교 설교를 예시하려고 행 13:16-41에 의존할 수
　　있다고 자신한다(*Mission*, 1380-85).

64)　"용서"라는 개념은 후기 바울 서신인 골 1:14과 엡 1:7에만 나타나지만(물로 바울이 롬 4:7에
　　서 사용한 인용도 언급해야 한다), 그것은 사도행전 설교의 전형적인 특징이다(2:38; 5:31;
　　10:43).

65)　가장 근접한 구절은 롬 6:7(그 동사를 역시 흔치 않은 방법으로 사용함. 비교. Sir. 26.29)과
　　8:2-3(다른 표현으로 똑같은 것을 말함)일 것이다. 더 전형적으로 바울은 죄의 능력에서
　　의 구원 혹은 실제로 율법으로부터 자유를 언급했을 것이다(추가로 Bruce, *Acts*, 311-12을
　　보라). 여기서는 바울의 정서가 단지 반만 파악되어 사용되었다는 인상을 피하기 어려우며,
　　그 결과 율법이 자유를 제공하지 않는 "모든 일"이 무엇인지가 덜 명확하다. "신앙의 중심 질
　　문에 관해서 누가는 바울을 향한 자신의 헌신을 보여주었으나, 바울 신학의 이해에 대해서
　　는 더 적게 보여주었다"(Barrett, *Acts*, 1.651).

66)　위 §21.3a를 보라. 여기서 다음을 주목하라: 삼하 7:12-14(13:23; 비교. 2:29-32)의 암시; 복음
　　의 시작으로서 세례자(13:24-25; 비교. 10:37); 시 107:20(13:26; 비교. 10:36)의 되울림; "나
　　무"인 십자가(13:29; 비교. 5:30; 10:39); 익숙한 "그들"(예루살렘 주민과 그들의 지도자들)이
　　그리스도의 죽음에 책임이 있으나, "하나님이 그를 죽은 자 가운데서 살리셨다"(13:30; 비
　　교. 2:24; 3:15; 10:39-40); 백성들에게 증인으로 활동할 첫 제자들에게 나타나심(13:31; 비교.
　　3:15; 10:41). 흥미롭게도 바울이 경험한 "부활 출현"은 언급되지 않았는데, 이는 그의 서신들
　　에 언급된 그의 경험과 어느 정도 대조된다(고전 9:1; 15:8; 갈 1:12, 16). 그러나 이는 사도행
　　전에서 바울이 주요 증인 중 한 명의 자격이 없다는 사실을 반영한다(1:21-22). 합 1:5(13:41)
　　의 마지막 인용은 흔치 않으나, 쿰란 공동체와 첫 그리스도인들은 하박국이 그들 시대의 위

는 내용을 포함한다. 거기서는 하나님이 예수를 그의 아들로 낳으심이 부활과 연결된다(13:32-33).[67] 예상했던 대로, 누가는 그 문제에 대해 어느 정도 자유를 행사한다. 바울의 표현은 아니나 특성상 바울의 표현처럼 보이고 바울의 말을 되울리는 앞서 형성된 자료를 이용하거나, 아니면 바울이 말한 내용을 표현하는 곳에서 용어의 우발성을 어느 정도 이용함으로써 말이다. 이 모든 것은 당시에 충분히 용인됐을 것이나, 그 설교는 바울의 최초 설교를 확신 있게 재현할 수 있는 자료보다는 바울을 곁눈질로 본 내용을 제공한다.

e. 이고니온, 루스드라 그리고 더베(행 13:50-14:20)

안디옥에서 쫓겨난 후(13:50), 바울과 바나바가 남동쪽으로 세바스테 길을 따라 이고니온과 루스드라라는 로마의 식민지, 즉 아우구스투스 시대 때 추가로 설립된 두 지역으로 향한 것은 당연하다. 이고니온까지는 적어도 5일이 걸렸을 것이고 루스드라는 추가로 하루가 더 걸렸을 것이다.[68]

이고니온에서도 이 형태가 반복된다. 회당에서의 설교, "유대와 헬라의 허다한 무리가 믿더라"(14:1), 그리고 "순종하지 아니하는 자", 즉 어쩌면 더 잘 어울리는 "설득되지 않은 유대인들"이 반대하도록 이방인들을 선동함(14:2) 등에서 이를 볼 수 있다. 바울과 바나바는 짐작하건대 여전히 회당에서 "오랫동안" 머물러 "주 예수를 담대하게 말하고", 그들의 증언은 누가가 선호하는 "표적과 기사"(14:3)로 증명됐다(14:3). 그 도시는 유대인을 따르는 자들과 "사도들"을 따르는 자들로 나뉘었으며(14:4), 이야기가 바울

기와 기회의 전조가 된다고 보았다(1QpHab; 롬 1:17, 갈 3:11, 히 10:38의 합 2:4 사용).

67) 비교. 히 1:5과 5:5 그리고 롬 1:4의 비슷한("양자론" 같은) 강조. 롬 1:4은 초기 고백 정형 문구를 인용하고 있다고 추정되는 문단이다. §23.4c를 보라.

68) Mitchell, *Anatolia*, 1.76-77(78과 79 사이의 지도)과 앞선 연구인 Ramsay, *The Cities of Paul*, 317-419을 보라. "브루기아와 루가오니아 경계에 있는 마을"인 루스드라에 대해서는 Bruce, *Acts*, 319-20을 보라. Schnabel은 위치에 관해 더 자세한 내용을 제공한다(*Mission*, 1108-13).

과 바나바를 공격하는 것으로 전개될 때(14:5), 그들은 선교를 계속하려고 (14:7) 루스드라로 달아난다(14:6).[69] 이 모든 점은 완벽한 개연성이 있다. 적어도 다수의 지도층 시민들이나 그들의 부인들이 지역 회당 공동체에 대해 긍정적이었다는 점, 그리고 유대인 공동체가 새로운 가르침이 그들의 지위에 지장을 주고 로마 식민지에서 그들의 평판을 위협할 수 있다고 염려했다는 점을 고려하면 말이다. 황제숭배가 시민 생활의 주 특징이었던 도시들에서 예수를 "주"로 선포하는 일(14:3)은 많은 이를 전율케 했을 것이다. 그것이 너무나 쉽게 황제에게 향해야 할 충성심에 대한 직접적 반대로 보일 수 있었기 때문이다.[70] 누가는 이를 잘 인식하고 있었으나(17:7-8), 그것은 비시디아와 루스드라 사건에서 분명한 요인이 아니었을 수도 있었다.

루스드라에는 회당이나 유대인들이 있었다는 기록이 없으며(따라서 14:19), 그렇기에 복음 전하는 일(14:7, 9)은 공개된 장터에서 일어났을 것이다. (3:1-10의 치유 같은) 기적적 치유는[71] 이방인을 위한 선교사와 옛 고대 그리스 신들의 대표들 간의 결정적 만남을 야기한다. 루스드라 사람에 대한 묘사는 다소 경멸적이나, 누가가 독자에게 묘사하는 시각적으로 생생한 장면에서 그의 이야기꾼으로서의 기교는 명확해 보인다. 역설이 눈에 띈다. 이고니온에서는 그들 자신의 공동체에서 거부당한 유대인 선교사들이 이제는 그리스의 오래된 신으로 불리며 마중을 받는다.[72] 여기서 함의

---

69) 누가가 "그리고 그 근방으로"(14:6)를 덧붙임으로 상상한 내용은 수수께끼다(14:6). 항상 누가가 바울 선교의 중심을 도시들로 묘사하는데, "도시들이 없거나 지방자치 조직이 없는" 곳은 제대로 정착된 곳이 아니었기 때문이다(Lake and Cadbury, *Beginnings*, 4.163). 그 말은 언급된 도시들의 변두리나 인근을 나타낸, 누가가 받은 전승의 일부일 것이다.

70) "제국의 대제사장은 이고니온에서 가장 높은 공직이었다"(Mitchell, *Anatolia*, 1.116, 104; 전체 장[1.100-117]을 보라; 안디옥에 관해서는 1.101, 104-106); "기독교가 나아가는 길에 있는 장애물이자, 새 개종자들로 지배적인 이교주의를 다시 따르도록 한 요인이 공적인 황제들 숭배였다는 인상은 피할 수 없다"(2.10). 추가로 §29 n. 118, 119를 보라.

71) Breytenbach가 그 병행들을 정리했다(*Paulus und Barnabas*, 27).

72) 아마도 여기에 노부부인 필레몬과 바우키스가 부지불식간에 제우스와 헤르메스를 접대한 유명한 이야기에 관한 암시가 있을 것이다. 이것은 이 지역과 관련이 있을 수 있다(Ovid,

하는 것은 올림포스의 전통 신들을 믿는 내륙 지방 사람들(그들은 지역 방언을 했다, 14:11)[73]의 신앙이 단순하고 진심 어린 것(그들은 즉각적인 환영과 경외로 바울 일행을 맞았다)이었다는 데 있다.[74] 그 이야기를 전하는 주요 이유를 제공하는 핵심 문장은 "신들이 사람의 형상으로 우리 가운데 내려오셨다"이다. 바로 이 문장에서 누가는 바울과 바나바의 메시지가 만물의 창조주 하나님에 대한 메시지였다고 강조할 기회를 얻었다. 그는 바울이 곧이어 예수에 관해 설교하려 했음을 묘사하지 않았다. 이방인 이교도와의 첫 만남에서 우선순위는 유대 그리스도인이 하나님을 선포하는 것이다.

이야기꾼은 자신이 묘사한 장면으로 인한 제약을 의식했다(14:15-17). 그래서 그 연설은 간결했고, 핵심이 즉시 제시됐다. 복음은 신의 능력을 갖춘 인간에 관한 것이 아니라(비교. 10:36), 만물의 창조주인 살아 계신 하나님

Metamorphoses, 8.620-724). 추가로 Haenchen, *Acts*, 427 n. 1, 432; Barrett, *Acts*, 1.676-77; Breytenbach, *Paulus und Barnabas*, 31-38을 보라. 그 이야기는 바울이 주요 연설자였음을 확인한다(대중은 헤르메스를 신들의 메신저로 생각했다). 그러나 거기에 바나바가 더 뛰어나거나 덕망 있는 외모를 가졌다는 암시도 있을 수 있다(상위 신 제우스). 그 그리스어는, 로마에 있는 성 바오로 대성당의 사원처럼, 그 신전이 "도시 밖의 제우스" 신전으로 불렸음을 시사한다. Taylor는 바울과 바나바가 연관된 두 신이 "신비로운 카베이로이(Kabeiroi), 즉 큰 신들(*Megaloi Theoi*)"이었다고 제안한다('St. Paul and the Roman Empire', 1219).

73) 루스드라가 로마 식민지였기 때문에, 지역 서민들이 루가오니아 방언에 자연스러웠다 할지라도, 어떤 청중이든 대부분이나 많은 사람이 그리스어를 충분히 잘 이해했다고 추론하는 데 문제는 없다(추가로 Hemer, *Book of Acts*, 110과 n. 23을 보라). "루가오니아 사람들은 근동 전역의 자기 동시대 사람들처럼 그리스어를 이해했지만, 두 선교사는 루가오니아 방언에 익숙하지 않았다"(Haenchen, *Acts*, 431).

74) 추가로 D. W. J. Gill, 'Acts and Roman Religion', *BAFCS*, 2.80-92(여기서는 81-85)을 보라: "바울과 바나바가 루가오니아 지역 종교와 마주쳤을 가능성이 상당히 있으며, 그 종교는 고대 세계의 언어로 신들의 본질을 재구성한다"(84). "그 이야기는 타당한 신들을 명명했다. 헤르메스와 제우스의 새인 독수리 모양의 작은 조각상을 루스드라 근방에서 발견했다. 두 신은 이 일반 지역의 명문에 결합되어 있다. 어떤 조각된 양각에서 우리는 그 사람들이 이 신들을 어떻게 상상했는지 알 수 있는데, 그들은 긴 머리와 늘어뜨린 수염을 가진 둥글고 엄숙한 얼굴 및 엄중한 눈길을 가졌고 오른손은 두드러지게 가슴을 가로지른다. 그런 제우스는 우리가 생각하는 그리스도인 순회 성자의 이미지와 드물게 같다: 우리도 이런 양각에서 바울이나 바나바가 지닌 포착하기 어려운 특징들을 감지할 수 있다." "많은 교육을 받은 몇몇을 제외한 모든 사람에게는 신들이 실제로 기적을 통해 드러날 수도 있는 존재였다"(Lane Fox, *Pagans and Christians*, 99-100, 140; 그리고 추가로 4장, 'Seeing the Gods'). 또한 Öhler, *Barnabas*, 345-60을 보라.

에 관한 것이다. 완전한 유대적 특징이 메시지에서 분명히 드러난다.[75] 그들은 이방인의 우상에 전형적으로 표현된 그런 무가치한 덧없음(*mataia*)에서 돌아서야 한다.[76] 예배드릴 가치가 있는 유일한 신은 "하늘과 땅과 바다와 그 가운데 모든 것을 만드신 살아계신 하나님"이다.[77] 이스라엘의 하나님이 모든 나라의 하나님도 되신다는 점(14:16)은 유대 유일신사상이 그것의 가장 근본적인 신조에 보편적 성격을 부여했음을 상기한다.[78] 또한 하나님이 섭리로 돌보신다는 묘사(14:17)는 창조의 풍성함 안에 있는 하나님의 선하심에 대한 유대인의 고찰을 전형적으로(그러나 배타적이지는 않게) 암시한다.[79]

유대교 신앙의 원리가 이제 복음의 일부로 제시되었다는 사실이 가장 눈에 띈다(14:15). 자신들의 독특한 유일신사상을 변증하는 사람이 적지 않았고, 이방인의 우상숭배에 대한 공격은 유대인 디아스포라 공동체 가운데 일반적인 일이었다.[80] 그러나 이미 언급했듯이, 유대교는 전도하는 종교가 아니며, 그런 (잘못된) 하나님 이해를 거부하라는 요구는 이스라엘의 변증의 일반적인 내용 중 하나가 아니다. 초기 기독교 내 복음 전도의 강박감이 유대교의 유일신주의적 전제를 기독교 선포의 능동적인 부분으로 전환시켰다. 예수 메시아의 복음은 첫 번째로 하나님 그리고 하나님과 창조에 관련되고, 예수의 메시지가 그 뒤를 잇는다.

누가는 언제나 그랬듯이 그 이야기를 자신의 용어로 전하는데, 루스드라에서 발을 쓰지 못하는 사람의 치유 이야기에서 드러나는 베드로와의 병행을 포함한다(3:1-10; 14:8-10).[81] 누가의 정보 출처에 대해서 우리는, 복

---

75) Breytenbach, *Paulus und Barnabas*, 53-75.

76) 비교. 렘 2:5; 8:19; Wis. 13.1; 3 Macc. 6.11; 롬 1:21.

77) 유대 유일신주의의 전형적인 표현을 인용한다(출 20:11; 느 9:6; 시 146:6). 또한 Breytenbach, *Paulus und Barnabas*, 60-65을 보라.

78) 신 32:8; 시 145:9; Wis. 11.22-24; *1 En.* 84.2.

79) 레 26:4; 시 147:9; 렘 5:24. 추가로 행 17:22-31에 관해서 아래를 보라(§31.3b).

80) Wisdom of Solomon, 11ff.; the Letter of Jeremiah; *Sib. Or.* 3.

81) "누가의 양식과 관심사의 흔적들이 전 단락에 상당히 고르게 흩어져 있는데, 있는 그대로는

잡한 현대 서구 회의론에 따른 반대에도 불구하고, 사건들의 다소 희극적인 순서와 기록된 분위기의 전환이 기본적으로 타당해 보인다고 말할 수 있을 뿐이다.[82] 바울은 상황이 매우 잘못되어 돌에 맞아 죽을 뻔했던 자신의 선교 이야기 하나를 회상한다(고후 11:25).[83] 기독교 전승에서 디모데는 루스드라 원주민으로 알려졌고(행 16:1), 디모데후서 3:11은 안디옥과 이고니온에서의 적대적인 반응에 이어 루스드라에서 일어난 박해에 대한 전승을 간직하고 있다.[84] 그러므로 14:15-17의 논쟁도 로마서 1:20-23에서 바울이 고발한 내용의 변형이고, 이방인이 하나님에 대한 그릇된 이해로 부터 살아계신 하나님께로 돌아서야 할 필요성을 데살로니가전서 1:9도 똑같이 반영한다.[85] 그래서 다시 한번 누가는 이 상황에서 바울이 전했을 가능성이 가장 큰 설교를 타당하게 제시한다. 여기에 더 덧붙일 내용이 없으며, 더 더붙일 필요도 없다.

"첫 선교 여정"은 더베에서 끝났다.[86] 그곳은 바울이 돌에 맞은 후 바울

그것이 누가의 작품이라고 보아야 한다"(Barrett, *Acts*, 1.664). 그러나 Barrett는 "누가에게는 다양한 종류의 정보가 있었다"라고 덧붙였다. Lüdemann은 누가가 편집했다는 증거를 많이 발견했으나(*Early Christianity*, 159-63), 특별히 14:19-20a를 언급하며 "더베, 루스드라, 이고니움 그리고 안디옥을 거치는 선교여행은 역사적 사실이다"라고 결론짓는다(165).

82) Hengel and Schwemer, *Paul*, 443 n. 1095을 보라. Haenchen은 안디옥에 소식이 이르기 전에 그리고 안디옥에서부터 유대인들이 루스드라에 와서 군중들을 선동하기까지 분명 며칠이 지났겠지만, "서술자는 이 이차 고려사항에 관심이 없다"라고 관찰한다(*Acts*, 429 n. 5). Mitchell은 그 지역의 자료가 그 이야기의 "역사적 정확성"을 확인한다고 생각한다 (*Anatolia*, 2.24). Sanders는 그 일련의 사건들을 "거의 믿을 수 없다고" 판단할 때 군중 심리를 별로 고려하지 않았다(*Schismatics*, 10).

83) Lüdemann은 "돌로 치는 것이 유대 율법의 공식 절차와 부합했다"는 흔한 가정을 정당하게 의문시한다(*Early Christianity*, 165). 그것은 종교적 열정이 모욕당한 것에 대한 군중의 반응이었을 가능성이 높다. 유대인들이 그것을 부추겼든 부추기지 않았든 간에 말이다.

84) 또한 안디옥과 이고니온에 집중하는 「바울행전」의 전승을 주목하라(*NTA*, 2.353-57).

85) "기독교의 메시지는 사라피스(Sarapis)나 디오니소스 혹은 '수리아 여신'의 진정한 숭배자가 거의 이해하지 못했을 것이다. 준비의 목적으로, 진짜 이교도들에게 설교하기 전에 윤리적 유일신주의를 어느 정도 논증하는 일이 여전히 필요했다"(Hengel, *Acts*, 89).

86) 더베에 관해서는 Mitchell, *Anatolia*, 1.96 그리고 n. 170을 보라. 클라우디우스가 (대략 이 시기에) 재건했기 때문에, 더베는 클라우디오더베(Claudioderbe)로도 알려졌다(1.95 그리고 n. 162). 더베의 위치는 특별히 B. Van Elderen, 'Some Archaeological Observations on Paul's First Missionary Journey', in W. W. Gasque and R. P. Martin, eds., *Apostolic History*

과 바나바가 피했던 곳이다(14:20).[87] 더베는 루스드라에서 95km 정도 떨어져 있는데 이는 건강한 여행자가 걸어서 사나흘 걸리는 거리다. 짐작하건대 이것은 바울에게 아주 힘든 여정이었을 것이다. 왜냐하면 14:19에서 그는 죽은 줄 알고 버려졌기 때문이다![88] 루스드라를 벗어나는 길들은 비포장이었을 수 있고,[89] 타우루스산맥을 통과하여 길리기아로 이르는 길리기아 문(Cilician Gate)을 향하는 길은 오르막이었기에 그 여행은 더 힘들었을 것이다. 두 선교사가 왜 수리아의 안디옥에 있는 그들의 본거지로 돌아가는 데 최단 거리를 택하지 않았는지는 분명하지 않다. 어쩌면 그 경로가 너무 무리였거나, 그들을 초대해서 거처를 제공하는 마땅한 숙소가 없었을 수도 있고,[90] 자신들의 의도보다 더 동쪽으로 밀려났기에 바울과 바나바는 그들의 이전 방문이 일으킨 문제가 수그러들 것을 희망하며 자신들의 발자취를 되돌아보는 것이 더 현명하다고 결정했을 수도 있다.[91] 여하튼 그들의 더베 체류는 논란의 여지가 없는 성공에 대한 언급을 제외하고는 자세한 내용 없이 회상되었다(14:21).[92]

---

and the Gospel, F. F. Bruce FS (Exeter: Paternoster, 1970), 151-61(여기서는 156-61)을 보라.

87) 어떤 유대인들("그 유대인들"이 아닌)이 선민 이스라엘의 독특성을 의문시하는 듯한 메시지에 큰 적대감이 생겨서 바울에 맞서려고 장거리를 갔다는 점이 놀랍기는 하나 믿기 불가능한 것은 아니다(우리는 새 운동을 향한 바울의 이전 적대감이 맹렬했음을 상기할 수도 있다).

88) 바울이 그곳에 즉시 되돌아갈 수 있었고("그 제자들은" 어디서 왔나?) 바로 그다음 날 더베로 무리한 여행을 해야 했다는 누가의 보고는 불가피하게 어느 정도 놀랍게 한다. 누가는 명백하게 절차를 생략했고, 어떤 이유로 바울의 심각한 고생을 별로 다루지 않기로 선택했다. Becker는 "바울이 굉장히 건강했다"고 추정한다(*Paul*, 175). Chilton은 바울의 상처를 치료하는 데 틀림없이 약 18개월이 걸렸을 것이고, 더베에서 그 기간을 보낸 후 바로 다소로 돌아갔다고 추정한다(*Rabbi Paul*, 130).

89) French, *BAFCS*, 2.53.

90) 바울이 "여러 번 죽을 뻔했고"(고후 11:23f.) "강도의 위험"을 당했다고 언급할 때(11:26c) 마음에 둔 사건들은 알려지지 않았으나, 루가오니아를 지나는 여행이 그 사건들 가운데 한두 가지를 제공한 듯하다. 아래 §28.2b를 보라.

91) Ramsay는 지방 자치 당국자들로 인한 바울과 바나바의 추방은 직위 재임 기간인 12개월 동안만 유효했을 것임을 관찰한다(*Cities of St. Paul*, 372-74).

92) 사용된 "제자들을 만들다"(mathēteuō)라는 동사는 사도행전에서 독특하지만 누가가 받은 그대로 사용되었을 것이다.

f. 발자취 되돌아보기(행 14:21-28)

안디옥으로부터의 선교 이야기에서 누가의 주목적은 이제 거의 이루어졌는데, 주목적은 바울의 것으로 여겨지는 두 설교에서 표현된 혼합주의 마술과 유대인의 불신앙 및 옛 종교들과의 대립에 집중했고, 유대인과 이방인의 혼재된 반응과 거부라는 양식을 설정했다. 누가는 돌아오는 여정을 가장 간단하게 이야기하는데, 그는 단지 몇 가지 사항을 채워 넣고 선교의 성격과 성공을 확인하기 위해 멈춘다. 따라서 누가가 긴 기간의 고된 여행을 그렇게 간단히 전해주었다는 사실은 그가 훌륭한 이야기꾼으로서 독자들의 주의를 어떻게 잡아둘 수 있는가를 알고 있었음을 단순하게 상기시킨다. 그리고 바울과 바나바가 최근에 자신들을 거부한 도시에 다시 돌아갈 수 있었다는 사실은 그저 반대라는 것이 끓어 넘쳤다가 그만큼 빨리 가라앉은 대중적 현상에 불과함을 의미할 뿐이다.

그들이 되돌아오기로 결정한 긍정적인 이유는 누가가 사용한 표현에 분명히 함축되어 있다. 바울의 서신을 보면 그가 교회 설립자로서 자기가 세운 교회들의 발전과 성숙을 염려하고 있음을 확인해주기에 바울에게 후속 방문은 반드시 해야 할 우선적인 일에 속해 있었을 것이다(비교. 15:36). 선교사들이 회심케 한 이들을 굳건하게 한 내용에 대한 묘사(14:22)는 누가와 바울이 일정하게 사용한 용어로 표현됐다: 굳게 함[93] 그리고 권면함.[94] 그리고 누가보다 바울에게 나타나는 전형적인 특징은, 회심케 한 이들이 "믿음에 머물러", 혹은 더 잘 표현한다면, "그들의 믿음에 머물러"[95] 있어야 한다는 것과 환난이 하나님 나라를 상속하는 데 있어 피할 수 없는 통로라는 점이다.[96] 그렇다면 여기서 누가는 바울이 목회자로서 가진 전형적인

---

93) 행 15:32, 41; 16:5; 18:23; 롬 1:11; 살전 3:2, 13.

94) 행 15:32; 16:40; 20:1-2; 롬 12:1; 15:30 등등.

95) 비교. 행 11:23; 13:43; 고전 15:1-2; 갈 1:6.

96) 비교. 롬 8:17; 살후 1:5. 절 전체에 대해서는, 특별히 살전 3:2-4을 비교하라. 추가로 §32 n. 153을 보라.

관심과 표현을 회상하는 듯하다.

장로들을 지명했다는 언급(14:23)은 역사적으로 이상하다. 13:1-13에서 파송하는 교회(안디옥)에 장로들이 있었다는 암시가 없다.[97] 그리고 저자에 대한 논란이 없는 바울 서신은 단 한 곳에서도 장로를 언급하지 않았다. 장로들이 있었다면, 몇몇 경우에 장로들에게 호소하거나 장로들이 설명하도록 요구되는 상황들과 위기들이 있었다는 사실에도 불구하고 말이다. 반대로 바울의 무리 가운데 누군가가 바울이 죽은 후 기록했다고 대체로 받아들여지며, 바울이나 바울의 요청으로 지명받아 똑같은 생각을 지녔다는 바울 전집의 목회 서신에서 장로가 처음 등장한다(딤전 5장과 딛 1:5). 그렇다면 이곳과 20:17에서 누가는 자기 시대에 더 일반화된 관습과 교회 구조를 처음부터 가정했거나(13:3의 절차는 더 "영적"이다), 데살로니가전서 5:12-13과 고린도전서 16:15-18에서 볼 수 있는 것과 같은 성숙한 신앙인들의 추천을 더 공식화한 듯하다. 아니면 누가는 바울이 그들의 역할을 받아들이도록 권면한 사람들인 선생들(갈 6:6)이 "장로"에 해당한다고 이해했을 것이다. 어느 방식이든 그것은 역사가로서 누가의 특징 및 목적을 말해준다. 즉 교회의 설립 때부터 그에게 있던 전승들을 초기 교회와의 조화와 초기부터 정해진 조직의 양식을 부각하는 방식으로 읽어내려는 의도다(비교. 11:30; 약 5:14).[98]

돌아오는 여정에 관한 서술은 버가에서의 설교를 언급하는데(14:25),[99] 13:13-14에서는 그 설교를 전혀 언급하지 않았다.[100] 그 여정에서는 구브로

---

97) "안디옥 교회의 대표들이 모 교회에는 없는 일종의 직분을 지부교회에 도입했을 가능성은 거의 없다"(Barrett, *Acts*, 1.666).

98) 예루살렘에 기반을 둔 교회들에서 "장로"(약 5:14)가 "선생들"이기도 했는가? 또한 위 §23.3을 보라.

99) 상세 내용은 Schnabel, *Mission*, 1122-24.

100) D. A. Campbell, 'Paul in Pamphylia (Acts 13.13-14a; 14.24b-26): A Critical Note', *NTS* 46 (2000), 595-602은 버가로 가는 배(13.13-14)가 도시 반대편에 정박하려고 세스트루스 (Cestrus)강을 거슬러 올라갔을 것이며, 반면에 앗달리아의 더 붐비는 항구(14.24-26)는 수리아 안디옥으로 가는 배편을 찾을 더 좋은 기회를 제공했을 것이다.

단계가 생략됐다. 수리아 안디옥이 "그들이 이룬 그 일을 위하여 전에 하나님의 은혜에 부탁하던"(14:26, 뒤돌아 13:3을 암시함) 곳이라고 상기하는 내용은 안디옥에서 시작한 선교를 멋지게 완성한다. 또한 그것은 바울과 바나바가 그 교회의 선교사로 사역했고(14:4), 그들의 위업이 안디옥의 관점에서 이야기되었음을 독자들에게 상기시킨다.

안디옥 교회에 전달한 내용(14:27)은[101] 모두 하나님이 하신 일이고, 이방인에게 믿음의 문을 열어주신 분이 바로 하나님이심을 강조한다. 바울은 이 이미지를 선호하며,[102] 여기서 강조되는 부분은 우리가 바울에게 기대하는 내용이다(이방인이 이스라엘의 유업으로 들어오는 수단으로서의 믿음). 유대인 개종자들(그리고 유대인들의 반대)에 대한 언급은 덜 중요하다. 가장 중요한 점은 많은 이방인이 응답했고, 그 교회들의 상당한 구성원이 이방인이었으며, 어떤 경우에는 완전히 이방인들로만 구성되었다는 사실이다. 새 운동의 발전과 그 정체의 전환이라는 새 국면은 분명히 시작되었다. 그 결과는 누가가 이어서 서술한다.

g. 요약 평가

사도행전의 매 쪽에서처럼, 13-14장에서도 누가가 구성했다는 분명한 증거가 있지만, 누가가 구성하며 의존할 수 있었던 전승의 증거도 명확히 볼 수 있다.

다음은 누가의 관점과 관심 및 기교의 전형적인 예다.

- 성령의 명령과 영감으로 시작된 선교(13:2, 4, 9, 52; 비교. 1:8; 5:32; 8:29; 10:19-20, 47; 16:6-7).
- 마술과 추가적 대면 그리고 승리(13:6-11; 비교. 8:18-24; 19:18-19).

---

101) 안디옥 교회는 여전히 한 장소(큰 집)에 모일 수 있는 규모였다.
102) 고전 16:9; 고후 2:12; 골 4:3.

- 지지해준 로마 당국자들(13:7, 13, 비교. 18:12-17; 25:25-27; 26:30-32).
- 첫 설교의 분명한 장소인 회당(13:5, 14-15; 14:1).[103]
- 예수를 통한 유대인의 유업 및 소망의 연속성(비교. 예. 3:22-25; 15:15-18)을 강조하는 설교(13:16-41).
- 고대 역사 기록들에서 많이 등장하는 그런 연설의 인위적 느낌이 있는 또 하나의 설교(14:15-17). 이는 묘사된 상황에서 나온 발언이라고 보기 어렵다.[104]
- "유대인들"의 반대(13:45, 50-51; 14:2, 19; 비교. 17:5; 18:12; 19:9; 20:3; 23:12).
- "이방인에게로 돌아섬"이라는 모티프의 첫 번째 예(13:46-47; 비교. 18:6; 28:25-28).
- 모든 일이 하나님의 목적을 따라 일어났음을 강조하려는 누가가 가진 관심의 추가 예들(13:26; 비교. 2:23; 5:38-39; 20:27). 믿음의 이방인들은 "영생을 받기로 정해졌다"(13:48; 비교. 2:47; 3:18-21; 22:14; 26:16).
- 말씀의 확장(13:49; 비교. 6:7; 12:24; 19:20) 그리고 기쁨과 성령이 충만한 제자들(13:52; 비교. 8:39; 9:31; 11:23; 15:3).
- "각 교회에 장로들을 지명한" 바울과 바나바에 관한 시대착오적 서술 (14:23).

특히 13-14장에서 누가가 고안한 베드로와 바울의 병행구들은 주목할 만하다.

- 심판의 기적(5:1-10; 13:11).
- 놀라울 정도로 비슷한 첫 설교들(2:14-36; 13:16-41).
- "나면서부터 못 걷게 된(*chōlos ek koilias mētros autou*)" 사람의 치유(3:2; 14:8). 이는 군중의 놀라움을 자아내고(3:9-11; 14:11-13, 18) 설교 기회를 제공한다

---

103) 위 nn. 16-18을 보라.
104) 행 2:7-11에서 군중들이 이구동성으로 말한 반응만큼이나 상상하기 어렵다.

(3:12-26; 14:14-17).

　　그러나 이와 마찬가지로 전형적인 점은, 누가가 바울 아니면 실제로 루스드라와 이고니온의 제자들이 잘 아는(그렇기 때문에 그 제자들을 잘 아는) 디모데의 기록과 회상들(16:2)에 의존할 수 있었다는 점이다. 누가가 받았을 법한 전승의 표지들은 다음을 포함한다.[105]

- 완전히 새로운 전략에 이르게 한 예언(13:2-4).
- 바나바의 고향인 구브로를 향한 쉽고도 명백한 첫걸음(13:4).
- 바예수라는 놀라운 이름 그리고 엘루마라는 이름의 모호함(13:8). 누가가 받은 전승에 두 이름이 있었음을 추론할 수 있다.
- 서기오 바울을 "총독"이라 한 누가의 옳은 명명(13:7). 구브로는 원로원 지역이었다.
- 요한 마가의 선교 포기라는 난처한 상황(13:13).
- 서기오 바울과 비시디아 안디옥 사이의 연결.[106]
- 필론과 요세푸스가 묘사한 당시 디아스포라 회당 내용과 일치하는[107] 13:14-15의 간단한 회당 "예배" 묘사.
- 안디옥과 이고니온의 유대인 공동체에 지역의 시민들 사이에서 영향력이 있고 유대교에 호의를 보인 사람들이 있었다는 함의(13:50; 14:2, 5).
- 안디옥과 이고니온 및 루스드라를 거친 바울 선교에 관한 바울이 세운 교회들 안의 회상(딤후 3:11).
- 바울과 바나바를 "사도"라고 언급함(14:4, 14). 이는 사도행전에서 이해되지 않는 표현이다. 1:22에서 규정한 사도직의 자격과 누가가 다른 곳에서 이 용어를 예외 없이 예루살렘의 열두 제자(바나바는 이전에는 여기에 포함되지 않

---

105) 비교. Breytenbach, *Paulus und Barnabas*, 78-83, 94-95; Jervell, *Apg.*, 349, 367-68.
106) 위 n. 46을 보라.
107) *Jesus Remembered*, 304 n. 223-26.

았다)를 가리키는 데 사용한 것을 고려하면 말이다. 유일하고 분명한 해결책은 누가의 서술이, 바울과 바나바가 위임받아 그 교회의 선교사로 파송받았다는 안디옥 교회의 관점에서 전달된 이야기를 그대로 반영한다는 것이다(13:3).[108]

- 바울의 개인 고난 목록(고후 11:23-27)과 사도행전에서의 누가의 바울 선교 서술(행 14:19 = 고후 11:25b) 사이의 몇 안 되는 밀접한 일치점 가운데 하나.

- 갈라디아서 2:7-9과 3:1-5의 내용과 함의에 반영된 듯한 내용으로서, 누가가 기록한 선교의 성공.

- 자신이 설립한 교회를 돌보는 자로서 바울을 제시함(행 14:22)

또한 언급되어야 하는 점은, 누가가 이야기된 사건들에 관한 자신의 판본을 조합함에 있어 바울의 자기 증언과 일치하는 방식으로 바울을 묘사할 수 있었다는 것이다(그러나 13:16-41은 가장 일치되지 않는 부분이다).

- "먼저는 유대인에게요 그리고 헬라인에게로다"라는 바울의 복음 이해 (13:46; 비교. 롬 1:16).

- 이사야 49:6의 종의 사역을 성취하는 바울(행 13:47; 비교. 갈 1:15-16).

- 로마서 1:20-23에서 바울이 고발한 내용의 변형인 사도행전 14:15-17의 "설교", 그리고 "우상에서 살아 계신 하나님께로 돌아오라"라는 바울의 전도하는 요청의 되울림(14:15; 살전 1:9),

- 바울의 권면하는 표현과 고난이 영광의 필수적인 예비 과정이라는 바울의

---

108) 비슷하게 Barrett, *Acts*, 1.666-67, 671-72; Fitzmyer는 그 용어가 누가의 자료에서 왔다는 견해를 옹호한다(*Acts*, 526). 특별한 교회 사절로서의 "사도"에 대해서는 고후 8:23과 빌 2:25을 보고, 고전 15:7과 롬 16:7에서 암시된 폭넓은 용법을 주목하라. Wilson은 "14:14의 가벼운 언급은 그 단어가 그[누가]에게 논쟁적 의미는 없음을 보여준다"라고 관찰한다(*Gentiles*, 120). A. C. Clark, 'The Role of the Apostles', in Marshall and Peterson, eds., *Witness to the Gospel*, 169-90은 바울과 바나바가 열두 사도와 비슷한 역할을 한다고 누가가 보았다는 분명한 암시가 있다고 본다(182-84).

말을 되울림함(14:22).[109]

대체로 13-14장은 고대 역사가로서 누가의 지위를 강화하는 방향으로 나아간다. 그의 줄거리는 마음을 사로잡고, 주요 목적을 향해 나아가며, 훌륭한 전승에 의존한다. 바울에 대한 묘사는 바울 자신도 거의 불평하지 않을 내용이다.

27.2 위기

바울과 바나바가 안디옥으로 돌아온 지 얼마 후, 즉 40년대 후반 어느 때에 위기가 발생했다. 사도행전은 바울과 바나바가 안디옥 교회의 활동하는 구성원으로서 그들의 역할을 재개했음을 암시한다(14:28). 첫 방문 후 14년 만에 예루살렘으로 올라갔다고 바울이 간단하게 회상하는데(갈 2:1), 이는 "수리아와 길리기아 지역"에서 선포된 그의 설교를 포함하는 기간이다(1:21-23).[110] 두 본문에서 언급된 예루살렘 회의가 같은 회의의 다른 판본인지 아니면 다른 방문인지는 앞으로 논의할 것이다(§27.3). 그러나 두 본문은 그 회의의 이유(행 15:1)나 핵심 사안(갈 2:3-5)이 **할례**였음에 동의한다. 이방인 신앙인들에게 할례가 필요한지 말이다. 사도행전 15:5에 의하면, "바리새파 중에 어떤 믿는 사람들이 일어나 말하되 '이방인에게 할례를 행하고 모세의 율법을 지키라 명하는 것이 마땅하다." 이 말이 담고 있는 진가를 제대로 알기 위해서는 왜 할례가 그렇게 중요했는지, 왜 할례가 이방인을 향한 초기 선교에서는 무시되었는지, 그리고 왜 그 논제가 전면에 등장하는 데 그렇게 오래 걸렸는지를 반드시 이해해야 한다.

---

109) 위 n. 96을 보라.
110) 위 §25.5d와 추가로 아래 §31.7b를 보라.

a. 할례

제2성전기 유대교에서 유대인의 할례가 지닌 더 축소할 수 없는 근본적인 중요성을 뒷받침하는 근거를 쉽게 찾을 수 있다. 창세기 17:9-14이 가장 분명하다.

> [10]너희 중 남자는 다 할례를 받으라. 이것이 나와 너희와 너희 후손 사이에 지킬 내 언약이니라. [11]…이것이 나와 너희 사이의 언약의 표징이니라. [13]…이에 내 언약이 너희 살에 있어 영원한 언약이 되려니와, [14]할례를 받지 아니한 남자 곧 그 포피를 베지 아니한 자는 백성 중에서 끊어지리니 그가 내 언약을 배반하였음이니라.

이스라엘을 아브라함을 비롯한 족장들에게 주어진 약속을 상속받은 아브라함의 자손인 백성[111] 곧 하나님의 성회(qahal Yahweh)로 지명하는 언약이 "할례 언약"이므로(행 7:8), 할례 없이는 언약도 약속도 민족도 없다(창 17:10, 12-14).[112]

나라와 종교의 정체를 규정하고 제거할 수 없는 경계의 표지인 할례의 중요성이 마카비 혁명의 위기로 강화되었다. 신체 훼손이라고 여기는 행위에 대한 그리스인들의 반감 때문에 많은 유대인이 이 주요한 언약의 표지를 포기했다. 마카베오상에 의하면, "이방인의 관습을 따라서 그들은 예루살렘에 경기장을 세우고, 할례 표지를 제거하고, 거룩한 언약을 버

---

111) 예. 출 2:24; 6:8; 32:13; 신 1:8; 6:3, 23; 9:5; 26:18-19.
112) 이스라엘의 자기이해와 종교적·국가적 정체성에 있어 언약의 중요성은, 특별히 A. Jaubert, *La notion d'alliance dans le Judaisme* (Paris: Éditions du Seuil, 1963); Sanders, *Paul and Palestinian Judaism*, part 1; E. J. Christiansen, *The Covenant in Judaism and Paul: A Study of Ritual Boundaries as Identity Markers* (Leiden: Brill, 1995); 간단하게 필자의 *Partings*, §§2.2-3을 보라.

렸다"(1 Macc. 1.14-15).[113] 이후의 반란과 억압에서, 분명 할례는 많은 사람에게 "운명을 좌우하는" 논제였다. 그래서 한편으로, 수리아의 칙령을 따라, 할례를 행한 자녀를 가진 여인들은 그들 목에 (할례받은) 유아를 매단 채로 사형당했다(1 Macc. 1.60-61; 2 Macc. 6.10). 분명하게 인식된 점은, 할례를 포기하라는 강요가 이스라엘의 독특함을 보호하고 유지하는 장벽을 무너뜨리는 가장 좋은 방법이라는 것이다. 한편 마찬가지로 마카비 저항 세력은 "이스라엘 경계 내의 할례받지 않은 모든 소년"이 강제로 할례받도록 특별히 주장했다(1 Macc. 2.46). 그들에게 할례는 이스라엘이 자신을 정의하는 데 필수 조건과 같았다.

같은 이유로, 이후 하스몬 왕국이 수리아의 힘이 퇴락하는 동안 국경을 확대할 수 있었을 때, 정복된 갈릴리와 이두매 거주자들은 할례를 특별히 강요받았다.[114] 이 지역 거주자들이 할례를 받지 않았다면 그들이 이스라엘에 속한다는 생각을 분명 할 수 없었을 것이다. 어쩌면 이 시기에 쓰인 「희년서」(Book of Jubilees)는 창세기 17장을 밀접하게 따르며 다음과 같이 말한다.

이 법은 영원히 모든 세대를 위한 것이라.…이것은 하늘의 돌판에 규정되고 기록된 영원한 언약이다. 그리고 태어난 모든 이는 여드레 만에 그 표피에 할례받지 아니하면, 하나님이 아브라함과 맺은 언약의 자손에 속하지 아니하고, 파멸의 자손에 속한다(Jub. 15.25-34).

---

113) "그들은 옷을 입지 않았을 때조차도 그리스인이 되려고 할례받은 국부를 숨겼다"(Josephus, Ant. 12.241).

114) "모든 이두매 사람을 진압한 후에 [요한 히르카누스는] 그들이 할례를 받고 유대/유대교 율법을 준수할 의향이 있는 한 그들 나라에 체류하도록 허락했다"(Josephus, Ant. 13.257-58). 아리스토불루스도 이두래 사람들(Itureans, 북갈릴리)에게 그랬다(13.318). 요세푸스는 자신이 전한 내용을 기원전 1세기 역사가인 티마게네스(Timagenes)로 입증할 수 있었다(13.319; 추가로 GLAJJ, 1.§81의 상세 내용). 또한 요세푸스는 에메사(Emesa)의 왕 아지주스(Azizus)가 나중에 헤롯 아그리파의 딸인 드루실라와 결혼하기 위해 할례를 받아야 했고, 아그리파의 장녀 베레니케가 자신과 결혼하려면 할례를 받아야 한다고 길리기아 왕 폴레모(Polemo)를 설득했음을 묘사한다(Ant. 20.139, 145). 또한 §27.4a를 보라.

그런 전승과 구절에 비추어 볼 때, 사도행전 15:1의 표현(이방인에게 할례를 강요한 사람들의 논리)은 쉽게 이해할 수 있다. "모세의 법을 따라 할례받지 않으면 구원받을 수 없다." 한마디로 할례는 구원에 필수적이다.

할례가 유대인에게 대단히 중대하다는 사실은 광범위한 그리스-로마 세계에서 제대로 인식되었고 상당히 자주 언급됐다.[115] 사마리아인과 아랍인 및 이집트인을 포함한 다른 사람들도 할례를 시행했다는 사실이 충분히 알려졌기 때문에 이것은 더욱더 놀랍다.[116] 유대인의 경우에 그 의식은 명확하게 특별한 중요성과 의미를 띤다. 유대인의 주장에 따르면, 할례는 **그들의 국가와 종교의** (언약적) **구별성을 정의하고 유지하는 데 필수적이고**, 언약 구성원들이 기대할 수 있던 마지막 구원에 필수적이다. 타키투스가 자기만의 갑작스러운 방식으로 말했듯이, "이런 차이점으로 자신을 타인으로부터 구별하려고 그들은 할례를 택했다"(Hist. 5.5.2). 요세푸스도 하나님이 아브라함에게 "그의 후손이 타인과 혼합되지 않게 하려는 의도로 할례를 시행하도록 명령하셨다"(Ant. 1.192)라고 기록한다. 분명 이것은 바울이 유대인/이방인이나 유대인/그리스인의 구분을 "할례/무할례"로 다시 규정할 수 있던 이유일 것이다. 유대인은 "할례"("할례받은 자"가 아님)로 표현되며, "할례"는 "유대인"을 가리키는 환유법이고 "유대인"을 규정하는 바로 그 특징이다.[117] 분명 적어도 부분적으로는 할례의 바로 그런 독특한 국가적 중요성 때문에 하드리아누스가 132-135년의 바르 코크바(Bar Kokhba) 봉기에 대한 대응의 일부로 그 의식을 금지했다.[118] 그 이후 하드리아누스의 계승자인 안토니누스 피우스(Antoninus Pius)는 그 금령을 해제했

---

115) 특별히 Petronius, *Satyricon* 102.14; *Fragmenta* 37; Tacitus, *Hist.* 5.5.2; Juvenal, *Sat.* 14.99. *GLAJJ*, 1.§§194, 195; 2.§§281, 301에 있는 본문들을 보라.

116) Herodotus, *Hist.* 2.104.2-3; Strabo, *Geog.* 16.4.9; 17.1.51; Celsus in Origen, *c. Cels.* 5.41(*GLAJJ*, 1.§§1, 118, 123; 2.§375에 있는 본문들; 유대 자료로는 렘 9:25-26; Philo, *Spec. Leg.* 1.2을 비교하라. 추가로 Schürer, *History*, 1.537-38을 보라.

117) 롬 2:26; 3:30; 갈 2:7; 골 3:11.

118) 그러나 추가로 다시 Schürer, *History*, 1.538-40을 보라.

으며, 순교자 유스티누스는 그의 유대인 대화 상대인 트리포(Trypho)에게 "당신들(유대인)은 다름 아닌 당신들 육체의 할례로만 타인들 사이에서 인식된다"(*Dial.* 16.3)라고 상기할 수 있었다.

따라서 할례가 유대교로 개종한 자에게 필수이고, 할례받는 일이 이방인과 유대인 사이의 경계를 넘어서는 중대한 발걸음이며, 아브라함의 자손이 아니었던 자가 할례라는 중차대한 의식을 통해 아브라함에게 약속된 자녀이자 그 약속으로 규정된 백성의 일원이 된다고 보았다는 점은 온전히 이해할 만하다. 할례, 즉 의식 행위 그 자체의 필요성이 때때로 의문시 됐음은 사실이다.[119] 그러나 각 경우에 주어진 대답은 할례 의식이 너무나 근본적이어서 생략할 수 없다는 것이다.[120] 심지어 지적이고 영적인 해석을 한 필론도 다르게 논증할 생각을 하지 못했다.[121]

사도행전에서 메시아 예수를 믿는 이방인들이 할례를 받아야 한다는 논증은 "바리새파 출신"으로 유대에 기반을 둔 몇몇 신앙인들에서 기인한다(행 15:1, 5).[122] 바울의 글에서는 바울이 경멸조로 "가만히 들어온 거짓 형제들"이라고 지칭한 사람들이 그런 압력을 행사했다(갈 2:5). 나중에 그

---

119) Philo, *Migr.* 92; Josephus, *Ant.* 20.38-42.

120) *Migr.* 93-94; *Ant.* 20.43-48. Watson은 개종자들에게 할례를 실시하지 않는 관습이 초기 기독교 선교에 전례를 제공할 정도로 충분히 광범위하게 퍼졌다고 이 자료들로부터 너무 섣부르게 논증한다(*Paul, Judaism and the Gentiles* [²2007], 74-79; 그는 심지어 "이방인의 무할례를 위한 전통 유대인의 논증"도 언급한다, 83 n. 69). 그러나 그는 아래 n. 121에 있는 참고문헌과 아래 §27.2b에 결집된 고려사항을 무시한다(어떤 유대의 "전통" 전례 때문이 아니라, 성령이 주어졌기 때문에 할례가 필요 없다).

121) 추가로 L. H. Schiffman, 'At the Crossroads: Tannaitic Perspectives on the Jewish-Christian Schism', *JCSD*, 2.115-56(여기서는 125-27); 또한 *Who Was a Jew?* (Hoboken: Ktav, 1985), 23-25; J. Nolland, 'Uncircumcised Proselytes?', *JSJ* 12 (1981), 173-94; J. J. Collins, 'A Symbol of Otherness: Circumcision and Salvation in the First Century', in J. Neusner and E. S. Frerichs, eds., *'To See Ourselves as Others See Us': Christians, Jews, 'Others' in Late Antiquity* (Chico: Scholars, 1985), 163-86; Schürer, *History*, 3.169; McKnight, *Light*, 79-82; Cohen, *Beginnings*, index 'circumcision', 특별히 39-46을 보라. 이 부분에서는 필자의 *Romans*, 119-20에 의존했다.

122) 빌 3:2-5는 바리새파 관점에서 할례가 중요했음을 여전히 반영한다. 필자의 *New Perspective on Paul*, 22장(여기서는 464-67)을 보라.

명칭을 다시 다룰 것이다. 두 경우에 명백히 암시된 점은 압박을 가하는 무리가 예수를 메시아로 믿게 된 사람들 중 더 전통적 입장을 대표한다는 점이다. 그러나 이제 방금 논평한 자료에 비추어 볼 때, 그들만이 그 문제를 제기할 필요성을 느꼈다는 사실은 놀랍다. 할례가 유대인 남성의 존재에 그토록 필수적이었다면, 왜 새 종파에 관여한 다른 유대인들은 새 종파가 이방인을 향해 뻗어 나가기 시작할 때 할례를 하나님의 백성에 입문하는 당연한 의식으로 단순하게 추정하지 않았는가?

b. 왜 유대인 복음 전도자들은 이방인 개종자들에게 할례를 시행하지 않았는가?

여기서 우리는 안디옥 헬라파가 이루어낸 획기적 진전에 관한 누가의 서술 가운데 가장 놀랄 만한 특징을 다시 살펴보아야 한다(행 11:20-21). 누가는 이스라엘로 개종한 이방인에게 획일적이고 (거의) 보편적이었던 관습에서부터 벗어난 놀라운 사건을 아주 간단하게 전해준다. 앞에서 언급했듯이, 이런 개종자들에게는 할례를 요구하지 않았다.[123] 이어진 이방인 선교 그리고 특별히 40년대 후반에 발생한 위기의 역사는 여느 다른 방식으로는 불가해하다. 실제로 최초에 이방인들이 전통적 조건하에 새 종파로 들어왔다는 것(그래서 전통에 순응하는 양식을 설정함)과 그 후에야 이방인에게 할례를 요구하지 않고 그들을 받아들이기 시작했다는 것은 거의 상상할 수 없다. 전통에 순응하는 양식이 그렇게 확립되었다면, 그 양식에서 벗어나는 일은 훨씬 빠르게 의문을 제기했을 것이다. 오히려 우리가 직면해야 할 내용은 암시되었으나 너무나도 확실한 사실인데, 곧 처음부터 메시아 예수를 믿는 이방인들을 할례를 요구하지 않고 받아들였다는 점이다. 무시할 수 없는 역사적 사실은, **유대인 선교사들이 이방인들에게 할례를 요구하지 않고 새 메시아 종파의 정회원으로 이방인들을 받아들였다는 것**, 즉

---

123) 위 §24 n. 251을 보라. 이방인을 향한 예수의 개방성이 요인이었을 것으로 기대했을지도 모르지만, 그것이 언급되지는 않았다.

창세기 17:9-14이 규정하고 여전히 언약 백성을 구속한다고 여겨진 조건들을 고려하지 않았다는 충격적인(거의 모든 유대인 감성에 충격을 주는) 사실이다.

우리는 질문에 대한 답을 이미 표시했다. 즉 이방인 개종자에게 임한 성령 강림이(그리고 세례가) 할례를 불필요하게 만들었다는 것이다.[124] 그러나 유대 종파가 이방인에게 어떻게 그렇게 매력이 있었는지를 인식하려면, 이 점을 강조할 필요가 있다. 엄연한 아니 오히려 어리둥절한 "원시적" 사실은 이 첫 유대인 선교사들이 전한 복음을 듣고 그에 반응한(믿은) 하나님을 경외하는 이방인들이 그 결과로 "성령을 받았다"는 점이다. 그들은 자신들에게 능력이 들어오거나 내려옴, 사랑/사랑받음의 경험, 혹은 기쁨/유쾌함, 혹은 평화/죄 사함, 혹은 찬양/기도, 혹은 영적 새로움/새 생명, 변화, 다른 사람들도 목격한 생생한 변화를 체험했다.[125] 이 최초의 회심자들과 그들이 회심했을 때 일어난 일에 대해 언급한 오직 두 저자의 증언이 그렇다. 우리는 누가가 그런 용어들로 고넬료의 회심을 묘사한 것을 회상해볼 수 있다. 곧 성령의 선물이 할례받지 않은 이방인들에게 부어졌는데, 이는 그들의 방언과 하나님을 예찬하는 행위가 증언한다(행 10:45-46). 그 사건은 오순절에 사도들을 특징지었던 것과 같은 체험이었고(10:47; 11:15-17), 베드로와 동행한 할례받은 신자들이 주목할 수밖에 없었던 증거다(10:45-46).[126] 바울은 비시디아의 안디옥, 이고니온, 루스드라, 더베의 이방인들이 믿었을 때 일어났던 같은 종류의 역사를 명백하게 회상한다. 그들이 성령을 받았다는 것이다. 이는 율법의 여느 요구와는 완전히 별도로, 그들이 분명하게 기억할 수 있고 기적으로 확인되거나 기적이 동반된 체험(갈 3:2, 5)

---

124) 위 §26.4b를 보라. 그리스도의 이름으로 받는 세례가 초기부터 할례를 대체한다는 관점은 세례의 전조(요한의 세례, 마 3:9/눅 3:8)와 골 2:11-14의 이해에 암시되었을 수 있다(Kraus, *Zwischen Jerusalem und Antiochia*, 118-30).

125) 신약 저자들이 언급한 다양한 "성령의 현현"에 대해서는 필자의 *Jesus and the Spirit*, 8장과 *Theology of Paul*, 16장, 특별히 430-32을 보라.

126) 놀랍게도 Schnabel은 "하나님에게서 온 새 계시"와 대조하여, "이 특별한 경우에 드러난 하나님의 성령의 확실한 현현"의 중대성을 경시한다(*Mission*, 992). 그러나 그것은 누가가 행 10:44-48과 11:15-18에서 성령의 현현을 강조했다는 점과 거의 부합하지 않는다.

으로서 바울이 호소할 수 있는 체험이었다.[127] 또한 누가와 바울 두 사람은, 아직 할례받지 않은 이방인들을 하나님이 받아들이셨다는 바로 이 증거가 위기를 유발한 논쟁에서 중차대했다고 동의한다(행 15:7-18; 갈 2:5-9).

따라서 우리가 반드시 상상해야 하는 내용은, 회당에서 하나님을 경외하던 자들이거나 직접 복음을 들은 사람들이든지 간에, 이방인들 가운데 있던 최초의 선교사들이 이런 이방인 중 많은 이가 예수에 대한 그들의 메시지를 받아들였고, 첫 신앙인들이 하나님의 성령이 그들 안으로 들어왔거나 그들 위에 임했다는 분명한 증거로 인식했던 효과가 신체적·도덕적 측면에서 나타났음을 알게 되었다는 사실이다.[128] 그들은 이것을 하나님이 이 이방인들을 있는 그대로 받아들이셨다는 확실한 표지로 이해했다.[129] 이후 바울의 표현에 따르면 그들은 자신들 안에, 즉 마음에 할례를 받았다는 증거를 드러낸다(롬 2:28-29; 빌 3:3). 이것은 유대교 전통에서는 들어보지 못한 것이었다. 우리는 이 시대의 종말에 시온산을 향해 개종자로 나아오는 이방인들이 유대인과 함께 약속된 종말론적 성령을 받는다고 추정할 수 있다. 그러나 그들이 먼저 할례를 받지 않음에 대해서는 아무 말도 없다(그것은 상상할 수도 없었기 때문일까?).[130] 그러나 이방인을 신앙으로 이끈

---

127) 필자는 갈라디아서가 이 교회들을 위해 기록되었다고 다시 추정한다. 다시 아래 §31 n. 32을 보라.

128) E. W. Stegemann and W. Stegemann, *The Jesus Movement: A Social History of Its First Century* (Minneapolis: Fortress, 1999)는 "사회적으로 잘 규정된 유대인과 비유대인의 경계들을 뛰어넘는 성령의 불"을 언급하고, "'율법'이 '성령'을 다스리기보다, '성령'이 '율법'을 다스린다"는 W. Schluchter의 말을 인용한다(271-72). 반대로, 비신학적 용어로, 즉 다양한 정도의 헌신으로 새 운동에 매력을 느낀 사람들이라는 너저분한 문제를 해결하는 관점으로 유대인이 밀려드는 현상을 설명하려는 시도에서, Crossley(*Why Christianity Happened*)는 중대하고 결정적이라고 여겨지는 우리의 유일한 정보 제공자들(바울과 누가)을 무시한다. 또한 종교적 체험을 설명 요인으로 보는 관점에 대해 반감을 품은 Mack을 대조하라. 그에게 종교는 순전히 사회적 구성체다(*The Christian Myth*, 65-66; 또한 §25 n. 160을 보라).

129) 성령을 통한 하나님의 주도적 사건으로 보이는 일이 지닌 의의는 이방인 선교의 시작에 관한 토론에서 거의 언급되지 않았으나, 이제는 Philip, *Origins of Pauline Pneumatology*, 7장을 보라.

130) 추가로 Philip, *Origins of Pauline Pneumatology*, part 1을 보라.

첫 선교사들의 경우에 우리는 그들이 실제로 할례가 결국 **불**필요하다고 결론지었다고 봐야 한다. 이방인 신자들은 할례 의식이 상징하는 것을 체험했다.[131] 하나님은 그 의식이 표시하는 경계를 제거하셨고, 건너야 할 경계는 더 이상 존재하지 않았으며, 이방인 신자는 유대교 개종자가 될 필요가 없었다. 그 논리가 처음부터 계속해서 작용했는가는 더 말할 수 없다. 그러나 그것은 틀림없이 내포되었으며, 그렇지 않았다면 이 선교사들이 새 개종자들에게 할례를 시행하지 않았다는 사실을 설명하기 어렵다.

이 요점은 조금 더 고찰할 필요가 있다. 누가가 세례에 관해서는 동일한 추론을 끌어내지 **않기로** 애썼기 때문이다. 비록 고넬료는 이미 성령 세례를 받았지만(행 11:15-16), 이 사실이 물세례를 불필요한 것으로 만들지 않았다(10:47-48). 본문에 명백하게 드러나지 않은 함의는 세례와 할례가 다른 체계로 인식되었다는 점이다. 첫 선교사들은 의식을 폐기하거나, 의식의 상징을 필요 없게 만드는 영적 실체라는 신학을 목적으로 삼지 않았다. 핵심은 유대인과 이방인을 구별하는 데 있는 듯하다. 할례는 이방인을 "타자"로 규정한다. "무할례"는 "국외자"를 의미하며, 또한 그것은 할례의 부재가 정의상 이질적이며 희망 없는 상태임을 나타낸다.[132] 첫 선교사들인 베드로와 바울은 그들이 의도했든 그렇지 않았든지 간에 자신들이 바로 이 경계를 돌파했음을 알았다. 그리고 그들이 그 경계를 넘어선 후, 더 정확히 말하면 성령이 그것을 필요 없게 만들었음을 알고 난 이후, 그들은 그것이 불필요하다고 생각했거나 아니면 다시 그것을 세우는 일이 하나님의 명백한 은혜를 부정한다고 보았다.

우리가 바른 방향으로 나아가고 있다면, 대답해야 할 또 하나의 질문이 있다.

---

131) 롬 2:28-29과 빌 3:3 같은 본문의 함의는 바울과 첫 그리스도인들이 유대 문헌에서 상당히 높이 여기는 "마음의 할례"를 체험했다는 것이다(신 10:16; 렘 4:4; 9:25-26; 겔 44:9; 1QpHab 11.13; 1QS 5.5; 1QH 10[= 2].18; 21.5[18.20]; Philo, *Spec. Leg.* 1.305).

132) 필자는 엡 2:11-12의 표현과 관점을 되울린다.

c. 왜 다른 사람들이 더 일찍 할례 문제를 제기하지 않았는가?

이방인들을 신앙으로 이끈 첫 선교사들이 이 이방인들에게 성령이 명백하게 임함을 할례를 폐기해야 하는 충분한 이유로 보았다고 받아들이면, 메시아 예수를 믿는 더 전통주의적인 유대 신자들은 어떠했는가? 이미 우리는 초기 기독교 종파 내에 다른 집단들이 있었다고 결론지었다. 곧 새 종파 확장의 원인으로 보아야 하는 헬라파와 이에 대조되는 히브리파. 히브리파는 이방인에게 할례를 요구하지 않고 그들을 받아들이는 것을 어떻게 생각했는가? 그리고 짐작하건대 6:7에 언급된 많은 제사장처럼, 누가의 이야기에서 등장하기에 앞서 새 종파에 이끌린 "바리새파 중에 믿는 사람들"이 있었다(행 15:5). 그들은 할례를 받지 않은 이방인들을 새 종파의 구성원으로 받아들이자마자 문제를 제기하지 않았을까?[133] 이방인들은 30년대 중반이나 후반에 그렇게 받아들여졌을 것이다. 왜 40년대 후반에서야 그 문제가 대두되고 위기가 발생했는가?

그 이유는 추측만 할 수 있다. 필자의 추측에는[134] 유대인 전통주의자들이 이방인 신자들을 처음에는 하나님을 경외하는 이방인, 즉 지역 회당을 지지하면서 유대교의 신앙과 관습을 어느 정도 채택했지만 할례를 받아들이지 않은 이방인과 같은 모호한 상태에 있는 사람들로 여겼을 것이다.[135] 이 이방인 동조자들은 디아스포라 회당에서 상당히 환영을 받

---

133) "이상한 점은 10년이나 15년 전에[영문 번역은 실수로 "후에"라고 옮겼다], 곧 30년대에 '하나님을 경외하는' 이방인들이 이미 세례를 받고 있었을 때, 그것[할례 문제]이 아직 대두되지 않았다는 것이다"(Hengel and Schwemer, *Paul*, 266).

134) 이전 진술에 대해서는 필자의 *Partings* (²2006), 164-69, 또한 *New Perspective on Paul*, §2.4을 보라. Hengel과 Schwemer는 "예루살렘에 있던 이전의 더 '자유주의적' 입장과 그곳의 열심주의(Zealotism)의 성장을 더 선명하게 함으로써" 그 수수께끼를 설명한다(*Paul*, 266).

135) 비교. Fredriksen, 'Judaism', 548-58; 그리고 아래 "유대화하다"를 다룬 부분(§27.4a)을 보라. 충분한 상세 내용은 필자의 *Romans*, xlvii-xlviii과 *Partings*, 125에서 볼 수 있다. 추가로 F. W. Horn, 'Der Verzicht auf die Beschneidung im frühen Christentum', *NTS* 42 (1996), 479-505을 보고, 하나님을 경외하는 자들에 관해서는 아래 §29.5c를 보라.

았다. 짐작하건대 그들이 개종자가 되는 노정에 있다는 기대감이 있었을 것이다. 이는 유베날리스(Juvenal)가 전형적이었을 일련의 사건을 특징지었던 것과 같다. 그렇지 않았으면 그는 그것을 풍자할 수 없었을 것이다![136] 그래서 초기에는 유대에 근거를 둔 전통주의 메시아파 유대인들이 신실하고 하나님을 경외하는 이방인인 고넬료와 같은 소수가 합류하는 일 때문에 불안해할 필요가 없었다. 최악의 상황에는 그들을 예외로 여길 수 있었고, 기껏해야 그것은 상당히 많은 사람이 마지막 시대에 일어날 것으로 기대했던, 이방인들이 유대교 안으로 순례하기 시작했다는 표지였다.[137] 하지만 이방인 개종자의 수가 믿는 유대인의 수를 넘어섰을 때 비로소 경종이 울리기 시작했다. **예외**(하나님을 경외하는 할례받지 않은 자)가 **원칙**(믿는 이방인)이 되었다.[138] 경종이 기독교 유대 전통주의자들에게 이른 시기에는 울리지 않았을지라도, 안디옥 교회가 하나님을 경외하는 그런 자들을 더욱 직접적인 목표로 삼은 선교를 위해 바울과 바나바를 파송했다는 사실 그리고 그들의 선교가 성공했다는 사실(14:27, 많은 이방인 개종자들)은, 그때까지 묻지 않은 질문, 즉 이방인 개종자들은 할례받지 않아도 되느냐는 질문을 날카롭게 제기한다.

　　실제로 이것은 누가와 바울의 설명에 의하면 그 문제가 제기된 시기(와 방법)다. 그리고 그들의 증언에 이의를 제기할 이유는 없다. 그러나 필자는 그렇게 할례가 폐기되었다는 사실이 얼마나 중요한지 다시 한번 강조한다. 정말로 이것은 태동하는 기독교의 중차대한 순간 중 하나였다. 들어본 적이 없는 새로운 사건(다가올 세상에 이스라엘에게 약속된 성령을 이방인이 받은 사건)이 하나님의 백성을 규정하는 원칙이자 수백 년 동안 하나님의 백성

---

136) Juvenal, *Sat.* 14.96-106: 하나님을 경외하는 아버지의 아들은 논리적으로 다음 단계인 할례를 받아들인다.

137) 비교. Wilson, *Luke and the Law*, 72-73; Martyn, *Galatians*, 221. 그 기대에 관해서는 *Jesus Remembered*, 394-95을 보라.

138) "이방인이 너무 많았고, 유대인은 너무 적었으며, 종말은 안 보였다"(Fredriksen, 'Judaism', 562).

을 규정했던 의식, 그리고 하나님의 계시라는 무게를 가지며 성경이 분명히 규정한 관습을 파기했다. 언약에 매이지 않은 하나님의 은혜를 체험하며 그런 통찰이 새로운 계시로서 다가오는 바로 그런 순간에 새 종교가 형성된다.

27.3 예루살렘 공회

바울과 누가는 바울과 바나바 그리고 특별히 야고보 및 베드로가 관여한 예루살렘 모임에서 그 위기가 다루어지고 해결됐다는 데 동의한다(갈 2:1-10, 행 15:6-29). 주석가들 대부분은 이 두 본문이 **동일한** 모임에 대한 다른 서술이라고 동의한다. 그러나 중대한 소수 견해는 갈라디아서 2:1-10이 사도행전 11:30에서 언급된 이전의 예루살렘 방문을 묘사하고, 갈라디아서는 사도행전 15장에 묘사된 공의회 이전에 기록되었다고 논증한다.[139] 그 차이는 신학적으로 중요하지 않은데, 둘 다 할례라는 중심 논제가 40년대 후반에 논의되었다는 것에 동의하기 때문이다. 그리고 사건의 배열에 관한 한, 유일하게 중요한 내용은 갈라디아서 2장 = 사도행전 11장이라는 가설이 갈라디아서를 보존된 바울 서신에서 첫 번째 그리고 신약 저작 중에

---

139) 특히 Ramsay, *St. Paul*, 54-60, 154-55; Bruce, 예. *Acts*, 278, 또한 *Paul*, 15장과 17장, Mitchell, *Anatolia* 2.4-5. 이는 Longenecker, *Galatians* (lxxiii-lxxxviii에 자세한 토론); Bauckham, 'James and the Jerusalem Church', 469-70, 또한 'Peter, James, and the Gentiles', 135-39; Barnett, *Jesus*, 294-95이 따랐다. 2.3-5이 안디옥에서 일어난 후기 사건 (그래서 할례 논제가 예루살렘 모임에서 제기되지 않았다)을 언급한다는 Bruce의 주장 (*Galatians*, 115-17)을 주석가 대부분이 동의하지 않는다(예. Longenecker, 49-50을 보라). P. J. Achtemeier, *The Quest for Unity in the New Testament Church* (Philadelphia: Fortress, 1987)는 갈 2:1-10의 합의가 행 11:1-18과 일치해야 하고 행 15장이 추가 회의를 나타내며, 그 회의에 시므온 니게르가 안디옥 대표단을 이끌었고(행 15:14; 비교. 13:1), 그 회의에 바울과 바나바는 참석하지 않았으며, 바로 이 회의에서 누가가 보고하듯이 "사도 법령"이 만들어졌다는 더 복잡한 가정을 논증한다(6장). Schnabel이 지지하는 갈 2장 = 행 11장 (*Mission*, 987-92) 견해는 11:18과 11:30의 관련을 명확히 하지 않고, 첫 번째 "예루살렘 회의"와 행 11:1-18을 앞서 동일시했기 때문에 혼동이 있다(715-16).

서 가장 오래된 서신이 되게 한다는 것이다. 하지만 이것은 그렇게까지 중대한 문제는 아니다. 여기에 걸려 있는 정말로 중대한 내용은 누가의 역사, 특별히 사도행전 15:29의 "사도 법령"이라는 그의 언급이 지닌 신뢰성이다.

a. 갈라디아서 2장 = 사도행전 11장

중심 사건들을 이렇게 재구성하는 것의 장점은 세 가지다.

- 누가와 바울이 그 중요한 예루살렘 방문을 오로지 바울의 두 번째 방문으로 보는 데 동의했음을 의미한다. 바울이 주장했던 것처럼 말이다(갈 2:1).
- 그것은 사도행전 15:6-29과 갈라디아서 2:1-10을 연관 짓는 곤란한 문제(특별히 갈라디아서에서 바울이 "사도 법령"을 언급하지 않는 점)를 피하게 한다.
- 그것은 안디옥에서 바울을 화나게 한 추가 위기를 사도행전 15장 공의회에서 해결했다고 본다.

그러나 동시에 그런 재구성은 자체적인 심각한 문제들을 야기한다.

1. 안디옥 사건(갈 2:11-14)은 사도행전의 속편과 어렵게 들어맞는다. 그 사건이 사도행전 13-14장의 선교에 앞선다면, 바나바가 안디옥에서 실패한(바울의 관점에서) 후에 바울이 바나바의 지도 아래로 다시 들어갔다고 보기 어렵다. 안디옥 사건이 사도행전 13-14장의 선교 뒤에 일어났다면, 그것은 사도행전 15:1-5에서 암시된 할례 문제 때문에 모인 사도행전 15장의 모임에 다른 이유를 제공한다.[140]

---

140) 추가로 Barrett, *Acts*, 2.xxxvii-xxxviii; Jervell, *Apg.*, 342-44. 또한 Barrett는 누가가 의존한 두 전승 자료를 구분하려는 시도(Weiser, *Apg.*, 2.368-76, 그리고 Pesch, *Apg.*, 2.71-75)에 대해 회의적이다(2.710-11).

2. 사도행전 11:30 여정에서 바울과 예루살렘의 지도층이 할례에 관해 합의한 내용을 누가가 무시해야 했다면 이해할 만하다. 갈라디아서 2장 = 사도행전 11장 가설에서는 갈라디아서 2:2에서 묘사된 사적(*kat' idian*) 모임을 언급한다. 이것은 특별히 중요하거나 아니면 중차대하게 다루어야 할 때까지 주요 논제의 언급을 미루는 누가의 경향과 일치한다.[141] 즉 (이 가설에 따르면) 누가는 그 논제가 자신이 사도행전 15장에서 묘사한 나중 회의에서 결정적으로 다루어졌다고 보았을 수 있다. 유일한 문제는, 맹렬한 반대에도 불구하고(2:4-5), 바울이 갈라디아서 2:1-10의 모임을 예루살렘의 핵심 지도계와의 공식 합의, 즉 그 문제에 대한 추가 논쟁을 불필요하고 역행하는 것으로 만들 합의를 이룬 것으로(2:7-9) 명백히 받아들였다는 것이다.[142] 여기에 누가의 신뢰성을 보호하려고 예루살렘 지도계의 진실성을 희생하는 사례가 있을 수도 있다.[143]

3. 갈라디아서 2장 = 사도행전 11장 가설에 관해서, 사도행전 15:10에서 베드로가 보여준 태도는 갈라디아서 2:2에 드러난 태도와 현저히 다르다. 그렇다면 우리는 베드로가 사도행전 10장에서 유대인들이 이방인과 더불어 식사할 수도 있다는 것을 배웠고, 갈라디아서 2:12에서는 반대 관점으로 설득되었으며, 그다음에 율법을 "우리 조상과 우리도 능히 메지 못하던" 멍에라고 주장했다(행 15:10)고 봐야 한다.[144] 갈라디아서 2:6에서 예루살렘 사도들에 대해 매우 경멸하듯이 기록했고, 2:11과 16에서 베드로와 바나바의 행동에 그렇게 분노했던 바울이, 사도행전 15:12과 25이 암시하

---

141) 위 §21.3d(2)를 보라.

142) 갈 2장 = 행 11장이라는 견해를 방어하면서, Schnabel은 "협의 중에 심도 있는 토의가 전혀 없었다"고 논증하는데(*Mission*, 991), 이는 갈 2:3-6의 명백한 함의를 무시한다.

143) "누가의 신뢰성을 보존하기 위해서는 예루살렘 지도층의 선의에 대해 의문을 제기할 필요가 있는 것으로 보인다"(Dunn, *Galatians*, 88).

144) "비록 바울주의가 정확하게 그려지지는 않았지만, 베드로는 어떤 바울주의자처럼 묘사된다"(Barrett, *Acts*, 2.719). Ramsay와 다른 사람들은 바울이 갈 2:11-14/17의 대면에서 베드로를 설득하는 데 성공했다고 추정한다(*St. Paul*, 161-63). 그러나 아래 §27.6을 보라.

듯 그렇게 온화하게 행동했다고 상상하기는 어렵다.[145]

b. 갈라디아서 2장 = 사도행전 15장

물론 전자(a)의 장점은 후자(b)의 단점이고 그 반대도 그렇다. 그러나 여기에 기독교의 시작을 다루는 역사가로서 누가의 신뢰성이 달려 있다면, 갈라디아서 2장 = 사도행전 15장이라는 견해가 우리가 이미 표명한 것보다 누가의 역사가로서의 평판에 더 악영향을 끼치는 것이 아니냐는 질문을 공정하게 할 수 있다. 그리고 자기 역사를 기록하는 누가의 목적(그의 속셈)을 고려할 때, 과거와 현재의 역사가들 대부분보다 못하다고 여겨야 하는가?

필자는 바나바뿐 아니라 사울/바울이 관여한 예루살렘의 "기근 구제" 여행을 누가가 오해했을 법한 이유에 대해 이미 대답을 제시했다.[146]

우리는 누가가 사울/바울의 예루살렘 합의에 관해 묘사할 때 상당히 호탕했음을 안다(행 9:26-30). 반면에 바울은 예루살렘 지도자들에 대해 "긴장했기" 때문에 그들을 언급하는 데 더 세심했다(갈 1:17-21). 더 긍정적으로 표현하면, 누가는 바울이 예루살렘 지도층과 가진 좋고 끈끈한 관계를 강조하는 데 관심이 있는 반면에, 바울은 같은 주제에 관해 초조한 고양이와 같았다(이 점을 바로 살필 것이다). 사도행전 11:30에 대한 누가의 혼동(그것이 혼동이라면)은 바울의 예루살렘 첫 방문에 관한 그의 서술보다 더 심각하지 않다(행 9:26-30).

사도행전 15장과 갈라디아서 2장의 차이는 상당히 뚜렷하며, 그것은 사실이다. 그러나 여기서 문제는 그런데도 그 본문들을 누가와 바울의

---

145) 바울이 15:20, 29에 나열된 사항들을 "본질적이고 의무적인"(*epanankes*) 것으로 받아들였을까?(15:28; BDAG, 358)

146) 위 §25.5g를 보라.

다른 관점으로 본 **동일한** 만남과 합의에 대한 서술로 볼 수 있느냐.[147] 누가나 바울도 이 사건들에 대해 냉정하게 기록하지는 않는다. **누가**는 예루살렘 사람들의 관점에서 예루살렘 모임을 이야기한다.[148] 주연 배우는 베드로와 야고보이고(행 15:7-11, 13-21), 바나바와 바울은 한 문장으로 넘어갔다(15:12). 누가는 자신의 관점에서 그 모임을 서술하는데, 그 모임에 기여한 베드로의 결정적인 역할(15:7-11)은, 누가가 자신의 이야기에서 고넬료 사건에 부여한 중심이 되는 중요성(10:1-11:18) 그리고 모든 기독교 선교의 결정적 전례가 되는, 베드로가 고넬료를 받아들인 사건에 부여한 중요성을 반영한다. 한편으로 **바울**은 이방인의 할례가 필요하지 않다고 결정할 때 자신이 결정적인 기여를 했다고 회상했다. 갈라디아서 2:1-10에서 대부분의 "일인칭" 서술("내가"/"나", 2:1, 2, 3, 6, 7, 8, 9, 10)은 바나바의 역할을 거의 완전히 무색하게 만들었다(2:1, [5], 9, [10]). 하나님은 바울을 통해 매우 효과적으로 일하셨고, 예루살렘 지도층이 은혜가 바울에게 주어졌음을 인정했고, 바울은 이방인을 위한 복음을 맡았다(2:7-9). 바울은 바나바의 이후 실수에 비추어 부분적으로만 용서되는 무례함을 강하게 드러낸다(2:13). 어쩌면 바나바는 2:3-5의 중대한 대립에서 바울처럼 그렇게 단호하지 않았을 것이다. 아니면 바울은 그와 바나바가 안디옥 교회를 대표해서 예루살렘에 갔다는 사실을 숨기길 원했을 수 있다.[149]

---

147) Lake는 처음에 Ramsay의 견해에 감명을 받았으나, 나중에는 거부한다(*Beginnings*, 5.199-204, 여기서는 201). 또한 Barrett, *Acts*, 2.xxxviii-xlii을 보라. 두 서술의 차이에도 불구하고, Lüdemann, *Early Christianity*, 170-72은 안디옥에서 일어났고 예루살렘에서 중재된 이방인에 대한 할례를 둘러싼 갈등에 관한 아주 적은 정보를 바탕으로 누가가 행 15장을 구성했다는 Dibelius의 결론(*Studies*, 98)을 강하게 반박한다. Lüdemann은 "사도행전 15:1-35의 바탕이 되는 전승적 요소에 고도의 역사적 신뢰성이 있다"라고 결론짓는다(172). W. Kirchenschläger, 'Die Entwicklung von Kirche und Kirchenstruktur zur neutestamentlichen Zeit', *ANRW* 2.26.2 (1995), 1277-1356은 공관복음 병행 표에 갈 2:1-10과 행 15:1-29을 정리한다(1323-24).

148) 비교. Haenchen, *Acts*, 461-63; Jervell, *Apg.*, 404.

149) Martyn, *Galatians*, 209. "주로 바나바가 예루살렘 사람들에게 응답했을 듯하다"(Öhler, *Barnabas*, 70-72).

여하튼 누가가 나중에 뒤돌아보면서 바울과 다른 깨달음으로 예루살렘 합의를 상기했을 것이라는 점과 누가가 예루살렘의 관점으로 서술을 했거나 그 관점을 반영하기로 선택한 것 같다는 점을 일단 인정하면, 사도행전 15장과 갈라디아서 2장이 같은 사건에 대한 서술이며, "사도 법령"만 지속적인 문제로 남는다고 충분히 타당하게 볼 수 있다.[150]

c. 바울과 예루살렘의 관계

어느 정도 주의를 기울일 만하고, 누가와 바울의 관점 배후에 있는 공통 실체에 대한 공유된 기억을 더 잘 보이게 하는 추가 요인이 있다. 갈라디아서 2:1-10 뒤에 있는 사건을 더 충분히 인식하기 위해서는, 바울이 자신과 예루살렘의 관계를 묘사하며 보여준 민감성을 고려할 필요가 있기 때문이다.[151]

우리는 바울의 개종 후에 있은 바울과 예루살렘의 합의에 관해 누가와 바울이 서술한 내용 사이의 대조를 이미 언급했다.[152] 여기서 갈라디아서 1:16을 추가로 언급할 수도 있다. "내가 곧 혈육과 의논하지 아니하고 또 나보다 먼저 사도 된 자들을 만나려고 예루살렘으로 가지 아니하고." 그는 예루살렘의 사도들에게서 자신의 복음을 받았다는 비난을 논박하면서도, 그들의 권위는 인정한다. 그 비난을 한 사람들은 사도들을 권위의 원천으로

---

150) 추가로 §27.3e를 보라.

151) 후속 내용에서 필자는 'The Relationship between Paul and Jerusalem according to Galatians 1 and 2', *NTS* 28 (1982), 461-78을 의존했으며, 이것은 *Jesus, Paul and the Law*, 108-26(추가된 내용은 126-28)으로 재출판되었다. "이 중요한 본문[갈 1-2장]의 핵심(으로) 예루살렘에서 독립하는 것과 예루살렘의 인정을 받는 것 사이의 대립"을 필자가 깨달은 일은 B. Holmberg, *Paul and Power: The Structure of Authority in the Primitive Church as reflected in the Pauline Epistles* (Lund: Gleerup, 1977), 14-34(여기서는 15) 덕분이다. 또한 R. Schäfer, *Paulus bis zum Apostelkonzil* (WUNT 2.179; Tübingen: Mohr Siebeck, 2004), 123-49, 175-80, 201-21을 보라.

152) 위 §25.5a를 보라.

여겼다. "의논하다"(*prosanatithēmi*)라는 동사는, 어떤 중요한 표지(꿈이나 징조, 아니면 징후나 그 어떤 것)를 해석할 자격이 있는 인물로 인정받은 사람과 의논한다는 전문적인 의미를 띤다.[153] 그래서 "숙련되거나 권위 있는 해석을 받기 위해 의논하다"라는 의미가 있다. 그가 다메섹 도상에서 메시아 예수와 가진 만남의 의미를 의논할 누군가가 필요하다고 보았다면, 여기서 함의는 바울 "이전에 사도가 된 사람들"에게 분명히 의논할 만한 권위가 있다는 것이다.

누가가 묘사한 내용과는 많이 다른(행 9:26-30), 자신의 개종 이후 첫 예루살렘 방문에 관한 바울의 묘사에 있는 함의는 똑같다. 바울은 자신이 아무리 독립적으로 복음을 받았다 할지라도("예수 그리스도의 계시를 통해", 1:12), "게바를 방문"(1:18)하는 것이 여전히 필요하다고 보았다. 이미 살폈듯이, 그것은 예수의 유력한 제자인 베드로를 알아가고 그가 주요 청지기로 있는 예수 전승에 대해 배우는 것을 틀림없이 포함했을 것이다.[154] 다시 한번 여기서 요점은, 바울이 이후에 글을 쓰면서 예루살렘 지도계(적어도 베드로)의 선임성과 베드로로 하여금 게바가 되게 한 예수의 영향력에 대한 대다수 정보를 베드로에게 의존했다고 거의 자신도 모르게 인정해야 했다는 것이다.

두 번째 예루살렘 방문에 관해서, 누가와 바울의 차이점은 비슷하나, 여기서도 우리는 바울이 회상하는 데 편안하지만은 않은 갈라디아서에서의 모든 실제와 관계를 바울이 서술한 내용 이면에서 구분할 수 있다. 누가는 사도들 및 장로들과 그 문제(할례가 이방인 개종자들에게 필요한지의 문제)를 의논하려고 대표단을 이끌고 예루살렘으로 가도록 안디옥 교회가 바울과 바나바를 지명했다고 기록한다(행 15:1-3).[155] 다시 말해서, 바울(과 바나바)

---

153) 예. 디오도로스 시켈리오테스는 알렉산드로스의 삶에서 있었던 특이한 사건과 자신이 "그 표지에 관해서 선견자들과 협의했음"을 이야기한다(17.116.4). 추가 내용은 필자의 'Relationship', 109-10과 *Galatians*, 67-69을 보라.

154) 위 §25 nn. 209-11을 보라.

155) 바울과 바나바를 지명했던(*etaxan*)(15:2) "그들"은 15:1의 "형제들"로서, 그들은 15:1b에서 언급됐다("너희가 모세의 법대로 할례를 받지 아니하면 능히 구원을 받지 못하리라"). 이

은 여전히 안디옥 교회의 사자 및 대표 역할을 담당했다. 한편 바울은 자신이 "계시를 따라" 예루살렘에 올라갔음을 역설한다(갈 2:2).[156] 그 때문에 바울은 사실상 자신이 예루살렘 및 안디옥으로부터 독립적임을 (다시) 선언한다. 전자는 갈라디아서 1장 전체에 흐르는 그의 변증의 일부분이며, 후자는 안디옥에서 있었던 이후의 대립이 가져온 결과와 일치한다(§27.6). 그런 미묘한 의미의 차이에 대한 이유는 바울의 방문 목적으로 제시된다. "내가 이방인 가운데서 전파하는 복음을 그들에게 제시하되…달음질한 것이 헛되지 않게 하려 함이라"(2:2). 여기서 함의는 바울이 예루살렘의 지도자들에게 자신의 복음을 인정받는 것이 자기 선교의 성공이나 실패에 필수적이라고 여겼다는 것이다.[157] 그가 자신의 복음을 의심한 것은 아니다. 바울은 1장에서 그 점을 충분히 강조했다. 오히려 "복음의 진리"가 이스라엘의 소망을 이어가고 그것을 성취하기에(갈 3:8), 바울은 예루살렘이 자신의 노력을 부정하면 그 복음의 중심이 타격을 입을까 불안해할 수밖에 없었다.[158]

갈라디아서 2:6의 강한 주장이 이 모든 내용 중에서 가장 눈에 띈다. 누가는 바울이 예루살렘에서 취했던 입장을 완전히 무시하거나(행 11:30) 사실상 침묵으로 넘어가는 반면에(15:12), 바울은 자신이 할례를 주장한 사

는 단지 안디옥 교회의 이방인 구성원들만을 염두에 두었거나, 안디옥 교회의 구성원 대부분이 이방인이었기에 유대에서 온 사람들의 최후통첩이 사실상 안디옥 교회 전체에게 주어졌음을 시사한다. 어느 경우든 15:3은 그 대표단이 "교회의 전송을 받았다"는 사실을 확인한다.

156) 행 11장 = 갈 2장 가설에 관해서는, 그 "계시"가 아가보의 예언에 대한 암시일 수 있다(행 11:28).

157) "그가 예루살렘 사도들 앞에 자신의 복음을 제시함으로써 추구한 것은, 그들의 승인 (승인이 없으면 그의 복음은 유효하지 않았을 것이다)이라기보다, 그의 복음이 유효하다고 그들이 인식하는 것이었다. 이런 인식이 없으면 그의 복음은 효력을 잃었을 것이다"('Relationship', 116). 추가로 필자의 *Galatians*, 93-94; 또한 Betz, *Galatians*, 86 n. 268; R. E. Brown and J. P. Meier, *Antioch and Rome: New Testament Cradles of Catholic Christianity* (London: Chapman, 1983): "자기 자신의 독립성을 변호하지만, 바울은 결정받기 위해 그 문제를 예루살렘에 가져왔다는 사실을 감출 수 없다"(37); Taylor, *Paul*, 4장; C. K. Barrett, 'Paul and Jerusalem', *On Paul: Essays on His Life, Work and Influence in the Early Church* (London: Clark, 2003), 1-26(여기서는 5-6); Wedderburn, *History*, 106-107을 보라.

158) 비교. Longenecker, *Galatians*, 48-49.

람들에게 강하게 저항해야 했음을 말했다. 그는 "거짓 형제에게" "한시도" 복종하지 않았고(갈 2:5), 야고보와 베드로 및 요한이 그의 입장을 존중하고 받아들였다(2:6). 그러나 다시 한번 말하자면, 그가 사용한 표현은 그가 의도한 것보다 더 많은 내용을 드러내는 것 같다.

> 유력하다는 이들 중에—본래 어떤 이들이든지 내게 상관이 없으며, 하나님은 외모로 사람을 취하지 아니하시나니—저 유력한 이들은 내게 의무를 더하여 준 것이 없다.

바울이 사용한 문구(hoi dokountes, "유력하다는 이들")는 거리를 두고 약간 얕보는 어조를 띤다(타인들이 유력하다고 하는 이들, 다른 사람들이 중요하다고 여기는 사람들).[159] 그 삽입어구가 이런 인상을 확인한다. 바울은 예루살렘 지도자들 가운데 그들의 출중함을 인정하며, "본래 어떤 이들이든지"라는 표현은 예수의 제자들 사이에서 그리고 예루살렘 교회를 설립할 때 그들이 담당한 역할을 가리킬 것이다. 그러나 또한 그는 그들의 이전의 출중함이 지금(현재 시제)은 그에게 아무런 관건이 아님을 확인하고, 다소 경멸적으로, 그들을 너무 존경하는 것이 하나님의 뜻과 계획에 반한다고 시사한다.[160] 다시 말하면, 바울은 초기에 대들보 격이었던 사도들의 (대들보로서의) 권위를 존경하다가 그 권위를 삐뚤어지게 바라보거나 성마르게 평가하게 되었음을 보여준다.

균형을 잡는 행동은 놀랍다. 바울은 그렇게 많은 단어로(2:2) 예루살렘 지도층의 결정이 그에게 중차대했음을 인정한다. 그는 실제로 예루살렘

---

159) Betz, Galatians, 86-87의 "그 표현은 하나님과 그리스도가 자기 복음의 유일한 권위라는 신학적 태도를 타협하지 않고, 바울로 하여금 '유력한 사람들'이 맡은 실제 역할을 인식하게 한다(비교. 1:1, 12, 15-16)"(87)를 보라.

160) 그 비유("하나님은 편애하시지 않는다")는 주로 심판자이신 하나님에 대한 비유이고, 부적절한 수단으로 그의 호의를 매수하거나 얻으려는 시도를 암시하기도 한다(참고문헌은 §33 n. 106을 보라). 바울의 "냉정함은 분명히 드러난다"(Wedderburn, History, 106).

에서 이루어진 결정의 배경인 그 권위에 많은 무게를 두길 원했고, 다른 사람들에게 그 권위가 지닌 무게 때문에 그 권위에 기꺼이 호소할 준비가 되어 있었다.[161] 그러나 동시에 바울은 자신과 자신의 선교에 대한 그 권위를 더 이상 인정하지 않았음을 밝히길 원했다. 예루살렘 협의와 그 서신을 기록한 시기 사이에 분명히 중요한 어떤 일이 있었다. 그 "중요한 일"이 안디옥 사건(2:11-14)과 갈라디아에서 바울이 한 사역을 전복하려는 후속 시도(1:6-9)라고 추측하는 데는 대단한 통찰력이 필요하지 않다. 특별히 눈에 띄는 내용은, 그가 예루살렘에서 내린 중대한 결정(그가 예루살렘에 의존함을 시사한다!)을 가장 명확하게 언급한 바로 그 구절(2:6)에서, 바울이 그 결정을 내린 사람들의 권위가 더 이상 자신에게 아무런 소용이 없음을 굳이 언급했다는 사실이다.[162]

갈라디아서 1-2장의 어감은, 갈라디아서 2:1-10 = 사도행전 11:30, 안디옥 사건(갈 2:11-14), 바울의 갈라디아서 기록, 예루살렘 공의회로 이어지는 사건의 순서를 생각하기 힘들게 만드는 추가 이유다. 이는 갈라디아서에서 바울이 예루살렘 지도부와 확실한 선을 그었고, 그와 예루살렘 지도부의 지속된 관계와 관련해서는 "배수진을 쳤다"고 보이기 때문이다. 강하게 말하지 않아도, 그것은 사도행전 15:22-30(갈 2:12-14과 대조)에서 야보고의 결정을 순종적으로 수용한 바울에 대한 누가의 묘사와 어울리지 않는다. 필자의 생각에는 갈라디아서가 예루살렘에서 확정된 합의 이후에 기록되었고, 바울이 그 합의를 예루살렘에 더 연락하지 않고도 자신의 사도사역을 계속해도 된다는 허락으로 받아들였을 개연성이 더 크다.[163]

---

161) "바울이 처한 곤란한 상황은, 자신의 복음과 소명에 대한 이해를 기둥 사도들이 받아들였다는 사실을 강조하기 위해서, 받아들이기로 허락하는 그들의 권위 역시 인정해야 했다는 데 있다"(Dunn, Partings, [²2006] 170).

162) "'명성을 가진 사람들'과 관련해서 이 진술은, 무엇보다 그들의 권위가 관련 없는 것(adiaphoron)임을 말한다.···바울은 그것[adiaphora 원칙]을 예루살렘 사도들의 권위를 상대화하는 원리로 사용한다"(Betz, Galatians, 94).

163) 추가로 다음 부분을 보라(§27.3d).

d. 예루살렘에서 도달한 합의(바울에 따르면)

갈라디아서 2:1-10에서 바울이 묘사한 모임은 분명 아주 걱정스러웠고 바울이 희망한 바와는 다르게 일이 진행되었을 수도 있었다. "거짓 형제들"이 바울과 예루살렘 사도들의 만남에 침입했다. 예루살렘 지도부는 분명 그들을 "형제들"로 여겼으며, 2:2이 시사하듯이 그 만남이 "사적"이었다면 더욱더 그렇다.[164] 바울은 그들을 "거짓"이라는 말로 묘사하는데, 짐작하건대 그가 갈라디아에서 문제를 일으킨 선교사들의 메시지를 "다른 복음"으로 묘사하고(갈 1:6), 나중에 고린도에 개입한 다른 선교사들을 "거짓 사도들"이라고 묘사한(고후 11:13) 이유와 같은 이유에서였을 것이다. 그들은 그리스도인들이자 예수를 믿는 유대인 신자로서, 틀림없이 예수의 이름으로 세례받은 사람들이다. 그렇지 않았다면, "형제들"이라는 언급은 "복음"과 "사도들"이라는 말처럼 이 상황에서 이해할 수 없었을 것이다. 그러나 언급된 사람들은 복음을 받아들인 이방인 개종자에게 요구된 것을 상당히 다르게 이해했다. 바울의 표현은 비판적이고 그들을 향한 적대감을 결코 감추지 않았다. 그러나 그들을 맹렬히 비난하면서도("거짓"), 바울은 이 문제("형제들")에 관해 결정을 내릴 그들의 권리를 인정한다.[165]

정확한 상황이 무엇이든지 간에 논제는 할례다. 바울과 바나바는 그리스인 개종자 디도를 데리고 갔고, "거짓 형제들"은 분명히 디도를 시험 사

---

164) 바울이 사용한 용어(*pareisagō*에서 파생한 *pareisaktous*, "몰래 들어온, 비밀히 들어오다")는 드문 용어이고(Betz, *Galatians*, 90 n. 305를 보라), 다른 이들이 시작한 행동을 나타낸 것 같다. 야고보는 어쩌면 더 전통주의적인 유대인 신자들의 후원자였을 것이다. 그것은 바로 그 예수 종파에 그들이 입회했음을 가리킬 수 있고, 2:4(그들은 "우리가 가진 자유를 엿보려고 가만히 들어왔다")은 그들이 그 모임에 들어왔다는 언급일 수도 있다.

165) 갈 2:4의 "거짓 형제들"을 "바리새파 중에 어떤 믿는 사람들"(행 15:5)과 일치시키는 것이 가장 자연스럽다. 바울은 "내부에서" 그 태도를 잘 알고 있었을 것이다(갈 1:13-14; 빌 3:6). Lüdemann은 예루살렘 회의에서 그 협약이 이루어졌음에도, "거짓 형제들"이 예루살렘 교회의 구성원으로 남아 있었다고 우리를 상기시킨다(*Opposition*, 36).

레로 보았다.[166] 2:3에서 바울의 표현은 디도의 할례를 "강제"하려는 "거짓 형제들"의 확고한 시도를 명확하게 나타낸다. 그렇게 말함으로써 바울은 분명 자신이 은혜롭게 양보했음을 의미하지 않는다(바울은 **강요받을** 필요가 없었다).[167] 그런 반응은 바울의 논증을 전체적으로 약하게 했을 것이며 2:5과도 완전히 어긋난다.[168] 갈라디아서에서 사용된 *anankazō*("강요하다")는 각각의 경우에서, 더 전통주의적 사람들이 이방인 개종자들에게 가한 압력을 나타낸다(2:14; 6:12). 그래서 더 가능성이 있는 추론은 **예루살렘 사도들**이 강요하지 않았다는 것이다. 여기서도 그 뉘앙스를 놓쳐서는 안 된다. 예루살렘 사도들은 거짓 형제들의 요구에 응하도록 바울을 설득하려고 했으나 고집하지는("강요하다") 않았다. 그들은 그 요구에 동정적이었으나, 바울의 반증이 지닌 강력한 힘을 인식했다.[169] 물론 여기서의 함의는 그들이 고집할 수 있었다는 것이고, 예수 종파에서 그들의 권위가 컸기에 바울이 거부하는 것은 어려웠거나 비극적이었을 것이다.

그러나 바울은 분명 저항했고, 일인칭 복수는 "중대한 상황"이 왔을 때 바나바도 단호했음을 나타낸다. 반론의 윤곽은 2:7-9부터 명확했고 이미 시사되었다(§27.2b). 하나님의 은혜가 바울과 바나바의 이방인 개종자들에

---

166) 아디아베네의 이자테스의 경우와 밀접한 병행이 있다. 그는 유대인이 되려고 할례를 받을 필요가 없다는 말을 들은 후, 이자테스는 "거짓 형제들"이 사용한 논증들과 매우 비슷한 논증을 하는, 더 엄격한 엘르아살과 직면했다: "왕이시여, 당신은 부지중에 율법과 하나님께 가장 크게 죄를 지었습니다. 당신은 율법을 읽어야 할 뿐만 아니라, 또한 그것이 명하는 것을 더욱 행해야 하기 때문입니다. 당신은 얼마나 무할례자로 있을 것입니까? 이 문제에 관한 율법을 아직 읽지 않으셨다면, 이제 그것을 읽으십시오. 당신이 저지른 일이 얼마나 불경건한지를 알게 될 것입니다"(Josephus, *Ant.* 20.44-45). Watson은 할례 문제가 안디옥 사건에서만 일어났다고 논증하며 자기만의 노선을 따른다(갈. 2:11-14)(*Paul, Judaism and the Gentiles*, [²2007], 103-107).

167) 특히 Weiss, *Earliest Christianity*, 270-72; K. Lake, 'The Apostolic Council of Jerusalem', *Beginnings*, 5.197. A. D. Nock, *St. Paul* (Oxford: Oxford University, 1938, 1946)은 "디도는 압력을 받았으나, 자신이 주도권을 가지고 바울과 협의하지 않고, 어려운 상황을 완화하려고 스스로 할례받았다"라고 제안한다(109).

168) 예. Longenecker, *Galatians*, 50; Barrett, 'Paul and Jerusalem', 6-7을 보라.

169) "할례파 사도들의 조언은 문장의 문법을 파괴한 암초다"(Lightfoot, *Galatians*, 105-106). 바울의 균열된 일련의 사고는 다른 설명들을 촉발했다. 필자의 *Galatians*, 97을 보라.

게 너무나도 분명하게 드러났기에, 그 목적을 이루기 위해 제정된 할례는 불필요했다. 바울은 갈라디아 사람들을 위해 자유/자율의 관점에서 논쟁했으며(2:4), 그곳에서 그의 사고는 분명히 율법의 요구로부터의 자유로움과 관련된다(5:1). 바울이 예루살렘 공의회에서 그런 용어들로 논증했는가는 반드시 의심해야 한다. 야고보서 1:25과 2:12("율법의 자유")을 고려한다면, 야고보는 이 추론에 반발했을 것이다. 그리고 그 표현은 바리새인 바울의 관점이 아닌 그리스도인 바울의 관점을 드러낸다.[170] 어쨌든 갈라디아서 2:7-9의 결정적인 고려사항은 바울을 통해 이방인 안에서와 이방인 가운데 부정할 수 없게 역사한 하나님의 은혜다.[171] 더욱더 중요하게도 핵심 사실은 정작 "유력한 이들은 내게 의무를 더하여 준 것이 없다"(2:6)는 점에 있다.[172] 예루살렘 사도들이 확실히 지녔던 권위는 바울에게 유리하게 행사되었다. "더했다"라는 언급의 정확한 대상은 분명하지 않으나, 분명한 점은 디도가 할례를 받지 **않았다**는 것과 기둥과 같은 사도들이 복음을 받아들이고 메시아 예수를 믿기로 한 사람들에게 할례를 요구하지 않는 방식으로 복음이 이방인에게 전해질 수 있다는 점에 공식적으로[173] 동의했다

---

170) 바울 서신의 모티프인 자유에 대해서는, 필자의 *Theology of Paul*, 328, 388-89, 434-35, 658-61을 보라.

171) Martyn은 2:7-8이 바울의 첫 예루살렘 방문에서 이루어진, 바울과 베드로의 이전 합의의 핵심을 담고 있다고 생각한다(1:8)(*Galatians*, 212). 그러나 바울이 그 만남 이전에 선교 사역을 했는가?(§25.5b를 보라) 그리고 더 중요하게도 그가 사역했다면, 그는 자신의 이후 복음 전도 설교에서 아주 분명하게 드러났고, 2:7-9이 인식되는 데 중요한 역할을 한, 하나님의 일종의 분명한 승인을 받았는가? (그리고 그런 성공에 대한 기억은 왜 하나도 간직되지 않았는가?)

172) 갈 1:1, 12, 16-17, 18-20에서처럼, 2:6에 있는 바울의 확고한 주장은 예루살렘에서 이룬 합의의 다른 견해, "그들이 아무것도 더하지 않았다(*prosanatithēmi*)"는 행 15:28에서("이 요긴한 것들 외에는 아무 짐도 너희에게 지우지[*epitithēmi*] 아니한" 결정) 누가가 사용한 전승이 가진 반박의 여운이 있다.

173) 2:7-9을 공식 합의로 보는 견해는, Bruce, *Paul*, 153-54; Betz, *Galatians*, 96-98; Schnelle, *Paul*, 127 n. 19의 다른 참고문헌을 보라. "친교의 악수"(갈 2:9)는 공식적 합의를 나타낸다. 이는 명확하게 정리된 것이지, 단순히 개인적 합의나 호의의 표현이 아니다. 특별히 J. P. Sampley, *Pauline Partnership in Christ* (Philadelphia: Fortress, 1980), 3장 그리고 추가로 필자의 *Galatians*, 110-11을 보라.

는 것이다.[174]

얼마나 놀라운 결정이 여기서 이루어졌는지를 평가절하해서는 안 된다.[175] 그것은 유대 메시아 종파의 지도자들인 유대인들이 그 종파의 정 회원으로 인정받기를 소원하는 이방인들에게 더 이상 할례를 요구할 필 요가 없음을 신중하고 공식적인 조건으로 동의했다는 것이다. 창세기 17:9-14에도 불구하고 말이다! 디아스포라 회당에 다니는 하나님을 경외 하는 추종자와 같은 이례적인 경우 또는 고넬료(행 10-11장)나 이자테스(Ant. 20:38-42) 같은 예외 사례들은, 그들의 할례의 부재가 대중적 논제나 원칙의 문제가 아닌 한 눈감아줄 수도 있었다. 그러나 계획해서인지 아니면 "거짓 형제들"의 압력 때문인지는 몰라도, 바울은 디도를 시험 사례로 만들 정도 로 무모했다. 그리고 예루살렘 지도층은 지체하긴 했지만 자신들의 지지를 바울에게 실어주었다.[176] 성경의 명백한 가르침과 역사적 전통은 하나님의 일이라고 명백하게 인지된 사건들 때문에 고려되지 않고 무시되었다.

바울은 역사적 합의를 언급하면서 자신이 자연스럽게 중앙 무대로 자 리를 잡으면서, "기둥 같이 여겨지는"(갈 2:9) 사도들에 관해 다소 무시하는 언급으로 그들을 그림자 속으로 물러나게 한다(2:6). 또한 우리는 야고보와 베드로 및 요한에게 신뢰를 주지 않아서도 안 된다. 왜냐하면 그들이 바울 의 변호에 대해 동의하지 않고 이방인 선교를 인식하지 않았다면, 초기 기 독교 운동의 역외 선교는 시작하지도 못했거나, 기독교 운동이 할례로 나 아가기를 원하지 않았던 하나님을 경외하는 자들에게 더 이상 매력이 없

---

174) 또한 Kraus, *Zwischen Jerusalem und Antiochia,* 139-41을 보라.

175) 비교. Wilckens, *Theologie,* 1/2.266-71.

176) 베드로의 선교는 "할례의 사도직"이라고 지명된 반면에, 바울의 사역은 단지 "이방인을 위 한"(2:8, *apostolēn*이 반복되지 않았다)이라는 표현으로 묘사됐다는 사실은 어떤 망설임을 나타낸다. "그 합의는 베드로의 사도직을 인정했으나, 바울에게는 어떤 특정한 직책을 주 지 않았다"(Betz, *Galatians,* 82, 98). "이 예루살렘 회의에서 바울이 받았던 인정의 본질은 쉬이 오해되거나 잘못 표현될 수 있다"(Bruce, *Paul,* 155). "갈라디아서 2:9에는 바울의 사도 직 인정은 없고, 바울의 이방인 선교만이 언급된다"(Lüdemann, *Opposition,* 37). "…바울의 수고에 관해 사도성을 명백하게 공식적으로 인정하지 못했다"(Martyn, *Galatians,* 203).

었을 것이기 때문이다. 아니면 기독교는 모체인 유대교와 유대 기독교에서 사실상 독립한 배교 종파가 되었을 가능성이 더 크다.[177] 얼마나 마지못해 했는지는 모르지만 그 상황에서 그들이 보여준 지도력은 절대적으로 중대했다.[178] 그리고 때때로 바울의 서술에서 다소 불길한 인물로 여겨진 (2:12!) 야고보는 특별히 이방인 그리스도인의 갈채를 받을 만하다. 기독교 영역에서 야고보는 명백하게 전통주의 쪽에 가까웠지만, 하나님의 은혜가 예기치 않게 드러날 때도 그것을 기꺼이 인정하려고 했고, 그 함의에 있어 많은 불편한 점을 드러내는 은혜의 논리를 수용할 준비가 되어 있었다.[179]

갈라디아서 2:1-10에서 우리는 예루살렘에서 이루어진 합의에 대한 두 가지 다른 내용만을 얻는다. 보통 말하는 공식적 합의는 간결하게 언급되었다. 기둥 사도들은 "나와 바나바에게 친교의 악수를 하였으니, [문자그대로 말하면] 우리는 이방인에게/을 위해서, 그리고 그들은 할례자에게/를 위해서(hēmeis eis ta ethnē, autoi de eis tēn peritomēn) 가게 하려 함이다." 이것은 대체로 선교적 책임의 분리를 시사한다고 받아들여졌는데, 주요 논의는 선교적 책임의 분리가 지리적인가 아니면 인종적인가(우리는 이방인에게/을 위해서, 그들은 유대인에게)라는 것이다.[180] 그러나 두 해석 모두 잘 이해

---

177) 비교. B. J. Malina and J. H. Neyrey, *Portraits of Paul: An Archaeology of Ancient Personality* (Louisville: Westminster John Knox, 1996): "바울이 살았던 명예/수치의 사회 같은 곳에서, 주장이 헛되지 않고 우습지 않고 수치에 이르지 않으려면, 명예와 우선권에 대한 주장은 언제나 대중의 인정이 필요했다"(47).

178) "안디옥의 이방인 선교에 대한 이런 인정은 믿기 어려운 일이었고, 예루살렘의 그 사람들에게는 모든 영예가 주어졌다"(Haenchen, *Acts*, 467).

179) Murphy-O'Connor는 갈 2:6-9에서 야고보가 묵인한 주요 이유가 정치적·현실적이라고 제안한다. "원칙을 주장할 때가 아니었다"(*Paul*, 138-41). 추가로 아래 §36.1b를 보라.

180) 예. Betz, *Galatians*, 100의 토론; Bruce, *Galatians*, 124-25; Longenecker, *Galatians*, 58-59; Murphy-O'Connor, *Paul*, 142-44; Schnabel, *Mission*, 992-1000을 보라. Painter는 바울이 *ethnē*가 여기서 이방인에게만 쓰인 것이 아니고, 그것을 유대인을 포함한 "열방들"을 향한 보편적 선교를 위한 합의로 이해했을 것이라고 논증하나(*Just James*, 61-67), *ethnē*의 "이방인들"이라는 의미는 갈 1-2장 도처에서 볼 수 있다(갈 1:16; 2:2, 8; 그리고 가장 분명하게 2:12, 14-15). 그래서 바울이 받은 위임의 국면 혹은 "이방인을 향한" 바울의 위임이 곧 "무할례자"에 관한 것임(2:7-8)이 2:9에서 분명하게 보인다.

되지 않는데, 이스라엘 땅보다 디아스포라에 훨씬 더 많은 유대인이 있었고,[181] 바울의 일정한 선교 전략이 하나님을 경외하는 이방인들이 참석하는 디아스포라 회당을 통해 이방인에게 다가가는 전략이었을 것이기 때문이다. 합의의 간략한 조건 안에 동사가 없다는 점, 그리고 사용된 전치사(eis)의 넓은 의미는[182] 책임의 더 일반적인 분리를 시사한다. 즉 바울과 바나바는 이방인 선교/신자들을 "위해 그리고 그와 관련해서" 행동해야 하지만, 베드로와 야고보 및 요한은 유대인 선교/신자들을 "위해 그리고 그와 관련해서" 행동해야 한다.[183] 그리고 그때 사실상 바울과 바나바가 주로/대부분이 이방인인 안디옥 교회의 이익을 대표했기 때문에,[184] 예루살렘 합의에서 각각 다른 사람들의 역할을 공식적으로 인식했다고 봐야 한다. 안디옥 교회는 이방인 선교(그들이 누구보다도 후원했던)를 대표하고 그 선교와 증가하는 이방인 개종자를 감독한다. 예루살렘 교회는 유대인 선교를 대표하고 그 선교와 역시 새 종파의 구성원으로 증가하는 유대인들을 감독한다(비교. 행 21:20). 갈라디아서 2:9의 합의에 대한 이런 이해는, 예루살렘에서 합의된 자신의 책임을 침해한다고 바울이 분명하게 받아들인 내용에 대한 그의 이후 태도를 설명하는 데 도움을 준다.[185]

---

181) 이 시기의 디아스포라와 이스라엘/팔레스타인의 상대적 유대 인구에 대해서는 논란이 있다. S. W. Baron, *A Social and Religious History of the Jews.* Vol. 1: *Ancient Times*, part 1 (New York: Columbia University, 1937, ²1952)은 팔레스타인에 약 2백만 명, 그리고 팔레스타인을 제외한 로마 제국에는 4백만 명 이상이 있었다고 추정한다(167-71, 370-72). Tcherikover는 다양한 추정치를 언급한다(*Hellenistic Civilization and the Jews*, 504-505). "바울 시대에 팔레스타인보다 그리스 세계에 더 많은 유대인이 있었다는 사실은 많은 사람에게 놀라움으로 다가온다. 학자들 모두 이 결론에 동의한다.…어떤 이들은 그 비율이 5대1이었다고 보고, 다른 이들은 10대1이라고 본다"(S. Sandmel, *The Genius of Paul: A Study in History* [1958; Philadelphia: Fortress, 1979]10). 또한 §29.5b를 보라.

182) BDAG, 288-91을 보라; (5) "구체적 지시대상의 표시로서, ~위한, ~향한, ~관련해서, ~관하여"(291).

183) 비교. Hahn, "그 결정은…두 선교 영역의 분리를 의미하지도 않고, 한 편이 오직 이방인에게 전념해야 하고, 다른 한편은 유대인에게 전념해야 한다는 의미도 아니다. 그것은 오히려 선교 활동의 주요 강조점과 목적을 나타낸다"(*Mission*, 81).

184) 위 §27.3b-c를 보라.

185) 갈 2:11-14(아래 §27.4을 보라). 고후 10:13-16(아래 §29.4b를 보라).

바울은 예루살렘 지도층이 공식 합의의 일부가 아니라 일종의 부록으로서 한 가지 조항을 덧붙였음을 회상한다. 즉 "다만 우리로 가난한 자를 기억하도록" 부탁했다는 것이다(2:10). "가난한 자들"은 틀림없이 최저 수준의 삶을 유지하기에도 재원이 부족한 자를 가리키며, 어쩌면 예루살렘의 가난한 자를 특별히 가리킬 것이다.[186] 물론 가난한 자를 위한 적극적 관심은 유대교의 율법과 전통이 지닌 특별하고 독특한 특징이었다.[187] 그러나 더 중요한 것은 구제가 언약적 의의 중심적이고 중대한 표현이라고 유대교에서 폭넓게 이해되었다는 점이다.[188] 실제로 "구제"와 "의"를 동일어로 여기기도 했다.[189] 따라서 구제는 할례를 (지금까지) 거부한 이방인 지지자, 즉 하나님을 경외하는 자의 경우에도 특별히 중요하게 여겨졌다. 고넬료가 전형적인 예다(행 10:2, 4).[190] 그뿐만 아니라, 종말론적 개종자들이 시온산으로 나아올 것이라는 기대에는 그들이 선물을 가지고 온다는 기대가

---

186) 이것은 다른 자료나 그 자료에서 추측할 수 있는 내용과 일치한다: 예루살렘 교회의 "빈민구제" 제도에 걸린 과부하(행 6:1); 예루살렘을 강타한 기근에 대한 보고(11:29); "예루살렘 성도 중 가난한 자들"을 위한 바울의 이후 연보(롬 15:26); 또한 §23.2d를 보라. "가난한 자"는 대체로 예루살렘 교회 그리스도인들을 가리키는 칭호로 의도된 것은 아니다. 예. Longenecker, *Galatians*, 59의 자료를 보라. "기억하다"라는 동사는 "가난한 자"를 위한 폭넓은 관심을 포함할 수도 있지만(Taylor, *Paul*, 116-22), 그 요청의 주요 취지는 틀림없이 금전적 도움이었다.

187) 신 24:10-22; 시 10:2, 9; 12:5; 14:6 등등; 사 3:14-15; 10:1-2; 58:6-7; 암 8:4-6; 추가로 *IDB*, 3.843-44을 보라.

188) 단 4:27; Sir. 3.30; 29.12; 40.24; Tob. 4.10; 12.9; 14.11.

189) 70인역에서 *eleēmosynē*("친절한 행동, 구제, 자선 기부")는 자주 히브리어 ṣedeq 혹은 ṣᵉdaqah("의")의 번역으로 사용되었다(G. Schrenk, *dikaiosynē*, TDNT, 2.196). 그 이후의 랍비 전통은 Str-B 4.536-58; R. Garrison, *Redemptive Almsgiving in Early Christianity* (JSNTS 77; Sheffield: JSOT, 1993), 52-59를 보라. 예. 미드라쉬 신 15:9은 이렇게 설명한다: "기부를 거절하지 않도록 조심하라. 기부를 거절하는 사람은 누구나 우상숭배자와 같은 범주에 놓이며, '사악하다'는 것이 '멍에가 없는' 것이라고 말하듯이 하늘의 멍에로부터 자신을 분리하기 때문이다."

190) K. Berger, 'Almosen für Israel. Zum historischen Kontext der paulinischen Kollekte', *NTS* 23 (1976-77), 180-204, 특별히 183-92을 보라. 비교. W. Schmithals, 'Probleme des "Apostelkonzils" (Gal 2,1-10)', *Paulus, die Evangelien und das Urchristentum* (Leiden: Brill, 2004), 5-38(여기서는 28-31).

포함된다.[191] 이는 예루살렘 합의에 더해진 이 "유일한" 조건이 그 합의에 응한 전통주의자들에게 특별히 중대했음을 시사한다.[192] 이방인 신자에게 할례가 필요하지 않다면, 무엇이 그들을 하나님의 백성으로 붙들어두겠는가? 구제의 의(righteousness of almsgiving)가 바로 이를 위한 의무였고, 이는 유대인의 언약적 경건의 주요 표현이었다. 바울과 바나바가 그들이 대표한 사람들(이방인 신앙인들)에게 그런 의무감을 확실히 심어줄 수 있었다면, 그것은 이방인 개종자들이 전통주의 유대교의 언약적 관심사를 참으로 받아들이도록 했을 것이다. 그리고 이는 할례의 요구를 포기하는 것이 언약 백성의 자격을 이방인 신자들에게서 박탈하지 않음을 유대인 전통주의자들이 인식하도록 했을 것이다.[193]

요약하면, 우리는 예루살렘 합의가 타협의 요소를 포함한다고 보아야 할 것이다(논쟁 중인 당사자들의 협의 내용이 자주 그렇듯이). 예루살렘 지도자들은 바울의 선교를 인정하고(얼마나 머뭇거렸든지 간에) 이방인의 할례 문제에 대해 수긍한(아마도 마지못해서) 후, 하나님과 맺은 언약에 언약 백성이 생략할 수 없는 의무들이 있다는 원리 그리고 곧 다가올 이방인들이 예언의 기대를 성취한다는 원리를 보호하고자 했다. 자신들의 주요 목표를 성취한 후에, 바울(과 바나바)은 어차피 그들이 간절히 유지하기 원했던 하나의 의무를 기꺼이 허용하고자 했다.[194]

---

191) 아래 §33 n. 364을 보라. "이방인 선교와 예루살렘을 위한 연보는 이스라엘을 위한 종말론적 사건의 구성 요소다"(B. Beckheuer, *Paulus und Jerusalem. Kollekte und Mission im theologischen Denken des Heidenapostels* [Frankfurt: Lang, 1997], 85, 그리고 추가로 57-97).

192) 그들의 "기억하다"라는 표현을 사용한 사실이 중요할 수도 있는데, 제의적 함의가 멀리 있지 않았기 때문이다(O. Michel, *TDNT*, 4.682).

193) 상호 이익의 교환이라는 그리스 전통 배경에 비추어 2.10을 이해하는 S. Joubert, *Paul as Benefactor* (WUNT 2.124; Tübingen: Mohr Siebeck, 2000), 91-103은 합의의 신학적 측면을 거의 고려하지 않았다.

194) Bruce는 여기서 "행 11장 = 갈 2장"이라는 가정을 지지하는 내용을 찾아낸다. 2:10이 바울과 바나바가 예루살렘에 온 이유(구호품 전달)를 함의한다는 것이다. 그는 다음과 같이 번역한다. "그들은 '다만, 가난한 자들을 계속 기억해주길 바란다'라고 말했다. 사실 필자는 바로 이 문제에 특별히 주의를 기울였다"(*Paul*, 156; 추가로 그의 *Galatians*, 126-27을 보라).

곧 드러났듯이, 문제는 예루살렘 지도층이 추가 합의 내용이 다음과 같은 원칙의 문제를 보호해야 한다고 생각했으리라는 데 있다. 곧 메시아 예수를 믿는 모든 신앙인이 토라가 가르친 의를 행할 의무가 있다는 원칙으로, 이것은 "언약적 율법주의"라는 표현이 요약한 태도다.[195] 또한 율법의 의가 여전히 예수 종파를 언약 백성의 일부로 규정한다는 원칙이다. 바울은 합의 자체(이방인 신자들은 할례가 필요 없다)를 이방인으로부터 유대인을 구분하기 위해 어떤 관습이 필요하다는 생각에서 벗어나는 것으로 받아들였다. "가난한 자들"을 기억하라는 의무는 그런 관습이 아니라, 바울이 계속 기쁨으로 포용하고 확인한 성경과 전통의 유산이다.[196]

기묘하게도, 바울은 유대인의 언약적 의무 가운데 정체성을 규정하는 또 하나의 중대한 표지, 곧 유대인과 이방인이 함께 먹는 것을 관장하는 예의와 규칙이 언급되었다고 상기하지 않는다.[197] 예루살렘에서 성취된 합의가 실제로 다른 해석에 취약하다는 사실이 분명하게 드러났을 때, 그렇게 간과하는 일(실제로 간과하는 일이라면)은 이어지는 사건인 안디옥에서의 대립(갈 2:11-14)에서 중대해졌다.

요약한다면, 예루살렘 합의에는 세 가지 요소가 있다.

- 두 유효한 선교의 책임을 분리하는 일에 공식적으로 동의함. 할례자에게/

그러나 그 호소가 바나바와 바울에게 전달되었고, 전하는 바에 따르면 기근 구제 방문에 두 사람이 관여했기 때문에, 여기서 바울이 다시 단수("내가 힘써 행한 바로 그 일")를 사용했다는 사실이, 가난한 자를 위한 유대교(와 예수의) 전통적 관심사를 그가 계속 행함(이제 바나바와 독립해서)을 나타낸다고 보는 것이 낫다. 그것은 그가 연보 모금에 쏟은 시간으로 잘 드러난다(아래 §33.4을 보라).

195) *Paul and Palestinian Judaism* (London: SCM, 1977)에서 E. P. Sanders가 도입한 이 표현은 팔레스타인 유대교 구원론을 특징짓는다(75, 236).

196) Wander는 제의적 정결함의 요구로 결정된 것보다는 "구제 모델"이 바울이 베드로의 선교를 자신의 교회들과 관련시키는 방식이었다고 제안한다(*Trennungsprozesse*, 196-204).

197) "다만(갈 2:10): 이 단어를 무시하지 않는다면, 이 회합에서 유대인 및 이방인 그리스도인의 식사 교제에 대해 아무 말도 없었고(적어도 아무것도 결정되지 않았다), 자체 법령이 이방인에게 하나도 부과되지 않았다고 추론하게 될 것이다"(Barrett, 'Paul and Jerusalem', 11).

를 위해 그리고 비할례자에게/를 위해(갈 2:9)

- 그들에게 할례를 요구하지 않는 이방인 선교의 유효성에 대한 암시된 인식 (2:5-8)
- 가난한 자를 위한 언약적 의무라는 추가 사항은 여전히 유효하다(2:10)

e. 예루살렘에서 이루어진 합의(누가에 따르면)

예루살렘 공의회에 대한 누가의 판본은 현저히 다르다. 오히려 바울 선교의 성공보다는(갈 2:7-9) 베드로와 고넬료의 만남이 결정적인 선례로 제공된다(15:7-9).[198] 바울과 바나바의 역할은 단순히 확증하는 데 있다(행 15:12). 그리고 그 선례를 받아들이도록 하는 중대한 역할은, "거짓 형제들"에 맞선 바울보다는 야고보에게 돌려진다(15:13-21).

야고보가 내린 규정은 성경이 제공한 추가 선례(특별히 암 9:11-12)에 초점이 있다(15:16-17).

> [16]이 후에 내가 돌아와서 다윗의 무너진 장막을 다시 지으며 또 그 허물어진 것을 다시 지어 일으키리니, [17]이는 그 남은 사람들과 내 이름으로 일컬음을 받는 모든 이방인들로 주를 찾게 하려 함이라 하셨으니.

가장 인상 깊은 내용은, 보통 "사도 법령"[199]으로 묘사된 합의의 보충 조건들(15:20)이 바울이 상기한 "가난한 자들을 기억하라"는 권면보다 더 광범위하다는 점이다(갈 2:10).

---

198) 10:1-11:18을 다시 참고한다. 위 §26.3-4을 보라.

199) "사도 법령"의 실제 조건은 본문 전승에서 어느 정도 혼란을 주는 문제다(Metzger, *Textual Commentary*, 429-34; Barrett, *Acts*, 2.735-36의 토론을 보라). 그러나 우리가 추론한 대로 "사도 법령"이 혼합 교회의 기반으로서 필수 역할을 하는 동안 연관 용어들이 논의되고 개정되었다고 상기하게 한다. 또한 P. Borgen, 'Catalogues of Vices, the Apostolic Decree, and the Jerusalem Meeting', *Early Christianity*, 233-51을 보라.

하나님께로 돌아선 이방인들은 우상으로 더럽혀진(접촉된) 것,[200] 음행

(porneia),[201] 목매어 죽인 것(pnikton)[202] 그리고 피[203]를 멀리해야 한다.

---

200) 그 명사("더럽혀진 것들", alisgēmata)는 성경에서 여기서만 발견되지만, 상응하는 서신 (15:29; 21:25; 그리고 바울 서신에서는 고전 8:1-10; 10:19, 28 [1절]; 또한 계 2:14, 20)에서 언급된 "우상에게 바쳐진 것 (eidōlothyta)"과 동일하다. 그렇다면 그 언급은 도시 대부분의 정육점에서 살 수 있는 고기가 지역 신전과 그곳에 바친 희생제물로부터 주로 공급되었다는 사실과 관련이 있다(예루살렘 성전에서처럼, 고기 중 일부만 의식에 사용되었다). 또한 이방인 가정 대부분은 포도주를 마시기 전에, 신이나 여신에게 술을 올렸다. 두 경우에서 신실한 유대인에게 문제가 되는 점은 고기/포도주가 우상에게 축성되었다는 것이고, 그 일부를 먹는 것은 한 분 하나님을 향한 그들 자신의 헌신을 흐리게(불결하게) 하는 일이라는 사실이다(출 34:15-16). 우상숭배와 어떻게든 관련될까봐 생기는 두려움은, 첫 두 계명이 최고로 중요하기 때문에 유대인들 대부분의 사회 활동에서 주요 결정 요인이었다(출 20:3-6). 이후 미쉬나에 그 논제만 다룬 단편이 있다(Aboda Zara). 엄격하게 적용한다면, 그 법은 이방인과의 사회 교류를 거의 금하고, 많은 자리를 취하거나 공공 의식에 참여하는 것을 금했을 것이다. 고전 8-10에서 바울이 그 문제를 다루는 조심성은 초기 교회들에서 그 논제가 지닌 민감성을 나타낸다(§32.5e를 보라).

201) Porneia(또한 15:29과 21:25)는 단지 간음이나 사통이 아니라 모든 종류의 성적 방종을 나타냈다고 보는 것이 가장 좋다. 이 맥락에서는 금지된 성교를 특별히 언급한다(레 18:6-18) (특별히 Fitzmyer, Acts, 557-58을 보라). 인간에 대한 바울의 고발(유대 관점에서 본)이 나타내듯이(롬 1:22-27), 우상숭배와 성적 방종은 당연히 연관되었다(예. 렘 3:6-8; 겔 16:15-46; Wis. 14.12; T. Reu. 4.6-8; 계 2:14, 20). 시내산 금송아지에 관한 이스라엘의 실패는 끔찍한 경고로서 기억된다(출 32:6; 고전 10:7-8). 바울은 자신의 개종자들에게 음행에 대해 일정하게 경고한다(예. 고전 6:11, 13, 18; 7:2; 고후 12:21; 갈 5:19; 골 3:5). 이 본문들이 나타내듯이, 금지 배경의 이유는 속 좁게 얌전떠는 태도에 있지 않고, 그런 자기 절제의 부족이 대개 다른 방종과 부도덕으로도 표현된다는 현실을 인식한 데 있다.

202) Pniktos라는 단어의 사용은 많은 논의를 야기했다. 예. Wilson, Luke and the Law, 88-101; A. J. M. Wedderburn, 'The "Apostolic Decree": Tradition and Redaction', NovT 35 (1993), 362-89. 그 용어는 "교살당함, 즉 숨 막혀 죽음"을 의미한다. 그러나 그 용어가 성경 그리스어에서 여기(그리고 15:29과 21:25에서)에서만 그리고 일반 그리스어에서 이런 의미로 이 문단에서만 등장한다. 여기서는 틀림없이 피를 제대로 빼지 않은 고기를 먹는 것을 금지하는 유대 율법을 언급한다(창 9:4; 레 7:26-27; 17:10-14). 즉 매달아 죽인 짐승에서 피를 빼지 않은 것이다. 율법에 따라 도축된 고기를 충분히 구비하는 일의 중요성은 이스라엘의 전통적인 정체성 표지 중 하나였으며(오늘날도 여전히), 그것은 정결함과 부정함 그리고 우상에게 바친 고기의 위험도 다루는 복잡한 음식 법의 일부였다(비교. 4 Macc. 5.2). 그것은 식습관의 유행이 아니라, 그것으로 유대인을 규정하는 유대인다운 삶의 방식의 일부였다. 고넬료 이야기는 정결과 부정함에 대한 법을 유지해야 할 필요성에 의문을 제기했으나(10:11-15), 유대의 민감함은 율법을 따른 도축으로 존중받을 수 있었다.

203) 네 번째 요소인 "피"는 살인(비교. 창 9:6; 신 21:7-8), 즉 피를 먹는 일보다는 피 흘림을 의미할 수 있다. 그러나 이것은 이전 항목과 함께 가고 율법에 따른 도살의 근거를 강조한다. "(동물의) 생명이 피(안)에 있기 때문에(창 9:4; 레 17:11, 14), 피를 다 빼내야 했다. 동물의

바울과 누가의 차이는 주석가들 대부분이 누가의 서술을 단순한 역사로 여길 수 없다고 결론지을 정도다.[204] 이에 관한 한 가지 힌트는 아모스 9:11-12(15:16-18)의 인용이 LXX 아모스를 따른다는 사실인데, 핵심 부분(17절a)이 히브리 성경과는 상당히 다르다(야고보는 그리스어로 회중에게 연설하지 않았을 것이다).[205] 그러나 가장 중대한 점은 사도행전 15:20의 더 실제적인 조건들을 갈라디아서 2:10에 있는 바울의 서술과 일치시키기가 어렵다는 것이다. 그 회합에서 이방인 개종자들에게 많은 것을 요구하기로 동의했다면, 바울은 그에게 더해진 것이 없다는 대담한 주장을 할 수 있었을까? 그리고 바울은 이방인이 다수인 자신의 교회에서 식탁 교제를 위한 그런 기반을 기꺼이 수용했을까? "사도 법령"을 유대인/이방인 공동체의 기반으로 이미 동의했다면, 어떻게 안디옥 사건이 일어난 그대로 전개될 수 있었을까?[206] 앞으로 살피겠지만, 바울은 네 가지 항목 중에서 두 가지에 강하게 동의했다. 즉 우상의 제물이 된 고기와 음행이다.[207] 그러나 율법

영역을 지배하는 인간이 동물의 고기를 먹을 수는 있지만, 동물의 생명을 흡수하는 것은 허락되지 않았다.

204) 이 결론은 Achtemeier의 *Quest for Unity*, 특별히 2-5장의 중심 논지를 제공한다.

205) 암 9:12("그들[이스라엘]이 에돔의 남은 자를 얻게 하려고"); 행 15:7("그 남은 사람들[*hoi kataloipoi tōn anthrōpōn*]로 하나님을 찾게 하려고"). 추가 내용은 Barrett, *Acts*, 2.725-28 에 있다: "확실하지는 않지만 상당히 개연성이 높게는, 그 인용과 따라서 어쩌면 전체 문장을 야고보에게 돌릴 수 없다고 결론지어야 한다.…그것은 습관적으로 그리스어 구약을 사용하는 유대 그리스도인이 사용했을 것이다"(728). 이것은 대부분의 주석가들에게 결정적인 고려사항이다(Jervell, *Apg.*, 405 n. 756을 보라). 그러나 또한 다음 학자들을 보라. Bauckham, 'James and the Jerusalem Church', 455-56; 사도행전의 인용이 LXX 본문에 더 가깝다고 주장하는(128-42) J. Ådna, 'James' Position at the Summit Meeting of the Apostles and the Elders in Jerusalem (Acts 15)', in Ådna and Kvalbein, eds., *The Mission of the Early Church*, 125-61; M. Stowasser, 'Am 5,25-27; 9,11f. in der Qumranüberlieferung und in der Apostelgeschichte. Text- und traditionsgeschichtliche Überlegungen zu 4Q171 (Florilegium) III 12/CD VII 16/Apg 7,42b-43; 15,16-18', *ZNW* 92 (2001), 47-63은 누가 이전의 증언 모음이 사도행전의 두 문단의 기저를 이룬다고 결론짓는다.

206) 몇 사람에게는 갈 2:1-14에 나오는 두 사건의 시기를 예루살렘 공의회(행 15장) 이전으로 잡으면 그 문제가 해결된다(특별히 위 §27.3a를 보라). 그러나 그 해결책은 그 문제를 다른 문제로 대체할 뿐이다. 행 15장의 공의회를 야기한 문제가 왜 안디옥에서 분명하게 일어난 문제(식탁 교제)가 아니라 여전히 할례 문제인가?

207) 우상숭배(고후 5:11; 6:9; 10:7, 14; 갈 5:20[추가로 아래 §32.5e를 보라]); 음행(고전 5:1; 6:13,

을 따라 도축한 고기를 언급하는 것으로 보이는 다른 두 가지는 유대인과 이방인 신자들의 교제에 대해 그리스도보다는 유대교 율법에 기반을 두었음을 암시하는데, 그것은 그가 확고하게 반대한 유대인과 그리스인 간 식탁 교제의 제한성이다(갈 2:14-16).[208] 바울이 자신의 논증을 지지하거나 합의 안에 있는 요소를 논쟁하려는 목적으로, 그런 중대한 합의를 언급하거나 암시하지 않았다는 사실 역시 적지 않게 혼란스럽다.[209] 그리고 바울이 예루살렘 공의회의 사절(즉 예루살렘 "사도들과 장로들", 안디옥은 수신자 중 하나다)로서 그 법령을 안디옥과 자신이 설립한 교회들에 기꺼이 전달했다고 보기는 훨씬 더 어렵다(16:4). 반대로 바울 서신은 예루살렘과의 관계가 긴장과 미해결 상태로 남아 있었음을 명백히 보여주는데,[210] 심지어 누가도 그것을 암시한다(행 21:18-26). 그래서 사도행전 15장은 단순한 역사가 아니다.

한편 예루살렘 공의회에 대한 두 판본이 세 가지 중대한 점에서 온전히 부합한다는 사실은 그것들이 같은 공의회에 관한 두 가지 판본임을 보여주는 충분한 증거일 것이다.

- 할례받지 않은 상태에서 성령/하나님의 은혜를 받은 이방인이라는 확고한 전례는 같다.
- 이방인들이 새 운동의 정회원으로 여겨지려고 할례받을 필요가 없다는 주요 결과 역시 같다(15:19).[211]

18; 7:2; 고후 12:21; 갈 5:19; 살전 4:3.

208) 아래 §27.4-5을 보라. 바울이 정결법이 더 구속력이 없다고 여겼음은 롬 14:14에서 명백하다. 또한 그는 부지불식간에 우상의 음식을 먹는 것에 당황하지 않았다(고전 10:25-27).

209) 추가로 다시 아래 §32.5e와 §33.3f를 보라. 롬 14-15장에서는 그리스도가 규범이다.

210) 갈라디아서 자체를 제외하고는, 롬 15:31에서 바울이 불안을 표현했을 때 그들을 확실히 염두에 둔 것처럼, 예루살렘에 있는 전통주의자들이 어떤 방법으로든 고린도와 빌립보에서 바울을 대적한 사람들의 배후에 있었을 공산을 고려해야 한다(고후 10-13장; 빌 3:2-16; 아래 §32.7b를 보라).

211) "이방인들을 성가시게 해서는 안 된다. 맥락을 보면 이것은 온전한 율법 준수라는 요구를 하지 말아야 함을 명확히 의미한다"(Barrett, *Acts*, 2.730). 명백히 그 회의가 이방인들이 할례를 받고 모세의 율법을 지킬 필요가 있는지 토론하기 위해 소집되었기 때문에(15:5-6),

- 추가된 조건(15:20)이 주요 결과와 일치하는 것으로 제시됐다.

또한 야고보의 논증이 바울의 논증과 다르다고 묘사할 수 없다. (1) "하나님이 처음으로 이방인 중에서 자기 이름을 위한 백성을 취하시려고 이방인을 돌보셨다"(15:14).[212] 시몬(베드로)이 주도권을 가진 것으로 묘사되나, "하나님의 백성"이라는 감정을 자극하는 사상의 사용 때문에 그 연설은 이스라엘의 부름 및 그 부름의 확장이 곧 이방인의 부름임을 시사한다. 바울은 그 논증을 효과 있게 사용한다.[213] (2) 야고보가 인용한 성경적 증거나 확증(15:15-18)은 본질적으로 아모스 9:11-12이다.[214] 그것은 하나님을 간구하는 나머지 인류(즉 내 이름으로 일컬음을 받는 이방인들)를 위한 이스라엘의 회복을 상상한다.[215] 명백하게 의도된 내용은, 유대인과 이방인이 하나되는 하나님의 그(또는 한) 백성에 대한 이해, 즉 "모든 다른 사람"이 참여하고 "모든 이방인"이 탄원하는 개종자로서가 아니라 그들 자신의 권리를 가지고 하나님의 부르심 안으로 들어오는(동화되지 않은), 회복된 이스라엘에 대한 이해다. 다시 한번 말하자면, 이것은 아주 바울다운 논증이다.[216]

이 모든 내용에서 무엇을 추론할 수 있는가? 확실히 우리는 누가가 기

야고보의 말(15:19)은 할례의 필요성을 확고하게 부정하는 것으로 읽혀야 한다.

212) 그 표현은 어감이 의도적으로 성경적이다: 하나님은 자신의 약속과 구원하시려는 목적을 성취하시고(창 21:1; 50:24-25; 출 3:16; 4:31; Jdt. 8.33; 눅 1:68; 7:16), 자신의 이름, 즉 자신을 위해 열방에서 백성을 취하시려고 방문하셨다.

213) 롬 9:24-26에서 바울이 호 2:23과 1:10을 사용한 것을 비교하라.

214) 그 시작 구는 렘 12:15에서, 그리고 마무리 구는 사 45:21에서 가져온 듯하다(예. Fitzmyer, Acts, 555).

215) REB, "내가 내 백성이라고 주장한 모든 이방인"(행 15:17).

216) 하나님의 "부르심"은 이삭과 야곱에게만 아니라(롬 9:7, 11-12) 이방인에게도 향했다(9:24). 필자의 Theology of Paul, 509-10과 아래 §33 n. 209을 보라. 바울은 롬 15:9-12에서 연쇄적으로 인용한 구절들에 암 9:11을 효과 있게 포함할 수 있었다. 쿰란도 자신들에 대한 언급으로서 암 9:11을 인용했지만(CD 7.16; 4Q174/Flor. 1.12-13) 이스라엘의 회복이라는 관점(다윗의 장막 재건, 9:11a)에서만 인용한 점은 주목할 만하다. 추가로 Fitzmyer, Acts, 556을 보라. 한편 "야고보는 아모스 9:11-12을 인용하여 메시아 시대에 열방이 **이방인**으로서 야웨께 속한다는 점을 성경으로 확립하려고 했다"(Schnabel, Mission, 1014).

독교의 시작이 본질상 화합적이었다고 묘사하려는 자신의 일관된 의도를 따라 서술했음을 볼 수 있다.[217] 야고보가 **베드로**를 통해 그리고 **바울**의 표현에 아주 가까운 용어로 그 전례를 확인했다고 묘사함으로써,[218] 누가는 기독교 초기에 이 세 핵심 인물이 도달한 합의를 서술하고 자신이 묘사하는 화합을 촉진할 수 있었다. 야고보는 비그리스도인 유대인이라고 하더라도 이방인이 하나님을 향해 진정으로 돌아설 때, 이방인과의 연합에 장벽이 되는 대부분의 의식을 내려놓고 그 의식과 관련해서 이방인 개종자들을 그만 괴롭혀야/희롱해야 할 충분한 근거가 있다는 점에서 바울에게 동의했다(15:19).

그러나 어쩌면 더 중요한 점은 다시 한번 누가가 바울의 관점보다는 예루살렘의 관점에서 자기 이야기를 했다는 점이다. 베드로가 그 전례를 제공했고 야고보가 그 법령을 부여했다는 점은, 베드로가 선교에 더 헌신함에 따라 예루살렘의 지도력을 주로 야고보의 손에 맡겨두었다는, 예루살렘 교회의 지도력 이동에서(또한 사도행전으로부터) 우리가 알게 된 내용과 상당히 일치한다. 야고보가 베드로/시몬이 전했던 내용을 성경에서 확인했고[219] 그런 용어로 이스라엘의 회복이라는 주목적을 이방인의 들어옴과 통합했다는 내용 역시 주목할 만하다.[220]

"사도 법령"의 조항들은 증가하는 이방인 신자의 수 때문에 대부분의 유대인 신자에게 짐을 지운 문제에 대한 "해결"을 나타낸다. 그 법령은 "노아 율법"(우상, 간음, 근친상간, 피 흘림, 산 동물로부터 잘린 사지를 먹는 것에 대한 금지 포함)에 별로 근거를 두지 않은 듯하다. 그것은 유대인과 이방인 간 "연합

---

217) 위 §21.2d를 보라.

218) 15:10은 베드로도 바울의 표현을 사용하여 말하는 장면을 묘사한다(위 n. 144을 보라).

219) "그 논제는 할라카 문제이며, 성경만으로 그것을 결정할 수 있다(비교. *b. B. Mes.* 59b)"(Bauckham, 'James and the Jerusalem Church', 452).

220) Bauckham은 "재건된 다윗의 장막"이 종말론적 성전인 예루살렘 공동체를 가리키는 것으로 보였을 것이며, 이방 나라들의 종말론적 개종을 메시아 시대의 성전 회복과 관련시키는 "예언이라는 맥락"에서 아모스의 예언이 읽혔다고 타당하게 논증한다('James and the Jerusalem Church', 453-55).

규칙"을 제공하는 데 이미 사용됐을 수도 있다.[221] 그러나 이제는 "사도 법령"의 주요 자료가 "거주하는 외국인", 즉 이스라엘 땅에서 백성들 "가운데" 영주하는 비유대인들에 관한 법령이었음을 대체로 인정한다.[222] 다시 말해서 사도 법령은 이방인으로서 메시아 예수를 믿게 되고 (분명하게) 성령을 받은 하나님을 경외하는 자들을 어떻게 여겨야 하느냐는 문제에 대한 예루살렘 교회의 해결책으로 볼 수 있다. 즉 그것은 사실상 그들을 "이국인 거주자", 즉 이방인으로서 그들의 정체를 유지하며 백성들 가운데 있는 이방인으로 대하는 것이다. 다시 말해 사건들에 대한 누가의 판본에서 말하는 사도 법령의 조건은 바울의 판본에서 언급한 구제의 중요성이 지닌 조건과 사실상 비슷하다. 두 사례에서 우리는, 이방인 신자들이 비록 할례받지 않았더라도 유대인 신자들에게 여전히 유효한 우선순위에 합당한 삶의 양식을 유지하도록 하려고 시도하는, 야고보가 이끄는 더 전통주의적 유대인들을 볼 수 있다.[223]

---

221) 노아 율법은 특별히 D. Novak, *The Image of the Non-Jew in Judaism: An Historical and Constructive Study of the Noahide Laws* (Lewiston: Mellen, 1983); M. Bockmuehl, *Jewish Law in Gentile Churches* (Edinburgh: Clark, 2000), 7장을 보라. 창 9:4-6은 (1) 피가 있는 고기를 먹는 것과 (2) 살인에 대해 이미 경고했다.

222) 레 17:8-9, 10-14; 18:26; 또한 Fitzmyer, *Acts,* 557; Kraus, *Zwischen Jerusalem und Antiochia,* 148-55; J. Wehnert, *Die Reinheit des "christlichen Gottesvolkes" aus Juden und Heiden* (FRLANT 173; Göttingen: Vandenhoeck und Ruprecht, 1997), 209-38; 그리고 추가로 Barrett, *Acts,* 2.733-34을 보라. Bauckham은 레 17-18에서 가져온 법이 모두 "너희/그들 중에 거주하는 이국인들"(레 17:8, 10, 12, 13; 18:26)을 명확하게 언급한다고 효과적으로 보여주었다. 이 표어("가운데에")의 반복은 바로 이 네 가지 조항이 이방인 신자들이 어떻게(그리고 어떤 조건으로) 하나님의 종말론적 백성에 속함/함께함을 나타내는 것으로 보였는지 설명한다('James and the Jerusalem Church', 458-62; 여기에 Wilson, *Luke and the Law,* 84-87이 제기한 논제에 대한 대응이 포함된다). 야고보의 연설에 관한 Bauckham의 논증은 'James and the Gentiles (Acts 15.13-21)', in Witherington, ed., *History,* 154-84에서 더 자세하게 제시된다. J. Taylor, 'The Jerusalem Decrees (Acts 15.20, 29 and 21.25) and the Incident at Antioch (Gal 2.11-14)', *NTS* 47 (2001), 372-80은 그 예루살렘 법령이, 유대인과 이방인의 구분을 암암리에 유지하게 하는 "노아 계명"으로 해석될 수 있고, 또한 이방인들로 암시된 특정한 조건으로써 유대인과 어울리게 하는 거주 외국인들을 위한 법령과 비슷한 것으로 해석될 수 있다고 제안한다. 그는 그 두 해석이 야고보와 게바가 안디옥에서 이방인 신자들을 향해 취한 태도와 각각 일치한다고 논증한다.

223) 다시 Bauckham, 'James and the Jerusalem Church' 462-67을 보라. Borgen의 기발한 논지

비슷하게 사도행전 15:21(디아스포라 유대인들은 모세의 글을 안식일마다 들었다)의 함의는 율법에 대한 지식과 준수가 디아스포라 회당에서 잘 지속되었고, 제안된 타협에 전혀 위협받지 않았다는 것이다. 그렇다면 "사도 법령"에 내포된 바람은 엄격한 실천을 주장하는 유대인과 방금 제안된 규정을 근거로 이방인과 교제하는 사람들로 구성된 확장된 공동체에서 서로 존중하는 것이다. 그러나 언급해야 하는 점은 모든 제안이 유대인의 관점에서 제시되었고, 유대인다운 조건에서 혼합된 교회들의 관계 유지에 초점이 있었다는 사실이다. 그런 사고는 엄밀히 말해서 기독교 공동체의 것이 아니었으며, 그 공동체의 교제의 기반은 그리스도를 믿는 그들의 공통 신앙이었다(예수에 대한 분명한 언급이 없음을 주목하라). 그 사고는 오히려 교제에 대한 기반을 율법의 계속된 존중에 두었던 공동체의 것이었다.

누가의 서술의 역사성과 "사도 법령"의 기원에 관해 또 하나를 추론할 수 있다. 누가의 서술이 바울의 서술과 상세한 점에서 일치할 수 없고, 혼합된 회중의 문제에 예루살렘의 관점을 너무 강하게 반영한다면, 우리가 내릴 수 있는 가장 개연성 있는 추론은 이것이 사실 그 사건에 대한 예루살렘의 관점이며, 또한 실제로 예루살렘이(그리고 야고보)가 그 신학(15:14-18)과 관습(15:19-20)을 주장했다는 것이다. 그러나 또한 그것이 예루살렘 공의회 후에 점차 명백해졌고 확립된 신학과 관행이었다고 추론할 수도 있다.[224] 그 법령이 담긴 서신을 받은 안디옥과 수리아 및 길리기아의 이방인 신자들이(15:23) "사도 법령"의 기원을 암시한 듯하다(15:29). 이 교회들은 바울이 아직은 예루살렘 지도자들의 권위를 인정하는 기간에 설립된 교회들이다(갈 1:20; 2:1-2).[225] 뒤에서 논증하겠지만, 야고보가 발의한 정책(갈 2:12-13)은

를 비교하라('Catalogues of Vices'): 그는 이방인들이 개종자가 되었을 때 그들을 가르치며 사용했던 선악 목록이라는 맥락에 사도 법령을 위치시키고, 예루살렘 회합이 사실상 그런 목록에서 할례의 요구를 제거하기로 동의했다고 제안한다(이는 야고보와 다른 이들이 이해하는 바였을 것이다).

224) 비교. Goppelt, *Apostolic*, 76-79; Kraus, *Zwischen Jerusalem und Antiochia*, 162-63.

225) 위 §§27.1과 27.3c를 보라.

바울의 항의에도 불구하고 안디옥 교회 전체의 지지를 얻었을 것이다.[226] 그 결과 안디옥 교회와 바울의 관계는 금이 갔고, 짐작하건대 안디옥 교회에 가장 가까이 있어 안디옥의 감독하에 있던 교회들과의 관계도 틀어졌을 것이다. 여기서 바울이 다시 수리아와 길리기아 교회들을 언급하지 않았다는 점은 틀림없이 중대하다.[227] 그는 그 교회들을 더 이상 "그의" 교회로 여기지 않았다. 반면에, 앞으로 살피겠지만, 그는 갈라디아에 있는 교회들에 대한 자신의 영향력을 유지하려고 분투했다.[228]

그렇다면 그 법령은 계속해서 예루살렘과 안디옥의 직접적인 감독(어쩌면 예루살렘 지도자들의 지시["법령"으로 주어진]) 아래 있었던 혼합(유대인/이방인) 교회에서 진전된 관습을 나타낼 것이다. 얼마나 빠르게 그 관습이 확고해졌는지는 전혀 분명하지 않으나, 바울이 선교를 위해 에게해로 떠난 지 얼마 되지 않았을 때였을 것이고, 안디옥 사건에서 제기된 문제를 해결하기 위한 타협으로 제시되었을 것이다.[229] 어쨌든 누가는 안디옥 선교로 설립된 교회에 장로들을 임명하는 장면을 묘사하면서 자신이 했던 일을 여기서도 한 것으로 보인다(14:23). 즉 누가는 40, 50년 후인 자기 시대의 관점에서 사건을 바라보면서, 안디옥(수리아와 길리기아)[230]의 지도를 통해 선교하는 가운데 확립되고 동의된 관행을 예루살렘 공의회에서 합의된 조건으로 제시한다.[231]

---

226) 아래 §27.6을 보라.

227) 안디옥에서의 막간은 "바울이 수리아에서 보낸 시간에 대한 기억을 너무 어둡게 만들었기에, 바울은 나중에 그의 서신에서 갈라디아서 1, 2장을 제외하고 수리아에 관해 침묵했다"(Hengel and Schwemer, *Paul*, 267).

228) 아래 §31.7을 보라.

229) Wedderburn, 'Apostolic Decree', 388-89; Hengel and Schwemer, *Paul*, 442 n. 1084; C. K. Barrett, 'Christocentricity at Antioch', *On Paul*, 37-54(여기서는 51). M. Slee, *The Church in Antioch in the First Century C.E.* (JSNTS 244; London: Clark International, 2003)는 그 법령이 실제로 안디옥 교회에서 기원했다고 말한다(40-42, 48-49).

230) 바울은 자신이 안디옥 교회와 단절된 후 이 지역들을 안디옥의 영향을 받는 영역으로 인정했을 듯하다(아래 §27.6을 보라). 혼합 교회를 위한 협정을 발전시키고 있던 바울의 교회들(고전 8-10)은 그들에 대해 몰랐을 수도 있다.

231) 이 가설은 다수의 견해와 일치한다. 예. Haenchen: "아마 당시[누가가 글을 쓸 때]에도 사

누가가 예루살렘 회합에 관해 서술한 내용에 대한 더 부정적인 판단은 자연스럽게 이어서 일어난 사건에 대한 그의 서술을 단순한 역사로 받아들이기를 주저하게 만든다. 즉 "사도들과 장로들"(즉 예루살렘 지도층)[232]이 보낸 "법령"을 담은 서신이, 안디옥 교회 그리고 짐작하건대 이후에 "수리아와 길리기아"(15:30, 41) 및 갈라디아(16:4)에 있는 교회들에게까지 전달되었다는 것이다. 다시 말해서, 바울의 개종 후 첫 예루살렘 방문에 관한 묘사와 마찬가지로(행 9:26-30), 예루살렘의 "사도들"과 바울의 관계에 대한 누가의 묘사 때문에, 누가의 서술을 바울의 태도 및 명확하게 표현된 정서에 일치시키기가 가장 어렵다. 여기서도 누가는 예루살렘에서 나왔고 누가 자신의 관점에 도움이 되는 전승을 따랐을 것이다. 바울의 추가 선교 사역에 관해 바울에게서 우리가 배우는 내용과 잘 들어맞는 전승의 한 요소는 예루살렘을 대표하지만(15:25) 바나바를 대신해서 바울의 동역자가 된 실라의 등장이다(15:32). 누가의 전승은 이 지점에서 다소 혼란스럽다. 15:33은

도들에게로 거슬러 올라간 살아 있는 전승…이 금지 조항들은 디아스포라의 많이 혼합된 공동체에 틀림없이 적용됐을 것이며, 그곳에서 유대인들의 주장은 더 온건했고 모세가 이 방인들에게 부여했던 네 가지 계명으로 충족될 수 있었다"(*Acts*, 470-72). "그 법령 및 동반된 서신은…바울이 참석하지 않은 나중 공의회에서 주어졌다(Wilson, *Gentiles*, 191). Fitzmyer는 행 15장이 두 가지 다른 사건을 합성한 내용이라는 해석을 따른다. 그 "공의회" 직후(그리고 안디옥 사건 후), 할례에 대한 논의(= 갈 2:1-10)와 그 후의 협의는 "안디옥과 수리아 및 길리기아의 지역 교회를 위한 음식과 혼인에 관한" 결정에 이르렀다(*Acts*, 553, 561-63; 그 법령에 대한 교부들의 언급은 563). 흥미로운 변형은 D. R. Catchpole의 것으로, 'Paul, James and the Apostolic Decree', *NTS* 23 (1976-77), 428-44에서 그는 야고보가 보낸 사절들이 사도 법령을 가지고 도착했기에 안디옥 사건이 일어났다고 제시한다(442). 비슷하게 Achtemeier, *Quest for Unity*, 6장; Wehnert, *Reinheit*, 129-30. 그러나 행 10-11장의 사건은 고넬료와 같은 하나님을 경외하고 유대화된 이방인과 함께 먹는 일도 전통주의 유대인 신자에겐 받아들일 수 없는 일이었음을 시사한다(행 11:2). Achtemeier와 관련해서, 정말로 갈 2:1-10 = 행 11:1-18이라면, 행 11:2은 참여한 사람들이 이방인과의 식탁 교제에 대해 토론하고 합의하는 일을 회피하기가 얼마나 어려웠을지 암시한다. Chilton은 고린도에서 실라가 바울과 결별했고, 마게도냐와 아가야에서 일어난 일에 대한 실라의 소식이 야고보로 하여금 "사도 법령"을 공포하도록 촉발했으며, 실라가 안디옥 사건을 유발한 규정을 안디옥에 가져온 야고보의 특사였다는, 침묵에 근거한 창의적이고 대담한 추측을 제시한다(*Rabbi Paul*, 167-69).

232) 바울과 바나바는 단순히 집배원이 아니라 합의한 내용을 구두로 전하는 사절로서 행동한다(15:27).

예루살렘의 특사인 유다[233]와 실라 둘 다 자신들의 위임을 완수한 후 예루살렘으로 돌아왔지만, 바울과 바나바는 안디옥에 머물렀음을 시사한다(15:35). 그 결과 바울이 이후에 실라를 선택한 일(15:40)은 누가가 제공한 서술과 교차한다.[234] 그렇다면 어쩌면 그런 약간의 혼동은 온전히 일관된 내러티브로서 순조롭게 조화를 이루지 못한 전승들이 있었음을 보여준다.[235]

27.4 대립 – 안디옥 사건

위기에 이어 대립이 생겼다. 예루살렘 합의 후 어느 시점에[236] 예루살렘 합의가 이룬 호의를 극단까지 시험하는 일련의 사건이 안디옥에서 일어났다. 누가에 따르면 흥미롭게도 그것은 베드로가 고넬료와 관련하여 직면했던 것과 같은 문제다(행 10:1-11:18). 곧 유대인이 (할례받지 않은) 이방인과 식사하는 일의 적절성 문제다(11:3). 갈라디아서 2:6-10의 합의가 사도행전 11:30의 "기근 구제" 방문 중에 이루어졌다고 가정하면, 사도행전 15장의 예루살렘 협의에 대한 누가의 서술이 그 논제를 다루고 있음을 쉽게 볼 수 있다. 이것은 사도행전 11장 = 갈라디아서 2장이라는 가정이 지닌 큰 장

---

233) Wilson은 유다가 사도행전의 다른 곳에서는 언급되지 않았음을 지적한다. "어떤 이들은 누가가 바울과 바나바의 역할을 중시하기를 기대했을 수 있다"(*Gentiles*, 187).

234) 15:34("그러나 실라는 그곳에 머무는 것이 좋았으며")은 안디옥에 실라가 있었음을 설명하려고 나중에 추가된 듯하다(Metzger, *Textual Commentary*, 439; Barrett, *Acts*, 2.750).

235) 안디옥에서의 대립에 대한 실라의 태도에 관한 질문이 그 혼란 가운데 사라졌는데, 누가는 그것을 언급하지 않았다. 누가의 서술이 바울이 실라에게 부여한 명망과 정확하게 일치한다면(§29.6을 보라), 이는 실라가 바울의 태도에 틀림없이 동감했다는 의미다. 비록 벧전 5:12이 실라가 바울과 베드로 사이에서 연결 역할을 했다고 시사할 수도 있지만 말이다(또한 §31 n. 36을 보라).

236) 몇몇 사람은 안디옥 사건(2:11-14)이 분명 2:1-10의 예루살렘 회합 이전에 일어났다고 주장한다(특히 Lüdemann, *Paul*, 44-80). 그 논리는 행 15장이 분명 안디옥 사건을 뒤따랐다고 추측하는 논리와 비슷하다(§27.3a를 보라). 그러나 바울은 이전 사건들에 대한 연대표를 엄격하게 유지하려고 애썼기 때문에, 그가 안디옥 사건을 순서에 맞지 않게 서사했을 가능성은 적다. 추가로 §28 n. 26을 보라.

점이다(§27.3a). 그러나 바울이 말한 사건의 순서에 의하면, 안디옥 사건(갈 2:11-14)은 예루살렘 합의를 뒤따르는 일이기에(2:6-10), 안디옥에서 제기된 문제는 상당히 놀랍게 다가온다.[237]

"타이탄의 격돌"은 이런 방식으로 일어났다. 베드로는 분명히 예루살 렘에서 (방문하려고) 안디옥 교회로 내려왔다. 그곳에 있는 동안 모든 유대 인과 이방인 신자는 "함께 먹는 것에 익숙했다."[238] 이에는 베드로도 포함 된다.[239] 여기서 누가와 바울의 서술이 지닌 상호 연관은 간단하다. (부정한 음식과 사람에 대한) 자신의 진정한 태도가 사도행전 10:14("속되고 깨끗하지 아 니한 것을 내가 결코 먹지 아니하였나이다")에 표현된 베드로는 결단코 정기적으 로 이방인과 함께 식사하지 않았을 것이다. 그러나 "야고보에게서 온 어 떤 이들"이 왔을 때(즉 분명 예루살렘에서), 베드로는 공동 식탁에서 "떠나 물 러났다."[240] 또한 유대인 신자들이 베드로를 따랐으며, 거기엔 안디옥에 서 파송 받은 바울의 선교 동역자인 바나바도 있었다(2:12-13). 여기서 사도 행전과의 상호 연관성은 엉망이 된 것 같다. 고넬료와 함께한 식사와 관련 해서 전통주의 신자들에 대담하게 맞서 그들을 물리쳤던 사람이 왜 지금 은 갈라디아서 2:12의 동일한 문제에서 후퇴했는가?[241] 그리고 (분명하게)

---

237) 필자가 이 사건에 매료된 것은 1970년대로 거슬러간다. 필자의 소논문 'The Incident at Antioch'은 1980년에 강의로 처음 전달되었고, 그 이후 자주 그것을 참조했다(특별히 *Partings*, §7.5; *Galatians*, 115-31; 그리고 *The New Perspective on Paul*, [2005], 24-25, 28-31, 33-37; [2008], 27-28, 31-34, 36-41).

238) "함께 먹었다"의 시제는 미완료이며(*synēsthien*), 이는 습관적인 일을 의미한다. 바울이 그 논제를 주의 만찬을 포함하는 식사와 연관하여 제기하지 않았음에 주목하는 것은 중요 하다(비록 적어도 몇 사람은 그렇게 했을 테지만). 그 논제는 "단순히" 유대인이 이방인과 같은 식탁에서 먹는 일의 타당성이다.

239) Esler는 이 기간에 유대인과 이방인 사이에 어떤 식탁 교제가 없었다고 논증하며 필자의 이전 소논문 'Incident at Antioch'을 비판했다(*Community and Gospel*, 76-86). 그러나 그는 증거를 심하게 단순화한다(위 §26 n. 70을 보라. 또한 *Jesus, Paul and the Law*, 179-81에서 필자의 대응을 보라).

240) 여기서 다시 시제는 미완료이며(*hypestellen kai aphōrizen*), 이는 갑작스런 결별이 아닌 계 속되는 물러남을 나타낸다.

241) Wehnert는 고넬료 전승을 역사적으로 갈 2:1-10과 2:11-14 사이에 설정하여 그 긴장을 해 결하려고 시도한다(*Reinheit*, 265-67, 273). 여기서도, 하나님을 경외하고 열정이 있는 자에

예루살렘에서 디도의 위기에 관해서는 그렇게 확고하게 바울을 지지했던(갈 2:5, "우리") 바나바는 왜 안디옥의 식탁 교제에서는 변절자 역할을 했는가?[242] 그들의 이유가 무엇이든지 간에, 바울은 공공연히 베드로와 대면했고(짐작하건대 베드로가 식탁에서 점차 물러난 일이 의도적이었음이 분명해졌을 때) 베드로를 면전에서 맹렬히 비난했다(갈 2:11, 14).[243] 그 대면에 관해 바울이 회상한 내용은 안디옥에서 그가 개인적으로 베드로에게 말한 내용에서 그가 서신을 쓸 때 여전히 말하고 싶었던 내용으로 매끄럽게 이어진다 (2:15-17).[244]

그 대면은 무엇에 관한 것이었나? 여기에 무엇이 달려 있었는가?[245]

a. 다섯 가지 핵심 용어

일어난 일에 관한 바울의 강한 염려 그리고 베드로의 행동에 대한 그의 실망은 그의 거리낌 없는 수사법으로 판단할 수 있다. 베드로는 "책망받았다"(2:11). "그는 할례자들을 두려워했다"(2:12). 그는 "외식했다"(2:13). 그는 "복음의 진리를 따라 바르게 행하지 않았다"(2:14).[246] 그런 감정을 자극하는

게 가끔 예외가 허용된 곳에서, 다수의 비유대인 신자가 안디옥에서 관계되었다는 사실은 그 예외가 법이 되었다는 의미로 받아들일 수 있다(§27.2c). 막 7장과 마 15장 사이에서처럼(*Jesus Remembered*, 574-75을 보라), 정결함을 주제로 예수가 베푼 중요한 가르침에 대한 다른 독법은 당시 정결한/부정한 사람이라는 논제에 다른 가중치가 부여됐음을 반영할 수도 있다(비교. Wedderburn, *History*, 74-75).

242) Schmithals는 바울과 바나바의 불일치가 "안디옥의 불행한 사건의 진짜 실체를 형성했다"라는 것을 의심하지 않는다(*Paul and James*, 71).

243) 2:9에서 합의한 책임/권위의 분리를 고려하면(위 §27.3d를 보라), 야고보가 이방인이 다수인 안디옥 교회에서 권위를 행사하려고 한 것에 대해 괴로워했거나 분노했을 수도 있다.

244) 예. Betz, *Galatians*, 113-14; 필자의 *Galatians*, 132; Martyn, *Galatians*, 246-47을 보라. 대립의 되울림은 적어도 2:17까지 계속된다(아래 §a[iv], 'sinner', 그리고 n. 260을 보라). 또한 Bauckham, 'Peter, James, and the Gentiles', 125-26도 그렇게 본다.

245) 이어진 내용의 변형은 필자의 'Echoes of Intra-Jewish Polemic in Paul's Letter to the Galatians', *JBL* 112 (1993), 459-77을 보라. 이것은 *The New Perspective on Paul*, 9장, 여기서는 (2005), 222-32, (2008), 228-38로 재인쇄되었다.

246) 바울의 거친 언어는 "그 상처가 치유되지 않았음"을 나타낸다(Hengel, *Petrus*, 103).

언어는 그 논제 및 그와 연관된 요인을 흐리게 하는 경향이 있다.[247] 그러나 바울이 더 자세하게 서술하며 사용한 다섯 개의 용어는 중요한 통찰을 제공한다.

(i) 베드로는 이방인 신자로부터 "자신을 **구별하기** 시작했다"/"자신을 **분리하고 있었다**"(aphōrizen heauton). 동사 "아포리조"(aphorizō)의 배경에는 "파라쉬"(parash, "구별하다")라는 후기 히브리어가 있는데, 이 말에서 용어 "바리새인"이 유래했다(perushim, "구별된 사람들"). 여기서 함의된 점은, 그들이 필요하다고 본 정결함의 정도를 유지하려고 이스라엘 안에서 아니면 심지어 이스라엘로부터 자신들을 구별하려고 시도했기 때문에 그들을 그렇게 불렀다는 것이다.[248] "파라쉬/아포리조"는 제의 공동체의 정결을 유지하는 데 필요하다고 여겨지는 정도의 분리를 가리키는 거의 전문 용어가 된 듯하다.[249] 똑같은 표현은 쿰란 종파 지도자나 지도자들이 왜 쿰란 종파가 그런 정결의 이유 때문에 나머지 이스라엘 사람들과 "구별(prshnu)"되어야 하는가를 설명하는 문서로 보이는 것에서 사용되었다(4QMMT C7 = 92). 여기서

---

247) 이 구들 각각에 관한 상세 사항은 필자의 *Galatians*, 특히 117, 124-25을 보라.

248) *Jesus Remembered*, 267-68을 보라. 신실한 디아스포라 유대인들도 정결함을 의식했다는 점은 필론의 *Spec. Leg.* 3.205-6; *Sib. Or.* 3.591-93에서 드러난다. 요세푸스는 체육 감독관이 의무적으로 주는 기름 대신에 약간의 돈을 받는 안디옥 유대인 시민의 오랫동안 확립된 특권을 언급하는데, 유대인들이 이방인(= 정결하지 않은)의 기름을 사용하지 않으려고 했기 때문이다(*Ant.* 12.120; 비교. *War* 2.591; *Life* 74); 롬 14:14은 정결함/부정함의 문제가 로마에도 있었음을 나타낸다.

249) 사 56:3; *Jub.* 22.16; *Par. Jer.* 6.13-14(= *4 Bar.* 6.17?)과 관련해서, U. Kellermann, *EDNT* 1.184을 비교하라. Bauckham은 스 10:11; 느 9:2; 10:28; 13:3; *Ep. Aris.* 151-52; *2 Bar.* 42.5('Peter, James, and the Gentiles', 125)을 언급한다. 쟁점은 음식이 아니라 분리였다(123-25). 그 태도와 관습은 타키투스에게 인상 깊었다(*separate epulis*, *Hist.* 5.5.2). *Jub.* 22.16은 그 태도를 특별히 잘 보여준다:

> 너 자신을 이방인으로부터 분리하고 그들과 함께 먹지 마라. 그들과 같은 행동을 하지 말고 그들과 관련되지 마라. 그들의 행위는 더럽혀졌고, 그들의 모든 길은 오염되었으며, 가증하고, 혐오스럽기 때문이다.

놀랍게 바울도 고후 6:17에서 비슷한 정서를 표현한다(LXX 사 52:11을 수정한 형식)!

함의는 베드로가 "구별됨"을 실천한 바리새인들을 특징짓고 바울이 잘 알고 있던 동기에서나(갈 1:14), 아니면 실제로 편안함을 추구한 쿰란 종파의 동기와 아주 유사한 동기로 행동했다는 것이다. 고넬료 전승에 대한 어떤 암시가 있다면(행 10-11), 베드로는 하나님이 고넬료를 받아들이심과 관련하여 그에게 주신 계시로 되돌아가고 있었으며(행 10:28), 이것은 그가 외식했다고 비난받은 일을 설명하는 데 도움이 될 수 있다(갈 2:13).

(ii) 바울은 베드로의 이전 행동(즉 "이방인과 함께 먹다가"[2:12])을 **"이방인을 따르고"** 유대인답게 살지 않은 것으로 묘사한다(2:14). 우리는 그 표현이 베드로와 유대인 신자들이 대체로 유대인과 이방인 사이를 관장하는 율법을 완전히 버렸음을 시사한다고 이해해서는 안 된다.[250] 요세푸스가 보여주듯이, 안디옥에서의 양식은 이방인들이 유대인의 관습 중 적어도 일부를 수용해서 유대인들과 어울리기 위한 것이었다.[251] 더 핵심적인 것은, 그런 고소가 당시 유대인 간의 격렬한 논쟁에서 사용되었다는 사실이다.[252] 다른(비종파적인 혹은 다른 종파적인) 유대인들의 행동을 "이방인처럼 행동한다"라고 묘사하는 일은 그 종파가 용인하지 않은 행동을 효과적으로 비방하는 방법이었다.[253] 따라서 거의 확실한 점은, 여기서 사용된 구("이방인

---

250) Betz는 "게바의 유대교로부터의 완전한 해방"을 언급한다(*Galatians*, 112). 비슷하게 T. Holtz, 'Der antiochenische Zwischenfall (Gal. 2.11-14)', *NTS* 32 (1986), 344-61(여기서는 351-52).

251) 다시 §26 nn. 69-70을 보라.

252) *Jub.* 6.32-35에 따르면, 날짜가 잘못 계산된 축제나 조례를 준수하는 것은 준수하지 **않는 것**이며, 언약을 준수하지 않고 "이방인의 축제를 따르는" 것이다. 비슷하게 *1 En.* 82.4-7에서 "의의 길을 걷는" "의인"은 달과 축제와 연수를 잘못 계산한 "죄인들과 같은 죄"를 지은 사람에게서 자신들을 명백하게 구별한다. *Pss. Sol.* 8.13은 하스몬가 사두개인들이 성전 예식을 진행한 방식을 비난한다. "그들이 이방인들을 능가하지 못한 채로 남겨 둔 죄는 하나도 없었다."

253) "야고보에게서 온 사람들의 관점에서는 안디옥의 식탁 교제에서 적당한 수준의 율법 준수는 모든 율법을 저버리는 것과 같았다"(Dunn, *Partings*, [²2006] 174). 추가로 필자의 *Galatians*, 128-29를 보라. Catchpole은 "그 법령 아래에 있는 존재를 살아 있는 이방인으로 묘사하는 것은 아주 불가능하다"라고 주장할 때 수사적 과장법을 무시한다('Paul, James and the Apostolic Decree', 441).

을 따르고")가 베드로의 행동을 인정하지 않는 사람들이 사용한 말에서 비롯되었다는 것이다.[254]

(iii) 또한 바울은 베드로/게바가 "이방인들을 강제로 유대화(ioudaïzein)"한다고 비난한다(2:14). "유대화하다"는 상당히 익숙한 표현으로서 "(특징적인) 유대의 생활 방식을 취하다"라는 의미다. 이미 언급했듯이, 고대 세계에서 많은 비유대인은 유대인의 회당에 다니며 유대 관습을 받아들임으로써 "유대화"되었다.[255] 다시 말해서 "유대화"는, 할례를 당연히 동반하나, 할례를 꺼리는 삶의 방식, 즉 (아직) 개종자가 되지 않고 하나님을 경외하는 자들의 삶의 방식을 묘사하는 데 전형적으로 사용되었다.[256] 짐작하건대 갈라디아서 2:14이 이 후자를 염두에 두었을 텐데, 베드로와 나머지 유대인 신자들은 이방인 신자들이 유대화하도록, 즉 유대인의 삶의 방식이나 그들이 지금까지 수용했던 것보다 더 완벽한 유대인의 삶의 방식을[257] 취하도

---

254) 대체로 "유대화" 중에 있고 하나님을 경외하는 자들에게 사실이었던 것처럼, 안디옥의 이방인 신자들이 유대인 신자들의 전통적 양심을 충족하는 방향으로 어느 정도 이미 나아갔을 것이라는 필자의 이전 제안을 비판한 사람들은 그 구가 지닌 논쟁적 함축을 간과했다. 특별히 J. G. Crossley, *The Date of Mark's Gospel: Insights from the Law in Earliest Christianity* (JSNTS 266; London: Clark International, 2004), 141-54이 그렇다.

255) LXX에 8:17, "이방인 중 많은 사람이 할례를 받았고 유대인을 경외함으로써 유대인되었다." Eusebius, *Praep. evang.* 9.22.5에서 Theodotus, "세겜의 모든 거주자가 할례받고 유대화될 때까지" 야곱은 디나를 하몰의 아들에게 주지 않았다. Josephus, *War* 2.454, 메틸리우스(Metilius, 예루살렘의 로마 주둔군 사령관)는 "간청함으로 그리고 유대화하고 심지어 할례를 받는다고 약속함으로 자기 목숨을 구했다"; 2.463, "[수리아의] 각 도시에는 유대화된 사람이 있었고", 그들은 유대인과 너무나 많이 섞였기 때문에 유대인의 봉기 동안에 의심받았다. 플루타르코스는 유대화되었다고 의심받는 카에킬리우스(Caecilius)라는 자유민을 언급한다(*Cicero* 7.6; *GLAJJ*, 1.566).

256) 추가로 Cohen, *Beginnings*, 179-85을 보라. 바울 당시에, ioudaïzein은 "유대인이 되다"라는 의미로 (아직) 쓰이지 않았고, 오직 "유대인같이 되다, 유대인처럼 살다"를 의미했다. 또한 Cassius Dio 37.17.1을 보라. 이는 아래 §29 n. 27에서 인용했다.

257) P. F. Esler, *Galatians* (London: Routledge, 1998)는 n. 255의 증거를 무시하고, 그의 이전 저작인 *Community and Gospel*, 88에서처럼 "유대화하다"는 할례의 요구를 반드시 포함해야 한다고 논증하는데(137-39), Slee, *Church in Antioch*, 46-47이 이를 따르며, Bauckham, 'Peter, James, and the Gentiles', 126도 비슷하다. Martyn의 말이 더 견실하다. "[야고보에게서 온 이들의] 메시지는 안디옥 교회의 무할례 선교를 인정하는 예루살렘 회의의 문구를 직접 그리고 드러나게 철회하지 않았다고 확신할 수 있다. 만일 그렇게 했다면, 바울이

록 압력을 가하고 있다.[258] 지금까지 안디옥 교회에서 식탁 교제가 어떤 조건으로 실행되었다 하더라도, 유대인 신자들이 더 이상 그 조건들을 받아들이지 않았다. 그 조건들은 충분히 "유대인"답지 않았다.

(iv) 계속되는 자신의 항의에서, 바울은 특별히 유대 관점에서 항변한다. "우리는 본래 유대인이요 이방 **죄인**이 아니로되"(2:15). 제1권에서 언급한 대로, "죄인"은 율법 위반자(rasa'/hamartōlos)라는 의미로 사용된 용어다. 비록 제2성전기 유대교 분파주의 내에서 죄인은 율법(halakhah)의 분파주의적 해석과 율법에 동의하지 않거나 지키지 않는 다른 유대인들을 의미하기도 하지만 말이다.[259] 여기서 죄인은 정의상 언약 백성 밖에 있는 사람, 문자적으로는 "무법의", "범죄자"인 이방인을 의미하는 것으로 쓰일 수도 있다.[260] 이것이 바울이 2:15에서 공격하는 태도다. 멸시적인 언급("이방인 죄인")은 놓치기 어렵다.[261] 분명히 바울은 베드로의 행동 배경에 있고 실제로 그의 행동으로 표현된 종류의 언어와 태도를 보였다. 바울의 유사-

---

확실히 지적했을 것이다.…할례 논제는 재개되지 않았다"(*Galatians*, 233). "논제는 할례가 아니라 정결이다"(Betz, *Galatians*, 104). "신약성경 어느 곳에서도 야고보가 이방인 개종자들에게 할례를 요구했다고 주장한 적이 없다.…사도행전과 바울 서신은 야고보를 이방인들에게 정결한 음식 법을 부과한 일과 관련짓는다"(Brown and Meier, *Antioch and Rome*, 37-38). 자신의 이전 'Making and Breaking an Agreement Mediterranean Style: A New Reading of Galatians 2:1-14', *BibInt* 3 (1995), 285-314에서처럼, Esler는 명예-수치를 고려하는 사회과학적 인식이 베드로와 바나바를 온전히 불신하는 방향으로 그 이야기를 해석하도록 면허를 부여했다고 생각하는 것 같다. 그래서 그는 사회학 모형의 (그릇된) 사용에 관해 Horrell에게 비난받는다(*Social Ethos*, 11-18). 위 §20 n. 196을 보라. 또한 갈 2:12(n. 273)의 *hoi ek peritomēs*("할례자들")를 보라.

258) 우리는 다시 "강요하다"라는 개념을 만난다. Bauckham은 유대인의 폭력의 위협이 암시되었는가를 의문시한다('Peter, James, and the Gentiles', 128-30).

259) *Jesus Remembered*, 528-32을 보라. "유대 분파주의의 전성기는 기원전 2세기부터 성전이 파괴된 기원후 70년까지였다"(Cohen, *Maccabees to Mishnah*, 143).

260) 시 9:17; Tob. 13.6; *Jub.* 23.23-24; *Pss. Sol.* 1.1; 2.1-2; 눅 6:33(*hoi hamartōloi*) = 마 5:47(*hoi ethnikoi*); 막 14:41 병행구들. 비교. K. H. Rengstorf, *TDNT* 1.325-26, 328.

261) H. Merklein, "'Nicht aus Werken des Gesetzes…". Eine Auslegung von Gal 2,15-21', *Studien zu Jesus und Paulus*, vol. 2 (WUNT 105; Tübingen: Mohr Siebeck, 1998), 303-15: "그들[유대인 그리스도인들]은 '본래 유대인들'이며 따라서 당연히 이방인 같은 죄인이 아니다"(304).

율법 수사학의 사용에도 불구하고,[262] 바울은 "본래" 유대인들과의 공통 기반을 찾고 있었다. 공통 기반은 그들이 공유하는 유대인다움이었고, 이방인을 율법 밖에 있고("죄인들") 언약의 자비 너머에 있는 자들로 비하하는 특징이었다. 베드로에 대한 바울의 비난에 내포된 내용은, 베드로가 이방인 신자와의 식탁 교제에서 물러난 일이 이방인을 계속 이런 방식으로 생각한다는 것과 마찬가지이며, 한편으로는 그가 이방인 신자들이 하나님의 은혜와 성령을 받은 사람들임을 이미 알고 있었다는 것이다. 이런 이유로 바울은 2:17에서, 유대인다운 삶을 준수하지 않는 삶을 "죄"라고 여기는 것은 그런 비(非)준수자를 받아들인 그리스도를 "죄의 종"으로 여기는 것이라고 주장한다.[263]

(v) 다섯 번째 핵심 용어는 "**율법의 행위**"인데, 바울은 이것을 "예수 그리스도를 믿음"에 어느 정도 대립하는 것으로 제기한다(2:16). "율법의 행위"라는 구절은 단순히 율법의 요구를 행한다는 뜻이다.[264] 단순히 "행동"이나 "교훈"뿐만 아니라 토라가 규정한 행동이다.[265] 이처럼 그 구절은 하나님과 유대인의 언약 관계에 대한 유대교의 전통주의적 이해를 산뜻하게 요약한다. 하나님은 이스라엘을 그의 백성으로 택하시고 이집트의 노

---

262) 추가로 필자의 *Galatians*, 132-33을 보라. Betz는 2:15-21을 명제와 같다고 여기는데, 수사학적 관행에서 이것의 목적은, 퀸틸리아누스에 따르면, 합의점을 포함하여 지금까지의 입장을 요약하고 이어지는 논점의 주요 단계로 전환을 제공하는 것이다(*Galatians*, 114, 121-22).

263) 2:17의 "죄인들"은 2:15의 같은 용어를 가장 분명하게 되울린다. 율법의 행위가 아니라 그리스도 안에서 의롭게 됨을 추구하는 것이 우리가 "죄인"이라는 의미라면(율법의 요구를 행하지 않았기 때문에), 우리를 받아주신 그리스도는 죄의 종이 된다. 이건 확실히 아니다(2:17). 추가로 필자의 *The New Perspective on Paul* (2005), 13, (2008), 14 그리고 n. 53(참고문헌과 더불어); 또한 Cummins, *Paul and the Crucified Christ*, 191-92, 207-10을 보라

264) 그 요점은 논쟁되지 않는다. 추가로 필자의 *The New Perspective on Paul*, (2005), 22, (2008), 24 n. 94의 참고문헌; C. A. Evans, 'Paul and "Works of Law" Language in Late Antiquity', in S. E. Porter, ed., *Paul and His Opponents* (Leiden: Brill, 2005), 201-26을 보라.

265) 추가로 필자의 *The New Perspective on Paul* (2005), 22, (2008), 24 n. 93; 또한 'The Dialogue Progresses', in M. Bachmann, ed., *Lutherische und Neue Paulusperspektive* (WUNT 182; Tübingen: Mohr Siebeck, 2005), 389-430을 보라.

예 생활에서 구하셨다. 언약에서의 이스라엘의 역할, 즉 하나님의 택하신 은혜를 향한 타당한 반응은 하나님이 그들에게 요구하신 사항을 준행하는 것이다. 즉 율법에 순종하는 것이다(출 20:1-2의 순서는 이런 이유 때문이다). "언약적 율법주의"라는 표현은 유대인의 자기이해에 있는 이중 강조를 포착하는데, 신명기는 그것의 대표되는 표현이다. 갈라디아서 2장에서 "율법의 행위"라는 표현은 바울이 반대하는 베드로와 다른 이들의 행위를 분명히 고려해서 사용되었고, 그런 의미에서 다른 핵심 용어들과 같은 종류다.[266] 2:11-17의 맥락에서 "율법을 행하는 것"은 "이방인 죄인"으로부터 "구별하는 것"이고 "유대인의 (독특한) 삶의 방식으로 사는 것"을 의미했다. 이것이 그 표현이 여기서 그런 부정적인 어조로 사용된 이유다. 비록 "율법을 행함"은 그 자체로 선한 것이었다/것이다 하더라도 말이다.

b. 조명해주는 병행구: 4QMMT

이 단락에서 바울의 표현은 오랜 지체 후 출판된(1994) 4QMMT을 통해 신선하게 조명되었는데,[267] 그것은 쿰란 공동체의 종파적 근거를 가장 명백하게 표현하는 서신이다. 이미 언급했듯이(MMT C7 = 92), 이 서신은 "구별"이라는 언어와 근거만을 사용하지 않고, "율법의 행위"라는 표현도 사용한다. 지금까지 이 표현은 거의 바울만 사용한 문구로 보였다. 이 서신의 추가적인 특징 두 가지는 특별히 여기에 관련이 있다.[268]

---

266) Cummins은 사건 전체를 "마카비 순교자들의 확고한 음식 법, 할례, 안식일 준수, 그리고 그런 것들에 비추어 본다"(*Paul and the Crucified Christ*, 6장(197에서 인용). 다섯 용어의 상호 관련은 대개들 놓치고 있다. 예. Wilckens, *Theologie*, 1/3.131-42.

267) E. Qimron and J. Strugnell, *Discoveries in the Judean Desert*. Vol. 10: *Qumran Cave 4.V: Miqsat Ma'ase ha-Torah* (Oxford: Clarendon, 1994).

268) 여기서는 필자의 '4QMMT and Galatians', *NTS* 43 (1997), 147-53에 의존했다. 이는 *The New Perspective on Paul*, 14장으로 재인쇄되었다. 또한 'Qumran's Some Works of the Torah (4Q394-99 [4QMMT]) and Paul's Galatians', in J. H. Charlesworth, ed., *The Bible and the Dead Sea Scrolls*. Vol. 3: *The Scrolls and Christian Origins* (Waco: Baylor University,

하나는 "율법 행위의 일부"라는 긴 구는 분명히 바로 이 서신의 목적인 "너희와 너희 백성에게 우리가 선하다고 생각하는 토라 행위의 일부(miqṣat ma'ase ha-torah)를 너희에게 쓴다"(MMT C26-27 = 112-13)를 명백하게 언급한 것이다. 서신의 두 번째 난의 도입부 파편에 대한 암시는 논쟁의 여지가 없다. "이것이 우리의 가르침(dbrenu)의 일부다.…그것들은 우리가…는 행위…"(B1-2 = 3). 그 후에는 주로 성전, 제사장, 제사 및 정결과 관련된 내용을 담은 일련의 할라카적 결정이 뒤따르고, 이는 "우리는…라고 생각한다"라는 형식으로 일정하게 소개되었다.

갈라디아서와의 병행이 상당히 두드러진다. MMT에서처럼, 바울은 그 구절을 베드로와 다른 유대인 신자들의 행동을 관장해온 것으로 보이는 (식탁 교제와 관련된) 법규들의 요약으로 사용하는 듯하다(갈 2:2). MMT에 있는 "행위"는 모두 아주 구체적인 사안인 것이 사실이며, 그것은 주로 제의와 관련이 있다. 반면에 갈라디아서 2:16의 "율법의 행위"는 (기독교 관점에서) 더 비중이 있는 문제로 보인다. 그러나 베드로와 다른 유대인 신자들이 이방인 신자들에게 받아들이도록("유대화"하도록) 사실상 "강요를 시도했던" "율법의 행위"(2:14, 식탁 교제를 관장하는 음식 법)는 쿰란의 할라카에서 다루는 내용과 그렇게 다르지 않다. 그러나 더욱 중요한 내용은, 두 경우에서 결정과 실행("행위들")이 공동체에서 불일치의 핵심이었고, 또한 그것이 한 집단이 공동체의 나머지로부터 "분리"될 정도로 중요하게 여겨졌다는 사실에 있다.

훨씬 더 두드러진 내용은 세 번째 병행구다. MMT는 "마지막에 너희들은 우리의 가르침(dbrenu)의 일부가 사실임을 깨닫고 기뻐할 것이다. 그분 앞에서 바르고 선을 행함으로 너희들은 의롭다 여김을 받을 것이다"(C30-31 = 116-17)라는 희망으로 마무리된다. 분명하게 염두에 있는 것은 이 서신에 기록된 말씀들/가르침들/실행들(dbrenu)이고, 그것들은 몇 줄 앞에서 "율

2006), 187-201에서 J. H. Charlesworth와 함께 확장하여 출간했다.

법의 행위들 가운데 일부"로 묘사되었다. 그쪽에서 바로 눈에 띄는 내용은 "의로 여겨지다"라는 구가 서신의 권면 부분으로 들어온 방법이다. 그 구는 분명히 "그[하나님]가 그것[아브라함의 믿음]을 의로 여기셨다"는 창세기 15:6에서 가져온 것이고, 그것은 창세기 15:6이 당시 제2성전기 유대교에서 이해된 방식을 분명하게 반영한다. 즉 아브라함의 **신실함**이 의로 여겨졌다는 것이다(1 Macc. 2.52).[269] MMT는 다음과 같이 주장한다. 쿰란의 할라카 규정을 수용함으로써 판단되는 신실함은 의로 여겨질 것이다.

갈라디아서 2장과 4QMMT 사이의 다른 두 가지 병행을 고려할 때, 자신의 주장을 펼치기 위해 바울도 창세기 15:6을 의존했다는 사실은 놀랍지 않다(갈 3:6). 그러나 MMT는 할라카적 **신실함**을 의로 여겼지만 바울은 정반대로 논쟁한다. 즉 율법의 행위가 아니라, 아브라함이 믿었던 것처럼 믿는(3:6-9) **믿음**이다(3:2, 5). 그리고 3:6-29의 논증에는 2:16에서 요약된 베드로를 향한 바울의 반응에 대한 논지와 "율법의 행위"를 믿음의 필수 부록으로 만든 베드로에 대한 그의 질책을 분명하게 상술하려는 의도가 있다.

요약하면, 4QMMT는 베드로와 다른 유대인 신자들이 표현한 태도에 관해 상당한 빛을 비춰준다. 즉 "율법의 행위"가 사람이 하나님 앞에 서 있음이나 하나님의 받아주심/확인해주심에 중대하다는 것이다. 바울은 바로 이 용어들("구별하다", "죄인", "율법의 행위")을 사용하고 창세기 15:6을 인용하면서, 개인과 공동체의 의를 위해 유지해야 하는 율법의 핵심 요소가 있다는 제2성전기 유대교의 이해를 의도적으로 되울리고 대면한다. 바울이 볼 때, 베드로와 다른 유대 그리스도인들은 바울이 그들이 이제 버렸다고 생각했고 버렸어야 했던, 이방인을 향한 유대인의 전통적인 관점에 굴복했다. 짐작하건대 바울은 최근(?) 예루살렘에서 이룬 합의에서 그런 결

---

269) 그 구는 몇몇 신실한 이스라엘의 영웅들에 대해 비슷하게 사용됐다(§25.2c를 보라). 이스라엘이 더럽혀지지 않도록 한 비느하스의 행동은 "그에게 의로 인정되었다"라고 묘사된다(시 106:31). 마찬가지로 시므온과 레위도 이스라엘을 부정함에서 보호했기 때문에 의롭다고 인정받았다(Jub. 30.17).

론을 내렸을 것이다(2:6-10). 이는 추가 난제를 제기한다. 왜 식탁 교제의 문제가 그런 방식으로 일어났는가? 유대인과 이방인 신자를 위한 생활방식이 예루살렘 합의에 포함되지 않았나? 왜 베드로는 안디옥에서 그렇게 행동했는가? 합의를 넘어선 사람은 바울이 아니었는가?

c. 예루살렘 합의에서 빠진 요소

갈라디아서 2:1과 2:11-14의 일련의 사건을 이해하기 위해서는, 유대인과 이방인 신자들이 함께 식사하는 논제가 예루살렘 모임에서 제기되지 **않았다**고 추론해야 한다. 때로 이것은 예루살렘에서 디도가 유대 그리스도인들과 틀림없이 함께 식사했을 것이고, 이 때문에 유대인과 이방인 신자들이 함께하는 식탁 교제의 논제가 인식됐고 예루살렘 협의로 틀림없이 이미 해결되었을 것이라는 상반적인 추론으로 의문시된다.[270] 그러나 이에 관해서는 "틀림없이"가 없다.

예를 들면, 우리는 바울과 바나바 및 디도가 예루살렘에 머무는 동안 어디서 묵었는지, 그리고 혼합(히브리파/헬라파) 가정 모임이 예루살렘에 있었는지를 모른다. 개종 후 바울의 첫 방문은 아주 제한적이었다(1:18-19). 한편 예루살렘에 헬라파 신자들이 거의 남아 있지 않았다면, 어쩌면 세 사람은 방문 동안에 식탁 교제에서 유대인의 전통 관습, 즉 "유대인들에게 유대인과 같이 됨"(고전 9:20)을 따랐을 것이다.[271] 또 하나의 가능성은 유딧서(Jdt.

---

270) Esler와 Gathercole이 그렇게 본다. Esler, *Galatians*, 130-34; S. J. Gathercole, 'The Petrine and Pauline *Sola Fide* in Galatians 2', in Bachmann, ed., *Lutherische und Neue Paulusperspektive*, 309-27: "갈 2:1-10 사건에서 우리는, 유대인과 이방인 그리스도인이 혼합된 명확한 예, 즉 디도와 다른 사람들이 공동생활을 했음을 보게 된다"(319).

271) 비교. 행 16:3; 21:23-26. *The Letter of Aristeas*는 이집트의 왕이 유대인 손님들과 식사하며 유대 규정에 따라 준비한 음식을 먹는 식사 자리를 묘사한다(*Aristeas* 181). 그 이후 (안디옥에서 있었던) 사건이 지닌 함의는 이방인 그리스도인들이 "유대화"하고자 했다면, 즉 유대인 신자들이 준수하기를 원했던 그런 제약을 받아들이기로 했다면, 식탁 교제가 재개될 수 있었다는 것이다.

10:5; 12:17-19)와 어쩌면 로마 공동주택 교회(들)처럼(롬 14:2), 혼합 모임에서 식사는 같이했으나 같은 음식을 나눈 것은 아니었다는 점이다.[272] 아니면 오늘날 로마 가톨릭 지역 당국이 가톨릭교도가 아닌 사람들에게까지 성찬을 예외로 허락하거나, 교회가 다시 연합할 때까지 성찬을 함께하지 않는다는 원리를 양보하지 않고 그런 비정기적인 관습에 대해 눈을 감아주는 것처럼, 디도를 예외로 여겼다면 어떤가? 하나님을 경외하거나 유대화된 한 명의 이방인인 디도는, 신실한 유대인들이 필수로 여기는 사항을 무시할 수 있는 어떤 전례를 이미 이방인이 다수를 구성하는 공동체 전체(안디옥)에 제공하지 않는다.

무엇보다도 안디옥에서 제시된 것처럼, 그 논제가 예루살렘에서 제시되었다면, 야고보와 다른 이들은 디도가 유대인과 함께 먹는 것을 인정했을까? 한편 야고보의 일행이 안디옥에서 반대했다면, 예루살렘에서 더욱 더 반대하지 않았겠는가? 안디옥 사건에서 예루살렘의 "거짓 형제들"(갈 2:4-5)과 같은 역할을 하는 "할례자들"에게(2:12) 간단히 책임을 전가할 수 없다. "거짓 형제들"이 예루살렘에서 저항을 받았다면, 왜 그들이 안디옥에서 더한 저항을 받지 않았겠는가? 특별히 바나바에게서 말이다. 야고보도 안디옥에서의 "분열"에 대한 책임을 쉬이 면할 수 없다. "야고보에게서 온 어떤 이들"의 도착이 베드로가 자신을 이방인 신자로부터 구별하는 기폭제였다는 사실은 바울의 서술에서 충분히 명백하게 드러난다(2:12).[273] 베

---

272) 미쉬나는 비유대인이 참석한 식탁 상황을 가정하는 두 가지 결정을 담고 있다(*m. Ber.* 7.1 그리고 *'Abod. Zar.* 5.5). M. Bockmuehl, 'Antioch and James the Just', in Chilton and Evans, ed., *James the Just and Christian Origins*, 155-98은 규율을 엄수하는 유대인에게 네 가지 선택이 있다고 지적한다. (1) 이방인과의 모든 식탁 교제와 이방인의 집에 들어가는 것을 거부한다. (2) 이방인을 자신의 집으로 초대해서 유대 음식을 준비한다. (3) 이방인의 집에 자기 자신의 음식을 가져간다. (4) 그들이 먹는 음식이 토라에서 금지하는 것도 아니고 우상숭배로 더러워진 음식이 아님이 분명하거나 암시되었다면 이방인과 식사한다 (165). 다시 위 §26 nn. 69, 70을 보라.

273) Hengel과 Schwemer는 그들이 예루살렘에서 저명했던 "장로들"과 일치한다고 제안한다 (위 §23.3을 보라)(*Paul*, 245). M. D. Nanos, 'What Was at Stake in Peter's "Eating with Gentiles" at Antioch?', in M. D. Nanos, ed., *The Galatians Debate* (Peabody: Hendrickson,

드로가 이방인과 함께하는 식탁 교제를 인정하지 않는 전자 때문에, 그리고 그런 불인정은 안디옥에서 관행이었던 것을 베드로로 포기하게 할 정도로 충분한 무게감이 있었기 때문에, 일이 그렇게 되었다.[274] 그런 무게감은 "야고보에게서"라는 표현으로 분명하게 시사된다. 이 표현은 바로 야고보의 권한이 새로 들어온 자들의 배후에 있었음을 보여준다. 양으로나 음으로, 공식적으로나 사실상 그들이 야고보의 권한을 주장했든지 간에 말이다.[275]

유일하게 개연성이 있는 해결책은 예루살렘 합의가 혼합된(유대인/이방인) 교회의 문제를 다루지 않았다는 것이다. 이는 "우리는 이방인에게로, 그들은 할례자에게로"(2:9)라는 말이 두 가지 다른 책임을 (단순하게?) 구별하려는 의도였다는 함의를 시사할 수도 있다.[276] 그 문제가 제기되지 않았다는 놀라움은 여러 가지 고려사항으로 완화된다. 하나는 디도의 출현이 그 문제를 분명하게 제기하지 않았다는 것이다. 성격상 거의 유대인적인 교회

2002), 15장은 "야고보에게서 온 어떤 이들"이 그리스도를 믿지 않았지만 야고보의 허락을 받은 이익 집단일 가능성이 크다고 타당해 보이지 않게 논증한다(xxxi). 갈 2:12에서 *hoi ek peritomēs*("할례자들")가, 그 구가 골 4:11에서 분명히 그랬듯이, 그리스도를 믿은 유대인들을 가리키지 않는다고 볼 이유는 하나도 없다. 언급해야 할 점은, 그 구가 본래 유대인이거나 경건한 유대인으로 언급된 사람들을 묘사하며, 이방인 신자들의 할례를 옹호하는 자들을 반드시 가리키지는 않는다는 점이다(비교. 행 10:45; 11:2; 롬 4:12; 골 4:11).

274) Hill은 "야고보의 대표들"이 아래의 취지로 말했을 것이라고 타당하게 제안한다: "당신들은 이것이 예루살렘에서 우리가 동의한 내용이 아님을 알아야 한다. 이방인들이 유대인처럼 살아야 할 이유가 없다는 말이 유대인들이 이방인처럼 살아도 된다는 말은 아니다!"(*Hellenists and Hebrews*, 141. 이를 Cummins, *Paul and the Crucified Christ*, 164-65이 따랐다).

275) Ward는 바울의 서술이 "바울과 야고보의 우호 관계를 반드시 부정하지는 않는다"라고 논증하나('James of Jerusalem', 784), 그는 갈 2:6에서 거리를 두는 바울의 언급 그리고 베드로의 행동과 그 행동의 동기에 관해 바울이 표출한 분개의 깊이를 거의 고려하지 않았다.

276) "율법의 지속적인 유효성을 당연하게 받아들였기 때문에 율법은 언급되지 않았다"(Martyn, *Galatians*, 267-68). 또한 C. K. Barrett, 'Christocentricity at Antioch', *On Paul*, 37-54(여기서는 49-53)을 보라. 또한 *Acts*, 2.711-12. Bruce는 "더 정교한 시대를 사는 우리는 다른 합의에서처럼 기독교 내의 계산된 모호성이라는 계책에 익숙하다. 그러나 이 합의에 포함된 모호성은 의도된 것이 아니라 부주의 때문이었다"(*Galatians*, 125)라고 적절하게 논평한다. 비슷하게 Martyn, *Galatians*, 220-22.

(가정 모임)에서, 단순히 그는 손님으로서 주인의 관습을 따랐을 수도 있다. 다른 하나는 예루살렘에서 직면한 그 위기(디도가 할례를 받아야 하는가에 대한)가 너무 충격적이어서, (손상되기 쉬운) 합의가 위태롭게 될까봐 모든 당사자가 다른 문제를 제기하길 주저했다는 것이다. 다른 하나는 이미 제시된 내용과 비슷한데,[277] 야고보가 합의에 추가된 내용을 이방인 신자와의 연합에 관한 언약적 율법주의 원칙의 안전장치로 여겼다는 것이다(2:10). 즉 그들은 할례받을 필요가 없으나, 그들은 자신을 "유대화"해서 유대인의 양심을 존중할 준비를 해야 했다는 것이다. 필자가 다른 곳에서 표현했듯이, 야고보는 원칙이 굽혀진 것이 아니라 예외가 허락됐다는 인상을 받고 예루살렘 회의를 떠났을 가능성이 다분하다.[278]

이 시기 동안 악화 일로를 걷던 유대의 정치적 상황도 명심해야 한다. 유대인의 정신에 큰 충격을 준 칼리굴라의 흉상이라는 낭패는 십 년이 채 안 되었고, 안디옥에서도 심각한 불안정을 야기했다.[279] 통일 왕국을 다스린 헤롯 아그리파의 짧은 통치(41-44년)는 국가 정서를 고무시킬 수밖에 없었다. 그를 계승한 로마 행정 장관은 연약했고 위압적이었다. 쿠스피우스 파두스(Cuspius Fadus, 44-46?)는 안전을 위해 대제사장의 의복을 로마로 돌려보내라고 요구한 후 반란을 일으키겠다는 드다(Theudas)의 위협을 받았다(Josephus, *Ant.* 20.6, 97-99). 그의 계승자인 유대인 변절자 티베리우스 율리우스 알렉산데르(Tiberius Iulius Alexander, 46?-48)는 갈릴리 유다의 아들인 야고보와 시몬을 처형했는데, 그들이 아버지와 마찬가지로 로마의 통치에 대해 불안을 조장한다고 생각했기 때문일 것이다(*Ant.* 20.102). 그의 후임자인 벤티디우스 쿠마누스(Ventidius Cumanus, 48-약 52) 치하, 곧 여기서 다루고 있는 시대에, 상황은 계속 악화하여 예루살렘에서 소동이 일어났고 수천 명이 사망했으며(Josephus에 따르면), 사마리아와 다른 지역에서는 노상강도가

---

277) 위 §27 n. 197과 추가로 §27.3e를 보라.

278) *Partings* (²2006), 172; 추가로 필자의 *Galatians,* 122-24을 보라.

279) 위 §24 n. 236을 보라.

증가했다(*War* 2.223-38; *Ant.* 20.105-24).[280]

    그런 상황에서, 그리고 국가적·종교적 정체성이 유대인의 자기이해와 얽힌 정도를 고려하면, 예수 종파에 속한 유대인들에게 이런 정체성을 그렇게 구성하는 율법과 관습에 대한 충성 및 지속적인 깊은 경외심을 보이도록 압력이 조성되는 일은 거의 불가피했을 것이다.[281] 이는 예루살렘 자체 내 위기의 한 요인이었을 수도 있으며("거짓 형제들"?), 베드로가 "할례자들을 두려워했기"(2:12) 때문에 안디옥에서 그가 행동했던 것처럼 행동했다는 바울의 비난에는 빈정거림만 있는 것이 아닐 수도 있다.

d. 베드로를 위한 주장

그런 고려사항들은 베드로가 왜 그렇게 행동했는지에 대해 더 동정적인 견해를 가지도록 한다. 역사가는 여기서 어려운 처지에 처하는데, 갈라디아서 2장은 그 이야기에 대한 바울의 관점만을 제공하고, 사도행전은 그 사건을 완전히 생략하기 때문이다. 그러나 베드로를 완전히 방종한 사람으로 여기지 않는다면, 그가 이방인 신자들에게서 "물러난" 타당한 이유가 있었다고 추론해야 한다. 결국 실질적으로 분리를 유발한 사람은 베드로만이 아니라, 모든 다른 유대인 신자들, 그리고 심지어는 수많은 이방인을 믿음으로 인도한 바울의 선교 동역자 바나바였다. 그러면 베드로는 2:14-16의 바울의 날카로운 질책에 어떻게 반응했을까?[282]

---

280) Smallwood, *Jews*, 257-69의 더 자세한 논의를 보라.

281) R. Jewett, 'The Agitators and the Galatian Congregation', *NTS* 17 (1970-71), 198-212(여기서는 204-206)이 이렇게 논증했다. 비교. Hengel and Schwemer, *Paul*, 256, "이 합의는 불안정한 합의로서, 떠오르는 유대 국가주의 때문에 약화되기 쉬웠다"(Wedderburn, *History*, 109-10). 단지 10년쯤 후에 야고보는 이런 이유로 유대인 봉기 전 대제사장 분파의 내부 권력 다툼의 희생물이 되었다(§36.2을 보라). 또한 야고보에게서 온 대표단이 예루살렘의 권위가 안디옥도 관할한다고 주장했다는 점이 하나의 요인이었을 수도 있다(Taylor, *Paul*, 130-31). 또한 §36 nn. 24, 25을 보라.

282) 이어지는 내용에서는 필자가 이전에 논의한 내용에 의존했다('The Incident at Antioch',

1. 그는 언약적 율법주의의 논리를 틀림없이 이해했을 것이다. 즉 유대인은 율법에 따라 살도록 하나님이 이스라엘과 맺으신 언약에 묶여 있다는 것이다.[283]

2. 그는 고조되는 국가주의의 압력을 틀림없이 감지했을 것이다. 비록 베드로가 "할례자들을 두려워했다"(2:12)라는 바울의 비난이 무례하고 부당하다 할지라도, 베드로는 야고보에게서 온 대표단(?)에게 자신의 판단을 맡기려고 했을 것이다.

3. 베드로는 할례자를 향한 자신의 선교가 계속 진행될 수 있음을 고려했을 가능성이 크다(2:9). 특히 그가 속한 "종파"의 사람들이 그를 "죄인"으로 규정했다면, 베드로의 많은 다른 동료 유대인들도 그를 받아들이지 않았을 것이다.

4. 베드로는 회당과 관련하여 하나님을 경외하는 수많은 자들이 행동한 것처럼, 이방인 신자들이 행동하기를, 즉 그들이 유대 관습을 택하거나 거기에 적응하기를 희망했을 수도 있다. 여기서도 "억지로 이방인을 유대인답게" 한다는 바울의 가혹한 언급(2:14)은, 이방인들이 자기 조상의 관습에 대해 느슨해지기를 기대하지 않았고 오히려 그들이 자기에게 와서 함께 먹기를 바라는 마음으로 식탁 교제에서 점차 물러난 베드로의 전략을 단순히 매정하게 읽은 것일 수도 있다. 따라서 고린도와 로마의 혼합된 회중을 향한 바울의 충고는 그렇게 다르지 않다(고전 8-10; 롬 14:1-15:6).

그렇다면 우리는 대체로 베드로의 정책이 다소 합리적이었다고 정당

156-57; *Partings* [²2006], 175-76; *Galatians*, 119-24). 비교. Murphy-O'Connor, *Paul*, 152; Martyn, *Galatians*, 241-43; Lohse, *Paulus*, 92-93; Schäfer, *Paulus bis zum Apostelkonzil*, 236-38; Hengel, *Petrus*, 97-98, 105-16.

283) "율법을 향한 태도와 순종이 하나님의 백성에 속했는지 알아보는 시금석이었다"(Davies, 'Paul', 703). Cummins는 마카비 순교자들이 전형적으로 보여주었고 그들이 목숨 바친 모든 것에 대한 헌신이 베드로에게 요인이었을 수 있다고 제안한다(*Paul and the Crucified Christ*, 174-78, 188).

하게 생각할 수도 있다. 그는 자기 동료 유대인의 진실하고 마음속 깊이 자리한 신념에 대해 관심을 기울였으며, 이방인에게 추가적인 요구를 하지 않았다. 그 문제에 복음이 달려 있지 않았다. 이방인 신자들은 할례 없이 성령과 세례를 받았다. 이제 남은 것은 유대인 신자들의 양심에 맞추는 일이었다. 하지만 바울은 동의하지 않았다. 강하게 말이다!

27.5 복음의 진리

[14]"네가 '유대인으로서 이방인을 따르고 유대인답게 살지 아니하면서' 어찌하여 억지로 이방인을 유대인답게 살게 하려느냐?" 하였노라. [15]우리는 본래 유대인이요 "이방 죄인"이 아니로되, [16]사람이 의롭게 되는 것은 율법의 행위로 말미암음이 아니요 오직(ean mē) 예수 그리스도를 믿음으로 말미암는 줄 알므로, 우리도 그리스도 예수를 믿나니, 이는 우리가 율법의 행위로써가 아니고 (ouk) 그리스도를 믿는 믿음으로써 의롭다 함을 얻으려 함이라. 율법의 행위로써는 의롭다 함을 얻은 육체가 없느니라(갈 2:14-16).

베드로와의 대립에 관한 바울의 계속된 고찰에 어우러진 바울의 베드로를 향한 반응은(2:14-21), 자신이 볼 때 그 대면의 중대했고 여전히 중대한 내용을 끌어내려 하는 바울을 보여준다.[284]

a. 공통 기반

안디옥에서 이방인 신자들과 함께 먹는 베드로를 만류하려고 야고보에게서 온 일단의 사람들이 사용한 언어를 바울이 여기서 사용했을 가능성

---

284) Schnelle, *Paul*, 136-37은 바울이 안디옥에서 2:16을 말할 수 없다고 정당성 없이 단호하게 주장한다.

이 있기 때문에, 필자는 2:14의 한 절과 2:15의 한 구절을 인용 부호 안에 넣었다. 이방인과 유대인 간의 반복되는 대조가 특별히 눈에 띈다. 열방/이방인으로부터 구별됨이라는 유대인의 의식은 분명히 호소력이 있었다. 베드로는 "이방인답게 살았지 유대인답게 살지 않았다." 이것은 이방인 신자와 함께 식사한 베드로의 행동과 관련해서 야고보의 사람들이 사용한 상당히 비판적인 언어를 거의 확실히 반향한다. 비슷하게, 바울이 스스로 "이방인 죄인들"(이방인들 = 죄인들)이라는 표현을 사용했을 것이라는 점은 의심스럽다고 판단해야 한다. 이미 살핀 것처럼, 이 표현은 "율법 안에서" 밖을 보는 자들이 정의상 범법자인 자들을 바라보는 태도를 표현한다. 그 두 구절은 분명히 일치한다. "이방인, 즉 이방인 죄인처럼 사는 것." 야고보에게서 온 일단의 사람들은 유대인 신자들이 사실상 자신들을 이방인의 지위에 놓았다고 그들을 명백하게 비난했다. 베드로에게 대응하면서 바울은 별다른 언급 없이 그 표현을 사용한다. 이것이 바울이 질책한 내용의 출발점이다.

복음이라는 공통 기반 위에서 바울이 베드로에게 호소한다는 사실도 놀랍다. "우리는 유대인이요 이방인이 아니라. 사람이 의롭게 되는 것은 율법의 행위로 말미암음이 아니요 오직 예수 그리스도를 믿음으로 말미암는 줄 알므로." 그 호소는 두 가지다. 첫 번째는 그들에게 공통적인 유대인의 유업이다("우리는 본래 유대인이요"). 나중에 더 충분하게 살피겠지만,[285] 짐작하건대 바울은 "칭의"에 대한 가르침이 그들의 공통 유업에 뿌리를 두고 있다는 사실, 즉 유대인으로서 그들의 모든 지위가 이스라엘을 그의 백성으로 선택하고 또 그의 백성으로서 어떻게 살아야 하는지를 그들에게 보여주신 하나님의 주도권에 온전히 기반을 둔다는 사실에 호소하고 있다.[286] 바울이 2:16을 마무리하며 인용한(혹은 암시한) 성경은 같은 주장을 하는데, "주의 눈앞에는 의로운 인생이 하나도 없도다"(시 143:2)라고 말

---

285) 아래 §33.3a를 보라.
286) 이것이 신명기의 주요 주제, 즉 이스라엘의 "언약적 율법주의"의 헌장이다.

한다.[287] 그 신학은 철저하게 유대교적이다. 아무도 하나님 앞에서 죄 없음을, 즉 자신의 삶의 우수함을 이유로 (최후의) 무죄 평가를 받을 만하다는 주장을 할 수 없다.[288] 그래서 바울은 "칭의"가 본질적으로 유대인들과 공유한 가르침이고 그들의 공통 유산에 기인했음을 나타낸다.

그러나 두 번째로 바울은 그들이 공유한 기독교의 믿음에도 호소한다. "오직 예수 그리스도를 믿음으로…사람이 의롭게 되는 것을 우리가 앎으로."[289] 그들이 믿음을 공유한다는 사실과 그 믿음이 그리스도를 통한 그들과 하나님과의 관계 및 자신들 사이에서와 다른 신앙인과의 관계의 토대라는 사실이 그들이 서 있는 공통 기반이었다.[290] 그 문장 하나(2:16a)만도

---

287) 그 암시는 비슷한 상황에서 반복되었고, 롬 3:20에서 더 명확하다. 추가로 필자의 *Romans*, 153-54과 아래 §33 n. 117을 보라.

288) 예. 욥 9:2; 시 14:1-3; 사 59:2-15; *1 En.* 81.5; 1QH 17[= 9].14-15. 언약적 율법주의의 긴장(최종 칭의가 적어도 어느 정도 율법 준수에 의존한다는 것)에 관해서는 *The New Perspective on Paul* (2005), 55-63 그리고 추가로 63-80, (2008), 60-71과 71-89을 보라.

289) 필자는 *pistis Christou*를 그리스도의 믿음(신실함)으로 해석하는 작금의 유행하는 방식이 오해라고 여전히 확고하게 확신하는데, 오해는 그 해석의 배경에 있는 신학이 아니라(바울이 예수의 죽음을 "순종" 행위로 이해했다는 것은 롬 5:19에서 명확하다), 그렇게 해석된 본문과 관련이 있다. 갈라디아서에 관한 한 3:6-9을 볼 때 분명한 점은, 3:7-9에서 말한 "믿음"(*pistis*)이 표제 본문(3:6)의 아브라함의 믿음(*episteusen*)이라는 관점에서 이해해야 하고, 3:6-9이 2:16의 주제 진술에서 언급된 피스티스(*pistis*)의 강해라는 점이다. 아래 §31 n. 352(또한 §33 n. 121), 그리고 추가로 필자의 *New Perspective on Paul*, 39-40 n. 164(최근 참고문헌과 더불어); 또한 Chester, *Conversion at Corinth*, 175-81; D. M. Hay, 'Paul's Understanding of Faith as Participation', in S. E. Porter, ed., *Paul and His Theology* (Leiden: Brill, 2006), 45-76; R. B. Matlock, 'Detheologizing the *pistis Christou* Debate: Cautionary Remarks from a Lexical Semantic Perspective', *NovT* 42 (2000), 1-23; 또한 그의 '"Even the Demons Believe": Paul and *pistis Christou*', *CBQ* 64 (2002), 300-318, 그리고 'ΠΙΣΤΙΣ in Galatians 3.26: Neglected Evidence for "Faith in Christ"?', *NTS* 49 (2003), 433-39; R. A. Harrisville, 'Before *pistis Christou*: The Objective Genitive as Good Greek', *NovT* 48 (2006), 353-58을 보라.

290) "안디옥 신학의 합의 진술"(Becker, *Paul*, 96, 287-88); "유대인의 표준 견해"(Westerholm, *Perspectives*, 370); 추가로 M. Theobald, 'Der Kanon von der Rechtfertigung (Gal 2,16; Röm 3,28)', *Studien zum Römerbrief* (WUNT 136; Tübingen: Mohr Siebeck, 2001), 164-225(여기서는 182-92); Schäfer, *Paulus bis zum Apostelkonzil*, 253-65을 보라. J. Murphy-O'Connor, 'Gal 2:15-16a: Whose Common Ground?', *RB* 108 (2001), 376-85은 유대 그리스도인들이 실제로 유지한 신학이 아니라 지켰어야 했던 신학을 바울이 그들에게 돌렸다고 본다.

바울이 "믿음으로 말미암은 칭의 교리"를 창조하지 않았고, 오로지 자신의 선교만을 위해서 혹은 선교가 어느 정도 진행된 후에야 처음 진술한 것이 아니라는 충분한 증거가 된다.[291]

b. 근본 원칙

바울에게 있어 논제는 그의 질책이 시작한 곳에서 나온 두 요소가 양립할 수 없다는 점이다. 안디옥에서 베드로가 한 행동은, 이방인을 향한 유대인의 오랜 태도가 그들이 공유하는 복음과 양립할 수 없음을 바울에게 명백하게 보여줬다. 바울이 보기에 베드로의 행동은 이방인 신자들을 "유대화"하고 유대인의 삶의 방식이 지닌 특징과 독특한 관습들을 따르라고 "강요하는" 시도로 비쳤다(2:14). 즉 베드로가 복음에 그리고 신앙 공동체를 위해 **필수불가결한 것**으로서 그리스도를 믿는 믿음에 "율법의 행위"를 **추가로** 요구했다는 것이다(2:16).[292]

바울의 전략은 모든 시대의 논쟁자들에게 친숙한 전략이다. 바울은 그 대립을 일으킨 사건을 자신의 출발점으로 삼았으며, 심지어 야고보에게서 온 일단의 사람들이 사용한 표현을 (어쩌면) 되울렸고, **하나님**이 어떻게 인간을 다루시는지에 관해 공유된 이해가 어떻게 그 표현과 그것이 드러내는 태도에 반하는가를 보여주려고 시도했다. 사실상 바울은 그들이 공유하는 복음의 조건을 고려하라고 베드로에게 호소하고 있으며, 자신이 복음에 소중하게 간직됐다고 보았던 더 근본적인 원리를 베드로가 수용하도록 하려고 했다.

---

291) 다시 *New Perspective on Paul*, 33-37을 보라

292) 예루살렘 합의와 안디옥에서의 의견 충돌 사이의 혼란은, 전자가 복음의 **다른 판본**들을 같은 지위를 가진 것으로 인정한 합의였냐는 현대의 토론에 반영되는 듯하다(Schnelle, *Paul*, 129). 바울은 그런 표현을 받아들이지 않았을 것이다. 그의 관점에서는 단 하나의 공통 복음이 있었다("복음의 진리"; 비교. 고전 15:11). 의견 차이는 이방인 신자에게 추가로 무언가를 요구해야 하느냐에 있었다.

그 전략은 바울이 2:16 후반부의 직접 부정을 나타내는 *ouk*이 아니라, 2:16a에서 *ean mē*를 사용한 사실로 암시되었을 수 있다. 후자는 "~외에"("~밖에" 혹은 "단지 ~ 밖에"뿐 아니라)를 의미할 수 있으며, 그래서 바울의 호소가 베드로의 위치를 인정하는 것으로 이해될 수 있다. "믿음 외에 율법의 행위로써는 의롭다 함을 얻을 육체가 없음을 우리는 안다." 즉 그리스도를 믿는 믿음은 율법의 행위가 칭의나 마지막 무죄 선고에 여전히 필수라는 신념에 근본이 된다. 이는 믿는 유대인에게 아주 자연스러운 입장이다.[293] 다시 말해서, *ean mē*의 모호함은 베드로의 입장이 모호함을 반영하기도 한다. 베드로는 사실상 그리스도 안에서 믿음으로 말미암은 의와 믿는 유대인들이 율법의 행위(음식 법, 이는 적절한 사례다)를 여전히 준수해야 한다는 점 이 두 가지를 모두 붙들고 있다. *Ean mē*에 대한 이런 이해가 비판을 받기는 하나, 이 표현("외에" 혹은 "밖에")의 정확한 의미가 무엇이든지 간에,[294] 핵심은 여전히 확고하다. 안디옥에서 베드로는 (유대인) 신자들에게 (어떤 핵심적인) 율법의 행위가 여전히 필요하다고 암시하는 방향으로 행동했다. 그가 그리스도를 믿음으로 말미암는 의에 이미 동의했음에도 불구하고 말이다. 따라서 요점은 "그리스도를 믿는 믿음 외에(*ean mē*) 율법의 행위로써 의롭다 함을 육체가 없느니라"라는 표현이 불충분한 것으로 드러났다는

---

293) *New Perspective on Paul*, 189-91 그리고 n. 25, 195-98. F. Mussner, *Der Galaterbrief* (HTKNT 9; Freiburg: Herder, ⁵1977): "그 유대인은 바울의 '믿음'/'율법의 행위'라는 대립을 그냥 지나치지 않았다. 그것은 그에게 이해되지 않는다."(170). "많은 유대 그리스도인이 자신들의 메시아 예수께로 돌아섬을 율법의 행위라는 원리의 구원론적 대안으로 보지 않았을 것이다"(Merklein, "'Nicht aus Werken'", 306). 추가로 Martyn, *Galatians*, 264-68을 보라.

294) 'The New Perspective"(207-209, 212)의 "Additional Notes"에서 필자는 이전의 비판에 대응했다. A. A. Das, 'Another Look at *ean mē* in Galatians 2:16', *JBL* 119 (2000), 529-39이 필자를 지지하지만(그 문구는 의도적으로 모호하다; 또한 그의 *Paul and the Jews* [Peabody: Hendrickson, 2003], 31-32), 2:16a에 묘사된 신앙이 베드로와 다른 유대 그리스도인들이 실천한 신앙처럼 보인다는 점을 명심해야 한다. 에든버러에서 열린 영국신약학회(2004년 9월)에서 발표한 'Galatians 2:15-16'에서, M. C. de Boer는 곧 출간될 자신의 *New Testament Library Commentary on Galatians* (Westminster John Knox)에 대해 맛보기를 보여주었는데, 그 책에서 그는 2:15-16a이 바울이 모호한 *ean mē*를 사용해서 자신과 동의하지 않는 사람들의 호의를 얻으려고 의도한 수사학적 장치라고 비슷하게 논증한다.

것이다. 메시아 예수를 믿음으로써 의롭게 됨이라는 대단히 중대한 복음 원리가 충분히 방어되지 않았기 때문에, 그것은 대조적인 예리함으로 새롭게 다시 언급돼야 했다. 믿음에 추가하는 것도 아니고, 신앙과 행위가 아닌, **오직** 믿음으로, 즉 "율법의 행위로써가 아니고(ouk) 그리스도를 믿음으로써"(2:16b)이다.[295]

비슷한 방법으로, 바울은 그의 격론에 핵심 구를 더함으로써 시편 143:2에 대한 그의 마지막 암시를 제한한다. "**율법의 행위로써**는 의롭다 함을 얻을 육체가 없느니라"(2:16c). 시편 본문에 대한 설명은 부당하지 않다. "하나님 앞에서 의롭다 할 사람/육체가 없다"면, 더 보편적인 그 원리에는 "율법의 행위로부터" 의롭다 함을 추구하는 사람의 특별한 사례도 포함되기 때문이다. 다른 말로 하면, 여기서 다시 바울은 언약적 율법주의의 혼란스러운 모호함과 마찬가지로, 베드로의 태도와 행동의 혼란스러운 모호함을 관통하여 다른 모든 것이 달린 근본 원리, 즉 하나님의 받아주심과 한 인생에 대한 하나님의 마지막 심판이 율법의 준수라는 특정한 요구에 달리지 않았다는 원리에 이른다.

바울에게는 이 대립에 다름 아닌 "복음의 진리"가 달려 있었다. 예루살렘에서 겪은 위기처럼 말이다(2:5, 14).[296] 이 두 일례에서 복음의 진리는 "자유"와 밀접한 관련이 있다. 여기서는 유대인 신자들이 계속 중요하다고 여긴 율법(의 행위들)의 요구를 준수하라고 "강요받음"(2:3-4, 14)으로부터의 자유를 가리킨다. 그러므로 이후 그 서신에서 자유라는 주제가 두드러지고,

---

295) 또한 Schäfer, *Paulus bis zum Apostelkonzil*, 253-65, 483-84을 보라. 바울은 "이방인들을 토라가 아닌 그리스도가 경계의 표지인, '이스라엘'로 개종한 사람으로 생각한다"(Donaldson, *Paul and the Gentiles*, 160). Donaldson의 주요 논지는 바울에게 "구원 공동체는 그리스도의 신앙이라는 경계표시로 결정되고, 그 결과 그 어떤 다른 표지(유대인과 이방인의 경계를 표시하고 토라에서 요구하는 준행을 포함)도 더해서는 안 된다는 것이다"(161-64 [여기서는 162]).

296) P. Dschulnigg, *Petrus im Neuen Testament* (Stuttgart: Katholisches Bibelwerk, 1996): "첫 사도인 게바, 즉 부활의 첫 증인이자 유대인 선교 지도자인 그는 자신을 복음으로 판단 받도록 해야 한다"(169).

바울은 자신이 떠난 후 갈라디아에 들어온 다른 선교사들 때문에 그들의 자유, 즉 복음의 진리가 위협받고 심각하게 손상되었다고 경악한다.[297]

c. 복음의 진리

많은 사람이 갈라디아서 2:16을 바울(그리고 기독교) 복음의 심장으로 여겨진 현존하는 최초의 언급으로 본다는 점을 고려할 때, 명확히 하려는 목적으로 약간의 추가적 언급이 필요할지도 모르겠다.

바울이 안디옥에서 아니면 베드로에 대한 대응으로, 아니면 갈라디아 대적자들과 직면했을 때에야 이신칭의라는 신념을 가지게 된 것은 아니라는 점은 그의 서술에서 명확하다.[298] 필자는 바울이 거의 확실하게 그의 초기 전도 때부터(그것이 언제든지 간에), 복음을 받고 복음의 좋은 소식을 믿으며 자신들의 주 되시는 예수께 자신을 (세례로) 위탁한 사람들을 하나님이 받아주신다고 설교했음을 이미 지적했다. 그러나 갈라디아서 2장에 개괄된 일련의 사건들은 보통 말하는 신앙 **대 행위**의 논제가 이방인 선교가 시작되고서 어느 정도 후에 등장하지 않았음을 강하게 시사한다. 분명히 그 선교의 성공 때문에 그리스도를 믿음으로 얻는 의가 율법 준수, 율법을 행함, 유대인의 특징적인 삶을 받아들이는 일에 어느 정도 달려 있느냐는 물음이 수면에 떠올랐다. 필자가 보기에 그 본문에서 확증하는 전개는, 전통주의 유대인 신자들이 몇몇 핵심 율법이 여전히 구속력이 있다고 주장했

---

297) 갈 2:4; 4:22, 23, 26, 30, 31; 5:1, 13. 추가로 아래 §31.7을 보라.

298) Strecker와는 반대다. "갈라디아 위기 때문에 바울의 칭의 메시지가 처음으로 제기됐고 바울의 갈라디아서에서 발전되었다"(*Theology*, 139); Schnelle, *Paulus*, 132-35, 302-304: "갈 2:6에서 바울은 사도 공의회의 합의와 안디옥에서의 논제를 넘어 중차대한 걸음을 내디딘다"(302); 또한 어느 정도는 Martyn도 그렇게 보는데, 그는 갈 2:16에 있는 바울의 문구를 바울이 갈라디아의 다른 선교사들(Martyn의 표현으론 "그 선생들")이 가져온 복음의 율법주의적 해석에 대해 논쟁적으로 대응하며 칭의라는 공통의 복음에 관해 해석한 내용으로 본다(*Galatians*, 268-75). 김세윤은 필자가 이 진영에 속한다고 생각하는 것 같다(아래 n. 303을 보라. 그러나 필자의 *New Perspective on Paul*, 33-37을 보라.

고, 이것이 여기에 쟁점이 있음과 그 문제에 대면해야 함을 분명하게 했다는 것이다. 할례에 대한 의문은 상당히 원만하게 해결되었다.[299] 그러나 안디옥에서 유대인과 비유대인의 식탁 교제를 관장하는 율법을 주장했기에 믿음을 율법의 행위, 즉 **어떤** 율법의 행위로라도 보완해야 하느냐는 관련된 문제를 제기했다.[300] 예수 그리스도를 믿음으로 말미암은 의라는 신념은 공통적 기반이었다. 안디옥 사건은 그 가르침을 좀 더 예리하게 표현해야 할 필요성을 바울에게 보여주었다. 즉 그리스도에 대한 믿음 **그러나 율법의 행위가 아닌.**[301]

이전에 갈라디아서 2:16을 다루면서 필자는 "율법의 행위"가 유대인을 다른 민족들과 구별되는 백성으로 표시하는 관습을 특별히 가리킨다고 계속 주장했다.[302] 정말로 필자는 갈라디아서 2:16의 그 표현이 주요하게나 주도적으로 가리키는 대상이 예루살렘 공의회에서 논쟁되었고(할례) 안디옥에서 쟁점이었던(식탁을 관장하는 율법) 율법이라고 생각한다. 이방인 신자들이 그런 음식법에 복종하도록 사실상 요구한 이가 베드로이기 때문에 바울은 베드로가 이신칭의라는 원칙을 전복했다고 비난한다.[303] 그러나 물

---

299) 그러나 갈라디아에서 공격당한 갈 2:4의 "거짓 형제들"과 문제를 일으킨 선교사들에게는 아니었다. 바울은 "복음의 진리"(2:5, 14)가 "할례자를 위한 복음"으로 표현되었다고 보았다. 즉 이방인에게 "유대인처럼 살"도록 요구하거나 그것에 의존하지 않는 것(2:14), 곧 여기서 사실상 개종자가 되는 것을 요구하지 않는 복음이다.

300) "이방인 선교에서 바울의 동반자인 바나바가 바울이 갈라디아서에서 이용한 비판["그리고 신학"을 더할 수도 있다]의 온전한 의미를 이전에 알았다면, 그가 안디옥에서 흔들렸을 것이라고 상상하기 힘들다"(Seifrid, Justification by Faith, 180).

301) 비슷하게 K.-W. Niebuhr, 'Die paulinische Rechtfertigungslehre in der gegenwärtigen exegetischen Diskussion', in T. Söding, ed., Worum geht es in der Rechtfertigungs-lehre (Freiburg: Herder, 1999), 105-30(여기서는 113-14, 128); 비교. Martyn의 논증 전체 (Galatians, 263-75)와 Theobald의 'Kanon'에서의 논지.

302) 특별히 'The New Perspective on Paul', Jesus, Paul and the Law, 183-214 (191-95). 이는 The New Perspective on Paul, 2장 — (2005), 98-101, (2008), 108-11로 재인쇄되었다. 'Works of the Law and the Curse of the Law (Gal. 3.10-14)', Jesus, Paul and the Law, 215-41(219-25). 이는 The New Perspective, 3장 — (2005), 115-22, (2008), 125-32로 재인쇄되었다. 설명은 Galatians, 135-37과 The New Perspective (2005) 22-26, (2008), 23-28을 보라.

303) "바울은 베드로와 바나바의 행동을 이신칭의 교리의 거부로 받아들였다"(N. Dahl, 'The

론 바울이 갈라디아서 2:16에서 언급한 신학적 원리는 특정한 논제를 초월한다. 하나님의 용납 기준, 그리고 따라서 신자 간의 용납 기준을 규정하는 데 있어서, 믿으라는 복음의 요구 외에 **아무것도** 더해서는 안 된다. 그리스도를 믿는 믿음이 그리스도인 통합의 유일한 기반이다.[304]

동시에 우리는 이 신학적 핵심 통찰에 불을 붙인 논제를 놓쳐서는 안 된다. 그것은 이 복음의 자명한 이치를 인식하지 못하여 이방인과 유대인이 함께하는 삶과 노동이라는 현실이 처음으로 위험에 **빠졌다**는 사실이다.[305] 갈라디아서 2:15의 언급을 야기한 특별한 논제를 고려하면, 이것이 복음에 대한 바울의 전형적인 진술을 불러일으킨 논제였음을 결코 잊어서는 안 된다. 또한 바울에게 복음의 **핵심적인 점**은 복음이 유대인뿐만 아니라 이방인을 위한 복음이라는 확신이다.[306] 무엇이 안디옥에서 바울을 화나게 했는가? 이신칭의라는 근본 진리를 정말로 위협한다고 바울이 본 것은 무엇이었는가? 바로 한 무리의 신자/그리스도인이 다른 무리의 신자/그리스도인을 완전히 받아들이지 않는 것이다! 바울이 안디옥 에피소드(2:16)의 결과로 공식화한 칭의에 관한 진술은, 신앙의 어떤 행동이 적절/부적절한가에 관한 중요한 불일치에도 불구하고, 칭의에 신자가 다른 신자들을 완전히 받아들임(함께 식사함)을 의미한다는 메시지를 최소한 포함한다. 분명하게 두 국면은 불가분하게 서로 맞물려 있다. 즉 수직적인 면과 수평적인 면, 하나님의 받아들이심과 다른 이를 받아들임이 함께한다. 수

Doctrine of Justification: Its Social Function and Implications' [1964], *Studies in Paul* [Minneapolis: Augsburg, 1977], 95-120[여기서는 109]); "바울은 식탁 교제를 그만두는 것에 중대한 결과가 뒤따름을 16절에서 명확히 한다"(Lohse, *Paulus*, 94).

304) *The New Perspective on Paul* (2005), 31-32, (2008), 34-36에서 필자는 교회 일치에 대한 함의를 끄집어낸다.

305) 필자는 여기서 *The New Perspective on Paul* (2005), 26-33, (2008), 29-36에 의존한다. Barnett는 "새 관점"이 "마치 이스라엘에는 그런 필요가 없는 것처럼, 바울의 복음이 '이방인의 포함'에 대해서만 다룬다고 본다"(*Birth*, 63)라고 주장할 때, 요점을 놓치고 있다.

306) 김세윤은 "바울 복음의 유대인/이방인 측면에 집중함으로써 필자(아니면 바울인가?)가 그 복음을 그리스도인들의 관계 문제의 실제적인 해결책이라는 지위로 축소한다"라고 생각한다(*Paul and the New Perspective*, 45-53).

평적인 강조가 "사회학적"이고 "신학"[307]과는 구별된다고 보는 것은, 그의 후기 서신들에서 확인되듯이 바울이 수평적 강조에 부여한 큰 중요성을 놓치거나 오해하는 것이다.[308]

27.6 결과

바울이 베드로를 강하게 질책했을 때 안디옥에서 무슨 일이 일어났는가? 베드로는 바울의 질책을 수용하고 그와 나머지 유대인 신자들은 이방인 신자와의 식탁 교제를 재개했는가? 그 사건에 대한 전통적 견해는 베드로가 바울에게 은혜롭게 반응해서, 안디옥 교회의 화합을 회복했다는 것이다.[309] 그것은 충분히 이해할 수 있는 해석인데, 여기서는 바울이 목소리가 규범적이고, 그의 견해가 지배한다는 함의가 있기 때문이다. 그러나 이는 한 가지 중요한 특징에서 걸린다. **자신이 우세했다고 바울이 우리에**

---

307) *The New Perspective on Paul*, (2005), 26-27 n. 109, (2008), 29 n. 110에 언급된 사람들을 보라.

308) 바울의 위대한 편지인 로마서가 바로 이 주제의 토론으로 마무리된 것은 결코 우연히 아니다(롬 14:1-15:6). 이는 "그리스도께서 우리를 받으신 것처럼 너희도 서로 받으라"라는 권면으로 요약된다(롬 15:7). 율법과 예언자 및 시편 저자가 증언한, 이방인이 하나님의 고대 백성과 함께 예배하고 하나님을 영화롭게 하는 환상(15:9-12), 곧 바울 자신의 선교로 성취된 환상으로 로마서가 절정에 이르는 것 역시 우연이 아니다. 또한 우리는 바울이 이것을 모든 시대와 세대에 숨겨졌으나 이제 복음으로 계시된 위대한 "신비"로 여겼음을 잊지 않아야 한다. 그 신비는 하나님의 옛 목적이 그의 백성 안에 이방인을 포함한다는 것이다. 에베소서에서는 특별히 이것이 시대의 신비의 절정인데, 곧 바울이 위임받은 것을 드러내고 시행하는 것이다. 그것은 "이방인들이 함께 상속자가 되고 함께 지체가 되었다는 것이다"(엡 3:6). 그리스도는 벽을 무너뜨리려고 죽었으며, 그 벽은 명령과 조례를 가진 율법이며, 이방인과 유대인을 분리한 벽이다(2:14-16). 그 안에서 둘은 하나가 되었고, 교회는 바로 **나뉜 백성들이 하나로 함께 모이는 장소**가 되려고 현존하는 것으로 묘사된다(2:17-22). 이 고대의 적대감을 극복하는 일은 단순히 복음의 부산물이 아니며, 복음의 진실한 의미로부터 시선을 돌리게 하는 건 더더욱 아니고, **복음 성취의 절정**으로서 창세부터 있던 하나님의 목적의 완성이다. 또한 §§31.7b(iii)과 37.1b(ii)을 보라.

309) 가장 최근에 Schäfer, *Paulus bis zum Apostelkonzil*, 481.

게 말하지 않는다는 것이다! 그날 바울이 정말로 이겼다면, 바울이 표시했을 것으로, 즉 아무리 겸손하게 말했더라도 "승리의 나팔을 불었을 것"으로 기대하게 된다. 이는 앞선 예루살렘 모임에서 바울이 우세했을 때 그가 한 행동이다(2:6-10). 그곳에서 바울의 저항은 "우리가 그리스도 안에서 가진 자유"(2:10), 즉 갈라디아서 수신자들의 자유에 있어 중대했다. 그러나 안디옥에서의 승리(그것이 승리였다면)도 갈라디아의 이방인 신자들에게 동등하게 중대했는데, 특히 바울은 거기서도 복음의 진리가 달려 있다고 생각했기 때문이다(2:14). 바울은 하나님이 (유대인은 물론이고 이방인을) 받아들이시는 유일한 기반인 그리스도를 믿는 믿음의 본질적 특징으로 그가 여겼던 것을 중심으로 삼아 베드로를 질책한다. 바울이 그 대립에서도 우세했다면, 갈라디아에 있었던 옛 위기가 재개된 사건에 대한 그의 반응을 엄청나게 강화하는 수단으로서, 그가 그것을 갈라디아 사람들에게 표시했을 것이다. 이는 의심할 여지가 거의 혹은 전혀 없다.[310]

대신에 이미 살핀 것처럼, 갈라디아서 2:14-21에서 베드로에 대한 바울의 반응은 그가 앞선 대립에 대해 갈라디아 청중에게 말하려고 한 내용에 병합되었다. 그렇게 하면서 바울은 그 대립에 관한 이야기를 마무리 짓지 않은 채 남겨두는데, 마치 그가 정말로 말한 내용을 더 명백하게 다시 언급하거나, 심지어는 자신의 이전 논증의 본질을 더 명확하게 다시 언급하듯이 말이다. 바울이 자신의 이전 논쟁, 즉 베드로를 향한 질책이 성공하지 **않았음**을 너무나도 잘 알고 있었기 때문에, 그가 그렇게 했다는 추론을 피하기는 어렵다. 안디옥 교회에서 있던 관계들을 야고보의 사람들이 오기 전 상태로 회복하려는 바울의 시도는 실패했다. 바로 여기서 바울의 목

---

310) "바울이 다음과 같이 기록할 수 있었다면 자신의 복음의 힘을 의기양양하게 보여줄 수 있었을 것이다: '베드로여, 바나바와 다른 유대인들이 내가 옳다고 고백했고, 그들의 이방 형제들과 다시 식사했습니다!' 모든 상황이 할 수 있으면 말하라고 바울을 강요했기에, 여기서 침묵으로부터의 논증은 이번만은 정당화된다. 그리고 그의 침묵은 자신이 성공하지 못했음을 보여준다"(Haenchen, *Acts*, 476). 비슷하게 Lohse, *Paulus*, 96; Wedderburn, *History*, 118.

소리가 규범적이었기 때문에, 일부는 이렇게 추론하는 것이 어려움을 알고 있었다. 그러나 베드로의 반응이었을 듯한 내용을 그 대립으로 가지고 오면, 가능한 추론이 변하기 시작한다. 우리가 살폈듯이, 베드로의 행동 근거가 탄탄했을 것이기 때문이다. 유대 민족주의가 점증하는 환경에서 소수인 유대인이 다수인 이방인에게 배려를 기대하는 것은 어쨌든 불합리하지 않았다(§27.4d).

따라서 그 대립에서 우세했던 사람이 **베드로**였을 공산이 커진다.[311] 즉 결국 베드로는 이방인들이 그들의 식탁 교제의 관습을 유대인 신자들의 양심에 맞추도록 설득하는 데("억지로"는 바울의 표현이다) 성공했을 가능성이 크다. 요세푸스에 따르면, 수리아 이방인들이 "유대화"되었다는 강한 전통이 있다(War 2.463). 베드로와 그들 자신의 지도자 중 한 사람인 바나바가 요구한 것은 어떻게 다른가? 이것은 그 사건에 대한 바울의 서술에 있는 역설이다. 식탁 교제가 재개되었을 수도 있으나, 야고보는 승인하지만 바울은 완전히 반대하는 조건 아래 재개되었을 것이다. 바울은 베드로에게 확실하게 눌렸다. 예루살렘에서 바울과 같은 입장이었던 바나바는 다른 태도를 보였고, 대체로 안디옥 교회는 바울이 복음의 근본 진리 중 하나(유일한 게 아니라면)라고 생각한 사항을 무시했다.[312] "부재한 야고보가 그 자리에 있는 바울보다 더 강력한 영향을 끼쳤다."[313]

---

311) Weiss, *Earliest Christianity*, 275-76; "베드로가 바울의 입장의 정당성을 인정했다면, 바울은 그랬다고 틀림없이 말했을 것이다. 그것은 그에게 비장의 무기였을 것이다"(Nock, *St. Paul*, 110); Conzelmann, *History*, 90; Brown and Meier, *Antioch and Rome*, 39; "…놀랄 만한 패배와 피해를 가져온 손실"(Catchpole, 'Paul, James and the Apostolic Decree', 442); Achtemeier, *Quest for Unity*, 58-59("예루살렘 회의와 그 신조는 근본적인 유대 그리스도인들을 어떻게든 진정시키지 못하고 이방인 선교를 분리하는 데만 성공했다")(55); "야고보와 베드로 및 바나바는 안디옥에서뿐만 아니라 초기 교회 전체에서도 승리했다"(Holtz, 'Antiochenische Zwischenfall', 355); Becker, *Paul*, 97, 169; Öhler, *Barnabas*, 85-86.

312) 베드로가 그 대면에서 "승리"했다는 것이 오늘날 지배적인 견해인 듯하다(예. 필자의 'The Incident at Antioch', 173 n. 126; *Galatians*, 130 n. 1; 그리고 Painter, *Just James*, 71[Painter는 설득되지 않았다, 71-73]; White, *Jesus to Christianity*, 170-71; Joubert, *Paul as Benefactor*, 121에 인용된 사람들을 보라).

313) C. K. Barrett, *Freedom and Obligation: A Study of the Epistle to the Galatians* (London: SPCK,

충분히 개연성 있는 이 각본이 "타이탄들의 격돌"의 결과로서 안디옥에서 발생한 일에 조금이라도 근접한다면, 여러 결론이 뒤따르는 듯하다.[314]

(1) 바울은 자기를 선교사로 처음 위임한 교회로부터 사실상 의절 당했다.[315] 안디옥에서 사실상 거부당한 복음의 진리를 바울이 열정적으로 그리고 계속 믿었기 때문에 관계가 전과 같이 지속될 수 없었다. 그렇다면 앞으로 살피겠지만, 그의 계속되는 선교에서 바울이 독립 선교사로서 훨씬 더 많은 일을 했다고 보는 것은 놀랍지 않다.[316] 자기 이야기의 다른 곳에서처럼, 누가는 그런 갈등과 불일치에 베일을 드리운다.[317] 그러나 우리는 안디옥에서의 대립의 결과 중 하나로 바울과 안디옥 교회 간의 관계 단절을 예상해야 할 듯하다. 필자가 추론한 대로 안디옥 교회는 베드로 편에 섬으로써 예루살렘(야고보)의 권위를 인정할 준비가 되어 있음을 확인했으며, 따라서 이방인 신자들을 더 이상 옹호하지 않았다(바울의 시각에서). 예루살렘에서 합의된 책임의 구분에서(갈 2:9), 안디옥은 바울 진영에서 떨어져

1985), 13.

314) 필자의 'The Incident at Antioch', 160-61(참고문헌은 173 n. 128); *Partings* [²2006], 177-78)에서 이미 언급했다. 비슷하게 Murphy-O'Connor, *Paul*, 158. 다시 Schnabel은 그 문제를 놀라울 정도로 무심하게 다룬다(*Mission*, 1005-6).

315) 유대인 그리스도인들과 이방인 그리스도인들이 안디옥에서 따로 성찬식을 했다는 Sanders의 결론(*Schismatics*, 154)은 개연성이 적다. 이방인 그리스도인이 베드로의 지도를 따랐기 때문이다.

316) "자신이 설립한 교회 구성원들이 아니면, 그가 갈라디아서를 쓸 때…그는 더 이상 해명하거나 지원받을 어떤 회중도 없었다"(Haenchen, *Acts*, 466). 또한 Wedderburn, *History*, 118-20을 보라. 개인 편지에서 Michael Wolter는 안디옥 사건 후 바울이 처음으로 설립한 교회, 즉 빌립보 교회의 설립을 "복음의 시작"이라고 묘사한 바울의 언급이 중요하다고 말한다(빌 4:15). Malina와 Neyrey가 바울을 "전형적인 집단 지향의 사람"으로 묘사한 것("바울은 본질적으로 집단의 규범과 집단이 허가한 사람들에게 순종한다"[*Portraits of Paul*, 51, 62, 206, 217])은 안디옥에서의 바울의 견해 및 그 결과와의 연관성을 찾기가 상당히 어렵다. Malina와 Neyrey는 고대 "집단주의 문화"라는 진부한 특징을 너무 일반화하려고 했다(214-15).

317) 이후의 안디옥 방문(행 18:22-23)은 묘사된 시나리오를 반드시 약화시키지는 않는다. 바울은 많이 양보한 것으로 보인다! 아래 §32.1d를 보라.

나오는 선택을 했다. 어쩌면 바울은 (자신이) 안디옥의 선교사들/"사도들" 중 한 사람으로서 더 이상 섬길 수 없다고 결론지었을 것이다.

(2) 갈라디아서 2:11-14이 전하는 상황 안에서, 그리고 바울이 베드로의 방법이 담고 있는 실수에서 그를 설득하는 데 실패했다면 훨씬 더 그랬겠지만, 틀림없이 바울은 자신의 가장 가까운 옛 동료에게 버림받았다고 느꼈을 것이다. 따라서 또한 우리는 바울과 바나바 사이의 관계 단절이 있었다고 보아야 한다.[318] 누가는 그런 단절이 실제로 있었다고 확인해준다. 바울과 바나바는 일행에서 갈라섰고 상당히 다른 선교에 몸담았다. 바나바는 구레네로 돌아갔고, 바울은 수리아와 길리기아 교회로 돌아갔다(행 15:39-41).[319] 그러나 누가가 제공한 이유는 완전히 다르다. 사도행전에서 돌아오는 길에 자신들이 설립했던 교회를 (목회적으로) 다시 방문할 때 요한 마가를 데리고 가자는 바나바의 제안을 두고, 바울과 바나바의 관계가 "첨예한 의견 충돌(paroxysmos)" 때문에 단절되었다(행 15:36-39). 관계가 단절된 두 가지 이유 중에서 하나를 선택할 필요가 없을지도 모른다. 하나는 누가의 서술에서 언급되었고, 다른 하나는 바울의 서술에서 암시되었다. 그러나 여기서도 누가가 이야기를 다 하지 않은 듯하다.

(3) 또 하나의 결과는, 바울이 함께 일했고 자신의 선교 사역 초기에 바울이 설립한 수리아와 길리기아의 (일부) 교회들과 바울 사이에 관계 단

---

318) Taylor, *Paul*, 139, 그리고 그가 인용한 사람들(n. 1); Kraus, *Zwischen Jerusalem und Antiochia*, 166-67; Öhler, *Barnabas*, 55-56, 84-86, 444-54. Hengel과 Schwemer는 결국 바나바가 "추가된" 조항(비교. 갈 2:6), 즉 아마도 사도 법령의 조건을 받아들였다고 추론한다(*Paul*, 207).

319) 수리아와 길리기아에 이미 설립된 교회들에 대한 언급은, 수리아와 길리기아 지역에서 진행한 자신의 초기 선교에 관한 바울의 묘사를 회상하게 한다(갈 1:21). 바나바가 예상한 재방문 경로의 다른 일부를 바울과 실라가 취했고 바나바는 구레네 지역을 선택했다는 함의가 행 15:41에 있을 수 있기에(15:36), 15:41은 갈 1:21이 안디옥으로부터 시작한 선교 지역(적어도 갈라디아)을 다루고 있다는 견해를 어느 정도 지지할 수 있다(행 13:14-14:23). 행 16:1은 더베와 루스드라가 "수리아와 길리기아" 너머에 있다고 시사하나, Barrett는 새로운 시작이 16:1에서 이루어졌다고 언급한다. "아마도 새 정보 자료의 시작부다"(*Acts*, 2.758). 또한 위 §25 n. 223을 보라.

절이 있었을 것이라는 점이다(갈 1:21-23). 사도행전 15:23-29의 서신이 "안디옥, 수리아 그리고 길리기아의 이방인 형제들"에게 보내졌다는 사실은 (15:23) 수리아와 길리기아의 교회들(안디옥의 지부교회)이 안디옥 교회의 지도를 따르고 바울을 더 이상 지원하지 않았다는 추론을 뒷받침한다. 어찌 되었든 분명 바울은 그 이후에 이 교회들을 언급하지 않았고,[320] 그 교회들은 나중에 예루살렘을 위한 이방인 교회들의 모금에 참여하지 않았다.

(4) 또한 바울은 그 결과를 예루살렘 모 교회와의 실질적 관계 단절로 보았을 것이다.[321] 이미 살핀 대로, 예루살렘 합의에 관한 자신의 서술에서 바울은 예루살렘 지도자들의 권위를 기꺼이 인정하고자 한 것으로 보인다.[322] 이유는 명백하다. 그 지도자들은 예루살렘에서 그를 지지했으며, 그들의 권위는 갈라디아 교회를 향한 바울 서신에서 그의 논증을 지지하는 데 사용될 수 있었다. 그러나 우리는 바울이 서신을 쓸 때 그들의 지위를 인정하면서 적지 않게 비뚤어진 시선을 가졌음도 언급했다(갈 2:6). 왜 바뀌었는가? 무엇이 개입했을까? 거의 확실하게 답은 안디옥에서의 대립이다. 결국 분명 그것은 "야고보에게서" 온 무리/대표들이 도착했고(2:12) 그들이 "이방인 같이 사는" 유대인들을 명백하게 인정하지 않았기(2:14) 때문이었다. 다시 말해서, 바울은 예루살렘으로부터 주어진 본보기에 정확하게 맞서는 예리한 용어로 "복음의 진리"를 표현한 것으로 보인다. 예루살렘 합의는 충분히 분명한 용어로 복음의 진리를 소중히 간직하지 않았다. 그리고 그것을 더 명쾌하게 표현하려는 바울의 시도는 거부되거나 무시되거나 외면당한 것으로 보인다. 이는 바울이 예루살렘 합의에서 거부되지

---

320) 그러나 상당한 가능성이 있는 것은, 바울이 회당을 통해 받은 징계(고후 11:24)가 이 "침묵의 시간"을 가리킨다는 것이다. 예. Barnett, *Jesus*, 248-49.

321) 비교. 위의 §27.3의 끝에서 언급한 각본과 관련해서, Chilton은 "야고보 법령이 승리했고, 바울은 이제 사실상 자신의 운동에서 파문된 사람이었다"(*Rabbi Paul*, 170).

322) 위 §27.3c를 보라. "바울과 원공동체 지도자들 간에 철저한 단절이 없었다는 Holtz의 견해에 동의하면서, Lohse(*Paulus*, 96)는 바울과 예루살렘의 관계가 이 기간에 달라졌다고 암시하는 갈 1-2장을 충분히 고려하지 않았다.

않은 내용을 기반으로 자신이 할 수 있었던 것을 확립하고, 예루살렘의 지도층을 고려하지 않고, 그가 부여받았던 대로 복음의 진리를 전파하라는 그의 위임을 성취할 시간이었다.[323]

(5) 그렇다면 특히 갈라디아서 2:1-14(그리고 행 15)에 서술된 이중 사건인 예루살렘과 안디옥의 대립에서, 우리는 첫 세대 기독교에서 가장 중요한 세 인물(베드로, 야고보, 바울)의 관계와 권위 및 영향력에 대해 중요한 변화를 보게 된다.

- **야고보**는 예루살렘 교회의 지도자로 등장한다. 그는 예루살렘에서 중요한 협의를 관장했다. 그의 판단이 결과를 결정했다(행 15장).[324] 예수 메시아 종파의 전통주의적 이해를 지지하는 그의 영향력이 안디옥 교회에 미쳤다. 그리고 그곳 안디옥에서 베드로와 다른 유대인 신자들(바나바 포함)은 바울의 격렬한 저항에도(갈 2:12-14) 불구하고 그의 권위를 인정했다.[325]
- **베드로**는 더 이상 지도적 사도와 예수의 제자로 등장하지 않는다. 짐작하건대 유대 너머까지 이른 그의 선교 활동의 결과로, 예루살렘 자체에서는 그의 역할과 영향력이 감소한 듯하다. 더 두드러지는 점은, 그가 어떤 이유로 "야고보에게서 온 어떤 이들"이라는 대리인들에게, 이방인과 더불어 먹는 것을 (다시 한번) 거부할 정도로 굴복했다는 사실이다. 베드로는 안디옥에서 바울을 확실하게 제압했을 것이고, 그의 정책은 그곳에서 이방인 신자들에게도 지지를 얻었을 것이다. 그러나 야고보에게 복종했고 바울에게서

---

323) 그러나 예루살렘과의 관계 단절을 과장하지는 않아야 한다(Taylor, *Paul*, 6장).

324) 행 15:19, "그러므로 나는…라고 판단한다(*krinō*)"; "내가 명한다"(Lake and Cadbury, *Beginnings*, 4.177); "그러므로 나는…라는 결정에 도달했다"(NRSV); 그러나 여기서 *krinō*에 '내 의견을 말한다'라는 의미만 있을 수 있다"(BDAG, 568; Fitzmyer, *Acts*, 556). 그러나 15:20에서 *episteilai*(부정사가 뒤따른다)의 의미는 "기록한 지시사항을 보낸다"라는 의미였을 것이며, "단순히 **명령**으로 전달하는 메시지나 권면은 아닌" 듯하다(Barrett, *Acts*, 2.730).

325) 추가로 아래 §§36.1b-c를 보라.

질책을 받은 그는 어느 정도 위신이 떨어진 인물로 보인다.[326]

- **바울**은 안디옥 교회의 지도자와 선교사로 봉사한 시기의 마지막에 이르렀는데, 그 시기는 바울이 예루살렘 사도들의 권위를 (어떤 의혹을 가지고 있었든지) 인정하고자 했던 시기였다. 그러나 안디옥 사건은 "복음의 진리"가 예루살렘이 옹호하는 정책과 안디옥에서 따르는 관습 때문에 위협받고 있다는 결론으로 바울을 이끌었다. (갈라디아서에서) 바울의 반응은 자기 복음과 그 복음을 선포하는 자신의 권위를 다시 주장하는 것이었다. 이는 예루살렘의 사도들이 줄 수 있다고 생각한 것만큼의 지지를 받았지만, 예루살렘과는 별개였다.

요약하면, 안디옥에서의 대립과 그 결과는 아마도 초기 기독교 역사에서 매우 중요한 분수령을 나타낸다. 연합하거나 적어도 상호 보완하는 선교 협력의 가능성은 심각하게 훼손되었다. 짐작하건대 확장하는 선교에 대해 예루살렘이 인식되고 용인되는 감독권을 행사하는 시기가 단축되었을 것이다. 안디옥 교회는 더 이상 이방인을 향한 역외 선교의 주요 기관차가 되지 못했다. 무엇보다도 바울은 "이방인의 사도"가 되려고 예루살렘과 안디옥의 그늘에서 벗어났을 것이다.

---

326) 추가로 아래 §35을 보라.

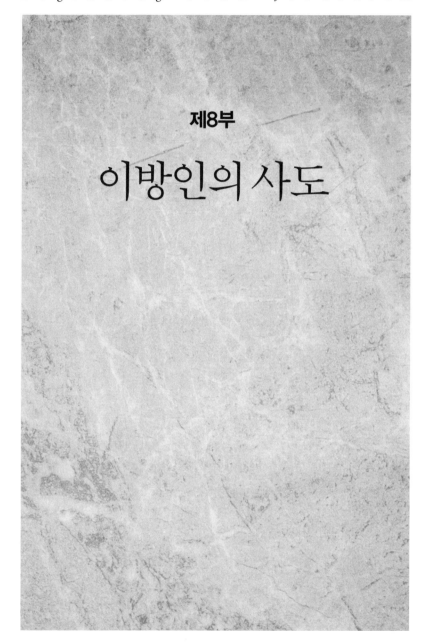

제8부

이방인의 사도

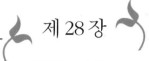

제 28 장

시기, 목적지, 거리

"이방인의 사도"로서 바울 선교의 주요 특징을 더 철저히 연구하기 전에, 이 지점에서 그의 선교와 전체 생애에 대한 연대기 구조를 명확히 하고, 특별히 여행이라는 관점에서 그의 선교가 수반했던 혹독한 현실을 고찰하는 일은 적잖은 도움이 된다.

28.1 바울의 생애와 선교에 대한 연대표

a. 서론

바울의 삶과 선교에 관한 대강의 윤곽은 논란의 여지가 없고, 그의 삶과 선교를 다루는 역사가들이 약 10년 정도(보통은 더 적게)의 폭을 허용할 의향이 있었다면 거의 문제가 없었을 것이다. 고대사의 특정 사건들에 있어서는, 로마 제국 역사의 비교적 소소한 사건들과 관련하여 그 정도의 범위가 제법 용인할 만했을 것이다. 그리고 기독교 역사에 바울이 주요하게 기여한 것이 그가 기록한 서신과 또 그의 선교에서와 이 서신들 안에서 고심하여 남긴 신학이라는 점을 고려하면, 바울이 특정한 신학을 생각해냈는지 혹은 특정한 서신을 십 년 전이나 후에 기록했는지에 대한 결정은 별로 중요하지 않다.[1]

그렇다면 대략적인 윤곽은 어느 정도 아래처럼 잡을 수 있다.

- 오늘날 서력기원(CE나 AD)이라 부르는 시대의 전환에 근접한 어느 때 출생.
- 청소년기부터의 교육은 10년대 후반과 20년대 초반에 걸쳐 예루살렘에서 받았을 것이다.
- 예수의 십자가 처형 이후, 즉 아마도 30년대 초(그러나 중반도 가능)에 회심.
- 40년대 후반에 그가 (회심 이후에) 두 번째로 예루살렘에 올라가기 전까지 상당한 간격(갈 1:18; 2:1)
- 50년대 중반까지 추가로 5-8년 동안 주로 에게해 지역을 복음화하고 대부분의 서신을 씀.
- 60년대 초반에 그가 장면에서 사라지기 전 예루살렘에서 체포된 시기부터 로마에 구금된 시기까지 마지막 5년 정도(행 24:27; 28:30).

만일 이런 개요에 만족할 수 있다면, 이것을 그대로 두고 넘어갈 수

---

1) 학계에서는 정확한 연대순으로 바울 서신을 배열하는 방법으로 바울 사상의 발전을 추적할 수 있다는 견해에 놀랄 정도로 비중을 두었다. 몇몇 시도가 지난 세대에 걸쳐 괴팅엔(Göttingen)에서 비롯되었다. 그리고 11월 연례 SBL 모임에서 진행한 바울 신학 세미나의 십 년 프로젝트(1986-95)는 이 점에서 성과보다는 좌절감을 안겨주었다. E. E. Johnson and D. M. Hay, eds., *Pauline Theology*. Vol. 4: *Looking Back, Pressing On* (Atlanta: Scholars, 1997)의 마지막 소논문들을 보라. G. Tatum, *New Chapters in the Life of Paul: The Relative Chronology of His Career* (CBQMS 41; Washington, D.C.: Catholic Biblical Association of America, 2006)는 모든 것을 바울 서신의 상대적 연대표를 확립하는 작업에 의존하도록 하며, 다음과 같은 순서를 제안한다: 데살로니가전서, 고린도전서, 고린도후서 10-13장, 갈라디아서, 빌립보서, 고린도후서 1-9장 그리고 로마서(6).

있다. 그러나 필자가 이미 말했듯이(그러나 반복할 만한 가치가 있다) 사실대로 말하면, 역사적으로나 신학적으로 지속적인 중요성이 더 정확한 날짜를 찾아내는 것에 많이 달려 있지 않다. 그러나 사실 대강의 윤곽으로도 얻을 수 있는 상대적 확신으로는 아무도 만족하지 않으며, 모든 사람이 더 정확한 것을 원하기 때문에 문제가 일어난다. 그리고 더 정확한 내용을 얻을 수는 있지만, 논란이 되는 자료를 해석하는 문제에 즉시 사로잡힌다. 예를 들면, 다음 도표는 더 정확한 내용을 확보하려는 지난 20-30년간의 더 중요한 시도에서 다루었던 범위를 보여준다.[2]

---

2) Jewett, *Dating*, 표 162-65; G. Lüdemann, *Paul, Apostle to the Gentiles: Studies in Chronology* (1980; ET Philadelphia: Fortress, 1984), 도표 262-63; N. Hyldahl, *Die paulinische Chronologie* (Leiden: Brill, 1986), 표 121-22; K. P. Donfried, 'Chronology (New Testament)', *ABD*, 1.1011-22(표 1016); Riesner, *Paul's Early Period*, 조사표 3-28, 318-26(표 322); Murphy-O'Connor, *Paul*, 1-31(표 8, 28, 31); Hengel and Schwemer, *Paul*(표 xi-xiv); Schnelle, *Paul*, 47-56(표 56); Wedderburn, *History*, 99-103(표 103). 이전 논의는 예로 G. Ogg, *The Chronology of the Life of Paul* (London: Epworth, 1968)과 A. Suhl, *Paulus und seine Briefe* (Gütersloh: Gütersloher, 1975), 299-345을 보라. Knox, *Chapters in a Life of Paul*은 Jewett의 연대표와 아주 비슷한 표를 제시한다(68). Buck와 Taylor의 재구성은 Lüdemann의 재구성과 비슷하다(*Saint Paul*, 214-15); Becker, *Paul*, 31은 필자의 아래 제안에 가깝다(몇몇 서신의 기록 시기는 제외). 또한 A. Scriba, 'Von Korinth nach Rom: Die Chronologie der letzten Jahre des Paulus', in F. W. Horn, ed., *Das Ende des Paulus* (BZNW 106; Berlin: de Gruyter, 2001), 157-73(표 166-67) 그리고 Ebel in Wischmeyer, ed., *Paulus*, 87도 필자의 제안과 비슷하게 주장한다. Lohse, *Paulus*, 57은 Schnelle에 가깝다. 비록 그가 바울의 죽음을 60년대 초로 잡지만 말이다. Riesner, 3-28은 자신의 논의에 앞선 연구에 대해 유용한 분석을 제공하고 (1994), A. Suhl, 'Paulinische Chronologie im Streit der Meinungen', *ANRW*, 2.26.2 (1995), 939-1188은 Knox, Suhl, Lüdemann, Jewett, Hyldahl에 대해 자세하게 논평한다.

	주이트	뤼데만	힐달	돈프리드	리스너	머피-오코너	헹엘/슈베머	슈넬레	웨더번
출생						기원전 6년		약 5년	
예수의 죽음	33(30)	27(30)		30	30		30	30	30
회심	34(31)	30(33)	39/40	33	31/32	33	33	33	31/32
첫 예루살렘 방문	37	33(36)	41/42	36	33/34	37	36	35	33/34
수리아/길리기아 (갈라디아+??)	37-51	34-37 (37-50)	42-53	47-48	34-48	37-?	36-47	약 36-47	
예루살렘 공의회	51	47(50)	53	49	48	51	48/49	48	45/46
에게해 선교	52-57	48-51/52 (51-54/55)	53-55	50-57	49-57	52-56	49-57	48-56	48-51, 52-57
체포 그리고 투옥	57	52(55)	55	57	57	56	57	56	57
로마로 여정	59/60			60	59	61/62	59	59	59-60
처형	62				62	67	62/64?	64	

연표의 학자들 사이에 있는 주요 방법론에 대한 논란은 사도행전이 제공하는 정보의 가치와 관련이 있다. 바울 서신이 주요(일차) 자료라고 거의 모두 동의하고, 일부는 사도행전을 약간 언급하거나 전혀 언급하지 않고 가능한 한 바울 서신으로만 연구하려고 한다.[3] 그러나 다수는 가능한 한 사도행전에 의존한다. 사도행전의 정보가 심각하게 다를 땐 바울을 따

---

3) Lüdemann, *Paul*, 21-23. Hyldahl이 가장 분명한 본보기다. "바울 생애에 대한 일반 개요는 서신들의 증거에 기초해야 하고 이것들에만 기반을 둬야 한다"(Jewett, *Dating*, 23).

르는 것이 자연스럽지만 말이다.[4] 그러나 바울에게서나 비성경 자료에서 온 모호한 자료들이 누가가 사건들의 결과를 심각하게 오해했거나 고의로 왜곡했다는 결론을 요구하는 견해의 근거가 되었을 때, 방법론의 문제가 제기된다.[5] 역사가인 누가에 대해 내린 이전의 토론과 결론을 고려하면(§ 23.2), 그런 결론은 상당히 의문스럽다. 누가의 자료를 언급하지 않고 모호한 비-누가 자료로부터 결론을 내리고, 그다음에 그런 결론들을 기반으로 누가의 서술을 폄하하는 절차는 확실히 그릇된 절차다. 심지어 누가의 **성향**을 인정한다 해도, 그것은 귀중하게 여겨야 하는 자료를 무책임하게 다루는 것이다.[6] 예비 결론에 도달하기 전에 사도행전의 정보를 살펴보고 그것을 관련 자료로서 반드시 포함해야 한다. 그리고 필자는 그런 관련성이 보이지 않는 몇몇 점을 이미 표시했다.[7] 그러나 세 자료가 대략적으로라도 조합된다고 볼 수 있다면, 그것은 누가가 제시한 대로 사건들이 발생했을 가능성을 나타내는 것이다. 그런 내용이 사실로 보인다는 것을 우리는 이전 장에 있는 대부분의 사례에서 보았으나, 더 나아가기 전에 여기서 그 요점을 말하기 위해 멈출 필요가 있다.

---

4) 예. Schnelle의 문구를 보라(*Paul*, 48).
5) Lüdemann, *Paul*, 7. 그러나 그는 사도행전에서 신뢰할 만한 전승을 사용한 부분을 자주 인식하고(*Acts*, 23-29), *Early Christianity*에서 그 점을 짜임새 있게 발전시키긴 했다. Jewett가 언급한 "일반 규칙"("사도행전의 자료는 서신들의 증거와 상충되지 않을 때만 연대기 실험에 사용할 수 있다")(*Dating*, 24)은 이해되지만, 실제로 그 규칙은 종종 "서신들의 증거"가 실제보다 (바울은 공정한 서술자가 아니다) 더 뚜렷하다고 추정된다. Knox와 Lüdemann 및 Murphy-O'Connor는 아래 몇 가지 예를 제공한다. 예. 갈 1:21이 마게도냐와 아가야를 통과하는 폭넓은 여정을 포함할 수 있다는 추정이 얼마나 억지스런 해석인지를 인식하기를 꺼림(아래 n. 46); 바울이 갈라디아에서 자신만의 활동을 언급했음을 기반으로(갈 4:13)(Knox, *Chapters*, 60) 바나바가 갈라디아 선교에 참여했음을 부정함(병행되는 갈 2:1-9에도 불구하고); 아니면 고전 15:32과 고후 1:8을, 바울과 에베소 교회의 결별을 나타내고 아시아에 있는 교회들의 연보 참여를 바울이 언급하지 않은 이유를 설명하는 것으로 볼 수 있다는 주장(Lüdemann, 86).
6) 비슷하게 Riesner, "사도행전 연대기 자료에 대해서는 어떤 연역적 판단이 없어야 한다"(*Paul's Early Period*, 31). 후에 그는 누가행전에 있는 대략 103개의 연대 정보 중 67개, 즉 대략 3분의 2가 "우리" 문단과 사도행전 후반 부분에 있고, "우리" 문단이 최고로 많은 확고한 연대 정보를 담고 있다고 관찰했다(323-24). 누가의 특정 경향은 위 §21.2d를 보라.
7) 예. 40일 부활 출현, 예루살렘에서 동요하지 않은 제자들(§22.2a-b), 사도 법령(§27.3e).

b. 바울의 연대표에서 확고한 점과 논쟁되는 점

많은 사건의 연대를 정확하게 추정할 수 없을 때는, 먼저 그 연대표의 가장 확고한 지점들을 중심으로 체계를 세우고, 그다음으로 다른 시기와 시간 순서 가운데 더 개연성 있는 것들로 간격을 메워 나가기 시작하는 것이 자연스러운 경향이다.

가장 확고한 점이 아래와 같다고 거의 모두 동의한다.

- 십자가상에서 예수의 죽음. 아마도 30년, 그러나 33년일 수도 있다.[8]
- 바울 자신이 언급한 시기: 그의 개종과 예루살렘 첫 방문 사이의 3년(갈 1:18); 그의 두 번째 방문까지는 추가로 14년(2:1).[9] 시간이 포괄적으로(출발 시기와 마침 시기를 포함하는) 추산됐다는 사실은, "3년 후(meta)"라는 표현이 단지 약 2년을 가리킬 수 있고,[10] "14년 후(dia)"는 단지 약 13년을[11] 의미할 수도 있다는 뜻이다. 그런데도 15-16년이라는 확고한 합계는 바울의 삶에서 중대한 이 시기에 대한 타당한 작업 가정일 것이다.
- 모든 자료 중에서 가장 확고한 내용은 갈리오가 고린도 총독으로 재직한 기간으로서, 가장 가능성이 큰 시기는 51-52년이다.[12] 이는 바울이 고린도

---

8) *Jesus Remembered*, 312; Jewett(*Dating*, 26-29) 그리고 Barnett(*Birth*, 25)은 33년을 선호하는 소수이다. 그 논증의 가장 전체적인 검토를 Riesner, *Paul's Early Period*, 35-58이 제공한다.

9) 14년에 3년이 포함된다고 때때로 제시되지만(가장 최근에는 Longenecker, *Galatians*, 45), Jewett가 특별히 잘 보여주었듯이(*Dating*, 52-52), 일련의 "그 후에…그 후에…그 후에"(갈 1:18,21; 2:1)가 연대순서의 단계를 가장 분명하게 나타낸다. Murphy-O'Connor가 살폈듯이, 14년에는 3년의 기간이 포함될 수 없는데, 14년 동안 예루살렘과 접촉하지 않았다는 분명한 암시 때문이다. 더구나 2:1의 "다시"("다시 올라갔다")라는 표현은 첫 번째 방문과 두 번째 방문 사이의 공백(14년)을 가장 자연스럽게 나타낸다(*Paul*, 7-8).

10) BDAG, 637-38을 보라.

11) BDAG, 224. Murphy-O'Connor의 연대 결정은 그것이 온전한 14년이었다는 데 기반을 둔다 (*Paul*, 8).

12) 델포이(Delphi)의 파편 명문에 보존된 클라우디우스의 서신에 언급되었다. Lake, *Beginnings*, 460-64에 있는 본문과 토론; J. Murphy-O'Connor, *St. Paul's Corinth: Texts and Archaeology* (Wilmington: Glazier, 1983), 141-52, 173-76; 또한 *Paul*, 15-22; Taylor, 'Roman

에 있었던 시간을 49-51년이나 50-52년이라고 놀라울 정도로 정확하게 추정할 수 있게 한다(행 18:12-17). 바울이 갈리오에게 심문받은 때(행 18:12-17)를 바울이 고린도에 있었던 시기의 끝 무렵(즉 18:11이 언급한 시간을 따르면)이자 갈리오의 임기 시작에 가까운 때[13]인 51년으로 보는 것은 모든 자료를 가장 잘 이해하게끔 하고, 51년은 우리가 현실상 바랄 수 있는 만큼 확고한 연대다.

- 또한 바울의 삶과 선교의 여러 시기와 관련해서 사도행전이 암시하는 시간은 소중하다.[14]

  ▫ 바울의 고린도 체류 기간은 18개월이다(행 18:11). 그러나 그 시기 전후로 알려지지 않은 기간에 발생한 중요한 사건들이 있었다. 고린도에서의 기간이 2년에 이른다는 추정은 타당하다.

  ▫ 3개월은 에베소 회당을 중심으로, 추가 2년은 두란노 서원을 중심으로 활동했다(행 19:8, 10). 다시 그 이후에도 가늠할 수 없는 시간이 암시된다. 2년 반에서 3년이라는 추정이 타당하게 보인다.

  ▫ 가이사랴에서의 2년 투옥(행 24:27).[15] 여기서도 선행 사건들의 기간을 정

Empire', 2484-85; Fitzmyer, *Acts*, 621-23; 또한 Riesner, *Paul's Early Period*, 202-207을 보라. "고도의 확실성이…그것을 바울의 연대 건설에 중추적인 연도로 만들었다"(Jewett, *Dating*, 38-40); "바울 연대의 최근 토론에서 일반적인 합의가 있는 유일한 항목"(Schnelle, *Paul*, 49 n. 9). Fitzmyer는 51-52년이라는 다수 견해에 맞서(Thiselton, *1 Corinthians*, 29-30에 있는 견해들에 대한 간단한 조사를 보라), 총독 갈리오의 연대를 52-53년이라고 논증한다(620-23).

13) 갈리오의 형제인 세네카와 플리니우스의 언급에서 갈리오가 그의 임기를 채우지 못했다고 추론할 수 있다(Murphy-O'Connor, *Paul*, 19-20).

14) Knox는 "'여러 날 후에'나 '며칠 후에'라는 표현이 그의 서사 여기저기에 퍼져 있기 때문에, 가끔 등장하는 [누가의] 더 확고한 진술이 바울의 이력 연대를 재구성하는 데는 가치가 없다"라고 이상하고 불합리하게 논증한다(*Chapters*, 32). D. Slingerland, 'Acts 18:1-18, the Gallio Inscription, and Absolute Pauline Chronology', *SBL* 110 (1991), 439-49은 누가의 모호한 시간 진술에 대한 Knox의 회의적 태도를 공유한다.

15) "이태가 지난 후"(24:27)는 바울의 투옥이나 벨릭스의 재직 종료를 가리킬 수 있으며, 그렇다면 후자는 55년으로 잡을 수 있는 벨릭스에서 베스도로의 전환을 나타낸다(Suhl, *Paulus*, 333-38; Lüdemann, *Early Christianity*, 250-51; 비교. Barrett, *Acts*, 2.1118). 그러나 그 구는 독립 소유격으로서, 뒤따르는 두 주요 구에서 독립되었음을 암시하기 때문에, 그것은 벨릭스에서 베스도로의 전환과는 독립된 언급이다. 그 구는 "대개 바울의 투옥

하기 어렵다. 여기서의 시기는 유대의 로마 총독인 벨릭스(52/53-59/60)
와 베스도(59/60-62)의 임명에 대해 우리가 아는 내용과 관련될 수 있다.[16]

▫ 로마에서 2년 동안 감금(행 28:30).

다른 시기와 시간은 적절한 개연성으로 추산할 수 있다.

- 예수의 부활과 헬라파에 대한 박해와 관련된 사울/바울의 회심. 전자의 경
  우, 개연성이 있는 것은 예수가 사울에게 나타나심이, 약 18개월 너머로 확
  장되고 어쩌면 2년 아니면 기껏해야 3년을 넘지 않은, 일련의 "목격" 중 마
  지막이라는 것이다.[17] 후자의 경우에 헬라파에 대한 박해는 아마도 새로운
  종파가 출발한 후 짧은 시간 내, 어쩌면 2년 이내에 시작되었을 것이다.[18]
- 다메섹으로부터의 바울의 탈출(고후 11:32-33)은 사도행전 9:25의 비슷한 내
  용과 같다고 안전하게 말할 수 있다. "아레다 왕의/치하의 고관이 나를 잡
  으려고 다메섹 성을 지켰다"는 사실에도 불구하고 이 일이 일어났다고 바
  울이 구체적으로 말했기 때문에, 이 사건을 나바테아의 왕인 아레다 4세의
  통치 기간 내로 설정할 수 있다. 연대 추정이라는 목적에서는 안타깝게도,
  아레다가 기원전 9년부터(Josephus, *Ant.* 16.294) 기원후 30/40년까지 통치

과 관련이 있고 실제로 누가도 그렇게 의도했다. 누가는 바울의 투옥에만 관심이 있을 뿐
이다"(Haenchen, *Acts*, 661; 추가로 *Apg.*, 576 n. 263의 참고문헌).

16) Schürer, *History*, 1.460과 n. 17; 467과 n. 43; Jewett, *Dating*, 40-44; Hemer, *Book of Acts*, 171,
173; Bruce, *Acts*, 484; Riesner, *Paul's Early Period*, 219-24; Barrett, *Acts*, 2.1080-81, 1117-18;
Murphy-O'Connor, *Paul*, 22-23. 벨릭스가 소환된 것이 바로 그의 형제 팔라스(Pallas)가 로
마의 호의를 잃었기 때문이기에 55년이나 56년이라는 제안이나(Lake, *Beginnings*, 5.464-67;
비교. Schwartz, *Studies*, 227-31), 바울이 연보를 가지고 돌아온 것이 54/55년의 안식년 때
문에 발생한 기근에 대한 반응이므로(Suhl, *Paulus*, 327-33; 이를 Hyldahl, *Chronologie*, 113-
15이 따름), 벨릭스에서 베스도로 교체되기 전에 바울이 투옥되었다(위 n. 15)는 제안은 설
득력이 적다.

17) 위 §22.2b를 보라. 부활 출현이 18개월 기간 너머로 확대되었다고 추정하는 영지주의 전승
들을 주목하라(위 §22 n. 31). 또한 Jewett, *Dating*, 29-30; 그리고 추가로 Riesner, *Paul's Early
Period*, 67-74을 보라.

18) 위 §24.4a를 보라.

했다.[19] 바울의 서술이 무엇을 수반하며, 아레다가 분봉 왕으로 어떤 권력을 가졌는지에 대해 풀리지 않는 논쟁이 있다. 주이트(Jewett)는 "다메섹이 나바테아의 통치로 넘어간 일은…칼리굴라 지배 초기에 일어났을 것이며", 그 시기가 37년 여름 이전은 아니었다고 강하게 논증한다.[20] 그는 바울의 탈출을 37-39년으로 추정해야 하고 이 연도를 "필자의 가설의 모퉁이 돌"로 여겨야 한다고 결론짓는다.[21] 그러나 리스너(Riesner)는 고고학 자료와 문헌 자료들이 나바테아가 다메섹을 관할했다는 확신을 주지 않는다고 정당하게 반대하며, 고린도후서 11:32에서 너무 많은 확고한 결론을 끄집어내려는 시도에 대해 경고한다.[22] 우리는 바울의 다메섹 탈출이 30년대에 틀림없이 이루어졌고, 어쩌면 36년에 일어난 아레다와 헤롯 안티파스 간의 짧은 전쟁 전후였을 것이라고 말할 수 있을 뿐이다.[23]

- 더글러스 캠벨(Douglas Campbell)은 구브로의 퀴트로이(Chytri) 명문을 서기오 바울과 바울의 만남(행 13)이 기원후 37년이나 그 이전을 시사하는 것으로 읽어야 한다고 논증하는데, 이는 사도행전에 암시된 구브로 선교 연대에

---

19) 그 연대를 대개 40년으로 잡으나(Schürer, *History*, 1.581), Jewett(*Dating*, 30)와 Murphy-O'Connor(*Paul*, 5)는 39년을 선호한다.

20) Jewett, *Dating*, 30-33; 이를 Murphy-O'Connor, *Paul*, 6-7이 따른다.

21) Riesner, *Paul's Early Period*, 79에 인용됐다. Schenke는 "수리아 지방"(갈 1:21)이 다메섹을 포함하므로, 다메섹에서의 탈출이 37년과 40년 사이에 일어날 수 있다고 논증하여 그 문제를 해결한다('Four Problems', 324-25).

22) Riesner, *Paul's Early Period*, 75-89. Riesner (84-86)는 고관(ethnarch)이 단지 다메섹에 있는 나바테아 사람들의 지도자, 즉 "일종의 영사"에 지나지 않는다(147)는 E. A. Knauf, 'Zum Ethnarchen des Aretas', *ZNW* 74 (1983), 145-47의 논증에 특별히 의존한다. 또한 Schürer, *History*, 1.581-82; Wedderburn, *History*, 101의 주의를 주목하라. 아레다가 베두인족 수장이었고 나바테아 영역이 현대 의미의 "국가"나 "나라"가 아니었다는 Knauf의 언급을 주목하는 것이 좋다('Arabienreise', 467-69).

23) D. A. Campbell, 'An Anchor for Pauline Chronology: Paul's Flight from "the Ethnarch of King Aretas" (2 Corinthians 11:32-33)', *JBL* 121 (2002), 279-302은 아레다가 안티파스를 물리쳐서 다메섹의 지배권을 확보할 수 있었고, 그 결과 바울이 창피하게 다메섹을 떠난 일을 36년 후반기와 37년 봄 사이 몇 개월로 잡아야 한다고 논증한다. 그는 그때가 가이오가 아레다의 다메섹 지배를 끝냈을 때라고 추정한다. 그러나 또한 Bunine, 'La date de la première visite de Paul à Jérusalem', *RB* 113 (2006), 436-56, 601-22을 보라.

의문을 제기한다.[24] 그러나 명문의 열악한 상태는 언급된 사람들의 정체와 그들 간의 관계를 불분명하게 남겨 놓았다.

- 예루살렘 공의회(갈 2:1-10)와 안디옥 사건(2:11-14) 사이의 간격이 길기보다는 짧아 보이는데(몇 개월),[25] 바울을 너무나 화나게 한 것 가운데 하나가 예루살렘 합의와 이후 베드로가 신앙을 저버린 사건(바울이 그렇게 여긴 것처럼) 간의 시간이 짧았다는 사실이었을 것이기 때문이다.[26]

- 바울이 한 다양한 여정의 이동 시간, 특별히 안디옥에서 고린도까지 그리고 다시 에베소까지, 또한 에게해 둘레 여정과 해상 여정들에 걸린 시간은 모두 어느 정도 개연성을 가지고 추산할 수 있다. 확실히, 내륙과 해상 여정이라는 현실을 무시하고 바울의 선교 연대를 추정하려는 이전 시도들은 그런 이유로 더욱더 신뢰할 수 없다. 물론 날씨 상황, 계절에 따라 비우호적인 날씨 중 해상 여행의 알려진 제한, 수개월 동안 여행을 가로막고 타우루스 산맥과 소아시아 고지대에 특별히 영향을 끼치는 겨울 환경 등은 고려돼야한다. 다소에서 도보로 길리기아 관문(Cilician Gates)을 통과하여, 갈라디아

---

24) D. A. Campbell, 'Possible Inscriptional Attestation to Sergius Paul[l]us (Acts 13:6-12), and the Implications for Pauline Chronology', *JTS* 56 (2005), 1-29.

25) Suhl과는 반대인데, 그는 매우 놀랍게도 예루살렘 공의회를 (헤롯 아그리파가 죽기 전인) 43/44년 초로 잡고(갈 1:18과 2:1의 3년+14년을 14년으로 압축함), 안디옥 사건(47/48년) 이전에 4년의 공백이 있었고, 여기에 비시디아와 라오디게아의 선교를 포함시키며, 고린도로의 여정이 그다음 해 안에 끝났다고 논증한다(*Paulus*, 322-23). Hengel과 Schwemer는 에게해 지역 선교의 첫 국면이 예루살렘 공의회와 안디옥 사건 사이에 일어났다는 견해를 선호하는데, 이는 "갈 2:11 이하의 폭발적인 사건 후에, 실라가 선교 '동료'로서 다시 바울과 동행할 수 없었을 것이기 때문이다"(*Paul*, 215-16). 비슷하게 Öhler, *Barnabas*, 61-64(예루살렘 공의회와 안디옥 사건 사이의 5, 6년 간격[77-78]); Wedderburn, *History*, 98-99. 또한 §27 n. 234을 보라.

26) 안디옥 사건의 시기를 예루살렘 공의회 이전으로 잡으려는 Lüdemann의 시도(*Paul*, 44-80)는 지지를 거의 혹은 전혀 얻지 못했다. 예를 들면, "그 회의가 혼합된 청중에 대한 그런 근본적인 문제를 우회할 수 있었음은 상상이 불가능"하지 않다는 것이다(73; 위 §27.2를 보라). 그리고 Murphy-O'Connor가 지적했듯이, 바울과 바나바를 예루살렘에서 가까운 동료로 묘사한 것은 안디옥에서 바울과 바나바의 고통스러운 결별과 전혀 일치하지 않는다(*Paul*, 132). Hengel과 Schwemer는 비슷하게 무시한다. "안디옥 사건은 갈 2:6-10의 합의를 전제해야만 이해할 수 있다. 더구나 결별 이후에 바울은 예루살렘에서 바나바와 결코 이렇게 협상할 수 없었다"(*Paul*, 441-42 n.1080).

와 브루기아를 넘어 소아시아에 이르는 긴 여정은 특별히 힘들고 분명 수 주나 수개월이 걸렸을 것이다.[27]

- 자료들 가운데 가장 논쟁을 초래한 점은 클라우디우스가 유대인들을 로마에서 추방한 사건이다. 이는 수에토니우스의 유명한 인용문에서 언급됐다 (*Claudius* 25.4).[28] 이 추방을 대개 49년으로 추정하는데,[29] 이는 바울이 고린도에 도착한 시기와 갈리오의 통치 승계(51/52)에 절묘하게 맞물린다.[30] 그러나 그 기간에 대해 서술한 요세푸스나 타키투스는 이 사건을 언급하지 않았다. 그래서 일부 사람들은 수에토니우스의 인용문을 로마에서 클라우디우스가 유대인에 반하는 결정을 내린 사건(즉 41년에)에 대한 카시우스 디오의 보고 내용(60.6.6)과 연관시키길 원한다.[31] 뤼데만(Lüdemann)에게는, 로마에서 유대인들이 추방된 시기를 41년으로 설정하는 것이 자신의 모든 연대표의 핵심이었다.[32] 그러나 그 논증에는 심각한 오류가 있다.
  - 카시우스 디오는 클라우디우스가 "그들(유대인들)을 내쫓지 않고, 그들에게 자신들의 전통적인 삶의 방식을 고수하지만 모임은 하지 못하도록 명령했다"라고 상당히 분명히 말한다(60.6.6).[33]

---

27) 추가로 아래 §28.2을 보라.
28) 위 §21.1d를 보라.
29) 또한 그것은 5세기 기독교 역사가인 오로시우스가 부여한 시기이며, 그는 그 정보가 요세푸스에게서 왔다고 하나(*Historiae adversus paganos* 7.6.15-16, Riesner, *Paul's Early Life*, 181에 인용됐다), 요세푸스의 그런 언급은 전혀 알려지지 않았다. 오로시우스가 행 18:2을 참고해서 수에토니우스의 추방 시기를 잡았을 가능성이 있다(Murphy-O'Connor, *Paul*, 9-10). Riesner는 더 자신하지만, 오로시우스를 자료로 평가하는 데 여전히 조심스러워한다(180-87).
30) Jewett, *Dating*, 36-38.
31) *GLAJJ*, 2.367 (§422)에 있는 본문.
32) Lüdemann, *Paul*, 163-71. 그는 *Primitive Christianity*, 122-24에서 그것을 계속 활발하게 주장하며, Levinskaya, *BAFCS*, 5.171-77가 지지한다. 그러나 Fitzmyer는 "전 세계 학자들 대부분이 서기 41년이라는 연도에 동의한다"라는 Lüdemann의 주장을 "과장된 터무니없는 주장"이라고 정당하게 일축한다(*Acts*, 620).
33) Lampe, *From Paul to Valentinus*, 15이 언급했듯이, 디오는 Lüdemann이 논증한 것처럼 (*Paul*, 165-66) 자료(Suetonius)를 수정하고 있었던 것이 아니라, 클라우디우스의 조치를 바로 20년 이전에 있었던 티베리우스의 조치와 비교하고 있었다: "'그가 추방하지 않았다'라는 표현은 '티베리우스가 그랬듯이'라는 표현으로 완성되어야 한다." 이것은 기원후 19년

- 로마에서 유대인에 대한 덜 심각한 조치가 클라우디우스의 통치가 시작될 즈음에 있었던 것처럼 보이며,[34] 그때는 그가 헤롯 아그리파에게 빚이 있고 여전히 가까운 친구였을 때였다. 반면 40년대 후반 그가 아그리파의 배반으로 받아들인 사건 이후에,[35] 클라우디우스는 유대인들에게 대체로 훨씬 더 적대적이었을 것이다.

- 바울의 고린도 선교(행 18:2)를 늦은 연대에 맞추는 일은 위에서 더 일반적으로 제기한 요점의 한 예다. 즉 추방에 관한 수에토니우스의 서술과 제한에 관한 카시우스 디오의 서술 간의 의문스러운 일치를 고려하여 그것을 평가절하하기보다 숙고해야 하는 증거의 일부로 받아들여야 한다는 점이다.[36]

- 어느 경우든, "모든 유대인"이 로마를 떠나라는 명령을 받았다는 누가의 전형적으로 과장된 언급에도 불구하고(행 18:2),[37] 추방 칙령의 범위와 효

에 티베리우스가 유대인을 추방한 사건(Suetonius, *Tiberius* 36과 카시우스 디오 57.18.5a가 언급했다. *GLAJJ*, 2.§§306과 419)을 가리킨 것이다. Lampe는 다음과 같이 질문한다. "왜 Lüdemann은 적어도 100년이나 앞선 행 18장의 연대기보다, 아무리 빨라도 2세기 말 무렵에 연대기 정보를 편집한 카시우스 디오를 더 신뢰하는가?"(15). Murphy-O'Connor는 기원후 41년 로마에 있는 동안 *Legatio ad Gaium*를 완성한 필론을 수에토니우스와 카시우스 디오가 언급할 때 동일한 사건을 가리킨다는 "인정건대 빈약한" 견해를 지지하려고 한다. 아우구스투스가 유대인들을 로마에서 추방하지 않았거나 그들의 총회를 금지하지 않았다는 필론의 반복된 관찰(*Legat.* 156-57)은, 필론이 들은 클라우디우스의 있었을 법한 조치에 대한 소문을 가리킬 수 있다(*Paul*, 10-13; 이를 J. Taylor, 'The Roman Empire in the Acts of the Apostles', *ANRW* 2.26.3 [1996], 2436-2500[여기서는 2478-79]이 따랐다). 그러나 필론의 로마 추방에 관한 언급은 기원후 19년에 있었던 티베리우스의 조치에 대한 언급일 수 있다. 비록 카시우스 디오에 따르면, 모임 금지에 대한 언급이 클라우디우스가 실제로 취한 조치와 일치하지만 말이다.

34) Riesner는 재임 첫해에 클라우디우스가 유대인에게 대체로 호의가 있었다고 지적한다 (*Paul's Early Period*, 101).

35) 위 §26.5을 보라.

36) Jewett은 갈리오 명문으로 확증하는 일이, 이 자료(49/50년에 바울과 아굴라/브리스길라의 만남)를 바울의 연대표를 재구성하는 데 "결정적인 중요성"을 띤 자료로 만든다고 이해했다 (*Dating*, 36-38). 반대로 Lüdemann은 "행 18장 전승이 다양한 방문을 반영한다"라고 결론짓는다(*Paul*, 162).

37) 아래 §33 n. 64을 보라.

력은 해결되지 않은 문제로 남아 있어야 한다.[38] 모든 회당의 회중이 영향을 받았는가? 일부에겐 훌륭한 혈통과 후원자가 있었다.[39] 어쩌면 단지 몇몇 회당이 그리스도(Chrestus)를 따르는 자들의 소란으로 영향을 받았고, 새 (문제를 일으키는) 종파 지도자들(아굴라와 브리스길라 같은)만 추방당했을 것이다.[40] 법령이 더 집중적이고 "지방적"일수록, 요세푸스와 타키투스가 침묵으로 그 칙령을 무시했을 가능성이 크다.

조화되지 않는 자료에 대해 많이 선호되는 해결책은 클라우디우스가 두 가지 조치를 했다고 상정하는 것으로서, 하나는 41년에 다른 하나는 49년에 있었다고 보는 것이다. 첫 번째는 임시방편적 조치로서 효력 면에서 제한적이고 단기적이었으며, 두 번째는 그의 인내심이 바닥나고 더욱 자신만만했을 때 취한 더 고의적이고 극단적인 조치였다는 것이다.[41]

---

38) 누가는 유대인을 말할 때 포괄적인 범주로 작업하는 경향이 있다. 다양한 행동의 주격(목적격)으로서 "유대인들"(구분 없이)(행 13:45, 50; 14:4; 17:5 등등); 비교. 그의 "모든/온 유대"라는 언급(눅 5:17; 6:17; 7:17).

39) 아래 §33 n. 47을 보라.

40) 예. Lampe, *Paul to Valentinus*, 11-15; H. Botermann, *Das Judenedikt des Kaisers Claudius. Römischer Staat und Christianiim 1. Jahrhundert* (Stuttgart: Steiner, 1996), 77. Brown은 오로지 "그리스도 문제에 대해 어느 쪽이든 가장 강경했던 유대인들만" 추방됐다고 제안한다 (Brown and Meier, *Antioch and Rome*, 102, 109). Murphy-O'Connor는 클라우디우스의 칙령이 "로마의 한 회당과만 관련이 있다"라고 생각한다(*Paul*, 12, 14). "하나 혹은 다수의 로마 회당"(Riesner, *Paul's Early Life*, 195). 행 18:2에도 불구하고("모든 유대인"), 클라우디우스가 모든 유대인 공동체(4만 명 이상이 있었다고 생각된다)를 추방했다는 것은 확실히 개연성이 적다(예. Pesch, *Apg.*, 2.152). 또한 아래 §33 n. 62을 보라.

41) A. Momigliano, *Claudius: The Emperor and His Achievement* (Oxford: Clarendon, 1934), 31-37; Bruce, *History*, 295-99; Jewett, *Dating*, 36-38; Smallwood, *Jews*, 210-16; D. Slingerland, 'Acts 18:1-17 and Luedemann's Pauline Chronology', *JBL* 109 (1990), 686-90; Barclay, *Jews in the Mediterranean Diaspora*, 303-306; Botermann, *Judenedikt*, 특별히 114; E. S. Gruen, *Diaspora: Jews amidst Greeks and Romans* (Cambridge: Harvard University, 2002), 36-39; Omerzu, *Prozess*, 229-37; S. Spence, *The Parting of the Ways: The Roman Church as a Case Study* (Leuven: Peeters, 2004), 65-112; S. Cappelletti, *The Jewish Community of Rome from the Second Century BCE to the Third Century CE* (Leiden: Brill, 2006), 69-89. Riesner의 철저한 연구가 특별히 인상 깊다(*Paul's Early Period*, 157-201; 카시우스 디오에 관해서는 167-79, 이 점에 관한 다른 참고문헌은 n. 113과 135). 그는 시기를 49년으로 잡는 것이 더 확실하다

c. 논쟁되는 해결책들

위의 자료들의 해석에서 드러나는 가장 심각한 불일치는, 바울이 마게도냐로 선교를 확장한 시기, 바울이 예루살렘/안디옥으로 여러 번 오간 일과 관련해서 예루살렘 공의회와 안디옥 사건의 연대를 추정하는 일, "옥중 서신"(빌립보서, 골로새서, 빌레몬서)의 기록 시기와 장소와 관련해서 제기된다.

- 바울이 마게도냐와 아가야 초기 선교에 관여한 때가 이미 40년대(아니면 심지어 30년대)였다는 제안은[42] 로마에서 유대인을 추방한 시기를 41년으로 보거나(Cassius Dio)[43] 예루살렘 공의회와 안디옥 사건 이전에 그런 초기 선교 활동이 있었다고 추정하는 데[44] 의존한다. 그러나 갈라디아서 1:21의 언급(수리아와 길리기아 선교 사역)이 갈라디아 선교를 포함할 수 있겠지만(참고. 갈 2:5),[45] 바울의 저항에도 불구하고 결국 그가 무언가를 숨기려고 했다는 의미를 강요(암시)하지 않고서는, 훨씬 더 서쪽(마게도냐와 아가야)으로 확장된 선교 사역에 대한 시사는 바울이 암시한 내용과 조화를 이루지 못한다.[46]

고 결론 내린다(201).

42) "마게도냐에 교회를 세우기 위한 바울의 방문은 30년대 말에 일어났다"(Lüdemann, *Paul*, 201).

43) Lüdemann, *Paul*, 59-61; 또한 Lüdemann은 "복음의 시초"(빌 4:15)라는 바울의 빌립보 선교에 대한 언급을 바울의 첫 복음 전도 기간을 가리키는 것으로 본다(105-106, 199). 그러나 그것도 수리아와 길리기아에서 진행된 그의 이전 사역과 관련이 있을 것이다.

44) Murphy-O'Connor는 카시우스 디오의 연대(41년)를 받아들이고, 49년에서야 바울이 아굴라와 브리스길라와 처음 만났다고 보며, 그 부부가 추방된 후 바울을 만나기까지 수년 동안 돌아다녔다고 추정한다(*Paul*, 14-15; 비슷하게 *GLAJJ*, 2.115-16). 그러나 우리가 그들에 대해 아는 내용은 오히려 그들이 주요 중심지(로마, 고린도, 에베소)에서 사업했음을 시사하며, 그래서 같은 해(49년)에 로마에서 추방당하고 고린도에 도착했다는 견해가 더 이치에 맞다. 추가로 아래 §31.4b를 보라.

45) 위 §25 n. 223을 보라.

46) Longenecker, *Galatians*, 40; 또한 lxxv-lxxvii; Hengel과 Schwemer는 Lüdemann의 논지를 경멸한다(*Paul*, 475-76 n. 1361). 또한 Riesner, *Paul's Early Period*, 269-71을 보라. Jewett와 Murphy-O'Connor는 다메섹에서 바울의 탈출을 37년으로 고정할 수 있다는 것에 너무 많

- 그 자료를 동일하게 해석한 결과는, 사도 공의회와 안디옥 사건의 연대를 누가의 서술에서 바울이 고린도를 기반으로 한 선교 이후에 예루살렘과 안디옥으로 돌아온 때로 잡아야 한다는 것이다(행 18:22).[47] 여기에 앞서 제기된 또 하나의 방법론적 비평이 있는데, 그것은 다른 자료를 근거로 사도행전의 서술이 사실상 온전히 신뢰할 수 없는 자료로 판단될 때까지 그것을 유보하기보다는 그것을 자료의 일부로 고려해야 한다는 점이다.[48] 그러나 갈라디아서 2:10이 연보가 곧바로 시작되었고 4년 안에 끝났음을 암시할 필요는 없다.[49] 이미 살핀 것처럼, 사울의 다메섹 탈출을 37년으로 보고 로마에서의 유대인 추방을 41년으로 보는 것은, 누가가 서술한 사건의 순서를 완전히 무시해야 할 정도로 확고하지 않다.
- 다른 중요한 의견 차이는 바울 서신의 연대를 추정하는 일과 관련된다.
  - 데살로니가전서가 사도 공의회 이전에 기록되었다면, 그것은 40년대(41년, Lüdemann)나 50년(Jewett, Murphy O'Connor)에 기록된 것으로 추정돼야 한다.
  - 갈라디아서가 사도 공의회 이전에 기록되었다면, 그것은 40년대로 추정돼야 한다.[50] 혹은 로마서와의 유사성이 비슷한 시기를 가리킨다면, 그것

이 의존한다. 두 가정은 누가가 서술한 일련의 사건을 무신경한 방식으로 다루며(Murphy-O'Connor는 "첫 번째 선교 여행"을 두 번째와 결합한 듯하다), 바나바가 마게도냐와 아가야 선교에 바울과 동행하지 않았지만(그러나 아래 §29 n. 208을 보라) 예루살렘 공의회에 맞춰 바울과 다시 합류하여 그들이 이방인 선교를 대변할 수 있었다고 추론해야 한다(갈 2:9)(Murphy-O'Connor, *Paul*, 131-32). 그러나 Jewett는 "행 13-14장 자료는 그 여행의 막바지에 바나바와 바울이 제공한 보고 내용에 담긴 안디옥에 대한 회상으로 형성되었다"라고 요약한다(*Dating*, 12).

47) Schnelle는 예루살렘으로의 여정을 부정한다(오로지 안디옥). "그것이 바울이 서신에서 진술한 내용에 반하기" 때문이다(*Paul*, 54). 그러나 그것은 갈라디아서의 연도를 바울의 에게해 선교에서 에베소에 있던 기간으로 잡을 때만 사실이다(반대로, §31.7a를 보라).

48) Knox(*Chapters*, 35-36, 48-52)와 Jewett(*Dating*, 84) 및 Lüdemann(*Paul*, 149-52; *Early Christianity*, 206-207)은 모두 행 11장과 15장의 예루살렘 여정이 "사도행전 18:22에 보고된 여행의 세쌍둥이"라는 데 동의한다(Jewett).

49) 갈 2:10의 이 해석은 Knox가 재구성한 내용의 핵심이다(*Chapters*, 39-40). 그는 예루살렘 회의를 51년으로 잡고, 마지막(세 번째) 예루살렘 여행을 54년이나 55년으로 잡는다(68).

50) 예. Bruce, *Galatians*, 43-56; Longenecker, *Galatians*, lxxii-lxxxviii; Ellis, *Making*, 258-59 n.

은 50년대 중반으로 추정돼야 한다.[51]

▫ 상정한 대로 "옥중 서신들"이 에베소 투옥 중에 기록되었다면, 그 서신들
의 연대를 50년대 초반에서 중반으로 잡아야 한다. 로마에서 기록되었다
면 연대는 60년대이어야 한다.[52]

▫ 진행하면서 설명하겠지만 필자가 보기에는 데살로니가전서가 현존하는
최초의 바울 서신이며, 바울이 고린도에서 18개월에서 2년 정도 있을 동
안 기록되었고(약 50년),[53] 또한 갈라디아서가 바로 그 후 고린도에서 기
록되었으며(약 51년), "옥중 서신들"은 로마에서 기록되었다. 마지막 경우
에 논증이 둘 중 어느 한쪽으로 나아갈 수 있으나, 에베소에 기반을 둔 선
교의 주된 관심사인 연보를 언급하지 않는다는 사실은, 앞으로 살피겠지
만 그 서신들을 바울이 에베소에 체류했던 시기로 잡는 것에 결정적으로
(온당하게) 반한다.

▪ 완전하게 다루기 위해, 필자는 바울이 첫 로마에서의 투옥에서 풀려나 소
아시아와 에게해 지역 선교로 돌아갔거나(목회 서신들에 암시되었을 수 있듯
이) 복음을 가지고 스페인에 가려고 한 자신의 염원을 이루고자 시도했다(1
Clem. 5.6-7이 나타낼 수 있듯이)는 소수 견해도 언급해야 한다. 스페인에 이르
고자 했던 강한 소망에도 불구하고, 그가 동쪽으로 향했을 개연성은 적다.
바울은 그 선교의 국면을 완수했고(롬 15:19, 23), 목회 서신들은 대체로 바울

111을 보라.

51) 독일 학계의 지배적인 견해다. 그러나 §31.7a와 아래 n. 300을 보라.

52) 빌립보서와 빌레몬서(그리고 골로새서, 만일 바울이 기록했다면)의 연대가 에베소 투옥 시
기라는 주장은 강력하게 지지받는 견해이고 어쩌면 여전히 지배적일 것이다. 예. Becker,
Paul, 159, 162 그리고 Schnelle, *History*, 131 n. 357, 144 n. 405에 언급된 다른 이들을 보라.
R. P. Martin은 G. F. Hawthorne, *Philippians* (WBC 43; Nashville: Nelson, 2004)을 개정하면
서 대안들을 논평하고, 결국 그 서신의 에베소 기원을 선호한다(xxxix-l). 에베소서, 골로새
서, 골로새서, 빌레몬서가 바울이 가이사랴에 투옥됐을 시기에 기록되었다는 소수 견해는
Robinson, *Redating the New Testament*, 61-67, 73-82, 그리고 Ellis, *Making*, 266-75이 주장
한다. 또한 §34 n. 237을 보라.

53) 아래 §31 n. 228을 보라.

의 죽음 이후에 기록되었다고 여겨지기 때문이다.[54] 바울이 정말로 스페인에 도착했다는 확실한 증거의 부족은 도움이 안 된다. 비록 사도행전 이야기의 끝부분과 네로의 박해 중 바울이 순교했다는 에우세비오스의 언급(*HE* 2.25.5-8) 사이에는 2년이라는 간격이 있지만 말이다.[55]

d. 작업 개요

바울의 초기에 관해 확실한 내용은 없다. 그러나 그 시기에 대해 제시된 범위는 때때로 너무 광범위하다.[56] 기원전에서 기원후로 전환하기 몇 년 전에 태어난 사람을 30년대 초반에 "네아니아스"(*neanias*, "젊은 사람")라고 묘사했을 가능성은 적다. 그랬다면 그는 사망할 때 70세에 가까웠을 것이다.[57] 바울이 인생 말년에 빌레몬서를 기록했다면, 보통 *presbytēs*라고 분류되는 연령대를 훨씬 넘었을 것이다(몬 9).[58] 혹은 바울의 태어난 연대를 기원후 첫 10년 내로 잡으면 바울이 헬라파를 박해할 때 지도자 역할을 양도받을 만한 나이였다고 볼 수 없다. 그는 여전히 20대였을 것이다. 이중 어떤 연대도 확고하지 않으나, 개연성을 따져보면 바울이 기원전에서 기원후로 전환될 즈음에 태어났다는 견해가 가장 타당해 보인다.

사울의 교육은 이미 논의했고(§25.1f), 사도행전 22:3과 26.4에 대한 가장 개연성이 큰 이해는 그가 청소년기에 예루살렘에 있었고, 약 20대 중반

---

54) 예. L. T. Johnson, *The First and Second Letters to Timothy* (AB 35A; New York: Doubleday, 2001), 47-54의 논평과 추가로 제3권을 보라.

55) 추가로 아래 §34.7을 보라.

56) Ogg는 5-14년 사이라고 말하는 것으로 만족했다(*Chronology*). Murphy-O'Connor는 바울의 출생을 기원전 약 6년으로 잡는다(*Paul*, 8). 그리고 White는 기원전 5년과 기원후 5년 사이로 잡는다(*Jesus to Christianity*, 147). 그러나 Chilton은 기원후 7년으로 잡는다(*Rabbi Paul*, 267).

57) Murphy-O'Connor는 그가 73살 때 처형당했다고 생각한다.

58) Murphy-O'Connor(*Paul*, 4)는 빌레몬서의 연대를 바울이 에베소에서 선교할 때로 잡는다 (53년). 그렇다 할지라도 그것은 바울을 *presbytēs*의 일반 연령대(50-56세) 너머로 보는 것이다. 추가로 §25.1a를 보라.

에 바리새인 교육과 훈련을 마쳤다는 것이다. 더 확실한 추정은 가능하지 않다.

대부분이 동의하듯이, 예수가 30년에 십자가형을 받았을 가능성 및[59] 헬라파의 증가와 사울의 박해 및 이어진 개종과[60] 관련하여 위에서 언급한 고려사항들에 비추어보면, 그의 개종 시기를 약 32년으로 잡을 수 있을 것이다.

아라비아에서의 3년(갈 1:17-18)과 이후의 다메섹에서의 탈출은 우리를 약 34년이나 35년으로 인도한다.[61] 그리고 "14년 후"(갈 2:1)는 예루살렘 공의회의 시기가 약 47/48년이었음을 시사하고, 안디옥 사건은 수개월 후에 발생했다. 사도행전 13-14장에서 서술된 선교 사역은 이 기간에 포함될 수 있으나, 기록되지 않은 마게도냐와 아가야에서의 선교는 포함되지 않는다.[62]

몇 곳(특별히 빌립보와 데살로니가)에서 불명확한 시간 동안 쉬어가며 고린도를 향해 육로로 여행했다는 사실은, 바울이 49년 후반이나 50년대 초에 고린도에 도착했음을 나타낸다. 이 시기가 로마에서 아굴라와 브리스길라가 추방당한(행 18:2) 예상 시기(49년)와 깔끔하게 들어맞고, 2년간의 고린도 선교도 갈리오 시기와 너무나 잘 맞아떨어지는 점을 우연이라거나 억지로 끼워 맞추었다고 여기지 않아야 한다.

---

59) 위 n. 8을 보라.
60) 위 n. 17과 §24.4a를 보라.
61) 다메섹에서의 탈출 연대를 37년으로 잡는 견해(Jewett)의 매력은, 34/45년이 갈 1:18의 "3년"과 "14년" 그리고 그 이후 갈리오의 연대와 더 쉽게 통합된다는 점에 필적하거나 뒤처질 것이다.
62) Jewett의 지지에도 불구하고(Dating, 84), Lüdemann은 "사도 회의 이전에 있었던 바울의 독립적인 선교의 확실한 증거"를 거의 제시하지 않았다(Paul, 6을 언급함). 반대로 예루살렘 지도자들에 대한 권위 인정과 자신의 독립적 권위 주장 사이에서 바울이 갈 1-2장에서 보여준 태도는, 자신이 그들의 권위를 이전에는 인정했으나, 이제는 그 권위에서 훨씬 더 자유로움을 암시한다. 갈 2:2은 그가 전자의 태도로(14년의 선교 후에) 예루살렘에 올라갔음을 시사한다. 안디옥 사건이 그의 태도 변화에 대한 가장 개연성 있는 이유일 것이다(§27.3c를 보라).

사도행전의 서술은 51년 후반/52년 초반에 가늠할 수 없는 시간 동안 예루살렘과 안디옥을 세 번째 방문했으며(행 18:22) 52년 후반이나 53년 초에 에베소로 돌아왔음(도중에 겨울을 났다)을 시사한다.[63] 추가로 에베소에서 보낸 2년 반에서 3년의 기간과 마게도냐를 관통하는 고된 여정(가늠할 수 없는 기간) 및 고린도에서의 3개월(겨울나기?, 행 20:3)을 고려하면, 56년 후반이나 어쩌면 57년이 될 것이다.

그렇다면 마지막 예루살렘 방문은 57년 봄이나 여름이 되며, 예루살렘과 가이사랴에서 2년이 넘는 구금이 이어진다. 그렇다면 59년 후반의 로마행 항해는 60년에 마쳤을 것이며, 62년까지 2년 동안의 가택 연금이 뒤따른다. 우리의 일차 자료는 그 연대를 넘어서는 침묵한다.

우리는 그때와 시기에 관해 더 자세하게 살펴볼 수 있지만, 제시된 모든 시기는 다소(때로는 더 많이) 추측성이 있다. 몇몇 경우에 어느 쪽이든 1년에서 2년 정도 오차가 있지만, 그것들은 개연성이 상당하고 바울 선교의 주요 이동 지역을 위치시키는 틀을 충분히 확보해준다. 그리고 그것으로 충분할 것이다.

요약하면 다음과 같다.

대략 기원전 1년-기원후 2년	다소에서 태어남
대략 12-26년	예루살렘에서 교육받음
31-32년	헬라파 박해
32년	회심
34/35년	다메섹에서의 탈출과 첫 예루살렘 방문
34/35-47/48년	안디옥 교회 선교사
47-48년	예루살렘 공의회와 안디옥 사건
49/50-51/52년	고린도에서 선교

---

63) 추가로 아래 §32.1d를 보라.

	(데살로니가전후서, 갈라디아서)
51/52년	세 번째 예루살렘 방문과 안디옥
52/53-55년	에베소에서 선교(고린도전후서)
56/57년	고린도(로마서)
57년	마지막 예루살렘 방문 그리고 체포
57-59년	예루살렘과 가이사랴에서 구금
59년	로마를 향한 항해 시도
60년	로마 도착
60-62년	로마에서 가택 연금
	(빌립보서, 빌레몬서, 골로새서?)
62년??	처형

28.2 여정과 진통

바울의 육로와 해로를 통한 여정은 그 시대에 결코 이례적이지 않았다. 알
렉산드로스 대왕의 마게도냐 사람들은 멀리 동쪽으로 오늘날의 아프가니
스탄과 인도까지 여행했다. 상인들은 정기적으로 지중해와 흑해 주변 곳
곳으로 다녔고, 이후 세기에 실크로드로 알려진 길도 이미 나 있었다.[64] 지
중해와 켈트 및 극동 문화 사이에 상당히 강한 유대가 있었다. 로마군은 수
백 마일을 진군했다.[65] 그런데도 바울의 여정은 18세기 잉글랜드의 존 웨

---

64) 더 자세한 내용은 예로 Schnabel, *Mission*, 496-97을 보라.

65) "로마 제국 사람들은 그들 이전의 누구보다(혹은 17세기까지) 더 광범위하고 더 쉽게 여
행했다"(Meeks, *First Urban Christians*, 17). 추가로 L. Casson, *Travel in the Ancient World*
(London: Allen and Unwin,1974), 6장을 보라. "기독교 시대 첫 두 세기는 여행자들에게 평
온한 날들이었다. 여행자는 외국 국경을 건너지 않고 유프라테스 강가에서 잉글랜드와 스
코틀랜드까지 나아갈 수 있었다. 언제나 한 정부의 관할권 안에 있었다. 돈주머니를 채울
만한 로마 동전이 여행자가 반드시 지니고 다녀야 하는 유일한 종류의 현금이었다. 그 동
전은 어느 곳에서든지 받아주었고 거래할 수 있었다"(122). "즐거움을 위한 여행, 즉 오늘날

슬리와 비교될 정도로 상당했다. 그리고 바울이 그의 모든 육로 여정을 틀림없이 도보로 했음을 고려하면, 그의 위업(!)을 가볍게 취급해서도 안된다. 누가의 이야기에서 가볍게 취급됐다 할지라도 말이다!

a. 여행들

우리는 바울의 수리아와 길리기아 선교의 첫 국면 내내 그의 여정이 얼마나 광범위했는지 모른다. 그러나 누가가 사도행전 13-21장에서 제공한 여행 일정표를 길잡이로 받아들이면, 우리는 바울이 예루살렘과 수리아 안디옥에서 소아시아 서쪽 해안까지 적어도 두 번을 여행하고, 에게해 지역 북쪽 지역의 일부 아니면 전체를 육로로 최소한 세 번 여행했다고 보아야한다. 또한 그리스 혹은 아시아로부터 수리아-팔레스타인까지 적어도 두 번의 해상 여정 그리고 예루살렘과 안디옥 간의 여러 번 왕복이 있었고, 마지막 여정은 해로와 육로를 통한 로마행이었다.

여행 거리 및 시간에 대한 가장 주의 깊은 최근 평가는 주이트(Jewett)가 제공했다.[66]

거리	마일	킬로미터	시간
예루살렘에서 안디옥	373	600	15일-4주
수리아 안디옥에서 더베	293	471	12일-3주
더베에서 이고니움	89	144	3-4일
이고니움에서 비시디아 안디옥	88	142	3-4일
비시디아 안디옥에서 북갈라디아	194	312	8일-2주

우리가 관광이라고 하는 여행은 놀라울 정도로 잘 확립돼 있었다"(Wallace and Williams, *Three Worlds*, 17; 그리고 추가로 3장).

66) *Dating*, 59-61; 그의 추산에 대한 참고 문헌적 기반은 138 n. 53을 보라(필자가 마일 숫자를 더했다). Schnabel은 관련 거리의 더 상세하고 다른 수치를 제공한다(*Mission*, 1125-26; 추가로 1197-99).

북갈라디아에서 드로아	479	771	20일-6주
드로아에서 빌립보(해로로)	155	250	3일
빌립보에서 데살로니가	87	140	4일
데살로니가에서 베뢰아	43	70	2일
베뢰아에서 아테네—육로로	35	56	
해로로	280	450	10일-2주
아테네에서 고린도—육로로	10	16	
해로로	47	75	3일
	2,173	3,479	12-20주

계산이 대략적일 수밖에 없는 몇 가지 이유가 있다.

- 하나는 경로가 항상 알려지지 않았다는 사실이다. 특별히 주이트는 사도행전 16-18장의 선교에 북갈라디아 선교가 있었다고 추정하는데, 필자는 그 가정의 개연성이 떨어진다고 여긴다.[67] 분명히 그것은 위에서 추산한 거리에 상당한 거리를 추가한다.
- 두 번째는 바울이 얼마나 빠르게 여행할 수 있었는지 모른다는 것이다. 우리는 바울이 거의 항상 도보로 여행했다고 추정해야 한다.[68] 영국에서 단체로 산책하는 사람들과 보행자들이 현재 사용하는 "네이스미스"(Naismith) 추정치에 의하면, 사람이 한 시간에 4km를 걸을 수 있다고 보고, 150미터의

---

67) 아래 §31 n. 32을 보라.
68) 바울이 보통 말이나 마차로 여행할 수 있었다는 암시나 시사는 하나도 없다. 빌립보에서 데살로니가로의 여정이 한 예외일 수 있다. 암비볼리와 아볼로니아가 3일 여정의 기착지로 예상되기 때문인데, 그 여정은 마차(Riesner, *Paul's Early Period*, 313)나 말을 탔을 때(Taylor, 'Roman Empire', 2458) 3일 이내에 마칠 수 있었다. 행 21:16의 가이사랴에서 예루살렘으로 가는 여정에서는 말을 타지 않았을 것이다. B. M. Rapske, 'Acts, Travel and Shipwreck', *BAFCS*, 2.1-47(여기서는 10-11)을 보라.

고도 차이에 30분을 추가한다. 그것은 32km가 사람이 하루에 감당할 수 있는 최대치이며, 지형이 힘들지 않을 때만 그만큼 갈 수 있다고 제시한다. 긴 여행에서는 하루에 감당할 수 있는 평균 거리가 줄어드는데, 약 24km에서 32km이었을 테다.[69] 이 증거는 심지어 잘 훈련된 보병들조차도 몇 주의 행군에서 하루에 약 32km 정도가 상한선임을 시사한다. 강행군하는 군 파견대는 더 많은 거리를 갈 수 있으나, 3일 강행군 후 하루를 쉬었다.[70] 따라서 우리는 바울이 일주일의 도보 여정에서 약 160-190km 이상을 갔다고 추정할 수 없다. 좋은 조건에서도 말이다.[71] 이런 면에서, 주이트가 제시한 최소 거리 추정치는 상당히 낙관적으로 보인다.

- 계산할 때는 항상 날씨에 따른 상황을 고려해야 한다(Jewett가 했던 것처럼). 예를 들면, 바울이 겨울에 힘들게 길리기아 관문을 통과해서 오르려 하지 않았을 것이고, 겨울에 아나톨리아 고지대의 여행은 대부분 억제되었거나 제지되었다고 추정할 수 있다. 따라서 바울이 봄이나 초여름 이전에 수리아 안디옥이나 다소에서 갈라디아로 들어가려고 했을 가능성은 적다. 해상 여정에서도 마찬가지다. 지중해 동쪽은 9월 말에 풍랑이 더 거세졌기에, 해상 운송이 11월 중순부터 3월 중순까지 중지되었다.[72] 바울의 긴 여행, 특히 아나톨리아를 가로지르고 해상으로 다닌 시간을 계산하는 데에는 이 요인들을 고려해야 한다.[73] 보통 서쪽에서 동쪽으로 부는 바람은 여행에 우호적이었으며, 이것이 분명 바울이 항상 배로 고향으로 돌아간 이유다.[74]

- 비록 만족스러운 답을 얻을 수 없다 할지라도, 바울의 건강에 관한 문제를 결코 무시할 수 없다. 그러나 갈라디아서 4:13-15과 고린도후서 12:7 같은

---

69) Casson, *Travel*, 189.
70) Riesner, *Paul's Early Period*, 311.
71) 상당히 평범한 지형을 오래 여행하는 경우, 도보로 하루에 15-20마일이나 20-30km를 갈 수 있다는 데 대부분이 동의한다(Riesner, *Paul's Early Period*, 311). 평소대로 Schnabel의 요약은 견문이 넓다(*Mission*, 632-37).
72) Jewett, *Dating*, 56-57; Rapske, 'Travel', 3; Riesner, *Paul's Early Period*, 308.
73) Haenchen은 바울이 해로로 이동한 12개의 여행을 나열한다(*Acts*, 702-703).
74) 행 18:18-22; 20:6-21:3; Murphy-O'Connor, *Paul*, 165.

본문들은 바울이 여러 번 심각한 질병으로 고생했을 것임을 암시한다. 아주 힘든 일정은 말할 것도 없이, 바울이 며칠에 걸쳐 일정한 속도를 유지할 수 있었을 것이라고 단순하게 추정할 수 없다.

- 우리는 바울이 다른 장소에서 얼마나 오래 체류했는지도 모른다. 주윗은 바울이 루스드라, 이고니움, 비시디아 안디옥 같은 곳에서 일주일에서 4주, 북갈라디아에서 6개월에서 12개월, 빌립보에서 3개월에서 12개월, 데살로니가에서 3개월에서 4개월, 베뢰아에서 2개월 동안 머물렀다고 추정한다. 그러나 북갈라디아 가정을 배제하고 마게도냐와 관련해 가정한 체류 기간을 의문시하면, 주윗의 시간표와의 차이는 상당해진다. 최소로 잡아도 거의 2년보다는 1년이고, 최대로 잡아도 4년보다는 2년이다.

따라서 상정된 북갈라디아 선교에 주어진 시간을 단축하면, 모두 2천 마일이나 3,200km 정도의 여행이 여전히 남는다. 해상 여정에 대한 주이트의 추산치를 포함하는 위의 추산에 비추어 보면, 그 거리는 단순히 여행 시간만 해도 최소한 100일에서 140일, 어쩌면 더 많은 시간이 필요했을 거리다. 그 시간에 더해서, 바울은 다양한 중심지에서 시간을 보냈을 것이고, 여행의 긴 구간에서 짬짬이 쉬었을 것이며, 화물 운반선이 마련되는 동안 지체하는 시간이 있었을 것이다. 그러면 수리아 안디옥(Jewett는 예루살렘에서부터 추정한다)에서 고린도까지 최소 1년이라는 시간이 걸렸을 텐데, 어쩌면 18개월에서 2년에 근접했을 것이다.[75]

바울의 다른 여행에 대해 같은 과정을 반복할 필요는 없다. 그 예는 이런 추산의 어려움을 보여주기에 충분하다. 그러나 첫 갈라디아 선교(행 13-14), 고린도에서 예루살렘/안디옥으로의 귀환(행 18:22-23), 안디옥에서 에베소까지의 추가 여정,[76] 마게도냐를 관통해서 고린도로 귀환한 여행과 관련

---

75) Jewett는 Ogg가 그 여정을 18개월로 추산한 데 대해 "믿기 어려울 정도로 짧다"라고 생각한다(68-69).

76) Riesner는 60일에서 90일 사이로 추산하고 바울이 그 도중 어느 곳에서 겨울을 보냈다고 추

해서 유사하게 추산하면, 바울의 여정이 정말 상당한 거리에 "달했음"을 쉬이 보게 된다. 그가 어떤 사람이었든지 간에, 바울은 선교 중에 대략 5천-6천km를 이동한 경험 많은 여행자였다.

b. 고역

고대 세계를 여행한 바울이 경험했을 일들에 대한 가장 생생한 인상은 고린도후서 11:25-27의 "자랑스러운" 자기 간증에서 주어졌다.

> [25]…세 번 태장으로 맞고 한 번 돌로 맞고 세 번 파선하고 일주야를 깊은 바다에서 지냈으며, [26]여러 번 여행하면서 강의 위험과 강도의 위험과 동족의 위험과 이방인의 위험과 시내의 위험과 광야의 위험과 바다의 위험과 거짓 형제 중의 위험을 당하고, [27]또 수고하고 애쓰고 여러 번 자지 못하고 주리며 목마르고 여러 번 굶고 춥고 헐벗었노라.

이 장면은 바울이 틀림없이 잘 알고 있었을 법한 조건을 떠올리게 한다. 예를 들어, "강의 위험"은 바울이 항상 잘 만들어진 로마의 도로로 여행할 수는 없었음을 시사한다. 비슷하게 "강도의 위험"은 흔한 위험이었으며, 심지어 주요 도심지 사이에나 동료들과 여행할 때도 있었을 것이다. 필자는 바울이 이 표현들을 썼을 때, 라오디게아를 관통한 여행을 염두에 두었을 수도 있다고 이미 예를 들었다.[77] "사막의 위험"은 날씨가 나빠져 물 공급이 여의치 않았을 때를 암시할 수도 있다. 비슷하게 "여러 번 자지 못하고 주리며 목마르고 여러 번 굶고 춥고 헐벗었노라"라는 말은 여행하는 일행이 밤에 환대받을 곳에 도착하지 못했거나 발견하지 못했을 때, 임시로 야영을 준비해야 하는 다양한 경우를 가리킬 것이다.

정한다(아마도 안디옥에서)(*Paul's Early Period*, 313).
77) 위 §27 n. 90을 보라

물론 우리는 바울과 그의 동료들이 보통은 어떤 소도시와 마을에서 환대받았을 것으로 추정할 수 있다. 낯선 이를 대접하는 전통은 그 시대의 문화에 깊게 뿌리내려 있었다. 신전과 제단은 성소였고, 제우스는 환대의 권리를 보호하는 제우스 크세니오스라고 자주 불렸다(2 Macc. 6.2에서처럼). 필레몬과 바우키스(Baucis)의 전설(Ovid, Met. 8.613-70)은 그런 이상의 특징을 드러내고, 루스드라 사건을 상기해줄 수도 있다(행 14:11-13).[78] 유대 전통에서 아브라함은 창세기 18장에서 하늘에서 온 세 방문자를 환대해서 환대의 본으로 격찬을 받았고,[79] 또한 욥도 그랬다.[80] 또한 회당은 여행자를 위한 숙박소로 자주 제공되었다.[81] 누가복음 24:13-33에 묘사된 사건에서, 이름이 알려지지 않은 여행자에게 동반자들이 "우리와 함께 유하사이다. 때가 저물어가고 날이 이미 기울었나이다"라고 강권하는데(24:19), 이는 전형적이며 특징적이라고 볼 수 있다. 그렇다면 환대가 초기 기독교 선교의 특징으로 입증된 것은 놀라운 일이 아니다.[82] 그리고 바울이 로마 신자들에게 "손 대접하기를 힘쓰라"라고 권면했을 때(롬 12:13), 그는 어쩌면 자신이 그런 대접을 받았던 많은 경우를 염두에 두었을 것이다.

동포나 친절하게 초대하는 사람이 없는 곳에는 보통 여관이 있었다. 잘 정착된 로마 지역의 여관들은 하루 정도 떨어진 거리, 즉 약 30-36km 떨어진 곳에 자리했다.[83] 그러나 다음 여관에 도착하기 위해서는 약 8시간이나 9시간 정도 꾸준하게 걸어야 했는데, 이것이 항상 가능하지는 않았다.[84]

---

78) 위 §27 n. 72.

79) Philo, Abr. 107-14; Josephus, Ant. 1.196; 1 Clem. 10.7; 아마도 히 13:2.

80) 욥 31:32; T. Job 10.1-3; 25.5; 53.3.

81) 예루살렘의 테오도토스 명문(Jesus Remembered, 303 n. 220 그리고 §24 n. 30을 보라)은 여기서 실례로 볼 수 있다. 테오도토스는 "율법을 읽고 계명을 가르치기 위한 회당과 손님방 및 [윗]방을 만들었고, 해외에서 온 사람들을 위한 여인숙에 급수 시설을 만들었다."

82) 예. 막 6:8-11 병행구들; 행 16:1-2, 13, 15, 23; 18:3; 롬 16:2, 23; 몬 22.

83) Riesner, Paul's Early Period, 311; Murphy-O'Connor, Paul, 99; Casson은 평균적으로 40km에서 56km 정도 떨어져 있었다고 한다(Travel, 184-85). 라틴어 mansio는 하루 여정을 가리키는 단위로 사용될 수도 있었다(LS 1109).

84) Mansiones 사이에는 대개 매우 단순한 숙박시설(mutationes, "간이 휴게소")이 있었다

그리고 더군다나 때로 여관들은 사람들이 가능하면 피할 정도로 나쁜 평판을 가지고 있었다.[85] 머피-오코너가 도움이 되는 밑그림을 제공한다.[86]

방들은 뜰의 세 개 혹은 네 개의 측면을 둘러서 모여 있었다. 1층에 거실이 있었고 위층에는 숙소가 있었다. 쓸 돈이 있는 사람들은 개인 방을 구할 수 있었으나, 지갑이 얇은 사람들은 낯선 사람과 함께 방을 써야 했다. 얼마나 많은 인원이 방에 들어갈 수 있는가는 주인이 쑤셔 넣을 수 있는 침대의 개수나 바닥에서 잠을 자는 손님들에 대한 주인의 태도에 달려 있었다. 손님들이 짐을 가지고 다니기 원치 않는다면, 그들은 욕실과 식당에 있는 동안 짐을 무방비로 두어야만 했다.

배 위에서, 특히 강풍이 부는 바다에서는 스트레스가 훨씬 더 많았을 것이다. 주거시설은 보나 마나 비좁았을 것이고, 여행자들은 그들이 가져올 수 있었던 식량에 의존했을 것이다. 고린도후서 11장을 기록하며 바울은 배가 파선하고 한 주야를 표류했음을 이미 상기할 수 있었다. 그리고 사도행전 27장에서 로마로 항해할 때 겪은 어려움을 묘사한 내용은, 바울의 경험으로서 그 역사적 가치가 어떠하든지 간에, 항해자가 맞서고 겪어야 하는 일을 공정하게 서술했다고 확실하게 받아들일 수 있다.

이미 언급한 것처럼, 비록 로마로 가는 여정 중 파선한 사건에 관해 누가가 생생하게 묘사하지만, 장소에서 장소로 이동한 바울에 관한 누가의 간결한 묘사는 바울의 가혹한 육로 여행의 상세한 사항들을 간과한다.

(Casson, *Travel*, 184).

85) Plato, *Laws*, 918D-919A. "여관은 대체로 빈대, 불편, 야단법석, 매춘으로 유명했고…"; "여관업은 불명예스러운 사업으로 분류되었다"(*OCD*[3], 759).

86) Murphy-O'Connor, *Paul*, 99. Murphy-O'Connor는 Casson의 *Travel*, 12장(흥미로운 내용이 많다)에 의존했음을 인정한다. 특별히 F. Millar, 'The World of the *Golden Ass*', *JRS* 71 (1981), 63-75을 언급하고, 이해를 돕기 위해 Apuleius, *Metamorphoses*, 2.18과 8.15, 17을 인용하는 *Paul*, 96-100을 추가로 보라.

그리고 고린도후서 11:25-27 외에, 바울은 피할 수 없었던 어려움의 일부를 단지 암시할 뿐이다.[87] 이 모든 내용에 아쉬움이 많은데, 바울이 겪은 어려움과 여행에 대한 더 현실성 있는 묘사가 바울의 됨됨이와 사도직 때문에 그가 감내한 희생에 관해 더 정확한 인상을 제공해줄 수 있기 때문이다.

---

87) 추가로 Becker, *Paul*, 170-78을 보라.

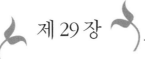

제 29 장

사도 바울

29.1 기독교의 제2의 창시자

필자는 기독교의 시작에 대한 누가의 서술이 사도행전 13장부터는 거의 온전히 바울에 집중했다고 언급함으로 §27을 시작했다. 예루살렘 협의 혹은 공의회(행 15/갈 2:1-10) 이후, 누가는 훨씬 더 집중적으로 바울을 다룬다. 그렇게 함으로써 최초의 기독교 역외 선교와 확장의 다른 부분들을 암흑 속에 남겨두었다는 점은 확실히 아쉽다. 예를 들면, 우리는 어떻게 그리고 언제 새 운동이 로마에 뿌리내렸는지 모른다. 바울의 로마서는 수도에서 이미 활동하고 있었고 제대로 자리를 잡은 많은 신자 무리를 상정한다.[1] 사도행전 21:20에서 야고보가 언급한, 신자가 되었고 "모두 율법에 열심"인 "무수한" 유대인과 관련된 자세한 정보가 있었으면 더 좋았을 것이다.[2]

---

1) 아래 §33.2b와 위 §26 n. 130을 보라.

2) J. Jervell, 'The Mighty Minority', *ST* 34 (1980), 13-38은 *The Unknown Paul* (Minneapolis: Augsburg, 1984), 26-51으로 재발간되었는데, Jervell은 유대인 출신 그리스도인들이 기원후

한편 바울에 집중하는 누가의 제한된 관점은, 바울의 선교와 관련하여 바울 서신에서 추론할 수 있는 내용과 상호 관련이 있는 많은 내용(행 16장 이후)이 우리에게 있음을 의미하며,[3] 따라서 이것은 바울 서신을 읽는 데 귀중한 배경을 제공한다. 이 점에서 우리는 누가에게 많은 빚을 졌다.

바울이 새 메시아 종파의 첫 세대 중에서 유일하게 가장 중요한 인물인 것은 사실이다. 누가가 그 세대 가운데 한 인물에게만 집중해야 했다면, 그가 바울에 집중하기로 한 것은 타당한 선택이다. 바울을 더 피상적으로 다룸으로써 다른 선교 활동에 대해 얻는 내용은, 우리가 바울의 선교에 관해 아는 정보에서 잃어버릴 수도 있는 내용에 못 미친다. 요지는 **예루살렘 공의회 이후 바울의 선교가 기독교 역사의 첫 수십 년 중 가장 중요한 국면**이라는 점이다. 바울의 선교와 그의 서신을 통해 전해진 가르침은 초기 기독교를 제2성전기 유대교에서 상당히 안정된 메시아 종파라는 지위로부터 그리스인들을 환대하고 이방인 구성원이 증가하는 종교이자, 파멸을 가져온 두 번의 유대인 봉기(66-73, 132-135)에도 살아남은 유대교와는 점점 더 불편한 종교로 전환하는 데 가장 크게 기여했다.

마치 바울이 계속해서 예루살렘이나 안디옥을 활동 거점으로 여긴 것처럼, 바울의 추가 선교를 두 번(두 번째와 세 번째)의 선교 여행으로 보는 전통적인 관점은 요점을 모호하게 만든다.[4] 그러나 이미 암시했듯이, 현실은 그리스도를 믿는 믿음 외에는 식탁 교제에 대한 조건이 필요하지 않다고 안디옥 신자들을 설득하지 못한 바울의 실패가 자신의 사명을 예루살렘과 안디옥으로부터 (거의) 독립해서 수행하는 결과를 가져다주었다는 점이다. 비록 갈라디아서 2:6-9의 합의가 추정되지만 말이다.[5] 안디옥 사건의 결과

70년의 재앙 이후에도 초기 기독교에 계속 지배적인 영향을 끼쳤다는 그의 논지를 펼치면서, 행 21:20에서 언급된 (믿는 유대인 중에) "힘 있는 소수"에 타당하게 집중했다.
3) 이는 사도행전의 저자가 이 기간의 상당 부분 동안 바울의 동반자였다는 견해를 더 지지해주는 한 요인이다. 위 §21.2c(3)를 보라.
4) 바울의 선교를 묘사하는 지도에 거의 일반적으로 제시된 것처럼 말이다.
5) §27.6을 보라.

로, 사실상 바울은 자신의 거점을 잃었다(아니면 절연했거나 절연 당했다). 이후 그는 다른 장소, 곧 로마 제국에서 가장 중요한 전략 도시 가운데 두 곳(고린도와 에베소)을 자기 활동의 근거지로 삼았다.[6] 마치 바울이 떠돌이 은사주의자이기라도 한 것처럼 "두 차례의 선교 여행들"로 묘사하는 것보다는 "바울의 에게해 선교"로 부르는 것이 더 적절하다.

사도행전 16-20장에서 전개되는 이 선교는 특별히 두 가지 이유 때문에 결정적으로 중요했다. 하나는 서쪽을 향한 중차대한 이동이다. 이런 진전만으로도 최초 기독교의 중심이 예루살렘과 지중해 동쪽 해안 지방에서 소아시아와 그리스의 대도시, 그런 다음 로마로 이동하기에 충분했다. 바울이 설립한 교회의 이방인 구성원의 증가와 더불어, 이 진전만으로 유대교 종파가 이방인이 다수인 종교로 전환하는 것을 충분히 보증할 수 있다. 그러나 길게 보면 두 번째가 훨씬 더 결정적이었다. **바울이 에게해 지역에서 선교하는 동안 자신의 서신 대부분을 기록했기** 때문이다. 이는 거의 확실하게 그의 가장 중요한 서신들과 또한 어쩌면 바울 저작이라고 주장할 수 있는 모든 서신을 포함한다.[7] 그리고 이 서신들은 기독교 첫 세대(35년)로 확실하게 연대를 추정할 수 있는 유일한 기독교 기록이며, 바울의 유산은 기독교에 지속적으로 영향을 끼치고 기독교에 규정적 특징을 많이 부여하게 되었다.

다시 말해서, 에게해 지역에서의 8년쯤 되는 기간의 선교는 예수의 사역, 예루살렘 교회가 존재한 후 첫 2-3년, 헬라파가 주도한 첫 확장과 더불어, 기독교의 존재 및 그 영속적 성격에 있어 가장 결정적인 요소다. 설립된 교회와 기록되어 회자되는 서신들과 관련해서, 때때로 바울에게 부여

---

6) 앞으로 살피겠지만(§32.1), 행 18:22-23에서 언급된 예루살렘과 안디옥으로 돌아오는 여행은 그의 선교를 지도하고 지시한다고 여겨지는 권위에 바울이 "보고한다"라고 보기보다는, 이 두 모 교회와 (가능하면) 좋은 관계를 유지하려는 일시적 휴식으로 보는 것이 최선이다.

7) 앞으로 살피겠지만, 로마서와 고린도전후서 및 데살로니가전서(그리고 데살로니가후서)는 확실히, 갈라디아서는 십중팔구, 빌립보서와 골로새서 및 빌레몬서는 어쩌면 바울의 에게해 선교 시대로 연대를 추정할 수 있다. §§31.5-7, 32.5, 32.7, 33.2-3, 34.4-6을 보라.

된 칭호("기독교 제2의 창시자")를 타당하게 한 것은 바로 에게해 지역 선교 및 그로부터 이어진 선교의 결과다.[8]

따라서 이 역사 연구의 한 부분 전체를 바울의 에게해 지역 선교와 그 성과에 할애하는 것은 타당하다. 바울이 독립 선교사로 사도적 선교를 시작하는 이 지점에서, 그의 생애에 결정적이었던 그 시점에 바울이 품었던 자기이해, 그를 이끈 충동, 그의 목표와 전략, 그가 설교한 복음, 복음 전도자와 목회자로서 직면한 도전들에 대해 고찰하기 위해 멈추는 것도 적절하다(§29).[9] 에게해 지역 선교의 윤곽을 추적하기 전에, 바울이 자기 교회들과 교회의 법적 지위·구조·특성을 설립 시기의 역사적 배경에 비추어 일반적으로 살펴보는 일도 동일하게 가치가 있다(§30). 그럼으로써 우리는 곧 바로 에게해 지역 선교 자체에 대한 자세한 사항, 바울이 활동했고 근거지로 삼았던 특정 중심지, 그가 설립한 교회, 교회들을 조언하고 양육하려고 그가 보낸 서신들에 대해 더 효과적으로 집중할 수 있게 된다.

---

8) 초기에는 다소 경멸적으로 그렇게 불렸다: 첫 창시자(예수)보다 "확실히 더 강한(더 낫지는 않지만) 영향력을 행사한 기독교 제2의 창시자"(Wrede, *Paul*, 180). 그러나 이후에는 Hengel and Schwemer, *Paul*, 309에서처럼, 기독교가 바울에게 진 빚을 적절하게 인식했다. White 는 바울을 기독교의 "제2의 창시자"로 부르는 것을 반대하는데, 그 운동이 이미 다양했고 퍼졌기 때문이다(*Jesus to Christianity*, 144). 그런데도 그 칭호는 (합당하다면) 바울이 이방인에게나 로마에서 복음을 첫 번째로 전했거나 제2성전기 유대교에서 벗어났기 때문이 아니라, 그의 선교로 인해 이방인 신자들이 유대교라는 전통적 형식 아래에 있을 수 없었고, 또한 그의 글이 원래 전통의 가장 영향력 있는 재해석이자 새 운동의 형태였기 때문에 합당하다. 또한 V. P. Furnish, 'On Putting Paul in His Place', *JBL* 113 (1994), 3-17; R. Morgan, 'Paul's Enduring Legacy', in Dunn, ed., *The Cambridge Companion to St. Paul*, 242-55을 보라.

9) 오해를 피하고자, 이것이 바울 신학에 대한 연구(이에 대해서는 필자의 *Theology of Paul*을 보라)가 아니라 그것의 보완임을 분명히 밝힌다. 오히려 이 부분은 바울 자신, 그가 자신을 어떻게 보았는지, 자신의 선교를 어떻게 추구했는지, 어떻게 일했는지, 어떻게 설교했는지, 어떻게 설립한 교회들을 세워주려고 분투했는지에 초점을 맞추었다.

29.2 바울은 자신을 누구라고 생각했는가?

다소 놀라울 정도로, 이 상당히 분명한 질문이 이렇게 직설적으로 제기된 적은 거의 없다.[10] 대체로 바울이 가르친 내용에 대한 전통적인 관심과 그가 어떻게 행동했는가에 관한 최근의 높아진 관심 뒤에 이 질문이 감춰졌다.[11] 그러나 "바울이 자신에 대해 어떻게 생각했는가?", "바울은 낯선 사람에게 자신을 어떻게 소개했을까?"라는 질문은 여전히 유효하다. "자기이해"나 "자기규정"이라는 오래된 전문 용어나 "정체성"이라는 최근에 유행하는 표현으로 제기하든지 간에 말이다.[12] 물론 그 답을 얻으려면 바울이 기록한 내용에 의존해야 하므로, 그 질문은 "바울은 자신을 누구라고 **말했는가?**"라고 제기하는 것이 더 정확할 수 있다. 그러나 필자는 질문한 그대로 질문을 유지할 것이다. 그의 선교뿐 아니라 바울 자신도 유대교와 기독교 사이에서 분수령(사실 예수보다 더욱)의 역할을 했기 때문이다. 그러므로 적절한 대답이 가능하다면, 바울이 자신을 어떻게 생각했느냐는 이 질문은, 기독교의 출현이라는 이 중차대한 시점에서 그리고 정말로 기독교와 유대교 간의 지속된 중복 부분에 대해, 중요한 통찰을 부여할 것이다.

---

10) 가장 최근의 예외는 Niebuhr, *Heidenapostel*이다. 「바울행전」에서는 바울에 대한 유명한 묘사에 더욱 주의를 기울인다. "작은 키, 대머리, 안짱다리, 고상한 태도, 일자 눈썹, 조금은 매부리코, 은혜가 충만한"(3.3). A. J. Malherbe, 'A Physical Description of Paul', *HTR* 79 (1986), 170-75에서 언급했듯이, 그런 묘사는 비호의적으로 보이지 않았을 것이다. 추가로 Malina and Neyrey, *Portraits of Paul*, 130-45과 204을 보라. Michael Grant는 Malalas(6세기, 짙은 흰 수염, 연한 파란 눈과 희고 발그레한 안색, 자주 웃은 사람)와 Nicephorus Callistus(14세기, 다소 뾰족한 수염, 훌륭한 곡선을 가진 큰 코, 가냘프고 구부러진 신체)도 인용한다(*Saint Paul*, 3).

11) 심지어 Barclay, *Jews*(특별히 13장)는 바울 자신의 정체성보다는 그의 사회적 정체성에 더 관심이 있다. 물론 비록 이 둘 사이에 명확한 구분이 없지만 말이다. 그러나 또한 그의 'Paul among Diaspora Jews: Anomaly or Apostate?', *JSNT* 60 (1995), 89-120을 보라.

12) "정체성"이라는 용어를 사용하면서 필자는 정체성이 적어도 어느 정도는 사회적 개념이고 고정되거나 단일한 것으로 이해되어서는 안 됨을 알고 있다. 바로 그것이 어느 정도 사회적 개념이기 때문에, 한 사람의 정체성은 시간이 흐름에 따라 필연적으로 변하고 어느 때든지 특징상 다양할 것이다(아들, 유대인, 사도, 고객, 천막 제조자 등등).

또한 제기된 질문이 영어 형식에서는, 우리가 답하려고 시도하는 데 타당한 논조를 설정하는 **이중 의미를 띠는 어구**(간단한 질문 그리고 바울이 많은 사람, 즉 유대인과 이방인 모두에게 불러일으킨 당혹감과 분개를 반영하는 질문)와 같은 것을 포함한다.[13]

서신의 여러 구절에서 바울은 분명 자전적으로 말한다.[14] 대부분 자신을 "예수 그리스도의 사도 바울"[15]이라고 묘사하는 서신에서의 자기소개와는 별도로 가장 관련 있는 내용은 다음과 같다.

- 로마서 11:1 — "나도 이스라엘인이요 아브라함의 씨에서 난 자요 베냐민 지파라."
- 로마서 11:13 — "내가 이방인의 사도."
- 로마서 15:16 — "그리스도 예수의 일꾼이 되어 하나님의 복음의 제사장 직분을 하게 하사."
- 고린도전서 9:1-2 — "내가 사도가 아니냐? 예수 우리 주를 보지 못하였느냐?…다른 사람들에게는 내가 사도가 아닐지라도 너희에게는 사도이니."
- 고린도전서 9:20-21 — "유대인들에게 내가 유대인과 같이 된 것은 유대인들을 얻고자 함이요, 율법 아래에 있는 자들에게는 (내가 율법에 아래에 있지 아니하나) 율법 아래에 있는 자 같이 된 것은 율법 아래에 있는 자들을 얻고자 함이요, 율법 없는 자에게는 (내가 하나님께는 율법 없는 자가 아니요 그리스도의 율법 아래에 있는 자이나) 율법 없는 자와 같이 된 것은 율법 없는 자들을 얻고자 함이라."
- 고린도전서 15:9-10 — "나는 사도 중에 가장 작은 자라. 나는 하나님의 교회를 박해하였으므로 사도라 칭함 받기를 감당하지 못할 자니라. 그러나 내가

---

13) 이 부분에서 필자의 'Who Did Paul Think He Was? A Study of Jewish Christian Identity', *NTS* 45 (1999), 174-93에 의존했다.
14) 또한 위 §21 n. 195을 보라.
15) 아래 §29.3을 보라

나 된 것은 하나님의 은혜로 된 것이니."

- 고린도후서 11:22-23 — "그들이 히브리인이냐? 나도 그러하다. 그들이 이스라엘인이냐? 나도 그러하다. 그들이 아브라함의 후손이냐? 나도 그러하다. 그들이 그리스도의 일꾼이냐?…나는 더욱 그러하도다."
- 갈라디아서 1:13-14 — "내가 이전에 유대교에 있을 때에 행한 일을 너희가 들었거니와 하나님의 교회를 심히 박해하여 멸하고, 내가 내 동족 중 여러 연갑자보다 유대교를 지나치게 믿어 내 조상의 전통에 대하여 더욱 열심이 있었으나."
- 갈라디아서 2:19-20 — "내가 율법으로 말미암아 율법에 대하여 죽었나니… 내가 사는 것이 아니요, 오직 내 안에 그리스도께서 사시는 것이라."
- 빌립보서 3:5-8 — "팔일 만에 할례를 받고 이스라엘 족속이요 베냐민 지파요 히브리인 중의 히브리인이요 율법으로는 바리새인이요 열심으로는 교회를 박해하고 율법의 의로는 흠이 없는 자라. 그러나 무엇이든지 내게 유익하던 것을 내가 그리스도를 위하여 다 해로 여길뿐더러 또한 모든 것을 해로 여김은 내 주 그리스도 예수를 아는 지식이 가장 고상하기 때문이라."

바울의 자기 정체성과 관련된 네 측면이 이 구절들에서 생생하게 표현된다.

a. "유대교 안에서"

바울은 갈라디아서 1:13-14에서 자신이 "유대교에 있을 때의 생활 방식"을 분명 과거의 것으로 여겼다. 그러나 앞선 토의를 기억할 필요가 있는데,[16] 갈라디아서 1:13-14에서 언급된 "유대교"를 오늘날 "유대교"라는 용어가 의미하는 것이나 제2성전기 유대교로 불리는 것과 혼동하지 않아야 한다.

---

16) *Jesus Remembered*, §§9.1-3; 또한 위 §25.1d-f를 보라.

그 역사적인 용어("유대교")는 이스라엘 종교의 특징, 특별히 토라와 할례 및 정결법에 대한 금지령을 통해 전 제국에 걸쳐 종교의 동질성을 강제하려는 지역의 강대국인 수리아의 시도에 맞서는 유대인의 영적이고 종교적이며 국수주의적인 저항을 묘사하려고 만들어진 말이다. 그리고 갈라디아서 1:13-14은 바울이 이런 의미로 그 용어를 사용했음을 확인한다. 그가 묘사한 "유대교에 있을 때의 생활 방식"은 이 "유대교"의 거룩성과 독특함을 위태롭게 하려는 동족 사이비 신자를 기꺼이 박해하고, 심지어 멸하는 것으로 특징지어지는 열정적인 바리새인으로서 그의 삶이다.[17] 동일한 점이 바울의 또 다른 회상에서 드러난다(빌 3:5-6). 그곳에서도 바울 자신이 등을 돌리고 이제 "쓰레기"(ta skybala)로 여긴 것은 특별히 바리새인적인 열정과 의다.[18]

따라서 우리는 바울이 회심하고 "이방인의 사도"라는 위임을 받았기에, 그가 자신이 "유대교", 즉 이스라엘의 유업에 대한 바리새파적 관점과 오늘날 제2성전기 유대교라 부르는 열심파에 더 이상 소속되지 않았다고 생각했음을 확실하게 말할 수 있다. 그러나 이 이상을 말할 수 있는가? 아니면 말해야 하는가? 가령, 바울은 자기 자신을 더 이상 유대인으로 생각하지 않았는가?

b. 유대인 바울

바울이 자신을 더는 "유대교 안에" 있는 것으로 보지 않았다면, 바울이 이

---

17) 다시 §25.2을 보라. S. E. Porter, 'Was Paul a Good Jew? Fundamental Issues in a Current Debate', in S. E. Porter and B. W. R. Pearson, eds., *Christian-Jewish Relations through the Centuries* (JSNTS 192; Sheffield: Sheffield Academic, 2000), 148-74은 갈 1:13-14을 바리새파 유대교와 매우 밀접하게 일치시키는 것을 의문시하나(170-73), 동반되는 구에 충분한 비중을 부여하지 않는다. 사실상 그 구절은 언급되고 있는 "유대교"를 묘사한다. "열심 있는" 바리새인으로서, 바울은 이스라엘의 다른 종파를 (또한) "유대교"라고 부르는 것에 기꺼이 동의하지 않았을 것이다.

18) *Ta skybala*는 "배설물"을 의미할 수 있다(BDAG, 932).

제 자신을 유대인으로 여기지 않았다고 봐야 하는가? 이미 언급한 대로, "유대"(Yehudah, Ioudaia)로 알려진 지역이나 영역에서 유래한 용어인 "유대인"(Yehudi, Ioudaios)에서 민족적 개념을 회피하기 어렵기 때문이다. 그리고 바울은 여전히 태생적으로 유대인이었다. 비록 초기에는 디아스포라에서 사는 유대 사람으로 양육 받았지만 말이다. 한 세기 이상에 걸쳐 "유대인"(Ioudaios)이라는 표현이 종교적인 함의(민족성에 의존하지 않는)를 더 띠게 되었음은 사실이다.[19] 그러나 최근의 논의에서는 민족성이 유대 정체의 핵심으로 남아 있다는 결론에 이르렀다.[20] 그러므로 다음의 질문은 여전히 존재한다. 바울이 유대인으로서 자신의 종교적 정체성을 버리지 않고 "유대교"를 떠날 수 있었는가?

그의 서신 두 곳에서 바울의 정체성이 다소 모호함을 시사한다. 로마서 2:17에서 자신을 유대인이라고 부르는 대화 상대자에게 말을 하고 나서, 바울은 대화 상대자의 것으로 여겨지는 태도와 행동에 대한 자신의 반감을 드러낸다(2:17-24). 여기서 바울은 그 "유대인"과 거리를 두려는 것처럼 보인다. 그러나 갈라디아서 2:15에서 바울은 "우리[베드로와 바울]는 본래 유대인이요 이방 죄인이 아니로되"라고 단언하며 베드로에게 계속 호소한다.

---

19) *Jesus Remembered*, §9.2b를 보라.

20) Barclay, *Jews*, 404; Casey는 그의 "정체성 요인"이라는 논의에서 민족성이 다른 모든 것을 넘어선다고 결론 내렸다(*Jewish Prophet*, 특별히 14). 또한 "유대교가 유대인들을 중심으로 하고, 그 구성원은 원래 유전으로 결정되는 집단이다"라는 Schiffman의 관찰, 그리고 심지어 이단들도 그들의 "유대인 지위"를 잃지 않는다는 그의 논증에 주목하라(*Who Was a Jew?*, 38, 49, 61). 필자는 'Who Did Paul Think He Was?'에서, 로마 사람들의 유대 관습 채택이 로마 지식층의 눈살을 찌푸리게 한 이유가 바로 이것이라고 언급했다. 다른 로마 사람이 외국 정체성을 포용하는 일은 로마의 품격에 대한 모욕이었다(180). 예. M. Whittaker, *Jews and Christians: Graeco-Roman Views* (Cambridge: Cambridge University, 1984), 85-91; Feldman, *Jew and Gentile*, 특별히 298-300, 344-48에서 인용된 본문들을 보라. 그러나 최근 그 주제에 대해 가장 흥미롭고 도전적인 연구는 랍비 학자 D. Boyarin의 *A Radical Jew: Paul and the Politics of Identity* (Berkeley: University of California, 1994)이다. 그는 바울을 주요한 유대인 사상가로, 또한 "자기 주체성의 본질로서의 유대인과 계속해서 재구성되는 유대인 사이의 접점"을 대표하는 한 사람으로서 되찾기 원했으며(2-3), "바울의 글이 정체성에 대한 유대인 개념에 중대하게 도전했다"라고 주장하고, 바울에 대응하여 "유대인 됨을 비지역화"하며 "디아스포라화 된(다문화적인) 이스라엘"을 지향한다(10장).

이 경우 그러한 권유의 근거는 유대인이라는 바울의 계속된 정체성이었다.

더 두드러지는 점은, 몇 문장 뒤인 로마서 2장에서 바울이 육체의 표면적이고 가시적인 것(아마도 할례 자체와 민족적 특징들)에서 규정적 요인을 제거한 "유대인"이라는 정의를 제안한 사실이다. "무릇 표면적 유대인["참된 유대인" 또는 "엄밀한 의미에서의 유대인"이라고 번역할 수 있다]이 유대인이 아니요, 표면적 육신의 할례가 할례가 아니니라. 오직 이면적 유대인이 유대인이며 할례는 마음에 할지니, 영에 있고 율법 조문에 있지 아니한 것이라.[21] 그 칭찬이 사람에게서가 아니요 다만 하나님에게서니라"(2:28-29).[22] 이 때문에 바울이 자신의 유대인 정체성을 포기했다고 결론 내려서는 안 된다. 사실 그가 "유대인"이라는 표현을 긍정적으로 사용하며, 이내 3:1-2에서 "유대인"의 "이점들"(to perisson)을 확증하기 때문이다. 겉모습과 내면적 실체를 대조하는 것은 이스라엘 종교에서와(비교. 특별히 렘 9:25-26) 더 일반적으로도 오래되고 익숙한 대조다.[23] 그러나 동시에 표면적이고 가시적인 것으로부터 강조점을 옮김으로, 사실상 바울은 민족의 정체성을 규정하는 "유대인"이라는 용어의 역할을 축소한다. (다른) 나라와의 구별을 나타내는 용어로서 "유대인"은 더는 의미가 없다. 반대로 "유대인들"의 분명한 표지는 타인이 준수할 만한 그 어떤 것도 아니며, 주로 하나님과의 관계로 결정된다.[24]

---

21) 상세 내용은 필자의 *Romans*, 123-24을 보라. 요한계시록의 예언자가 비슷한 표현을 사용한다(계 2:9과 3:9).

22) 바울이 창 29:35과 49:8에서 온 언어유희를 유지한 것을 주목하라. 히브리어에서 "유대인"(Jew)은 "예후디"(*Yehudi*)이고 "찬양하다"(praise)는 "호다"(*hoda*)이다. "대중적인 어원학에서 그것[족장 이름 유다(예후다, *Yehudah*)]은 '호다' 즉 '칭송받은 (사람)'의 수동태로 설명된다"(Fitzmyer, *Romans*, 323). 물론 그리스어를 사용하는 바울의 청중은 그 말재간을 알아차리지 못했을 것이다.

23) 특별히 A. Fridrichsen, 'Der wahre Jude und sein Loeb. Röm. 2.28f.', *Symbolae Arctoae* 1 (1927), 39-49을 보라.

24) 할례에 관한 빌 3:3의 유사한 논증에 주목하라. 할례가 재확인되었으나, 마음에 성령의 역사로 재규정되었다. 필자의 'Philippians 3.2-14 and the New Perspective on Paul', in *The New Perspective on Paul*, 22장, (2005), 465-67, (2008), 471-73; 또한 위 §25.1d를 보라.

위에서 인용한 고린도전서 9:21-22이 훨씬 더 눈에 띈다. 두드러지는 특징은, 비록 자기 자신이 인종으로서는 유대인이지만, 바울이 자신의 "유대인처럼" **됨**을 언급할 수 있다는 사실이다. 여기서 "유대인처럼 됨"은 "유대인화", 즉 유대인들의 구별된 행동 양식을 분명하게 따르는 것이다.[25] 다시 말해서, 여기서 바울은 자신의 정체성을 "유대인"으로 인정하지 않거나, "유대인"을 인종적으로 유대인인 자신의 양도 불가능한 정체성으로 인정하지 않는 사람으로서 말하고 있다. 대신에 그는 취사선택할 수 있는 역할로서 "유대인"을 언급한다. 이는 실제적 정체성 곧 개인인 바울에게 필수인 정체성이 아니라, 오히려 필요와 상황에 따라 취하거나 버릴 수도 있는 정체성을 나타낸다.[26] 따라서 분명 여기서도 바울은 "유대인"이라는 용어를 민족성이라는 더 제한적인 의미에서 구분하고, 행동 규칙이나 삶의 방식을 나타내는 용어로서 다루기를 원했다.[27]

요약하면, 바울은 자신이 "유대교 안에서" 보낸 시간을 기꺼이 과거로 여기지만, 자기를 지칭하는 용어로서 "유대인"을 포기하는 것은 꺼렸다. "유대인"을 민족적으로 "이방인"으로부터 구별하거나, 문화적으로 "그리스"로부터 "유대"를 구별하는 용어로서, 그것은 여전히 기능적인 역할이 있다.[28] 내면의 실체를 의미하고 비유대인들이 참여할 수 있는 하나님과의 관계를 나타내는 용어로서 유대인은 여전히 소중히 여겨야 할 의미가 있다. 그러나 유대인과 비유대인의 구별에서 지속되는 어떤 종교적 유효

---

25) 위 §27.4a(iii)를 보라.

26) C. K. Barrett, *1 Corinthians* (BNTC; London: Black, 1968), 211. 또한 S. C. Barton, "'All Things to All People': Paul and the Law in the Light of 1 Corinthians 9.19-23', in J. D. G. Dunn, ed., *Paul and the Mosaic Law* (Tübingen: Mohr Siebeck, 1996), 271-85. 또한 §32 n. 282을 보라.

27) 카시우스 디오는 "유대인"이라는 이름에 대해 논평한다. "이 칭호가 어떻게 그들에게 주어졌는지 모르나, 그것은 비록 이방 민족이지만 그들의 관습에 영향을 끼치는[zēlousi, 더 낮게는 "모방하는"] 나머지 모든 인류에게 적용된다"(37.17.1 — *GLAJJ*, §406 = 2.349, 351).

28) 이런 이유로 바울은 유대인/그리스인 그리고 유대인/이방인을 한 쌍으로 빈번하게 사용한다. 롬 1:16; 2:9-10; 3:9, 29; 9:24; 고전 1:22-24; 10:32; 12:13; 갈 2:15.

성을 부여하거나, "유대인"을 향한 하나님의 편애를 의미하는 용어로서는 그 역할이 끝나버렸다.[29]

c. "나는 이스라엘인이요"

갈라디아서 2:15 이외에, 바울은 자신을 결코 유대인이라고 부르지 않았으며, 심지어 그곳에서도 베드로와의 공통 기반을 주장하는 수단으로만 그 용어를 사용한다.[30] 국가적·문화적 정체성을 나타낸다고 보통 이해되는 다른 용어들(위에서 인용됨)과 관련해서도 바울은 유사한 양면성을 보여준다. 빌립보서 3:5의 "히브리인"은 바울이 쓰레기통에 집어 던진 것으로 보이는 신분이다(빌 3:7-8). 그러나 고린도후서 11:22에서 바울은 고린도에서 적대감을 가지고 활동하는 자들을 향해 강력하게 답변하면서 "히브리인"이 자신의 지속적인 정체성임을 단언한다. 바울과 그의 선교사 역할과 관련해서 여전히 그 용어로 표현할 수 있는 중요한 것이 있었다. 얼마나 바울이 그 용어에 중요성을 계속 부여하는 것이 어리석다고 생각했든지 말이다(11:21).

"베냐민 지파" 및 아브라함의 자손이라는 신분도 동일한 모순에 봉착했다. 전자는 과거에 가치가 있다고 여겨졌으나, 이제는 그 지속적 중요성이 폐기되었다(빌 3:5). 그러나 로마서 11:1에서는 그 신분이 부인되지 않고 긍정된다. 그리고 아브라함의 자손("아브라함의 씨")이라는 신분은 다시 강력하게 긍정된다. 고린도후서 11:22에서는 논쟁적으로 긍정되었고, 유사하게 로마서 11:1에서는 아무런 조건 없이 긍정되었다. "이스라엘인"으로서 바울의 정체성도 "히브리인"과 "아브라함의 씨"(고후 11:22)라는 동일한 논쟁적 상황에서 주장되었다. 이스라엘 민족에 속함은 빌립보서 3:5-7에서 무시되었던 유산의 일부다. 그러나 다시 "나는 이스라엘인이요"는 로마서

---

29) 이런 이유로 롬 2:6-11; 갈 3:28.
30) 오직 사도행전에서 바울은 "나는 유대인이다"라고 선언한다(행 21:39; 22:3).

11:1에서 진심을 담은 자기 정체성으로서 그리고 조건 없이 주장되었다.[31]

로마서 11:1의 언급에서 가장 두드러진 내용은 누가 "아브라함의 씨"로 여겨질 수 있는가(4장, 또한 갈 3) 그리고 이스라엘을 이스라엘로 구성하는 것이 무엇인가(하나님을 부르는 자, 롬 9:6-13, 24-26)를 바울이 재규정한 후에 그 구절이 등장한다는 사실이다.[32] 우리는 바울이 그렇게 할 때, 유대인/이방인의 대조 가운데 암시된 민족적-종교적 구별을 초월하는(아니면 흡수했다고 말해야 할까) 방식으로 "아브라함의 씨" 그리고 "이스라엘"을 재규정하려고 했음을 인식해야 한다.[33] 따라서 "나는 이스라엘인"이라는 바울의 자기 고백(롬 11:1)이 지닌 중요성이 명백해진다. 그 고백에 민족적 정체성이 포함된다는 점은 논란거리가 되지 말아야 하며, 맥락상 그것을 결코 부정할 수 없다(특별히 11:25-32). 그러나 그 고백은 바로 **하나님이 결정하신 대로의** 정체성에 대한 주요한 확언이며, 다른 나라들과 구별함으로써나 할라카 원칙에 순응함으로써 얻는 정체성이 아니다.[34] 실제로 바울의 전반적 관심사는 하나님 때문에 그리고 주로 하나님과 관련해서 결정된 이스라엘의 정체성을 재주장하는 것이며, 따라서 이것은 민족과 사회의 구별을 넘어서며 민족과 사회의 다양성을 흡수하는 이스라엘이라는 정체성을 재규정하는 것이다.

---

31) 또한 롬 9:4을 보라. 육체에 따른 바울의 골육은 "[여전히] 이스라엘 사람이다." "이다"이지 "였다"가 아니다. 믿는 이방인들이 이제 누리는 언약적 축복(9:4-5)은 이스라엘의 축복으로 남아 있다.

32) 필자의 *Romans*, 537; 또한 *Theology of Paul*, 510-11을 보라.

33) 그의 로마서 논증의 절정(롬9-11장)에서, 바울은 유대/그리스, 유대인/이방인이라는 표현을 주로 사용하다가(롬 1-3장에 "유대인"이 9번 등장한다) "이스라엘"(롬 9-11장에서, "이스라엘"은 11번, "유대인"은 2번 등장한다)을 두드러지게 사용하기 시작한다. 그리고 롬 9-11장의 주제는 자주 주장되듯이 "이스라엘과 교회"가 아니라, 온전히 "이스라엘", 즉 하나님의 관점에서 본 그의 백성이다(필자의 *Romans*, 520; *Theology of Paul*, 507-508을 보라).

34) 랍비 유대교에서 강조한다. C. T. R. Hayward, *Interpretations of the Name Israel in Ancient Judaism and Some Early Christian Writings* (Oxford: Oxford University, 2005), 355을 보라.

d. "그리스도 안에서"

그러나 아마도 우리는 바울이 자신을 어떻게 생각했는가에 관한 우리의
평가를 지금까지 살펴본 몇몇 명쾌한 언급보다는 어법의 빈도를 살펴봄
으로써 결정하도록 해야 할 것 같다. 그러기 위해서는 바울이 그의 서신에
서 주된 기준으로 만연하게 사용한 "그리스도 안에서"와 "주 안에서"라는
문구에 주목하게 되는데, 이 말은 바울 자신의 위상을 의미할 뿐 아니라,
그가 회심시킨 사람들을 포함하여 자기 자신에 대한 인식을 나타낸다.[35]
"그리스도 안에서"라는 문구는 때때로 "그리스도인"이라는 당시의 신조
어(아직 바울이 사용하지 않은)가 확산되는 데 기여하며, 사실 현대 번역본에
서 "그리스도인"이라고 자주 번역되었다.[36] 이 표현이 공동으로 지시하는
대상은 자주 쓰이지는 않으나 확실히 중요한 "그리스도의 몸"이라는 언급
이다.[37]

그렇게 요약된 자기이해에 대한 중요성이 앞에서 인용한 갈라디아서
2:19-20과 빌립보서 3:5-8에서 암시되었다. 두 곳에서 모두 정체성의 변화,
혹은 바울에게 자기 정체성의 구성에 있어 변화가 엿보인다. 그는 "율법에
대해 죽었다"(갈 2:19). 이 문구는 바울의 회심을 보여주는 완벽한 예증이며,
그가 이전에 자신과 관련해서 그리고 자신을 위해 가치를 두었던 것(빌 3:4-
6, 민족적 정체, 바리새인으로서 의, 이스라엘의 언약 특혜에 관한 열정적 방어)을 포기하
는 일도 마찬가지다. 그리스도를 만난 결과 그는 자신에게 이제 정말로 중

---

35) "그리스도 안에서"는 바울 서신에서 83번(에베소서와 목회 서신을 제외하면 61번). "주 안
   에서"는 바울 서신에서 47번(에베소서를 제외하면, 39번). 똑같은 지시 대상을 가진 "그 안
   에"['in him/whom']도 있다. 필자의 *Theology of Paul*, §15.2(참고문헌과 함께)에 자세한
   내용이 있다. 또한 C. J. Hodge, 'Apostle to the Gentiles: Constructions of Paul's Identity',
   BibInt 13 (2005), 270-88을 보라.

36) 또한 예로 BDAG, 327-28을 보라. 여기에는 그 구가 "그리스도인"의 완곡어법으로 취급될 수
   있는 다양한 예가 있다(328). 추가로 *Theology of Paul*, 399 n. 48을 보라.

37) *Theology of Paul*, 405-406, 그러나 다양한 사용례를 언급한다(n. 76).

요하게 된 것에 비해 그 모든 것을 "쓰레기"(3:8)로 여겼다.[38] 그리고 이제는 "그리스도를 얻는 것", "그리스도 안에서 발견되는 것"(빌 3:8-9), "그리스도를 아는 것"(3:8 10), "부활과 죽음에서 그리스도와 같이 되는 것"(3:10-11)이 그에게 정말로 중요하게 되었다. 다르게 표현한다면, "그 안에 계신 그리스도"는 이제 그의 삶을 결정하고 규정하는 특징이었다(갈 2:20). 비슷하게 로마서 8:9-11에서도 성령의 내주하심, 곧 "너희 안에 계신 그리스도"가 그리스도인의 신분을 결정한다("그리스도에게 속함")고 말한다.[39] 그것이 바로 이제 바울을 한 인간으로 결정하고, 그의 가치와 목적 및 그의 정체성을 결정하는 것이었다. 정체성을 결정하는 다른 요인을 완전히 무시하거나 저평가할 필요도 없고, 그렇게 해서도 안 된다. 그러나 "그리스도 안에" 있음에 비할 때, 다른 것은 참으로 별 가치가 없다.

로마서 11장에서 12장으로의 전환은 바울의 자기이해가 변했음을 나타낸다. 이미 언급했듯이, 로마서 9-11장에서 바울의 관심은 그의 민족 이스라엘의 소망을 포함해서, 온전히 이스라엘에 있었다. 그러나 로마서 12장에서 바울이 자기 독자/청중이 자신들에 관해 인식하고 확인하길 바랐던 첫 사회적 맥락은 그리스도의 몸이었다(12:3-8).[40] 공동체의 정체성과 생활 방식을 결정하는 주요 기준은 그리스도가 부르고 세운 그 공동체여야 한다. 바울은 그의 "그리스도/주 안에서"라는 표현이 분명히 암시하듯, 자신에 대해서 전혀 다른 방식으로 생각하지 않았다.

그래서 "바울은 자신을 누구라고 생각했는가?"라는 질문에 대한, 가장

---

38) 더 자세하게는 필자의 'Philippians 3.2-14 and the New Perspective on Paul'을 보라. "대조의 날카로움은 그가 이전에 이익이라고 여겼던 것에 대한 펌하가 아니라, 이제 그리스도, 그리스도를 앎, 그리스도를 얻을 가망이라는 가치를 최고로 보는 것이다"(New Perspective on Paul, [2005] 475, [2008] 481).

39) 롬 8:9("만일 누구든지 그리스도의 영이 없으면 그리스도의 사람이 아니라")과 그의 몇몇 "그리스도 안"이라는 언급은 바울 서신에서 "그리스도인"에 대한 정의에 가장 가까운 내용을 제공한다. 또한 A. du Toit, "'In Christ', 'in the Spirit' and Related Prepositional Phrases: Their Relevance for a Discussion on Pauline Mysticism', Focusing on Paul, 129-45을 보라.

40) 추가로 필자의 Romans, 703; Theology of Paul, 534-35, 548을 보라.

간단한 대답은 그가 고린도후서 12:2에서 자신에 대해 분명하게 사용한 그 표현이다("그리스도 안에 있는 한 사람").[41] 바울은 인종적 유대인 됨을 포기하지 않았으나, 하나님과 자신의 관계 및 그에 따른 자기 정체성에서는 유대인 됨이 더는 결정적이지 않음을 받아들인다. 그리고 동시에 "정체성"에 대한 도입부의 내용을 고려하여, 우리는 바울이 다수의 정체성 내지 여러 측면을 지닌 정체성을 소유한 사람이라고 말할 수 있다. 우리는 바울의 정체성이 그 형태에 있어 그의 사회적 관계를 통해 그런 모양과 중요성을 지니게 되었다는 점과 또한 바울의 정체성이 시간이 지남에 따라 그 모양과 중요성에 있어서 그리고 그의 변화하는 관계로 인해 달라졌다는 점에 동의할 수 있다. 그러나 바울에게 핵심 요소는, 자신의 정체성이 주로 자신과 그리스도와의 관계에 의해 결정됐다는 점이다. 비록 그것이 그의 다른 정체성(특별히 할례받은 유대인)을 완전히 평가절하하지 않았지만 말이다.

29.3 사도

필자는 별도로 다루려고 바울이 자기 정체를 규정하는 다른 용어를 남겨두었는데, 그 용어가 바울에게 분명히 너무나도 중요했기 때문이다. 그것은 "사도"라는 칭호다. 바울이 자신이 어떻게 들리고 알려지기 원했는가는 그의 서신 대부분에서 자신을 소개한 방법을 살펴볼 때 분명해진다.

- 로마서 1:1, 5 — "예수 그리스도의 종 바울은 사도로 부르심을 받아 하나님의 복음을 위하여 택정함을 입었으니…예수 그리스도로 말미암아 우리가 은혜와 사도의 직분을 받아 그의 이름을 위하여 모든 이방인 중에서 믿어 순종하게 하나니"

---

41) 주석가들은 바울이 이 지점에서 자기 언급을 의도했다고 거의 대체로 동의한다. 또한 위 § 25.5f를 보라.

- 고린도전서 1:1 ― "하나님의 뜻을 따라 그리스도 예수의 사도로 부르심을 받은 바울"
- 고린도후서 1:1 ― "하나님의 뜻으로 말미암아 그리스도 예수의 사도 된 바울"
- 갈라디아서 1:1 ― "사람들에게서 난 것도 아니요 사람으로 말미암은 것도 아니요 오직 예수 그리스도와 그를 죽은 자 가운데서 살리신 하나님 아버지로 말미암아 사도 된 바울"
- 골로새서 1:1 ― "하나님의 뜻으로 말미암아 그리스도 예수의 사도 된 바울"[42]

편의상 §29.2에서 언급된 구절들을 반복한다.

- 로마서 11:13 ― "내가 이방인의 사도"
- 로마서 15:16 ― "이방인을 위하여 그리스도 예수의 일꾼이 되어 하나님의 복음의 제사장 직분을 하게 하사"
- 고린도전서 9:1-2 ― "내가 사도가 아니냐? 예수 우리 주를 보지 못하였느냐?…다른 사람들에게는 내가 사도가 아닐지라도 너희에게는 사도이니"
- 고린도전서 15:8-10 ― "맨 나중에 만삭되지 못하여 난 자 같은 내게도 보이셨느니라. 나는 사도 중에 가장 작은 자라. 나는 하나님의 교회를 박해하였으므로 사도라 칭함 받기를 감당하지 못할 자니라. 그러나 내가 나 된 것은 하나님의 은혜로 된 것이니"

여기에 이전의 질문 곧 "바울은 자신을 어떻게 소개했는가?"에 대한 답이 있다. "메시아 예수/예수 그리스도의 사도"는 그가 선택한 자기 명칭이었고, 자기 "명함"에 새겼을 내용이며, 실제로 그가 자신의 서신에서 스스로를 소개하는 방식이었다.

---

42) 비슷하게 엡 1:1; 딤전 1:1; 딤후 1:1; 딛 1:1. 이 서신들이 후기 바울 서신이라면, 그 첫 부분은 그 용례와 지위가 확립되었음을 나타낸다.

이 구절 중에서 적어도 몇몇 구절이 함의하는 것은, 바울이 이 칭호(사도)에 대한 소유권을 주장할 필요가 있다고 생각했고, 그의 주장에 대해 몇 사람이 이의를 제기했다는 것이다. 갈라디아서의 이색적인 도입부는 일련의 부정/긍정(사람들에게서 난 것도 아니요, 사람으로 말미암은 것도 아니요, 오직 예수 그리스도와 그를 죽은 자 가운데서 살리신 하나님 아버지로 말미암아)의 문구 중 첫 번째 것으로,[43] 갈라디아에서 적어도 "문제를 일으키는 자들"이 특별히 바울이 주장하는 독자적인 사도의 지위를 의문시했음을 나타낸다.[44] 더욱이 우리가 이미 언급한 것은, 바울이 누가가 제시한 "사도"의 인정/선택 조건을 충족하지 못했다는 사실(행 1:21-22)과 또한 누가가 바울과 바나바를 사도라고 묘사한 것이 어쩌면 안디옥 교회가 보낸 선교사로서 그들의 역할을 나타내려는 누가의 의도였을 것이라는 점이다.[45] 또한 바울은 (말하자면) 비중이 덜한 "사도직"을 알고 있었으나,[46] 자신이 하나님이 지명한 사도라는 그의 일관된 주장은 바울이 "그보다 먼저 사도 된 자들"(갈 1:17)보다 비중이 덜한 의미의 "사도"로 여겨지는 것을 거부했음을 시사한다.

그렇다면 사도직 및 "사도"라는 칭호에 대한 주장이 바울에게 어떤 의미를 띠고 있었는가?[47]

---

43) "내가 지금 사람의 인정을 구하랴…?"(1:10); "내가 전한 복음은 사람의 뜻을 따라 된 것이 아니니라. 이는 내가 사람에게서 받은 것도 아니요 배운 것도 아니요…"(1:11-12); "내가 곧 혈육과 의논하지 아니하고, 또 나보다 먼저 사도 된 자들을 만나려고 예루살렘으로 가지 아니하고…"(1:16-17); "주의 형제 야고보를 제외하고 다른 이들을 보지 못하였노라.…내가 너희에게 쓰는 것은 하나님 앞에서 거짓말이 아니로다"(1:19-20). 또한 §27 n. 176을 보라.
44) 아래 §31.7a를 보라.
45) 위 §27 n. 108을 보라.
46) 고후 8:23; 빌 2:25.
47) "사도"에 관한 참고문헌은 광범위하다. 예로 H. D. Betz, 'Apostle', ABD, 1.309-11; J. A. Bühner, 'apostolos', EDNT, 1.142-46; P. W. Barnett, 'Apostle', DPL, 1.45-51의 비평을 보라.

a. 부활하신 그리스도에 의해 지명됨

"사도(apostolos)"의 기본 의미는 "보냄을 받은 자"며, 따라서 "대표자, 사절, 전달자, 권위를 부여받은 특사"를 뜻한다.[48] 바울이 그 명칭에서 분명하게 보았고 그 명칭을 자기 지칭으로 사용할 때 주장한 중요성을 그 명칭에 부여한 것은 그를 위임한 권력자가 "하나님의 뜻으로 말미암은" **그리스도**라는 사실이다. 하나님의 뜻을 따른 그리스도의 특사라는 의미에서 그는 사도였고, 그렇게 그의 임명은 배후에 있는 권위에 따른 온전한 힘을 지니고 있다. 이것이 갈라디아서 서두에서 바울이 그렇게 강조하고 주장한 내용이다.

권한을 부여하는 지명에는 여전히 더 많은 제한이 있다. 단순히 그리스도가 지명(이어지는 수 세기 동안에 많은 선구적인 복음 전도자들이 적법하게 주장할 수 있었던 지위와 역할)하지 않았고, **부활하신 그리스도가 그의 부활 후 출현하는 중에 지명했다는 것이다.** 바울이 고린도전서에서 명쾌하게 두 번이나 주장한 것이 바로 그것이다. "내가 사도가 아니냐? 예수 우리 주를 보지 못하였느냐?"(고전 9:1), "맨 나중에 만삭되지 못하여 난 자 같은 내게도 보이셨느니라"(15:8). 두 번째 구절에서 바울은 이중의 주장을 한다.

- 예수가 자신에게 나타나신 일은 베드로와 열둘…그리고 "모든 사도"에게 나타나신 것과 같은 종류이며 같은 중요성을 띤다(15:5-7).[49]
- 자신에게 "맨 나중"에 나타나셨는데, 이는 부활하신 그리스도가 바울 이후

---

48) BDAG, 122.
49) "모든 사도들"은 바나바(갈 2:9; 고전 9:5-6)와 안드로니고 및 유니아(롬 16:7)를 포함하는 듯하다. 또한 Reinbold, *Propaganda*, 37-39, 40-41과 §22 n. 25을 보라. A. J. Malherbe, *The Letters to the Thessalonians* (AB 32B; New York: Doubleday, 2000), 144이 논증한 대로(비슷하게 Reinbold, 39-40), 살전 2:1-12의 복수형은 "바울에게 너무 개인적이어서 실라와 디모데가 2:6-7("서간체 복수")에 포함될 수 없었는가? 그리고 아볼로가 비교적 늦게 등장한 점을 고려하면, 그는 고전 15:7이 언급한 "사도들" 중에 계수되지는 않았을 것이다.

에 누구에게도 나타나지 않았다는 거의 명시적인 추론이다.[50]

이 두 점에 대해 주목할 점은 바울과 누가가 동의한다는 사실이다. 즉 사도가 되는 자격이 예수의 부활 후 출현이었는데, 이는 사도의 역할의 본질은 그리스도의 부활을 증언하는 일이었기 때문이고(행 1:22), 엄밀한 의미의 부활 후 출현은 제한된 기간에만 계속되었기 때문이다(1:1-3).[51]

따라서 그 주장은 독특한 지위 및 권위와 관계가 있다. 그것이 사도의 지위에 대한 바울의 주장을 몇몇 사람이 의문시한 이유 중 하나다. 비록 예루살렘의 지도층이 그의 주장을 사실상 인정했다고(그러나 조건이 있었을 것이다) 이미 살펴보았지만 말이다.[52] 그러나 어쩌면 더 큰 물음표는 사도적 위임에 관한 바울의 이해에 맞서 제기된다.

b. 복음의 종

또한 주목할 만한 점은 바울이 "사도"와 "복음"을 상호 강화하는 공생 관계로 이해한다는 것이다.

- 로마서 1:1에서 두 개의 자기소개 문구인 "사도로 부르심을 받아"와 "하나님의 복음을 위하여 택정함"은 거의 같다.
- "그리스도 예수의 일꾼"으로서 그의 역할은 "제사장으로서 그리스도의 복음을 섬기는 것"이었다(롬 15:16).

---

50) "조산아"에 관해 필자의 *Theology of Paul*, 331 n. 87을 보라. 그 험한 말의 함의는 사도계가 닫히기 전에 바울을 포함하려고 그의 (신자로서) 출생을 부자연스럽게 서둘러야 했다는 것이다(위 §25 n. 142을 보라). Thiselton은 여러 해석을 평가하면서 *ektrōma*의 "조산"이라는 주요 의미에 충분히 주목하지 않았다(*1 Corinthians*, 1208-10). Schrage가 더 낫다(*1 Korinther*, 4.62-63).

51) 위 §22.2b를 보라.

52) 다시 §27 n. 176을 보라. 그러나 우리는 바울이 야고보(예수의 형제)가 마땅히 사도로 불릴 수 있느냐에 대해 어느 정도 모호했을 수도 있다고 앞서 언급했다(§25 n. 205).

- 사도로서 그의 역할은 복음을 선포하는 것이다(고전 15:11).
- "사람들에게서 난 것도 아니요, 사람으로 말미암은 것도 아니요, 오직 예수 그리스도와 하나님 아버지로 말미암아" 사도가 되었다는 바울의 주장(갈 1:1)은 그의 복음이 "사람의 뜻을 따라 된 것이 아니니라. 이는 내가 사람에게서 받은 것도 아니요, 배운 것도 아니요, 오직 예수 그리스도의 계시로 말미암은 것이라"(1:11-12)라는 몇 문장 뒤에 제시된 똑같이 맹렬한 주장에 반영되어 있다.

다른 사람들이 지적했듯이, 갈라디아서 1-2장에서 드러난 바울의 불안감은 자기방어가 아니라 자기 복음의 방어와 관련된다. 그의 복음 전도의 성공이 하나님의 요구에 미치지 못한다는 공격 때문에 "복음의 진리"(2:5, 14)가 위험에 처했기 때문이다.[53]

따라서 바울이 **사도**로서 주장한 권위는 **복음**의 권위였다.[54] 사실 그의 첫 번째 관심사는 "복음의 진리"이며, 그 자신의 사도적 지위는 복음 다음이었고 복음을 섬기기 위한 것이었다. 이 이해는 "그보다 먼저 사도 된 자들"(갈 1:17)의 앞선 지위와 권위 그리고 사실상 그의 설교를 인정할 수 있는 그들의 권리(2:2)를 왜 바울이 기꺼이 인정했는가를 설명해준다. 그의 사도직을 공식적으로 인정받는 것보다는 모든 사도가 똑같은 메시지를 선포하는 것, 특별히 그의 복음 선포를 예루살렘의 사도들이 확인해주는 일(갈 2:6-9)이 더 중요했다(고전 15:11).[55] 이것은 우리를 참으로 민감한 문제로 인도한다.

---

53) "사도적 권위는 복음에 달려 있고 복음의 규범에 종속한다"(*Theology of Paul*, 572). 각주 35에 참고문헌이 있다. "바울에게 사도직과 복음은 불가분이었다"(Stuhlmacher, *Biblische Theologie*, 1.249); Hahn, *Theologie*, 1.193-95.
54) Schenk는 사도직의 특징이 부활절 메시지를 선포하는 사명이라고 강조한다('Selbstverständnisse', 1364-74).
55) 위 n. 52을 보라.

c. 이방인에게

이미 살폈듯이, 처음부터 분명하게 바울은 자신의 임무를 이방인에게 복음을 가져가는 것으로 받아들였다.[56] 바울은 자신을 정처 없이 돌아다니는 사명을 받은 단순한 사도로 여기지 않았다. 그는 **열방에** 복음을 선포하라는 구체적인 사명을 받았다.[57]

- 바울은 "은혜와 사도의 직분을 받아 그의 이름을 위하여 모든 이방인 중에서 믿어 순종하게 하나니"(롬 1:5).
- "이스라엘"에 관한 그의 주요 논의에서 그는 단순하게 주장하기를 주저하지 않았다. "내가 이방인의 사도"(롬 11:13).
- 그는 "이방인을 위하여 그리스도 예수의 일꾼"이었다(롬 15:16).
- 바울이 "그의 아들을 이방에 전하기 위하여"(갈 1:16) 하나님은 바울에게 그의 아들을 드러내기를 기뻐하셨다.

사도와 복음의 종으로서 바울의 역할에 관한 타인들의 평가와 관련하여, 이것이 바울에게 "문제가 되기 시작한 지점"임을 명확하게 하기 위해서, 우리는 갈라디아서 1-2장을 이미 충분히 조사했다.[58] 그러나 그 요점은 바울의 자기이해 그리고 어떻게 바울이 그의 위임을 수행했느냐에 대한 우리의 평가에서 너무나도 중요하기 때문에, 여기서 다시 그것을 강조하지 않을 수 없다. (1) 예수의 복음을 비유대인에게 전하는, 바울이 받았다고 주장하는 바로 이 사명이 기독교 초기에 많은 논란을 일으켰다. 그것은 논란이 너무 심해서, 초기 예수 운동에서의 분립, 즉 주류 기독교와 소위 유

---

56) 위 §25.3c-d를 보라.
57) 그리스어 *ethnē*도 "열방들"이나 "이방인들"로 번역할 수 있는데, "이방인들"은 이스라엘 외에 모든 나라를 묘사하는 한 방법이다. 또한 D. J.-S. Chae, *Paul as Apostle to the Gentiles* (Carlisle: Paternoster, 1997); Reinbold, *Propaganda*, 164-81을 보라.
58) §25.3b-d와 §27.3c-d를 보라.

대-기독교 이단 종파들로 전락한 부류들 간의 이후 3세기에 걸쳐 이어지게 되는 분립을 야기했다. 그리고 (2) 바울로 하여금 "복음의 진리"를 매우 정확하게 규정하여 표현하게 하고(추가 조건 없이, 믿는 모든 이들을 하나님이 받아들이신다는 제안) 그래서 사실상 기독교 핵심을 영구히 확고하게 한 요인이 된 것이 바로 이 사명이다.

사도 = 선교사 = 복음이라는, 사명에 대한 바로 이런 이해가 사도라는 기독교의 개념에 독특한 의미를 부여했다. 그것은 독특할 뿐 아니라 획기적이다. 왜냐하면 "사도" = "전달자, 사절"이라는 개념은 자명했고 (apostellō["보내다"]에서 나온 apostolos), apostolos는 그런 의미로 사용되었지만, "사도"가 자신의 신앙을 지지하는 사람을 얻고 다른 이들을 회심케 하는 사람이라는 의미는 새롭기 때문이다. 우리는 동료 유대인들에게 자신들의 종교에 대해 적절한 자부심을 느끼도록 하고 다른 이들에게 그 종교의 특징을 설명하는 데 관심을 가진 유대교 변증가들을 알고 있다. 우리는 자신들의 지혜로 타인들을 설득하려고 했던 방랑 철학자들을 알고 있다. 다가오는 하나님 나라에 비추어 하나님을 철저히 신뢰하라고 분부하면서, 예수가 제공한 본보기는 이미 옛 틀을 깨뜨렸고, 예루살렘과 유대에서 부활하신 예수를 믿는 자들의 첫 설교에서도 다시 등장했다. 그러나 타인을 회심케 하고 제2성전기 유대교의 경계를 훨씬 넘어서서 이스라엘의 그리스도를 믿도록 사람들을 부르는 사명을 받았다는 바로 이 인식이 "사도"에 대한 기독교적 이해에 그 독특한 특징을 부여하는 것으로, 기독교를 본질적으로 선교적 종교로 특징짓는 요인이다.[59]

d. 이스라엘의 사도

그다지 분명치는 않지만, 우리가 볼 때 바울에게 똑같이 중요한 것은 "이방

---

59) 비교. Schnabel, *Mission*, 536-45; Roetzel, *Paul*, 2장; 그리고 위 §24 n. 247을 보라.

인의 사도"로서 그의 사명이 하나님의 뜻에 부합할 뿐만 아니라, 그것이 또한 이스라엘이 하나님으로부터 받은 사명의 확장이라는 확신이다. 이 추정은 또다시 갈라디아서에서 가장 분명하게 제시된다.

- 우리는 바울이 갈라디아서 1:15-16에서 자신의 개종/부르심을 묘사하면서 예레미야 1:5과 이사야 49:1-6을 분명히 상기시켰음을 이미 언급했다.[60] 또다시 요점은 예레미야가 "여러 나라의 예언자로 지명되었고"(렘 1:5) 야웨의 종인 이스라엘(사 49:3)은 "이방의 빛으로"(49:6) 주어졌다는 점이다.
- 동등하게 두드러진 내용은, 바울이 아브라함 언약의 세 번째 줄기("너로 말미암아 모든 족속이 복을 받을 것이라", 창 12:3, 18:18)[61]를 "먼저 전한 복음"(갈 3:8)이라고 묘사한 부분이다.

바울이 이스라엘을 위한 하나님의 계획을 추진하는 일을 그의 역할로 이해했어야만, 이렇게 기록할 수 있었을 것이다.

바울이 로마서 9-11장의 "이방인의 사도"로서 자기 역할을 언급한 내용에서도 똑같은 요점이 전개된다. 그곳에서 바울은 열방/이방인에 대한 자신의 역할이 특별히 이스라엘을 포함하는 **모든** 이에게 자비를 베푸시려는 하나님의 위대한 계획(하나님의 목적의 "신비")의 일부임을 분명히 밝힌다 (11:13-15, 25-32).[62]

요약하면, 바울은 자신에 대한 역사적 유대교의 비판, 즉 그가 "이스라엘의 배교자"라는 비판에 강하게 저항했다. 역으로 바울의 주장은 자신이

---

60) §25.3d를 보라.
61) 창세기 본문들이 다양하게 이해될 수 있으나(예. G. J. Wenham, *Genesis* [WBC 1; Waco: Word, 1987], 277-78을 보라), 바울의 해석은 분명하다. 아브라함(그리고 그를 이은 족장들)에게 많이 그리고 다양하게 반복된 약속의 다른 가닥은 자손에 대한 약속과 땅에 대한 약속이었다(*Theology of Paul*, 144).
62) 또한 A. J. Hultgren, 'The Scriptural Foundations for Paul's Mission to the Gentiles', in S. E. Porter, ed., *Paul and His Theology* (Leiden: Brill, 2006), 21-44을 보라.

사실상 그리스도 예수의 사도일 뿐 아니라 "**이스라엘의 사도**"이기도 하다는 것이다.[63] 유감스럽게도, 이러한 자기주장과 자신의 사도직 및 복음에 대한 주장은 기독교 역사에서 적절하게 평가받지 못했고 유대교 역사에서는 무시되고 말았다. 특별히 이 부분에 관해서, 새롭게 다시 그리고 그의 용어로 바울에게서 들어야 할 필요가 있다.[64]

e. 종말론적 사도직

기독교 첫 세대를 충분히 이해하려면, 첫 신자들의 종말론적 성향과 관점을 고려하는 일이 매우 중요하다. 그들은 예수 메시아 안에서 새로운 시대(단지 새로운 **한** 시대가 아니라, 바로 그 **마지막** 시대[eschaton])는 동텄고, 그 안에서 하나님의 궁극적인 약속과 이스라엘을 위한 소망이 실현될 것으로 믿었다. 앞에서 살폈듯이,[65] 이는 두 가지 특성에 초점을 맞춘다. 곧 보편적/최종적 부활의 시작인 예수의 부활, 그리고 명백한 메시아와 주로서 곧 돌아오실 예수다. 이러한 강조는 우리가 기독교의 초기 확장을 추적할 때 재등장하지 않았는데, 초기 확장기에는 새로운 운동이 유대에서 벗어나 지중해 해안지방과 그 너머로 나아갔다. 짐작하건대 이는 누가가 이 종말론적 동기(이것이 확장의 한 요인이었다고 추정할 수 있다)를 강조하지 않고, 그가 물

---

63) 특별히 Munck, *Paul*과 Jervell, *The Unkwon Paul*, 3-4은 이 점을 앞서 역설했다. Jervell은 다음과 같이 도발적으로 주장한다. "바울을 그의 서신으로만 해석하면 유대인 바울을 쉽게 놓친다. 그러나 그것[유대인 바울의 모습]은 사도행전 뒤에 있는 구전 전승에 보존되었다"(59). 그러나 §29.2b를 보라. S. Grindheim, 'Apostate Turned Prophet: Paul's Prophetic Self-Understanding, with Special Reference to Galatians 3.10-12', *NTS* 53 (2007), 545-65은 그 비판을 되돌린다. 즉 바울이 바리새인인 자신을 포함해서 동족 유대인 대다수를 이스라엘의 하나님을 배반한 자로 이해했다는 것이다.

64) 추가로 필자의 'Paul: Apostate or Apostle of Israel?'; 또한 'The Jew Paul and His Meaning for Israel', in U. Schnelle and T. Söding, eds., *Paulinische Christologie. Exegetische Beiträge*, H. Hübner FS (Göttingen: Vandenhoeck und Ruprecht, 2000), 32-46. 이는 T. Linafelt, ed., *A Shadow of Glory: Reading the New Testament after the Holocaust* (New York: Routledge, 2002), 201-15로 재출간되었다.

65) 위 §23.4a, f를 보라.

려받은 옛 전통적 형식들의 반향만을 유지하기로 했기 때문일 것이다(행 2:17; 3:19-21).

그러나 우리는, 바울에게서 이 종말론적 관점이 사도로서 자신의 부르심에 관한 자기이해를 어떻게 형성했는가를 살필 수 있다. 다시 말하지만, 바울에 대해 누가가 말한 내용이 아니라 바울의 서신에서 말이다.

- 바울은 데살로니가 신자들이 어떻게 "우상을 버리고 하나님께 돌아와서 살아 계시고 참되신 하나님을 섬기는지와 하늘로부터 강림하실 그의 아들을 기다리는지"(살전 1:9-10; 행 3:19-21에서처럼)를 상기한다.
- 바울은 예수가 돌아오실 때까지 자신이 여전히 생존해 있을 것이라고 믿은 듯하다. "주께서 강림(parousia)하실 때까지 우리 살아남아 있는 자…"(살전 4:15). 비슷하게 고린도전서 15:51, "우리가 다 잠잘 것이 아니요, 우리가 다 홀연히 변화되리니."
- 그리스도의 부활은 "죽은 자 가운데서의 첫 열매", 즉 (보편적/최종적) 부활의 시작이었다(고전 15:20, 23).
- "때가 단축하여진 고로" 그리고 "이 세상의 외형은 지나"가고 있기에(고전 7:29, 31), 그는 고린도에 있는 그의 개종자들에게 결혼을 삼가라고 권면한다.[66]
- 그는 "밤이 거의 지났고, [완전한 구원의] 날이 가까웠다"고 믿었다(롬 13:12).

특별히 다음의 세 구절에서 이 관점이 사도직에 대한 바울의 이해를 형성했음이[67] 가장 명확히 드러난다.

---

66) 아래 §32 n. 257을 보라.
67) 이전에 필자는 바울의 "종말론적 사도직"을 다루면서(*Jesus and the Spirit*, 111-13), A. Fridrichsen, *The Apostle and His Message* (Uppsala, 1947)에게서 받은 자극을 인정했다. "사도직이 메시아의 부활과 재림 사이의 종말론적 발전의 중심에 위치한다는 이 생각"(4). 또한 O. Cullmann, *Christ and Time* (London: SCM, ³1962), 157-66 그리고 Munck, *Paul*, 36-55(아

(1) 고린도전서 4:9: "내게는 하나님이 우리 사도들을 끄트머리에 두신 것으로(eschatous apedeixen), 즉 죽기로(epithanatious) 작정된 자같이 두신 것처럼 보이는데, 우리가 세상과 천사 및 사람의 눈에 구경거리(theatron)가 되었기 때문이다"(Thiselton). 여기서 바울은 "가장행렬을 비유로 드는데, 거기서는 범죄자들과 죄수들 및 검투사들이 검투 경기장으로 나가며, 사도들은 후위를 맡아 죽을 때까지 싸워야 하는 사람으로 비유된다." [68] 다시 말해서, 그는 역사 전체나 세상을 향한 하나님의 계획이 사도들의 행동에서 절정에 이른다고 본다. 사도들은 우주적 역사의 무대(천사들도 보고 있다)에서 마지막 장면을 구성한다. 그 이미지는 자만심이 다소 짙게 드러난다. 비록 그 이미지가 "보여줄 만한 승리"는 결코 아니지만 말이다. 비유라는 관점에서 그들은, 지켜보는 우주의 관점에서 "사형선고를 받았다"(epithanatios). 그들의 공개처형은 역사의 가장행렬의 "막을 내리게" 할 것이다.

(2) 로마서 11:13-15: "내가 이방인인 너희에게 말하노라. 내가 이방인의 사도인 만큼 내 직분을 영광스럽게 여기노니, 이는 혹 내 골육을 아무쪼록 시기하게 하여 그들 중에서 얼마를 구원하려 함이라. 그들을 버리는 것이 세상의 화목이 되거든 그 받아들이는 것이 죽은 자 가운데서 살아나는 것이 아니면 무엇이리요?" 이는 곧 다루어야 할 문단이다. 여기서 언급할 요점은 자신의 사도 사역에 대한 바울의 희망과 기대이다. 그는 자신의 이방인을 위한 사역을 밀어붙였는데, 이는 하나님이 자기 동족을 유기했다고 믿고 자기 동족에 대해 절망하며 이방인에게 나아간 것이 아니다. 오히려 그의 소망은 이방인의 사도로서 그의 성공이 "자신의 골육을 시기하게 하여" 그들로 하여금 그가 선포한 신앙을 가지게 하려는 것이었다. 바울의

래 §31 n. 291을 보라)에게도 영향을 받았다. 그러나 그들의 해석은 살후 2:6-7에 대한 논쟁의 여지가 있는 해석에 너무 의존했다.

68) Thiselton, 1 Corinthians, 359; 추가로 Schrage, 1 Korinther, 1.340-42. V. H. R. Nguyen, 'The Identification of Paul's Spectacle of Death Metaphor in 1 Corinthians 4.9', NTS 53 (2007), 489-501은 그 비유가 사형선고를 받은 범죄자를 검투 경기장에서 처형하는 로마의 행사에서 유래했다고 제안한다.

관점에서 동족이 그 신앙을 받아들임 및 동족의 받아들여짐은 "세상을 위한 화해"보다 훨씬 더 놀라운 것을 의미한다. 사실 이는 "죽음에서 삶" 곧 시대/역사의 끝에 오는 마지막 부활과 다름없다.[69] 다른 말로 하면, 바울은 자기의 사역이 시온에 도래하는 구원자를 포함한 마지막 사건을 촉발하기를 희망했다(11:26). 이는 그것이 바울에게 그토록 중요한 우선 사항이었던 까닭이다.

(3) 골로새서 1:24: "나는 이제 너희를 위하여 받는 괴로움을 기뻐하고 그리스도의 남은 고난을 그의 몸 된 교회를 위하여 내 육체에 채우노라." 여기서 바울 내지 그의 공저자는 다가올 세대의 핵심적 선행 사건으로 예상되는 종말론적 고난(대체로 "메시아의 고뇌"로 언급됨)으로의 그리스도의 고난과 죽음이라는 이미지를 사용하는 것 같다.[70] 바울은 자신이 그리스도의 고난에 참여한다거나,[71] 실제로 자신이 어느 정도 야웨의 종의 역할을 성취한다는 생각에 거부감이 없었다.[72] 물론 여전히 고난에 참여하고 있다는 논리는 아직 끝나지 않았기에 완성되지 않은 고난과 관련이 있다. 그러나 골로새서의 저자는 바울이 사도로서 받는 고난이 이 *hysterēma*("부족"이나 "결핍")를 완성하고 채운다고 생각할 정도로 대담하다.[73] 여기엔 구속/구원

---

69) "여기서 종말론적 의미는 다른 곳에서 항상 부활을 의미하는 *ek nekrōn* 때문에 논란의 여지가 없다. [그리고] 수사적 구조는 마지막 구가 이전 구를 능가하는 것을 묘사하도록 요구한다.…여기서 '죽은 자 가운데서 살아남'은 '세상을 위한 화해'보다 훨씬 더 멋진 것으로 제시된다"(Dunn, *Romans*, 658, 그곳에서 또한 필자는 주석가들 대부분이 여기서 마지막 부활이 염두에 있음에 동의한다고 언급했다). 추가로 D. J. Moo, *The Epistle to the Romans* (Grand Rapids: Eerdmans, 1996), 694-96; B. Witherington, *Paul's Letter to the Romans* (Grand Rapids: Eerdmans, 2004), 269을 보라.

70) 상세 내용은 *Jesus Remembered*, §11.4c와 395을 보라.

71) 특별히 롬 8:17; 고후 4:10-12; 빌 3:10-12; 추가로 필자의 *Theology of Paul*, §18.5을 보라.

72) §25.3d를 보라.

73) 추가로 필자의 *Colossians and Philemon*, 114-16; H. Stettler, 'An Interpretation of Colossians 1:24 in the Framework of Paul's Mission Theology', in Ådna and Kvalbein, eds., *The Mission of the Early Church*, 185-208; J. L. Sumney, '"I Fill Up What Is Lacking in the Afflictions of Christ": Paul's Vicarious Suffering in Colossians', *CBQ* 68 (2006), 664-80 을 보라.

의 역사가 그때 완성된다는 당연한 귀결이 있다. 여기서도 이 주장은 바울의 역할에 대한 자만심 깃든 칭송의 기미를 보여준다.[74] 그러나 그것은 사도 사역의 중요성에 대해 바울이 가지고 있는 확신을 가장 두드러지게 표현한 것일 뿐이다. 우주의 역사라는 무대에서 사도로서 이 대단원의 막은 역사를 위한 하나님의 목적을 완성하고 "만물의 충만"을 촉발할 것이다.[75]

거의 2천 년 이후에(특별히 역사의 종말도, 그리스도의 오심도 이루어지지 않은 때) 그런 표현을 읽는 우리가 바울의 사도적 역할에 대한 그런 이해에 공감하기는 어렵다. 그러나 그렇게 시도할 필요가 있는데, 그런 이해가 중대한 결과와 지속되는 효과를 일으킨 많은 동기와 힘을 제공했기 때문이다. 바울의 종말론은 자신의 사도적 선교에 대한 인식에 있어 필수적이었다. 동시에 바울에게 결정적인 종말론적 고려사항은 여전히 일어나야 할 일이 아니라, 하나님이 그리스도 안에서 그리고 그리스도를 통해서 하신 일, 특별히 죽음에서 그를 살리신 일이었음을 언제나 상기해야 한다. 그것은 다른 모든 일을 결정하는 종말론적 행동이었다.[76]

f. 교회 설립자

골로새서 1:24의 언급에도 불구하고, 앞 단락은 바울을 동떨어지고 어느 정도 불안한 인물로 남겨두었다. 그리스도의 임박한 재림과 종말을 기대한 사람들(종파들)의 역사는 그런 종말론적 관점을 동력으로 삼은 사람에 대해 그다지 신뢰감을 주지 못한다. 따라서 바울의 사도적 사역의 다른 한

---

74) "신학적으로 옹호할 수 없는, 바울에 대한 그의 추종자 중 한 사람의 찬양"(H. Hübner, *EDNT*, 3.110); 필자의 *Colossians and Philemon*, 116에 언급된 다른 사람들.

75) Schnabel의 "바울은 마지막 날과 예수의 재림에 대한 하나님의 계획에 있어 자신의 선교 사역에 중추적인 중요성이 있다고 결코 말하지 않았다"는 주장(*Mission*, 945, 또한 1295-96)은 논란이 있는 살후 2:6-7만 염두에 두었다(n. 67을 보라).

76) "바울의 복음은, 그가 여전히 일어날 일을 소망했기 때문이 아니라, 그가 믿은 내용이 이미 일어났기 때문에 종말론적이다"(Dunn, *Theology of Paul*, 465).

가지 근본적 측면을 상기하는 것이 중요하다. 즉 교회 설립이다. 이는 고린도전서 9:1-2에서 가장 명백하다. "내가 사도가 아니냐? 예수 우리 주를 보지 못하였느냐?…다른 사람들에게는 내가 사도가 아닐지라도 너희에게는 사도이니 나의 사도됨을 주 안에서 인친 것이 너희라." 여기서 "사도"의 권위는 교회를 설립하는 데 사도가 감당한 역할과 상당히 맞물린다. 바울이 다른 사람들을 회심케 하지도 그들의 교회를 설립하지도 않았기 때문에, 그는 다른 사람들에게는 사도가 아니었다. 하지만 그는 고린도 사람들에게는 사도였다. 그의 복음 전도로 인해 고린도 교회가 존재하게 되었기 때문이다.[77] 고린도전후서의 다른 말씀에서는 교회를 세우는 선교사로 위임을 받았다는 바울의 확신이 반복하여 표현된다.

- 고린도전서 3:5-15. 그는 "지혜로운 건축자와 같이" 기초를 놓았다.
- 고린도전서 15:10-11. 그는 그의 청중들이 믿음을 갖게 하려고 다른 사도들보다 더 열심히 일했다.
- 고린도후서 5:20. 그는 그의 역할을 "그리스도를 위한 사신"으로 여겼다.[78]

이는 바울이 예루살렘에서 무리의 일원으로 행한 합의와 결부되어 있다. 곧 바울(그리고 바나바)이 이방인(이방인 신자)을 책임지겠다는 것이다. 이미 언급한 대로, 바울은 그의 사도적 사명을 매우 일반적인 소명으로 여기지 않았다. 오히려 그것은 구체적으로 이방인을 위한 것이었다. 그래서 그의 사명은 제한적이었고, 그가 책임진 교회들로 제한되었다. 바울은 그

---

77) N. H. Taylor, 'Apostolic Identity and the Conflicts in Corinth and Galatia', in S. E. Porter, ed., *Paul and His Opponents* (Leiden: Brill, 2005), 99-127은 바울이 갈라디아와 고린도 교회의 감독권과 권위를 다시 얻기 위해, 갈라디아와 고린도 사람들에게 자신의 교회의 설립 사도권을 강조한다고 논증한다.

78) 추가로 Schnabel, *Mission*, 945-82; S. C. Barton, 'Paul as Missionary and Pastor', in Dunn, ed., *The Cambridge Companion to St. Paul*, 34-48을 보라(여기서는 35-39).

런 제한성을 받아들인 듯하다. 잠시 후 이 주제로 돌아갈 것이다.[79] 그러나 여기서 사도와 교회의 공생 관계는 언급할 만한 가치가 있다. 바울은 그런 관계로 사역했다. 그래서 바울이 "하나님이 교회 안에 첫째로 사도를 세우셨으니"(고전 12:28)라고 말할 때, 그가 보편 교회와 보편적 권위를 가진 사도를 염두에 두지 않았을 가능성이 가장 높다.[80] 오히려 바울은 고린도 교인들이 고린도에 있는 교회가 되려고 함께 모였다는 의미로 "그 교회"를 생각했을 가능성이 높다(11:18, 12:27). 12:28의 "사도들은" 그들을 신자로 세우고 고린도에서 그리스도의 몸이 되게 하려고 그들을 함께 모은 사도들이다. 고린도 교회에 임명된 사도들 가운데 첫 번째로 지명받은 이는 바로 바울이었고, 아볼로도 포함되었을 수 있다.[81] 비슷하게 바울은 안드로니고와 유니아(그의 부인?)가 "사도 중에 탁월"했다고 묘사한다. 안드로니고와 유니아는 로마의 그리스도인과 관련해서 바울이 언급한 유일한 사도들인데, 그들이 로마에 있는 교회를(아니면 교회들 중 하나 혹은 그 이상) 설립한 사도라는 설명이 가장 개연성이 크다.[82]

설립 사도로서 바울은 "터를 닦는" 일을 자신의 사역으로 보았으며, "이 터는 곧 예수 그리스도다." 바울은 이렇게 말하면서, 자신이 선포하도록 부르심을 받은 그리스도의 복음을 분명히 염두에 두었을 것이다. 그리고 이 복음은 십자가에 못 박히고 부활하신 그리스도에 대한 신앙을 요약

---

79) 추가로 아래 §29.4b를 보라.

80) "사도는 '보편 교회의 사도'가 아닌 그 공동체의 설립자로서 공동체에 권위를 행사했다"(Dunn, *Jesus and the Spirit*, 274). 또한 특별히 J. Hainz, *Ekklesia. Strukturen paulinischer Gemeinde-Theologie und Gemeinde-Ordnung* (Regensburg: Pustet, 1972), 252-55; 그리고 §30.1 이하를 보라.

81) 그러나 위 n. 49를 보라.

82) 아래 §33.2b를 보라. 유니아가 여성의 이름임에 대해서는(그래서 안드로니고와 유니아는 고전 15:7의 "모든 사도들" 중 유일하게 부부일 수 있다), 특별히 E. J. Epp, *Junia: The First Woman Apostle* (Minneapolis: Fortress, 2005)을 광범위한 참고문헌과 함께 보라. *Episēmoi en tois apostolois*가 "사도 중에 잘 알려진"(M. H. Burer and D. B. Wallace, 'Was Junia Really an Apostle? A Re-examination of Rom 16.7', *NTS* 47 [2001], 76-91이 논증함)보다는 오히려 "사도 중에 탁월한"이라는 의미임에 대해서는, Epp, 72-78 그리고 Jewett, *Romans*, 963을 보라.

한 신조 문구와 바울이 베드로에게서 습득한 예수의 삶 및 사역에 대한 일종의 가르침(갈 1:18)을 확실히 포함할 것이다. 이미 언급한 것처럼, 바울 서신에서 발견된 예수 전승의 많은 되울림은 바울이 새 교회의 기초를 세울 때 전해준 예수 전승에 대한 언급과 암시로 확실히 보아야 한다.[83]

그 당시 바울의 종말론적 동기를 오늘날 어색하게 받아들인다면, 우리는 바로 그 똑같은 동기로 인해 에게해 지역과 그 지역 너머까지 기독교가 아주 지속적으로 전파되었다는 점과 이 교회들의 양육에 그의 사도적 선교가 이 교회들을 향한 서신으로 지속된, 수많은 기독교 특징을 확립했다는 점 역시 상기해야 한다. 따라서 이방인의 사도로서 그의 역할은 단순히 기독교 첫 세대뿐만 아니라 그 뒤를 잇는 모든 세대를 위한 것이다.

29.4 바울의 계획

자신의 사도적 사명에 대한 바울의 이해를 고려하면, 바울은 그 사명을 어떻게 성취하려고 했는가? 그가 추구한 이상은 무엇인가?

a. "예루살렘으로부터 두루 행하여"(롬 15:19)

로마서 끝부분인 15장에서 바울은 지금까지의 사역을 간단히 검토할 기회를 가진다.

> [18]…그리스도께서 이방인들을 순종하게 하기 위하여 나를 통하여 역사하신 것 외에는 내가 감히 말하지 아니하노라. 그 일을 말과 행위로, [19]표적과 기사의 능력으로, 성령의 능력으로 이루어졌으며, 그리하여 내가 예루살렘으로부

---

83) *Jesus Remembered*, 182 n. 48과 위 §21.4d; 또한 Barnett, *Birth*, 120-26을 보라.

터 두루 행하여 일루리곤까지 그리스도의 복음을 편만하게 전하였노라.…[23] 이제는 이 지방에 일할 곳이 없고…[28]너희에게 들렀다가 스페인으로 가리라.

최근의 몇몇 연구에서는 이 문단을 이사야 66:19-20과 연결하고, 바울의 전략적 이상에 대한 실마리를 이사야서에서 보았다.[84]

[19]내가…그들 가운데에서 도피한 자를 여러 나라[85] 곧 다시스와 뿔과 활을 당기는 룻과 및 두발과 야완과 또 나의 명성을 듣지도 못하고 나의 영광을 보지도 못한 먼 섬들로 보내리니, [20]그들이 나의 영광을 뭇 나라에 전파하리라.… 그들이 너희 모든 형제를 뭇 나라에서 나의 성산 예루살렘으로…여호와께 예물을 드릴 것이요.

이 본문에서 세 가지 특징이 주목할 만하다. (1) 히브리 성경에서 처음이자 유일하게 뭇 나라를 **향한** 역외 선교를 상상한다. 사실 그 예언적 신탁은, 추방되어 흩어진 이스라엘이 그들의 고국으로 돌아오고(66:20),[86] 시온을 향한 여러 나라의 종말론적 순례가 있을 것이라는 약속(비교. 66:12)[87]의 변형이다. 그러나 그 약속과 관련된 이 형식이 독특한데, 그것은 열방을 향한 선교가 이스라엘을 돌아오게 하고 뭇 나라들로 순례하게 한다고 상상

---

84) R. D. Aus, 'Paul's Travel Plans to Spain and the "Full Number" of the Gentiles of Rom. 11.25', *NovT* 21 (1979), 232-62; Riesner, *Paul's Early Period*, 241-53; J. M. Scott, *Paul and the Nations* (WUNT 84; Tübingen: Mohr Siebeck, 1995), 135-62은 미출간 논문인 W. P. Bowers, *Studies in Paul's Understanding of His Mission* (Cambridge PhD, 1976)을 언급한다.

85) 사 45:20에서처럼("열방 중에 피난한 자"), 염두에 둔 사람들은 짐작하건대 열방의 심판에서 "살아남은 자"다(66.15-16). C. Westermann, *Isaiah*, 40-66 (OTL; London:SCM, 1969), 425을 보라. Riesner, *Paul's Early Period*, "종의 예언과는 별도로, 이것은 구약이 인간이라는 대리인의 이방인을 향한 선포를 언급한 유일한 경우다"(248).

86) 관련 구절들은 *Jesus Remembered*, 393 n. 57에서 나열했다.

87) 관련 구절들은 참고문헌과 함께, *Jesus Remembered*, 394-95 n. 70, 71에서 나열했다. 사 66장에서 "뭇 나라의 부"[개역개정에선 "뭇 나라의 영광"—역주](12절)에 대한 암시는 이 주제를 환기한다. 그것이 뭇 나라의 부가 회복된 이스라엘에게 온다는 소망을 분명히 환기하기 때문이다(사 45:14; 60:5, 11; 61:6).

한다. 이사야 66:19은 바울의 성경에서 그런 전망을 품은 유일한 구절로서, 적어도 어느 정도 바울에게 영향을 끼쳤을 수 있다. 오직 이 한 구절이 바울이 헌신한 사역의 전조가 되었다.[88]

(2) 이사야 66:19이 열거한 나라들을 여행하는 주요 방향이 대략 바울의 선교 방향임을 인식하면 이 공산은 강화된다. 로마서 15:19에서 바울은 그때까지 그의 선교를 예루살렘에서 일루리곤까지 이르는 활모양으로 여긴 것처럼 보인다.[89] 혹은 활모양의 첫 절반을 언급해야 할지도 모르겠다. 바울이 분명 추가로 활모양을 펼치는 것을 상상하기 때문이다.[90] 이 여정은 스페인을 포함해서 서쪽으로 더 나아간다(15:28). 이사야 66:19에 열거된 나라들을 식별하는 데 논란이 있으나, 바울의 실제 순회와 얼마나 중복되는지는 적어도 강한 호기심을 불러일으킨다. 적어도 길리기아에서 소아시아와 마게도냐/그리스를 통과해서 가장 서쪽으로 이동했다.[91] 어쩌면 초기 선교에서 안디옥에서 서쪽으로 나아가도록 바울을 북돋우는 소망이 이미 이사야의 말씀이었을 가능성을 염두에 두고 있어야 할 것이다.[92]

(3) 더 나아가, 같은 맥락에서 바울이 자신이 바라는 성공을 이방인을 제물로 드리는 것에 비유할 때(롬 15:16), 바울이 디아스포라 유대인들이 종말론적 제물을 형성하는 이사야 66:20의 희망을 이용한다는 추론은 전혀 근거가 없지 않다.[93] 바울이 사용한 그리스어는 **이방인이 바친** 제물을 언

---

88) 이것이 Riesner의 논지다: "바울은 자신의 활동으로 이 본문이 성취되었다고 보았다"(*Paul's Early Period*, 246). "이런 종류의 예언[이사야 66:19]은 분명 바울의 마음을 끌었을 것이다"(248).
89) 아래 §31 n. 116과 §32 n. 482을 보라.
90) "원형으로"는 완전한 원뿐 아니라 반원을 의미할 수도 있다(Riesner, *Paul's Early Period*, 242).
91) Riesner, *Paul's Early Period*, 250-53에서 검토했다. Riesner는 가장 개연성 있는 것이 다시스 = 다소, 뿔 = 리비아 또는 길리기아, 룻 = 소아시아 루디아, 메섹 = 갑바도기아 또는 미시아, 두발 = 코카서스 또는 비두니아, 야완 = 그리스 또는 마케도니아, 먼 섬들 = 극서라고 생각한다. 그는 다시스가 사실상 만장일치로 서스페인의 타르테수스(Tartessus)라고 오랫동안 여겨졌으나(250), 고대의 어느 저자도 둘을 동일시하지 않았다고 언급한다.
92) Hengel and Schwemer, *Paul*, 265; 또한 174-76을 보라.
93) 또한 Riesner, *Paul's Early Period*, 247을 보라.

급하는 것으로 이해할 수도 있기에, 이것은 이방인들이 경배하기 위해 시온으로 종말론적 순례를 하고, 이방의 부가 예루살렘으로 온다는 다양한 희망을 추가로 환기한다. 같은 문맥에서 예루살렘으로 바울 자신이 가져가려고 한 연보(자기 선교의 두 개의 반 활모양 사이 자신의 우선사항)를 언급한 것은 결코 우연이 아니며, 이방인들이 자신들의 자원을 예루살렘(에 있는 성도 중 가난한 자들)과 함께 나눈다는 관점에서 말한다(롬 15:25-27). 다시 말해서 연보는 열방을 향한 이스라엘의 선교 및 열방과 관련한 이스라엘의 종말론적 희망을 성취하려는 바울의 웅대한 계획의 일부였을 것이다.[94]

제임스 스코트(James Scott)는 창세기 10장에 있는 나라들의 목록이 바울의 선교 전략에 추가로 영향을 끼쳤다는 논증으로 여기의 기본 논지를 설명했다. 이미 언급한 대로, 갈라디아서 3:8에서 바울은 "모든 족속"을 위한 축복의 약속과 더불어 창세기 12:3의 표현을 사용한다. 그런 "모든 족속"에 대한 언급은 창세기 10:1-32에서 노아의 세 아들(셈, 함, 야벳)로부터 내려온 족속의 긴 목록을 가장 자연스럽게 환기한다. 비슷하게 바울이 "이방인의 충만한 수"(롬 11:25-26)를 말할 때, 신명기 32:8과 창세기 10장에 준거해서 세상에 있는 70이나 72 나라를 염두에 두었을 것이다.[95] 또한 스콧은 에스겔 5:5에서 예루살렘을 "이방인 가운데에 두어 나라들이 둘러 있게 했다"라는 내용을 주목하고, 여기서 바울이 자신의 선교가 "예루살렘으로부터" "원형으로" 되어있다고 보는 데 추가로 영향을 끼쳤다고 본다.[96] 여기서 드러나는 논지는 바울이 자신의 선교가 야벳의 영역에 초점이 맞추어져 있다고 밝혔다는 것이다. 왜냐하면 전통적으로 야벳과 그 자손에게 할당된 영토는 소아시아와 그리스 및 서쪽 끝의 스페인을 포함했기 때문

---

94) 추가로 Aus, 'Travel Plans', 241-42; Riesner, *Paul's Early Period*, 249-50을 보라. 연보를 위한 바울의 동기 중 일부가 이 종말론적 시나리오였다면, 바울이 예루살렘에 연보를 전달한 **후** 그의 스페인 선교가 있을 것으로 예상했다고 상기할 필요가 있다. 그렇다면 우리는 적어도 바울이 마지막 사건들의 명확한 순서를 예상하지 못했다고 결론지을 수밖에 없다.

95) Scott, *Paul and the Nations*, 135.

96) Scott, *Paul and the Nations*, 138-39.

이다. "흥미롭게도, 야벳 자손들의 이동과 로마서 15장에서 묘사한 열방들을 향한 바울 선교의 의도된 범위 및 실제 방향이 일치한다."[97]

기독교 선교를 위한 바울의 변증의 일부로 시편 19:4을 인용한 로마서 10:18도 여기서 언급할 수 있다. "그 소리가 온 땅에 펴졌고 그 말씀이 땅끝까지 이르렀도다." 여기서 시편 19:4의 인용은 틀림없이 과장법이지만,[98] 그것은 바울의 소망과 계획의 범위 그리고 이 두 가지가 거의 완성되었다는 바울의 확신을 어느 정도 반영한다. 그 표현은 바울의 사명에 있는 "세상 끝"이라는 차원[99] 그리고 그가 이미 "그리스도의 복음을 완성했다 (peplērōkenai)"(롬 15:19)는 의미를 반영한다.[100]

리스너와 스코트가 주장한 논지의 모든 내용에 동의하지는 않더라도 (자료를 고려하면, 확고한 결론은 거의 불가능하다),[101] 이사야 66:19이 바울 선교의 근거와 스페인에 가려는 그의 강박을 밝혀주는 한 줄기 빛을 제공한다는 점은 개연성이 있다. 스페인이 야벳의 영역의 경계를 나타내어 예루살렘에서 시작한 (반)원을 정말로 완성했다면, 스페인에 이르려는 바울의 강박은 "충만한 이방인의 수"를 얻음으로써(롬 11:25) 역사를 향한 하나님 목적의 절정과 죽은 자의 부활(11:13-15)을 촉발하려는 그의 희망과 잘 들어맞는다.

---

97) Scott, *Paul and the Nations*, 142. 또한 이 전략이 바울에게 언제 처음 떠올랐는지에 관해서, Scott는 예루살렘에서 선교 책임의 분할이 합의됐을 때 바울이 자신의 선교를 이 관점에서 이해했다고 논증한다(갈 2:7-9). 즉 바울은 그의 선교를 영토적 측면(야벳의 족속들)에서 이해했다는 것이다. 한편 베드로의 관할 구역은 예루살렘과 유대뿐만 아니라 셈의 온 지역을 포함했을 수 있다(비교. 벧전 5:13). 이는 선교 관할 구역에 대한 갈등을 설명할 수 있는데, 셈과 야벳 사이의 경계가 명확하지 않았기 때문이다(149-62).

98) 추가로 필자의 *Romans*, 624; Moo, *Romans*, 667을 보라.

99) 위 §25.3d를 보라.

100) 그 표현은 "재림이 임박하여 지금까지 복음을 듣지 못한 곳까지 복음을 가져갈 시간이 너무 적게 남았다는 바울의 확신을 반영할 것이다"(추가 참고문헌과 더불어, Dunn, *Romans*, 864); Moo, *Romans*, 893-94은 의심스럽다.

101) 예. Schnabel, *Mission*, 1295-99의 비평을 보라.

b. "그리스도의 이름을 부르지 않은 곳"(롬 15:20)

§29.4의 도입부에서 인용한 로마서 15장의 문단은 다음과 같이 계속된다.

> [19]…그리스도의 복음을 편만하게 전하였노라. [20]또 내가 그리스도의 이름을 부르는 곳에는 복음을 전하지 않기를 힘썼노니, 이는 남의 터 위에 건축하지 아니하려 함이라.

이것은 바울의 계획에서 두 번째 원칙으로 보인다. 곧 전도로 개척하는 데 헌신하여 미개간지에서만 자신의 선교를 추구하는 것이다. 바울은 "이방인의 사도"로서 자기 역할을 이렇게 이해했다. 고린도에서 교회의 기초를 세운 바울의 성공은 그가 염두에 둔 내용의 본보기다(고전 3:10-11). 이 말씀에서 또한 바울이 그가 닦은 터 위에 다른 사람이 짓는 일과 그가 심은 씨앗에 물을 주는 일에 반대하지 않았음은 분명하다. 이는 아볼로의 후속 선교를 암시한다(3:5-9). 이 원리에는 바울의 선교 전략을 구별하고 바울이 설립한 교회들의 기초를 다시 세우려고 하는 타인의 생각을 좌절시키려는 의도가 어느 정도 개입되어 있었다.

이 요점과 관련해서 바울에게 이 원리의 중요성은 고린도후서 10:13-16에 있는 그의 강력한 주장에서 가장 분명하게 드러난다.

> [13]그러나 우리는 분수 이상의(eis ta ametra) 자랑을 하지 않고 오직 하나님이 우리에게 나누어 주신(emerisen) 그 범위의 한계를 따라(to metron tou kanonos) 하노니, 곧 너희에게까지 이른 것이라. [14]우리가 너희에게 미치지 못할 자로서 스스로 지나쳐 나아간 것이 아니요, 그리스도의 복음으로 너희에게(archri kai hymōn) 이른 것이라. [15]우리는 남의 수고를 가지고 분수 이상의(eis ta ametra) 자랑을 하는 것이 아니라, 오직 너희 믿음이 자랄수록 우리의 규범을 따라(kata ton kanona) 너희 가운데서 더욱 풍성하여지기를 바라노라. [16]이는 남의 규범으

로(*en allotriō kanoni*) 이루어 놓은 것으로 자랑하지 아니하고, 너희 지역을 넘어 복음을 전하려 함이라.

핵심 단어는 *kanōn*인데, 이 단어는 폭넓은 해석을 허용한다.[102] 가장 개연성 있는 대안은 "행동 영역"[103]이나 "임무"[104]다. 그 모호함은 기둥 사도들과 예루살렘에서 도달한 합의의 모호성을 반영한다: "우리는 이방인에게/이방인을 위해서, 그리고 그들은 할례자에게/할례자를 위해서"(갈 2:7-9).[105] 바울이 자신의 사도적 소명을 "이방인의 사도"로 해석한 것처럼, 바울은 자신의 임무나 행동 영역이 비유대 국가라는 인식으로 예루살렘 합의를 해석했다.[106] 고린도후서 10:13-16은 그 합의가 바울에게 무엇을 의미했는지 명확하고 자세하게 설명해준다.

1. 바울의 임무/맡겨진 영역의 범위는 있을 수 있는 자랑의 범위를 결정했다. 말하자면 짐작하건대 "주 안에서" 자랑하는 것이며(10:17), 하나님이 그의 사명과 조화를 이루어 그를 통해서 일하셨다(10:8, 13)는 사실을 자랑하는 것일 것이다.

2. 고린도 사람들 자체는 바울이 받은 임무의 규모에 대한 증거이며, 그들은 그에게 주어진 활동 영역을 암시하고 증명했다(10:14). 이곳에서의 생각

---

102) Harris의 최근 주석은 그 단어의 12가지가 넘는 번역 방식을 나열한다(*2 Corinthians*, 711-12).

103) 또는 "구역"(province)—LSJ, NRSV, REB, NJB; C. K. Barrett, *2 Corinthians* (BNTC; London: Black, 1973), 265-66.

104) BDAG, 507-508; Harris, *2 Corinthians*, 712-13. V. P. Furnish, *2 Corinthians* (AB 32A; New York: Doubleday, 1984), 471-72은 무언가를 할 수 있는 "권리"나 "권위"뿐 아니라 권위가 행사되는 "영역"을 포괄하는 "관할"을 선호한다(471). 그러나 Scott, *Paul and the Nations*, 141, 159-62은 그 용어가 고린도 교회의 "관할 영역"에 대한 솔직한 주장이라고 본다(160).

105) 위 §27.3d를 보라.

106) "모호함"은 어쩌면 틀린 단어일 것이다. 영역의 관점에서 그의 임무를 방어할 필요가 있었을 때, 바울은 *kanōn*과 예루살렘 합의가 지닌 의미의 범위를 자기 임무의 영토적 측면을 포함하는 것으로 사용한다.

은 고린도전서 9:1-2의 생각과 상당히 유사하다. "다른 사람에게는 내가 사도가 아닐지라도 너희에게는 사도이니, 나의 사도 됨을 주 안에서 인친 것이 너희라."

3. 그는 타인에게 부여된 임무나 영역을 침입하려고 하지 않았다(10:15-16). 물론 함의된 내용은 타인이 자신의 임무를 훼방하거나 자신의 활동 영역을 침범하려는 어떤 시도도 바울이 불쾌하게 여겼다는 것이다. 고린도에서 있었던 바로 그런 방해나 침입이 바울로 하여금 가장 중요한 원리 중 하나를 강력하게 진술하게 한 이유였다. 이는 특별히 이어지는 장(고후 11장)에서 분명하게 밝힌다.[107] 그리고 갈라디아서 2:7-9에서 상당히 자세히 밝힌 예루살렘 합의에 대한 이 강력한 해석을 확고하게 한 원인은 어쩌면 갈라디아 교회에서도 등장한 방해와 침입이었을 것이다.

4. 바울은 자신이 고린도에서 설립한 것과 같은 근거지를 자기 임무와 부합하는 추가적인 역외 선교를 위한 도약대로 보았다. 즉 그의 추가적인 선교는 개척 선교였겠지만, 신앙이 계속 성장하던 고린도 사람들의 지원이 있었을 것이다.

요약하면, 고린도후서 10:13-16은 바울이 로마서 15:19에서 간략하게 언급한 자신의 선교를 이끈 원칙들을 잘 개괄한다.

이 원리의 유일한 제약(고전 3:5-8을 넘어섬. 그 단락이 제약이라면 말이다)은 이미 그리스도인인 로마 사람들에게 편지를 쓴다는 바울의 다소 곤란함이다. 그는 로마의 신자들을 목회하고 그들에게 복음이 선포되기를 열망했다(롬 1:11, 15). 그것이 타인의 터 위에 건축한다는 의미임에도 불구하고 말이다(롬 15:2)! 이런 이유로 1:11-12에서 곧바로 정정하는 언급을 한다. "내가 너희 보기를 간절히 원하는 것은 어떤 신령한 은사를 너희에게 나누어 주어 너희를 견고하게 하려 함이니, 이는 곧 내가 너희 가운데서 너희와

---

107) 고린도의 "거짓 사도들"의 "자랑"(11:12-13, 18)이 분명 바울 자신의 "자랑"을 유발했다 (10:8, 13-17; 11:10, 16-18, 30; 12:1, 5, 6, 9).

나의 믿음으로 말미암아 피차 안위함을 얻으려 함이라." 바울은 자신이 마치 로마의 사도인 것처럼 "사역 방향"이 한 방향으로 시사되는 것에 분명히 주저했다. 오히려 그 사역은 동료 신자들 간의 동역이었을 것이다.[108] 이것도 바울의 자기이해의 모호성을 다소 반영한다. "이방인의 사도"로서, 이방인 선교/신자들을 책임지고 있는 자로서(갈 2:7-9), 그의 책임은 모든 이방인 교회나, 아니면 이방인 신자들이 다수인 교회들을 포괄하지 않았는가? 바로 그런 모호성은 이방인 선교를 통해 세워진 교회 안의 수많은 갈등이라는 결과로 이어지거나, 그런 갈등에서 반영되었다.

c. 먼저는 유대인 그리고 또한 헬라인(롬 1:16)

바울은 자기 사명의 배경이 되는 신학적 근거를 표현함에 있어 전적으로 일관될 수는 없었던 것으로 보인다. 이 복음, 즉 **그의** 복음은 "모든 믿는 자에게 구원을 주시는 하나님의 능력이 됨이라. 먼저는 유대인에게요 그리고 헬라인에게라"(롬 1:16). 그러나 이 말씀이 단순히 실제적 전술의 문제(유대 공동체를 통해 이방인에게 다가감. 아래 §29.5b에서 살필 것이다)만 다루는 것이 아님을 인식하는 것이 중요하다. 이는 훨씬 더 큰 전략과 원칙에 관련된다. 복음은 완전히 새로운 것이 아니었고, 오히려 이스라엘을 위한 그리고 이스라엘을 통한 하나님의 구원의 목적의 절정이었다.

바울 서신 곳곳에 이 모티프가 내포되어 있다. "주"로 선포된 예수는

---

108) 추가로 필자의 *Romans*, 30-31, 33-34; J. A. Fitzmyer, *Romans* (AB 33; New York: Doubleday, 1993), 248-49; Moo, *Romans*, 60을 보라. 바울이 로마 집단이 타당하게 설립된 "교회"를 구성하지 않는다고 보았다는 제안(G. Klein, 'Paul's Purpose in Writing the Epistle to the Romans', in K. P. Donfried, ed., *The Romans Debate* [Peabody: Hendrickson, 1991], 29-43이 논증했듯이 말이다. 비교. Watson, *Paul, Judaism and the Gentiles* [¹1986], 94-98)보다는 바울이 곤란함을 느꼈다고 보는 것이 훨씬 더 낫다. 사도들이 이미 로마 집단과 관계가 있었기 때문이고(안드로니고와 유니아, 16.7), 그는 자신이 갈라디아서와 고후 10-13장에서 그렇게 강력하게 반대한 바로 그 일을 하는 것이 되기 때문이다(추가로 Dunn, *Romans*, liv-lvii을 보라). 추가로 아래 §33 n. 30을 보라.

예수 그리스도, 이스라엘의 희망과 기대의 메시아다. 복음이 드러낸 의는 열방을 창조하고 한 백성을 자신의 소유로 부르면서 하나님 자신이 짊어지신 의무의 성취다.[109] 이방인의 사도로서 바울의 선교는 열방의 빛이 되어야 하는 이스라엘의 선교를 완성하는 것이다.[110] 이방인 신자들 역시 아브라함의 자손이고(갈 3장, 롬 4장) 이스라엘이라는 감람나무에 접붙여졌으며, 그들은 뿌리(족장의 [선택]과 족장에게 한 [약속]) 때문에 살아간다.[111] 이스라엘이 복음을 받아들이는 데 실패했기 때문에, **연대적** 순서가 바뀌었다. "이방인의 충만한 수"가 "모든 이스라엘"의 구원 이전에 채워질 것이다(롬 11:11-15, 25-26). 그러나 **신학적** 순서는 바뀌지 않은 채 남아 있다. 이제 이방인 신자들이 체험한 축복은 이스라엘의 축복이며(9:3-5), "하나님의 은사와 [이스라엘을] 부르심은 되돌릴 수 없다"(11:29).

바울의 복음이 과거 이스라엘과의 **구원사적 연속성**이라는 관점에서 규정되지 않았음을 근거로 바울 서신에서 이 모티프는 자주 의문시되거나 모호해졌다. 그것은 오히려 이스라엘이 중시한 것에 대한 대립을 포함하는 과거와의 **묵시적 불연속성** 그리고 새 창조의 완전한 새 시작이라는 관점에서 규정되었다.[112] 이런 반대 의견은 바울의 수사학적 대조를 신학적 원리의 진술로 이해한다. 그러나 방금 언급한 대조 같은 은유(아브라함의 씨/자손, 자라고 무성한 감람나무)는 계속되는 이스라엘 이야기(롬 9-11), 곧 이스라엘과 하나님의 창조물을 위해 펼쳐지는 하나님의 목적이라는 이야기에 있는 요소로만 읽힐 수 있다.[113] 결국 "묵시"는 현재와 도래할 세상 사이의 완전한 불연속성을 강조하기 위해서뿐만 아니라, 이스라엘과 열방을 위한 이스라엘의 희망과 기대의 절정인 이스라엘 역사의 한 장르로 등장한다.

---

109) 추가로 *Theology of Paul*, §14.2 그리고 아래 §33.3a n. 90을 보라.

110) 위 §25.3d(3)을 보라

111) 관련 구절은 롬 11:16-24이다. 필자의 *Romans*, 659-69(11:16절에 관해서)을 보라.

112) 특별히 Martyn, *Galatians*; 추가로 아래 §31 n. 381을 보라.

113) 묵시론적 논지가 주로 갈라디아서를 근거로 삼았음은 주목할 만하다. 로마서에서 그것을 논증하기가 훨씬 더 어렵기 때문이다.

요점은 어쩌면 "신비"라는 표현으로 가장 명백해지는데, 이것은 바울 서신들 가운데 로마서 11:25에서 처음 사용되었다. 바울은 그것을 온전히 유대교의 묵시적 표현에서 가져왔으며, 그곳에서 "신비"는 하나님의 중재자를 통해 이제 드러난 하나님의 비밀이라는 의미가 있다.[114] 여기서 다루는 신비는 (민족적) 이스라엘에 앞서 이방인이 신앙 안으로 들어온다는 난제에 바로 답한다. 이제 드러난 신비는 하나님이 그렇게 되도록 항상 의도하신 것인데, 이스라엘에게 임한 "굳어짐"이 일시적이며 "이방인의 충만한 수가 들어오기까지"라는 것이다. 그러나 그것은 단지 더 큰 신비의 설명일 뿐이며, 하나님의 목적이 지닌 신비는 "만세와 만대로부터 감추어져 있었다." 즉 그것은 인류를 위한 하나님의 구원의 목적의 절정으로서, "하나님이 그들로 하여금 이 비밀의 영광이 이방인 가운데 얼마나 풍성한지를 알게 하려 하심이라. 이 비밀은 너희 안에 계신 그리스도시니 곧 영광의 소망이니라"(골 1:25-27). 또는 에베소서에 기록되어 있듯이, 하나님의 목적이 지닌 신비는 이방인을 "복음으로 말미암아 그리스도 예수 안에서 함께 상속자가 되고 함께 지체가 되고 함께 약속에 참여하는 자"(엡 3:6)가 되게 하는 것이다. 바로 이 신비가 바울과 성도에게 계시되었고, 바울은 이 신비의 이행을 위탁받았다. 바로 이 우주적 드라마의 마지막 부분에서 자신의 역할을 깨달은 바울은 그의 부르심을 매우 긴급하게 밀고 나갔다(골 1:25-29, 엡 3:1-12). 골로새서와 에베소서가 이 시점에서 바울에게 핵심 "신비"가 무엇이었는지를 바울이 앞서 언급했을 때보다 더 분명하고 자세하게 설명한다

---

114) 단 2:18-19, 27-30과 4:9(Theod.)에서 처음 사용되었으나, 전형적인 묵시적 문헌에서 대표적으로 등장한다. 예. *1 En.* 41.1; 46.2; 103.2; 104.10, 12; 106.19; *2 En.* 24.3; *4 Ezra* 10.38; 12.36-38; 14.5; 사해 문헌에서는 예. 1QS 3.23; 4.18; 9.18; 11.3, 5, 19; 1QH 1.21; 2.13; 4.27-28; 7.27; 11.10; 12.13; 1QpHab 7.5, 8, 14; 필자의 *Romans*, 678에 있는 다른 문헌들. 여전히 가치 있는 R. E. Brown, *The Semitic Background of the Term "Mystery" in the New Testament* (FBBS 21; Philadelphia: Fortress, 1968)를 보라. 그리고 J. Coppens, '"Mystery" in the Theology of Saint Paul and Its Parallels at Qumran', in J. Murphy-O'Connor and J. H. Charlesworth, eds., *Paul and the Dead Sea Scrolls* (London: Chapman, 1968), 132-56을 비교하라.

는 점은[115] 온전히 개연성이 있다.[116] 바울이 이방인 중에 "계시" 곧 "묵시"로서 그리스도를 선포하는 일을 자신의 사명으로 보았기 때문이다(갈 1:12, 16). 또한 바로 로마서 11:25에서 계시된 신비가 바울의 이방인 선교가 이스라엘을 위한 하나님의 목적과 불연속 관계에 있지 않고, 오히려 그 목적을 이루는 하나님의 방법이었음을 바울에게 다시 확인시켜주었다(11:11-15).[117] 요약하면, 드러난 "신비"의 신학은 방해받고 변경된 하나님의 계속되는 목적의 신학이 아니라, 그 목적을 어떻게 성취할 것이냐는 통찰에 대한 신학이다.

d. 로마 권력에 대한 도전?

바울의 전략 중 일부가 로마의 제국 질서에 대한 하나의 대안 사회로서 교회를 세우는 것이었는가? 바울의 예수 선포는 황제의 권위에 도전하려는 의도였는가? 이런 주장이 최근 몇 년 동안 강하게 제기되었다.[118] 그리고

---

115) 롬 16:25-27에서처럼 말이다. 그 단락은 서신의 부록으로 보는 것이 가장 좋다.

116) Coppens는 바울 서신에서 사용된 "신비"가 하나님의 목적 안에 있는 이방인의 역할에 한정되지 않는다고 타당하게 결론을 내렸으나('Mystery', 154), 그는 바울의 자기이해에 있어 특히 롬 11:25에 암시된 이 신비의 중요성을 과소평가한다.

117) 김세윤은 롬 11:25-26에서 언급한 "신비"의 드러남을 바울의 다메섹 개종 체험과 관련지으려고 하지만(*Origin of Paul's Gospel*, 95-99, 또한 *Paul and the New Perspective*, 7장), 롬 9-11장의 구조가 지닌 함의를 무시한다. 곧 11:25-26이 복음에 반응하지 않은 이스라엘에 대해 오랫동안 느낀 고통의 해결로 제시되었다는 함의다(9:1-3). 바울이 개종할 때는 이스라엘의 그런 무반응이 명백하지 않았다(또한 Moo, *Romans*, 714-15을 보라).

118) 특별히 R. A. Horsley, ed., *Paul and Empire: Religion and Power in Roman Imperial Society* (Harrisburg: Trinity Press International, 1997); 또한 *Paul and Politics: Ekklesia, Israel, Imperium, Interpretation* (Harrisburg: Trinity Press International, 2000); 또한 *Paul and the Roman Imperial Order* (Harrisburg: Trinity Press International, 2004); 'Paul's Assembly in Corinth: An Alternative Society', in D. N. Schowalter and S. J. Friesen, eds., *Urban Religion in Roman Corinth* (HTS 53; Cambridge: Harvard University, 2005), 371-95. 또한 D. Georgi, *Theocracy in Paul's Praxis and Theology* (Minneapolis: Fortress, 1991); N. Elliott, *Liberating Paul: The Justice of God and the Politics of the Apostle* (Maryknoll: Orbis, 1994); B. Blumenfeld, *The Political Paul: Justice, Democracy and Kingship in a Hellenistic Framework* (JSNTS 210; Sheffield: Sheffield Academic, 2001); N. T. Wright, 'A Fresh

그 논지의 논리는 상당히 명확하다.[119] (1) 다른 도시에 교회들(ekklēsiai)을 설립하면서 바울이 자신을 그 도시들의 공식 집회(ekklēsiai)에 대응하는 구조를 설립한 사람으로 여겼다고 논증할 수 있다. (2) 여기서도 바울이 자신의 메시지를 복음(euangelion)으로 묘사한 것이 카이사르의 "메시지"에 반하여 의도적으로 그렇게 묘사했다고 볼 수도 있다. 그리스도가 가져온 평화(롬 5:1)는 로마의 지배가 가져온 평화(pax Romana)보다 더 심오한 "복음"이다. 바울이 이 핵심 용어("복음")를 바로 로마의 용례에서 가져왔다면, 그에 따른 도전적인 측면은 훨씬 더 명확해진다.[120] (3) 마찬가지로 그리스도를 "주" 곧 하나님의 오른편에 올라가셔서 세상의 모든 권세 위에 계신 주라고 일컫는 것은, 로마 황제에게 혹은 로마 황제를 위해 상정된 유사한 염원에 대한 직접적 도전으로 간주될 수 있었다.[121] 비시디아 안디옥[122]이나 에베소[123]와 같이, 황제숭배가 이미 본격적으로 확립된 도시에서는 이 모든 내용을 피하기가 더욱 어려웠다. 데살로니가에서 바울의 설교에 저항한 무리에 대한 누가의 묘사는 우리의 추측과 거의 일치한다. 사람들은 바울과 실라가 "이 사람들이 다 가이사의 명을 거역하여 말하되 '다른 임금 곧 예수라 하는 이가 있다' 하더이다"(행 17:7)라고 불평했다.

최근 연구에서 나온 가장 강력한 요점은 황제숭배가 그리스와 소아시아 도시 전역에 폭넓게 퍼져 있었다는 것이다. 그곳은 바로 바울이 가장 활

Perspective on Paul', *BJRL* 83 (2001), 21-39; 또한 *Paul: Fresh Perspectives* (London: SPCK, 2005), 4장; D. G. Horrell, ed., *The Imperial Cult and the New Testament* (= JSNT 27.3 [2005])를 보라. Crossan과 Reed(*Paul*, 여러 곳)가 그 상황을 잘 예시했다: "황제의 신성은 단순하게 말해서 로마 제국을 붙드는 이념이었다"(160). 또한 n. 330을 보라.

119) Horsley, *Paul and Empire*, 1-8, 그리고 추가로 10-24에서 잘 요약됐다. "바울이 반제국적 복음을 전파했다는 인식의 출발점은 그가 사용한 핵심 용어의 다수가 황제 제의와 이데올로기를 환기했다는 데 있다"(140, 142); "바울은 제국적 표현과 상징을 반제국적으로 사용했다." 바울의 "sōtēria 용례는…아우구스투스와 그의 계승자들이 이미 이룬 것의 대안으로 이해됐을 것이다"(141). 비슷하게 N. T. Wright, 'Paul's Gospel and Caesar's Empire', in Horsley, ed., *Paul and Politics*, 160-83(여기서는 164-70).

120) Strecker가 오랫동안 그렇게 논증했다. 가장 최근의 그의 *Theology*, 337-38을 보라. 또한 G. N. Stanton, 'Jesus and Gospel', *Jesus and Gospel* (Cambridge: Cambridge University, 2004), 9-62을 보라.

발하게 활동했던 도시들이다.[124] 더 중요한 점은 황제숭배의 제의가 대중의 삶에 스며들어, 사람들이 일상에서 마주하는 현실이었다는 것이다. 곧 주화, 공공 명문 및 조각, 신전, 행렬, 게임 및 축전 등을 말한다.[125] 다시 말해서, 다른 생각을 하는 사람은 황제숭배와 그것에 담긴 도전을 무시하거나 벗어날 수 없었다. 로마 사회가 온전히 후견인-피후견인 구조를 기반으로 세워졌음을 상기하면, 동일한 요점이 부각된다.[126] 자유민에게 자신의

---

121) P. Oakes, *Philippians: From People to Letter* (SNTSMS 110; Cambridge: Cambridge University, 2001)는 사실상 "그리스도가 세상의 결정적 권력인 황제를 대체했다"(5장)는 빌립보서 찬송의 표현(빌 2:6-11, 특별히 9-11)이 빌립보 식민지의 로마 참전 군인들에게 어떻게 들렸을지 타당하게 질문한다(5장). 비슷하게 J. H. Hellerman, *Reconstructing Honor in Roman Philippi: Carmen Christi as Cursus Pudorum* (SNTS 132; Cambridge: Cambridge University, 2005), 6장. 통치자 숭배는 아우구스투스 때부터 "날아올랐다"(Price, Rituals and Power 54-62). 그러나 율리우스-클라우디우스 왕조에서, 티베리우스와 클라우디우스는 신적인 명예가 터무니없는 것이라고 반대했다. 한편 가이우스 칼리굴라와 네로는 그런 주장의 부조리를 실증했다. 추가로 D. L. Jones, 'Christianity and the Roman Imperial Cult', *ANRW* 2.23.2 (1980), 1024-32; M. Clauss, *Kaiser und Gott. Herrscherkult im römischen Reich* (Stuttgart: Teubner, 1999), 76-111; 또한 Schnabel, *Mission*, 617-21을 보라.

122) 위 §27 n. 47을 보라.

123) 아래 §32.2a를 보라.

124) 특별히 Price, *Rituals and Power*는 소아시아에서 황제숭배가 얼마나 넓게 퍼졌는지를 보여주었다. xxv에 있는 지도는, 비(非)황제 신전과 극장에 관한 xxvi의 지도와 비교했을 때 상당히 두드러진다(추가로 Price, 4장; 249-74의 목록을 보라). 예로, 신약에서 언급한 도시에 황제숭배가 있었음을 주목하라: 아드라뭇데노, 비시디아 안디옥, 앗소, 앗달리아, 기오, 니도, 골로새, 고스, 더베, 에베소, 히에라볼리, 이고니온, 라오디게아, 밀레도, 미둘레네, 버가모, 버가, 빌라델비아, 로도, 사모, 사데, 서머나, 다소, 두아디라, 드로아(비교. Klauck, *Religious Context*, 324). 또한 S. J. Friesen, *Twice Neokoros: Ephesus, Asia and the Cult of the Flavian Imperial Family* (Leiden: Brill, 1993); B. W. Winter, 'Acts and Roman Religion: The Imperial Cult', *BAFCS*, 2.93-103을 보라.

125) Price, *Rituals and Power*, 5장과 P. Zanker, *The Power of Images in the Age of Augustus* (Ann Arbor: University of Michigan, 1988)가 가장 자주 인용된다. 이 둘은 Horsley, ed., *Paul and Empire*가 발췌했다. 또한 Klauck, *Religious Context*, 288-33. 또한 §32 n. 78을 보라.

126) P. Garnsey and R. Saller, *The Roman Empire: Economy, Society and Culture* (Berkeley: University of California, 1987), 148-59. 이것은 Horsley, *Paul and Empire*, 96-103이 발췌했다. A. Wallace-Hadrill, 'Patronage in Roman Society: From Republic to Empire', in A. Wallace-Hadrill, ed., *Patronage in Ancient Society* (London: Routledge, 1989), 63-87; Chow, *Patronage and Power*, 38-82도 Horsley, *Paul and Empire*, 104-25이 발췌했다. *OCD*³, 348(cliens)과 1126-27(patronus)에 있는 간단한 논의. Horsley, *Paul and Empire*, 88-95; P. Lampe, 'Paul, Patrons and Clients', in J. P. Sampley, ed., *Paul in the Greco-Roman World: A*

환경을 개선하는 현실적 전망이 있으려면, 그들은 어느 정도 더 확고한 지위를 가진 후원자를 얻어야 했다. 그들은 후원자의 부조(식량이나 돈 형태의 생활비)에 의존하고 그 대가로 후원자에 대한 지지 역할을 담당했다.[127] 이 후원자들 역시 자신들보다 더 높은 지위에 있는 후원자의 피보호자였고, 그들은 아침에 가장 먼저 그들의 후원자를 위해 늘 그렇듯이 "과도한 문안의 예"(the salutatio)를 행하거나,[128] 가능한 한 인상 깊은 수행단을 구성해서 공공 행사 때에 그들의 후원자를 수행했다. 급격하게 좁아지는 계급의 최상위에는 후원자들의 후원자인 황제가 있었다. 지방 상류층은 황제의 피보호자로서 자신들의 지위를 유지했고, 그런 까닭에 황제숭배의 주된 후원자였다.[129] 바울처럼[130] 그 체계 안에서 움직이기를 거부하는 사람은 누구라도 대안 사회나 정반대 체계를 세우려는 사람으로 쉽게 간주되었다.

그렇다면 바울의 복음에 정치적 측면이 있었고, 체제 전복적 집단을 항상 주시하고 있었던 지방 당국의 첩자나 대리인들은 말할 것도 없고, 초기 그리스도인들의 식사와 모임에서 손님이나 방문자들이 들었을 만한 체제 전복적 함축이 있었음을 의심하지 말아야 한다. 그러나 그 논증은 과도

Handbook (Harrisburg: Trinity Press International, 2003), 488-523(폭넓은 참고문헌과 함께). Joubert는 후원과 기부를 구별하는 일이 중요하다고 강조한다(*Paul as Benefactor*, 2장). 고대 사회의 구조는 Stegemann and Stegemann, *Jesus Movement*, 67-95을 보라.

127) 그러나 후원을 만연한 현상으로 여기지 않도록 주의해야 한다. "후원자는 '도시 빈민'과 피후원자 관계를 확립하지 않았다. 그들은 매우 열등한 존재였다. 후원자들은 그들과 같은 지위를 가졌지만 그들만큼 부하지는 않은 사람들 혹은 이전에 그들의 노예였지만 이제는 자유민인 사람들과는 그런 관계를 확립했다"(B. W. Winter, *Seek the Welfare of the City* [Grand Rapids: Eerdmans, 1994], 45-47). "자료를 보면 일반 시민은 부와 권력을 가진 자들의 예속 평민으로 등장하지 않았다. 로마에서 전형적인 예속 평민은 중산층 이상의 사람이었다"(Garnsey, *Famine*, 84을 인용하는 Meggitt). "도시 서민에게 조금이라도 영향을 끼친 유일한 후원 형식은 동직조합의 몇몇 엘리트 구성원이 한 후원 형식이었다."(*Poverty*, 167-70).

128) "*Salutatio*는 공식 인사다.⋯피후견인은 새벽에 후견인 집에서 정장으로 후견인을 맞이하고, 호위와 위신을 위해 일하는 곳까지 수행하는 예가 필요했다.⋯그의 지위는 그와 동행하는 사람의 수와 계급에 어느 정도 달려 있었다"(*OCD*³, 1350).

129) B. W. Winter, *After Paul Left Corinth: The Influence of Secular Ethics and Social Change* (Grand Rapids: Eerdmans, 2001), 188-90.

130) 아래 §29.5d를 보라.

하게 부풀려질 수 있다.

(1) 정치적 시민의회에 대한 대응으로 바울이 "에클레시아"라는 용어에 일부러 의존했다는 식의 논증은 두 가지 사실을 무시한다. 첫째로 그 용어에만 정치적 함의가 주어지지 않았으며, 그것은 여전히 "집회"라는 기본 의미를 담고 있었다.[131] 둘째로 바울에게 더 큰 영향을 끼친 것은 "하나님의 교회(들)"라는 바울의 빈번한 언급이 시사하듯이, 70인역에서 "야웨/이스라엘의 총회(qahal Yahweh/Israel)"를 "에클레시아"로 번역한 것이다.[132] 확실히 로마 당국은 "집회"에 항상 민감했으나,[133] 그 용어의 사용 자체는 모임 그 이상을 시사하지 않았다.[134]

(2) 마찬가지로 euangelion(보통은 복수)은 황제의 좋은 소식보다 더 폭넓게 사용됐다.[135] 바울이 자기 메시지를 euangelion으로 선택하게 한 결정적인 영향은 어쩌면 다른 곳, 즉 제2이사야의 표현에 직접 영향받은 초기 기독교 전승에 있을 것이다. 필자가 염두에 둔 것은 특히 첫째로 예수가 이사야 61:1("가난한 자에게 아름다운 소식을 전하게 하려고")[136]의 관점에서 자신의 사역을 이해했다는 점과, 그리고 둘째로 복음 사명에 대한 자신의 이해를 설명하는 구절인 로마서 10:15에서 이사야 52:7을 인용함으로 암시됐듯이,

---

131) 아래 §30.1을 보라.

132) §30 n. 13에 있는 상세한 내용.

133) Garnsey와 Saller는 트라야누스가 플리니우스에게 한 말을 인용한다. "공동의 목적으로 모인 사람들에게 우리가 어떤 이유에서 어떤 이름을 붙인다 해도, 그들에게서 정치 동호회가 빠르게 등장한다"(Pliny, Ep. 10.34; Roman Empire, 158).

134) P. A. Harland, Associations, Synagogues, and Congregations (Minneapolis: Fortress, 2003)는 이전 연구들이 "그런 집단들이 주변 사회와 대립한 부분에" 초점을 맞추는 경향이 있어서 "그들이 도시와 제국 **안에서** 어떻게 계속 살았는가에 대한 증거를 도외시했다"고 논평하고, 1세기 말 로마 통치하에 있던 아시아에서 "제국의 주도로 어떤 광범위한 박해가 있었다는 증거가 부족함"에 주목한다(12, 13).

135) LSJ, 705; NDIEC, 3.13-14; Klauck, Religious Context, 328-29에 있는 다른 예들.

136) Jesus Remembered, 448-49, 516-17, 662; Hengel and Schwemer, Paul, 91-92; 그리고 추가로 W. Horbury, '"Gospel" in Herodian Judaea', in M. Bockmuehl and D. A. Hagner, eds., The Written Gospel, G. N. Stanton FS (Cambridge: Cambridge University, 2005), 7-30을 보라.

이사야 52:7과 61:1이 바울에게 끼친 직접적인 영향이다.[137] 그것은 바울과 그의 청중이 황제의 복음과는 매우 다른 "복음"을 바울이 제시하고 있다고 인식했음을 부정하지 않는다. 그러나 이것은 이 둘이 직접 대립한다고 여길 필요가 없음을 확실하게 시사한다.

(3) 따라서 "주"라는 칭호도 황제에게만 국한되지 않았다. 그것은 이미 다양한 종교 집단에서 신이나 여신, 특별히 이집트와 동방의 신과 여신(특히 이시스)을 언급하는 주요 방식이었다.[138] 그 칭호가 황제숭배에만 사용되었어야, "예수는 주"라는 그리스도인의 고백이 황제를 향한 충성에 대한 유보를 암시할 것이다.[139] "많은 주"(고전 8:5)가 있는 상황에서는 예수가 단지 또 하나의 "주"로 보일 것이다. 물론 바울은 다른 신자들에게 말하면서 "우리에게는 한 주 예수 그리스도께서 계시니"(8:6)라고 주장하고, 권세와 능력에 대한 그리스도의 승리를 말할 수 있었다(15:24, 골 2:15). 그러나 그런 내용이 그리스도인 집단 밖에서 언급되었다면, 그것은 체제 전복적이기보다는 공상으로 보였을 수 있다.[140] 더 관련이 있는 내용은 어쩌면 바울이 하나님 나라가 일시적 질서에 도전할 수 있는 현재의 권세라는 예수 전승의 언

---

137) 추가로 *Theology of Paul*, 164-69. 이는 Georgi에 반하는 견해인데, 그는 "바울이 사용한 *euangelion*(복음)을 70인역으로 추적하려는 시도는 다 실패했다"고 말한다(*Theocracy*, 83).

138) LSJ, 1013 (*kyrios* B); BDAG, 577.

139) 플리니우스가 언급했듯이, 그런 명백한 대립은 2세기 초(§21.1e를 보라)가 되어서야 대두되었고, 특별히 황제의 운명(*tychē*)으로 맹세하거나 그리스도를 모독하기를 거부한 폴리카르포스의 순교에서 분명해졌다(Mart. Pol. 9-10).

140) 같은 내용이 "주"(*sōtēr*)라는 칭호에 적용된다. 주는 확실히 황제숭배에서 두드려졌으나, 다양한 신뿐만 아니라 개개의 영웅들과 정치가 및 다른 사람들과 관련해서 오랫동안 익숙하게 사용되었다(W. Foerster, TDNT, 7.1004-12). Peerbolte는 이시스가 *pansōteira*로 숭배받았다고 언급한다(*Paul*, 60). Martin은 Wright, 'Paul's Gospel and Caesar's Empire', 173-81 ('Paul's Coded Challenge to Empire: Philippians 3')에 다음과 같이 응답한다. Wright의 "'암호'라는 표현은 바울이 의미한 바를 너무 모호하고 특이하게 만들어서 빌립보 회중들이 그 표현을 이해할 수는 있었는지 의아하게 한다. Wright는 바울의 절묘함을 지적하고 '체제 전복' 및 '호기심을 불러일으키는' 것과 같은 용어를 사용한다. 그러나 이것들은 모두 학자적 특수 용어이고 바울의 글을 과도하고 복잡하게 다루려는 시도를 드러낸다"(*Philippians*, lxx).

급을 포기했다는 점과,[141] 바울이 다윗의 아들로서 예수 곧 로마의 분봉 왕국 중 한 왕위에 오를 수 있는 잠재적 인물이라는 강조를 약하게 다룬 것처럼 보인다는 사실일 것이다.[142]

(4) 필자는 기독교의 확장이 로마 당국에 전혀 위협이 되지 않음을 역설함으로써 자기 독자를 안심시키려는 누가의 관심사를 이미 언급했다.[143] 앞으로 살피겠지만, 누가는 새 운동이 때로 연루되었던 분쟁에 대해 로마 당국자들이 자신들의 소관이 아닌 것으로 판결했음을 묘사하여, 정치적으로 체제 전복적인 함의를 완화한다.[144] 그것은 분명 변증법적 전략인데, 이는 유대 디아스포라 공동체에 호의적인 제국의 칙령을 정리한 요세푸스와 유사한 전략이었다.[145] 그러나 무엇보다도 한 문단은 바울이 개인 가정의 작은 모임도 처할 수 있는 위험을 동일하게 경계했음을 시사한다. 그것은 로마서 12:9-13:10인데, 이는 당대에 가장 무자비하고 강력한 초강대국의 수도에 있는 신자들에게 보낸 것이었다. 여기서 바울은, 성을 내지 않을뿐더러 시민의 의무(세금 납부 포함)를 충실하게 행하도록 고무하는 유대교 전통의 지혜와 예수 전승에 의지한다.[146] 그 문단의 앞뒤에 사랑하라는 반복적 권면(12:9, 13:8-10)을 배치한 것이, 로마 체제를 종국에는 약화시키는 충동의 원인을 나타낸다는 점은 사실이다. 그러나 다른 이유 및 충동에 따라

---

141) 바울의 가장 특징적인 점은, 천국을 여전히 물려받을 것으로 말한다는 사실이다(고전 6:9-10; 15:50; 갈 5:21; 엡 5:5; 비슷한 기대감을 드러내는 구절은 고전 15:24; 살전 2:12; 살후 1:5; 딤후 4:1, 18; 비교. 행 14:22; 아마 또한 골 4:11; 비교. 행 28:23, 31). "현재"에 관한 유일한 언급은 내부 행동과 교회 내의 관계와 관련이 있다(롬 14:17; 고전 4:20). 골 1:13 ("그가 우리를 흑암의 권세에 건져내사 그의 사랑하는 아들의 나라로 옮기셨다")은 제국을 위협하는 것으로 읽혔을까?

142) 바울은 롬 1:3-4에서 신조를 반영할 때만 예수를 다윗 왕족의 후손이라고 말한다. 그리고 그곳에서도 예수가 하나님의 아들 됨과 어느 정도 대조해서 언급된다(필자의 *Romans*, 12-13을 보라).

143) 아래 §21 n. 114에서 보라.

144) 특별히 §31.4c 그리고 §34.2e를 보라.

145) 아래 §30 n. 90을 보라.

146) 상세한 내용을 위해 필자의 *Romans*, 738, 759, 768-69; 또한 *Theology of Paul*, 674-80; 그리고 아래 §33 nn. 250, 251을 보라.

사는 것은 현 체제를 전복하려는 작업과 동일한 것으로 볼 수 없다.[147] 이 모든 내용에서 분명 중대한 요소는, 사도행전 17:7-9(이것은 기소 없이 끝난다)을 제외하고는, 바울의 복음이 그의 생애 동안에 심각한 정치적 위협에 해당한다고 **여겨졌다는** 암시가 없다는 점일 것이다.[148]

그렇긴 하지만 이 부분을 시작할 때 제기한 질문(로마 제국 질서의 대안 사회로서 교회들을 세우려는 것이 바울 전략의 일부분이었는가?)에 어느 정도 긍정적인 대답이 가능하리라는 점을 부인할 수 없다. 이스라엘의 유업이라는 관점에서 자신의 정체성을 이해했고, 예수 그리스도의 복음으로 살아가며, 주 되신 예수께 근본적으로 충성을 바치며, 심지어 자신을 그리스도의 공동

---

147) "만일 바울이 황제를 다른 모든 관심사를 지배하는 문제를 일으키는 자로 여겼다면, 그는 롬 13:1-7에서처럼 통치자의 권위가 하나님이 주신 것이라고 그렇게 간단하게 언급할 수 없었을 것이다"(Klauck, *Religious Context*, 329). 또한 R. Saunders, 'Paul and the Imperial Cult', in S. E. Porter, ed., *Paul and His Opponents* (Leiden: Brill, 2005), 227-38을 보라.

148) 다음 논평들을 비교하라. (1) "권력자들에게 순종하라는 바울의 권면(롬 13:1-7)은 비(非)보복의 윤리를 잠재적으로 불안한 상황에 집중시킨다.…여기서는 하나님이 제국의 흥망을 정하시고 권세의 칼을 통치자의 손에 부여하셨다는 관례적인 예언적·묵시적 확언 외에는 '국가 신학'이 없다(13:1, 4)"(Elliott, *Liberating Paul*, 224). (2) "바울이 시민 복종의 필요를 강조할 필요가 있었다는 사실은…그런 억제하는 조언이 없었으면, 어떤 이들이 바울의 가르침에 교회가, 하나님을 제외하고 누구에게도 충성하지 않음으로써 인간 통치자에 대항해서 폭력적으로 저항하고 납세를 거부하는 유대교 '제4 철학'의 기독교 버전이 되어야 한다는 암시가 있다고 보았을 수도 있음을 시사한다"(Wright, 'Fresh Perspective', 37). (3) L. E. Keck, *Romans* (ANTC; Nashville: Abingdon, 2005)는 그 구절이 말하지 **않는** 내용에 주목한다. "두 가지 사항이 현저히 결여되어 있다: 로마 제국 자체에 대한 구체적 언급 및 구원 어휘와 더불어 그리스도에 대한 언급이다.…로마 제국은 전체적으로든 부분적으로든 평가되지도 비난당하지도 칭송되지도 않았다.…바울은 '하나님 아니면 카이사르'라는 논제에 대해 어떤 암시도 하지 않는다.…그것은 실용적이고 최소주의적인 인상을 준다"(319-22). R. J. Cassidy, *Paul in Chains: Roman Imprisonment and the Letters of St. Paul* (New York: Crossroad, 2001)은 바울의 관점이 롬 13:1-7을 기록할 때와 그가 빌립보서를 쓸 때였던 네로 치하의 투옥 시기 사이에서 관점이 극적으로 바뀌었고, 롬 13:1-7의 순응적인 태도에서 빌 2:15과 3:20에 암시된 더 비판적인 태도로 바뀌었다고 논증한다. T. L. Carter, 'The Irony of Romans 13', *NovT* 46 (2004), 209-28은 바울이 반어법적으로 기록했고, 로마의 독자들이 그가 기록한 내용을 있는 그대로 받아들이지 않았을 것이라고 논증한다. 또한 H. Omerzu, 'Paulus als Politiker? Das paulinische Evangelium zwischen Ekklesia und Imperium Romanum', in V. A. Lehnert and U. Rüsen-Weinhold, eds., *Logos — Logik — Lyrik. Engagierte exegetische Studien zum biblischen Reden Gottes*, K. Haacker FS (Leipzig: Evangelische Verlagsanstalt, 2007), 267-87의 조심스러운 언급에 주목하라.

체로 여기면서 구성원들 간의 상호 의존과 의무의 공유를 특징으로 하는 종교 운동은, 대안 사회를 형성하는 데 그 목적이 있었다. 이것은 예수가 심어준 내용에 상응하는 바울의 가르침이라고 말할 수 있다. 즉 하나님 나라의 도래라는 관점으로 사는 공동체적 삶, 공공연하지는 않으나 매우 체제 전복적인 삶이다.[149]

29.5 바울의 전략

바울의 몇몇 전략적 요소들이 분명치 않고 그가 더 분명하게 말한 내용에서나 어떤 간단한 암시에서 그 요소들을 추론해야 한다면, 우리의 상황은 바울이 전술적 이상을 실행하려고 사용했던 전략과 관련해서 조금 나을 뿐이다.[150]

a. 도시를 중심으로

갈릴리 마을 주변에서 진행된 예수의 사역과 지중해 동쪽의 더 큰 몇몇 연합도시에서 진행된 바울의 사역이 종종 대조되었다. 그 대조는 유효하다. 사도행전과 바울 서신은 바울이 대도시에서 자기 메시지를 전파하고 교회를 설립하고자 했다는 점을 보여준다. 먼저는 갈라디아 지방의 제국 도시들,[151] 이후에 특별히 데살로니가와 고린도 및 에베소와 같은 도시들이다. 이는 틀림없이 여러 이유가 있었다.

---

149) *Jesus Remembered*, §14.9.
150) 필자는 "전술" 대신 "목적"이라고 말할 수도 있었다. 이 경우 "전략" 대신 "전술"이라고 말할 수도 있다. 필자가 의도하는 구별은 단순히 원리와 실천 사이의 구별이다.
151) 위 §27.1c, e를 보라.

- 도시에서는 그리스어가 의사소통 언어로 사용됐을 가능성이 훨씬 크다. 아마도 루스드라에서 체험한 사건(행 14:11-18)을 통해 바울은 그리스어를 사용하지 않는 지역에서는 자신의 역할을 충분히 효과 있게 수행할 수 없음을 깨닫게 되었을 것이다.
- 도시는 돈벌이가 되는 직업을 통해 자활할 수 있는 훨씬 더 좋은 기회를 바울에게 제공했다.[152]
- 그런 대도시에서 바울은 기존의 유대인 공동체 및 더 폭넓고 다양한 이방인들, 즉 비유대인 세계의 다른 지역에서 의사소통을 돕는 이국인 체류자들을 발견했을 것이다.[153]
- 신자들의 작은 모임도 대도시에서는 너무 많은 (달갑지 않은) 관심을 받지 않고 자리 잡을 수 있었다.[154] 반면에 그런 모임들은 지방의 작은 마을에서는 더 큰 도발을 일으킬 수 있었다. 루스드라에서 배운 교훈일까?
- 대도시에는 항상 큰 구역 혹은 지역이라는 배후지가 있거나, 그 배후지를 위한 행정적 중심을 제공했다. 따라서 그 도시들은 복음 선교사가 도시로부터 그 주변의 작은 마을들로 나아갈 수 있는 자연스러운 중심지를 제공했다.

이 마지막 요점은 어쩌면 "모든 교회들"이라는 바울의 빈번한 언급에 반영된 듯하다.[155] 특별히 "갈라디아 교회들"(고전 16:1, 갈 1:2. 행 13-14장에 있는 4개의 교회뿐인가?), "아시아 교회들"(16:19, 에베소뿐만 아님), "마게도냐의 교회들"(고후 8:1, 빌립보와 데살로니가만?)이다. 데살로니가 교회는 거의 초기부터 역외 선교를 진행한 것으로 보이며(살전 1:8), "마게도냐 모든 형제"가 있었다(4:10).[156] 겐그레아 교회(16:1)는 어쩌면 고린도에 설립됐을 텐데, 겐

---

152) 아래 §29.5d를 보라.
153) 더 큰 지중해 도시들에 다국적 구성원들이 있었음이 자주 논평되었다.
154) 위 §29.4d를 보라.
155) 롬 16:16; 고전 7:17; 14:33; 고후 8:18; 11:28.
156) 추가로 아래 n. 228을 보라.

그레아는 고린도 동쪽의 항구 지역이었다. 고린도후서는 "고린도에 있는 하나님의 교회와 또 온 아가야에 있는 모든 성도"에게 보내졌다(고후 1:1, 11:10). 그리고 골로새 교회는 에바브라가 설립했는데(골 1:7-8), 이미 설립된 에베소 교회의 선교 중에 세워졌을 것이다. 바울의 지도력/사도직을 인정한 다른 교회들에 대한 언급에도 동일한 함의가 있다. 베뢰아(행 20:4), 드로아(20:6-12) 그리고 어쩌면 밀레도(20:17-38)에 대한 언급이 그런 언급이다. 아마도 가장 두드러지는 점은 소아시아에 성공적으로 설립한 교회들이 있다는 요한계시록 2-3장 및 이그나티오스 서신의 증거다. 서머나, 버가모, 두아디라, 사데, 빌라델비아, 라오디게아(계 2-3), 그리고 마그네시아, 트랄리아, 빌라델비아 및 서머나(Ignatius)가 그런 곳이었다. 짐작건대 그 교회들은 바울이 확립한 근거지로부터 세워졌을 것이다. 두 서신이 에베소로 보내는 서신으로 시작한다는 사실은 다른 교회들을 설립한 선교가 뻗어 나온 주요 중심이 에베소였음을 시사하는 것처럼 보인다.

b. 먼저 회당으로

우리는 로마 제국 대도시 중 많은 곳에 큰 유대인 정착지가 있었다는 사실을 알고 있다. 그중에서도 알렉산드리아와 수리아의 안디옥에 있었지만,[157] 또한 특별히 소아시아와 로마에도 있었다. 필론에 따르면, 소아시아의 모든 도시에 유대인이 많았고(Leg. 245), 바울이 활동한 지역 곳곳에 유대인 정착민들(apoikoi)이 있었다(Leg. 281-82).[158]

기원전 3세기 말에 안티오코스 대왕은 지역의 안정을 도모하려고 루디아와 브루기아에 유대인 2천 가정을 정착시켰다(Josephus, Ant. 12.147-53).

---

157) 위 §24 n. 235을 보라.
158) 지중해 전역에 걸친 유대인의 확산에 관해서는 J. Juster, Les Juifs dans l'empire romain. Leur condition juridique, économique et sociale. Vol. 1 (Paris: Geunther, 1914), 180-209; 표본 자료는 JAGR, xiv-xv, 1-31; 그리고 추가로 §27 n. 181 및 §30 n. 94을 보라.

소아시아에 사는 유대인의 삶을 지원하려고 로마 원로원이 2세기 중반에 그곳으로 보낸 일련의 편지는 상당히 많은 유대인이 그곳에 있었음을 암시한다(Ant. 14.185-267, 16.160.78). 또한 총독 플라쿠스(Flaccus)가 소아시아 유대인들이 모은 금을 성전세의 일부로 몰수하려 한 사건은,[159] 에베소(리쿠스 계곡)의 그 위쪽 지방과[160] 그 너머에까지[161] 상당한 인구가 있었음을 시사한다. 다른 곳에 관해서 우리는, 예를 들어 한 유대인 공동체가 사데에 이미 오랫동안 자리 잡고 있었고, 에베소에 있던 유대인에 관해 수많은 언급이 있음을 알고 있다.[162] 요세푸스가 기록하려고 했던 그런 공동체를 위해 만든 특별한 법률 조항은 국가적·종교적 관습의 실행과 성전세 지불을 통해 정체성이 드러난다는 생각[163] 및 그런 공동체를 인정하고 그들의 관습을 존중해야 한다는 로마 당국자의 인식을 입증한다.[164]

이 유대인 공동체들은 중세 유대인 거주지라는 렌즈를 통해서 회상하면 안 된다. 물론 그들은 동쪽 민족과 그들의 종교가 지닌 영향에 반대하는 로마 지식층의 편견 때문에 고생했다.[165] 그러나 그 외에 그들은 지중해 대도시들, 특별히 항구 도시들의 특색인 다양한 민족과 문화의 일부였을 뿐이다. 그리고 우리는 몇몇 경우, 특별히 소아시아에서 유대 공동체가 높

159) 상세한 사항은 키케로의 플라쿠스 변호에서 왔다(Pro Flacco 28.66-69에서 가져왔다. GLAJJ, §68에 본문이 있다).
160) 아마도 14,000명 정도의 성인 남자가 있었을 것이다. 라오디게아는 연보가 모이는 중심지였는데, 여기엔 히에라볼리와 골로새 및 리쿠스 계곡의 다른 주요 도시들이 포함됐을 것이다.
161) 더 위쪽에 있던 아파메아(Apamea)에서는 플라쿠스가 거의 다섯 배나 되는 금을 압수했다. 이는 훨씬 더 많은 유대인 인구가 있었음을 나타낸다.
162) 추가 상세 내용은 Schürer, History, 3.17-35; P. Trebilco, Jewish Communities in Asia Minor (SNTSMS 69; Cambridge: Cambridge University, 1991)에 있다.
163) "우리는 이 시기의 소아시아 유대인들이 세금 납부와 관련하여, 이스라엘의 역사적인 땅과 성전의 중심성 및 성전 예배를 향해 강한 애착을 가지는 것을 본다"(Trebilco, Jewish Communities, 16).
164) 다른 곳의 유대 공동체에 관해서는 §§31 n. 84, 185과 §33 n. 47을 보라.
165) "수리아 오론테스강은 오랫동안 티베르로 흘러들어왔는데, 그들의 언어와 관습도 가지고 왔다"(Juvenal, Sat. 3.62-63). Schürer는 "이 시기에 가장 많이 교육받은 사람들에게 유대 종교는 야만적인 미신이었다"라고 언급하는데(History, 3.150), 이것은 Tacitus, Hist. 5.2(GLAJJ, 2.§281)을 참조했다. 또한 위 §21 n. 31을 보라.

이 인정받았음을 안다.[166] 사데에 있던 후기 회당들은 분명히 크고 명망 있는 건물로서 중심 지역에 있었고, 주요 목욕탕 및 체육관 복합 건물에 딸려 있었다.[167] 밀레도 극장에서는 명망가가 앉는 좌석 줄(다섯 번째 줄)에 새겨진 2세기나 3세기 초의 "또한 하나님을 경배하는 자인(자로 불려지는) 유대인의 장소"(지위의 표시로 확보된 중요한 좌석)라는 문구를 볼 수 있다.[168] 같은 시기에 우리는 히파이파(Hypaipa, 에베소와 사데 사이에 있음)의 젊은 유대인 협회, 이아소스(Iasos)의 청년 조직에 있던 유대인, 그리고 유메네이아(Eumeneia, Acmonia 남쪽)의 지역 장로 조직의 구성원인 유대인들(혹은 어쩌면 그리스도인들)을 위해 확보된 장소를 볼 수 있다.[169] 노아의 전설은 아파메아(Apamea)에서 채택한 것으로 보이며(그 전설이 그들의 동전에 등장한다), 이는 그곳에서 유대교의 영향이나 전통을 존중했음을 입증하는 것으로 보인다.[170] 아크모니아에서 발견한 증거는 우리가 다루고 있는 시기(50년대와 60년대)에 그곳의 유대인 공동체를 후원하는 최상위 사회 계층의 사람들이 있었음을 보여준다. 특별히 율리아 세베라(Julia Severa)라는 사람에 대해 듣게 되는데,

---

166) "1세기 초 고대세계의 국경에 있던 유대 공동체들과 건물들은 지역 시민 생활 및 종교 생활에 완전히 통합되었다"(Crossan and Reed, Paul, 214, 이는 회당 해방에 대한 토론[209-14]을 요약함). 예. L. M. White, 'Synagogue and Society in Imperial Ostia: Archaeological and Epigraphic Evidence', in K. P. Donfried and P. Richardson, eds., Judaism and Christianity in First-Century Rome (Grand Rapids: Eerdmans, 1998), 30-68(여기서는 53-67) 및 33 n. 12의 참고문헌.

167) 주요 고고학과 비문의 증거는 이후 시기의 것이지만(Trebilco, Jewish Communities, 2장에서 비평했다), 유대인의 높은 직위는 아마도 사데의 유대인들이 도시에 깊이 뿌리내렸기 때문일 것이다.

168) 칭호로 사용된 문구("또한 하나님을 경외하는 유대인들")는 특이하다. 유대인들은 그 칭호를 자신들의 엄격한 유일신주의의 징표로 사용했거나, 그것이 그들에게 그런 징표로 주어졌는가? 아니면 그 명문이 잘못 새겨졌고, "유대인들 및 하나님을 예배하는 자라 불리는 사람들의 장소"로 읽히도록 의도됐는가? 혹은, 개연성이 덜하지만, 유대교에 대한 헌신 때문에 그들 자신을 "유대인"이라고 지명했거나, 아니면 그렇게 지명되었는가? 추가 참고문헌과 함께, Trebilco, Jewish Communities, 159-62에 있는 토론을 보라. Chilton, Rabbi Paul, 232에 사진이 있다.

169) Harland, Associations, 201-202.

170) Schürer, History, 3.28-30; Trebilco, Jewish Communities, 86-95.

이 사람은 황제숭배의 여사제였을 뿐만 아니라 유대인들의 후원자로서 그들을 위해 회당을 건축했다.[171] 그리고 아프로디시아스(Aphrodisias)에 있던 중요한 (3세기) 유대 비석은 건물(아마도 무료급식소)을 후원한 사람들의 이름을 나열하는데, 처음에는 유대인의 이름들이 줄지어 등장하며, "하나님을 경외하는 자"라는 더 긴 목록이 이어지는데, 그들 가운데는 가장 눈에 띄는 시의원 아홉 명이 있다. 이는 유대 공동체가 도시에 제대로 통합되었고 그 도시의 지도적인 시민들에게 좋은 평가를 받았다는 증거다.[172]

유대인 공동체의 자연스러운 중심 지역은 회당 혹은 유대 공동체를 위해 세워지거나 헌정된 기도처였다.[173] 우리는 그런 회당과 기도처를 많이 알고 있으나,[174] 공동체가 흩어졌거나 수가 적었을 땐, 부유한 유대인 가정이 안식일 모임(synagōgai)을 위해 장소를 제공했다고 추정할 수 있다.[175] 이 회당들/모임들은 그런 디아스포라 유대인들을 유지하고, 양육하며, 자신들의 공통된 정체성을 기념하는 장소이자 수단이었다. 따라서 그것은 유대인 방문자들이 그 지역의 유대 공동체에 들어갈 수 있는 분명한 지점을 제공한다. 짐작하건대 지역의 유대인과 이전에 접촉한 적이 없던 유대인 여행자들은 그들이 여행하는 동안 의존해야 했던 숙박비용 및 불편함을 덜어주는 환대를 바로 그런 모임에서 받기도 했다.

비록 바울이 환대를 독려한 로마서 12:13은 물론이고, 16:13(루포의 어머니, "그의 어머니는 곧 내 어머니니라")과 16:23("나와 온 교회를 돌보아 주는 가이오")

---

171) Schürer, *History*, 3.30-31; Trebilco, *Jewish Communities*, 58-60.
172) Schürer, *History*, 3.25-26; Trebilco, *Jewish Communities*, 152-55; 아프로디시아스 명문은 *JAGR*, 166-68과 *NDIEC*, 9.73-80(E. A. Judge)에서도 볼 수 있다. 유대인이 그리스 및 로마 문화생활에 참여한 것은 추가로 van der Horst, *Jewish Epitaphs*, 99-101; *JAGR*, 107-19, 148-51을 보라.
173) 예. *JAGR*, 33-37에 수집된 자료들을 보라.
174) 가장 최근의 조사는 C. Claussen, *Versammlung, Gemeinde, Synagoge. Das hellenistisch-jüdisch Umfeld der frühchristlichen Gemeinden* (Göttingen: Vandenhoeck und Ruprecht, 2002)이다.
175) 프리에네(Priene)와 스토비(Stobi) 및 두라 에우로포스(Dura Europos)의 회당 건물은 본래 개인 주택이었다(Schürer, *History*, 3.24, 67; Claussen, *Versammlung*, 208).

과 같은 언급을 통해 그런 환대를 추론할 수 있지만, 바울은 자신이 이 관습을 따르는 것에 대해 아무 말도 하지 않았다.[176] 그러나 바울이 회당에 대한 애착을 유지했다는 주요 증거는 "유대인들에게 사십에서 하나 감한 매를 다섯 번 맞았다"(고후 11:24)라는 그의 언급이다. 그 언급은 분명 유대인 공동체가 그들 회당이 가지고 있는 사법권 안에서 부과하도록 허락한 처벌이다. 비록 누가는 그런 태장에 대해 서술하지 않지만, 바울은 자기 선교의 상당 기간에 걸쳐 회당 당국자의 손에서 받은 여러 처벌을 암시하고 있는 듯하다. 그런 처벌은 바울이 행한 일에 대한 회당의 공식적 비난[177](누가는 그런 비난의 느낌을 전달한다)이나 어느 정도 기간에 걸쳐 다섯 번이나 받은 태형이라는 형벌에 표현된 비난에도 불구하고 회당의 사법권에 머무르려고 한 바울의 결심을 시사한다. 바울이 그렇게 반복해서 그런 형벌의 위험에 자신을 노출한 일은, 초기에는 회당에서 설교한다는 자신의 전략을 정말로 실행했고, 그렇기에 많은 회당 당국자의 반감을 불러왔음에도 그 관행을 지속했다는 실제 증언으로 보아야 한다.[178]

따라서 바울이 보통 새 도시의 회당에서 선교를 시작했다는 누가의 서술은 온전히 신뢰할 만하다.[179] 그런 관행은 이방인의 사도인 그의 자기이해에 반하지 않는다. 정반대다. 회당은 바울이 그의 메시지에 이미 가장 열려 있고 잘 듣는 이방인들을 발견할 수 있는 장소이기 때문이다.[180] 그 관행은 "먼저는 유대인에게요 또한 헬라인에게"(§29.4c)라는 원칙을 가지고 사

176) 위 §28 n. 82을 보라.

177) 행 13:45, 50; 14:2; 17:5, 13; 18:6; 19:8-9.

178) A. E. Harvey, 'Forty Strokes save One: Social Aspects of Judaizing and Apostasy', in A. E. Harvey, ed., *Alternative Approaches to New Testament Study* (London: SCM, 1985), 79-96; 그리고 추가로 Harris, *2 Corinthians*, 801-803.

179) 위 §27 n. 17 그리고 추가로 Hvalvik, 'Paul as a Jewish Believer', 128-33을 보라.

180) 이것이 Harnack의 *Mission* 도입부에 나타난 그의 견해였다. "회당 연결망은 기독교를 선전하는 데 구심점과 그 발전의 경로를 제공했다.…"(1, 431). "이방인에 이르는 가장 가깝고 확실한 길은 회당을 바로 관통했다"(Weiss, *Earliest Christianity*, 211). 또한 Theissen, *Social Setting*, 102-104을 보라.

역한 이방인의 사도에게서 우리가 기대하는 것이다. 유대인에게 "유대인과 같이" 그리고 율법 아래 있는 자들에게 "율법 아래 있는 자같이" 된다는 그의 관행은 전도 전략이었다. "내가 그들을 얻고자 함이라"(고전 9:20-21). 물론 그 관행은 예루살렘에서 합의된 책임 분담에서처럼(갈 2:7-9) 동일한 모호함을 보여줄 뿐 아니라 틀림없이 어느 누가 바울의 이방인 개종자를 가르칠 권리를 가졌고 어떤 조건이 있느냐에 관한 불일치의 원인이 되었다. 이것들은 바울의 많은 교회를 괴롭힌 갈등이었다. 그러나 이는 우리가 활용할 수 있는 증거에 대해 가장 부합하는 견해다.

c. 하나님을 경외하는 자와 개종자

유대교의 순수한 하나님 개념, 도덕 규범, 이레 중 하루를 쉬는 일정한 관습, 유대교 절기 때문인지는 몰라도, 많은 비유대인이 유대교에 매력을 느꼈다는 것은 뚜렷한 사실이다. 이것은 놀라운 일인데, 이미 언급했듯이 유대교는 민족 종교(유대인들의 종교)로서, 어떤 특정한 민족적 요소에 초점을 맞추기보다 계절의 순환에 조율되어 있는 데메테르(Demeter)나 디오니소스(Dionysus)나 이시스(Isis) 제의 같은 신비 종교가 아니었기 때문이다.[181] 그러나 그것은 하나의 사실이다.

비록 분명 과장되었지만, 필론와 요세푸스는 안식일과 음식법을 포함한 유대교 관습이 지닌 상당한 매력에 대해 언급한다.

- 필론은 "그리스와 야만 세계 전역에 여느 다른 제도를 존중하는 나라는 실제로 존재하지 않는다"라고 언급하나, 그다음에 자부심을 가지고 다름과 같이 말한다. "우리의 제도에 대해서는 그렇지 않다. 우리의 제도는 모든 이의 관심을 끌며, 야만인, 그리스인, 산과 섬의 거주자들, 동서쪽 나라들, 유

---

181) 아래 §30 n. 55을 보라.

럽과 아시아, 세상의 끝에서 끝에 거주하는 모든 이의 주목을 받았다. 자신과 이웃, 자유민과 노예에게 똑같이, 그리고 이를 넘어 자기 가축에게까지도 쉼과 휴식을 주어서, 신성한 7일째 날을 높이 존중하지 않는 사람은 누구인가?…그리스인들의 '거룩한 달'보다 더 엄격하고 진지하게 지켜지는, [속죄의 날]이라고 불리는 금식일에 해마다 경외와 존경을 표하지 않는 사람은 누구인가?"(*Mos.* 2.17-23).

- 요세푸스도 비슷한 그림을 제공한다. "우리의 율법은 우리가 그것들을 적용함으로 그 가치를 증명해냈을 뿐만 아니라, 온 세상이 그것을 따르도록 더욱더 자극을 주었다.…대중들은 우리의 종교예식을 받아들이려는 열렬한 바람을 그 이후로 오랫동안 보여주었다. 그리스인이나 야만인이나 할 것 없이, 제7일에 일을 삼가는 우리의 관습이 퍼지지 않고, 금식과 등불 및[182] 음식 문제와 관련된 우리의 많은 금지 규정을 지키지 않는 도시나 나라는 없다"(*Ap.* 2.280, 282, 또한 2.123, 209-10을 보라).

- 우리는 비유대인이 유대 관습의 수용을 암시하는, *ioudaïzein*(유대인처럼 살다")이라는 용어의 사용이 확립되었음을 이미 살펴보았다.[183]

- 신약성경뿐만 아니라 유대 문헌 및 몇몇 명문[184]에서 발견되는 유대교로 개종한 "개종자"에 대한 다양한 언급은, 이전 자료들과 함께 고려하면, 유대교를 탐문하는 단계에 있는 이방인으로부터 유대교에 온전히 헌신한 이방인까지, 유대교에 애착을 가진 이방인의 폭이 상당했음을 시사한다.[185]

---

182) "특별히 장막절(*m. Sukkah* nn. 2-4에서 밤새 비친 조명을 생생하게 묘사한 내용을 보라)과 대중에게 '빛의 축제'로 알려진 수전절"(Thackeray, *Josephus*, vol. 1 [LCL], 339 n., 이것은 *Ap.* 2.118에 관한 것이고, *Ant.* 12.325을 언급함).

183) 위 §27 n. 255을 보라.

184) BDAG, 880에 참고문헌과 함께 깔끔하게 요약됐다. "로마시기에…유대교로의 공식 개종은 '하나님을 경외하는 자'라는 형식의 더 느슨한 애착보다 어쩌면 덜 빈번했을 수도 있다"(Schürer, *History*, 3.171). Van der Horst는 비록 개종자들이 자신들의 개종자였다고 기록되기를 원치 않았겠지만, 유대교 명문 중 단지 1%만이 개종자의 정체를 기록한다고 언급한다(*Ancient Jewish Epitaphs*, 72). 제2성전기 유대교가 복음 전도를 지향했는지는 §24 n. 247을 보라.

185) 추가로 Feldman, *Jew and Gentile*, 6-10장을 보라.

- 1세기 중반 동안 수리아의 많은 이방인이 "유대화"되고 유대인과 "섞였다"
  는 요세푸스의 기록을 우리는 이미 언급했다(War 2.462-63, 7.45).[186]
- 그리고 일련의 로마 자료들은 유대교가 로마에서도 많은 사람을 끌어들였
  음을 확인한다.[187]

그러한 이방인 지지자나 동조자들이 이미 1세기에 "하나님을 경외하
는 자"나 "하나님을 예배하는 자"(theosebeis)라고 일정하게 정해진 방식으
로 언급되었는지는 관건이 아니다.[188] 그런 이방인이 많았다는 것은 사실
이다. 그리고 사도행전에 등장하는 고넬료(행 10:2), 비시디아 안디옥의 회
당에서 바울이 "하나님을 경외하는 사람들"(hoi phoboumenoi ton theon)이라고
이방인을 부르며(13:16, 26) "유대교에 입교한 경건한(sebomenoi) 사람들"과
"경건한 귀부인들"(13:34, 50) 중에서 따르는 자를 얻은 일, 바울이 빌립보에
서 "하나님을 섬기는(sebomenē ton theon)" 루디아(16:14)와 데살로니가에서 "경

---

186) 추가로 위 §24.8a를 보라.
187) Seneca, Ep. 95.47; Persius, Sat. 5.176-84; Epictetus 2.9.19-20; Plutarch, Life of Cicero 7.6;
  Juvenal, Sat. 14.96-106; Suetonius, Domitian 12.2; Cassius Dio 67.14.1-3; GLAJJ, §§188,
  190, 254, 263, 301, 320, 435에 있는 본문들. 추가로 Hengel and Schwemer, Paul, 61-80; H.
  Lichtenberger, 'Jews and Christians in Rome in the Time of Nero', ANRW, 2.26.3 (1996),
  2155-58을 보라.
188) A. T. Kraabel, 'The Disappearance of the "God-Fearers"', Numen 28 (1981), 113-26과는
  반대다. 그러나 특별히 Schürer, History, 3.165-68; Hemer, Book of Acts, 444-47; Trebilco,
  Jewish Communities, 7장; J. M. Lieu, 'The Race of the God-Fearers', JTS 46 (1995), 483-501;
  I. Levinskaya, The Book of Acts in Its Diaspora Setting, BAFCS 5, 4-7장, 특별히 4장에 있는
  비문의 증거에 대한 논평; B. Wander, Gottesfürchtige und Sympathisanten. Studien zum
  heidnischen Umfeld von Diasporasynagogen (WUNT 104; Tübingen: Mohr Siebeck, 1998);
  Ware, Mission of the Church, 32-47; 또한 D.-A. Koch, 'The God-Fearers between Fact and
  Fiction: Two Theosebeis-Inscriptions from Aphrodisias and Their Bearing for the New
  Testament', ST 60 (2006), 62-90을 보라. Bruce는 하나님을 경외하는 자의 "사라짐"에 관
  한 Kraabel의 주장은 회당 명문에서 그들의 언급이 부재함에 근거한다고 논증하나, "침
  묵으로부터 논증하는 이 주장은, 로마의 유대인 카타콤 명문에서 역시 언급되지 않은 자
  유민과 관련해 역설할 수 있는 내용만큼만 하나님을 경외하는 자에 관해서도 역설할 수
  있다"고 덧붙인다(Acts 253; 또한 n. 184을 보라). Fitzmyer, Acts, 450에 있는 다른 참고문헌;
  Riesner, Paul's Early Period, 109 n. 5; Ware, Mission, 33-34 n. 42. 또한 위 n. 172을 보라.

건한 헬라인의 큰 무리" 그리고 고린도에서 "하나님을 경외하는" 디도 유스도(18:7)를 얻은 일에 대한 누가의 서술은 다시 말하지만 전적으로 믿을 만하며, 그 내용을 전혀 무시할 수 없다.[189]

다른 한 가지 사실도 고려해야 한다. 자신의 서신에서 바울은 주로 이 방인 청중을 대상으로 한다. 그러나 그의 서신 대부분에는 성경 곧 70인역에서 가져온 인용 그리고 성경의 가르침 및 이야기에 관한 많은 암시가 있다. 우리는 아마도 다음과 같이 추정해야 할 것이다. 바울은 자기가 언급하는 성경의 내용 중 대다수 아니면 적어도 상당한 부분에 대해 청중들이 인지하고 있음을, 다시 말해서 이스라엘의 성경에 대한 광범위한 지식이 폭넓은 공명을 얻을 것임을 별 어려움 없이 가정할 수 있었다는 점이다. 그렇다면 요점은 이것이다. 70인역이 그리스-로마 세계에서 널리 알려지지 않았기 때문에, 이방인 독자층이 이 70인역에 친숙했거나 몇몇 경우에는 교육을 상당히 잘 받았다면 그런 지식을 얻는 게 가능했다. 이는 오로지 안식일에 회당에서 이 성경들을 읽고 해석하는 자리에 많이 참여했기 때문에 가능했을 것이다(참고. 행 15:21).

---

189) J. Lieu, 'The Synagogue and the Separation of the Christians', in B. Olsson and M. Zetterholm, eds., *The Ancient Synagogue from Its Origins until 200 C.E.* (CBNTS 39; Stockholm: Almqvist and Wiksell, 2003), 189-207은 사도행전의 증언을 받아들여야 하는지 의문을 품는데, 사도행전에서 하나님을 경외하는 자에 관한 누가의 "매혹적인" 묘사가 "심히 신학적"이고 바울 서신이 지지하지 않기 때문이라는 것이다(198). 그러나 "신학이기에 역사가 아니다"라는 주장에 의존하는 일은 그 자체로 더 이상 충분하지 않다. 또한 바울 서신의 내용을 어느 쪽의 증거로 삼아야 하는지는 결코 분명하지 않다(다음 문단에서 필자는 언급할 수 있는 것만큼 제시한다). 또한 B. Holmberg, 'The Life in the Diaspora Synagogue: An Evaluation'의 대응을 보라. 이것은 같은 책 219-323에 있다(여기서는 224-26). 그러나 Lieu의 이전 소논문인 'Do God-Fearers Make Good Christians?', in S. E. Porter et al., eds., *Crossing the Boundaries*, M. D. Goulder FS (Leiden: Brill, 1994), 329-45은 "하나님을 경외하는 자"에 관한 모든 언급을 초기 기독교의 맥락으로 읽어내는 일에 대해 바르게 경고한다. 또한 Schnelle, *Paul*, 143-45을 보라.

d. 자비량

바울은 생계를 위해서 손수 일하는 것을 중요하게 생각했음을 몇 문장에서 꽤 분명히 밝힌다. 특히 바울의 최초 서신으로 여겨지는 데살로니가전서에서 이렇게 말한다. "형제들아, 우리의 수고와 애쓴 것을 너희가 기억하리니 너희 아무에게도 폐를 끼치지 아니하려고 밤낮으로 일하면서 너희에게 하나님의 복음을 전하였노라"(2:9-10).[190] 아울러 고린도전서 9장에서 바울은 자신이 목회하는 사람들에게 후원을 기대할 수 있는 자신의 권리에 관한 논증을 인상 깊게 펼쳐나간다. 포도밭을 심은 사람은 당연히 그 열매를 기대한다. 쟁기질하는 사람은 그 생산물의 수확을 통해 이익을 얻기를 기대한다. "그러나 우리가 이 권리를 쓰지 아니하고 범사에 참는 것은 그리스도의 복음에 아무 장애가 없게 하려 함이라"(12절).[191] 제단에서 섬기는 자들은 희생제물인 고기를 나눈다. 특히 "주께서도 복음 전하는 자들이 복음으로 말미암아 살리라 명하셨느니라"(14절). 그러나 이내 바울은 선포자로서 자기 일에 대해 어떤 보상도 받지 않을 것을 확고하게 말하는데, 그는 자신의 복음이 "값없이 전해져"야 한다고 결심했다(18절). 비슷하게 바울은 "거짓 형제들"의 비판에 직면해서 고린도 사람들에게 자신의 방침을 단호히 변호하는 데 지체하지 않았다(고후 11:7-21).[192] 바울이 그렇게 완전히 주의 명령을 무시한 이유는 무엇인가? 그런 의존성 때문에 복음에 지장을 줄지도 모른다고 바울이 두려워한 "장애물"은 무엇인가?

고대 로마 사회의 후견인-피후견인 구조를 다시 한번 상기하면 그 답은 분명해진다.[193] 물론 요점은 후견인-피후견인 관계에 암시된 상호 의무

---

190) 특별히 Malherbe, *Thessalonians*, 148-49, 160-63을 보라.
191) 바울이 자신의 항의에 바나바를 포함했다는 사실("어찌 나와 바나바만 일하지 아니할 권리가 없겠느냐?", 9:6)은 바울의 자비량 관행이 적어도 바나바와 동역하던 때까지 거슬러 올라감을 나타낸다.
192) 또한 행 20:34을 주목하라.
193) 위 §29.4d를 보라.

로서, 후견인은 재정적 자원, 일자리, 보호, 영향력 및 기타 요소를 제공하고, 피후견인은 자신이 가지고 있는 정보와 용역을 제공하고 후견인을 위해 행동한다. 그러나 그것은 불평등한 관계였고, 후견인은 그의 부와 지위를 가지고 그의 피후견인들에게 완전한 충성을 요구할 수 있었다.

그렇다면 바울이 그의 선포에 대한 재정적 보답을 거절했느냐는 질문에 대한 분명한 답은 그가 그런 관계에 자신이 매이는 것을 방지하길 원했다는 것이다. 바울에게 주어진 재정 후원에 대한 대가로 후견인에게 충성한다는 의무는 주님과 복음을 향한 그의 주된 충성과 꽤 상당히 상충했을 것이다.[194] 바울이 고린도전서에서 자신의 사역 원칙을 아주 분명하게 표현한 것은 놀라운 일이 아니다. 고린도에서 신자들 중 상류층 구성원(소수의 능한 자와 문벌 좋은 자, 1:26)과 다수의 힘없는 자들 간의 갈등은 후견인-피후견인 사회에 있던 갈등에 해당되었기 때문이다.[195] 누군가에게 세례를 주고 그 사람을 자신의 열렬한 지지자로 만드는 것을 거부했듯이, 바울은 자신의 관계가 이런 갈등에 휘말리는 일을 용납할 수 없었다(1:14-17). 그는 빌립보 교회의 재정 후원을 받기는 했으나(빌 4:10-19), 그것은 의무를 동반하지 않은 대가 없는 선물이었고, 그는 선물의 완전한 대가가 하나님으로부터 온다고 확신했다.[196] 바울은 에베소의 두란노 서원을 대여할 때도 후원에 의존해야 했을 테지만(행 19:9), 짐작하건대 바울은 그것을 후견인과

---

194) D. B. Martin, *The Corinthian Body* (New Haven: Yale University, 1995), 79-86을 보라. "그들의 돈을 받았다면, 그들은 그를 자신들의 가정 철학자로 여겼을 수도 있다. 실제로 그를 자신들의 피후원자로 보고 자신들을 그의 후원자로 보았을 것이다"(85). 바울의 그런 관계에 대한 반감은 나중에 고린도에 등장한 "거짓 예언자들"의 도전에 대한 그의 반응에 나타난다: "누가 너희를 종으로 삼거나 잡아먹거나 빼앗거나 스스로 높이거나 뺨을 칠지라도 너희가 용납하는도다"(고후 11:20).

195) 부유한 사람들만이 법정에 갈 여유가 있었기 때문에, 고전 6장에서 힐책을 받은 사람들은 상류층 구성원들이었을 것이다. 신전에서 하는 정기적인 식사(8:10) 역시 귀족 출신들만 참여할 수 있었을 것이다. 그리고 11:17-22에서 묘사된 공동 식사의 "분열"은 분명히 부유한 자들이 원인이었다. 추가로 아래 §32.5c를 보라.

196) Schnabel은 이 경우에 핵심이 우정이나 후견인-피후견인 제도가 아니라 코이노니아에 있다고 본다(*Mission*, 1448, 그리고 추가로 1446-51). 뵈뵈는 어느 지점에서 바울의 "후견인"이나 "독지가"로도 행동하나(롬 16:2; 비교. 행 18:18), 그 상황은 알려지지 않았다.

피후견인 관계에 자신을 붙들어 매는 후원이 아니라 복음을 위한 후원으로 여겼다. 그리고 바울은 (음식, 금전, 동행자 충원, 여행 수단 등과 더불어) "자신이 가던 길로 보내지기를(propempō)" 희망하며 그런 후원을 고려했다.[197] 그는 그러한 후원을 자기 자신보다는 선교를 위한 후원으로 여겼다.

손수 행하는 노동, 즉 아마도 천막을 만들어 자활하려고 결심했다는 바울의 설명을 받아들이면,[198] 두 가지 중요한 결과가 뒤따른다.[199] 하나는 그의 일이 분명 시간을 많이 차지했다는 점이다. 사실 하루의 대부분을 차지했을 텐데, 그렇지 않으면 입에 풀칠하기가 어려웠을 것이다.[200] 그 결과 그의 일이 대체로 자신의 일상 경험과 사회적 지위를 결정했을 것이다. "그의 삶은 작업장에서의 생활과 매우 닮았다. 가죽과 칼 및 송곳을 다루는… 아굴라 같은 기능공 친구들과 같은 생활, 고생스러운 노역 생활, 노예와 같이 작업대에서 구부리고 노예와 나란히 일하는 생활…기능공의 낮은 지위로 고생하는 생활 말이다."[201]

또 다른 귀결도 흥미롭다. 바울이 가죽을 다루는 공방이라는 비교적 조용한 곳에서 자기의 시간 중 아주 많은 시간을 일로 보냈다는 사실과 더불어 그의 복음 전도를 향한 헌신을 고려하면,[202] 그는 자기의 선교 사역을 앞으로 나가게 하는 데 그 시간을 사용했을 것이다. 로널드 호크(Ronald

---

197) BDAG, 873; 롬 15:24; 고전 16:6, 11; 고후 1:16.

198) 위 §25 n. 70을 보라.

199) Hock, *The Social Context of Paul's Ministry*가 가장 예리하게 관찰했다.

200) "보통 노동 시간은 일출에서 일몰까지였으나, 노동자들이 때때로 빵을 얻으려고 일출 전에 일을 시작해야 했다는 증거가 있다"(Malherbe, *Thessalonians*, 148).

201) Hock, *Social Context*, 67. 그러나 Meggitt, *Poverty*, 65, 76-77의 조심스러운 논평을 보라. 육체노동자는 사회의 엘리트들에게 "천박"(*sordidus*)하다고 멸시받았다(Cicero, *On Offices* 1.150-51; Plutarch, *Pericles* 1.4-2.2). 그러나 또한 T. D. Still, 'Did Paul Loathe Manual Labor? Revisiting the Work of Ronald F. Hock on the Apostle's Tentmaking and Social Class', *JBL* 125 (2006), 781-95을 보라. 비교. J. H. Neyrey, 'Luke's Social Location of Paul: Cultural Anthropology and the Status of Paul in Acts', in Witherington, ed., *History*, 251-79을 보라.

202) "만일 복음을 전하지 아니하면 내게 화가 있을 것이로다"(고전 9:16). 이는 그가 자비량을 향한 자신의 결정을 방어하고 설명하는 바로 그 맥락에서 등장한다!

Hock)가 언급했듯이, "바울이 그의 동료 일꾼과 고객 그리고 가게에 찾아오는 다른 사람들과 토의하는 중에 복음이라는 주제를 화제로 올리지 않았다고 상상하기는 어렵다."[203] 물론 이것은 추측이기는 하나, 바울의 복음 전도가 그의 재정 후원과 어떤 연관이 있었는가를 묻지 않는 것은 그저 사도 바울에 대한 비현실적인 이상을 장려할 뿐이다.[204]

요약하면, 바울은 대담한 전술가일 뿐만 아니라, 명확한 원칙과 우선순위 그리고 그것을 실행하는 결단력을 지닌 전략가였다.

29.6 바울의 동역자

바울은 때때로 자기 선교의 모든 책임이 자신의 어깨에 있는 것처럼 기록했다. 그러나 사도행전의 정보로 보충하여 바울 서신을 조사해보면, 바울의 선교에서 역할을 감당했으므로 언급할 만한 가치가 있는 그의 동료 및 동역자가 포함된 긴 명단이 드러난다.[205]

가장 두드러진 인물들은 다음과 같다.

---

203) Hock, *Social Context* 41. 고고학자들은 고린도의 중심 혹은 그 중심에서 떨어진 곳에서 수많은 작은 가게들을 발견했는데, 이것은 바울이 고린도에서 자활했을 때 즐겼을(혹은 인내했을) 일종의 상황들을 타당하게 제공한다. 그들이 장터나 대로에 가게 문을 열었기에, 틀림없이 사람들과 접촉하고 대화할 기회가 많이 있었을 것이다(Murphy-O'Connor, *St. Paul's Corinth,* 167-70; 또한 *Paul,* 263-64). 초기 기독교의 복음 전도/가르침에 대해 빈정거리며 맹렬하게 비난하는 켈수스는, 전도가 "양모 가게나 신발 수선 가게 혹은 세탁 가게"에서 행해졌다고 상상한 것처럼 보인다(Origen, *c. Cels.* 3.55).

204) F. G. Downing, *Cynics, Paul and the Pauline Churches* (London: Routledge, 1998)는 바울이 의도적으로 견유학파 같은 전술을 사용했다고 논증하나, 질문은 언제나 "그것이 얼마나 '견유학파'적이었는가?"이다.

205) 이 주제에 가장 초점을 맞춘 연구는 W.-H. Ollrog, *Paulus und seine Mitarbeiter* (WMANT 50; Neukirchen-Vluyn: Neukirchener, 1979)이다. Peerbolte는 바울 서신에서 언급된 바울과 관련이 있는 57명의 사람을 나열하는데(*Paul,* 228-30), 이는 롬 16장의 인사 목록 마지막에 있고 관계가 가까워 보이는 이름들을 포함한다. 놀랍게도 두기고, 예수 유스도, 버시, 드로비모는 누락됐다. Schnabel은 단지 38명의 이름을 나열한다(*Mission,* 1426-27; 추가로 1428-36, 1439-45).

- 바나바: 동료 사도로서,[206] 바울의 초기 선교 사역에서 바울의 주요한 동료 였다.[207] 갈라디아서 2:13-14에서 암시된 의견 충돌(누가에 따르면 그의 사촌 인 마가와 관련됨)이 바나바를 향한 바울의 지속적인 배려와 존경(고전 9:6, 갈 2:1, 9, 13; 골 4:10)이나 바울이 세운 다른 교회에서 그의 평판(고전 9:6, 골 4:10) 에 영향을 주지는 않았다.[208]

- 실라/실루아노: 에게해 지역 선교에 합류한 바울의 주요 동료(행 15:40, 16:19, 25, 29, 17:4, 10, 14-15, 18:5. 고후 1:19이 확인함)로서, 데살로니가전후서 를 기록하는 데 바울과 함께했고(살전 1:1, 살후 1:2), 어쩌면 (마가와 더불어) 바울이 베드로에게 영향을 끼친 통로일 것이다(벧전 5:12).

- 디모데: 바울을 통해 개종했고(행 16:1, 고전 4:17, 딤전 1:2, 18, 딤후 1:2), 즉시 에게해 지역 선교에서 바울과 실라와 합류하도록 선택받았다(행 16:3, 17:14-15, 18:5, 고후 1:19). 바울의 마지막 예루살렘 여행에 동행한 사람들 가운데 한 사람이자(20:4), 바울의 동역자(*synergoi*) 중 한 사람이며(롬 16:21, 살전 3:2), 고린도 사람들 및 다른 교회들과의 까다로운 협상을 진행한 바울의 특사(고 전 4:17, 16:10, 행 19:22)다. 가장 두드러진 내용은 바울이 자기 서신들의 공동 저자로 디모데를 언급했다는 점이다(고린도후서, 빌립보서, 골로새서, 데살로니가전후서, 빌레몬서).[209] 그리고 소위 목회 서신 가운데 두 편지(디모데전후서)가 디모데 개인에게 보내졌다. 디모데가 바울의 "오른팔" 곧 수석 보좌관 이었다고 결론지을 수 있다.

- 디도: 바울의 개종자 중 또 다른 한 명(딛 1:4)이다. 놀랍게도 사도행전에서 는 그의 이름이 부재함에도 불구하고, 그는 바울 선교의 일원 중 디모데 바

---

206) 위 §22 n. 25 그리고 §29 n. 49을 보라.

207) 추가로 위 §27.1을 보라.

208) 고전 9:6의 바나바에 대한 언급은 예루살렘 공의회가 에게해 지역 선교(= 행 18:22, 예루 살렘 방문. 위 §28 nn. 47, 48을 보라)의 첫 국면 후에 열렸음을 논증하는 데 가장 강력한 증거다. 그것이 바울과 바나바가 당시에 동료 선교사였음을 암시할 수 있기 때문이다. 한편, Conzelmann이 언급한 것처럼, "그 공동체에 [바나바의] 영향력이 미쳤다는 표시는 없다"(*1 Corinthians*, 154 n. 26). 바나바는 고전 1:12-13이나 3:1-4:7에서 등장하지 않는다.

209) 고후 1:1; 빌 1:1; 골 1:1; 살전 1:1; 살후 1:1; 몬 1.

로 다음에 자리할 것이다.[210] 디도는 이미 예루살렘 협의에서 바울 및 바나바와 친밀한 관계였고, 그 협의에서 화약고와 같은 사람이었다(갈 2:1-6). 바울의 "동료이며 동역자(synergos)"(고후 8:23)로서 그는 바울과 고린도 사람들 사이에서 또 다른 주요 중개자였으며(고후 2:13, 7:6, 13-14, 8:6, 16, 23, 12:18), 디모데후서 4:10에서 활동 중이었고 세 번째 목회 서신(디도서)의 수신자로 추정된다.

- 아볼로: 보다 독자적인 선교사/선생(행 18:24, 19:1)이다. 고린도에서 그의 가르침이 분파적 경향을 조장하는 데 일조했으나(고전 1:12, 3:4) 바울은 그를 따뜻하게 긍정하고 격려했다. 이 둘은 자신들의 사역을 서로 보완하고 하나님이 동일하게 영광스럽게 하신 동료 종이자 협력자였다(3:5-9, 4:6, 16:12, 또한 딛 3:13).[211]

또한 특별히 언급해야 하는 사람들은 다음과 같다.

- 브리스가와 아굴라: 바울의 주요 협력자 중 두 사람(롬 16:3 synergoi)이며, 그들은 바울이 묵었던 집의 주인이고 여행의 동반자였다(행 18:2-3, 18). 그들은 다른 중심지에서 가정 교회를 주관했다(롬 16:3. 고전 16:19, 또한 딤후 4:19을 보라).[212]
- 두기고: "사랑받는 형제요 신실한 일꾼이요 주 안에서 함께 종이 된 자"(골 4:7). 가까운 동료 가운데 두기고는 디모데와 디도 다음에 위치했다. 골로새(골 4:7)와 에베소(엡 6:21, 딤후 4:12)[213] 그리고 그레데(딛 3:12)로 파견된 바울의 특사였다. 그는 바울의 마지막 예루살렘 여정에서 바울과 동행한 대표단 중

---

210) R. G. Fellows는 디모데와 디도가 같은 인물이라는 개연성 없는 가설을 주장한다. 'Was Titus Timothy?', *JSNT* 81 (2001), 33-58.

211) 또한 아래 §§32.1e, 32.3a, 32.5b를 보라.

212) C. G. Müller, 'Priska und Aquila. Der Weg eines Ehepaares und die paulinischen Mission', *MTZ* 54 (2003), 195-210을 보라.

213) 골로새서와 에베소서의 끝부분에서는 서신들의 전달자로 두기고를 언급한다.

한 사람이었다(행 20:4). 이 자료들은 두기고가 뒤늦게 **뽑혀** 바울 선교 후반에 바울의 핵심층으로 들어왔음을 시사한다.

- 아리스다고: 골로새서 4:10에선 "동료 죄수", 그리고 빌레몬서 24에서는 동역자로 밝혀진다. 데살로니가 출신(행 20:4)이지만, 바울 선교의 후기까지는 바울과 함께하지 않은 듯하며,[214] 사도행전 19:29에 의하면 바울의 가까운 동료였다. 바울과 함께 예루살렘으로 여행한 대표단의 일부였고(20:4), 로마를 향한 항해에서 "우리"와 동행했다고 언급된 유일한 인물이다(27:2).

또한 디모데, 디도, 아볼로, 브리스가, 아굴라, 아리스다고와 더불어, 구체적으로 "동역자들(synergoi)"로 언급된 다른 이들은 다음과 같다.[215]

- 우르바노: 로마서 16:9, "동역자."
- 에바브로디도: 빌립보서 2:25, "나의 형제요 함께 군사 된 자요"; 4:18, 빌립보 교회에서 보낸 심부름꾼으로서 "내 필요를 돌아본" 사람.[216]
- "글레멘드와 그 외에 나의 동역자들", 빌립보서 4:3.
- 예수 유스도: 골로새서 4:11, 그의 동족 유대인 신자 중 유일한 다른 사람이자 바울의 투옥 중 바울 곁에 남은 동역자. 아마도 사도행전 18:7의 디도 유스도와 동일인.[217]
- 마가: 그의 "실패"(행 15:38-39)는 나중에 분명하게 상쇄되었다(골 4:10, 몬 24[여기서는 바울의 **동역자** 중 한 사람으로 언급됨], 딤후 4:11에선 바울의 사역에 "유익"하다고 묘사됨). 어쩌면 베드로에게 바울의 영향을 끼친 중재자(벧전 5:13).
- 누가: 골로새서 4:14, "사랑을 받는 의사"; 빌레몬서 24, "동역자", 디모데후

---

214) Malherbe, *Thessalonians*, 67.
215) Schnabel은 바울이 자신의 동역자들을 묘사할 때 사용한 다른 용어들을 검토한다(*Mission*, 1436-37).
216) 또한 후반부에서 빌립보서의 전달자로 명명되었다.
217) 또한 아래 n. 221을 보라.

서 4:11, "누가만 나와 함께 있느니라." 전통적으로 누가복음과 사도행전의 저자로 여겨졌고, 아마도 사도행전의 "우리" 문단에서 "우리" 가운데 한 사람.[218]

- 데마: 골로새서 4:14, "동역자". 그러나 후에 바울을 버리고 간 사람으로 여겨짐(딤후 4:10),

- 빌레몬: 빌레몬서 1, "사랑받는 동역자"이자 지위가 있는 사람(노예 소유, 교회당의 주인, 손님을 위한 숙소 제공). 아마도 바울이 개종시켰고(19), 보존된 바울의 개인 서신 중 유일하게 저자 논란이 없는 서신의 수신자.

또한 다음과 같은 인물들도 포함해야 한다.

- 뵈뵈: 롬 16:1, 아마도 바울의 로마서 전달자.[219]
- 에배네도: 롬 16:5, 아시아에서의 바울의 첫 개종자로서 지금은 로마에 있음.
- 마리아: 롬 16:6, 바울이 "많이 수고한" 사람으로 알고 있는 사람.[220]
- 안드로니고와 유니아: 롬 16:7, 바울과 함께 옥살이한 친척이자 동료 사도들.
- 암블리아: 롬 16:8, "주 안에서 내 사랑하는 자."
- 스다구: 롬 16:9, "나의 사랑하는 자."
- 아벨레: 16:10, "그리스도 안에서 인정함을 받은."
- 드루배나와 드루보사: 롬 16:12, 바울이 "수고한 일꾼"으로 알고 있는 사람들.
- 버시: 롬 16:12, "많이 사랑하고 수고하는" 또 한 명.
- 구아도: 롬 16:23, "우리의 형제."
- 소스데네: 고전 1:1, 바울과 고린도전서를 함께 기록함.

---

218) 위 §21 nn. 51, 94 그리고 §21.2c-d를 보라. 누가와 디도는 나중 몇몇 사본에서 고린도후서의 전달자로 언급되었다.
219) 로마서 끝부분에 명시된다.
220) S. Schreiber, 'Arbeit mit der Gemeinde (Röm 16.6, 12)를 보라. Zur versunken Möglichkeit der Gemeindeleitung durch Frauen', *NTS* 46 (2000), 204-26은 드루배나와 드루보사 및 버시를 아래에서 언급한다.

- 글로에 사람들: 고전 1:11, 바울에게 보낸 고린도 교회의 사절.

- 그리스보: 고전 1:14, 바울이 개인적으로 세례를 준 고린도 회당의 (이전?) 지도자(행 18:8).

- 가이오: 고전 1:14, 역시 바울이 직접 세례를 주었고 바울이 로마서를 쓸 때 바울을 접대한 주인(롬 16:23).[221]

- 더베의 (다른) 가이오: 행 19:29, 20:4.

- 스데바나: 고전 16장, 바울이 그의 가정에 직접 세례를 주었다. "아가야의 첫 열매"이며, 훌륭한 지도자라고 바울이 추천했다(15-17절).

- 브드나도와 아가이고: 고전 16:17, 고린도 교회가 스데바나와 함께 바울에게 보낸 사절.[222]

- 유오디아와 순두게: 빌 4:2-3, "복음에 나와 함께 힘쓰던 사람들"

- 에바브라: 골 1:7, 4:12-13, 아마도 골로새와 리쿠스 계곡(Lycus Valley)에 있는 다른 도시에 복음을 전한 전도자일 것이다("너희에게서 온 에바브라가…항상 너희를 위하여 애써 기도하여…그가 너희와 라오디게아에 있는 자들과 히에라볼리에 있는 자들을 위하여 많고 수고했다"). 골로새 교회와 바울 사이의 중재자이고 바울과 함께 "갇힌 자."

- 오네시모: 골 4:9, 몬 10, 11, 바울을 애써 찾은 종이며, 바울이 개종시켰다. 감옥에서 바울을 섬겼고, 바울이 골로새 교회로 보낸 사자였다.

- 압비아: 몬 2, "자매."

- 아킵보: 골 4:17, 바울이 은밀하게 권면한 대상자. 몬 2, "우리와 함께한 병사."

- 오네시보로: 딤후 1:16, "그가 자주 나를 격려해 주고 내가 사슬에 매인 것을 부끄러워하지 않았다"(4:19).

- 드로비모: 딤후 4:20, 바울의 마지막 예루살렘 방문에 동행한 대표단 중 한

---

221) 생각하기로 가이오는 행 18:7의 디도 유스도와 같은 인물일 수 있다(놀랍게도 이곳 외에 고린도전서의 다른 곳에서 언급되지 않았다). 그래서 가이오 디도 유스도(로마 관습을 따른 세 개의 이름).

222) 스데바나, 브드나도, 아가이고와 디모데는 몇몇 사본에서 고린도전서의 마지막 부분에서 서신 전달자로 명명되었다.

사람(행 20:4), 그리고 예루살렘에서 바울에 대해 일어난 폭동의 원인(21:29).

- 소바더(베뢰아 출신), 세군도(데살로니가 출신), 가이오(더베 출신). 바울의 예루살렘 여정에 동행한 대표단의 다른 구성원들.
- 에라스도: 행 19:22, 바울을 "돕는 사람" 중 하나. 딤후 4:20.

명명된 사람 중 많은 이가 유대인으로 밝혀질 수 있다는 사실은[223] 바울이 그의 선교 전략을 뒷받침하는 "먼저는 유대인이요 또한 이방인"이라는 원칙을 중요하게 여겼음을 확인해준다.

별도로 언급할 만한 가치가 있는 사람들은, 집주인들로서 자신을(그리고 어쩌면 가정 교회를) 환대했다고 바울이 기억하는 사람들이다.

- 빌립보의 루디아(행 16:15)
- 데살로니가의 야손(행 17:5-7)
- 고린도의 디도 유스도(행 18:7)[224]
- 고린도와 아마도 다른 곳에 있던 아굴라와 브리스길라
- 뵈뵈(?)(롬 16:2)
- 루포의 어머니(롬 16:3)
- 또한 고린도의 가이오(롬 16:23)
- (가능성이 있는) 빌레몬(몬22)

로저 게링(Roger Gehring)과 더불어, 바울의 전술 중 일부가 모임 장소 및

---

223) R. Hvalvik, 'Named Jewish Believers Connected with the Pauline Mission', in Skarsaune and Hvalvik, eds., *Jewish Believers in Jesus*, 154-78은 위의 목록에서 안드로니고와 유니아, 아볼로, 아굴라와 브리스가, 아리스다고, 바나바, 그리스보, 예수 유스도, 요한 마가, 실라, 소(시)바더, 소스데네, 스데바나, 디모데, 두기고, 또한 헤로디온, 야손과 루기오, 마리아와 루포(롬 16:6, 11, 13, 21)를 포함한 28명의 목록을 작성했다.

224) 또는 누가는 단순히 교회가 디도 유스도의 집에서 모였다고 의미했는가? 바울이 이미 아굴라 및 브리스가와 함께 묵었기 때문이다.

지도력을 제공할 수 있는 가정을 모집하는 것이었느냐는 질문을 제기할 수 있다.[225] 고린도전서 1:14, 16의 가이오와 스데바나 그리고 뵈뵈와 빌레몬에 대한 언급이 그 방향을 가리킨다고 볼 수 있다.

다음의 목록은 참으로 놀랍다. 네다섯 명의 매우 가까운 동료, 바울의 직속 집단 및 가장 친밀한 협력자, 거의 비슷하게 가까운 네 사람, "동역자들"이라고 명명된 14명, 바울의 선교와 교회 목회에 다양한 방법으로 기여한 약 30명의 여타 사람들.[226] 이 사람들이 바울의 선교팀에 참여했다고(어떤 이는 일정하고 밀접한 지원으로, 다른 이들은 특정한 경우 및 선교에 참여) 지나치게 단순화하지 않는 방식으로 언급할 수 있다면, 우리는 50명이 넘는 목록을 보게 되는데, 그 가운데 적어도 10명은 여성이다.[227]

이 단순한 사실들로 미루어 볼때 바울의 선교가 결코 "독주"가 아니었음을 이내 알 수 있다. 역으로 그의 선교는 언제나 협력 선교였다. 바울은 항상 동료들과 함께 일했으며, 자신과 동역하고 자기 일원들과 교회 간의 중재자로 섬긴 사람들의 공로를 짧게라도 인정했다. 이미 살폈듯이, 실제로 도시를 자신의 기반으로 삼은 것이 바울의 전술에서 중요한 부분이었고, 그곳에서부터 영향의 파장을 주위의 소도시로 확대할 수 있었다. 그런 파장은 동료들과 동역자들이었다.[228] 일부는 인구가 더 많은 중심지로 선교를 확대했고,[229] 다른 이들은 사절로 일하면서 바울과 그의 교회들

---

225) Gehring, *House Church*, 185-87.

226) 필자는 바울이 자기 서신에서 인사를 했지만 그들이 했던 역할에 대한 암시가 없거나, 그녀(그)의 집에서 교회를 수용한 눔바(골 4:15)같이 바울에게만 알려졌을 이들은 포함하지 않았다(특별히 롬 16:13-15).

227) A. J. Köstenberger, 'Women in the Pauline Mission', in P. G. Bolt and M. Thompson, eds., *The Gospel to the Nations: Perspectives on Paul's Mission*, P. T. O'Brien FS (Leicester: Inter-Varsity, 2000), 221-47은 바울의 동료 선교사 중 18%가 여성이었다고 추산한다(225).

228) Ollrog는 바울의 중심 선교(Zentrumsmission)와 선교 동역자의 선교 간의 밀접한 관계를 논증한다(*Paulus*, 125-29); 또한 Reinbold, *Propaganda*, 213-24 보라.

229) 바울이 그의 개종자들/교회들이 대체로 선교에 관여하리라고 기대했는지가 최근 토론의 주제가 되었다. 긍정적인 대답을 선호하는 P. T. O'Brien, *Gospel and Mission in the Writings of Paul* (Grand Rapids: Baker, 1995), 4-5장을 보라. 특별히 빌 1:27-30과 2:15-30을 기반으로, Ware는 바울의 교회들이 이미 이 사역에 관여했기 때문에 선교를 권면할 필요가 없

774 ___ 제8부 이방인의 사도

사이에 서신과 육성 메시지를 전달했다. 바울이 자신을 "이방인의 사도"로, 그리고 심지어 "이방인의 충만한 수"가 들어오는 일(롬 11:11-14, 25)에 대한 주요 책임이 자신에게 있다고 받아들였음에도 불구하고, 짐작하건대 그가 이 모든 일을 혼자 할 수 있었다는 생각은 결코 염두에 두지 않았을 것이다. 그리스도의 몸이라는 바울의 신학만 해도 그런 개념을 전달하기에 충분했을 것이다.[230] 바울의 자기주장에도 불구하고, 바울은 협력 사역자였다.

따라서 분명 바울은 적어도 언급된 남성과 여성들을 자신의 선교에 개인적으로 충성하고 헌신하도록 고취한 매우 뛰어난 지도자였을 것이다. 안타깝게도 바울은 서신에서 자주 논란이 되는 문제와 자신의 권위를 의문시하는 개인들을 다루어야 했기 때문에, 우리는 바울과 그의 이상에 헌신한 사람들에 관해 들을 수 있는 기회가 많지 않다. 그러나 디모데, 브리스가(브리스길라)와 아굴라, 두기고, 에바브로디도, 빌레몬, 스데바나와 같이 위의 명단에 있는 사람들을 추가로 살펴보면 바울의 상당히 다른 면모, 즉 따스한 인정과 깊은 우정을 고무하는 바울의 능력을 알 수 있다. 그런 증거를 고려하지 않는다면, 바울에 대해 상당히 한쪽으로 치우친 그림만을 가지게 될 것이다. 따라서 다소 위협적인 자기중심주의자로 그를 기억하는 전통적인 방식은 상당히 수정될 필요가 있다.

었다고 논증한다(*Mission of the Church*, 5-6장). Schnabel 또한 빌 1:5, 고전 10:31 – 11:1, 엡 4:11("복음 전도자들")을 포함해서, 바울 서신들에서 적극적으로 선교에 헌신하라는 권면과 지역 공동체가 복음에 참여한 증거가 부족함을 토론한다(*Mission*, 1452-65). Dickson 은 신자들의 선교적 헌신에 대한 O'Brien과 Ware의 "과장된 단언"과 Ollrog의 부인을 비판하며(위 n. 228), 바울이 나중에 "복음 전도자들"로 묘사된 사람들의 활발한 선교적 헌신을 기대했을 뿐 아니라(엡 4:11), 더 자주 복음 전도의 기회를 포착하고(고전 14:20-25과 벧전 3:15 같은 구절에 반영됨) 복음을 고취하는 삶의 양식(예. 살전 4:11-12; 빌 4:5)을 고무했다고 언급한다(*Mission-Commitment*, 3-9장). 또한 I. H. Marshall, 'Who Were the Evangelists?', in Ådna and Kvalbein, eds., *The Mission of the Early Church*, 251-63을 보라.

230) *The Theology of Paul*, §20을 보라.

29.7 바울의 복음

바울이 새로운 도시와 회당에 들어가서 거기에 모인 사람들에게 말하도록 초대받았을 때 그가 전파했던 복음의 내용 중에서 우리가 얻어낼 수 있는 명확한 메시지는 무엇인가?(행 13:15에서처럼) 물론 가장 큰 문제는 그의 서신들이 전도를 목표로 하지 않는다는 사실이다. 그 서신들은 그런 초기 설교의 실례들을 구성하지 않으며, 그것들은 보통 기반이 잡힌 교회들에 보내졌고, 교회가 설립되어 시간이 어느 정도 지난 후에 일어난 문제들을 다루는 서신들이다. 더욱이 우리는 사도행전에서 바울이 했다고 제시된 설교들이 실제로 바울이 말한 내용을 기록한 것으로 보기 어렵다는 사실을 이미 언급했다.[231] 그런데도 바울은 자신의 서신에서 상당히 자주 자신의 독자들에게 그들이 들었던 첫 복음의 경험을 상기시킨다. 그 문단 중 일부가 대개 바울이 행했던 설교의 특징과 효과에 초점이 있을 뿐, 그 내용에는 초점을 두지 않았다는 사실이다.[232] 그러나 그렇다 할지라도, 적어도 여러 중심지에서 행한 바울의 초기 설교에 포함되었을 법한 주요 강조점에 해당하는 내용을 적절히 드러내기에 충분할 만큼의 정보와 암시가 있다.[233] 그리고 사도행전과 바울 서신 간에 중복되는 내용도 종종 주장되곤 하는 것처럼 그렇게 적은 것은 아니다.

물론 바울이 모든 경우에 동일한 메시지를 전했다거나 같은 방법과 용어로 전달했다고 추정해서는 안 되고, 이어지는 내용이 바울이 특정한 사건이나 모든 사건에서 따랐던 순서가 확실하다고 여겨서는 안 된다. 그러

---

231) 위 §21.3을 보라.

232) 고전 2:1-5; 갈 3:1-5; 살전 2:13.

233) 그런 암시에 관해 알아내려는 도전은 거의 이루어지지 않았다. O'Brien, *Gospel and Mission* 과 같은 연구는 하나나 그 이상의 바울 서신에 전반적으로 자유롭게 의존했다. 더 집중된 연구는 A. Oepke, *Die Missionspredigt des Apostels Paulus* (Leipzig: Hinrichs, 1920)로 거슬러 올라가야 한다. 또한 E. P. Sanders, *Paul* (New York: Oxford University, 1991), 22; G. N. Stanton, 'Paul's Gospel', in Dunn, ed., *The Cambridge Companion to St. Paul*, 173-84을 보라.

나 어쩌면 아래에 제시된 원칙들 가운데 적어도 몇 가지는 바울의 메시지를 구성하는 일반적인 요소였을 것이다.

a. 우상으로부터 살아 계신 하나님께로 돌아서기(살전 1:9)

사도행전 14:14-17과 17:22-31의 증언은 바울이 회당 밖에서 설교할 기회를 찾았을 때, 나무나 돌로는 결코 타당하게 형상화할 수 없고 모든 만물의 창조자이자 만물을 유지하시는 하나님에 대해 주로 선포했다는 것이다.[234] 한편 이렇게 추론해볼 수도 있겠다. 바울에게 회당에서 설교할 기회가 주어졌을 경우, 그는 그것을 하나님을 경외하는 이들과 개종자들에게 메시지를 전할 기회로 삼고서, 그들이 유대교의 (유일신교적) 신관을 이미 받아들이고 있음을 당연히 전제한 채로, 자신이 선포할 메시지의 초점을 예수에게 두었을 것이라는 추론이다.[235] 그러나 그의 서신에서 얻을 수 있는 몇 안 되는 증거는 그런 가정을 정정하게 한다. 바울이 데살로니가 신자들에게 그들이 "우상을 버리고 하나님께로 돌아와서 살아 계시고 참되신 하나님을 섬겼다"(살전 1:9)고 상기했을 때, 짐작하건대 그것은 바울의 설교의 결과였을 것이다.[236] 누가에 따르면 바울이 그곳 회당에서 예수에게 집중한 메시지를 설교했다는 사실에도 불구하고 말이다(행 17:1-3). 그렇다면 바울은 몇몇 설교에 사도행전 14장과 17장의 강조점을 포함했는가? 그리고 바로

---

234) 위 §27.1d와 아래 §31.3b를 보라.

235) Juvenal, *Sat.* 14.96-97의 유명한 구절은 (풍자할 정도로 흔한 일로서) 자신의 조상들이 안식일을 지키고 돼지고기를 삼가며 "오로지 하늘의 구름과 신(*numen*)을 경배하고 제때 할례를 받은(*praeputia ponunt*)" 비유대인을 묘사한다(*GLAJJ*, 2.§301에 있는 본문). Joseph and Asenath에서 아스낫은 "죽고 말 못하는 우상들"(8:5; 11:8; 12:5; 13:11)을 숭배하는 데서 "참되고 살아계신 하나님", "히브리인의 하나님"으로 전향했다(11:10).

236) Harnack는 살전 1:9-10을 "이방인을 향한 간결한 선교적 설교"로 묘사했는데(*Mission*, 89), M. D. Hooker는 '1 Thessalonians 1.9-10: A Nutshell — but What Kind of Nut?', in H. Lichtenberger, ed., *Geschichte — Tradition — Reflexion*, M. Hengel FS. Vol. 3: Frühes Christentum (Tübingen: Mohr Siebeck, 1996), 435-48에서 "견과 껍질에 있는 견과는 이방인을 향해 설교한 복음이 아니라, 기독교 개종자들에게 쓴 서신이다"라고 비판했다(447).

그것이 데살로니가의 이방인 개종자들 대부분에게 주효했는가?[237] 갈라디아서 4:8-9에서 비슷한 추론을 끌어낼 수 있는데, 이것은 이방인 개종자에 대한 묘사로 볼 수 있다. 그들은 이전에는 "하나님을 알지 못하여 본질상 하나님이 아닌 자들에게 종노릇한" 사람들이었으나, 이제는 "하나님을 알 뿐 아니라 더욱이 하나님이 아신 바 된" 사람들이다.[238] 요점은 동일하다. 바울의 설교가 복음에 호의적인 이방인들로 하여금 우상숭배와 "신이 아닌 것"들에 대한 숭배를 지양하게 했는지와 상관없이, 그것이 갈라디아에서도 결과적으로 나타난 효과인 것으로 보인다. 그래서 고린도후서 5:18-20에서도 바울은 자신의 사명을 "하나님과 화목하라"라는 표현을 사용하여 "화해의 메시지"로 요약한다!

따라서 바울의 설교의 부주제로서나 추정된 전제로서나, 바울의 복음은 한 하나님 곧 모든 만물의 창조자를 믿는 신앙을 향한 다신론자의 개종을 이루었다.[239] 반드시 언급해야 하는 점은, 이것이 이방인 탐문자나 개종자가 되려고 하는 이방인에 대한 유대인의 반응과 온전히 연속성을 가진 주제라는 점이다. 사실상 바울은 자신의 메시지에 반응하는 이방인에게 유대교의 신조(신 6:4, "우리 하나님 여호와는 오직 유일한 하나님이시다")와 십계명의 첫 두 계명(출 20:3-5, 신 5:7-9)에 동의하도록 요구했다. 하나님과 하나님을 믿음에 관한 이러한 유대교적 이해는 기저에서 바울 신학을 관통해서 흘러가던 바울 복음의 기본 층이었고, 그것은 간혹 고린도전서 8:4-6 같은 구

---

237) 비교. 히 6:1; 9:14. Malherbe는 1.9-10이 바울이 설교한 내용이 아니라 데살로니가 사람들이 개종한 내용이며, 또한 염두에 둔 내용이 일차적으로 유대교 유일신주의로의 개종이고, 그다음으로 예수에게로의 개종, 즉 구체적인 기독교 단계였다고 추정하면 안 된다고 제대로 지적했다. "처음부터 하나님에 대한 내용은 그리스도의 구원하시는 사역에서 절정에 이른 기독교적 내용이었다"(*Thessalonians*, 132; 비슷하게 T. Holtz, *Erste Thessalonicher* [EKK 13; Zürich: Benziger, 1986], 60-61).

238) "하나님을 알지 못함"은 "죽은 우상을 숭배함"에 해당한다. 예를 들어 추가로 Martyn, *Galatians*, 410을 보라.

239) Weiss, *Earliest Christianity*, 236-48이 그 점을 강조했다. 또한 Wilckens, *Theologie*, 1/3.54-57을 보라.

절에서 표면에 드러나기도 하였다.[240]

b. 십자가에 못 박힌 예수

바울의 전도 설교의 주된 강조는 예수 그리스도에게 있는 것으로 보인다. 바울에게 복음은 특별히 "그리스도의 복음",[241] "그[하나님]의 아들의 복음"(롬 1:9), "주의 복음"(살후 1:8)[242]이었다. 또한 언급해야 할 것은, 이스라엘의 메시아에 관한 언급이 하나님을 경외하는 자에게 설교할 때 자연스러운 시작점으로 보인다는 점이다. 이는 낭독된 성경을 듣고 정기적으로 자세히 해설하는 사람들이 피할 수 없는 주제였고, 또한 그 주제를 발전시킨 바울의 방법이 어쩌면 정치 지도자라는 전통적인 유대교의 메시아적 소망보다 더 선호할 수 있는 것이었기 때문이다.

그런 설교는 예수와 그의 칭호인 "그리스도"에 관해 적어도 몇 가지 기본 정보를 당연히 포함했을 것이다. 지적인 이방인들이 "예수 그리스도"라는 암호를 통해서 하나님의 구원의 목적이라는 메시지를 단순하게 받아들였고,[243] 이름과 칭호에 대해 실질적인 설명이 더해질 것으로 기대하지 않았을 것이라는 견해는 믿기지 않는다.[244] 예수의 이름에 대한 그런 언급에 공감을 일으키기 위해 전달된 예수 전승은 이러한 언급들에 함의되어

---

240) 추가로 필자의 *Theology of Paul*, §2을 보라. 그곳에서 그중에서도 특히 필자는 우상숭배에 대한 혐오가 바울의 가르침(과 설교)의 고정적인 특징으로 남아 있다고 언급했다(32-33).

241) 롬 15:19; 고전 9:12; 고후 2:12; 4:4; 9:13; 10:14; 갈 1:7; 빌 1:27; 살전 3:2.

242) 그러나 또한 "하나님의 복음"(롬 1:1; 15:16; 고후 11:7; 살전 2:2, 8, 9; 딤후 1:11). 바울에게 그것은 같은 복음이었다!

243) 신조적 진술의 본질이 훨씬 더 광범위한 이야기들과 가르침 그리고 그 이야기들과 가르침이 지닌 신학적 가치를 압축한 것임을 회상할 때까지는, 바울이 인용한 다양한 신조적 진술에서 그렇게 오도하는 추론을 할 수 있다(§21.4e). "데살로니가전서 1:10에서 '예수'라는 이름을 칭호와 같은 추가 설명을 덧붙이지 않고 사용한 것은, 바울이 나사렛 예수를 시공간에 있는 사람으로 언급했다는 표시다"(Schnabel, *Mission*, 1388).

244) 디오 크리소스토모스가 말했듯이, "어떤 사람을 정말로 따르는 사람이라면, 분명 그 사람이 어떤 사람인지를 알고, 그의 행동과 말을 본받아 그 사람처럼 되려고 최선을 다한다"(*Or.* 55.4).

있다. 예를 들어 고린도후서 11:4에서 바울은 "우리가 전파하지 아니한 다른 예수"를 전파하는 "거짓 사도"(11:13)의 설교를 언급하는데, 이는 반드시 확인돼야 할 이 예수의 신원이 누가 선포되고 있느냐에 달렸음을 시사한다. 그리고 분명 예수의 유대인다움은 숨길 수 없는 사실이었다. 로마의 신자들에게 예수가 다윗의 혈통이라든가(롬 1:3), "그리스도가 할례자의 종이 되었다"(15:8)는 사실이든가, 갈라디아 사람들에게 예수가 "율법 아래 태어났다"(4:4)는 사실은 새로운 소식이 아니었다. 회당에 잠깐 소속되었거나 불규칙하게 다녔던 이방인들에게 결국 "메시아/그리스도(christos)"라는 유대교의 칭호는 그런 설명 없이는 의미가 없었을 것이다.[245] 여전히 명목상의 함축이 분명하게 드러나는, "그리스도"를 사용한 몇 군데에서 이런 점이 보인다.[246] 예를 들어 로마서 15:7에서 바울은 자기 청중에게 어떻게 "그리스도가 우리를 받으셨는지"를 상기시킨다. 그는 그들을 "정결한 처녀로 한 남편인 그리스도께 드리려고 중매할" 것이라고 자신이 고린도의 개종자들에게 한 약속을 상기시킨다(고후 11:2). 빌립보서에서 바울은 어떤 이들이 분쟁과 시기로 그리스도를 전파하지만 그럼에도 그리스도를 전파한다는 생각에 위안이 됨을 인정한다(빌 1:15, 17). 또한 바울은 자신의 설교를 통해 하나님의 아들을 선포했노라고 회상할 수 있었다(고후 1:19, 갈 1:16). 그리고 골로새서 2:6에서 골로새 사람들에게 그들이 "주 그리스도 예수에 대한 전승을 받았음(parelabete)"을 상기시킨다.

그러나 바울의 예수 전파에서 가장 두드러진 강조는 예수의 **십자가 죽음** 곧 "십자가의 도"에 관한 내용이다(고전 1:18). 이 모멸스러운 처형은 예수의 메시아직을 부정하는 것이 아니라, 실제로 하나님의 감추어진 목적

---

245) 이런 이유로 그리스-로마 자료에서는 "크리스토스"(Christos)를 더 친숙한 이름인 "크레스토스"(Chrēstos)와 혼동하곤 한다(BDAG, 1091; 그리고 §21.1d를 보라).

246) N. A. Dahl, 'The Messiahship of Jesus in Paul', *Jesus the Christ: The Historical Origins of Christological Doctrine* (Minneapolis: Fortress, 1991), 15-25은 고전 10:4; 15:22; 고후 5:10; 11:2-3; 엡 1:10, 12, 20; 5:14; 빌 1:15, 17; 3:7(17과 24 n. 11)에 있는 "메시아 함축"을 언급한다. 또한 필자의 *Theology of Paul*, 196-99을 보라.

에 함축된 반문화적 지혜를 표현한 것이다. 다음은 고린도전서 1:22-25의
유명한 말씀이다.

> [22]유대인은 표적을 구하고 헬라인은 지혜를 찾으나, [23]우리는 십자가에 못 박
> 힌 그리스도를 전하니 유대인에게는 거리끼는 것이요 이방인에게는 미련
> 한 것이로되, [24]오직 부르심을 받은 자들에게는 유대인이나 헬라인이나 그리
> 스도는 하나님의 능력이요 하나님의 지혜니라. [25]하나님의 어리석음이 사람
> 보다 지혜롭고 하나님의 약하심이 사람보다 강하니라.

마찬가지로 고린도전서 2:2에서 바울은 어떻게 "내가 너희 중에서 예수 그
리스도와 그가 십자가에 못 박히신 것 외에는 아무것도 알지 아니하기로
작정하였는지"를 회상한다. 그런데 이러한 강조는 바울의 설교에서 새로
운 면모가 아니었다.[247] 고린도전서 15:2 이하에서 바울은 자신이 고린도
교회 교인들에게 전한 "그리스도가 우리의 죄를 위해 죽으셨다"는 내용을
포함한 메시지를 바울 자신과 모든 사도들이 함께 선포한 복음이라고 회
상하기(15:11) 때문이다. 갈라디아서 3:1에서 그는 "예수 그리스도께서 십
자가에 못 박히신 것이 너희 눈앞에 밝히 보인다"라고 갈라디아 사람들에
게 상기시킨다. 즉 마치 그들이 자기 눈으로 십자가 위의 예수를 보는 것처
럼, 십자가에서 죽임을 당한 그리스도가 그들에게 너무나도 생생하게 제
시되었던 것이다.[248] 그리고 바울 서신의 나머지 부분에서 바울이 되풀이
하고 있는 다양한 복음 전도 문구 및 신앙고백 문구를 통해 알 수 있듯이,
분명히 바울은 그리스도의 죽음을 "우리의 죄를 위한" 것으로 당연하게 받
아들였을 것이다. 이 메시지는 각 사람이 믿고 세례 받은 후, 그곳에서 교

---

247) 아덴에서의 그의 변증 설교가 (상대적으로) 실패한 후에(행 17:32-34), 바울이 궤도를 수정
      해서 십자가의 걸림돌(*skandalon*)에 집중하기로 했다고 때로 추측된다.
248) BDAG, 867; Betz, *Galatians*, 131.

회가 되었을 때 닦아 둔 그 터(예수 그리스도, 고전 3:11)에 속한 것이었다.[249]

다시 말해서, 첫 신자들이 일어난 일에 의미를 부여하려고 성경을 탐구할 때, 그리고 실제로 예수가 예언자들이 기대한 메시아였다는 명백한 성경 상의 증거를 발견했을 새 종파의 초기부터 시작된 과정을 분명 바울은 계속 이어나갔을 것이다.[250] 십자가에서 예수의 죽음은 하나님이 그를 거부하신 사건(사울이 핍박하는 자로서 이렇게 생각한 것도 무리가 아니다)이 아니며(비교. 갈 3:13), "십자가에 못 박힌 그리스도"는 하나님의 목적이 봉착한 어리석은 모순이 아니라(고전 1:22-25), 사실은 죄인을 향한 하나님 사랑의 표현이다(롬 5:8). 예수가 메시아이므로 메시아에 대한 전통적인 이해는 반드시 수정되어야 하며, 또한 새롭게 이해한 성경의 증언을 따라, 그에게 일어난 일들은 메시아직이 무엇을 수반하는지를 보여주었다(고후 5:16-21).

c. 하나님이 예수를 죽은 자 가운데서 살리셨다(롬 10:9)

또한 명백한 것은 하나님이 죽은 자 가운데서 예수를 살리셨다는 메시지가 바울 선포의 중심적 특징이었다는 사실이다. 이미 살폈듯이, 이것은 바울이 자기 서신에서 일정하게 되풀이하는 다양한 선포와 고백 문구에 담겨 있는 또 다른 주된 강조점이었다.[251] 바울 및 그가 회심시킨 이들의 특별한 점은 "죽은 자 가운데서 예수 우리 주를 살리신 이를" 믿는 신앙이었다(롬 4:24-25). 회심은 그들이 "다른 이 곧 죽은 자 가운데서 살아나신 이"에게로 갈 수 있도록 그들을 해방하는 일종의 죽음이다(7:4). 세례 때 고백할 것으로 여겨지는 구원의 믿음은 "죽은 자 가운데서 하나님이 그를 살리

---

249) 다시 위 §21.4e를 보라. 헬라파의 혁신이라는 개연성을 포함해서(§24.9c) 주목할 만한 점은, 고린도 교회에 주어진 하나가 되라는 바울의 호소(아래 §32.5b)가 십자가에서 죽임을 당한 그리스도에 대한 선포를 기반으로 했다는 사실이다(고전 1:10-25; 또한 Wilckens, *Theologie*, 1/3.70-79를 보라).

250) 위 §23.4b를 보라.

251) 다시 위 §21.4e를 보라.

셨다"는 것이다(10:9). 그리스도는 "죽은 자 가운데서 살아나셨다"고 선포되었으며, 그렇지 않았다면 그들의 믿음은 헛되었을 것이다(고전 15:12, 17). "하늘로부터 [하나님의] 아들을 기다리는" 데살로니가 사람들의 회심은, 하나님이 그를 죽은 자 가운데서 살리셨다는 것(살전 1:9-10)과 "예수가 죽으셨다가 다시 살아나셨음"(4:14)을 믿는 그들의 신앙을 전제했다.[252]

여기서 다시 우리는 거의 2천 년 후의 관점에서는 이 주장과 그에 따른 내용의 급진적 본질을 인식하기에 어려움이 있음을 명심해야 한다. 그것은 "세상의 마지막"이 이미 준비되었고, 역사의 정점이 다가오고 있음을 암시하기 때문이다.[253] 이것은 논쟁적인 갈라디아서의 도입부에서 "우리 죄를 대속하기 위하여 자기 몸을 주셨다"라는 문구를 설명할 때 바울이 명백히 추정한 내용이다. 그 예수 그리스도가 "이 악한 세대에서 우리를 건지시려고 우리 죄를 대속하기 위하여 자기 몸을 주셨다"(갈 1:4).[254] 마찬가지로 같은 서신의 끝부분에서 이방인 신자들이 자신들의 개종을 완성하기 위해 할례를 받아야 하느냐는 논란을 "할례나 무할례가 아무것도 아니로되 오직 새로 지으심을 받는 것"(6:15)이라고 말하며 일축한다.[255] 고린도후서 5:17은 훨씬 더 명쾌하다. "그런즉 누구든지 그리스도 안에 있으면 새로운 피조물이라. 이전 것은 지나갔으니 보라! 새것이 되었도다."[256] 여기서 명백하게 반영된 내용은 개종자들이 현실을 바라보는 새로운 관점이다. 그들은 새로운 눈으로 모든 것을 보았고, 이제 이미 효력을 발휘하고 있는 하나님의 묵시적 목적이라는 견지에서 만물을 보았다.[257] 예수의 부활은 단

---

252) Becker는 데살로니가에서 바울이 한 선교적 설교가 부활이라는 주제를 다루지 않았다고 논증하나(*Paul*, 141, 144-45), 예수의 부활이 보편적 부활의 시작("첫 열매")이라는 발상은 오래되었다(위 §23.4a를 보라).

253) 이 표현들에 관해서 *Jesus Remembered*, §12.3b; 또한 위 §23.4a를 보라.

254) 추가로 Martyn, *Galatians*, 97-105을 보라.

255) 다시 Martyn, *Galatians*, 565 n. 64 그리고 570-74을 보라.

256) 번역과 상세 내용에 관한 토론은 Furnish, *2 Corinthians*, 314-16; Harris, *2 Corinthians*, 432-34.

257) 기억해야 할 점은, 이것이 하나님의 왕으로서의 통치라는 예수의 언급에서 현재와 미래 사이의 긴장과 비슷하다는 점이다(*Jesus Remembered*, §12).

순히 하나님이 죽은 자 가운데서 예수를 살리신 것이 아니라, 그의 백성과 창조세계를 위한 하나님의 전체 목적이 달려 있는 근간이었다. 예수의 부활은 새 창조를 의미했다![258]

d. 예수는 주(롬 10:9)

하나님이 죽은 자 가운데서 예수를 살리셨다는 믿음과 밀접하게 결합된 내용은 하나님이 그렇게 하심으로써 예수를 "주"로 그의 오른편에 높이셨다는 믿음이다. 바울은 여기서 첫 그리스도인들이 시편 110:1에서 끌어낸 추론과 온전히 궤를 같이한다.[259] 그러나 바울에게는 그리스도의 주 되심이 훨씬 더 중심적이었고[260] 분명히 그것을 자기 설교의 특징으로 삼았을 것이다. 실제로 바울은 자신의 설교를 바로 그렇게 요약할 수 있었다. "우리는 그리스도 예수의 주 되신 것을 선포한다"(고후 4:5). 그는 모든 곳에 있는 신자들을 "주 예수 그리스도의 이름을 부르는 자들"(고전 1:2, 롬 10:12-14)이라고 특징지을 수 있었다. 그리고 로마서 10:9의 (아마도 세례시의) 고백은 바로 "예수는 주"라고 입으로 시인하는 것이다.[261] 그러한 고백의 대상이 된 사람의 통치와 그 사람을 향한 복종이라는 추론을 담고 있는 이 고백은, 어쩌면 이미 받았던 세례에 대한 이해 그리고 세례받는 사람이 세례라는 행위를 통해 자신을 이 새로운 주님에게 내어 준다는 그러한 이해에 무게를 실어준다. "예수는 주가 되신다" = 나를 나의 주인 예수에게 내어 준다!" 짐작하건대 이 행위와 고백은 바울이 자주 "주 안에서" 생각하고 행동하라고 권면하는 내용의 기반이었으며,[262] 그 권면은 이 세례시의 고백

---

258) "바리새파 유대교에서 기독교적 유대교로의 엄청나고 불안한 변화는 하나님이 나사렛 예수를 죽음에서 일으키셨을 때 보편 부활이 이미 시작되었다는 선언이었다"(Crossan and Reed, *Paul*, 173).

259) 위 §23.4d를 보라.

260) 필자의 *Theology of Paul*, §10.4을 보라.

261) 위 §21 n. 211을 보라.

과 헌신을 전제하면서 새로운 회심자에게 세례받는 때 그렇게 하라고 촉구하는 것이었다(예. 롬 6:17-18).[263]

예수가 주라는 고백에는 바울이 예수를 하나님으로 경배했고, 그가 회심케 한 이들도 그렇게 하기를 바랐다는 암시가 있는가?(비교. 요 20:28) 이 질문은 단순히 예 혹은 아니요로 대답하기에는 너무 복잡하다. 확실히 바울은 예수를 야웨라고 말하는 본문들을 사용하길 주저하지 않았다. 특히 언급할 만한 점은 보편적으로 그리스도가 주라고 인정할 것을 기대하면서(빌 2:11) 강력하게 유일신적인 이사야 45:23을 사용했다는 것과,[264] 바울이 놀랍게도 고린도전서 8:6에서 그리스도를 이스라엘의 쉐마(신 6:4)에 포함한 사실이다.[265] 그러나 명확하지 않은 점은 바울이 단순히(!) 예수의 주 되심(의 행사)보다는, 높임을 받은 예수가 얼마나 하나님과의 신성을 공유하신 것으로 생각했느냐 하는 것이다.[266] 바울은 상당히 빈번하게, "**하나님과 우리 주** 예수 그리스도의 아버지"[267]를 언급하는데, 이것과 더불어 고린도전서 15:24-28의 하나님과 높임을 받은 그리스도의 관계에 대한 바울의 가장 분명한 설명도 주목할 만하다.[268] 분명히 바울은 그리스도인들을 "그의 이름을 부르는 자들"이며, 그리스도께 간구하고(고전 16:22), 기도로 그의 도움을 청하며(고후 12:8), 축복 기도를 할 때 하나님과 주 예수 그리스도를 연관 짓는 데 주저하지 않은 사람들로 보았다.[269] 그러나 바울이 자신의 감

---

262) *Theology of Paul*, 398 n. 45.

263) 또한 아래 §29.7i를 보라.

264) 또한 롬 10:13(욜 2:32을 인용함)을 보라.

265) 이제 G. D. Fee, *Pauline Christology: An Exegetical-Theological Study* (Peabody: Hendrickson, 2007), 15장과 아래 §32 n. 272을 보라.

266) 위 §23 n. 242을 보라.

267) 롬 15:6; 고후 1:3; 11:31; 골 1:3; 또한 엡 1:3, 17.

268) "그 후에 마지막이니 그가…나라를 아버지 하나님께 바칠 때라. 그가 모든 원수를 그 발아래에 둘 때까지 반드시 왕 노릇 하시리니…만물을 그에게 복종하게 하실 때에는 아들 자신도 그때에 만물을 자기에게 복종하게 하신 이에게 복종하게 되리니, 이는 하나님이 만유의 주로서 만유 안에 계시려 하심이라"(고전 15:24-28).

269) 롬 1:7; 고전 1:3; 고후 1:2 등등; 또한 고후 13:14 그리고 살후 2:16.

사기도(eucharisteō, eucharistia)나 평상시 간구(deomai, deēsis)를 그리스도께 하지 않았다는 것도 사실이다. 또한 그는 결코 그리스도를 "영화롭게 하거나(doxazō)", 아니면 예배의 방식으로 그리스도를 "섬기거나(latreuō, latreia)", "경배하지(proskyneō)"도 않았다.[270] 더 전형적인 것은 그가 "그리스도로 말미암아 하나님께" 자신의 감사와 기도를 올렸다는 점이다.[271] 마찬가지로 중요한 점은 그의 모든 선교가 보다 전통적인 믿음을 가진 유대인에게서 계속 비판받는 상황에 놓여 있다 할지라도 그런 유대인들이 예수의 주 되심이라는 바울의 기독론을 비판할 어떤 근거(즉 그의 가르침이 한 분이신 하나님과 예배 받으실 하나님의 유일한 권리에 대한 침해로 받아들여질 수 있기 때문에 비판)를 발견했다는 암시가 전혀 없다는 사실이다.[272] 비록 유대인 신자들을 통해 드러나기는 하였으나, 율법을 향한 바울의 태도에 대한 유대인들의 적대감이 너무나 분명했음에도, 그의 기독론에 대한 더 심각한 반대가 있었다면 (고전 1:23과 갈 3:13에 시사된 내용을 넘어서), 그것이 고린도전서 1:23과 비슷한 정도로 반영되지 않았다는 점은 참으로 이상할 것이다.[273]

---

270) *Eucharisteō*, 롬 1:8; 7:25; 14:6; 고전 1:4 등등; *eucharistia*, 고전 14:16; 고후 4:15; 9:11, 12 등등; *deomai*, 롬 1:10; 살전 3:10; *deēsis*, 롬 10:1; 고후 1:11; 9:13-14 등등; *doxazō*, 롬 1:21; 3:7; 4:20; 11:36; 15:6, 7, 9; 고전 6:20; 10:31 등등; *latreuō*, 롬 1:9; 빌 3:3; *latreia*, 롬 12:1; *proskyneō*, 고전 14:25. 다시 위 §23 n. 292을 보라.

271) 롬 1:8; 7:25; 골 3:17.

272) 추가로 *Theology of Paul*, 252-60을 보라. Jossa는 "이것을 유지하기 어렵다"고 본다(*Jews or Christians?*, 94). 그러나 전승에서 예수에게 제기된 신성모독이라는 쟁점은 "인자"라는 예수의 명칭과 관련해서만 제기되었다(막 14:64 병행구, *Jesus Remembered*, 751-52을 보라. 행 7:55-57이 암시함). 그것은 바울 서신에서 예수에 관해 사용되지 않은 칭호다. 이 문단의 도입부에서 제기한 질문에 Hurtado(*Lord Jesus Christ*; 또한 'Paul's Christology', in Dunn, ed., *The Cambridge Companion to St. Paul*, 185-98)와 Fee(*Pauline Christology*, 11장)가 더 호의적인 답을 한다. 비록 그들이 바로 언급한 의구심(바울의 의구심)에 충분한 비중을 부여하지 않았지만 말이다. 위 §23 n. 292을 다시 보라. R. C. Fay and A. K. Gabriel, in S. E. Porter, ed., *Paul and His Theology* (Leiden: Brill, 2006), 327-45 그리고 347-62은 바울이 "삼위일체" 신봉자였는지 아니면 "삼위일체를 추정"했느냐는 질문에 긍정으로 답한다. Fee는 "삼조" 문단(고전 12:4-6; 고후 13:13; 엡 4:4-6)의 "원시 삼위일체의 함의들"이라는 언급을 선호한다(*Pauline Christology*, 591-93). 그리고 Wilckens는 고전 12:4-6을 "삼위일체 하나님의 실체에 대한 최초의 직접적인 증언"으로 묘사한다(*Theologie*, 1/3.96).

273) 이것은 Capes, 'YHWH Texts and Monotheism in Paul's Christology', 133-34에 대한 대답이다.

e. 하늘로부터 그의 아들의 강림을 기다림(살전 1:10)

데살로니가 사람들의 회심을 되돌아 보면서 바울은 그곳에서 자신이 행한 첫 설교에서 예수의 재림과 다가올 고난 및 심판에 대한 기대를[274] 어느 정도 언급했다고 암시한다. 이는 데살로니가 사람들 가운데 어떤 이들이 바울의 설교에서 "주의 날"이 언제든지 임할 수 있다고 추정했다는 인상과 잘 들어맞는다. 예수가 오시기 전에 데살로니가의 회심자 중 일부가 죽었다는 사실은 그가 오실 때 여전히 살아 있을 것이라고 기대했던 사람들을 곤란하게 했다(4:13-18).[275] 데살로니가에서 명백하게 드러난 그 주제에 대한 혼동은 나중에 바울이 설교할 때 그 주제를 덜 중요하게 다루도록 했을 수도 있다. 예수의 오심이라는 주제가 바울 서신 중 데살로니가전후서에서 가장 현저했기 때문이다.[276] 한편 우리는 바울의 묵시록적 기대가 얼마나 강하게 그의 선교에 자양분을 공급하고 그것을 지속했는지를 살폈다.[277] 그리고 그것은 바울의 설교에 어느 정도 반영될 수밖에 없었을 것이다. 따라서 우리는 이어지는 서신들에서 그 주제에 대한 상대적인 침묵을 바울이 데살로니가 이후의 설교에서 자신의 생각과 강조점을 바꾼 것으로 너무 단순하게 추론해서는 안 될 것이다.[278]

---

274) "이는 장래의 노하심에서 우리를 건지시는 예수시니라"(1:10); "우리가 너희와 함께 있을 때에 장차 받을 환난을 너희에게 미리 말하였는데"(3:4); "우리가 너희에게 미리 말하고 증언한 것과 같이 이 모든 일에 주께서 신원하여 주심이라"(4:6); 비교. 행 17:31. 새 시대가 오기 전 혹은 신자들이 새 시대를 충만하게 경험하기 전에, 신자들이 새 시대의 "산고"를 견디어 내야 하는 것이 바울 설교의 초기 특징이었는가?(필자의 *Theology of Paul*, §18.5; 그리고 추가로 §31.6을 보라)

275) 추가로 §31.5 n. 233과 234에서 보라.

276) 추가로 *Theology of Paul* §12, 특별히 313을 보라.

277) 위 §29.7c를 보라. 다가올 "분노" 역시 로마서의 특징이다(2:5, 8; 3:5; 4:15; 5:9; 9:22; 12:19).

278) 다시 *The Theology of Paul*, §12를 보라.

f. 우리는 그리스도 예수를 믿는다(갈 2:16)

회심하려고 하는 사람들에게서 바울이 찾고 있던 것은 "믿음"이라는 한 단어로 요약된다. 그가 선포한 메시지는 "믿음의 말씀"이다.[279] 그리스도인은 "믿는 사람들"이거나,[280] 더 명시적으로 말해서 "그리스도를 믿거나 그에 대한 믿음을 가진"[281] 사람이다. 믿음이 주 되신 예수를 향한 헌신을 표현한다는 의미가 이에 뒤따른다. 그리스도를 믿는 그런 신앙이 바울의 설교의 특징이었다는 사실은 로마서 10:14("그런즉 그들이 믿지 아니하는 이를 어찌 [예수를 주로, 10:9, 13] 부르리오? 듣지도 못한 이를 어찌 믿으리오? 전파하는 자가 없이 어찌 들으리오?")에서 명백하게 드러난다.

바울의 설교에서 흥미로운 특징이자 어쩌면 상당히 중요한 내용은 자신의 설교에서 바울이 요구한 것이 (세례를 통한) 주 예수를 향한 헌신이라는 당연한 귀결과 함께, (그리스도에 대한) 믿음의 반응이라는 점이다. 예수의 설교와 사도행전에 묘사된 설교는 "회개"의 요구가 특징이다.[282] 그러나 회개와 그에 수반되는 "용서"는 바울이 자신의 전도 설교를 회상하는 부분에서는 특징적으로 자리 잡지 않았다.[283] 타당하게 추론할 수 있는 것은, 바울이

---

279) 롬 10:8, 14; 고전 15:11; 또한 갈 1:23. 또한 §20 n. 30을 보라.

280) 특히, 롬 1:16; 3:22; 10:4; 13:11; 15:13; 고전 1:21; 3:5; 15:2; 갈 3:22; 살전 2:10, 13; 또한 엡 1:13, 19. 부정과거 시제(롬 13:11; 고전 3:5; 15:2; 엡 1:13)는 개종 사건을 다시 가리킨다. 사용된 명사(pistis)에 대해서는 특별히 롬 1:5, 8, 17; 3:28, 30; 4:5-20; 5:1-2; 9:30, 32; 10:6, 17; 고전 2:5; 15:14, 17; 갈 3:7-26; 빌 3:9b; 살전 3:2, 7을 보라.

281) 롬 9:33; 10:11, 14; 갈 2:16; 빌 1:29; "하나님 안에서", 롬 4:5, 24. 동사구("그리스도를 믿다")에 해당하는 유일한 명사구는 pistis Christou인데, 이는 요즘 보통 "그리스도의 (그) 신실함"으로 번역된다(아래 §31 n. 352을 보라). 그러나 롬 3-4장과 갈 2-3장의 핵심 구절에서 그 구의 기능은 대개 특정되지 않은 pistis(앞서 언급된)가 무엇(무엇/누구에 대한 믿음?)을 가리키는지를 설명하거나 구체화하는 것이기에, 더 분명한 이해는 전통적인 "그리스도에 대한 믿음"이다. 추가로 Theology of Paul, §14.8을 보라.

282) 마 11:21/눅 10:13; 마 12:41/눅 11:32; 눅 13:3, 5; 15:7, 10; 16:30(추가로 Jesus Remembered, 498-500을 보라); 행 2:38; 3:19, 26; 14:15; 17:30; 26:20.

283) 이는 롬 2:4의 그의 논증 그리고 고후 7:9-10과 12:21의 그의 목회적 상담에서만 나타난다. "용서"는 골 1:14과 엡 1:7에서만 등장한다. 그 동사는 롬 4:7에서만 나타난다(시 32:1 인용)

자신의 설교에서 청중의 죄를 곱씹지 않았으며, 그가 그들(혹은 "그 유대인들") 때문이라고 볼 수도 있는 예수의 죽음에 대해서는 그들에게 책임이 있다고 더더욱 생각하지 않았을 것이라는 점이다.[284] 바울의 메시지는 그가 가져온 메시지를 받아들이고[285] 선포된 이에게 헌신하라고 자신의 청중을 독려하는 초대 내지 부름(kalein)[286]에 가깝다. 추론 가능한 강조점은 과거의 행위에 관한 용서가 필요한 것이 아니라, 완전히 새로운 종류의 삶을 살기 위해 예수의 죽음과 부활로 인해 그들에게 열린 새로운 가능성을 받아들이라는 도전과 관계된다.

물론 이 추론에는 바울이 헬라파로부터 전달받았을[287] "우리의 죄를 위해서 죽으셨다"라는 문구 그리고 예수의 죽음이 "대속물"이라는 그러한 이해가 단서로 달려야 한다.[288] 또한 특히 하나님이 의롭게(즉 죄 없다) 하셔야 하고(롬 3:28, 4:25-5:1에서처럼),[289] "이 악한 세대"에서 건짐을 받아야 하며, 하나님과 화목해야 하고(고후 5:20-21), 인간이 하나님과의 단절에 대한 심판에서 구원받아야 한다는 그러한 필요성을 다양한 방식으로 강조한 것도 단서로 추가되어야 한다.[290] 한편, 우리는 이 후자의 강조점들이 대단히 전

---

284) 사도행전의 설교들과 대조하라(위 §23 n. 288을 보라).

285) "믿음은 들음(akoē)에서 나며 들음은 그리스도의 말씀으로 말미암았느니라"(롬 10:17); Moo, Romans, 665-66 n. 27. 또한 갈 3:2, 5(ex akoēs pisteōs)을 주목하라: "믿음으로 들음에서"(필자의 Galatians, 154-55)가 "믿음을 끌어낸 선포의 결과로"(BDAG, 36; Martyn, Galatians, 286-89). 후자의 구는 분명히 hypakoē pisteōs, 즉 "믿음의 순종"인데, 이는 바울 복음이 심어주려고 목표한 것이다(롬 1:5). 추가로 필자의 Romans, 17과 Moo, Romans, 51-53의 유익한 토론을 보라.

286) Kalein("초대하다, 부르다")은 복음의 기능에 대한 바울의 이해에서 중요한 특징이다. 복음은 하나님의 부르심이 효력 있게 들리는 수단이다(롬 4:17; 8:30; 9:12, 24; 고전 1:9; 7:15, 17-24; 갈 1:6, 15; 5:8, 13; 엡 4:1, 4; 골 3:15; 살전 2:12; 4:7; 5:24; 살후 2:14, "우리의 복음으로 너희를 부르사"; 딤전 6:12; 딤후 1:9). 추가로 Chester, Conversion at Corinth, 3장을 보라.

287) 위 §24.9c를 보라.

288) 필자의 Romans, 422 그리고 추가로 Theology of Paul, §9을 보라.

289) 우리는 §27.5을 회상하기만 하면 된다. 비록 그 논쟁에서 (오직) 믿음으로 의롭게 된다는 바울의 주장 역시 회상해야 하지만 말이다.

290) 롬 1:18; 2:5, 8; 3:5; 5:9-10; 골 3:6; 살전 1:10; 5:9. 살전 4:6은 그 주제에 관한 그의 이전 경고들을 상기해준다.

향적이라는 사실(구원 과정의 최종 산물로서 하나님의 진노에서 구원받는 것)과 또한 회심의 첫 순간에 대해 그다지 많이 집중하지 않았음을 언급해야 한다. 어쨌든 바울의 설교와 그가 그리스도인을 "신자"라고 특징지으며 정의한 것에서 나타나는 두드러진 특징은, 그의 선포에서 주된 요청이 믿음에 대한 요청 곧 (그리스도를) 믿으라는 요청이었다는 점이다.

g. 너희가 성령을 받을 것이다.

믿음으로 반응한 사람들에게 바울이 분명하게 제시한 약속도 눈에 띈다. 전통적으로 받아 왔던 것보다 더 큰 관심을 받을 가치가 있는 요소는 바울이 그의 청중들에게 그들의 회심을 상기시킬 때, 대체로 가장 많이 반복되는 주제가 그들이 성령을 받았다는 사실이었다는 점이다.

- 너희는 다시 무서워하는 종의 영을 받지 아니하고 양자의 영을 받았다(롬 8:15).
- 우리가 세상의 영을 받지 아니하고 오직 하나님에게서 온 영을 받았다(고전 2:12).
- 한 성령으로 세례를 받아 한 몸이 되었고 또 다 한 성령을 마시게 하셨다(고전 12:13).
- 하나님이 우리에게 인치시고 보증으로 우리 마음에 성령을 주셨다(고후 1:21-22).
- 너희는 우리로 말미암아 나타난 그리스도의 편지니 이는 먹으로 쓴 것이 아니요 오직 살아 계신 하나님의 영으로 쓴 것이다(고후 3:3).
- 너희가 성령을 받은 것이 율법의 행위로냐 혹은 듣고 믿음으로냐?…성령으로 시작하였다가 이제는 육체로 마치겠느냐?(갈 3:2-3)
- 너희가 아들이므로 하나님이 그 아들의 영을 우리 마음 가운데 보내사 "아빠! 아버지!"라 부르게 하셨느니라(갈 4:6).

- 너희는 성령의 기쁨으로 말씀을 받았다(살전 1:6).
- "너희에게 성령을 주신 이인" 하나님(살전 4:8).[291]

또한 주목할 만한 점은, 그리스도인에 대한 바울의 정의에 근접하는 내용에서 그가 신자의 성령 받음에 강조를 두고 있다는 사실이다. "누구든지 그리스도의 영이 없으면 그리스도의 사람이 아니라. 무릇 하나님의 영으로 인도함을 받는 사람은 곧 하나님의 아들이라"(롬 8:9, 14).[292]

바울이 용서보다 성령의 은사를 강조하는 것은 그가 회개보다 믿음을 강조하는 것과 일맥상통한다고 할 수 있다. 이 점은 고찰할 만한 가치가 있는데, 바울의 복음은 옛 삶의 방식에 대한 후회보다는 삶과 공동체의 새로운 특성을 요구하였고 죄 용서보다는 변화된 삶을 기대했다. 여기서도 이 요점을 너무 강하게 밀고나가지 말아야 하는데, 이는 바울이 자기 서신의 권면하는 부분에서 "벗어야 할" 요소뿐 아니라 "입어야 할" 요소도 있음을 교인들에게 일깨우기를 주저하지 않았기 때문이다(롬 13:12, 골 3:5-10). 그런

---

291) 그 표현은 LXX 겔 36:27과 37:14을 반영한다.

292) 이 요점에 대한 인식은 필자의 최초 기독교에 대한 초기 연구를 형성한 통찰력 가운데 하나였다(*Baptism in the Holy Spirit*, 149-50). 추가로 *Theology of Paul*, §16을 보라. F. W. Horn, *Das Angeld des Geistes. Studien zur paulinischen Pneumatologie* (FRLANT 154; Göttingen: Vandenhoeck und Ruprecht, 1992)는 초기 성령 체험의 역사적 실제성을 무시한다(61-62, 77-90, 113-14, 201-206). 그러나 V. Rabens, 'The Development of Pauline Pneumatology', *BZ* 43 (1999), 161-79(여기서는 172)의 정당한 항의, 또한 A. J. M. Wedderburn, 'Pauline Pneumatology and Pauline Theology', in Stanton et al., eds., *The Holy Spirit and Christian Origins*, 144-56(여기서는 145-48); 그리고 총체적으로 G. D. Fee, *God's Empowering Presence: The Holy Spirit in the Letters of Paul* (Peabody: Hendrickson, 1994); 또한 R. Jewett, 'The Question of the "Apportioned Spirit" in Paul's Letters: Romans as a Case Study', in Stanton et al., eds., *The Holy Spirit and Christian Origins*, 193-206을 보라. 같은 권에서, J. M. G. Barclay, 'Pneumatikos in the Social Dialect of Pauline Christianity', 157-67는 "개인의 하나님 체험을 *pneuma*로 묘사한 것은 유대교를 제외하고 그리스어를 말하는 고대 세계에선 흔치 않았다.…바울은 그것이 완전히 전례가 없었던 사태를 묘사하기 때문에 지금까지 증명되지 않은 실체를 가리키려고 그 단어[*pneumatikos*]를 사용한다"(160-65)라고 말한다. "많은 개신교 신학자가 구별해 낸, '열광'과 모든 영광의 신학에 대한 두려움과 공황은 바울에게 알려지지 않았는데, 그것이 바울 자신이 아닌 그리스도의 영광에 대한 문제이기 때문이다"(Luz, 'Paul as Mystic', 141).

데도 바울이 가장 많이 강조한 점은 자신의 회심자들의 삶에 임재한 성령을 통해 부여된 긍정적인 요소로서, 그것은 앞과 위를 향해 나아가는 추진력이다. 예수의 부활은 그의 죽음이 지닌 또 다른 면이었던 것처럼, 신자들이 "새 생명 가운데 행하는 것"도 그리스도의 죽음 안으로 세례받음의 또 다른 면이었다(롬 6:3-4, 7:6).[293]

h. 주의 만찬

바울이 자신의 새 교회들에 전해준 전통 가운데는 분명히 주의 만찬에 대한 규례가 있었다(고전 11:23-26). 그 만찬의 역할은 그리스도(그의 몸과 피를 나눔, 10:16)와 그의 죽음(주가 오실 때까지 주의 죽음을 선포함, 11:26)이 중심됨을 공동체 앞에서 유지하게 하는 데 있었고, 다른 화합이나 친교적인 식탁 교제와 비교하여 교회의 식탁 교제에 그 독특성을 부여했다. 짐작하건대 (매주 아니면 매월) 주의 만찬을 주기적으로 집례하도록 그 양식을 확립한 이가 바로 바울일 것이다.[294]

i. 삶의 방식

로마서 6:3과 7:6의 강조점을 고려하면, 탐문자나 세례후보자를 위한 가르침은 윤리적 지침과 권면을 포함한다고 즉시 추론할 수 있다.[295] 동일한 내용이 §29.7g의 마지막 문단이나, 데살로니가전서 4:1-8("너희가 마땅

---

293) 필자는 성령이 세례의 결과라는 주장(예. Becker, Paul, 283, "예수의 이름으로 받는 세례는 성령을 전달하는 행위였다")이 어떤 신약 저자도 인정하지 않았을 실행 능력을 성령이 아닌 세례에 부여한다고 보고, Baptism에서 필자가 주장한 내용을 고수한다.

294) 추가로 아래 §30.6b를 보라.

295) Weiss, Earliest Christianity, 253-56. "바울의 초기 가르침은 피했어야 할 '악'과 가꾸어야 할 '덕'에 대해 어느 정도 안내했을 것이다"(Horrell, Social Ethos, 78-79).

히 어떻게 행하며 하나님을 기쁘시게 할 수 있는지를 우리에게 배웠으니…"),[296] 갈라디아서 5:25("우리가 성령으로 살면[실제로 그렇다] 또한 성령으로 행할지니"),[297] 로마서 8:13("너희가 육신대로 살면 반드시 죽을 것이로되 영으로써 몸의 행실을 죽이면 살리니")[298]에 암시되어 있다. 바울은 자신이 회심케 한 이들이 그리스도의 주권 아래로 옮겨왔기에, 그들이 새 주를 "믿어 순종"(롬 1:5)[299]하며 살기를 기대했다.

바울의 권면 중 많은 부분이 유대교의 윤리적 전통과 전적으로 연속된다. 바울 서신에 있는 권면의 특징이 그의 초기 윤리적 가르침과 연속성이 있을 것이라고 타당하게 추측할 수 있다. 살펴본 바와 같이, 여기에는 우상숭배와 성적 방종을 피해야 할 필요에 대한 바울의 강조가 포함된다.[300] 그리고 앞으로 살펴보겠지만, 바울의 권면은 유대교의 성경과 지혜의 강조점을 일정하게 되풀이한다.[301] 율법은 믿음으로 말미암아 세워졌고(롬 3:31), 성령을 따라 사는 사람들은 율법을 성취하며(롬 8:4), 이웃 사랑은 그 율법을 성취한다는 것(갈 5:14)이 바로 바울의 주장이다. 어떤 이들에게는 모순적이겠지만, (할례의 계명이) 아무것도 아니며, 하나님의 계명을 준수하는 일이 중요하다(고전 7:19)는 바울의 주장은 다소 의아스럽다.[302]

---

296) "랍비 용어로 표현된("받았다", "걸음", "가르침", "주었다") 이 균형 잡힌 진술은 교회 설립에서 잘 자리 잡은 실천을 시사한다"(Barnett, *Birth*, 46). 또한 D. Lührmann, 'The Beginnings of the Church at Thessalonica', in D. L. Balch et al., eds., *Greeks, Romans and Christians*, A. J. Malherbe FS (Minneapolis: Fortress, 1990), 237-49을 보라: 살전 4:1-12은 "'어떻게 살아야 하고 하나님을 기쁘시게 해야 하는지'가 데살로니가에서 바울의 초기 설교의 일부였음을 보여준다"(249).

297) Martyn의 번역(*Galatians*, 541).

298) 롬 8:3-4; 갈 3:3; 5:16; 6:8; 그리고 추가로 *Theology of Paul*, §23.4을 보라.

299) 위 n. 286을 보라.

300) 위 §27 n. 207을 보라.

301) 예. 아래 §33 n. 256 그리고 §34 n. 390을 보고, 롬 2:6-13을 주목하라.

302) 이 마지막 구절이 야기하는 어리둥절함은, 예. Hagner, 'Paul as a Jewish Believer', 107-108 그리고 필자의 *New Perspective on Paul* (2005), 48 n. 199, 50 n. 209, 77 n. 333, (2008), 52 n. 206, 54 n. 217, 85 n. 360에서 인용한 내용을 보라. 이 구절들을 고려하면, "그리스도가 왔기 때문에 율법이 더 이상 효력이 없다"라는 Hagner의 주장은 그가 제안한 단서에도 불구하고 너무 방만하다(112).

이미 언급한 대로, 지역의 교사들이 의존할 수 있는 가르침의 보고를 형성하기 위해 설립자인 사도들이 교회에 전해준 기본적인 전승의 대부분은, 예수 자신의 가르침과 또한 분명히 예수 전승의 첫 모음집인 예수에 관한 이야기들이었을 것이다.[303] 전자(예수의 가르침을 반복하는 것으로, 바울 서신의 윤리 부분에서 특별하게 두드러진다)[304]는 자신이 전한 전승(새 교회를 설립할 때나, 교회의 토대로서)에 대해 바울이 분명하게 언급한 몇 군데에서 염두에 두고 있었을 것이다.[305] 그리고 후자(예수에 관한 이야기들)는 어쩌면 아래의 구절에서 언급되었을 것이다.

- 롬 6:17: "너희에게 전하여 준 바/사람의 교훈의 본"[306]
- 롬 15:1-3: "이웃을 기쁘게 하는" 모본인 그리스도
- 갈 6:2: 짐을 서로 짐으로써 "그리스도의 법"을 성취한다는 유사한 사고
- 고전 11:1: 바울이 그리스도를 본받는 자가 되었기에 스스로를 모본으로 제시하는 바울
- 골 2:6: 골로새 사람들은 그들이 받은(parelabete) 그리스도 예수가 주 되심에 관한 전통을 따라 행동해야 한다.

여기서 기억할 필요가 있는 요점 한 가지는 바울의 복음이 예수의 죽음과 부활을 뒤돌아볼 뿐 아니라, 어느 정도로 앞을 바라보는가 하는 것이다. 바울이 선포한 칭의의 메시지는 최후의 칭의도 고려한다.[307] 그가

---

303) 편의를 위해 필자는 §§21.4d와 f에서 언급된 몇 가지 내용을 반복한다.
304) 예. 롬 12:14; 13:9; 16:19; 고전 9:14; 13:2; 갈 5:14; 빌 4:6; 살전 5:2, 13, 15.
305) 고전 11:2; 살후 2:15; 3:6. Hahn은 "사도 바울의 설교와 신학은 예수의 메시지와 근본적으로 상당히 일치한다"라고 결론짓는다(Theologie, 1.329).
306) "교훈의 본"(typon didachēs)이라는 구의 의미는 논란이 되지만, 바울의 저작에서 typos는 거의 항상 사람과 관련되며, 도덕 규칙에 대한 순종보다는 사람에게 하는 순종이 염두에 있을 개연성 더 크다. 추가로 필자의 Romans, 343-44을 보라.
307) 바울의 "의롭게 됨"이라는 언급은 대부분이 (음으로 양으로) 미래에 대한 언급이다. 롬 2:13; 3:20, 24, 26, 28, 30; 4:5; 8:33; 갈 2:16, 17; 3:8, 11, 24; 또한 5:5.

선포한 구원은 과정의 산물이었고, 구원은 분노의 날에 (마침내) 성취될 것이다.[308] 바울은 일신된 도덕적 삶을 그의 개종자에게서 기대했다.[309] 그런 강조점들은 나중에 바울의 가르침에 더해진 것이 아니라, 그리스도가 돌아올 미래의 심판을 바라보는 가운데 성령에 합당한 행위를 독려하기 위해 처음부터 주어졌다고 추정할 수 있다.[310] 이 점에 관해서도 하나님을 경외하는 자들은 그들에게 이미 친숙했던 강조점들("이미" 그리고 아직, 은혜 그리고 믿음의 순종)을 인식하고, 기독교의 독특한 강조점("그리스도 안"에서 머무는 일과 내주하시는 성령으로 가능해진 믿음의 순종)에 더 열려 있었을 것이다.[311]

오해를 피하고자, 필자는 위의 특징들이 바울의 선교적 설교에 어떤 구조와 개요를 제공한다고 결론을 내릴 만한 근거가 전혀 없음을 반복한다. 그러나 바울이 설교한 내용 및 바울 서신의 수신자들이 어떻게 회심하게 되었는지, 또한 그들이 무엇을 믿고 체험했는지를 암시하는 부분들은 그 수가 대단히 많고 명백하기에, 그런 설교와 믿음과 체험이 바울/이방인 선교를 통한 개종자들 사이에서 공동의 유대를 형성했고, 심지어 그가 방문하지 못했던 교회(골로새와 로마)에 편지를 쓸 때도 바울이 그것을 전제했다는 점은 의심할 여지가 없다.

29.8 목회자이자 서신의 저자인 바울

우리는 바울을 위대한 선교사 및 복음 전도자로 생각하여, 그가 유럽에 복음을 가져다주었고 수많은 이방인을 새로운 신앙으로 포섭해서 기독

---

308) 특별히 롬 5:9-10; 11:26; 고전 3:15; 5:5; 10:33; 살전 2:16; 살후 2:10. 고전 1:18; 15:2; 고후 2:15의 현재 시제는 주목할 만한 가치가 있다. 비슷하게 명사의 용례도 주목하라. 특별히 롬 1:16; 13:11; 고후 7:10; 빌 1:19; 살전 5:8-9; 살후 2:13.
309) 예. 롬 6:4, 19; 7:6; 8:5-9; 고후 6:9-11; 살전 4:3-8.
310) 롬 2:6-13; 14:10-12; 고전 3:10-17; 고후 5:10; 갈 6:8.
311) 추가로 필자의 *New Perspective on Paul* (2005), 67-88, (2008), 75-97을 보라.

교라는 묘목을 크게 성장시키는 쪽으로 방향을 전환시켰다고보는 경향이 있다. 그리고 그것은 타당한 묘사다. 이미 언급했듯이, 바울의 목적은 "그리스도의 이름을 부르는 곳에는 복음을 전하지 않기를 힘썼다"(롬 15:20)는 것이다. 그러나 바울은 자신이 설립한 교회들을 **목양하고** 유아기의 위험과 소년기의 정신적 외상을 통과해야 하는 적은 무리의 신자들을 양육하는 데 실제로 자신의 시간과 에너지를 전도만큼이나 어쩌면 그보다 더 많이 투입했다.[312] 우리는 이 점을 그의 서신을 통해 알 수 있다. 고린도후서 11:23-28에서 바울이 나열한 수고와 삶을 위협하는 위험들, 고생과 어려움 중에서도 그 절정은 "날마다 내 속에 눌리는 일이 있으니 곧 모든 교회를 위하여 염려하는 것이다"(11:28).[313] 그는 자신의 기도로 그의 어린 교회를 계속 떠받쳤다.[314] 이는 단지 서신을 적어 나가는 관례가 아닌 그들을 위한 깊은 개인적 헌신과 관심의 표현이다.[315] 그리고 이미 언급한 것처럼, 그 서신들 자체는 전도 문서가 아니라, 그의 교회들에서 시급하게 발생한 문제들과 논제들을 주로 다루며, 그것들을 신학과 실천 차원에서 다루는 교육 설명서다. 우리가 그의 서신을 통해 만나는 바울은 목회자이자 교사다. 그 서신들 없이 바울 선교에 관한 누가의 서술에만 의존하면, 바울의 선교에 대해 한쪽으로 치우친 피상적인 인식만 하게 되며, 왜 바울이 기독교 역

---

312) 이 주제는 여전히 비교적 무시된다. 그러나 E. Best, *Paul and His Converts* (Edinburgh: Clark, 1988).

313) "눌리는 일"에 관해서 Furnish는 바울에게 제기된 질문(예. 살전 4:13-5:11; 고전 7:8, 11, 12)과 연보 같은 구체적인 기획의 조직(고전 16:1-4; 고후 8-9; 롬 15:25-28)을 예로 들었다. "바울의 **염려**는 특별히 그에게서 분리된 회중과 관련하여, 자신의 개종자들이 자신이 그들에게 전한 복음을 타협하거나 유기하는 것에 대한 그의 지속적인 걱정을…가리킨다"(예. 갈 1:6-9; 3:1-5; 4:14-20)(*2 Corinthians*, 537-38). 고후 2:3-4은 고린도 교회에 관해서 바울이 체험한 "고통"(synochē)의 좋은 예다.

314) 롬 1:9-10; 고전 1:4; 빌 1:3-4; 골 1:3; 살전 1:2-3; 2:13; 살후 1:3, 11; 2:13; 몬 4; 엡 1:16.

315) "우리가 이같이 너희를 사모하여 하나님의 복음뿐 아니라 우리의 목숨까지도 너희에게 주기를 기뻐함은 너희가 우리의 사랑하는 자가 됨이라"(살전 2:8); "우리가 잠시 너희를 떠난 것은 얼굴이요 마음이 아니니, 너희 얼굴 보기를 열정으로 더욱 힘썼노라"(2:17); "그러므로 너희가 주 안에 굳게 선즉 우리가 이제는 살리라"(3:8); "주야로 심히 간구함은 너희 얼굴을 보고"(3:10).

사는 물론이고 그 특징에 있어 너무나도 거대한 발자취를 남겼는지에 대해 제대로 이해할 수 없다.

우리는 적절한 때에 바울 서신들을 각각 살필 것이다. 그러나 그의 개별 서신들을 평가하는 데 도움을 주는 바울의 서신 기록에 대한 몇 가지 측면은 잠시 살펴볼 만한 가치가 있다.[316)]

a. 서신의 기능과 목적

서신의 기본 기능은 서로 얼굴과 얼굴을 마주하는 것을 대체하며, 저자와 수신자가 만났을 때 했을 수도 있는 대화의 연속이었다(또한 연속이다).[317)] 물론 바울의 경우에는 자신과 자기 수신자 간의 거리, 그리고 바울이 자주 겪었던 여행 계획의 지체 때문에 서신이 필요했다.[318)] 그런 문단에 있는 수사법을 인정한다 해도, 분명 바울은 서신으로 응답했던 논제를 다루고 소통하기 위해 오히려 직접 만나길 원했을 것이다. 이 일반적 관찰의 유효성에 대해서는 적어도 바울과 고린도 교회의 관계와 관련하여 어느 정도의

---

316) 20세기 후반들어 고대 세계의 서신 기록에 대한 관행과 특징에 폭발적인 관심이 있었다. 특별히 G. J. Bahr, 'Paul and Letter Writing in the First Century', *CBQ* 28 (1966), 465-77; W. G. Doty, *Letters in Primitive Christianity* (Philadelphia: Fortress, 1973); S. K. Stowers, *Letter Writing in Greco-Roman Antiquity* (Philadelphia: Westminster, 1986); J. L. White, *Light from Ancient Letters* (Philadelphia: Fortress, 1986); Aune, *New Testament*, 158-225; A. J. Malherbe, *Ancient Epistolary Theorists* (SBLBS; Atlanta: Scholars, 1988); H. Y. Gamble, *Books and Readers in the Early Church: A History of Early Christian Texts* (New Haven: Yale University, 1995), 36-37; J. Murphy-O'Connor, *Paul the Letter-Writer: His World, His Options, His Skills* (Collegeville: Liturgical, 1995); Longenecker, *Galatians*, c-cxix; H.-J. Klauck, *Ancient Letters and the New Testament* (1998; Waco: Baylor University, 2006); M. L. Stirewalt, *Paul: The Letter Writer* (Grand Rapids: Eerdmans, 2003); E. R. Richards, *Paul and First-Century Letter Writing* (Downers Grove: InterVarsity, 2004)을 보라.

317) 그 견해는 오래 지속된 것이다. 예. Doty, *Letters*, 27과 n. 13을 보라. 세네카가 자기 친구 루킬리우스에게 한 말이 자주 인용되는데, 곧 그가 자기 서신들이 "너와 내가 서로 함께 앉아서 아니면 함께 걸으면서 (즉흥적이고 편하게) 나누는 대화가 되길" 선호했다는 것이다 (*Ep.* 75.1-2; Malherbe, *Ancient Epistolary Theorists*, 28-29에서).

318) 롬 1:13; 15:22; 고전 16:5-9; 고후 1:8-2:13; 13:1-10; 살전 2:18.

단서가 달려야 한다. 바울이 고린도를 방문했을 때 일이 잘못되었고(고후 12:20-21), 편지(2:4)와 중재자(딛 7:5-16)가 더 효과가 있었던 것 같다.[319] 바울이 직접 함께하는 것과 서신으로 함께하는 것 사이의 대조는 바울이 때때로 절실하게 의식하고 있는 것이었다(고전 5:3-5, 고후 10:9-11).

중요한 귀결은 마치 그 서신들이 얼굴과 얼굴을 마주하며 전해준 이전의 가르침과 권면을 쓸모없고 불필요하게 만드는 것처럼, 바울 서신이 직접적인 만남 및 구두/청각을 통한 의사소통을 대체하는 것으로 받아들여지지 않아야 한다는 점이다. 그 서신들은 구두적 방식에서 문어적 방식으로의 전환이라고 볼 수 없다. 만일 그랬다면, 바울의 모든 전도 설교와 그가 새로운 교회를 세울 때 전해준 전승의 모든 진술이 그 서신들에 포함돼야 한다고 예상하게 된다. 바울 서신을 그의 메시지의 개론으로 보게 된다. 하지만 그의 서신은 그런 것이 아니다. 몇몇 선포와 고백 문구 그리고 예수 전승의 반복을 포함해서, §29.7에서 언급한 것들과 같은 암시를 통해서만 바울이 원래 구두로 전달한 내용을 추론할 수 있다는 사실은, 서신들이 기초가 되는 이전의 선포와 가르침을 대체하지 않고 보충한다고 하는 충분한 증거가 된다.

바울 서신의 수신자 가운데 허다한 무리가 그 서신을 읽지 **않았다**고 기억하는 것 역시 중요하다. 대부분은 읽을 수 있을 정도로 충분히 글을 알지 못했을 것이다. 그러나 회중에게 편지를 읽는 게 전형이었고, 청중의 대부분은 자신들에게 읽히는 내용을 들음으로써 그 서신을 받았을 것이다. 요약하면 편지의 수신은 구두적·청각적 사건이었다.

---

319) 추가로 M. M. Mitchell, 'New Testament Envoys in the Context of Greco-Roman Diplomatic and Epistolary Conventions: The Example of Timothy and Titus', *JBL* 111 (1992), 641-62을 보라.

b. 바울이 도입한 혁신

바울 서신들은 진짜 편지였다. 특히 바울 서신의 언어와 관련해서, 이전에 특별한 종류의 그리스어("성경의 그리스어")라고 생각했던 것은, 이제 그 시대의 일반 사람들(대중적 혹은 "천박한")의 그리스어로 밝혀졌다.[320] 20세기 초기부터 발견된 많은 파피루스 서신에서, 우리는 대중의 편지들, 특별히 첫 안부와 마지막 인사의 관례가 어떻게 기록됐는지 알고 있다.[321] 그 정도까지 우리는 바울이 이 관례를 알고 있었다는 점과 그것들을 어떻게 각색하고 자신만의 관례를 구축했는지 명백하게 인식할 수 있다.[322] 예를 들면 A가 B에게 *chairein*("인사")이라는 인사말로 시작하는 보통 그리스어 편지에서, 바울은 전형적으로 *chairein*을 자신이 선호하는 *charis*("은혜")로 변환했고, 그것에 유대적 특징을 지닌 인사말 "샬롬" = *eirēnē*("평화")를 덧붙였다. "우리 주 예수의 은혜가 너희에게 있을지어다."[323] 이와 비슷하게 그 시대의 전형적인 편지는 도입부에서 수신자의 건강에 대해 물은 후(*errosō, errōsthe*, "건강하라, 안녕") 건강하길 기원하며 끝나지만, 바울은 전형적으로 다시 자신의 인사를 상기하는 문구로 끝맺는다. "우리 주 예수 그리스도의 은혜가 너희에게 있을지어다."[324] 그리고 "거룩하게 입맞춤으로 서로 문안하라"는 요청 역시 독특해 보인다.[325] 그런 각색들 혹은, 더 잘 표현한다면, 그의 복음과 신학을 표현하는 문구로 변환한 것은 바울의 대표적인 특징이자 그가

---

320) Deissmann, *Light*, 2장. 바울 서신들은 문화적 작품이 아니라 "진짜 서신"이라는 Deissmann의 판단에 관한 논증은(*Light*, 234), 예로 Roetzel, *Paul*, 72-76을 보라.

321) Deissmann은 다시 가장 인정받을 만하다(*Light*, 3장). 그 관습들은 자주 비평됐다. 예. Doty, *Letters* 21-47; Longenecker, *Galatians*, cv-cix; Murphy-O'Connor, *Letter-Writer*, 2장; Roetzel, *Paul*, 81-92; Klauck, *Ancient Letters*, 17-25.

322) A. J. Malherbe, *Paul and the Thessalonians* (Philadelphia: Fortress, 1987)은 "바울의 새로운 기독교 문학 작품의 성취"라고 정당하게 언급한다(69).

323) 롬 1:7; 고전 1:3; 고후 1:2; 갈 1:3; 빌 1:2; 골 1:2; 1 살전 1:1; 살후 1:2.

324) 롬 16:20; 고전 16:23; 고후 13:13; 갈 6:18; 빌 4:23; 살전 5:28; 살후 3:18.

325) 롬 16:16; 고전 16:20; 고후 13:12; 살전 5:26; 또한 벧전 5:14; Justin, *Apol.* 1.65; 추가로 Thrall, *2 Corinthians*, 912-14을 보라.

자신의 개종자들에게 심어주려는 관점 및 동기의 전형적인 형태였다.

그러나 가장 큰 혁신은 바울 서신의 몸통에 있다. 조금도 과장하지 않고 말해도, 인식할 수 있는 서신의 도입부와 결론 사이에 삽입한 내용의 분량(과 특징)은 "서신"으로서는 아주 특이하다.[326] 바울 서신을 편지라고 타당하게 명명할 수 있느냐는 의문을 제기할 정도로 바울은 편지 형식을 상당히 변형했다. 바울 서신을 강연이나 논문으로 묘사하는 것이 더 타당할까?[327] 그 문제는 논쟁할 만한 가치가 없는데(이름보다 내용이 중요하다), 요점은 바울이 그것을 자신의 목적을 위해 거리를 가로지르는 분명한 소통 수단으로 구축하고 공들여 작성했다는 데 있기 때문이다. 바울은 어떤 관습이나 형식을 따라 쓰려고 하지 않았다. 바울 교회의 필요가 그 서신의 구조와 내용을 결정했으며, 바울은 자신의 복음과 신학을 이 필요에 관련시켰다.

오늘날 많은 시선을 끌고 있는 상관관계가 있는 논제(바울 서신의 **수사법**)에도 이것은 적용된다.[328] 전형적인 고대 수사법 형식, 즉 사법적(혹은 법정적), 심의적(자문적), 과시적(혹은 찬사적) 형식을 따라 그 서신들을 분류해야 하는가?[329] 답은 "아니요"일 것이다! 엄밀히 말하면 그 서신들은 특유하다 (*sui generis*). 이는 바울이 다양한 수사학적 "요령"을 알고 있었고, 자신이 필

---

326) "바울 서신은 평범하지 않게 길다"(Richards, *Paul*, 163). Richards는 우리에게 알려진 서신의 평균 길이(단어 수)를 비교한다: 파피루스(87); 키케로(295); 세네카(995); 바울(2,495). "로마 교회가 바울의 서신을 처음 받았을 때, 어쩌면 내용보다 서신의 길이에 더 망연자실했을 것이다"(164).

327) "대부분의 이론가는 우호적인 개인 서신이 일반적이었다고 추정하고, 서신이 논문이나 대화가 아니어야 한다고 보았다"(Doty, *Letters*, 15).

328) Murphy-O'Connor, *Letter-Writer*, 65-113; 그리고 F. W. Hughes, 'The Rhetoric of Letters', in K. Donfried and J. Beutler, eds., *The Thessalonians Debate* (Grand Rapids: Eerdmans, 2000), 194-240이 그 주제를 유익하게 비평했다. 바울 서신을 향한 수사학적 접근에 대한 심취는 *Thessalonian Debate*와 자매 판인, Nanos, ed., *Galatians Debate*에서 그 주제에 초점을 둔 여러 소논문이 잘 보여준다.

329) 특별히 G. A. Kennedy, *New Testament Interpretation through Rhetorical Criticism* (Chapel Hill: University of North Carolina, 1984), 그리고 Stowers의 비평(*Letter Writing*, part 2)을 보라.

요할 때 그것들을 제대로 활용했음을 부인하는 것은 아니다.[330] 그렇지만 바울이 어떤 수사법 안내서를 따라 그의 서신들을 작성했다는 추정은 오해의 소지가 있다. 오히려 그 분야에 대한 전문가들의 불일치는 방금 주장한 것과 같은 요점을 상기시킨다. 즉 바울 서신들은 자신의 교회를 목회적으로 위하는 바울의 자연스러운 반응이고, 교회의 필요에 대한 바울의 염려에 따라 결정됐다는 것이다.[331]

그러나 바울 서신에 나타난 수사와 관련해서 적절하게 언급할 수 있는 사실은 그 서신들의 구전적/청각적 특징을 추가로 상기하게 한다. 수사학자는 자신의 수사 기술과 방법으로 청중을 설득하려고 하는 것처럼, 바울도 자신의 메시지와 논증으로 청중을 설득하길 원했다. 자신의 서신이 실제로 자기가 직접 목소리로 전했으면 하는 내용을 대신해서 전하길 원하는 바울의 간절함은 그 서신들에 자주 표현된 느낌의 강도를 볼 때 분명해진다.

c. 공동으로 기록한 서신들

보통 여러 사람이 각각의 바울 서신을 기록하고 제작하며 전달하는 데 관여했다.

물론 **바울이** 있었다. 바울은 어떻게 그런 서신들을 작성했는가? 예를

---

330) 로마서에서 바울이 "비난"(*diatribe*) 기교를 사용한 사실은 잘 알려졌고, 다수의 연구에서는 바울이 고린도전서에서 정치적 수사를 효과적으로 사용할 수도 있었음을 보여주었다. 특별히 Mitchell, *Paul and the Rhetoric of Reconciliation*; L. L. Welborn, *Politics and Rhetoric in the Corinthian Epistles* (Macon: Mercer University, 1997)를 보라.

331) 예. Betz, *Galatians*에 대한 Longenecker, *Galatians*, cxi-cxiii의 비판을 보라. Roetzel은 수사학적으로 바울 서신에 접근하는 일의 한계성을 언급한다(*Paul*, 76-81). B. Winter, 'The Toppling of Favorinus and Paul by the Corinthians', in J. T. Fitzgerald et al., eds., *Early Christianity and Classical Culture*, A. J. Malherbe FS (NovTSupp 110; Leiden: Brill, 2003), 291-306은 Favorinus의 *Apologia*(Dio Chrysostom, Or. 37)에는 "구조"가 전혀 없고 그것이 "양식비평 분석을 거부한다"라고 말한다(300).

들면, 로마서는 상당히 주의 깊게 구성된 논증의 모습을 띤다. 바울은 단 번에 그 편지를 작성했는가? 확실히 아니다. 그렇게 긴 작품을 기록하려 면 여러 번 나누어 기록해야 했을 것이다.[332] 바울은 단락별로 작성/구술 했는가? 이전 자료들을 이용했는가?[333] "즉흥적으로" 구술했는가?[334] 아니 면 더 개연성 있게는, 바울이 메모나 부분적인 초안을 가지고 서신을 제대 로 기록하기 전에 논증의 부분적 혹은 전체적 개요를 짰는가?[335] 한편 고 린도전서는 고린도에서 바울에게 보낸 편지와 전달자의 보고 내용을 통 해 주목하게 된 일련의 논제와 질문 및 문제를 다루는 바울의 모습을 보여 준다.[336] 갈라디아서는 실제로 극심한 분개와 분노 가운데 작성된 편지처 럼 읽히며, 길지만 한 번에 기록되었다고 볼 수 있다. 그러나 여기에도 바 울은 분명 이전에 고찰한 내용의 결과물인 논증과 설명에 의존할 수 있었 으며, 서신을 완성하기 전 하나 이상의 초안을 작성했을 것이다.[337] 또한 빌 립보서 3:1 중간 부분의 유명한 중단은 구술 중 휴식이나 밤사이 바울에게 온 소식으로 쉽게 설명할 수 있을 것이다.[338]

그다음에 **조력자** 혹은 **공동 저자들**이 있다. 우리는 디모데와 실라 및 소스데네가 바울 서신 중 자그마치 7개(고린도전후서, 빌립보서, 골로새서, 데살로

---

332) 각 바울 서신이 기록되는 데 걸린 시간에 대한 근거 있는 추측은, Richards, *Paul*, 92, 165 을 보고, 그 관련 비용은 169을 보라. 또한 기록의 제재와 절차는 Klauck, *Ancient Letters*, 43-54을 보라.

333) 예를 들면, 롬 3:10-18의 연속문은 즉흥적으로 기록되지 않았다(L. E. Keck, 'The Function of Rom 3:10-18: Observations and Suggestions', in J. Jervell and W. A. Meeks, eds., *God's Christ and His People*, N. A. Dahl FS [Oslo: Universitetsforlaget, 1978], 141-57). 그리고 롬 9-11장은 바울의 이전 가르침에서 사용했던 내용을 하나로 만든 것 같다.

334) Stirewalt는 즉흥적 단락을 나타내는 몇몇 표시를 제시한다(*Paul*, 20-23).

335) 바울이 자신의 책보다 훨씬 더 중요하게 여겼던, 딤후 4:13의 가죽 종이(*membranae*)는, 다 른 자료와 책으로 만들어지지 않은 자료(작업 중인 메모와 원고들)에서 필사한 것들을 담 은 "공책"을 가리킬 것이다(특별히 T. C. Skeat, 'Especially the Parchments: A Note on 2 Timothy IV.13', *JTS* 30 [1979], 172-77을 언급하는, Richards, *Paul*, 56-57).

336) 고전 1:11; 5:1; 7:1; 8:1; 12:1; 15:12.

337) Richards, *Paul*, 25. 또한 아래 §32 n. 413-15을 보라.

338) 바울의 투옥(빌 1:7, 17)은 물론 더 까다로운 제한과 구술이 가능한 기간 사이의 더욱더 긴 간격을 의미할 수 있다.

니가전후서와 빌레몬서)의 공동 저자로 소개된다고 이미 언급했다.[339] 그들의 역할은 분명히 바울이 편지를 쓰는 동안 단순히 함께하는 것만은 아니었을 것이며, 그들이 편지 작성을 돕지 않았다면 마지막 인사말에서만 그들을 언급하면 되었을 것이다. 그러나 그들은 무엇을 공동으로 작업했는가? 바울은 디모데와 실라가 공동 저자로 언급된 편지의 내용을 그들과 논의했는가? 그들은 사실 실제로 작문의 일부를 책임진 온전한 공동 저자였는가?[340]

바울 서신의 작문에 관여한 세 번째 사람은 바울 시대의 일반 관행을 따라 바울이 구술한 서신들을 받아 적은 **서기**나 **대필자**다.[341] 우리는 그 대필자 가운데 한 사람의 이름을 알고 있다. 로마서를 쓴 더디오다(롬 16:22). 바울이 자기가 직접 내용을 추가하려고 서신 마지막에 대필자에게서 펜을 넘겨받는 습관이 있었다는 점은 몇몇 서신에서 분명히 드러난다.[342] "내 손으로 너희에게 이렇게 큰 글자로 쓴 것을 보라"(갈 6:1), "나 바울은 친필로 너희에게 문안하노라",[343] 데살로니가후서 3:17의 "나 바울은 친필로 문안하노니, 이는 (내) 편지마다 표시로서 이렇게 쓰노라" 등이 있다. 어떤 서신에서도 서기의 관여 정도는 불분명하다. 서기는 바울의 말을 받아적기만 했는가? 능숙한 필경사는 속기의 어떤 형식을 이용할 수 있었다.[344] 하지

---

339) 이미 앞에서 언급했다(§21 n. 188과 §29 n. 209); 또한 Richards, *Paul*, 104은 "서신을 함께 보낸 사람들의 이름을 밝히는 관습은 상당히 드물었던 것으로 보인다"라고 말한다(34). 비슷하게 Murphy-O'Connor, *Letter-Writer*, 18(추가로 19-34).

340) Murphy-O'Connor는 고후 1-9장의 74%가 일인칭 복수로 쓰였고, 단지 26%가 단수로 기록됐음을 언급하며, 이를 바탕으로 디모데가 이 장들을 작성하는 데 틀림없이 훨씬 더 많은 역할을 했을 것이라고 결론짓는다(*Paul*, 308-309).

341) R. N. Longenecker, 'Ancient Amanuenses and the Pauline Epistles', in R. N. Longenecker and M. C. Tenney, eds., *New Dimensions in New Testament Study* (Grand Rapids: Zondervan, 1974), 281-97(여기서는 282-88); Richards, *Secretary*; Klauck, *Ancient Letters*, 55-60. Murphy-O'Connor(*Letter-Writer*, 1-6장) 그리고 Richards(*Paul*, 29)는 글쓰기 외에 서기가 갖추어야 할 제재와 기술을 상기한다.

342) 그 관행은 파피루스 서신에서 폭넓게 증명되었다. Deissmann, *Light*, 171-72; Richards, *Secretary*, 76-90; J. A. D. Weima, *Neglected Endings: The Significance of the Pauline Letter Closings* (JSNTS 101; Sheffield: JSOT, 1994), 45-50을 보라.

343) 고전 16:21; 골 4:18; 살후 3:17.

344) 자주 인용되는 것은 "속기의 상징들을 사용하여 빠르게 전달된 연설도 기록했고, 손이 말

만 바울은 그러한 능숙한 필경사에게 지불할 비용을 감당할 수 있었는가? 바울의 대필자로 실제로 이름이 밝혀진 유일한 사람인 더디오는 그런 필경사였고, 바울의 가장 야심 찬 문헌적 기획을 위해 자신의 전문 용역을 제공한 동료 그리스도인이었다(롬 16:22). 다른 경우에 바울은 덜 유능한 서기(로서 일하는 동료들)에게 의존하고 천천히 구술해야 했을 것이다.[345] 또한 우리는 바울이 그가 말하려는 내용의 개요를 필경사에게 제공하여 필경사가 자신의 용어와 문체로 기록하도록 했을 가능성도 염두에 두어야 한다.[346] 이 마지막 내용은 대부분의 바울 서신에서 드러나는 일관된 문체와 표현을 공평히 다루지 못한다. 그러나 공동 저자를 서기에 합류시키거나 공동 저자가 대필자일 수 있음을 인정할 때, 주석가들로 머리를 긁적이게 만든 문체(와 내용)가 보여주는 문체의 불균일성을 어느 정도 설명할 수 있다.[347] 그리고 바울의 편지 작성에서 그런 관계(들)의 친밀함은 디모데가 바울을 위해 골로새서를 기록했다는 의견에 어느 정도 무게를 실어준다.[348]

마지막으로, 전달자(angelos)가 모여든 청중에게 서신을 낭독함으로써 서신을 전달했을 것임을 다시 상기할 필요가 있다.[349] 서신들의 단어가 개별적으로 기록되지 않고, 마침표가 (많이 혹은 전혀) 없이 기록되었을 것이기

의 빠름을 따라갈 수 있었다"(*Ep.* 90.25)라는 세네카의 언급이다. "그 관행은 제국에 폭넓게 퍼져 있었다"(Richards, *Paul*, 71; 추가로 67-74; 더 이전의 *Secretary*, 26-43; Murphy-O'Connor, *Letter-Writer*, 8-13). "우리는 그가 이 방식으로 한 번에 몇 문장을 기록하고, 바울이 다음 문장을 생각하는 동안 보통 서법으로 그 문장들을 기록했다고 볼 수도 있다"(Cranfield, *Romans*, 4).

345) Richards, *Paul*, 66-67.
346) 키케로는 아티쿠스에게 키케로의 이름으로 자신들의 여러 친구에게 편지를 쓰도록 자주 요청했다(*Atticus* 3.15; 11.2, 5, 7). 추가로 Murphy-O'Connor, *Letter-Writer*, 13-16; Richards, *Paul*, 74-79.
347) 고후 6:14―7:1의 난제가 마음에 떠오른다.
348) 필자의 *Colossians and Philemon*, 38과 n. 47의 참고문헌 그리고 아래 §34.6을 보라.
349) "내가 주를 힘입어 너희를 명하노니 모든 형제에게 이 편지를 읽어주라"(살전 5:27). 그 명령이 왜 주어져야 했고 그렇게 강하게 말해야 했느냐에 대한 가능한 이유는, Malherbe, *Thessalonians*, 344-45을 보라. 또한 개인 서신을 보내는 일과 바울 서신을 전달한 사절에 관해서는(51-56) *NDIEC*, 7.26-47을 보라.

때문에, 서신의 낭독자는 자신의[350] 읽기 혹은 공연이라고도 말할 수 있는 행위를 신중히 준비해야 했다.[351] 어떻게 단어들을 나눠야 하는가? 어느 부분에서 숨을 쉬어야 하는가? 단어들을 어떤 표정으로 읽어야 하는가?[352] 친숙한 본문을 극처럼 읽는 것을 들어본 사람이라면 알듯이, 그런 읽기에는 본문을 해석하는 측면이 있다. 그렇다면 읽히고/들린 언어가 자신이 의도한 정서를 확실히 전달하게 하려고, 바울이 서신이 어떻게 읽히기를 고려하며 구술함으로써 자신의 서신 전달자를 교육했다고 상상해야 하는가?[353] 다시 말해서, 바울의 편지가 사적으로(그렇게 읽혔다고 하더라도) 거의 읽히지 않았음을 기억할 때, 그런 (큰 소리로 회중 앞에서 행해진) 낭독은 마치 바울이 직접 말하는 것과 같은 수사적 사건이었을 것이다.

d. 보존하고, 자주 읽고, 복사하고, 돌려본 서신들

우리는 바울이 보낸 각 서신을 회중이 받아서 한 번 읽은 후 자신들이 만나

---

350) 우리는 뵈뵈가 로마서의 전달자였을 가능성을 상기해야 할 것이다(§29.6).

351) 추가로 P. J. Achtemeier, 'Omne verbum sonat: The New Testament and the Oral Environment of Late Western Antiquity', *JBL* 109 (1990), 3-27(여기서는 15-19); P. J. J. Botha, 'The Verbal Art of the Pauline Letters: Rhetoric, Performance and Presence', in S. E. Porter and T. H. Olbricht, *Rhetoric and the New Testament* (JSNTS 90; Sheffield: Sheffield Academic,1993), 409-28; W. Dabourne, *Purpose and Cause in Pauline Exegesis* (SNTSMS 104; Cambridge: Cambridge University, 1999), 8장; W. Shiell, *Reading Acts: The Lector and the Early Christian Audience* (Leiden: Brill, 2004)를 보라.

352) "서신을 사도 바울에게서 온 서신으로 크게 읽었어야 했지만, 낭독자는 성공적인 전달을 위해 내용을 사실상 암기해야 했다." R. Jewett, *Romans* (Hermeneia; Minneapolis: Fortress, 2007) 40.

353) 비교. R. F. Collins, "'I Command That This Letter Be Read': Writing as a Manner of Speaking', in Donfried and Beutler, eds., *The Thessalonians Debate*, 319-39. E. J. Epp, 'New Testament Papyrus Manuscripts and Letter Carrying in Greco-Roman Times', in B. A. Pearson et al., eds., *The Future of Early Christianity*, H. Koester FS (Minneapolis: Fortress, 1991), 35-56은 서신의 전달자를 서신의 정서를 확대할 수 있는 사람으로 언급하는 파피루스를 인용한다: "나머지 분들은 이 편지를 여러분에게 가져온 사람에게서 배우십시오. 그는 우리에게 낯선 사람이 아닙니다"(46).

는 장소의 금고 같은 곳에 보관했다고 상상해서는 안 된다.

- 바울은 자기 서신 중 어떤 혹은 모든 서신을 한 부 이상 작성했는가? 그것은 바울 시대의 관습과 잘 부합한다.[354]
- 또한 서신이 단일 회중에게 전달된 것이 아닐 수도 있다.[355] 바울은 편지 전달자가 한 서신을 여러 모임에서 읽을 것으로 예상했는가?[356] 아니면 (첫 수신 이후에) 각 회중이 개인적으로 필사본을 만들 것으로 예상했는가?
- 또한 바울은 한 회중을 위한 서신을 다른 회중들도 볼 수 있어야 함을 항상 염두에 두었는가? 골로새서는 확실히 그런 경우다.[357] 여기서도 소중한 원본보다는 필사본을 염두에 두었을 것이다.[358]
- 서신을 청중에게 한 번 읽어준 후에 단순히 "보관했다"고 추정할 수도 없다. 반대로, 우리는 다른 교회에서 지도하고 가르치는 책임이 있는 사람들이 반복해서 서신을 참조했고, 서신이 청중의 "확립된" 가르침과 전통의 자료가 되었다고 상당히 자신 있게 추정할 수 있다.[359]
- 그 문제에 관한 바울의 의도가 무엇이든지 간에, 필사본이 곧 만들어져 광

---

354) "고대 작가들은 개인 서신에 특별한 문학적 장점이나 주제의 중요성이 전혀 없어도, 자신들의 개인 서신의 필사본을 때로 간직했다. 그리고 교육과 행정 관련 서신의 사본은 보관되었을 가능성이 더 크다. 고대에는 서신 모음집이 거의 항상 그 저자를 통해 혹은 저자의 명령으로 다른 이를 통해 출간되었고, 종종 저자의 사본으로 그것을 만들었다. 바울 서신 일체는 바울과 그의 동역자들에게 확실히 유용했을 것이다"(Gamble, Books and Readers, 101). 추가로 Richards, Paul, 156-61은 바울이 자기 서신의 모든 혹은 대부분의 사본을 간직했다는 견해를 가진 사람들이 증가하고 있음을 언급한다(214-15과 n. 25).

355) 갈라디아서는 "갈라디아의 모든 교회[복수]에" 전해졌다(갈 1:2).

356) Richards는 바울 자신이 손수 썼다는 갈 6:11의 언급이, 회중들이 사본으로 읽었다면 어떤 의미도 없었을 것이라고 주장한다(Paul, 157과 n. 8).

357) "이 편지를 너희들 중에 읽을 때 라오디게아인의 교회에서도 읽게 하고 또 라오디게아에서 오는 편지를 너희도 읽으라"(골 4:16).

358) "서신의 사본을 공유하는 일은 흔했다"(Richards, Paul, 158). 추가로 Gamble, Books and Readers, 96-100을 보라.

359) Lindemann이 관찰했듯이, 바울 서신에 재작업과 편집의 증거가 드러난다면, 이는 관련된 공동체가 이 서신을 자신의 전통에 중요한 요소로 여겼음을 시사한다(Paulus im ältesten Christentum, 29).

범위하게 배포되기 시작했다고 충분히 추정할 수 있다. 바울의 편지가 가르침의 자료로 소중하게 여겨지면 여겨질수록, 그것은 더욱더 예수 전승과 같은 기능을 했을 것이고, 먼저는 지역 교회 그리고 이후에는 바울이 세운 다른 지역 교회들의 공동 자산이 되었을 것이다.[360] 예를 들면, 로마서가 15-16장이나 16장이 생략된 채로 더 폭넓게 회람되었음은 사본의 증거로 추측할 수 있다.[361] 그리고 고린도전서가 한두 세대 내에 로마와 소아시아(그리고/혹은 수리아)에 잘 알려졌다는 클레멘스와 이그나티오스의 증거가 이와 유사한 추론을 요구한다.[362]

요약하면, (어쩌면) 두 세대 이후 바울 서신을 "성경"(벧후 3:16)으로 언급한 베드로후서의 결론에 이르기까지의 과정은 실제로 매우 빨리 시작되었을 수 있다. 말하자면, 바울 서신과 그 서신에 담긴 가르침의 영향이 거의 처음부터 그 서신을 전달받은 교회에서 계속 확장되는 파문처럼 퍼지기 시작했다는 것이다. 물론 우리는 바울 서신의 일부가 분실되었음을 안다. 어쩌면 이 경우는 바울이 사본을 보유하지 못했거나, 그 서신들이 그리 소

---

360) A. Harnack, *Die Briefsammlung des Apostels Paulus* (Leipzig: Hinrichs, 1926)은 바울 서신의 모음집이 첫 세기의 마지막 25년에 처음으로 이루어졌다는 일치된 견해를 확립했다. 골로새서 4:16에서 언급된 서신들의 교환은 두 자매 공동체의 특별한 사례였다(7). 그러나 Richards, *Secretary*, 165 n. 169, 또한 *Paul*, 218, 그리고 D. Trobisch, *Paul's Letter Collection: Tracing the Origins* (Minneapolis: Fortress, 1994)은 둘 다 바울 저작이 바울에게서 기원했다고 믿는다. "바울 서신 모음집은, K. Aland가 서신들의 본문 역사에 기초해서 논증했듯이, 이웃 회중들이 바울 서신들의 필사본을 찾기 시작했을 때, 즉 그것들을 처음 기록했을 때부터 시작했다"(Ellis, *Making*, 296-97). 또한 Gamble, *Books and Readers*, 58-63; S. E. Porter, 'When and How Was the Pauline Canon Compiled? An Assessment of Theories', in S. E. Porter, ed., *The Pauline Canon* (Leiden: Brill, 2004), 95-127을 보라. 추가로 제3권을 보라.

361) 예. Fitzmyer, *Romans*, 49-50을 보라.

362) 이제 A. F. Gregory and P. Foster, in A. Gregory and C. Tuckett, eds., *The Reception of the New Testament in the Apostolic Fathers* (Oxford: Oxford University, 2005), 144-48, 164-67을 보라. M. M. Mitchell, 'The Letter of James as a Document of Paulinism?', in R. L. Webb and J. S. Kloppenborg, eds., *Reading James with New Eyes* (LNTS 342; London: Clark, 2007), 75-98은 야고보서 저자가 적어도 고린도전서와 갈라디아서를 포함한 바울 서신 모음집을 알았다는 증거를 야고보서에서 본다.

중하게 여겨지지 못했거나 폭넓은 관심을 얻지 못했거나, 위에서 예상한 과정이 상당히 이른 단계에서 방해받은(서신이 분실됐거나 파기됨) 경우일 것이다. 그러나 우발적이든 계획적이든 그런 분실로 인해 보존된 서신들은 소중하게 여겨졌고 자주 읽혔으며 복사되고 배포되었다는 결론에서 멀어져서는 안 된다.

종합하면, 사도 바울에 대해 떠오르는 모습은 종교와 문화 역사의 주요한 전환점에 있는 사람, 자신에 대해 자부하거나 아니면 자신이 이방인에게 전파하도록 위임을 받은 자신의 사명과 복음을 높이 평가한 사람, 움츠리지 않고 한없어 보이는 에너지와 용기로 자신에게 주어진 비전을 추구한 사람, 선견지명이 있는 계획과 냉철한 전략을 가진 사람, 다른 이들의 적대감과 혹평은 물론이고 많은 사람에게서 엄청난 충성과 헌신을 자아내게 할 수 있는 지도자, 복음을 충분히 성찰한 후에 강력하게 전달하는 복음 전도자, 자신의 사역을 통해 기독교를 확고히 자리잡게 하고 깊이 뿌리 내리게 한 목회자다. 또한 1세기의 여느 저자와는 달리, 자신이 목회자로서 작성한 서신이 미래의 기독교를 형성하는 교리적 교본이자 신학적 문헌이 되었던 그런 면모를 지니고 있다. 참으로 그는 기독교의 제2의 창시자라고 하겠다.

제 30 장

바울의 교회들

바울은 에게해 지역에서 선교하는 동안 여러 교회를 설립하는 데 성공했다. 우리는 이에 대해 사도행전으로부터 조금 알고 있으나, 바울 서신에서 최고의 통찰을 얻는다. 특별히 데살로니가전후서, 고린도전후서, 빌립보서, 골로새서가 바로 그러한 서신들이다. 이어지는 장에서 당연히 이 서신들(또한 이 기간에 기록했을 갈라디아서와 로마서)을 자세히 살펴볼 것이다. 그러나 바울이 이 서신들에서 다룬 논제와 문제들을 본격적으로 다루기 전에, 한걸음 물러서서 이 교회들의 설립에 관련된 내용이 무엇이었는지 그리고 새로운 개종자들에게 "교회" 혹은 "하나님의 교회(또는 교회들)" 됨이 무엇을 의미했는지 좀 더 개괄적으로 살펴보면 좋을 것이다. 그들은 어디에서 모임을 가졌는가? 대부분이 회당 출신인 초기 구성원(개종자와 하나님을 경외하는 자)은 지역 회당(들)과 어떤 관계였는가? 다른 사람들은 그들을 어떻게 여겼는가? 회당에 속한 하위 모임, 종교 집단, 연합이나 동호회, 혹은 단지 정기적으로 만나는 친구들 모임으로 여겼는가? 지역과 로마 당국이 보기에 그들의 법적 지위는 무엇이었는가? 그들의 사회적 구성은 어떻게 되었는가? 예를 들어 그 계층 구성은 지도층과 노예 및 남녀, 그리고 평등 관계를 포함했는가? 그들은 자신들을 어떻게 조직했는가?[1] 그런 배경과 상황 정보를 밝혀내려면, 당연히 앞에서 언급한 특정 교회를 염두에 두고 작성한 바울 서신에 의존해야 한다. 그들이 처한 환경에서 설립된 특정 교회들을 탐구하기 전에 기본 정보를 구축할 수 있다면, 서신들 자체를 탐구할 때 서신들을 기록하게 한 이유였던 특별한 논제와 상황에 더욱더 주목할 수 있을 것이다.

30.1 왜 "교회"인가?

교회가 확고히 설립된 지역의 다양한 중심지에서 신생 기독교 운동의 존재와 성격을 의미하는 한 용어가 신약성경에 있다면 그것은 *ekklēsia*("교회")다.[2] 이미 언급했듯이(§29.4d), 일반적으로 *ekklēsia*는 단순히 어떤 목적을 공유하는 사람들의 총회나 모임을 의미하는 표현이었다. 사도행전 19:32과 40에서 그리고 때때로 70인역에서 이 의미로 사용됐다.[3] 그것은 어떤 연합이나 친교 단체의 사업자 모임을 가리킬 때도 종종 사용되었다.[4] 그러나 다시 사도행전 19:40처럼[5] 합법적인 총회로서 정기적으로 모인

---

1) R. L. Wilken, *The Christians as the Romans Saw Them* (New Haven: Yale University, 1984)의 흥미를 불러일으켰던 질문들을 비교하라.
2) 위 §20 n. 11의 통계 자료.
3) BDAG, 303은 1 Kgdms. 19.20; 1 Macc. 3.13; Sir. 26.5을 인용한다.
4) Meeks, *First Urban Christians*, 222 n. 24; Harland, *Associations*, 106, 182. 자발성 협회나 그들의 모임에 대해 사용된 *ekklēsia*의 예들은 J. S. Kloppenborg, 'Edwin Hatch, Churches and Collegia', in B. H. McLean, ed., *Origins and Method*, J. C. Hurd FS (JSNTS 86; Sheffield: JSOT, 1993), 212-38(여기서는 215-16 n. 13, 231 n. 65); R. S. Ascough, *Paul's Macedonian Associations* (WUNT 2.161; Tübingen: Mohr Siebeck, 2003), 74이 제공했다.
5) 19:39의 *ekklēsia*는 *ennomos ekklēsia*, 즉 19:32과 40의 비공식적 "회합(*ekklēsia*)"과 구별되는 "법정 총회"다(Fitzmyer, *Acts*, 660, 662). 추가로 Barrett, *Acts*, 2.938을 보라.

시민 단체에 그 용어가 주로 사용되었다.[6] 최초의 기독교적 사용은 단순히 그들이 함께해 이루어진 모임을 의미했다. 이는 역시 모임이나 함께함을 의미할 수도 있으나, 이미 유대인 총회(회당)로 많이 알려진 대체 용어 *synagōgē*를 대신해서 사용되었을 것이다.[7] 그러나 바울의 그 용어 사용이, 그 용어가 범주화한 작은 단체가 자신들이 거주하는 도시나[8] 천국을[9] 공식적으로 구성하는 시민단체로 자신들을 이해해야 한다는 주장을 의미하거나 그런 의미를 띤다고 이해되었을 개연성은 아주 적다. 바울이 한 지역의 *ekklēsiai*(복수)[10]와 또한 같은 도시에서 모이는 개별 *ekklēsiai*(가정 교회들, 어쩌면 하나 이상)[11]를 지칭하였다는 사실은 그가 "모임, 집회"라는 일반 의미를 염두에 두고 있으며, 그 용어를 들은 다른 사람들도 그렇게 이해했음을 시사한다.[12]

필자가 이미 제시했듯이, 더 큰 영향은 *ekklēsia*를 "하나님/이스라엘의 총회(*qahal Yahweh/Israel*)"라고 옮긴 70인역의 용례였다.[13] 이는 "하나님

---

6) LSJ, 509; K. L. Schmidt, *TDNT*, 3.513-14.

7) 비교. BDAG, 963와 함께 LSJ 1692; 추가로 Schürer, *History*, 3.90-91, 95-98을 보라.

8) 또한 Klauck은 *ekklēsia*가 협회나 친교 모임에서 매우 드물게 사용됐다고 언급하고(위 n. 4을 보라), "용어가 담고 있는 놓칠 수 없는 신중함의 기저에는 사적 협회와 시민 총회 간 차이에 대한 인식이 틀림없이 있다"라고 논평한다(*Religious Context*, 46).

9) 빌. 3:20, "우리의 시민권(*politeuma*)은 하늘에 있다." *Politeuma*라는 용어는 흔히 해외에 살거나 추방되어 사는 시민에게 사용됐다. 예. 브루기아의 *politeuma*는 폼페이의 여신(Great Mother)에게 헌신한다(Harland, *Associations*, 35; 추가로 Schürer, *History*, 3.88-89; Ascough, *Paul's Macedonian Associations*, 77-78, 147-49을 보라). 빌 3:20에서처럼 그런 상황은 그 자체로 명백한 은유적 적용을 제공했다. 그런 의미에서 그 용어는 그리스도인이 어떤 시민적 책임을 다해야 하느냐에 대해 전혀 말하지 않으며, 또한 그들에게 그런 책임이 있음을 부정하지도 않는다(비교. 롬 13:7!). 염두에 있는 것은 하늘에 **있는** 시민권에 관한 것이지, 하늘**의** 식민지로서 그리스도인에 관한 것은 아니다. Bockmuehl, *Philippians*, 233-34의 훌륭한 언급과 또한 아래 §34 n. 273을 보라.

10) 고전 16:1(갈라디아); 16:19(아시아); 고후 8:1(마게도냐); 갈 1:22(유대).

11) 롬 16:5; 고전 16:19; 골 4:15; 몬 2. 많은 학자는 롬 16:14-15의 문안이 브리스가와 아굴라의 집에서 모인 모임에 추가해서 다른 가정 교회들을 염두에 두고 있다는 데 동의한다(16:5). 아래 §33 n. 55을 보라.

12) Stegemann and Stegemann, *Jesus Movement*, 263; 또한 위 §29.4d를 보라.

13) "하나님의 교회", 고전 1:1; 10:32; 11:22; 15:9; 고후 1:1; 갈 1:13. "하나님의 교회들", 고전 11:16; 살전 2:14; 살후 1:4.

의 교회(*qahal Yahweh/Israel*)"라는 바울의 빈번한 언급으로 표시된다. 또한 언급해야 할 점은, 이 용례가 아람어를 사용하는 회중을 그 배경으로 삼고 있으며, *ekklēsia*가 *synagōgē*에 우선해서 *qahal*[14]의 번역으로 그 모습을 드러냈다는 점이다.[15] 물론 요점은 *ekklēsia*라는 용어를 사용하도록 고무한 요인이 정치적이기보다는 분명히 신학적이었다는 것이다.[16] 또한 바울의 "유대 교회"라는 언급이 시사하듯이(갈 1:22), 그 단어는 바울이나 그의 선교에서 독창적인 용어는 아니었다. 그것은 새로운 정치적 독립체를 주장하는 것이 아니라, 하나님이 자신의 백성이 되도록 세상에서 불러내신(*ek-kalein*) 이스라엘과 직접적 연관이 있음을 주장한다. 여기서도 바울의 규칙적인 복수 사용("교회들")은 주목받을 만하다. 바울은 가정이나 도시에 있는 개별 모임과 한 도시나 지역에 있는 다수의 분리된 개별 모임들을 분명 "교회"로 보았다. 국가적 혹은 보편적 독립체로서 "교회"라는 생각은 아직 표현되지 않았다.[17] 예수를 주님으로 믿는 일단의 사람들이 어디서 함께하든지(*synagein*) 간에 "하나님의 교회"는 존재했다.

이런 기본적인 사실들이 이내 수많은 핵심 질문을 불러온다. 특히 이 최초의 교회들은 "회당"과 관련해서 자신들을 어떻게 보았는가? 실제로 첫 이방인 개종자들이 하나님을 경외하는 자들, 즉 회당이라는 환경에 있던 이방인 무리에서(§29.5c) 주로 나왔다면, 그런 개종자들은 자신들이 "회당"의 지지자에서 "교회" 구성원으로 전환된 것을 어떻게 이해했을까? 여러 면에서 다음 질문이 더 중요하다. **외부인들**은 이 새 "교회들"을 어떻게 생각했

---

14) 또한 위 §20 n. 13을 보라. 쿰란 공동체가 주장한 이름 가운데 하나가 *qahal el*, 즉 "하나님의 총회"였음을 주목하라(1QM 4.10). 예수가 *qahal Yahweh*를 언급했을 가능성에 관해서는 *Jesus Remembered*, 513-14을 보라.

15) 70인역에서 *qahal*은 *ekklēsia*로 68번 번역되었고 *synagōgē*로는 36번 번역되었다. H.-J. Fabry, *TDOT*, 12.546-61(여기서는 561). HR, 433과 1309-10에 있는 상세 사항을 보라. 다시 행 7:38를 주목하라.

16) 또한 J. Roloff, *ekklēsia*, *EDNT*, 1.412을 보라. 그러나 Stegemann and Stegemann, *Jesus Movement*, 262-64도 보라.

17) 추가로 *Theology of Paul*, 537-40을 보라.

는가? 누가의 서술에 따르면, "교회"는 보통 회당에서 떨어져 나옴으로써 형성되었다. 이것은 바울의 선교 중심지였던 두 장소에서 분명하게 드러났다. 곧 고린도(행 18:7)와 에베소(19:9)다. 그런 "교회"는 회당 지도층과 조화하지 못하는 일단의 반항적인 가정 모임이지만 여전히 (공식적 지위에 관한 한) 회당 공동체 내에 존재하는 것으로 단순하게 받아들여졌는가? "교회"의 형성은 회당 내의 분립, 즉 독립적이거나 대안적인 회당을 형성했다고 받아들여졌는가? 그렇지 않으면 "교회"는 거의 처음부터 "회당"의 회중과는 다른 일종의 "모임"을 구성한다고 받아들여졌는가?[18] 이런 일련의 질문은 이내 이 새 "교회들"의 법적 지위라는 훨씬 더 민감한 논제로 이어진다. 특별히 새 무리를 향한 로마 당국자들의 혐의라는 의미에서 그 민감함이 부각된다.[19]

여기서 제기된 그 논제는 아래에서(§§30.3-4) 주의 깊게 다루어야 하지만, 먼저 에게해 지역의 도시들에서 이 최초의 그리스도인 모임의 물리적 상황을 조금 더 명확히 하는 것이 현명할 것이다.

30.2 가정 교회들: 고고학 증거

바울이 고린도 신자들이 "교회로 모일 때"(고전 11:18)를 언급할 때, 염두에 있는 것이 장소로서("건물에 있는") "교회"가 아니었다고 지적할 필요는 없을 것이다. 오히려 교회**로서**, 교회가 **되려고** 모이는 개인들과 관련이 있다. "교회"라는 단어에 나중에 더해진 함의("건물")를 고려하면, "회중"·"함께

---

18) W. O. McCready, 'Ekklēsia and Voluntary Associations', in J. S. Kloppenborg and S. G. Wilson, eds., *Voluntary Associations in the Graeco-Roman World* (London: Routledge, 1996), 59-73는 첫 신자들이 "ekklēsia라는 용어가 대체로 유대교와 연관된 당대의 용어와 달랐기 때문에, 의도적으로 그것을 선택했을" 수도 있었음을 제시한다(63).

19) 위 §29 n. 133을 보라. "고린도에 있는 로마 시민들은 그런 정기적인 '모임'(ekklēsia)을 본질적인 특징으로 삼은 종교에 대해 당혹스러워했을 수도 있다. 그들은 협회 모임이 아니고 신의 조각상도 없는 종교 모임에 정치적 용어인 ekklēsia를 사용해서 확실히 놀랬을 것이다"(Winter, Corinth, 134).

함"·"모임"·"총회"와 같은 용어를 사용해야 혼란이 더 적을 것이다. 물론 중요한 질문은, 첫 신자들이 에게해 지역에 있는 도시의 어느 곳에서 모였느냐는 것이다. 그들이 모일 때 어떤 숙소를 사용했는가?

a. 고고학적 증거

고고학자들은 이탈리아와 그리스 및 소아시아에서 거의 확실하게 1세기에 이미 자리 잡은 다수의 회당 건물을 발견했다. 로마의 항구 오스티아, 마게도냐의 스토비, 에게해의 델로스 섬, 에베소와 밀레도 사이의 프리에네, 또한 아마도 소아시아 사데에서도 회당의 유적이 발견되었다.[20] 명문의 증거는 첫 3세기에 걸치긴 했지만, 유대인들이 정기적으로 모인 소아시아에 있는 13개 장소를 인식할 수 있도록 했다.[21] 따라서 우리는 회당 기능을 하는 더 초기 구조물들이 여러 부지에 세워졌음을 확실하게 추정할 수 있으나, 그것들이 지닌 회당의 독특한 특징은 시야에서 영원히 사라졌다. 디아스포라 유대인 공동체의 확산은 너무나 광범위했고, "기도의 집"이라는 경향이 1세기에 이미 상당히 확립돼 있었기에,[22] 큰 유대인 공동체가 있는 어디서나 하나 혹은 그 이상의 회당, 아니면 회당으로 쓰이는 개인 주택이 있었음을 추정할 수 있다.[23] 이는 확실히 바울이 에게해 지역에서 선교

---

20) Claussen, *Versammlung*, 191-206의 상세 사항; *CHJ*, 3.287-90에 있는 프리에네와 델로스 및 오스티아의 회당 도면; 또한 §29 n. 175을 보라.

21) 아코모니아, 아프로디시아스, 에베소, 히에라볼리, 라오디게아, 밀레도, 버가모, 빌라델비아, 프리에네, 사데, 서머나, 테오스, 두아디라(Harland, *Associations*, 34 그리고 n. 7).

22) *Jesus Remembered*, 304 n. 226에서 필자는 필론이 알렉산드리아의 "시 각 구역에 [*proseuchas*, 기도의 집이] 많다"고 말했음(*Legat*. 132, 134, 137-38)을 언급했고, 추가로 이집트와 델로스 및 그 밖의 다른 지역에 있던 기도의 집에 관한 비문 증거를 위해 Schürer, *History*, 2.425-26 n. 5, 439-40 n. 61 그리고 *NDIEC*, 3.121-22을 언급했다. 추가로 *NDIEC*, 3.121-22; 4.201-202; 5.148; *JIGRE*, 9, 13, 22, 24, 25, 27, 28, 117, 125, 126; Levinskaya, *BAFCS*, 5.213-25을 보라.

23) 다시 위 §29 n. 175을 보라. "그 증거는 전부는 아니지만 대부분의 최초 회당이 대개 주택이었던 이미 있던 건물을 개조한 것임을 보여준다"(White, 'Synagogues', 34; 추가로 그의 *The Social Origins of Christian Architecture* [2 vols.; Harrisburg: Trinity Press International,

하는 동안 유대인이 거주한 다양한 지역에 공통되는 상황이었을 것이다.[24]

　　그렇다면 첫 신자들이 회당이라는 상황에서 나왔을 때, 그들이 모인 장소는 어떻게 되었는가? 고고학자들은 교회 건물이나 확신을 가질 만한 바울 이후 한 세기 이하의 것이라고 볼 수 있는 구조물을 전혀 발견하지 못했다. 따라서 우리는 그들이 개인 가정이나 회합을 위해 빌린 큰 건물에서 모였다고 추정해야 한다. 증거는 후자가 대부분의 경우에 현실성이 있었다고 시사하지 않는다.[25] 정기적인 예약 비용은 첫 작은 무리들의 재력을 초과했을 것이고, 어느 경우든 지역 협회들은 자신들의 구역에서 경쟁 집단을 결코 환영하지 않았을 것이며, 성전 건물은 그리스도인 모임에 결코 도움이 되지 않았을 것이다. 유일하게 분명한 결론은 첫 신자들이 서로의 가정에서 교회로 모였고, 여러 지역에서 "모든 교회"를 위한 정기모임 장소를 가장 부유한 구성원과 큰 집이 제공했다는 것이다.[26] 이 추론은 다양한 가정 교회에 대한 언급(위 n. 11)과 바울이 로마서를 쓴 장소인 고린도(롬 16:23)에서 "온 교회를 돌보아주는 가이오"라는 바울의 언급으로 강화된다.[27] "온 교회"는 고린도를 통과하는 모든 그리스도인을 향한 가이오의 환대를 과장되게 언급한 것일 수도 있으나, 더 작은 가정에서 더 빈번하게 (?) 모인 작은 모임들과 구별되는 지역의 모든 신자가 모인 경우를 언급했을 가능성이 더 크다.[28]

1996, 1997], 1.60-101을 보라).

24) 추가로 위 §29.5b를 보라.

25) 에베소의 두란노 강당(행19:9-10)은 예외였다. 또한 아래 §32 n. 91을 보라.

26) 고대 세계에서 강의와 가르침을 위한 자연스럽고 관례적인 장소로서의 개인 가정은, S. K. Stowers, 'Social Status, Public Speaking and Private Teaching: The Circumstances of Paul's Preaching Activity', *NovT* 26 (1984), 59-82(특별히 64-73)을 보라.

27) Keck은 겐그레아를 기록 장소로 생각하지만(*Romans*, 30), "겐그레아 교회에서"라는 롬 16:1의 언급은 16:23의 "그 교회"(즉 어쩌면 "여기 교회", 이는 그 서신을 보낸 장소다)와 대조적으로 다른 한 교회에 대한 언급으로 더 잘 이해된다.

28) 추가로 필자의 *Romans*, 910-11을 보라. 초기 가정 교회에 대해서는 특별히 H. J. Klauck, *Hausgemeinde und Hauskirche im frühen Christentum* (SBS 103; Stuttgart: Katholisches Bibelwerk, 1981); Gehring, *House Church*; 롬 16:23에 관해서는 Klauck, 34; Gehring, 139, 158-59을 보라.

고고학은 에게해 주변부 대도시들에 위치한 그런 가정에 관해 무엇을 말해주는가? 몇몇 현장은 전혀 도움이 되지 않는다. 예를 들어 마게도냐의 데살로니가와 소아시아의 서머나 또 로마에는 유적지 위에 새로운 건물들이 많이 들어섰기에 보이는 부분이 거의 남아 있지 않다. 그러나 다행히 폼페이와 헤르쿨라네움은 물론이고, 오스티아와 고린도 및 에베소와 같은 장소의 변화하는 지형 및 지역 경제는 아직도 계속 작업해야 하는 상당한 잔해를 남겨두었으며, 그 잔해에서 우리가 다루고 있는 시대의 그런 도시들의 다양한 주택량을 잘 파악할 수 있다. 도로망 내 작은 구역을 거의 점거한 거대 건물들이 대개 시선을 끌었다. 그리고 그 지역의 몇몇 폐허는 일층 높이를 넘었고(특별히 오스티아), 다세대 공동주택가에 하나의 방이나 작은 공동주택이었을 건물이 어땠을지 가늠하도록 돕는다.[29]

니콜라스 퍼셀(Nicholas Purcell)은 그 상황을 적절하게 요약한다.

제국 시대에 와서는, 보통 "인술라이"(insulae)로 알려진 다층 공동주택 구역이 로마와 다른 큰 도시 사람들 대부분에게 거처를 제공했다. 이 숙소는 모두 질이 나쁘지는 않았다. 일부는 매력 있는 지역에 위치했고, 일부 공동주택(cenacula)은 충분히 컸으며, 아래층에 위치한 공동주택은 불편하지 않았고…다수의 상류층도 더 나은 형편은 아니었다.[30]

---

29) 고린도의 아나플로가 저택의 층 설계도는 B. Blue, 'Acts and the House Church', BAFCS, 2.119-222에 있는데(여기서는 209), 그는 다층 주택을 포함해서 여러 도표와 평면도를 제공한다(204). 또한 Murphy O'Connor, St. Paul's Corinth, 154-58을 보라. 오스티아 사진은 필자가 찍은 것이다.

30) OCD³, 731-32. 또한 J. E. Packer, 'Housing and Population in Imperial Ostia and Rome', JRS 57 (1967) 80-95을 보라. "낮은 층들에는 상당한 공간이 있었고 때때로 상류층 구성원들이 빌렸지만, 더 높은 층들은 점점 더 작게 나뉘었고 밀도 높게 사용됐다. 가장 꼭대기 층은 나무로 된 작은 방들로 되어 있었고, 매일 임대되었다"(Meggitt, Poverty, 63-64). 추가로 Rapske, Paul in Roman Custody, 228-36; Schnabel, Mission, 593-97; C. Kunst, 'Wohnen in der antiken Grosstadt. Zur sozialen Topographie Roms in der frühen Kaiserzeit', in J. Zangenberg and M. Labahn, eds., Christians as a Religious Minority in a Multicultural City: Modes of Interaction and Identity Formation in Early Imperial Rome (London: Clark, 2004), 2-19을 보라.

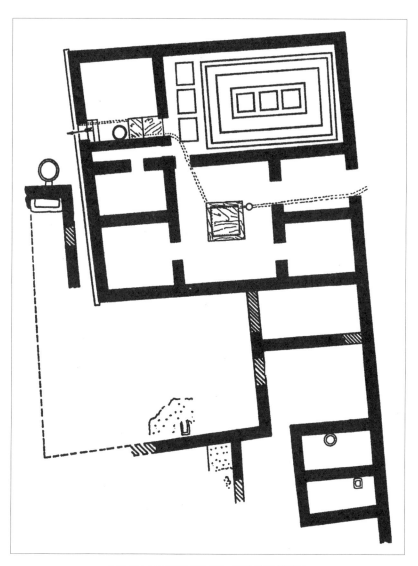

┃ 고린도 아나플로가에 있는 로마 빌라 평면도

┃ 오스티아의 로마 공동주택

유베날리스(Juvenal)는 *Satires* 3.193-200에서 1세기 후반에 집주인들이 집세를 최대화하려는 열망으로 너무나 성급하고 높이 지었을 조잡한 건물들에 대한 생생한 그림을 제공한다.

우리는 싸구려 지주와 버팀목으로 대부분을 떠받치고 있는 도시에서 산다. 이것은 집주인들이 자기 건물의 붕괴를 막는 방법이었고, 금방이라도 무너질 듯한 건물 뼈대에 난 커다란 틈새를 벽지로 가려서 건물은 항상 카드로 만든 집 같은 형태였지만, 안전하게 잘 수 있다고 세입자들을 안심시켰다. 나는 불이나 한밤중 공황이 일상이 아닌 곳에서 살고 싶다. 당신이 있는 3층까지 연기가 올라갔을 때면(그리고 당신은 여전히 자고 있다), 당신의 영웅적인 아래층 이웃은 물을 찾아 고함을 지르면서 자신의 잡동사니들을 안전한 곳으로 옮기고 있다. 경고가 1층에서 시작하면 마지막에 구워질 대상은, 자신과 바깥 날씨 사이에 있는 것이라곤 타일밖에 없고 높은 비둘기 둥지 가운데 자리 잡은 다락방 세입자들이었다.[31]

b. 1세기 교회의 규모

문헌과 고고학이 보여준 건물의 범위 안에서 모인 교회들에 대해 어떤 추론이 가능한가? 어떤 도시든 개종자 무리가 문맹이고 영향력이 적은 천한 태생(고전 1:26)이었을 가능성을 고려하면, 그들의 거처의 규모가 하층에 속했다고 확실하게 추정해야 한다. 즉 퍼셀이 옳다면, 대부분은 땅에서 몇 층 위인 다층으로 된 공동주택 단지에 살았을 것이다.[32] 짐작하건대 어떤 모임은 적어도 그런 곳이나, 도로에서 가까운 층의 더 큰 곳에서 이루어졌을 것이다. 그런 *oikos*(대개 "가정"으로 번역되었다) 내 교회는 단지 작은 무리로서

---

31) S. Goodenough, *Citizens of Rome* (London: Hamlyn, 1979), 62에서 인용했다.
32) 물론 노예는 그들 주인집에서 살았을 것이고, 어쩌면 풀려난 노예도 그랬을 것이다. 그리고 장인들은 자기 가게가 위치한 작은 방에 거처했을 것이다.

최대 12명으로 구성되었을 것이다. "주택"은 큰 건물이라는 함의를 불가피하게 수반하기 때문에, 그런 작은 집단을 "공동주택 교회들"이라고 부르는 것이 나을 듯하다.[33] 또한 퍼셀이 옳다면, 상대적으로 부유한 아굴라와 브리스길라조차도 상당히 거대한 공동주택에서 1층의 큰 방 이상을 제공할 여유는 거의 확실히 없었을 것이며, 따라서 그들의 집에서 모인 교회(롬 16:5, 고전 16:19)는 15명에서 25명을 수용할 수 있었을 것이다.

그러나 초기의 제자들 가운데 도시 집단들 대부분은 적어도 어느 정도 상류층 구성원을 포함했을 것이다.[34] 그리고 이 후자의 사람들이 자신들의 더 큰 건물에서 교회로 모이는 지역 신자를 초대했을 공산이 있다. 우리는 고린도의 "모든 교회"를 돌보아준(롬 16:23) 가이오를 이미 언급했는데, 이는 "모든 회중"이 "같은 장소(epi to auto)"에 함께 모이는 것(synerchesthai)을 가능하게 했다(고전 11:20, 14:23). 그리고 빌레몬의 집은 몇몇 손님[35]과 노예를[36] 수용할 수 있었다. 위에서 예를 들어 보여준 상당히 큰 집들, 즉 안마당과 식당(triclinium)이 있는 집들에서 그리스도인들이 교회로 모였음을 상상한다면, 더 큰 모임이 수용됐다고 확실하게 추정할 수 있다. 얼마나 큰 규모였는지는 어느 정도 논쟁의 문제다. 최고 추정치는 50명에 이르는데,[37] 그렇게 큰 집단이 어떻게 한 번에 만날 수 있는지는 분명하지 않다. 그들은 두

---

33) 몇 년 동안 R. Jewett는 오해될 수 있는 "주택 교회들"(폼페이와 고린도 같은 지역에서 발견된 저택과 관련해서)보다는 더 현실성 있는 "공동주택 교회들"이라는 용어를 주장했다. 그의 'Tenement Churches and Communal Meals in the Early Church', *BR* 38 (1993), 23-43; 이제 또한 *Romans*, 53-55, 64-66을 보라. 많은 주석가가 이 요소들을 아직 고려하지 않았다. 예. Schnelle는 크고 상당히 호화로운 가정들보다 작은 가정은 고려하지 않는다(*Paul*, 155). 그러나 Gehring은 작은 공동주택들이 모임에 적당했는지를 공정하게 묻고, 모임이 다른 장소, 예를 들면 작업장에서 이루어졌다고 제안한다(*House Church*, 147-51). 또한 D. G. Horrell, 'Domestic Space and Christian Meetings at Corinth: Imagining New Contexts and the Buildings East of the Theatre', *NTS* 50 (2004), 349-69을 보라.

34) 아래 §30.5을 보라.

35) 몬 22: "나를 위해 숙소를 마련하라." "그 숙소"가 아니다.

36) 빌레몬서가 다루는 대상인 오네시모가 빌레몬의 유일한 노예였다는 암시는 없다.

37) R. J. Banks, *Paul's Idea of Community* (Exeter: Paternoster, 1980), 40-42; Murphy-O'Connor, *St. Paul's Corinth*, 153-58.

개나 그 이상의 방에 따로 모였는가? 교회가 공동 식사를 위해 모였을 때, 모두가 식당에 머무를 수는 없었을 것이다. 이 사실은 바울이 유일하게 언급한 모임(고린도)과 관련이 있는 교회의 불만족스러운 배치의 의미를 파악하는 데 도움을 준다.[38] 확실히 수용 가능한 숫자를 제곱피트나 제곱미터 같은 기본 자료에 근거해서 계산하지 않아야 하는데, 가구나 조각상 및 장신구들이 공간을 차지했을 것이기 때문이다.[39]

밝혀진 기본 요점은 최초의 가정 교회들이 대부분 12명에서 20명 정도로 상당히 작았다는 점이다. 그리고 한 도시나 도시의 한 구역에서 "모든 교회"가 한 장소에서 교회로 모였을 때도 단지 40명에서 50명이었고, 반드시 한 방에서 모인 것은 아니라고 볼 수 있다. 대부분의 도시에서 교회 생활과 공유하는 삶의 역동성은 교회로서 기능할 수 있었던 물리적 공간에 의존했고, 그 공간이 교회의 역동성을 어느 정도 결정했다.

30.3 협회인가 종교 집단인가?

필자는 이전에 바울이 어떻게 자신을 이해했고 타인에게 자신을 소개했는지를 물었다. 비슷한 질문을 첫 교회에 대해 제기할 수 있다. 최초의 그리스도인은 자신의 공동주택이나 더 부유한 동료 신자의 가정 "모임"에 이웃이나 동료나 방문 중인 고국 사람을 단순히 초대했는가? 어쩌면 더 중요한 것은 타인들은 그 모임들을 어떻게 여겼는가 하는 것이다. 그리고 잠재적으로 가장 중요한 질문은 지역과 로마 제국의 당국자들이 그들을 어떻게

---

38) 추가로 아래 §32.5g를 보라.

39) Blue는 당시의 큰 집들이 백 명 정도를 수용할 정도였다고 논증하나(BAFCS, 2.175 그리고 n. 219), 집안 물건들(긴 의자, 탁상들 등등)을 위한 공간을 할당하지 않았다. 그 물건들은 편안한 모임을 위한 공간을 축소한다. 또한 D. L. Balch, 'Rich Pompeiian Houses, Shops for Rent, and the Huge Apartment Building in Herculaneum as Typical Spaces for Pauline House Churches', *JSNT* 27 (2004), 27-46; Crossan and Reed, *Paul*, 305-15을 보라.

보았는가 하는 것이다.[40]

이 질문에 대한 답은 대부분 그 시기에 "협회"나 "친교 모임"(collegia),[41] 그리고 종교 단체나 사교(thiasoi)라고 언급된 것에 대한 정보량에 달려 있다. 그리고 특별히 문헌 자료에서 전자에 관한 정보가 많지는 않기에, 지난 세기에 와서야 비문 자료의 지속적인 증가로[42] 그나마 적절한 답변을 할 수 있게 되었다.[43]

---

40) 그래서 필자는 영향력이라는 관점보다는 그렇게 질문을 제기하는 것을 선호하는데, 그것은 당시 종교 상황에 기독교의 발전을 설정하고자 한 초기 종교사학파를 몹시 괴롭힌 논제이자, 불가피하게 Deissmann의 유명한 질문 "그것은 유추인가 아니면 계보인가?"를 만들어 냈다(Light, 265).

41) "협회"는 선호되는 포괄적 칭호가 되었다. 예. Ascough, Paul's Macedonian Associations, 3 n. 9에서 "자발성 협회"를 공통 목적을 위해 자유롭게 선택한 구성원을 기반으로 조직된 "남성 그리고/혹은 여성" 집단으로 정의한다.

42) 우리가 아는 내용이 대개 명문에 의존했다는 사실은 이미 19세기 후반에 분명해졌다. 예. Hatch, Organisation of the Early Christian Churches, 26-28을 보라. 여기서 그는 명문의 초기 모음집에 의존할 수 있었다. 명문 자료 수집과 그 자료를 목록화한 J.-P. Waltzing, Études historique sur les corporations professionnelles chez les Romains (4 vols.; Leuven: Peeters),1895-1900; reprinted Hildesheim: George Olms, 1970)는 여전히 엄청난 가치가 있다. R. K. Sherk, The Roman Empire: Augustus to Hadrian (TDGR 6; Cambridge: Cambridge University, 1988), 233-35이 몇 가지 본보기를 제공한다. 또한 S. C. Barton and G. H. R. Horsley, 'A Hellenistic Cult Group and the New Testament Churches', JAC 24 (1981), 7-41을 보라. 아테네에서 이오바차에(Iobacchae)로 알려진 동호회 전체 모임의 상세 사항을 기록한 유명한 그리스어 명문과 그 모임에서 채택한 규칙들(기원후 187년)을 번역한 내용은 Meyer, The Ancient Mysteries, 96-99에서 볼 수 있다. 로마 남동쪽 라누비움에서 발견된 Cultores Dianae et Antinoi(Diana와 Antonius 숭배자들의 내규―역주)(기원후 136년)라는 동등하게 유명한 명문의 번역은 Wilken, Christians, 36-39에서 볼 수 있다. 이 둘은 E. Ebel, Die Attraktivität früher christlicher Gemeinden (WUNT 2.178; Tübingen: Mohr Siebeck, 2004), 1-3장에서 자세히 논의되었다. 또한 Klauck, Religious Context, 50-53을 보라. Ascough는 Paul's Macedonian Associations, 3-10과 또한 그의 이전 저작인 What Are They Saying about the Formation of Pauline Churches? (New York: Paulist, 1998), 4장에서 앞선 연구들에 관해 유용한 논평을 제공한다. 추가로 N. Tran, Les membres des associations romaines. Le rang social des Collegiati en Italie et en Gaules, sous le haut-empire (Rome: École Française de Rome, 2006)를 보라.

43) S. Dill, Roman Society from Nero to Marcus Aurelius (London: Macmillan, 1904), 3장 'The Colleges and Plebeian Life'는 비명 자료가 로마시의 대다수인 하층 거주민의 세계를 잘 보여주며, 이는 기독교의 시작에 대한 연구의 중차대한 요점이다. 당시 문헌은 역사를 "왕과 여왕의 역사", 아니면 여기서처럼 집정관들과 황제들의 역사로 보는 인식이 강하게 지배했기 때문이다. 초기 연구들에서 계속 가치가 있는 최고의 연구 중 하나는 F. Poland,

a. 협회, 종교 집단, 학교

다양한 집단을 다른 방법으로 구분할 수 있다. 전통적으로는 협회의 자명
한 주요 목적이 보여주는 내용을 근거로 세 가지 유형이 사용됐다. (1) 직업:
특별히 상거래 조합, (2) 종교 집단: 종교적 친교 모임(collegia sodalicia), (3) 장
례: 장례를 위한 모임(collegia tennuiorum).[44] 그러나 필립 하랜드(Philip Harland)
는 다섯 가지 일반 유형의 협회를 구분하는데, 이 구분은 에게해 지역 도
시의 최초 그리스도인이 처한 사회적 상황에 대해 더 포괄적이지만 덜 상
세한 모습을 제공한다.[45] 아래에서 필자는 하랜드의 범주 가운데 첫 4개
를 "협회"라는 제목으로 하나로 묶고, 그의 다섯 번째와 구분했다. 이는 별
개의 범주를 보증할 정도로 충분히 구분된다. 또한 필자는 "철학 학파"를
추가했는데, 이것은 어떤 이들이 언급했지만[46] 빈번하게 무시된 유사성을
제공한다.

Geschichte des griechischen Vereinswesens (Leipzig: Teubner, 1909)이다.

44) Harland, *Associations*, 28에 참고문헌이 있다. Hatch는 8가지로 나눴다: (1) 교역 조합, (2)
드라마 조합, (3) 운동 조합, (4) 장례 조합, (5) 식사 조합, (6) 친목 단체, (7) 문학 협회, (8) 재
정 협회(*Organisation*, 26-27 n. 1).

45) Harland, *Associations*, 29-53. 또한 R. MacMullen, *Roman Social Relations 50 BC to AD 284*
(New Haven: Yale University, 1974), 73-77(교역 협회), 82-86(이웃과 국가 협회들)을 보라.
Chester는 *Conversion at Corinth*, 8장에서 바울의 교회들을 자발적 협회와 비교하는 일반화
와 전면적인 주장들에 대해 정당하게 경고한다(235-36). 또한 Harland는 "현대 사회의 사회
학 연구에서 활용할 수 있는 자료와 비교하면, 고대 사회의 사회관계에 대한 자료들은 단편
적이다.…기껏해야 우리가 가질 수 있는 내용은 특정 시간과 장소에 대한 사회관계의 짧막
한 정보다. 우리가 사회적 실체라는 움직이는 그림에 관한 이 짧막한 정보들을 어떻게 일반
화할 수 있는가(혹은 그 여부는)는 항상 분명하지 않다"라고 정당하게 우리를 상기시킨다
(15).

46) 특별히 E. A. Judge, 'The Early Christians as a Scholastic Community', *JRH* 1 (1960-61),
4-15, 125-37; L. Alexander, 'Paul and the Hellenistic Schools: The Evidence of Galen',
in Engberg-Pedersen, ed., *Paul in His Hellenistic Context*, 60-84; S. Mason, 'Philosophiai:
Graeco-Roman, Judean and Christian', in Kloppenborg and Wilson, *Voluntary Associations*,
31-58; 그리고 추가로 S. K. Stowers, 'Does Pauline Christianity Resemble a Hellenistic
Philosophy?', in Engberg-Pedersen, ed., *Paul beyond the Judaism/Hellenism Divide*, 4장;
Ascough, *Formation*, 2장. *Ekklēsia*의 형성을 다루는 장에서, Meeks는 "그 환경에서 [네 가지]
모형, 즉 가정, 자발성 협회, 회당, 철학이나 수사 학교를 살폈다(*Urban Christians*, 75-84).

1. 협회들

- **가정이나 가족 협회.** 노예와 기타 피부양자를 포함하는 가족 관계에는 친구들과 동료들도 들어올 수 있었다.[47] 지방의 한 집을 개량해서 공동으로 사용할 수도 있었고, 아마도 신성한 의식을 위해 구별된 특별한 방이 있었을 것이다.[48] 가족 용어(어머니, 아버지, 형제, 자매)는 상당한 수의 협회와 연결된 것으로 발견됐다.[49]

- **윤리 혹은 지역 협회.** 해방된 전쟁 포로 그리고 용병들과 추방된 개인들 및 다른 이들의 이동은 말할 것도 없고, 지중해 지역의 나라와 도시들을 연결한 상업망을 고려하면, 같은 나라 출신들이 외지에 얼마 동안 정착했다 할지라도 그곳에서 함께 무리를 이루는 것은 당연했다.[50]

- **이웃 협회.** 특정한 구역이나 인근에 살거나 함께 일을 한다는 사실 역시 함께 무리를 이룰 기회를 제공한다. 거리 협회는 에베소나 서머나를 포함한 소아시아의 몇몇 도시에서 그 존재가 입증되었다.[51]

---

47) Meeks, *Urban Christians,* 31, 75-77; A. D. Clarke, *Serve the Community of the Church* (Grand Rapids: Eerdmans, 2000), 64-65; Ascough, *Paul's Macedonian Associations,* 30-31.

48) 이제는 유명한 예가 폼페이에 있는 소위 신비한 저택이다(Burkert, *Ancient Mystery Cults,* 58의 도표; Meyer, *Ancient Mysteries,* 61의 사진). Klauck, *Religious Context,* 63-68의 다른 예들 그리고 위 n. 23을 보라.

49) 예들이 이미 Waltzing, *Études,* 1.329-30, 446-49, Poland, *Geschichte,* 54-55, 72-73, 161, 284, 357, 371-73에 있다. 그리고 Dill은 "초기 제국에서 상당히 화려하게 꽃 피웠던 조직생활이 로마 가정의 신성한 결합의 본을 따랐다"라는 Mommsen의 주장을 인용한다(*Roman Society,* 280). 또한 *NDIEC* 2.91; BDAG, 18, 786; Ascough, *Paul's Macedonian Associations,* 76-77; Ebel, *Attraktivität,* 203-13을 보라. Harland는 이 지점에서 협회에서는 그런 언어 사용이 "드물었다"고 논증하는 Meeks를 비난한다(*Associations,* 31-33; 이는 Meeks, *Urban Christians,* 85-88, 225 n. 73을 언급한 것임. 그러나 또한 Kloppenborg, 'Edwin Hatch', 237-38을 보라). Chester는 가정 관련 언어가 라틴어 명문에서는 흔했지만, 그리스어 명문에서는 드물었다고 언급한다(*Conversion at Corinth,* 229-31, Nock와 Poland를 인용함). 그러나 그는 "아버지"라는 표현이 다른 사람을 종교 집단에 입문시킨 사람에게 자주 사용됐다고 언급한다(291 n. 84).

50) 예를 들어, Schürer는 델로스와 보디올의 두로 사람들 협회 그리고 아덴의 시돈 사람들 협회를 언급한다(*History,* 3.108-11). Harland는 로데 섬의 사모드라게, 그레데, 시돈, 버가모 사람들의 협회, 버가모의 디오스구리아 사람들의 협회, 트라키아의 알렉산드리아 사람들의 협회, 폼페이의 브루기아 사람들의 협회를 예로 든다(*Associations,* 34-36)

51) 골로새 북동쪽의 아파메이아에서 다수의 협회가 그들이 일했던 일련의 돌기둥이 세워진

- **직업 협회.** 다양한 종류의 이런 협회가 명문을 통해 입증되었다. 예를 들면, 제빵업자·어부·농부·건축자·의사·의류 생산자·청소부·가죽 절단자·섬유 노동자·염색업자·도예가·상인·부두 노동자·금은동 세공인 등이다.[52] 언급해야 하는 점은 직업 범위가 육체노동에서 오늘날 전문직(자주 염색업자, 금은 세공인, 의사)이라고 부르는 직에까지 확장되나, "그 조합의 존재 자체는 많은 직업의 종사자를 특징짓는 신분과 자부심에 대한 증거다." 그리고 몇몇 경우에 수공업자와 상인들은 시의회의 회원 자격을 획득했다.[53]

2. **제의 혹은 신전 협회.** "로마 시대에 아시아에 그런 협회들이 존재했는데, 그 협회들이 헌신한 몇몇 신들을 언급하자면, 아폴로, 아프로디테, 아데미, 아스클레피오스, 키벨레와 아티스, 제우스, 신(*Sebastoi*)으로서 황제들, 또한 신들("천사들")이나 영웅들의 전령들이 있다." 이시스와 세라피스,[54] 대모(키벨레), 데메테르와 코레, 디오니소스의 종교의식은 아시아에 잘 확립돼 있었다. 입문자들은 제사, 공동 식사, 신에 대한 핵심 신화를 재현하는 일, 거룩한 행렬과 찬송을 포함한 다양한 행사에 참여했다. 디오니소스(바쿠스)에 대한 제의는 에베소, 마그네시아, 버가모, 빌라델비아, 서머나와 같은 아시아의 도시들에서 가장 잘 입증되었다.[55]

거리 이름으로 스스로를 칭했다. 예. "제화공 거리"의 장인들 그리고 "목욕탕 거리"의 상인들(Harland, *Associations*, 37-38). 추가로 A. Bendlin, 'Gemeinschaft, Öffentlichkeit und Identität', in U. Egelhaaf-Gaiser and A. Schäfer, eds., *Religiöse Vereine in der römischen Antike* (STAC 13; Tübingen: Mohr Siebeck, 2002), 9-40(여기서는 30-32)을 보라.

52) Harland, *Associations*, 39-40의 표; MacMullen, *Social Relations*, 73의 더 자세한 목록들, 그리고 Ascough, *Paul's Macedonian Associations*, 17-18; *NDIEC*, 3.54-55; 4.17-18; 5.95-114의 예들(바울의 회중이 나타내는 혼합적 성격과 유사한 사회적 "혼합"과 더불어, 50년대 중반 에베소의 어업 담합, 110); 7.123-27을 보라.

53) Harland, *Associations*, 42-44.

54) H. Koester, 'Associations of the Egyptian Cult in Asia Minor', *Paul and His World: Interpreting the New Testament in Its Context* (Minneapolis: Fortress, 2007), 13-14장을 보라.

55) Harland, *Associations*, 45-49. 또한 Burkert, *Ancient Mystery Cults*; Ascough, *Formation*, 3장을 보라. 개별 비밀 의식(엘레우시스, 디오니소스, 아티스, 이시스, 미트라)에 관해서는 Klauck, *Religious Context*, 2장; Meyer, *Ancient Mysteries*에 있는 고전 문헌의 본문들을

3. **철학 학교들.** 가장 유명한 곳은 플라톤주의나 스토아주의, 에피쿠로스 학
파와 피타고라스 학파를 가르치는 곳들이었다.[56] 철학 학파에 합류하는 일
은 새롭고 다른 삶의 방식을 받아들이는 "전환"을 자주 수반했다.[57] "그런
학파들은 도덕적 권면과 가르침에 상당히 집중했다. 그들은 자세한 설명이
들어 있는 권위 있는 교과서를 가지고 있었고, 그 전통을 통달한 전문적 교
사들이 그 학교를 운영했으며, 한 신격에 헌신하기보다는 모든 종류의 '신
성'에 대한 이해와 신성 및 인간사의 관계에 관심이 있었다."[58]

이 세 범주는 폭넓게 구분될 수 있는데, 협회들이 친교모임의 기회를
제공하는 기능을 했고, 종교 집단은 종교적 헌신과 죽음을 극복하려는 열
망을 표현하는 주요 수단이었으며, 학파들은 주로 훈련된 사고와 이성적
인 삶의 고취에 관심이 있었다는 점에서 그렇다. 그러나 동시에 우리는 이
렇게 다른 분류를 융통성 없이 계층화하는 실수를 범해서는 안 된다. 그런
폭넓은 범주를 사용하려는 의도는 상호 이익과 즐거움(사회적, 영적, 지적)을
위해 마음이 맞는 집단으로 모이는 관습이 만연한 로마 사회의 폭을 제시
하려는 데 있다.[59] 또한 위의 항목 중 하나로 분류될 수 있는 협회들이 동질

보라. 제사장 협회에 관해서는 J. Rüpke, 'Collegia sacerdotum. Religiöse Vereine in der
Oberschicht', in Egelhaaf-Gaiser and Schäfer, *Religiöse Vereine*, 41-67을 보라. 그리고 아래
n. 67을 주목하라.

56) "견유주의는 결코 공식 철학 학파가 아니었고, 오히려 '자연을 따르는 삶'이라는 원리에 대
한 극단적인 원시주의 해석에 바탕을 둔 삶의 방식이었다"(*OCD*³, 418).

57) A. D. Nock의 유명한 *Conversion: The Old and New in Religion from Alexander the Great to
Augustine* (London: Oxford University, 1933)의 주제다. 또한 Mason은 보통 *epistrophē*,
*conversio, metanoia*라는 단어들이 철학의 수용을 표현한다고 언급한다('Philosophiai', 33).

58) Mason, 'Philosophiai', 38.

59) "그러므로 로마 세계 모든 지역에서, 쇠퇴하는 작은 시골 마을에서, 그리고 큰 교역 중심지
들에서, 협회의 동일한 큰 움직임이 빠른 속도로 진행되었다. 거기에 당대의 모든 사회적 지
위 및 상업이 휩쓸렸다. 수공예 혹은 전문직, 향과 생산자, 로마의 채소 재배인 및 연고 판매
자, 알프스의 노새 몰이꾼, 폼페이의 축용공, 베네벤툼의 의사들, 세이네의 뱃사공, 리옹의
포도주 판매상 등이다"(Dill, *Roman Society*, 268).

적이라고 추정하는 실수를 하지 않아야 한다.[60] 비록 직업이나 사업 협회
는 그 밖의 다른 협회보다 동질성이 더 있지만 말이다. 그렇다 하더라도 이
주제를 다루기 시작하면서 제시한 질문에 영향을 끼치는 다수의 전형적인
특징은 여전히 주목할 만한 가치가 있다

- 협회 회원권은 반드시 배타적이지만은 않았다. 개인들은 다른 협회에 자유
  로이 참여할 수 있었거나, 하나 이상의 신을 섬길 수 있었다.[61] 이는 종교 집
  단과 학교에서는 덜했다. 물론 예를 들어 엘리트들이 엘레우시스의 비밀 의
  식에 입회하는 일은 일반적인 관행이었고, 학파들은 서로 폭넓게 지적인 사
  고에 영향을 끼쳤지만 말이다.
- 또한 개별 협회의 관심사는 앞에서 협회들을 분류한 것과 같은 분류 체계에
  국한되지 않았다. 장례 협회는 따로 분류되지 않았는데, 이는 개인 회원들
  의 월 납부에 대한 보상으로 장례 물품이 포함돼 있었기 때문이다.[62]
- 협회들은 전형적으로 비(非)엘리트들(도시 빈민, 노예, 자유민)을 위해 존재

---

60) Harland, *Associations*, 27-28, 41.
61) S. G. Wilson, 'Voluntary Associations: An Overview', in Kloppenborg and Wilson,
Voluntary Associations, 1-15(여기서는 9-10). "오스티아에서만 자유민이면서 목공, 바
지선 운영자, 곡물상인, 재분업자, 왕실 등의 조합에 속한 200개가 넘는 아우구스탈레스
(Augustales, 고대 로마의 지방 관리ー역주)의 이름이 있었다"(J. S. Kloppenborg, 'Collegia
and Thiasoi', in Kloppenborg and Wilson, *Voluntary Associations*, 16-30[여기서는 17]).
Bendlin은 한 개인이 2개에서 4개의 협회에서 지도자 지위를 가진 두 사례를 인용한다
('Gemeinschaft', 28-29). Harland는 하나 이상의 조합이나 협회에 속하는 것을 불법으로 규
정하며 (그 법 이전에) 누군가가 하나 이상의 협회에 소속됨이 상당히 흔했음을 나타내는 2세
기 말의 법을 언급한다(*Associations*, 206). Meeks는 기독교 집단의 배타성을 자발적 협회
와의 중요한 차이점으로 여겼다(*Urban Christians*, 78-79). 그러나 어떤 경우에는 다른 종교
로 이동하는 것이나 한 조합에서 다른 조합으로 이동하는 것을 금지하는 규칙이 존재했다
(*NDIEC*, 1.21-23의 예들; Klauck, *Religious Context*, 49). 그리고 Ascough는 그 협회들에 "적
어도 사실상 그 협회 구성원들이 기본적으로 충성했다"는 추정이 합리적이라고 생각한다
(*Paul's Macedonian Associations*, 88).
62) 추가로 Kloppenborg, 'Collegia and Thiasoi', 20-23; Bendlin, 'Gemeinschaft', 14; Harland,
Associations, 84-86; Ascough, *Paul's Macedonian Associations*, 25-28을 보라. 가족의 유대와
상관없이, 협회 회원을 위한 공동 장례 관습이 있었다(*NDIEC*, 2.49-50). 개인적인 대화에서
John Kloppenborg는 "장례 협회들은 실제로 로마 법학자들의 허구다"라고 논평했다.

하는 것이 보통이었는데, 그렇지 않았다면 이들은 정기적으로 외식할 기
회, 칭호와 명예,[63] 그리고 좋은 장례를 받기 어려웠을 것이다. 그러나 이 계
층은 어쨌든 인구의 대부분을 차지했다(소수의 엘리트는 제외).[64] 오늘날 우
리가 전문가 협회나 노동자 동호회라고 부를 만한 협회도 존재했지만,[65] 몇
몇 협회의 구성원들은 여러 사회적·경제적 계층을 아우르고 있었으며,[66]
지도층 시민과 후원자가 구성원들 목록에서 첫머리에 두드러지게 명명되
었다. 자연스럽게도 학파는 더 지적인 엘리트주의를 띠고 있었다.

- 종교 집단은 성격과 목적이 주로 종교적이었으나, 협회에도 종교적 차원이
  배제되지는 않았다.[67] 전형적으로 직업 협회에는 수호신이나 수호여신이

---

63) 특별히 Tran, *Membres des associations romaines*, 1-3장; 또한 R. Jewett, 'Paul, Shame and Honor', in Sampley ed., *Paul and the Greco-Roman World*, 551-74(참고문헌과 함께)를 보라.
64) Ascough, *Paul's Macedonian Associations*, 51-54.
65) 몇몇 협회들은 노예들과 자유민을 위해서만 존재했다(Klauck, *Religious Context*, 47).
66) Kloppenborg, 'Edwin Hatch', 234-35; B. H. McLean, 'The Agrippinilla Inscription: Religious Associations and Early Church Formation', in B. H. McLean, ed., *Origins and Method*, J. C. Hurd FS (JSNTS 86; Sheffield: JSOT, 1993) 239-70(여기서는 256-57); *OCD*³, 352. Dill은 다수의 예를 제공한다. 타라코넨시스의 대장장이 협회에는 명부 앞에 언급된 후견인 15명, 12명의 원로원 의원(의사 2명과 점쟁이 1명 포함), "평범한 서민" 28명 그리고 그 협회의 "어머니들"과 "딸들"이 몇몇 있었다. 오스티아의 한 동호회에는 후견인 9명, 5년 임기의 직위를 가진 2명, 시민 123명이 있었다. "많은 협회의 서민들은 노예를 포함했고, 하나 이상의 명문에서 고귀한 사람들과 노예로 태어난 사람들을 신중하게 구별했고, 노예들은 때때로 명부에서 최하위에 자리했다"(*Roman Society*, 270-71; 후견인의 역할에 관해서는 273-79). "로마시의 협회가 그들의 회원을 언제부터 다른 전문직과 자유민 및 노예에서 추가로 모집했는지는 알려지지 않았다"(Bendlin, 'Gemeinschaft', 29). 추가로 "기부금의 사회 연결망"에 대해 Harland(*Associations*, 97-101, 106-108; 그리고 추가로 140-55); Clarke, *Serve*, 65-69을 보라.
67) 그 점은 초기부터 받아들여졌다(Hatch, *Organization*, 27-28; Waltzing, *Études*, 1.195-255). "그 단어[collegium]는 그 동호회의 주목적이 숭배가 아니었어도 종교적으로 관련이 있었다. 어떤 협회라도 완전히 세속적인 협회는 거의 없었다.…가정 규모 이상부터 모든 고대 사회에는 종교적 기반이 있었다"(*OCD*³, 352). 그 결과 "제의 혹은 신전 협회"라는 분류(위의 2번)는 어쩌면 신비 종교나 "공동 종교 협회"로 제한되어야 할 것이다. R. S. Ascough, 'Greco-Roman Philosophic, Religious, and Voluntary Associations', in R. N. Longenecker, ed., *Community Formation in the Early Church and in the Church Today* (Peabody: Hendrickson, 2002), 3-19(여기서는 9)에서처럼 말이다.

있었다.[68] 협회들은 보통 신전에서 모임을 하곤 했다.[69] 모임과 공동식사는 수호자인 신을 위한 헌신과 제사나 제주라는 의식 행위를 정규적으로 포함했다.[70] 신비 종교의 내세에 대한 약속은 죽음을 두려워하는 사람들에게 특별히 매력을 지니고 있었다.[71]

- 협회가 황제숭배의 대체물 역할을 했거나 그에 대한 대체물을 제공하지 않았다.[72] 반대로 협회는 황제숭배에 철저히 통합되어 정기적으로 "세바스토이"(Sebastoi)[73]를 예배하는 의식을 행했고, (이 시대에 아시아에서) 신에게 바치듯 황제에게 바치는 것으로 이해되는 제사를 포함하여 황제숭배 활동에 가담했다.[74]

- 대부분의 협회 구성원의 범위는, 비록 어떤 협회는 인원이 200명이나 그 이상이었지만, 15명에서 100명 사이였고 전형적으로 30, 40명대였다.[75]

---

68) 예. I. Dittmann-Schöne, 'Götterverehrung bei den Berufsvereinen im kaiserzeitlichen Kleinasien', in Egelhaaf-Gaiser and Schäfer, *Religiöse Vereine*, 81-96; Ascough, *Paul's Macedonian Associations*, 23-24.

69) "협회는 때때로 신전에서 모임을 했고 그들의 동호회 건물(*schola*)은 신의 이름을 가졌을 수 있다"(*OCD³*, 352).

70) Klauck, *Religious Context*, 44-45. "다양한 방법으로 신과 여신을 숭배하는 일은 사실상 모든 종류의 협회와 그 구성원들의 공통된 관심사였다"(Harland, *Associations*, 73). 'Intertwined Social, Religious, and Funerary Dimensions of Association Life'(61-83)를 보라. Rüpke는 제사장들 만찬(*cenae sacerdotales*)의 재구성을 시도한다('Collegia sacerdotum', 46-62).

71) 특별히 Burkert, *Ancient Mystery Cults*, 1장; 또한 Chester, *Conversion at Corinth*, 273-74을 보라.

72) Klauck는 "황제숭배 역시 어느 정도는 신비 종교의 외적 형식을 취했다.···[그리고]···다른 신비 종교처럼, 때때로 협회 형식을 취했다"라고 말한다(*Religious Context*, 315). "아우구스탈레스"의 많은 조직은 주목받을 만하다(약 2,500개의 명문에서 입증되었다). 그들은 주로 자유민으로 구성되었으며, 때로 협회처럼 조직되었고, 그들의 공식 책무는 황제숭배를 중심으로 했다(*OCD³*, 215).

73) *Sebastos*, "존경받을 만한", 이는 "아우구스투스"의 그리스어 번역이며 옥타비아누스 이후에 황제의 칭호가 되었다(BDAG, 917).

74) Harland, *Associations*, 4-5장, 특별히 121-28, 155-60.

75) Meeks, *Urban Christians*, 31; Kloppenborg, 'Collegia and Thiasoi', 25-26; Klauck, *Religious Context*, 43; Ascough, *Paul's Macedonian Associations*, 47. 플리니우스는 트라야누스에게 소방관 협회가 그 지방에 설립될 것 같다고 시사하면서, 그 구성원이 150명으로 제한될 것이라고 말한다(*Ep.* 10.33).

- 공동식사는 협회의 가장 독특한 특징과 존재 이유에 해당한다. 실제로 동호회는 때때로 *eranoi*[76]라고 묘사되었다. 협회는 식사를 함께하려고 정기적으로 모였으며(매달 혹은 더 자주),[77] 보통 신전에 부속된 식당에서 모였을 것이다. 짐작하건대 그 식당은 대여가 가능했을 것이고, 거기서 소비된 고기는 성전 제사에 바친 동물의 부산물이었을 것이다.[78] 그러나 더 부유한 협회들은 자기 건물을 가지고 있었고, 더 작은 협회들은 공동욕장의 복합건물이나 골목의 여관 혹은 개인 가정에서 모일 수 있었다.[79]

- 엄밀히 말하면, 허가받지 않은 집단들도 법을 어기지 않는 한 용인되었지

---

76) *OCD*[3], 552; *eranos*는 "각자가 자기 몫을 기여한 식사"(LSJ, 680), 즉 "음식을 가져와서 나누는" 식사였다. 그 관습은 호메로스 시대까지 거슬러 올라가며 기원후 2세기까지도 입증되었다. P. Lampe, 'The Eucharist: Identifying with Christ on the Cross', *Interpretation* 48 (1994), 36-49(여기서는 38-39 그리고 n. 14)을 보라.

77) Harland, *Associations*, 74-83. Harland는 고주망태와 근친상간에 대한 비난이 제한적으로만 타당하다고 경고한다(74-75). 이는 롬 13:13의 암시에 동일하게 적용될 수 있는 경고다. *Satyricon*에서 언급된 트리말키오의 만찬에 대한 페트로니우스의 생생한 서술이 떠오른다. 그리고 아래 n. 229을 보라. 그러나 또한 희생제의 식사가 "빈약한 일상생활과 비교해서 음식이 풍부한, 현실적이고 즐거운 축제였다"라는 Burkert의 관찰도 주목하라(*Ancient Mystery Cults*, 110).

78) W. W. Willis, *Idol Meat in Corinth* (SBLDS 68; Chico: Scholars, 1985)는 사라피스 신의 식사에 초대하는 일련의 파피루스를 편리하게 제공한다(40-42). 또한 *NDIEC*, 1.5-9을 보라. 그리스-로마의 다양한 신전 복합관에서, 고고학자들은 자주 방을 발견했다. 그 방은 보통 안뜰에서 바로 연결되며, 그것이 작은 만찬실로 사용되었다는 점은 출입문이 중앙에서 멀다는 사실로 입증된다. 이는 긴 의자가 길게 출입문 한쪽에 자리하고 다른 하나는 출입문 다른 한쪽에 세로로 자리하게 했다. 고린도의 아스클레피온에는 식당이 3개가 있고, 각 방은 11명을 수용했다(Murphy-O'Connor, *St. Paul's Corinth*, 162-67을 보라); 데메테르와 코레의 성역 식당은 단지 5명에서 9명을 수용했을 것이다(N. Bookidis, 'Ritual Dining at Corinth', in N. Marinatos and R. Hogg, eds., *Greek Sanctuaries: New Approaches* [London: Routledge, 1993], 45-61[여기서는 47-49]). 다른 성역들에 딸린 만찬 설비에 대해서는 P. D. Gooch, *Dangerous Food: 1 Corinthians 8-10 in Its Context* (Waterloo: Wilfrid Laurier University, 1993), viii-xvi을 보라. 추가로 W. J. Slater, ed., *Dining in a Classical Context* (Ann Arbor: University of Michigan, 1991)를 보라.

79) 또한 P. Richardson, 'Building "an Association (Synodos)...and a Place of Their Own"', in R. N. Longenecker, ed., *Community Formation in the Early Church and in the Church Today* (Peabody: Hendrickson, 2002), 36-56을 보라.

만,[80] 공식적으로 협회는 인가를 받아야 했다.[81] 과도하게 정치적이거나 때로 폭력을 행사하는 동호회는 의심을 받았고 간혹 금지되었다.[82] 대부분의 경우에, 협회는 광범위한 시 공동체, 특히 사회 구성원 가운데 중하층의 사회적·문화적·종교적 필요라는 중요한 측면에 기여했고, 그들 회원들을 위한 우호적 단체나 복지 단체로 정기적으로 활동했으며, 여기엔 좋은 장례 준비도 포함되었다.[83]

---

80) Schnelle, *Paul,* 154 n. 66은 M. Öhler, 'Römisches Vereinsrecht und christliche Gemeinden', in M. Labahn and J. Zangenberg, eds., *Zwischen den Reichen* (Tübingen: Francke, 2002), 61을 인용한다. "적어도 아우구스투스 이래로, 동호회와 협회의 구성은 주의 깊은 규제를 받았다. 조합은 원로원에 승인을 요청할 수 있었고, 원로원은 그 조합이 공공의 선에 기여하고 국가에 해를 끼치는 활동을 한다고 예상되지 않으면 신청을 받아들였다. 유대인 회당을 포함한 특정한 협회들은 오래 존재했고, 언제나 자신들의 전통을 따라 허가받았다. 이와 함께, 불법이나 모욕적인 행동만 하지 않으면 용인된 수많은 무허가 집단들이 있었다." 또한 Ascough, *Paul's Macedonian Associations,* 42-46을 보라. 그러나 Kloppenborg는 다음과 같이 말한다. "로마 법학자와 다수의 로마 엘리트들은 동호회가 허가를 받아야 한다고 **생각했으나**, 동호회들이 그런 승인을 얻으려고 했음을 지지할 어떤 증거도 사실상 없다"(사적인 대화에서 들은 내용이다).

81) 아우구스투스는 모든 동호회가 원로원이나 황제의 허가를 받아야 한다는 율리우스 법(Lex Iulia)을 시행했다(기원후 7년)(*OCD*³, 352). Bendlin은 Tacitus, *Ann.* 14.17에서 "원로원이나 다른 지방 당국의 허가를 요구하는 일은 원칙이 아니었다"라고 추론한다('Gemeinschaft', 11).

82) 특별히 W. Cotter, 'The Collegia and Roman Law: State Restrictions on Voluntary Associations', in Kloppenborg and Wilson, *Voluntary Associations,* 74-89을 보라. 그러나 Kloppenborg는 다시 의문을 제기한다. "물론 그들은 어떤 상황에서 억압받았을 수 있으나, Ilias Arnaoutoglou, "Roman Law and Collegia in Asia Minor", in *RIDA* 49 (2002), 27-44은 Cotter에 반대하여 아시아에서 사교(*thiasoi*)에 대한 조치가 거의 일관적이지도, 지속적이거나 조직적이지도 않았다고 설득력 있게 보여주었다"(사적인 대화에서 들은 내용이다).

83) 이 마지막 요점이 Harland의 주 논지다. *Associations,* 특별히 10-14과 3장 및 6장을 보라. 기원전 2세기부터 기원후 2세기까지 협회에 대한 다양한 판결에 관해서, Harland는 각 경우의 특별한 상황을 언급하고(161-69), "대부분의 협회는 개방적이며 방해받지 않고 계속 기능했을 것이며…지역적으로 적절히 다루어지지 않은 더 일반적이고 무질서한 사건에 협회가 연루되었을 때만 개입이 이루어졌다"(166). 또한 그는 가장 엄격한 판결에서, "고대의 재단"인 협회와 "종교 목적을 위한" 모임은 명시적으로 양해 받았음을 관찰했다(164, 168). "아시아 지역만 볼 때, 로마 관리들이 그런 집단들을 해체하거나 협회에 관한 법을 적용했다는 증거는 하나도 없다"(169). "일반적으로 협회들은 반(反)로마나 체제 전복적 집단이 아니었다"(173). Schürer는 협회들이 대체로 로마에서 공식적으로 관용되었으며, "정치적 동호회만 카이사르와 아우구스투스 때부터 금지되었다"라고 이미 주장했다(*History,* 3.112). "대부분의 경우에, 이 집단들은 체제를 전복하기보다는 오히려 정치적 현상 유지를 강화했기 때문에 그들이 활동했던 곳에서 살아남았다"(Clarke, *Serve,* 72. 그는 협회의 지원을 받은 정

b. 회당들

방금 개괄한 사회적 상황에서, 회당은 자신의 위치를 오랫동안 유지하는
데 익숙했다.[84] 협회와 마찬가지로 회당은 탁월한 인물이나 지역의 이웃
혹은 출신 도시의 이름을 따라 명명되었다.[85] 지역에 성지나 신전(예루살렘
은 너무 멀었다)을 소유하지 않았고, 또한 제사와 제주라는 일반적인 종교 관
습을 지키기 않았기 때문에, 회당은 분명히 협회의 모습을 지녔다.[86] 필론
과 요세푸스가 애써 지적했듯이, 유대인 모임은 실제로 철학 학파의 모습
에 더 가까웠다.[87] 디아스포라 회당은 "학습과 성경 본문에 대한 토의 및 도
덕적 권면을 하는 장소로 사용됐다. 유대인들은 규율 있는 삶의 방식으로
유명했다.…이 집단에 가입하는 일은 정말로 '개종'을 요구했다."[88]
　　결정적으로 중요한 점은, 유대인 디아스포라 공동체의 권리가 일관되
게 인정되고 용인되었다는 점이다. 특별히 카이사르와 아우구스투스는 유

치 후보자들의 이름을 밝힌 수많은 폼페이 명문을 인용한다).
84)　예로, P. Richardson, 'Early Synagogues as Collegia in the Diaspora and Palestine', in
　　Kloppenborg and Wilson, *Voluntary Associations,* 90-109; 또한 'An Architectural Case for
　　Synagogues as Associations', in Olsson and Zetterholm, eds., *The Ancient Synagogue,* 90-
　　117; Clarke, *Serve,* 6장을 보라. Klauck는 "비유대교 자료에서도 협회 구성원들의 총회를 '회
　　당'(*synagōgē*)으로 부를 수 있다(LSCG, 177.93f.; 135.20)"라고 말한다(*Religious Context,* 46; F.
　　Sokolowski, *Lois sacrées des cités grecques*를 언급함). 비슷하게 NDIEC 4.202.
85)　로마에서 발견된 증거로 입증되었다. H. J. Leon, *The Jews of Ancient Rome* (Philadelphia:
　　Jewish Publication Society, 1960), 7장; 추가로 아래 §33 n. 47을 보라.
86)　하지만 로마 자료들은 유대교를 신비 종교, 즉 미신으로 다루려는 경향이 있었다(Mason,
　　'Philosophiai', 42).
87)　Malherbe, *Social Aspects,* 54; Mason, 'Philosophiai', 43-46. 필론의 저작에서 *philosoph*-에 기
　　반한 단어들은 212번 등장한다(예. *Mos.* 2.216; *Prob.* 43). 유명하게 요세푸스는 유대교 종파
　　들(바리새파, 사두개파, 에세네파)을 철학 학파(*philosophiai*)로 제시한다(*War* 2.119; *Ant.*
　　18.11). Aristobulus(기원전 2세기)가 유대교를 철학 학파로 제시한 첫 번째 사람인 듯하다.
　　J. J. Collins, *Between Athens and Jerusalem: Jewish Identity in the Hellenistic Diaspora* (New
　　York: Crossroad, 1983), 175-78을 보라.
88)　Mason, 'Philosophiai', 42. 또한 C. Claussen, *Versammlung,* 8장; 또한 'Meeting, Community,
　　Synagogue — Different Frameworks of Ancient Jewish Congregations', in Olsson and
　　Zetterholm, eds., *The Ancient Synagogue,* 144-67을 보라.

대인 회당을 공식적으로 인정했고, 카이사르는 유대 공동체를 협회에 대한 금지에서 특별히 면제해주었다.[89] 요세푸스는 이런 칙령과 판결을 애써 기록했는데,[90] 그것들로 인해 유대인 공동체가 제국에서 그들의 법과 관습에 대해 관용과 보호를 확보했기 때문이다. 이러한 제반 권리에는 모임의 권리, 자체 재정 운영권(성전세를 걷어 예루살렘에 보낼 수 있는 예외적 인가를 포함), 자체 구성원에 대한 사법권(육체적 처벌을 할 수 있는 권한 포함, 고후 11:24), 군 복무에서의 면제(안식일을 준수해야 하는 유대인의 필요 요건 때문), 그리고 황제 제의에 참여하지 않아도 된다는 특히 중요한 관면(permission)이 포함되었다.[91] 요약하면, 비록 (현대 문헌에서 많이 쓰이는) 합법 종교(religio licita)라는 표현이 당시 문헌에서 실제로 발견되지는 않지만, 유대교는 우리가 다루고 있는 기간 내내 로마 정부의 공식적인 보호하에 있었다.[92]

유대인 회당이 공식적으로 다른 국가적·종교적 모임의 협회(collegia) 및 사교(thiasoi)와 동등하거나 같다고 받아들여졌다는 사실을 강조하는 것이 중요하다. 그런 협회에는 유대 인종 협회, 주 야웨 숭배자, 모세가 가르친 철학의 실행자 등이 있었다. 물론 회당은 회당의 공동생활의 핵심 구성원과 참여자가 유대인으로 구성된 더 동질적인 협회 중 하나였다. 그러나 이미 언급한 대로, 회당은 배타적인 협회가 아니었으며, 그들의 모임에 분명 비유대인 지지자와 동조자(하나님을 경외하는 자)가 오는 것을 환영했다. 따라

---

89) Philo, *Legat.* 156-58; Josephus, *Ant.* 14.215. "70년 이전의 회당들은 모든 면에서 협회와 유사하면서도 제국의 보호를 더 많이 누렸다"(Wilson, 'Voluntary Associations', 4). 추가로 Smallwood, *Jews,* 133-38을 보라.

90) *Ant.* 14.185-267; 16.160-79. 이는 트랄레스, 밀레도, 버가모, 할리카르나수스, 사데, 에베소 지역 당국의 심각한 경고를 포함한다(14.241-64). 또한 Dean Pinter는 필자에게 *War* 1.200, 282-85; *Ant.* 14.144-48(로마인과 유대인의 우정에 대한 언급은 14.265-67); 16.48, 53; *Ap.* 2.61을 언급했다. 추가로 Levinskaya, *BAFCS,* 5.139-43; Gruen, *Diaspora,* 3장; Fitzmyer, *Acts,* 629의 참고문헌을 보라

91) Schürer, *History,* 3.113-23에 자세한 사항이 있다. 추가로 M. Tellbe, *Paul between Synagogue and State: Christians, Jews, and Civic Authorities in 1 Thessalonians, Romans and Philippians* (CBNTS 34; Stockholm: Almqvist and Wiksell, 2001), 26-63을 보라.

92) Schürer, *History,* 3.117 n. 40; Tellbe, *Paul between Synagogue and State,* 54-59.

서 재차 강조할 만한 가치가 있는 점은 특히 아시아에서 특정 회당 공동체들을 시에서 승인했다는 증거가 있다는 사실이다.[93] 따라서 우리는 대체로 유대 회당 공동체가 앞에서 언급한 로마 사회의 특징인 다양한 국가적·종교적 협회 중 하나로 여겨졌다고 확신할 수 있다.

마찬가지로 디아스포라 유대인들이 회당 협회 소속이기 때문에 다른 협회에서 활동할 수 없었을 것이라고 상상하지 말아야 한다. 유대인 공동체가 큰 지역에서는 분명 유대인 상업 협회를 상상해볼 수 있다. 그러나 작은 지역에서는 아굴라 같은 유대인이 천막 제조자 연합에 참여했을 가능성을 배제할 수 없다. 특정한 신에 헌신하는 연합에서는 거의 대부분의 유대인이 제사와 신주가 드려지는 모임에 참여할 수 없었을 것이다. 그러나 그런 거리낌이 유대인들의 다른 사회 활동 참여를 배제하지는 않았을 것이다. 우리는 다른 유대인 집단들이 지역의 사회 규범에 문화적으로 적응하고 동화한 정도가 다양했음을 알고 있다.[94] 따라서 그들이 이웃 협회나 상업 조합에 어느 정도 참여했음을 배제할 수 없다. 바울이 고린도전서 8-10장에서 직면한 문제들은 개방적인 그리스도인에게만 한정되지 않았을 것이다.[95]

몇몇 유대인 회당 공동체가 상당히 혼합주의적이 되었을 가능성 때문에 그 문제는 더욱 복잡해진다. 소아시아에 그런 회당이 존재했다는 주장이 수년 전에는 일반적인 견해였으며, 이 견해는 골로새서 2:18이 유대인의 천사 경배를 상상하게 했기 때문에 그 가능성이 고무되었다.[96] 그러나

---

93) 위 §29.5b를 보라.
94) Barclay, *Jews*, 11장; Harland, *Associations*, 195-210은 예를 들어 "유대인들이 공공 생활에 참여하여 통합될 뿐만 아니라, 히에라볼리 지역의 직업 협회와 관련되거나 심지어 가입했다"라는 증거를 인용한다(208-209). 또한 Borgen, "'Yes', 'No', 'How Far?'". *The Jews in Late Ancient Rome* (Leiden: Brill, 1995)에서 카타콤의 증거를 검토하며 유대인들이 로마에서 비유대인과 적극적이고 의식적으로 문화를 교류했다는 L. V. Rutgers의 결론을 비교하라. 그들은 **로마** 유대인이었다(263, 268).
95) 아래 §32.5e를 보라.
96) 필자의 *Colossians and Philemon*, 31과 n. 30, 179-84을 보라.

더 설득력 있게 등장하고 있는 합의는, 자신들을 *Sabbatistai*(안식일주의자)로 부르거나 *Theos Hypsistos*("위대하신 하나님")를 경배하는 협회가, 비유대인적 혼합주의 종파를 형성하는 데 유대교 신앙과 실천이 얼마나 영향력을 끼쳤는지를 보여주는 것으로 더욱 타당하게 이해된다는 것이다.[97] 어느 경우든, 강력한 신앙과 영향력 있는 실천이 유대 회당과 다른 협회 간의 경계를 넘을 수 있었다는 증거가 있다. 유대인의 마술 실행은[98] 이런 가능성을 진전시키거나 지연시키지도 않는데, 그 당시에 마술이 보편적이고 준종교적인 현상이었기 때문이며, 또한 행운을 부르는 장식과 부적이 당시의 적지 않은 헌신적인 유대인 가정에서 분명히 발견되었기 때문이다.

협회에 대한 이런 조사와 유대인 회당이 어디에 있든지 대개 도시 경관에 (사회적·문화적으로) 상당히 잘 융화되면서도 그들의 독특한 관습과 실천을 유지할 수 있었다는 증거는, 바울의 교회들이 자신들을 어떻게 생각했느냐는 물론 그 교회들이 어떻게 인식되었느냐를 논의하는 데 매우 소중한 배경을 제공한다.

c. 교회들

바울이 설립한 교회들과 비교되는 점들은 이미 명백할 것이고, 이 장 도입부에 제기된 질문에 이미 답을 제시한다.[99] 교회는 분명 마을 협회나 상

---

97) Trebilco, *Jewish Communities*, 6장; Hengel and Schwemer, *Paul*, 161-67; Harland, *Associations*, 49-50과 nn. 25-26.

98) 특별히 P. S. Alexander, 'Incantations and Books of Magic', in Schürer, *History*, 3.342-79, "종교 당국의 강하고 집요한 비난에도 유대인 가운데 마술이 넘쳐났다"(342); C. E. Arnold, *Ephesians: Power and Magic* (SNTSMS 63; Cambridge: Cambridge University, 1989); 또한 *The Colossian Syncretism: The Interface between Christianity and Folk Belief at Colossae* (Grand Rapids: Baker, 1996)를 보라. 마술에 관해 더 일반적으로는 Klauck, *Religious Context*, 209-31을 보라.

99) 그러나 단 하나의 전형을 찾는 것은 현명하지 않다. 예. Ascough는 "빌립보 사람들은 종교 협회와 가장 유사한 반면, 데살로니가 사람들은 전문적인 자발성 협회와 가장 유사했다"라고 시사한다(*Paul's Macedonian Associations*, 14); 또한 그의 'The Thessalonian

업 조합과 같지 않았다.[100] 그러나 교회가 (아마도) 상류층 시민의 개인 집에서 모였기 때문에, 확대 가정에 비유되었다(가정협회).[101] (어떤 의미에서) 회당에서 파생했기 때문에, 협회나 외래 "미신"이라는 지위의 모호성을 공유했다.[102] 그들 자신의 독특한 입교 의식과 숭귀한 영웅 숭배 때문에 그들은 이상한 신비 종교의 부류로 보였을 것이다.[103] 그리고 (순회 철학자를 닮은) 바울이 설립하고, (바울 서신에 따라 판단하건대) 교리의 가르침과 도덕적 권면이라는 양식으로 양육된 집단인 교회는 틀림없이 철학 학파에 더 가까워 보였을 것이다.[104]

보다 흥미롭지만 그다지 주목의 대상이 되지 못한 접점은 바울이 새 "교회들"을 "몸(sōma)"으로 표현하고, 신자 개인을 그리스도의 구성원이나 "그리스도 안에서의 한 몸"으로 표현한 것이다.[105] 에피쿠로스가 자신의 공

Christian Community as a Professional Voluntary Association', *JBL* 119 (2000), 311-28 을 보라. Kloppenborg, 'Edwin Hatch'는 G. Heinrici와 Hatch가 야기한 이전 논쟁과 대두되고 있는 문제들을 비평했다. 또한 T. Schmeller, 'Gegenwelten. Zum Vergleich zwischen paulinischen Gemeinden und nichtchristlichen Gruppen', *BZ* 47 (2003), 167-85을 보라.

100) 비록 Meeks가 "고린도나 에베소에서 천막 제조인인 브리스가와 아굴라 및 바울와 함께 모인 *ekklēsia*는 이웃들에게는 그런 종류의 동호회처럼 보였을 것"이라고 말하지만 말이다 (*Urban Christians*, 32).

101) Stegemann and Stegemann은 "*ekklēsia*의 제도적 특징은 대중적인 총회와 가장 잘 비교될 수 있다. 교제의 특징은 고대 가정이나 핵 가정과 가장 잘 비교된다"(*Jesus Movement*, 286); "공동 식사와 연결되는 정기 모임만이 고대 협회와 유사하다고 볼 수 있다"라고 생각한다(281). 또한 M. Karrer and O. Cremer, 'Vereinsgeschichtliche Impulse im ersten Christentum', in Lehnert and Rüsen-Weinhold, eds., *Logos — Logik — Lyrik*, 33-52을 보라.

102) Meeks는 비록 "바울 서신에 회당이라는 특정 조직이 모방되었다는 증거는 아주 적다"라고 말하지만, 그는 회당을 "기독교 집단들의 가장 근접하고 자연스러운 모형"으로 받아들인다(*Urban Christians*, 80-81). 또한 Ascough, *Formation*, 21-23을 보라.

103) 플리니우스의 탐구는 미신만을 발견했을 뿐이다. 추가로 Wilken, *Christians as the Romans Saw Them*, 15-25, 32-34을 보라.

104) "바울이 자세히 설명했듯이, 기독교 신앙은 신비 종교의 내밀한 의식보다는 오히려 철학 학파의 교리와 관계가 있다"(Judge, 'Early Christians', 135); "바울이 자신을 방어하게 한 비판은 바울 시대의 견유학파나 유랑 철학자에게 일상적으로 제기된 비판이다"(Mason, 'Philosophiai', 47). 그러나 Meeks는 피타고라스 학파와 에피쿠로스 학파가 "가정이나 자발성 협회의 변형 형식을 취했다는 점에서 바울 공동체를 닮았다"라고 주장한다(*Urban Christians*, 84).

105) 바울의 용례는 보통 허용된 것보다 더 다양하다(아래 §32 n. 344를 보라).

동체를 "거룩한 몸(*hieron sōma*)"으로 규정했듯이, 협회나 사교 집단이 때때로 그 용어를 자기 명칭(= "조합")으로 사용할 수 있었다.[106) 그러나 그 표현의 주된 영향이나 비교점은 바울이 채택한 그 이미지의 사용법에 있다. 즉 몸은 하나지만 많은 구성원이 있고, 전체의 통일성은 모든 구성원의 조화(상호 작용과 협력)에 의존한다는 것이다. 이것은 바로 정치 철학에서 그 이미지를 사용한 방법이었다. 즉 도시나 국가는 몸으로서 전체의 선을 위해 함께 일하는 다른 소수 인종과 조합들 및 정치 분파에 동일하게 의존한다는 것이다.[107) 그렇다고 해서 여기서도 *ekklēsia*에서처럼, 바울이 이 교회들이 활동하던 도시나 국가와 일종의 경쟁을 하거나 그것을 모방하기 위해 개별 교회들을 설립했다고 추론해서는 안 된다.[108) 아울러 이 "몸"이 보통 말하는 그런 정치 조합이 아닌 그리스도의 세례를 받음으로(고전 12:13)[109) 그리스도와 연합하여 형성된 몸이라는 분명한 주장은 인종적·사회적 범주가 아닌 다른 요인으로 형성된 정체성을 시사한다. "유대인이나 헬라인이나 종이나 자유인이나 남자나 여자나 다 그리스도 예수 안에서 하나이니라"(갈 3:28).

그렇다 할지라도, 그 시대의 협회와 친교집단 및 학파와의 유사점 및 차이점에 대해 흥미를 느낀 관찰자와 탐구자가 그것들을 인식하고 인정하기까지 어느 정도 시간이 걸렸을 것이다.

---

106) Bendlin은 이 언급으로 자신의 글을 시작한다('Gemeinschaft', 9). 비교. BDAG, 984.
107) 메네니우스 아그리파(Menenius Agrippa)의 유명한 우화가 가장 잘 알려진 예다(Livy, *Hist.* 2.32; Epictetus 2.10.4-5); 추가로 H. Lietzmann, *Korinther I/II* (HNT 9; Tübingen: Mohr Siebeck, 1949), 62(12.12을 다룸); E. Schweizer, *TDNT*, 7.1038-39을 보라.
108) 그러나 아래 n. 127을 보라.
109) 고전 12:13: "우리가 유대인이나 헬라인이나 종이나 자유인이나 다 한 성령으로 세례를 받아 한 몸이 되었고(비교. 롬 6:3; 갈 3:27)···."

30.4 바울 교회의 사회적 구성

최근 몇십 년까지만 해도 지중해 도시의 첫 기독교 집단 대부분이 이방인과 하류층이었다고 폭넓게 가정했다. 켈수스(Celsus)의 풍자는[110] 고린도전서 1:26[111]을 강화하고, 교회를 바울과 같은 지적 자질이 있는 소수의 지도자만을 포함한 무산층의 운동으로 표상하는 것을 당연시하게끔 했다. 그와 같은 그림은 지난 세대를 통해 결정적으로 바뀌었다.[112]

a. 유대인과 이방인

바울이 자신을 "이방인의 사도"로 제시하고(롬 11:13) 자신의 몇몇 서신에서 이방인 개종자들을 특별히 대상으로 삼은 사실(잠시 후 살필 것이다)은 바울 교회의 구성원이 대부분 혹은 전부 이방인이었다는 견해를 부추기는 경향이

---

110) 켈수스는 다음과 같이 기독교의 메시지를 풍자했다. "그들의 명령은 이렇다. '교육받았거나, 현명하거나, 분별력이 있는 사람은 아무도 가까이 오지 못하도록 하라. 우리는 이 능력들이 악하다고 생각하기 때문이다. 그러나 무식하거나, 멍청하거나, 교육받지 못했거나, 아이 같은 사람은 누구나 담대히 오게 하라.' 그들의 하나님께 이런 사람들이 합당하다고 그들이 인정한다는 사실은, 그들이 오직 바보스럽고, 수치스럽고, 멍청한 사람들, 노예들, 여인들, 어린아이들만 원하고 그런 사람들만 설득시킬 수 있음을 보여준다"(Origen, c. Cels. 3.44).

111) "지혜로운 자가 많지 아니하며 능한 자가 많지 아니하며 문벌 좋은 자가 많지 아니하도다"(고전 1:26).

112) 자신의 오랫동안 도외시된 *Social Pattern of Christian Groups*에서, E. A. Judge는 다음과 같이 탄식했다. "불행히도 기독교 집단의 사회 계층은 결코 제대로 조사되지 않았다. 회복될 수 없을 정도로 말이다"(51). Judge는 'Early Christians', 128-35에서 그 부족함을 채우려고 시작했고, 그의 첫 탐구는 Theissen, *Social Setting*; A. J. Malherbe, *Social Aspects of Early Christianity* (Baton Rouge: Louisiana State University, 1977); 그리고 Meeks, *First Urban Christians*, 2장에서 더 진척됐다. Meeks는 "바울의 회중들은 대체로 도시 사회의 단면을 타당하게 반영한다"라고 결론짓는다(73). "기독교 집단은 자발성 협회보다 사회 계층과 여타 범주라는 관점에서 훨씬 더 포괄적이었다"(Meeks, 79; Gehring, *House Church*, 168-71은 Meeks의 결론을 지지한다). 또한 고린도 교회의 사회적 다양성에 대해서는 A. D. Clarke, *Secular and Christian Leadership in Corinth: A Socio-historical and Exegetical Study of 1 Corinthians 1-6* (Leiden: Brill, 1993), 4-7장 Horrell, *Social Ethos*, 91-101을 보라.

있었다. 바우어(Baur)가 이 후 세대에 물려준 최초 기독교의 역사에 대한 개괄에서,[113] 유대인이나 유대인 기독교 선교사들은 바울의 교회에서 대체로 이방인이었던 것으로 여겨졌다. 언급해야 할 점은, 이런 관점이, 최초 회중은 한결같이 "정통적"이었고 "복음의 진리"를 손상하는 가르침은 항상 외부에서 비롯되었다는 전통적 견해에 따른 부산물이라는 것이다.[114]

상황은 실제로 굉장히 혼란스러웠고 전혀 획일적이지 않았다. 우리가 살폈듯이(§29.5b), 대체로 바울은 하나님을 경외하는 이방인을 향한 자신의 선교 도약대로 지역 회당(들)을 이용했다. 그러나 누가는 많은 유대인이 회심했고,[115] 그 유대인들이 최초 교회들의 성장 초기에 핵심 구성원의 일부를 형성했음을 나타냈다. 실제로 갈라디아 교회의 구성원 대부분 혹은 심지어 전체는 이방인이었던 것으로 보인다. 바울은 수신자들을 일반적으로("너희가") 예전에는 하나님을 모르며 "본질상 하나님이 아닌 자들에게 종노릇한"(갈 4:8) 사람들로 대한다. 그리고 시종일관 함의되는 내용은 할례가 필요하다라고 서신의 수신자들을 설득하려고 나중에 들어온 자와 관련이 있다(분명하게 5:2-3과 6:12에서). 바우어의 논지는 갈라디아서 때문에 지금까지 강한 영향력을 끼칠 수 있었다. 그러나 거기서도 갈라디아서 논쟁의 주요 부분에서 반복된 일인칭 복수(특히 3:13-14, 23-26, 4:3-6)는 바울이 비유대인 신자는 물론 유대인 신자까지도 염두에 두고 있었음을 시사한다.[116]

로마서는 (주로) 염두에 둔 수신자들이 로마의 이방인 신자로 보인다는 점에서 갈라디아서와 유사하다. 이는 분명하게 1:5-6("모든 나라/이방인들… 그들 중에서 예수 그리스도의 것으로 부르심을 받은 자")과 11:13-32("내가 이방인인 너희에게 말하노라", 11:13), 함축적으로는 1:13과 15:7-12, 15-16에서 드러난다.

---

113) 위 §20.3a를 보라.
114) 다시 §20 n. 153 그리고 *Jesus Remembered*, §1 n. 19을 보라.
115) 행 13:43; 14:1; 17:4, 11-12; 18:8; 19:9; 28:24.
116) 필자의 *Galatians*, 176-77, 179, 198-200, 213, 216-17을 보라. Martyn, *Galatians*, 334-36을 비교하라. 비록 그는 "우리" 중에 포함된 유일한 유대인이 바울이라고 생각하지만 말이다 (323!).

14:1-15:6의 "믿음이 연약한 자" 대부분은 믿는 유대인(그리고 과거에는 하나님 경외하는 자들)일 것이며, 음식과 신령한 날들을 향한 이들의 양심은 전형적인 유대인의 모습을 드러낸다.[117] 그리고 바울 서신의 주목적은 그들(이방인들)이 하나님의 목적에서 유대인을 대체했다고(11:17-24, 12:3, 16) 추정하지 않고, 그들의 동료 (유대인) 신자들의 민감함을 경멸하거나 함부로 다루지 않도록(14:3, 10, 14:13-15:6) 이방인 신자들을 강력히 권고한다. 여기서 함의는 이방인 신자들이 실제로 로마 청중의 다수이기 때문에, 소수인 유대인 구성원들이 자신들이 완전히 받아들여지고 존중받고 있음을 인지하게 할 책임이 주로 이방인 신자에게 있다는 것이다(14:1, 15:7). 우리가 9:6-18(족장들과 출애굽)과 11:2-4(엘리야)에서 발견한 것과 같은 이스라엘 역사에 대한 간단한 암시는 바울이 자기 청중 가운데 일부가 70인역에 상당한 지식이 있다고 추정할 수 있었음을 의미한다. 바울이 그렇게 추정할 수밖에 없었던 이유는 대부분의 디아스포라 교회들에 있는 대다수 이방인이 하나님을 경외하는 자로서 이전에 회당에 다니는 동안 성경에 대한 가르침을 받았다고 그가 추정하는 데 있다.

고린도 서신에서도 상황은 거의 동일하게 보인다. 고린도 교회(들)에서 이방인의 수가 우세했다는 점은 갈라디아서와 로마서에서처럼 분명하지는 않다. 그러나 그것은 고린도전서에서 바울이 씨름하는 일련의 문제에 강하게 암시되어 있다. 그 문제 대부분은 전형적인 유대인들이 공감하지 못할 수사법(1:18-4:20)과 또한 유대교의 관습과는 다른 관계 및 연합으로 인해 야기된 문제들(5-6장, 8-10장)을 전제한다.[118] 동시에 고린도 교회에서 게바를 향한 일종의 충성을 표현하는 집단의 존재(1:12)는, 어쩌면 갈라디아서 2:7-9에 기록된 게바와 바울의 합의에 비추어 볼 때, 자신들을 게바와 어느 정도 동일시하여 바울에 맞서는 유대인 신자들이 고린도에 있었을

---

117) 추가로 아래 §33.3f(ii)를 보라.
118) 추가로 아래 §32.5을 보라.

가능성에 무게를 실어준다.[119] 그러나 여기서도 주된 증거는 고린도 지역의 식사 관습과 연관된다. 우상의 참 본질에 관한 "지식"이 부족하고, 그 양심이 "우상의 제물"(8:7-13)을 먹는 것을 생각조차 못하는 사람들 대부분은 유대인이었을 텐데, 이들은 우상숭배를 완전히 못견뎌했던 고대 유대인처럼 구별되었다.[120] 그래서 다시 한번 우리는 교회의 회중이 혼재되었다고 보아야 한다. 한두 교회에서는 유대인의 수가 우세했겠지만 전체적으로는 이방인이 대다수였을 것이다.

두 서신이 담고 있는 대부분의 인물에 대한 연구 자료는 윤곽이 드러난 그림을 어느 정도 강화해준다. 로마서 16장의 바울의 문안에서, 언급된 사람들 가운데 세 명은 유대인이다(안드로니고, 유니아, 헤로디온). 비록 아굴라와 브리스가, 마리아, 루포 및 그의 어머니도 유대인일 가능성이 있지만 말이다(3, 6, 13절). 또한 "아리스도불로의 권속"(16:10) 역시 유대인일 가능성이 있다.[121] 즉 문안해야 하는 이름 가운데 3분의 1이나 그 이상이 유대인이었을 것이다. 그리고 골로새에서 바울과 함께한 두세 사람은 분명 바리새인으로 확인된다("할례자의"). 즉 마가와 예수 유스도 그리고 어쩌면 아리스다고(4:10-11)를 들 수 있다. 말하자면 그들은 그 서신이 기록된 장소의 교회에서 일했을 것이다. 그 서신으로 문안할 때 이외에 다른 이름은 세 개만 언급되었다(에바브라, 누가, 데마, 4:12-14).

이 연구결과들이 함의하는 중요성을 그냥 지나쳐서는 안 된다. 왜냐하면 우선 첫째로 그것들은 교회와 회당의 지속된 관계라는 쟁점을 다시 제기하기 때문이다. 모든 유대인 신자는 회당에서 완전히 떨어져 나왔는가? 아니면 그들은 "회당"과 "교회"를 향한 이중적 충성이 모순되지 않는다고 보고, 어쩌면 메시아 예수를 믿는 자들을 유대인 공동체 내의 (논란이 되는)

---

119) 아래 §32 n. 170을 보라.
120) 추가로 아래 §32.5e를 보라.
121) "아리스도불로"는 로마식 이름이 아니며, *CIL* 6 (17577, 29104)에서 두 번만 등장한다 (Lampe, *Paul to Valentinus,* 165). 추가로 아래 n. 140을 보라.

갱신 집단으로 여겼는가? 여기서 많은 유대인이 거주했던 도시에서 회당 자체가 상당히 다양했을 것이라는 점 역시 명심할 필요가 있다. 같은 요점을 다르게 표현한다면, 우리는 대도시에서 다수의 회당(유대인 모임)이 동일한 상황이었다고 추정해서는 안 된다. 이 경우에 첫 교회들은 단순히 그런 다양성의 일부로 보였을 수도 있었고, 그랬다면 그들의 법적 지위는 의문시되지 않았을 것이다.[122]

언급해야 할 다른 당연한 귀결은 그렇게 혼합된 회중 안에 "복음의 진리"에 해당하는 내용이 무엇인지에 대해 항상 갈등이 있었을 것이라는 점이다. 단순히 예수에 대한 신앙뿐 아니라, 그 신앙이 실천, 경배, 신자 간의 관계, 윤리 표준, 광범위한 사회와 상호 작용에서 어떻게 드러나야 하는지에 관해서 말이다.[123] 다시 말해서, 예루살렘 공회와 뒤따른 안디옥 사건으

---

122) Tellbe의 논지는 "기독교 운동에 있어 그리스-로마 사회에서 사회적·정치적 합법성은 1세기 후반과 그 이후로부터뿐만 아니라 이미 1세기 중반부터 필요했고, 그리스도인과 유대인 및 시 당국 간 상호 작용은 초기 교회에서 그리스도인이 자기에 대한 구체적인 이해를 형성하는 데 중차대한 역할을 했다는 것"이다(Paul between Synagogue and State, 4). 특별히 63-74를 보라. "상대적으로 자치적인 행정 기구를 형성하거나 매주 모이고 안식일에 일을 면제받기 위해서만이 아니라, 그들의 도시 공동체와 잠재적 갈등을 피하고자, 가능한 한 오랫동안 유대인의 권리를 주장하고 자신[초기 그리스도인]을 유대 전통과 공동체와 동일시하는 것은 틀림없이 중대한 관심사였다"(73). 바울의 목표가 회당 공동체에서 분리되어 선명하게 구별되는 기독교 형태의 형성에 있었다는 Watson의 지속적인 논지와 대조하라(Paul, Judaism and the Gentiles [²2007], 51-56, 180-81). 사회학적으로 놀랍게도, 그는 기독교 가정 집단의 법적 지위라는 논제를 다루지 않았다. Watson과는 반대로, 회당 공동체에서 상당히 분리되고 소외되었다고 여겨지는 운동보다는 제2성전기 유대교 내 하부 집단(비교. 쿰란 종파)으로 여겨지는 운동을 의미하는 "종파"를 사용하는 것이 더 현명할 것이다(예. 118). 더 조심스럽게 정의하려는 White, From Jesus to Christianity, 129-31과 비교하라.

123) 다양한 종류의 "유대인/이방인 기독교"에 대해 Brown이 제시한 범주가 자주 언급된다. 적어도 4개의 다양성이 있다. 집단 1: "할례를 포함해서 모세 율법의 전면적 준수를 주장한 유대 그리스도인과 그들의 이방인 개종자." 집단 2: "할례를 주장하지 않았으나 개종한 이방인에게 몇 가지 유대 관습을 준수하도록 요구한 유대 그리스도인과 그들의 이방인 개종자들." 집단 3: "할례를 주장하지 않고 유대인의 ("코셰르") 음식법의 준수를 요구하지 않은 유대인 그리스도인과 그들의 이방인 개종자들." 집단 4: "할례나 유대인의 음식법 준수를 주장하지 않고 유대교 의식과 절기에 지속적인 중요성이 없다고 생각한 유대 그리스도인과 그들의 이방인 개종자들"(Brown and Meier, Antioch and Rome, 1-9).

로 표현된 갈등(§§27.2-4)은 이방인으로 구성된 교회에서도 없지 않았다. 반대로 우리는 "복음의 진리"와 그것의 적용이 다수 혹은 대부분의 교회에서 어느 정도 논란이 되었다고 예상할 수 있다. 그렇지 않았다면, 바울은 그가 했던 것처럼 자신의 서신 대부분을 쓸 필요가 없었을 것이다!

b. 후견인과 후원자

여기서는 고린도전서의 증거에 주로 의존해야 한다. 지난 세대 학계의 다양한 탐구의 갈래들이 그 서신 안으로 수렴되었는데 이 서신은 이전 세대들이 거의 알지 못했던 1세기 교회의 여러 측면과 상세한 내용을 드러내는 놀라운 문헌으로 증명되었다.[124] 물론 고린도전서를 통해 바울의 나머지 교회들까지 손쉽게 일반화해서는 안 되나,[125] 바울 교회의 사회적 구성에 대해서 고린도전서가 전형적이었을 가능성은 상당하다.

이 영역에서 게르트 타이센(Gerd Theissen)의 주요 기여는 유명한 고린도전서 1:26에서 제시된 소외의 측면을 강조한 데 있다.[126] 지혜롭고 강하고 문벌 좋은 자가 "많지 않음"은 그 지위를 지닌 사람이 아무도 없다는 의미는 아니다. 반대로 상당히 계층화된 사회에서 소수의 상위 계층 출신으로 영향력을 가진 구성원들이 있었다. "지혜로운" 자는 교육받은 계층에 속했을 것이며, 좋은 교육은 거의 틀림없이 부유한 계층에 국한되었을 것이다. "강한" 자는 영향력 있는 사람들과 후원자들 및 지배적 엘리트의 피후견인들이었을 것이다. "문벌이 좋은" 자는 부유한 귀족 계급이나 지역 엘리트를 포함했을 터인데 이들은 지방과 지역 정부의 최상위 계층 간의 이

---

124) 이는 E. Adams and D. G. Horrell, eds., *Christianity at Corinth: The Quest for the Pauline Church* (Louisville: John Knox, 2004)에서 발췌하고 재발간된 소논문들에 잘 예시되었다.

125) S. J. Friesen, 'Prospects for a Demography of the Pauline Mission: Corinth among the Churches', in Schowalter and Friesen, eds., *Urban Religion in Roman Corinth*, 351-70은 고린도 교회에서 알게 된 내용에서 일반화하는 것에 대해 정당하게 경고한다(353-55).

126) Theissen, *Social Setting*, 2장; Judge의 기여(위 n. 112)는 대체로 간과됐다.

동에 상당히 익숙했다.[127] 비록 고린도 교회 안에서 소수였다 할지라도, 그들의 영향력은 그들의 수와 완전히 반비례했을 것이다. 그들은 고린도 교회라는 사회 집단에서 불가피하게 가장 큰 영향력을 가진 지배적 소수였을 것이다.[128]

여기서도 고린도 교회와 관련하여 등장한 이름에 대한 연구는 바울이 마음에 두었을 인물들에 관해 어느 정도 실마리를 제공해준다.

---

127) L. L. Welborn, *Politics and Rhetoric in the Corinthian Epistles* (Macon: Mercer University, 1997)는 바울이 언급한 세 개의 범주가 "솔론(Solon) 시대부터 그리스 작가들이 스타시스[*stasis*, 정치 불화]에 관련된 주요 계층의 분리를 지적하기 위해 사용한 바로 그 용어다"(21)라고 말한다.

128) Meggitt은 Theissen의 책에서 비롯되었고 자신이 "새로운 합의"라고 부른 내용을 강력하게 논박한다. 그는 고대 세계에 중산층이 전혀 없었다고 정당하게 언급하고(*Poverty*, 7, 41-53), 폭넓은 결론을 내리려고 극히 작은 계파에서 비롯된 자료를 사용하는 것에 대해 경고한다. "인구의 다른 99%가 처한 삶의 현실에 목소리를 실어주려고 시도하는 해석의 상황이 구성되어야 할 필요가 있다"(12-13; 또한 그의 'Sources: Use, Abuse, Neglect. The Importance of Ancient Popular Culture', in Adams and Horrell, *Christianity at Corinth*, 19장을 보라). 그러나 1:27-28이 "바울의 고린도 회중 구성원들을 **예외 없이**" 명칭하고, 약하고, 천민 출신이고 멸시받는 사람들로 언급했다는 그의 주장은 1:26의 주장을 너무 가볍게 일축한 것이다(*Poverty*, 99). 1세기 모든 그리스도인이 가난, 즉 "최저 생활이나 그에 가까운 수준에 있었고, 그들의 주 관심이 삶을 유지하는 데 필요한 최소한의 의식주였으며, 육체적 생존을 위한 몸부림이 그들 삶을 지배했다"(5)라는 주장은, 아래 결집한 증거와 특별히 고전 8-10장과 11:17-34의 증거를 확실히 무시한다(후자의 두 본문에 관해서는 특별히 G. Theissen, 'Social Conflicts in the Corinthian Community: Further Remarks on J. J. Meggitt, *Paul, Poverty and Survival*', *JSNT* 25.3 [2003], 371-91을 보라). Stegemann 과 Stegemann은 전통적으로 엘리트와 비엘리트(*honestiores*와 *humiliores*)로 된 이중 구조를 더욱 나누어서 현실성 있는 분석을 제공한다. 상위 계층은 (1) 원로원 의원, 기사, 참사원 의원이라는 세 계층(*ordines*)에 속하는 사람들, (2) 작위가 없는 부자들, (3) 상위 계층을 유지하는 사람들을 포함한다. 대다수인 하류 계층은 (4) 비교적 부유하고 비교적 가난한 사람들(*penētes*), (5) 절대적으로 가난한 사람들(*ptōchoi*)(*Jesus Movement*, 288-303). S. J. Friesen, 'Poverty in Pauline Studies: Beyond the So-Called New Consensus', *JSNT* 26 (2004), 323-61은 "최저 단계"에서 "제국의 엘리트"까지 일곱 범주를 가진 빈곤 등급을 제시하고, 3분의 2가 최저 단계이거나 그 이하였고, 바울의 교회에서 잘사는 사람들도 여전히 단지 "보통의 여유"나 "최저 단계에 가까운 안정성" 단계에 있었다고 주장한다(337-58). 또한 *JSNT* 84 (2001), 51-94에 있는 D. B. Martin과 G. Theissen의 Meggitt에 대한 비평과 Meggitt의 대응을 보라. B. Holmberg, 'The Methods of Historical Reconstruction in the Scholarly "Recovery" of Corinthian Christianity', in Adams and Horrell, *Christianity at Corinth*, 255-71(여기서는 261-71); 그리고 n. 157.

- 그리스보(고전 1:14)는 사도행전 18:8에 의하면 고린도의 *archisynagōgos*, "회당장"이었다. 회당을 유지하려면 재정이 필요하기에, 그 직위는 부유한 사람에게 일임되었을 것이다. 그의 역할은 협회의 부유한 후견인 중 한 사람과 같았다.[129]

- 에라스도(롬 16:23)는 확실히 어느 정도 영향력이 있는 "성의 재무관"이었고,[130] 그가 "자기 비용으로" 도로를 건설한 그 에라스도라면,[131] 그는 상당히 부유한 사람이었을 것이다.

- 스데바나(고전 1:16, 16:15)의 집은 아마도 노예가 있는 "집안"이었을 것이다.[132] 이는 사회적 지위와 부의 확실한 표지다.

- 겐그레아(고린도의 에게해 항구)의 뵈뵈(롬 16:1)는 바울을 포함한 많은 사람의 *prostatis*("후견인, 후원자")였다. 이 역시 강력하고 영향력 있는 인물이다.[133]

- 가이오(롬 16:23)는 "전 교회"를 수용할 정도로 큰 집을 소유했다.[134]

---

129) Theissen, *Social Setting*, 74-75. Meggitt(*Poverty*, 141-43)의 반론은, 특권층의 관직 유지를 위한 보상이 체제에 중대한 부분이었고, 회당이 후원이라는 동일한 기반에 의존했다는 폭넓게 퍼진 관례를 무시한다. T. Rajak, 'The Jewish Community and Its Boundaries', in J. Lieu et al., eds.,*The Jews among the Pagans and Christians in the Roman Empire* (London: Routledge, 1992), 9-28 (여기서는 23-24); Murphy-O'Connor, *Paul*, 267을 보라.

130) Theissen, *Social Setting*, 75-83; Clarke, *Secular and Christian Leadership*, 46-56; Winter, *Welfare*, 10장, "시 행정가"(192). 에라스도가 "교회 내" 재정 담당자였을 것이라고 제시하면서 Meggitt은 "성의 재무관"이라는 자세한 언급을 무시한다(*Poverty*, 136). 또한 §32 n. 267을 보라.

131) 이 명문은 고린도에 위치한 박물관에 있다. 더 자세한 사항은 Furnish, *2 Corinthians*, 25를 보라.

132) Theissen, *Social Setting*, 87. 노예를 소유하는 일이 비엘리트의 재력을 넘지 않았다는 Meggitt의 경고(129)는 고려할 만하나, 이는 적어도 99% 비엘리트 계층 내의 구별이 그가 허용한 것보다 더 있어야 함을 의미한다.

133) 놀랍게도 Theissen은 뵈뵈를 단지 *diakonos*로 언급한다(*Social Setting*, 88). 그러나 Meeks, *Urban Christians*, 60을 보라. "보호자"(*prostatis*)라는 표현이 뵈뵈가 실제로 후견인이었음을 뜻하지 않는다는 Meggitt의 논증은 일방적인 주장이다(*Poverty*, 146-48). 예. B. J. Brooten, 'Iael *prostatēs* in the Jewish Donative Inscription from Aphrodisias', in B. A. Pearson, ed., *The Future of Early Christianity*, H. Koester FS (Minneapolis: Fortress, 1991), 149-62; 그리고 추가로 아래 n. 169을 보라.

134) 위 n. 28을 보라. 또한 빌레몬의 경우에서처럼(위 nn. 35-36), Meggitt은 그 점을 무시했다(*Poverty*, 134-35).

- 브리스가와 아굴라(고전 16:19)는 그 자체로 비용이 많이 드는 여행업을 포함한 사업을 한 것으로 보이며,[135] 바울에게 잠자리를 제공했다(행 18:3, 비교 16:3-5).
- 소스데네(고전 1:1) = 사도행전 18:17에 나오는 회당장(?).
- "글로에 사람들"(고전 1:11)은 노예나 예속된 일꾼이었을 것이다.[136]
- 사도행전 18:7을 보면 디도 유스도도 바울에게 잠자리를 제공했다.

이 목록은 대부분 우리가 고린도 교회에 소속된 사람들로 알고 있는 사람들의 이름으로 이루어졌다.[137] 물론 바울이 고린도의 예수 메시아주의자들 모임과 일치하는 사람을 전부 명명했다고 추정하지 않아야 한다. 고린도전서 1:26에서 바울의 "많지 않음"을 명심해야 한다. 그리고 어떤 조직에서도 사회 엘리트가 다른 사람들보다 더 눈길을 끄는 것이 바로 세상의 이치다. 그런데도 §30.3에서 소개한 협회들과의 유사점이 오히려 눈길을 끈다. 고린도 교회는 소수의 상위계층 후원자를 가진 전형적인 하층 협회(대부분 자유민, 장인, 노예로 구성됨)다. 이 모든 내용의 관련성은 고린도전서를 더욱 철저하게 살펴볼 때 더 분명해질 것이다. 그 서신에서 바울이 다룬 몇 가지 문제는 분명 그 교회의 몇몇 엘리트 구성원이 동료 구성원을 고려하지 않은 행동 때문에 일어났으며, 그것은 협회의 영향력을 가진 보호자와 후원자가 관여했기 때문에 훨씬 더 심각한 문제였다.[138]

고린도 교회가 사회적 구성에 있어 독특하지만은 않았다고 단순하게 확인하려면, 우리는 골로새에서 노예를 소유한 빌레몬도 그의 집에서 가정 교회로 모일 수 있었고(몬 2) 눔바도 이웃하는 라오디게아나 어쩌면 골

---

135)　이것도 Meggitt, *Poverty*, 133-34이 부당하게 경시한 점이다.
136)　Theissen, *Social Setting*, 92-94.
137)　Theissen은 "이름으로 우리에게 알려진 대다수의 고린도인은 높은 사회적 지위를 누렸을 것이다"라고 결론 내린다(*Social Setting*, 95).
138)　예. 아래 §32.5c를 보라.

로새에서 가정 교회를 주관할 수 있었음을 상기해야 한다.[139] 또한 그들은 (추측하기로) 상당한 정도의 재산 소유자로서 이 도시에서 대부분의 다른 신자보다 높은 사회적 지위를 가졌을 것이다. 로마에 있었을 법한 가정 교회의 구성원들, 특별히 "아리스도불로에 속한 자(권속)"와 "나깃수에 속한 자(권속)"(롬 16:10, 11)에 대해서도 비슷한 결론을 내릴 수 있다. 두 이름은 일반적인 이름이지만, 이름이 언급된 방식은 유력한 이들의 가정 구성원을 암시한다. 전자는 헤롯 아그리파 1세의 형제인 아리스도불로의 가신들을 가리키고,[140] 후자는 클라우디우스의 긴밀한 조언자 중 한 사람으로 섬긴 자유민 나깃수의 가신들[141]을 언급한 것일 수 있다. 아리스도불로와 나깃수가 신자라는 암시는 없지만, 사회에서 유력한 가정의 구성원은 바로 그 이유로 자주 영향력을 행사할 수 있었다. 그리고 데살로니가전서 5:12의 "너희 가운데서 수고하고 주 안에서 너희를 다스리며 권하는 자"라는 언급은, 작은 데살로니가 회중의 보호자로서 지도력(proistamenous)을 발휘한 사람인 고린도의 스데바나(고전 16:15)와 어쩌면 여전히 자기 가정에서 모임을

---

139) 눔바의 집의 위치에 대한 불명확성은 필자의 *Colossians and Philemon*, 284을 보라.

140) 요세푸스(*War* 2.221)에 따르면, 이 아리스도불로는 "개인으로(*idiōtēs*)", 즉 공직을 가졌거나 공공 업무에 참여한 사람과는 구별된(LSJ, 819) 사람으로 죽었다. 그와 아그리파는 로마에서 오랫동안 살았다(§26.5b를 보라). 따라서 아그리파가 유대로 귀환한 후, 아리스도불로는 자기 형제의 착한 행실을 위한 보증으로 로마에 따로 있었다(감시받음?). 그가 로마서가 기록되기 전에 죽었다 할지라도(40년대 후반에?), 그 집안의 일꾼들은 아리스도불로의 권속(*hoi Aristoboulou*)이라는 그들의 정체를 유지할 수 있었다. 심지어 다른 한 (왕실) 가정과 합해진다 할지라도 말이다(이미 Lightfoot, *Philippians*, 174-75이 제시했다). Moo는 그 제안을 많은 주석가가 지지한다고 언급했는데, 이는 로마에서 아리스도불로라는 이름이 드물었기 때문이다(*Romans*, 925 n. 50). 바울이 바로 다음 문장에서 자신의 친척 헤로디온을 언급했다는 사실(롬 16:11)은 추가적인 지지를 제공할 수도 있다. Lampe는 아리스도불로의 집안이 기독교가 수도로 침투한 통로 가운데 하나였을 것이라고 제안한다(*Paul to Valentinus*, 165; 또한 'Paths of Early Christian Mission into Rome: Judaeo-Christians in the Household of Pagan Masters', in S. E. McGinn, ed., *Celebrating Romans: Template for Pauline Theology*, R. Jewett FS [Grand Rapids: Eerdmans, 2004], 143-48).

141) Juvenal, *Sat.* 14.329-31; 비교. CIL 3.3973; 6.15640 — 'Narcissiani'. 네로의 취임 후(54년)에, 나깃수는 아그리피나(Agrippina)의 복수로 희생되었고(Tacitus, *Ann.* 13.1), 그의 집안은 황제가 흡수했을 것이다(Lightfoot, *Philippians*, 175). Lampe는 CIL, 6.9035에서 다른 나깃수에게 노예들이 있었다고 언급한다(*Paul to Valentinus*, 165).

하던 야손(행 17:5-7)과 같은 개인들을 암시한다.[142]

c. 노예와 자유민

노예제는 고대 세계에서 오랫동안 확립된 현실이었다. 이는 빅토리아 시대의 영국과 기타 지역의 "가정봉사"처럼 확립된 사실이다. 대부분의 대도시 지역 거주자의 3분의 1 정도가 노예였다.[143] 전쟁이 전 세대에서 노예 공급의 주공급원이었다면(패한 적군들), 이제는 여성노예의 자손들이 주공급원이 되었다(아버지의 신분은 중요하지 않았다).[144] 다른 하나의 가능성은 개인이 갚지 못한 빚 때문에 혹은 기아를 피하거나[145] 엘리트 집안의 탐나는 자리를 얻으려고[146] 자신을 노예로 파는(팔리는) 것이었다. 21세기의 독자들은 노예제가 원래 비도덕적이거나 당연히 모멸적이라는 사고가 아직 형성되지 않았음을 상기할 필요가 있다. 노예 교역이 이런 이해를 서양 "문명"에 가져다주었다. 이것은 단순히 최하위 경제 계층에게 노동을 제공하는 수단이었다. 그 결과 노예들은 교육을 잘 받을 수 있었고, 그들 주인이 사회에서 상당히 중요하고 권력이 있으면, 청지기로서나 어떤 행정적 역할로

---

142) *Proistēmi*와 *prostatis*, 즉 "보호자, 후원자"(롬 16:2)는 같은 뿌리에서 왔다. 그 동사를 지도력이나 돌봄의 의미로 번역하든지 간에(BDAG, 870), 그것은 어떤 지위나 재력을 가진 인물을 의미했을 듯하다. 또한 아래 n. 206을 보라.

143) 노예 소유가 얼마나 폭넓게 퍼져 있었는가? D. C. Verner, *The Household of God: The Social World of the Pastoral Epistles* (SBLDS 71; Chico: Scholars, 1983)에 의하면, "노예를 소유한 가정은 25%를 넘지 않았을 것이다. 제국의 노예 중심지에서도 말이다"(61). Meggitt은 반대로 "노예 소유가 비엘리트의 재력으로 불가능한 것이 아니었으며" 그리고 "최저 수준 바로 위에 사는 사람에게도 노예 소유가 경제적으로 가능했을 뿐 아니라 합리적인 일[노예를 사는 것]이었다"(*Poverty*, 129-31). 또한 J. A. Harill, 'Paul and Slavery', in Sampley ed., *Paul in the Greco-Roman World*, 575-607(참고문헌과 함께)을 보라.

144) 예. W. W. Buckland, *The Roman Law of Slavery* (Cambridge: Cambridge University, 1908; 1970에 재발간), 397-400; W. L. Westermann, *The Slave Systems of Greek and Roman Antiquity* (Philadelphia: American Philosophical Society, 1955), 84-87을 보라.

145) Meggitt, *Poverty*, 60.

146) Winter, *Welfare*, 154-59.

상당한 책임을 맡을 수도 있었다.[147]

　그렇기는 하지만, 노예는 "자기 자신에게 속하지 않고 다른 이에게 속한 자"(Aristotle, *Politica* 1.1254a. 14) 그리고 "거절할 힘을 가지지 못한" 사람으로 규정됐기 때문에, 노예제는 자유라는 그리스의 이상과는 정반대다.[148] 당연히 자유(해방)는 모든 노예가 바라는 목표였고[149] 정기적으로 이루어졌다. 실제로 상당수의 노예가 30세 생일 전에 그들의 주인에게서 자유를 얻은 것으로 보인다.[150] 그러나 노예의 해방은 통상 경제적 자유를 가져다주지 않았다. 해방된 노예는 이전 주인을 위해 일하게 되거나, 이전 주인과 후견인-피후견인 관계에 묶여 있었다.[151] 또한 어떤 대가를 받고 그들의 후견인을 위해 계속 일해야 할 의무도 있었다. 그렇다 할지라도, 어떤 해방 노예들은 클라우디우스의 개인 비서였던 나깃수와 안토니우스 팔라스 그리고 폼페이의 누메리우스 포피디우스 암프리아투스처럼 상당히 부유하고 영향력 있는 사람이 되었다.[152] 보통 로마에서는 시민이 해방시킨 노예

---

147) D. B. Martin, *Slavery as Salvation* (New Haven: Yale University, 1990), 1장을 보라. "노예나 노예였던 자들도 노예를 소유했는데, 특별히 카이사르의 가정(*familia Caesaris*)에 속하고 자신들의 특권으로 번성한 로마에 있던 사람들이 그랬다.…공적 직위를 가지는 것을 제외하고, 인간 활동의 거의 모든 영역에서 노예들을 목격할 수 있다"(K. R. Bradley, *OCD*³, 1416). "노예 중에서도 주목할 만한 차이가 있었다. 예를 들면, 족쇄를 찬 농노들은 그들 주인의 부동산을 관리하는 노예들과 상당히 달랐다"(Stegemann and Stegemann, *Jesus Movement*, 65, 또한 86-88).

148) J. A. Glancy, *Slavery in Early Christianity* (Oxford: Oxford University, 2002; Minneapolis: Fortress, 2006)는 노예를 일반적으로 "몸"으로 규정한 데 초점을 맞추었다. 이는 노예가 성 착취를 당할 수 있고 그것에 취약함을 의미했다.

149) "노예의 기도 제목은 즉시 해방되는 것이었다"(Epictetus 4.1.33).

150) T. Wiedemann, *Greek and Roman Slavery* (Baltimore: Johns Hopkins University, 1981), 51; S. S. Bartchy, 'Slavery', *ABD*, 6.71("도시 노예 중에서 노년에 이르렀다고 알려진 사람은 드물다.…자유민(남성/여성)으로 죽기 전 30대나 40대 혹은 50대 이상이었을 때 해방되었기 때문이다"); Bradley가 *OCD*³, 1416("대부분의 노예는 해방되지 않았을 것이다")에서 이것을 논쟁했다

151) 예. *NDIEC*, 4.103-104를 보라. 수에토니우스는 클라우디우스가 "감사하지 못하고 그들의 보호자의 불평의 원인이 된 자유민을 다시 노예로 전락시켰다"라고 전한다(*Claudius* 25.1).

152) 마지막에 언급된 사람은 R. Harris, *Pompeii* (London: Hutchinson, 2003)가 생생하게 묘사했다.

에게 시민권을 부여했다.[153]

1세기 첫 그리스도인 중 상당수가 분명 노예 계층 출신이었다. 이 사실은 후기 바울 서신에서 명백하다. 같은 교회(골로새)의 구성원인 노예와 주인을 향한 직접적인 권면에서(골 3:22-4:1), 그리고 이제 개종한 노예 오네시모에 관해 그 주인인 빌레몬을 향한 개인 서신에서 말이다. 골로새서 3:18-4:1의 "가정 규범"이 전례를 세운 것으로 보이며, 사실상 첫 세대 말부터 제2, 제3 세대에 걸친 다른 서신들이 그 뒤를 이었다.[154] 어찌 되었든, 그런 본문들은 분명 바울 선교의 상당히 이른 시기부터 존재한 상황을 반영한다. 예를 들어 고린도에서 "글로에 사람들"(고전 1:11)과 브드나도와 아가이고는 노예이거나 해방 노예였을 가능성이 상당히 크다.[155]

여기서도 로마서 16장에서 언급된 남녀 노예와 해방 노예 가운데 흔했던 이름의 수가 특별히 흥미롭다. 아리스도불로와 나깃수의 권속뿐 아니라, 안드로니고와 유니아, 암블리아, 헤로디온, 드루배나와 드루보사, 버시, 아순그리도, 허마, 바드로바, 빌롤로고와 율리아, 네레오 등이다.[156] 비록 이 이름들이 노예 출신 중에서 흔했지만, 로마서 16장에 명명된 이들이 실제 노예 출신이라고 추정할 수는 없다. 그럼에도 로마서 16장에서 문안한 사람들 가운데 반 이상이 노예이거나 노예였을 수 있고, 상당수가 분명 노예이거나 노예였을 것이라는 사실은, 노예와 해방 노예가 바울 교회의 상당 부분을 차지했음을 강하게 시사한다. 이런 측면에서 교회들이 독특하지는 않았다. 어떤 협회는 노예를 받아들였고, 많은 협회가 주로 해방 노예로 구성되었기 때문이다. 그렇지만 그런 교회들이 대부분의 동호회와

---

153) *OCD*[3], 609.
154) 엡 5:22-6:9(6:5-9); 벧전 2:18-3:7(2:18-21); 딤전 2:8-15; 6:1-2(6:1-2); 딛 2:1-10(2:9-10); *Did.* 4.9-11(4.10-11); *Barn.* 19.5-7(19.7); *1 Clem.* 21.6-9; Ignatius, *Pol.* 4.1-5.2(4.3); Polycarp, *Phil.* 4.2-3(괄호 안 구절들은 노예나 주인을 향한 가르침을 나타낸다).
155) Theissen, *Social Setting*, 93; Meeks, *Urban Christians*, 59; Chester, *Conversion*, 242-43; "브드나도"("포르투나투스"; "복 있는, 행운의")라는 이름은 노예들 가운데 특히 일반적이었고, "아가이고"는 "아가야에서 온 사람"을 의미한다.
156) Lampe, *Paul to Valentinus*, 170-83에서 그 증거를 면밀히 검토했다.

협회보다는 더 폭넓은 참가자들을 끌어당겼을 것이다.

d. 가난한 자

타이센과 이후의 학자들이 고린도전서 1:26의 "많지 아니하며"를 정당하게 강조했다는 사실은, 바울 교회의 대다수가 로마 제국에 사는 대다수처럼 가난했다는 사실을 숨기는 데 사용되어서는 안 된다. 가장 최근의 추정에 의하면 도시 인구의 극히 적은 비율(약 3%)이 부자였고, 경제적 중간층은 존재하지 않았다. 따라서 바울의 회중의 대부분은 최저 수준에 가까운 삶을 살았을 것이다.[157] 바울 교회의 구성원 가운데 가난한 자에 대한 분명한 언급이 놀랄 정도로 부족하나, 바울과 그의 청중들이 그들 일상의 냉혹한 현실을 당연하게 여기고 받아들였음을 인지하면 놀라움은 사라진다. 그러나 데살로니가전서 4:1의 "너의 손으로 일하라"는 권면은 데살로니가 신자 대부분이 어쩌면 사회에서 지위가 낮은 육체 노동자였음을 시사한다.[158]

　　다소 더 놀라운 점은 가난한 자를 위한 공급에 대한 강조가 부족하다는 사실이다. 성경과 예수에게서 유래한 전통에 이에 대한 강조가 있던 것을 고려하면 그러한 부재가 놀랍게 다가온다.[159] 그러나 바울이 예루살렘의 "가난한 자를 기억"(갈 2:10)하기로 기꺼이 동의한 것은 그가 분명 최우선 순위로 삼았던 "예루살렘 성도 중 가난한 자들"(롬 15:26)을 위한 연보로 열매를 맺었다.[160] 그리고 다른 교회(비록 예루살렘에 있는 교회이지만)의 구성원들

---

157) Friesen, 'Prospects', 358-70. 그래서 이것은 위 n. 128에 단서를 붙인다. 절대적 가난(ptōchos)과 상대적 가난(penētes)에 관해서는, Stegemann and Stegemann, *Jesus Movement*, 88-92을 보라. 그러나 J. Becker, 'Paul and His Churches', in Becker, ed., *Christian Beginnings*, 132-210은 "도시의 상위 중산층에 속한 사람은 고린도와 같은 도시의 일반 인구보다 비교적 더 많았다"라고 생각한다(170).

158) Meeks, *Urban Christians*, 64. 이는 E. Best, *Thessalonians* (BNTC; London: Black, 1972), 176을 의존했다.

159) *Jesus Remembered*, §13.4을 보라.

160) 아래 §33.4을 보라.

을 위해 이런 관심을 보인 바울이 자신의 교회에 있는 가난한 자를 위해서도 비슷한 관심을 쏟지 않았을 개연성은 전혀 없다. 바울이 그리스도의 몸에서 실행되기를 기대했던 전형적인 은사들을 나열하면서, "구제"와 "긍휼을 베풂"(롬 12:8)을 애써 포함한 사실은 여기서 언급할 만한 가치가 있다. 거기서 가장 분명히 염두에 둔 것은 음식이나 부 혹은 소유의 나눔, 병자 돌봄, 가난한 자의 구제, 노인과 장애인 돌보기 등이다.[161] 디모데전서 5:3-16 이전에는 과부들을 특별한 관심 대상으로 언급하지 않았다.[162] 물론 여기서도 믿는 과부들이 어려운 시기에 처했을 때, 바울의 교회들은 그들을 도와야 할 책임을 인식했을 것이다. 바울 교회의 구성원들이 보통 하류층이었음을 고려하면, 고린도 사람들에게 연보를 목적으로 "수입에 따라 모아 두라"(고전 16:2)는 바울의 권면은, 많은 협회에서 매월 예상한 가장 일반적 규모의 기부금(장례비용)과 보통 그런 기부에서 가장 후한 사람들이 바로 가장 가난한 자들이라는 일반 규칙을 떠올리게 한다.[163]

d. 여인들

협회를 살펴볼 때처럼 대체로 특별히 공공 생활에서 여성의 역할과 관련해서도 우리는 거의 전적으로 명문의 증거에 의존한다. 비록 상업 및 전문 협회에 여성이 관여한 증거는 거의 없지만,[164] 여성들은 협회, 즉 주로 종교협회에 관여했다고 알려졌다.[165] 우리는 여성만을 위한 몇몇 협회뿐 아

---

161) 추가로 필자의 *Romans*, 730-32을 보라. 대부분의 협회에서처럼 교회 구성원들에게 가입비나 정기(매월) 기부금은 예상할 수 없었다(Ebel, *Attraktivität*, 217). 그러나 연보에 대한 분명한 가르침이 암시할 수도 있듯이, "빈민구제" 제도는 어떤 정기적인 기부(단지 후원하는 보호자에게서만이 아님)를 해야 했을 수도 있다.

162) 바울 서신에서 유일하게 과부를 언급한 다른 곳은 고전 7:8이다.

163) 그러나 언급해야 할 점은, 이것이 바울이 예상한 유일한 재정적 기여라는 점이다. 협회에서 전형적이었던 매주나 매월 기부는 아니지만, 타인의 유익을 위한 것이었다.

164) Kloppenborg, 'Collegia and *Thiasoi*', 25.

165) 이제 C. E. Schultz, *Women's Religious Activity in the Roman Republic* (Chapel Hill:

니라,[166] 수많은 동호회,[167] 특별히 종교 협회에서[168] 직임을 가진 여성들을 알고 있다. 또한 어떤 여성은 스스로 재정적 보호자와 후원자의 위치에 있었다.[169] 그렇지만 최초의 기독교 회중에서 여성의 존재는 다소 두드러진 특징이다. 그들은 함께할 뿐만 아니라, 활발하게 참여하고 지도력도 발휘했다.[170]

필자는 자그마치 9명의 여성이 한 번쯤은 소위 바울의 선교팀이라고 불리는 모임의 구성원이었음을 이미 언급했다. 즉 그들의 비중은 거의 20%에 달한다.[171] 이는 남성이 지배하는 사회에서 주목할 만한 통계수치다. 그뿐만 아니라, 그들 가운데 몇 명은 분명 바울의 교회에서 중요하거나 지도자적인 역할을 감당했다.

- 유니아(롬 16:7), 사도로 명명되었다고 알려진 유일한 여성.[172]

University of North Carolina, 2006), 특별히 2장을 보라.

166) Poland, *Geschichte*, 289-91; *NDIEC*, 4.15; Ascough, *Paul's Macedonian Associations*, 57-58.

167) Poland, *Geschichte*, 292-98; McLean, 'The Agrippinilla Inscription', 259-66. Meeks는 더 새로운 제의가 오래된 국가 제의보다 여성이 남성과 병행하는 직위를 갖도록 초기에 허락했다고 말한다(*Urban Christians*, 25).

168) Ascough, *Paul's Macedonian Associations*, 54-59.

169) 고대 세계에 여성이 회당장(*archisynagōgos*)과 체육 감독관(*gymnasiarchos*) 및 후견인 (*prostatis* = *patrona*)으로 활동했다고 입증되었다. *NDIEC*, 4.12-13, 15, 214-19, 242-44; 또한 6.24-27; R. MacMullen, 'Women in Public in the Roman Empire', *Historia* 29 (1980), 208-18; B. Brooten, *Women Leaders in the Ancient Synagogue* (BJS 36; Chico: Scholars, 1982), 특별히 1장; van der Horst, *Jewish Epitaphs*, 105-109; Brooten, 'Iael *prostatēs*', 156-61; Trebilco, *Jewish Communities*, 5장; C. F. Whelan, 'Amica Pauli: The Role of Phoebe in the Early Church', *JSNT* 49 (1993), 67-85(여기서는 75-77)은 특별히 Waltzing, *Études*; W. Horbury, 'Women in the Synagogue', *CHJ*, 3.358-401(여기서는 388-401)이 정리한 CIL 자료에 의존했다. R. A. Kearsley, 'Women in Public Life in the Roman East: Iunia, Theodora, Claudia Metrodora and Phoebe, Benefactress of Paul', *TynB* 50 (1999), 189-211; B. W. Winter, *Roman Wives, Roman Widows: The Appearance of New Women and the Pauline Communities* (Grand Rapids: Eerdmans, 2003), 173-211; E. A. Hemelrijk, 'City Patronesses in the Roman Empire', *Historia* 53 (2004), 209-45을 보라.

170) E. S. Schüssler Fiorenza, *In Memory of Her* (London: SCM, 1983), 168-84.

171) 위 §29 n. 227을 보라.

172) 불가피하게 추측이긴 하지만, R. Bauckham, *Gospel Women: Studies of the Named Women*

- 뵈뵈(롬 16:1-2), 겐그레아 교회의 보호자(*prostatis*)[173] 그리고 기독교 역사에 서 공식적으로 "집사"로 임명된 첫 인물.[174]

- 브리스가(롬 16:3-5)는 남편인 아굴라보다 자주 먼저 언급되는데,[175] 이는 어 쩌면 그녀가 자기 능력으로 지도적 인물이 되었음을 적절하게 나타내는 듯 하다.

- 마리아, 드루배나, 드루보사, 버시(롬 16:6, 12)는 모두 "많이 수고한 일꾼"으 로 문안받았다. 바울은 다른 곳에서 이 표현을 존경과 존중을 받기에 합당 한 사람들에게 사용하며(고전 16:16, 살전 5:12), 특히 로마서 16장에서 이 네 명만 그렇게 부르고 있다.

- 비슷하게 유오디아와 순두게는 "복음에 나와 함께 힘썼다"(빌 4:2-3)라고 소 개된다.

- 루디아(행 16:14-15), 비싼 자주옷을 다룬 사업가, 집안의 안주인, 어쩌면 초 기 빌립보 교회에 장소를 제공한 집주인.

- 눔바(골 4:15, 아니면 남자 이름인 눔바스?), 가정 교회에 장소를 제공한 사람.

- 덧붙여서 고린도 교회의 공적인 예언 시간에 여성이 정기적으로 참여했고 (고전 11:2-16), 바울이 몇몇 여성의 기여에 심각한 의혹을 품었다 할지라도 (14:33-36), 14:29-32에서 여성이 정기적 예언자로서 역할을 했음을 언급해

---

in the Gospels (Grand Rapids: Eerdmans, 2002), 5장은 눅 8:3과 24:10에서 언급된 요안나가 선택한 라틴 이름이 유니아(그녀의 남편 구사는 안드로니고라는 이름을 선택했다)라는 아 주 흥미로운 제안을 했다. 특히 가치가 있는 부분은 M. H. Burer and D. B. Wallace, 'Was Junia Really an Apostle? A Re-examination of Rom 16.7', *NTS* 47 (2001), 76-91에 대해 그가 논박한 내용이다(172-80). 또한 §29 n. 82, 그리고 §33.2b를 보라.

173) 필자의 *Romans*, 888-89; 그리고 n. 133을 보라.

174) 행 6장에서 선택된 7명은 식탁 봉사(*diakonein*)를 위해 선택되었으나(6:2), 실제로는 집사 (*diakonos*)로 묘사되지 않았다. 뵈뵈가 공식적으로 명명된 첫 집사라는 주장은 빌립보서가 로마서 이후에 기록되었다고 보는 견해에 의존한다(그러나 빌 1:1의 "집사들"은 이름이 알 려지지 않았다).

175) 브리스가(브리스길라)와 아굴라: 행 18:18, 26; 롬 16:3; 딤후 4:19. 아굴라와 브리스가(브리 스길라): 행 18:2(부부가 처음으로 언급되었기 때문인가?); 고전 16:19(14:33-36에 암시된 고린도의 상황 때문인가?).

야 한다.[176)

- 비시디아 안디옥(행 13:50)과 데살로니가(17:4) 및 베뢰아(17:12)에서 바울의 설교 때문에 개종하고 그곳에 자리 잡은 교회들의 보호자와 후원자로 있었을 "귀부인들"과 "유력한 여성들"에 대한 누가의 언급도 잊지 않아야 한다.

바울이 자기 교회들에서 여성의 역할에 대해 말하는 내용을 평가할 때, 그의 교회들에서 활발하게 참여하고 지도자 역할을 한 여성에 관한 이 자료를 명심해야 한다.[177)

f. 그리스도인 가정

몇몇 협회의 특징은 보호자와 동료 구성원들에게 가정 용어(아버지, 어머니, 형제)를 사용한 것이다. "회당의 아버지"나 "회당의 어머니"라는 칭호는 명문에 상당히 빈번하게 드러난다.[178) 이는 바울의 교회에서도 그렇다. 바울은 여러 경우에서 자신을 그의 개종자들과 교회들의 규율과 양육을 책임지는 아버지로 비유했다.[179) 그리고 "형제"는 바울의 저작으로 모두가 인정하는 서신들에서 백 번이 훨씬 넘게 등장하는 용어이며, 바울이 그의 동료 신자들을 부르거나 호소할 때 흔히 사용한 형식이다.[180) 비록 바울이 몇몇 경우에 "자매"라고 특정하게 언급했고, 이름이 언급된 동료 신자들을 "자

---

176) 아래 §32.5f를 보라.

177) 다시 아래 §32.5f를 보라.

178) Schürer, *History*, 3.101; van der Horst, *Jewish Epitaphs*, 93-94; *JIWE*, 1.5; 2.209, 251, 288, 540, 542, 544, 560, 576, 577, 578, 584; Levinskaya, *BAFCS*, 5.191-92; *JAGR*, 46-48; P. A. Harland, 'Familial Dimensions of Group Identity II: "Mothers" and "Fathers" in Associations and Synagogues of the Greek World', *JSJ* 38 (2007), 57-79. 오스티아의 회당에 관해서는 White, 'Synagogues', 61을 보라.

179) 고전 3:1-2; 4:14-15, 17; 고후 6:13; 12:14; 갈 4:19; 빌 2:22; 살전 2:7, 11; 몬 10. 그는 신자들을 여러 번 "하나님의 자녀"로 부른다(롬 8:16-17, 21; [9:8]; 빌 2:15).

180) 위 §20.1(7)을 보라.

매"라고 불렸지만, "형제"라는 용어는 온 회중을 가리키려고 사용되었을 것이다(이후 19세기 동안).[181] 그렇다면 바울의 용례가 특별히 놀라운 것은 아니다. 비록 믹스(Meeks)가 바울 서신이 "감정적 용어가 흔치 않게 풍부하며" 또한 "바울 서신에서 정서적인 표현의 수와 그 강렬함이 아주 특이하다"라고 말했지만 말이다.[182] 그러나 더 독특한 내용은, 그리스도인 단체가 헌신하는 중심인물인 그리스도를 형제 중의 맏이라고 칭하는 것이다.[183] 어쩌면 여기서 예수 전통의 영향을 받은 실례를 하나 더 보게 되는 것 같다. 이 경우에는 예수가 "누구든지 하나님의 뜻대로 행하자는 자"를 "내 형제요 자매요 어머니"로 인정했다고 기억된 이야기다.[184]

그러나 가장 두드러지고 가장 특이한 점은 아동들을 포함하여 가정을 교회의 일부로 여겼다는 사실이다. 이는 고린도전서 7:14에 암시된 듯하다. 신자인 부모의 자녀들은 "깨끗하지 않거나" "성도들"의 공동체 밖에 있다고 여겨지지 않아야 한다.[185] 그러나 이것은 골로새서 3:18-4:1의 가정 규범에서 명백하게 드러나는데, 거기서 아동들은 직접적인 수신자가 된다. 즉 아동들은 편지를 읽는 모임에 참석하며, 그들의 연소함에도 불구하고 책임 있는 행위자로 대우받는다. 다시 말해서, 새 그리스도인 단체라는 가공의 가족은 정상적 가족 구조를 대체한다고 이해되지 않았다.[186] 그러나 정상적인 가족은, 하나님을 아버지로 모시고 가족을 위한 이미지를 결정하는 예수가 그 첫 열매가 되는 대가족 안으로 포용된다고 여겨졌다.

한 가지 명심해야 할 점은 아리스토텔레스의 전형적인 정의에서 가정

---

181) 롬 16:1(뵈뵈); 고전 7:15; 9:5; 몬 2(압비아).
182) Meeks, *Urban Christians*, 86; 그러나 n. 49도 보라. 또한 Schenk, 'Selbstverständnisse', 1375-82을 보고, "거룩한 입맞춤"을 주목하라(롬 16:16; 고전 16:20; 고후 13:12; 살전 5:26).
183) 롬 8:29; 골 1:18; 비교. 롬 8:17; 갈 4:6-7.
184) *Jesus Remembered*, §14.7을 보라.
185) "성도, 거룩한 자들"은 물론 신자들을 가리키는 바울의 또 다른 용어들이다. 위 §20.1(8)을 보라.
186) Wilson은 "가정에 기반을 둔 그 협회들은…가정생활을 대체하지 않고 가정생활을 표현한다"라고 주장한다('Voluntary Associations', 14).

이 국가의 기본 단위라는 것이다.[187] 따라서 식구들과 가정에 기반을 두고 가족을 전형으로 이용하는 운동은 불가피하게 시대의 사회적 규범을 따른다고 볼 수 있다. 그 성향은 골로새서와 이어지는 기독교 서신에서 가정의 규범으로 광범위하게 퍼진 관습을 채택함으로 더욱 공고해진다.[188] 기독교 가정 교회의 깊은(그러나 표면에 거의 드러나지 않은) 체제 전복성은 모든 관계를 주 되신 그리스도께 복종시키는 데 있다.

30.5 바울 교회의 구조

로마 협회가 지방 자치제 구조를 모방했고, 협회 지도자들의 호칭에는 선생(*magistri*), 책임자(*curatores*), 관리(*praefecti*), 보호자(*praesides*)가 있었고, 관리의 칭호에는 호민관(*tribunus*)이나 3집정관(*triumvir*)이 있었다는 사실은 일찍부터 주목을 받았다.[189] "비서"(*grammateus*)나 "재정 담당자"(*tamias* = *quaestor*)가 규칙적으로 등장한다.[190] "감독관"(*episkopos*)과 "조력자"(*diakonos*)의 존재도 입증되었다.[191] 우리는 디아스포라 회당에서 "회당장"(*archisynagōgoi, archontes*)과 "장로"(*presbyteroi*)[192] 또한 때때로

---

187) 특별히 Verner, *Household of God*, 27-81; 여기서 또한 Meeks, *Urban Christians*, 75-77을 보라.

188) 필자의 'The Household Rules in the New Testament', in S. C. Barton, ed., *The Family in Theological Perspective* (Edinburgh: Clark, 1996), 43-63; 간단하게는 *Theology of Paul*, 666-67을 보라.

189) Waltzing, *Études*, 1.383-425; Dill, *Roman Society*, 267, 269; Bendlin, 'Gemeinschaft', 12-13, 또한 19-24.

190) Poland는 "비서"라는 직위를 "세계의 모든 협회에서 어느 정도 전형적이라고 볼" 수 있고 "심지어 회계보다 더 폭넓게 퍼져 있다"라고 말한다(*Geschichte*, 383. 이는 Klauck, *Religious Context*, 46이 인용함). "회계"에 관해서는, Poland, 375-77, 380-82; Ascough, *Paul's Macedonian Associations*, 64 n. 83을 보라.

191) *Episkopos*: TDNT, 2.612-13; BDAG, 379; Poland, *Geschichte*, 377, 448; Ascough, *Paul's Macedonian Associations*, 80-81. *Diakonos*: Poland, 42, 391-92; Ascough, 82-83.

192) Schürer, *History*, 2.434-38; 명문의 언급들: *archisynagōgos*(*History*, 3.14, 15, 22, 23,

"조력자"(hypēretēs 혹은 diakonos)[193) 그리고 "선창자"(psalmo[logos], psalmōdos philonomos)라는 표현을 자주 접한다.[194)

어느 정도 대조적으로 바울의 최초 교회들은 칭호의 다양성을 피하려 하지 않았고 공식 직함이라는 개념도 중요시 한 것 같지 않다. 교회 설립자이자 그 교회에서 지속적 권위를 가진(확실히 바울의 견지에서는 그렇다[195)) "사도"는 협회의 장이나 "회당장"에 가장 가까웠다.[196) 저자에 대한 논란이 없는 바울 서신을 살펴 보면, 로마서 16:1에서는 뵈뵈를 일꾼(diakonos)으로 불렀고, 빌립보 사람들을 향한 글에서는 감독들(episkopoi)[197)과 집사들(diakonoi)에 대한 언급이 한 번 등장한다(빌 1:1).[198) 비록 그들의 역할이 상당히 불분명하지만 말이다. 그러나 우리는 초기 바울 서신에서 "장로"에 대해 들은 내용이 전혀 없다. 바울과 바나바가 갈라디아 교회에 장로를 확실히 임명했다는 사도행전의 증언(행 14:23)과 이를 바탕으로 바울이 새 교회를 설립할 때 보통 장로를 임명했다는 개연성 있는 함의가 있지만 말이다.[199)

32, 34, 66, 68, 73, 82, 92, 100-101); archontes(3.13, 26, 31, 33, 61, 63, 92-95, 98-100); presbyteroi(3.14, 23, 26, 72, 88, 92, 98, 102). Clarke는 24개의 명문에 gerousiarch, 즉 장로회 지도자라는 직위가 언급됐음을 주목한다(Serve, 133). Archisynagōgos는 유대인 회당에서만 사용되지 않았다(예. NDIEC, 1.27; 4.214-20; Ascough, Paul's Macedonian Associations, 79-80; 그리고 위 n. 84).

193) Schürer, History, 3.14, 101.
194) Schürer, History, 3.26, 81; NDIEC, 1.115-17.
195) 고전 9:1-2; 12:28; 14:37-38; 갈 1:6-9; 또한 위 §29 n. 80을 보라.
196) 그러나 위 n. 102을 보라.
197) "협회의 용례에서 episkopos만 가져왔을 것이다"(Meeks, Urban Christians, 80).
198) Diakonos가 정규 직위를 뜻하기 전까지(딤전 3:8-13), 신약에서 그 용어의 지배적 함의는 다른 사람을 섬기는 사람이다(BDAG, 230-31). 비교. J. J. Collins, Diakonia: Re-interpreting the Ancient Sources (Oxford: Oxford University, 1990). Collins는 고대 그리스 문헌과 파피루스에서 등장하는 diakon- 단어들을 분석하며, 그 단어 집단이 세 가지 상황에서 나온다는 결론을 내린다. 곧 메시지와 중재 그리고 개인이나 가정에게 시중드는 일이다. 또한 J. Reumann, 'Church Office in Paul, Especially in Philippians', in B. H. McLean, ed., Origins and Method: Towards a New Understanding of Judaism and Christianity, J. C. Hurd FS (JSNTS 86; Sheffield: JSOT, 1993), 82-91; 그리고 §34 n. 262을 보라.
199) 위 §27 n. 97을 보라. Kirchenschläger는 신약과 교부들의 저작에 걸쳐 반영된 사역과 구조에 대한 유용한 도표를 제공한다('Entwicklung', 1335-36). 그러나 Kloppenborg는 바울의 교회에 단일 조직 구조가 있었다고 추정하는 일에 대해 타당하게 경고한다('Edwin Hatch',

바울이 정말로 예상한 직급은 "첫째는 사도요, 둘째는 예언자요, 셋째는 교사요"(고전 12:28)이나, 뒤의 둘은 신전이나 학파와는 대조적으로 직위보다는 기능으로 보인다.[200] 초기 바울에게 은사는 의지적으로 할 수 있는 선천적이거나 하나님이 주신 능력이 아니라(롬 12:6, 고전12:8-10), 영감으로 받은 말을 실제로 선포하는 예언 자체였다. 그리고 예언자는 그들이 정기적으로 예언했기 때문에 예언자였다. 그들의 예언의 권위는 그들의 예언자적 지위에서가 아니라 그들의 예언적 영감에서 유래했다.[201] 그들의 예언은 검증과 평가를 받아야 하며,[202] 예언자로 인정받지 않은 다른 이들도 예언이라는 권위 있는 말을 할 수 있었다.[203] 추정하건대 교사들은 그들의 공동체를 관리하고 공동체 전승의 가르침 및 해석을 책임졌다는 점에서 (교회가 회당[혹은 철학 학파]과 유사함을 강화한다), 배우고/습득한 기술을 더 사용했다. 하지만 그렇다 할지라도, 바울은 그러한 은사를 분명 가르치는 **행위**로 생각했는데, 그 은사는 교사들에게만 한정되지 않았다(고전 14:26, 골 3:16).[204]

개인 지도자와 지도자 집단은 어떠했는가? 바울의 눈에는 사도의 역할과 권위가 두드러졌다. 그러나 바울은 예언자들과 교사들이 자신들의 은사의 영역 밖에서 지도력을 행사한다고 생각하지는 않은 듯하다.[205] 갈라디아와 고린도 및 데살로니가의 바로 그 곤란한 상황에서, 요청된

232-33).

200) "예언자"는 "확립된 신탁 신전과 연관이 있는 예언자들과 관리들에게만 사용되었다. 그렇지 않은 예언자들은 선견자(*mantis* 혹은 *chresmologos*)로 불렸다. 그리고 그것은 예언의 영감을 실제로 받은 자보다는 신탁 신전을 통솔하는 사람을 가리키는 데 더 자주 사용됐다"(*OCD*[3], 1259).

201) 추가로 필자의 *Jesus and the Spirit*, 227-33, 280-82을 보라. "그들의 섬김은 모든 곳에서 성령의 직접적인 선물로 받아들여졌다. 그리고 교회가 사도들을 선택하지 않는 것처럼 교회는 예언자들도 선택하지 않는다"(Schweizer, *Church Order*, §24c).

202) 고전 14:29; 살전 5:19-22.

203) 고전 11:4-5; 14:1, 5, 24, 31.

204) 추가로 필자의 *Jesus and the Spirit*, 236-38, 282-84을 보라.

205) 수리아 안디옥의 모 교회와 다른가?(행 13:1) 위 §24 n. 335을 보라.

훈육과 권위를 행사하도록 어떤 지도자에게도 바울이 호소할 수 없었다고 보이는 사실이 가장 두드러진다. 사도행전이 말한 바울이 갈라디아에서 임명한 장로들은 어디에 있었는가? 장로들은 데살로니가와 고린도 및 갈라디아에서 완전히 부재하기 때문에 오히려 눈에 띈다![206] 대신에 바울은 원거리 지도력을 자신에게 부여해야 했다.[207] 바울은 6:1-6(6:5)에서 엿보이는 완전히 불만족스러운 상황에서 누군가에게 "지혜의 말씀"(고전 12:8)이 주어지거나, 더 일반적으로는 누군가가 그런 상황에서 적절한 지침을 제공할 수 있길 소망해야 했다(12:28).[208] 바울이 즉시 지적하듯이, 어떤 이들은 그러한 지도력과 주도권을 행사했다. 스데바나와 그의 집안은 성도를 위해 어떤 사역(diakonia)에 헌신했다(etaxan heautous)(16:15). 짐작하건대 그들은 교회에 이러저러한 섬김이 필요하다고 보았고, 다른 이들이 요청할 때까지 기다리지 않고 그 필요를 채우기 위해 움직였을 것이다.[209] 바울은 고린도 교회 신자들에게 그들의 인도를 따르고, "이같은 사람들과 또 함께 일하고 너희를 위해서 수고하는 모든 사람(동일한 배려와 주도권을 보여준 사람들)에게 순종하라"(hypotassēsthe)고 권고한다(16:16). 그리고 비슷하게 바울은 데살로니가 사람들에게 "너희 가운데서 수고하고 주 안에서 너희를 다스리며 권하는 자들을 너희가 알고(eidenai),[210] 그들의 역사로 말미암아 사랑으로 가장 귀히 여기라"고 권면한다(살전 5:12-13). 짐작하건대 "그러한 사람들"은 대체로 주도권을 감당할 수 있는 시간과 자원을 가진 상류층이었을 것이다.[211] 그러나 또한 주목할 점은 바울이 그의 교회에서 그런 사람들에게 부여하길 원한 권위는 그들의 사역과 봉사 때문이지, 그들의 사회적

---

206) 고린도 문제를 몇몇 지도자들(교회의 후원자, 아니면 엘리트 집단)이 야기했다고 추정할지라도, 바울이 호소할 수 있는 사람이 한 명도 없지는 않았을 것이다.

207) 살후 3:6-12; 고후 5:1-5; 14:37-40.

208) 12:28: kybernētēs("배의 방향이나 수로 안내를 책임진 사람")에서 기인한 kybernēseis.

209) 바울은 지도자로 주택 소유자를 찾았는가?(Gehring, House Church, 196-210이 그렇게 본다)

210) "세 분사는…직위보다는 기능을 말한 것이다"(Meeks, Urban Christians, 134).

211) Theissen, Social Setting, 87-88; Meeks, Urban Christians, 134.

지위 때문이거나 바울이 그들을 지명했기 때문이거나 그들이 어떤 공식적인 지도자의 자리에 선출되었기 때문이 아니라는 사실이다.[212] 그리고 종합적으로 칭호와 공식적인 지위 및 공식적인 규칙이 상대적으로 부재했다는 사실은 바울의 교회를 그 시대의 전형적인 협회들로부터 구별되게 한다.[213]

마찬가지로 언급해야 할 것은, 회중 전체를 향해 교회로서 그들 모임의 질서와 규율을 책임질 것을 분부하는, 바울의 권면이다. 소집된 회중은 고린도전서 5:1-5 (5:5-6)에서 "근친상간"의 문제를 다루어야 했다. 데살로니가에서 그들 가운데 열심히 일하는 자를 존중하라는 권면 바로 다음에 등장하는 "게으른 자들을 권계하며 마음이 약한 자들을 격려하고 힘이 없는 자들을 붙들어 주며 모든 사람에게 오래 참으라"(살전 5:14)는 호소도 회중 전체를 대상으로 한 것이다.[214] 그리고 그 훈계는 마지막 경구적 결론에까지 확대된다. 그곳에서 바울은 데살로니가 사람들에게 "[예언으로서 나온] 모든 것을 시험하고, [예언 중에서] 헤아려 좋은 것을 굳게 붙들고, [또한 예언에 관해] 악은 어떤 모양이라도 버리라"(5:19-22)라는 말로 회중 전체의 책임을 상기시킨다.[215] 비슷하게 골로새서에서도 교회 전체가 "모든 지혜로 피차 가르치며 권면할"(골 3:16) 책임이 있다.

우리는 바울이 단지 소수에 불과한 교회에 관해 제시한 관점을 가지고 너무 손쉽게 일반화하지 않도록 항상 조심해야 한다. 그러나 이 작은 교회

---

212) Conzelmann, *History*, 106-107. 여기서 요점은 바울이 개별 신자들이 지도자처럼 행동할 필요가 없다고 보았다는 데 있지 않다. 그것은 오히려 바울이 그런 은사 공동체에서 필요하다고 여긴 지도자의 특징을 강조하는 데 있다.

213) Weiss, *1 Korintherbrief*, xxii-xxv이 이미 언급했다. "가장 두드러지고 분명한 차이는 고린도에서 직임을 맡은 자의 부재다"(Chester, *Conversion at Corinth*, 240).

214) 여전히 Vatican II의 *Lumen Gentium*, §12에 있는 교회의 전통적 견해, 즉 5:14-22의 권면이 지도자 집단을 향했다는 견해는 그 본문이 실제로 말한 내용과 정반대다. 그 본문은 데살로니가의 일반 "형제들"에게 전해진 것으로서(5:14), 그들은 자신들 가운데서 사역하는 사람들을 존중하라고 방금 요구받은 바로 그 집단이다(5:12). 추가로 Malherbe, *Thessalonians*, 316 그리고 5:14에 대한 더 자세한 내용은 316-20을 보라.

215) 다시 Malherbe, *Thessalonians*, 332-34의 토론을 보라.

들을 향한 그의 서신에서 일관성 있는 그림이 드러난다고 할 수 있으며, 그 그림에는 공식화된 조직 구조와 임직된 지도력이 부재하다는 사실이 두 드러진다. 바울이 성취하려 했고 결국 성취한 것에 대해 적절한 "감"을 얻 으려면, 우리는 "은사 공동체"와 같은 용어를 사용해야 한다.[216] 여기에는 그 결과가 상당히 혼재된 축복으로 보인다는 단서가 언제나 달려야 하며, 특별히 그의 서신들이 가장 밝게 조명한 교회(고린도)는 심각하게 불안정 했다.[217] 공동체의 구조를 향한 바울의 비전이 공식적 권위나 책임을 진 장 로들로부터 얻는 유익이 없이, 성령의 은사와 사역의 생생한 상호 작용으 로 말미암아 발전하는 자유로운 친교관계였다는 한스 폰 캄펜하우젠(Hans von Campenhausen)의 간략한 묘사는, 대부분의 다른 표현들보다 바울 서신 에서 상상한 실제에 훨씬 근접하는 것 같다.[218]

30.6 그들의 모임

외부 사람들은 바울 교회의 실제 모임을 어떻게 받아들였을까? 이러한 질 문을 제기하는 것은 타당하다. 바울이 "믿지 아니하는 자들(apistoi)"과 "알지 못하는 자들(idiōtai)"이[219] 신자들의 모임에 들어올 것이라고 확실하게 예상 했기 때문이다(고전 14:23-24). 짐작하건대 그들은 친구의 초대로 왔거나, 아 니면 열린 (바깥)문으로 들리는 모임의 소리 때문에 거리에서 마음이 끌렸

---

216) "은사 공동체"는 필자가 *Jesus and the Spirit*(특별히 260-65) 그리고 *Theology of Paul*, 552-62, 566-71 그리고 586 n. 108에서 사용한 용어다.

217) 추가로 아래 §§32.3-7을 보라.

218) Von Campenhausen, *Ecclesiastical Authority*, 70-71; 비슷하게 Wedderburn, *History*, 135-38.

219) 집단의 지식과 경험이 상대적으로 부족한 자라는 문자적 의미를 띤 *idiōtai*는 "신자들"이나 "불신자들"과 구별되며, 따라서 문의자 혹은 관심 있는(아직 단체에 가입하지 않은) 방문 자를 일컬을 것이다. 종교 협회에서 그 용어는 제사에 참석할 수 있는 비회원에게 사용되 었다(BDAG, 468).

을 것이다. 그리고 분명 작은 가정 교회는, 그들의 정기 모임이나 식탁 교제에 친구들을 초대하거나, 친지와 동료 회당 참석자들 및 이웃들을 방문하면서 성장했을 것이다.[220] 그런 방문자들이 모임에 왔을 때 그들은 그 모임에 대해 무슨 생각을 했을까? 여기서도 우리는 우리가 알고 있는 고린도 교회에 관련된 정보에 깊이 의존한다.

a. 정기 예배

몇 가지 분명한 비교점이 있다. 교회도 회당처럼 적어도 매주 모였을 것이다.[221] "매주 첫날"(고전 16:2)이 반드시 그런 주간 모임을 지칭하지는 않지만, 사도행전 20:7에서 소개하는 그런 모임과 일치한다. 이것은 "매주 첫날"이 신자들에게 특별히 중요했음을 시사한다(비교. 계 1:10, *Did.* 14.1).[222] 일요일 정기 모임으로 안식일에 열린 회당 모임과의 충돌을 피했다는 점은 주목할 만하며, 이것이 유대인들과 개종자들 및 하나님을 경외하는 자들이 한편으로 가정 교회에 참여하면서 회당에서의 의무를 유지할 수 있도록 했다.[223] 모임의 날을 위해 안식일을 피한 것은 강한 유대인 공동체가 있는 지역 교회가 회당의 하부 구조라는 생각이 확산되게 했다.

　　예배의 전형적인 행위는 외부자도 예배의 행위로 인식할 수 있는 것들

---

220) R. J. Banks, *Going to Church in the First Century: An Eyewitness Account* (Beaumont: Christian, 1990)는 역사에 제대로 근거한 창의적인 재현을 제공한다.

221) 비록 후원자의 생일이나 특별한 축젯날에도 모이긴 했지만, 협회는 한 달에 한 번 모이는 게 보통이었다. 아우구스투스가 통치하기 시작했을 때 그는 협회 모임을 한 달에 한 번으로 제한했지만, 유대교 회당은 그 제정법에서 명백하게 면제받았다(Cotter, 'The Collegia and Roman Law', 77-79).

222) 2세기 초 비두니아의 그리스도인 모임에 대한 플리니우스의 보고에서는 "고정된 날에 모이는 것이 그들의 습관이었다…"라고 간단하게 언급한다(*Ep.* 10.96.7). 그러나 또한 이그나티오스의 "더 빈번하게 모이라"라는 격려를 주목하라(*Eph.* 13.1).

223) 뒤에서 살피겠지만, 그리스도인이 토요일은 회당, 일요일에는 교회에 참여할 가능성은 다음 3세기에 걸쳐서 기독교 지도자들의 지속된 논쟁의 뼈대가 되었다. 제3권을 보라.

이었을 것이다. 특별히 읽기와 가르침, 노래와 기도였다(고전 14:26).[224] 그리고 읽은 것은 성경이었을 것이다. 물론 바울의 서신(들)도 잊지 않았을 테지만 말이다.[225] 또한 가르침은 분명 예수 전승과 다른 지역 및 교회에서 발전된 전승을 포함했을 것이다.[226] 확신을 가지고 추정할 수 있는 점은 예수 이야기와 첫 사도들과 선교사들의 (때로 흥미진진한) 위업에 대한 이야기가 자주 되풀이되고, 예수와 첫 사도들의 기본 가르침이 회상되고 강화되었을 것이라는 점이다. 여기서도 회당과 철학 학파의 유사성이 가장 눈에 띈다.[227] 노래와 기도는 협회와 사교집단(thiasoi)에도 있던 일반적 특징이었다. 따라서 설교의 영적 영향력은 물론 설교의 내용이 시선을 끄는 매력으로 다가왔을 것이다.[228]

고린도전서에서 수차례 암시된 것처럼, 분명 소중히 여겨졌고 고린도 청중들을 압도한 열광 때문에 방문자들이 반드시 놀랐을 것 같지는 않다. 그러한 종교의식이 그들에게는 낯설지 않았을 것이다.

---

224) **노래**: 또한 고전 14:15; 골 3:16-17; 엡 5:18-20을 주목하라. 추가로 *Jesus and the Spirit,* 238-39; *Unity and Diversity,* §35 ('Early Christian Hymns'); Meeks, *Urban Christians,* 144-45을 보라. **기도**: 또한 롬 8:15-16, 26-27; 고전 11:4-5, 13; 14:14-17을 주목하라. 추가로 *Jesus and the Spirit,* 239-42; Meeks, *Urban Christians,* 147-48을 보라. 바울이 자기 서신에서 제공한 비공식적이고 다양한 기도는 짐작하건대 신자들이 함께 모였을 때 하던 기도의 전형이고, 기도에 대한 본문들은 기도 내용이 어땠을지 짐작하게 해준다. 예. 빌 1:9-10, 19-20; 4:6; 골 1:9; 살전 1:2-3; 3:9-10; 살후 1:11-12.

225) 다시 골 4:16을 주목하라. 또한 추가로 위 §29.8d를 보라.

226) 이 관습은 바울이 예수 전승의 자료와 "모든 교회"의 관습을 상당히 빈번하게 암시한 내용(§21.5을 보라)에 내포되었으며(§29 n. 155), 각각은 지역 교회가 이 둘을 모두 인지했음을 암시한다. 추가로 아래 §30.8을 보라. "우리는 바울 서신의 권유 부분이 정기적 모임에서 구두로 행해진 권면들에 상당히 근접한다고 추정할 수 있다"(Meeks, *Urban Christians,* 147).

227) 바울 서신들은 회당에서 익숙했을 미드라쉬 주해의 예를 다수 포함한다(바울 자신의 주해 방식을 회당에서 교회로 변경했다고 추정할 이유는 전혀 없다). 특별히 롬 4:3-25(창 15:6), 롬 10:6-9(신 30:12-14), 고후 3:7-18(출 34:29-35); 추가로 필자의 *Unity and Diversity,* 5장을 보라.

228) 바울은 그런 효과를 종종 예상한 듯하다. 롬 15:18-19; 고전 2:4-5; 14:24-25; 고후 4:5-6; *plērophoria,* "온전한 확신으로"(롬 15:29 v.l.; 골 2:2; 4:12; 살전 1:5).

- 고린도전서 12:2 — "너희도 알거니와 너희가 이방인으로 있을 때에 말 못하는 우상에게로 끄는 그대로 끌려갔노라." 이것은 고린도 사람들이 이전에 디오니소스의 신비의식에 참여했던 기억을 암시했을 개연성이 상당하다.[229] 아래의 다른 언급들을 고려하면, 바울의 의도는 짐작하건대 성령의 영감이 다른 특징을 지녀야 함을 나타내는 데 있었을 것이다.
- 고린도전서 14:12 — "그러므로 너희도 영적인 것을 사모하는 자인즉 교회의 덕을 구하라." 명확하게 암시된 내용은 영적 사로잡힘과 영감에 대한 욕구 그리고 유체이탈 체험에 대한 갈망이다.[230]
- 고린도전서 14:23 — "그러므로 온 교회가 함께 모여 다 방언으로 말하면 알지 못하는 자들이나 믿지 아니하는 자들이 들어와서 너희를 미쳤다 (mainesthe) 하지 아니하겠느냐?" 동사 mainomai가 구어체로 사용될 수 있다 할지라도(당신들은 미쳤다!), 이 장은 맥락상 요한복음 10:20의 개념과 거의 비슷하다("그가 귀신이 들려 미쳤거늘[mainetai]").[231] 여기서도 디오니소스/바쿠스에 대한 암시가 있을 수 있다.

이 사안과 관련된 사실이 정확히 어떠하든지 간에, 바울은 고린도 신자들의 모임이 일상의 냉혹함을 견뎌낼 수 있도록 "비현실적" 체험을 찾아 나서는 단지 또 하나의 소란스럽고 열광적인 종교 집단이라는 인상을 주지 않으려

---

229) "디오니소스 연회는 그리스 세계 전반에 아주 흔했다.…디오니소스 축제는 광범위한 난폭함과 외설뿐만 아니라 사회적 역할의 맞바꿈, 소년과 남자의 여장, 거리에서 흥청망청하는 것을 포함하는 의식의 방종과 방탕으로 종종 특징지어졌다"(*OCD*³, 481). 12:2에 대한 최근 토론은 Thiselton, *1 Corinthians*, 912-16을 보라. 고린도에서 1세기 후에 파우사니아스 (Pausanias)는 펜테우스(Pentheus)에 대한 이야기를 들었는데, 디오니소스 의식을 행하면서 술에 잔뜩 취한 여성들이 그의 사지를 하나하나 떼어냈다는 이야기였다(*Description of Greece*, 2.6).
230) 말하고자 하는 내용은 어떤 영이 영감을 주었고 어떤 효과가 있는지에 상관없이, 자신을 그런 체험에 무책임하게 내어주는 것과 관련이 있는 듯하다(비교. Thiselton, *1 Corinthians*, 1107). 현대와 비슷한 일은, 다른 어떤 것보다 "황홀경"을 중요하게 여기며 무책임하게 약물을 실험하는 일일 듯하다.
231) 비교. BDAG, 610.

고 했다. 짐작건대 바울은 몇몇 동호회가 유발한 좋지 않은 평을 너무 지나치게 의식한 듯하다. "방탕과 술 취함, 음란과 호색함"에 대한 경고(롬 13:13)는 틀림없이 몇몇 협회가 가진 악평을 마음에 두고 있다.[232] 바울이 로마서 12:9-13:10에서 체제전복에 대한 아주 작은 낌새라도 피하려고 했듯이, 그는 고린도전서에서 고린도 교회를 방탕한 집회와 혼동하게 하는 작은 여지라도 남기는 것에 대해서도 분명 불안해했다. 그가 피하려던 것은 당국자의 가혹한 처벌이 아니라, 시민들 가운데서의 불미스러운 평판이었다.

b. 식탁 교제

고린도전서가 조금이나마 길잡이가 된다면, 대부분의 협회와 마찬가지로 신생 교회는 공동 식사를 나누기 위해 정기적으로 모였다. 바울은 고린도의 신자가 함께 모여서 "주의 만찬을 나누는(먹는) 것"을 상정했다(고전 11:20). 실제로 11:18과 20이 거의 같다고 받아들이면, 고린도 사람들이 그 목적으로 함께 교회에서/교회로 모였다. 그들이 나누는 주의 만찬은 그들이 "교회"가 되게 한다.[233] 이것도 어떤 외부 사람이 볼 때 놀라운 일은 아니었는데, 대부분의 협회와 종교 집단의 주목적 가운데 하나가 공동 식사였던 것으로 보이기 때문이다. 고린도에서 식사는 "만찬"(*eranos*)으로 여겨졌을 것이다.[234] 앞으로 살펴보겠지만(§32.5g), 고린도에 있던 문제는 식탁 교제 참석자들이 사회적 지위에 따라 등급/계급을 분류하는 그리스-로마 만찬의 전형과 너무 유사했기 때문에 제기되었을 수 있다. 더 나아가서 바울

---

232) 비슷하게 Varro, *R. R.* 3.2.16 (MacMullen, *Social Relations*, 77-78에서); Philo, *Legat.* 312; *Flacc.* 4, 136; 이에 관해서는 T. Seland, 'Philo and the Clubs and Associations of Alexandria', in Kloppenborg and Wilson, *Voluntary Associations*, 110-27; 또한 Ascough, *Paul's Macedonian Associations*, 85-87을 보라. 물론 이런 "외부인" 비판을 그런 모임에 대한 객관적인 묘사로 받아들여서는 안 된다. 위 n. 77을 보라.

233) 바울이 이미 말했듯이, "떡이 하나요 많은 우리가 한 몸이니, 이는 우리가 다 한 떡에 참여함이라"(10:17).

234) 위 n. 76을 보라.

이 이 주제를 논의할 때 드러난 놀라운 특징이 그다지 주목받지 못했는데, 곧 바울이 10:21에서 신전이나 사라피스(Sarapis) 식탁에서 벌어졌던 식사와 비교하기를 주저하지 않았다는 점이다.[235] 바로 이런 유사성이 바울로 하여금 고린도 신자들이 그런 우상의 식탁과 주의 식탁에 함께 자리할 수 없고 해서도 안 된다는 주장을 펴도록 했다.

식탁 교제의 몇 가지 특징은 언급되어야 한다. 한 가지는 교회의 식탁 교제가 일주일에 한 번 정도로 자주 있었는지, 아니면 바울이 전체 성도들이 "같은 장소"(11:20)에서 함께 모이는 경우를 생각하고 있었는지(이렇게 전 교회가 함께하는 모임은 빈번하지 않았고, 보통은 공동주택과 그보다 작은 가정 교회에서 더 작은 모임이 있었을 것이다)가 명확하지 않다는 사실이다. 짐작건대 신자들이 누군가의 가정에서 모였을 것이므로, 식사의 주인은 집주인이었다. 각각의 모임이 "주의 만찬/잔치(deipnon)"를 하려고 함께 모였는지를 다시 질문할 필요가 있다(11:20). 바울의 표현은 단지 몇몇 모임이 식탁 교제 모임이었음을 암시할 수 있다. 다른 목적을 위해 다 같이 모이는 모임도 있었다(비교. 14:26).[236] 아니면 그것은 "동일한 장소에" 모든 이가 다 같이 모이는 것은 함께 식사하기 위함이었다고 시사할 수 있다.

우리는 "주의 만찬"이 온전한 식사였음을 기억해야 한다. 추정하기로 이는 축복 및 떡을 떼서 나누는 유대 방식으로 시작했을 것이다. 잔의 나눔은 식사의 말미 곧 "식후"에 행해졌다고 바울이 분명하게 묘사한다.[237] "주의 만찬"(Lord's Supper)에서 만찬이라는 용어(supper)는 구식 용어이기에 이

---

235) 위 n. 78을 보라.

236) 그래서 예. Becker, *Paul*, 252.

237) 특별히 O. Hofius, 'The Lord's Supper and the Lord's Supper Tradition: Reflections on 1 Corinthians 11.23b-25', in B. F. Meyer, ed., *One Loaf, One Cup: Ecumenical Studies of 1 Cor. 11 and Other Eucharistic Texts* (Macon: Mercer University, 1993), 75-115(여기서는 80-96); 그리고 추가로 필자의 *Theology of Paul*, §22를 보라. 그곳에서 필자가 지적했듯이, 떡을 떼며 시작하고 식후의 잔으로 마무리되는 단일 식사의 함의는, 예로 Lampe, 'Eucharist', 37-40이 논증한 것, 즉 고전 11장에서 바울이 상상한 식사가 두 단계였고, "첫 식사"는 여러 단계였으며, 휴식 후 "두 번째 식사"는 "주연"(술자리)이었다는 주장을 약하게 한다(610-11).

제는 서술에 도움을 주기보다 오해를 불러일으키기 쉽다.[238] 바울이 11:20 에서 사용한 용어 *deipnon*은 하루 중에서 저녁에 먹는 주요 식사를 가리키 므로 "주의 정찬"(the Lord's dinner)이라고 옮기는 것이 더 정확할 것이다. 현 대인의 귀에 그것이 어리석게 들릴 수도 있지만 말이다. 대체로 협회와 마 찬가지로 교회가 지닌 매력의 적잖은 부분이 분명 이 식사에 포함된 동료 애(유대감)와 유쾌함에 있었다(많은 사람이 스스로 제공할 수 있는 것보다 더 나은 음 식을 나눌 수 있음도 물론이다). "주의 정찬"이 온전한 식사라는 특징에 중요한 신학적 귀결이 있다. 고린도에서의 주의 정찬을 성찬이라고 말할 수 있다 는 측면에서(우리는 그렇게 말할 수 있다, 10:16), 핵심적 고려사항은 떡의 나눔으 로 시작해서 잔의 나눔으로 마무리되는 식사의 모든 과정을 아우르는 것 이 성례전적 측면이라는 점이다.[239] 그 식사의 종교적 특징을 이루는 필수 적인 부분은 그것이 지닌 공동적 성격이다. 바울에게 모든 식사 과정은 예 수와의 마지막 정찬을 의식적으로 기억하고, 최초의 예루살렘 모임에서처 럼, 어쩌면 예수 자신의 식탁 교제와의 지속성을 의식하며 나누는 식사였 을 것이다.[240]

언급할 만한 마지막 특징 하나는 우연히 방문했거나 흥미를 느끼고 방 문한 사람들에게 확실한 인상을 주었을 만한 특징이다. 그것은 신들이나 특별히 수호신에게 올리는 술이 없다는 점이다. 이미 언급했듯이, 보통 다 른 협회들은 신전에서 그들의 식사를 거행했을 것이다. 종교 협회에서 그 집단이 섬기는 신의 사제는 두드러진 역할을 수행했고,[241] 우리는 제사장

---

238) 어떤 문화에서 "저녁"은 취침 전 음료와 간식을 말한다. 이제 훨씬 더 흔하게 사용되는 용 어인 "성만찬"은 정찬과 훨씬 더 동떨어져 있다.

239) 나눔이라는 주제가 10:16-30의 주 강조점이다. *Koinōnia,* "참여/나눔": 10:16(2번). *Koinōnos,* "동반자, 다른 사람과 함께 참여한 사람": 10:18, 20. *Metechō,* "나누다/참여하다": 10:17, 21, 30. 더 자세히는 *Theology of Paul,* 615-20을 보라.

240) *Jesus Remembered,* §14.8 그리고 위 §23.2d를 보라.

241) 예. 이오바키(Iobacchi, 바쿠스를 섬기는 음주 동호회—역주) 규정에서, "제사장은 모임과 기념일에 적절한 양식으로 관례 의식을 행하고, 회중 앞에서 바쿠스의 임재를 위해 술을 올리고 설교해야 한다"(111-16; Meyer, *Ancient Mysteries,* 98).

집안 출신의 디아스포라 유대인이 여전히 "제사장"이라는 직함을 유지했음을 알고 있다.[242] 그러나 첫 그리스도인들은 신전과는 조금도 연관되지 않으려고 했다. 심지어 예루살렘 성전에 대한 의존을 인정하지도 않았다. 지역 신전에 바친 동물의 고기를 먹는 것은 첫 그리스도인들에게는 혐오스러운 일이었다. 그들은 어떤 신(들)에게도 술을 올리지 않았다. 그들은 개인을 제사장으로 지명하거나 제사장에게 하듯이 존경을 표하지도 않았다.[243] 첫 그리스도인들이 빵을 떼고 포도주를 나누는 의식은 고대의 신들에게 불명예스러운 일까지는 아니었더라도, 비교적 정말 하찮게 보였을 것이다. 그들은 종교 집단이라고 불릴 만했는가? 그들이 예수를 경배하고 한 하나님(유대인들도 고백한 하나님)을 경배하는 일은 그 시대의 분류 체계상 그들을 확실히 종교 집단으로 간주하도록 했을 것이다. 그러나 그것은 많은 이들에게 틀림없이 이상한 종류의 종교 집단으로 보였을 것이다. 그리고 어쩌면 바로 그 이유로 인해 더욱더 매력적으로 다가왔을지도 모른다![244]

c. 하나 혹은 그 이상의 모임

바울 교회의 첫 세대에 대해 많은 것을 알려주는 유일한 본문인 고린도전서에서 등장하는 지속적인 문제는 10-11장과 12-14장의 관계를 어떻게 보아야 하느냐다. 모든 모임에 두 가지 기능, 즉 식탁 교제라는 상황에서 예배드리는 일이 있었는가? 두 모임은 독특했기에, 어쩌면 일주일 중 각기 다른 날에 행해졌을 것이다.[245] 14장은 참석자들이 거의 함께 도착한 예배

---

242) Schürer, *History,* 3.22, 23, 34, 61, 95, 99.

243) Lohse, *Paulus,* 145; 추가로 필자의 *Theology of Paul,* §20.3 — 'Community without Cult'(543-48)을 보라.

244) 비교. Judge, 'The Social Identity of the First Christians', 212; 또한 'Did the Churches Compete with Cult Groups?', in J. T. Fitzgerald et al., eds., *Early Christianity and Classical Culture,* A. J. Malherbe FS (NovTSupp 110; Leiden: Brill, 2003), 501-24; Barton and Horsley, 'Hellenistic Cult Group', 39-40; Meeks, *Urban Christians,* 140.

245) Klauck, *Hausgemeinde,* 37; Gehring, *House Church,* 171-73. Gnilka, *Die frühen Christen,*

를 위한 모임을 상상하지만, 11장은 개개인들이 다른 시각에 도착했기에 문제가 생겼음을 상상하게 한다(11:33). 이는 비시디아 그리스도인들이 특별한 날에 두 번, 즉 해 뜨기 전에 예배를 위해 모이고 함께 식사하려고 다시 모였다는 2세기 초 플리니우스의 기록과도 일치한다(Ep. 10.96.7). 동시에 첫 그리스도인들의 모든 모임이나 모임의 유일한 형태가 공식적이었다고 추정하지 말아야 한다. 친구의 방문, 소중한 자유 시간에 함께하는 외출, 식탁 교제(아무리 간단하더라도)는 그런 신앙을 나누고 신앙에 담긴 의미를 탐구하도록 하는 수많은 기회를 제공했다.

이 모든 내용은 주의 성찬에 불신자나 외부인들을 받아들였느냐는 문제를 미해결로 남겨둔다. 신자들이 교회로 함께했을 때 그런 사람들이 참여했다는 14:23-24의 함축은 예배를 위한 모임에만 적용될 수도 있다. 동시에 식탁 교제에 불신자와 외부인의 참여를 금해야 하는 특별히 신성한 성격이 있었다고 추정해서도 안 된다.[246] 모든 식탁 교제가 "주의 정찬"이었는가? 모든 식사에서 예수를 "기념"하려고 떡을 떼고 포도주를 마셨는가?(11:24-25) 우리는 "떡을 뗌"이라는 누가의 말에 있는 마찬가지 모호함을 이미 언급했다.[247] 아굴라와 브리스길라와 같은 그리스도인 부부가 동료 신앙인과 다른 사람에게 제공한 환대가 모든 교회가 한 장소에 모였을 때 나눈 식탁 교제와 (그들이 보기에) 현저하게 다른 특징이 있었다고 추정하는 일은 지나치리 만큼 성급하다.[248] 이 이른 시기에 주의 식탁을 복음 전도의 기회로 삼았는지의 여부와 상관없이, 그리스도인의 호의가 많은 손님과 방문자들로 하여금 그들을 초대한 그 신자들과 같은 신앙에 이르게 했다고 어느 정도 확신할 수 있다.

마지막으로 첫 그리스도인 집단이 자신들의 모임에 대해 허락을 요청

302-303의 간단한 토론을 보라.

246) 롬 14:6은 모든 식사에서 하나님께 감사드렸음을 분명하게 나타낸다.

247) 다시 위 §23.2d를 보라.

248) 신자들이 자신이 받은 것을 감사하는(10:30) 그 반대 상황(신자가 불신자의 손님으로 식사함)을 고전 10:27-30에서 분명히 상상한다.

하고 허락을 받았는지 질문할 필요가 있다.[249] 심지어 제국의 수도에 거주하는 신자에게 주어진 정치적으로 예민한 권면(로마서)에서도, 그런 요청을 했다는 암시는 전혀 없다. 그들은 자신들의 모임이 의심을 불러일으키기에는 너무 작았다고 추정했거나 그렇게 예상했을 수 있고,[250] 아니면 사실상 카이사르와 그의 계승자들이 회당에 부여한 권위 아래 계속해서 보호받았을 수 있다.[251] 이 역시 초창기에 예수를 향한 로마 당국의 반응에 대한 누가의 서술 가운데 들어 있는 함의다. 신자들이 회당과는 별도로 모이게끔 한 불일치는 "언어와 명칭과 너희(유대인) 법에 관한 논쟁"이다. 그들은 그 내부에서 그런 논쟁을 해결해야 하며 당국자를 곤란하게 해서는 안 된다(행 18:15).[252] 이것은 바울이 에게해 지역을 선교할 때의 가장 개연성 있는 상황으로 보인다.[253] 비록 사이가 틀어졌다 할지라도, 더 넓은 유대 공동체와의 지속된 연관(적어도 "외부"에서 인식했듯이)은 짐작하건대 하나님을 경외하는 자와 이후의 다른 이방인 문의자들로 하여금 자신들이 잠재적 소요집단으로 등재될지도 모를 정치적 동호회에 입회하는 것이 아니라고 안심하게 했을 것이다.

---

249) 위 nn. 80, 81을 보라.

250) "그리스도인들은 자신들의 영웅과 유대 전통에 호소함으로 자신들을 한 유대 협회로 가렸기 때문에, 시 당국자의 '비공식' 조사를 통과했는가?"(Cotter, 'Collegia', 88).

251) 이 이해(그들이 유대 회당/협회의 회원이었다는 것)는 짐작하건대 신자로 황제숭배의 의무에서 벗어날 수 있도록 했다(Winter, Welfare, 136-43).

252) Malherbe의 일반화는 정당하게 보인다. "1세기 그리스도인들은 정치적 이유보다는 사회적 이유로 비난을 받았다"(Social Aspects, 21). 추가로 위 §29.4d 그리고 §31.4c를 보라.

253) "유대인세"(성전세)는 성전 파괴 전까지 당국자에게는 논제(누가 납세하여 유대 사람/유대인 신분을 받아들여야 했는지)가 아니었다. 제3권을 보라.

30.7 경계들

사회학은 집단의 정체와 경계가 상호 보완한다고 가르쳐준다.[254] 집단은 한 집단과 다른 집단을 구별하는 경계 덕택에 하나의 집단이 된다. 경계는 집단을 정의하는 일부분이며 집단의 정체성에 필수적이다. 경계가 더 분명할수록 정체가 더 분명하며, 경계가 혼란스럽거나 모호할수록 정체성도 혼란스럽고 모호하다. 아울러 사회인류학자들은 인간의 몸이 사회의 이미지임을 지적했다. 몸이 경계가 있는 체계이듯이 사회도 그 경계로 인해 몸으로 정의될 수 있다.[255] 따라서 바울이 자신이 설립한 교회들을 다른 지역에 있는 그리스도의 몸 혹은 "그리스도 안에서 한 몸"으로 정의한 것은 정체와 차이가 분명하며 "타자"와 "외부인" 간의 경계가 있는 체계임을 나타낸다.[256]

제2성전기 유대교 내에서 예수 종파의 출현이 이전의 경계에 대한 의문과 더불어 옛 경계들의 붕괴 및 확장에 관련된다는 점은 앞선 토론에서 분명해졌다.[257] 똑같은 논제가 바울의 선교와 함께 다시 한번 제기되는데, 우리가 본 장에서 그가 설립한 교회들과 그 교회들이 타인에게 어떻게 보였는지를 살펴보았기에 특히나 그러하다. 특히 주요 선교사들과 그들이 설교한 복음의 유대적 성격을 고려하면, 개종자들이 합류하게 될 그 집단들은 얼마나 분명하게 규정되고 독특했는가? 이 집단 중 한 집단의 구성원이 되기 위해 개종자들이 넘거나 통과해야 하는, 집단의 정체를 규정하는 것은 무엇이었나?

---

254) 수년 전에 필자가 H. Mol, *Identity and the Sacred* (Oxford: Blackwell, 1976)에서 배운 교훈이다. "경계가 바로…정체를 의식하게 한다"(57-58).

255) 특별히 영향력 있는 연구는 Mary Douglas, *Natural Symbols: Explorations in Cosmology* (London: Barrie and Jenkins, 1973)이다.

256) 또한 Meeks, *Urban Christians*, 94-96을 보라.

257) *Jesus Remembered*, §14.8과 위 §24.7a의 끝부분; 또한 필자의 'Boundary Markers in Early Christianity', in J. Rüpke, ed., *Gruppenreligionen im römischen Reich* (STAC 43; Tübingen: Mohr Siebeck, 2007) 49-68을 보라.

물론 다양한 경계가 있다. 그 모든 경계가 동일하고 같은 방식으로 기능했다고 추정하지 않아야 한다. 예를 들어 아래와 같이 구별할 수 있다.

- **엄격한** 경계들. 구성원이 되려면 반드시 넘어야 함.
- **가변적인** 경계들. 집단의 다른 구성원들이 구성원에게 기대하는 신념이나 전통이나 의식에 다른 가치들을 부여함.
- **투과성**(혹은 가볍거나 유동적) 경계들. 개인들이 이 경계들을 넘나들 수 있다.
- **비(非)배타적** 경계들. 이 경계들은 하나 이상의 집단의 구성원이 되는 것을 용인한다.
- **이동성** 경계들. 구성원의 요건을 강화하거나 완화함에 따라 이동함.[258]

a. 세례

주 그리스도에게 초점을 맞춘 종교 협회의 가장 분명한 경계표시는 주 예수의 이름으로 받는 세례다. 바울은 분명히 세례의 행위를 그렇게 중요시하지는 않았지만(고전 1:14-17), 그는 세례의 상징성이 지닌 힘을 전혀 의심하지 않았고(그리스도의 죽으심과 합하여 세례받음), 또한 단지 로마에 있는 사람들뿐만 아니라 그가 편지를 쓴 모든 이가 세례를 받았다고 추정할 수 있었다(롬 6:4). 만일 바울 교회의 구성원이 되는 데 필수 불가결하다고 여겨야 할 것이 있다면, 짐작하건대 "그리스도의 이름으로" 받는 세례가 확실한 후보일 것이다. 어쩌면 대부분의 경우 한 집단이나 심지어는 공공의 상황에서 시행된 바로 그런 의식 행위는,[259] 개종자가 새 종파가 규정한 구별의 경

---

258) Meeks는 "경계의 출입구"라는 언급을 선호한다(*Urban Christians,* 105-107). 여기서는 물론 몸과의 유사점이 더 적용되지 않는다.

259) 우리는 기독교 최초시기에 세례를 시행한 환경을 모른다. 사도행전의 서술은 세례가 공개적 사건이었으며, 적어도 비밀스러운 사건이 아니었다고 시사한다(2:41; 8:12-13, 38; 10:47-48; 16:15; 18:8; 19:5). 그러나 바울의 세례는 사적이었을 수도 있고(9:18), 빌립보의 간수는 밤에 세례를 받은 것으로 묘사되었다(16:33, "지체 없이"). 추가로 Meeks, *Urban*

계를 건넜다는 표지로서 보통 요구되었다.

바울 시대에 모든 종교 협회는 아마도 일정한 입문 의식을 거행했을 것이다. 기독교 세례나 바울이 그 세례에 부여한 의미가 당시의 신비 종교에서 유래했다는 종교사학파의 초기 의견에 대해 필자가 이미 언급했는데, 거기서 필자는 초기 종교사학파 학자들 때문에 그 차이점이 너무 손쉽고도 두리뭉실하게 넘어갔다고 지적했다.[260] 이 경우와 특별히 연관된 점은 신비 종교의 정결 의식이 입문 준비의 일부였지 입문 자체에 속한 것이 아니었을 것이고, 입문 의식들 자체는 "암송해야 할 내용", "보여주어야 할 내용", "수행해야 할 내용"에 있어 훨씬 더 정교했을 것이라는 점이다.[261] 그런데도 교회의 구성원이 되는 데 그러한 입문 의식이라는 행위가 필요했다는 사실은 외부인들에게 낯설지 않았다. 또한 세례받는 사람이 그 의식을 통해 명명된 승귀한 주의 종이 된다는 의미도 낯설지 않았을 것이다.[262] 또한 정말로 세례를 통해 어떻게든 죽음에서 생명으로 옮겨간다는 사상도 마찬가지다.[263] 그리고 "성령의 현시"[264](영감 받은 표현과 기이한 일 포함)[265]가 기독교 입교에 동반되었다면,[266] 이것 역시 그러한 사건을 목격한 사람들에게 기이하게 보이지 않았을 수 있다. 주된 차이는 기독교 의식에 암시된 배타성과 그 의식에 동반된 도덕성의 변화였을 것이다. 개

---

260) 위 §20.3b를 보라.

261) *OCD*[2], 716; 추가로 Burkert, *Ancient Mystery Cults*, 4장; Klauck, *Religious Context*, 86-89; Meeks, *Urban Christians*, 152-53을 보라.

262) 위 §23.2a를 보라. 실제로 "~의 이름으로" 받는 세례가 명명된 이름으로 소유권을 이전하는 이미지를 되울린다면(우리가 오늘날 "~의 이름으로" 개인 수표를 쓰듯이)(BDAG, 713의 상세사항과 참고문헌), 이 역시 바울이 어느 정도 익숙했던 상업 세계와 공명했을 것이다.

263) 루키우스가 보고하는 내용을 비교하라: "헌신이라는 의식 자체는 자발적 죽음과 은혜로 얻은 삶이라는 방식으로 실행되었다"(Apuleius, *Metamorphoses*, 11.21); J. G. Griffiths, *Apuleius of Madauros: The Isis-Book* (Metamorphoses, Book XI)(Leiden: Brill, 1975), 52이 번역했다.

264) 필자는 *phanerōsis tou pneumatos*(고전 12:7)라는 바울의 구를 사용했는데, 바울은 이것을 분명하게 "은사의 다양성", "봉사의 다양성", "사역의 다양성"과 동의어로 보았다(12:4-6).

인은 하나 이상의 신비 종교에 입문할 수 있지만, 세례는 그리스도께 입회하는 것을 시사하며, 이는 교회의 구성원이 되는 일이 충성심을 요구하며 유사하거나 경쟁하는 수많은 종교 가운데 하나로 받아들이는 것을 불가능하게 만든다. 필자는 고린도전서 1:11-13과 10:14-23의 힐책을 염두에 두고 있다. 다른 집단의 입문에는 사회적·도덕적 중요성이 거의 혹은 전혀 없지만,[267] 세례는 확실하게 또 다른 집단 정체성(그리스도의 몸, 12:13)의 수용과 철저한 도덕적 변화(6:9-11)를 내포한다.

유대교에 입교하는 개종자들에게 상응하는 의식은 물론 할례였다. 이미 살폈듯이, 그것은 "유대인"을 규정하는 유일한 혹은 하나의 특징으로 여겨졌다.[268] 바울이 할례를 예수를 믿는 유대인 신자들에게 더 이상 필요하지 않다고 여겼음은 초기에 분명해졌는데, 이는 바울이 자신의 선교를 통틀어서 일관되게 유지한 견해였다.[269] 그런 면에서 바울은 그리스도의 이름으로 받는 세례가 분명 할례를 대체한다고 여겼을 것이다. 이는 경계표시 하나를 완전히 버리고 다른 것으로 대체한 경우다. 때로 주장되는 점은 바울이 개종자에게 요구된 전통 의식 가운데 두 가지(할례와 성전 제사)를 버렸지만 세 번째(개종 세례)는 유지했다는 점이다.[270] 그러나 성전 파괴 이전 시기에 개종 세례가 시행되었다는 확고한 증거는 부족하다. 개종 세례는 70년 이후에 어쩌면 성전 제사를 더 이상 드릴 수 없는 상황에 따라 대신해서 도입되었을 가능성이 크다. 확실히 제의적 목욕이 가능하고 정결 의식

---

265) 갈 3:2-5; 고전 1:5-7; 12:13은 그리스도의 은사적 몸의 생명과 활동에 들어가는 수단이다. 사도행전에 있는 그림(2:1-4; 8:17-18; 10:44-46; 19:6)은 바울이 명백하게 마음에 담고 있는 내용에서 멀지않다. 추가로 필자의 *Jesus and the Spirit*, 8장을 보라.

266) *Theology of Paul*, §§16.3-4 그리고 17.2의 추가 토론.

267) Chester, *Conversion at Corinth*, 270-71.

268) 바울은 유대인들을 지명할 때 대체로 "할례"를 사용한다. 위 §27.2a 그리고 n. 117을 보라.

269) 위 §§27.3d와 27.5; 그리고 갈 5:2-6; 6:15; 고전 7:19; 롬 2:28-29; 빌 3:3을 주목하라.

270) 그러나 Collins가 말했듯이, "세례와 제사에 대한 요구는 1세기 말 전까지 입증되지 않았다"('A Symbol of Otherness', 171). 세례가 할례에 상응한다는 점은 칼뱅이 유아 세례를 정당화하는 데 핵심이었다(*Institutes*, 4.16.3-5).

이 정기적으로 시행된 곳에서는 개종자들이 주기적으로 정결 의식을 했다고 추정할 수 있다. 그러나 미크베(miqwe, 제의적 목욕)에서 처음 물에 잠기는 것이 입교의 의미, 즉 경계를 건너는 의식과 일치한다는 암시가 없다.[271] 그리고 그런 고려사항들은, 성전에서 멀리 떨어져 살며 기껏해야 그곳에서 가끔 예배드릴 수 있기를 소망한 디아스포라 유대인과는 거의 관계가 없었다. 유대교를 따르는 유대인은 정결 의식을 향한 열망을 잘 이해했을 테지만, 바울이 할례를 사실상 이방인 개종자들의 세례로 대체한 것은 분명 그가 새롭게 세운 교회들로 인해 자주 야기된 회당과의 관계 단절의 주요 인이었다.

b. 다른 경계들

바울은 사실상 다수의 다른 경계를 주장한 듯하다. **그리스도를 믿는 믿음** 역시 필수요건이었을 것이다(롬 10:9-10에서 명시되었듯이).[272] 이 믿음은 신앙을 표현하는 세례를 보완한다. 이런 이유로 새 교회 구성원을 "신자"라고 특징짓는 호칭은,[273] 그것이 "특정한 천상의 존재를 믿는 신자"라고 설명할 필요가 없다는 점에서 독특하다.[274] 비록 그것이 "내부"에서만 사용된 자기 명명이라 할지라도 말이다. 동시에 분명히 인식된 것은, 요구된 믿음이 개종자들을 한 하나님을 고백하도록 하는 유대교의 필요조건을 명확하게 하거나 거기에 단서를 달거나 변경한다(어떻게 표현해야 할까?)는 점이다(신

---

271) 추가로 Beasley-Murray, *Baptism*, 18-31; L. H. Schiffman, 'At the Crossroads: Tannaitic Perspectives on the Jewish-Christian Schism', in E. P. Sanders, ed., *Jewish and Christian Self-Definition*. Vol. 2 (Philadelphia: Fortress, 1981), 115-56(여기서는 127-31); R. L. Webb, *John the Baptizer and Prophet* (JSNTS 62; Sheffield: Sheffield Academic, 1991), 122-28; S. J. D. Cohen, 'The Rabbinic Conversion Ceremony', in *Beginnings of Jewishness*, 198-238(여기서는 222-25).

272) 위 §29.7f을 보라.
273) 위 §20.1(5)을 보라.
274) 그러나 위 §20 n. 30에 있는 Lane Fox의 논평을 보라.

6:4). 그런 당연한 귀결은 믿는 유대인이나 하나님을 경외하고 개종한 사람이 결코 놓치지 않았을 텐데, 고린도전서 8:6에서 쉐마를 각색했다는 것은 신명기 6:4에 친숙한 사람이라면 누구나 분명하게 알아볼 수 있었기 때문이었다.[275] 여기서 예수가 누구인지 그리고 그가 하나님과 어떻게 관련을 맺는지/맺었는지의 온전한 의미가 점점 깊게 고찰할 문제가 됨에 따라 이동하는 경계의 예가 여기에 있다. 짐작하건대 바울은 교회(들)를 그리스도(그리스도의 몸)와 동일시하는 것이 하나님께 구별됨이 주요 표시와 경계가 된다는 관점을 대체했다(세례가 사실상 할례를 대체했기 때문에)고 여기지 않았으나, 그런 그리스도에 대한 믿음이 유대인의 전통인 한 하나님을 믿는 믿음을 보완한 것으로 이해했을 것이다.[276]

하나님의 선택 받은 백성이라는 **인종적 정체**는 예수의 복음을 가지고 이방인에게 나아가라는 바울의 위임이 의문을 제기한 또 하나의 경계다. 뒤에서 살피겠지만(§33.3e), 이 논제는 바울을 분명히 곤란하게 했다. 비록 그의 주 서신인 로마서에서만 그것을 상세히 다룰 수 있었지만 말이다(롬 9-11장). 이 경우에 그 경계는 폐기되었는가, 확장되었는가, 아니면 재규정되었는가? 그리고 바울이 예루살렘 성전이라는 유대교의 세 번째 정체성 표시에 대해서는 개의치 않았지만,[277] "유대교의 네 번째 기둥"인 모세 율법[278]에 대한 그의 태도는 보통 인식된 것보다 더 모호하다. 그것은 다시 살필 것이다(§33.3d).

특별히 우리가 다시 주목해야 할 점은, 우상숭배와 **음행**(porneia)에 대한 바울의 적대감이 여느 전통적인 유대 공동체의 적대감처럼 여전히 확

---

275) 간단한 논평과 토론은 Thiselton, *1 Corinthians*, 636-38을 보라.
276) 틀림없이 이것이 바울이 고전 8:6에서 쉐마를 각색하거나 그리스도와 관련하여 야웨를 언급하는 성경 본문을 인용하는 데 문제가 없다고 본 이유일 것이다. §§23.4d, h와 §29.7d 그리고 필자의 *Theology of Paul*, 244-60에 있는 이전 토론을 보라.
277) 특별히 고전 3:16-17; 6:19; 고후 3:7-11; 6:16; 갈 4:25. 최근의 토론은 A. L. A. Hogeterp, *Paul and God's Temple: A Historical Interpretation of Cultic Imagery in the Corinthian Correspondence* (Leuven: Peeters, 2006), part 3을 보라.
278) 필자의 *Partings*, 2장('The Four Pillars of Second Temple Judaism')을 보라.

고하고 단호했다는 사실이다.[279] 바울은 거룩함[280]과 그에 따라 전형적인 이방인의 도덕성으로부터 분리해야 할 필요에 대해, 자신보다 앞선 디아스포라 유대인들만큼이나 강력히 촉구했다.[281] 반대로 고린도전서가 조금이나마 길잡이가 된다면, 그 교회의 다른 구성원들은 신전의 축제 식사에 참여하는 일(고전 8장)이나 매춘부와 어울리는 일(5:9-6:20)에 대해 분명히 더 느슨했다. 교회 구성원들이 다양하게 지켰듯이(아니면 지키지 않았듯이), 여기서 개별 교회 내에서의 경계는 다양했다.

교회뿐만 아니라 지역 공동체에서 **식탁 교제**의 중요성에 관해 언급한 앞의 내용을 고려하면, 이 지점에서 가장 큰 긴장이 생긴다는 데 놀랄이유가 전혀 없다. 식탁을 관장하는 유대 율법에 관한 한, 바울의 가르침은 몇 가지 변화를 드러낸다. 그는 안디옥에서 이 문제를 주요 쟁점으로 삼았으나(갈 2:11-17),[282] 자신이 분명히 알고 있던 로마의 다른 상황에서는 이 논제에 대해 다른 견해를 가진 사람들을 더 관용하고 서로를 받아들이라고 격려하면서 더 느긋할 수 있었다(롬 14:1-15:6). 그러나 우리의 지금 토론과 더 관련이 있는 것으로서 더 폭넓은 지역 사회와의 관계에 대해 고린도 교회 안에서의 긴장 및 그 교회의 몇몇 구성원과 바울 사이의 긴장이 있었음을 보여주는 증거가 있다. 사회 지도층 구성원들은 하나 혹은 그 이상의 신을 향한 희생제사와 관련된 도시 축제 및 행사에 참석해야 한다는 압력과

---

279) 우상숭배: 롬 1:23; 고후 8:4; 10:14, 20-21; 살전 1:9. Wisdom of Solomon의 저자와 같이 바울은 헬레니즘에서 행해진 성적 방종에 대해 맹렬할 정도로 비판적이었다(롬 1:21-27). 고린도 그리스도인들은 "음행을 피하라"(고전 6:18)라는 말과 그들 가운데서 음란한 사람을 쫓아내라(5:13)는 말을 들었다. 음행(*porneia*)은 "육의 행위"와 악덕 중에서 가장 두드러진 것이다(갈 5:19; 또한 엡 5:3; 갈 3:5; 살전 4:3).

280) 별칭인 "성도들(*hagioi*)"(위 §20.1[8]을 보라)뿐만 아니라, 성화/구별이라는 언어가 바울 서신에 자주 등장한다: *hagiazein* — 롬 15:16; 고전 1:2; 6:11; 7:14; 살전 5:23; *hagiasmos* — 롬 6:19, 22; 고전 1:30; 살전 4:3-4, 7; 살후 2:13. 세례가 정결하게 됨을 내포한다는 면에서, 함의된 내용은 이전의 부정함에서 정결해짐과 관련이 있다(비교. 예. 고전 6:9-11).

281) "그러나 바울의 권면에 있는 강조는 경계를 유지하는 것이 아니라 내적 화합에 있다"(Meeks, *Urban Christians*, 100; 추가로 100-101을 보라).

282) 위 §§27.4-5을 보라.

도시의 유명한 신전의 축제 연회에 참여해야 한다는 압력을 불가피하게 느꼈을 것이다. 여기서 문제는 중복되는 집단과 경계의 문제였다. 또한 사회 지도층 출신 구성원이었거나 정치적으로 고위 인물의 후원을 받는 신자들은 불가피하게 다른 길로 끌려가는 자신들을 보았을 것이다. 해결책은 관계를 끊거나 배타적인 경계 뒤로 물러서는 것인가?[283] 저명하고 영향력 있는 시민의 친구는 그들에게 등을 돌려 지속되는 사회적 교제를 통해 가능할 수 있는 증언과 설교의 기회를 피해야 하는가? 앞으로 살피겠지만, 이 불가능한 일을 시도하려는 바울의 시도는 그가 제공한 충고 중 가장 흥미롭다(§33.5e).

경계라는 논제는 바울의 에게해 지역 선교 중에 해결되지 않았다. 또한 실제로 그것은 결국 해결되지 않았다고 말할 수 있다. 그러나 바로 그 이유 때문에, 처음 이 문제를 야기한 상황과 신학적·사회적으로 책임감 있게 문제를 다룬 바울과 다른 사람들의 시도는 이어지는 세대에게 더욱 교훈을 준다.

30.8 그리스도인 관계망

아마도 그 시대의 종교 협회 및 타 협회와 바울의 교회들을 구별할 수 있는 한 가지 특징은 지중해 세계에 확산 중인 운동에 속했다는 자기 인식과 바울이 대체로 책임을 지고 있었던 의사소통망이다. 이웃 협회와 사업(상업과 공예) 협회는 보통 지역적이었다.[284] 종교 집단, 예를 들어 이시스 숭배자들

---

283) 바울은 신전 식사와 교회 식사를 배타적으로 대조한다(고전 10:20-21). 그것이 신자가 전자에 참석하지 못하게 하지만, 불신자도 후자에 참석하지 못하게 하는가? 그러나 이미 언급했듯이, Meeks는 자발적인 협회의 전형과 대조되는 기독교 집단의 배타성을 강조한다(*Urban Christians*, 78; McCready, '*Ekklēsia*', 62이 지지한다).

284) "전문 협회들이 지역을 넘어 서로 유대를 맺었다는 시사는 거의 없지만, 몇 가지 중요한 예외가 있다"(Kloppenborg, '*Collegia and Thiasoi*', 27 n. 19); 그러나 또한 Harland,

은 틀림없이 많은 이시스 성지와 신전을 알고 있었을 테지만, 그들이 다른 신전 재단들과 소통을 유지해야 할 필요성을 느꼈다는 암시는 적다.[285] 그러나 학파들은 전 세계에 있었다.[286] 그리고 회당에서는 그들의 종교를 실천할 자유가 그들이 성전 국가(유대) 태생 때문이라는 점을 활기차게 의식했으며,[287] 그들은 그 종속성을 성전세의 납부로 표현했다.

바울이 에게해 지역 교회들에게 자신의 비전과 대전략을 어느 정도까지 소통했는지는 알 수 없다. 그러나 그의 서신들의 몇몇 특징은 바울이 예루살렘 회중을 모 교회로 한 교회들의 큰 관계망과 관련해서 소속감과 책임감을 심어주었음을 시사한다.

- 고린도 성도를 향한 바울의 인사는 그들이 "각처에서 주 예수 그리스도를 부르는 모든 자들"(고전 1:2)에 든다는 사실을 그들에게 상기시킨다. 그리고 "모든 교회"라는 바울의 의도적인 언급은 분명히 이 관점을 염두에 두었다.[288]
- 바울이 교회들에 쓴 서간체의 칭찬을 단지 격식으로 여기지 않아야 한다. 그는 로마 사람들의 믿음이 "온 세상에" 전파되었다고 칭찬했다(롬 1:8). 비슷하게 데살로니가 사람들도 그들이 마게도냐와 아가야의 모든 믿는 자에게 본이 되었다고 칭찬을 받는다. 각 처에 그들의 믿음이 알려졌고, 데살로

Associations, 36을 보라.

285) "지역의 사교는 자리를 잡은 후에 대개 자치적이었으며, 지역에 따라 상당히 다른 형태를 띨 수 있었다"(Wilson, 'Voluntary Associations', 3). Chester는 R. S. Ascough, 'Translocal Relationships among Voluntary Associations and Early Christianity', *JECS* 5 (1997), 223-41을 다루며, 실제로 몇 종류의 협회가 지역 간에 유대를 형성했으며, 특히 디오니소스 예술가와 운동선수들 사이에 그랬고, 그 외에는 그런 유대가 협회의 전형적인 일은 아니었다고 언급한다(*Conversation at Corinth*, 257-59). 또한 많은 협회의 지역 간 유대를 보여주려는 Ascough의 시도를 보라(*Paul's Macedonian Associations*, 91-100).

286) Mason, '*Philosophiai*', 39.

287) 요세푸스가 인용한 칙령은(n. 90) 유대교 대제사장인 히르카누스(Hyrcanus)를 종종 언급한다(*Ant.* 14.185-267; 16.160-79).

288) §29 n. 155을 보라.

니가에서 성공한 바울의 복음 전도가 이 지역에 잘 알려졌다(살전 1:7-9). 그들은 마게도냐 전 지역의 모든 형제를 사랑했다(4:10). 마찬가지로 골로새 사람들도 바울이 그들의 믿음과 사랑에 대해 들었기 때문에 칭찬받았다(골 1:4). 자신의 자비량 전략에 관한 바울의 자부심은 고린도에서뿐만 아니라 "아가야 지방에서"도 잘 알려졌다(고후 11:10).[289]

▪ 바울이 자신이 분명 알고 있던 다수의 개인을 로마서에서 문안할 수 있었다는 사실은 그의 앞선 선교 활동 중 여러 시점에서 그들을 만났음을 시사한다. 즉 로마가 아닌 다른 지역에서 그들을 만났을 것이다. 또한 이는 그들이 로마를 다녀갔거나 그곳을 빈번하게 방문한 사람들이었음을 의미한다.[290]

▪ 바울이 자신의 교회망을 따라 여행한 일을 예외로 여겨서는 안 된다. 아볼로는 바울의 (몇몇) 교회를 방문하는 유일한 전문 순회 교사는 아니었으며, 고린도전서 9:5은 "다른 사도들과 주의 형제들과 게바"도 널리 여행했음을 암시하며, 갈라디아와 고린도(고후 10-13) 및 빌립보(빌 3:2)에 있는 교회에 새로 들어온 사람들은 어느 정도의 거리를 여행했을 것이다.

▪ 마찬가지로 바울과 그의 교회를 연결해 준 전령들에는 글로에 사람들, 스데바나, 브드나도와 아가이고, 디도(고린도), 디모데(데살로니가),[291] 에바브로디도(빌립보),[292] 두기고, 오네시모와 에바브라(골로새)가 있는데, 그들의 존

---

289) Jervell은 행 18:12-17 같은 전승을 "지역 전승"이라고 언급하는 이들이 그런 결정이 지역 공동체 자체뿐만 아니라 다른 공동체에도 중요했다는 사실을 간과했음을 지지한다. "선교 보고는 위임한 공동체에 전해졌을 뿐만 아니라, 새 공동체를 세우는 선교적 선포의 일부였다. 이렇게 지역 전승은 각지에 퍼져나갔다"(*Apg.*, 463).

290) 위 §28 n. 65를 보라.

291) Theissen은 고린도와 연관되어 명명된 17명 가운데 9명이 여정에 참여했다고 언급한다(*Social Setting*, 92).

292) 빌 2:19-30에 암시된 의사소통의 빈번함에 주목하라: (1) 바울의 투옥 소식이 빌립보에 전해졌다; (2) 빌립보 사람들이 선물과 함께 에바브로디도를 보냈다; (3) 바울과 함께 있을 때 그가 아프다는 소식이 전해졌다; (4) 아마도(반드시 그런 것은 아니지만) 빌립보 사람들이 에바브로디도를 염려한다는 소식이 에바브로디도에게 들렸다; (5) 바울은 이제 에바브로디도를 돌려보내려고 했다; (6) 그는 디모데도 돌려보내기를 희망했다; 그리고 특히 (7) 바울은 자신이 직접 가기를 원했다. 빌립보서 4:2-3에 암시된 대립에 대한 소식도 바울에게

재는 바울과 그의 교회들 사이 그리고 어쩌면 그 교회들 간에도 활발하고 폭넓은 의사소통 체계가 있었음을 시사한다.[293] 비슷하게 고린도후서 3:1이 언급한 "자천서"는 어떤 체계가 이내 확립되었다고 추정하는데, 그들의 여행 일정 중에 방문한 교회에 자신들을 소개하려고 신자들에게 그런 편지를 보여주었을 것이다.

- 몇몇 경우에 바울은 여러 교회에서 명백하게 회자되던 소식을 "들었다"고 말했는데,[294] 이는 바울과 그의 교회 사이 그리고 교회들 사이에 소식이 정기적으로 전해졌음을 의미한다.

- 비록 바울이 이 단계에서 세계 "교회"를 생각한 것은 아니고 거주 도시에서 개별 청중을 그리스도의 몸으로 언급했지만(고전 12:27),[295] 다른 회중들이 그리스도와 공동으로 연합되었다는 의미는 분명 이 회중들 가운데 중대한 의미의 유대감을 가져다주었을 것이다.

- 바울이 예루살렘의 가난한 자를 위해 수개월 동안 모은 연보는 많은 교회 ("갈라디아 교회들[복수]"[고전 16:1], "마게도냐 교회들"[고후 8:1]과 아가야 교회들 [롬 15:26; 고후 9:2])가 관여한 놀라운 조직적 위업이다. 그리고 분명 이는 이 교회들 및 그 주변을 순회하는 광범위한 여정을 필요로 했다.[296] 그러나 아마도 그것은 단지 기독교의 관계망을 평상시보다 더 집중적으로 이용한 것일 테다.

그렇다면 바울이 개별 교회에 "에클레시아"라는 용어를 사용했기 때문에, 그가 각 교회가 독립적이고 자율적이라고 보았다는 생각으로 오도

분명 전해졌을 것이다.

293) Malherbe는 "교회 정보를 소통하는 관계망 형성"을 언급한다(*Social Aspects,* 65). McCready는 T. A. Robinson의 소논문을 언급하는데, Robinson은 "초기 교회는 자발적인 협회와 상당히 대조되는 방식으로 지역 간 유대를 조성했다"라고 했다(*Ekklēsia,* 63).

294) 고전 5:1; 11:18; 갈 1:23; 빌 1:27, 30; 2:26; 4:9; 골 1:4, 9; 살후 3:11; 몬 5.

295) 필자의 *Theology of Paul,* 540-41, 550-52을 보라.

296) 롬 15:25-28; 고전 16:1-2; 고후 8-9장; 비교. 행 20:4. 바울이 다른 한 교회 집단을 사용하여 다른 집단이 본받도록 독려할 수 있었다는 점을 주목하라(고후 8:1-7; 9:2-4).

되어서는 안 된다. 그리스도의 보편적 몸이라는 교회의 개념은 바울의 후기 서신에서야 등장하는데, 그것은 실제로 자기 생각을 표현한 것이기보다는 추가된 내용일 가능성이 있다.[297] 그러나 분명히 바울은 교회가 서로 독립적이고 자율적이라고 생각하지 않았다. 교회들은 개별적으로 그리스도를 대표했고, 자기 삶의 장소에서 그리스도의 몸이었으며(고전 12:27), 공동의 정체성을 가졌다. 이와 더불어 바울의 교회는 바울이 설립했다. 다른 이가 자신이 그 교회들의 사도라고 주장할지라도, **바울이** 분명 그들의 사도였다. 그는 그리스도 안에서 그들의 아버지였다. 그리고 바울은 그 교회들이 가족의 유사점을 지니기를 온전히 기대했다. 바울이 그들에게 설교한 복음은 모든 사도가 교회를 설립할 때 전한 복음이었다(고전 15:11). 고린도 서신에서 바울이 "모든 교회"에 진리가 되는 내용을 반복적으로 호소한 일은 공동의 정체성을 암시한다. 그리고 그 정체성은 예루살렘 모 교회에 함께 빚을 졌다는 의식을 포함하는데, 이는 디아스포라 유대인 회당에서 매년 내는 성전세로 표현되는 정체성과 같다. 바울은 새 신자 무리들이 "하나님의 백성"이라는 개념을 많이 활용하지는 않았으나,[298] 그들이 하나님의 부름을 받은 자로서(롬 9:24) 이스라엘이라는 같은 감람나무에 접목되어 있다는 바울의 확신(11:17-24)은, 이방인과 함께 하는 유대인이라는 신자들의 공통된 정체성에 대한 믿음을 암시한다. 후기 바울 서신들은 이것을 기반으로 삼았다.

---

297) 필자의 "'The Body of Christ" in Paul', in M. J. Wilkins and T. Paige, eds., *Worship, Theology and Ministry*, R. P. Martin FS (JSNTS 87; Sheffield: JSOT, 1992), 146-62; 또한 아래 §34 n. 377 그리고 §37.1d를 보라.

298) 롬 9:25, 26; 11:1-2; 15:10; 고후 6:16.

30.9 결론

그렇다면 회당은 말할 것도 없이, 놀랍게 다양한 협회와 종교 집단 및 철학 학파가 동료애와 즐거움, 죽음과의 대면에서의 안정 그리고 훌륭한 삶에 대한 가르침을 제공하는 세계에서 첫 기독교 교회가 가진 매력은 무엇이었는가? 하나의 대답이 여러 요소와 개별 경우를 포괄할 수는 없다. 그러나 위의 내용을 고려하면, 어느 정도 근거를 가지고 위험을 무릅쓰면서 몇 가지 추측을 할 수 있는데, 그중 가장 분명한 내용은 아래와 같다.

- 바울의 메시지가 지닌 삶을 변화시키고 감정에 크게 호소하는 영향력. 이는 바울 서신에서 규칙적으로 입증되었다. 온전한 의미에서의 "회심"은 명백하게 많은 사람에게 심오하고 삶을 변화시키는 경험이자 갱신과 변화의 경험이었으며 또한 정결해지고 깨우치며 자유롭게 되는 경험이었다.[299] 바울이 규칙적으로 언급한 사랑으로 받아들여짐과 기쁨 및 평화의 체험은, 그런 언급들이 바울 서신의 수신자에게 공명될 정도로 틀림없이 충분히 공통적인 체험이었을 것이다.[300] 물론 그리스도인은 이 모든 것을 하나님의 영 덕분이라고 했다.
- 하르나크는 초기 교회가 병자와 가난한 자 및 노예에게 보여준 관심과 제공한 식량만이 아니라, 갈라디아서 3:5과 고린도전서 12장 및 14장 말씀에 시사된 축귀를 통한 귀신 극복, 질병 치료 약속과 같은 더 놀라운 성령과 능력의 체험에 정당하게 주목했다.[301]

---

299) 롬 8:2; 12:2; 고전 6:9-11; 고후 3:12-18; 4:6; 갈 5:1.

300) 롬 5:1, 5; 8:6; 14:17; 15:13; 고후 5:14; 갈 5:6, 22; 빌 2:1-2; 4:7; 골 1:8; 3:15; 살전 1:3; 3:6, 12; 살후 1:3.

301) Harnack, *Mission book,* 2권 2-5장. Harnack의 증거는 3세기에 걸쳐 계속되지만, 롬 12:6-8, 15:19, 고전 12:8-10, 갈 3:5, 6:2과 같은 본문은 첫 세대에 대한 충분한 증거다. 기적, 특별히 축귀의 충격은 MacMullen, *Paganism,* 95-96("축귀가 개종자를 만들었다. 그밖에 다른 내용은 하나도 입증되지 않았다"), 그리고 Peter Brown, *The World of Late Antiquity from Marcus Aurelius to Muhammad* (London: Thames and Hudson, 1971), 55(Ashton, *Religion,*

- 그리스도의 부활이 보증하고 고린도전서 15장에서 너무나도 생생하게 강조된, 영생의 희망이 지닌 강력한 매력을 과소평가해서는 안 된다.

- 이미 죽음을 정복한 사람에게 밀접하게 의존되고 속한 존재라는 의미와 경험과 삶을 통해 그의 하나님 아들 됨을 공유한다는 의미(롬 8:14-17, "그리스도 안").

- 종교에 진지하게 관심을 가진 사람들이 회당에서 항상 느낀 매력은, 이제 십자가에 달려 죽고 부활한 유대인(그의 가르침에 몰입하는 것 포함)에 대한 매력적인 집중으로 향상되었다.[302] 이는 할례받고 온전한 유대인이 되라고 압박하는 요구를 동반하지 않았다.

- 기독교 "꾸러미"의 온전함. 이는 서로 다른 모형이 지닌 각 장점을 훌륭하게 결합했다고 볼 수 있다: 무덤을 넘어선 삶, 자아를 넘어선 영적 경험, 식탁 교제의 즐거움, 독실한 헌신의 특징과 위안 및 만족, 거룩한 책과 삶에서 확인된 전통적 가르침이 준 정신적 고무.[303]

- 지나치게 강조하지 않아야 하나, 확실히 배제하지도 말아야 하는 개연성 있는 점은 더 가난한 구성원을 끌어당긴 요소가 그들이 좋은 식사나 적어도 자신들의 일상의 음식보다 분명히 더 나은 식사를 즐길 수 있는 모임에 참여한다는 매력이었다는 점이다. 그들은 1세기판 "쌀을 바라고 오는 그리스도인(rice-Christian)"이었다.

- 또한 사회적·경제적 요인도 무시하지 않아야 한다. 특별히 믹스(Meeks)는 바울의 무리 가운데 가장 활동적이고 탁월한 다수가 "상류층이 겪는 갈등"

166-70이 인용함)이 똑같이 강조했다.

302) Nock는 예수를 닮음이 기독교의 매력적인 요인이었음을 부인하나(Conversion, 210), 그는 예수 전승과 그 이후 복음서 기록의 지속된 효과를 무시한다. 공정하게 말하면 그것은 명백하기보다는 내포되어 있다.

303) 비교. Nock: "기독교의 성공은 성례주의와 그 시대의 철학을 결합한 제도의 성공이다. 그것은 탐구심, 운명에서 벗어나려는 욕망, 그 이후의 안전에 대한 욕망을 만족시킨다. 기독교는 스토아주의처럼 삶의 방식을 제공하고 우주에서 인간을 편안하게 해주었으나, 스토아주의와는 달리 소양이 있는 사람들뿐만 아니라 무식한 자들을 위해서도 그렇게 했다. 또한 기독교는 사회의 필요를 만족시켰고 인간을 외로움에서 지켰다"(Conversion, 210-11).

으로 고생했을 수 있고, 따라서 그들이 이전에 경험한 염려와 외로움으로부터 보호하는 "그리스도인 집단의 친밀감은 환영할 만한 피난처"가 되었[을 수도 있]다[304]는 가능성을 강조한다.

- 더 일반적으로 우리는 다양한 사회적 지위와 다른 인종 및 성별, 그리고 심지어 가정 전체가 구성원이 될 수 있도록 하는 개방성도 분명 포함해야 한다. 그렇게 "가족"이라는 느낌 곧 그러한 차이에도 불구하고 진정으로 소속될 수 있고, 하나님과 그리스도 및 동료 신자들에게 중요한 존재라는 느낌을 심어준다.[305]

"모든 믿는 자에게 구원을 주시는 하나님의 능력이 됨이라. 먼저는 유대인에게요 그리고 헬라인에게라"(롬 1:16)라고 바울이 자랑하는 복음에 이 모든 것이 어우러져 있을 것이다.

---

304) Meeks, *Urban Christians*, 2장(여기서는 73) 그리고 191.
305) "기독교 공동체의 성공의 첫 열쇠는 확실히 비그리스도인 남녀를 향한 개방성에서 찾을 수 있다.…개방성은 기독교 공동체의 근본적인 표지이자 이교도 협회와는 크게 차이 나는 점이다. 남녀 그리스도인에게는 성별과 사회적 출신이라는 기준에 따라 구성원을 제한하는 일이 없었다"(Ebel, *Attraktivität*, 215-16).

초기 교회의 기원(상)

Copyright ⓒ 새물결플러스 2019

1쇄 발행 2019년 6월 28일

지은이 제임스 D. G. 던
옮긴이 문현인
펴낸이 김요한
펴낸곳 새물결플러스

편 집 왕희광 정인철 박규준 노재현 한바울 정혜인
            이형일 서종원 나유영 노동래
디자인 윤민주 이새봄 황진주
마케팅 박성민 이윤범
총 무 김명화 이성순
영 상 최정호 조용석 곽상원
아카데미 차상희

홈페이지 www.holywaveplus.com
이메일 hwpbooks@hwpbooks.com
출판등록 2008년 8월 21일 제2008-24호
주 소 (우) 04118 서울특별시 마포구 마포대로19길 33
전 화 02) 2652-3161
팩 스 02) 2652-3191

ISBN 979-11-6129-113-0 94230 (상권)
ISBN 979-11-6129-112-3 94230 (세트)

책값은 뒤표지에 있습니다.

이 도서의 국립중앙도서관 출판예정도서목록(CIP)은 서지정보유통지원시스템 홈페이지(seoji.nl.go.kr)와 국가자료공동목록시스템(nl.go.kr/kolisnet)에서 이용하실 수 있습니다. CIP2019022903